全国企业管理现代化创新成果

（第二十八届）

中　册

中国企业联合会　编

图书在版编目(CIP)数据

全国企业管理现代化创新成果. 第二十八届. 中/中国企业联合会编. -- 北京:企业管理出版社,2022.6

ISBN 978-7-5164-2603-6

Ⅰ.①全… Ⅱ.①中… Ⅲ.①企业管理-现代化管理-创新管理-成果-汇编-中国Ⅳ.①F279.23

中国版本图书馆 CIP 数据核字(2022)第 066014 号

书　　名:全国企业管理现代化创新成果(第二十八届)中册
书　　号:ISBN 978-7-5164-2603-6
作　　者:中国企业联合会
责任编辑:刘玉双　蒋舒娟
出版发行:企业管理出版社
经　　销:新华书店
地　　址:北京市海淀区紫竹院南路 17 号　　邮编:100048
网　　址:http://www.emph.cn　　电子信箱:emph001@163.com
电　　话:编辑部(010)68701638　　发行部(010)68701816
印　　刷:河北宝昌佳彩印刷有限公司
版　　次:2022 年 6 月第 1 版
印　　次:2022 年 9 月第 2 次印刷
开　　本:880mm×1230mm　1/16 开本
印　　张:34 印张
字　　数:980 千字
定　　价:488.00 元(全三册)

全国企业管理现代化创新成果（第二十八届）

目　录

精益生产与基础管理

绿色发展与社会责任管理

全面风险管控与财务管理

精益生产与基础管理

轨道交通装备企业集团实现全流程价值协创的精益体系构建与实施

中国中车集团有限公司

中国中车集团有限公司（以下简称中国中车或中车）是经国务院同意、国务院国有资产监督管理委员会（以下简称国资委）批准，由原中国北方机车车辆工业集团公司与中国南车集团公司重组设立的国有独资公司，注册资本为230亿元。中国中车是全球规模领先、品种齐全、技术先进的轨道交通装备供应商，并延伸拓展新能源汽车、高分子复合材料、风电装备、环保水处理等战略性新兴产业。截至2020年底，员工总数为17.25万人，资产总额为4367亿元，全级次并表企业387家，所属企业遍布国内28个省、自治区和直辖市，在全球27个国家和地区设立78家境外机构。中车产品已遍及全球109个国家和地区，基本覆盖“一带一路”沿线国家。

一、轨道交通装备企业集团实现全流程价值协创的精益体系构建与实施的背景

（一）建设具有国际竞争力的世界一流企业的必然选择

2015年6月，中国中车重组整合如期完成，重组后的新中车规模效益位居全球轨道交通装备制造业前列，一举成功跻身世界500强，标志着我国轨道交通装备行业进入全新的发展阶段。整合设立的新中车，处于经济增速换挡、结构调整阵痛和新旧动能转换“三期”叠加关键时点，内外部发展环境和竞争形势愈加严峻，国家和社会各界对重组协同的叠加效应倍加期待。对标世界一流企业，对照“三个领军”“三个领先”“三个典范”要求，中车依然存在制度不完备、体系不健全、机制不完善、执行不到位等诸多问题，一定程度上制约企业做强做优、持续健康发展。世界一流的企业，不仅要有一流的产品、一流的技术，更要有一流的管理和品牌。这就要求中国中车必须站在全球产业链的高度，立足全价值链的视角，打造基于价值创造能力提升的管理体系，成为产品一流、管理一流、品牌一流的企业。

（二）打造中国高端装备制造“金名片”的客观要求

作为肩负民族工业振兴重任的中央企业，中国中车从诞生之日起就以“实业兴邦，产业报国”为己任，承担着高铁装备走向世界和实现制造强国梦想的国家使命。中国中车站在新的历史起点上，矢志成为全球高端装备的推动者和领跑者，为实现中华民族伟大复兴的中国梦贡献力量，瞄准基础产业高端化方向，在以“引进、消化、吸收再创新”为主要途径的创新实践中，不仅要打造中国制造的产品名片，还要向国内外优秀企业学习先进成熟的管理经验，结合国情、企情探索创建体现自身特点的制造模式、管理模式、经营模式和发展模式，形成可借鉴、可复制、可推广的央企改革和管理创新经验，打造中国高端装备制造的“管理名片”，成为世界一流企业的典范和标杆。

（三）加快数智化转型，打造企业发展新引擎的重要支撑

当前，以云计算、大数据、物联网、人工智能为代表的新一代信息技术与制造业深度融合，正在全方位引领制造业进入数字化、智能化发展新阶段，智能制造已经成为装备制造业转型升级的主攻方向，数字化转型已经成为中央企业改造传统动能、培育发展新动能的重要手段。2017年中车发布了《〈中国制造2025〉中国中车行动纲要——中车智造2025》，明确指出要以“标准化、精益化、数字化、网络化、智能化”作为“中车智造2025”的实施路径，按照“夯实标准化基础、强化精益化管理、加快数字化进程、创新网络化模式、探索智能化转型”的策略稳步推进。通过持续的精益管理实践，将精益理念贯彻到企业经营活动的各个环节，推进中车在产品、制造、服务、资源、数据等方面的标准化与规

范化，推动价值管理最大化、流程管理精益化、基础管理现代化，提升全价值链的成本精准管控能力，是建设数字中车、实现“中车智造2025”不可逾越的过程，更是中车构建新发展格局、打造高质量发展新引擎的必要前提。

二、轨道交通装备企业集团实现全流程价值协创的精益体系构建与实施的主要做法

（一）强化战略引领，做好精益体系建设的顶层设计

自2008年以来，中国中车始终锁定打造具有全球竞争力的世界一流企业的目标，聚焦央企集团核心主业和价值创造核心流程，按照“战略统领、价值至上、协同精进”的指导原则，遵循“强基、赋能、攀高”的迭代路径，按照“最佳实践—体系标准—贯标覆盖”的演进循环，将协同精益管理体系覆盖维度由制造系统向企业经营全过程纵向拓展，打造具有大型轨道装备企业集团特色的精益管理体系（见图1）。

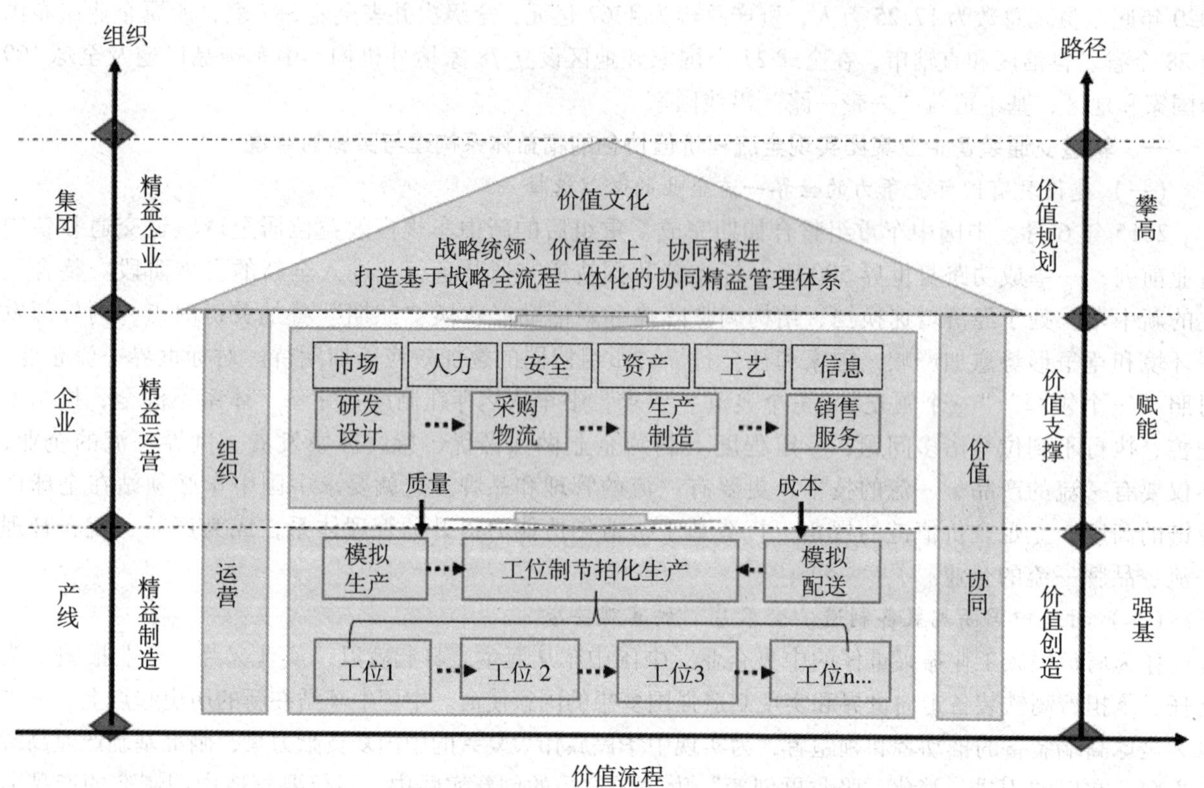

图1 企业集团基于价值协创的管理体系架构

1. 强化战略定位，凝聚价值共识

精益管理的核心思想是以最少的资源创造最大的价值，在装备制造企业尤其具有普适性。中国中车围绕打造具有全球竞争力的世界一流企业核心战略目标，按照“战略引领、业务主导、管理支持、面向全球”的经营思路，自2008年起，全面推动精益思想在国有大型装备制造企业集团本土化创新实践，把持续实施和深化精益管理、构建协同精益管理体系定位在公司战略高度大力推进。每五年一个规划期制定公司精益管理五年实施规划，统筹管理体系建设重点目标和项目，提升企业价值创造能力和水平，承接集团发展战略目标和任务；每年度制定全面的精益管理年度工作计划，统筹年度重点管理任务和目标，做好阶段重点工作的策划和组织；集团所属各级企业在集团统一部署下，制定企业精益管理规划和年度工作计划，推动企业价值创造能力提升和管理体系建设。

2. 统筹实施路径，推动价值递进

全面导入精益体系之初，中车遵循由浅入深、由点到面、由重点突破到系统优化这个基本模式，制定了实施精益生产、深化精益管理、打造精益企业“三阶段、三步走”的实施路径（见图2），按照“强基、赋能、攀高”的逻辑循序渐进、步步为营，不断提升价值创造能力和水平。

图2　中国中车精益管理体系构建历程

第一个阶段（2008—2015年）：重在“强基”。围绕产品制造流程的价值挖掘，拉动价值网络建立和能力提升，不断提升企业精益制造水平。重点工作和举措：一是全面导入精益理念和方法论，推进精益价值流等管理工具在企业应用，不断提升企业基础管理的水平；二是以生产制造流程优化为先，变革大型轨道交通装备生产模式，建立高效率、低成本、高质量的生产作业方式；三是围绕产品和订单实现主流程，以价值链管理为导向，拉动产品制造强相关核心业务流程优化。在实施领域和维度上，以精益产线建设为载体，打造精益制造业务单元，建设精益工厂。

第二个阶段（2015—2018年）：重在“赋能”。围绕企业运营流程的价值协同，致力企业运营全流程的价值拓展，建立一体协同的精益管理体系。重点工作和举措：一是以产品项目实施为载体，从设计、采购、生产、交付全流程，着重在成本、质量、交期、安全等维度，形成接口标准规范、运行节拍统一的高效管理流程；二是突出体系的思维，建立中车特色的协同精益管理体系标准，统一管理逻辑、语言和操作标准；三是与信息化深度融合，推进生产线和工厂数字化、智能化建设，打造数智化精益产线和数字化精益工厂。

第三个阶段（2018年至今）：重在“攀高”。围绕产业链条源头的价值提升，致力向价值链的中高端延伸，打造数字化精益企业。重点工作和举措：一是进一步聚焦产品研发源头改善，推动产品研发平台化、系列化和模块化，提升产品竞争力；二是进一步聚焦供应链能力协同提升，把价值链条延伸到供应源头企业；三是进一步聚焦客户价值，形成快速响应客户需求的协同能力，提供一流的产品和服务。在价值拓展和延伸上，致力于迈向价值链的中高端，不断完善价值协同的管理体系，深度融合数字化、网络化、智能化技术，打造数字化精益企业。

（二）夯实管理基础，着力实施三大重点管理工程

中国中车始终注重以工程化的方法，推动价值理念在企业经营过程中的创新实践，遵循“由浅入深、由点到面、由重点突破到系统优化”的递进循环，以大工程的思路推动三大重点管理工程（见图3），不断构建完善精益管理体系，提升企业价值创造能力和水平。

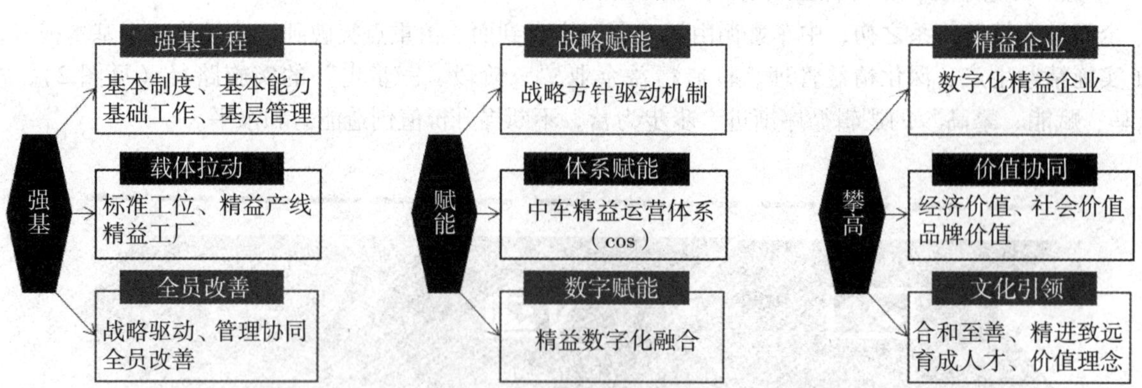

图3　中国中车精益体系建设目标和任务示意图

1. 突出基础管理，推动“强基工程”，强化基础平台保障

中车始终坚持从根本制度抓起，从源头治理发力，深入推进以深化精益管理为主线的“强基工程”，围绕“聚同管理理念、树立价值意识，优化组织架构、精简管理流程，完善制度体系、强化落实执行，致力协同运营、形成业务规范，突出风险管控、补短板强弱项，构建特色体系、营建管理文化”六个方面的重点任务，以强化“基本制度、基础工作、基本能力、基层管理”为主要内容，聚焦“无死角、无漏洞、无隐患、无事故、无风险”管理目标，在集团和所属企业两个层面，每年度组织系统梳理，进一步优化管理流程、完善管理制度、创建管理范式，持续构建科学规范、系统完备、运行高效的管理体系。

2. 突出制造为先，打造“示范工程”，建设精益制造单元

产品制造是中国中车的核心业务，也是价值流程的核心环节。中车始终将制造现场的管理水平、价值创造能力提升作为重点，以产品实现过程作为主要管理对象，把生产作业流程优化作为重点，努力打造高水平的精益工位、精益产线和精益工厂，把现场管理“七大任务”“六要素”标准化、流程化、信息化，深度应用数字化、网络化、智能化技术，进一步挖掘和提升制造过程价值创造的空间，打造了一批高质量、高效率的数字化精益制造典范。多年来，在全集团生产制造单元共计打造了10880个精益工位，覆盖率达90%以上；建设了集团级精益生产示范区线142条（子公司级819条）；建设了207个集团级精益车间。在精益制造示范工程基础上，升级建设了31条智能产线、13个数字化精益车间。这些典范工程建设为中车构建可复制、可平移的精益体系提供了成熟的样板。

3. 突出专业管理，推进“雁行工程”，构建协同管理体系

在精益制造模式基本构建和有效运行的基础上，中国中车把工作的重心迅速转向与制造强相关的管理职能和流程优化上，抓住设计、工艺、采购物流、生产计划、市场营销、人力资源、资产管理、安全环境、售后服务和信息化等核心管理流程，以产品制造的价值流程为主线，建立管理流程与制造流程高度协同的运营模式。突出龙头和优势企业的管理先行作用，组织推进精益运营管理平台建设“雁行工程”，分批次、分领域推动职能管理流程的优化重构。在试点最佳实践的基础上，形成集团层面的规范和标准，按照“成熟一个、推广一个”的模块化的思路，不断完善精益运营的体系和标准，通过管理信息化平台建设不断固化和推广。

（三）聚焦增值环节，创建工位制节拍化精益制造模式

1. 打造工位制节拍化精益生产方式

工位制节拍化生产，是以丰田拉动式生产为指导，以工位为作业组织单元，按照节拍化均衡生产的

方式，以流水式作业组织生产，实现产品制造过程的工位化管理、标准化作业、平准化生产、准时化物流、拉动式运行，达到提高效率、提升品质、稳定作业、有序生产的管理效果。工位制节拍化生产方式的主要特点是基于价值工程逻辑，将管理流程指向工位，将管控对象聚焦到节拍，实现制造过程在时间、空间和资源上的系统协同，实现制造过程价值创造的最优组合。

中国中车提炼形成工位制节拍化生产“八步工作法”。一是围绕客户需求设计生产节拍。基于客户需求价值导向，设计流程最短、资源利用效率最高的产线的生产节拍，将日生产计划细化到单个产品的标准定额上。二是围绕作业流程进行工位设计，确定工位数量，工位作业内容、作业人员和装备，根据工位工作内容编制作业指导书、工位所需物料清单等，实施标准化作业。三是生产线布局设计。综合考虑人流、物流的合理性、安全性和经济性，采用直线或U形线进行产线布局设计并持续优化，实现产品制造的节拍化流动。四是物流系统设计。实现基于生产计划的采购策划、物料需求计划、工位配送计划三个维度一体化精准管控，确保采购物资的齐套性、准时化、质量可靠性、配送经济性。五是生产组织策划。制定生产计划表编制规则，指导供应链、物流、前工序生产准备。六是生产现场准备。以工位为单元，根据各系统准备工作的输出与要求，将各项工作落实到现场。七是拉动式生产。建立及时暴露和快速处理生产现场异常问题的生产管理系统，拉动各职能部门的服务和支持职能，以工位管理为最小管控单元快速响应并根本解决生产线异常问题。八是评价和持续改善。建立精益生产运行评价系统，对生产异常处理、生产均衡率、节拍完成率、质量合格率、生产效率、物流配送、现场管理等方面进行评价，保障工位制节拍化生产的有效运行。中国中车以工位、产线和生产单元作为载体，全面推广工位制节拍化生产的改造和优化，不断强化生产现场的“七大任务”（质量、安全、生产、保全、成本、人事、环境）和“六要素”（人、机、料、法、环、测）的管理，制造能力和水平迅速提升。

2. 建立围绕 QCD 核心价值指标的精益制造体系

中国中车围绕制造链条的核心流程，从系统价值创造的视角，以项目和订单实施为主线，抓住制造策划、管理支持、运行控制、评价改善等四个主要环节，总结提炼以工位制节拍化生产为主要内涵的精益制造管理体系。

一是系统界定职能化流程的主体责任，充分发挥同心圆支撑作用，实现“管理指向工位、要素落地工位、数据源于工位、成果基于工位”的核心目标。生产管理部门严密监控制造资源配置的有效性，充分识别生产制造全过程中的风险项点，推动各类异常的根因分析和根本解决，全力确保生产节拍兑现；工艺部门基于价值流分析，持续优化产线规划和工位设置，建立基于工位“六要素”的资源期量标准管理体系，形成工位级、产线级标准资源配置清单，提高资源配置和使用效率；人力资源部门以工位作业内容为依据，科学进行人员配置策划，输出工位人员配置需求清单，推行标准工位人员动态管理，培养高技能产业技术工人和多能工；质量管理部门强化工位“六要素”变化点管理，制定与生产节拍相匹配的质检计划，基于工位开展质量损失的归集、分析、处理；成本管理部门搭建工位制成本核算和改善体系，建立工位制成本管理模型；设备管理部门强化设备效能监控，提升资产效率和效能；安全环境管理部门深化安全工位建设，细化各类工位安全管理标准，实现安全环境因素可控；各级管理者建立作业标准，通过每日层级会议、现场督查等机制，随时监控生产线运转状态，让每一个管理层级都对现场结果承担相应责任，同时也为围绕绩效指标开展持续改善活动提供管理基础，形成协同和动态提升机制。

二是建立基于客户价值的精益制造指标体系。围绕企业主营业务的核心指标，从指标体系的构建、运行、保障和提升四个维度，解构公司从经营层面到现场操作层面的数据链，按照“注重过程，关注结果”的原则，通过建立结构化的指标体系来拉动过程管理，建立了安全（S）、质量（Q）、交付（D）、成本（C）、I（存货）和M（士气）六大类精益制造过程的指标体系，覆盖了从订单的输入到产品和服务交付的全过程，按职能管理、作业管理要求划分出相应的层级，按条线、层级对主要过程的管理目标进行量化分解，由指标承担主体对责任范围内的指标进行维持和改善，建立明晰的指标体系落地方式和运行模式，以保障企业战略和经营目标的全面达成。

3. 建立基于精益制造体系落地的一体化工作平台

在价值创造组织维度上，按照“点、线、面、体”逐步覆盖、贯通的原则，推动精益体系由精益工位到精益产线到精益工厂、精益企业的拓展，建设了一批精益生产现场的示范工程。一是以精益工位建设为抓手，打造基础作业管理单元。从生产工位的标准化切入，横向拉动专业管理的标准化，构建高度协同、高效运行的管理平台，实现同步提升；纵向拉动流程工位化，即明确每个管理工位的输入、内容、输出和节拍要求，形成高效运转的管理流程。二是以精益产线建设为载体，打通价值创造业务链条。根据建设工位制节拍化生产线的要求和建设方法，结合自身产品特点，全面革新生产组织方式的工作载体，是中国中车践行精益理念、推进精益生产的重要方式，也是精益改善从点到线的主要表现形式。三是以精益车间建设为对象，建设精益制造业务单元。精益车间建设是精益产线建设的拓展和深化，是精益改善从线到面的全面转化，也是打造精益制造的主要工作载体，是拓展精益管理体系的基础和保证。

在价值能力迭代维度上，按照标准化、信息化、数字化、智能化的路径，打造了一批高水平的数字化、智能化产线和制造单元，在生产效率、产品质量、能效管理等方面不断提升。一是打通生产管理信息平台，推进设计、工艺、制造、物流等管理系统的一体化，使集成化信息系统更好地服务制造过程。二是优化企业资源管理系统，集成优化物流、信息流、资金流、管理流、增值流，实现采购、生产、库存、财务等各部门的规范化管理，提升企业资源利用效率。三是优化制造执行系统，动态管控生产制造过程数据，实现高效有序的闭环管理等。基于精益制造的业务和管理逻辑建立，也为构建协同信息平台、打通信息孤岛奠定了基础。

此外，中国中车基于轨道交通高端装备离散型制造的特点，建立基于价值流分析的工厂级、产线级和工位级“三级”制造资源标准，产品制造全过程的实物流、信息流、资金流、管理流高度同步，聚焦产线工位的全口径材料成本、人工成本、制造费用等的成本费用管控体系进一步完善，长期制约产线均衡连续生产的深层次问题逐步得以解决，高效率、低成本、高质量的精益制造体系逐步成熟，生产制造的标准化、柔性化、数智化水平不断提高，企业制造系统的价值创造能力显著提升。

（四）聚力价值协同，构建精益运营管理模式

精益运营不是管理活动的简单叠加，要围绕高效率地满足市场需求、赢得客户的目标，建立起面向客户、流程驱动、高效协同的流程和组织，更加注重企业运营系统和各管理职能模块之间的联动性、协调性、同步性，使企业内部运营活动更具效率和效益，实现运营过程的价值增量最大化。

1. 建立协同运营的管理逻辑

中国中车始终坚持系统思维和价值逻辑，统筹企业系统资源、管理要素和价值流程，抓住企业最紧密贴近用户的系统，以项目实施为载体，对设计、工艺、采购、生产计划、质量、成本、市场、人力、安全环境、资产、信息、售后等12项管理职能和流程进行重组，将管理流直接指向产品增值的制造工位，通过节拍协同管理流程，推动管理方法和流程的标准化，建立与精益制造流程高度匹配的运营系统，实现运营流程的高效率和高效益。中国中车把这种管理逻辑具体化为中车特色的“6621”运营管理平台（见图4）。

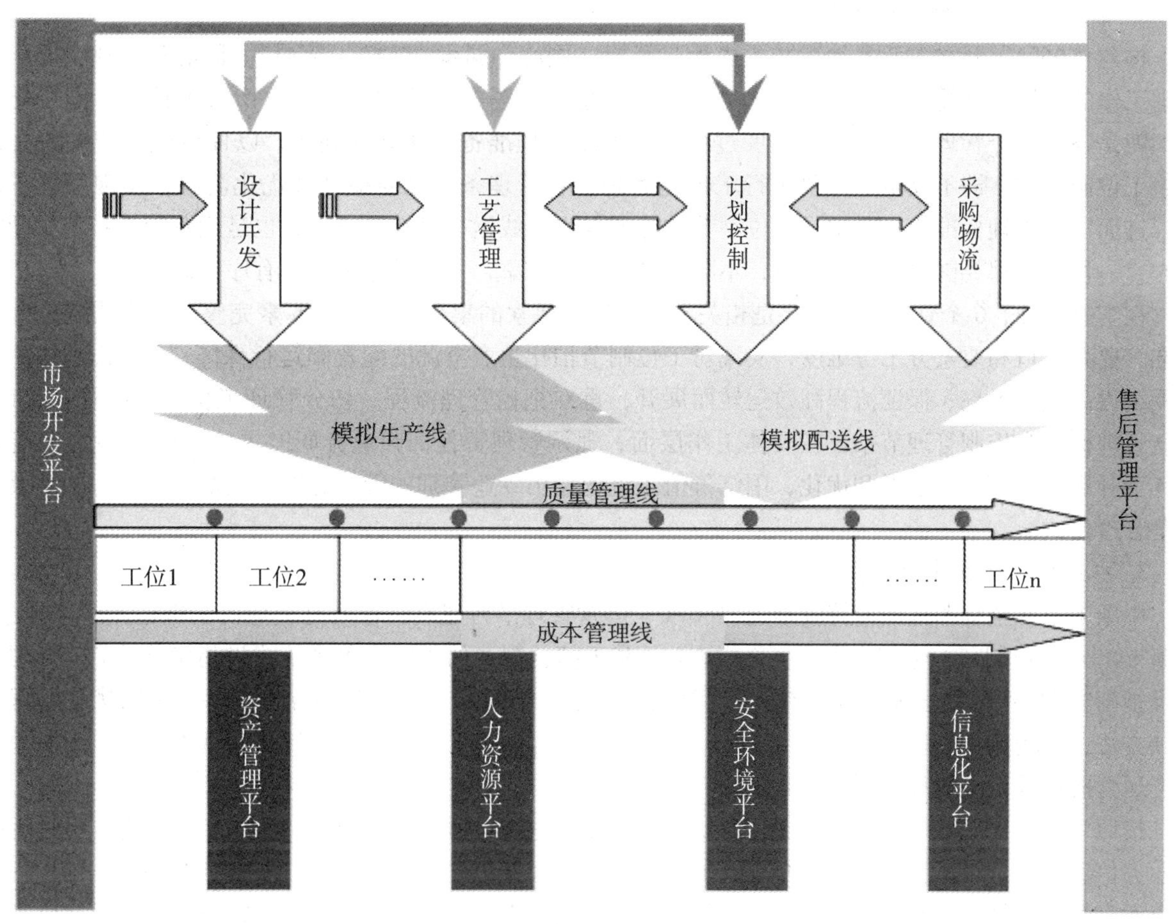

图4 中国中车“6621”运营管理平台

（1）第一个“6”的含义。

管理平台是把相对独立实施的管理要素按照管理属性进行跨部门整合，形成管理属性关联归结、管理要素清晰完整、管理实施流程支撑的专业管理平台。6个管理平台是指市场开发平台、人力资源平台、资产管理平台、安全环境平台、售后管理平台和信息化平台，是模拟线建设和工位制节拍化流水生产线的运行基础，侧重资源整合管理，体现资源支撑性。

（2）第二个“6”的含义。

管理流水线是根据确定的管理要素按照管理实施流程顺序建立管理工位，明确输入、输出标准，量化管理节拍，保证管理任务优质高效运转。6条管理线涉及设计、工艺、采购、生产计划、质量和成本等，是与项目执行强相关的主要管理流程，侧重管理流程标准化，体现流程运转高效性。

（3）“2”的含义。

2条模拟线就是模拟生产线和模拟配送线。模拟生产线通过对生产工位现场七大任务和作业管理（节拍时间、作业内容顺序、标准在制品）进行模拟仿真，形成制造管理的文件和标准；模拟配送线是生产工位所需要的物料打包采购及配送的管控标准。2条模拟线是连接流水生产线和所有专业管理的纽带和桥梁，侧重策划、准备管理，体现准备完整性。

（4）“1”的含义。

“1”条生产线就是工位制节拍化流水生产线，实现制造过程的高品质、高效率和高效益。它是整个运营管理平台的核心，侧重节拍管理，体现实施的可控性。

2. 推进运营平台的管理协同

构建“6621”运营管理平台的核心内涵是把握“同心、同步、工位、节拍”。同心化作战，即所有管理工作的开展，都要以满足客户需求为目标，以生产现场的工位制节拍化生产线为核心；同步化运作，就是强调各个管理部门在项目开展过程中，各项管理准备工作必须同步，以保证生产线的正常运行；工位制管理，即不仅生产线要进行工位化管理，各管理条线也要梳理和优化流程，实现管理工位化，进而实现管理标准化；节拍是工位制节拍化流水生产线运行管控的核心，也是运营管理系统协同的核心，一切工作都要围绕节拍来管控，不断提高节拍兑现率，实现平稳运营和有序协同。

在实施层面，6 个管理平台主要是相关资源和管理要素的集合，重在从要素完整、要素明确、要素标准、要素接口和要素分工等维度，实现对工位制节拍化生产资源的配置和运行保障；6 条管理线的建设围绕提高流程效率、保证流程高效运转而展开，重在把控管理流程、切分管理工位、关注管理接口、建立管理标准和控制管理节拍。在具体工作层面，强调管理责任回归业务职能主体，12 个专业职能各负其责开展专业流程的建设和优化，围绕价值主流程输出专业管理的管控标准和规范，形成协同高效的运营管理模式。

3. 打造协同运营管理平台

中国中车在全集团范围内持续推进“6621”运营管理平台建设，着力打造全价值链精益管理体系，不断推出《工位制节拍化流水生产工作指南》《基于精益制造的指标改善系统建设指南》《工艺管理线建设指南》《生产计划管理线建设指南》《精益物流管理指南》等一系列指导性文件，不断优化管理流程和方法，促进精益管理与业务深度结合，提升基于产品制造的协同能力，逐步实现由以订单为对象的生产运营向以项目全流程协同化运营转变。

按照“6621”运营管理平台构建逻辑，不断推进企业设计研发、经营管理、生产制造、售后运维等业务信息系统建设，打通项目执行主线的基础业务平台接口，实现多部门、多业务及多数据结构的信息资源交换、转换及共享，运用信息化系统对企业经营状态的实时分析和监控，推进集团企业运营管理大数据的集成和互联互通，逐步实现项目执行的统一部署和管理，实现流程驱动业务、业务流程数字化、数据互联互通和价值流程高效协同，提高企业运营质量和决策效率，在建立和拉通设计研发管理平台（PDM）、集团化管控模式的企业资源管理平台（ERP）、企业数据管理系统（MDM）等管理模块上实现了快速突破。

（五）持续拓展价值，构建企业精益生态

1. 建立特色精益管理体系

中国中车在持续多年的精益实践中，持续提升运营管理体系的协同能力，不断提高企业运营水平，构建了以价值创造为导向的精益管理体系，2018 年颁布了《精益管理体系要求》（Q/CRRC J 22.1－2018），标志着中国中车精益管理迈向了体系化、生态化构建的新阶段。精益体系和标准作为企业打造精益生态的纲领性文件，确立了“客户至上、价值引领，全员参与、臻于至善”的精益管理方针，确定了以打造价值生态为主基调，基于协同高效的精益管理系统方法论，从发展战略、业务运营和基础支撑三个层面全面规划，以持续构建、完善和实施精益制造、精益运营、精益研发、精益供应链四大体系为核心模块，强化管理流程的逻辑性、管理要素的完整性和执行层面的有效性，持续开展不同层面的改善工作，使管理和业务系统定位清晰、目标明确、流程规范、输出标准，形成逐级分解、逐级反馈、相互印证、协同改善的统一整体，不断提高资源配置和利用效率，提高企业运营的效率和效益，推动企业经营的高质量、可持续发展。

2. 打造“五化”生态系统

中车精益体系追求建立“五化”基本特征。一是生态化。内外部各管理要素进行有机整合，形成要素齐全完整、接口清晰明确、关联协同有序的有机整体，在组织活动过程中能准时、高效地协作，在管理实践中不断自我革新和演进。二是专业化。把“精益＋专业”作为价值创造流程融合的方法论，规范从研发、供应链到生产制造、服务保障等各个环节的专业管理，提升专业平台协同运营能力和水平，保证运营管控全要素集成受控。三是标准化。把明确的规范和标准加以固化，各管理线、各管理平台流程指向聚焦，资源要素配置运行有序，管理模式可复制、可平衡、可输出。四是动态化。基于价值创造能力和业务需求，使管理平台、管理线、模拟线、生产线相互关联的管理要素动态联动，不断调整优化。五是统领化。建立全局的价值思维和管理逻辑，以流程驱动突破职能化管理分割的局限，系统集成全价值链的要素和资源，在一个不断改进的管理模式下，企业形成协同运行的有机整体。这个管理体系持续优化迭代，必将对企业战略、组织、运营、文化等产生深刻影响。

3. 推动价值创造范畴的延伸

一是建立产品谱系化、模块化、标准化、数字化的精益研发平台、管理机制及运行准则，将精益管理思想从制造环节向设计环节倒推和延伸，基于产品全生命周期价值最大化理念，建设研发、制造和服务一体化产品研发体系，实现设计、工艺、采购、质量、生产等一体策划和运行，最大程度地发挥企业资源价值，不断提升研发效率、质量，缩短研发周期，降低研发成本。二是在组织维度由企业内部向客户和供应商延伸，在客户和供应链两端建立快速响应的运行系统，提高价值网络整体能力和水平。三是聚焦产品全寿命周期数字化、网络化、智能化，建设数字孪生协同研制能力、贯穿全价值链的精准管控能力、自动化与信息化集成的准时柔性生产能力、数据驱动的客户全生命周期精准服务能力、大数据支撑的科学决策能力等新型能力，打造数字化创新驱动高质量发展引擎，建设数字化精益企业。

（六）打造精益文化，强化机制和人才保障

1. 强化组织保障，持续推动管理变革

中车建立了一套涵盖企业决策层、推进层和执行层的三级组织架构，提供必要的组织保障和支持。中车把构建精益体系作为企业“一把手工程”，要求企业行政正职为推进精益管理的主管领导，在思想上提高认识，在工作中坚决推动，为建立中车特色的精益管理体系而承担责任；中车各企业建立独立的精益管理推进机构，重点负责整体策划、平台搭建、机制完善、执行监控、评价督导和考核激励等，履行好“指导员、教练员、裁判员”的主体功能；坚持全员参与、全员行动，用精益管理的标准和流程，拉动全体员工“参与精益、实践精益、落实精益”，不断倡导精益理念和精益文化，促进形成全面、全员的管理自觉。

2. 搭建工作平台，建立高效工作机制

一是建立项目化的管理改善平台，推动基于战略目标的管理任务承接。将中长期方针、目标解构为年度具体改善任务，通过X矩阵工具分解到具体的改善项目，通过两级矩阵（公司级和部门级）分解落实项目责任人和部门，按项目管理的方式推动落地执行、过程督导和评价考核，将相对长远的宏观管理工程逐年落实。二是建立全员改善工作平台。坚持问题导向、目标导向，聚焦品质、效率、效益提升，组织开展战略领导层、职能协同层、全员改善层三个层面的全面管理改善，以全流程“改善不良、杜绝浪费”专项活动为抓手，在强化目标成本管理、压降“两金”占用、提高产品毛利水平、提高资产周转率、降低供应链协同成本、提升产业链供应链能力等领域，持续提升和彰显精益管理实效，突出向管理要效益、要效率，压控成本费用，堵塞管理漏洞，改善财务绩效，提高价值创造能力。三是建立管理评价和考核激励机制，促进精益管理体系建设持续深化。坚持年初计划、过程跟踪、半年小结、评价改善的工作机制，加强对子公司工作的推动和督导。按照精益管理“三步走”总体路径，贯彻精益管理体系标准和要求，建立中车精益管理“三段、九级”的评价模型和标准，按年度、全覆盖组织精益管理评价，评价结果纳入企业效绩评价体系，坚持正向激励引导、反向考核鞭策，推动各企业不断挑战精益管理新高度，为企业管理体系和能力建设提供持续动力。

3. 育成精益人才，营建先进管理文化

制定印发《中国中车精益管理人才库建设指导意见》，按照“专业融合、梯次培养、示范带动”路径，实施“百、千、万”精益管理人才工程，锻造一批精益理念的“领路人”“布道者”“倡导者”和“理论家”“实践家”。集团和子公司两级精益管理人才库初具规模，评聘精益管理高级顾问 6 人，首席精益管理专家 1 人，资深精益管理专家 25 人，精益管理专家 46 人，精益管理内审员 111 人，精益管理改善能手 661 人，实现精益管理专家团队“量、质、能”同步提升。精益管理领军人才梯队逐渐完备，核心骨干人才队伍不断壮大，管理组织和人才的能力和结构与体系需求相匹配，是集团精益管理行稳致远的重要基础。

同时，大力推进精益文化和品牌建设。把中车精益之道作为核心价值观的重要组成部分，外化于形，融入企业品牌形象建设；内化于心，落实到员工的行为规范中；根植于魂，渗透到企业经营的全过程中。发挥党、政、工、团的组织优势，大力营造全员参与的工作氛围，加大精益思想宣传力度，组织开展多形式的主题活动，营建良好文化氛围。

三、轨道交通装备企业集团实现全流程价值协创的精益体系构建与实施的效果

（一）企业价值创造能力显著提升

中国中车历时十余年协同精益管理体系建设的深度实践，有力支撑了国家制造强国、交通强国发展战略，切实把构建管理核心竞争力转化为企业的发展优势，有力支撑了中车经营品质的稳步提高、价值创造能力的不断增强、综合实力的显著跃升。“十三五”期间，中国中车累计实现营业收入 11593 亿元、利润总额 702 亿元，与前五年相比分别提高 27%、44%，规模效益指标位居全球轨道交通装备制造业前列，连续五年位列世界 500 强；获得国际评级机构“中国国家主权级”评价，刷新了中国制造业国际评级的最高纪录；国资委经营业绩考核中获得“9 连 A”，连续三个任期获评“业绩优秀企业”。

（二）企业管理体系和能力现代化建设成效显著

作为中国高端制造业的代表，中国中车锁定建设世界一流企业的目标，把实施精益变革作为推动创新发展的管理主线，探索出一条从精益生产到精益管理，再到精益企业的嬗变之路，赢得了社会各界的高度赞誉，极大提升了中车的品牌影响力和行业美誉度。中国中车入选中央企业 10 家创建世界一流示范企业试点名单，“中国高铁自主创新管理模式”入选“国有重点企业管理标杆创建行动”10 个标杆模式名单，“基于6621 核心逻辑的精益管理体系”入选“国有重点企业管理标杆创建行动”100 个标杆项目名单，12 家子企业入选国企改革专项工程。数字化中车建设步伐加快，两化融合指数位列中央企业装备制造业前列。

（三）形成了一套对中国大型装备制造企业具有普适意义的精益管理体系和实践方法论

中国中车在构建具有自身特色的精益管理体系的过程中，充分借鉴了 ISO 9000 和 IRIS 等先进管理体系的建设思路和方法，统筹价值战略、管理架构、组织流程和机制建设等维度，在方针目标、指标体系、过程管控、结果评价、激励考核等方面，持续推进全系统、全链条、全过程的管理模式创新和能力提升，建立了可执行、可评估、可衡量、可推广的管理体系和工作标准，形成了一整套工程化的实践方法论和工具，不仅能够在中国中车内部平移和推广，而且能够向供应链企业移植和覆盖，对于国资央企大型装备制造企业具有普适性的借鉴意义。

（成果创造人：孙永才、楼齐良、魏　岩、苗永纯、郭胜清、
丁亚军、赵　炯、曾志田、徐广兵、陈永存、张增良）

啤酒企业基于端到端解码的感知质量管理

青岛啤酒股份有限公司

青岛啤酒股份有限公司（以下简称青岛啤酒）的前身是1903年创建的日耳曼啤酒公司青岛股份公司，是中国历史悠久的啤酒制造厂商。1993年，青岛啤酒在香港、上海上市，成为首家在两地上市的中国内地企业。青岛啤酒是北京2022年冬奥会和冬残奥会官方赞助商。青岛啤酒出口100多个国家，收入规模和利润持续保持国内啤酒行业领先水平。目前品牌价值1985.66亿元，连续18年居中国啤酒行业首位，位列世界品牌500强。

一、基于端到端解码的感知质量管理的背景

（一）实现品质升级、满足消费需求变化新趋势的需要

在经济高质量发展、消费人口迭代的大背景下，消费者对啤酒的需求不断升级，呈现出多元化、个性化、特色化、便捷化、场景化等需求。一是整个啤酒行业的供给结构发生转变，中高端市场增速远高于行业平均水平，高端产品占比不断提升，并保持良好的发展势头，到2023年有望占据整个市场的1/3；二是产品质量进入更高层次，品牌和产品的差异化越来越明显，新口味、新包装的特色产品层出不穷，精酿啤酒、艺术啤酒走到台前。青岛啤酒2016年以来以“基础质量+特色质量”定义好啤酒的标准面临着升级的问题。

（二）创新质量管理、契合行业产品属性的需要

啤酒的特性决定了啤酒的质量不仅仅取决于产品的本身，也取决于产品的服务。出厂后的环节，如物流、饮用的器皿、场景、氛围、仪式感等因素都会对质量产生影响，消费者的感知在这个行业很重要。消费者对啤酒质量的感知不仅仅包括产品的理化指标，也不仅仅包括产品制造过程，还包括产品本身的硬要素以及与服务、物流、品牌体验相关的软要素，是一个端到端的全过程。啤酒企业需要重新定义产品质量内涵，系统地构建新型质量管理体系，这是基于啤酒行业产品属性提出的新课题。

（三）提升核心竞争力、实现企业高质量发展的需要

实现高质量发展是新时代中国经济发展的根本要求，也对企业提出了新的课题。作为企业，必须科学把握高质量发展核心内涵，制造并提供符合和适应消费者需求的优质产品和服务，以不断提升的核心竞争力实现企业的高质量发展。作为行业领导者，青岛啤酒积极主动引领中国啤酒行业高质量发展，推动供给侧结构性改革。进入以高质量发展为主题的新发展阶段，作为青岛啤酒核心竞争力之一的质量必须要有新发展，相应的质量管理必须要有新提升：一是需要更高层次的全面质量管理体系，涵盖全要素、全过程、全环节；二是需要更高的质量目标，精益求精、追求极致；三是需要更强的针对性，管理方式方法必须符合时代、行业、企业本身以及区域的特点。这些都促使青岛啤酒对已运行多年的质量管理体系进行重新审视和思考。

二、构建基于端到端解码的感知质量管理的主要做法

（一）确立感知质量管理体系框架

1. 创建三层次感知质量概念模型，奠定理论基础

感知质量是一种消费者基于自我判断的主观印象，在实际运用中比较模糊，在不同行业有不同的分类方法。青岛啤酒在KANO模型的当然质量、一维质量、魅力质量三层级基础上，结合行业的特点，总结出了基础质量、特色质量与魅力质量三个层次（见图1），三者逐步叠加，实现消费者感知三层次，

即安全放心、与众不同、欲罢不能。三层次感知质量概念模型是基于食品行业提出的一种分类方法，是对魅力质量和感知质量理论的继承与创新，为构建感知质量管理体系奠定了理论基础。

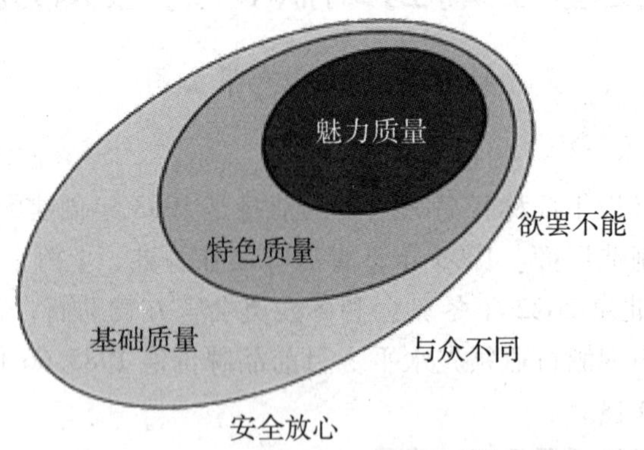

图1　青岛啤酒三层次感知质量概念模型

在青岛啤酒看来，消费者主观认知下对产品质量的评价即为感知质量，消费者对青岛啤酒质量的感知不仅包括对产品本身的感受，也包括场景、服务、品牌等带来的感受。魅力质量对青岛啤酒而言，是指产品质量、服务质量的改善、变化或创新，能够带来消费者满意度的上升，给他们带来意外的惊喜和愉悦，从而增强其对品牌的忠诚度。

2. 明确总体思路，建立感知质量管理体系框架

基于消费升级和啤酒行业的特点，青岛啤酒一直在寻求一种以消费者为中心的，涵盖生产与服务的，全链条的质量管理模式，以满足、超越、引领消费者的需求。在进行质量管理体系创新时，明确了“一个中心、两个延伸”的总体思路。一个中心，即以消费者为中心，通过感知质量管理，使质量管理从控制走向感知，从交付走向互动，更加强调从消费者角度来判断质量优劣。两个延伸，纵向要打开向上的空间，满足消费升级的需求，青岛啤酒之前以“基础质量+特色质量”定义好啤酒升级为以“基础质量+特色质量+魅力质量”来定义，将魅力质量作为消费者感知的最高层次，也作为质量管理更高的追求；横向要拓展管理的边界，把质量管理的关注点从产品硬要素一端拓展到服务软要素一端，双线并行，真正实现质量管理全覆盖。

在感知质量的理论基础上，结合啤酒行业特点，青岛啤酒确立了基于端到端解码的感知质量管理体系框架，如图2所示。该体系以消费为输入，在“好人酿好酒，为生活创造快乐”的质量文化引领下，以“全程化感官评价、标准化控制体系、专业化人才团队、数字化管理平台”为系统支撑，以“产品硬要素系统化打造”和“服务软要素沉浸式体验”为主线，通过从“感知质量需求”到“品牌体验”的端到端六大精准解码传递，建立全过程的质量管理，实现感知质量。

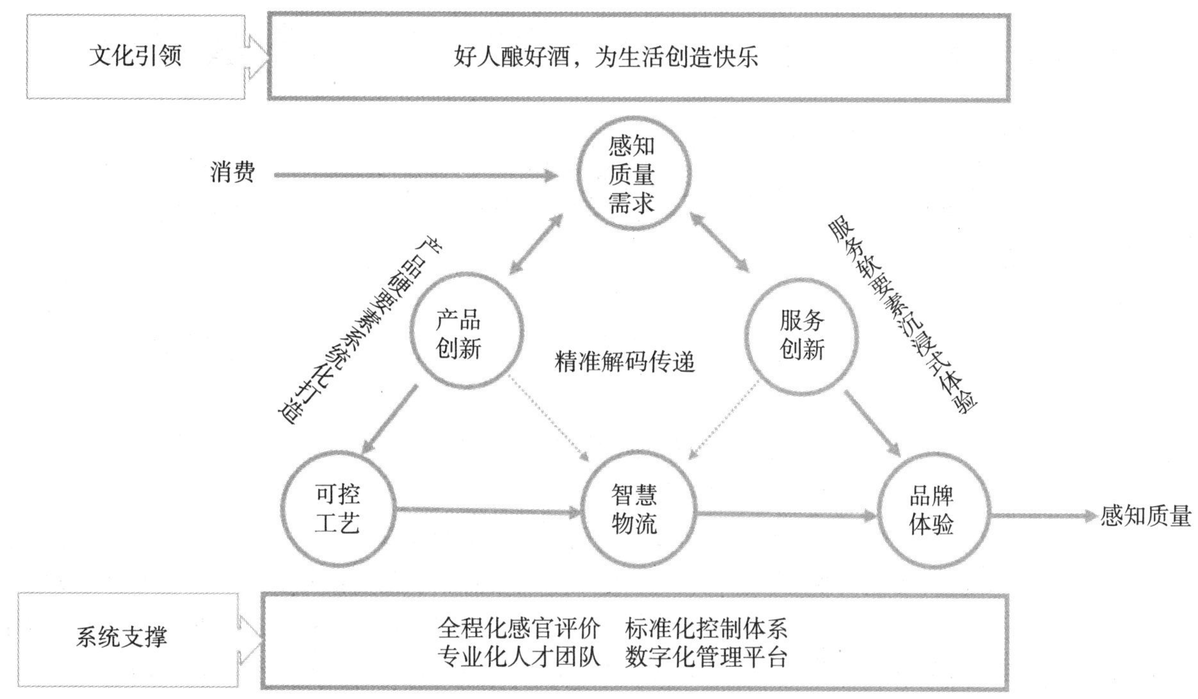

图 2 基于端到端解码的感知质量管理体系

（二）开展端到端的六大解码

青岛啤酒根据体系要素的循环关系，建立需求解码、产品解码、工艺解码、物流解码、服务解码、体验解码组成的端到端六大精准解码环（如图 3 所示），外圈是六大解码环节的输出指标及要求。每个环节的输出是下一个环节的输入，前后衔接、层层量化，整个过程就是解码的传递过程。

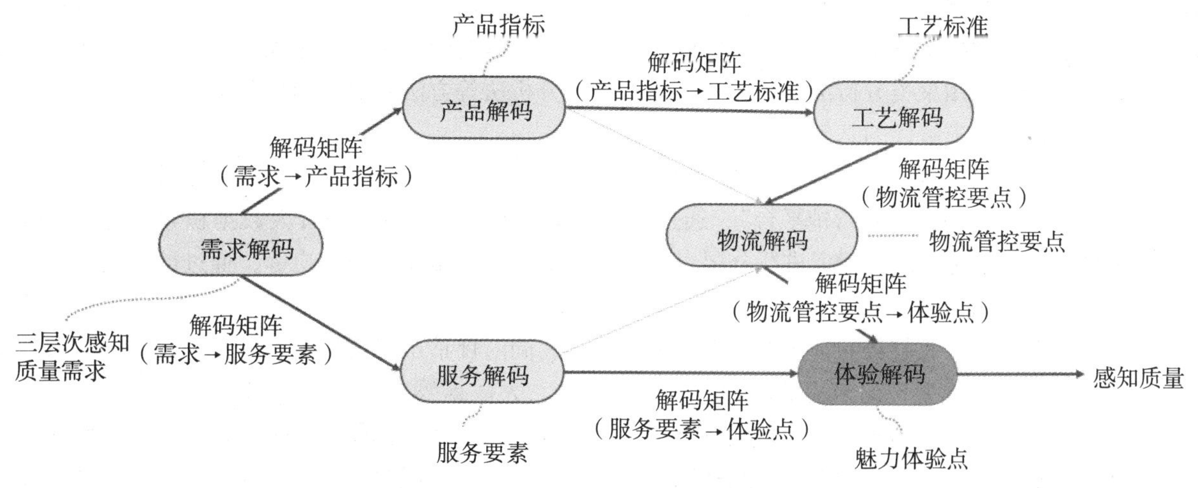

图 3 端到端六大解码路径

1. 需求解码

需求解码是把消费者模糊的、潜在的需求解码为“基础质量 + 特色质量 + 魅力质量”的产品概念方案（产品特性的定性描述）和服务概念方案（服务特色的定性描述），按消费者需求挖掘、三层次感知质量需求及产品和服务概念方案三个步骤实施，如图 4 所示。

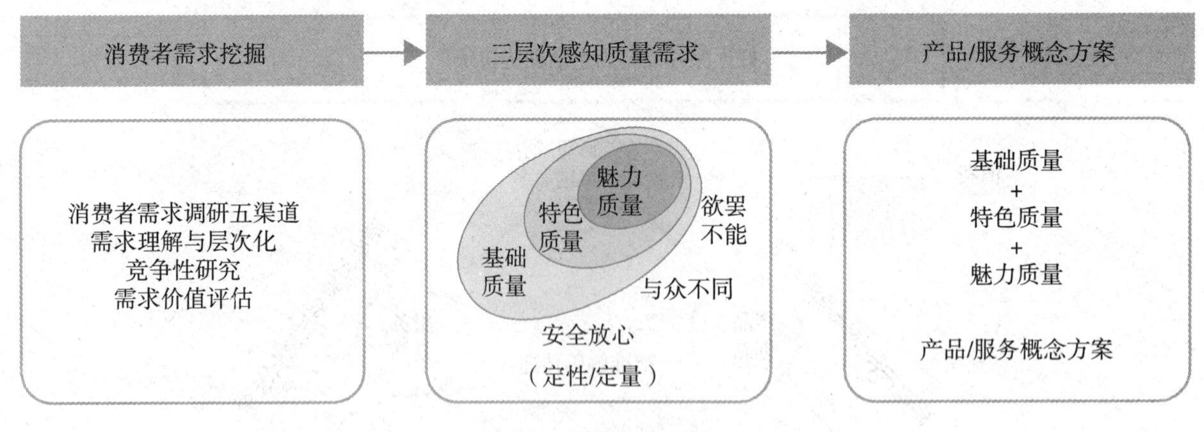

图4　需求解码过程

在消费者需求和趋势调查研究方面，青岛啤酒采用了“五渠道调研法”：一是深入代表行业发展前沿的国家和地区，通过实地学习感知最新、最有价值的市场信息；二是聘请专业化的第三方市场研究公司，定期对消费需求信息进行采集；三是专门人员负责科技信息搜索，通过报刊、网站等信息渠道收集全世界范围内的消费动态信息；四是定期组织消费者品评啤酒活动，请消费者、相关方评判啤酒，表达对啤酒的意见；五是组织消费者自媒体联盟，通过网络收集消费者意见。

青岛啤酒特别关注世界各地啤酒消费动态与流行趋势，每年都会派专业人员到国外交流、考察和学习。每年有20余人次参加WBC（世界酿酒大会）、EBC（欧洲酿酒大会）、IBD（蒸馏酒和酿酒协会年会）、MBAA（美国酿酒师协会年会）、ASBC（美国酿造化学家协会年会）等各类国际学术会议；先后选派40余人赴德国杜门斯啤酒学院、英国国际酿造研究院（BRi）等机构在职进修，了解、学习、掌握最新的啤酒信息、知识和趋势；青岛啤酒研发和市场部门都有专门的人员负责啤酒信息监测，每周发布《青岛啤酒科技快讯》《青岛啤酒竞争情报》，及时掌握世界各地啤酒的最新发展趋势；定期召开年度战略务虚会、季度战略分析会、月度信息情报会，青岛啤酒高管团队与专业人员共同参与，通过挖掘消费信息大数据，采用聚类分析法、相关回归法、因子分析法等方法对消费趋势和个性化进行研判，以此作为公司对消费需求解码的基础。

随着数字化技术的应用，对消费者进行“精准画像”成为青岛啤酒挖掘消费者需求的重要方式。青岛啤酒建立“一物一码智能营销平台”，通过数字化营销方式，形成消费者大数据积累；建立消费者资产管理平台，通过标签对消费者进行分层，如核心价值客户、重要价值客户等，通过群组实时关注消费动向，获得精准的消费需求。

在研究消费者需求及趋势的基础上，将需求层次化，同时评估市场竞争对手的水平，得出需求价值评价结果；以KANO模型理论为基础，采取访谈、问卷、大数据等方式，将需求进一步解码为三层次感知质量需求，即“基础质量+特色质量+魅力质量”。基础质量是产品的基本功能，对一般啤酒企业来说，基础质量就是符合国家标准。在此基础上，青岛啤酒通过对消费者感官体验与产品质量进行关联分析，创造性地提出了“新鲜、纯净、成熟、酒体协调”四个维度，来丰富基础质量的内涵。基于消费者个性化、差异化的需求，青岛啤酒把特色质量定义为：不同品类的产品都要具有特定的典型风味，要成为该品类在行业中的代表。为突出特色质量，坚持两条腿走路：一是开发欧洲啤酒风味金矿，把从“欧洲金矿”采回的风味“金子”进行再加工；二是走现代和时尚道路，比如现代人对健康比较重视，青岛啤酒就酿造低热量、低嘌呤的啤酒，满足现代都市白领生活的需求。魅力质量是在前两者基础上的升华，是要超越消费者预期，带来意外惊喜的质量。青岛啤酒提出既要筑牢基础质量的“堤坝”，也要树立特色质量的“灯塔”，更要开创魅力质量的“引擎”，更多地从品牌、服务、文化等方面为消费者提供“欲罢不能”的体验。

2. 产品解码

产品解码是指对产品概念方案进行解码，形成产品质量指标。青岛啤酒采用需求—产品指标解码矩阵，利用自主研发的啤酒风味图谱技术和国家级评委感官品评相结合的方法，研究啤酒风味物质与感官品评之间的相关性，将产品概念方案解码为相对应的关键风味物质指标，最终确定每款产品质量指标，如图 5 所示。

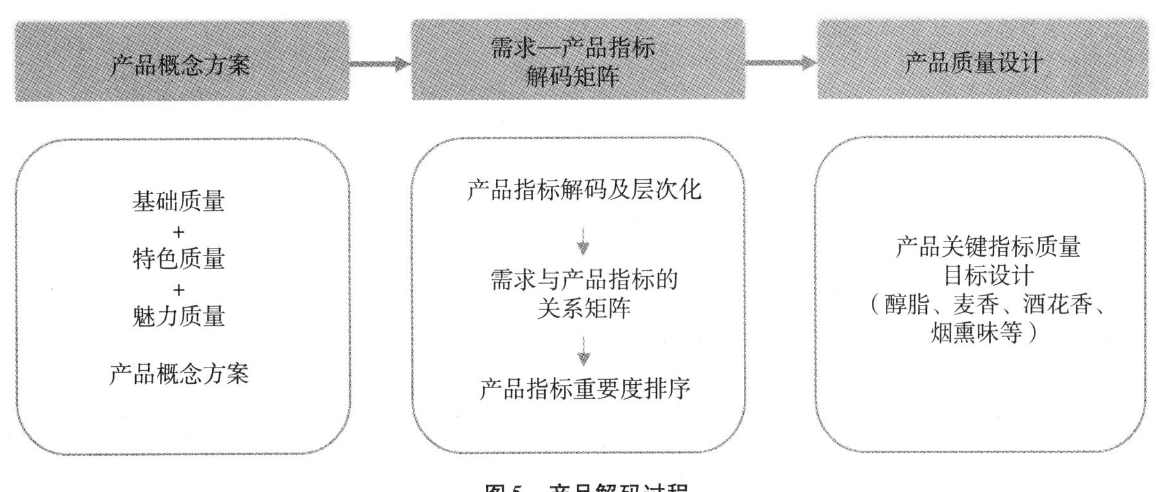

图 5 产品解码过程

一是深入研究质量关键指标。“啤酒风味物质图谱技术的开发应用”项目曾获得 2002 年国家科技进步二等奖。历经十几年，青岛啤酒实现了从对 174 种物质的定量分析到目前对 330 种微量及痕量啤酒风味化合物的定量分析。这些物质包括醇类、酯类、硫类、醛类、不成熟物质、酒花香气、麦芽香气、酒花苦味物质、氨基酸、离子、有机酸、脂肪酸等。整体检测技术达到国际先进水平，部分检测技术达到国际领先水平。青岛啤酒利用国家级评委团队，通过阈值测定、正反添加试验及适合度评价等，采用多元统计分析技术，对产品概念方案进行解码，确定每个维度的关键风味物质指标。如纯净与霉味物质、酚味物质等不良风味物质有关，新鲜与老化醛、自由基等指标相关，成熟与双乙酰、乙醛、乙偶姻等指标相关，酒体协调与离子、有机酸等指标相关，典型风味可以有麦香物质、酒花香物质、醇酯、烟熏味物质等各类物质表征。

二是精细量化产品质量指标，并对产品指标重要度进行排序。成立了以国家级酿酒大师、国家级品酒师、消费者代表为核心阵容的产品口味鉴定委员会。产品口味鉴定委员会根据品类规划及每款产品的关键风味物质指标设定分层次的量化质量指标，并进行品鉴和验证，最终确定产品质量指标。目前青岛啤酒每款产品均制定了风味指标。如全麦白啤具有典型的烟熏味，它的关键风味指标，愈创木酚≥2000μg/L。在对指标重要度排序时，因为基础质量和特色质量方面相对成熟，就把与魅力质量关联度最高的指标作为关键码进行重点研究。

3. 工艺解码

工艺解码是在产品解码的基础上，通过产品指标 - 工艺标准解码矩阵，研究产品质量指标与工艺标准的关系矩阵，识别影响产品质量的关键工艺变量，建立精细化工艺控制标准，如图 6 所示。由此，青岛啤酒确定了酵母菌种、原料配方及过程参数是影响啤酒质量的关键工艺变量。在酵母菌种库、原料信息库的大数据和最终产品风味之间建立非线性模型，进行酵母和原料的选择。通过独特的实验设计方法，研究关键工艺参数对最终风味的影响并进行优化，最终解码确定每款产品的工艺标准，达到精确调控啤酒风味、打造特色产品的目的。

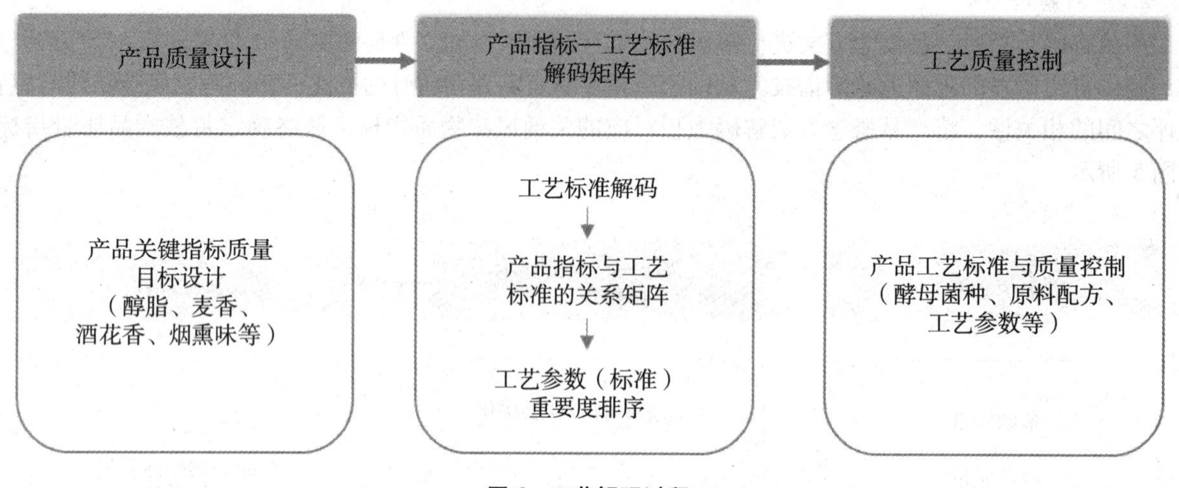

图 6　工艺解码过程

一是酵母菌种选择。国家重点实验室酵母菌种库拥有 100 多种不同类型、不同风味的酵母。为精确选择酵母菌种，青岛啤酒在国内首次进行了 Lager 酵母的全基因测序，在此基础上开发了监控酵母代谢关键基因（醇、酯、蛋白酶 A 等）表达的技术，可实现发酵过程酵母基因的实时监控；建立了涵盖肝糖、海藻糖、酵母活力、絮凝性等多重指标的酵母评价体系、酵母选育技术平台和基因代谢研究技术，可以实现选育不同类型的酵母，为开发不同风味的啤酒奠定了基础。

二是原料智能化配方。不断开发完善原料评价指标，如将麦汁可发酵性糖由 1 个指标发展为 5 个指标，将麦汁 α－氨基氮由 1 个指标发展成为 20 个氨基酸指标，利用原料分子指标评价体系对国内外不同产地、不同品种、不同种类的原料进行评价，形成了涵盖国内外几乎所有品种原料信息数据库。通过研究产品质量指标和原料分子指标之间的相关性，建立了非线性模型，形成了原料智能化配方技术，用大数据指导新产品原料配方的制定。

三是基于风味调控技术的工艺标准的确定。以调控啤酒风味物质为核心，从啤酒酵母基因组学、风味物质代谢机理等基础问题研究入手，采用高通量分析，手段结合工艺参数调控试验，通过明晰关键风味物质形成机制、关键风味物质代谢规律、风味物质关键调控点，最终建立啤酒特征风味调控体系。在风味调控技术方面，青岛啤酒的研究深入、全面，达到国际领先水平。

青岛啤酒多年来在原料智能化配方、风味调控技术等领域进行研究，并将成果转化为工艺标准，目前其工艺技术标准已扩展到 800 多项，实现了啤酒风味的精确调控。在此基础上，青岛啤酒确定了每种产品的工艺技术标准。

4. 服务解码

以消费者为中心的质量管理理念形成的过程中，青岛啤酒识别和完善了服务解码。建立需求—服务要素的解码矩阵，明确关键服务要素设计，通过基于消费者体验的服务设计完善场景要素的环节、流程及标准的制定，如图 7 所示。

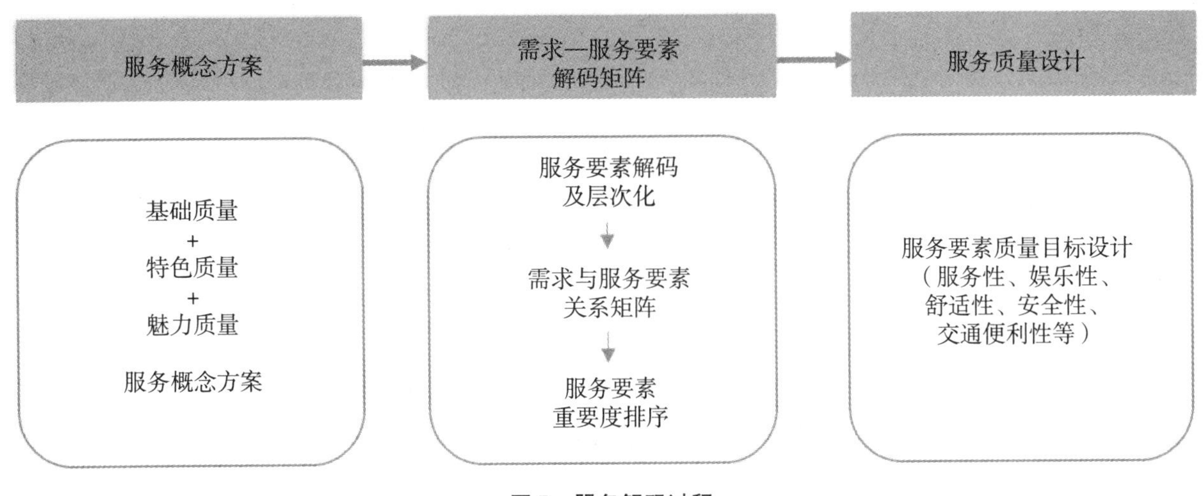

图7 服务解码过程

青岛啤酒根据啤酒行业特点划分了重大活动、餐饮、夜场和娱乐场所等八大类消费场景，每类场景之下再进行细分，如娱乐场所再细分为酒吧、量贩 KTV、夜总会等，在每一个细分场景通过需求解码确定客户需要的服务概念方案并进行解码和层次化，对服务要素的重要度进行排序，识别出影响客户感知的关键点及痛点，运用顾客流程图、触点矩阵、问题卡等工具，将消费者感知需求转化为具体服务指标。如业内首创、青岛啤酒专属的 Tsingtao 1903 连锁酒吧，“观、品、感”在服务要素重要度上排序最高，就以此为关键码，进行服务设计。在“观”上，以标准化的设计语言，统一品牌形象输出，通过高品质、个性化的高端酒水展陈和文创产品，营造强烈的视觉冲击和品牌印象感知；在“品”上，建立生鲜啤酒管控体系，实现“一桶一码，全程冷链，最佳酒温锁鲜”，给消费者对产品“专业、新鲜”的感知，同时设计专酒专杯、九步打酒法等，增强品酒的仪式感；在“赏”上，通过音乐、互动游戏、开场仪式等的设计，营造独有氛围，形成全新的场景体验。围绕服务解码，酒吧已建立 26 项制度和 22 项操作规范保证服务设计的落地。青岛啤酒在每一个细分场景的服务解码也都以标准、流程和制度为支撑，不断推进。

服务解码催生了一系列创新。为满足消费者个性化、多元化的需求，青岛啤酒在个性定制领域创新服务，实现产品生产销售 C2B（消费者对企业）乃至 C2M（消费者对智能制造）的个性化定制。在进行服务设计时，确立了“随心订、随意订、随时订”的目标，并全部实现。随心订——通过个性化云定制平台，消费者可直接在平台上自由设计、选品、下单，与设计师、供应商、物流商等合作方联动，企业由此真正从“以产品为中心”转变为“以消费者为中心”；随意订——最小订单量由最初的 3000 箱降为 15 箱；随时订——交付周期从 45 天缩短到 20 天。

5. *物流解码*

在啤酒行业，物流是保障消费者魅力体验的关键一环，是将产品的魅力质量向消费者无衰减传递的重要保证。通过物流解码，识别物流环节的失效模式，进行物流保障设计，确保消费者能品尝到新鲜的啤酒，如图 8 所示。

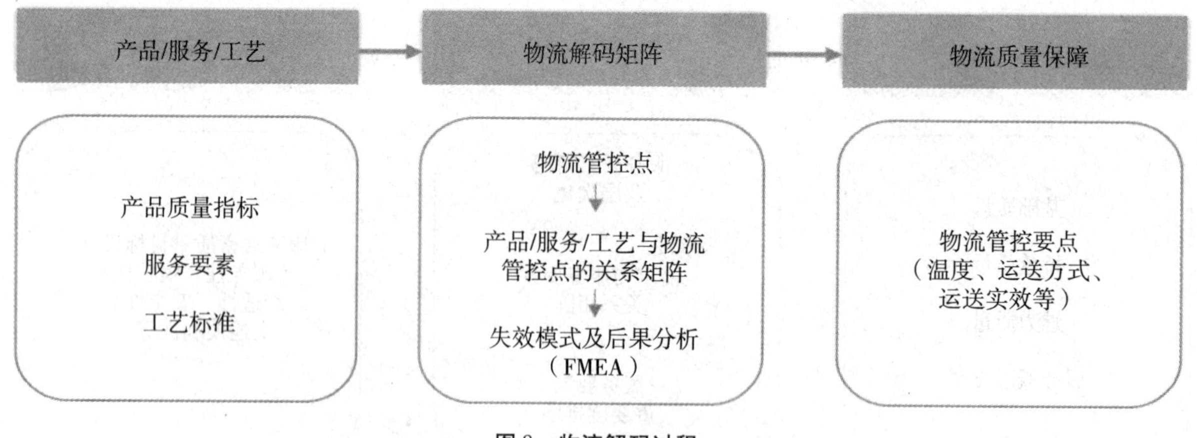

图 8　物流解码过程

目前，青岛啤酒将物流解码为“完好达、及时达、新鲜达”。

首先是完好达。产品运输完好率达 100%。一是实施覆盖所有物流操作的标准化管理，使物流操作实现精准和规范；二是从产品下线到经销商直至终端，推进物流发运托盘化运输，通过“托盘租赁共享”“异地退租”模式实现物流全链条托盘闭环流转，减少物流运输环节对产品的损坏，青岛啤酒远程托盘运输管理处于行业领先水平；三是实施运输过程温度动态监控，精准识别异常温度变化，呵护产品品质稳定；四是产品全程可追溯，基于食品安全管理要求，利用条码及图片识别技术赋予每箱产品唯一识别码，保证产品信息正向、逆向均可追溯，产品追溯率达到 100%。

其次是及时达。订单及时送达率≥98%，其中，电商平台订单实现同省次日达，全国隔日达。一是公司对物流服务商进行体系化管理，重点完善运营过程监督，实现服务商业务管理全覆盖。二是进一步升级信息化手段，运用订单可视化系统、仓储管理系统（WMS）、运输管理系统（TMS）、“互联网 + 物流”、移动终端、云平台、电子签章等，实现订单运输全过程可视，提升物流运作效率。三是生鲜精酿产品推动冷链一盘货，以平台化管理实现端到端全程冷链配送，24 小时新鲜送达。电商环节推进全国仓网布局及融合仓建设，打破商流绑定与壁垒，实现线上统仓统配、快捷到家。

最后是新鲜达。一是在需求端，以 AI 智能需求分析预测为指导、结合供应网络优化、自动排程等信息系统，精准安排供应计划及库存计划，保持合理库存周转率水平；二是在制造端，实施严格的库存酒新鲜度管理，30 天以内产品≥90%；三是在销售端，实施全渠道瘦身。基于经销商进销存数据分析系统，建立安全库存监控及预警机制，调控订单发运。通过城市共同配送实现渠道库存共享，重点市场主力产品实现销售当月酒。

6. 体验解码

体验解码是消费者直接参与的过程，消费者在这个环节体验产品和服务，也在同时产生对产品和服务质量的感知印象。体验解码以场景要素和物流管控要点的保障为输入，聚焦沉浸式体验地图，设计魅力体验点，营造沉浸式体验的场景，并对消费者体验的结果进行评价，通过交互性、消费者参与度、体验满意度、魅力指数等方式验证和确定魅力体验点，从而围绕魅力体验点打造个性化服务，提升消费者满意度，如图 9 所示。

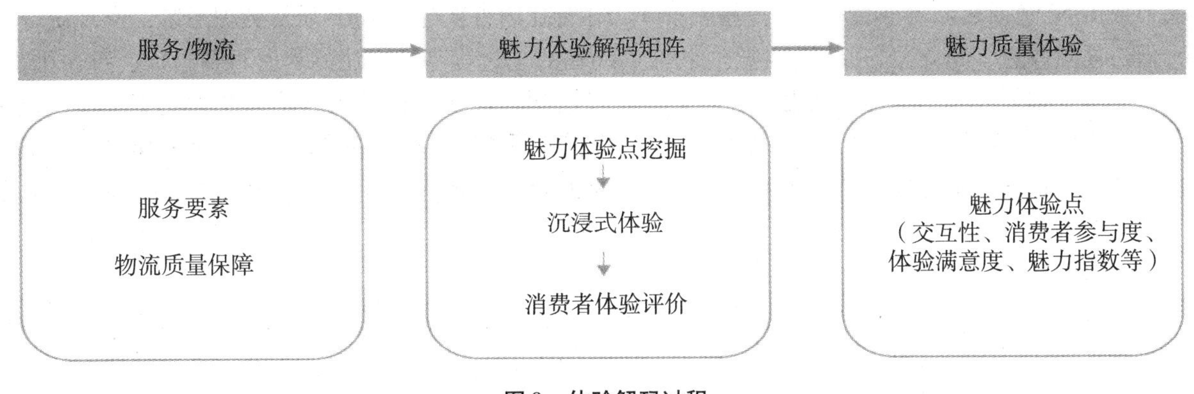

图9 体验解码过程

青岛啤酒以服务解码中对接触点的设计为基础，组织参与体验评价的消费者代表和公司相关人员，在体验地图中的每个接触点，通过观察、视频等方式记录体验人员的行为，并对行为进行解读，理解体验人员的想法，通过最后的交流回顾整个过程，描绘出消费者在全流程中的情绪曲线，寻找痛点与机会点，对体验结果进行定量评价。如 Tsingtao 1903 连锁酒吧，根据“观、品、感”的服务设计，在体验解码阶段进入了“评”的环节。通过大众点评等团购平台，收集顾客反馈，借助 ACSI 模型从客源、年龄等角度剖析消费者对服务需求的差异性和变化，绘制消费者体验地图，寻找改进点，以此不断优化调整前期的服务设计。

再如青岛国际啤酒节，通过“好玩”“好看”“好喝”“好分享”“好买”“好赞”的体验点解码，让消费者在沉浸式体验中深化和扩展与品牌之间的连接，建立关系认同，成为品牌好友，主动为品牌传播。同时，通过青岛啤酒节调查问卷对啤酒节各个环节进行消费者满意度调查，从而进一步提升品牌活动的体验服务。通过体验解码，青岛啤酒由“四位一体”品牌传播模式升级为“沉浸式品牌体验模式”。

（三）强化标准化、全程化和数字化建设，有效保障感知质量管理落地实施

1. 完善标准化控制体系，规范体系运行

青岛啤酒多年以来通过七大管理体系（其中质量管理体系和食品安全管理体系在行业内率先通过认证）、200 多项质量管理制度和三大标准体系（840 项技术标准、595 项管理标准和 647 项工作标准）等，保障和促进质量水平的持续提升。在标准引领上，全面对接国际标准、引领国内啤酒行业标准；在执行落地上，拥有三层级目标分解、多维度回顾分析、精细化质量查核、精准化持续改善的完备路径；在过程监控上，实施清单式管理，不断消除管理盲点和漏点。

为使新的质量管理体系运行规范、顺畅，在原有的控制体系的基础上，着重开展了几项工作：一是建立以端到端流程为基础的覆盖质量管理模式全过程的一级管理流程，以消费者需求为中心梳理设计，识别建立关键节点，明确组织职责，形成标准化工作流，同时根据感知质量管理的特性搭建、调整各环节的标准流程；二是建立从科研开发、原料采购、生产过程、到物流、客户服务等全供应链的感知质量指标体系，如在啤酒节、酒吧等各体验服务场所建立标准化、规范化、具有青岛啤酒特色的沉浸式体验工作标准，引导消费者全身心投入以欢乐为主题的场景中；三是夯实制度保障，把质量管理体系运行中的经验纳入标准文件中，从制度层面固化工作的内容和要求，形成保障体系运行的长效机制。

2. 采用全程化感官评价，把关感知质量

全程化感官评价是青岛啤酒特色，通过全方位监控、全过程品评和多层级人才建设，建立从“田间”到“舌尖”的全程化感官评价。青岛啤酒建立统一的检测标准体系和检测方法，针对每一瓶青岛

啤酒形成 1856 道质量监测项目和 433 个检验 SOP，在行业内首次建立 ERP 质量数据系统，实现统计分析，促进质量改进；建立覆盖原料、生产、物流、终端的全过程品评方法，从原料到出厂，每一批次、每一个环节，都要经过品水师、品麦师、品酒师的“三师”会审，监控项数达到 8 大类 131 项，识别与酒液有接触的 56 类材料，建立品评标准 28 个，特色啤酒相关品评标准 11 个，近年来加强了与消费者的互动品评；针对全过程的品评体系建立分门别类的全过程风味人才库，公司分层级品评人才队伍 3485 人，国家评委人数占行业的 42%。

3. 建设数字化管理平台，赋能精准解码

质量管理体系各环节的解码是否精准以及解码是否能快捷传递，与数字化水平有很大关联。青岛啤酒信息化水平在同行业中居于领先地位，随着信息技术的飞速发展，近年来以覆盖全业务领域的信息系统为基础，加快数字化转型，从顶层规划、业务支撑、数字枢纽三个维度不断实践，打造端到端、可持续发展的数字化生态。

数字化水平的不断提高实现了解码的精准性，使解码建立在不断收集和累积的数据之上，使解码数据库得以不断更新，形成以“码”为要素的数据集，同时，也使解码传递的快捷性得到了保证。通过数字化平台的建设，青岛啤酒打通了端到端供应链，能够精准识别用户需求，与研发、生产、物流、供应商、销售终端实时共享数据，精准预判并快速应对需求波动，零距离为消费者提供所需的感知质量，实现以“魅力产品、魅力场景、魅力服务”为内容的质量新体验。

（四）加强人才队伍和企业文化建设，为实施感知质量管理形成良好机制和氛围

1. 打造专业化人才团队，提供人才支持

为给新的质量管理体系提供组织支撑和人才支持，重点加强了个性化的激励与分类培养。一是对高端人才予以强激励和国际化舞台：对于研发人员，建立了与市场接轨、以岗位和项目管理为核心、以能力和贡献为主导的薪酬激励机制，研发人员薪酬水平远高于行业平均水平；建立了酿酒师进阶机制；为研发人员和酿酒师出国深造、参加学术交流和国际学术会议提供机会和舞台。二是完善技能人才的成长机制：建立技能师评聘制度，开展“大师带徒”计划，举办职业技能大赛，成立“技能大师工作室”，出台技能人才的管理办法，建立“四个一”技能人才培养模式（一致的技能水平等级标准、一致的在职培训课程方案、一致的教学过程、一致的评价方法），搭建三级技能人才共享平台（公司级技能专家队伍、区域专家、工厂技能人员各负其责，共享经验，共同解决问题），打造“两赛一练六基地”多维学习平台。三是加强了服务人才的培养，如为提升消费者体验，推行国际精酿侍酒师认证培训，为啤酒侍酒服务打下人才基础。

2. 传承与发展质量文化，强化文化引领

为强化质量文化对新的质量管理体系的引领作用，重点加强了几个方面的工作：一是丰富质量文化内涵，为质量文化注入时代元素，引入感知质量和魅力质量概念，不断强化以消费者为中心的理念；二是把质量视野拓展到了涵盖全链条、全员的大质量文化，以全员改善文化为切入点，进行全员质量文化建设，近三年来，注册公司级六西格玛项目 236 个、重点 QC 项目 1662 个，产生直接经济效益达 3040 万元，现场、设备、人员素质都发生了显著的变化；三是完善青岛啤酒的企业文化运行体系，从公司战略、文化调研报告的输入，到共同价值观的输出，形成了一个闭环的管理系统，通过报纸、网络电视、企业微信号、企业信息门户等组成的四位一体融媒体平台对质量文化进行了有效传播。

三、构建基于端到端解码的感知质量管理的成效

（一）获得了消费者广泛认可，经营业绩显著

以消费者为中心的感知质量管理增强了消费者与青岛啤酒品牌之间的黏性，使品牌影响力不断扩大。根据第三方的调研报告，青岛啤酒在客户忠诚度等核心指标上处于行业领先水平，为全球消费者制

造超预期的愉悦体验，从单一产品的魅力质量，到品牌的魅力质量、服务的魅力质量、啤酒文化的魅力质量、消费者体验的魅力质量、企业管理的魅力质量，最终转化为高质量的经营成果。青岛啤酒经营业绩连续三年保持高速增长，屡创历史新高。2020 年在新冠肺炎疫情影响、行业业绩明显分化的情况下，交出“史上最高利润”的成绩单：利润总额历史首次突破 30 亿元，归属上市公司股东净利润历史首次突破 20 亿元；市值首次突破千亿元，股价首次突破百元，发展质量获得了资本市场的认可。2021 年前三季度，青岛啤酒营业收入、净利润再次创历史新高：实现营业收入 267.7 亿元，同比增长 9.62%；实现归属上市公司股东的净利润 36.1 亿元，同比增长 21.25%，比 2019 年同期增长 39.64%。

（二）增强了以质量和品牌为核心的企业竞争力

通过新体系运行，产品创新不断提速，产品质量不断提高，质量管理不断提升。一是产品创新。通过精准解码，近年来，青岛啤酒共开发上市新产品数十款，储备新产品百余款，建立了 9 大类、79 个产品系列，实现了从“有一瓶”到“有一套”，其中百年之旅系列产品，冲破行业“天花板”，首创艺术酿造概念，新产品上市数量和市场占有率等均居行业首位，近 3 年新产品累计新增收入 60 亿元。二是质量提高。皮尔森、奥古特、全麦白啤、黑啤、0.0% 无醇啤酒等在欧洲啤酒之星、世界啤酒锦标赛等赛事上摘星夺金，近 3 年斩获 14 项国际顶级赛事大奖。三是管理提升。质量管理在各环节不断完善，2021 年青岛啤酒蝉联中国质量奖提名奖。2021 年，青岛啤酒以 1985.66 亿元的品牌价值，连续 18 年领军中国啤酒行业，青岛啤酒公司旗下的崂山啤酒、汉斯啤酒、青岛啤酒博物馆以及王子四个子品牌也都位列中国 500 最具价值品牌榜，继续保持高于行业水平的品牌溢价能力，千升酒营业收入高于行业内主要竞争对手。国际市场高端定位进一步巩固，尤其是在西欧、北美市场，产品定价比肩进口高端品牌；近年来青岛啤酒频频亮相于 APEC、G20 峰会、金砖国家峰会、上合组织峰会等国宴餐桌，树立了“中国质造”在国际市场上的高端品牌形象，被誉为“舌尖上的外交官”。

（成果创造人：黄克兴、王瑞永、徐　楠、董建军、蔡志伟、姜宗祥、皮向荣、江　晖）

区域发电企业以“精·智”为目标的一日经营核算管理

中国华能集团有限公司江西分公司

中国华能集团有限公司江西分公司（以下简称江西分公司）成立于2009年，是中国华能在江西区域的二级管理机构，主要负责中国华能在江西区域的能源开发建设及运营管理，下辖井冈山电厂、安源电厂、瑞金电厂、江西清洁能源公司及江西能源销售公司等5家基层企业和电力交易运营中心、燃料调配中心等2个直属单位，为江西老区振兴发展提供可靠的电源支撑，对增强江西电力安全保障、促进经济社会发展具有重要的意义。目前，江西分公司总资产为221亿元，电力运营装机为736万千瓦，约占全省统调装机的21%，累计发电2272亿千瓦·时。2020年，江西分公司完成营业收入79.97亿元、利润总额7.25亿元，企业竞争力在江西区域保持领先。

一、区域发电企业以“精·智”为目标的一日经营核算管理背景

（一）顺应国家高质量发展和国有企业对标世界一流管理提升提出的更高要求

中国华能集团以对标世界一流为出发点和切入点，提出加快建设“三色三强三优”世界一流能源企业的战略实施路径。但目前在管理制度、组织、责任、执行、评价体系建设，以及在战略引领、科学管控、精益运营、价值创造、自主创新、合规经营、选人用人、系统集成等管理能力方面与现代企业和国际先进水平仍有较大差距。对标世界一流能源企业，国有发电企业必须破除机制障碍，创新管理思路，融入新型电力系统需要，打造数字化竞争新优势，达到更高效、更高质量、更精细化、更低成本、更清洁化、更人性化的状态，以全面提升企业管理创新能力和现代治理水平，在维护国家能源安全和保障社会民生等方面发挥重要作用。

（二）传统火电企业转型升级的必然选择

近年来，随着我国供给侧结构性改革、电力市场化改革加速推进，以及煤炭市场先后经历的2016年“去产能、限产量”，2017年“保供应、稳煤价”，2018年结构性优产能等阶段的发展，发电企业同质化竞争日益加剧，加之清洁低碳发展成为大势所趋，能源生产和消费模式正发生重大转变，电力系统结构形态发生重大变化，火电企业由“电量型”电源向“电力型”电源转变，面临着设备利用小时、电量、电价下降，调峰带来机组能效下降等多重压力，成本控制压力倒逼火电企业不断提升管理水平与管控效率。同时，传统发电企业存在市场洞察能力不足，企业内部协同能力弱等痛点问题，倒逼发电企业转型升级，推进工业化、精益化和数字化深度融合，坚持走内涵式、精益化、高质量发展道路，实现企业可持续发展。

（三）实现区域发电企业高质量发展和提升竞争力的重要途径

江西分公司是以煤电为主的区域重要能源企业之一，但面临的经营管理环境十分严峻，存在发展质量不高、市场竞争力不强的问题，其主要原因来自煤炭和电力两个市场。从煤炭市场看，江西煤炭资源贫乏，电煤严重依赖省外供应，加之江西省属内陆省份，直达煤铁路运距远，运输成本高，下水煤海进江转陆及海转陆方式采购，中间环节费用较高，燃料成本居高不下，成为遏制发电企业经营发展的主要问题。从电力市场看，随着经营性电力用户发用电计划全面放开，交易电量规模增长较快，交易电价下行成为大概率事件，市场竞争进一步加剧。此外，随着新能源项目投产，跨省特高压直流输电工程送电，区域发电企业将迎来更加激烈的市场竞争。

二、区域发电企业以“精·智”为目标的一日经营核算管理的主要做法

（一）进行顶层设计，整体谋划推动

1. 成立组织机构

在区域公司和各基层企业成立精益管理领导小组、业务工作小组、“三化”工作小组和效能督查组。领导小组负责工作统筹协调和总体推进一日经营核算管理，在重大事项与关键问题上做出决策。业务工作小组负责制定精益管理子体系实施方案，落实具体管理要求和业务规范，协调解决相关问题；实现业务与财务融会贯通，搭建组织结构完整、逻辑清晰的发电成本实时分析平台，为精益管理实施提供信息化、数字化支撑；督导精益管理实施进度，定期向领导小组汇报工作进展情况。“三化”（精益化、标准化、数字化）工作小组负责公司“三化”工作顶层设计、整体布局，决定重大事项，审核工作方案和制度。小组下设工作办公室和3个专项工作小组，配齐配强工作人员，细化任务分工，合力推进精益化管理、标准化建设、数字化落地。效能督查组整合办公室、人资、纪检、审计、党建部门的丰富资源，从严督导各部门和基层企业贯彻落实部署的各项重点工作任务。

2. 明确工作思路

江西分公司推动以价值创造为导向的精益管理理念，以“两利四率”（国资委提出的中央企业高质量发展绩效考核体系指标，包括利润总额、净利润、营业收入利润率、全员劳动生产率、资产负债率和研发投入强度）为核心，以打造提质增效升级版为目标，建立全价值链精益管理体系，推动各业务板块协同联动，有效消除各环节浪费行为，降低成本，提高效率，持续提升价值创造能力。通过管理渐进式创新和全员岗位创新，消除一切不必要浪费，“合理极致”量化分析每项业务运营规范和价值记录规则，促进业务与财务的融合联动，推进财务一日经营核算，实现价值创造最大、综合效益最优。发扬实事求是的优良作风，破除各自为政，强调专业复合，注重成本控制。

3. 分阶段实施推进

江西分公司“精·智”管理规划五年（2017—2021年）分四步实施，其中：2017—2018年为试点阶段，导入“精细为基础、成本为抓手、价值增长为目标”的精益管理理念（精细 + 成本 + 价值增长），开展单元成本管理试点工作；2019年为全面推行阶段，初步建立“1 +7”精益管理体系；2020年为巩固提升阶段，着力创新精益管理举措，推进财务与业务、精益化与数字化的深度融合，实施一日经营核算管理；2021年为持续改善、文化引领阶段，建设区域公司大数据应用中心，支撑全业务量化分析和实时决策，建立数据标准和流程规范，完善一日经营核算管理长效机制，打造江西精智管理品牌，塑造一流企业文化，推进一流企业创建。

（二）构建体系架构，理顺管理机制与标准

1. 横向建立全价值链“1 +7”精益管理体系

精益管理是精智管理的基础。围绕发电企业的安全生产、市场营销、燃料管理、招标采购、资产资金税务、企业治理效能和项目发展等“全员、全要素、全过程、全价值链”环节，深入分析成本浪费的时间、区域、过程和原因，并对生产方式、组织能力和管理方法进行创新，旨在实现以最小资源投入创造最大价值，以此建立发电企业全价值链“1 +7”精益管理体系。其中：“1”是指提质增效创一流；“7”是生产、燃料、营销、财务、基建、采购、企业治理效能等7个子体系。一日经营核算管理对各个子体系的业务系统进行平台化整合，打通底层数据，异构系统实现数据同构、数据共享，推动各业务板块高效协同。

2. 纵向建立“两级两中心”管理体系

基层企业是成本中心，主要负责本单位“围墙内”的生产经营工作，维护机组设备安全、稳定、经济运行，优化企业内部管理流程，消除浪费，降低成本，提升运营效率效益，推动国有资产保值增

值。区域公司是利润中心，根据管理职能进一步优化基层企业职能分工和权责事项，将基层企业燃料采购部门、电力营销部门撤除，在区域公司成立燃料调配中心和运营中心，统筹区域燃料采购和发电调度，实施产供销协同联动，优化资源配置，实现区域公司整体价值创造最大化；在提升存量资产的短期利润增长点的同时，拓展精智管理的宽度和深度，追求绿色转型发展和科技创新等中长期利润增长极。建立“两级两中心”管理体系，按照“纵到底、横到边、全覆盖”的工作思路，全员参与精智管理实践，一把手以上率下实施精益改善，不断提升区域公司整体质量效益。

3. 建立以精智管理为主线的标准化管理体系

为使精智管理的全过程保持高度统一行动和高效运行，江西分公司按照“简化、统一、协调、优化”的原则，建设统一规范的技术、管理和岗位标准体系，形成可复制可推广的精智管理标准体系。对精智管理的思想、步骤、架构、算法等进行总结提炼，形成平台推广应用标准，再对管理体系进行标准建设，包括节能减排、状态检修等技术标准，费用定额标准，单元成本管理标准，电量、电价、市场交易管理标准，煤炭采购、存储、耗用的管理标准，党建、组织人事、行政、审计、纪检“五位一体”的联动管理标准，最终形成标准化管理体系。目前，已建立包含796项技术标准、管理标准、岗位标准的完整标准体系，平台标准手册3册。通过标准化管理体系的建立，精智管理每一项工作、指标、制度、方案、细则，在质量保证的前提下具有可行性和可操作。

4. 推动以价值为导向的业务与财务融合

加强全业务、全流程价值管理，建立以价值创造为中心，以电量电价种类、单位燃料成本、单位变动成本、机组技术性能等指标参数为核心的财务数据分析体系，为管理决策提供及时、准确、全面的业财数据支持，提供高效、精准的成本数据支撑，为营销部门制定具有竞争力的报价策略。结合对标，确定价值“标准”，消除不创造价值的流程和业务，让“价值引领”“价值创造”理念贯穿业财全流程、运营各环节，促进业财融合。以节能技改为例，以往生产管理人员误认为生产技改项目越多越好，忽视投资回报，缺失价值管理，业财融合后生产管理人员有了“沉没成本”“资金成本”“投入－产出”的精益理念，在节能技改投入上更加慎重，对节能技改项目进行投入与产出比的经济性分析，站在项目全寿命周期、施工全过程的角度进行分析和规划，以全寿命周期价值正增长作为项目实施的前提条件。

（三）信息技术赋能，重塑运营模式

1. 推动生产数字化

生产管理不仅要提升设备的可靠性和运行效率，还要通过生产数字化管理，提升整体经济性，实现企业价值最大化。一是建设数字化煤场，推动智能化配煤掺烧。升级改造煤场，增设在线激光盘煤仪、斗轮机定位系统、斗轮机皮带秤等，建成数字化煤场，实现煤场全流程数字化管理，以此推动智能化配煤掺烧，对全厂所有煤场基于三维点阵的煤堆堆形、煤种、煤量、煤质、煤价、位置、时间等信息进行在线监视和数字化显示，提供二维和三维可视化煤场地图及地图的历史追溯，精准确定配煤种类和比例，通过配煤掺烧降低发电燃料成本。二是开展设备全生命周期状态诊断与检修。围绕设备振动故障预判、油液性能分析、红外成像监测、四管泄漏监测等重点方向，采用数字技术和智能装备开展设备状态监测、诊断、评估工作，预测设备潜在故障和风险，将定期未知性检修转变为不定期预知性检修，使原本大量、固定的检修工作变为“全面监测＋定点修理”，用最少的检修工作，花最少的检修费用，提升机组安全可靠性和可用率。

2. 推动管理数字化

建设大数据应用中心，赋能数字资产运营。一是建设智能平台。利用“大云物智移”技术，基层企业建设一日经营核算管理平台，区域公司建设利润中心平台，建成区域公司智能平台。将华能集团营销、燃料、人力资源、财务等业务系统深度融入智能平台，实现“风光火储”各类生产实时数据和经营管理数据全接入，建成大数据应用中心，不同应用场景数据互联共享，形成区域一体化的数字管理体系，形成集安全保障、应急指挥、调度指挥、智能运维、经营分析、价值创造为一体的数字化决策系统。二是创建正平衡燃料成本核算方法。基于燃料全流程价值链跟踪和全生命周期量、质、价等数据自动贯通，运用正平衡法，以准确的计量数据正向推导和计算，实现正平衡燃料成本核算。正平衡燃料成本核算强调对生产资源的个别认定，从每一项资源的原始特性出发，确保计量真实准确，使生产调节结果实时反映在成本上，成为电力现货交易决策的“指挥棒”。

3. 推动运营智慧化

发电企业智慧运营是通过自动化、智能化、智慧化，提升生产运营效率效益、降低碳排放。以瑞金电厂为例，从系统开发、组织结构和技术路线等方面做好智慧电厂顶层设计和系统规划，基于华能工业互联网技术的“云边协同”理念，打造以解决电厂实际问题为导向的四大智慧应用体系（智慧安全、智慧运行、智慧巡检、智慧营销）及可自主选配 N 个智慧应用模块的智慧电厂。一是智慧安全体系，基于安全生产管理要求，重点打通视频流、数据流和工作流，实现“三流合一”的智慧化安防。二是智慧运行体系，基于瑞金电厂全国产化 DCS 运行中心，集成宽负荷自动巡航、智慧监盘以及智能燃烧等智能控制模块，提升机组灵活运行水平和主要参数的控制品质。三是智慧巡检体系，围绕电厂设备安全与可靠性开展，重点提升无人巡检率和设备状态检修技术。四是智慧营销体系，实施实时成本分析与上网竞价决策。瑞金电厂已完成全国产 DCS/DEH 一体化应用，成为国内首个控制系统全国产化智慧火电厂，全面实施智慧电厂管理，有效提升竞争力。

（四）围绕核心业务，深耕精益管理

1. 推进生产“五个中心”精益化管理

建设火电企业精益生产“五个中心”，追求设备可靠性高、生产成本低和节能减排指标优。安全管理监察中心突出双重预防机制建设，层层落实安全责任，消除安全隐患，杜绝违规现象，持续保持安全稳定。设备可靠性诊断中心围绕发电设备振动故障预判、油液性能分析、红外成像监测、四管泄漏监测等重点方向，采用数字技术和智能装备自主开展主设备状态监测、诊断、评估工作。机组经济性分析中心通过实施机组结构降耗、管理降耗和技术降耗等措施，保持区域对标最优水平。配煤掺烧指挥中心统筹环保、生产和效益关系，按照“高卡煤保负荷、低灰煤保安全、低硫煤保环境”的原则，应用配煤寻优模型，以“煤价、煤耗、碳排放”最低为目标函数，根据当日发电负荷曲线和上煤计划计算最优配煤方案，将掺配比例提升至 45% 以上。生产成本控制中心实施状态检修、自主承修、修旧利废和污泥掺烧等降本措施，单位电量生产费用逐年下降。

2. 推进营销精益化管理

一是电量精益管理。贯彻大营销理念，加强产供销协同联动，实现年度发电利用小时数、计划完成率对标领先；落实最经济的年度发电策略，实现整体发电效益最大化。二是提升市场交易能力。推进分公司一体化营销体系制度建设和一体化经营业务，构建与市场竞争相适应、灵活高效的市场开拓机制；创新用户培育模式，提升现货交易能力。三是开展技术营销。探索区块链技术在售电市场的应用，提升营销软实力，提升对政策变化、价格波动、居间服务、售电市场以及信息安全等方面的风险的敏感性和应对能力。四是大力开拓供热市场。巩固已有热用户，继续完善管网布置，扩大供热范围，实现供汽销售收入年增长率 15% 以上。

3. 推进燃料精益化管理

一是提出并落实“采购满足生产、生产服务营销、综合发电成本最低”的大燃料理念和“淡储旺耗、长协为本、供给侧结构性优化”的战略思路，落实“季节换煤价、易地库存、期现对冲”等差异化的战术对策和“长协为主、现货补充、梯级采购”的采购策略，建设“自信、务实、干净”的燃料团队。二是优化煤源结构。加强资源开发，积极培育竞价供应商，开展竞价招标工作。三是优化运输渠道。发挥区域燃料集中采购优势，科学研判煤炭市场形势和国家进口煤政策，做好煤炭梯级采购和通道优化，协调落实港口方向的铁路运费优惠政策。四是燃料调运精细化管理。开发发电企业调运信息化APP 系统，推进电厂采购渠道调运标准化、精细化管理。

4. 推进基建精益化管理

一是做好发电项目前期决策（厂址、机组容量和参数等），控制建设成本，提高机组性能。二是全面推行基建单元成本管理。将台塑企业单元成本管理经验应用到电力基建管理，采取鱼骨图分析法等细分基建成本，建立基建单元成本考核机制，按节支额或超支额的 1% 进行奖惩。以高龙山风电场为例，通过基建单元成本管理，从项目决策、设计、采购、施工、竣工交付等环节全面控制成本，单位装机容量造价 6823 元/千瓦，成为华能集团和江西省造价最优的高山风场。三是加强优化设计管理。瑞金二期通过主厂房、铁路线路等设计优化，累计节约建设成本 1.6 亿元，打鼓寨风电项目节约建设成本 0.3 亿元。

5. 实行价值引领型财务管理

建立会计核算、资金核算、全面预算“三算合一”的一体化财务系统，实施资产、成本、资金、税务精益管理，做强增量、做优存量和做好减量，推进业财融合，提升国有资本配置和运营效率，实现国有资产保值增值。一是优化股权结构，延伸上下游产业链，整合发挥煤与电的行业优势，推动瑞金电厂“煤电联营”混合所有制改革，引进战略投资人陕西秦煤集团公司，持股比例为 50%，降低煤电联营整体成本，提高市场风险对冲能力。二是构建发电成本精益管理体系和执行模型，制定各项费用定额，实施单元成本管理，挤压无效成本；应用零基预算方法分解下达年度成本费用预算，对检修费、材料费、外部劳务费和管理费等成本进行效益分析，区分约束性费用和酌量性开支费用项目，按重要程度分解下达预算，每年节约成本费用超 1000 万元。三是实施精益资金管理。强化资金支付三级复核、密钥管理，银行对账管理，确保资金安全；抓好融资工具的使用、融资时点的选择和富余资金的使用；优化贷款结构，创新融资模式，开展境外低利率融资。四是实施精益税务管理。区域发电企业先后通过高新技术企业认定，企业所得税由 25% 下调至 15%，近几年运用税收优惠政策，每年降低企业税负超过 1 亿元。

（五）建设智能平台，开展一日经营核算

1. 构建管理数学模型

为有效解决发电企业业务运行中的设备状态评估与可靠性不足、跨专业联动不深、生产经营决策时效性不够等痛点、难点和堵点，江西分公司通过数字化赋能精益管理，管理由定性到定量、信息获取由定点捕捉到连续积累，通过连续积累过程数据、环节和要素的依存关系，以数学方式概括、表达、呈现与实际运行近似的结果，从而构建关键环节的管理模型。例如：围绕精益生产管理，构建智能配煤寻优模型；围绕精益燃料管理，构建煤价预测模型、燃料采购寻优模型；围绕精益营销管理，构建三个月电量滚动预测模型、“三线四区”的现货交易模型；基于精益财务管理思维，构建发电燃料成本正平衡核算模型；基于企业创造价值最大化，对人、财、物、信息等核心资源进行优化配置，构建生产、营销和燃料的协同联动寻优模型（产供销高效协同模型）。

2. 建立一日经营核算平台

运用数字化技术对管理数学模型进行重构和集成，对现有业务功能进行平台化整合，基层企业建设一日经营核算平台。一日经营核算平台以成本管控为核心，以发电效益最大化为目标，实时计算分析生产经营关键指标、成本指标、边际贡献等，将生产经营管理由事后总结转变为事前规划、事中监控、事后分析的全过程管控；构建电厂侧多目标协调联动机制，基于平衡煤价分析、月负荷预测、煤价趋势预测、掺烧后评价，以发电边际贡献最大化进行燃料采购优化、配煤掺烧优化、电量电价寻优，为优化资源配置、厂级决策提供依据。

3. 建立利润中心平台

在基层企业一日经营核算平台的基础上，以区域公司价值创造最大化为目标，以杜邦分析法为工具，以净资产收益率为切入，建立区域公司利润中心平台，包括财务管理、运营管理、风险管控、绿色发展、科技创新、对标评价、效能治理等七大功能模块，重点关注区域整体经营指标和财务指标、燃料采购指标、电力营销指标评价，推动区域公司产供销的高效协同，促进区域公司核心资源的优化配置，实施成本最低、价值最大的经营策略。实时在线精准跟踪对标一流、绿色发展、员工创新等指标，实现数字化的利润、绩效驱动。

（六）推行集约管理，实施产供销高效协同

1. 建立产供销协同联动机制

建立智能管控平台后，打通原有业务流程断点，实现各环节的统一，使得任何一项资产要素的变动均可量化反映到价值流，通过价值流变化分析和大数据分析，推动集约化管理，促进人、财、物、信息等核心资源的优化配置。建立“发电量、采购煤种、配煤掺烧、安全生产”和“煤价、煤耗、电量交易”协同机制，进行度电变动成本与电量、电价、煤价趋势的联动分析，围绕电量销售目标、燃料采购计划、机组检修安排开展寻优，促使企业创造价值最大化。

2. 实施以电力市场为导向的协同联动

江西分公司提出“营销是生产经营的龙头”，积极推进以电力市场为导向的协同联动，即根据未来一段时期机组发电量、交易电量的预测情况，推动营销与生产、燃料的协同联动。一是通过发电量三个月滚动预测模型，对江西省用电负荷、清洁能源电力负荷和江西分公司电源侧电量进行滚动预测，为燃料采购、机组检修安排和经济煤种掺烧精准施策。二是以区域公司发电煤耗最低为目标，推进营销与生产的协同联动，即在区域公司层面开展高耗能的小机组向低耗能的大机组转移发电权，降低区域公司整体发电煤耗。以井冈山电厂一期机组为例，井冈山电厂一期机组为30万级机组，其综合供电煤耗高达330克/千瓦·时，近几年每年向区域公司60万级机组（其中，井冈山电厂二期机组综合供电煤耗293克/千瓦·时、安源电厂二次再热机组综合供电煤耗275克/千瓦·时）转移发电量10亿千瓦·时以上，节约区域公司整体发电燃料成本超过4000万元。

3. 实施以燃料成本为核心的协同联动

江西分公司提出“燃料是成本制胜、市场竞争的核心”，推行以燃料成本为核心的协同联动，即利用煤价预测模型，预测煤价走势，加强与生产、营销的协同联动，全力降低发电成本，提高市场竞争力。一是基于发电机组近7天正平衡燃料成本统计数据和D+1天成本预测数据的平均值，获取“三线”（度电边际成本线、盈亏平衡成本线、盈利目标成本线），划分“四区”（运行无效区、边际有效区、增量高效区、盈利超效区），科学确定市场竞价、调峰报价的“黄线”和“红线”，为月度集中竞价和现货交易提供辅助决策。二是根据中长期煤价走势预测情况，合理安排机组检修时间，从时间维度上优化机组全年12个月的发电结构，在满足电力调度要求的前提下，尽可能在煤价高位时段少存煤和安排机组大修，在煤价低位时段多存煤和多发电。

（七）建立激励机制，塑造一流企业文化

1. 进行全员发动，创新激励机制

一是建立先进管理文化引领机制。将井冈山精神“艰苦奋斗”、安源精神“敢为人先”和苏区精神“争创一流”等融入企业生产经营管理中；设计精益管理宣传海报、开设专题网站、开辟文化专栏、编辑宣贯专题，充分运用好党政工团各平台和阵地宣贯“不懂财务的生产干部是不合格的干部”“不搞没有价值增长的节能技改项目”等精益管理理念，引导职工工作思维、行为和方式的持续改善，培植全员价值共识，形成“人人乐于精益，事事成于精益”的企业管理文化。二是建立精益督导师带动机制。开展精益督导师四个带级评价（精益大师、精益黑带、精益绿带和精益黄带）的认证工作，给予各级精益人才不同职业发展通道加分，作为岗位评定和职位晋升的重要依据，充分发挥督导师在企业精益改善实践中的“头雁效应”。三是针对企业经营业绩和持续发展有直接重要影响的管理、技术、营销、业务等核心骨干人才，设计并落实超额利润分享机制，激励职工精益求情、持续超越。

2. 坚持问题导向，实现闭环管理

一是建立“揭榜挂帅”机制。针对传统发电企业市场洞察手段落后的经营管理痛点问题，张榜招贤，成立课题组，开展针对性专项课题研究，切实解决生产和管理中的现实痛点问题，提升管理效率效益。二是建立问题解决闭环机制。生产经营过程中发现问题之后，鼓励职工第一时间尝试就地解决；解决不了的立刻进入“自下而上反映问题、自上而下支持解决”的问题解决闭环流程，通过召开专题会、成立工作专班等推动问题解决。三是建立协同创新机制。广泛引进华中科大等高校资源力量，充实两个平台建设专家团队，引进先进信息技术和先进管理理念，解决平台建设过程中的关键技术难题，推动平台迭代升级。

3. 注重人才培养，强化队伍建设

一是强化管理人才培养机制。针对发电企业过去重生产培训、轻管理培训的问题，建立一整套精益管理人才培养和知识养成机制，企业一把手带头学，亲自抓精益培训，利用周例会、月度经济活动分析会和中心组扩大会等，为干部职工授课，讲解成本管理知识以及 PDCA 循环、六西格玛分析、鱼骨分析图等管理工具的实践运用，开展精益管理答题竞赛，举办精益管理知识考试，解决企业缺乏高素质管理人才、员工成本意识淡薄等问题。二是建立“三能”机制。把好干部选拔关口，健全干部监督体系，完善干部考核评价机制，建立干部能上能下的保障机制，打造一支懂财务、懂业务、懂数字化的高素质复合型干部队伍；突出效益效率导向，尽可能将职工收入与企业效益挂钩，合理调整职工收入中固定收入和业绩奖金的比例，建立以价值创造为导向，激励约束并重的薪酬机制；强化考核淘汰、竞争淘汰和从严问责，真正做到考得严、下得去，准确把握容错纠错的基本原则，建立解决能力不足“不能为”、动力不足“不想为”、担当不足“不敢为”问题的各级各类人员考核评价机制，充分发挥绩效考核的激励导向作用。三是深化党建内嵌生产经营机制。坚定不移深化党建工作与生产经营深度融合机制，部门党支部书记与主任一肩挑，促进互融互进、同频共振，为企业生产经营把方向、管大局、保落实提高坚强保障，以党建新成效推动企业管理效率效益全面提升，最终聚变成为企业卓越的竞争优势。

三、区域发电企业以“精·智”为目标的一日经营核算管理的效果

（一）取得显著经济效益

2016 年至 2020 年四年间，累计降本节支创造经济效益超过 6 亿元，利润总额从 700 多万元上升至 7 亿多元，综合供电煤耗下降 3.85 克/千瓦·时，国有资本保值增值率提高 10.7 个百分点。

一是发电成本不断寻优。2020 年，利用燃料成本寻优模型，完成采购标煤单价 857.24 元/吨，同比下降 59.72 元/吨，降幅在集团公司二级单位中排名靠前。配煤掺烧优化模型指导掺烧管理，将掺配比例提升至 45%以上，节约燃料成本 4661 万元。2020 年，江西分公司全口径采购金额 11.19 亿元，比概算节省 3.1 亿元，节资率 25%，节资率在华能集团内排名第一。2020 年，火电企业财务费用同比下降 3452 万元，同比降幅 10.17%，企业税负减少 10860 万元。

二是区域整体效益最大化。通过数学预测模型指导业务资源配置，本部、发电、售电一体化统筹，营销、生产、燃料协同联动。2020 年，江西分公司煤电、风电利用小时分别为 5212 小时、2358 小时，分别比江西省煤电、风电平均利用小时高 97 小时、105 小时，区域对标排名均为第一。从区域公司层

面优化发电结构，井冈山一期30万级机组每年向分公司60万级机组转移发电量10亿千瓦·时以上，降低分公司综合供电煤耗2克/千瓦·时以上，节约燃料成本超过4000万元。

三是企业管理更为高效。数据“孤岛”升级为业务平台，运行效率提高，内部浪费减少，统筹调度更为流畅。2016年至2020年间，江西分公司综合行政费用逐年下降5%，“三重一大”决策事项精简42.4%，发文、会议、检查数分别下降52.4%、75%、76%。

（二）大幅提升市场竞争力

一是扩大了火力发电市场优势。2020年全年签约用户313家，交易电量61.75亿千瓦·时，同比增长229.49%，全省保持领先。2020年，所辖机组实现安全“零”事故和机组“零”非停，江西省能源局奖励机组利用小时30小时，迎峰度夏奖励利用小时45小时。所辖安源电厂在国内首创采用二次再热机组技术，单台机组每年减少碳排放60万吨，成功带动高效低碳技术在国内规模化发展。

二是加快了江西分公司绿色转型发展。利用利润中心平台实时跟踪清洁能源装机容量及发电量情况，评估碳减排、碳中和工作进展及质量，2016年至2020年四年间，江西分公司清洁能源装机容量由4.8万千瓦增长到91.1万千瓦，装机规模扩大至20倍，占比从1.2%提升至18.8%，累计减少碳排放超200万吨。截至2021年9月，江西分公司清洁能源装机达到142万千瓦，占全省清洁能源装机的17.5%。同时，在新能源电力基建项目上国内首创单元成本管理，高龙山风电场单位装机容量造价降至6823元/千瓦，是集团公司、江西省高山风电场造价最优的标杆项目。

（三）具有示范引领作用

建立标准化管理体系，使每一项工作、指标、制度、方案、细则具有可行性和可操作，使精智管理经验可复制、可推广。截至目前，以一日经营核算管理为核心的精智管理模式已在华能系统20余家区域公司、200家基层企业推广应用。在此基础上，进一步总结提炼出来的“五步三化”精智管理被树立为国资委十大管理标杆模式。

（成果创造人：张建林、李英辉、许英坚、赵 翼、卢怀钿、钟志勇、毛俊海、何 胜、温志华、祁海鹏、茅义军）

军工科研院所“五维一体”数字化质量管理

南京船舶雷达研究所

南京船舶雷达研究所（以下简称船舶雷达所）是承担警戒探测系统和多功能雷达装备等电子信息系统装备研制、生产的国防重点科研单位。船舶雷达所坚持以装备产品数字化、可视化、智能化研制为主线，具备从装备需求数字化分解与建模仿真论证到多维协同数字化设计、智能柔性制造、自动化调测与检验、内外场试验验证、装备保障大数据分析的能力。船舶雷达所积极推进建立以装备工程设计师领军人物、多层次高端人才、重点领域创新团队、高级专家为核心的科研人才队伍发展机制。现有职工1319人，其中拥有“百千万”工程人才、享受国务院政府津贴、国家级突出贡献中青年专家、省部级专家、集团公司首席专家等多层次高端人才100余人。

一、军工科研院所“五维一体”数字化质量管理的背景

（一）提升装备作战效能的需要

随着国家安全形势的变化，军事、武器装备发展的战略均在转型，军事发展战略由单一兵种作战向多兵种联合作战转变，由平台中心战向网络中心战转变，由消耗战向决策中心战转变，武器装备发展战略由以建用战向以战领建转变，由基于平台能力向基于体系能力转变，由重视设计和制造向重视全寿命周期系统工程转变。按照设计装备就是设计未来战争的要求，满足装备好用、管用、能打胜仗的需求，落实确保打赢一场局部战争、满足高强度实战化训练的需求，研制周期大幅缩短、新技术迭代加快，全寿命周期管理、预防性保障等装备管理日益复杂，质量管理涉及的流程、要素、类型越来越广泛，船舶雷达所需要进一步提升全面质量管理能力和水平。

（二）强化核心竞争力的需要

随着军队体制改革和武器装备采购体系改革不断深化，军工装备的核心技术优势保持、装备技术迭代更新和既有市场地位巩固都面临着前所未有的挑战，船舶雷达所传统领域遭受来自外部的强大竞争。为适应内外部发展形势，实现产品数字化、模块化设计、仿真，产品全过程、全寿命周期质量管控，船舶雷达所需要进一步提升全面质量管理能力和水平。

（三）持续改进质量管理的需要

2005年以来，船舶雷达所以构建产品数据管理系统（PDM）为起点和基础，逐步推动了采购管理、生产管理、质量管理、投产管理等业务工作的数字化运行，但管理模块开环、割裂运行，管理流程业务覆盖不足，质量信息采集、运行、处置难以闭环管控，产品研制过程的技术状态管理不到位，业务数据无法提供有效的决策支持。基于数字化设计、管理手段的持续完善，以GJB 9001C质量管理体系换版为契机，对标新时代装备质量管理体系、GJB 3206A技术状态管理等技术要求，船舶雷达所需要进一步提升全面质量管理能力和水平。

二、军工科研院所“五维一体”数字化质量管理的主要做法

（一）以架构引领实现质量体系要素全覆盖

1. 优化体系流程化架构，实现体系要素闭环控制

船舶雷达所结合2018版质量管理体系换版认证工作，策划伊始便注重设计质量管理体系的流程化架构，最终形成的2018版质量管理体系文件，覆盖GJB 9001C《质量管理体系要求》全部10个一级要素及其所属的子要素，没有删减。《质量管理体系文件》由手册和20个过程文件构成，20个过程对应

着船舶雷达所的全部核心活动，包括6个管理过程、6个支持过程、8个运行过程。体系的流程化整体架构为组织信息化建设覆盖体系标准条款确定规则，体系过程与业务过程通过信息化流程的驱动得到有效融合。

2. 完善信息化平台架构，实现体系过程与管理流程融合

体系的流程化整体架构决定一个组织、一套体系、一套流程的关系，信息化的顶层归一决策架构覆盖组织的所有业务管理流程。通过体系管理3个域（管理过程、支持过程、运行过程）20个过程与信息化功能模块匹配，表述体系过程与信息化对应关系，实现体系过程与业务工作、信息化管理的深度融合。

质量管理系统贯穿组织的运行、支持和管理全过程，协同决策管理系统也是贯穿组织的业务与管理过程，统一、融合的规则和架构，标准化、规范化的业务流程，为信息化平台的建设和质量管理体系的有效落地奠定基础，实现由经验管理向数字化管理的转变，降低产品质量成本，提高产品竞争力和客户满意度。

项目管理系统作为产品研制、生产活动管理主线，串联合同管理系统、协同设计系统、三维工艺管理系统、软件过程管理系统、采购管理系统、科研生产管理系统、售后服务系统等主要应用系统，实现产品研制寿命周期的全面管理，为产品技术状态基线的有效建立提供保证。

归一化的信息化架构保证质量管理系统覆盖组织的运行、支持和管理全过程，为各层级质量管理人员提供数据采集、分析、管理功能，纵向贯穿企业管理层的决策链。

3. 构建绩效指标数字化管理，控制组织和体系运行

船舶雷达所通过架构统一体系和信息化平台，完全实现质量管理体系的数字化运行。为更有效促进组织绩效和决策效率的提升，船舶雷达所协同决策平台对绩效指标进行分类分层级的管理，便于顶层、职能部门、基层部门实时掌握业务过程的结果，做出及时的决策和资源配置。

（二）以流程主导实现项目PDCA管理

1. 构建项目PDCA管理，实现装备全寿命周期管控

船舶雷达所以产品研制策划或生产策划分类模板主导的流程构建项目管理系统，产品策划纵向以端到端完整的WBS分解结构驱动流程推动项目执行，横向以进度、成本、资源、控制等多要素的集成管理，分层级、分阶段逐步推动实现产品技术状态基线和物理技术状态的建立；依托售后保障系统对交付装备构建产品履历，控制、记录装备问题处理流程，收集、汇总装备信息，实现装备全寿命周期技术状态的跟踪和保持。船舶雷达所将质量管理要求深度融入产品项目管理和售后保障管理，从而实现质量管理产品寿命周期全覆盖。

项目管理基于产品任务目标、产品的分解结构与流程分解结构间相互触发，以产品策划模板主导流程构建，实现对项目过程的逐层细化。产品策划纵向以端到端完整的WBS分解结构驱动流程推动项目执行，鉴于任务形式的多样性，产品策划任务模板具有多样性。船舶雷达所任务模板的基本原则：一是以总任务书、总体方案、试验大纲、鉴定定型评审等为总体或整机任务分解模板，实现端到端的完整WBS分解结构；二是以整机、分机、模块作为独立的端到端任务单元进行分解，实现多层级的WBS分解结构；三是明确每项任务的唯一责任部门、责任人，实现任务独立负责的WBS分解结构；四是任务最小颗粒度是功能模块级的WBS分解结构。

项目管理的目的是通过工作任务的要素分解、分类，以进度、成本、资源、控制等多要素的集成管理，实现项目精细化管理。船舶雷达所的项目管理基本串联所有的业务系统，从组织维、过程维和方法维构建流程体系，固化业务过程，通过对业务单元、部门、多要素集成的项目组合管理，实现项目、职能、组织的有效管理，为各层级的决策提供有效支持。

产品服务保障系统将装备产品的基础档案、故障信息、维护与维修、试验、顾客关系等信息进行统一管理，通过对装备产品保障信息的收集、共享、存储、分析和利用，实现装备全寿命周期技术状态的跟踪和保持。

2. 完善产品数据结构和工艺过程，实现生产全流程控制

产品数据结构（产品 BOM）是产品生产过程数字化运行的基本条件，船舶雷达所信息化建设完成后，整机、分机、模块均以产品 BOM 为管控要素实施产品的采购、生产、装配、调试、试验、检验流程的控制。船舶雷达所产品 BOM 包括“投产整件汇总表”“印制板投产汇总表”“检验清单”等数据，推动产品生产的数字化运行全流程流转和控制，也为产品生产全流程质量管控提供支持，确保产品的器件、零件、模块、分机、整机各类技术状态项的技术状态受控。

船舶雷达所的零件、部件、整机的生产和装配过程中，信息系统以三维工艺管理系统输出的工序节点为控制要素，产品的生产和装配过程数字化据此建设，并推动业务过程流转和进行质量控制。以工序节点要素生成的条形码实施计划、作业、检验流程的控制，实现对生产项目执行状态的精确掌控和对过程的精细化管理。

3. 优化质量信息传递准则，实现质量问题闭环控制

船舶雷达所以完全嵌入生产、采购、调测、售后保障业务系统中的质量问题处理流程实现产品全寿命周期质量信息的采集、传递、处理和汇总分析，为全过程全要素的质量持续改进提供支撑。产品质量管理贯穿于产品的全生命周期，质量管理系统按照全面质量管理要求进行信息管理、过程控制和管理决策支持，实现质量管理的“可知”“可控”和“可管”。

船舶雷达所以产品可更换单元为管理粒度，通过产品二维码标识管理和离线 PDA 数据采集，建立从设计、采购、外协到调试、环筛、检验、交付、售后保障的全过程质量控制管理，并建立完整的产品过程数据档案，实现产品质量信息可正反向追踪。全嵌入生产、采购、调测、售后保障业务系统的质量问题处置方式包括 FRACAS、技术归零、管理归零、不合格品审理和售后问题处理，所有质量问题处置已实现线上运行，所有问题处置后纠正措施和举一反三跟踪管理也已实现数字化闭环管理。

（三）以多重组合控制实现产品技术状态管理全覆盖

1. 优化产品 BOM 构建准则，实现产品技术状态唯一

产品策划方式以正向流程推动技术状态项、技术状态文件、技术状态基线的建立，产品图纸的设计形成的 BOM（数据格式的产品结构文件）链接形成唯一的产品基线，产品 BOM 与图纸、技术文件一样是数字化产品生产的依据。图号和物资编码是形成产品 BOM 的基础，船舶雷达所的设计基础数据库统一管理图号和物资编码的管控模式，决定产品技术状态的唯一性。

2. 优化产品策划和评审管控，实现受控的技术状态标识建立

技术状态管理的基础是技术状态标识的建立，技术状态标识的业务范畴包括技术状态项、技术状态文件、技术状态基线。项目管理系统按照 WBS 任务分解模板分类分级进行任务策划，结合产品寿命周期各阶段的特点和要求，分步分级形成技术状态项和技术状态文件；通过设计文件模板对技术状态项的层级进行明确、总体文件与分配文件同步评审，利用设计评审系统开展的评审工作格式审查和技术要素审查，实现技术状态项、技术状态文件和技术状态基线的控制，保证技术指标的有效传递和技术状态基线的有效确认。

3. 完善设计更改和质量问题闭环管理，实现技术状态控制

数字化运行的设计更改功能覆盖文件、图纸、工艺等所有技术状态文件，从技术审批和管理审批两个方面进行控制，技术更改审批的流程与原设计一致，管理审批实现更改影响域的分析和控制，两个方面审批都有效实施后完成设计更改流程，并按照影响域分析的结果，关联实物返工或报废投产流程，从

而实现文件和实物技术状态的控制。

数字化运行的质量问题处理功能通过嵌入在采购、生产、调测、售后服务系统中的不合格品审理、FRACAS表、质量问题归零、售后服务信息处理流程实施产品质量问题的处理，将技术状态的偏离、让步嵌入在质量问题处理流程中，实现技术状态的有效控制。

4. 优化管控过程记录准则，实现有效的技术状态纪实和审核

项目管理和调测管理系统中对产品技术状态项的实物状态以“令号+图号或物资编码+流水号（二维码）”进行标识，以令号汇总过程记录并形成产品实物的技术状态纪实，产品整机BOM构建关系形成产品技术状态数据包，确定产品履历基数。按照项目管理策划的安排，对产品的技术状态进行审核。

（四）以溯源管理实现供应链精细化控制

1. 优化标识唯一的方法控制供应链信息传递

在设计环节，从设计选型开始，设计师在物料信息库中进行选型，以从物料信息库中点选的方式搭建BOM。通过实时收集器件使用信息及定期物料使用评价，及时对停产、禁运、设计缺陷等问题器件标注选用控制标识。依托协同设计系统在BOM搭建环节进行器件限制使用管控，有效降低设计选型风险。

在采购环节，设计师通过任务投产系统进行投产，产品BOM信息转换为物料品种、数量等采购信息流转至采购端，采购人员编制采购计划，从供应商库中点选对应的供应商。同时，采购过程中的周期、价格、入库检验等记录会被系统记录，作为后续供应商量化评价的依据。

在使用环节，设计师对存在质量问题的物料进行反馈，质量师跟踪物料质量问题，并进行分类整理，所有问题由信息系统收集保留，为后续供应商量化评价提供数据。对于设计或工艺缺陷类的固有问题反馈至物料信息库管理人员，在物料信息库中及时体现，实现对物料后续使用的限制管控。

2. 完善基础信息库，实现信息准确传递

上述各环节中图号信息、物料信息、生产厂家信息和供应商信息均通过构建的基础信息“四库”保证信息传递的一致性。因此，确保物料、厂家、供应商的基础数据库信息完整性、规范性和唯一性，是有效支撑可溯源管理的基础，确保供应链的精细化管控可实现。

物料信息库包括所有直接用于产品或直接影响产品质量的元器件、原材料等外购件及外协件。质量部门设专人管理，依据相关管理要求，确保入库供物料的技术状态唯一性。设计师通过该库获取器件技术信息，开展设计选型；采购人员通过该库获取器件采购信息，确保采购与选型的一致性；检验人员通过该库获取器件检验要求，开展检验工作。物料信息库确保物料在各环节流转的信息一致、可溯源。

生产厂家库由所有物料对应的生产厂家组成，供应商库由所有物料对应的采购单位组成，有生产厂家和代理商。上述两个库均由专人负责管理，依据质量管理文件要求，对厂家和供应商资质进行把关，确保单位名称的规范性。此外厂家库中厂家与物料信息库的分类关联，实现厂家的供货范围的管控。上述两个库确保物料信息库中厂家的规范性，以及采购信息流转过程中供应商的规范和一致。

3. 优化供应商动态量化评价准则，实现供应链风险管控

质量部门按年度组织供应商评价，范围覆盖当年度内合作所有供应商，涉及产品质量、交货周期、价格、售后服务、质量保证能力、合作规模及难度等6个方面，从信息系统中提取供应商数据及采购使用相关数据，采取以客观量化打分为主、采购人员和设计师主观评价为辅的评分方式。同时，根据供货物料对产品影响程度将供应商分为关键、重要和一般3类，将评价结果与供应商重要程度相结合，实施风险分级管控。

船舶雷达所构建供应商评价系统，收集各供应链过程数据，如供应商资质能力证书登记情况、供货范围及交易量情况、外协外购产品入所检验合格率、不合格品审理记录、FRACAS 表登记情况、供货计划实施情况等，由系统依据评价打分细则给出客观分。各研究部、采购部门根据评分细则在评价系统中给出部分指标如服务态度、合作技术难度等情况的主观分，两者结合形成最终结果。

（五）以质量大数据挖掘助力量化效能评估和改进提升

1. 构建装备履历数据包，实现装备保障溯源管理

集成合同管理系统、Team Center、三维工艺管理系统、软件过程管理系统、采购管理系统、科研生产管理系统、售后保障系统等，构建流程驱动的信息化平台，确保产品设计文件、产品图样工艺文件、产品过程质量记录、产品重要质量记录、产品软件、设计仿真软件、监视测量软件、生产加工数字化文件（PCB 图、三维图、器件封装文件、SMT 装配文件、数控加工程序、电子作业指导书等）等论证、研发、生产中的装备履历数据包保存在信息化平台之中，确保产品试验数据、产品故障信息、产品维修信息、备品备件状态及使用情况、顾客关系信息、产品履历信息、产品外场技术状态变更信息、顾客培训信息、保障成本管理等试验、维护的装备履历数据包也保存在信息化平台之中，明确各类记录的标识、版本及更改控制，规范各类记录的流转、责任传递和跟踪控制，从而实现项目过程数据的沉淀，便于相关各层级人员快速查阅，为装备的效能评估和改进提供有效的信息资源，并有效促进知识经验的复用和转换。

2. 完善质量信息业务覆盖，实现全面质量管理改进

质量管理体系管理过程的组织环境识别分析管理、质量方针和目标管理、风险管理、内外部审核管理、分析和评价与改进管理之前是船舶雷达所质量管理体系运行中的短板与弱项，船舶雷达所在体系运行过程基本实现数字化管控的基础上，建设质量管理系统。

质量管理系统通过船舶雷达所各信息化平台间的信息共享，纵向贯通各职能部门的质量信息链，横向协同研发设计、采购、试验试制、生产、售后的质量业务链，实现由经验管理向数字化管理的转变，充分采集、分析覆盖装备全寿命周期，覆盖船舶雷达所体系内各部门、全要素的质量数据；通过质量改进模块，可视化地展示质量管理数据，实现质量体系要求的数十类 KPI 监视测量指标的线上运行，利于中高层管理者掌控船舶雷达所质量状态和发展趋势。基于问题导向，整合提炼船舶雷达所质量管理全过程四大方面的典型问题，质量问题按产品型号分布情况、问题类型分布情况、部门分布情况等统计、分析，形成船舶雷达所质量形势报告。通过质量信息汇总、收集的过程质量信息以及报送的质量改进建议，形成年度质量管理改进建议项目、产品质量改进建议项目，并推动 QC 活动顺利开展。

结合持续改进机制，综合质量管理系统为产品改进设计、质量追踪提供基础数据支持，为新产品的研发提供经验借鉴，为决策层的方案提供可靠的数据支撑。

3. 完善业务数字化运行，支持管理决策

以决策支持为抓手，船舶雷达所建设涵盖数据采集、数据处理与数据分析及展示为一体的协同决策分析平台。协同决策分析平台按照产品研发、档案管理、经营管理、科技管理、生产管理、物资管理、质量管理、主题管理（计划管理）等维度，对组织关键业务指标进行全方位的梳理与展示，让决策层能实时掌握船舶雷达所运行管理的总体状况。

决策数据采集由单一的数据上报汇总模式向基于大数据挖掘模式转变，通过多视角可视化展现和数据集中存取，实时对单位内各类业务数据进行数据挖掘。同时，通过平台中的各种数据分析工具，提供运营管控过程中异常报错与风险预警，让中高层管理者充分了解企业运营情况，随时随地获取企业关键数据信息，为中高层管理者提供运营管控决策支持，通过挖掘质量大数据助力量化效能评估。

三、军工科研院所“五维一体”数字化质量管理的效果

（一）装备质量和精细化质量管理水平持续提升

船舶雷达所实施“五维一体”数字化的全面质量管理以来，装备实物质量持续提升，近三年来，没有被《海军质量简报》或上级机关通报任何质量问题，某雷达被军委发展部批准为首批综合激励项目，为海军信息装备唯一项目。

船舶雷达所实施“五维一体”数字化的全面质量管理以来，因实现了体系的全覆盖和产品寿命周期的全覆盖，精细化质量管理水平持续提升，设计、生产、采购、调测、售后保障工作实施数字化管控，近三年年度产品检验项目数由30万项（条）左右提升到45万项（条）左右，基本实现了端到端无死角的质量管理，管理流程的规范化、标准化，提升了全员质量意识，促进了质量责任的落实。

（二）管理效率和效益持续提升，质量损失持续下降

船舶雷达所实施“五维一体”数字化的全面质量管理以来，大型装备的生产效率提高了30%，生产周期缩短了6~8个月，近3年来累计提升效益3亿~4亿元；批次项目数由50个左右令号同时运行提升到100个左右，但合同履约率由80%提升到95%以上；基于质量管理的全面覆盖，质量信息、质量数据的有效采集、分析、挖掘，质量风险得到有效控制，质量损失大幅下降，年度质量损失控制在1%以内。

（三）管理模式可推广应用于设备类承制单位

以策划主导实现装备研制全寿命周期管理的流程、以产品数据结构（产品BOM）和工艺过程主导的生产和采购流程是项目研制、生产、保障管理实现数字化的基础，“五维一体”数字化的全面质量管理基于信息化建设并同步推动了信息化建设，提升了数字化转型的宽度和深度。

船舶雷达所实施“五维一体”数字化的全面质量管理以来，信息化建设已基本实现了产品相关业务过程的全覆盖。“架构引领、流程主导、信息化支撑”的新时代装备建设质量管理体系正在试点，即将全面实施，船舶雷达所“五维一体”数字化的全面质量管理实践为设备类承制单位的新时代体系建设提供了技术支撑和部分解决方案，成果应用前景广泛。

（成果创造人：杨吟华、章文星、宋荣贵、陆　峻、江晓竹、赵　宁、李六根、童颖飞、许海琦、王小平、曹　玮、张　勉）

基于装备全生命周期的“一核四维”质保体系建设

渤海造船厂集团有限公司

渤海造船厂集团有限公司（以下简称渤船集团），位于辽宁省葫芦岛市，是中国船舶集团有限公司旗下重点骨干企业之一，始建于1954年，是国家高新技术企业和重大技术装备国产化研制基地。公司注册资金28亿元，资产总额为141亿元，占地面积为450万平方米，现有职工8000多人。公司拥有专利200项，两次荣获党中央、国务院、中央军委联合颁发的高技术武器装备发展建设工程重大贡献奖，获国家级科技进步奖7项、省部级科技奖100多项。

一、基于装备全生命周期的“一核四维”质保体系建设的背景

（一）实施装备全寿期保障是现代装备质量建设的根本需求

当前，捍卫领土主权和维护海洋权益的形势日趋严峻，对装备质量提出了更高要求。一方面，迫切需要以“交付战斗力”为导向，加快提高装备可靠性水平和全寿期服务保障能力，有效形成强大的全时战略慑战止战反击能力；另一方面，以人工智能、大数据为代表的信息和智能化技术、先进制造技术的迅速发展，迫切需要加强自主创新，充分利用数字化、网络化、智能化技术重构水下装备制造工艺体系、工程管理体系和服务保障体系。技术发展与自主可控给质量工作提出了新要求，面对快速增长的建造任务量和下水装备升级需求，在强军首责及部队需求的大环境下，传统的质量管理体系已不适应现代需求，亟须推动质量工程技术由迭代改进走向系统性正向设计，建立健全相适应的质量保证体系，实现质量管理全面转型升级。

（二）实施装备全寿期保障是实现水下装备换代升级的必然选择

渤船集团作为我国唯一的水下装备建造、中修及保障基地，潜心致力于水下装备质量综合提升工程。水下装备研制生产作为复杂巨系统工程，与一般水面舰船相比，具有技术高度密集，新技术比例高、研制周期长、技术风险性高等特点，且协作单位多，供应链相对不稳定。面对水下装备批量化建造新常态，综合考虑性能、进度和风险等研制生产质量管理新特点，企业质量管理模式已不能完全满足高质量完成军工任务的需要，生产效率、成本控制、质量控制、风险管控能力亟须进一步提升，对外协调力度有待进一步加强，供应链体系亟待深度优化，亟须加快缩短水下装备代差。面对水下装备全寿期质量保证要求，急需以水下装备全寿期质量保证能力建设为对象，加快实现管理能力提升，推动由水下装备总装建造向全寿期一体化保障突破，全力支撑海军战略转型。

（三）“一核四维”质量保证体系建设是适应全寿期质保要求的迫切需要

当前水下装备研制生产工作具有进度紧、任务重、技术难度大、质量要求高的特点。这决定了其质量管理具有特殊的重要性，必须抓好水下装备研制生产的质量管理，以质量促进度，加快研制生产的步伐。以往水下装备为单船建造模式，建造周期长，管理效率低，传统的质量管理侧重于对生产建造过程的质量管控，弱化了对工艺、供应链、交付后保修和保障等环节的管控，项目质量管理向前伸、向后展动力不足；依据ISO 9000系列标准和GB/T 845系列标准分别建立的质量管理体系相对独立，却管理交叉，多方协同管控未形成合力，管理层级不够清晰，缺少整体规划和正向设计，缺乏系统思维，不断出现技术问题、质量问题和一些管理问题，亟须建立一套专业化、区域化、流程化的成熟度高的质量管理新模式，亟须推进质量标准化、规范化管理，强化资源使用效率和管理效率。

二、基于装备全生命周期的“一核四维”质保体系建设的主要做法

（一）以战略方针为根本，系统设计“一核四维”的装备质量保证体系

1. 基于战略引领的统筹策划

渤船集团作为水下装备研制生产的主体和海基力量的战略基地，按照“军工核心突出、质量效率领先、创新能力强劲、服务保障高效的世界一流战略装备基地”的战略总要求聚焦装备体系建设，以“以精立业、以质兴装、诚信共赢、顾客忠诚”的质量方针为指导，以支撑渤船集团高质量发展、履行保军强军首责为根本遵循，系统策划和设计以“双标”管控为核心，以精细流程与制度、精准资源保障、精细过程管控与考核、浸润多方共治文化形成长效机制为抓手的“一核四维”水下装备质保体系。同时，建立健全考核激励制度、建设信息化支撑平台等措施，支撑水下装备批量建造的稳步推进，提升管控能力，推进我国水下装备事业跨越发展。

2. 基于问题导向的系统设计

渤船集团坚持用装导向、系统分析、正向设计、体系推进的思路，按照“持续推进、定期评估、动态调整、滚动发展”的原则，依据高质量发展纲要，在深入分析相关方需求和企业难点痛点问题基础上，提出管理机构优化、管理范围拓展、管理模式转变，系统设计新管理体系。策划在先，按照新发展谋定新体系架构，将“双标”体系全面融入水下装备全寿期各环节，形成以“双标”为基础、13 个质量管理分系统为支撑的质量管理新架构；全面控制，把预防、发现和管理水下装备设计、采购、资源、工艺、建造、保修和保障等方面风险和问题作为管控要点；强化监督，根据“过程监管、节点控制、结果考核”的要求，建立健全产品研制生产全过程的质量监督机制，利用报告、检查、评审、审核等机制落实多方共治，监督各项质量活动按策划安排进行，确保过程质量；持续改进，通过浸润渤船文化，培育行为素养，形成长效机制。

3. 基于成熟度改善的体系构建

渤船集团全力构建“一核四维”质量保证体系，建立并实施质量管理体系时运用质量管理过程方法，分析合同甲方和合同监管方及其他相关方的要求，策划并监督相关方参与；以 GJB 9001C 质量管理体系要求为基础，与 GJB 845 系列标准文件架构进行融合，确定主次关系和兼容点，加强各体系的整体规划及系统思维，使管理权责更加统一；以问题和目标为导向，为持续改进体系整体业绩提供框架，增加让顾客和其他相关方满意的机会；落实诚信管理，兑现质量承诺，向相关方提供信任。

同时结合新时代装备建设质量管理体系建设工作，努力建立起一套基于企业发展战略、业务和 IT 架构引领、流程主导，覆盖全寿期、全过程、全组织，面向流程、面向岗位、结果导向的高成熟度精细化管理体系。

（二）以贯彻“双标”为核心，优化完善“一核四维”的质量管理制度与流程

1. 对标一流，深入贯彻标准

对标国内外先进军工企业，以 GJB 9001 系列标准和 GJB 845 系列标准为依托，全面实施精细化管理，推行生产效率、成本控制、质量可靠、风险防控等全方位管理，加强供应链环节管控，全面提升企业发展质量和效率。加强工艺总段异地协同建造管理，建立跨系统、跨单位的工程协调协同机制；坚持问题导向，找准管理短板和瓶颈，依托集团公司工程管理平台，进一步强化精细管理，大力提升总装厂工程管控水平。

2. 补齐规章制度短板

渤船集团面向组织、面向产品，通过过程分析方法识别出矩阵表，清晰指导各部门、各业务环节与质量体系条款要求的相关性和落脚点，按照产品建造涉及的生产准备、下料加工、分段制作、船台合拢、设备系统安装、模块试验、系泊试验、航行试验、保修及保障等流程策划管控文件，实现公司级体

系文件、单位级体系文件和装备建造质保体系文件的有效衔接，确保在公司体系框架下的有效运行。

3. 面向组织业务优化流程

实施六级流程构建，实现管理与业务深度融合。由渤船集团的业务模块及价值链构成顶层流程架构，即为一级流程；按单一业务模块绘制管理流程，即为二级流程；由工作事项组成的跨部门、岗位间的管理流程，即为三级流程；部门内部的流程，由部门工作事项组成，即为四级流程；由科室、工段、班组工作事项组成的工作流程，即为五级流程；工序及具体管理活动涉及的流程，即为六级流程。通过六级流程的构建及流程自上而下的分解，将体系要素有效地融入各项业务工作中，全面推进标准作业流程 SOP 的编制和运用，实现质量体系管理与业务活动的深度融合。

（三）以装备需求为导向，提升“一核四维”的装备质量保证体系资源供给能力

1. 发挥工艺技术保障核心驱动作用

成立总师办，围绕技术状态变更、工艺控制、“三新”管控、技术接口管理等方面建立技术状态管理体系，覆盖工艺设计到建造的各环节。构建一、二级工艺技术管理体系，梳理并规范施工设计和工艺设计输入状态，编发一级、二级工艺文件目录，规范管控原则工艺、通用工艺、专用工艺、作业指导书、操作卡、流程卡及专用记录样表，通过工艺技术状态的现场配建及跟踪检查，及时掌握一级工艺的可达性及偏离状况，及时纠偏，保证工艺技术状态有效传递且可控。

全面围绕建造模式、建造工艺技术、协同研制、标准规范等 4 个领域进行专题论证和研究，深化厂所一体化研制模式；不断开展工艺方法和工艺设施改进改造，提高硬件保证能力；以问题为导向，推行工艺管控风险识别，不断创新工艺执行过程数字化监管技术应用；紧紧围绕“施工有要求、工艺到工位”的原则，持续跟踪、改进焊接、清洁度控制等关键、重点工艺，不断优化、细化施工工艺。针对首次实施的关重工序，组织做好技术交底、工艺推演，提前评估工艺环节资源供给风险，制定解决措施；协调技术线、外部院所合理安排人员进行现场配建和技术问题处理，提升现场生产效率。

2. 筑牢人力资源保障根基

制定人才发展规划，建立“高精尖缺”人才引进激励约束机制，实施“111”技术人才和“153”技能人才工程，搭建技术、技能、管理三类人员职业发展通道；采取“总体布局、优化分工、联合督导、多层把控”培训方法，创新开展校、企、所三方融合的人才培训模式，探索厂、院、所互派人员进修制度，在实用知识和技能、施工手法、要领和技巧、施工评判标准和风险防控处置、施工典型案例和模拟实操等方面，系统增加内容，突出人才培养的实用化、标准化、高效化、精细化，加速建设好与装备研制相匹配的“人才工厂”。

3. 加强设备工装等生产资源保障能力

注重做好精细化计量保障工作，将计量保证体系建设纳入企业发展规划，提升检定校准能力，补齐自主可控发展短板。成立型号计量保证组织机构，按型号编制产品计量保证大纲，对装备各个阶段计量控制提出系统的管理要求，提升计量保证与计量服务质量。通过 ERP 实现计量器具采购、检定、报废等管理信息化，提高工作效率。规范计量台账信息、合理调整计量器具检定周期、分析各工序测量设备需求，通过统筹调配达到监视和测量资源供给平衡。

开展设备状态监测及故障诊断工作，依托专业厂家的技术输入，通过对运行中的设备实施定期监测及数据收集、整理和分析，科学判断设备的运行状态，定期发布设备状态监测和故障诊断报告，指导设备状态管理工作的开展。通过预防性维修达到“保关键、保重点、促降本”的目的，针对性做好备件的储备工作，推进设备前置管理，以确保设备安全、稳定和经济运行。

4. 创新软件信息资源开发应用

搭建软件资源远程协同管控模式。与总体所在船舶行业率先实现异地互联互通，搭建统一的 CATIA

设计平台开展协同设计，通过160余项软件二次开发，实现全三维数字化设计，通过全流程融入模型平衡、虚拟仿真、节点考核、验证计算、比对校准等10余项质量控制方法，有效提高了在数字化、信息化条件下的设计质量和效率；结合数字化、信息化设计不便于集中评审的特点，分类、分专业、分层级形成审查表，针对通用质量特性和防差错设计、单元化设计等要求，编写修订设计准则，指导准确设计。

凝聚高精设施、信息技术的开发应用合力。全面投产总装生产线建设，引进全数字化钢材加工、分段制造、模块装调、船台总装的工艺设备，配置激光跟踪仪、激光三维投影定位仪等高精度测量设备；加速信息化平台开发，实现物资、生产计划管理、问题处理、成本管理、质检、资产、知识管理和人力资源管理等功能模块的上线稳定运行；在智能制造技术方面，开展智能制造车间和数字船台的规划建设，开展分段制作智能制造关键技术的集成验证，通过采用数字化装备和机器人焊接技术，实现高精度、高效率和高质量的装配、焊接，大幅提高生产效率和质量。

（四）以质量效率为引领，促进“一核四维”的装备质量保证体系有效运行

1. 构建逐级压实的质量责任体系

建立“基于岗位、面向流程、目标和结果导向”的质量责任制，制定自上而下覆盖领导层、助理层、单位级领导层、管理层直至执行层各级、各岗位的质量责任书和质量责任清单，细化完善质量责任制相关管理制度；将装备质保要求和军工任务分解、落实至具体人员头上，实施刚性考核，并与单位、员工的年终考评保持联动，提高员工工作落实自觉性；组织建立公司级和单位级两级质量业绩档案，为员工综合评价、业绩追溯和职业发展提供依据；围绕外包、外协、外购建立由各相关方组成的质量责任人目录，实施诚信管理。

2. 构筑以合作共赢为目标的供应链管理模式

充分发挥总装厂抓总作用，贯彻技术状态和经费“双控”的择优原则；改进采购检验管理模式，根据采购产品对过程产品和最终产品的影响程度，按照供方出厂前预验收（源地检验）、到厂入库检验、安装使用检验、试验考核验证等阶段实施采购检验管理，系统收集、利用采购产品检验问题信息。实施供方质量双向通报和黑名单管理；根据供方供货质量、纳期、服务质量及在役保障等综合因素，实施分级管理，并从经费支付角度采取控制措施，建立供方考核评价机制，运用评价结果对优秀供方加大付款力度，并在后续择优工作中发挥激励作用。

加强分承包合同质量约束，细化分承包质量保证要求模板的建立完善，对下级配套单位生产过程中的关键工序或须关注的节点设置强制检验点，并以技术协议方式传递至配套方。落实外包主管部门、委托部门、设计部门及质量管理部门责任，将外包全过程纳入监管范畴及班组式管理，通过外包过程监造、定期定点质量验收、质量记录归集、严肃考核追责等措施实现外包全过程管控。

3. 推行检验+管理现场质量监管机制

按照生产准备、分段制作、船台区域、模块调试、系泊航行及售后保障各阶段设立现场巡检及问题处理小组，坚持“分级管理、提高效率”的原则，落实质量问题快报、处理例会制度及计划管理机制，建立完善《产品质量问题归零管理办法》《产品质量问题调查管理办法》《质量责任追究实施细则》等制度，提升质量问题快报、调查、督办、归零的规范性和工作效率；贯彻案例教学常态化，形成质量问题案例库，实现数据积累和共享。

对标装备研制总体性能，自顶层到底层全面梳理和策划装备检验验收规程，形成多方认可的涵盖各个专业的装备质量标准和检验验收准则；以船体结构、关键业务专业为重点，全面梳理检验控制点，按项目策划检验人员、依据、要素、测量方法、测量工具、地点等内容，完成了6486份专用检验记录表的编制工作，统一检验要求、检验方法、检验手段和检验判据，提高检验的有效性；强化采购检验管

理，针对采购设备推行“一厂一表”管控模式，逐个配套单位策划质保保证要求和检验验收要求，实施精细管理。

4. 提升以顾客需求为牵引的售后服务保障水平

与顾客建立良好的信息互通渠道，确保在第一时间获取装备维修、保障需求信息，建立在役装备维修保障快速响应机制，组建综合维修保障队伍；联合外部供方，结合在役装备大数据分析，针对各系统、结构可能出现的问题，给出应急处置方案和有效的故障修理方案，逐步建立保修保障工艺体系；分类编制检修工艺或检修工作方案，利用用装间歇期对装备进行常态化的定期“体检”，实施预防性维修，提升装备全寿期保障服务水平。

（五）以防范风险为目标，实施“一核四维”的装备质量保证体系过程监控

1. 聚焦实施全面风险管理

严格执行国家法律法规和相关政策，完善全面风险管理办法、风险预警实施办法等管理制度，推进风险管控信息化建设，构建完整有效的多维度、多视角、跨时点风险防控体系，实现风险防控全流程全覆盖，提高重大风险管控能力。加强内控制度体系建设，完善内控运行机制，持续开展内控监督与评价，落实主体责任。将风险防控融入各工艺过程，细化工艺管控措施，针对重大项目、重要环节、重点岗位等定期监督检查，不断完善监督制度与风险防控机制，有效预防重大风险。

2. 凝聚现场监督监控合力

建立从领导层直至基层的自上而下三级监督办法，实现体系运行纵向监管，部门间、岗位间横向管理。对重点区域关键工序工作内容进行细化、量化，将要做的事情和不准做的事情一一罗列出来，结合工艺、制度要求及岗位职责，分级分类固化产品建造各区域监督检查清单，形成定人、定点、定时、定内容的清单式监督管理模式。

对形成关重特性的工序，以及特殊工艺、总装、多余物控制等关键工序进行重点控制，在涉核作业过程、管系及焊接件制作、试验等关键环节实施读卡制，从采购、加工、总装、调试及试验全流程明确多余物防控要求，制定舱室、设备、系统、管路等各施工环节清洁度控制工艺，组织相关方全程见证，并保留过程影像资料。

以关键工序船体结构焊接专业为重点，不断加大过程控制新方法应用力度，在已投入使用的视频监控系统和焊接参数自动采集系统基础上，开发应用焊接预后热温度监控系统，实现焊接过程现场数据的实时采集、显示、输出，用户信息读取，辅助监测控制，超工艺范围报警，数据追溯以及远程监控功能，满足质量监督及顾客监管需求，有效实现核心工艺环节实时全过程监控，达到从人防向技防转变的目的。

3. 健全质量绩效评价考核机制

切实发挥考核指挥棒作用。建立并运行公司级、分系统级、单位级、科室工段级和员工级五级绩效目标管理架构，系统设定定量指标的定义、评价标准、信息来源、目标考核者和绩效目标，定期开展体系运行绩效定量评价。每年设立500万元专项质量奖励资金，对一次做好的产品、一次做对的人员，给予表彰奖励；制定科技创新奖励制度，对工艺改进、发明革新等科技创新活动进行充分激励，鼓励高技能工人将个人经验转变为企业的知识，指导提升工人整体施工水平。

（六）以质量文化为指引，构筑“一核四维”的装备质量保证体系长效机制

1. 培育“三精”质量文化底蕴

渤船集团以“做事精心、管理精细、产品精致”作为文化培育主线，将文化建设融入精神层，锻造精神文化，每年举行“68·48”纪念活动，确立“9·29”兴装日，将独有的红色基因融入新时代装备建设。将文化建设融入制度层，建立制度文化，结合产品特点，建立由多层次质保大纲、专用管理制

度组成的军工生产制度，将“凡事有人负责、凡事有章可循、凡事有据可查、凡事有人监督”的 H 质保文化贯彻工作始终，将“安全第一、循环确认、首次意识、慎之又慎”的 H 安全工作原则融入制度建设。将文化建设融入行为层，丰富行为文化，通过微电影、先进人物事迹录、访谈等方式，用身边人身边事塑造文化。

2. 构建多方协同共治的文化氛围

构建“2+13”的内部质量管理新机制。在体系建设上，以 GJB 9001 系列标准和 GJB 845 系列标准的“双标”为依托，建立一套协同并进、相互支撑、界面清晰、融入业务的水下装备质量保证体系；在原有质量管理模式基础上，贯彻落实“业务谁主管，质量谁负责”的原则，按照业务分工设立了 13 个质量管理分系统，每个分系统都由渤船集团分管领导和相关归口管理部门负责，围绕分系统业务建立并运行分系统管理体系，从管理机制上解决质量管理“两张皮”问题；各基层单位结合自身业务建立健全《单位级现行有效制度清单》。企业级、分系统级、单位级保证体系按半年、季度、月度实施监督审核，确保体系规范运行。

全面梳理并策划相关方参与。在策划“一核四维”装备质量保证体系过程中，充分征求顾客意见，梳理、规范并监督相关方参与，明确合同监管方、合同甲方、用装部队等参与的装备质保体系过程，明确信息获取、周转、传递渠道，全过程、全方位接受相关方监督。建立质量保证体系，规范与总体所、总装厂及配套单位的接口关系管理，完善相关方资源管控，对质量体系管理水平和产品质量提升起到积极促进作用。

3. 建立持续改善的长效机制

渤船集团致力于践行诚信质量管理，建立严格的员工行为准则规范，将文化变成可操作、可考核、可对照的管理制度、要求和约束；把精细管理贯穿到生产全过程，结合精度造船的要求分解控制项目，落实控制内容，把“精细做事”具体化、指标化。

重塑并大力宣传质量文化。渤船集团以《质量文化手册》为蓝本，领导带头、全员响应，大力营造按章办事、精益求精的工作氛围，开展以“尊崇质量至上，夯实质量底板”为主题的质量研讨、征文活动，举办“质量兴装、知行合一”质量宣讲、总师讲质量、全员质量答题等活动，触动基层人员树立零缺陷理念，形成各级各部门独具业务特色的质量文化底蕴，促进长效机制建立。

三、基于装备全生命周期的“一核四维”质保体系建设的效果

（一）武器装备研制质量突飞猛进

渤船集团两年来装备研制任务总量和交报验一次合格率逐年创下历史新高，在研制任务量增幅近 300% 的情况下，检验一次合格率达 99.87%，同比提高 0.51%，焊接无损检测一次合格率保持 99.95% 以上高位运行，切实增强了全员质量信心，取得良好的顾客信任。2020 年渤船集团产品建造过程中顾客满意度同比增长 50.4%。通过大力提升管理效能，质量管理体系的自我完善和自我改进能力得到大幅提升，装备全寿期保障为一体的质量保证能力建设得到顾客及其他各方高度认可。在役装备靠前保障，精准服务，多次获得用户的书面表扬，支撑了渤船集团的行业地位和品牌形象。

（二）经济效益明显提升

通过大力推行精细化质量管理，经营管理水平得到多重提升，渤船集团 2019 年销售收入同比增长 20%，利润同比增长 25%，经济增加值同比增长 38%，有效遏制和减少质量问题发生，2020 年以来渤船集团未发生严重及以上质量问题，无因质量问题造成的重大经济损失，对比成果实施前，2020 年至今内部损失方面可节约经济成本 2400 余万元，质量成本管控成效显著，质量经济性得以提升。

（三）生态效益和社会效益得以彰显

渤船集团精细化军工质量文化建设取得显著成果，2020 年获得全国先进基层党组织和中央企业先进党组织荣誉称号；被中国企业文化研究会评为“十三五”中国企业文化建设典范组织。经营成果取得重要突破，荣获中船集团经营业绩考核 A 级单位和经营绩效突出贡献奖。群众性活动扎实有效，获得“2020 年辽宁省质量管理小组活动优秀企业”荣誉称号及多项央企、全国 QC 成果奖项。渤船集团在提升装备质量管控的同时，H 质保工作得到有效落实，多年来实现了全部 H 活动零事故，为企业全面履行 H 安全管理责任、维护和谐稳定的社会秩序做出了突出贡献。

（成果创造人：胡德芳、郭玉琢、安　军、李姗姗、王德伟、刘德波、王　超、孙佳莹、丛日广、赵云海、李明峰、王珊珊）

军工企业灵活应对市场需求的生产管理变革

中航西安飞机工业集团股份有限公司

中航西安飞机工业集团股份有限公司（以下简称中航西飞）位于陕西省西安市阎良区，隶属中国航空工业集团有限公司，是集科研、生产、试验、试飞为一体的国有大型航空制造企业，是我国大中型军民用飞机科研生产基地，拥有员工16000余人、资产总额约402亿元。1958年建厂以来，致力于国防建设和经济建设，先后研制生产了轰六系列、新舟系列、大中型运输机等30多个型号军用和民用飞机，累计交付飞机数百架，为我国空军、海军提供了大批高质量、高性能的武器装备。2020年，中航西飞完成重大资产置换，置入西安飞机工业（集团）有限责任公司、陕西飞机工业（集团）有限公司、中航天水飞机工业有限责任公司等飞机整机制造及维修资产，实现了对大中型飞机整机制造资产的专业化整合。

一、军工企业灵活应对市场需求的生产管理变革的背景

（一）更好履行航空强国历史使命的重要抉择

中航西飞作为以装备生产制造为核心业务的国有大型军工企业，所研制生产的大型运输机、轰炸机等，在捍卫国家主权、维护国家安全等方面作用突出。为推动航空产业快速发展，中航西飞需要将建设航空强国的重任具体落实到生产主线价值创造能力的高质量提升上来，提供能够满足客户需求的好用、管用、实用、耐用的装备，具有稳定高效的产品产出能力。打破原有的管理束缚，构建新的生产组织方式，增强管理效益是现阶段履行航空强国使命的重要举措。

（二）快速灵活应对市场需求变化的必然选择

“十三五”期间，中航西飞在产品谱系、经济规模等方面都取得了跨越式发展，市场需求急剧增加。由于航空产品结构复杂度高，其制造具有多品种、小批量、离散型特点，中航西飞原有的基于功能型布局的生产组织方式已无法应对当前市场需求的变化。面对复杂航空产品倍增的市场需求，面对国有资本运营效率提升的要求，以及在技改实施周期较长等客观条件约束下，通过生产组织方式和制造流程的精益化变革来快速提升产能，以高效灵活应对人民军队对先进武器装备的需求是现阶段响应市场需求变化的现实途径。

（三）系统提升生产管理精细化水平的迫切需要

中航西飞创建60余年以来，一直沿袭基于功能型布局的生产组织方式，一个零件的生产需要经过多个功能型工段，以批次投料、推动式生产方式为主，虽然可以实现高生产计划完成率，却无法及时满足后续流程的生产需要；同时，制造加工的各个环节均以各工段的便利性为优先，工段间需要频繁开展信息沟通和系统协调。多品种的产品在同一系统内叠加，产品在加工过程中大量停滞、等待，造成产品质量不稳定、生产周期波动大等问题，加大了系统管理的难度。为消除现有生产组织方式存在的弊端，有必要通过系统设计来推动管理全要素升级，推进生产组织方式转型，切实提升生产管理精细化水平，激发企业的价值创造活力。

二、军工企业灵活应对市场需求的生产管理变革的主要做法

（一）制定变革总体方案，明确技术路径

1. 制定变革实施策略，统筹设计变革全景

2017年开始，中航西飞以精益管理理念为指导，以兼顾目标导向、问题导向、绩效导向相结合为

原则，制定出“系统设计、资源统筹、分步实施、持续改进”的组织变革策略。总体思路为：利用精益工具，全面分析企业的生产组织现状，梳理整机制造脉络，以系统化思维统筹设计整体变革方案，整合生产资源，将原有的功能型布局的生产工段进行拆分重组，构建高效、稳定、敏捷的精益单元。改变产品制造流转效率低、生产周期长的局面，尽可能将产品的制造过程封闭在同一单元中，各精益单元以产品的最终交付为目标，合理配置资源，减少不必要的生产等待，从而释放产能、提升质量、降低成本，提高准时化交付能力。

2. 开发精益单元评价体系，明确标准及技术路径

以目标为导向，系统分析基于精益单元的生产组织方式的特点，开发精益单元评价体系。该体系从“单元方案设计、单元运行与管控、绩效管理、持续改善”等四个维度，通过“单元目标、工艺优化与技术管理、精益布局、计划排产、可视化与分层例会、生产现场改进、物流管理与配送、标准作业、多能工培养、全面生产维护、管理深入现场、人员精益培训、内建质量、党组织作用发挥、成本指标、质量指标、交付指标、快速改善、员工激励”19 个要素，对单元管理状态成熟度与绩效指标进行全要素评价，将变革目标转化为可达成可测量的标准，促进生产组织方式的变革。

以精益单元的评价结果为指引，明确生产组织方式变革的技术路径：依据用户需求，测算生产节拍，明确定义目标；通过价值流分析，识别瓶颈站位进行工艺精益化，绘制紧前关系图，寻找关键路径，优化工艺流程，进行生产线平衡、工作站拆分，重新调配生产资源，并根据单元物料需求，设计物流路线和配送方式，再将工艺方法改进和管理改进成果固化为标准作业指导书和管理者标准作业指导书，规范现场操作及各项管理流程；在关键路径上设置预警管控机制，依据生产节拍和装配需求拉动计划排产，在单元内实施透明化管控，生产管控信息通过 SQCDP 等可视化看板进行实时监控，并建立分层例会机制，快速处理异常问题；依据单元特点开展多能工培养，开展“一人多机”“流水作业”，拓展设备效能、人员效能，再通过现场改进、精益培训等方式培养精益人才、培育精益文化，让单元具备持续改进的内生动力。

3. 组建三级推进团队，明确责任分工及推进方案

生产组织方式变革涉及工艺技术、生产制造、人力资源、质量管理等多个业务，为实现变革目标，中航西飞由董事长牵头，构建由规划保障团队、业务专家团队、专业厂单元建设团队构成的三级推进团队，协同规划经营、人力资源、工程技术、生产管理、采购管理、质量管理、各制造车间等多个单位，从顶层策划到过程指导再到全面实施，明确推进过程中的职责与分工。规划保障团队组织制定顶层产品分类、家族划分原则和方案，审核单元建设实施方案，对精益单元建设进行评价，发布评价结果并建立精益单元岗位设置标准。业务专家团队辅导并评审精益单元推进工作目标、实施方案及推进工作计划并按照符合性评价和业绩性贯标两个维度定期对单元运行效果进行评估。专业厂单元建设团队按照推进技术路径制定本单位精益单元的整体推进方案及计划，并实施推进；对精益单元建设进展情况进行自评估，根据评估结果，制定改进计划，实施改进。

为降低变革风险、减小变革期间的生产波动，中航西飞制定了“试点先行、分步推进，由点到面全覆盖”的变革推进方案。为验证技术路径的可行性及评价标准的可操作性，围绕生产制造瓶颈点，选取装配、机加类专业中严重制约生产交付的单元作为试点。在试点成功推行的基础上，完善精益单元建设技术路径，分批次启动推广精益单元建设，逐步撤销原有工段，将变革带来的波动降到最小，最终实现全面单元化运行。

（二）制定单元划分原则，重构生产资源结构

1. 梳理整机制造流程，优化结构化物料清单

中航西飞依据飞机制造工艺流程，自顶向下优化完善结构化物料清单，在试飞、总装、装配阶段完

善“工作包—站位—装配单元—AO”管理模式：工作包代表各机体大部件完成装配后的物料清单以及总装、试飞阶段所涵盖的技术专业；站位代表部组件装配后可进行移交或总装、试飞各阶段的工作状态；装配单元代表站位的实际装配过程，表达本站位的工作顺序；AO代表完成本装配单元的具体操作步骤。中航西飞依托结构化物料清单，梳理部总装阶段消耗式配套的基础数据，进行整机生产制造能力评估，为流程型精益单元的划分提供数据基础。

2. 分析生产制造特性，制定单元划分原则

在梳理整机制造流程及结构化产品清单的基础上，按照流程型生产组织方式，结合精益制造思路，制定单元划分原则。

装配类以型号、专业、装配流程为原则进行单元划分；零件类借助零件分类编码工具，以零件的文本特征、几何特征及其分类规则以及型号产品通用工艺设计流程进行梳理和分析，构建三级零件分类编码结构方式，结合现场实际情况，分别采用编码分类法、生产流程分析法（P－R分析）、视检法等，对所有产品进行分族，按产品家族划分单元；保障类以专业特性、工艺特性、服务特性为原则划分单元。

3. 重构生产资源结构，设计精益单元全景

依据用户需求，多部门协同测算各装配站位及零件生产制造的生产节拍并与用户需求进行比对，以均衡生产和资源效能最大化为原则，以单元划分原则为指引，进行精益单元划分，并详细梳理各产线、单元之间的逻辑关系（见图1），充分平衡各产线能力，实现资源的柔性化管理，设计精益单元全景。

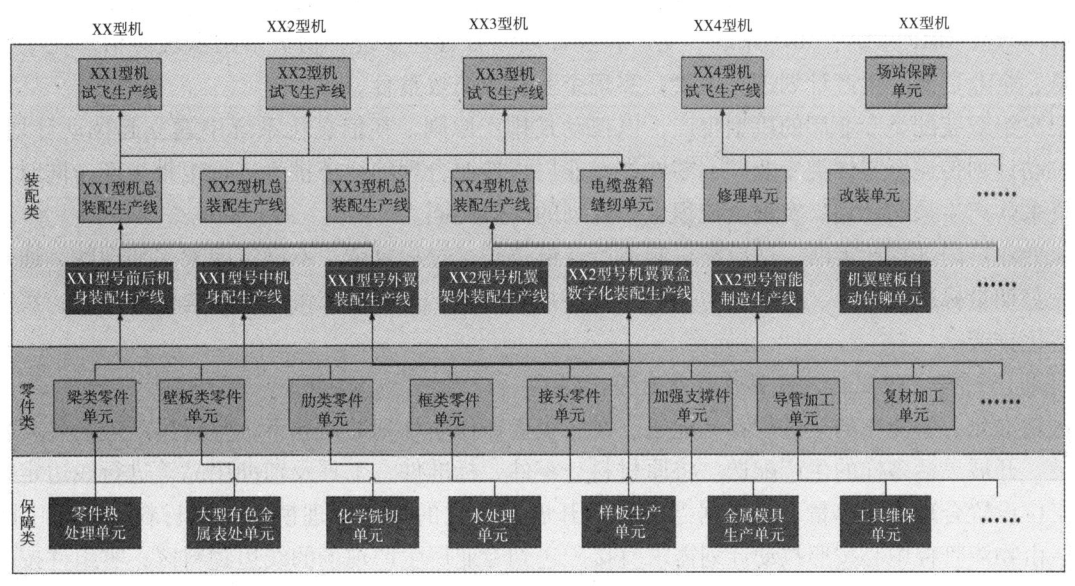

图1 精益单元全景设计逻辑

打破原有203个基于功能型布局的生产工段建制，构建由144个精益单元组成的变革全景：整合飞机试飞、总装集成、机翼尾翼装配、机身装配、国际航空部件装配、飞机维修等6个专业，构建44个装配类精益单元；整合蒙皮成形、钣金构件成形、结构件成形、系统件加工、复合材料加工5个专业，构建53个零件类精益单元；整合热处理及表面处理、模具锻铸制造、型架夹具制造、工具制造及返修、设备制造及维修、生产用能供应等6个专业，构建47个保障类精益单元。

（三）实施全要素升级，落实精益单元生产组织方式

1. 调整生产资源配置，实现生产组织方式转变

以生产组织方式变革全景为基础，按照生产制造主流程，结合精益单元划分原则，依据产品分族分类标准，通过对当前生产现状、未来产品需求的分析，测算所需要的资源，规划生产能力提升目标，进行精益单元生产组织方式调整，并对相应的产品、人员、设备进行重新布局，让生产组织方式更加灵活、高效，实现设备资源的柔性化。

2. 实施工艺标准化改进，发挥制造技术的引领作用

重组后，系统梳理从飞机产品研发到生产制造全流程，完善涵盖工艺顶层策划、工艺设计、工艺研究、现场应用、改进优化、工艺知识及工艺装备设计制造全过程的工艺技术管理体系。依托产品分族分类，在各产品家族中选取典型零件，进行工艺标准化设计，再进行推广，使得同一家族产品的工艺流程、工艺参数、工艺装备等趋于一致，以减少换型时间与管理复杂度。同时，通过不断推进数字化工艺技术优化，提升生产效率和生产线平衡率，实现工艺方案与单元资源的最佳结合，单元的效率、质量、成本等绩效达到最优。构建工艺技术知识库，固化与传承先进工艺技术，为后续相似产品加工提供范本，同时将模块化、参数化、标准化的理念向产品设计端延伸，拉动制造与设计的融合。

3. 拉动式计划排产，提升协同制造能力

构建以拉动计划为核心的计划管理体系，形成多级计划协同管理平台。中航西飞将原有的生产计划管理体系进行重构，搭建起由装配拉动计划、零组件生产计划、生产作业计划构成的三级作业计划管理体系，整合各机型任务需求，从顶层进行能力平衡，并按照逐级拉动的理念将计划进行层层分解，同时依托 DCE 平台、ERP 系统、MES 系统、生产作业计划综合管理系统、物资采购系统等信息化平台，将设计信息、企业资源、生产计划进行串接，实现企业资源高效整合。

按架次组织装配类专业厂的机型生产，以拉动式排产原则，在信息化系统中建立起拉动计划看板，将装配拉动计划传递至零件类专业厂，零件类专业厂再按照合理的经济批量进行组批生产，同时向前推送到物资采购产生采购计划，实现全流程生产计划的高效协同。

优化专业厂内部排产策略，适应整机制造产业链条长、过程复杂、不确定因素多的现状，通过建立并持续完善期量标准数据库、生产能力平衡、经济批量测算、多种排产策略比较择优等方法，实现均衡化、精益化排产。

4. 推进全过程物流配送，保障物料及时精准送达

推进精准化、智能化的全过程物流配送。在三级生产作业计划的指导下，整合生产现场各类库房及保障人员，开展灵活多样的生产配送。将原材料、零件、标准件、工具及辅助用品等进行线边定制，按工序、工位设置合理的库存量，并依据需求特点开展多形式的配送管理模式。原材料采用集中配送模式，统一由物流管控中心按照拉动计划需求直接配送到专业厂生产现场的线边物料区；零组件按照装配 BOM，采用线边零件库和装配 BOM 车配送两种模式进行管理；标准件按照不同用量需求，采用按站位开架管理和按工序配送模式进行管理；对于各类工具，按照专业特点和使用频率，采用线边定制、共享柜等管理模式。同时，引入智能化物流及配送理念，在部分生产现场实施 AGV 配送及辅助运输、智能工具柜等管理手段，实现生产全过程准时化配送，大大缩短生产准备时间。

5. 建立预防型管控机制，提升质量控制能力

将质量管控嵌入生产制造过程，质量管理由“生产检验型”向“预防控制型”转变。利用风险分析工具开展风险识别，采用防差错设计、技术优化、标准作业等方法，有针对性地预防风险发生。

统计分析历史质量数据，形成质量案例库，对于频发质量问题进行深入分析，应用防错技术，对工装、工具、工作场所和工作方法等进行重新设计与优化，同时制定标准作业指导书，明确产品质量标

准、工作流程标准、作业标准等，避免相同质量问题的再次发生。全面开展培训验证，梳理出产品加工过程中关键工序步骤的操作要点、技能需求、检验要点及易出现的质量问题，对操作工人开展理论培训及模拟、实操验证，确保操作人员的技能满足产品加工需求，保证加工过程的规范性，从而稳定产品质量。推进自主质量控制，改变原有依靠专职检验人员来完成产品过程检验的产品质量控制模式，通过对操作人员进行技能培训，开展复检人员授权检验工作，采取自检、互检、复检相结合的过程质量控制模式，充分调动操作人员在质量控制中的主动性，提升其质量控制意识和能力。

6. 推行过程透明化管理，提升生产管控效率

借助各类可视化工具及信息化系统，实施生产过程全面透明化管理。在生产现场设置风险工序控制板、工位看板、计划控制板和人员技能矩阵板，从 SQCDP（安全、质量、成本、进度、人员）五个维度对流程的绩效进行全面可视化，并进行趋势性展示与监控，三级计划执行过程中的各类问题在 SQCDP 可视板上进行曝光，快速响应团队对问题进行处理，通过分层例会对问题的处理情况进行跟踪；人员技能矩阵板、风险工序控制板为三级计划的执行和管控提供技能输入、生产作业指导等方面的支撑；各层级管理者按管理者标准作业每日、周、月工作内容进行点检，对分层例会、问题快速响应实施监督，对可视化管理进行指导，同时对现场发生的问题进行统计分析，持续更新管理者标准作业点检要素内容，确保生产过程受控。

通过信息化手段提升现场可视化信息辐射程度、传播速度和透明度。整合计划系统、质量系统、工装工具系统等，建立生产管控中心，以装配需求为拉动，对整机制造进度进行全流程实施状态跟踪，构建单元级的全流程信息管控新模式，实现需求的精准推送、计划预警、缺件跟踪、开工条件确认、保留项目动态跟踪、质量问题跟踪等功能，使信息传递更加高效，规避信息多层传递造成的延误，彻底打通各生产管理应用系统，实现动态联动，构建高效管控模式。

在生产现场通过可视化手段清晰展示工作流程和物料流入流出区域，及时地反映产品加工状态，并进行有效控制；推进形迹化管理，现场物品定置，符合整理、整顿、清洁、规范、素养、安全的要求，材料、工装、设备、工具布局要方便操作者使用，系统性提升生产现场管理水平。

（四）重构单元组织机构，适配生产组织方式

1. 设计单元运行模式，明确单元业务职责

精益单元组织机构按“项目制”模式运行：精益单元以承担生产交付任务为中心，将专业厂各业务室承担的工艺问题处理、作业计划管理、生产执行与控制、生产保障等部分业务分解至精益单元，按照产品家族、类别、专业进行设置，实施单元生产的全流程运行，按照“订单—单元实施—交付”的业务模式进行高效运行，实现问题的快速响应、保障的及时精准、流程的精简集约。

2. 建立岗位设置模型，明确单元角色分工

基于精益单元组织机构运行模式，精益单元岗位设置模型以生产操作者为核心，以单元管理者、技术管理者、质量管理者、计划管理者、生产保障者为保障。生产操作者角色由一线生产工人担任；单元管理者角色由单元长和副单元长担任；技术管理者角色由技术室工艺员兼任；质量管理者角色由技术室工艺员兼任；计划管理者角色由排产员担任；生产保障者角色由生产协调员、生产准备工、保管配送工等担任，其能更好地支撑单元自主运行，缩短问题协调流程。

3. 优化单元管理队伍，建立人员柔性化管控机制

各精益单元建设方案经专家评审并正式下发后，人力资源部门同步设置相应的组织机构和岗位，以年轻化、高学历、复合型为导向，通过竞聘方式初步选拔出单元长及技术管理者、计划管理者等岗位人员，经过单元建设全过程的历练之后，满足精益单元评价标准要求，通过公司业务专家团队验收后，下达正式岗位调令。截至目前，各专业厂共配备单元长和副单元长共计 298 名。其中，35 岁以下人员为

155名，占比52%；来自技术岗位的有160名，占比53.7%。单元长作为中航西飞储备干部进行重点培养、考核、选拔与任用。

建立人员柔性化管控机制，依据各机型生产任务特点、族类产品工艺特点，制定人员调配模型，形成点对点调配矩阵，并对人员技能进行梳理，形成人员技能等级档案，有针对性地制定人才培养计划，开展多机型、多技能人员取证及培训验证工作，实现根据生产及时快速调配人员，提高人员利用率。

（五）建立多重保障机制，促进精益单元持续改进

1. 建立专家辅导机制，实施全过程指导纠偏

为保障生产组织方式变革的顺利实施，业务专家团队对各生产组织方式变革工作进行全程辅导。以周例会为载体，针对存在问题进行过程指导纠偏、资源协调及问题处理，实现推进过程显性可控、存在问题处理及时、所需资源充分保障；以月份活动为载体，进行专业厂变革经验分享，加强专业厂之间的横向学习与交流；以季度工作会为载体，总结相关推进进展，明确下一步推进目标、实施策略、里程碑节点。

2. 建立系统培训机制，为变革提供人才保障

构建全面、系统的培训机制，通过多形式、多角度、立体化的培训，为生产组织方式变革提供人才保障。按照精益单元评价标准以及建设技术路径，梳理行政领导和专家岗位等各类各级人员的能力需求，依据变革所需各类人员能力需求模型，形成精益人才技能矩阵，针对技能矩阵设计包含领导力、精益单元设计、精益物流、生产计划、可视化及持续改进、内建质量、精益保障、精益供应链等9大类39门课的各层级岗位培训体系。同时开展AOS夜校、内训师、六西格玛绿带或黑带、精益工程师、IE工程师等专项培训，为企业生产组织方式变革提供人才储备。

3. 完善绩效考核机制，激发全员变革热情

进一步破除体制机制障碍，营造改革推进的良好氛围，促进各项改革举措扎实、有效落地，在原有管理体系下进行创新突破，下发《生产组织方式精益化变革人力资源政策二十条》，促进运营管理体系与生产单元业务的有机衔接。同时，通过专项劳动竞赛、总经理管理创新项目评比、精益六西格玛项目评比、精益发表赛等形式，对在变革过程中发挥积极作用、取得良好成效的团队及个人进行奖励，让职工收获改善红利，激发全员参与的热情。

4. 建立自主运行监控机制，促进持续改善

针对通过评价体系验收的精益单元，建立精益单元自主运行监控机制。以“自评、互评、后评”为抓手，每月由专业厂对精益单元进行自评，识别差距，持续改进，压实专业厂对精益单元管控的主体责任；每季度，专业厂精益团队之间进行互评，查找问题，共同提高；每半年由专家团队对绩效指标连续异常、互评结果出现较大波动的精益单元进行后评估，追根溯源，限期整改，形成单元持续改进的良性监督机制。

三、军工企业灵活应对市场需求的生产管理变革的效果

（一）从根本上改变了生产组织方式，企业生产制造能力显著提升

中航西飞通过系统策划生产组织方式变革、构建变革全景、多部门协同实施变革、重构机构适配变革及构建推进组织保障机制等措施，探索并实践了精益单元化生产组织方式系统升级，实现生产能力的快速提升，稳定产品质量。

（二）实现了企业的转型升级，提升履行航空强国使命的能力

通过生产组织方式变革，中航西飞构建了精益单元生产组织模式及运行机制，企业生产组织方式由以往的资源投入为主，转变为内部资源协调改进为主、资源投入为辅，实现由粗放型管理向精益化管理升级，为数字化、智能化发展奠定了良好的管理基础；同时，面对客户产品产量的变化，从体系上优化

了业务流程，缩短了管理链条，提高了运营效率。飞机生产效能和均衡性创近年来最高水平，促进装备规模扩大，进一步提升了航空装备在作战体系中的贡献率。

（三）运营效率大幅提高，增强了企业核心竞争能力

通过生产组织方式变革，各机型生产效率大幅提升，相关指标大幅改进。以某型机为例，2020 年对比 2017 年整机生产周期缩短 28.3%，节拍时间缩短 28.9%。产品质量稳定性大幅提升，质量损失改善率达 57.6%。自 2017 年推进生产组织方式变革以来，截至 2020 年，全员劳动生产率增长达 27.7%，高质量完成了科研生产交付任务，突破性地实现了用户提出的均衡交付目标，同时，员工充分分享改革红利，人均收入增幅逾 20%。

（成果创造人：何胜强、吴志鹏、雷阎正、张文兵、李　钿、谢东江、杨婷婷、董　衍、陈　胜、高　晔、李本巨、张秋芬）

提升柔性适应能力的航空发动机维修管理

中国人民解放军第五七一九工厂

中国人民解放军第五七一九工厂（以下简称第五七一九工厂）始建于1970年，是国家投资、军队管理的军队保障性企业，主要承担空军和海军主力战机发动机维修保障任务，实现了"一个大修平台下，多国技术体制、多型跨代、多功能"航空发动机维修，是国内唯一具备某引进型系列、某国产新型发动机整机及所有控制装置、全部工序修理能力的企业。第五七一九工厂现有员工2265名，总资产逾59亿元，年产值超过37亿元。自主研发560余项航空发动机维修技术标准，参与制定17项国家和军用标准，攻克30余项核心修理技术，荣获国家科技进步二等奖、军队科技进步一等奖。是国家级技术创新示范企业，先后获得全国文明单位、全国五一劳动奖状等多项荣誉。

一、提升柔性适应能力的航空发动机维修管理的背景

（一）满足新时期装备保障需求

为捍卫国家主权和领土完整、有效应对国际军事压力，空军主战装备列装数量大幅增加，航空发动机战备保障和维修需求同步陡增，对装备保障能力提出更高要求。航空发动机维修企业承担基地维修保障使命，为更好地满足用户要求，需要通过管理创新提升柔性适应能力，实现产品质量可靠、周期压缩、成本降低、产能提升，以适应新时期新形势新要求。

（二）适应航空发动机快速升级换代

航空装备作为空军战斗力和国防建设的重要物质基础，近年来换代升级加速推进。军用航空发动机维修行业面临着用户多型跨代、多品种小批量、引进与国产军用航空发动机全型号全寿命维修保障需求的新形势。新型战机机队规模持续增长，新型号、衍生型号航空发动机种类和数量呈井喷趋势，维修保障需求也持续陡增。多国技术体制的新技术、新材料、新工艺在军用航空发动机上的应用日益广泛，其故障机理更加复杂，维修难度越来越高，对航空发动机维修保障短周期、高质量的要求也日益提高。第五七一九工厂作为装备维修保障企业，全面提升履行使命任务能力，必须主动开展管理创新和技术革新，快速形成柔性适应能力，实现航空发动机维修能力自主可控，从而应对新时期航空装备加速升级换代带来的挑战。

（三）提升维修效能，促进企业高质量发展

随着新型航空发动机日益呈现出"多型、跨代"和"多品种、小批量"的时代特征，航空发动机维修模式正在向精准维修、预防维修、视情维修转变，工厂原有的维修管理暴露出维修作业模式精准性较低、资源统筹不充分，产线设置和工艺布局欠缺柔性、质量控制不稳定、生产资源浪费、难以掌握核心技术、维修效能不高等问题，无法满足提升维修管理效能的需求。因此，迫切需要通过管理创新促进企业柔性适应能力，解决工厂发展过程中的资源矛盾，提升工厂维修管理效能，最大程度地适应市场环境，促进企业高质量发展。

二、提升柔性适应能力的航空发动机维修管理的主要做法

（一）依据企业发展战略，策划总体方案

一是维修模式变革，充分利用数据资源。推进"以故检为中心"数字化修理模式变革，维修流程由传统的固化、机械式维修转变为基于航空发动机使用状态的柔性化维修，实现航空发动机维修"对症下药"，减少过修、失修造成的资源浪费。

二是采用先进工业技术，推进产线升级。通过脉动式分解装配线建设、专业化叶片修理中心建设、集成化动力控制装置修理中心建设、集约化柔性维修平台建设、自动化智能化工装设备应用，整合优化硬件资源，提高产线柔性能力，实现多型航空发动机共线维修。

三是基于航空发动机状态，实行柔性化生产准备。通过“五位一体”、精准预测等手段构建基于发动机状态的柔性化备件保障工作机制，提高备件保障准确率。

四是灵活配置人力资源，提高员工素质能力。通过技术岗位体系优化、推进多元化劳动用工机制、实施矩阵式组织管理等方式，实现人力资源柔性化共享。

五是精益化生产组织和规范化现场管理。通过生产现场布局优化、实施以产品交付为牵引的生产排产模式、规范化现场管理和精准化操作工艺，消除浪费、集约资源，为工厂柔性能力提升提供保障。

（二）“以故检为中心”，充分利用数据资源

1. “以故检为中心”，量身定制维修方案

聚焦航空发动机维修资源的最大化利用，转变传统固化、统一的维修模式，推进“以故检为中心”的维修理念和维修模式变革。建立航空发动机维修方案库，作为维修和故障排查的依据。在维修流程中设立故检作业工程师，区别于传统维修流程中的故障检查，“以故检为中心”即在标准化作业的基础上突出故检作业工程师的“主治医生”地位，针对不同故障形式及实际使用状态，在维修方案库中匹配与之相对应的维修方案，实现故障检查后修理过程标准化，构建分解、故检、处方、精准修理、装配、试车、交付的维修流程，控制过修和失修，实现柔性化维修。

如在传统的维修模式中，某型航空发动机高压涡轮叶片从分解、故检、涂层恢复到最终交付需经过33个维修流程，转变维修模式后，故检作业工程师基于高压涡轮叶片使用状态及涂层情况，将需要恢复涂层的叶片与涂层完好的叶片加以区分，匹配不同维修方案，涂层完好的叶片仅需10个维修流程即可交付使用，减少了过修造成的资源浪费。

2. 构建维修数据库，充分利用数据资源

（1）顶层设计数字化维修模式的三个层级。

构建数据采、管、用的三个层级，形成以数字化工卡为载体，搭建数据、资源、技术协同管理平台。为加强基础数据收集、管理和应用能力，有效支撑多业务体系，以可视化管理为抓手推动管理水平迈上新台阶，设计由基础层、应用层和视觉层构成的数字化修理模式总体架构。其中，基础层由相互关联的原始数据库组成，为应用层各业务平台提供数据支撑。应用层即为上述技术管理平台、企业资源管理平台、产品数据管理平台、系统管理平台，依托基础层数据和业务驱动形成专业化功能模块，作为数字化修理线的主要载体。视觉层是在应用层基础上进行信息挖掘，结合扁平管理模式，加速信息流动与筛选，形成针对不同目标群体的可视化窗口。

（2）推行结构化工艺和数字化工卡。

一是梳理工艺流程。厘清工艺流水，明确工序界线，匹配工艺资源，量化工序时间和物料消耗定额，细化工艺周期模型。

二是细化工艺标准化操作。组织生产班组细化分解工艺的标准化操作程序，精确相关技术参数。

三是形成模块化、标准化、结构化工艺。组织编制模块化、标准化、结构化的工艺，采用三维可视化的方式将工艺输出到现场，指导现场维修操作，产品维修作业过程中全面应用数字工卡，记录维修数据。

四是推进交互式电子技术手册应用。在对工艺路线和工艺内容进一步结构化的基础上，基于发动机“BOM结构+工艺路线+工序资源+技术要求及工艺指导+作业记录”，形成发动机维修方案及相应的精细化工卡，通过交互式电子技术手册对维修工艺路线、技术要求、执行结果等维修数据的结构化管

理，全面实现“以故检为中心”的工卡精细化。

(3) 搭建发动机维修资源库。

一是建立工艺规程资源库。整合各生产线产品零部件维修工艺，生产制造过程中需要的专用工装、通用工装、工艺设备、物料清单、成本核算等资源，形成标准工艺资源清单，实现工艺编制过程对工艺资源的标准化引用和管理。

二是搭建发动机维修 BOM。在 Teamcenter 系统中搭建在修型号发动机 BOM 数据，包括零件属性、替代关系等基础信息梳理，为单机技术状态管理、单台成本控制模型、维修生产组织提供重要依据。

(4) 构建实时数据管理和分析系统。

一是产品数据的应用。在各生产线识别维修过程数据重要层级，实时采集产品分解、故障检查、修理、部件试验和装配全过程产品相关数据，编织发动机维修过程数据网络，在产品数据基础上结合 SPC 分析预测对过程关键数据进行监控，为技术人员提供推荐分析指标和分析工具，具备技术人员自主设定分析方案功能，做到维修过程用数据说话。

二是质量数据的应用。从发动机故障研究角度，以问题为导向，将发动机常发或外场遇到的危险性故障作为输入，完善对应产品修理数据的定量描述标准，开展数据积累和分析利用，通过数值仿真技术等手段，开展修理数据发动机关键零件几何参数、装配参数、典型结构及性能等数据与故障模式相关性分析，获取关键零部件几何、装配参数与发动机结构及性能故障表征参数之间近似函数映射关系，进行维修参数敏感性分析，确定关键零件几何、装配参数变化对不同故障表征参数的影响程度，形成基于不同故障的模块化维修方案。

三是优化资源数据库。针对不同型号发动机维修涉及的专业知识需求，形成知识脉络，建立全文检索数据库，实现知识内容针对性增值服务，构建知识数据库；在现有人力资源数据库的基础上建立完善结构化的人员操作授权清册，明确故检作业工程师定位和责任，以及其他生产活动岗位人员的权责划分，形成人力资源数据库。

（三）采用先进工业技术，推进产线升级

1. 脉动式分解装配生产线建设

借鉴现代工业高效流水线作业方式，对传统航空发动机分解、装配过程进行梳理，按生产线平衡原理，将分解、装配主环节模块化划分，设置脉动工位，按照“装配时不移动，移动时不装配”的原则，实现脉动生产。

通过研发自动化设备、非接触式在线测量设备、通用型工装等，提高发动机分解、装配的柔性化能力。推进全工序数据在线测量技术，通过自主设计和引入非接触式在线测量设备，可自动记录测量数据、计算测量结果，满足不同产品在维修过程中的测量要求。

2. 专业化叶片修理中心建设

叶片作为航空发动机关键产品，修理工序多，工艺复杂，传统的叶片修理工序离散在各型号发动机修理车间，叶片修理需反复转运，存在生产资源浪费、生产效率较低等问题。第五七一九工厂对标国际先进叶片修理专业化企业，通过整合各型航空发动机叶片修理资源，针对叶片大修及再制造深度修理涉及的全过程，建设专业化叶片修理中心。将各型叶片清洗、故检、修理及配套等全工序从各部门统一划归至叶片修理中心，拉动人员、技术、工装设备等相关资源聚焦叶片类产品修理实现过程，通过资源的集约化重组，实现叶片修理的单元化管理、流水线作业，减少产品流转路线的重复交叉。推动叶片维修产能扩容升级，建设适用于不同型号发动机的压气机静子叶片、涡轮工作叶片、涡轮导向叶片等 8 条柔性化生产线，形成航空发动机叶片清洗、表面处理、测量、无损检测、喷涂、焊接、热处理、机械加工、试验验证等专业化修理能力，可实现各型号航空发动机叶片的专业化修理。

3. 集成化动力控制装置修理中心

一是主燃油调节器维修产线。集成分解、故检、修理、装配4个主要工序，按照专业细分的原则，针对各机型主燃油调节器维修技术特点，优化整合为35个维修工位和5个运转试验工位，单个工位承担主燃油调节器维修过程中的一个环节，各工位流水作业，形成快节奏、高效率作业模式。

二是加力燃油调节器维修产线。设计30个维修工位、5个预调工位及5个转运试验工位，按照产品特点，细分为小零件、精密偶件、壳体组件、摆叉组件4个模块，每个模块独立运行，最终进行统一组装，形成并联、串联相结合的作业模式。

三是燃油小附件维修产线。按照产品单元划分，整合各机型特点，设置38个工位，分为主分修理班、加分修理班、加力泵修理班，柱塞泵修理班、涡喷附件修理班5个班组，结合燃油小附件数量多的特点，故检作业工程师通过柔性化取证，充分发挥技术技能优势，可同时承担多项产品的故检工作。

四是主体附件维修产线。设计35个工位和6个班组，由于产品小、数量较多，采用一个工位承修2~5项小零件的作业模式，并配备喷漆工序，实现为主体附件产品进行喷漆的同时，也为其余各线产品提供少量的漆层、功能性涂层恢复服务。

五是电子电器维修产线。与主燃油调节器维修产线类似，按照维修流程，设计40个通用型作业工位，单个工位承担1项子工序维修工作。

4. 集约化柔性维修作业平台

针对不同型号航空发动机结构相近、维修方法相似的部件维修，通过整合通用型工装设备5341项，差异配备215项专用工装设备、人员按机型柔性化取证，共用维修场地，构建3个集约化维修作业平台，形成不同型号航空发动机同类型部件的柔性化维修作业能力。

（四）基于航空发动机状态，实行柔性化生产准备

1. 建立备件准备保障部门

第五七一九工厂通过成立生产准备部门，进一步突出生产准备业务的主责地位，统筹工厂装备修理所涉及各部门的生产准备计划、过程监控及考核等工作。

一是组织工厂各部门根据修理任务需求，编制零备件年度及补充订货计划，分解下发季度、月度生产准备计划。

二是按年度、季度、月度及临时计划进行生产准备，对生产准备实施过程和结果进行监督考核。

三是根据正常、临时生产任务需求安排，统筹、组织调整工厂范围内人、机、料、法、环、测等生产资源准备，针对“以故检为中心”触发的临时备件需求情况进行资源保障。

2. 创新“五位一体”备件保障体系

一是外购。由备件准备保障部门测算工厂需通过外部渠道购买的备件项数，结合生产安排，按年度、季度、月度、临时计划进行备件采购。

二是自制。对于采购周期长、受OEM“卡脖子”等备件，备件准备保障部门组织工厂制造部门，通过产品图纸、图样、自绘、测绘等方式，加工制造满足航空发动机使用要求的零部件。

三是再制造。区别于主流的换件维修，工厂对维修过程中超出制造或修理标准、具有使用价值的零部件，采用失效分析、技术研究、技术验证等手段，形成一整套核心再制造修理技术谱系，采用再制造修复技术，使原本报废的零部件性能达到或优于设计要求，满足产品使用要求。

四是深修精修。对于超出现行修理技术标准且具有使用价值的零部件，采用技术研究、借鉴成熟修理经验等手段，通过钳工、研磨、机加、焊接、表面处理等工艺方法进行修复。

五是拆串件。对于在维修过程中出现的新品备件短缺，深修精修及再制造等手段无法满足产品性能要求，且生产周期紧张的情况，采用拆串件的方式，选择其他生产令号发动机相同零部件进行处理。

3. 形成单台航空发动机固定消耗额度的科学预估模式

在现有生产组织和技术条件下，统计航空发动机维修换件情况，通过数据分析，试修发动机按每5~10台、批产发动机按50台或近1~3年修理领用备件数量统计，除以修理台次，得出各机型单台航空发动机固定消耗额度，作为制定零备件保障计划及生产现场消耗的依据，利用ERP系统统计现场实际消耗零备件信息，根据实际用量按一定周期辅以实践经验进行适应性修正，提高备件保障计划制定的准确率。

其中，批产型号航空发动机备件固定消耗额度的修正，由备件准备保障部门每年根据ERP系统报表、异常消耗增加进行消耗定额修订；试修型号航空发动机因技术状态更改较频繁、故障模式库样本量较小等原因，零备件固定消耗额度变化较大，由备件保障部门组织技术部门，统计贯改技术通知通报、故检作业工程师维修结论，每月进行适应性修订。

4. 制定压实责任主体的备件保障制度

编制下发《生产准备管理规定》等配套管理标准，明确生产准备计划、生产准备过程、考核及分析改进全过程，以发动机修理生产主流程为拉动，以信息系统为载体，明确管理业务接口关系及控制要点，实现生产作业流程与各智能业务流程的连接，建立网络化资源筹措体系，压实责任主体管理职责，将年度航空发动机维修备件需求按“五位一体”备件筹措方式分类，形成年度生产准备计划，分级、分类保障、逐项落实，确保生产准备计划落地执行。

（五）灵活配置人力资源，提高员工素质

1. 体系岗位柔性化

为满足“以故检为中心”维修模式改革的需要，进一步夯实工厂人才队伍建设，实施技术岗位体系重构，坚持专业化分工、系统化管理，定义“以故检为中心”维修模式下各类人员角色，设计多通道、宽等级、结构化的岗位体系，完善共享化、市场化、数字化的岗位管理制度体系，重塑基准化、层级化、科学化的任职资格体系，构建管理制度成体系、成长路径多通道、职业生涯全覆盖的岗位管理平台。

2. 用工模式多元化

一是优化维修工序，将零件清洗、部件转运、修理配套、油封包装等辅助性、可替代性、通用性工序，通过业务外包、劳务派遣等方式移交专业化公司，集中优势人力资源开展航空发动机维修作业。

二是优化调整业务部门组织结构，抽调设备设施、安全保卫等业务部门人力资源为生产一线提供支持。

三是推行“双师”机制，发展操作技术员队伍（均为本科以上学历），培育既有高技术又有高技能，既是工程序列又是技师序列的“双高”人才，发挥一专多能作用。

3. 矩阵式组织管理

一是形成由产品主管厂领导、型号（专业）总师、系统工程师（专业工程师、项目主管）为主体的岗位体系，突出产品项目的牵引作用。

二是形成由业务主管厂领导、业务经理、业务主管（助理或专员）为主体的岗位体系，体现业务资源的支撑作用。

三是形成由行政分管厂领导、部门正副职领导、班组长（线站长）为主体的岗位体系，发挥行政职能的保障作用。

（六）精益化生产组织，规范化现场管理

1. 基于精益思想的柔性化产线布局

生产现场工艺布局总体思路是针对修理工序设置单元组，单元组按分解—故检—修理—装配顺序进行布局；发动机分解、装配按脉动模块设置；试车、油封和特种工艺按功能模块设置，流程化布局提升物流及信息流效率，降低生产资源配送差错。

一是构建U形工艺布局。建立以维修方案为指令、以工艺工卡为依据、以产品主流程拉动的生产现场U形布局。

二是划分功能区。生产现场按照生产作业线、通用工序区、产品存储库进行功能区划分，提高生产线专业化程度。例如，现叶片修理中心按照六线（叶片修理线）、五区（共用工序及其他产品修理区）、一库（智能库）的方案布局。

三是打造精细作业单元。按工艺流程划分，在各产线内打造精细作业单元，同一工序设置并行的若干个工位，经过产线平衡测算，每个工位配备工装、设备、辅材等对应的生产资源，减少多余动作带来的差错，形成单向维修流水，实现拉动式修理、节拍生产，消除修理过程中的各种浪费。

2. 以产品交付为牵引的生产排产模式

一是建立标准化维修周期模型。结合发动机修理结构化工卡，以每个部件修理工卡包作为时间尺度，建立87031项产品故障模式清单和对应的修理方法，并对每种故障模式下的部件定义标准生产周期。故检结论生成部件修理工卡包，修理周期随之变化，最终周期模型依故检结论而变，实现精准计划管理。

二是基于正向计划排产模式。生产计划从原来的工厂级计划、部门级计划与班组计划，变化为整机级计划、部件级计划与工序级计划。由整机下的大部件修理节点精准至每个部件；将工厂计划编制部门的手工生产作业计划优化为按故检结论自动生成的部件级计划，班组计划直接引用单个零件工卡包生成的工序计划，更加精准的同时提升了排产效率。同时，针对45种关键瓶颈工序进行专项监控与排产，使计划更为精准。

三是建立快速响应的生产异常反馈机制。在平台下发单台计划后，以故检结论，平台自动对计划调整；过程出现异常，由责任部门填写计划调整申请，明确延期原因，主管部门批准后，本工序计划再做调整，后续工序根据结构化工卡中自带的周期自动调整。部件级计划按各自的周期模型和故检结论自动生成。

四是靠前指挥实现生产精细化管理模式。生产管理人员下沉一线靠前指挥，识别生产需求，生产相关问题解决不过夜。

五是识别改进生产作业中的浪费。通过“价值流图析法”对生产过程进行分析，将计划管控模式由传统的计划推动式转变为需求的正向拉动模式，不断识别并消除生产作业过程中的浪费点；通过“线平衡法”制定生产节拍，统计分析765个工序的标准作业时间，根据产能需求、人力资源配置，制定生产节拍，“削峰填谷”组合工序；通过“线条图法”分析产品转运交接，优化转运流程与路线，改造产品运输车，减少重复运输和空车回程，采用打印标识及RFID（射频识别）技术替代传统手动交接模式，提高生产效率。

3. 规范班组管理

一是工位工序精细化。同一工序设置并行的若干个工位，每个工位配备工装、设备、辅材等对应的生产资源，减少多余动作带来的差错。

二是工装工具产品形迹化。开展整机转运防护、进气机匣防护改进、货架软包防磕碰等工作。

三是色标标识统一化。下发最新色标管理标准，新色标采用“基础色+机型色”，基础色使生产现场一目了然、人机合一，机型色从工装、设备方面有效区分机型。

四是工作台柜架标准化。在现有资源下统一一个区域的工作台柜架，使生产现场同一片区域整齐划一。

五是班组信息可视化。加强班组看板监管，保证信息准确性，同时推行工位看板，内容涵盖工序、工作时间，使人员知悉工位具体任务及进展。

六是转运交接规范化。建立定点转运交接区，并设立临时停车点；规范整机转运线路，降低产品转运风险。

4. 操作规程精准管理

聚焦产品质量，将典型故障信息作为输入，梳理发动机产品故障点涉及的修理工艺规程，指定技术员、操作者、检验员围绕产品实现过程主线，从人、机、料、法、环、测六因素检查入手，识别工艺实施过程未执行项、执行偏差项、工艺改进项、执行困难项、理解歧义项，提高发现问题能力。建立班组级、部门级、工厂级考核责任链，明确责任主体和检查要求，层层压实各级工作职责，按80/20原则制定部门级、工厂级验收标准，通过实施工艺规程精准化整治，进一步提升工艺规程的准确性、可操作性，确保工艺规程精准、高效指导现场修理作业，进一步提高产品质量。

三、提升柔性适应能力的航空发动机维修管理的实施效果

（一）航空发动机维修的柔性适应能力大幅提升

第五七一九工厂在5年内快速形成十余型多国技术体制、多型跨代的军用航空发动机柔性化共线维修能力，升级改造50多条柔性化、数字化生产线，应对市场需求的适应能力大幅增强；培养出一批一专多能的管理、技术和技能人才，高级管理、技术、技能人才占比分别达到12.2%、13.4%、7.6%；用户满意度持续提升，市场占有率超过50%。

（二）军用航空发动机维修效能显著提高

通过持之以恒推进柔性适应能力提升的管理创新，第五七一九工厂在员工总数仅增长16.4%的情况下，航空发动机修理量增长13.3倍，修理周期平均压缩2/3，修理成本逐年降低，成为国内唯一一家具备涡扇发动机整机及所有控制装置、全部工序修理能力的企业，承修后的航空发动机故障率和提前返厂率均低于新机。

（三）经济效益显著提升，综合实力行业领先

实施提升柔性适应能力的管理创新后，第五七一九工厂在承修航空发动机维修价格没有增加，且仅为同行价格60%~80%的情况下，总资产增长3.7倍，年产值增长3.8倍，全员劳动生产率增长2.8倍，经营品质不断提升，创造了显著的经济效益，目前是国内歼击机发动机维修型号最先进、品种最多、掌握核心技术最全面的企业，进一步巩固了在军用航空发动机维修行业中的领先地位。

（成果创造人：张　铀、钟　杰、谢遇巧、王建飞、汪开凯、钱鑫萤、甘世祥、韩　晨、詹　俊）

科研院所面向设备全生命周期的生产维护管理

中国航发北京航空材料研究院

中国航发北京航空材料研究院（以下简称航材院）成立于1956年，隶属中国航空发动机集团，是国内唯一面向航空，从事航空先进材料应用基础研究、材料研制与应用研究、关键件研制交付与小批量试制生产的综合性科研机构，拥有9个国家级重点实验室或工程中心、13个省部级重点实验室及工程中心、4条国家级生产示范线、28个研究与工程中心、6个海外联合研究中心、7个行业服务平台，是我国国防科技工业领域高水平材料研究发展中心，也是国家科技创新体系和国防科技创新体系的重要组成部分。共拥有院士4名、在职员工4900人，科技成果2500项、专利1700多项、技术秘密700多项，设备类固定资产达22.12亿元，分布在“一院四地”（北京院本部下属的14个研究所或中心和贵州、镇江、德阳、淄博的4个分现场）。

一、科研院所面向设备全生命周期的生产维护管理的背景

（一）推动国防武器装备发展，满足装备现代化建设需要

航材院主要从事航空先进材料研制与应用基础研究、材料应用技术研究、工程化技术研究、型号应用研究、型号关键件研制交付与小批量试制生产，满足飞机、直升机和航空发动机武器装备“五个一代”发展需求，同时服务其他国防及民用高端装备。当前，部队为提高战斗力、打造一流军队持续加强实战演练和日常作训，武器装备数量和质量需求增强。为了满足国防武器装备现代化建设的需要，践行“动力强军，科技报国”的初心和使命，航材院亟须全面布局和快速提升核心能力，针对核心领域要加快形成研保能力，针对重点产品要强化优势拓展市场，针对传统专业要补充短板强化能力，针对前沿技术要抢占阵地奠定基础，针对管理能力要提质增效降本，对承担大量科研、生产特别是型号保障任务的航材院来说，在“一院四地”的情况下，保障17000余台科研、生产和办公设备的有效运行和规范统一管理是一个难点。

（二）加快客户响应速度，满足任务需求和行业定位

现代行业的竞争，说到底是体系和能力的竞争，中国航发集团全面推进AEOS体系建设就是要系统提升集团整体的能力。航材院的定位是从事飞机、发动机、直升机及其他国防科技工业和民用领域用先进材料研制、开发和产业化，从事材料热加工工艺、性能表征与评价、理化测试技术等方面的研究。航材院的任务结构是“3+2”模式，“3”是要全力以赴完成中航工业、中国商飞、中国航发三大航空客户的任务，“2”是要全力完成以航天科工、航天科技为代表的国防军工客户的任务。作为航空装备材料技术的引领者、提供者和保障者，航材院必须保证先进材料技术的研究和工程化应用顺利进行，既要做好科研生产用设备的保障工作，也要按照航发集团运营管理系统建设要求强身健体，做好设备准备流动工作，即生产保障工作。面对激增的装备任务需求和庞大复杂的设备保障任务，只有结合科研院所实际构建全员生产维护管理体系，才能更有效地保障设备稳定、高效、持续运转，不断提升生产运行控制水平和企业的竞争力。

（三）解决设备管理瓶颈问题，提高科研生产保障能力

“十三五”期间，先进材料技术成为国际竞争热点，功能材料、智能材料、结构功能一体化材料需求急增，传统结构材料遭遇极限要求挑战。航材院涉及保军重点专业的17个领域67个专业，设备呈现

数量多（17446 台套，其中关键重要设备 323 台套、重点工艺设备 1661 台套、辅助工艺设备 9436 台套、办公设备 6026 台套），种类多（22 大类、66 细类、439 小类），布局分散（一院四地），老化严重（10 年以上设备约占 45%），管理范围广（14 个研究所或中心的 124 个科研生产班组），非标设备多、复杂度高等特点，存在设备现场管理范围广、设备复杂度高、设备故障率高、故障应急响应不及时、科研设备利用率低且状态不稳定等瓶颈问题，急需通过系统策划和管理创新，构建适合科研院所设备管理的全员自主维护体系，快速提升设备现场管理水平，满足科研生产任务激增对设备运行保障的迫切需求。

二、科研院所面向设备全生命周期的生产维护管理的主要做法

（一）量化评估全员生产维护管理业务成熟度，明确设备管理改进目标

1. 运用“递进式”调研实现现场精准诊断

将全员生产维护管理体系建设和实施视为持续推进的项目进行管理，结合问题导向和目标导向，打破传统职能管理和岗位职责的限制，在收集和研读 47 份集团 AEOS 生产制造体系及航材院相关管理文件的基础上，连续三年，通过线下问卷调研、基层班组走访、线上问卷调研、“一站式”应急维修专项调研的“递进式”调研，对航材院设备运行和管理现状进行全面、深入、精准的现场诊断，为航材院设备全员自主维护体系构建打下了良好的基础。

2. 运用“归类归因归根”的方法查摆问题根源

针对现场诊断发现的问题，一是进行“归类”分析，合并同类项后主要涉及设备现场管理范围广、设备复杂度高、设备故障率高、故障应急响应不及时、科研设备利用率低且状态不稳定共 5 类；二是进行“归因”分析，从地域布局、专业分布、类别、故障、管理流程等方面深入剖析 5 类关键问题背后的原因；三是进行“归根”分析，聚焦问题根源——设备基础管理规范性差，员工自主维护意识薄弱，自主维护广度和深度不够且不均衡，维保业务流程长、跨部门协同效率低。在明确问题根源的基础上，提出设备自主维护改进的主要方向：一是加强设备基础管理的规范性，重点提升员工自主维护意识，特别是科研人员；二是持续加大设备自主维护推进范围和深度，重点提升现场管理均衡性和实效性，特别是科研设备；三是优化设备故障应急响应流程，重点提升响应速度和维保质量，特别是关重和瓶颈设备。

3. 基于“八大支柱”建立业务成熟度量化评估模型

航材院通过学习《GB/T 39116 - 2020 智能制造能力成熟度模型》和《GB/T 39117 - 2020 智能制造能力成熟度评估方法》，结合中国航发集团《AEOS 生产制造体系建设工作方案》和航材院设备管理实际，以全员生产维护“八大支柱”为基础，建立全员生产维护管理成熟度模型，包括 10 个评估域和 4 个评估标准级。按此模型，对航材院 2018 年设备全员生产维护管理的成熟度进行自评，明确主要评估域的管理状态，基本可以代表设备管理水平，验证评估模型，也为设备全员生产维护管理指明未来的方向和工作思路。

（二）构建设备全生命周期全员生产维护管理体系，确定管理实施路径

1. 基于设备全生命周期梳理体系要素

从设备全生命周期出发，以管理流程为基础，结合中国设备管理协会编制的《设备管理体系 - 要求：PMS/T 1 - 2013》和航材院实际，坚持以人为本，系统融合质量管理体系要求，按设备管理的 6 个流程梳理出 30 个业务活动，通过多次头脑风暴和现场实践，对业务活动进行“增、减、修”调整，提炼出 39 项设备全员生产维护管理体系构建的基本要素，再通过业务成熟度评估模型量化评估识别出 20 项制约体系运行的关键要素，明确体系管理建设和改进的重点。

2. 分层分类部署落实体系要素

坚持目标导向，运用全员生产维护管理业务成熟度评估模型，引导体系要素的优化和深化。基于设备管理过程的六个阶段，本着“立足科研生产实际，服务科研生产核心业务”的原则，从人员管理、标准管理、现场管理、指标管理四个维度分类实施39项体系要素，通过院级管理层、所级管控层、班组执行层和相关资源层进行分层管控，明确体系建设的推进方向、实施路径和具体落脚点。坚持问题导向，统筹策划，聚焦瓶颈问题，分层分类部署体系19项基础要素和20项关键要素的落实工作，不断健全和形成更加综合、全面、安全、高效的航材院特色全员生产维护管理体系。

（三）落地打造体系建设实用工具，保障设备自主维护实效

1. 因地制宜创新应用波音“九步法”

结合航材院设备管理实际，在波音“九步法”的基础上：一是细化9个实施步骤的管理要求，固化成8项标准表单，包括团队成员职责分工表、班组清扫及改善快报表、可视化自查表、档案目录、自主维护点检作业指导书、自主维护点检表、备品备件及易损件报警表、故障统计表；二是规范“九步法”推广模式，将设备点检部位统一规范为16类共84项，将可视化标识统一规范为状态、计量、管线、液位等共13类，将设备档案目录基于全生命周期统一规范为8大类；三是建立星级动态考核评价标准，完成前六步评为“一星”，完成前八步评为“二星”，完成九步评为“三星”，定期进行现场星级考核评定；四是先后发布三版《设备自主维护和管理手边册》，采用图示和案例的形式，结合实际给出TPM的定义、“九步法”应用规范要求、清扫/可视化/改善/操作者标准化作业案例等，发放范围实现124个班组全覆盖，便于一线操作人员和管理人员学习参考。

2. 构建流程驱动型预防维修机制

航材院结合自身设备分类和内外部维保能力，识别出以“研究所/生产中心级维保团队和设备使用人员”为实施主体的自主保全活动和以“院级维保团队和外部维保供方”为实施主体的计划保全活动，明确设备自主维护的重点和管理逻辑，以设备故障、完好鉴定、维保和点检的“四位一体”关联性分析构成流程驱动型预防性维修机制，进行有效的自主保全和计划保全，实现设备维修预防的目标。

3. 运用“四位一体”关联性分析方法保障实效

航材院将2016年至2019年故障设备按故障次数、故障部位归集为14类，识别出每年故障次数超过4次且维修成本比较高的设备共69台，将设备视为一个系统，进行设备故障、完好鉴定、维保、点检4类部位点的关联性分析，查摆出自主保全和计划保全的管理策划和现场实施存在的薄弱环节或疏漏，可有针对性地指导和提高点检、维保关键部位识别的准确性和实施的有效性。2020年，航材院已将“四位一体”关联性分析方法纳入《保养点检作业指导书》，全院范围内推广，保障设备自主保全和计划保全关键部位的识别精准性和实施有效性。

（四）分类实施标准作业，全级次提升流程运行规范性

1. 基于体系要素细化设置标准表单

为解决流程运行过程中业务活动流动性和操作性差的问题，航材院结合设备管理全生命周期，对照全员生产维护管理体系要素，按照“业务活动标准化＝信息表单标准化＋流程表单标准化”的思路，对照体系要素系统梳理23项管理要素，分步开展业务活动标准化工作。一是根据院、所、班组三个不同层级的活动关联，分层设置标准化的信息表单，包括针对管理重点的管理类标准作业23项、针对操作动作的操作类标准作业5项和针对管理瓶颈的保障类标准作业5项。二是通过信息表单的标准化，将表单作为流程的载体，为业务活动标准化做好铺垫，已实施管理类标准作业信息表单22项、操作类标准作业信息表单4项、保障类标准作业信息表单4项。三是针对重点业务和难点业务进行流程表单的标

准化，将表单作为传递业务的可视化图谱，既能定位表单所在作业工序，还能更好对接下一道工序，实现业务活动的显性化，规范流程的平稳高效运行，为业务流程信息化储备海量数据奠定坚实的基础。

2. 基于业务活动分类实施标准作业

（1）实施“管理类标准作业”，牵头引领体系建设。

管理类标准作业是院级层面统筹策划形成的标准模板，通过对标体系要素的管理活动，分解出可重复作业的任务，实施对应标准作业，提高管理成效，主要体现在两个方面：一是以“信息表单+流程表单”形成的规范性管理类标准作业，包括面向业务流程的《设备全生命周期档案管理模板》和《各级大修/改造业务流程及归档资料模板》；二是以信息表单为主的参考性管理类标准作业，包括针对人员管理的《分级分类培训矩阵》，针对标准管理的《各级条件保障人员责任清单与检查清单》《业务成熟度评估表》《档案管理目录清单》等，针对现场管理的《设备可视化自查表》《备品备件与易损件报警共享表》《重点设备巡检表》等，针对指标管理的《设备运行数据统计共享表》《月度设备综合报表》等。

（2）实施“操作类标准作业”，具体指导体系实施。

操作类标准作业是指导设备操作人员对设备进行现场操作、检查和自主维护等系列工作的指南，是指导设备操作人员做到“三好”（管好、用好、修好），“四会”（会使用、会保养、会检查、会排故），“五定”（定人、定点、定标、定法、定期）的基础性作业标准。航材院共组织制定和编修操作类标准作业3240份。一是针对设备作业指导书操作、日常保养、二级和三级保养、完好状态鉴定等内容进行细化和规范，编修《设备作业指导书》1451份；二是针对TPM推进新覆盖设备，新编并发布《点检作业指导书》1565份；三是针对关重设备典型故障，新编《设备维保标准化作业》224份。通过制定操作类标准作业使操作者能深入理解和熟练掌握符合要求的操作方法，识别操作过程风险并制定有效预防措施，使设备操作更加规范和安全，实操经验得以积累和沉淀，确保设备自主维护的有效实施和规范推进，为航材院的知识管理沉淀做出贡献。

（3）实施“保障类标准作业”，中枢调控体系运行。

航材院结合《保养点检作业指导书》编修和设备综合效能提升改善专项的具体工作内容、任务量和难度，制定保障类标准作业文件《设备自主维护管理和综合效率提升改善专项标准化流程方案》。首先，通过运用WBS工作分解结构法，将改善专项工作分解为46个标准化动作，明确体系运行的管控要点；其次，结合预期效果和实施难度评估改善效果（25分制），区分能力角色（A角色具备理解运用能力、B角色具备简单操作能力），明确时间标准，并结合标准化动作和难度系数策划并行路径，有效承接管理目标和操作落地；最后，规范输出总结实战成果（通用总结6项、保养点检作业指导书编修3项、OEE测算及提升5项），有效承接集团AEOS生产制造体系建设管理目标，为设备自主维护体系运行起到中枢调控作用。

（五）推动业务流程数字化，提升设备维保精准快速响应能力

1. 问题导向构建设备数据库

一是面向日常管理流程，制定《设备运行数据统计共享表》，统一数据源，识别出需要收集的基础数据，包括设备基本信息、设备运行指标数据库、TPM管理数据库、设备运行数据库、设备故障数据库、设备维保数据库、档案管理7个方面，以数据归集和共享为途径，日常收集和管控数据418140条，动态维护数据239431条，不断推进业务和数据的融合。二是基于设备运行和故障数据，按单位、设备类别、故障位置、维保台次、维修费用进行统计分析，按故障类别将设备分为14类，将设备故障部位分为16个，并通过建立故障代码和颗粒度的逐步细化，形成84个二级故障明细。基于以上大量的基础

数据收集和统计分析工作，建立关重设备病例，构建设备故障数据库，明确设备维保平台的主要矛盾，通过横向沟通交流和故障根源性分析，制定有效的改进措施，加强航材院全员生产维护管理体系中跨层级、跨地域、跨系统、跨部门和跨业务的协同管理，切实降低维保成本，提高维保效率和设备管理水平。

2. 运用信息化技术提升流程管理效率

（1）系统策划“一站修”和“一起查”信息化试点项目。

航材院依托设备管理大数据，系统策划设备维保“一站式”服务信息化平台，通过前期互联网问卷试点信息即时采集平台，梳理业务流程，结合前期调研的堵点问题，策划“一站修”和“一起查”软件原型并开展试点工作。截至 2020 年底，通过“一站修”信息化试点平台，已线上组织外修 866 项、内修 421 项，实现业务流程和关键节点显现化，并能测算业务流程效率，有效引导线下堵点的管控和考核。通过“一起查”信息化试点平台，已实施院级检查 166 项，研究所或中心和班组级自查 34 项，可在 1 分钟内完成现场检查 T 卡问题提出，首问负责人及问题负责人均有业务流程提示，做到 T 卡留痕、进度可追溯，实现设备现场问题快速上传和响应，大大提高现场检查的效率和质量，为设备现场管理信息化打下了坚实的基础。

（2）基于信息流优化维保业务流程。

设备一站式维保服务的线下业务流程包括电话报修，故障诊断、技术方案、供方比选、合同签订、现场实施、维保验收、付款、质保等多个环节，跨部门、多人员、多层级实施，信息不对称、资源配置不均衡、协作关系难协调，应急响应不及时、维修周期长，客户抱怨严重。为了提高维保效率，提升客户满意度，基于信息流优化维保业务流程，搭建“一站修”信息化试点平台：一是简化流程，将维修申请简化为线上一键报修，保障团队线上诊断内修或外修，现场多个一般性维保项目可线上归类合并签订合同，业务流程实现更加方便快捷；二是进度可视化，业务流程所有节点均在线实时显示状态，超期未完成的流程节点线上“亮红灯”，已完成的节点“亮绿灯”，实现分时段、分类别、分单位的维保进度可视化显示，通过看板，所有业务活动和进度一目了然；三是自动识别重点维保项目，通过设置“是否关重设备、是否进口设备、是否采买备件等”逻辑条件和软件算法，系统自动识别需要重点关注的维保项目，以便各节点人员应急响应、快速完成。

（3）基于数据流量化测算业务流程管理效率。

为了持续提升管理效率，在“一站修”信息化试点项目中，基于系统中的数据流进行业务流程管理效率和拥堵指数测算的策划和设计，系统可按项目或时间段定点测算各个业务流程节点的管理效率。如经测算，2020 年 6—12 月外修的月度平均综合管理效率为 2.73%。虽然现阶段系统测算的业务流程管理效率数据总体较低，但是量化测算的数据相对科学、客观、准确地反映业务流程中需要改进的具体环节。同时，借助信息化实时动态看板、月度设备综合报表、年度绩效考核，航材院已经实现设备维保报修全部上线，业务流程堵点也由最初的 200 余个下降到 50 个以内，强化相关部门和人员的协同，显著提升应急维修的响应速度和保障效率。

（六）优化组织架构与考核评价标准，形成体系持续改进机制

1. 构建全级次人员金字塔模型

针对航材院“一院四地”的管理实际，以人为本，由院长牵头成立院级推进领导小组，主管院领导和设备主管部门组成院级管理层团队，由 14 个使用单位组成研究所或中心级管控层团队，由 124 个生产工段、班组、科研专业组组成执行层团队，由工时、维保、故障数据库等组成生产和信息资源层，整体呈金字塔状，为设备管理的“统筹策划、责任分工、贯彻落实”提供有力支撑。

2. 建立动态量化考核评价标准

一是针对体系运行实施效果和成果巩固，制定《设备 TPM 管理实施细则》《设备现场管理考核实施细则》，明确设备现场管理考核指标和评价标准。坚持目标导向，通过《月度设备综合报表》开展现场管理综合量化考评，按照设备管理状况、质量指标、维保情况、TPM 推进和现场管理五个方面进行月度考核评分，每月召开设备管理保障例会，分析目标差距，考评结果和排名在会上通报，并以纪要形式在全院范围公示，同时将量化考核指标完成情况纳入各研究所或中心年度绩效考核。

二是针对体系效果评估和持续改进，建立并运用业务成熟度量化评估模型，按照 10 个评估域和 4 个评估标准级分别对 2018 年和 2020 年的体系建设效果进行评估，得分从 3. 8 分提升至 5. 8 分（10 分制），设备现场管理水平在 10 个评估域均得到较大改善。

3. 系统思维优化体系管理要素

在体系架构全院推广实践验证的同时，运用系统思维，一方面定期对整个体系进行全要素业务成熟度量化评估，针对管理要素提炼量化指标或定性指标，并结合管理要求分为必选项和自选项，为研究所或中心规划好规定动作和自选动作，既提出基本要求，也给设备使用单位自主特色管理留出空间，并通过月度跟踪、年度考核，以考核指标牵引管理提升，并依托航材院电子文档平台系统规范体系要素的沉淀和交付，实现知识管理和积累；另一方面重点关注体系建设中的关键要素，通过专项改善项目、刚性考核评价、信息化技术手段等方式精准施策，在不断夯实全员生产维护基础管理的同时，持续改善体系管理要素和框架结构、创新管理成果。

三、科研院所面向设备全生命周期的生产维护管理的效果

（一）提高了科研生产保障能力和成本控制能力

航材院始终坚持“目标导向、系统策划、统一部署、分步实施、试点先行、全面推进”的原则，在“一院四地”全面推广应用全员生产维护管理体系，设备自主维护数量从 2018 年的 304 台套增加到 2020 年的 1565 台套，实现了两个“全覆盖”（一是航材院 14 个研究所或中心的 124 个科研、生产班组“全覆盖”，二是“独生子”设备、关键重要设备、重点瓶颈设备、重点辅助设备“全覆盖”）。

2020 年底统计数据显示，与 2018 年对比，航材院营业收入增加 66%，关重设备利用率增加 35%，设备故障台次降低 9. 4%，维修费用降低 22%，关重设备故障停机率降低 64. 7%，关重设备平均故障停机时间减少 41. 5%，全院设备运行状态总体安全、平稳，为航材院在新冠肺炎疫情防控、贸易战、任务激增等复杂形势下全面完成科研生产任务提供了有力保障。

（二）提升了业务流程效率和客户满意度

航材院实现了设备维保业务全流程管理节点的实时动态流程效率测算和进度提醒，为线下疏通管理堵点和提高维保效率赋能，2020 年设备维保业务流程效率由 1. 1% 提高到 2. 73%，提高了 2. 5 倍；实现 1 分钟内完成现场巡查问题提出、快速响应，有效跟踪问题整改闭环；解决了点检标准不规范、数据难沉淀、执行不到位的痛点问题。设备运行保障成效和客户满意度得到了显著提升，设备运行保障客户满意度测评结果由 2018 年的良好（93. 2 分）提升为 2020 年的优秀（95. 88 分）。

（三）提升了员工参与度和社会影响力

航材院实现设备自主维护数量、标准作业份数、培训教材及培训人次的大幅提升，在全院范围内营造了良好的全员保障氛围，极大地提升了员工自主维护意识和参与度。航材院的全员生产维护管理体系建设和现场效果，连续两年在中国航发集团 AEOS 生产制造体系年度现场考评中得到考评专家的认可和表扬，并成为集团公司最佳实践案例和标杆试点单位，体系建设取得的实效从设备管理的角度进一步提升了航材院的社会和行业影响力。

通过全员生产维护管理体系的管理创新和持续推进，切实提升了设备保障能力、业务流程效率、客户满意度、员工参与度，有效保障了航材院在发动机、飞机、直升机材料领域突破一系列关键技术，在武器装备型号研制和批产保障方面高质量准时交付，促进了装备现代化建设水平的提升，使航材院在国家各类重大专项、国家和国防计划等各渠道任务争取中取得显著成绩，在重点军民品市场和国际市场开拓方面取得明显成效。

（成果创造人：缪宏博、刘　琪、唐　斌、刘湘斌、国大鹏、贾洪鉴、
熊万春、龚　冰、宋洪松、王立成、罗学军、葛子亮）

供电企业基于变电站全景感知的精准运检管理

国网山东省电力公司青岛供电公司

国网山东省电力公司青岛供电公司（以下简称青岛公司）是国网山东省电力公司直属供电企业，是国家电网公司大型供电企业之一，担负着青岛市七区三市供用电服务，供电面积达 1.13 万平方千米，服务 505 万用电客户。青岛公司管辖公用变电站 353 座、输电线路 737 条；公用 10 千伏配电线路 2780 条、配变 29657 台，最高用电负荷达 868.1 万千瓦。近年来，青岛公司先后获得全国一流供电企业、全国文明单位、全国五一劳动奖状等荣誉称号。

一、供电企业基于变电站全景感知的精准运检管理的背景

（一）适应改革发展形势变化、推动企业高质量发展的需要

近年来，我国经济已由高速增长阶段转向高质量发展阶段，受外部经济环境影响，宏观经济下行压力增大，不确定因素增多，社会用电增速放缓，电网企业发展面临严峻挑战。与此同时，电力体制改革不断向纵深推进，配售电市场竞争日益加剧，综合能源、电动汽车等新兴产业蓬勃发展，对供电企业精益管控电网设备、敏捷响应市场客户和高效协作创新突破的要求越来越高。青岛公司一直是改革试点的先行区，结合青岛古镇口军民融合示范区建设，实施基于变电站全景感知的精准运检管理，通过强化精益管理，推动运检管理方式从粗放型向精益型转变，统筹推动各项业务协调发展，全面提升企业核心竞争力。

（二）顺应新兴技术发展趋势、促进电网数字化转型的需要

近年来，大数据、云计算、物联网、移动互联网等新兴技术蓬勃发展，为推进现代信息技术与电力系统的高效集成、融合发展奠定了坚实基础，给供电企业应用现代信息通信、智慧运检、智能测量等先进技术，为传统电网进行改造提升提供了有利机遇。青岛电网拥有大量业务应用系统，这些系统信息口径多、信息互通少、信息孤岛多，在推动数字化技术与运检设备管理融合发展及应用方面仍存在较大的提升空间，在变电站设备状态实时管控、远程监视以及使用维护管理等方面还存在着深度挖掘的潜力。加快电网数字化转型，打破各业务系统间的数据壁垒，创新利用先进技术为传统电网赋能，持续提升系统智能诊断、决策水平，深化数据深度融合应用，实现业务数据化到数据业务化的转变，打造状态全面感知、信息互联共享的精益管理模式，具有十分重要的意义。

（三）提升变电运检智能化水平、保障安全高效供电的需要

随着经济不断发展，电网规模持续扩大，用户对供电可靠性的要求不断提高。相比之下，运维人员数量逐年减少，运检业务管理大部分仍采用传统模式，数据的获取、分析、应用等对“人”有较高依赖，与日俱增的运维业务量与运维人员力量不平衡矛盾日益突出。在推动电网向能源互联网升级的过程中，面对高强度、高频次的电网设备运维管理，涉及作业人员、作业风险点、作业流程等方面管控智能化、可视化水平不高，安全风险防控未实现全面覆盖。为进一步降本增效、提升管理效能，变电运检专业亟须提升智能化水平，强化各类数据、信息的智能自动获取、反馈、分析、应用，通过与不同系统、专业数据的协同共享，串联设备采购、运维、检修、退役等全寿命周期管理的整个链条。因此，以提升设备安全运行水平为重点，实施基于变电站全景感知的精准运检管理，强化设备全过程状态管控，在激发和释放员工更多潜能的同时，持续提升设备管理水平和利用效率，全力保障电力安全可靠供应，具有很强的紧迫性。

二、供电企业基于变电站全景感知的精准运检管理的主要做法

（一）明确精准运检管理总体思路

1. 深入调研分析，明确精准运检管理整体思路

青岛公司结合变电运检业务管理和技术特点，以保障电力安全可靠供应为根本，以促进变电站运行更安全、设备管理更高效为主线，以数字化转型、智能化管理为着眼点，聚焦提升设备安全运行水平，大力推动现代信息技术与变电站运检管理业务深度融合，通过构建精准运检数据管理体系、建设站端全景感知数据管控平台、优化变电运检业务管控流程、强化设备全过程状态管控，全面提升变电运检专业信息感知、状态管控、主动预警、精准检修和管理穿透能力，打造设备状态全面感知、信息数据互联共享、业务全程在线管控、诊断预测高效智能、成本管理高度精准、安全管控强力有效的运检业务管理模式。

2. 系统科学论证，确立精准运检管理实施方案

围绕构建基于变电站全景感知的精准运检管理目标，经过反复论证，制定变电运检业务数字化转型、智能化管理具体的实施路径，包括实施步骤以及各阶段的重点任务。一方面，组建成立精准运检管理专项工作小组，由青岛公司主要领导担任组长，各相关部门和单位主要负责人为成员，明确职责分工、沟通机制及相关要求，并指定联络人，确保各业务部门和检修公司上下联动、横向协同。另一方面，多次组织讨论会，以运检业务数据为抓手，聚焦数据管理体系、数据管控平台、数据业务流程、数据融合应用、数据协同共享等领域，研究明确各领域重点任务及具体实施内容。在推进实践中，按照统筹规划、分步实施的基本原则，针对各项任务及行动计划，制定分年度的实施计划，建立健全工作汇报机制、沟通机制、进度管控机制和风险管控机制，确保各项重点建设任务有力有序推进。

（二）建立全景感知的变电设备大数据管控平台

1. 综合应用多种手段，实现变电设备状态监测全覆盖

利用各类新型传感技术、信息通信技术等，在对站端已有的监测、监控设备进行改造升级的同时，新装各类新型在线监测装置，实现各类设备状态数据实时采集监测，并将数据纳入统一平台管理，进行就地边缘计算分析和数据综合分析。在实践中，一是加强站内智能巡检机器人的使用。利用“互联网+”“图像识别”“红外传感”等技术，优化巡检机器人的功能应用，强化算法分析，实现数据的泛在接入、边缘计算。二是加强变电站内智能辅控系统应用。新建站增加安装智能辅控系统，加快老站辅控系统改造，实时监测站内环境信息，结合算法分析，实现辅控系统主动预警、智能联动。三是实现异常数据在线监测分析。站内在线监测、智能辅控、智能巡检机器人、智能监控以及传统的 D5000、PMS 系统数据全部纳入统一管控平台，开发设备状态综合诊断分析模型，异常状态及时推送预警信息，并生成检修策略、检修建议，辅助运检人员决策。

2. 打破数据融合壁垒，实现变电设备全业务数据共享

积极推进站内多源异构数据接入、标准化管理，实现站端数据全面汇聚和集约管控。一是推动站端数据融合共享。变电站全景感知系统采用多系统融合的方式，通过以太网与变电站巡检机器人系统、变电站辅助监控系统、变电站在线监测系统、变电站一体化电源系统及主设备监控系统等系统，获取各业务子系统的数据，统一开发数据接口进行汇集，由数据处理层进行智能分析、处理，实现站端不同系统间数据的共享、联动、综合分析管理。二是推动不同专业业务数据系统间的数据融合共享。利用信息通信技术实现生产管理系统（PMS）、D5000 系统、智能运检管控平台、输变电设备大数据评估分析系统等 7 个专业系统进行信息交互，能够有效利用各专业数据，形成完整贯通的数据链条，做到变电站的全景感知，实现站内人员、环境、设备状态数据的共享、融合、联动。三是深化设备全寿命数字编码应用。深入开展存量设备全寿命数字编码及数据追溯，运检人员可通过移动作业 APP 实时动态查询设备

的台账数据和历史信息等，进一步利用设备全寿命数字编码自动获取设备参数及安装调试信息，实现试验信息与 PMS 系统自动集成。APP 的数据校验工具可以辅助一线人员开展数据采集，提升作业人员数据采集、录入准确率。

3. 进行三维全景建模，实现变电设备状态全景可视化

采用模块化、单元化的精细建模方式，将变电站按照实际比例进行三维全景建模，实现关键设备装置可视拆解组装。将设备本体及其在线监测、遥测遥信等信号对应关联，连接实时数据，以动画、透明标签、弹窗、仪表置数等多种方式展示实时数据。配置巡检任务单，能够手动、定时、联动执行三维巡检任务，并自动生成报表。利用 VR 技术直观查看变电站整体布局、站内设备情况，做到人不用到现场，就可以达到甚至超过在现场进行巡检的效果；同时开发 AR 专家在线指导系统，提供视频、语音对讲以及远程标记操作等功能，使现场运维人员得到远程专家实时支持。

4. 开发完善平台功能，实现变电设备智能化综合分析

依托变电设备全景感知大数据管控平台融合的全息数据和计算资源，深入挖掘数据价值，创新应用维度，完善平台功能，实现主辅设备智能联动、故障缺陷智能诊断、移动作业智能管控、辅助决策实时交互。一是实现变电站视频、图像、数据智能化自动识别。利用“视频 +”“图像识别”技术，对变电站内监测系统的视频、图像、数据智能化自动识别，可自动辨识人员是否越过安全红线等人员不安全行为、主变是否有渗漏油等设备状态、组合电器压力示数等数据信息，大大降低运检人员的工作量，提高工作效率。二是实现主辅设备智能联动。通过数据的边缘计算和就地处理，基于辅助设备监控系统、视频监控系统，可进行全站主、辅设备间的智能联动。三是实现站内数据综合诊断分析。通过提取设备故障和光、电、热、振动等现象之间的逻辑关系，形成设备状态评估判据，并自主生成基于变电“五通”的针对性检修策略，打破运检人员专业领域知识的限制，为运检人员制定停电检修计划提供辅助决策。

（三）实施变电设备智能诊断分析

1. 建立变电设备智能分析模型

一方面，根据现有标准、经验及异常信号逻辑关系，形成设备状态评估判据；另一方面，对设备异常智能诊断结果进行审核确认，优化提升在线监测装置的智能化水平，推动在线监测数据由基于传统阈值分析转变为数据综合分析。针对单一在线监测系统，建立多维智能诊断模型，如变压器色谱诊断模型、套管绝缘的温度老化模型等。

深入开展机器学习，优化提升诊断分析模型的准确性。一方面，将站内各系统的数据、D5000 系统等各专业系统的数据实时或定期推送至全景感知系统；另一方面，当检测到某类异常数据时，全景感知系统将自动提取站端或 D5000 系统等专业系统的相关设备数据，将一个个数据孤岛串联成信息网络，进行系统性、全局性诊断分析。利用 NLP 和知识图谱，构建智能运检专家库，基于实体发现与关系提取技术、图数据存储及知识推理技术，根据收集的在线监测数据和预定的逻辑关系，自主分析设备运行状态，推送诊断结果和预警信息。

2. 优化变电设备异常诊断流程

建立设备异常“人机诊断”机制。组织变电运检各专业、班组骨干力量，组成变电设备异常诊断分析小组。基于变电站全景感知系统实现设备异常智能诊断，诊断结果自主推送至相关专业技术人员的移动终端；专业技术人员对原始数据、诊断结果、检修策略等进行人工核实、审查、反馈；复杂问题组织变电设备异常诊断分析小组成员进行综合分析，持续进行设备智能诊断模型优化。

（四）实现故障精准定位、快速处置

1. 融合三维场景，多措并举定位缺陷故障

将视频影像与对应位置的三维场景融合，开展基于三维视频融合的设备缺陷或故障诊断和定位。通

过设备缺陷模型，利用变化趋势判断及同类同型横向比较等设备状态实时预警模型，判断设备状态是否存在异常。一旦出现状态异常，自动融合边缘计算结果、带电检测、运行信息、停电试验和不良工况等多源数据，应用设备缺陷自动分析模型对设备状态进行全面诊断分析，研判缺陷类型和严重程度。进一步将设备状态初步研判、预警信息与三维场景实时联动，针对发出的预警信息，自动三维渲染异常设备及其环境状态，并在对应三维场景中连接多个拼接视频，立体化呈现设备缺陷或故障位置、类型、严重程度、原因、发展趋势以及对其他设备的影响等信息，辅助运维人员快速查找缺陷或故障。

2. 回溯设备故障，辅助研判相似设备故障

开展设备故障回溯，选择故障发生前的时间断面，根据初步判断的故障类型，利用三维全景对故障设备进行深入分析，结合推送出的同类型故障案例，"一键式"调阅该类设备台账数据、运行数据、在线监测数据、带电检测数据、运检记录和红外图像，辅助进行相似设备故障研判。

3. 仿真现场状态，远程筛查复检重点设备

一方面，开展日常虚拟巡视，对重点关注设备进行复检巡视，确保在任何三维场景中都可以查看对应设备的实时信息；另一方面，开展特殊虚拟巡视，当满足提前设定的特殊条件时，平台按照巡视预案自动启动特殊虚拟巡视，执行特殊巡检标准。

4. 结合业务实际，推进"打靶式"精准检修

加强带电检测技术应用，按照要求定期完成设备的带电检测工作，对在线监测、停电试验等可能存在异常趋势的设备增加检测频次，跟踪检测。结合设备台账、设备异动信息管理系统，自动采集设备例行试验、监测信息、家族缺陷等多维度数据，辅以同类设备历史大数据进行聚合对比分析，建立设备综合价值、设备损失程度及设备故障概率的评估模型，对设备进行状态和绩效评价，科学确定检修项目，及时进行设备检修或更换。根据设备状态监测结果，合理制定检修策略，制定停电检修计划，优化人员、资金、备品等资源的分配和利用，提升资源利用率；开展针对性检修，确保首次检修消缺率，避免重复停电。强化检修过程管控，通过5G网络、智能穿戴设备、图像识别技术等，实现检修过程实时可视，检修标准实时可查、工艺标准实时可见，确保检修质量稳步提升。加强检修成效评估，根据检修过程记录个人检修质量、效率，形成检修人员业务能力档案，作为月度绩效考评依据。

5. 优化设备配置，快速隔离故障区域

首先，提升变电站油色谱、SF6密度、微水、避雷器泄漏电流等在线监测装置运行可靠性，逐站、逐台进行异常装置销号，确保已安装在线监测装置在运、可靠、准确。其次，提升变电站小电流接地系统选线准确率，制定小电流接地选线准确率提升"一站一案"，确保变电站小电流接地选线系统的单相接地故障选线成功率不低于70%。进行站内接地方式改造，将站内改造为经接地变消弧线圈成套装置接地。试点应用灵活接地系统。在110千伏顾家站试点安装小电阻接地系统，通过全景感知系统实现主配网数据共享，实时监控系统电容电流。当发生单相接地时，通过消弧线圈对瞬时性单相接地故障安全消弧；接地超过3秒，系统判定为永久性接地故障，准确选择故障线路。依托"总开关+分支开关+分界开关"的三级保护，1秒钟之内精准定位、快速隔离故障区域。

（五）优化变电运检业务流程管控

1. 梳理业务流程，明确改进提升方向

通过系统梳理巡视、缺陷、异常、诊断、停电、检修等变电运检全业务流程，明确业务管控存在的可再提升环节。全方位开展变电运检业务作业文件审查，明确作业文件数量、内容、种类，剔除重复性内容。针对变电运检业务信息化、智能化内容进行梳理，进一步明确提升内容。

2. 强化终端管控，提升运维巡视效率

全面升级站端智能巡检系统，通过对站端监控系统、传感器布置、智能辅控系统进行全面升级改

造，扩大站端传感器、摄像头覆盖面，强化监控系统、辅控系统的信息交互能力，拓展站端智能巡视点位覆盖面。基于全景感知的变电设备数据管控平台，利用全景感知系统全面替代变电站内人工例行巡视、熄灯巡视、特殊巡视；全景感知系统通过与 PMS 系统的信息交互，自动获取巡视计划，个性化配置巡视内容、路线。强化终端数据就地边缘计算，利用图像识别等技术实现巡视结果智能识别诊断，对主变渗漏油、SF6 压力低等常见异常进行缺陷智能诊断，自动生成变电站巡视报告、缺陷报告，填报 PMS 系统。

3. 完善作业流程，强化现场远程管控

一是开展一般作业远程现场勘察。开发线上现场勘察模块，利用全景感知系统的三维全景模型，利用终端调用站内的各类传感系统，线上完成填写现场勘察作业内容、停电范围、安全风险等。二是自动生成检修作业文件。根据现场勘察记录内容，自动生成检修作业标准作业卡，检修作业现场四色图、检修作业风险分析控制卡、检修作业三大措施等作业文件，检修人员能够依据实际情况对上述文件进行修改完善，减轻检修人员文件编写负担，提高检修准备工作效率。三是强化检修现场远程管控。通过开发应用现场移动终端 APP、智能穿戴设备，实现检修作业标准作业卡线上执行，实时管控检修质量和进度，检修工艺与标准工艺库实时比对，强化检修质量管控。通过应用图像识别、信息通信技术，实现结果自动识别、读取、上传 PMS 系统，减少一线作业人员工作量。四是开展检修现场工作效能评价。开发检修作业完成评价模块，根据现场人员材料耗费、备件使用、工艺标准、检修效率等信息，对当日现场作业人员进行绩效评价，为月度绩效考评、实施正向激励提供参考依据。五是完善 PMS 功能应用，强化运检过程数据管控，开发移动作业 APP，将变电运检业务标准化作业流程、风险控制措施、标准工艺要求融入 APP 管理中，实现现场作业过程、质量和风险管控，加强作业工序及工艺控制。

（六）应用变电设备全寿命周期管理

1. 优化成本管控

通过开发应用变电设备全寿命周期管理移动作业 APP，借助智能传感技术，贯通变电运检业务全流程信息，强化变电设备全寿命周期管理，持续提升运检业务全流程精益化管理水平，实现 APP 与运检管控平台、生产管理系统、ERP 系统等数据的互联互通工作，实现数据协同共享，利用移动终端自动记录设备台账，设备检修作业起始时间、人员数量、耗材使用；通过大数据有效分析每个设备不同作业的整体运检成本和单一流程成本，提出改进措施，为变电运检成本精益管控提供数据支撑。

2. 着力提升效能控制

通过将移动作业与设备全寿命数字编码相结合，强化数据协同共享，作业人员能够通过设备 ID 编码，实时获取设备历史检修方案、工艺工序、试验数据、关键质量控制点的质量照片及视频，危险点及控制措施等信息，进行比对参考，提升作业质量，实现远程对作业质量进行实时控制和检查。

3. 持续强化安全控制

通过设备全寿命数字编码调用待检修设备相应的危险源及控制措施，参考历史作业方案，对同类型危险源及时进行预控；调用该设备历史工作票，查看该设备检修时所做的安全措施、流程作业时的危险源及控制措施，提升安全管控水平。同时，移动 APP 基于辅助设备监控系统、视频监控系统，实现全站主、辅设备间的智能联动，包括主设备遥控预置信号、变位信号、告警信号联动，安防报警联动，消防报警联动，环境监测越限联动，SF6 浓度越限联动等，共 5 类 11 种联动方案。在变电站内应用图像识别技术，自动辨识并记录人员越过安全红线、未佩戴安全帽、未使用安全带等 11 种不安全行为，向现场作业人员发出声光报警。

三、供电企业基于变电站全景感知的精准运检管理的效果

（一）运检效率显著提升

青岛公司通过实施基于变电站全景感知的精准运检管理，极大地提升了运检效率。2019—2020 年，全面巡视和专业巡视工作替代率达到 67%，有效克服雷电、暴雪等恶劣天气下到站巡视不便的难题，总体巡视工作量减少 86%，巡视时间缩短为原来的 25%。一线运维人员效率全面提升，运维班组巡视人员压缩 40%，检修人员作业文件准备工作量减少了 60%，一线人员配置水平和作业效率得到显著优化。设备异常诊断过程由平均 3 小时降低到 5 分钟，大大提高了运检人员故障诊断效率，变电在线监测技术应用指数、变电带电检测标准化应用指数显著提升，接入可视化抢修指挥系统，实时调配抢修资源，故障处理效率提高 50.2%，2020 年青岛公司供电可靠性居全国重点城市第五位。

（二）安全管控显著增强

青岛公司通过实施基于变电站全景感知的精准运检管理，实现检修现场作业人员行为实时管控、智能警示。2020 年青岛公司提前发现设备隐患和典型案例数据较同期增加 50% 以上，设备故障停电次数较同期减少 80%。通过变电设备状态监测数据的综合分析，变全面检修为精准检修，检修成功率提高至 98%，重复检修减少 90%，为保障安全可靠的电力供应提供了坚强支撑。

（三）取得显著经济效益

2020 年以来，变电站台账创建时间平均节约 10 小时；开展运检移动作业，通过扫码实现现场巡视记录、试验记录、标准工艺记录等现场数据实时上传，运检人员整体工作量减少 11.2%；检修作业成本平均降低 23%。同时，精准运检模式下由于计划停电和故障停电次数的减少，对于接入电网的新能源消纳能力提升 30% 以上，2020 年实施精准运检以来，青岛公司服务可再生能源项目 36.2 万千瓦，全年消纳 44.7 亿千瓦·时，新能源利用率保持在 95% 以上，较 2019 年提升 22 个百分点，为青岛公司创造较大经济效益的同时，为服务“碳达峰、碳中和”目标贡献了青岛力量。

（成果创造人：魏　宁、牟　磊、徐　群、于立涛、孙振海、撖奥洋、
李　峰、魏　振、刘　烨、崔　建、宋彦臻、张发骏）

电子信息企业基于军企协同的装备交付能力提升

四川九洲电器集团有限责任公司

四川九洲电器集团有限责任公司（以下简称九洲电器）始建于1958年，是国家“一五”期间156项重点工程之一、国家保留核心科研生产能力的地方军工骨干企业和专业的军事装备系统及军事信息化服务提供商。九洲电器始终坚持以军工为根基，不断拓展军工阵地，产业领域从以某识别为核心，逐步发展到某识别、空管、特种对抗、卫星通信与数据链、指挥控制、信息系统、微波射频等多个领域，建有国家企业技术中心、国家空管监视与通信系统工程技术研究中心、北斗国家地方联合实验室等，先后承担了大运、航母等100多项国家重大工程任务，荣获国家科技进步特等奖、国家级企业管理创新成果一等奖等重大奖项近100项，两次荣获中共中央、国务院、中央军委联合颁发的“某工程重大贡献奖”。现拥有总资产62.6亿元、净资产13.8亿元，职工2599人。

一、电子信息企业基于军企协同的装备交付能力提升的背景

（一）是完成国防使命、铸造国防利器的必然选择

国防科技和武器装备是国家安全所系、生存与发展的命脉所在。九洲电器作为地方军工企业，承担重任，做强技术、做精专业、做优装备，铸造国防利器，支撑部队战斗力生成是九洲电器与生俱来的使命。以某型重点装备为代表的产品解决我国某军部队“有编无装”的问题，项目采用“以产代研”新模式，具有系统集成度高、研制周期紧张等特点，迫切需要建立新型军企协同管理体系，有序推进装备科研生产活动，保障装备按期高质交付。以军企协同为核心提升装备交付能力，是九洲电器应对新时代装备建设变革，打造好用、管用、耐用、实用装备，满足军队“能打仗、打胜仗”根本需求的必然选择。

（二）是强化军企协同、实现快速响应的重要举措

近年来，国际经贸摩擦和军事对峙频发，企业生产所需部分新型原材料和进口器件屡遭禁运，新冠肺炎疫情等突发国际事件层出不穷，给企业科研生产与装备交付带来巨大挑战。九洲电器处于产业链中下游，生产物资齐套周期往往无法满足生产任务需求，突发状况发生时，面临生产物资不能按时齐套的风险，给生产经营活动带来严峻挑战。随着国际局势变化，面对新时代国防装备建设新要求，军工企业接受急、难、险、重装备研制和生产任务成为常态，需要企业持续强化军企协同合作，在军企信息交流、质量风险防范与控制、物资齐套等方面弥补薄弱环节、优化管理体系。以军企协同为核心提升装备交付能力，打通供需链，促进军企高效联动融通，充分调动供需双方资源共同应对重大、紧急情况，是提升军企协同效率、实现重大装备建设任务快速响应的重要举措。

（三）是应对市场竞争、增强核心竞争力的有效途径

九洲电器自建业以来，坚持以国防装备能力有效生成为根本标准，聚焦实战需要，构建起一套完善的研发、生产和管理体系，为各军兵种提供了数万台套装备产品。但随着国家强军目标的强力推进和军队装备竞争性采购的深入实施，军工行业全面全过程的市场竞争更加白热化，特别是国家深入推进军民融合战略之后，各项改革措施纷至沓来，军民融合企业大量涌现，行业格局不断发生着变化，对装备建设提出了许多新要求。在此背景下，九洲电器必须持续创新军企协同模式，优化整合企业科研、生产、交付、质量、数字化、供应链、创新链等方面资源，着力提升企业综合能力。以用户的需求和军方对产品的要求为牵引，以军企协同为核心提升装备交付能力，是九洲电器适应新时期市场竞争和装备建设新

要求、增强核心竞争力的有效途径。

二、电子信息企业基于军企协同的装备交付能力提升的主要做法

（一）明确总体思路，成立专项管理机构

1. 明确装备交付能力提升的总体思路

以国防需求和装备任务为牵引，联合军事代表室，以“精品”理念为导向，以某型重点装备“以产代研”高效交付为切入点，通过成立军企协同管理机构、加强生产全过程管理、加强质量监管、打造自主可控的供应链、实行全业务链数字化管控、加强军企融通，构建军企协同管理体系，全面提升装备交付能力。

2. 成立军企协同管理机构，强化组织保障

为推动急、难、险、重任务准备和管理工作常态化、持久化，发挥“专人专事”的能动力，九洲电器联合军事代表室共同成立军企共建办公室。办公室由军、企双方一把手亲自挂帅，统一决策、统一部署、统一指挥。研发、采购、生产、质量、信息化、综合管理等主管部门派遣负责人组成快速作战组，在主帅做出决策后，快速按动任务开关，为任务的高效完成提供有力的组织保障。

3. 建立军企实时沟通机制，加强信息互通

军企共建办公室建立线下工作例会制度与以线上远程信息监控平台为载体的实时沟通机制，确保任务信息流的高速互通。线下工作例会采取“周汇报—月例会—季评估”定期召开和特殊情况不定期召开两种方式。每周及时汇报产品生产、质量等情况，每月沟通交流疫情防控、产品研制生产、合同履行等情况，每季度评估产品进度、质量状况和合同执行风险。同时不定期组织召开专题会议，集中解决产品研制、生产过程中存在的问题；线上搭建远程信息监控平台，在军企共建办公室和现场配置 MES 系统数据追踪与分析看板，一线人员通过系统配备的现场看板及时反馈任务进展中的质量、设备、材料等问题，军企一把手、快速作战组通过现场看板实时查看、及时掌握产品在制信息、物资齐套、生产任务进展等情况，借助远程信息监控，实现及时沟通，确保产品进度。

（二）优化生产模式，全面提高生产效能

1. 强化生产事前策划，提前布局保交付

一是由军方明确项目目标任务与要求，企业结合采购合同和合同监管协议要求，从生产批次、生产节拍、人员配置、场地建设、物资齐套等方面策划生产活动，制定生产交付计划和生产进度网络图，明确生产节点和进度条，全面指导生产活动的开展；二是根据生产交付计划，军企联合制定产前检查计划，分别从生产人员配备、设施与环境、外购器材、工艺准备等七大方面全方位、系统性检查，确保产前工作准备充分到位。

2. 强化生产事中管控，及时应对避风险

在项目产品生产过程中，九洲电器分类建立风险清单，动态分析影响整体进度的因素，通过生产简报、风险看板、科研生产任务报表等任务管理工具，每周召开现场碰头会和技术准备、生产调度会，军企实时共享和讨论工作中的风险管控进展情况，及时制定风险应对措施，调整生产计划，保障产品生产节点。同时军事代表室编制合同履行进度计划，对企业合同履行情况进行检查、监视和督查，定期分析合同履行趋势，从需求端管控生产过程。

3. 创新生产工具方法，缩短周期提效率

军企携手在产品生产工艺优化和调试测试方法上不断推陈出新，共同开发出能在分机阶段模拟整套系统的组合测试系统、设备参数自动测试软件、机柜快速装配夹具、监视测量设备、系统集中测试平台、转台单人装配夹具、十六路功率合成器、服务器软件快速装入等 20 余项创新成果。同时军企协同为企业将工艺技术革新、流程优化等成果快速应用到装备生产中搭建了绿色通道。通过创新，实现技术

质量问题早发现早解决、生产装备操作简化、调试测试时间大幅缩短、人为差错有效降低，大大提升生产效率，加快生产进程。

4. 实行生产积分管理，激发活力抢进度

为强化生产资源的快速统筹和合理调配，从提升生产过程中内部问题处理的决策能力和跨部门问题的解决能力出发，九洲电器与军事代表室共同研究建立了生产积分管理制，即以产品交付为主线，由项目经理牵头，将计划、调度和技术人员纳入项目管理团队，并对项目团队人员实行积分制管理。项目按期按量交付则为团队积累绩效积分，充分激发一线员工的积极性和创造性，从订单下达到产品交付，正面激励保障产品按期顺利产出。

（三）加强质量监管，保障产品交付质量

1. 突出质量预防，前移质量管控重心

一是加强配套供方过程质量管控。军企共同编制专项质量检查表，要求项目的重点配套供方做好配套产品的质量自检自查，提前识别配套供方采购、生产和检验试验过程中的质量风险，并督促供方解决问题。二是提前检查测试。军企代表提前到生产厂家进行检查测试，提前对公司内部检测使用的工装、仪器设备进行试用，在分机设备装配、调试过程中提前介入进行质量检查，发现可能存在的问题。三是提前开展质量体系过程风险控制。分析预测项目研制、生产、采购、交付过程中可能存在的质量风险点，明确风险等级、发生概率以及风险应对措施，确保质量风险受控。

2. 数据赋能，打通全过程质量数据链条

一是构建基于角色和不同视图的需求开发、功能建模和性能仿真系统，强化标准化、通用化、模块化及互换性、安全性、防错性设计，从设计源头提升产品质量。二是通过质量信息管理系统与生产系统互联，实现生产全跟踪。例如，MES 通过不合格品审理功能记录自检、互检、专检过程中发现的不合格信息，通过与 QMS 系统集成，触发不合格品审理流程，QMS 将审理结果通过接口及时反馈回 MES，实现不合格品的质量追溯信息化管理，提升质量分析效率。三是依托 ERP、MES，采用二维码条码技术，全面覆盖项目整车、分机、零部件、印刷板，对物料的制造、采购和质量等信息进行管理、存储与输出，在物料表面粘贴二维码，后端通过扫描二维码的方式读取产品质量信息。

3. 强化质量评价，倒逼产品质量提升

在军企共建办公室的统筹下，制定《军品等级评优管理办法》，从定量和定性两个方面对产品生产、检验、试验及外场使用环节进行统计分析，最终以军事代表室为主导对项目进行评定。被评为优等品的项目从荣誉奖励、经济奖励、项目人员晋升、绩效考评等多维度进行激励；评定值低于 80 分的项目，成立改善专项小组对问题进行攻关和整改，整改效果不明显的单位对绩效给予考核。通过构建军品等级评优机制评价产品设计质量和制造质量，倒逼设计、制造水平持续上升，进一步提高装备可靠性、保证性以及适用性。

4. 加强质量奖惩，确保质量责任层层落实

一是实施岗位质量责任清单制。将研制、生产、工艺等与质量强相关的 47 个关键岗位质量职责分解落实，明确各岗位过程活动、KPI 指标以及检查方法，进一步强化全员质量主体意识，细化质量责任。二是设立质量提升专项奖。奖金额度为 2200 万元，由公司各个部门质量抵押金 2000 万元和公司配比奖金 200 万元组成。并根据各部门质量风险度、风险影响、与产出关联度等因素，对研发、生产、质量、采购、管理确定 12%、10%、8%、6% 和 5% 五个档次的配比比例。质量配比奖金、质量抵押金由九洲电器质量管理部门和军事代表室共同根据产品及实物质量、工作质量情况按月和年兑现或扣减。

（四）打造自主可控的供应链，确保物资及时到位

1. 建立预投机制，保证供应链稳定

针对进口器件停产、禁运，长周期国产件供货周期长等因素给装备带来的交付风险，九洲电器组织制定《进口件风险储备、战略储备采购制度》《长周期国产件滚动备货/备料制度》，开展5～10年提前战略储备采购，积极推进第二供方国产化替换，降低进口器件、长周期国产件齐套风险。并针对齐套难点和堵点，加强与供方无缝衔接，争取供方优先排产权，保证供应链稳定。

2. 建立三维评价体系，保证供方交付进度和质量

针对供方产品交付延期、交付质量不高等因素，按整件、元器件、工序外包等三个类别，从质量保证、供货保证、服务保障等三个维度10个指标，军企共同对供方综合能力进行评价，根据评价结果将供方分为金牌、银牌、铜牌、黄牌、红牌五类，对金牌、银牌供方给予缩短付款周期、优先参与新研项目、增加采购比例、合同竞价加分等正向激励，对黄牌、红牌供方给予降低采购比例、限制参与新研项目、延长付款周期等反向约束。通过评价激励优选合格供方，保证了供方的交付进度和交付质量。

3. 实施三方联防联策，确保物资按期交付

针对重点项目配套供方因不可预测因素出现的供货困难、无法按期履约等风险，军企共建办公室通过带队到供方实地考察、借助云平台线上线下相结合的方式，深入了解项目关键技术转产配套单位、整体系统配套单位的项目情况和交付安排，对项目推进过程中存在的问题，实施联防联策，军事代表室、九洲电器及配套供方三方协同制定专项推进措施。同时九洲电器通过派遣专业人员深入供方现场提供指导和支持，提前支付70%配套金额给供方，特别是中小型企业、疫情严重地区供方，确保了物资及时到位。

4. 推进供应链数字化，提高采购效率

九洲电器建设协同供应链平台、供应商分级分类管理系统等信息化平台，借助信息化、数字化手段强化供应链协同，对供方进行精细、动态、科学管理，提高采购效率。

（五）加强全业务链数字化管控，实现端到端高效协作

1. 以PLM为核心，促进多专业全三维在线协同研发

一是引入“全三维一体化”研制新模式，打造数字化协同设计平台，无缝集成多种设计仿真工具、三维工艺设计管理、企业级知识库，打通三维设计、工艺、制造和检验通道，形成不间断的闭环数字链，有效地整合产品研制过程中的业务流程和数据。二是建立以XBOM为核心的产品数据链体系，促进不同机体互联互通。同时以BOM精准管控为抓手，军企共同组建“数字化协同设计平台全面运行推进工作组”，从标准规范制定、流程梳理优化、基础资源建设、系统性能提升、功能问题改进、培训考试强化及产品上线实操等方面，坚定不移地推进全三维研发新平台、新工具、新模式落地见效。

2. 以MES为核心，打通设计到制造的协同生产数据链

一是在生产设备控制层之间搭建信息化跟踪和控制桥梁，为制造规划、制造过程管理和制造实绩管理的数字化提供完整平台，实现全三维无纸化制造及产品制造执行过程的透明化、实时化和精益化，确保装备一次成型，并在产品出现问题时精准定位，迅速改进。

二是以提升生产效率为目标，深化数字化制造系统建设应用。军企携手集中对生产工艺图纸及三维模型在线查看、跨车间任务交接、虚拟投料自动指定、刷卡报工、配料提醒、入库产品价格校验等40余项新业务进行开发及优化。同时加强与上下游业务系统的联动，保持各业务系统的数据一致，减少各业务系统间的操作环节。

三是结合车间生产过程看板，进一步推动各片区间在生产过程中相互协作及透明化管控。聚力打造MES与数字化协同设计平台、SAP等平台深度集成环境，实现军企双方对工艺图纸、工艺卡片、三维

模型等与生产任务的关联查看，推进产品无纸化装配。同时，生产现场问题可向军事代表室等上游在线反馈，形成正向任务协同和反向问题反馈的数据通道，进一步促进设计、工艺、制造协同。

3. 以 CRM 为核心，加快营销和服务高效协同

一是系统论证规划，高度集成业务功能要求。将军方客户管理、LTO、合同、服务等业务场景纳入系统建设要求，构建营销与服务互通共用的资源网络。建立包括立项商机申请、营销立项、营销变更等 LTO 流程 83 条，建立包括合同报价、评审与审签、合同投产、军事代表室履约跟踪等合同履约流程 28 条，建立服务派工、专项保障、技术培训等客户服务流程 11 条，市场营销和服务活动管理模块上线率达 84%，形成从军方客户需求信息获取到客户价值实现全过程业务数据闭环，实现市场线索到订单全流程信息化管理。

二是统一构建营销数据湖，为高效营销决策赋能。汇聚客户基础数据、客户服务信息、合同数据等关键数据数十万条，通过系统分类汇总、智能统计分析及数据可视化展示等，有力支撑相关方、执行层及决策层高效决策和精准施策，进一步优化快速响应和精准服务能力。

4. 以 ERP 为核心，构建多业务协同、全要素联动模式

以 ERP 系统为核心，打造军企数字化协同管理平台，集成质量管理、财务管理、自动化仓储等应用建立统一、标准的基础数据规范，军企协同调度生产计划、采购、制造、销售全过程，打通以产品合同为主线的产供销协同计划和执行体系，实现物流、资金流和信息流高度统一的全面信息化管控，实现低风险生产运营，防止重大项目装备交付误差和合规风险。

（六）加强军企融通，促进协同联动

1. 实施以协同为关键的管理机制，推动军企联动

一是成立军企协同能力建设工作专班，由公司领导、军事代表室、各相关职能部门三方共同签署七大能力建设责任状，围绕“创新、质量、市场及服务、交付、盈利、信息化、经营协同”进行业务分析、能力识别、目标设计分析及路径规划，并在全公司范围内宣讲，凝聚全员思想共识。各项能力建设任务最终分解形成可操作的专属动作库、关键行动项及可量化、可考核的年度目标任务，以挂图作战和进度条管理模式推进任务高质量完成，并邀请军代表及广大核心骨干员工作为评委和考官对能力建设任务实施成效进行评价。

二是以军事代表室为主导，军企共建办公室推出“军工大讲堂”“奋斗者训练营”等常态化学习模式，由科学技术委员会专家，科研、生产、管理部门责任领导、业务专家、军事代表、技能大师等通过线下教学、线上直播的形式开设主题课程。特别设立应急生产课程，针对不同类型紧急任务研发学习指南，至今已推出主题课程 30 余次。同时，组织开展应急管理知识闯关赛，推动全员掌握军工通用知识和应急知识。

三是开展群众性改进活动，调动一线职工不断改进工作技能提升作业素质的积极性，扎实推进 QC 小组活动，争取军代室的积极参与和大力支持。设立“小改小革”专项奖励，每年设置 80 万元专项资金，支持和鼓励全体员工立足工作岗位，从细小之处主动找到原有方法、措施或工具的差距并实施改进。特别是在困难时期和重大项目期间实施有效改革的，给予特别奖励和专栏推广。

2. 构建以协同为核心的激励约束机制，打造事业共同体

推行 BP（事业合伙人）制度，支持鼓励各部门派出代表到包括军事代表室在内的其他部门、单位服务，加强与军事代表室、公司产出价值链的深度融合。同时在年度部门绩效考评中引入周边绩效，由军事代表室及公司其他单位根据本单位的服务支持情况进行打分，根据绩效评价结果进行激励发放，确保军事代表室与企业、企业各部门目标一致、思想一致、行动一致、步调一致。

3. 重大难题“揭榜挂帅”，探索协同攻关新模式

为切实解决重大项目任务中的技术难题，激发全员创新活力，九洲电器先行先试，举办创新挑战赛，自下而上与自上而下相结合，面向军事代表和企业内部全体员工广泛征集重大技术难题和管理难题，以面向全社会广泛招标与面向行业相关知名高校、科研院所和企业定向小范围邀标相结合的方式，广泛征集解决方案，寻求破题克难的新方法、新思路、新模式。通过揭榜挂帅，打破身份、资历、学历、年龄等限制，谁能干就让谁干，为重大项目技术、管理难题寻找到最优秀的攻关团队和最佳解决方案。

三、电子信息企业基于军企协同的装备交付能力提升的效果

（一）军企协同效能显著提升，装备交付任务圆满完成

九洲电器通过构建以提升装备交付能力为核心的军企协同管理体系，推动军方在供应商管理、采购监管、研发和生产流程监控、质量管理、交付及售后服务等环节深入参与装备研制生产任务。通过成果实施，相关配套供方的供货违约风险得以解除，供货能力、质量能力等得到逐渐提升，成功带动关联企业发展和地方经济增长，从更大范围展现了军企协同的巨大效用。通过成果实施，有效缓解了企业装备订货数量激增压力，提高了适应部队装备需求紧迫性和高要求的能力，为后续小型化、无人化装备研制生产奠定了基础。在军企携手共同努力下，某型重点装备生产周期由原20个月缩短至12个月，实现高质量按期交付的目标，确保国家重大装备建设项目的顺利完成。

（二）军企协同体系逐步完善，装备交付响应能力提高

九洲电器通过构建以提升装备交付能力为核心的军企协同管理体系，在供应链管理、质量风险控制、精益化生产、数字化管控、体制机制改革等方面形成了一系列新的管理制度、流程规范、机制标准，逐步形成较为完善的军企协同管理体系。通过成果实施，企业进一步丰富了管控手段，提升了产品制造的精细化、协同化能力，提升了生产资源统筹管理能力，提高了针对急、难、险、重装备研制生产任务的响应能力。通过成果实施，形成了军企协同经验做法，并在企业其他军品项目研制生产中推广和应用，有效促进物资齐套效率提升，大幅度提升供应链上下游运行效率。

（三）企业核心竞争力稳步增强，经济和国防效益明显

九洲电器通过构建以提升装备交付能力为核心的军企协同管理体系，形成了系列关键核心技术和工程化经验，丰富了企业产品和装备种类，提高了军方对九洲电器产品和装备的满意度，增强了企业核心竞争力和品牌知名度。通过成果实施，企业进一步积累了装备研制总体单位经验，有力支撑了军队作战能力生成，示范作用和国防军事效益显著。通过成果实施，九洲电器营业收入、利润总额、合同年度计划完成情况等主要经营指标得到稳步提升，2020年实现营业收入47.89亿元，同比增长16.9%。

（成果创造人：程　旗、张　鑫、廖先伟、李广伟、胡冬川、袁瑞敏、
顾　辉、赵平路、郑兴平、贾智钦、张　扬、喻　敏）

军工企业基于研采协同的电子元器件统型管理

中国电子科技集团公司第十研究所

中国电子科技集团公司第十研究所（以下简称十所）建于1955年5月，是中华人民共和国成立后组建的第一个综合性电子技术研究所，属国家一类科研单位。十所担当着我国电子行业、电子系统及设备的主要承研商和供货商的角色，集电子设备技术、软件技术和系统集成技术优势于一体，在航空电子、通信及数据链、航天电子、情报侦察、敌我识别、精确制导领域的总体设计、系统集成、设备开发等方面拥有丰富的经验和雄厚的技术实力。十所先后荣获国家发明奖、国家科技进步奖、全国科学大会重大成果奖，获得国家质量金质奖，荣获“全国五一劳动奖”，荣获“全国文明单位”称号。

一、军工企业基于研采协同的电子元器件统型管理的背景

（一）响应国家安全战略的要求

为了推动型号装备研制的自主可控工作，中国电子科技集团公司要求各成员单位将国产化工作作为一项政治任务予以落实，切实为部队提供“能打仗、打胜仗”的装备。十所积极响应国家和集团公司要求，以牵头较强影响力的工程、项目为契机，系统推进国产化工作，带动产业链上下游融合发展，尽快补齐产业链、供应链短板，在关键时刻可以做到自主循环。

（二）全面实施自主可控的必然要求

实现武器装备的元器件百分百自主可控是关系我军未来能打胜仗的核心因素之一，也是关系十所军品领域可持续发展的关键。在实践方面，航天领域走在了行业的最前沿，但元器件的自主可控工作相对比较被动。对进口元器件的选用控制相对不足，进口元器件的选用较分散，种类规格繁多，给全面实施自主可控带来了巨大的困难。十所传统的元器件管控模式研采端协同不足，导致元器件的选用较分散，种类规格繁多，给全面实施自主可控带来了较大的困难。

（三）企业提质、降本、增效、降低供应链风险的需要

随着十所企业规模和自身产值的逐渐扩大，物资采购量持续高速增长，传统的粗放式物资统型管理模式存在很多问题。十所CBB复用和元器件共享率低下，规模效应难以发挥，元器件统型管理和国产化工作推进缓慢，物资种类日趋发散，后端采购和仓储物流成本高，整体物资管理效益较低等问题日益突出，已难以快速响应客户需求并满足规模化科研生产的需要，难以在日趋激烈的供应链竞争环境中生存。

如何改变现有元器件统型管理模式，建立军工企业基于研采协同的电子元器件统型管理战略和方针，构建强有力的管理组织，做好整体元器件统型规划，创建完整的元器件统型管理制度、流程和机制，建设高效的一体化信息平台，充分有效利用数据感知管理薄弱环节，针对性开展管理提升和改进，通过预警业务管理过程风险和数据分析、挖掘，有效支撑业务工作决策，并建立科学评价体系对管理改善成果进行有效评估，逐步实现元器件统型管理水平提升，成为十所迫切需要解决的问题。

二、军工企业基于研采协同的电子元器件统型管理的主要做法

（一）明确统型管理思路，开展总体实施策划

1. 明确基于研采协同的电子元器件统型管理的思路

十所以自主可控、提质、降本、增效为抓手，通过梳理自身现状、对标优秀企业，构建了以“研

采结合为核心，数据洞察为工具，自主可控和降本增效”为目标的“四个1”元器件统型管理体系。其中“四个1”是指一个体系框架、一个组织变革、一个平台建设和一套创新管理策略。在集团公司战略框架下，通过梳理十所业务需求，构建元器件统型管理体系框架，明确顶层布局及未来发展目标，推动组织结构重构，实现研采高效协同。基于信息化建设及数据驱动理念，搭建一体化设计选用管理、评估和决策平台，积极推动新型元器件统型管理策略创新，实现从离散制度管理和粗放定性评价向精益、敏捷、信息化的新型统型管理模式转变。

2. 开展基于研采协同的电子元器件统型管理实施策划

十所采用了研采结合的元器件统型管理新理念，但缺乏相应的管理体系，管理思路不清，十所亟须构建大型军工企业基于研采协同的电子元器件统型管理体系框架。

团队对十所元器件统型管理业务进行了重新规划，建立了“15713”元器件统型管理体系框架，通过形成“1套机制”、构建“1个平台”、创新“3大策略”、达成“7大指标”、提升“5大能力”，实现构建自主、高效、敏捷、研采结合的元器件统型管理体系的目标。

1套机制：感知、改善、评价、优化元器件统型持续管理提升机制。

1个平台：一体化设计选用管理、评估和决策平台。

3大策略：基于自主可控的元器件和CBB两级统型管控策略、以价值工程为导向的元器件优选策略、统型为导向的预测性集中采购策略。

7大指标：元器件国产化率、物资代码压减率、优选目录器件选用率、物资按期到货率、物资采购均价下降率、物资采购平均频次下降率、物资一次交验合格率。

5大能力：自主可控能力、设计优选能力、准时齐套能力、成本控制能力、质量控制能力。

（二）建立统型能力评价标准，助力统型管理体系建设

1. 建立统型能力数据模型，分解形成多维能力评估

基于元器件统型管理规划和体系建设成果，围绕“5大能力”和“7大指标”，构建元器件统型管理能力数据模型，映射关联元器件统型能力、结果数据和过程数据，为形成数据驱动的统型能力评价体系提供支撑，不仅可以准确、及时洞察和评价元器件统型能力，分析和评估存在的问题，支撑持续改进，还可以支撑信息化数据采集和分析功能完善，利于开展过程监视及预警、大数据挖掘及分析，为管理决策提供支撑。

2. 搭建统型管理能力评价体系，支撑一体化平台建设和能力评价实施

基于统型能力数据模型，分别从效能、成本、质量3个维度构建元器件统型管理能力评价体系，并依据不同指标对十所管理能力影响程度的大小进行差异化赋权，旨在对“5大能力”“7个指标”进行全方位有效评估。统型能力评价标准的构建，一方面可以将十所的元器件统型管理能力显性化、定量化，为实现能力的持续提升奠定坚实基础；另一方面则通过制定科学的评价准则，为平台的功能规划及构建提供指导。

（三）强化统型管理机制创新，驱动管控能力持续提升

1. 感知：构建管理障碍感知机制，深入挖掘管理痛点

感知问题是企业实现管理能力提升的前提。十所在各统型管理优化周期开始阶段，基于现有工作中暴露出的问题及自主可控的行业要求，结合能力评价指标体系，从自主可控、统型管理、设计优选三个层面收集、分析、评价元器件统型管理结果数据。同时为进一步提升管控能力，十所将自身管理结果数据和标杆企业改善目标指标值相对比，并组织专家头脑风暴客观分析差距，进而结合石川图与MECE

法则剖析实际问题，寻找管理短板，利用帕累托法则挖掘关键驱动要素，助力后续改善阶段精准破题。

2. 改善：开拓统型管理改善机制，高效化解管理难点

为保持元器件管理体系不断迭代优化，保持体系平稳高效运转，须在感知工作基础上，对元器件统型管理体系所暴露出的问题进行改善。一是针对十所元器件统型管理体系现状及感知出来的问题，组织专家对问题进行分析归纳，区分问题出现的主因和次因，把握问题关键。二是基于“定性＋定量”原则，明确改善目标，形成多个问题解决试验方案，对所提出的多种方案进行优选，确定最佳改善方案。三是依据改善方案，综合考虑实施过程中的具体细节，将方案步骤具体化，随后按照预定的改善目标和方案，将方案步骤推行落实到具体组织和人员。

3. 审查：落实统型能力审查机制，分阶段推动统型目标实现

基于改善机制，十所需要摸清现状，分析改善效果是否符合预期。针对执行效果进行审查分析，对管理体系现状进行深挖，发掘深层次管理问题，为下一步管理体系优化提供思路和指引。

此外，十所结合业务规划，对标行业标杆单位，按照年度设定分阶段元器件统型工作考核目标，将考核目标分解下压至各相关研发及职能部门，与部门的年度绩效考核目标挂钩以确保相关制度和机制切实落地执行。审查对比改善目标及效果，如果效果不好，应该确认是否严格按照计划实施对策，反思改善工作中所出现的短板和不足。

4. 优化：推行管理体系持续优化机制，稳步提升管理效能

根据元器件统型管理体系及流程建设成果，基于审查结果，每年度开展优化改进工作，实现元器件统型管理能力优化到管理机制和策略创新，再到信息化优化的全面改进常态化。同时，对元器件统型管理评价标准体系进行调整、优化和更新，以便元器件统型管理评价体系能够准确、实时的反映和评价十所元器件统型管理能力，实现评价指标的改善，持续优化管理体系。

（四）重构统型管理组织结构，推动研采高效协同

1. 组建元器件统型专项工作机构

为顺利开展元器件统型管理相关工作，十所组建元器件统型专项领导工作机构，由主管所领导牵头担任行政总指挥，由主管副总工程师担任总设计师，各相关职能部门和研发部门领导成立管理团队，各领域元器件技术管理和数据管理专家成立数据团队，从管理层面到技术层面，围绕基于自主可控和研采结合的元器件统型管理体系框架，从顶层设计出发，明确三年期工作目标、计划和考核机制，逐步推进相关计划部署落地实施，分阶段实现元器件统型工作目标。

2. 组建元器件统型管理专家和元器件技术专家团队

为保障元器件统型管理工作平稳运行，十所抽调研发及采购部门专家，组建元器件选用管理专家和元器件技术专家团队，从流程和专业指导两方面加强选用过程管控力度。同时，为实现统型管理工作成果固化，在制度建设方面，拟制和发布《中国电科十所选用管理专家组人员管理办法》等相关制度5个、流程8个，有效确保统型规划相关要求实施。

为细化和落实专家责任，十所明确选用管理专家组和选用技术专家组的基本职责，主要包括元器件、微系统、测试仪器等专业领域统型顶层规划和计划落实，自主可控和选型统型的战略部署落实，过程技术指导和审查把关等。

3. 细化研发团队成员元器件统型和选用控制工作职责

各研发项目组建IPD项目团队，设置采购代表岗位人员作为项目组核心成员，全程参与项目的元器件统型和选用控制、产品设计物料选用优化、自主可控及停产禁运元器件替代换型等工作，同时，进一

步明确项目 SE、电路设计师、结构设计师和制造代表的具体实施职责。

(五) 聚焦一体化平台建设，赋能管理体系运行

1. 构建一体化平台，驱动体系高效运转

为实现元器件统型管理结果数据和过程数据的实时采集、统计，须推进相关信息化系统的建设和功能提升。在2017年“军工企业基于研采协同的电子元器件统型管理”启动之前，十所虽已实现 PDM 系统的全面推行，但统型和选用管理关键数据的感知、采集和统计功能暂未实现，缺乏有效数据，难以支撑物资统型管理改善及决策。

因此，团队在物资统型管理体系和流程建设基础上，结合体系评价标准、物资统型管理关键数据建设需求及十所信息化建设规划，升级电路设计系统、PDM 系统、ERP 系统、MES 系统、WMS 系统，提出了元器件选用库与电路设计工具集成，PDM 系统与电路设计工具集成，以及 ERP 系统和 MES 系统中的采购典型周期、采购价格、存货等信息与电路设计系统和 PDM 系统互联互通的信息化建设需求。

在此基础上，十所建设一体化设计选用管理、评估和决策平台，实现了自主可控背景下研采结合的元器件统型设计选用控制、采购选用控制、统型目标数据统计和评估、选型过程数据洞察和决策等功能，全面统筹了元器件统型结果和过程数据。

2. 实施数据采集、管控，支撑选型和采购决策

(1) 元器件统型相关数据采集和集中管控。

基于十所元器件统型管理结果和过程数据，利用数据管理技术，建立数据同步机制，将散布在多个信息化系统中的数据有效地进行归集和结构化处理，对需要而未能采集的数据在一体化设计选用管理、评估和决策平台中开发相关采集功能，实现对相关数据的统一存储、监控、预处理和查询利用，为后续有效指导设计优化、管理改进、经营决策工作提供有力支撑。

基础数据方面，通过一体化设计选用管理、评估和决策平台，扩充了基础信息库要素，如关键电性能参数、封装参数、标准规范信息库、国产替代信息库、元器件质量信息库、可靠性预计参数库、降额参数库等，解决了信息库各自分散不可视的问题，实现了全生命周期元器件基础信息协同调度、集中可视。

结果和过程数据方面，基于十所物资统型管理能力数据模型中的结果数据和过程数据，分析元器件统型能力评价体系相关数据，借助信息化手段，对物资代码数量、采购成本数据、元器件选用频次等物资管理关键数据进行采集汇总，用于支撑元器件统型成效评估、设计选型优化和预测性集中采购决策。

(2) 实现选用过程信息化审批。

通过一体化设计选用管理、评估和决策平台实现了元器件统型管理相关制度、流程和职责的全过程全要素信息化管控，特别是通过信息化流程审批，很好地控制了优选目录中慎用、限用、禁用元器件的选用，做到过程可控、信息公开、考核精准，确保元器件优选率的提升。

(3) 支撑选型和集采决策。

通过一体化设计选用管理、评估和决策平台，全面采集物资选型、采购和仓储全流程基础及过程数据，通过大数据分析，主要从三个方面支撑采购决策：一是综合物资典型采购周期、采购价格、存货情况等要素信息，智能推荐可选器件清单，并对高风险物资进行提示，支撑设计优选和提前采购决策；二是对近三年采购频次较高、数量较大的通用类物资进行分析，运算生成预测性采购物资清单及数量建议方案，支撑集采决策；三是定期更新《优选元器件安全库存、线边库、VMI 物资清单》，取消进口元器件安全库存设置，对安全库存、线边库、VMI 库设置进行动态优化，在安全库存达到下限时自动触发采购作业。

（六）建立以自主可控为核心的CBB和元器件两级统型策略

1. 聚焦自主可控，实施多维度风险管控

一是抓好负面清单管控，按季度统计以动态实施负面清单管理控制，逐步缩减负面清单器件数量；二是抓好进口元器件统筹替代管控，严控进口器件设计选用，并建立进口元器件原位替代和功能替代清单，支撑国产化选用和进口器件替代；三是通过采购渠道信息，敏捷统计和更新进口元器件停产禁运信息，有效支撑停产换型、设计选用和新品研制；四是抓好新品研制和信息共享，协同供方形成新品研制验证共享信息数据库。对例外选用情况，通过电子化审批加强管控和考核。

2. 借力数据模型，多层级实施元器件统型

通过一体化设计选用管理、评估和决策平台，基于自主可控要求，对2015—2017年的物资采购数据，按数字集成电路、微波集成电路、光电集成电路等类别进行了采购频次及数量的大数据分析和评估，并结合设定的优选、可用、慎用、限用、禁用五级选用等级，进行选用等级划分优化，自动生成《电子元器件选用目录》，并定期更新，同时结合相关管理制度和流程，做好设计选用控制。对非优选选用情况，通过电子化审批加强管控和考核。

系统定期自动分类统计和提示长期未选用和采购物资，支撑物资代码报废决策，每年度进行数据库升级优化，统型考核指标落实到对应部门，系统自动统计相关数据形成考核结果，推送考评系统。

3. 依托平台系统，实施领域内外CBB统型

基于元器件选用目录，开展各领域产品平台和CBB建设规划及设计，提升自研类和外包类CBB产品复用率，高效梳理CBB统型脉络。第一阶段（2018年）实现领域内的CBB统型，第二阶段（2019—2020年）实现领域间的CBB统型。形成《自研和外包类CBB选用目录》，支撑设计优选。系统自动统计CBB复用相关数据，形成考核结果，推送考评系统。一体化设计选用管理、评估和决策平台，为领域内及领域间的CBB统型提供数据支撑；两阶段CBB统型逐步推进，助力元器件国产化率螺旋式上升。

（七）建立基于研采结合、以价值工程为导向的元器件优选策略

研采结合的价值工程可以应用在物资选型控制中，达到优选的效果，一方面提升产品的可制造性，降低物料成本；另一方面提高了整个物资选型、统型和供方选择的成效，有利于后端采购和仓储物流成本的有效降低。

通过一体化设计选用管理、评估和决策平台，在产品设计过程中，一方面，设计师可以便捷地根据设计所需电性能参数进行元器件型号信息智能搜索，智能搜索引擎强耦合《电子元器件选用目录》《自研和外包类CBB选用目录》和《进口元器件国产替代能力目录》等元器件基础选用信息，可进行优选等级由高到低的推选、展示，同时智能搜索引擎可根据研发需求按优选等级、典型采购周期、采购价格、存货情况等要素进行排序推选，有效提升设计选用效率，提高统型过程管控成效；另一方面，设计师输入选用清单后，平台可自动运算和分析设计产品的物料齐套典型周期、采购物料总成本、瓶颈物资清单、产品国产化率、产品优选器件占比等信息，以支撑研发产品的物料选定和投产决策。

2018年通过以上设计选用策略的分阶段推进实施，十所实现了基于研采结合的以价值工程为导向的元器件优选机制及VE系统应用，有效收敛采购物资种类，聚焦优选和可选元器件及CBB，降低了产品整体成本，提高了产品按期交付率。

（八）建立基于研采结合、以统型为导向的预测性集中采购模式

根据《电子元器件选用目录》选取优选、可用类物资（不含进口元器件和伪国产化风险器件），平台系统将自动运算近三年采购频次较高、数量较大的通用类物资，定期更新形成《优选元器件安全库

存、线边库、VMI 物资清单》，更新安全库存、线边库、VMI 库设置，并结合库存信息与需求不确定性，进行物资需求预测和告警，实现精准采购相关物资，引导国产化器件选用，降低成本。

同时，系统自动运算输出高风险物资清单，一方面对通用类高风险物资采取弹性备份采购策略，确保提升其可采购性；另一方面在设计选用时，体系自动提醒对非通用类高风险物资的提前采购。

三、军工企业基于研采协同的电子元器件统型管理的效果

经过成果的实施，十所采购部门协同研发与生产部门，有力保障了 2020 年度约 60 亿元军品收入目标和 48 项重点型号任务的顺利完成。通过本课题共固化形成了制度、机制、报告等管理成果 19 项、流程图 18 个、作业指导书 12 份、信息化需求 7 项、支撑算法模型 3 项，新建一体化设计选用管理、评估和决策平台，优化相关信息化系统 5 个。

（一）提升元器件自主可控能力

推动六大领域产品元器件国产化率显著提升：研制和生产项目产品的平均元器件国产化率由 2017 年的 88% 提升至 2020 年的 99.49%，新研项目产品元器件国产化率达到 100%。六大领域产品中关键核心器件实现了国产化，并达到了国际先进水平。

带动国内基础元器件研制能力和产业生态发展：十所在六大领域产品中坚定不移地推进元器件自主可控工作，向国内基础元器件单位提供了巨大的需求和发展机遇，积极开展关键技术攻关、替代产品研发、应用验证测试等项目和课题研究。

十所的六大领域产品，特别是航空、通信、情报和航天产品是高价值高技术装备，具有典型的示范和牵引作用。一是在元器件技术层面，所需的元器件属于高端器件，通过国产化牵引，促进了国内元器件单位研发能力的大幅提升；二是经济效益层面，系统价值高，单机平均国产化元器件费用比由前期的 88.3% 提升至 98.8% 以上，为国内军用元器件创造了数十亿元市场规模。

（二）实现研采高效协同，增强企业核心竞争力

十所启动军工企业基于研采协同的电子元器件统型管理，取得了较为显著的成效，主要体现在研采高效协同后，元器件统型管理工作推进的部门墙彻底消除，元器件统型管理关键评价数据逐年稳步改善，物资管理人员效能提升明显，实现了自主、提质、降本、增效的目标，体现了管理出效益的改革思路和经营理念。

在采购量逐年大幅递增的态势下，采购部门人员没有出现明显缺口，人均物资管理金额由 2017 年的 4279 万元/人提升至 2020 年的 11300 万元/人。

质量提升方面，一体化设计选用管理、评估和决策平台的全面上线，十所有效统型元器件型号，聚焦选用采购优选、可选等级元器件；采购物资检验合格率由 2017 年的 99.50% 提升至 2020 年的 99.99%。

成本控制方面，采取预测性集中采购、安全库存、VMI 库存等方式，集中需求谈价议价，三年期间为我所直接节省采购成本约 5000 万元，节约外协检验费用约 200 万元，节约直接筛选费用约 600 万元，节省采购和仓储物流人员工时约 15000 小时。

据不完全统计，构建军工企业基于研采协同的电子元器件统型管理后，十所仅在 2020 年物资管理过程中产生的直接经济效益达到 3526 万元。元器件统型管理改善，不仅直接减少了采购和仓储物流成本，提高了人均利润，还间接减少了管理、人员等成本。

（三）带动供应商元器件统型能力提升

社会效益方面，十所基于军工企业基于研采协同的电子元器件统型管理在行业内得到推广应用，吸

引了一批行业内外企业的单位负责人进行了解和参观。同时，十所从自身出发，帮助下属公司和供应商企业进行研采结合的元器件统型管理推广，多次通过供应商大会等平台传递军工企业基于研采协同的电子元器件统型管理要求，产生了较为显著的社会效益。

人才培养方面，形成了以采购代表和采购经理为代表的专业技术和管理型人才团队，同时在统型管理、自主可控、采购管理、信息化管理、IPD 管理、流程管理、精益生产等方面为企业培养了专业化人才。

生态效益方面，基于元器件统型管理量化评价与改善体系，最大程度地识别和改善科研生产活动和过程中环境因素。

（成果创造人：赵晓虎、赵星星、周　兵、何　平、庞　欢、刘　欣、王　娟、李　娇、米文龙、李　晟、赵宇龙、杨照慧）

轨道施工企业以“四化”支撑的全方位精细化施工管理

中铁五局集团第六工程有限责任公司

中铁五局集团第六工程有限责任公司（以下简称中铁五局六公司），创建于1950年6月，是世界500强中国中铁股份有限公司旗下的综合性施工企业，具有市政公用工程施工总承包一级和铁路铺轨架桥工程、桥梁工程、隧道工程专业承包一级资质，企业注册资本金为4亿元，总资产为27亿元，公司现有职工1764人、专业技术人员800余人，2020年完成施工产值57亿元。公司主要从事高铁、城轨、地铁等类别的轨道工程施工，近年来参建的5项工程获得全国建筑行业最高荣誉“鲁班奖”，9项工程获得国家优质工程奖，3项工程获“中国安装之星奖”，1项工程获詹天佑奖，36项工程获得省部级优质工程奖。

一、轨道施工企业以“四化”支撑的全方位精细化施工管理的背景

（一）是落实国家“十四五”发展战略规划的需要

国家“十四五”发展规划要求以高质量发展为主题，以改革创新为根本动力，加快构建“双循环”的新发展格局。当前，一方面，国家现代化基础设施体系建设如火如荼，建筑业处于总体存量高、结构性增长快的新阶段，新基建和交通强国等重要战略的实施将引领行业持续健康发展；另一方面，国内建筑市场安全、质量、环保要求不断提升，劳动力老龄化趋势加剧，资质改革后的准入限制持续放宽，行业竞争更加激烈，利润空间进一步收窄。海外传统市场趋于饱和，中标价格低且经营风险大，而高端新市场适应性不强，竞争力不足，整体环境仍然是机遇和挑战并存。在当前的新发展形势下，建筑施工企业必须主动向国家发展战略靠拢，通过“专业化、机械化、工厂化、信息化”实现项目全生产链条的现代化转型，锻造现场一线资源集中、管理精细的长板优势，以高品质、高效率适应市场要求、融入市场发展，方可实现企业由规模发展向高质量发展的转变。

（二）是促进行业绿色健康可持续发展的需要

近年来，我国经济社会不断发展，人民生活水平日益提高，对生态环境和生产环境的要求不断提高。过去“盼温饱”，现在“盼环保”；过去“要生存”，现在“要健康”。绿水青山就是金山银山的理念深入人心，绿色发展、循环发展、低碳发展成为社会共识，过去粗放式的，对原生态破坏严重，极端扰民的施工管理方式终将无法适应当前高质量发展的需要。因此高铁轨道施工企业必须要完善自身体制机制，以满足沿线居民和作业工人的绿色需求为基础，通过管理创新、技术进步推进以“保护原生态、节能减排、减少扰民”为核心的绿色施工，同时应用先进可靠的工艺设备，提升企业的资源利用率和创效能力，促进行业整体绿色健康可持续发展。

（三）是实现企业转型升级高质量发展的需要

中铁五局六公司从事铁路轨道施工60多年，到“十三五”末期铁路铺轨量已累计达11525千米，是高铁轨道工程时代变迁的见证者、亲历者和实践者。过去，人海战术和吃苦耐劳的拼搏精神是企业在铁路铺轨领域的核心竞争力，但随着社会的发展进步，老办法和老经验已无法满足业主对安全、质量、进度的要求，施工企业的同质化低价竞争和工人的老龄化趋势蚕食着企业的利润空间，曾经的优势已经变成了劣势。以“四化”建设为基础，向下推动先进设备、先进技术以及工厂流水线生产模式的应用，在精简管理和作业人员的同时，从源头确保工程项目安全质量的本质可控。整合专业管理能力和专业资源配置的优势，以高水平谋划、精细化管理，牢牢把握项目效率效益的管理主动权。通过打造人无我

有、人有我优、人优我精的新竞争优势，推进企业高质量发展。

二、轨道施工企业以“四化”支撑的全方位精细化施工管理的主要做法

（一）按照“高标准、高起点”的原则，强化顶层设计

1. 系统部署，高起点谋划

中铁五局六公司将轨道施工的全方位精细化管理能力建设纳入企业“十三五”整体发展战略。一是成立由公司总经理任组长，其他领导班子成员任副组长，相关职能部门负责人任组员的轨道精细化施工管理领导小组，为系统扎实推进工作提供强有力的组织保障。二是组建铺架、焊轨、运输、物资等专业化分公司，提出“纪律严明、作风优良、业务过硬”的三大工作要求，明确“资产管理、队伍建设、施工作业”三大主要任务，并指导各专业化分公司制定年度工作方案及近三年工作设想，确保整体发展路线不偏航。三是以新中标高铁轨道项目为落脚点，公司总部深度参与项目的施工调查，与项目部共同研究确定管理模式、施工方案、资源配置、控制措施，编制实施性施工组织设计和管理策划书，通过3~5个项目的探索，逐步推进和优化项目的精细化管理能力。

2. 厘清思路，明确工作目标

中铁五局六公司以三大刚性规则为整体管理思路。一是安全质量方面，公司对项目部和专业化分公司执行同等追责。二是经济效益方面，将生产型分公司在项目部创造的效益，作为项目部和生产型分公司各自年度效益考核的重要组成部分同时考核。三是资金拨付方面，项目部每季度将内部验工计价总额5%的资金直接拨付到各生产型分公司总部，由分公司统筹调剂运用。通过赋予项目部与专业化分公司协同作战的正向驱动力，为项目本身构建同目标、低内耗、强活力的管理主体，从而打造现场精细化施工管理能力。

3. 夯实基础，强化制度建设

公司层面，中铁五局六公司以《中国铁路总公司铁路建设管理办法》为纲，通过持续升级完善各项管理制度，夯实管理基础，为高铁轨道施工又好又快提供制度保障。一是以“质量、安全”为目标，制定《施工组织设计管理办法》和《施工调查管理办法》；二是以“工期、投资”为目标，制定完善《计划工作管理办法》《工程调度管理办法》《工程进度管理办法》及《四库一平台信息录入管理实施细则》等制度；三是以“环保、稳定”为目标，制定完善《技术创新管理办法》《绿色科技示范工程管理办法》等制度。

专业化分公司层面，以《工程项目精细化管理实施细则》为纲，以“专业先进、安全优质、精干高效、协调统一”为总体目标，通过制定完善一系列配套管理办法，为高铁轨道施工提供制度保障。一是以“专业先进、安全优质”为目标，制定《安全生产管理办法》《生产质量管理办法》《机械设备管理制度》等；二是以“精干高效、协调统一”为目标，制定完善《考核工作管理制度》《劳务工管理制度》及《施工配合管理办法》等制度。

项目层面，以《工程项目标准化管理工作指南》为纲，以“质量、安全、进度、环境、创新”为总体目标，通过制定完善一系列配套管理办法，为现场高铁轨道施工提供制度保障。一是以“质量、安全”为目标，制定《施工调查报告》《项目策划书》《设计文件审查》《实施性施工组织设计》等；二是以“进度”为目标，制定完善《调度报告管理办法》《形象进度图管理办法》《营业额计划管理办法》及《工程工期计划管理办法》等；三是以“环境、创新”为目标，制定完善《节能减排实施办法》《绿色施工专项培训工作方案》《技术创新管理办法》及《绿色科技示范工程管理实施办法》等制度。

（二）按照“资源集中、分工合理”的原则，构建专业化施工队伍

1. 构建铺架分公司，负责铺轨专业施工

铺架分公司承担项目轨道和道岔的换装、铺设作业。服务项目期间，一是落实起重机械指挥、起重

机司机、铺轨机司机、电焊工、电工等人员的培训取证工作，确保特种作业人员百分百持证上岗。二是通过抓实设备日常的使用、保养、维修，导师带徒磨炼专业技能，培养、发掘铺架专业的引领人才。三是不断优化轨道施工技术方案，推进安全工作管监分离，完善各类技术基础资料并做好工序验收移交。

2. 构建运输分公司，负责轨道路料运输

一是编制轨道施工运输行车组织方案，确保线路输送效率的最大化。二是依法合规对运输乘务人员、内燃机车司机、轨道车司机进行培训取证，鼓励机车司机、轨道车司机交叉培训取证，推动机车司机、道车司机考取调车员证，培养一岗多能的复合型操作手。三是严格按照轨道施工办法和制度要求，对内燃机车、轨道车等运输设备的制动、仪表、车轴等配件进行探伤、校验和修理。四是做好每台运输设备的标识、编号、履历簿、行车日志、运转记录、维修保养记录等基础资料管理。五是不定期组织对设备的突击检查，在监管设备维保漏洞的同时，加强机车、轨道车乘务员对常规故障的处理培训，提高乘务员的自检自修能力。

3. 构建焊轨分公司，负责轨道焊接施工

一是做好钢轨焊接、钢轨探伤及大型养路机械司机工种的培训取证工作。二是加强焊轨机械设备的标准化管理和维护保养的力度，做好相关记录，保持设备的最佳状况，做到“招之即用、用之即安”的快速作业。三是以钢轨焊接质量为管理核心，落实工序交接由作业班组负责人共同检查把关的刚性要求，不合格产品及时返工重做，形成最终签字记录，对焊轨质量有效期负责。四是完善各类技术基础资料并配合工程竣工验收。

4. 构建物资分公司，负责物资保障供应

一是积极与建设单位沟通，加强甲供物资计划量和需用量预测，结合实施性施工组织设计和实际施工进度，做好物资需用量的动态计划；二是针对生产周期长、环保影响大、道路运输难的钢轨、道岔、道砟等物资，提前开展资源调查，做好运输道路、现场储备的规划，保证现场施工生产“不断供”；三是充分考虑影响施工的客观因素，制定库存的预警机制和应急预案，根据施工进展情况和市场供需情况，合理优化现场库存量。

（三）按照“现场需要、专业匹配”的原则，推进机械化施工作业

1. 配齐配强轨道施工专业装备

中铁五局六公司目前拥有各类施工设备894台套，其中轨道施工专业设备总计300台套。一是铺架分公司配备有价值5000万元，具备有砟轨道捣固、稳定、配砟整形能力的全流程机械化大型整道设备7台套；价值2400万元，具备轨枕自动布枕、均枕，500米长钢轨自动铺设、入槽功能的CCPG500型有砟长轨铺轨机组1台套；价值800万元，具备500米长钢轨自动铺设、入槽功能的无砟长轨铺轨机组2台套。二是焊轨分公司配备有价值4500万元，具备钢轨现场自动焊接功能的闪光焊轨机10台套；价值600万元，具备钢轨现场焊接接头正火自动控制、测温、数据采集功能的设备6台套。三是运输分公司配备有价值2.1亿元，各类内燃机车、轨道车、铁路平车等铁路运输设备130辆；价值3500万元，具备有砟轨道机械化卸砟能力的K13风动石砟车70辆。通过配齐配强轨道施工机械化设备，实现专业化分公司“装备优良、性能先进、结构合理”的目标。

2. 系统提升操作人员专业水平

一是公司要求各项目铺轨必须采用机械化作业，每个月进行单机核算和成本分析，由公司牵头对设备的修理费、折旧费、油料费和其他使用费进行统计归类，在掌握设备成本信息的同时监督设备使用推进情况。二是多梯次培养充实专业操作手。公司统一招聘经验丰富的熟手和专业院校毕业生，在一对一的理论学习、现场实习并经考试合格后方可正式上岗。三是实施“三定”制度规范管理。对移动闪光焊轨机、铝热焊设备、中频正火设备、捣固车、稳定车、配砟整形车等主要施工设备实施定人、定机、

定岗的单机考核奖罚制度，督促有关人员严格按照相关规程操作、保养设备，保持和延长设备的最佳状态、使用寿命，获得良好的装备投资效益。四是发挥各级监督管控效力。项目部、作业队每月对设备进行一次覆盖面100%的全面检查，公司每年组织对大型设备进行6次以上、覆盖面100%的专项检查，督促专业化分公司和项目部的设备管理有关部门落实好监督、指导职责，确保设备的规范管理、安全使用。

3. 全面释放设备整体专业效能

一是装备瑞士安伯格GRP 1000IMS轨道测量仪。该测量仪可根据需要灵活选择绝对测量、精密相对测量、“绝对+相对测量”多种模式，既可代替轨道检查仪用于轨道几何状态日常巡检，又可将测量数据导入DTIS高速铁路检测信息管理系统、WinALC控制系统，实现轨道模拟调整和大机数字化作业。二是引进钢轨闪光焊接头自动电正火设备。传统工艺采用氧气、乙炔火焰正火，作业时需配备6人搬运和操作气瓶、冷水柜等设备，不但安全隐患大、接头成本高，而且正火质量受作业人员经验水平的制约；自动正火设备采用电感应正火，能自动控制、测温、数据存储，只需2人作业，不仅施工快速、质量稳定，还降低材料成本、减少安全隐患。三是引进轨道标记机器人。传统人工标记需刻字模、人工除锈和喷涂，2人每天仅能标记800字符，而且劳动强度大、质量差、成本高；轨道标记机器人实现位置测量、激光除锈、轨道标记的全过程自动化，2人每天可标记10000字符，耗材成本降低60%，成品质量稳定可靠。

（四）按照“集约管理、优质高效”的原则，推行工厂化施工管理

1. 构建工厂化的铺轨基地

一是做好前期调查。根据地形地质、水电交通等条件，综合工程规模、进度要求和使用年限来科学选址，合理设计铺轨基地与既有铁路的联结及引入方式。二是规划好平面布置。对基地各区域进行功能分解，以“满足生产、布局紧凑、少占土地、绿色环保”为原则，重点是结合铺轨方案和节点工期做好长轨存放区与轨料存放区的规划，整体布局，既要满足铺轨要求，又要适当合并来控制规模。三是做好资源调度。调度中心根据进度安排，制定施工、行车日计划，基地各班组严格按照计划定时、定点、定量完成轨料的装卸、运输、调车等作业，调车作业尽可能顺向，确保材料取送方便、灵活、紧凑、高效，减少倒装倒运。工程线行车有关人员严格服从调度命令和指挥，执行作业程序的标准化要求。

2. 构建工厂化的道砟存放基地

一是合理规划布局。根据沿线道砟分布和大车通行条件，利用红线内场地或既有硬化场地建设。布局及规模根据项目道砟工程数量、运输距离、铺轨方案、工期安排、砟厂供应能力等综合考虑确定，存放量满足供应范围道砟施工进度要求。二是严格把好材料进口关。在基地进口办公区，以车为单位对所有进场道砟进行质量和数量验收，道砟原材在试验检测通道现场验收合格后，进入无人值守智能过磅通道，磅秤自动记录进出车辆数据，全过程由监控设备实时远程监督并录像保存，确保验收过程可控。三是满足绿色环保要求。道砟清洗采用振动筛水洗工艺，配套多级沉淀池及水井，优先利用场地附近既有水井及排水沟，洗砟用水使用埋地管道引入场内，废水经沉淀处理，检测各项指标合格后排入排水沟，洗后道砟存放区需要进行硬化处理且满足重车承载力要求。建立终端水洗基地，道砟经终端水洗后直接运输到施工现场铺设，确保道砟清洁度达标。

3. 构建钢轨焊接移动工厂

钢轨焊接移动工厂由焊轨分公司组建，由移动式闪光焊接作业车、拉轨器、锯轨机、钢轨打磨机、正火机、调直机、探伤仪等设备和12名作业人员组成，整道完成、线路稳定后在现场对钢轨进行移动式闪光焊接。其优点有以下几点。一是流程管控规范化。焊轨车组提前在铺轨基地按焊轨方向编组后，清点封锁施工区间，施工时焊轨车组压住已焊接的长钢轨，采用动力顶进。二是焊接质量可控。附属工

作机具随焊轨机同时调拨，实行定人、定机、定岗的“三定”管理，质量责任到人且可追溯。同时，现场技术管理人员具备焊缝探伤检查能力，可及时发现不合格焊缝并组织返工，确保一次施工百分百合格。三是安全管控到位。焊轨分公司与各班组负责人签订《焊轨施工包保责任书》，对目标完成情况进行考核。各班组设群安员1名，对施工安全进行监督，总结、分析各类安全隐患问题，提出有针对性的解决办法。

（五）按照“先进高效、现场适用”的原则，推进信息化过程管控

1. 推进质量管控信息化

一是为长轨铺轨机组配置计算机控制信息系统，实现轨枕自动下料、布枕、间距调整等功能。二是为捣固车配置轨道几何参数计算机控制信息系统，可按照测量数据自动控制轨道几何状态、起拨道量。三是为移动焊轨机配置计算机控制信息系统，实现电压、电流、焊接时间、压力、位移顶锻量等的自动控制和数据采集，保证焊轨质量。四是配置中频电正火的自动控制信息系统，能实现测温、数据采集、功率自动调整等功能，保证正火质量。五是引进长轨智能应力放散设备，能实时测量和采集作业全过程的钢轨温度、钢轨位移、环境温度等数据，对数据进行查询、统计、分析、预警，与其他平台联动并有效集成。

2. 推进安全管控信息化

一是与株洲旭日科技有限公司联合开发行车调度、疲劳驾驶报警等信息系统。实现轨行设备的位置、速度实时显示，监控影像、数据的实时传输和存储，超速和违章的自动预警。二是为大型设备、特种设备配备摄像头，远程监控、纠正违章作业和违章指挥，并对作业全过程的视频、声音、速度进行实时记录和定期分析。三是与设备厂家联合开发离网接近报警系统，当轨行设备互相接近或轨行设备与施工人员接近时，系统会自动报警，提醒司机和现场人员防范安全风险，有效保证移动信号弱、传输质量差的山区和隧道等地段的行车和施工安全。

3. 推进进度管理信息化

一是项目监控中心可根据行车调度信息化系统收集的实时信息，结合现场实际施工情况，动态优化调整行车安排。通过无线对讲等功能，及时向设备操作手下达调度和运输管理命令，保证设备使用和施工生产效率的最大化。二是在各铁路项目全面运用铁路总公司工程管理中心推广的铁路工程管理平台，按时在平台填报上传当日的施工日志、施工进度、设备及人员配置、影像资料，以生成柱状图等形式直观反映单日完成数量、累计完成比例等关键信息，方便公司总部、业主、上级监督管理单位无缝掌握项目进展。

4. 推进成本管理信息化

一是项目部与公司总部、业主、上级监管单位建立信息平台接口，同步更新成本、合同、劳务分包的管理信息，方便各方掌握整体情况；二是对进入道砟存放基地的每一车道砟进行过磅、拍照、摄像并及时将影像资料、数据上传项目部和分公司总部备案，防止弄虚作假；三是为设备安装燃油消耗记录仪和GPS定位芯片，实时记录每台设备的工作状态、所在位置和油耗情况，作为定期分析考核的重要依据，管控燃油成本。

（六）按照“施组优、管控细、技术新”的原则，实施精细化施工组织

1. 加强前期策划，动态优化施工组织

一是项目开工前，深入现场组织施工调查。编制项目管理策划书、施工组织设计、临时工程方案、标准化方案等规划性文件并按规定报审。召开专题会议，以施工组织设计为基础，结合业主、监理和上级单位要求，研究确定人员、材料、设备、劳务队伍等生产资源配置和阶段性进场计划，在确保项目按期开工的同时，为随后生产局面的迅速铺开绘好蓝图、定好坐标。二是施工过程中，项目部全面掌握现

场动态。针对影响进度的主观性问题迅速采取解决措施，无法短期解决的客观性问题，及时优化、调整施工组织和资源配置。三是公司总部不定期对各项目开展“一对一”施组梳理，深入探讨存在问题和解决方案。必要时由公司成立工作组，提供政策、资源支持，赴现场帮助项目协调推进、降低成本、均衡生产，“快”字当头攻坚克难。

2. 强化过程管控，实现精细化施工管理

一是道砟原材料管控。成立道砟管理小组，超前谋划，细分职责，落实到人。出厂前，安排专人驻厂从源头上监控道砟的出厂质量，确保质量合格；进场前，采用智能物料验收系统过磅计量并实时后台影像监控，全方位掌控现场，做到了零距离、集约化精准管控。二是铺轨前与线下单位交接管控。安排专人提前介入线下单位的控制复核测量，极大提升线路交接质量与效率的同时，还降低了道砟的不必要损耗。三是底砟用量管控。技术人员按照复测结果绘制线路道床实际横断面图，计算实际道砟用量，在现场每隔 20 米标记出卸砟控制点。分公司按控制点交底要求，一次性存卸完双线底砟，有效避免了底砟分布不均造成二次倒运的现象，同时提高了后续的道砟摊铺施工效率。四是底砟摊铺管控。在机械化流水作业全过程中辅以技术人员跟踪检控，动态同步检查底砟厚度、压实密度和平整度，极大提高底砟摊铺质量的同时，施工效率也较传统工艺提升了 1.5 倍，为后续顺利铺轨打下基础。五是铺轨管控。以总施组为基础，结合现场实际情况，动态使用单线敷设和左右线交替敷设的铺轨方式，确保工序循环不间断、运输大动脉畅通无阻，大幅缩短了材料运送时间，提高了机车使用率。六是扣配件安装管控。通过对轨枕预埋套筒抽水、高压风机清孔及机械注油的方式，解决了轨枕套筒在东北严寒地区受冻胀失效的问题，极大避免了因套筒失效产生的安全隐患，提高了扣配件安装质量及效率，降低了后期线路运营维护的难度。七是现场钢轨焊接管控。配置多种尺寸的合拢短轨，施工时根据现场需要，选择适宜尺寸的合拢短轨与鱼尾夹板和急救器同时配合使用，并循环利用，节约施工成本，确保行车安全。八是线路补砟管控。卸砟前根据测量数据计算出各工点所需道砟方量，卸砟过程中将速度控制在 5 ~ 10 千米/时以内，卸砟人员结合预测量随时监控，防止道砟少卸、超卸现象，减少大型机械整道作业遍数，提高了施工效率和施工质量。九是整个施工过程，结合现场施工实际情况，见缝插针式安排专人对机械设备进行维护保养，最大程度减少机械设备故障，保证施工质量和效率。

3. 重视技术创新，全方位提升施工效率

一是升级改造长钢轨轮胎牵引车。改造前仅适用于有砟轨道施工，在有砟、无砟、道岔轨道过渡转换时还需吊车和 10 人配合作业。改造后具备履带、轮胎、轮轨三种走行模式，不仅同时满足无砟、有砟长钢轨敷设，而且过渡转换仅需司机本人操作即可自动完成。二是创新一次性电容、电气枕铺设工艺。目前国内有砟轨道的电容、电气枕常用人工二次抽换工艺铺设功效低、质量风险高，换出的普通轨枕浪费大。新工艺应用单枕法铺轨机将电容、电气枕与普通轨枕一次性同步铺设，提升功效 5 倍以上，而且施工精准、无浪费。三是创新轨道调整快速测量工艺。相较于测量员全程操作仪器测量的传统方法，新工艺使用惯导小车配合全站仪自动进行线路数据采集，经过后台处理分析后直接传输给整道设备，在测量速度从 3 千米/天大幅提升至 8 千米/天的同时，现场技术人员从 25 名精减到 3 名，减少测量仪器 2 台，还避免了因人工现场测量、计算、标注、数据导入的失误造成的返工。四是创新长大坡度有砟轨道无缝长轨施工工法。该工法采用 CCPG500 型铺轨机机组与机车配合敷设 12‰以上坡度的有砟轨道，解决过去在长大坡度运输轨道时，长轨列车必须减荷的问题，提升单次的轨道运输量，减少往返运输的次数，提高长轨列车的周转率和现场的施工效率。五是创新并推广“补砟—配砟—捣固—稳定”的线路整道工艺。补砟作业完毕后，首先使用配砟车进行初期配砟、整形，保证道床的石砟量和饱满度。捣固车对线路进行起道拨道和捣固作业后，再使用动力稳定车进行道床稳定作业，单次达到最佳的作业效果，减少作业遍数，提高作业质量。

三、轨道施工企业以“四化”支撑的全方位精细化施工管理的效果

（一）打造了铺架王牌军的品牌形象

中铁五局六公司通过多年的“四化”建设和精细化管理提升，先后创造了二十多次全国铺架纪录，是国内创造铁路铺架全国纪录最多的企业之一，参与施工的杭长高铁、沪昆高铁、成绵乐高铁荣获“中国建设工程鲁班奖”“年度国家优质工程”“中国土木工程詹天佑奖”。2020 年 7 月，福建省和国铁总公司领导调研检查衢宁铁路建设时称赞中铁五局六公司把普速铁路轨道施工建成了高速铁路轨道的标准。中铁五局六公司的轨道施工全方位精细化施工管理能力，为其在中国国家铁路集团、广州铁路局、南昌铁路局、哈尔滨铁路局、南宁铁路局等业主单位中树立了良好的企业形象和声誉。

（二）推进了企业的高质量可持续发展

一是生产经营能力稳步增强。近 3 年来，中铁五局六公司生产经营能力大幅提升，累计新签合同额 106.16 亿元，新签合同额由 2018 年的 21.53 亿元增长到 2020 年的 36.78 亿元，增长约 71%；累计完成营业额 122.75 亿元，营业额从 2018 年的 28.33 亿元，增加到 2020 年的 50.20 亿元，增长约 77%。二是企业装备实力大幅增强。“十三五”期间增加施工设备 292 台套，截至 2020 年底，主要施工机械设备 894 台套，设备原值 9.02 亿元，总功率 12.6 万千瓦，具备同时施工 12 个轨道工程的装备实力。三是项目盈利能力明显提升。标杆项目上碴整道劳务人员由过去的 600 人缩减到 100 人以内，节约人工费 3000 万元以上；一次性电容、电气枕铺设工艺节约成本 300 万元以上；企业员工年收入增长率达到 10% 以上，企业每年盈利保持在 5000 万元以上。随着精细化管理的全面铺开，未来企业整体的效益水平将迈上新台阶。

（三）推动了高铁轨道施工水平的快速提升

近年来，中铁五局六公司结合施工实际，认真开展创新工作，荣获省部级工法 10 项、授权发明专利 6 项、授权实用新型专利 17 项。前期在进行济青、安六、牡佳等高速铁路施工时，结合工程实际，将创新运用到工程中并进一步深化，在铺砟作业、有砟无砟轨道频繁交替作业、高寒地区无缝线路施工、铁路工程线运输管理信息化等方面取得了突破，确保了施工安全质量，降低了工程成本。中国铁路总公司领导在项目检查时称赞“在信息化系统建设方面，中铁五局六公司走在了全国同行的前面”，并建议随行铁路局领导在全国范围内推广应用。2021 年 8 月 15 日，首组 CR400BF－G 型复兴号高寒动车组在中铁五局六公司负责施工的牡佳高铁轨道上顺利联调联试，是我国最东端高寒高铁线路的首次成功试跑。

（成果创造人：王国庆、龚楠富、龚小标、陈　明、邹　磊、张　鹏、陈吉林、林　平、赵　宇、陈　亮、陈　辉、银　雪）

炼化企业基于HSE管理体系的安全班组建设

中国石油化工股份有限公司北京燕山分公司

中国石油化工股份有限公司北京燕山分公司（以下简称燕山石化），成立于1970年7月20日，是我国第一个炼油化工联合企业。经过几代建设者的不懈奋斗，目前燕山石化拥有生产装置63套，可生产94个品种、431个牌号的石油化工产品，是中国石化12个千万吨炼厂和10个大型乙烯装置之一，是我国重要的合成橡胶、合成树脂和高品质成品油生产基地。截至2020年底，燕山石化累计加工原油3.56亿吨，生产乙烯2425.58万吨，累计实现销售收入13953.11亿元、上缴利税1698.24亿元。

一、炼化企业基于HSE管理体系的安全班组建设的背景

（一）炼化企业遏制安全生产事故的关键环节

近年来，受到国内外多种因素影响，化工和危险化学品安全生产形势依然严峻，很多深层次矛盾仍然比较突出。一方面，伴随着石油化工领域技术的不断成熟，本质安全理念逐步成为安全生产工作的基本共识，工艺设备方面的风险已经从设计环节得到了有效化解，相比之下，人的不安全行为所带来的风险依然居高不下，且逐渐成为突出矛盾；另一方面，石油化工领域技术的快速发展和进步，对操作人员的素质和能力提出了越来越高的要求，但基层班组操作人员的素质和能力并没有十分明显的提高，行业发展速度落后于社会其他新兴行业的发展甚至导致部分优秀人才流失，导致基层班组屡屡成为安全生产的短板。有鉴于此，基层职工的安全履职能力不足已经成为关乎现代炼化企业安全平稳运行的症结所在。

燕山石化深刻总结石油化工行业安全生产的基本规律和发展趋势，提出炼化企业基于HSE管理体系的安全班组建设工作，以提升自主安全意识、养成安全行为习惯、形成安全文化认同为目标，坚决遏制因人的不安全行为发生的偶然事故，鼓励职工细心排查因物的不安全状态形成的潜在隐患，警示职工精心应对可能因环境的不安全因素产生的事故风险。

（二）落实新时代安全生产法制化要求的基本保证

《中华人民共和国刑法》中列明的重大责任事故罪、重大劳动安全事故罪、危险作业罪等均可能涉及基层职工，《中华人民共和国安全生产法》中也明确基层职工具有遵章守纪、服从管理，正确佩戴和使用劳动防护用品，接受安全培训、掌握安全技能，发现事故隐患及时报告等多项义务。因此，必须要切实保证广大基层员工具备与有关规定相适应的安全素质和安全能力，使其在生产运行中依法履职尽责。

安全班组建设正是企业落实安全生产法制化要求和安全生产主体责任的重要举措，企业只有不断促使职工增强安全意识、推崇安全行为、提升安全履职能力，才能筑牢安全生产的根基，保障生产经营持续、健康、稳定。

（三）炼化企业实现治理能力现代化的坚实基础

燕山石化为北京能源供应和抗击新冠肺炎疫情做出过突出贡献，肩负着重要的经济责任、政治责任和社会责任，而这些责任履行的基础就是安全稳定生产，抓安全生产工作必须突出政治站位，持续提高国有企业治理体系和治理能力现代化水平。

基层班组作为炼化企业生产经营过程中的最小单元，是构建安全阵地的最前沿，是落实安全生产工作的最末端，是安全管理的最后一公里，是预防和处置事故的第一阵地，班组安全管理工作的质量直接

关系到企业整体生产经营过程的安全稳定。安全班组建设工作是燕山石化治理能力现代化的重要组成部分，也是燕山石化创建世界一流企业的坚实基础。

二、炼化企业基于HSE管理体系的安全班组建设的主要做法

（一）基于HSE管理体系规划安全班组建设总体思路与工作部署

1. 安全班组建设总体思路

燕山石化大力推行基于HSE管理体系的安全班组建设，一方面有利于HSE管理体系由管理部门向基层班组延伸和覆盖，将其中有关基层班组建设的要求落到实处；另一方面有利于基层班组系统高效地执行各专业管理部门规定的安全生产职责。

燕山石化以HSE管理体系要求在基层班组落地见效为目的，以提升基层班组安全履职能力为抓手，坚持标准化管理与实用性经验相结合，坚持外部约束与内生自觉双推动，帮助班组成员提升自主安全意识、养成安全行为习惯、形成安全文化认同。燕山石化遵循PDCA管理思维，系统归纳以HSE管理体系为核心的各类管理制度对班组安全生产职责的具体要求，为班组管理量身定做评价标准和考核办法，建立评估与预警工作机制，针对薄弱环节和普遍问题落实整改措施，持续优化班组安全管理，积极推动安全班组建设工作实现标准化。同时，大力挖掘、宣传、推广班组多样化的实用经验和典型做法，激发班组自主管理新动能，固化班组自主管理新机制。

2. 安全班组建设工作部署

燕山石化坚持务实求效原则，建立覆盖公司领导、安全总监、机关部室负责人、管理专家、二级单位厂长、科长、技术人员、班长的工作专班，并基于HSE管理体系框架与要素指标，制定工作方案。

燕山石化融合“五星级”活动机制建立安全班组评估与预警工作机制，选优配齐“一长三员”（班组长、模范党员、EAP观察员、安全观察员），实行班组安全观察员和EAP观察员轮流制，建立了中、基层领导人员和专业骨干人员包干到班组的联系机制，实施“集中部署+现场宣讲”，采取日检查、周讲评、月评比、季度验收的工作方式，推动安全班组建设工作全面开展。

燕山石化通过量化评价安全班组的履职能力，及时总结工作经验，分析问题短板，结合实地调研、问卷调查和现场检查等形式，汇总突出问题和薄弱环节，有针对性地开展专项治理活动。

（二）基于HSE管理体系提炼安全班组管理要求与评价标准

1. 全面分解HSE管理体系要素和指标

燕山石化HSE管理体系坚持以人为本、全员参与，强调由事后控制向事先预防转变，强调领导和岗位人员职责履行，遵循计划、实施、检查、改进的PDCA过程管理。燕山石化HSE管理体系包括领导、承诺和责任，策划，支持，运行过程管控，绩效评价，改进共计6个一级要素和34个二级要素。尽管HSE管理体系已经明确各部门及单位的职责和权限，但并没有针对基层班组形成系统性的要求。因此，燕山石化以HSE管理体系及其相关专业管理制度等作为依据，逐项识别对基层班组建设工作的具体要求，梳理归纳出基层班组应落实的有关要求明细。

2. 系统建立安全班组的基本管理要求

燕山石化结合HSE管理体系中对基层班组的要求，立足基层班组实际，以强化风险管控为核心，系统性建立了组织保障、安全文化建设、事故管理、安全操作、设备设施、教育培训、作业管理、应急管理、风险隐患管理、基础工作10个方面的安全班组基本管理要求，确保HSE管理体系中每项关于基层班组的具体要求均能够在安全班组建设工作中得到呈现和落实。

3. 科学构建安全班组的量化评价标准

为使基层安全班组建设工作更具可操作性且评价规范，燕山石化构建量化的安全班组评价标准。评价标准主要分为三部分：一是考核指标及评分标准，二是奖励指标及评分标准，三是否决事项。安全班

组评价标准明确了指标内容、评分标准、否决事项及考评部门，充分体现了燕山石化安全班组建设工作的价值导向。

考核指标基于安全班组的基本管理要求，燕山石化组织各专业管理人员、技术人员和专家采用专家打分法建立判断矩阵，通过层次分析法得到特征向量和指标权重值，通过一致性检验后，形成最终的指标权重分布。对于各个指标项，相关领域管理人员、技术人员和专家根据该专业的具体要求进一步研讨明确评分标准细则，确保考核指标体系具有可操作性。

奖励指标主要从班组自身组织建设角度出发，根据不同角色员工的能力要求及责任设置，作为指导性标准，达到相应标准可奖励加分。否决事项是指对班组发生事故、不安全行为导致的工伤、严重违章违纪行为实行一票否决，体现安全班组建设工作的严肃性，对不安全行为的零容忍。此外，否决事项还涉及现场评价验证的规范和要求，从制度设计上杜绝弄虚作假等不诚信行为。

考虑到各单位具体业务存在差异，燕山石化赋予各单位结合所辖班组工作实际性质，在通用标准基础上，分别制定符合自身实际的个性化项目，体现评价标准的适应性和灵活性，确保评价标准公平、公正且可执行性强，在各层级安全班组创建评价中得到了有效应用和落实。

（三）建立安全班组评估预警工作机制，关口前移管控潜在风险

1. 建立安全班组评估工作机制

首先，按照分类可比原则，依据各类型班组工作特点及安全班组创建难易程度，将班组分为生产类班组和非生产类班组；其次，按照全面量化原则，详细制定了公司级、厂级、装置级安全班组、不合格班组的量化标准；最后，按照逐级推进原则，明确了安全班组评估工作流程，依次评定装置级、厂级、公司级安全班组，其中，装置级、厂级安全班组每月由各单位组织评估，公司级安全班组由燕山石化每季度组织评估。

为激发广大基层职工对安全班组建设工作的积极性，燕山石化将安全班组建设工作融入现行《燕山石化争创“五星级”单位活动管理办法》中，对获得公司级安全班组、厂级安全班组的按人发放奖励，对持续一年保持装置级、厂级、公司级安全班组的再分级进行组织奖励。厂级安全班组被纳入参选“五星级”班组的基本条件，装置级安全班组被纳入参选“四星级”班组的基本条件，不合格班组将对班组全员和包干领导进行同步考核。

2. 量化评价班组安全履职能力

燕山石化利用自主开发的信息化平台系统收集、储存安全班组建设过程中的信息数据，按照量化评价标准中的各个维度，实时统计装置级、厂级、公司级安全班组评分结果，进而通过数据分析和对比，分析各单位安全班组建设工作水平，掌握基层班组的安全履职能力。

各单位每月对所属安全班组履职情况开展量化评估，通过对比排名靠前与靠后班组的各维度得分情况，分析导致安全班组建设出现差距的主要原因，从而明确下阶段工作的重点和方向。通过持续跟踪安全班组各维度得分的动态变化趋势，检验阶段性工作的成效，及时纠偏，补足短板。统计分析时，以排名前10%分位数代表高分段班组，以排名后10%分位数代表低分段班组。

3. 重点强化班组风险预警机制

（1）依托分析指标，实现数据预警。

燕山石化每月详细分析装置级、厂级安全班组评价结果，根据统计学方法，研究各单位安全班组建设工作的整体水平，设定平均分、10%分位数、90%分位数、达标合格率等分析指标，纵向分析各单位指标值的动态变化情况，对指标值持续下降的单位提出预警，并及时排查问题原因，避免安全班组建设工作出现滑坡，对指标值持续向好的单位提出表扬，并及时总结其安全班组建设工作逐步改善的深层次原因，为各单位提供借鉴。

（2）做实风险提示，发挥现场预警。

一是扎实开展“安全喊话”。“安全喊话”是“JSA 分析培训 + 作业安全要求 + 事故案例分析 + 施工唱票 + 喊安全口号”的复合模式，“安全喊话”对象包含班组、承包商施工人员。其中，交接班喊话由班长负责，提示当班操作风险、工作要求和近期案例分析，同时实施齐喊安全口号促进安全意识自觉自醒。为强化措施在班组建设中持续有效推进，相关要求已纳入安全班组量化评价标准中。

二是轮流担任安全观察员。燕山石化将有关领导的安全观察角色植入班组建设中，班组成员轮流担任安全观察员，扮演班组安全工作的裁判员和教练员，负责监督检查班组训练、演练等作业活动，制止“三违”行为，监督班组成员正确佩戴或使用劳动防护用品，建立岗位安全风险清单，落实风险防范措施，组织事故隐患排查，组织班组安全文化建设和宣传活动，并接受班组长监督考核。

（四）整改薄弱环节和普遍问题，追根溯源实现闭环管理

1. 全面检查分析安全班组建设的共性问题

燕山石化每季度对提名的公司级安全班组进行现场检查验证，重点针对各项指标的落实情况进行现场复核，对于发现的典型问题分析汇总，挖掘表象问题背后的深层次管理原因，及时反馈所在单位，并通报其他单位查摆整改，以求全面提升班组安全文化、安全技能，推进安全班组建设工作有效执行。二级单位每月对厂级安全班组进行现场检查验证，重点开展专项检查复核。基层单位通过巡检、周检对装置班组进行检查。

各级检查的问题通过信息平台实施集中管控和分析，工作开展之初，班组管理的突出问题包括：50% 的班组存在直接作业环节监护能力不足、监护流于形式，42% 的班组存在贯彻规章制度不严不实、对制度理解不到位，38% 的班组存在隐患排查不彻底、问题整改就事论事。

2. 针对突出问题精准制定并实施整改措施

（1）严肃“直接作业挂牌 + 作业监护取证”。

为降低直接作业环节风险，解决监护人员安全意识不强和能力不足问题，燕山石化制定《燕山石化直接作业环节检查及考核标准》，包括：零容忍考核项、安全管理、作业许可、能量隔离等方面工程建设项目和检维修检查中的问题挂牌要求；实施日检查、日通报机制，每天由相对独立的安全监察大队和消防中心对全公司直接作业环节开展检查，对基层单位进行挂牌，每天在燕山石化早碰头会上进行通报；实施月度挂牌、月度奖励机制，每月由安全监察部负责对检查问题组织统计分析，形成专项报告和月度挂牌结果，并在管理例会发布。挂牌结果直接运用到安全班组评价中，班组在直接作业环节监护不到位导致挂黄牌及以上风险考核，直接取消安全班组评价资格。实施两年间，49 个车间连续 24 个月获得绿牌的车间 15 个，保持率 31%，班组因直接作业环节挂牌数量由实施前的每季度最多 5 个班组降低到 2021 年平均每季度 2 个班组。

燕山石化每年由专职和兼职培训老师分批次组织班组人员开展监护人员取证培训，通过“理论培训 + 实操训练 + 闭卷考试”的模式培养基层班组操作人员监护能力，截至 2021 年 6 月，4128 名操作人员全部经过培训，取证一次通过率达 90%，取证率达 100%。

（2）实施“领导包干全覆盖 + 考核奖励同步走”。

为解决安全管理要求向基层单位传导效果差的问题，燕山石化建立了领导干部及业务骨干包干班组工作机制，明确了包干工作原则、工作职责和绩效标准，充分发挥领导干部及业务骨干以上率下作用，督促管理弱、松、散班组自主提高安全意识、积淀安全文化、强化安全能力。

领导干部及业务骨干包干班组主要遵循四点工作原则。一是全覆盖原则，各级领导干部和业务骨干包干范围要确保覆盖燕山石化所有基层班组；二是突出薄弱原则，燕山石化领导班子成员和公司助理、副总师及公司机关生产部门领导联系公司级关键装置要害部位的班组，中、基层领导优先包干本单位

（厂级、车间、区域）关键、重点装置班组和安全绩效较差的班组；三是专业管理原则，二级单位从安全、生产、设备等专业，选择责任心强、业务水平高的骨干人员参与包干；四是持续提升原则，原则上每人包干 1 个班组，每年根据安全绩效评价结果进行轮换。

领导干部及业务骨干定期参加包干班组安全活动，向职工宣讲安全政策和法律法规，宣贯燕山石化和本单位安全工作形势及重点任务，听取包干班组的安全工作汇报，指导包干班组落实燕山石化和本单位安全工作部署，进行现场安全检查和安全观察，参加问题整改和事故分析会，观摩点评应急演练活动，督促整改事故隐患，检查包干班组劳动防护用品及应急保障物资配备情况，协调帮助包干班组解决在安全方面存在的问题。燕山石化制定了专门的绩效考核标准，落实领导干部及骨干与包干班组同奖励、同考核，并与干部选拔任用机制相结合，督促和激励领导干部及骨干切实履行包干工作职责，发挥领头羊作用。

（3）落实“隐患排查激励制 + 举一反三问题整改”。

为解决操作人员巡查走马观花和形式主义整改的问题，鼓励员工及时发现、处置突发事件，有效防止或避免事故的发生，燕山石化制定《燕山石化未遂事件管理办法》，设置未遂事件奖励流程和未遂事件的评分标准，以更好地激励职工主动排查事故隐患并及时处理。近 4 年，燕山石化及各单位共奖励高风险未遂事件 112 起，奖励 143 人次，发放奖金 40.75 万元。同时，燕山石化开展单项问题治理，并针对重复性、普遍性问题开展专项分析和整改，现场的设备管理情况得到显著改观。另外，燕山石化还通过燕化电台、燕山油化报等多种媒体进行未遂事件奖励宣传工作，让更多职工了解未遂事件奖励机制，激发全员参与隐患排查工作的主动性，形成良好的安全文化氛围。

为强化基层单位和承包商的安全主体责任，提升内部自查自改主动性，确保问题及时发现整改，燕山石化开展“1∶2∶4”检查问题举一反三工作，将日检查问题、工程建设检查问题、一周综合检查问题、专项检查问题、视频检查问题等全部纳入“1∶2∶4”中管理，即如果燕山石化检查基层单位问题 1 项，属地单位检查问题 2 项，基层单位自查问题 4 项；如果燕山石化检查承包商问题 1 项，属地单位检查问题 2 项，承包商自查问题 4 项。共纳入按比例自查问题共 42 项，属地单位自查整改同类问题 58 项，监理单位自查整改同类问题 14 项，施工单位自查整改同类问题 144 项。

3. 落实整改效果评价并持续优化管理要求

为保证薄弱环节治理成果的长效性，燕山石化坚持将实用的管理措施固化到管理要求中，并纳入安全班组评价标准。燕山石化将“直接作业挂牌 + 作业监护取证”要求纳入作业管理的要求中，明确监护人员应清楚监护职责，并通过培训取得监护人资质，具备相应的能力，严格落实安全措施要求的符合性。在评价标准中，如监护人职责不清，安全措施不符合要求，每项扣 1 分；无证监护，直接作业环节风险考核挂绿牌、挂黄牌及以上风险考核，则否决。同时，将“领导包干全覆盖 + 考核奖励同步走”要求纳入组织保障的要求中，规定应落实领导干部联系基层相关要求。在评价标准中，如未落实，扣 1 分/项。另外，将实施“隐患排查激励制 + 举一反三问题整改”要求纳入设备设施管理的要求中，明确对主要生产设备设施及附件完好情况进行检查，发现问题及时上报；及时发现设备设施泄漏，落实泄漏点登记、挂牌；掌握区域内消气防（职防）设备设施分布、种类、数量，发现不完好及时上报。在评价标准中，如未及时上报，每项扣 1 分。

（五）创新多样化的班组管理实用经验，与标准化管理相辅相成

1. 细心排查隐患，千方百计做好事前预防

班组从事前预防角度，结合各自生产实际，认真研究安全班组建设对风险隐患管理和应急管理的要求，通过开展形式多样的风险辨识和应急演练，促进全员掌握风险管控措施和应急处置程序，提升班组整体的安全意识和应急能力。

检验计量中心分析一站分析组结合自身业务特点，对照日常检验操作，针对可能发生安全问题的风险点，运用矩阵式安全风险识别模型开展全流程隐患排查，总结出“高温仪器碰不得，通电仪器拆不得，异味分析闻不得，酸碱分析空不得，安全分析松不得”的实用经验，并建立了《身边的隐患台账》，逐条制定防范治理措施和责任人，整改班组安全隐患 20 余处。

2. 勤学操作标准，脚踏实地做好运行管控

班组从过程管控角度，根据各自业务特点，认真落实安全班组建设中的安全操作和作业管理要求，不断摸索和总结，凝练出更加规范、清晰和实用的标准，指导日常操作，提高过程管控能力，杜绝误操作事故的发生。

储运厂铁运车间房山列检班根据自身业务特点，结合操作规程精心总结出“五到”（心到、走到、眼到、锤到、检查到）检车标准，形成了规范实用的“安全检车七字诀”并公示上墙，便于班组人员随看随学、勤学常用。

3. 深入举一反三，集思广益做好事件学习

班组从事后学习角度，结合各类实际案例，认真落实安全班组建设中的事故管理和教育培训要求，通过对典型案例和发生问题的深入分析，找出薄弱环节，严格整改并举一反三进行重点防范，促进了班组安全管理水平再提升。

烯烃厂裂解二班长期坚持以举一反三的工作方法来开展事故类比排查。班组在发现 14 号裂解炉过热段泄漏问题后，又发现了 12 号炉更隐蔽的泄漏点，有效消除了重大事故隐患。

4. 全面分析归纳，不遗余力做好宣传推广

燕山石化及时总结安全班组建设过程中的优秀实践，经职能部门专业性审核后，通过召开推广会及印刷学习材料等形式，向同类装置进行经验推广，鼓励更多班组学习和创新，以此推动安全班组整体建设水平的提升。

为使优秀实践和宝贵经验可以服务于更多的班组，燕山石化利用各种媒介和途径进行有序宣传和逐步推广，包括燕山石化内部管理例会讲评、安全班组座谈会经验介绍、内部局域网和报纸增设“安全班组经验分享”专栏、燕山石化微信公众号推介“安全班组典型做法”、积极申报政府部门组织的评选等方式。

（六）推行 EAP 观察员轮流制，将外部约束与内生自觉有机结合

1. 增设班组 EAP 观察员，实现服务范围全覆盖

为积极践行相关法律法规要求，燕山石化将 EAP 工作延伸到基层班组，设立专业班组 EAP 观察员，负责运行“四级心理预警处理机制”（预测、预防、预报、咨询），实施员工心理健康管理及帮扶工作，有针对性地开展员工心理疏导和精神慰藉，及时提供快速有效的危机干预服务。EAP 观察员依托《燕山石化员工心检报告》掌握班组职工心理状况和一些个性化心理特征，结合工作特点及职工心理需求，定期开展职工心理量化评估，掌握可能对职工心理造成重大影响的工作压力问题、职业倦怠问题、个人生活问题。同时，在班前、班中和班后开展 EAP 观察，了解职工情绪和工作状态，随时做好心理沟通和疏导，使班组员工更好地认同并融入企业文化，增强班组人员的归属感、幸福感。

结合燕山石化安全班组建设，燕山石化将 EAP 观察员纳入企业一体化管理体系，构建公司、厂、车间、班组四级 EAP 组织网络，形成了公司 EAP 专员、厂 EAP 工作员、车间 EAP 联系员、班组 EAP 观察员四个层级服务团队，尤其是在班组设立 EAP 观察员，将 EAP 工作机制引入基层班组，解决了 EAP 工作有效落地和全员覆盖的难题。

2. 加强资源保障，支持 EAP 观察员充分履职

（1）提供科学的心理检测数据。

在职工健康体检的基础上，与燕化职工医院、职防所及外部单位开展合作，实施职工心检，综合运

用调查问卷、咨询式访谈、现场观察、测评量表等方法，有机植入心理检测内容，掌握员工队伍的职业心理健康以及心理压力状况，关注员工在职业发展、婚姻家庭、子女教育等方面出现的常见心理问题，形成《燕山石化员工心检报告》《燕山石化全员心检集体报告》《燕山石化公司员工心理健康测评数据分析及工作开展情况的报告》，建立员工心理健康档案，并将员工心理状况按四级 EAP 组织网络进行反馈，为班组 EAP 观察员开展工作提供科学依据。

（2）提供专业的服务技能培训。

燕山石化与北师大联手培养企业内部心理服务骨干，以国家心理咨询师课程体系为理论基础，以团队辅导、叙事疗法、心理沙盘等多项实用技能为补充的“燕山石化 1 + X 心理援助师培训模式”。燕山石化利用一年半的时间，培养了 71 名班组心理援助师。另外，举办多批次班组 EAP 观察员实务技能专项培训班，610 人通过培训考核，使得班组 EAP 观察员普遍具有开展 EAP 观察的基本能力。

（3）提供充足的基础条件设施。

为方便班组开展 EAP 活动，燕山石化建立贴近基层班组的车间级 EAP 工作室、班组心灵驿站，布置清新放松的环境和沙盘、人偶、宣泄人、团辅工具箱等工具，在班组现场就能开展就近心理辅导和释压。对于专业性心理辅导，燕山石化引入“首都职工心理发展”“奋进石化·心福咨询”微信平台，内部设立 EAP 服务热线，做好职工心理咨询与后续跟踪服务，同时外购法律服务热线，开通第三方心理机构阳光易德咨询电话，2020 年完成个人心理咨询疏导 2500 余人次。

3. 推行轮换制度，促进职工自觉关注心理健康

为进一步做实 EAP 心理辅导和信息收集，燕山石化于 2020 年推行班组 EAP 观察员轮换制度，在设立班组 EAP 固定观察员基础上，在班组内部建立 EAP 流动观察员，由班组成员轮流担任，每月轮换一次，配合 EAP 固定观察员开展班前、班中和班后 EAP 观察，了解职工情绪和工作状态。EAP 流动观察员由厂 EAP 工作员、车间 EAP 联系员进行上岗前专项辅导，掌握 EAP 观察基本内容和工作技巧，现已有 85% 的班组完成每名成员至少担任一次 EAP 流动观察员，部分成员较多的班组将在 2022 年完成全员轮换。

4. 取得扎实成效，发挥班组 EAP 观察干预作用

2020 年，燕山石化范围内班组上报 EAP 干预活动 5326 起，根据班组 EAP 观察发现的情况分别实施不同层级的心理辅导，班组职工参与团体心理辅导和团体沙盘游戏体验活动 123 场，共计 1568 人次，为职工提供个案心理咨询服务 81 人次。自实施班组 EAP 观察以来，燕山石化范围内未出现心理健康原因导致的极端事件，有效增强了职工团队凝聚力，企业效益创近五年最佳，使好心情真正转化为生产力，其中员工情绪稳定度由 24.8% 提升至 31%。

三、炼化企业基于 HSE 管理体系的安全班组建设的效果

（一）班组安全意识和安全能力迅速提升

整体来看，燕山石化安全班组建设工作成果显著。随着安全班组建设的有序推进，积极营造了“全员参与安全”、全员争做“四不伤害”员工的良好氛围。近一年全公司范围内厂级安全班组平均评分提高了 5.3%，表明班组安全履职能力也得到了持续提升。由此可见，开展安全班组建设工作，强化了基层班组员工的安全意识，提高其安全履职能力，保障公司生产运行保持稳定。

（二）企业安全生产管理绩效明显改善

在安全班组建设工作的大力推动下，员工安全意识和能力得到提升后，职工工伤率和非计划停工损失均大幅下降。安全班组建设推进后，2020 年全年千人工伤率降为 2.21%，形势日渐好转。另经燕山石化统计，由工艺操作相关原因引起的非计划停工次数降低了 83.3%；2020 年非计划停工时长 1377.3 小时，同比降低 65.9%；全年工艺操作引起的非计划停工综合损失同比降低 4233.4 万元，降幅为近五

年来最大。安全班组建设工作不仅促使职工普遍提高了自我保护意识，更提升了其对急难险重任务的有效处置能力，确保了燕山石化生产经营形势向好，装置“安稳优”生产水平得到巩固。

（三）企业安全文化和安全管理水平得到相关方认可

燕山石化聘请挪威船级社开展国际安全和可持续发展评价系统（ISRS）评级工作，是国内第一家采用最新发布的 ISRS（第 9 版）进行评价的企业，新版与之前相比，增加了很多新的要素和评价指标。基于安全班组建设工作的有效开展，燕山石化安全文化成熟度经挪威船级社 ISRS 认证，已达到 L3 + 级，燕山石化安全管理水平经认证达到 5 级标准，代表着安全文化和安全管理水平在国内处于领先地位。相关建设工作经验具有极强的推广价值，对于提升炼化企业基层班组管理水平具有很好的示范作用。

（成果创造人：李　刚、王　哲、李栋华、赵保成、王延军、刘瑷琴、
杨丽梅、尹志刚、严　明、王　栋、刘　辉、才　君）

高风险油气企业基于关键要素识别的 HSE 管理优化

中国石油集团安全环保技术研究院有限公司

中国石油集团安全环保技术研究院有限公司（以下简称安全环保研究院）的前身中国石油集团安全环保技术研究院组建于 2007 年 11 月，是中国石油天然气集团有限公司（以下简称中国石油）直属科研机构，注册资本为 46000 万元，注册地在北京，是中国第一家集质量、安全、环保、职业健康和节能减排于一身的专业化技术机构。2017 年 11 月，改制为有限公司，2020 年营业收入达 2.5 亿元。拥有 15 项安全、环保、质量、节能和信息等领域国家级业务资质，拥有“石油石化污染物控制与处理”国家重点实验室、石油与化工含油废物处理及资源化工程技术中心和中国石油 HSE 重点实验室等标志性科技支撑平台，承担中国石油安全，环保，职业健康的监督、检测、评价、考核等职能职责，为中国石油 HSE 管理体系建设、审核、监督以及推进 HSE 体系国际化一体化发展提供技术支持。

一、高风险油气企业基于关键要素识别的 HSE 管理优化的背景

（一）落实总体国家安全观的需要

石油天然气生产经营事关国家能源安全和人民群众生命财产安全，是保障国家能源安全的基础，易燃易爆的石油天然气历来是国家监管的核心。国家对石油企业健康安全环保“严监管、狠问责、动真格”已成为新常态。HSE 管理体系建设与运行是国际石油行业的通行做法。中国石油引入 HSE 管理体系初期，因对体系内涵理解不透彻，造成 HSE 管理体系与生产经营未能有效融合，体系运行与生产管理两张皮，没有达到预期的持续改进目标。另外，当前国际社会安全形势更加严峻，恐怖势力在部分国家和地区十分猖獗，海外防恐安全工作也是国际业务安全管理中不容忽视的重要内容，亟须通过创新形成统一的中国石油 HSE 国际化管理体系。

（二）企业防范安全风险、提升管理水平的需要

中国石油生产作业点多、线长、面广、管理幅度大，在生产经营过程中涉及高温高压、易燃易爆、有毒有害等危害因素，危险化学品种类繁多，高危作业频繁，一旦失控将导致严重的火灾、爆炸、重特大人员伤害和环境污染事件，并造成恶劣的社会影响。进入 21 世纪以来，随着业务快速发展，企业自身发展中的健康安全环境问题不断积累和暴露，安全环保管理要求发生了重大变化，HSE 管理体系审核、HSE 和质量一体化监管能力与水平存在不足。一是随着审核不断深入，总部审核、企业被动接受方式使审核负担重；企业主体责任、自主作用发挥不充分，企业主动规范开展内审，形成自我加压、持续改进的内生动力不足；专项、专业审核的设计和应用不足；审核人员能力不足，不能从根本上纠正系统管理问题。二是承包商 HSE 监管薄弱成为难点，所属企业对现场作业的承包商准入把关不严、人员培训针对性差；现场监督存在甲乙双方和监理的监管责任不够明晰，加大风险失控可能性。随着市场化进程加快，承包商承担工作量进一步加大，企业承包商 HSE 监管广度、深度逐步增加，压力逐渐增大。三是质量和 HSE 监管仍主要依靠传统方法进行，监督能力、方法、模式无法满足要求，存在漏洞多、盲点多、碎片化等问题。

（三）发挥安全环保研究院技术支持作用的需要

安全环保研究院伴随中国石油企业 HSE 管理走过“从经验到制度、制度到体系，再到 HSE 文化”的管理历程。以 SY/T 6276－1997 标准为契机，在企业全面推行 HSE 管理体系建设，并逐步摸索出一套以风险管理为核心，以强化基层为重点，逐级落实安全环保责任为工作主线的 HSE 管理体系运行方

法，形成了一套自己的管理方式方法。安全环保研究院作为中国石油 HSE 体系推进工作的主要技术支撑单位，锻炼、培养一批专业强、素质高的 HSE 管理的人才队伍，能为石油石化企业提供包括 HSE 管理人员能力评估与提升、HSE 风险分级防控、HSE 管理体系审核、HSE 管理体系评估等在内的技术支持。

二、高风险油气企业基于关键要素识别的 HSE 管理优化的主要做法

（一）识别关键要素，明确 HSE 管理优化总体思路和目标

开展 HSE 管理体系顶层设计，明确 HSE 战略目标，即追求零伤害、零污染、零事故，在健康、安全与环境管理方面达到国际同行业先进水平；识别关键要素，包括健全完善管理制度标准、加强人员培训、提升能力和素养、落实安全风险管控、优化体系审核、强化承包商监管、实施 QHSE 监管一体化、推行体系国际化等，不断深化和推进 HSE 体系建设，塑造 HSE 文化，逐步构建起中国石油特色的 HSE 管理 SLSI 模型（见图 1）。

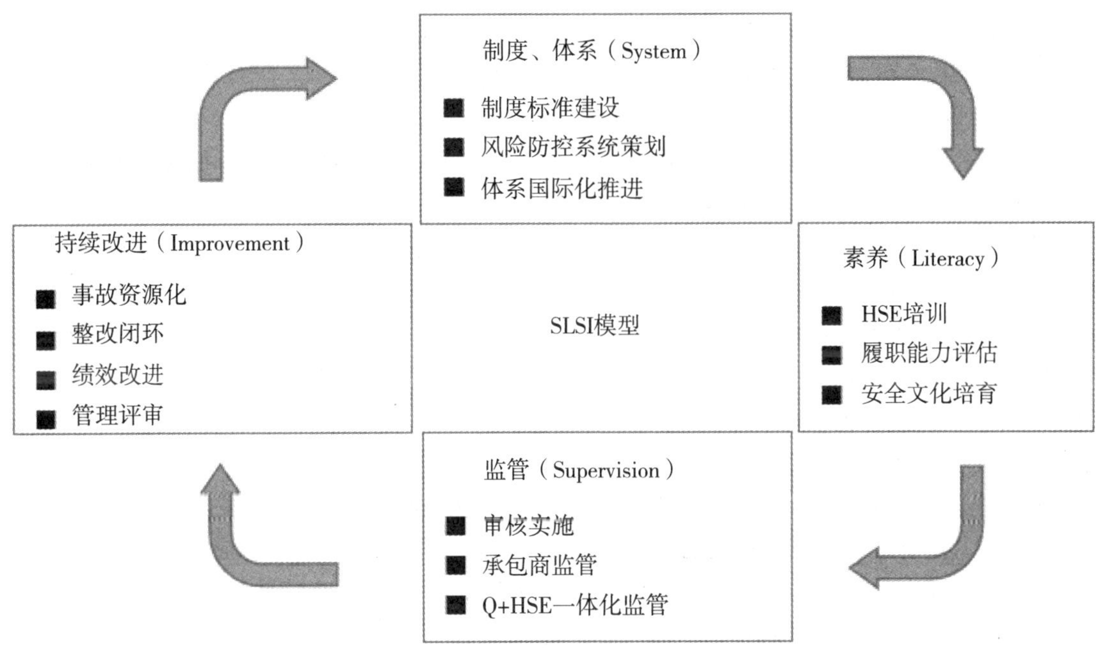

图 1 中国石油 HSE 管理 SLSI 模型

SLSI 模型要素：制度、体系（System）以制度标准建设、风险防控系统策划、体系国际化推进等为主要内容；素养（Literacy）以 HSE 培训、履职能力评估、安全文化培育等为主要内容；监管（Supervision）以审核实施、承包商监管、Q + HSE 一体化监管等为主要内容；持续改进（Improvement）以事故资源化、整改闭环、绩效改进、管理评审等为主要内容。

HSE 管理紧紧围绕上述四大要素，在逐个夯实各大要素的基础上，推动四大要素形成一个完整的、循环运动着的闭环。闭环之中各要素之间互相依存、互为支撑，从而形成一套执行有力、行之有效的有机体系。

（二）建立和推进 HSE 管理体系，规范 HSE 管理

1. 强化顶层设计，健全完善制度标准，夯实体系建设基础

在顶层设计上，明确建立“统一、规范、简明、可操作”体系的要求，总结形成“5 个 3”HSE 管理体系推进模式，即确定“转变观念、提高能力、养成习惯”3 大目标，明确“健全制度、改进培训、

提升绩效”3 项任务，驱动“领导干部、职能部门、基层员工”3 个层次，突出“行为安全、工艺安全、承包商安全”3 个重点，采取“试点引路、重点指导、全面推广”3 种方式。

持续完善 HSE 管理制度标准体系，建立通用的制度框架，完善标准体系表，编制发布新版 HSE 管理手册。基于安全生产、环保与健康领域的重点任务，着眼于上下游生产经营业务，以防范安全风险、环境风险和健康风险为重点，分类分条逐一对照国家现行有效的健康、安全、环保法律法规，特别是新修订的安全生产法、环保法实施后颁布的一系列配套规章制度，进行合规性评价。根据评价结论，编制制度、修订计划。形成 HSE 培训管理办法、HAZOP 分析管理规定、安全监督管理办法等制度 80 项；企业标准 162 项，涵盖基础管理、工具方法、作业许可、工艺管理、现场检查、健康环保等各个方面；发布“1 +21”应急预案，吸收众多事故教训，增强了可操作性、实用性。

推广应用 HSE 管理工具方法，建立 HSE 信息系统。学习借鉴国际先进经验，推广运用一批先进基层 HSE 管理工具方法，包括安全经验分享、安全观察与沟通、个人安全行动计划、作业许可、工作前安全分析、HSE 培训矩阵、工作循环分析、HAZOP 分析、上锁挂牌、变更管理、启动前安全检查等，完善基层风险管控措施。2005 年起建设 HSE 信息系统，从一期引进吸收到二期自主研发，从国内 HSE 管理到国内外 HSSE 全覆盖，已经建成集中统一的 HSE 管理信息平台。

2. 明确体系核心抓手，构建风险防控新模式，促进双重预防机制建设

提出安全风险分级防控新模式，建立重点专业风险防控机制建设试点示范，抓好双重预防机制建设工作。

一是探索企业生产安全风险分级防控新模式。进行生产安全风险防控机制建设研究与顶层设计，开展 HSE 管理问题专项研究，共立项研究 10 多项课题，对管理模式和管理机制进行有效探索。提出从生产作业活动和生产管理活动两条主线开展风险防控的思路与理念，形成生产安全风险防控运行机制与技术路线。制定发布风险防控管理办法和方案编制工作指南及导则等，编写出版油田、炼化、管道储运、销售企业、工程技术服务等方面的企业生产安全风险防控指南以及《安全风险分级防控和隐患排查治理双重预防机制建设指南》。

二是强化重点领域风险管控。在关键风险领域和重要敏感时段设置“四条红线”，即可能导致火灾、爆炸、中毒、窒息、能量意外释放的高危和风险作业；节假日和重要敏感时段（包括法定节假日，国家重大活动和会议期间）的施工作业；可能导致着火爆炸的生产经营领域的油气泄漏；油气井井控等关键作业。对发生的事故升级调查、严肃问责，确保“五个零容忍”刚性落地，即对生态环境保护违法违规“零容忍”；对油气泄漏火灾爆炸“零容忍”；对不合格承包商“零容忍”；对特种设备带病运行“零容忍”；对井筒质量问题“零容忍”。

三是突出抓好双重预防机制建设。建立重点专业风险防控机制建设示范试点。选择 10 家重点企业，完成钻井、炼化等覆盖上下游 12 个重点专业风险防控试点和模板研究编制，建立重点专业生产安全风险防控示范试点，2016 年起生产安全风险分级防控模式已经在中国石油所属企业全面推广应用。同时，对大连和兰州企业开展标本兼治遏制重特大事故试点。按照国家构建双重预防机制建设的要求，在风险管控基础上，狠抓隐患治理，2020 年已完成。加强 VOCs 治理项目新增安全风险防控，查出 94 个存在隐患的 VOCs 治理项目，已整改完成。狠抓安全环保验收清理督办，完成建设项目安全、环保、消防、职业病防护设施专项验收 17164 项，督办项目 HSE 验收完成率为 100%。

3. 对标国外 HSE 管理，统筹国内外管理体系，推行国际化 HSE 管理

一是与国际大石油公司 HSE 管理对标，分析改进空间，明确中国石油国际化 HSE 管理体系创新需求。二是中国石油 HSE 国际化管理框架研究。本着科学合理、符合中国石油实际、继承创新的总体要求，分析发展趋势、战略发展需要、HSE 统一管理要求，得出适合中国石油 HSE 国际化管理的框架，

形成统一的中国石油 HSE 国际化管理体系。三是中国石油 HSE 国际化管理应用工具方法研究。筛选国内、海外企业成熟、应用效果较好的 HSE 工具方法，形成适合中国石油企业的 HSE 国际化管理应用工具箱。四是国际同行 HSE 管理双边认可规则和机制研究。通过取得国际多边互认组织（IAF）认证证书打好双边互认基础，推进协议签订。五是建立国际业务社会安全管理体系。通过调研分析海外项目社会安全风险及控制技术，总结成功经验，开发中国石油国际业务社会安全管理体系管理手册和 12 个程序文件。

（三）开展培训和安全文化建设，培育安全素养

1. 积极开展 HSE 培训

一是优化岗位 HSE 培训模式，提出全员岗位培训矩阵编制流程，包括岗位需求调查、划分管理单元、梳理操作项目、开展危害分析、确定培训内容、设定培训要求、形成培训矩阵等步骤。以 HSE 培训矩阵为切入点，推进建立“分岗位、短课时、多方式、小范围”的岗位需求型 HSE 培训模式。二是加强审核员队伍建设，提升审核员的水平和审核工作的质量和效果。加大审核员特别是审核组长培养力度，抽调懂业务、会审核、善分析、敢直言的各方面管理人员和技术专家，通过培训形成合格的审核员队伍。健全完善总部审核员和技术专家库，保证审核人员队伍的相对稳定，确保审核工作的持续性。建立有效的审核员队伍激励机制，促进职能部门管理人员和技术专家积极主动参与审核活动。三是持续强化全员 HSE 培训。确立“培训工作化，工作培训化”“人人培训、培训人人”的大培训理念。制定一系列 HSE 培训制度，推广基层岗位培训矩阵，建立 8 类人员培训大纲。充分发挥 HSE 培训机构的作用，对领导干部开展 HSE 培训；各类会议会前进行 5～10 分钟的安全知识和案例分享；坚持每年组织安全处长、安全监督、环保管理人员等分级分类培训班。企业各层级同步强化 HSE 培训，平均每年培训 78000 余期、120 余万人次。

2. 开展 HSE 履职能力评估

一是制定履职能力评估标准。结合岗位职责、安全环保法律法规、岗位生产技术流程、风险危害及其后果、风险控制工具和方法以及岗位技能，制定领导干部和一般员工安全环保履职能力评估标准。领导干部应具备安全领导能力、风险掌控能力、安全基本能力和应急指挥能力；一般员工应具备 HSE 表现、HSE 技能、业务技能和应急处置等能力。对调整到或提拔到生产、安全等关键岗位的领导干部，以及新入场、转岗、重新上岗的员工开展安全环保履职能力评估工作。二是确定领导干部履职能力评估方式方法。知识测试：分专业开发知识测试题库，集中测试与访谈结束后答题相结合，答卷评分作为整体评估结果的一部分。能力测评：由工作组按能力评估标准，运用沟通访谈、现场观察、资料查阅等方式，对评估对象的掌握程度、工作执行落实情况和效果等进行定性定量评价。业绩评定：对评估对象的 HSE 业绩进行量化评定。三是提出领导干部履职能力评估流程，包括成立评估小组，明确职责和分工；编制评估方案；制定评估标准；选用评估工具，建立测试题库，准备员工感知度调查问卷和编制访谈清单；采取访谈、测试等方式开展评估；评估结果分析，对被评估人员进行综合评价；评估组对被评估人员进行反馈等步骤。

3. 实施科技兴安，助力能力提升

一是提升安全环保技术能力。突出安全环保科技创新引领，发布实用技术目录，从 37 项在用技术中筛选评估并指导推广 7 个领域 25 项实用技术。强化关键领域自主技术攻关，部分领域关键技术取得突破性进展。二是强化 QHSE 管理技术支撑能力。升级并建成技术管理信息系统 2.0 版，实现移动放射源、重大危险源、国控污染源等重点风险实时监控。三是建立 HSE 专家库，助力安全环保科学发展。以安全环保监督中心为载体，建立系统内外相关领域近 500 人的专家库，借助外脑提升监管专业化水平。四是加强重点实验室建设，搭建科技支撑平台。形成以国家重点实验室为核心、中国石油 HSE 重

点实验室为基础的科技支撑平台。

4. 构建以人为本和以本质安全为核心的安全文化

建立“管业务必须管安全、管行业必须管安全、管生产经营必须管安全”和“党政同责、一岗双责、失职追责”的责任体系，构筑起本质安全的基础。一是解决人的问题，激发人的主动性、能动性，促进自主管理和团队管理。二是激发基层主动性、创造性、凝聚力，促使岗位员工实现从“要我安全”向“我要安全”的观念转变。三是实施安全里程碑，增强安全业绩集体荣誉感，将安全运行天数与单位、个人安全奖励挂钩，通过过程考核和正向激励，调动全员参与安全管理的积极性、主动性，提升安全管理绩效。四是开展 HSE 文化建设。结合实际，融合提升，形成让员工入脑入心、体现核心价值的中国石油特色 HSE 文化。

（四）优化体系审核方式方法，强化 HSE 监管

1. 进一步强化 HSE 监管

一是强化承包商 HSE 监管。严格控制承包商 HSE 资质、HSE 业绩、人员素质、现场管理和施工监督五关，有效降低承包商作业风险。创立监管模式，实行管监分开、异体监督的管监两条线机制。针对承包商管理制度及职责、安全生产合同方案、人员管理、设备设施管理、培训管理、现场管理、应急管理、HSE 绩效评估等 8 个方面 37 项内容，编制评估标准，将承包商管理能力评估定量化。完善承包商高风险作业管理，试点炼化大检修作业承包商网格一体化管理。根据检修项目及作业量大小，对每个联合装置检修现场网格化划分为若干片区，实施安全监管资源共享。清理不合格承包商。开展承包商专项督查，对几千家承包商材料审查和绩效评估，将所属 42 家企业的 2000 余家不合格承包商进行了清理。持续开展工程建设及承包商管理专项督查，通过不间断的督查、通报、整改，形成威慑力，达到提升承包商 HSE 绩效管理的效果。

二是精准施策和监管。按生产安全风险防控管理办法及导则完善防控机制，辨识重大风险，逐级逐项落实管控措施。为做到精准，将企业分为 3 类，实施差异化监管、个性化监督。一类企业为 3 年内发生事故、基础薄弱、历次体系审核和安全生产大检查过程中问题较多、人员流失严重、职工队伍不稳定、存在违法违规重大风险的企业。以评估诊断为抓手，与企业共同制定安全环保综合整治方案。

三是强化过程管控。实行三种监管方式，持续加大监管力度，不断提高管控质量。2012 年起对所有企业一年两次逐个实施 HSE 体系审核，由全覆盖审核到量化审核，再到 QHSE 一体化审核。对重点领域、国家重点工程和重大项目、一类企业，重点关注，挖掘管理漏洞，制定对策措施，帮助企业解决实际问题。整合职能部门，形成“质量安全环保一体化”“地上地下一体化”“国内国外一体化”“上下级管理一体化”的监管模式。

四是推行质量和 HSE 一体化监管。从管理制度、工作标准、工作流程 3 个层次构建规范性的管理要求，实现 QHSE 一体化的“有管理就有制度、有工作就有标准、有行动就有流程”的制度标准流程全覆盖。紧紧围绕“专项监督、诊断评估、事故调查”打造三大品牌：通过专项监督，延伸管理触角，健全日常督查体系，将总部层面的安全生产管理，从安排部署向检查推进、问题反馈、提高改进的全流程闭环管理上推进一步；开展诊断评估，发现安全生产痼疾，与体系审核互补，形成诊断评估工作规则和流程、管理追溯方法，安全感知度调查等；开展事故调查技术研究，实现调查流程的直观展示、调查方案的快速策划、常规关键步骤的模块化查询，增加事故调查深度，提高效率，改进质量，实现事故调查由口口相授的经验型向按标准流程实施的规范化转变。

2. 优化体系审核方式方法

HSE 管理体系审核经历全覆盖审核，量化审核和一体化、差异化、精准化审核 3 个阶段。组织 18 次审核，发现问题 30 万余项，并督办企业对导致严重问题的 2 万余人严肃问责。

探索改进与优化 HSE 管理体系审核模式，提升体系审核效果。中国石油体量大，专业门类全，下属生产企业多，总体上风险高，管理难度大。以体系审核作为监管主要抓手，深化落实一体化、差异化、精准化审核要求，突出 HSE 现场风险管控，实行全要素与专项审核、内审指导 3 种方式相结合、集中审核和滚动审核互相补充。

一是探索精准审核，强化专项审核，重点是强化和改进企业自身的审核机制，调动企业自身的主动性，明确企业的审核主体责任，形成自我加压、持续改进的内生动力，杜绝总部审、企业应对的现象。审核系统的改进步骤：首先，通过精准审核的策划实施，改变“一刀切”审核方式所造成的审核资源浪费等问题，提高审核工作专业性和针对性；其次，调动企业自身的主动性，推动和规范企业的内审。

二是针对重点企业、重点领域或重大项目中已出现倾向性问题或存在较大风险，组织安全环保技术诊断与管理评估，通过查找管理短板和深层次原因，对其安全生产状况进行定性分析和评价，提出改进措施和建议。2015 年以来，按照《安全环保专项诊断与评估工作细则》规定，先后组织对发生事故单位，气藏开发项目、合作项目、高含硫气田等风险较大的油气田、炼化、管道和工程技术服务企业重大项目和重点企业开展诊断评估，加强风险管控，提升了 HSE 业绩。

三是加强海外项目 HSE 管理体系审核，推动海外项目实施国内外一体化的 HSE 管理要求，推进国际化 HSE 管理体系落实。2020 年，根据国际化 HSE 管理体系要求，编制发布海外项目 HSE 管理体系审核实施指南和审核标准。

（五）闭环管理，持续改进

1. 将事故变故事，促进持续改进

总结事故事件的经验教训，举一反三，及时、准确地发现安全生产工作中存在的漏洞，更好地建立安全生产管理制度和标准规范，有效防范遏制重特大事故的发生。一是从事故事件总体情况、趋势、规律、专业分布、事故致因等方面进行统计分析，得出生产安全事故统计规律。二是总部对安全环保事故事件实施分类分级管理，落实专业公司和企业安全生产约谈制度，就所有生产安全亡人事故和较大及以上环境事件召开事故分析会，每季度召开事故案例警示教育视频会。三是定期收集汇编本行业典型事故案例，并组织员工学习，吸取教训，提高认识和风险管控能力。

2. 实施闭环管理，促进持续改进

系统整改审核发现问题，落实闭环管理。对于发现的问题分级分类，科学合理安排整改工作。对于严重问题，挂牌督办，限期整改；对于普遍性、重复性问题，从制度上、管理上系统分析解决。根据问题的严重程度，采取现场跟踪验证、书面跟踪验证、口头跟踪验证等方式，对整改情况进行检验确认。

3. 实施 HSE 绩效考核，促进持续改进

中国石油建立 HSE 绩效管理体系，推行所属企业主要负责人安全生产述职、企业全员安全生产记分、安全生产责任清单和安全环保履职能力评估，以及关键风险领域“四条红线”管控油气泄漏事故事件责任追究等，作为年度绩效考核的重要组成部分，开展绩效量化评估。

4. 开展管理评审，促进持续改进

推动从总部到企业层级的 HSE 管理评审工作，各级最高管理者定期组织对体系运行的适宜性、充分性、有效性进行评审，实现持续改进。主要做法：一是总部结合 HSE 委员会会议和（或）专业委员会会议，每年至少组织开展一次管理评审，对 HSE 管理体系运行情况做出总体评价，提出改进决议；二是企业主要负责人定期组织开展管理评审，主持评审会议，对 HSE 目标指标完成、重大风险管控、重要资源配置、合规管理等关键事项进行评审；三是针对企业组织机构和职能发生重大调整、业务规模发生变化、发生较大及以上事故事件、外部环境发生重大变化，及时开展管理评审；四是企业充分利用审核检查、管理评审的结果，改进问题、提升管理，并通过科技创新、管理创新和对标分析等方式，推

动 HSE 管理体系持续改进。

三、高风险油气企业基于关键要素识别的 HSE 管理优化的效果

（一）HSE 管理总体成效显著

加快推进 HSE 管理体系建设的进程，培育了安全文化。“十三五”以来，中国石油始终瞄准一个目标，以关键要素识别为重点，推动企业基本做到“每月都有新内容、每季都有新要求、每年都有新进步”，实现了从末端治理走向过程考核，从事故倒逼走向主动预防，形成“关口前移、源头管控”的新格局。

安全生产控制指标总体上呈好转和稳定态势。“十三五”期间未发生重大及以上生产安全事故、重大火灾爆炸事故、井喷失控事故。共发生工业生产安全事故 57 起，死亡 71 人，同比“十二五”分别下降 23% 和 25.3%。2020 年，全年一般 A 级工业生产安全亡人事故下降至 7 起，亡人数下降至 8 人，比“十二五”期间最少的 2015 年分别下降 36.4% 和 46.7%，首次实现工业生产安全亡人事故起数和亡人数均下降到个位数。

环境保护控制指标持续改善。“十三五”期间未发生较大及以上环境污染和生态破坏事件，主要污染物排放总量在消化新增排量同时仍实现全面削减。2020 年化学需氧量、氨氮、二氧化硫、氮氧化物相比“十二五”末分别削减 17.5%、28.9%、31.9%、35.5%，超额完成“十三五”规划排放总量要求。

职业健康控制指标不断向好。“十三五”期间未发生较大及以上急性职业病危害事故，新增职业病发病人数 22 人，同比“十二五”下降 67.2%；工作场所职业危害因素检测率和职业健康体检率均超过 99%，职业健康水平持续提升。

（二）安全风险全面受控，本质安全进一步彰显

健全了基于风险管控的安全生产责任清单，为全面推进安全风险分级防控机制建设提供了技术保障。通过试点实施承包商量化审核提升承包商现场管理水平，实施网格化管理，减少了企业检修现场违章现象，交叉作业风险和检修秩序得到明显改善，从组织上保障了检修作业活动安全全面受控，极大地推动了属地单位和施工单位安全管控责任的有效落实。

改变了“一刀切”审核方式所造成的审核资源浪费、审核负担过重等问题，逐步提升审核质量。强化和改进企业自身的审核机制，形成自我加压、持续改进的内生动力，企业本质安全进一步彰显，推动安全环保监管方式由事故驱动型的被动管理向以风险管控为核心的主动管理转变，由定性经验式管理向定量精准化管理转变，由领导主导推动的安全生产监管向专家会诊把脉式的诊断评估转变。

（三）安全文化建设成效显著，发挥示范带动作用

一是安全风险分级防控理论与实践创新成果为安全生产管理理念转变发挥了积极作用，事故事后管理向事前防范与管控转变，推进了国家双重预防机制政策出台，双重预防机制被纳入《安全生产法》，从“工作要求”变成“法定义务”。二是促进石油行业安全标准化系列标准规范的制修订与应用，对推进和规范国内石油行业安全生产标准化工作发挥了积极作用。三是实现了对国际石油行业 HSE 经验由消化吸收，到创新输出，中国石油的 HSE 体系成功应用到海外作业项目。四是推动从中国石油总部到企业再到基层，注重规范安全行为，提高安全素养，培育安全文化。在安全文化发展阶段，实现了从严格监管向自主管理迈进，为中国石油整体形象重塑奠定了核心基础。

（成果创造人：闫伦江、张凤山、邱少林、郭喜林、齐俊良、杜　民、
熊运实、谢国忠、吴东平、张　敏、申伟平、傅　岩）

供电企业打造全业务链资源共享的配网管理

国网重庆市电力公司市区供电分公司

国网重庆市电力公司市区供电分公司（以下简称市区公司）成立于2011年5月，由原城区、杨家坪、沙坪坝供电局合并组建而成。2014年12月，升级成为国网公司大型供电企业。公司下设11个职能部室和10个业务实施机构，全口径用工1829人。供区面积950平方千米，服务常住人口约342万人，供电区域覆盖重庆主城渝中、沙坪坝、九龙坡、大渡口四大行政区域和国家级开发区高新区核心区的全部范围。管辖变电站94座，已形成以18座220千伏变电站为枢纽、69座110千伏变电站、7座35千伏变电站为骨架的坚强电网，能够满足地方未来3~5年的经济发展需要。2020年，市区公司售电量157.83亿千瓦·时，同比增长4.74%。近年来，公司先后获得全国五一劳动奖、全国文明单位等多项荣誉。

一、供电企业打造全业务链资源共享的配网管理的背景

（一）助力城市不断发展的重要举措

2020年，中央提出推动成渝地区双城经济圈建设，电力与城市共同前行。如果说电网主网是供应城市电力的“主动脉”，配网则是直接服务用户的“毛细血管”，将来自分布式电站、集中式电站和其他能源转化过来的电能供应给用户，是上连电网主网架、下接千家万户的“最后一公里”，是影响城市供电服务水平的关键环节，更是牵动城市发展的神经，具有网架结构更为复杂、运行管理更为精细等特点，对于资源调配管理水平要求更高。市区公司配网管理仍存在系统化配网管理各环节相对割裂、资源应用效率不高、投资不够精准、运行不够高效、客户导向不够突出等问题，难以满足城市经济发展水平和可靠性需求，优化配网资源管理机制，满足城市现代服务业、新兴制造业对供电质量的更高需求势在必行。

（二）落实国网发展战略的客观要求

国网公司顺应世界经济发展和能源革命的大趋势，提出“建设具有中国特色国际领先的能源互联网企业”战略目标。而配电网作为电网重要组成部分，更是电网设备状态、用户用电信息的数据交换站，是能源互联网建设的重要阵地。因此，国网公司高度重视配电网发展。2019年，国网公司为加快打造世界一流配电网，将配网资产国际对标成果推广和深化应用工作列入2019年重点工作任务和创建世界一流示范企业行动纲领，甄选包括市区公司在内的10家供电企业开展落地，全面提高城市配电网的可靠性和供电质量。建设全业务链资源共享的配网管理机制，正是优化配网资源配置，提升配网配送电能的精准性、灵活性、可靠性，才有利支撑了能源互联网建设。

（三）破解配网发展难题的必然选择

城市配网建设管理普遍面临以下问题：一是规划落地难，主城核心区土地高度开发利用，地上地下空间资源紧张，变电站建设用地、输电线路走廊难以落实，供电企业单方面推动电网项目难度大、成本高；二是建设协调难，近年来，城市基础设施建设加速，轨道、桥梁、高速等大型市政设施纵横交错，电力设施与市政设施规划建设矛盾突出，推进难度大；三是“邻避效应”问题突出，城市核心区人口密集，社会公众对电力设施电磁环境的误解、排斥和恐惧引起的阻工现象频繁；四是专业壁垒问题突出，电网建设内外专业管理壁垒长期存在，流程不通畅、沟通不及时、信息不对称导致的工作推动延误长期存在。因缺乏资源共享理念，问题长期得不到解决或者解决效果不佳。打造全业务链资源共享的配

网管理机制，以问题为导向，全面整合配网规划、建设、运行各项资源，破解配网发展难题，提高配网发展质效。

二、供电企业打造全业务链资源共享的配网管理的主要做法

（一）明确工作目标，确立工作思路

1. 明确工作目标

以“建设具有中国特色国际领先的能源互联网企业”战略目标为引领，以实现提质增效为总体目标，通过强化政企联动、内外协同和资源统筹，提高规划精益化水平，实现精准投资。破解配电建设难题，化解运维资源紧缺难题，提高供电服务保障能力，优化服务资源配置，提升客户服务水平，营造和谐共赢的配网发展环境，促进电网与城市、企业与社会协同发展。

2. 确立工作思路

市区公司坚持“创新、协调、绿色、开发、共享”五大发展理念，立足长远，放眼全局，提出全业务链资源共享的配网管理提升工作思路，以规划、建设、运检、营销各业务环节面临的实际问题为导向，建立资源共享管理机制，化解配网管理难题。以提升投资精准性为导向，从组织、政企合作、专业资源、资金使用等方面建立规划资源共享机制；以破解配网建设难题为导向，从合作共建、并联审批、项目共享、项目推进等方面建立建设资源共享机制；以运维及时响应为导向，从运行数据共享、抢修指挥系统、抢修人员等方面建立运维检修资源共享机制；以提升优质服务水平为导向，从服务人员整合、供电能力共享、客户信息资源共享等方面建立服务资源共享机制；以配网管理优化迭代为导向，建立工作经验分享平台，形成配网管理优化提升机制。

（二）配网规划环节资源共享，推动配网规划更加精准

1. 建立统筹全局投资规划组织机构，形成规划资源共享组织保障

以往配网规划过程中，项目需求提报部门、规划审批部门、资金安排部门各自为政，相互间专业壁垒较深，规划不够精准，基于此，整合各专业相关人员，成立投资规划组织机构，集中发策部、财务部、运检部、营销部等部门分管领导和专家人才，负责指导和实施市区公司投资规划工作，确保规划方案全局考虑、科学合理，落实电网投资所需资金、人员和技术支持。投资规划组织机构由领导小组和工作小组构成。领导小组总体负责投资全过程精准管理机制战略制定以及进度推进监督工作，负责对接区级政府领导落实相关投资立项建设问题。工作小组负责投资全过程精准管理工作的具体业务实施。

2. 电网规划与城市规划融合，确保电网规划的权威性和可实施性

一是电网规划深度融入城市规划。精准对接政府规划部门和重庆市规划院、重庆市交通规划院等城市资源规划单位，结合重庆主城空间总体布局规划、重庆市综合交通体系规划，编制《重庆市主城区输变电和配变电设施布局规划》专项规划成果，并滚动修编，实现电网规划与城市空间布局规划、城市交通专项规划间的相融互通。规划成果统一报重庆市政府审批通过，确保电网规划的权威性和可实施性。二是电网规划高度契合片区规划。积极对接属地政府、园区，以小片区整体开发为契机，引导政府和园区高标准编制《重庆高新技术产业开发区西部拓展区电力专项规划》《重庆市主城两江四岸滨江地带钓鱼嘴片区电网专项规划》等10余项电网专项规划，并顺利通过政府、园区和电力的联合审查，确保电网规划与片区整体发展规划高度契合。

3. 专业资源共享，联合建立规划项目储备资源库

统筹发展、建设、运检、营销等部门及各供电中心的专业知识、信息资源等方面的能力，建立统筹融合各专业需求的联合项目储备资源库，项目根据性质的不同，分为网格化项目、非网格化项目、业扩项目三类。基于整合各专业相关人员投资规划组织机构，充分发挥各专业优势，按照网格化项目一单元一报告、非网格化项目直接联合审查、业扩项目一事一议的原则，建立联合审查机制，对储备项目进行

把关入库管理，为精准投资打下坚实基础。

4. 资金使用分配共享，确保资金使用实现最优配置

一是开展合作共享投资。利用电网资源积极争取与开发单位合作投资，由开发单位负责出资完成变电站本体建筑和外立面的设计建设，以及地块红线内电力通道建设；市区公司负责出资完成变电站内部装饰，电气设备采买、安装、调试及外线电源线路建设。二是统筹共享各专业建设资金。从项目整体、项目阶段、各子课题三个维度，采用“制定资金配置计划—落实资金支持—更新或调整资金配置计划—评估资金配置效率”的循环模式，协同财务部等有关部门，对项目及子课题进行层层细分，综合做出经费预算，并针对自筹资金部分，协同制定资金自筹计划，积极筹措，逐项落实。

（三）配网建设环节资源共享，推动配网建设高效保质

1. 主动挖掘项目立项共建机会

一是积极发掘合作目标。以电网建设资源匮乏和电力需求旺盛矛盾突出区域为重点，主动对接政府规划部门，及时掌握片区整体开发、大型商住项目入驻等发展动态，发掘具有较大操作可行性的项目，编制形成项目共建建议报告，经市区公司电网建设领导小组审议通过后，确定项目共建合作目标对象。二是主动争取合作共建机会。明确项目共建目标后，发展、建设、营销部门组建专项行动工作组，进一步收集潜在合作对象详细信息，主动对接客户用电需求，全面分析形成工作推进方案，与相关开发主体开展沟通，使相关开发主体对项目共建的认识由浅入深，使项目共建方案由粗转细、由分歧变为统一，逐渐成熟。三是明确合作各方职责。在联建方案逐步讨论成熟之后，项目共建双方签订合作协议，明确双方职责，划清工作界面，确定建设配合时序、协作配合方式。

2. 建立政企联动并联审批机制

一是在工程前期策划阶段，市区公司联合项目开发单位主动向属地政府汇报，争取政府支持，落实工程建设用地指标及建设方式，促成属地政府成立项目联合建设办公室，开通项目审批绿色通道，加快项目规划、环评、消防等前期手续办理，确保项目及时进入建设流程。二是积极对接市政设施建设业主单位，轨道、水务、燃气等公用事业单位，以互利共赢为基础，针对双方项目建设中的交叉跨越资料收集、方案审批、技术论证、管网搬迁、用水接电等常态化工作进行深入沟通，建立公开透明的工作对接机制，精简固化审批流程，明确各环节工作要求和时限，减少报审方案资料的往复修改和重复无效的咨询、沟通，提高办事效率。

3. 推进建设项目资源共享共建

结合供区特点组建了东城、西城和主城三个业主项目部，以业主项目部为基本“作战”单元，将片区内的电网建设项目和城市基础设施建设、地块开发等引起的电力设施迁改项目纳入业主项目部一体化管理，形成电网建设项目和电力设施迁改项目深度融合的项目管理模式。项目管理人员通过统筹推进片区内电网建设项目和电力设施迁改项目，强化与政府部门、基础设施建设项目业主和相关开发主体单位的沟通协调，整合各方资源，发挥各自优势，高效解决项目建设过程中交叉作业、管网搬迁、施工场地占用等现场实际问题，促进电网建设项目和电力设施迁改项目同步推进。

4. 搭建项目建设共同推进平台

为畅通项目建设信息沟通渠道、提高信息传递效率，确保政府领导、各部门、各单位第一时间掌握重点工程进展与存在的问题，及时调整部署，制定解决措施，市区公司联合属地政府建立了重点工程微信工作交流群，群成员涵盖各区政府领导、区政府相关部门、园区、重点工程建设业主及市区供电公司等单位负责人和相关人员，为工程推进中的问题提供实时、公开、透明的交流反馈平台，由政府领导督促有关部门和单位加大对重点工程建设的支持力度，由有关部门和单位负责人督促相关科室、经办人员积极响应，层层传递压力，提高工作效率。

（四）配网运维环节资源共享，推动配网运维响应高效

1. 配网运行数据共享，实现网架关系精准可查

一是实施数据质量治理，确保系统数据准确一致。调取营销及运检专业信息系统涉及的客户信息、营销资源及电网资源等电子资料，对台账属性信息、拓扑关系信息、空间位置信息、设备照片等进行线上核对，促进营配调数据一致。研发相应的数据质量专题分析工具，实现异常数据发布、整改情况跟踪和统计功能。编制10千伏新投异动管理办法，修改整合新投异动环节，实现数据异动及时更新。二是统一数据标准，实现数据资产共享。统一数据模型，构建数据“发现—采集—录入—发布”全过程协同管控模式，编制《国网重庆市区供电分公司配网线路PMS2.0大馈线单线图成图规范》，实现配网线路自动成图，配网图模“源端统一、全局共享”。

2. 整合抢修组织机构，优化抢修指挥系统

一是优化抢修指挥系统。深化供电服务指挥中心建设，使专业不同但业务流程相关的人员集中办公、信息共享，打破部门界限，集中响应各种渠道客户报修、营销类工单、业务办理等客户诉求，由指挥中心统一调配，对整个抢修指挥的流程进行扁平化改进，使其成为融合“95598”抢修与非抢修工单接派、故障研判、运检指挥、设备监测、业扩全流程监控、“互联网+营销服务”线上业务受理与服务资源调配中心。二是整合营配调相关系统，通过调度SCADA、配电自动化、配变智能监测终端和智能电表等，实现中压配电网设备运行状况监控，低压出线、温度、烟雾、漏电流、用户用电特性监测及配变、电表停电事件主动上报，开展低压主动抢修工单的自动派发及短信自动通知到户。在抢修人员手机APP及供电服务指挥系统平台实现抢修轨迹可视化。

3. 整合抢修人力资源，提升故障抢修工作的质量与效率

为了解决生产业务网格化后，运检人员不足、抢修效率下降等问题，市区公司优化资源配置，在供电中心的区域大网格内实施配电业务中压集约。首先，划分中、低压运维分界点，中压运维由配电运维班负责，低压运维由网格化综合服务班负责；其次，整合抢修资源，由配电抢修班负责全区域的中压和低压线路抢修，发挥专业与人员集中优势，提升故障抢修工作的质量与效率。

（五）配网售后服务环节资源共享，推动客户服务优质升级

1. 整合专业服务人员，组建低压网格化服务组

系统整合营销专业和运检专业服务资源，组建“微单元”城区低压网格化服务组，将各供电中心低压网格化综合服务以街道、变电站、线路、催费片区为参照，综合考虑地理区域、客户密度、设备状况、服务半径及现有业务成立14个网格化服务组，负责抄表催费、台区线损、用电检查、采集运维、业扩报装、市场拓展、分布式电源、服务咨询、档案管理、低压设备运维等现场业务，形成“服务有网、网中有格、格中有人、人司其责”的服务新模式，全面畅通用电服务“最后一百米”。

2. 共享供电能力数据，实现办电工程透明高效

一是在内网，实现“供电能力共享可视”。贯通供服系统、PMS系统和营销业务应用系统，实现10千伏变电站及环网柜的可用间隔、10千伏馈线电流数据及可接入容量、可接电缆管沟等设备设施运行信息、电网地理信息等的共享。电缆管沟信息不完整可由各供电单位选择部分区域共享。二是在外网，实现供电能力图形展示。在客户侧，根据客户办电需求和公司信息公开规定，依客户申请，通过“网上国网”提供所在供电区域内电网布局、可开放容量、负载率等特定信息；同时，客户和客户经理可通过业扩微应用在供电营业厅或勘查现场实现一键搜索最优电源点，查询馈线可接入容量，查看电缆管沟剖面信息，快速测量外线距离，查看备用柜占用信息。在业务办理人员侧，将图形展示功能导入移动作业终端，实现移动响应，现场图形化展现供电设备设施信息，一键查询临近设备设施详细信息，一键生成多个供电方案。三是实现工程实施过程实时可查。转变原先需要提醒客户配合的事项完全依赖客户

经理电话沟通的传统模式，在系统中展示业扩报装项目全过程的里程节点，配合事项自动触发短信、微信或站内信的提醒。转变线下检验仅记录验收结果的模式，将标准作业卡内容导入移动作业终端，验收过程标准化，结果以电子文档形式上线系统，客户也可线上查看。

3. 共享供电客户资源，打造数据服务新体系

一是基于已有客户资源深入推广电能替代工作。收集电能替代目标客户设备并拍摄佐证资料，在电能平台录入客户信息，编制《市区公司客户用能信息普查实施方案》，对公司经营区内 10 千伏及以上的高压客户开展用能信息普查，并采录信息，汇总统计并上报，精准营销推广电能替代。二是积极拓展充电业务市场。开展电动汽车“新零售”专区建设，积极推广“e 约车”“渝 e 行”平台，推行“绿电”交易，全力引导电动汽车低谷时段充电，充电桩可用率达到 97% 以上。三是基于已有客户数据推行数字化新产品。借助电网数据覆盖和客户资源丰富等优势，开发“电力 + 金融”“楼宇空置率分析”“商业楼宇用能优化”等一系列数字化新产品，提供多样数字服务。

（六）工作经验共享，实现配网管理迭代提升

1. 强化内外部学习，形成学习提升机制

一是强化外部对标学习。打破定位低的固有思想，着重提升专业内生动力，对接标杆单位和其他优秀单位，形成常态化交流学习机制，建立“1 + N + 1”学习机制，即 1 个目标、N 项优秀经验、1 个自我消化创新的机制，从管理模式、管理链条开展创新提升，结合自身实际，真正做到“内功”提升。二是建立内部学习沟通机制。开展世界一流配网管理宣传贯彻培训，促进各级管理人员、生产人员明晰项目建设目标，树立共享工作理念，提升管理穿透力和管理成效。采取课堂讲解、专家论坛等多方式开展公司内部培训。组织核心业务骨干赴苏州、杭州学习世界一流配电网基本理念和主要方法，汲取先进经验。建立工作例会制度，每周召开 1 次推动会，由项目小组向工作小组汇报阶段工作进展，会议协调解决跨部门、跨专业问题，按照里程碑节点计划加快推进项目建设；对于重大的、难以解决的问题，组织召开领导小组会议予以解决。建立简报发布机制，在市区公司内部网站上增设世界一流配网建设专栏，每月发布工作信息和工作计划，通报各责任部门工作进展和主要问题。

2. 加强优秀经验总结，推广知识全面共享

从管理、技术、项目等多维角度出发，进行项目管理经验总结提炼，形成可借鉴材料，并汇聚至信息池，形成重大项目优秀管理经验案例库，并依托交流平台，广泛共享优秀管理经验，实现知识的积累与共享。通过常态化的经验管理，不断总结世界一流配网管理经验，为决策者提供完整的历史经验总结。项目中总结出来的优秀方案，通过一定的程序，升级为市区公司规定的操作程序或制度标准，并将在项目推进过程中产生的新方法、新经验，源源不断地充实到案例资源库，在市区公司范围内推广。

3. 注重外部知识共享，深化配网研究

市区公司与国网南瑞、积成电子等知名企业建立合作共享机制，发挥各自在项目管理和技术创新上的优势，深入开展世界一流配网研究，以及重大基础性、前瞻性技术研发，推动新技术、新成果在市区落地。采用项目制、顾问制、特聘研究员等方式积极吸纳外部智力资源，加大人才激励机制创新力度，合理确定专家、专业人才中长期激励机制。

三、供电企业打造全业务链资源共享的配网管理的效果

（一）配网结构更加优化，有力助推城市持续发展

基于全业务链资源共享的配网管理的落地，实施精准配网改造升级，配网结构更加优化，世界一流配电网建设成效显著，配网线路重过载线路累计压降 91.7%，配电线路联络率由 2016 年底的 89.5% 提升至 98.85%，电缆化率由 48.72% 提升至 69.23%，户均容量由 3.53 千伏安/户提升至 3.74 千伏安/户，供电可靠率达 99.980%，核心区域供电可靠性达 99.999%，超越巴黎、东京等电网建设水平发达

城市，达到国际领先水平。2020 年用户平均停电时间 1.6 小时，同比缩短 1.88 小时，中、低压故障同比下降 16.93%、13.90%。

（二）配网运行更加高效，公司竞争水平显著提升

配电自动化配置覆盖率达 100%，配网数据准确率及一致率均达到 100%，站、线、变、箱、表、户对应一致率均达到 100%，实现人力、技术、装备、物资、信息全面整合，配网指挥全过程监控，故障精准研判，配网运行更加智能高效，大幅提升公司竞争水平。市区公司停电信息发布及时完成率达到 100%，抢修工单研判准确率在 95% 以上，事件推送准确率在 90% 以上，故障抢修时长缩短 37%。故障平均处理时间由 50 分钟降低至 30 分钟，每年节约人工成本费约 22.65 万元，客户投诉件次同比压降 46.52%。配网规划更精益，核减投资项目 5 个，核减低效投资 2315 万元，提高区域配电网投资的精准度。

（三）配网管理更加科学，高质量发展动力更加强劲

基于全业务链资源共享的配网管理提升理念逐步深入人心，帮助员工树立共享的意识与理念。结合电力物联网建设，以数据共享为切入点，强化技术创新和管理创新，推进科学规划、精准投资、智能运检、主动服务，建立了科学完善的配电网管理体系，使配网管理更加高效。通过价值共享、资源共享、数据共享、经验共享，打破了企业内部各个部门间的管理壁垒，通过业务的创新打破了配电网建设各个阶段间的业务隔阂，引导配网全业务链条各方主动参与世界一流配电网管理，提高管理主动性以及创新自主性，全面提升供电服务能力和客户满意度。

（成果创造人：张　捷、何钰江、钟家华、谢　兵、许晓川、肖文浩、刘会灯、谢颜斌、何张凤、付　友、金秋龙）

能源企业以效能提升为目标的页岩气生产运维管理

中国石油天然气股份有限公司西南油气田分公司蜀南气矿

中国石油天然气股份有限公司西南油气田分公司蜀南气矿（以下简称蜀南气矿）以天然气勘探、开发、集输和销售为主营业务，管辖面积3.54万平方千米，勘探开发和生产作业区域分布在四川省和重庆市境内，探明地质储量跨入万亿立方米，天然气产量突破百亿立方米，担负着新疆塔里木每天4500万立方米左右天然气的处理任务以及向川渝220余家用户提供天然气、石油、硫黄、炭黑等产品销售服务。现有员工3200余人，总资产逾277亿元，营业收入超过100亿元，利润总额达30亿元。蜀南气矿坚持文化立矿、科技兴矿、人才强矿，油气并举、常规与非常规天然气并重，率先在国内开展页岩气勘探开发，创下多个“国内第一”，获得“全国模范职工之家”“全国能源化学系统先进工会”等多项荣誉，页岩气勘探开发管理水平位居国内前列。

一、能源企业以效能提升为目标的页岩气生产运维管理的背景

（一）贯彻落实国家能源战略部署、满足能源需求的客观要求

随着能源消费持续增长和清洁低碳能源转型进程加快，我国油气消费需求持续增长，对外依存度不断攀升。为实现清洁能源的优化供给和能源结构的整体优化升级，着力提升中国能源安全系数，加强非常规天然气资源开发利用是增强我国天然气供应安全的战略选择，油气主体地位的保持在很大程度上将得益于页岩气的贡献，页岩气规模效益开发对于扩大我国油气资源和保障油气供给具有重要的意义。近年来，川南地区页岩气已达年产100亿立方米的规模，成为国内最大页岩气生产基地，但制约其快速发展、实现大幅增储上产的问题与挑战依然突出。作为页岩气开发全生命周期中最长的生产运维阶段工作，在集中内部整体资源优势的前提下，最大程度发挥外部市场的互补作用，打造生产要素市场化供给和保障的合作竞争模式，同时利用统一、专业、高效、灵活管理模式创新，带动高集成度、智能化、专业化技术管理创新，对实现页岩气规模效益开发具有十分重大的意义。

（二）遵循战略方针、示范引领页岩气大规模高效开发的现实要求

中国石油天然气集团有限公司（以下简称集团公司）作为国有重要骨干企业和国内最大的油气生产供应企业，已进入建设世界一流综合性国际能源公司、创建世界一流示范企业的攻坚期和决胜期。集团公司通过页岩气示范区建设，已初步形成非常规勘探开发配套技术，但单井成本较高，且中央财政对页岩气企业的补贴力度逐渐减小，只有大幅度降低页岩气生产成本，才能实现页岩气的规模效益开发，这就要求加快页岩气开发生产运维阶段数字化转型步伐，努力提高油气及服务业务的数字化、可视化、自动化、智能化水平，促进组织架构变革、商业模式创新、流程优化。

（三）促进蜀南气矿高质量稳健发展、建设千万吨级大油气矿的必然选择

在西南油气田全面决胜300亿立方米、加快建设500亿立方米，打造集团公司西南增长极的总体规划中，蜀南气矿承担超过1/3的天然气生产任务，成为西南油气田增产上储及高质量发展的排头兵和主力军。将资源优势转化为发展优势，牢固把握区域页岩气开发的主动权，就必须全力推进千万吨级大油气矿建设，必须走高质量可持续发展之路。要牢固掌握区域页岩气开发的主动权就必须不断充实规模体量、创新管理模式，积极提升投资主体多元情况下的页岩气生产运维水平，持续提升区域影响力。

二、能源企业以效能提升为目标的页岩气生产运维管理的主要做法

（一）构建“1+8+N”的运维管理模式，促进国家级示范区快速规模上产

1. 组建跨职能项目部，运维力量集中高效管理

长宁页岩气田开发初期，采用机关职能部门管理基层单位的模式，资源比较分散。随着长宁页岩气的快速上产，原有生产组织模式已不足以支撑大幅增加的运维工作量。从实现运维资源的集中配置和人员的统一管理，提升决策和实施的质量和效率的思路出发，蜀南气矿采用集中决策、分工实施的工作组织方式，组建长宁页岩气生产运维项目部，项目部由蜀南气矿指派一名副矿长兼任最高管理者，一名副总工程师专职管理。

建立“1+8+N”运维管理体系，其中“1”为长宁页岩气生产运维项目部，设专职人员8名，驻守现场办公，代表蜀南气矿与长宁公司对接协调，统筹指挥8家专业单位开展生产组织、操作、维护、应急消防等工作；“8”为蜀南气矿8家基层单位，包括长宁页岩气作业区、维修抢修中心、工艺研究所、计量自控中心、试修作业中心、汽车服务中心、消防大队、勘探开发研究所；“N”为蜀南气矿业务科（部）室、技能人才库、外委承包商。

2. 合理授权落实管理责任，责权利匹配提升管理执行力

授予页岩气生产运维项目部最高管理者在运维、安全、成本、绩效等重要事项上的最终确认权。明确项目部负责与长宁公司工作对接，作为蜀南气矿对长宁公司各类信息、通知和业务唯一出入口，进行任务分发、督办、回复；行使机关综合管理职能，统筹协调蜀南气矿在长宁区块8家基层单位的工作，组织、检查、指导、督促、考核各参与单位在长宁区块相关工作；统筹协调长宁页岩气区块涉及蜀南气矿各机关部门相关工作，对各相关工作任务进行分解、督促，参与各业务部门、运维单位的外委技术服务单位选商、合同签订、费用支付、工作质量考核等；对涉及长宁页岩气区块生产运维管理的科（部）室、运维单位开展绩效考核。

机关各职能科室为页岩气生产运维提供业务支撑，8家业务单位分工负责业务范围内的生产运行维护工作，其中长宁页岩气作业区主要负责生产管理、现场操作、故障处理；维修抢修中心主要负责供水供电管理、检维修、应急处置；工艺研究所主要负责车载压缩机气举、固定式压缩机组维护保养；计量自控中心主要负责自控设备、仪器仪表定期测试、校验、维护；试修作业中心主要负责排采井巡检、井口装置维护保养、非主控阀维修；汽车服务中心主要负责交通运输服务；消防大队主要负责长宁区域生产运行过程中的消防应急服务；勘探开发研究所主要负责生产动态分析。通过科学合理的职责划分，构建统一指挥、专业支撑、模块运维管理运行方式。

3. 明确重点业务管理流程，建章立制保障高效规范运行

蜀南气矿根据生产运维工作实际，对长宁地区页岩气勘探开发整个业务链条进行研究，明确蜀南气矿从前期方案（设计）介入，提前熟悉掌握相关情况，中间交接后即开始全面负责生产运维管理。运维管理的范围及管理时间以双方中间交接会议纪要为准，按属地管理相关要求负责管理界面内的生产组织、设备设施的运行、技术、完整性管理、转供水及返排液管理、安全环保、目视化、物业服务、车辆服务、维护维修管理及临时委托工作。

从精简高效的原则出发，优化沟通协调程序，把重点放在集中精力研究和解决现场实际问题上。每周召开现场工作对接会，结合专业技术特点定期召开专项管理会议。涉及经营管理、安全环保的重大决策部署由蜀南气矿每季度与长宁公司对接，涉及现场管理的议题由项目部与长宁公司生产运行部每周对接。与地方政府建立定期、多层次、多范围的信息沟通机制，对社会关注的热点和影响区域稳定的紧急舆情，共同判断，及时处置。

集中优势力量聚焦运维核心技术，将部分非油、附加值低、社会化程度高的服务业务整体外包，通

过市场化方式引入16家外协单位，实行成建制的模块化运维，快速满足了国家级页岩气示范区快速建产、大规模上产的需求。

（二）推进信息化建设和数字化应用，促进智能生产运维

1. 采用先进智能技术

建立数据采集与远程监控系统（SCADA），将同一仪表的远程终端单元（RTU）模拟主变量数据和仪表通信协议（HART）数据数字主变量值进行实时比较，实现物联设备状态实时监视与数据对比，实现智能化数据采集、监视控制以及过程控制。

建立电子巡检、视频联动、视频智能识别系统，定时扫描预置位，抓拍扫描设备的图片，利用数字图像处理技术形成的仪表识别算法、液位计状态识别算法，识别设备的读数，判断设备的工作状态，并将识别结果和SCADA系统中的数据进行对比，实现超限自动报警和自动干预。

利用生产现场的通信设备，实现生产现场和中心站、作业区、指挥大厅人员的双向语音对讲，并集成现场的摄像头视频，实现视频同步展示，有效提升管理人员与现场操作人员交流互动的及时性和准确性。

建立生产装置智能分析系统，实现压缩机、孔板、仪表、流量计等设备维修信息的记录、统计、报表生成功能，水气电能耗的拆分、统计、展示功能和可编程逻辑控制器（PLC）、RTU和集散控制系统（DCS）等设备维修信息统计和维修预测提示功能，大幅减少员工低价值工作量，提高管理工作水平。

2. 建立数字化管理系统

首批试点推广页岩气生产数字化管理平台，是蜀南气矿信息化规划中唯一的中心站一级操作平台。2017年6月上线以来，完成8项专业一站一案配置658项，涵盖所有业务，完成电子工单74462条，不断推进管理平台与生产业务的融合，持续推进岗位标准化、属地规范化、管理数字化水平。

基于QHSE标准化站队管理"三册一图"，抓好基层班组建设，将标准体系数据库、流程、标准、技术要求固化到手持终端，电子巡检、准入管理、常规操作、检查维修、分析处理等日常工作任务逐步转为线上执行，助力现场操作员工能够及时全面掌握。

深入开展数字化系统建设与融合，积极推进无人值守、电子巡井、远程控制的一线生产管理新模式，推动生产组织优化，逐步实现生产单元全面安全及时受控。

3. 自主研发五个工作流系统

采集内部集输工程实体建设、运营期的数字化静态信息，通过工程实体、三维模型、数据、文件的关联整合，形成工程建设过程数据资产。通过建设数字化移交管理系统（DHMS），打造长宁智能页岩气田全透明+全开放数据生态，培育数据溯源、数据关联、敏捷交付能力，自主研发五个工作流系统，实现数据共享、专业分析、综合利用、辅助决策。

建立短期排产预测工作流系统。基于集输管网模型和数据，快速甄别当前排产计划中潜在的管道集输、站场限制和设备能力风险，指导风险评估排查和模拟调整工作，以获得可实施的最佳排产计划，为生产指挥有效提供了决策参考。

建立管网运行优化工作流系统。基于成熟管网模型，利用行业经验公式及管道设计、运行动静态数据，以日度频次计算并展示出管道运行参数沿线分布情况，对管网运行风险进行实时诊断，提高决策效率，确保页岩气集输管道安全、经济运行。

建立生产态势感知工作流系统。基于自动采集的多个系统动静态生产数据，按日度更新频率从生产概况、生产参数分析、分类筛选三个角度快速识别目标井、平台表现优劣的差别，提供多套在线辅助生产报表，从生产监测、动态分析、生产预测、作业建议四个维度提供离线多参数分析模板，帮助管理人员及早发现生产中的问题并诊断原因，有力支撑了页岩气生产组织。

建立积液管理工作流系统。基于管道模型及动静态生产数据，实时计算管道沿线生产运行动态，实时感知积液风险，提供积液消除假设工况模拟，有效提高决策效率，确保集输管道安全、经济运行。

建立清管作业监测与清管球追踪工作流系统。基于管道模型及动静态生产数据，实时计算并展示管道清管作业监测和清管球追踪模拟参数，能进行球前液量、球后残余液量模拟计算，提供标准清管器跟踪参数模拟，能进行清管作业实时跟踪感知，同时提供清管作业假设工况模拟，有效提高清管作业质量，确保集输管道安全、经济运行。

（三）工程建设与生产运维一体化运行，确保无缝衔接

1. 精准介入工程项目建设阶段工作，促进双方协调发展

全面介入前期需求协调，从生产运维角度出发，全面统计场站集输系统、转供水系统、信息化建设等各方面的设计漏项和不适应性，提出油气工程项目建设、固定资产修理等需求，除满足设备设施的功能性使用条件，还进一步提升生产运维便利性、质量和效率，进一步丰富页岩气标准化建设内容。

认真介入前期技术协调，坚持参加长宁公司的项目专题会议和工程例会，组织多专业参与设计评审，就工程项目的配套设施建设进行审评，以便于生产运维的使用、防止对后期维护保养产生干扰为原则，注重工程施工与油气生产特性不冲突，提高设计图纸的质量，减少技术失误带来的管理和操作风险。

扎实介入施工管理协调，落实专人对重点控制性工程、关键施工节点、隐蔽辅助工程建设进行协调管理，了解和掌握施工方合同责任义务、各专业的施工工序、设计要求和施工验收规范等，发挥油气开发专业技术优势，指导施工单位合理优化工艺、土建结构和设备配置，合理安排项目周期，控制施工风险，努力实现项目成本最小化、效益最大化。针对气井排采后期管理的空档期，组织试修作业中心进行专业巡检，对发现的问题及时协调长宁公司和钻井公司、工程院，合理集中资源及时整改。

2. 有序开展“三查四定”投运前检查工程，促进双方共享发展

多层次开展项目交接前“三查四定”，蜀南气矿专业技术部门、生产运维项目部、运维单位多层次开展工程项目交接前检查，查设计漏项、查工程质量及隐患、查未完工程量，就发现的问题及时与甲方进行分享。同时对检查发现问题定任务、定人员、定时间、定措施，限期整改，从而有效保障工程的质量，确保设备设施顺利联动试车和装置长周期稳定运行。

实时掌握工程项目进度，共享井组地质参数资料、测试数等，确定气井合理产能，共同编制气井开井方案和设备设施投运方案，为做好投运投产准备、人力资源组织、采气工艺调整预留充足时间。

3. 统筹协调工程项目遗留问题整改，促进双方开放发展

针对工程项目建设工作量大、节奏快给生产运维阶段遗留的大量问题，蜀南气矿建立统筹兼顾、信息共享、界面明确、分类整改的协调整改方式。

在整改工作中既考虑快速上产的需求，又兼顾问题整改滞后带来的安全风险，提出安全第一、产量为王的工作理念，“急重险”问题优先立项整改，将安全风险评估确定的风险较低的问题列入滚动治理计划逐步整改。向长宁公司及时通报隐患排查情况，定期公布问题整改方案和进度，交流分享整改经验，避免重复、冗余建设。根据发现问题属性和整改规模，明确整改责任方及资金渠道，工程项目质保期内的问题由长宁公司督促施工单位限期整改，质保期外的属工程设计缺陷、系统缺陷，整改资金需求较大的问题，由长宁公司整改，质保期外的属运行维护范围、管理提升打造，整改资金需求较小的问题，由蜀南气矿整改。整改时发挥蜀南气矿业务部门专业技术优势，分采油气工艺、场站维护、管道管理、增压脱水、转供水五个方面进行整改，生产运维项目部对问题整改情况进行定期跟踪、通报和考核。

（四）优化地面集输管理，畅通页岩气输送通道

1. 建立多层次管道巡护人防体系，筑牢管道保护多层壁垒

一是建立以领导干部、技术干部、油气管道保护工、巡线员以及信息员的“4+1”管道巡护模式。领导和技术干部每季度实现管线巡查全覆盖，重点走线巡查、辨识风险。油气管道保护工每周实现管线巡查全覆盖，对巡线员的巡线质量进行检查考核。巡线员对所辖区域一般地区管段实行一日1巡，高后果区管段每日2巡。信息员对指定区域或管段进行定点驻守监护和第三方施工信息的收集，实现管道巡护全天候、全覆盖，使管道巡护由管道保护工一人巡一线的单兵作战向三人管一片的团队协同及外包巡线员辅助巡线转变。按照区域分片区巡护组，实施交叉巡线，弥补单人巡线在日常协调中势单力薄的不足。二是建立以巡检质量为核心的监督体系。设置管道调度，检查管道巡检系统中人员轨迹，形成了以巡检轨迹为依据、以必检点为支撑的过程考核模式，实现对巡检轨迹、巡检速度进行实时考核，确保巡线质量。

2. 建立全实时、多维度的技防体系，确保问题诊断精准及时

一是在长宁H7集气站至宁201中心站管道上运用次声泄漏波监测系统，对2毫米以上的管体泄漏实现第一时间发现并定位，强化管道全方位感知能力。二是对28条共计158千米内部集输干线开展超视距、超低空无人机视频巡检，确保影响管道安全运行的问题早发现、早解决。

3. 建立常态化、差异化清管通球制度，保障天然气储运通畅

针对长宁内部集输管道积液多、压差大、输效低的问题，以清管通球为抓手，强化运行管理。建立清管通球月计划、周跟踪、动态调整的管理机制。根据平台生产所处阶段，制定相应清管周期，处于排采期的平台下游集气管道，一周清管一次；排采完成的平台下游集气管道，一月清管一次。通过常态化清管作业，区域管网管输效率始终保持在85%以上，保障了区域产气高效输送。

（五）优化调整设备完整性管理，实现机电设备长周期安全运行

1. 主导设备选型、监造和验收

全程参与长宁区块页岩气增压站设备的技术规格书审查、设计审查等过程，提出在设备运维过程中发现的设计缺陷和问题，争取在设计选型阶段进行根除；对到达现场的设备，蜀南气矿均派人参与现场验收，收集随机资料和工具，为后期的运行管理做好铺垫。对建设完成的增压站，严格执行“三查四定”和启动前安全检查，并派出天然气压缩机技能专家工作室成员协助排查问题和隐患，检查完成后将问题反馈给长宁公司进行整改。投产前认真编制投产方案、设备操作规程、操作卡等技术资料。

2. 精准精细精确检维修，建立电驱压缩机操作维护企业标准

因长宁页岩气区块上产需要，存在电驱压缩机不能停机保养或减少保养内容的情况。蜀南气矿积极调整工作思路，根据设备的工作状况及重要度，开展定期检测与预防性维修相结合的检维修策略，避免维修不足或维修过多情况的出现，同时有助于设备操作及管理人员提前掌握设备的整体状况及各零部件的受损情况，提前发现隐患，开展预防性维修。

电动机作为页岩气增压站电驱压缩机组的动力来源，其正常运行对页岩气产量的发挥至关重要。针对电动机易出现的轴承温度过高、绕组温度过高、机壳温度过高、振动过大、噪声过大、电压或电流异常等故障现象，蜀南气矿分门别类地制定故障原因分析及排除表，利用专项巡检对员工进行培训。2019年蜀南气矿编制的企业标准《页岩气电驱动往复式压缩机组操作维护保养技术规程》（Q/SY XN 0529－2019）中对电动机的维护保养制定了有针对性的措施，有效提升了标准化管理水平。

3. 开展在线监测与故障诊断，保障机组安全运行

为实现压缩机组的预知维修，蜀南气矿开展科技研究项目《电驱动压缩机组在线监测与故障诊断系统现场应用》，总结该系统在现场的使用情况，形成故障分析方法和系统使用方法。委托成都压缩机

分公司作为长宁页岩气压缩机组在线监测与故障诊断系统的协助单位，安排相关技术人员实时监测设备运行情况，定期开展状态监测和远程故障诊断，真正做到预知维修。积极开展培训和学习，组织设备状态监测与诊断系统研习班。

4. 建立机电专业技能人才库，群策群力增强运维保障

蜀南气矿优化人力资源，整合全矿机电专业优势力量，成立了由业务分管领导担任领导小组组长，业务主管部门领导任副组长的机电专业管理组和40余人的机电设备专业技能人才库，构建专业保障、安全可靠、结构合理、管理科学、运行高效的管理体系和团队的专业工作组。专业工作组充分发挥专业特点，分析、判断和解决机电设备运维难题，同时负责培训和考核属地单位、外委单位的设备管理人员、操作人员，参与蜀南气矿管辖范围内压缩机组、泵类设备相关科研项目攻关，管理制度和标准规范的起草或修订等工作。

（六）抓好供水供电和出砂管理，确保安全环保开发

1. 采用“投建运”供电方式，显著降低能源消耗

蜀南气矿利用专业运维团队实现从建设到后期运行维护专业化、一体化服务的“投建运”供电方式，搭建智能化线上服务平台，形成24小时应急事故响应机制，既解决了传统开发过程中高耗能的情况，又充分借力专业化团队提供的技术保障。

该方式明确页岩气用电场景下专业化综合能源服务商主要应提供以下服务。一是根据负荷点情况，提出页岩气配网专项规划，优化现有配网规划，解决电网资源浪费，为后期技术改造升级提供理论支撑。二是针对供电薄弱点及配网薄弱环节进行技术升级改造，着力解决现有供电“蜘蛛网”现状，减少用电单位停电风险，提高供电可靠性。三是设立高效的运检中心，实现小区域集中覆盖，大区域分散管控，实现定期巡检、状态检修、及时响应的运维标准，着力解决专业性不足、运维孤岛、无完整运维体系、运维单位多及无专业性规范和标准等问题，实现全局掌控，提升管理效率，降低安全风险，减少运维成本。四是针对用电单位电气设备开展前期调研收资，形成需求分析报告，建设集调度、运维、检修、故障应急处理的一体化智慧运维平台，最终实现“线上托管 + 线下运维”的智慧运维体系，大幅提升工作效率。五是针对用电场景电压等级，每季度对运维人员开展电气设备运维、操作、检修及“两票三制”等内容培训，提升用户用电安全意识，规范电工操作流程及变/配电房电气安全规章制度，提高供电安全可靠性。

2. 优化供水运行，加强返排液回用，打造绿色矿山

页岩气钻井过程需要大量清水作为压裂液使用，如何有效提高水资源利用率，减少不必要的资源浪费，同时避免返排液造成环境污染，是开发者必须解决的难题。面对问题和挑战，蜀南气矿千方百计提升返排液回用率，既满足大规模的压裂用水，又保护水资源，积极践行国家推行绿色矿山建设要求。通过产业调查分析并结合以往工程实际经验，针对压裂用水提出“主干线 + 一级水池 + 备用水池”的集中供水方案，有效调整、规划各区块平台井站投产后的返排液，最大程度降低清水使用量。在区块页岩气开发后期进行规划，建设水集中处理站，按照国家规定对返排液进行集中处理后达标外排，将生产中无法用于压裂的水及时净化处理，避免造成环境污染。

根据压裂计划，提前调配各平台水池库存的返排液，按照优先返排液回用的原则，既保障了压裂平台的供水需要，还便于控制各水池液位高度，降低安全环保事故发生概率。目前长宁区块年转水约657万立方米，返排液回用率100%。

3. 持续精细完善出砂管理，保障气井正常生产和设备高效运行

针对页岩气井开采过程中，压裂进入地层的砂会伴随天然气返回到井筒及地面导致砂堵严重影响生产的情况，蜀南气矿为每口气井都建立档案，对气井进行全生命周期跟踪和动态管理；持续优化生产制

度，并积极主动推行“控压生产”，降低返排液携砂量，降低和减缓应力敏感效应，延缓产量递减；对阀门操作严格执行保养规范要求，探索活动阀门周期，扎实做好维护保养工作，有效延长生产阀门寿命。

在页岩气井失去自喷能力后，后期气井的工艺措施是气井出砂量控制的主要因素。通过建立不同气井、不同阶段的临界携砂速度的计算模型，经过长时间的现场试验，摸索不同工艺措施下的产气量、产液量、出砂量与井口压力、温度等参数之间的关系，优选出能有效维持气液比平衡、增产效果好、出砂平稳、稳产期限长、经济效益好的工艺措施。目前，已实施的带压下油管、泡沫排采、气举、柱塞和增压工艺都取得不同的增产效果，提高了单井产量。

根据现场实际生产运行情况，对除砂器不断进行优化，持续推广第二代、第三代除砂器，并严格要求和规范除砂器操作，不断有效提高除砂效率。同时加强清管及除砂器清洗力量，按计划开展清管作业和除砂器清洗工作，积极配合开展管道智能检测，定期开展定点测厚，长宁区块场站失效次数明显下降。

三、能源企业以效能提升为目标的页岩气生产运维管理的效果

（一）形成有效支撑页岩气规模效益开发的良好机制

经过五年的实践，在发挥分公司在气田开发方面多年来积累的技术和管理优势，学习借鉴国外页岩气开发的成功经验的基础上，蜀南气矿创新建立了规范、统一、协作的运维服务体系，初步建立了页岩气规模效益开发生产运维管理方式并持续改进和完善，有效降低了页岩气开发成本，技术与管理能力都能够完全充分保障页岩气持续上产。

（二）较好的经济效益夯实了蜀南气矿高质量发展基础

蜀南气矿 2020 年圆满完成长宁页岩气区块年产 56.13 亿立方米天然气的运维工作量，同比增长 60%，支撑长宁区块快速上产，为分公司页岩气达产 100 亿奠定了坚实基础。提高单井产量成效明显，一年内相继打造出“两百万方”“三百万方”“四百万方”平台，目前蜀南气矿运行维护的页岩气日产量已达 2000 万立方米，树立了西南油气田页岩气平台生产运行维护的新标杆。

2020 年以效能提升为核心的页岩气生产运维管理创造直接经济效益 2.2 亿元，提升了区块页岩气井剩余经济可采储量和储量价值，提高了蜀南气矿经营效益。

（三）保障国家能源安全引领示范作用凸显

页岩气规模效益开发运维管理对页岩气生产运维各关键环节进行了创新性的系统梳理和规范，其工作成效是十分明显的，力促川南页岩气日产气量突破 3000 万立方米，连续两年实现千万方级增长，夯实了国内页岩气勘探开发先行者和引领者地位，有力加速我国能源清洁化进程，提升我国能源安全保障能力。在页岩气资源地初步建立开发利益共享机制，树立开发一个气田、造福一方百姓、带动一方经济的开发理念，有序推动公共基础建设等乡村振兴工作，实现共建、共享、共赢，有效带动地方经济发展，赢得广泛的社会认可。集团公司、四川省、国家部委领导现场调研、视察后，给予充分赞赏和高度评价，多次做出重要批示，积极鼓励为保障国家能源安全和促进社会经济发展做出更大贡献。

（成果创造人：唐建荣、张碧波、邹尼波、何激杨、周玉洪、高泽立、
钟　杰、陈昌武、王俊力、许多林、谢　亮、薛　东）

适应特殊地质条件的海上风电项目施工管理

中交第一航务工程局有限公司总承包工程分公司

中交第一航务工程局有限公司总承包工程分公司（以下简称总承包分公司），是由中交第一航务工程局有限公司于2007年5月22日在天津市滨海新区成立的专业化公司，属于国有大中型施工企业。依托中交第一航务工程局有限公司2项工程总承包特级资质、14项工程总承包一级资质和15项专业承包一级资质，以及150余艘各类工程船舶、7000余台（套）施工机械等资源，总承包分公司独立承揽工程施工任务，以公路及市政、海上风电两大板块为核心业务，施工领域同时涉及水环境治理综合开发等新型市政、环保业务，为社会提供更多优质、安全、绿色、健康的建筑精品。总承包分公司先后获得省部级优质工程奖4项、省部级科技进步奖9项，国家专利52项；1项技术成果达到国内领先水平，3项技术成果达到国际先进水平。近五年，总承包分公司实现新签合同额148.28亿元（其中海上风电62.32亿元），2020年，实现营业收入26.62亿元。

一、适应特殊地质条件的海上风电项目施工管理的背景

（一）高质量完成海上风电项目的客观需要

总承包分公司承建的莆田平海湾海上风电F区项目风机基础工程位于莆田秀屿片区海域，该项目是福建省重点工程项目，为国内第一个商业化运营单机功率最大的海上风力发电，共包含13台高桩承台基础及6台植入式单桩（Ⅲ型单桩）基础。福建施工海域地质复杂，地质极其不均匀，部分风场海床表面淤泥、砂覆盖较浅甚至出现裸岩等特殊地质，采用打入式桩无法沉至设计标高，甚至不能满足基础自身稳定要求，采用嵌岩桩，容易出现塌孔和卷边，处理周期长，海上施工效率大大降低，施工不可控因素多，风险极大，所以，强化特殊地质条件下海上风电项目施工管理，能够保障施工项目顺利，进而高质量完成海上风电项目。

（二）提升海上风电施工管理及技术核心竞争力的需要

目前国内海上风电施工基础型式主要为高桩承台基础、单桩基础、导管架基础、吸力桶基础等，但基础型式设计与施工都对地质条件要求高，甚至由于特别复杂的地质，因无法施工，建设单位和设计单位会放弃某机位，对海洋资源造成的极大的浪费，通过强化特殊地质条件下海上风电项目施工管理，持续对施工工艺进行创新，掌握核心施工技术，克服不良地质对施工的影响，对我国海上风电岩基基础设计、施工技术产生积极影响，为我国海上风电的大规模开发创造了条件，能够在海上风电施工技术领域大大提升公司的核心竞争力和品牌效应。

（三）同类项目管理积累可借鉴性经验的需要

对于场区海床表面淤泥、砂等覆盖较浅（为0～5米），岩层复杂多变的裸岩等特殊地质的情况，一般会采用嵌岩导管架基础，但施工工期长，造价高，又因Ⅲ型单桩嵌岩基础施工存在塌孔风险，各方持谨慎态度。通过强化特殊地质条件下海上风电项目施工管理，克服超大直径、超深钻孔深度的塌孔风险，为Ⅲ型单桩嵌岩基础在复杂地质条件海域大规模应用和开发奠定了坚实基础，使浅覆盖层、大兆瓦风机基础施工成为可能，对特殊地质条件下风电基础型式设计和施工具有不可或缺的借鉴意义。

二、适应特殊地质条件的海上风电项目施工管理的主要做法

（一）明确特殊地质条件下海上风电项目施工管理目标

国内海上风电行业起步较晚，但随着国家大力推进能源生产和消费革命，构建清洁低碳、安全高效

的能源体系，海上风电新能源产业发展十分迅速，针对存在的施工工艺、施工装备受限等突出问题，尤其是特殊地质条件下海上风电项目施工工艺管理创新过程也遇到一些新问题，以大直径Ⅲ型单桩嵌岩施工项目为依托，提出两个层次的管理目标，一是克服单桩嵌岩塌孔风险，优质高效地完成施工任务并确保大直径Ⅲ型单桩嵌岩施工项目获省部级科技进步奖技术奖和电力行业优质工程；二是结合行业特点和发展，提炼特殊地质条件下海上风电项目施工管理成果。

（二）建立健全高效的管理组织机构，积极开展管理创新工作

成立海上风电项目施工管理创新领导小组，以总承包分公司总工程师为组长，副总经理及项目经理为副组长，技术部门经理、项目总工程师、项目副经理为组员，全面领导特殊地质条件下海上风电项目施工管理。项目部总工负责创新管理工作的实施，明晰各级岗位职责，持续优化相关业务流程，将领导小组提出的相关创新管理措施有效落地，将实施效果进行总结上报，并进行持续改进。在项目层面根据施工工序成立若干管理创新工作小组，主要有嵌岩平台设计与施工组、护筒设计与施工组、嵌岩施工管理组、植桩与灌浆施工管理组，具体落实创新管理措施，各自从技术工艺、流程、安全、质量、进度等方面开展施工管理创新，确保管理目标的完成。

总承包公司克服新冠肺炎疫情影响，积极推动复工达产；以坚持疫情防控和科学复工“两手抓、两手都要硬”及产值目标不动摇的原则召开复工部署专题视频会，建立了复工复产日报和复工报备制度，动态跟踪疫情防控和项目进展情况，制定具有吸引力和挑战性的目标。科学编制施工进度计划，合理进行工效分析，充分考虑外部因素的影响，捋顺生产环节，合理配置施工资源，按计划执行，积极利用公司内大型船机装备，同时统筹市场上的海上风电施工核心装备，提升项目履约能力，激励基层自觉加压，把实现目标作为全体员工的行为导向，加大施工生产联合督查力度，从生产履约、技术质量、安全环保、成本创效等方面对各项目进行梳理，及时发现和补强项目管理短板，扎实有效地开展工作，使管理创新各项工作落到实处，持续提升特殊地质条件下海上风电项目施工管理水平。

（三）充分重视市场调研和现场考察，做好项目管理策划

1. 强化技术及管理策划，严抓工艺纪律

项目开工前进行项目技术管理策划，针对项目的重难点制定相应的措施，施工中坚持技术创新、设计文件分级会审、典型施工总结等制度，同时强化技术交底，利用 BIM 技术、视频动画等创新交底形式，提高交底效果，保障一线作业人员对施工熟知熟会。严格工艺纪律是项目现场管控工作的基础和关键，高度重视施工技术与施工生产的结合，坚持“先策划，后实施；先方案，后施工”管理要求，提高项目质量管控能力。强抓方案审批、方案执行，严格方案调整程序，严查无方案施工，无交底施工，推行标准化施工，严格工艺纪律管理。

2. 完善质量管理制度，强化施工期全过程监测

以创优目标为抓手，项目开工前进行创优规划，制定强制性条文施工方案和质量通病治理计划，按照 PDCA 的管理流程持续改进，加强质量管控，施工中做到每个施工环节都处于受控状态，每个过程都有质量记录，施工全过程有可追溯性，定期召开质量会，发现问题及时纠正，以推进和改善质量管理工作。修订适合海上风电行业特点的质量管理制度，例如针对海上风电每个机位为一个单独作业点的特点，建立互查互检制度，每周组织不同机位负责人及班组长互相检查，形成比学赶超的氛围。施工中严格落实自检、互检、交接验收，不定期地进行质量检查，从经济保证方面层层签订质量承包责任书，制定奖罚措施。

特殊地质条件海上风电施工辅助措施多，结构复杂，为保障项目施工质量，结合后期风机基础的监测要求，安排第三方监测单位在施工期进场，在嵌岩平台上装设沉降、倾斜、应力监测等监测设备，施工完成后统一转移至风机基础上，形成永久监测。

3. 树立安全和绿色施工理念，切实履行安全环保职责

为确保施工安全，成立以项目经理为组长、项目副经理和项目总工程师为副组长的安全领导小组。由带班领导和专职工程师组成海上现场安全工作组，安全环保部具体负责施工项目的全部安全监察和管理工作，主动与项目所在地环保部门建立联络机制，采用先进环保技术、设备，着力于环水保工作。加强安全管控，严格落实安全主体责任，合理安排施工计划，严禁超强度、超能力生产，严禁盲目强赶工期，保证与施工进度相匹配的资源投入。规范设置现场安全防护设施，推行标准化施工。发挥技术保障作用，严格按方案施工，落实技术保障措施。落实"管生产必须管安全"，把安全管控措施落实到"每个工点、每道工序、每台设备"中。为克服交通不便对安全环保监督检查的不利影响，建立安全监控系统，在船机设备以及辅助平台设立安全监控高清摄像头和监测设备，总承包分公司、项目部在陆上实时监测现场安全管理状况。根据海上风电行业实际，建立健全各项安全规章制度，做到依法办事；加强安全教育，提高广大职工的安全意识和防范安全事故的能力；及时开展安全生产大检查，消除事故隐患；严格落实安全风险分级管控，项目及工序开工前进行安全风险分析，制定切实可行的安全技术措施，在施工中严格执行；从技术上入手，针对海上风电施工工艺情况，做好工艺安全设计，做好本质安全，确保安全目标的实现。

为了确保海洋环境得到保护，开工前编制环境保护实施计划，进行环境因素辨识评价，对环境影响进行评估以及制定针对性措施。加强对全体施工人员进行环境保护的教育，提高全体员工环境保护的意识。针对海上施工的特点，建立环境保护规章制度，设专人监督执行。同时各项工程的施工技术方案都必须同时考虑针对性的环境保护技术措施，例如，工艺设计时充分考虑钻孔排渣的影响，设置泥浆净化装置，淘汰泥浆护壁防塌孔工艺，对施工机械排污实施严格的检测和监督。施工过程中与外部单位签订垃圾清运和警戒协议，现场设置专用垃圾清运船舶，随时对施工船机设备产生的废油、建筑垃圾、生活垃圾进行回收，集中解决处理，做好污染事故的应急监测，完善施工期防污染和生态保护对策措施。

4. 全面提升资源统筹与管控水平，降低施工成本和能耗

总承包分公司加强资源整合，确保项目履约，加大内部资源统筹，强化社会资源整合能力，加强成本管控意识，严格落实"成本管理十条"相关要求，把成本管控贯穿于施工生产的全过程，节省资金投入，保障生产快速推进。项目策划时，制定严密的资源保障计划，并动态管控，及时协调资源进场，建立合格分包商名录，严把准入关，选用优质专业分包班组，保证各项施工专业高效，施工进度按计划有序进行。各领导全程轮流在现场带班生产，对各项资源进行直接调配，优先满足重点管控的单桩施工所需人员、设备、材料等资源。同时针对海上风电船机设备紧张及成本管控的需要，与周边项目单位建立签订船机公用框架协议，在施工时互为补充，在保障资源充足的情况下减少船机设备停滞。持续推进业财一体化成本模块应用，组织项目部业务人员深入学习成本模块的应用，重点监督合同清单、0#清单、WBS 分解清单的录入、审批和成本数据及时、准确、完整录入，实现成本管理数据的可视化。落实精益管理，一是预判大宗物资价格走势并合理把控采购时点，提高项目盈利水平，按钢筋、水泥等大宗物资浮动价格实施了集中招标采购；二是以标识标牌、配电箱为试点，推动工程辅材标准化，推动工程辅材集中采购，制定标准化技术规格书，统一型号及具体技术要求，开展集中招标采购，同时便于项目间进行调拨使用，提高了材料周转率。

加强船机管控，保障船机安全运行，严格船机防灾减灾管理，前置预案编制审批、演练，确保预案的适用性、可操作性，确保相应预案启动及时有效。抓好分包设备一体化管理，落实好进退场及燃油消耗管理等日常管理工作要求。同时，就近选稳桩平台与钢管桩制作厂家，选择适当运载能力的自航驳船运输钢管桩，减少运输途中的油耗。施工前，认真进行设备检查和维护，减少不必要的设备空转时间和施工停滞时间，采用 GPS 测量系统指导船舶定点移船下锚驻位，提高船舶移船和驻位效率，减少拖轮

和起锚艇等施工船舶的油耗，及时进行工艺总结，优化操作流程，减少空档期，科学编排施工计划，充分利用现场船舶设备的作业能力，提高设备的利用率，进而达到节能降耗的目的。同时与中石化等大型企业合作，从高标准油料入手，进一步保障节能降耗。

（四）强化特殊地质条件下海上风电施工风险管理

近年来海上风电在“抢装潮”的影响下快速发展，大批风电企业订单暴涨，伴随着海上风电项目的如火如荼进行，各种风险也随之而来，特殊地质条件下海上风电施工的技术风险、安全风险、工期风险、成本风险更为严重。以项目全过程风险管控为抓手，强化风险预控。一是开展季度风险识别，动态监控风险；二是通过月度会、项目督查等途径实时预警；三是定期组织经济运行分析，动态监控运营指标完成情况，实时反馈和预警。开好经营策划会、定价会、中标交底会、合同交底会，提高精准策划能力，真正将标前、标后统一起来。在核心资源保障方面，项目前期充分调研，对接社会装备资源，加强与船机核心装备企业的战略合作，通过签订战略合作协议、长期租赁协议、排他性装备协议等方式锁定大型起重船、风电安装船等核心装备，锁定中远海海上风电装备资源，在经营前端锁定好核心资源，规避“抢装潮”下大型船舶不足可能造成的履约风险。

针对莆田平海湾海上风电F区项目的风险管理采用“一清单，八措施”模式，“一清单”是指整个项目施工风险清单是在建设单位的组织下进行全面的风险识别，各参建单位全部适用；“八措施”是指建设单位、设计单位、勘察单位、监理单位、安装单位、供货单位、监测单位、风机厂商的风险措施。通过这种模式，各家单位能够在同一个项目中分清风险责任，风险防范措施也能有机统一起来，同时也能够保障出现风险事件时各方快速做出反应，能够为工作顺利推进降低风险。

（五）加大科技攻关组织力度，注重创新工艺重点管控

1. 借助内外部力量，增加研发与管理创新实力

为了适应海上风电项目施工管理需要，有效利用现有人力资源，为海上风电战略研究和决策提供专业咨询，为公司技术攻关和管理创新提供技术支持，成立局和总承包分公司两级风电行业专家库，同时与外部设计研究院、高校等签订技术服务协议，补足施工单位自身在辅助设施设计中结构计算的短板。在日常项目管理中，结合海上风电离岸较远，通信信号差、施工交通不便利等特点，建设移动通信站、信号增强器，充分利用现代信息化手段建立由设计单位、勘察单位、外部研究院、高校等单位组成的技术通信组，实时就工艺研究、现场施工状况、地勘地质情况进行网络沟通。加强管理创新过程管控，坚持推行定期报告制度，动态掌握现场实施情况，提高对现场问题的发现速度、反应速度。

2. 针对海上风电的特殊地质，创新施工工艺

施工海域海床表面淤泥、砂覆盖较浅、岩层复杂等特殊地质，导致在嵌岩施工过程中易发生塌孔，有效预防单桩嵌岩塌孔成为该项目成功完成的关键，通过市场调研，国内外海上大直径Ⅲ型单桩嵌岩项目少之又少，成功案例只有一家，且采用泥浆护壁防塌孔工艺，但防塌孔保证率也达不到100%。总承包分公司创新管理团队提出二级护筒防塌孔施工的创新管理方法，即通过高性能的HT－4000钻机配合，对钻机局部重新设计修改，对施工组织进行优化，对钻孔施工全过程进行有效控制的施工管理方法。施工中先使用冲击锤将一级护筒定位沉设完成，再将二级护筒与钻具系统在驳船上组装成一体，然后整体吊装入一级护筒，开钻后二级护筒随钻刀跟进至弱风化层，经设计核对地勘及判岩后，通过液压系统控制，将二级护筒与钻具系统脱离，钻头缩径，变径至设计直径继续钻进直至成孔，此技术保证了施工安全，同时钻孔精度满足中心位置偏差＜500毫米，高程偏差＜100毫米，桩顶法兰水平度偏差≤3‰。

为克服特殊地质对海上风电基础施工的影响，管理创新工作人员联合建设单位与勘察单位签订地质勘察施工阶段协议，在机位中心详勘基础上，通过浅地层剖面探测、海域单道地震勘探、海域多道地震

勘探三种物探方法对风机位基础区域附近海底地层进行物理探测，快速查明现有机位附近护筒、辅助桩位置的地质条件，为辅助设施的施工提供准确的地质资料，以提升工艺参数调整的实效性和准确性。

3. 实施重点工序现场管控

特殊地质条件下海上风电项目施工过程中工艺控制的重点是一级护筒和工程桩法兰盘平整度控制，护筒垂直度不满足要求，会导致二级护筒无法下放或钻孔卡钻，风险极大，工程桩的平整度偏差过大会引起整体风机基础结构受力变化，导致工程质量不合格，同时在创优目标下，平整度偏差越小，对工程耐久性提高越有利。主要管控措施为施工前对地质情况进行分析，提前计算，预估打桩最大能量及锤击数，在平台上下层各安装一定数量的千斤顶，确保桩在打设过程中不发生偏移，施工过程及中时刻对桩的垂直度进行测量，发现桩垂直度超出允许范围，立即采取侧顶升等相应措施进行调整。工程桩平整度偏差主要为钻孔底部不平整、植入时与钻孔不同心以及自由端过长引起，通过典型施工总结，采取桩身底部设置倒角限位和平台增加液压千斤顶抱桩器解决。

（六）设立创新奖励，落实工艺总结及目标考核机制

1. 设立海上风电管理创新及工艺优化奖励

为了进一步鼓励技术创新，激发员工的创新潜能，提高公司海上风电竞争力，促进公司的长远发展，在海上风电板块设立风电创新及工艺优化奖励、科技创新团队奖、科技论文奖、专利技术发明、工法奖、科技创新成果等专项奖励，同时针对技术保障的工作小组的Ⅲ型单桩嵌岩施工工艺研发设立进度奖，每一个具体研发项目时间节点责任到人，按照完成时间提前越多奖励越多的原则，在保障研发质量前提下提升研发进度，保障项目顺利实施，满足项目进度管理目标。

2. 加强工艺总结，落实目标考核机制

针对施工工艺技术管理中存在的操作规程内容不完善、操作确认制度执行不到位、巡检安全质量有待提高以及工艺技术指标有待强化等情况进行分析和总结，提炼成果，促进项目技术管理。

强化管理创新考核，项目部考核实行目标责任分解分项加权考核的办法加以实施。考核内容包括工程技术管理、质量管理，工期进度管理，成本管理、安全环保管理、党建廉政管理六部分，每部分均为100分，每部分再根据具体海上风电项目管理创新工作分解，全部量化为清单考核项，加权比例分别为20%、15%、15%、20%、20%、10%，考核结果与全体职工经济收入和职业晋升挂钩。

三、适应特殊地质条件的海上风电项目施工管理的实施效果

（一）有效提升经济效益，充分保护海洋生态环境

特殊地质条件下海上风电项目施工中，海上嵌岩钻孔塌孔风险高，采用常用的泥浆护壁工艺需要的膨润土数量太大，受海上运输条件限制，实施起来极其不方便，且无法保证100%预防塌孔。通过施工工艺管理创新的Ⅲ型单桩嵌岩二级护筒防塌孔施工技术实施简单，无须添加膨润土，节省一艘辅助船舶的费用，能有效节约施工成本，仅一个项目共计6台单桩嵌岩施工，合计节约成本492万元。同时，通过特殊地质条件下海上风电项目施工管理有效压缩了工期，船舶设备提前退场，使船机油耗降低，减少了污染气体的排放，本项管理所及施工海域距离养殖区较近，船舶提前退场降低了对施工海域的影响，开创性使用二级护筒防塌孔工艺，不使用泥浆护壁，杜绝了护壁泥浆对海水环境的破坏，大大降低了对海洋水体的污染，初步实现了绿色施工和绿色发展。

（二）提升企业品牌价值，收获了较好的社会效益

通过特殊地质条件下海上风电项目施工管理，有效克服了国内海上风电特殊地质基础施工的痛点，确保了施工全过程无任何安全、质量、环保事故，提升总承包分公司海上风电施工实力，拓展海上风电施工领域，提升公司在海上风电行业中的品牌影响力和知名度。

（三）积累管理经验，为同类项目实施提供良好借鉴

特殊地质条件下海上风电项目施工工艺管理创新在莆田平海湾海上风电F区项目Ⅱ标段风机基础施工工程的成功应用，是其首次在国内海上风电桩基施工中正式应用，100%有效预防塌孔，Ⅲ型单桩嵌岩二级护筒防塌孔钻进施工技术的应用，在保证工程质量、安全的前提下加快了施工进度，节约了成本，加强了技术储备，拓展了施工领域和施工地域，为特殊地质条件下海上风电施工提供了宝贵经验，对中国海上风电技术走出国门、走向世界，甚至对提升中国企业在海上风电领域的核心竞争力都具有重要意义。

（成果创造人：张宝智、刘　春、毛以雷、梁　博、杜瑞刚、赵冬雷、郭士哲、王立锐、武　强）

军工企业均衡化准时化生产管理体系构建与运行

内蒙古第一机械集团有限公司

内蒙古第一机械集团有限公司（以下简称一机集团）始建于1954年，是国家“一五”期间156个重点建设项目之一，隶属中国兵器工业集团有限公司。经过60多年的发展，现已成为跨多地区、股权多元、以军为本、以车为主、军民融合发展的现代化企业集团，是国家唯一的集主战坦克和轮式步兵战车于一体的科研制造基地，也是内蒙古自治区最大的装备制造企业。一机集团服务于陆军、海军、空军、火箭军、战略支援部队、武警部队等多个军兵种，研制生产的军品参加了共和国历次大阅兵，装备列装数量规模均居前列。公司始终坚持高质量发展，培育形成铁路车辆、石油机械、推土机、专用汽车、车辆零部件等主要民品，特别是近年来深入贯彻军民融合发展战略，开发了44特种车辆、森林消防灭火系列装备等军民融合系列产品，广泛服务于国民经济各领域。建有国家级重点实验室、国家级企业技术中心、博士后工作站，设有科研所、工艺研究所、计量检测中心，创造了多个“中国第一”：中国第一辆坦克、第一辆88轮式战车、第一门中口径轮式自行榴弹炮、第一门中口径轮式自行突击炮、第一辆高档重车、第一台高原高寒型推土机、第一辆履带式消防清障车、第一根石油钻铤等。

一、军工企业均衡化准时化生产管理体系构建与运行的背景

（一）亟须提升产能和质量，满足客户对装备发展的迫切需求

进入新时代，军品市场竞争环境更加开放、更加透明，“高质量、低成本”成为部队对装备的核心价值取向，武器装备的科研、生产和服务保障的竞争性采购已成为新常态。一机集团始终贯彻落实军工企业的强军首责，强调无论是巩固公司传统领域地位，还是拓展新技术领域，都必须坚持质量第一，效益优先，以供给侧结构性改革为主线，推动经济发展质量变革、效率变革、动力变革，致力于新形势下推进装备质量建设。构建和运行基于均衡化准时化的生产管理体系将生产管理提升到了“质量强国、质量强军、质量立企”的战略高度，严格落实“管生产更要保质量”的战略要求，是装备质量生产管控过程的产物，更是实现高质量发展的迫切需要和必然选择。

（二）推动智能制造、实现装备生产“一张网”信息化体系的需求

一机集团作为大型兵器制造企业，长期以来都采用传统的开会、对账、打电话、下现场等生产管理方式，生产管理的信息化程度低。已建成的信息化系统虽然在各业务领域和具体管理环节起到一定的辅助和支撑作用，但因缺乏统一运行的数据基础，基本都在独立运行或者没有真正运行起来，数据孤岛仍然存在，导致公司的生产管理信息化程度长期处于相对落后的水平，也越来越明显地暴露出生产状态难以及时、准确、全面掌握，生产风险和异常难以快速发现和识别，生产调度管理决策依赖经验、定量管理不足等一系列问题。因此，加快构建基于均衡化准时化的生产管理体系已经迫在眉睫，以信息系统支撑和规范业务管理，推进生产组织管理信息化的建设，实现产品链信息互通和快速响应已经势在必行。2017年，兵器集团军品经营部（现装备保障部）围绕兵器集团公司顶层、集团公司内部、集团公司外部三条主线，建设两级军品生产管理系统（兵器集团为主系统、各企业为端系统）为骨架、横纵贯通、内外衔接的军品生产管理信息化体系，打通内外生产管理信息链条，构建兵器集团军品生产组织管理“一张网”，形成装备保障“信息大脑”和以“人机协同”为标志的军品生产组织管理方式，实现生产信息透明化、生产数据准时化、管理过程精细化与决策判断科学化。一机集团作为兵器集团最主要的大型装备总装生产单位，是该信息化体系最大的受益者，也是内外部生产管理信息链的主要搭建者，更是

检验“一张网”网络信息体系构建成果最好的“试金石”。因此，公司基于均衡化准时化的生产管理体系的构建与运行是兵器集团建设装备生产管理“一张网”网络信息体系、形成“人机协同”的装备生产管理新模式的必要支撑。

（三）以问题为导向解决公司生产瓶颈、提升核心竞争力的需要

近年来，一机集团生产任务繁重，经营规模快速增长，经营管控面临前所未有的压力，以往的配套管理模式与基于均衡化准时化的生产管理体系的精准配套和精准生产的目标存在一定的差距。一机集团注重传统基础管理，具有一定的标准化、规范化管理水平，但随着经营规模的不断扩大，生产窄口影响生产进度，外协配套件不能同步，生产周期短，现场技术、质量等诸多问题制约整机如期产出，在现行的生产态势下，现有的生产管理模式，已经很难适应企业生产经营发展，不能满足复杂的生产形势变化的需要。为破解生产窄口，实现多产品、多工序的生产节拍合理、有序衔接，有效缩短整体生产周期，打造经济、高效、敏捷的制造过程，确保产品如期交付，需要在生产组织管理上强化长效能力建设，创新管理模式，以问题为导向，消除生产薄弱环节，加快生产速度，提升企业核心竞争力。

二、军工企业均衡化准时化生产管理体系构建与运行的主要做法

（一）强化预期型管理机制，实现精准计划管理

1. 强化以市场为牵引的预期型管理

一是建立市场牵引管理机制。结合企业自身经营和发展特点，研发部门、销售部门及售后服务部门建立以满足用户需求为核心的市场牵引机制。通过研判国内外军品市场形势，不断强调产品技术优势、周期优势、质量优势、成本优势的协调统一，加大服务保障，不断挖掘价值提升的可能性，进而拓展产品种类、争取覆盖范围更广的军品订货和科研生产任务，实现公司经济效益最大化。

二是压实体系化预期型管理。生产部门经过全面梳理和统筹安排，编制预期型生产计划大纲，并牵头设计、工艺、质量、能源、设备、工装、采购、售后服务等系统，针对生产过程的各要素，预判窄口、制定预案、调配资源，确保生产过程均衡化、准时化；采购部门根据预期型生产计划大纲提前对接原辅材料、外购外协件等物资厂家，制定供应计划，并按照预期型管理要求，深入二、三级配套厂家对供应窄口进行协调，保证按时供货；分（子）公司根据预期型生产计划大纲，对本单位承制项目安排生产作业计划，提前组织生产投入；质量管理部门牵头各业务系统，预判产品质量关键控制点，保证产品全寿命周期质量；售后服务部门及时掌握用户在产品使用过程中出现的问题，贮备必要的保障备件，确保第一时间满足售后服务要求。

三是建立用户信息反馈机制。销售部门牵头生产部门、质量管理部门牵头后服务部门建立与用户的信息反馈机制，及时掌握合同履约、产品使用过程中出现的问题，强化沟通作用和问题解决。

2. 夯实以实时数据为基础的精准计划管理体系

一机集团作为特大离散型军工制造企业，具有产品结构复杂、零部件项数多、内部供应链和外部配套关系复杂等特征明显，生产计划的及时性、准确性尤为重要。一机集团以构建生产管理信息化体系架构为契机，实现生产计划管理系统与基础数据平台、物流管理系统的集成，打破原有分层式计划管理，统筹下发“自制件”“互供件”“外购外协件”的生产计划，形成完整的总部级“一级计划”。实现生产 BOM 数据产生源头唯一和数据维护唯一，保证基础数据的准确性；实现生产计划下达过程中实时提取零部件库存、完工、出入库转移数据，保证生产计划的实效性和准确性；实现内部合同制签订过程中的“一键引用”，保证供应合同的及时性和准确性；采购合同引用生产计划，实现采购合同信息与生产计划的一致性和可关联性，保证外购外协件到货情况的实时反馈和准确统计。同时，开展产品收入目标、库存资金占用、外委外包、降本增效等多项运营指标预测，降低目标达成风险。

（二）压实合同制，实现精准配套均衡生产

1. 精准排产，提高防范风险的能力

一是统筹订货任务、数字化排产，提升管控能力。生产指挥调度系统打通生产数据流、业务流和信息流，通过运算库存、在制和生产周期，实现信息系统智能排产。一是根据销售部门合同信息，生产管理部门细化任务节点、统筹安排全年订货任务，综合考虑合同交付进度、协作配套件供货情况、技术状态明确情况、整机回款情况等，制定公司级年度生产大纲。二是通过对当前生产“大数据”的分析，每月23日对未来两个月的生产任务进行安排，合理制定投入批量，细化任务节点，纠正偏离，并指导分（子）公司签订内部生产供应合同，以合同制为抓手，提升计划排产能力、过程管理效率和生产现场综合管控能力。

二是减少混线，稳控生产节奏，降低生产风险。总部生产管理部门安排相近车型零部件同批投入、同期流转；单一车型、专用零件插线生产，尽可能减少多品种混线、重复投入或单件生产。分（子）公司按节点要求分批、分期完成各项生产任务，转变传统的粗放型排产方式，实现二级生产计划、当期生产排产和拉动计划相统一，生产节奏稳控，避免出现忙闲不均的现象，降低风险。

三是安排预投产计划，严控在制品，降低采购成本。通过制定预投产生产计划，物资采购部门根据市场价格走势，提前把握价格、市场、批量等多项因素的经济平衡点，适时采购，降低采购成本。同步考虑减少年末在制品资金占用，使在制品风险始终严格受控。

四是完善三级风险评估机制。销售部门综合评价合同履约风险；生产部门牵头准备、生产、采购等部门，对能源、设备、工装、原材料、外购外协件、技术改造、人力资源等各系统进行生产全过程风险评估；生产单位对承制项目生产周期进行评估。

2.“推拉并行”，压实合同制管理

军品合同制管理的内涵是以“推拉式”为核心的计划调度管理，其方式主要是以总部总体计划管控为基础，以总装拉动为牵引，原辅材料、毛坯互供及外购外协采购单位根据上下道工序实际需求拉动，生产管理部门推动。

一是开展问题诊断，推行“推拉并行”式管理。近年来，公司虽然极力推行合同制管理，但因装备生产任务屡创新高、生产节奏加快，内外部环境的配套关系复杂、数量大、易造成窄口，总部对于生产过程的把控力度也逐步加大，限制各分（子）公司的自主管理积极性。推行“推拉并行”式管理发挥以总部总体把控、组织协调、考核评价为主线的“推动”作用，突出以生产单位为主体、以合同制为抓手的“拉动”式自主化管理。

二是强化计划管控，实行责任书制度。从职级设置方面，将计划管理职能上升为关重岗位，进一步强化计划管控职能，把布局和把控总体生产计划作为工作重点，以全年生产大纲为参考、月度排产为依据，确定目标，细化节点。从优化组织管理方面，由集团公司与各部门、分（子）公司签订责任书，明确系统牵头部门和分（子）公司作为完成生产经营任务的第一责任主体，有效提高供应合同履约率，提升履约意识。

三是推行市场型经营管理，提升总装单位核心地位。通过授权和提升总装单位核心地位和协调管控能力，规范和引导分（子）公司模拟市场型经营管理模式签订内部供应合同。总部排产计划视为集团公司与总装单位签订的合同，总装单位牵头逐级签订各工序供应合同，形成总装拉动部件、部件拉动零件、零件拉动毛坯、毛坯拉动原辅材料的拉动式生产格局，突出上下道合同签订的自主性和灵活性，促进分（子）公司提高自主管理能力和基础管理水平，强化契约精神，建立起新的合同制体系化管理机制。

四是转变职能定位，建立纠纷解决机制。充分发挥总部对于合同签订和履约过程的协调和调控作

用，弱化一般性调度职能，抓大放小，把解难破窄、加强异常管理作为主要内容和工作重心。同时，制定《军品生产现场问题管理办法》，建立纠纷、矛盾解决机制，逐步实现总部生产管理部门职能定位由日常业务管理向经营服务管理的转变。

3. 建立完善的生产绩效考核评价机制

一是视产品关重程度、欠产数量及影响程度进行层级式“颜色考核”；二是将生产绩效考核评价标准植入生产管理信息化系统，实现分（子）公司内部合同履约情况、过程异常和产品质量问题的实时监控，为合同制管理提供考核评价依据；三是完善合同风险抵押金机制，明确对已扣减的风险抵押金不退返并对责任单位主要领导实行兑现考核，强化考核管理工作的严肃性和威慑性。

（三）构建生产管理信息化体系架构，推动企业“云”建设

1. 建立基础数据运维机制，统一数据源

要建设覆盖军品生产全流程的生产管理信息化平台，首先要保证基础数据的规范统一和标准化管理，避免数据重复使用产生的错误及成本浪费。一机集团于 2018 年成立数据清洗专项小组，明确数据运维责任主体，构建数据责任制管理机制，实现数据“资产化”，为数据服务化提供基础支持，为精准配套和均衡生产提供必要支撑。

首先，秉承“谁产生、谁负责”的原则，明确数据责任主体。确定由技术部门维护设计 BOM，形成基础数据平台设计 BOM 库，保证基准数据的唯一性；由订货部门维护销售合同，并以基础数据平台 BOM 数据为基准规范销售合同信息，实现源头数据的准确性。

其次，开创“联合办公”数据运维模式。组织生产、技术、工艺联合办公，对在产全部车型进行指令数据变更维护，保证数据维护及时、准确。

最后，按照“谁使用、谁维护”的原则，明确数据运维主体。生产部门维护制造 BOM，分（子）公司维护自制件 BOM 数据，采购部门维护采购合同，同步以基础数据为基准规范采购合同信息，保证 BOM 数据信息实时更新。

2. 整合生产管理五大平台功能，构建生产管理信息体系构架

按照补断点、通堵点的原则，优化并整合五大平台系统功能，实现基础资源的平台整合，构建基于信息化管理的均衡化准时化的生产管理体系构架，激发大型军工企业内部信息新的活力。

横向上，生产计划管理系统与基础数据平台集成，获取 BOM 数据，确保生产计划的数据准确；生产计划管理系统与物流系统集成，实现销售合同与生产计划的关联、采购合同的自动生产、生产完工数据的实时反馈、统计分析计划达成率；基础数据平台与 MES 系统集成，实现从 MES 系统提取分（子）公司内部路线、工序进展和异常问题；物流管理系统与五分公司 MES 系统集成，实现整车工序完工情况的反馈，掌控总装进展。

纵向上，完成各系统与生产指挥调度系统集成，使生产全过程数据集中汇聚，实现数据高度整合，为兵器集团装备保障数据采集提供一机集团数据源头，实现数据交换。同时，尽量杜绝业务数据在系统间交互时的人为干预，从而避免其导致的数据离散问题，保证系统间数据畅通。

3. 统一生产管理门户，优化生产管理模式

生产指挥调度系统作为生产管理数据大脑和门户平台，形成以大数据为基础、以人机协同为标志的军品生产组织管理方式。五大模块满足公司决策层、管理层、基础生产管理人员对数据分析的需要，其中，生产完成情况模块包括生产完成情况“驾驶舱”式综合看板、年度完成情况、月度完成情况、内部合同履约情况、整车合同完成情况、备件合同完成情况等。生产执行监控模块包括原材料、自制件、外购外协件齐套情况检查，整车齐套状态分析，在制品和报废品的统计查询，现场问题管理等。合同信息模块包括销售合同和采购合同维护，补齐生产管理信息化体系中合同数据的短板。生产绩效管理模块

主要可实现系统考核管理功能。异常问题管控模块包括异常综合看板、生产进度异常和预警管理等，提升及时掌握、解决问题和窄口的能力，加快生产推进速度，增强对可能产生的各种风险进行识别、衡量、分析和评价的能力，并适时采取及时有效的方法进行防范和控制。

4. 固化流程职责，驱动企业业务数据化进程

构建生产管理信息化体系，找准症结，厘清业务界面，理顺生产运营关系，形成以“生产指挥调度系统—基础数据管理平台—生产计划管理系统—物流管理系统—MES 系统—生产指挥调度系统”为主线的动态循环，消除数据孤岛，规避盲区，提高生产管理能力、提升生产管理信息化水平，实现生产信息透明化、管理过程精细化与决策判断科学化，有效驱动企业业务数据化进程。

5. 建设生产调度指挥中心，实现军品生产可视化管理

随着企业基于均衡化准时化的生产管理体系的构建与运行的不断深入开展，生产指挥管理对信息技术提出更多新的需求，通过建设生产调度指挥中心数据展示和过程监控大屏，使用仪表盘、趋势图表等直观的方式，扩展数据使用场景，建立生产管理“驾驶舱”，提升生产管控数据可视体验，为监督部署、生产调度、业务汇报、企业宣传提供数据展示工具。

（四）强化生产过程质量控制，构建多维多级质量管控体系

1. 坚持齐抓共管，构建多维多级质量管控体系

通过层层传递质量责任和要求，形成全寿命周期范围内各环节质量管理责任明确、任务衔接有序、齐抓共管、集智发展的多维多级质量管控体系。公司质量部门作为企业全面质量管理的归口部门，构建起企业顶层质量管控体系。生产部门牵头对基础设施、过程运行、产品可追溯性及外部提供的过程服务进行控制和体系构建，并进行监视、测量、分析和评价。分（子）公司生产、技术、采购、服务保障等部门构建本单位相应质量管控体系。

2. 坚持问题导向，强化生产过程质量控制

通过对标查找生产过程质量管理机制、方法和要求等方面与装备信息化发展的差距，强化生产过程质量控制，着力解决生产过程的质量问题。牵头生产系统各单位开展“质量大讲堂”“生产、质量两提升”征文及“管生产保质量”合理化建议征集活动。修订《生产管理考核办法》，将质量管理纳入考核范围，坚决整治“小问题”“低级问题”等质量顽疾，遏制易复发问题。

3. 坚持综合施策，解决突出问题

通过深入开展质量整顿、装备质量综合整治及提升工程专项活动，点面结合、综合施策、标本兼治，不断强化公司产品质量责任主体意识、自我管控意识，填补和完善企业质量管理的创新手段，减少纠正成本，为企业追踪产品质量和用户满意度的提升奠定坚实的基础。

（1）产品质量可追溯方面。

一是严格批次管理，提高产品可追溯性。针对多军种、多车型、进度急、任务量大的特点，严格进行批次管理，分军种分批组织，杜绝混淆，提高产品的可追溯性。二是针对不同类别的零部件，采取摄像跟踪、二维码或条形码追溯、产品质量数据包信息集成、产品过程跟踪卡等多种手段实现产品质量可追溯，特别是针对易发生问题的箱体、齿轮、框架、盘毂类、轴承、标准件等零部件真正实现全生命周期的质量可追溯。三是制定《军品零部件装配工序零部件限额配套管理制度》，加强生产现场精益改善，实现装配过程“四个唯一”。对零部件接收、摆放、配套、出库、配送、交接以及物流途径、配送时间、配送数量等提出具体化要求，约束物料出库、入库的过程管控，强化零道工序检查，防止发生零部件错配、漏配、错装、漏装等质量问题。

（2）产品防护方面。

对各单位转运精密、易损及易磕碰零部件进行拉条挂账，加大监管力度。通过选取试点，对四分公

司、六分公司转运车辆、装卸区、检测区、库房等部位加装防护层和摄像头，确保产品质量在转运及装卸过程中的可追溯。为关键精密零部件在生产制造工位间转移及厂际转移制作专用工位器具。制定《军品库存产品防护管理办法》，加强对库存产品存放、维护保养的监管，保障最终产品的防护控制，确保顺利调动和交付让客户满意的产品。

（3）在制品管理工作。

一是注重客观，强化在制和产能的关联性，采取预测管理机制。二是加强在制品日常现场检查，严格控制车间、班组在制品目标管控和生产流量。三是规范零部件的报废管理，对未按图纸和工艺要求操作造成零部件报废的项目进行考核；对工艺要求不合理导致报废的进行反馈，以便进行进一步的技术提升。

（五）打通内外供应链数据流，提升外部精准配套能力

1. 明确目标和原则，确定建设方案

一机集团准确研判国内外生产管理信息化发展最新态势，主动适应兵器集团顶层规划，科学决策，提前谋划，充分考虑到已建生产管理信息化系统对公司发展的重要意义，秉承“因地制宜＋改进提升”原则，确定以生产指挥调度系统为端口、与兵器装备生产管理端系统集成的方案，而非推倒重建，既减少资源浪费，又避免照搬照抄造成的“水土不服”。

2. 变革信息传导模式，打通顶层数据流

生产指挥调度系统为兵器集团装备保障数据采集提供数据源头，可实现与基础数据平台、生产计划管理系统、物流管理系统、MES 等系统的贯通，推送销售合同、采购合同、采购订单信息、外协合同信息、物料计划信息、生产工单信息、库存信息、生产异常等信息，助力兵器集团立足生产、质量、售后、外协等数据整合的装备保障数据中心，打破信息壁垒，改变原有“八大系统”烦琐而落后的手工填报模式，实现从合同、计划等流程管控，到生产过程数据采集、异常问题协调处理、状态监控生产预警、生产统计与考核等全流程信息的传导，强化顶层协调、管控、考核能力。

3. 抓取顶层数据，提升外配套效率

通过抓取兵器集团装备保障生产管理系统顶层数据，掌握外购外协配套厂商的生产执行情况，提升一机集团外购外协配套效率，为企业基于均衡化准时化的生产管理体系的构建与运行提供外部支撑。

三、军工企业均衡化准时化生产管理体系构建与运行的效果

（一）优化生产管理模式、用户满意度得到提升

基于均衡化准时化的生产管理体系以信息化构架为支撑，覆盖一机集团总部、生产、设计、工艺、准备、质量、设备、销售、采购、售后服务、财务等部门及各分（子）公司共 29 个单位（部门）的 602 个终端用户，理顺生产运营关系，打破一机集团多年以来的信息孤岛顽疾，建立以市场需求为导向，以预期管理、精准计划、推拉结合、合同制管理为基本方式的生产管理机制，实现了基础数据同源头、计划编排有依据、过程数据自反馈、调度信息实时化、风险识别自动化、异常管控能闭环，全面、及时掌握生产计划、过程执行、异常控制、完工交付、生产绩效等生产全过程的准确信息，为决策层提供了中长期战略支撑，为管理层提供了组织管理工具，为运营层提供了管控数据支持。同时，优化了生产管理模式，减少了不必要的人力、物力的资源浪费，降低了管理成本和纠正成本，提升了管理效率和用户满意度。

（二）实现准时化管理，配套效率有效提升

健全了均衡化准时化管理机制，实现了整机和其他销售合同的齐套性管理，破解了军工总装企业排产困难、频频换产，产品周转率低，库存量大，形成商品受限等诸多难题，提升了配套效率，加快了生产推进速度，激发了生产潜能，更好地实现了节拍化精准配套和准时化生产。规范了采购合同“上

网”，整合任务计划、完工到货情况等业务数据，实现了外购外协件到货情况的实时反馈和准确统计。推动了兵器集团装备生产管理“一张网”网络信息体系的构建，通过获取兵器集团顶层“数据大脑”数据，及时准确地掌握了外购外协配套厂商生产执行进展情况，有效提升了外购外协配套效率。

（三）合同履约能力提高，经营效益稳步提升

进一步提升了生产组织的效率、效益，增强装备履约能力和产品质量保障水平，降低成本，增强市场竞争力。2020 年，面对繁重的生产任务，基于均衡化、准时化的生产管理体系的构建与运行覆盖生产管理全流程，助推精准配套和均衡生产，最大程度地控制了在制品库存，缩短生产周期，加速了在制品工序流转，降低管理及制造成本。整机、底盘车履约率达到 100%，销售合同履约率达到 96%。其中，整机及底盘车生产平均周期由实施前的 180 天缩短到 151 天，军品备件生产平均周期由实施前的 120 天缩短到 102 天。按照缩短回款周期计算，军品生产成本降低约 822. 5 万元，节约人工管理费用 214. 5 万元，累计产生效益 1037 万元，为一机集团经营发展做出了重要贡献。

（成果创造人：李全文、魏晋忠、贾　睿、赵振华、孙大勇、孙　靖、辛　飞、王双捷、苑　峰、万声浪、刘　全、陈丽娜）

核电企业以降本增效为导向的备品备件管理

江苏核电有限公司

江苏核电有限公司（以下简称江苏核电）成立于1997年，隶属中国核工业集团有限公司。江苏核电负责田湾核电站建设管理和商业运行、核电新厂址和绿色能源示范项目的开发和保护。田湾核电站规划建设8台百万千瓦级压水堆核电机组，装机容量913.8万千瓦，全面建成后将成为世界单厂址装机容量最大的核电基地。现有正式员工2412人，平均年龄33岁，本科以上学历人员占比95%。2020年江苏核电发电量352.06亿千瓦·时、营业总收入1142252.60万元、利润总额264685.18万元、EVA 141064.02万元，较2019年分别增长3.3%、1.04%和30.99%。2020年资产增长率达0.27%，资产保值增值率115%。1、2号机组综合指数2019年排名世界第一（并列，世界核电权威组织WANO综合排名），其中2号机组连续三年排名世界第一。

一、核电企业以降本增效为导向的备品备件管理的背景

（一）深化国有企业改革、积极应对国内外竞争压力的需要

近年来，随着改革开放步伐的深入推进与经济的发展，我国国有企业发展的市场环境发生变化，市场变得更加复杂，而经济全球化的发展，在为企业提供广阔发展空间的同时也加剧了企业之间的竞争，国有企业的发展面临更加严峻的挑战。

备品备件指所有在电厂维修、变更等活动中用于生产相关的构筑物、系统和设备的物项，不包含核燃料。备品备件管理作为核电企业经营管理体系重要组成部分，不仅关乎电站机组设备安全、可靠、经济、稳定运行，更影响着电站资本结构优化升级的步伐。通过推进备品备件管理，推动企业管理模式由粗放型向精细化转型，助推企业资本结构优化升级，持续深化企业改革，以积极应对来自国内外的日趋增加的竞争压力。

（二）提高核电企业核心竞争力、实现中核集团“世界一流集团”战略目标的需要

新时代，中核集团肩负着“强核强国、造福人类”的使命，始终坚持安全发展、创新发展，以国际核科技发展的引领者为愿景，并提出新的奋斗目标：建设先进的核科技工业体系，打造具有全球竞争力的世界一流集团，推动我国建成核工业强国。江苏核电作为中核集团核电板块的成员单位，更作为中俄核能合作的典范，有责任助推中核集团实现“打造具有全球竞争力的世界一流集团”战略目标，将“中国核电”打造成“中国名片”，真正实现“核电走出去”战略部署。

（三）降低库存成本、助推核电企业降本增效的需要

田湾核电站1、2号机组采用俄罗斯AES-91型技术路线，国内无同类型机组属孤岛运行电站，出于机组安全稳定运行的角度考虑，备品备件储备量冗余较大，且许多备件依赖国外进口，采购周期长，考虑到采购的经济性和技术的稳定性，会在一定需求的基础上增加采购量，从而在一定程度上增加了存货存量和库存持有成本。另外，信息化手段的缺失，导致备件的采购周期、机组在装量、历史库存消耗记录等数据无法准确地统计，导致备件采购无合理依据；同时备品管理较为粗放，未对备件进行分类管理，备件采购流程耗时较长、环节多等，库存控制无明确指标，采购需求提报基本由人工控制，库存量呈逐年上升或无降落趋势。

二、核电企业以降本增效为导向的备品备件管理的主要做法

（一）强化顶层规划设计，明确管理体系建设目标和工作思路

1. 明确总体管理目标

江苏核电立足“生产运行、工程扩建、国内外市场开发”三大业务战略的总体目标，确保核安全、保障机组安全稳定运行，合理控制备件库存，提高备件库存利用率和经济效益，降低库存管理成本，真正实现降本增效，持续提升江苏核电的核心竞争力。通过树立“科学采购、合理库存、按时到货、及时出库”理念，科学提报备件采购需求，避免过度采购或采购不足；合理控制备件库存数量，避免库存积压，从而降低库存管理成本和仓储占用；按时供应采购备件，保证满足核电机组设备维修和安全生产的需要；及时办理备件出库，提高备件利用率、释放仓储占用资源，推进仓储资源优化配置。通过以库存成本控制为导向，不断完善备品备件管理体系建设，提高备品备件管理水平，进一步提升江苏核电整体经营管理水平。

2. 制定总体工作思路

从田湾大基地的角度出发，基于备件分级管控的总体原则，统一备品备件管理总体思路：实行备件分级管理，将备件分为战略备件、预防性维修必换件、纠正性维修备件（储备定额备件），通过对电站“关键的少数”备件资源进行整合，优化资源配置，针对不同的备件实施不同的储备策略。以“控增量、消存量”推动备件管理提升，在确保核安全，保障机组安全稳定运行，满足维修、变更等活动需要的基础上，降低现有库存，合理储备，实现电站降本增效。

3. 构建以降本增效为导向的备品备件管理体系

根据管理目标及总体工作思路，牢固树立“科学采购、合理库存、按时到货、及时出库”理念，以降本增效为导向，构建基于“系统化管理、精细化管理、信息化管理、群堆化管理”四位一体的备品备件管理体系，提高备件库存利用率和经济效益，备品备件管理水平显著提升，合理控制备件库存，降低库存管理成本，实现电站降本增效，推动江苏核电核心竞争力的提升。

（二）建立工作组织体系，夯实备件管理工作基础

1. 明确组织机构责任分工，建立清晰高效的工作机制

江苏核电备品备件数据库维护充分依托设备工程师网络开展，其他备件管理工作按照处室责任分工实施，包括备件技术责任部门、备件采购部门、备件仓储部门、备件管理系统运行与维护部门等。其中备件技术责任部门负责备件采购需求提报、审查，主要包括设备管理处、维修一处、维修二处、维修三处、仪控处、维修支持处；设备管理处负责电厂储备定额备件需求提报、立项申请及电站备品备件总归口管理，其他维修部门负责预防性维修必换件采购需求提报、立项申请；商务合同处作为备件采购部门，负责电厂备件采购立项申请的审查、合同签订、入库验收、备件仓储等；信息文档处负责备件管理系统的运行与维护，配合责任处室进行系统的优化升级等。

2. 健全管理程序和规章制度，筑牢备件管理工作基石

为规范运行生产相关的备品备件管理，指导备品备件技术管理工作，进一步加快备品备件管理体系的建设步伐，江苏核电编制一系列管理程序和技术程序及相关导则，包括《备品备件管理》《田湾核电站战略备件管理》《更换件管理》《田湾 1－6 号机组备品备件储备定额导则》《BOM 主数据标准及运维管理》《供应链数据管理》《库存控制管理》《采购管理》《仓储管理》《出入库管理》等。通过建立健全管理程序和相关规章制度，筑牢备件管理工作的基石，为推进体系建设奠定良好基础。

3. 成立专项组织机构，加快体系构建与实施进程

为加快推动备品备件管理，江苏核电成立备品备件库存群堆化管理提升专项组，由公司副总监担任牵头负责人，维修、商务、财务、设备等处室负责人担任成员，通过专项组运作，充分调动备件技术责

任部门、备件采购部门等资源，集中组织力量开展多渠道的备件管理提升工作，多举措开展库存压降。

专项组以备件库存成本控制为出发点，编制专项组工作计划，建立专项组周例会、月度例会制度，围绕“控增量、消存量”充分调动相关部门资源，积极开展各项管理提升活动；建立备品备件基础数据管理、采购管理、库存管理、库存指标控制等四个工作组，从在途物资专项清理、游离备件清理、长库龄物资清理、冗余物资处置、处室负责人巡库等方面，持续提升备品备件管理水平。

（三）构建系统化管理工作体系，实现备件全流程过程管控

1. 确定总体政策，明确库存成本控制导向

为确保核安全和机组安全稳定经济运行，须适当储存一定数量的备件，以保证核电机组设备维修和安全生产的需要，保证核电厂安全稳定运行，以及满足维修、变更等活动的需要，同时兼顾电厂经济性，合理控制库存成本，降低采购费用和压库资金。

2. 明确各环节工作内容，实施全流程过程管控

通过梳理备品备件管理过程，从备件数据库建立和维护、备件采购需求提报、立项申请、到货验收、备件存储、备件巡检与保养、寿期管理、备件缺陷管理、出库领用及备件退库等，形成一个循环流程，按照组织机构职责分工，明确各环节工作内容，实施备品备件全流程的系统化管理，在确保核安全，保障机组安全稳定运行，满足维修、变更等活动需要的基础上，科学采购，合理控制备件库存，保障备件按时到货，规范备件及时出库领用。

通过梳理并优化备品备件管理过程，从战略备件、预防性维修必换件、纠正性维修备件（储备定额备件）三个维度，实现备品备件的全流程管理，在确保核安全、保障机组安全稳定运行、满足维修或变更等活动需要的基础上，降低现有库存，合理储备，提高经济效益。

（四）实施三维度备件分级管控，实现管理模式由粗放型向精细化转型

1. 建立三维度备件分级管控机制

第一，按照设备分级分类。从设备关键度、设备工作环境、设备工作频度等角度进行设备分级，将设备分为关键设备、重要设备、一般设备，其中关键设备又细分为关键 1 级设备和关键 2 级设备，关键 1 级设备又称为关键敏感设备，是指单个设备故障即可导致电站停堆、停机、降功率或功率大幅度波动的设备。江苏核电根据设备分级来确定备件的分级，将备件分为 SPV 备件（S 级）、关键备件（A 级）、重要备件（B 级）、一般备件（C 级）四个等级。采取就高原则，一个备件属于不同设备分级的设备，则其分级取最高的设备分级。

第二，按照维修方式分类。电站维修方式主要包括预防性维修、纠正性维修等，对应的备品备件采购需求来源主要分为预防性维修必换件需求、储备定额需求、单次批量需求。江苏核电根据维修方式、采购需求来源的不同进行备件分级，将备件分为单次批量备件、预防性维修必换件、纠正性维修备件。

第三，按照采购周期分类。一般进口备件采购周期较长，国产备件采购周期相对较短，根据备件采购周期长短（进口或国内）对备件进行分类，主要分为长周期备件、短周期备件。

2. 实施最低储备定额管理

（1）制定储备定额原则。

根据不同采购需求、采购周期、备件分级等，制定备品备件储备定额的原则。属于预防性维修工作和变更工作中确认更换的备件，不做长期库存储备要求，定期的预防性维护和确定的预期性更换应按工单备件需求提出采购；需要通过制定一定的安全库存，作为非预期或者非预防性维修的保障，用以满足日常运行期间产生的缺陷和预防性维修中的非预期缺陷的处理需要；根据现场相同设备的总数量、设备运行状态、设备历史缺陷（频率、原因）等制定储备定额；最低储备定额应满足该备件一个采购周期中正常生产活动所需的数量，即在补充库存数量到货前，库存还有备用；SPV 备件的最小库存量，在储

备定额原则的基础上，结合现场实际情况，可适当增加；进口备件或存在断供风险的备件，可考虑适当增加储备量；对于采购周期较短的国产备件或国内有成熟代理销售渠道的备件，可以适当减少储备定额，或不启用定额管理；对于因为设备老化等原因而需要定期集中维修或更换的备件，不需要考虑储备定额，只需要保证正常缺陷维修所需数量即可；最低储备定额设置后，根据备件使用情况，可做定期调整，最终趋近一个合适的数值。

（2）明确储备定额范围。

依据储备定额原则，明确储备定额管理的范围。战略备件不需要启用定额管理。SPV 备件（非战略备件）原则上必须制定储备定额（机械设备的非能动部件可不做定额）。关键备件和重要备件，可以按下述要求考虑储备定额：一个机组循环周期内相关备件发生非预防性维修工单领用的，机械类设备预防性维修工作中的部件选换件，电仪类设备按一定比例的整体设备备件；未纳入 BOM 范围的备件，不启用定额管理；实施“现买现用”的国产备件不需要启动定额管理；其他备件可根据需要制定储备定额。

（3）建立定额优化机制。

由于备件故障次数、备件采购周期、备件质量等因素较多，最低储备定额的建立难以一次性考虑，因此需根据机组运行备件使用经验进行优化，以达到修正偏差、避免库存积压或备件不足的情况。储备定额偏差一般分为储备定额不足和过量两部分。生产计划处每年向设备管理处提供关键 2 级以上设备等备件缺陷工单，商务合同处每年向设备管理处提供紧急采购清单，设备管理处依据等备件缺陷工单和紧急采购清单，审核储备定额是否需要修订；每年通过系统自动计算最大库存与 3 年平均消缺备件的偏差金额，设备管理处依据偏差结果，对偏差最大的 2% ~10% 备件定额开展审查，审查过程中要分析单批次采购及领用备件的影响，确定储备定额是否需要修订。

3. 实施国产备件“现买现用”零库存管理

针对可不进行储备的国产备件，按照实际维修活动，自动触发备件需求，按照“用多少，买多少”的原则，实现“现买现用”零库存管理。江苏核电各部门通力合作，积极开展备件流程设计和系统开发，缩短采购周期：一方面优化采购方式，积极推进框架合同采购方式的实施；另一方面优化采购流程，推行框架合同，通过与厂家直接签订框架合同，实现备件需求自动下订单，节省立项审批、招标、合同签订等大量时间。

（五）搭建信息化系统管理平台，推进备件智能化管理进程

1. 积极推动 BOM 系统开发及应用，实现设备与备件有机关联

BOM（Bill of Materials）指设备的备件物料清单，是备品备件管理最为重要的基础数据之一。BOM 数据是否完善准确，直接影响备件分级、在装量统计、储备定额制定等工作的开展，是备品备件管理信息化的基石。编制完成的 BOM 数据，通过田湾主数据管理系统，将 BOM 数据固化至该系统中，并通过 BOM 主数据管理系统的应用，自动完成备件分级、在装量统计等，实现设备与备件的关联，为实现备品备件信息化管理奠定坚实基础。

2. 建立定额数据库，提高备件采购准确性

（1）建立储备定额数据库。

在完成 BOM 主数据信息化的基础上，田湾核电站积极开展一期工程储备定额数据库的建立工作。储备定额需求，由储备定额数据库自动触发采购需求，适用于日常缺陷和预防性维修中非预期缺陷的备件需求，这部分备件没有明确的使用计划，需要提前储备，因此也是库存的主要构成部分。建立储备定额数据库，为纠正性维修备件采购提供技术性支持依据，纠正性维修备件采购准确性得到进一步提升。

在 BOM 主数据信息化的支撑下，专业工程师掌握备件的在现场的使用量、应用设备、重要程度，

再结合历史缺陷情况，仅耗时 4 个月就制定出备品备件储备定额数据。后续，结合不断的数据积累和实际应用的经验增长，定额数据越来越合理化。

（2）建立预防性维修必换件数据库。

对电站来说，除了储备定额的纠正性备件需求，还有一类需求，是周期性重复的预防性维修备件需求，这部分备件需求应由预防性维修工单触发，这部分备件称之为预防性维修必换件。预防性维修必换件对应每一条预维项目，具有使用数量、计划时间明确的特点。田湾核电站在一期工程建立储备定额数据库时，同步开展预维必换件数据库的建立工作。

3. 开发备品管理信息系统，实现采购需求自动触发

在编制、完善 BOM 数据库和储备定额数据库、预防性维修必换件数据库建立的基础上，开发并应用备品备件管理系统，实现储备定额需求的线上自主触发、审核，闭环管控，降低人力消耗和失误率，确保储备定额需求按计划实施；实现预维项目必换件需求的计划触发、审核、采购、领用、评估全过程线上处理，降低人力消耗和提报的随意性，提高预维项目必换件需求采购的效率，同时能做到物料数据实时跟踪可查。实现备件需求与数据库不一致时，触发管理行动优化数据库，形成闭环管理。

（1）建立标准化的定额、定期触发机制。

依据纠正性备件（非计划性）和预防性必换件（计划性）的储备原则，重新规范纠正性备件储备定额制定原则，遵循“以耗定储”的原则，在确认的消耗量数据基础上，建立储备定额最大或最小库存，提高储备定额提报的准确率。

重新规范预维项目必换件需求提报规则，提前建立预防性维修项目必换件数据库，按照“需要多少，采购多少，使用多少”的原则，通过预防性必换件数据库，建立备件物料需求计划，预防性维修必换件（包括日常和大修）按照需求计划提前 26 个月进行采购，既能提高预维项目必换件提报的准确率，也能提高物料到货率。

（2）实现科学化的备件预留功能。

实现预防性维修工单的备件预留功能，当预维项目工单被批准后，系统自动生成预留；预维工单根据预留进行领料，建立预维项目工单与领料的强关联，确保预防性维修项目的按计划实施及领料，减少计划误差；建立预维项目必换件需求评估优化机制，实现闭环管控，必换件需求与实际领用偏差的自动计算和精准查找，减少人工排查，不断优化必换件数据库，从而为后续定额优化积累数据。

（六）多举措加快备件群堆化管理，实现资源优化配置、共建共享

江苏核电 1—4 号机组采用俄罗斯 VVER－1000 改进型核电机组，5、6 号机组采用 M310＋改进机型（单机容量 111.8 万千瓦），不同堆型下，基于田湾大基地的角度出发，实施群堆化管理势在必行。通过多举措积极开展备件群堆化管理，以“控增量、消存量”，实现备件资源、财务资本的双重优化配置，助力江苏核电降本增效。

1. 开展备件物资主数据质量提升，助推电站群堆化管理进程

物资主数据管理是供应链管理提升的重要基础性工作，实施统一高效的物资主数据管理，不仅可在采购计划管控、集中采购、库存管理、联采联储等方面发挥直接效益，而且也是推进数字化仓储、物联网和大数据应用、智慧供应链建设等方面不可或缺的基础工作。江苏核电 2020 年积极开展备件物资主数据管理提升专项工作，从根本上消除重码、错码问题，提升备件采购准确性，减少重复性采购，从而进一步深入推进备品备件群堆化管理的进程。

2. 开展备件联采联储工作，推动备件资源共建共享

按照中国核电要求，由江苏核电牵头成立 VVER 备件联采联储工作组，负责开展 VVER 机组备件联采联储工作，参与单位有辽宁核电和中核苏能。江苏核电组织各联储单位明确工作机制，确定工作方

案并编制详细工作计划，对年度工作任务进行分解，明确年度工作目标和总体工作目标。为切实有效落实中国核电降本增效的要求，有效开展 VVER 机组备件联采联储工作，江苏核电组织编制 VVER 机组备件联采联储专项工作方案，方案中明确联储单位及范围、组织机构及主要职责、运作原则和方式、联采联储原则以及工作难点与风险分析。

通过备件联采联储工作的开展，建立 VVER 机组备件联储共享的长远管理机制，逐步由战略重要备件的联储范围扩大至纠正性维修备件，减少备件采购投入；通过机组建设安装的经验反馈，优化工程移交管理，减少工程安装调试期以及运行担保期的备件投资。积极开展现库存的清理，严格审查工程建设期的备件采购，推进冗余物资处置、物资调拨调用等，实现备件资源的共建共享，从而有效提高资源利用效率，有效降低库存，提高经济效益。

3. 多举措开展备件库存压降，严格控制库存增长

江苏核电充分依托备品备件库存群堆化管理提升专项组，积极从在途物资专项清理、游离备件清理、长库龄物资清理、冗余物资处置、战略备件专项等方面，持续提升备品备件管理水平，严格控制库存增长，推进库存压降。通过减少不合理的、冗余的备件采购，积极消耗现有库存，降低库存成本，以“控增量、消存量”，实现备件资源、财务资本的双重优化配置，助力公司降本增效。

（七）建立科学考核机制和激励机制，筑牢备件管理体系长效运行基础

1. 建立备品备件指标考核机制，推进备件库存压降

为切实有效地落实库存控制的要求，合理控制备件库存，持续提升备品备件管理水平，实现降本增效，江苏核电制定备品备件考核指标办法，考核指标包括大修备件领用率、大修耗材领用率、日常必换件领用率、备件周转率等，共计 10 个指标，分别纳入生产运行领域绩效考核管理和处室绩效管理。通过强化指标考核，对相关责任处室进行正向激励、负向考核，从而进一步推进备件库存压降工作。

2. 纳入公司年度 MKJ 重点考核任务，保障管理措施长效执行

为保障备品备件管理体系的各项制度和管理措施得到长期有效的贯彻执行，将备品备件管理提升、备件库存压降等列入江苏核电 2020 年度 MKJ 重点考核任务，并分解到各部门，定期进行月度跟踪与进展反馈，对完成的处室提报嘉奖并给予物质奖励，对未完成的处室进行原因分析及绩效考核。

3. 定期评估考核办法，落实闭环管理

通过依托备品备件专项组平台，强化专项组运作，定期组织征集各部门对考核办法的意见和建议，结合考核办法在前几季度的实际运作情况，对考核办法进行实时评估，依据专项组评估内容，对考核办法进行优化，及时升版。通过实施考核机制的闭环管控，建立持续的螺旋式 PDCA 循环，不断促进备品备件管理提升。

三、核电企业以降本增效为导向的备品备件管理的效果

（一）管理精细、模式转型，显著提升江苏核电管理水平

江苏核电成功实现备品备件管理模式的转型，由粗放型转向精细化管理，显著提高了江苏核电备品备件管理水平，推进了江苏核电现代化企业管理进程。通过管理模式转变，合理控制库存采购，降低库存管理成本，实现电站降本增效，推动江苏核电核心竞争力的提升。

据国际原子能机构相关资料，核能发电是一种清洁、低碳、高效、优质的绿色能源，与燃煤电厂相比，一座百万千瓦级的核电站，每年可以减少 675 万吨二氧化碳、5 万吨氮氧化物和 32 万吨含重金属的灰尘的排放，对减排和环保意义巨大。江苏核电较大程度提升了田湾核电站备品备件管理水平，助推备件库存控制，驱动电站降本增效，保障了机组安全、可靠、经济运行，进一步推动了江苏核电实现节能减排、降本增效的战略目标实现。

（二）控制采购、库存降低，增创企业经济效益

2020 年 1—4 号机组备件立项总金额较 2019 年减少了 19800 万元，其中大修立项较 2019 年减少了 2353. 1 万元；大修备件领用率从 T111 大修的 66. 55% 提高到 T112 大修的 92. 28%；全面清理在途物资，严格控制未来库存增量。合计产生经济效益约 1762. 1 万元。

（三）推广应用、前景广阔，获得核电同行一致肯定

在与同行对标、专家交流活动中，同行电站给予江苏核电备品备件管理工作一致的肯定与好评，具有广阔的推广价值与应用前景。2019 年，在中国电力设备管理协会举办的“2019 年全国电力行业设备管理工作会议暨第七届全国电力行业设备管理工作先进单位、先进工作者表彰大会”上，江苏核电被评选为“第七届全国电力行业设备管理工作先进单位”；2020 年江苏核电设备管理科荣获“中国核电 2020 年度成本管理先进团队”称号。

（成果创造人：刘兆华、张　毅、石　岭、程开喜、魏国军、郭莉侠、石　岩、翁铖忠、孙慧玲、李虹杰、柏　龙、王　霄）

发电设备以“五维四层”为核心的综合评级管理

西安热工研究院有限公司

西安热工研究院有限公司（以下简称西安热工院）隶属华能集团，是我国电力技术研发领军企业和华能集团科研“策源地”。历年来，西安热工院已完成国家部委、中外合作及重大科技攻关科研项目740余项；获得国家级科研成果奖80项、省部级科研成果奖420项；制修订国家及电力行业标准530余部；获得国家专利2000余项；编著出版专著130余部。在广州、苏州、济南、太原、昆明、沈阳、呼和浩特等地设有技术监督及服务中心，实现了华能集团发电设备监测全覆盖，掌握了大量发电设备生产数据。

一、发电设备以“五维四层”为核心的综合评级管理的背景

（一）发电行业面临转型升级的机遇和挑战

为落实“四个革命、一个合作”能源安全新战略，国家持续深化能源供给革命，加快构建以新能源为主体的新型电力系统。“十三五”期间，全国非化石能源装机年均增长13.1%，风电和光伏新增装机不断刷新历史新高，火电装机较2015年下降近10个百分点，历史上首次降低至50%以下。在国家政策的推动下，发电行业面临转型升级的机遇和挑战，火电“一家独大”的局面被打破，电源增量主体由火电转变为新能源，火电作为过剩产能和碳排放大户，落后产能加快退出，先进产能由单纯发电向综合能源服务领域转型，发电行业业态发生根本转变，多种发电类型趋于均衡，对各发电企业转变管理模式和提高管理水平提出了更高的要求。

（二）发电设备众多，提升设备管理水平意义重大

华能集团现役发电装机规模超过2亿千瓦，拥有燃煤机组328台、燃气机组48台、水电机组209台、风电场246家、太阳能电站153家，年发电量超过7000亿千瓦·时，约占全国的1/10。由于发电设备众多，每年用于设备维护、检修、技术改造的资金超过200亿元，发电设备的状态直接决定了华能集团的生产经营状况。同时，在行业转型升级的大背景下，如何将设备管理的成果融入企业发展决策中，使管理成果能够指导实施淘汰落后产能、做强做优存量资产和引导增量发展是摆在华能集团面前的一道难题。

（三）现有的设备评价体系难以满足发展需要

近年来，华能集团装机规模保持快速增长，尤其是低碳清洁能源装机，“十三五”期间，华能集团共投产约3000万千瓦，占比较2015年提升7.7个百分点，创下历史新高，而传统的火力电源利用小时屡创新低。伴随着发电形式的不断变化，原有评价体系已不能满足新时期转型发展的需要，一是原有体系较为分散，虽然各管理环节内部评价较为精细，但各环节之间联系较少，难以获得综合性评价结果；二是原有体系以火电为主，缺乏对新能源发电设备的评价指标；三是原有体系主要针对电厂进行评价，颗粒度未细化到机组，对二级单位的评价也较少，难以形成整体性的评价体系。

二、发电设备以“五维四层”为核心的综合评级管理的主要做法

（一）适应发电设备类型，明确评级思路

基于发电行业发展趋势和华能集团已有管理体系，紧密结合企业实际需求，以高质量发展为目标，坚持“目标导向、过程控制、闭环管理、动态评价”的原则，统筹考虑现行各管理制度和技术指标，通过合理赋权，构建发电设备“五维四层”综合评级体系。其中，“五维”指煤电、气电、水电、风电

和光伏五种发电类型，“四层”指集团公司、二级单位、基层企业和机组四个管理层级，“综合评级体系”指评级指标涵盖发电设备各管理环节，最终构建的评级体系涵盖发电设备各管理环节、各发电类型和各管理层级，并根据华能集团不同发展阶段和管理需求动态配置各类指标权重。

综合评级后的成果应用，要能够更加清晰精准地描述发电设备优劣程度和变化趋势，要能够合理组织各级单位系统性开展工作，评级结果能够有效指引华能集团开展科学减量、优化存量和引导增量的工作。整个体系的构建和应用要能健全华能集团生产经营管理机制，有效提升华能集团高质量发展水平，并具有能源行业生产管理示范引领和推广借鉴价值。

（二）科学构建指标体系，细化评级条款

结合“五维四层”体系框架，梳理总结各发电层级管理特点和主要指标，通过合理赋权，科学构建发电设备综合评级体系。

1. 建立指标体系，实现各管理环节全覆盖

一是选取评级指标。在梳理完善现有各管理制度和技术指标的基础上，统筹考虑安全、运行、检修、节能、环保等发电设备各管理环节，提炼各环节的管理重点和技术指标，形成基础评级指标（包括管理指标和技术指标）。在此基础上，以华能集团战略方向和重点工作为引领，设置加减分项，形成创新评级指标。以煤机为例进行说明，基础指标中的管理指标包括安全管理、设备管理、运行管理、节能环保管理和技术监督管理，技术指标包括安全指标、性能指标、检修指标和技术监督指标，创新指标包括加分项和减分项，最终实现各管理环节的全覆盖。

二是合理赋权。选用资深专家构成专家团队，在管理指标方面，利用长期从业经验，依据各管理指标的重要程度、各单位的薄弱环节和华能集团共性问题等方面进行有针对性的赋权；在技术指标方面，主要采用耗差与敏感性分析等方式进行赋权，通过计算各技术指标的耗差和敏感性来确定权重，例如汽机、锅炉等设备的主要性能指标，利用耗差分析方法，将各指标均归于对供电煤耗的影响，依据影响程度进行赋权；在加减分项方面，主要依据华能集团对战略方向和重点工作的导向程度进行赋权。在初始赋权后，开展试评级工作，通过试评级发现问题并进行调整完善。

三是细化参评单元。传统评价方式的最小参评单元一般是电厂，在此基础上，本次评级下沉到机组，颗粒度更细，评价更加精准。由于发电类型的差异，对于煤电、气电和水电，最小参评单元为机组；对于风电和光伏，最小参评单元为场站。为统一表述，下文以机组代指场站。

2. 纵向到底，实现各管理层级全覆盖

通过对各级单位所属的所有最小评级单元的得分进行加权平均计算，获得各级单位的评级分数并进行排名，最终将评级工作纵向拓展到机组、基层企业、二级单位、集团公司等四个管理层级。

在机组层面，主要通过规范和调整不同指标的权重得分，引导机组不断提高发电设备的可靠性和经济性。在基层企业层面，通过本企业所有机组评级得分加权计算该企业评级得分，引导企业强弱项、补短板。在二级单位层面，通过所有下属基层单位的机组评级得分加权计算该二级单位评级得分，引导二级单位优化资源配置，开展专项帮扶，着力消除管理不平衡的现象。在集团公司层面，一是通过对各级单位的排名，可以清晰直观地了解各单位所处的位置；二是通过逐年变化的排名情况，可以看到该单位发展状况和管理水平的变化趋势。

3. 横向到边，实现各发电类型全覆盖

在总体评级指标框架（一级指标和二级指标）保持不变的前提下，结合不同发电类型的特点，选取不同的具体评级条款，将综合评级体系统一应用在煤电、气电、水电、风电和光伏五种发电类型，最终建立起五维评级体系。

由于各二级单位所管理的发电类型有所不同，部分二级单位管理多种发电类型，而部分二级单位只

管理某一种发电类型，难以直接比较。为解决该问题，采用同级赋分制，首先在某一种发电类型内部，对各二级单位进行排名并划分级别，A、B、C、D 级分别对应 90 分、80 分、70 分、60 分。然后取某二级单位在各发电类型得分的平均分作为该单位的最终得分，并据此进行排名。

通过以上设计，各二级单位均可以参与排名对标。以华能集团所属二级区域公司为例，管理发电类型最多的是海南分公司（涉及煤、气、水、风、光五种发电类型），管理发电类型最少的是雅江公司（只有水电类型），在综合评级体系内两家公司依然可以同台竞技；拥有巨大水电资产的云南分公司和只有少量光伏资产的宁夏公司，一样可以在综合评级体系对标管理成效。

（三）多措并举，系统性开展综合评级工作

1. 发布多维评级结果，促进结果共享和公平公正

确保公平公正。采用基层企业自评—二级单位审核—集团公司委托西安热工院查评的管理流程，每月各级单位开展自评，每年华能集团集中委托西安热工院统一开展现场查评，确保结果公平公正。以煤机为例，2019 年，共组建了 1 个综合协调组和 33 个现场查评组，对华能集团 108 家燃煤电厂进行全覆盖式现场查评，查评组长均由西安热工院人员担任。

发布多维评级结果。结合“五维四层”评级体系，评级工作实现了所有现役发电机组全覆盖，2020 年共 299 台燃煤机组、27 台燃气机组、199 台水电机组、164 家风电场、88 家光伏电站，共计 777 台机组（场站）开展评级。基于此，共发布 5 类 16 项评级排名，包括各发电类型的机组总排名、分机型排名、基层企业排名、二级单位排名以及二级单位综合排名。总排名用于各级单位找准自身在集团内的整体定位，在此基础上，为提高对标的精准度，设置分机型排名，用于各机组对标同类型机组情况。其中，煤机分为 1000 兆瓦级、600 兆瓦级超超临界、600 兆瓦级超临界、600 兆瓦级亚临界、300 兆瓦级超临界、300 兆瓦级亚临界和 200 兆瓦级及以下等 7 种类型；气电分为 F 级和 E 级及以下等 2 种类型；水电分为 25 兆瓦以上和 25 兆瓦以下等 2 种类型；风电分为定桨距和变桨距等 2 种类型。

实现结果共享。由于评级体系较为综合，所涵盖的管理环节较为全面，发布评级结果有利于各级单位共享评级成果，获取与自己相关、相类似，甚至相同发电设备的对标数据，更加有效地推动交流学习和共同提升，形成管理合力。

2. 结合自身情况开展评级工作，丰富评级内涵

所构建的评级体系是一个开放的体系，允许各二级单位基于华能集团整体评级标准，根据自身需要提高维度和深度，制定具有本单位特色的评级标准，便于引导所属基层企业有针对性地提升管理水平。例如，华能集团下属山东分公司进一步细化评级体系。一是建成部署在本地的信息化系统，建立了基层单位月度自查和二级公司月度审核机制，实现了快速反应和立查立改管控目标；二是细化了管控层级，将所有评级指标分解落实到二级单位所有技术管理专责、落实到基层单位所有技术管理岗位，做到人人有指标、岗岗有责任，挂钩二级单位职能部门和基层单位绩效管理，提高了整体管理水平和执行力。三是结合本单位智慧大数据中心建设，把评级系统纳入分公司生产经营决策系统，更加有效地利用评级数据推动企业高质量发展。

3. 落实责任到人，有针对性开展提升工作

基层企业将各项评级指标分解落实到人，责任层层压实，一是通过对照评级标准，各岗位有了明确的工作标准和须达到的实际效果，有利于各岗位有针对地提升管理水平；二是通过将各项评级得分与个人绩效考核挂钩，确保了评级指标的实际落地发挥作用。例如，技术监督指标中的发电机绝缘监督，既是工作目标，也是工作标准，还包含工艺标准、过程记录、试验数据等内容，全部融合于日常工作，不增加基层人员工作量，同时也对重点工作提出明确要求，更好地体现了评级指标的指引作用。

（四）充分发挥评级效能，指引科学减量、优化存量、引导增量

1. 科学减量，强身瘦体

评级的依据是机组的主要技术指标、设备管理情况，并考虑了机组个性化因素，评级得分是涵盖了各管理环节和技术指标的综合性分数。因此，评级结果能够为制定落后产能退出政策提供决策支撑，将排名靠后机组（D级）纳入关停范围。2020年，以评级结果为基础，结合经营和资产情况，制定《“十四五”华能集团范围内小火电退出方案研究》，涉及装机482.2万千瓦，当年退出煤电落后产能70万千瓦，退出机组的评级排名均位于D级。华能集团下属某分公司装有一批135兆瓦等级小燃煤机组，由于此类机组在节能方面不具备先天优势，但受地区发展政策和北方地区居民采暖清洁能源等政策影响，其在冬季供暖高背压方式下运行则能取得良好的社会效益和经济效益，因此得到了集团公司相应的政策引导和技术支持，一批界定为当地唯一热源的135兆瓦机组经过改造顺利晋升B级，避免了被关停的结局，为当地经济社会发展和央企履职尽责做出了应有贡献。

2. 优化存量，提质增效

优化配置资源。通过评级工作掌握了数以十万计的第一手管理和技术数据，在此基础上进行综合数据分析，科学制定检修计划、生产费用、技改投资等资源的优化调配政策。2020年，华能集团调整火电C级以上检修21台次、水电9台次，节省检修费用5亿元。开展集团公司等级自主检修157台次，节约人工费2亿元。全年机组大修全优率同比提升3.5个百分点，设备可靠性与降本节支效益双提升。

分析共性问题，开展集中攻关。针对评级发现的管理、技术共性问题，整合资源开展集中管理改进与技术攻关，有效减少机组非停，避免重特大设备损坏事件发生。例如，针对煤电机组普遍存在的低温省煤器发生堵塞泄漏导致排烟温度较高的问题，组织系统内专家组成专家组进行专项攻关，开展典型电厂现场调研，综合各厂情况撰写相关技术导则。

寻找挖潜方向。分析大量的评级数据，可以摸排现役机组的潜力挖掘方向。例如，在煤机方面，评级数据显示部分煤电机组厂用电率明显升高，原因为目前煤机深度调峰时长明显增加，在深度调峰工况下尚有优化调整、降低厂用电率的空间；在燃机方面，分析评级数据发现调峰机组主要集中在同轴布置F级机组，可以通过专项工作缩短启动时间、降低启动时期耗气量；在供热方面，大部分电厂的热网水耗、热耗较高，在热网侧的管理侧尚有提升空间，可以通过编制统一的优秀企业创建标准提升各供热单位的管理水平。

3. 引导增量，做大做强

通过评级标准的指标和权重的设置，突出华能集团在转型发展、节能环保、科技创新等方面的战略发展方向和重点工作导向，选定居民采暖供热、工业供汽、多元固废耦合发电、煤机参与电网辅助服务等方向作为存量资产的发展方向，设置较高权重，引导各级企业开展工作。2020年，在供热方面，投资55亿元实施82个供热改造项目，推进“源、网、荷、储、用”一体化，阳逻、丹东等电厂供热改造项目顺利推进，八角、青岛、岳阳等电厂工业供汽快速增长。在多源固废燃煤耦合发电方面，杨柳青热电、运河、淮阴、苏州热电污泥耦合发电项目建成投运，在获得合理经济效益的同时，将电厂发展与城市发展深度融合。在煤机参与电网辅助服务方面，研究制定煤机灵活性改造技术路线，推进淮阴、玉环、长兴3家电厂实施AGC储能辅助调频项目，东北、山东等分公司深度调峰辅助服务取得显著经济效益，全华能集团辅助调峰收益同比增长2.4亿元。

（五）做好评级保障工作，确保长效运行

1. 加强组织领导

根据华能集团总体要求，召开专题会动员部署推进发电设备综合评级工作，由公司领导牵头协调各部门人员，成立评级专项工作组，开展评级标准编制和定期修订工作。培训一批现场查评小组组长，统

一查评方法和尺度。推动华能集团形成评级管理工作机制，形成“以集团公司—二级单位—基层企业为实施主体，以西安热工院为支撑”的四位一体评级管理体系。

2. 做好顶层设计

结合华能集团实际情况，编制《发电设备评级管理实施办法》和《关于开展发电机组评级工作的实施方案》进行顶层设计。在级别划分上，根据评级排名按照15%、25%、45%、15%的比例划分A、B、C、D四个级别，改变了以往以得分同基准值相比较的原则，各级参评单位不但要取得较高的分数，还要超过其他单位，才能取得较好的名次和较高的级别。

推动华能集团将评级结果纳入绩效考核，从机制上保障评级工作顺利开展。绩效考核坚持“变动值考核为主，固定值考核为辅”的原则，变动值指的是各级参评单位的排名变化情况，固定值指的是实际排名情况。由于设备自身基础条件、外部市场环境等方面的原因，部分机组得分不高，排名始终靠后，据此考核相关单位会略显不合理，因此选用排名的同比情况作为考核的主要依据。

3. 建设评级管理系统

采用数字信息化手段赋能评级工作，建设了评级管理系统，打通原有发电设备管理信息化系统数据通道，按新的指标体系抽取和计算所需发电设备数据，不破坏原有集中统一的管理模式，也不增加人工工作量，自动生成机组（场站）、基层企业、二级单位的评级得分和排名。

三、发电设备以“五维四层”为核心的综合评级管理实施的效果

（一）构建发电设备评级体系，管理水平明显提升

通过成果实施构建的发电设备评级体系，涵盖了发电设备管理各环节、现役各发电类型、各级管理单位管理成效，通过对发电设备进行全面综合的量化评级，华能集团摸清了设备底数，找到了“症结”。结合评级结果深化应用，建立动态考核机制，制定提升措施，健全生产经营管理机制，管理水平明显提升，管理成效显著增强。

（二）推动华能集团高质量发展迈上新台阶

通过发电设备“五维四层”综合评级体系的构建和应用，实现了在统一框架下对各级单位进行科学评价。在减量提效发展方面，华能集团依据评级结果有序退出落后产能。在存量优化发展方面，华能集团各级单位对照标准，认真分析制约高质量发展的因素，不断提升存量资产运营水平。2020年，华能集团设备等效可用系数完成94.51%，同比提升0.29个百分点；生产供电煤耗完成295.34克/千瓦·时，同比降低2.21克/千瓦·时，节约燃料成本8.3亿元，供电煤耗实现行业领先。在增量创新发展方面，华能集团通过评级标准积极引导各单位紧跟集团决策部署，向综合智慧能源领域纵深拓展。在供热领域，2020年华能集团供热面积同比增加1亿平方米，供汽量同比增加18%，已成长为中国最大的民生供热企业；在污泥掺烧领域，华能集团形成具有自主知识产权的前置干燥炭化一体机技术路线，建成国家能源局首台（套）重大技术装备，目前已立项建设了12个实施项目，设计消纳污泥能力达3190吨/日，社会效益十分显著。

（三）具有能源行业示范引领和推广价值

发电设备综合评级系统具有良好的通用性、兼容性、拓展性，可以很好地反映发电企业综合实力，因此具有较强的可复制性和可推广性。在集团内部，发电板块的设备综合评级模式已被煤炭板块借鉴吸收，形成具有华能特色的煤矿综合评级体系，对于煤矿优化运行、提升管理具有很强的指导作用。深入推进综合评级管理工作，对于构建以新能源为主体的新型电力系统、实现碳达峰碳中和目标具有较强的示范意义。

（成果创造人：陈　江、孙剑锋、赵　贺、钱　辉、车春华、郭俊文、王　野、朱　鹏、都劲松、李　杨、崔光明、王　洋）

实现全面生产力革新的卓越班组建设管理

新特能源股份有限公司

新特能源股份有限公司（以下简称新特能源公司）成立于2008年，是特变电股份有限公司控股子公司，位于新疆维吾尔自治区乌鲁木齐市甘泉堡工业园区，是专业从事光伏新能源技术研发及产品研制的高新技术企业，资产总额为208亿元，员工总人数为3000余人。公司依托新疆丰富的煤电光照资源优势，致力于“中国硅谷、世界硅谷”的建设。在多晶硅产品制造领域，经过十多年的发展，已经形成年产8万吨的产能规模，成为世界前三的多晶硅生产基地，占据全球市场16%的份额。为实现资源最大化综合利用和节能减排，不断构建新的竞争力，新特能源公司以“延伸产业，智能制造，绿色发展，质量第一”为发展动力，着力打造循环经济产业链，形成以多晶硅为核心，硅基新材、锆基新材、粉体新材、先进陶瓷及节能环保等产业协同发展的“1+5+N”发展格局。公司先后被评为全国创新型示范企业、国家知识产权示范企业、全国优秀循环经济企业、中国电子材料五十强企业、半导体材料专业十强企业，是行业首家通过绿色产品、绿色工厂、绿色供应链认证的示范企业。

一、实现全面生产力革新的卓越班组建设管理的背景

（一）对接新时代命题，提升企业核心竞争力的战略之需

改革开放以来，中国企业在做大做强的道路上取得显著成就，成为世界上重要的经济力量。与此同时，我国大企业与世界一流企业相比还有相当大的差距，关键技术缺失、品牌附加值低、绿色发展滞后等问题仍然突出，在体制机制、质量效益、品牌形象、社会责任等方面，仍有很大的提升空间。伴随我国经济步入新常态，转型升级、创新发展、提质增效已成为中国企业的根本共识。班组建设作为一项战略工程，是一切基础建设的有力抓手，也是强化管理、提升企业核心竞争力的必然之举。

（二）对标最佳实践，增强企业发展内驱动力的变革之需

改革开放四十余年，依靠资本和劳动力的持续投入以及要素效率的不断提升，为中国经济的快速发展提供了强劲动力。新常态背景下，中国企业发展模式需要由投入驱动和要素驱动转变为创新驱动，这就要求企业向内挖潜、向下赋能、向上对标，真正激活组织发展的内驱力。班组作为企业最小细胞，不仅承载着企业生产经营任务指标，更是组织活力的源泉、员工成长的平台、企业创效的单元，是企业永续发展的根本动力。如何立足班组建设，激活一线动能，激发出自驱动、自组织、自创新、自改善、自涌现的内生动力，最大程度释放员工创造力，是新时代赋予每一个企业的重要课题。

（三）对症企业问题，夯实企业基础硬核力的固本之举

近年来，随着新特能源公司“1+5+N”战略目标的提出，业务领域和生产规模不断扩张，新进员工数量及占比急速增加，由于新员工操作技能水平较低，生产异常情况逐渐增多，有关安全标准化、产品质量精进、员工成本节约意识和企业文化等核心工作难以落地；班组管理模式生硬，班组管理只注重安全指标、生产指标、质量指标等硬性指标，忽视团队士气、员工激励、学习创新、文化塑造等软性指标，班组管理功能亟待优化；员工素质参差不齐，人才队伍成长的速度滞后于公司快速发展的现实需求，基于业务技能提升的日常化学习机制还有待优化提高。因此，新特能源公司迫切需要打造卓越班组建设管理模式，持续夯实企业健康可持续发展之基。

基于上述原因，新特能源公司自2018年开始推进实施基于全面生产力革新的卓越班组建设与管理。

二、实现全面生产力革新的卓越班组建设管理的主要做法

（一）坚持战略思维和系统思考，创新设计卓越班组建设顶层架构

新特能源公司始终把卓越班组建设作为一项系统工程和战略工程。为了明确目标、统一理念、理清逻辑，在系统调研和深度剖析的基础上，制定“四个三”顶层设计架构，作为开展卓越班组建设的核心指导思想。其中包括：聚焦构建卓越模式、培育卓越队伍、塑造卓越文化的“三个目标”导向；确立重心下移抓基础、管理下沉重基层、文化下潜激活力的“三个向下”理念；遵循业绩提升与组织发展同步、问题改善与管理创新同步、文化塑造与素养炼化同步的“三个同步”原则；根植人本激活技术、组织学习技术、精益改善技术的“三项关键”技术。

（二）制定五年计划，形成卓越班组建设中长期规划

新特能源公司卓越班组建设五年规划主要分为三个阶段、五个步骤。三个阶段分别为组织治理阶段、系统育成阶段以及品牌树立阶段。

1. 开展卓越班组建设试点，开启基础管理模式构建之路

2018 年，新特能源公司精选 5 个核心车间开展卓越班组建设试点。按照从易到难、从少到多的原则，将班组建设基础管理模式的例会优化、轮值管理、小课法、案例法等机制的工作机理、操作步骤，对车间主任、主任级工程师以及班组长进行系统的培训并定期辅导和纠偏，协助试点车间从班组管理核心出发，以点带面开展基础管理模式的探索之路。同时，每季度开展对应的竞赛活动，及时巩固推进成果，确保基层管理者灵活掌握“八大机制”的运作原理。

2. 党建引领班建，凝聚班组建设核心

2019 年，新特能源公司在取得试点成效和经验的基础上，及时固化管理模型，在全公司生产车间全面推广。同时，适时与“党员岗位 +”管理创新方法相结合，充分发挥党组织和党员干部在卓越班组建设中的示范引领作用，引导和号召全体普通员工以党员为标尺，向党员学习，形成党建引领班建的新模式。党员在做好本职工作的同时，争做安全员、质量员、核算员、宣传员。在“党员岗位 +”管理创新方法的基础上，坚持以党建指导班建实践，延伸建立“全员岗位 +”推进架构，营造全员参与建设和打造卓越班组的良好氛围。

3. 创建班组评价标准，建设班组推进系统

2020 年，新特能源公司在灵活应用“荣誉”“链锁”“赛场”等机制的基础上，创造性提出卓越班组建设千分制达标体系，形成《新特能源班组达标方案》以及《新特能源班组达标评价体系》，为检验卓越班组建设成效提供评价标准和依据。通过体系运作，使“安全、质量、成本、文化”等核心工作在班组层面形成便于操作和检查的表单化工具，简化基层工作量。同时，以班组为单位形成竞赛单元，并与车间和分公司领导绩效挂钩，激发班组“比、学、赶、帮、超”的热情，促进各基层班组齐头并进同步提升。

（三）健全组织保障体系，有序推进卓越班组建设

1. 成立一把手负责制的卓越班组建设推进组织保障体系

为了有序推进卓越班组建设，新特能源公司成立四级卓越班组建设推进组织保障体系。在新特能源公司层面，成立总经理为组长的卓越班组建设推进项目组，全面指导卓越班组建设，审定和部署相关重大事项，负责班组建设的战略定位与发展方向，在资金、政策等方面给予最大程度的倾斜和支持。在分公司层面，各分公司主要负责人亲自挂帅，推动本级卓越班组建设组织实施，统筹协调卓越班组建设日常事项，按照时间节点实施策划、督导、评价等具体工作。在车间层面，以车间主任作为卓越班组建设

的第一责任人，具体负责各项工作在班组层面的落地实施。在班组层面，每个班组设置专人推进，负责横向联络和工作任务督办。

2. 创建党员“岗位+”工作法

为充分发挥党组织的战斗堡垒作用和党员在一线工作中的模范带头作用，新特能源公司党委充分结合企业自身特性和核心重点工作，创新提出“党员要在本职岗位上出色做好本职工作，还应当在安全、质量、成本、宣传等方面发挥模范带头作用”的思路，由此发掘形成党员“岗位+”创新工作法，同步把党员“岗位+”理念植入基层班组，党员带头践行和推进卓越班组建设，通过“结对子”、设置“党建联系点”等多种方式，使班组建设与党组织建设同部署、同推进、同检查、同考核、同奖惩。同时，明确“党组织评优与班组建设成效挂钩，党员评优与党员岗位+成效挂钩”的原则，借党组织的力量强化基层班组建设，消除部分员工观望、迟疑和懈怠的情况。

3. 建立核心管理部门协同推进机制

新特能源公司机关安全环境管理、质量管理、企业管理、财务、党政等部门作为推进小组成员，按照各自职责，开展梳理和制定标准、优化流程、设计表单、全员培训等工作，形成核心部门全面参与、齐抓共管的推进机制。安全环境管理部通过常态化开展“安全标准化进班组”系列活动，夯实班组安全管理基础，持续提升安全管理水平；质量管理部及企管部借助六西格玛以及精益生产等管理工具，从提高产品质量、降低生产成本两个维度提升班组业绩；财务部在赋能核算员的同时，协助核算员精准完成班组结果指标核算等相关工作；党政部通过班组文化建设、宣传报道班组先进人物等形式，提升团队凝聚力与向心力。

（四）升级管理理念，创建四层工作优化法

1. 标准层

新特能源公司按照安全、质量、成本、文化各专业条块梳理优化操作规程、运行规程、检修规程、设备清单、基础管理等基础性文件，推行标准化作业与清单化管理。一是建立制度规范，强化班组基础管理。在新特能源公司统一的制度框架下，各基层班组结合业务情景和实际需求，通过全体成员汇智讨论，将各项制度进一步细化分解，形成《班组例会管理制度》《班组轮值管理制度》《班组培训学习管理制度》《班组绩效考核制度》《班组互保联保制度》《班组民主管理班务公开制度》《班组合理化建议制度》等具体务实的班组管理制度，涉及班组日常管理的方方面面。二是聚焦专业条线，编制标准化管理手册。公司级职能部门结合班组层面具体落地的工作内容，分条块制定和细化班组级落地标准，并对班组员工进行全面培训，形成班组标准化管理手册。

2. 流程层

从工作安排、工作落实、工作检查，到工作评价以及工作改进，形成闭环管理，根据工作结果判断流向不同的工作节点，优化工作步骤与顺序，强化流程高效与节点控制。优化和固化管理流程，结合ERP、OA、MS等信息化管理平台，使班组具体工作规范化、表单化、易操作，在提升管理品质的同时，降低事务性工作量，提高班组管理效率。

3. 落地层

新特能源公司把班组基模建设与人本管理“八大机制”植入班组，搭建员工学习分享和汇智反思平台，鼓励员工“敢说、敢评、敢议”，通过分享最佳实践和经验，优化工作思路和方法，有效调动员工积极性，持续解决班组建设过程中存在的各类问题。

第一，例会建模，强化班组“四会”管理。为了充分发挥班组例会的管理功效，新特能源公司通过建立周期性的班组例会制度，创新班组内部日常事务管理活动，打造基层班组有效沟通交流协作平台。一是班前计划部署会，明确当班工作任务目标、关键控制点及分工等要求；二是班后总结点评会，对照班前任务目标情况及当班工作问题点进行复盘总结，激励表现优秀的员工，肯定价值点，推动每日业务精进；三是交接班会，强化“交指示、交安全、交设备、交环境、交工具、交改善、交问题、交记录”八个交接要素，确保工作精细交接无遗漏；四是月度复盘会，每个月末定期组织班组团队围绕指标、成果、问题、案例、学习等方面举行复盘会，针对典型问题开展汇智研讨，形成解决方案和PDCA 闭环管理。

第二，开展“人人一小课”，促进业务精进。为了快速提升班组员工的业务能力，在班组内部不定期组织开展“人人一小课”活动：班组成员紧密结合各自岗位实际，在各类例会上轮值讲一小课，其主题紧扣业务，内容涉及专业知识技能、改善点、创新点、经验点等方面，颠覆传统“学以致用”的理念，而是强调“用以致学”，学习方式发生根本性转变。在有效提升员工表达能力和展示自我能力的同时，沉淀一线技术、技能人员的知识、经验、技能，实现隐形经验显性化、个体智慧共享化。

第三，以案例法逻辑为基础，促进持续改进。新特能源公司把案例法导入基层班组，以发现问题、分析问题、解决问题为基础逻辑，通过“查六源，做改善”精准定位关键问题，借助5M1E、鱼骨图等管理工具，深刻剖析问题本质及影响因素，创新运用“五定”（定时间、定任务、定责任人、定改进标准、定验收人）管理方式，确保问题闭环关闭。同时，各班组成员对日常工作中的小问题做简要的分析并提出解决措施，在交接班会上进行微型案例分享。每个月各车间从班组例会上的60 个微型案例中选出 4 个具有分析价值的案例，以案例卡的形式进行进一步分析，每半年度从 24 个案例卡中精选 4 个经典案例在全公司班组全面推广。

第四，实施“兑标课”，促进学、用、赛、创。为了营造卓越班组建设的良好环境氛围，在车间班组间、不同车间间、分公司间不定期组织开展“兑标课”。“兑”（勾兑、兑换），通过交换最先进的理念和方法，挖掘员工智慧，激发班组创新活力，达成共同愿景和目标；“标”（标杆、标准），通过对标最佳实践，萃取优秀经验和做法，让标杆变成标准，在更大范围内推广传播；“课”（“习、学”的过程），通过组织班组员工学习国内外先进的管理理念、管理方法、管理经验和管理模式，结合自身工作实际，在实践中创造性应用和传承。“兑标课”为基层班组搭建“比拼争优的擂台”“成果展示的晒台”“分享交流的讲台”，激发员工参与卓越班组建设的热情，形成“抓一件事，打一个样，树一个标杆，讲一堂小课，形成一个典型案例，完成一次经验推广”的兑标运作模式。

第五，基于“八大机制”，形成个性化管理模式。在班组全面推广“全员岗位 +”工作机制，通过轮值担任“四大员”，不断为车间培养优异的安全员、质量员、核算员、宣传员；在车间例会导入分享机制，推广绩效优异人员的工作模式；在合理化建议、小改小革方面，利用评议机制，吸取多方意见，减少试错成本；在车间、分公司、公司层面设立小课比赛、案例比赛、交接班比赛等赛台，以赛促训、提升员工技能水平；借助荣誉机制展示比赛结果，促进员工主动参与活动、得到成长；充分利用链锁机制形成结对帮扶，促进分公司各车间及班组协同进步；通过积分机制管理，充分调动员工的积极性，激励班组员工主动完成重难点工作以及容易推诿“扯皮”的工作，提升员工能动性和工作效率。

4. 成果层

第一，安全关口前移，强化本质安全管理。其一，强化安全红线思维。在广泛征求班组员工意见建议的基础上，相继制定安全健康环境 11 项管理原则、9 条“保命条款”、7 条“零容忍”条款、9 项从重处理行为准则，强化 5 项管控员工安全行为规范，形成全员宣贯、全员践行、全员监督的常态化管理机制。其二，强化“四个重点”管理。管控重点人员，根据员工历年来的安全违章及事故案例，针对“不放心”人员通过强化培训、“一帮一”、安全互保等措施，解决其安全意识淡薄、安全技能低下、习惯性违章频发等问题；管控重点区域，针对安全健康环境管理要求，通过链锁机制加强安全联动监管；管控重点设备，实行专人管理重点设备，确保重点设备安全可靠；管控重点事项，落实安全风险分级管控和隐患排查治理双重预防机制，高风险作业任务实行“一事一控”清单管理，逐步提升员工预知、预判、预控安全风险的能力。其三，在班组层面推行“人人都是安全员”轮值管理。为了提升全员安全意识，引导员工从“我”做起，严格执行各项安全生产制度，认真学习安全生产知识，自觉遵守安全操作规程，对本岗位安全生产负责，成为本岗位的“安全员”。同时，班组成员立足岗位，开展“风险自辨自控、隐患自查自改”改善活动，自上而下命令式管理方式转变为自下而上主动式管理方式，确保安全管理到现场、到班组、到岗位。

第二，以问题为师，强化全面提质增效。新特能源公司始终坚持“以质量求生存、以质量促发展、以质量铸品牌”的发展理念，引导全体员工践行“诚信守法、坚持可靠、一次做好、优质为荣”的质量文化，杜绝和遏制“差不多”的思想，以“零缺陷”为目标，对标“标准作业、一次做对”质量行为准则，严格管控每项工作、每道工序、每个产品。此外，引导全员以问题为师，灵活运用问题树、5W1H、5Why 等管理分析工具，积极开展小改小革、QC、合理化建议等各类创新改善活动，梳理形成班组提质增效典型案例。例如，2020 年初，主营产品多晶硅表面金属含量过高，产品质量下滑，导致销售收入及利润下滑，多晶硅事业部还原车间出装班通过班组建设案例法的系统分析，从人、机、料、法、环五个维度进行细致分析，发现存在不同影响程度的因素导致表面金属含量过高，通过案例法进一步完善还原车间质量管控办法，进一步规范人的行为、设备表面防护的标准、设备纯度的保持要求、出装操作规范以及洁净室管理等，新的质量管控模式形成后，多晶硅表金含量同比下降 90.8%，产品质量和效益大大提高。

第三，降本挖潜，强化精细成本管理。随着卓越班组建设不断深化，成本管理重心逐步从公司运营层面下沉到基层生产车间，车间主任和班组长从以往只管生产、质量转变为兼顾生产成本。新特能源公司借助各类例会宣贯降本增效管理理念，号召全员共管共控生产成本。各班组通过修旧利废、节能降耗、盘活备品备件呆滞物资、实施设备零部件国产化替代、外部维修内化等方式强化成本管理。例如，2019 年公司通过工艺优化和设备管理工作，利用局部轮换检修控制代替大检修，压缩局部系统检修周期在 10 天以内，增产 300 吨/年。在二分公司辅助车间通过精益管理对溴化锂机组使用蒸汽的合理优化，每年节省蒸汽 56688 吨。

第四，文化落地，全面渗透。一是文化理念生动化，引导全员践行“四特”精神，把安全、质量、廉洁、创新等文化内涵导入班组，各基层班组结合自身特点，通过征集班组理念、班组口号、LOGO，每日举行班组文化仪式等形式，不断增强基层班组的凝聚力和向心力；二是文化传播故事化，以“讲身边人、说身边事”为班组活动主题，鼓励员工发现身边人的闪光点，提取典型案例，挖掘感人事迹，形成故事化传播载体。此外，通过选树“明星员工”“最美新特人”“新特之星”“小课达人”“技术达人”“案例之星”等一系列特色班组活动，发挥标杆引领和榜样示范带动作用。

（五）评价体系激活一线动能，促进各班组业务精进

1. 梳理达标需求，明确目标和工作内容

为了推动提升班组建设整体水平，在新特能源公司层面成立班组达标评价办公室，工会主席担任组长，卓越班组建设核心成员全部纳入办公室进行职责划分，以增强员工业务素养培养、个人素养培养、

管理素养培养为目标，公司核心管理部门结合需要在班组层面具体落地的工作内容，整合各类资源和利用自身优势，对班组进行全覆盖式培训，并验证培训效果，使员工具备担任“四大员”的能力，在此基础上赋予员工相应的责权利，从而达到企业管理和班组管理的核心要素一致的目的。

2. 因地制宜创建达标体系，管理要素全覆盖

新特能源公司卓越班组达标评价体系包含 10 模块、100 余个评价点，包括日常考评、基础管理、班组核心管理、文化建设、班组平台驱动建设、班组安全标准化、质量、成本、宣传、个性化评估等评价内容，基本全面覆盖班组管理要素。在质量、成本、个性化评估三个模块中因地制宜，根据不同项目公司实行不同的评价标准，针对项目公司性质进行差异化评价。例如，多晶硅班组质量模块主要评价内容为工艺控制，而检修部质量模块主要评价内容为设备检修质量控制，自备热电厂质量模块注重小指标控制。

3. 实施达标检查，全方位验证卓越班组建设成效

新特能源公司按照《新特能源卓越班组达标方案》《新特能源卓越班组达标检查方案》，细化班组达标检查流程，通过班组月度自查、分公司季度自查、公司年度评价的方式，确保班组评价过程不缺项、不漏项。一是组织召开年度达标评价启动会，部署检查计划与要求，卓越班组管理测评组依据评价指标，逐项逐条对基层班组实施全要素测评。二是评价过程采取推进人随机组合、分公司相互交叉的方式开展评价。同步召开达标检查末次会，总结达标检查结果，提出改进意见，督促各班组持续优化。三是依据班组最终得分情况，把 143 个班组由高到低排序，评定出七个级别，评价结果在荣誉激励、经济奖励以及班组长职务晋升等方面进行多维度组合应用，有效调动其开展卓越班组建设的积极性和创造性。

三、实现全面生产力革新的卓越班组建设管理的效果

（一）综合绩效明显改善，企业核心竞争力稳步提高

新特能源公司实施卓越班组建设以来，综合绩效明显改善，企业核心竞争力不断提升。2020 年，营业收入 428448 万元（同比增长 54.22%）、利润总额 66043.70 万元（同比增长 242.88%）、资产负债率 45.83%（同比下降 6.17%）；全员劳动生产率大幅提升，达到 3010.20 万元/人·年（同比增长 258.97%）；多晶硅产量较“十三五”初期增长 303.17%，产能从 2018 年 3 万吨/年提升至 8 万吨/年；多晶硅板块产出单晶料占比提升 26%，电子级产品提升 78.8%，产品质量稳步提高；多晶硅综合成本持续降低，能耗明显下降，比 2019 年综合电耗下降 20.56%，单位产品综合能耗下降 20.48%；自备热电厂发电量由 2018 年的 39.3 亿度增长至 47.7 亿度；安全伤亡事故、新增职业病、安全环境事故、重大火灾事故连续 3 年为 0；检修质量持续提高，检修计划完成率持续保持 100%；临时检修率连续控制在 8% 的管理指标范围内并呈下降趋势，由 2019 年的 4.17%、2020 年的 2.20%，降低至 2021 年前五个月的 1.74%；检修返修率两年内平均 0.25 次/月，远低于计划指标 1 次/月；检维修备件费用消耗同比下降 30.84%。

（二）创新成果不断涌现，企业发展内驱动力显著增强

截至 2020 年，143 个班组共完成以节能降耗、创新改善、降低劳动强度、消除安全隐患为内容的技术创新项目 573 项，获得专利技术 121 项。另外，5 个班组创新课题获得特变电工内部创新项目一等奖 3 项、二等奖 14 项；以员工姓名命名的创新方法共 46 个；23 个班组管理创新工作方法在集团全面推广和应用；39 个班组金点子被公司采纳；形成的终端治理卓越班组管理模式，被同行业企业广泛认可和借鉴，并在新疆众和、新疆新能源公司等制造业企业推广和应用。

（三）员工队伍素质明显提高，企业基础硬核力进一步增强

新特能源公司实施卓越班组建设以来，班组管理水平和管理效率显著提高，员工队伍素质不断提升，为企业发展提供了丰富的管理资源和共享智库，也为企业长远发展提供了良好的人才支撑和智力保障。公司现有1个自治区级技能大师工作室、6个公司级技能大师工作室，完成生产操作培训指导书23本、检维修培训指导书45本，开发课程145门，培养高技能人才488人，计划认证技能大师工作室成员初级内训师36名、中级内训师25名。打造形成了“知人善用的管理者教练队伍、能打胜仗的班组长队伍、技能过硬的骨干员工队伍”三支队伍，涌现出一批分享达人、操作能手、巡检之星、小课之星、绝活员工及技术带头人等，培养输出成熟班组长及员工700余人。13个班组先后荣获“乌鲁木齐市工人先锋号”，10个团队获评“2020年度乌鲁木齐市青年文明号”，1个技能大师工作室荣获“乌鲁木齐市技能大师工作室”称号；形成《班组建设典型案例集》《班组建设精彩小课库》《班组建设管理经验与方法集》《班组建设系列制度规范》等一系列班组知识库，产出小课815个、精品案例528个。

（成果创造人：银　波、张悦强、鞠　娟、杨再亮、
张文武、宋亚博、潘多明、宋永刚）

辐照企业基于“两化”融合的精益管理提升

苏州中核华东辐照有限公司

苏州中核华东辐照有限公司（以下简称华东辐照），成立于1994年，是依托中核集团和苏州大学在辐照加工技术方面的综合优势，由中国核工业集团公司旗下中国同辐股份有限公司、苏州大学、苏州市吴江区松陵房产综合开发公司等股东单位合资兴办的科技型企业，公司占地面积2.5万平方米，建有两座工业型钴-60辐照装置和专业的第三方检测全资子公司。华东辐照现有两座γ辐照装置，其中1号装置于2019年实施扩容改造，钴源设计最大装载量74PBq（200万Ci），用于高端客户产品的辐照。目前该装置是国内和亚洲地区领先、国际一流的自动换层换面的地辊式集一体式托盘辐照的加工装置，配有一条高精尖的试验线，实际吸收剂量可控制在±10%。2号装置钴源设计最大装载量为111PBq（300万Ci），用于高剂量产品的辐照，货箱自动垛码、上下自动换层、悬挂输送自动换面，较好地改善了辐照剂量的不均匀度，提高了钴源的能量利用率，该装置为国内首座自动换层换面装置。华东辐照经营范围包括医疗保健产品、实验室耗材、药品、化妆品、包装材料的辐照灭菌和消毒，食品、实验动物饲料、宠物用品辐照灭菌，高分子材料的辐照加工，航天和核电设备的耐辐照考验，实验室服务等，在行业内具有优秀的市场信誉和品牌优势，承载着核技术灭菌应用产业发展的重要使命。

一、辐照企业基于“两化”融合的精益管理提升的背景

（一）核技术辐照应用行业高质量发展的需要

党的十九届四中全会做出推动国家治理体系和治理能力现代化的重大战略部署，进一步聚焦战略安全、产业引领等功能，调整存量结构、优化增量投向等要求。核技术应用产业更要聚焦专业化领域，优化产业布局，践行新发展理念，其中核技术辐照加工技术可以应用到国民经济的许多部门和领域，可以应用到人类生活的医、食、衣、住、行、文化娱乐等各个方面，作为辐照加工技术主要技术装备的工业γ辐照装置也以它独有的特点获得越来越广泛的应用。随着辐照加工技术向工业化、产业化的转化，工业辐照装置的技术及建设规模发展很快。我国有130座γ辐照装置，设计装源量为1.7亿居里，实际装源量为7000万居里，华东辐照面临庞大的市场竞争。华东地区是我国医疗保健产品制造的主要基地，除了传统的卫生材料、包装材料、医用手套、手术刀片、缝合线等均在国内占有2/3以上份额，新的医疗器械，如药械组合器械、骨科移植物，新型敷料等也形成了较大的产业，市场潜力较大；另外，华东地区已形成了宠物饲料的生产基地，大部分出口至欧美，为确保食品安全，也必须杀灭有害微生物，如大肠杆菌和沙门氏菌，对辐射加工的需求也在逐步增大。面临庞大的需求窗口以及现有运行装置的产能受限性，华东辐照已无法满足市场及客户需求，综合产出量及产值呈现低速增长。华东辐照亟待对运行设备进行扩容改造，在内部创新管理方式，综合提升企业的运营能力和服务能力，为做大增量、做强存量、做优服务提供持续动力源。

（二）对标世界一流，转变管理理念的要求

新时代下对标世界一流管理提升是帮助企业迈向新一轮工业革命的驱动轮，是企业实现做大做强做优的必备能力。华东辐照面对外部市场的残酷竞争以及内部粗放的管理现状，深刻意识到只有全面开拓管理创新才能提升企业的综合竞争实力。

从客户需求价值端分析有效价值输出的理念匮乏，普遍存在传统的粗放式管理模式，对流程性加工行业的精细化管理方式的认识较为模糊，企业的资源未得到有效配置，客户对于加工车间的长交期极度

不满意，部门相互协作能力弱、执行力差，内部员工士气低沉。面对内部的管理现状，对标世界一流管理提升的要求，在内部进行精益化管理提升，在业务的全流程范围内实现有效价值输出，通过运行过程大数据的收集和分析，以精益视角对辐照的客户变化、产值变化、产品趋势变化建立数字化模型，明确精益化方向尤为重要。

（三）企业经营战略发展的需要

辐照加工作为一种高科技生产加工技术，具有加工过程简便、消毒灭菌彻底、不损伤产品、高效节能、无残留、无污染等突出优点，并可广泛用于医疗用品灭菌消毒、食品保鲜、辐射化工和出口检疫等多领域，完全符合国家发展产业政策。

在2018年之前，华东辐照共有两座γ辐照装置，总装源能力400万居里，两套伽马辐照装置均已达到了产能上限。其中，1号装置于1994年建成投产，最大装源容量100万居里，年产能上限在25000立方米或10000吨，极限主控时间300秒，辐照吊箱760毫米×560毫米×2300毫米，0.1克/立方厘米的产品辐照剂量不均匀度系数为1.7~2.0。1号装置的局限性表现：核定装源量小，工艺时间长，产能受到极大的限制；适用于辐照加工低剂量要求的产品，如食品、化妆品等；对于高剂量要求的医疗产品，只能选择性部分装载；由于不均匀度系数较大，无法满足高端客户质量要求（一般要求吸收剂量不均匀度系数小于1.5）；对客户高端产品的耐受性产生巨大挑战，甚至有可能破坏其产品的预期使用功能。在现有基础上提升产值已经没有空间，扩大产能十分必要和迫切。

车间执行过程依靠传统纸质的报表、手工操作实现上下游的沟通，效率低、数据准确性和完整性不高；缺乏对所有资源（人、设备、物料、客户需求等）当前状态信息的实时追踪及状态管理，使企业在生产方面无法准确进行各项分析和精细化管理，为企业的效益打了折扣。同时，企业开发高端客户需要以信息化为主要工具，提升客户体验，增强企业的核心竞争力。

二、辐照企业基于“两化”融合的精益管理提升的主要做法

华东辐照经过充分的调研与对标分析，整体开拓管理思路，构建“1111”管理模式：1个引领，先进一流技术为引领；1个核心，精益化管理为核心；1个保障，信息化手段为保障；1个根本，人才培养为根本。整体推进“精益化”与“信息化”相互融合，着重提升“硬件”管理的同时保障“软件”管理配套，充分实现管理精细化、资源分配最优化、盈利最大化。

（一）实施新设备扩容改造管理，聚焦核心业务，实现辐照工艺管理升级

1. 全面调研华东地区辐照加工市场需求和发展前景，识别市场需求度

华东地区是我国医疗保健产品制造的主要基地，除了传统的卫生材料、包装材料、医用手套、手术刀片、缝合线等均在国内占有2/3以上份额，新的医疗器械，如药械组合器械、骨科移植物，新型敷料等也形成了较大的产业，市场潜力较大。另外，华东地区已形成了宠物饲料的生产基地，大部分出口至欧美，为确保食品安全，也必须杀灭有害微生物，如大肠杆菌和沙门氏菌，对辐射加工的需求也在逐步增大。

华东地区已逐渐形成医疗产业集群，尤其在江浙沪地区，各地都已陆续建立建成医疗产业园、医药孵化基地，国内外的知名企业也陆续进驻。就苏州地区而言，全球知名企业史赛克、施乐辉等公司工厂已建成投产，形成较大的辐照加工市场。据不完全统计，BD的胰岛素针已经建成投产，市场占有率达到10%以上；实验室耗材的生产厂商，如投入多条产线，可以形成200万居里辐照需求。γ辐照装置一共有两种类型——辊道式和悬挂链式，以下针对这两种类型进行对比分析。

2. 对标同行业辐照企业，确定选择辐照装置

主要对标企业是国内排名第一的辐照企业，该企业有两套辊道输送和电动传输相结合的BFT型辐照装置。

BFT 型辐照装置采用辊道输送结合电动传输方式实现产品输送和辐照，实现产品的自动或手动装卸，自动换位、换层、换面。采用货物超盖放射源模式，货物紧密排列在源架周围，在辐照室内实现自动换层、换面，一次出货，具有射线利用率高、不均匀度小、自动化程度高等优点。同时装置的主控时间（放箱间隔时间）最小可达60 秒，在装源量较高的情况下，仍可辐照低剂量产品。单箱载重量为400 千克/立方米。

此外，针对国内辐照产品种类多、单批次数量少的特点，BFT 型辐照装置设有增剂辐照系统，进一步提高源的利用率。改造后设备满负荷运转的情况下，辐照加工能力有大幅提高。

根据对比测量数据，悬挂链式辐照装置安装 100 万居里钴 60 放射源时的产能，与 BFT 型辐照装置安装 70 万居里钴 60 放射源的产能相当。按照每居里钴源 18 元计算，仅此一项，即可节约 540 万元。如果考虑到每年衰变 12.5% 后需补充的钴源，节约钴源费用更是可观。

在国内外已有近 20 座 BFT－2 型、BFT－3 型、BFT－4 型、BFT－5 型辐照装置投运，有多座装置已运行十多年，运行经验表明，该系列辐照装置安全、可靠，装置升源运行效率可达 99% 以上。

3. 全面控制辐照装置扩容改造过程，提升工程效率

按照装置扩容改造施工技术要求，企业内部上下一心、全力以赴配合施工方作业。全面围绕辐照装置结构设计、辐照产品自动传输系统、运行模式和检修模式、操作大厅、装卸箱方式、增剂辐照、预留自动装卸箱功能接口、源架及提升装置、装源工具、井盖及护罩、拉线开关、移动电视监控系统等方面进行深入研究和合理布置。其次是对控制系统、监控系统、安全联锁系统、辅助设备（主要为通风系统和水处理及冷却系统）等进行安装过程控制。

因钴具有源时刻衰变的特性，对于扩容改造的工期需要进行严格管控，采用双行并轨制作业管理，例如设备加工与车间内的土建施工同时进行、设备安装调试与仓库搭建货架同期进行等，最终实现工期进度有效缩减 40%（原计划 10 个月的改造时间缩短为 6 个月）。

（二）引入精益化管理，变革管理思想和方法，提升科学管理水平

1. 建立组织保障，顶层设计规划，全面推动管理模式转型升级

按照精益管理推进办法，成立三级组织，为精益管理工作推进提供组织保障。为保证精益管理的有序推进，华东辐照成立精益推进组织，精益领导小组由华东辐照经理部的副总担任，整体项目督导和跟进由精益专员负责，下设精益执行组由车间负责人担任。同时，明确各个层级人员的工作职责和分工。如领导小组职责：领导项目发展方向；指导和监督下级组织工作；项目阶段成果检验；必要时给予推进支撑力等。

2. 持续开展精益管理知识培训，领悟思想逻辑，掌握方法和工具

精益管理知识随着企业发展在不断迭代，如何获得持续降低成本的崭新思路，培养精益的理念；认识精益生产的价值，把握精益管理精髓，全面了解精益管理体系；掌握精益管理各种有效工具，如持续消除浪费的方法、防差错技术等；如何使组织执行力提升、个人领导力提升以及推行精益的能力等。针对年度精益推进方向，充分调研内部对精益管理知识的培训需求，结合集团总部对于各指标的管理要求，制定相应的培训课程。同时在课程中有效结合华东辐照的现状进行举例说明，把产业特性与精益进行充分融合，促使精益管理在内部的本土化推进。

3. 自上而下做拉动，自下而上做改善

华东辐照推进精益管理从经营方针做拉动，结合辐照企业的管理模式进行经营目标管理分解，以及制定精益专题改善，全面实现自上而下驱动精益管理。华东辐照基层从现场各个点的层面开始改善，引起周边人员的关注和触动积极性，实现全员参与改善自下而上支撑精益管理。

（1）建立客户多维度层别价值，为日常管理提供决策依据。

华东辐照的客户群体基本以医疗行业为主，但面临客户数量多、客户产品类别多、客户产品辐照价

值千差万别等问题，如何识别客户的价值层级是亟须进行的工作。根据辐照行业的服务特性及科学合理的管理模式，客户管理维度可以分为7个方面，每个维度具有不同的占比，这样可以建立系统的客户管理模型，完善日常管理决策依据。

（2）搭建设备管理体制，提升车间运行效率。

建立AM（自主保全）与PM（专业保全）协作推行：参照AM和PM的推进逻辑，过程中主要输出F条问题查找和解决，污染源、困难点的改善和设备清扫、点检、润滑基准书的制作，以及设备故障、小停机的差距分析模型，设备拆解步骤表，设备等级区分评价，年度和月度保养计划等。深度识别车间设备履历，针对重要的、易损的、高频作业的位置进行预防性的维修管理，建立备品备件库，做好定量、定期管理，避免备件缺失导致的长时间停机损耗。

同时把设备的故障率、小停机、设备点检等指标与设备维修及管理人员的日常考核绩效挂钩，实行月度执行、季度复盘、年度总结的管理模式，不断提升设备维修人员的专业工作能力和管理能力，以事前维修保养替代事后的停机维修，全面提升设备运行效率。

4. 打造标准化和目视化现场管理系统，提升管理水平

华东辐照车间辐照加工时的作业计划偏向于临时工作计划，改善后建立月度主生产计划与日作业计划两级计划体系，并制定标准化辐照加工通知单格式（一页纸），提供全面的辐照加工服务信息，例如产品信息、财务信息、加工信息、联络人员信息、其他辅助信息等，避免信息沟通不畅带来的工作量增加。同时对运行主任日常作业进行标准化，固化订单查看、客户沟通、计划编排等工作的时间节点及相应要求，使工作质量得以受控。

目视化主要是提升库房、设备间、班组作业区、精益作战室等区域目视管理水平，采用定位法、颜色法、标示法、分区法支撑现场5S管理，例如：把手动液压搬运车规划在固定位置并用定位线表示出来，易于寻找和归位；用显著的颜色标注油压表的最高点和最低点，让操作人员一目了然；用标示板印字区分场所、区域、库房顺序号码等，任何人都能快速识别。采用管理看板形式把运行的各种数据和状态展示出来，供各种有需要的员工和管理人员读取所需的数据和信息，例如生产活动管理板上的运行率、故障率、交付周期、安全十字管理、出勤等。

5. 搭建精益化体系，提升综合管理水平

华东辐照结合精益推进过程的需要，制定和发布精益相关管理制度及考核激励制度，编制相关精益开展过程总结手册，初步实现精益管理的常态化、制度化、标准化实施。同时以制度体系为基础，把精益管理与制度管理融合起来，以运行管理为主线，构建以华东辐照制度管理体系为基础的精益化管理方式，形成制约和高效激励的基础管理，有利于战略目标的拓展和分解，例如安全与精益管理相结合的安全管理体系、质量与精益管理相结合的质量保证体系、设备管理体系等。

6. 构建现场作业观察系统，促进全员参与改善活动

为了能够维持并持续改善现场作业环境及作业效率，华东辐照定期开展现场作业观察活动，由分管副总牵头，发动全员现场查找问题点，将安全、环境、七大浪费、5S管理等作为着眼点，以此带动全员改善的习惯养成，使改善文化成为华东辐照特征。

华东辐照持续遵循“有改必有奖”的原则，鼓励全员立足本岗位发现问题、改善问题，形成持续优化改善循环，每个改善问题能够做到有效的闭环管理。精益管理的实践是要遵循“点—线—面—体—魂”的推进步骤，华东辐照已经从点和线的基础推行中积累了专业经验，同时在逐步完善精益管理体系建设，实现精益管理在管理流程的全覆盖，通过各管理目标有效分解、行动过程进行有效管理、各数据变化分析动态可视、人才成长梯队等，打造一个能忠实于客户所有需求并快速反应的管理体系，最终通过精益的工具和方法论实现企业降本增效，实现高质量、高效率、高效益发展。

（三）搭建辐照信息化系统，助推精益生产，提供高质量发展支撑

1. 建立推进组织及设计项目开发流程，保障转型能力

强大的组织保障是顺利推进信息化转型的基础，华东辐照深刻认识到信息化转型的艰巨性、长期性和系统性，注重顶层设计，从企业发展的实际出发，聚焦优势，打通资源要素流通壁垒，将信息化工作视为公司总经理“一把手”工程，主要领导靠前指挥、亲自推动，中层全面执行和监督，基层全面实施，成立三级推进组织，明确组织内各人员的工作职责及分工，加强各部门、各岗位的统筹协调，形成信息化建设齐抓共管的整体合力。整体的信息化建设按照计划、执行、验收3个阶段进行。

2. 结合质量管理标准，构建标准化管理，保障流程规范

华东辐照有80%以上的客户来自医疗行业，按照质量管控要求，日常的质量控制标准须参照ISO 13485和ISO 11137－1的标准规范进行操作。信息化的开发初期结合ISO 13485和ISO 11137－1的相关要求进行流程设计、表格表单设计、各种记录的填写规范等，有效规避质量审核风险。

华东辐照信息化系统是面向运行车间的管理系统，主要分为功能组件和集成模型，定义10个模块，包括订单管理、质量管理、生产管理、生产异常、仓库管理、客户管理、产品管理、知识库、财务管理和人员组织。实现运行管理同步性，支持网络化运行服务，建立过程化、敏捷化、有效的组织和级别化的管理，使企业生产经营达到同步化，达到精细化管理的目的和效果。

3. 建立问题反馈机制，闭环螺旋管理，强化执行成效

在信息化推进过程中，会遇到各种各样的问题，主要问题有员工操作问题、变动问题、系统识别问题及管理问题，针对这些问题提出相应的改善对策。同时建立问题的反馈及处理机制，主要包括3个方面，即提出问题、分析问题、解决问题。信息化协调组督促各部门使用信息化系统，接收各部门在信息化系统使用过程中的问题反馈信息，以周为最小周期收集汇总各个问题点，同步与开发人员进行沟通协调，明确改善要求，制定完成时间节点控制，对已完成内容及时召集相关人员进行复盘，通过现场操作演示、流程模拟等方式确保问题改善的有效性，全力确保各阶段工作强化执行的成效，保证信息化系统可以正常、稳定运行。

4. 实施数据可视化管理，助推动态精益运行，加快信息化转型进程

华东辐照重点开展数据梳理工作，由市场部和运行部牵头对客户资料进行收集、整理和汇总，由质控部对客户的需求剂量进行审核和规范，全面梳理数据标准，提升数据质量，以信息流带动技术流、资金流、工序流，极大地提升企业资源的配置效率。

通过信息化整理收集到的数据输出辐照运行的效率、计划达成率、装载率等关键管控指标的动态显示，实现辐照运行过程的透明化、主控时间的可视化，提升精益动态分析、改善的及时性，并对辐照加工资源进行合理、均衡的管理和分配，提升辐照产品的质量，降低成本的投入，提升生产效益。

（四）开发创新性人才培养模式，突出战略引领，奠定高质量发展基石

1. 搭建内训师平台，激发人员新活力

华东辐照在人才培养方面秉承“人人皆可成才”理念，纵向延伸人才职业发展通道，各岗位的技术专家均可参加内训师培养认证，形成一批技术本领过硬、创新能力突出、素养高的创新型内训师，持续打造内部“高、精、专”的人才成长梯队。例如，通过培养内部精益内训师的方式，带动形成公司内改善的积极因子，助力华东辐照的高质量发展，精益内训师培养主要通过理论学习、课程选择、课件制作、日常训练、过程辅导、试讲评审等方式进行。

2. 加强创新思维训练和创新能力培养，挖掘人才潜力

首先，华东辐照有针对性地加强创新意识教育培养，经常性地开展分析力、推理力、思维持久力等创新思维训练，帮助员工突破权威思维、经验思维、从众思维、书本思维等常规思维瓶颈，培养员工敢

于质疑、提高敏锐的观察力、扩展创新思维视角。其次，在日常的工作实践中培养员工的创新能力，使员工不断优化作业内容，对岗位中存在的不稳定、浪费等现象能及时发现、及时解决、持续改善。

3. 建立创新型人才成长机制，保障人才队伍建设

华东辐照牢固树立“人才资源是第一资源”“人才战略是基础战略”的人才工作新理念，拥有科学的人才观。首先，打破传统的“大锅饭”模式，建立新的薪酬绩效考核机制，形成公平公正晋升机制，铺宽人才晋升通道以及“能者上，平者让，庸者下”的用人制度，营造有利于人才脱颖而出的环境。

其次是完善分配激励机制，建立科学的考核制度，确立工作目标，明确工作任务，将工作责任落到实处，以考核检验人才能力，以考核促进人才成长。同时，立足于人才队伍切身利益，以人才队伍实际需求为导向，给予人才队伍实际的关心帮助和奖励激励，关注人才成长，保障人才福利，增强人才的获得感、幸福感、归属感。建立合理的考核激励机制，形成高效率、高压力、高待遇的“三高”人才体系。

三、辐照企业基于“两化”融合的精益管理提升效果

（一）有效实现了企业“三精三高”的高质量发展

辐照企业的高质量发展是通过资源的高效配置，达到以小投入获取高效益的发展目标，而精益化管理与信息化管理的有效融合完全契合企业的发展需求，利用精益管理的理念突破传统经营理念，开拓发展经营的新思路，回归精益的本质“最大程度地减少企业生产所占用的资源和降低企业管理和运营成本”，持续开展课题小组式、个人式、信息式改善活动，全面实现了企业“精准化、精益化、精细化”“资源高效配置、运行高效率、经营高效益”的经营高质量发展。

2020 年度华东辐照 1 号装置营业收入实际完成数 1672. 16 万元，AOF（年度增长率）1. 69（2019 年为扩容改造期，增长率计算取值分别为 2020 年度营收和 2018 年度营收）。

（二）有效缩短了辐照灭菌的交付周期，提升客户满意度，增强企业竞争优势

新模式下的辐照行业间的核心竞争是“速度”的竞争，通过采用精益化与信息化融合的管理方式，有效识别影响价值输出的浪费点，以制定课题小组为主开展全员持续改善活动，提升了辐照装置的运行效率，现场管理的透明化、专业化、规范化、高效化。同时强化过程管理和控制，均衡企业资源的利用率，优化产能，提高运作效率，达到精细化管理目的。加强各生产部门的协同办公能力，提高生产数据统计分析的及时性、准确性，避免人为干扰，促使企业管理标准化。为企业的产品、中间产品、原材料等质量检验提供有效、规范的管理支持。实时掌控计划、质量、工艺、装置运行等信息情况，使各相关部门及时发现问题和解决问题。提高制造系统对变化的响应能力以及客户服务水平，最终可利用信息化系统建立起规范的生产管理信息平台，使企业内部现场控制层与管理层之间的信息互联互通，以此提高企业核心竞争力。

（三）打造了能持续提升的管理文化

通过管理创新，华东辐照培养和打造了一支专业化的队伍。各基层员工的职业素养和岗位化水平都得到了极大提升，有干劲，有执行力，有朝气。管理者改变管理模式和风格，有领导力，有“理论 + 方法 + 工具”，会管理、管得好。华东辐照各级人员在规范的体系管理下，增长了自身能力，拓宽了职业发展道路，保证了企业的组织效能稳步提升。同时，华东辐照将管理和文化有机结合，构建了一系列班组现场文化、价值文化、改善文化、全员文化。

（成果创造人：王锁会、顾　俊、刘炳喜、王　蕊、曹玲玲、
钱卫平、宋艳超、张卫刚、石新华、姚顾华）

石油钻探企业以提质增效为目标的精细化管理

中国石油集团渤海钻探工程有限公司

中国石油集团渤海钻探工程公司（以下简称渤海钻探）成立于2008年2月，是为油气勘探开发提供石油工程技术服务的专业化公司，具有油气工程技术服务完整业务链，是集石油工具、仪器、设备研发、制造及技术服务为一体的专业化、国际化石油工程技术服务公司，拥有钻井、试油、修井、定向井、录井、固井等主要专业队伍1257支，用工总量2.11万人。2020年实现营业收入191.6亿元，资产总额为319亿元。

一、石油钻探企业以提质增效为目标的精细化管理的背景

（一）提高经济效益的需要

近年来，石油钻探市场“量价齐跌”，石油钻探企业经营上面临严峻挑战。在工作量方面，受中石油勘探开发投资大幅缩减、部分油田调整招标方式等因素影响，渤海钻探市场份额大幅收缩。在服务价格方面，国家为了调动非公有制经济活力，激励更多民营队伍进入工程技术服务市场，行业竞争加剧，同时中石油调整了绩效考核政策，超交利润与工资指标挂钩，实行“基础增量+一定超额提成比例核定”超额提成增量，油田公司向乙方进一步传递经营压力，导致石油钻探企业工程技术服务价格逐步下行。在这种形势下，石油钻探企业必须通过加强管理，眼睛向内，通过集约化管理，深挖内部潜力，提高经济效益。

（二）优化资源配置的需要

渤海钻探由原大港油田集团公司和华北石油管理局钻探业务重组成立，设有23个二级单位，多数业务都设有2个以上的同类单位，同类单位虽然相对独立、自主经营，但业务范围大体一致，具备集约化管理的基础条件。为解决同类单位间存在的内部竞争、机构重叠，资源不足与资源富余的矛盾交替出现，以及企业发展后劲不足等问题，需要通过集约化管理，优化配置资源，形成规模效应，细化产业链条，打造新的业务，实现内涵式发展。

（三）增强竞争实力的需要

实施集约化管理，以节俭、约束、高效为价值趋向，进行统一优化配置，可有效地实现渤海钻探资源的整合协调，使资源最大程度地得到应用和共享，使企业实现由散兵游勇向超级战舰的转变，增强应对和抵御风险的能力，也是持续提升渤海钻探可持续发展能力和竞争实力的重要途径和必要手段。

（四）提高管理效能的需要

渤海钻探业务范围较广，设置的下属单位较多，易造成内部管理成本居高不下、业务流程混乱无章等问题。实现对人、财、物的集约配置，有助于企业组织结构的重组和精简，有利于企业运行成本的降低以及业务流程的规范、机构部门的职权明晰，是企业打牢管理根基、提高效率效能的现实需要和必然选择。

二、石油钻探企业以提质增效为目标的精细化管理的主要做法

（一）重组合并同类二级单位

1. 整合两个定向井分公司

为做大做强传统的定向井业务，渤海钻探撤销了原大港和华北的两个定向井分公司，组建了渤海钻

探定向井技术服务分公司。新的定向井技术服务分公司实现了技术能力的整合，竞争优势迅速显现。

2. 整合两个工程技术研究单位

为加快科技发展，实现科技资源共享，渤海钻探对原大港和华北的两个工程技术研究院进行了整合，组建了渤海钻探工程技术研究院，形成了“一个总院、两个分院，突出重点、分工协作”的新科研管理模式，科技资源得到相互补充，研究课题重复问题得以有效解决。

3. 整合两个油气合作开发分公司

重组之初，渤海钻探在苏里格地区存在着原大港和华北两个油气合作开发分公司。为解决业务重叠、资源分散、产能提高缓慢等问题，经过详细调研和分析，将两个单位合并，组建了渤海钻探油气合作开发分公司，实现了人力资源、科研资源共享，全面提升了油气合作开发能力。

4. 整合钻井分公司

渤海钻探组建后，国内共有7个钻井分公司，部分单位管理的钻井队不足30支，规模较小。为进一步提高组织运行效率，经过反复论证、多次研究后，渤海钻探撤销了原第六钻井分公司，将所属的钻井队分别调整到第四和第五钻井分公司，使得每个钻井分公司均达到管理30～40个钻井队伍的规模，做到了配置合理、规模适宜、均衡发展，促进了生产效率提高和工程提速。

（二）剥离整合相关细分业务

1. 剥离整合泥浆技术服务业务

渤海钻探将各钻井分公司所属泥浆技术服务的业务、人员、资产分离出来，成立了专业化的泥浆技术服务分公司，形成了具有自主研发钻井液处理剂和泥浆体系的骨干队伍，业务范围主要包括泥浆技术服务、钻井液现场技术研发、钻井液处理剂检测评价服务、钻井液科研技术的推广应用等。

2. 剥离整合地质研究业务

为适应苏里格天然气自营业务发展需求，增强综合一体化服务能力，提高苏里格地区产能，渤海钻探将分散在第一录井、第二录井、工程技术研究院的地质研究资源进行整合，组建了地质研究分院，集中科研力量，加强区域性古地貌沉积相分析、油气储层形成机理分析、砂体追踪等综合研究，不断提高目的层的准确性和钻遇率，形成了苏里格地区自营区块“勘探开发地质设计、井位部署、工程设计、油藏评价、现场指导施工”的一体化研发设计模式，充分调动单位和科研人员的积极性，提高地质油藏识别能力和技术支撑能力，取得了明显成效。

3. 剥离整合员工培训业务

渤海钻探将大港钻井培训中心、井下职工培训中心分别从钻井技术服务分公司和井下作业分公司分离出来，组建成立了渤海钻探职工教育培训中心。实行员工培训集约化管理以来，渤海钻探培训能力大幅提升，员工素质不断增强。随着培训中心培训质量的提升和培训能力的增长，培训作为一项产业的创收创效能力也持续增长，2020年取得经营收入6024万元，其中外部培训收入3275万元，占比54%。

（三）建立外部市场集中管理机制

1. 成立塔里木项目部

渤海钻探本着“集中力量、统一管理”的原则，成立了塔里木项目部，实施“统一市场管理、统一财务管理、统一安全管理、统一技术管理、统一物资管理、统一品牌管理、统一干部管理”的“七统一”管理模式，强化整体协调管理功能，使生产组织和技术管理等工作效率快速提升，钻井提速、降低事故复杂等多项指标名列前茅。

2. 打造石油工程总承包分公司

渤海钻探着眼于以钻井工程外包带动自有技术服务业务发展，组建了石油工程总承包分公司，在合理配置自有资源的基础上，最大程度地利用社会及行业资源，积极推进长庆地区一体化服务，实现了长庆地区总承包业务从无到有、逐步壮大，积累了丰富的总承包业务的实战经验，形成了高效快捷的工作体系和管理模式。

3. 设立新青玉石油工程事业部

为进一步强化新青玉市场协调管理，渤海钻探组建了新青玉石油工程事业部，代表渤海钻探重点负责吐哈、青海、玉门、中石化西北分公司等油田的市场开发工作；负责协调生产运行、生产应急、资源配置、建设方关系、企地关系等工作，理顺了工作职责，优化了管理流程，为集约化经营创造了条件。

4. 新设页岩气项目管理部

渤海钻探成立四川页岩气项目管理部，列二级单位管理，同步撤销川渝页岩气工作小组，实行统一市场开发和生产协调、统一投标和结算、统一财务核算和工程款分配、统一经营考核和干部考核“四统一”管理模式，统一出口与甲方深入接触，形成良性沟通桥梁，提高渤海钻探在页岩气市场的竞争力。通过整合渤海钻探优势资源，实现扁平化管理，全面强化成本管控，高效完成各项生产工作，实现渤海钻探在页岩气市场扭亏为盈。

5. 组建冀东石油工程事业部

渤海钻探按照集约化经营的需要，组建了渤海钻探冀东石油工程事业部，实施了统一市场开发、安全管理、技术管理、品牌管理的“四统一”管理模式，实现了资源共享。

（四）压减同一市场同类单位数量

1. 优化钻井市场布局

渤海钻探对长庆、塔里木、冀东市场队伍进行调整划转。长庆市场保留第三钻井工程分公司和第四钻井工程分公司，第一、二、五钻井工程分公司撤出；塔里木市场保留塔里木钻井分公司和第三钻井工程分公司，第四钻井工程分公司撤出；冀东市场保留第一钻井工程分公司和第五钻井工程分公司，第四钻井工程分公司撤出。钻井市场布局的优化，解决了钻井业务外部市场内耗不断、无序竞争问题，降低了管理成本，提高了运行效率。

2. 优化技术服务市场布局

为理顺工程技术服务市场管理体制，渤海钻探结合各技术服务单位装备技术优势，对井下、固井、录井三项业务国内交叉市场进行整合。井下作业分公司在冀东油田市场只保留带压作业业务，其他业务全部划转井下技术服务分公司全面接管；第一固井分公司退出华北石油管理局苏里格项目部苏75区块市场，相关业务由第二固井分公司接管；第二固井分公司退出冀东油田市场，相关业务由第一固井分公司接管；第一录井分公司退出山西煤层气、玉门油田市场，相关业务由第二录井分公司接管；第二录井分公司退出冀东油田、塔里木油田市场，相关业务由第一录井分公司接管。通过整合市场资源，实现了市场布局集约化，有效降低了管理成本，提升了技术服务业务的整体经营效益。

（五）推行集中招标采购

1. 实施公司级集中招标

按照集团公司授予的采购权限，渤海钻探采取“集中规模化”采购策略，使集中采购对象从物资延伸到了工程技术服务、生产保障用车、设备租赁及修理等80%以上主干专业。围绕公司级集中招标制定了“1441”工作举措：第一个“1”是建立一套更加优化的组织管理模式，便于采购需求和信息的汇总与统筹安排，实现一个信息出口；第一个“4”是统一四套标准，统一公司级集中采购目录、带量清单招标明细、招标方案模板、招标文件模板；第二个“4”是实行四个集中，集中开展市场调研和价格论证、集中招标方案编制、集中组织招评标、集中开展履约考核；第二个“1”是建立价格发布机制，为最高投标限价的确定和中标价格调整提供依据。

渤海钻探通过“1441”全过程集中招标，整合所属各分公司需求，发挥整体规模优势和价格竞争优势，实现了招标效益最大化。2018—2020年，公司级集中招标占比45%以上，招标节资率8%以上。

2. 推行分公司框架招标

未在渤海钻探集中采购目录和计划内的应招项目，由分公司根据自身采购需求，在权限范围内大力推行同一类项目框架招标。该类项目受甲方市场影响，工作量在年初无法确定，按照一单一采的模式，年招标批次无法确定，造成招标成本浪费，且影响市场的快速跟进。采取框架招标后，年初或上一年底就完成该类项目的不带量招标，提前确定中标服务商，待工作量确定后立即启动生产服务，实现市场资源的有效利用和快速匹配。

3. 开展分公司联合招标

除渤海钻探集中招标、分公司框架招标外，对于部分单位招标金额过小、需求不稳定或者临时零星采购的项目，比如冬防保温材料、零星通用物资等，鼓励各单位适时开展联合招标。联合招标模式主要有“大小配”和“弱弱联”两种方式，即采购量小的单位合并到采购量大的单位招标，两个采购量都小的单位进行合并招标，从而增强规模优势，提高招标效率，节约招标成本。

4. 建立集约化招标采购平台

渤海钻探于2016年被确定为电子招标试点单位，并开始全面推行电子招标，实现发布公告、发售招标文件、投标、开标和评标全流程电子化。与传统招标相比，解决了以往集中招标期间，现场开标工作量大、投标人多、突发事件不可控、效率低等问题，为大规模集中招标、跨区域单位的联合招标、外部市场框架招标等创造了便利条件。与电子招标配套实施的远程评标模式，有效解决了传统评标成本高、评委跨区域流动风险大等问题，年节约招标成本约47%。

（六）实施财务核算共享

1. 建立国内业务核算共享体系

为贯彻集约化发展理念，创新管理方式，提高运营效率效益，提升风险管控能力，渤海钻探按照“效率最高、流程最短、傻瓜式操作”的工作思路，建立新型财务管理体系，优化审批流程，取消线下审批，统一核算标准，推进扁平化管理，实现了财务核算集约化管理。

优化审批流程，取消线下审批。渤海钻探按照业务类别设计了一套标准审批流程体系，删减原流程中的冗余、低效环节255个，消除内耗，实现了流程端到端的优化。废止线下纸质审批流程，实现了移动端审批，有效加快单据流转速度，提高了管理效率和效益。所属各分公司根据本单位业务规模、管理架构、业务分工等在标准流程框架内灵活设置部分审批节点，满足了管理需求。

统一核算标准，消除信息差异。渤海钻探针对性质一致的业务，自上而下设计基本流程，再由高到低设计子流程和操作指导书，实现了统一会计科目、统一会计数据、统一财务制度、统一财务流程。制定标准化凭证模板，定义核算对照表，优化传输流程，规范了55个会计科目的使用规则，统一了24家单位的进项税核算及资金结算方式，有效避免了差异化，显著提高了会计核算标准化、规范化水平。

建立智能型账务处理系统，打造一体化核算模式。渤海钻探利用信息技术构建共享服务集成系统，实施服务自动化，突破了传统财务系统时空的限制。一是通过梳理核算规范、设置自动化模板、强化系统集成等方式，实现了四个辅助核算自动推导，一次提单同时生成三个责任中心凭证，零表单完成进项税多层次上转、合并抵消业务自动化处理。二是将内控制度、流程、关键控制点和控制措施固化在信息系统中，尽量减少审批人员审核业务合规性的工作量，把因人为因素而出现差错的概率降到最低，提高了信息沟通效率和效果，降低了内控成本。三是上线进项税平台，实现进项税发票自动化处理，系统验真查重、超期预警、批量认证、快速对账，不再需要人工核对增值税票据的真伪，税务风险防控能力明显增强。四是设置超标审批、预算管理等功能，将风险管控从业务末端向业务前端和业务过程延伸，进行风险预警，将风险事项及时向管理层和业务部门传递，将风险带来的影响控制在可接受的程度。由此，构建了一套从预算到提单、从业务审批到票据验真、从凭证处理到报表编制的一体化自动处理系统。

营造独立财务监督环境，降低经营风险。分散核算模式下，属地财务的会计监督职能被弱化，当公司政策和分支机构利益发生冲突时，负责会计监督的财务人员与被监督者处于上下级关系，监督者可能慑于分公司领导的权威而妥协。财务共享后，基于流程和业务分工的作业模式使得单据随机分配到财务人员手中，切断了作为监督者的共享中心核算人员和作为被监督者的分公司相关人员的直接联系，串通舞弊的可能性大大降低，有利于财务人员履行财务监督职能，有效降低了经营风险。

实行财务扁平化管理，减少运营成本。分级核算模式下，在各分公司或子公司分别配置一套完整的财务核算体系和管理人员，一些分公司下属的规模较大的分支机构也配置了财务机构和人员，甚至出现三级、四级核算，造成管理层级复杂、机构臃肿、管理成本较高，进而导致财务报告层级多、流程长、速度慢，会计数据分散，形成信息孤岛，容易出现疏漏和差错，主观人为调整数据的可能性加大，财务信息的及时性、准确性和相关性难以保证。实行财务共享后，取消 6 个三级核算中心，减少管理层级，缩短管理路径，精简财务机构，克服信息阻隔，降低运营成本和经营风险，实现了扁平化管理。

2. 推行海外项目核算共享模式

构建内外账联动新机制。针对原来内账核算不规范、不统一，外账管理薄弱，海外会计信息失真、账务处理不及时、内外账差异较大等问题，结合实际提出了“一个会计主体，两个责任中心，内外账联动”的核算新模式，对二级单位分别按照国家建立基本责任中心和调整责任中心，其中：基本责任中心按照外账逐笔记录，做到一一对应；对于因内外账会计政策不同等原因形成的差异，在调整责任中心进行反映，共设置了 62 个责任中心。新模式同步反映外账和境外项目实际经营情况，明晰内外账差异，同时也能够体现各海外单位的经营效果。

实现账务集中处理。渤海钻探组建了海外共享中心，先后对印度尼西亚、伊拉克、秘鲁、伊朗、科威特等市场会计业务实现了集中核算，负责业务单据接收与复核、凭证处理、账簿记录、境外报表编制和分析、海外子公司股利分配等工作，形成一体化核算体系。一是对会计科目选用，往来单位名称、市场分布、销售项目等辅助核算规范进行细化，实行统一化设置、精细化管理，加强会计监管，确保会计信息及时性、准确性和可比性。二是实行海外财务人员统一管理，通过专业化培训后由专人负责同类型工作，发挥集约效应、规模效益，促进富余人员将工作重心转向决策分析、预算管理和成本管控等方面，为财务转型创造了条件。

开启转移定价工作。海外共享中心通过现场调研、沟通，根据所在国税收法律法规和税收管控环境，制定有针对性的税收筹划指南，出台《渤海钻探出口物资涉及费用会计处理规则》，科学合理地开展转让定价工作，统筹规划境内外关联业务，将纳税筹划工作向业务端前移，由此转移在境内发生的与境外相关的成本费用 2586 万元，节约所得税费用 854 万元。同时，积极关注所在国税收制度和环境变化，认真研究、及时应对伊拉克、伊朗、阿联酋等重点资源国财税政策频繁调整以及税收争议，较好规避了海外税收风险。

创建内部资金清偿机制。海外共享中心建立公平高效的内部资金清偿机制，在坚持境外资金集中管理的基础上，赋予所属单位一定的资金运营权，允许二级单位根据生产需求持有不同货币，允许币种间自由兑换，按月清偿资金，汇率波动造成的收益和损失由二级单位自行承担。所属单位资金清偿及时到位，充分保障了海外市场发展的资金需求。

统一境内费用分摊规则。海外共享中心出台《渤海钻探海外市场国内费用分摊规则》，按照受益性原则转移总部费用，杜绝部分单位随意转移境内外利润的情况，真实反映项目和运营主体的经营状况，集中核算境外市场利润率从2016年的6.11%上升到2020年的20.93%。

（七）实行海外项目集中统一管理

1. 实施市场开发集中统一管理

渤海钻探明确由国际工程分公司统一管理各涉外单位市场开发人员，构建、共享海外市场开发网络，负责市场信息收集、技术和服务能力推介，统一进行总包项目、钻修井日费项目、技术服务项目的商务投标。

2. 实施生产组织集中统一管理

渤海钻探明确由国际工程分公司将各服务单位的海外项目生产管理纳入项目经理部统一管理，国际工程分公司代表渤海钻探建立总包一体化服务管理机制，共享生产运行平台，与甲方沟通工程质量、工程投诉等重大事项，联络协调当地政府，督促施工单位落实工程施工要求；各单位组织自身设备资源的生产运行，落实工程施工、事故复杂预防、提速方案制定、质量控制管理等具体工作。

3. 实施安全服务集中统一管理

渤海钻探细分了质量安全环保处、工程技术处、国际合作处、国际工程分公司以及海外各参战单位的安全管理责任，建立健全海外市场社会安全、生产安全、井控安全管理制度和执行标准，在海外项目部集中使用安保资源，统一调配安保力量，降低安保成本，实现了中方人员零伤亡。

4. 实施物资装备集中统一管理

渤海钻探按照“集中管理、资源共享、统一协调”的原则，对境外物资实行集中招标采购，通过不断完善招标模式、扩大集中招标采购范围，提高采购招标率，有效降低了物资采购成本；通过海运、清关、内陆运输“一站式”服务，加快了海运清关速度；通过建立海外项目经理部大库房，共享各钻井单位、技术服务单位物资装备库存，降低了海外项目库存总量；通过实行钻具和井控装置专业化统一管理，修建井控车间，加强井控装备检维修，确保井控装备处于良好状态，减少了安全隐患，提升了保障水平。

5. 实施人力资源集中统一管理

渤海钻探将海外项目经理部作为经营责任主体，精简管理机构，实行项目部到作业队的二级管理模式，撤减各单位管理机构和管理人员，各单位工资发放、材料采购、发票制作等日常管理职能全部由项目部职能部门承担，2020年海外项目经理部管理人员较峰值下降50%；同时由海外项目经理部统一进行外籍雇员招聘，执行统一的薪酬标准和福利政策，制定统一的绩效和薪资方案，保证了雇员总量可控、质量提升。

三、石油钻探企业以提质增效为目标的精细化管理的效果

（一）提高了经济效益

通过实施以提质增效为核心的集约化管理，渤海钻探全面完成了2020年各项经营指标，取得了较好成绩。成本管控成效显著，全年累计降本增效9.86亿元；创收创效成绩突出，2020年公司利润率为

1.07%，比2019年增加0.79个百分点，增幅达283.5%，超额完成集团公司下达的指标。

（二）优化了资源配置

通过实施以提质增效为核心的集约化管理，渤海钻探各类资源得以进一步优化。精简了机构设置，优化了管理流程，促进了整体水平提升，实现了企业轻量化经营，提高了企业经济效益。

（三）增强了竞争实力

通过实施以提质增效为核心的集约化管理，解决了单位间存在的内耗、低效和浪费问题，市场布局进一步优化，收入结构更趋合理，钻井业务实力持续稳固，技术服务业务不断发展壮大，产业链条有效延伸，实现了高质量发展。

（四）实现了稳健发展

通过实施以提质增效为核心的集约化管理，渤海钻探机构设置更趋合理，物资采购成本持续降低，地质研究力量显著增强，海外项目管理水平明显提升，特色业务发展势头强劲，市场竞争能力不断增强，盈利创效能力显著提高，抵御市场风险能力有效提升，实现了稳健发展。

（成果创造人：刘光木、王　勇、吴立新、刘荣军、马　强、刘　娟、谭　涛、王广路、朱　鹏、于朋生、刘其坤、穆彦杰）

供电企业基于虚拟现实技术的安全生产培训管理

国网辽宁省电力有限公司大连供电公司

国网辽宁省电力有限公司大连供电公司（以下简称大连供电）是国家电网公司34家大型重点供电企业之一，供电区域1.33万平方千米，用电客户414.9万。2020年，全年完成售电量319.19亿千瓦·时，售电收入161.55亿元。固定资产投资31亿元。城农网供电可靠率分别完成99.97%和99.86%，全口径供电可靠率完成99.90%，英特尔、恒力石化、大连造船厂等核心重要用户供电可靠率超过99.999%。近年来，大连供电先后荣获中央企业先进集体、全国供电可靠性A级企业等称号，一直保持全国五一劳动奖状、全国文明单位、全国用户满意企业等称号。

一、供电企业基于虚拟现实技术的安全生产培训管理的背景

（一）服务战略要求、提升安全生产管控水平的需要

国家电网公司提出“建设具有中国特色国际领先的能源互联网企业”的战略目标，要求供电企业紧紧围绕战略目标，高水平、大视野统筹策划，设计高水平的治理体系、实施体系。安全生产是供电企业生产、发展的重中之重，是一项“归零”的工作。供电企业融合电网、设备、人身三个维度的安全稳定，结合新模式、新技术，构建高水平的培训技术与培训模式，是战略目标下安全生产培训的新要求，需要找准两化融合的突破点，加强人工智能、区块链等技术应用，才能推进电网向能源互联网转型升级。兼顾并逐步兼容日常运维、检修作业、应急抢修等应用场景，融合虚拟现实技术、大数据及人工智能技术，开发全数字化、高度仿真、智能化的安全实训平台，建立高度信息化、可视化的国际领先的培训管理模式，成为大连供电安全生产培训管理的必由之路。

（二）服务电网发展、推进安全生产培训创新模式的需要

当前电网规模不断扩大、层次越来越多、业务越加复杂，在新设备多、新员工多，电网技术更精密、专业细分更严密的背景下，如何能精细、到位地开展安全生产培训是大连供电面临的巨大挑战。员工需要通过实战熟悉流程、磨炼技能、增长安全本领。由于电网及设备运行的特点限制了现场实操培训的开展，大部分员工只能通过少量的集中培训和日常工作积累来获得成长。大连供电每年开展安全生产培训，参加人员4000余人，安全生产培训方式均为集中授课，理论多于实践体验。传统安全生产培训方式的条件受限，方法、途径单一，已经远远跟不上大连供电奋进的步伐。大连供电必须前瞻性地开展数字化、智能化安全生产培训等工作，加强安全管理，坚决把常态安全生产培训科学精准落实到位，不断巩固和拓展安全工作成效。

（三）把握数字机遇、借重信息技术发展成果的需要

“后疫情时代”“线上教学”“线下培训”的混合模式将成为电力行业教育培训重要组成部分，传统的教育培训模式面临全方位深层次的变革。在新一代信息技术蓬勃兴起的大势下，大连供电必须把握信息技术革命带来的机遇，充分发挥科技对安全管理的支撑作用，将数字技术全链条、全周期融入安全，加强和创新安全生产培训管理，提升不同场景需求下的安全管理能力，从而更好保持电网稳定，维护企业安全。

二、供电企业基于虚拟现实技术的安全生产培训管理的主要做法

（一）构建基于虚拟现实技术系统的安全生产培训管理体系

1. 按照“一核多元”定位，构建管理体系

“一核”即以建立虚拟仿真的安全作业环境和作业行为系统为核心，应用 VR/AR、大数据、人工智能技术，以数字孪生理念为基础，构建平台化系统，让受训者在虚拟仿真安全生产培训系统仿真环境中接受安全管理、安全作业培训。平台能够对实训中发现的习惯性违章行为进行大数据分析，增强安全管理针对性，为管理者对于人员水平的了解提供基准，也为系统性培训方案的制定、培训方向的把握提供支撑。

“多元”即“多功能实现、多场景验证”。多功能实现即体现安全生产的培训、考核以及事故警示体验，突出培训模式和考核模式，建立完整真实工作流程，强化员工培训体验，使培训者对于作业过程具有更加清晰的了解。多场景验证即通过安全生产培训，让每一名员工在虚拟体验中熟悉现场、熟悉规章制度、熟悉流程方法，树立安全意识，逐步趋近本质型、恒久型安全目标。

2. 注重能力建设，明确体系建设方向

大连供电围绕“三个能力”（具备必要的安全生产知识能力、掌握本岗位的安全操作能力、增强预防事故和控制职业危害的能力）开展体系建设。一是作业流程梳理。按照各专业作业框架，梳理真实作业流程，保障培训作业流程准确性，详细调研现场工作规程，夯实体系建设重要基础。二是风险识别和违章查找。通过培训，员工能够树立“预防为主”理念，明确作业流程各个环节中危险点，包括但不限于高处作业处高处坠落、物体打击风险，起重作业处起重伤害风险，部分停电的场区、设备和未经停电、验电、接地的设备作业触电风险。员工能够识别作业存在风险，将安全工作规程、管控标准化工作规范等规章制度的要求融入作业中。三是事故体验。安全生产培训重在体验，大连供电强化事故体验在体系中的重要功能，真正理解安全工作规程都是血的教训，体验不遵守规范规程会导致什么样的后果，亲身经历违章引发的事故，提升在现实中杜绝违章的意识，更好规避事故发生。

3. 以建设方向为依据，明确体系建设内容

围绕体系建设方向，明确体系建设主要内容。一是建立各安全生产培训场景。大连供电在安全生产培训中建立各类安全场景，模拟电网中各种实际作业，融入各类违章作业行为，让受训者根据“角色”进行各类风险的甄别和规避，安全完成作业，并在培训过程中进行必要的安全警示、提示。二是安全作业考核。安全生产培训接受考核者自己主动操作、主动发现错误，避免危险的发生。针对受训者自身违章行为或是不当的操作行为，或没有履行安全管理职责，建立考核打分机制。三是事故演示、体验。在安全生产培训或考核期间，受训者将得到事故警示和体验强化。四是远程监督。培训人员可以实时监督受训者在培训场景内的行为、操作、视角。五是综合评价。安全生产培训建立考核模式，对受训者的行为、操作、决策进行综合性的考评。六是培训场景设置。安全生产培训设置场景考核点，灵活创建培训或考核场景信息，规划场景运行流程。七是行为分析。安全生产培训对受训者开展行为分析，反映受训者个体或整体的技术水平，统计分析易错点等，作为后续培训的依据。

（二）建设虚拟现实技术安全生产培训系统

1. 广泛调研，征集系统建设重要依据

围绕“一系统”建设，大连供电先后考察各基层安全管理现场，与广大一线职工、班组长座谈交流，对安全生产培训的场景、技术、设备、应用等要素进行深入调研，并对培训现有布局及建设需求进行调查，编写内容翔实的现状调研报告，作为系统建设的重要依据。

一是认识到理论与实际要有效结合。随着电网日益复杂、设备种类数目日益增多、供电可靠性要求日益增高、专业配合日益严密，供电企业的安全生产培训局限于理论培训，无法进行大规模、多人次的

实操培训。二是加强实战机会。“纸上得来终觉浅，绝知此事要躬行”，安全生产培训系统为员工提供实战的机会，使员工参与其中、融入其中，将纸面的规章制度、规范转化成有画面感的亲身经历，真正产生对安全的思考。三是打破培训时间地点限制。安全生产培训系统解决了时间、地点限制这一制约培训的重要问题，消除集中培训与员工生活、工作的冲突，使安全生产培训不再限于一时一地。四是提升培训的针对性。面对特高压、超高压、高压、中低压电网等电网层次复杂，输电、变电、配电、营销等专业包罗万象，“三站合一”等输变电系统分支繁多，能源流、数据流、行为流等新技术新概念日新月异的现状，安全生产培训系统提供可定制培训内容，充分体现每个专业、每项工作的技术进步，是灵活满足培训需求的现实方案。五是提高培训的泛用性。安全生产培训系统提升培训标准的普遍认可度和应用范围，培训有泛用性，将存在的各类危险点、隐患都摆在学员眼前，让每个人都真真切切地掌握对危险的分辨力、形成“我要安全”的意识。

2. 坚持以人为本，明确系统建设方向

大连供电注重以人为本，将促进广大职工熟悉有关安全生产规章制度和安全操作规程作为安全生产培训的根本目的，围绕调研中的问题和思路，明确安全生产培训系统建设的主要方向。一是系统应满足对新老员工培训的不同需要。新员工能够熟悉工作流程，加深对安全工作规程等规章制度的理解，掌握安全能力；老员工检视自身存在的不良习惯，防止习惯性违章最终酿成事故。二是为各专业员工提供方便、稳定、安全的实战培训机会。安全生产培训系统建立不同专业、不同作业内容的作业场景，以满足不同专业员工的需要。员工不需脱产参加培训，可利用工作的闲暇随时参与。三是加深现场人员对安全的理解。员工对规章制度的理解不再只停留于纸面，将理论规程融入实际工作中，掌握规范作业流程、明晰违章操作后果。四是提高员工的安全水平。从安全能力和意识等方面，切实提高从业人员安全素质，掌握“我能安全”的安全能力，树立“我要安全”的安全意识。五是为培训提供数据支撑。安全生产培训系统基于大数据的行为分析，能够找出员工普遍存在的安全盲点，有针对性地开展安全生产培训，消除习惯性违章。

3. 研判功能特性，规划系统整体架构

安全生产培训系统技术架构整体采用分层结构，分为用户层、应用层、平台层、基础层。用户层为系统的使用终端，支持PC端和VR头盔。应用层描述系统的功能模块、后台入口、系统应用等信息，核心功能为培训、考核、行为分析模块，还有用户管理、场景资源加载模块等。系统采用统一的用户管理和场景部署方式，能够使用户信息匹配于登录模块和分析模块，进行统一管理。场景的模块化构建使系统场景能够灵活、统一部署。平台层是系统构建过程中使用的开发平台、开发技术，包括最主要的大数据平台和AI分析算法系统和其他构建系统需要的平台技术，如SteamVR、U3D、分布式消息等。基础层是整个架构体系的运行支持，通过云部署的方式使整个系统快速、正常、合理运转，云部署分为公有云部署和私有云部署，保障系统的安全性和故障反应能力。

4. 强化开放融合，确定系统建设思路

一是开放性、平台化、模块化。大连供电确定开放式设计方法，能够对接其他信息环境数据交换，便捷化进行功能扩展，定义标准的、完善的开发框架，建立场景加载、动画演示、场景交互、数据传输完整开发流程，实现平台化开发、高效率开发。安全生产培训系统确保每一个作业场景独立运行，进行单独加载，增强移植性，逐级向下模块化开发、模块化定制，增强电网企业输电、变电、配电及运行、检修等各专业，多专业、跨专业融合。二是应用广泛性。安全生产培训系统突出新职工培训、新技术培训、安全事故警示教育等多场景应用，促进对作业现场、作业流程不了解的新职工通过实训方式学习到更多、更形象化的知识，强化职工整体成绩评定功能，跟踪新技术融入电网趋势，促进新技术普及。安全生产培训系统中增加危险体验模块，当培训者触发重大危险点时，通过演示危险事故动画，增强培训体验，起到更好的警示作用。三是多角色兼容。安全生产培训系统兼容培训、考核、体验等多功能以及工人、管理、督察等多岗位角色。提供不同专业、不同环境、不同工种下的培训场景、考核模式、事故体验等，允许不同岗位、不同角色进行跨专业培训，为全面提高职工素质提供基础。

（三）以系统落实重点任务，促进“六化”管理实施

1. 实施三项重点任务，搭建仿真模拟环境

安全生产培训系统扩展系统资源，根据需要新建数字模型等资源，依靠交互关系嵌入场景中进行交互。一是搭建多维数据结构的电网作业环境孪生系统。大连供电探索现场作业、设施、运行等标准化数据交换模型，促进虚拟交互与现场交互统一、行为数据化、管理可视化。大连供电在安全生产培训系统建立变电、输电、配电设备及运行机理的仿真模型，作为运行检修、生产作业行为模拟的基础环境。二是构建以行为数据化为基础的生产作业模拟环境。围绕生产作业标准化、安全规程等，大连供电探索建立典型行为库和生产作业的模拟环境，提高安全实训的有效性，进行生产作业“事前”行为及安全沙盘演练，生产作业“事后”复盘分析，为构建穿透建设、运行、检修的一体化“三维可视化”平台奠定基础。三是设计大数据分析体系。大连供电构建电网安全生产培训行为大数据系统，以大数据技术为基础，设计行为分析模型，构建行为数据分析体系。从虚拟仿真培训过程中获取用户行为数据，针对不同的数据采用XML文件、结构树、关系表等不同的结构和方式进行存储。整合数据集，将来自不同数据集的数据收集、整理、清洗、转换，为后续查询和分析处理提供统一的数据视图。四是构建人工智能分析系统和标准。大连供电基于虚拟仿真培训统一框架体系，搭建人工智能行为分析系统，以人工智能的方式，通过模式识别、机器学习等人工智能技术创建并训练统计模型，分析培训系统中生成的用户行为数据。安全生产培训系统从大量的数据中挖掘出有用的信息，驱动系统以数据分析为主线，将数据间的关系与决策应用联系起来，达到以预测为目的的行为分析。

2. 推进作业行为标准化、数据化

系统紧密对标《国家电网大连供电公司生产作业安全管控标准化工作规范》，以保障安全为核心设计思想，设计并实现工前准备充足、工作过程规范、工后整理到位的整体作业行为标准化框架。大连供电严格制作符合实际、符合规范、符合安全标准的培训操作模型，做到培训场景与现实情景相一致。系统赋能行为数据留存功能，将培训者在场景中的一切行为、操作、判断数据化，系统以数据为基础，结合数据分析技术、AI分析算法，综合分析人员行为、操作行为、判断行为等信息。

3. 推进安全生产培训智能化、可视化

大连供电打破传统培训模式的表达单一性、模式固定性，将数字模型融入培训过程中，并通过统一后台管理系统，根据不同情境下的需要合理、灵活重组培训场景。安全生产培训系统为用户分配单独账户，培训数据、行为数据、个人数据与账户相关联，实现培训过程智能化设计、培训环境智能化搭建、培训人员智能化管理。通过先进的数字孪生技术搭建虚拟场景，模拟真实工作情景，留存重要数据，实现操作可视化、数据可视化，以VR或AR技术为基础，将工作流程、灾难发生、模拟操作等情况在受训者的眼前立体呈现，并且能够展示在第三方显示端，供负责人实时观察。

4. 推进培训内容构件化、模块化

通过一次建模、多次使用、多维应用，安全生产培训系统实现交互，实现不同场景组合，并可赋值一定的交互逻辑规则。根据实际需要划分模块，如环境模块、设备模块、人员模块、交互模块，各模块之间既有交互又能拆分，实现系统的灵活组建。

（四）发挥系统技术优势，开展行为智能分析

1. 引入仿真技术，优化数据建模

大连供电优化仿真建模，通过工业级仿真建模工具3DMax进行建模，由其软件内置的基础模型拼

搭、嵌合而成，经过有技巧的处理和渲染，促进模型更加精准，图像更加平滑真实。一是动作交互。大连供电使用 Unity 和 UE4 等 3D 图形交互引擎制作场景中的人机交互，发挥 Unity 和 UE4 跨平台、易部署、一键导入、对于三维模型的导入及操作非常友好的优点，以及自身的跨平台性与开放性优势，将建好的虚拟仿真模型导入引擎软件，使用 C#语编写脚本进行模型的控制，实现系统必需所有交互操作。二是动画制作。大连供电使用专业的动画制作工具制作过场动画及培训过程中的所有动画，保证动画的流畅度、清晰度。三是项目部署。大连供电发挥安全生产培训系统可移植性和兼容性，将其部署在现有主流操作系统中。四是数据传输。大连供电将安全生产培训系统中产生的用户行为数据传输至后台进行存储，输入终端大数据平台中进行数据分析。五是数据存储。大连供电采用高性能、高安全性的数据库进行存储，并对数据库进行严格的分库分表操作，严格定义数据表映射关系和主从关系。

2. 定义行为分析

一是用户行为分析分为个人行为分析和整体行为分析。个人行为分析注重考察单人的培训学习情况，包括个人错误率、个人错误类型、个人任务用时、个人综合评分等分析。整体行为分析针对场景中的所有用户进行一个整体的分析，如场景的通过率、场景错误率高的错误点、多个场景的错误分析等。二是以大数据平台为基础形成完整的行为分析流程。大连供电以人工智能算法为核心，融合数据传输、数据部署、分析算法等技术，搭建使用分布式平台、轻量型后台等。三是数据采集分析的过程。用户在系统中的行为产生数据，以数据采集的方式记录下这些行为数据，产地给系统，由系统分类、分表地存入数据库，大数据平台的数据采集、数据清洗、数据分类等功能应用在此，将处理好的数据提交给数据分析算法进行分析，结果以图形化等多种形式显示在前台页面。

3. 建立分析标准

一是专业标准。大连供电将行为分析按专业进行标准划分，根据实际分为输电、变电、配电三类。系统进行单专业内的单人或团体分析、跨专业的行为分析、不同岗位的职工整体的分析，了解专业间的行为差距，为建设全面型人才提供支持。二是电压区间标准。作业场景按电压等级进行标准划分，可分为交流 500 千伏、交流 220 千伏、交流 110（66）千伏、交流 10 千伏等，通过不同电压的横向对比，分析行为上的差别，为作业流程规范的改善提供理论支持。三是作业类型标准。作业场景根据业务划分（以配电为例，大致可分为电力建设、电力安装、运行、检修、大修工程等一系列作业类型），作为作业类型的分类标准，通过行为分析得出个人或团体作业类型的作业水平，并通过横向比较了解其所有作业中擅长及不擅长的作业类型，为管理者提供决策支持。四是具体作业划分标准。系统根据建设场景划分更加具体的作业任务（如检修作业中的线路刀闸维护作业可以作为其中的一个具体场景进行分析），通过个体、群体、团队等分析模块全面、具体了解培训者的知识掌握水平，或者继续向下进行划分，细化到具体操作过程、具体行为关键点等项目。

4. 开展行为分析

一是数据生成。系统通过场景内的作业过程设计及后台作业流程控制，提取到用户产生的行为数据，以培训者唯一账号作为标识，进行数据记录操作，将场景中的每一个动作、每一次决策进行数据化。二是数据传输。前台场景产生的用户数据以标准的格式传递到后台系统，后台连接数据库，并编写相应的存储功能代码，实现数据高效保存至数据库，在数据库中，数据以表的形式存储，以用户标识为唯一索引，方便后续数据的调取。三是数据分析。系统进行行为数据的分析时，由数据库进行有目的、有顺序、有结构性的数据抽取，以大数据技术进行数据清洗、数据分类等常规处理操作，经过数据预处理后搭配嵌入的智能分析算法进行数据分析。四是数据显示。系统将分析后的结果显示在前台页面，以饼状图、折线图、柱状图、对比图等种形式表现，形象直观地显示出分析结果。

（五）依托系统建设，多措并举优化流程

1. 依托系统建设，优化实训流程设置

大连供电有效应用系统建设成果，优化培训流程，全面部署安全生产工作，进一步压紧压实责任，扎实抓好安全生产工作。一是推动现场各类人员以作业现场不同的身份参与作业流程，识别纠正作业中的危险点，保证作业顺利实施。二是通过培训，受训人员具备识别作业中各类不安全行为的能力，建立“我要安全”的意识。三是通过大数据收集，对参训人员开展行为分析，识别参训人员的安全盲区，为下一步的培训重心规划提供科学依据。

2. 多措并举实施，落实各项安全举措

参训人员以各种角色参与培训，运用 VR 头盔、PC 等设备，依据现场实际设备情况设立场景及对应于作业内容的标准化作业流程，发现并纠正和消除作业中存在的违章行为、危险因素。系统同时引入事故案例体验，让参训人员能体验违章行为、危险因素引发的事故危害，加深培训印象。培训根据培训对象、内容、目的的不同分类开展。一是新员工培训。大连供电针对新员工不熟悉电网系统作业内容、不具备现场安全生产能力的情况，组织新员工进行安规考试和本专业作业的仿真培训，梳理作业流程，使新员工在参加作业之前掌握安全能力，理解安全要求。二是工作梳理。在进行危险、复杂、困难程度较高的作业及本单位未开展过的作业时，员工可以在系统内查找相关作业进行预演。如系统的作业库建设足够完善，已制作相关作业的案例，员工通过作业流程在系统中进行演练，从参与者和观看者的角度核对作业方案是否安全、可靠。三是观看讲解。大连供电结合春秋两检前安全生产培训，选取有代表性的作业案例组织全体员工观看，针对工作环节中的风险点、违章、可能造成的后果进行讲解，配合安全规章制度、要求的解读。四是日常练习。班组可以向相关管理人员申请使用培训设备、场地，自行开展练习，依托 VR 硬件环境进入作业情境，以角色情景演练和事故案例体验的形式开展自我培训。各班组、现场员工每年保证相应的培训时长。

（六）建立安全生产培训管理保障体系

1. 线上考核评价，落实公开透明

考核线上化。考核系统中设置评分标准，系统直接计算导出考核评价各维度得分及业绩登记表、汇总表、业绩统计表等。员工根据专业、现场角色进入不同作业场景、不同角色进行安全考核，对作业中遗漏的危险点、未发现的违章情况进行统计、分析，根据每个人的考核结果，要求其开展针对性学习，对未通过考核的人员组织补考。

一是强化结果应用。经考核系统确认、审核后的有效业绩数据，可以直接应用于后期人才选拔系统、教育培训积分系统、专家人才工作室业绩系统等，形成员工业绩数据库，实现“一次录入、审核确认、多次应用”。二是优化系统功能。随着数据累积，大连供电促进数字化技术与培训业务的深度融合及信息资源的共享，提高工作协同效率和培训管理数字化水平，在培训策划、项目编制、质量评估、培训资源配置等方面升级培训管理系统，拓展系统功能，全面监测培训业务运营情况，支撑培训需求分析、培训方案编制、培训实施跟踪、培训评估开展等，更全面、更专业、更友好、更开放地管理统一的数字化平台，拓展培训体系科学化和过程管控智能化。

2. 实施“强脊拓基工程”，培养业务骨干

大连供电通过平台结果应用，立足岗位重点培养提升业务骨干专业能力素质，开展安全类业务骨干及技术技能类业务员骨干培养。大连供电选拔入职 5 年内综合素质高、管理能力强、发展潜力大的新员工，实施青年高潜力人才培养计划，按照“三项能力、三年跟踪评估”的工作思路，努力建设一支素质过硬、结构合理、富有活力的青年高潜力人才队伍，作为后备梯队。大连供电以构建新员工全职业生涯培养体系为目标，着力提升新员工成长成才速度、密度和高度。大连供电为员工提供岗前培训、轮岗

实习、师带徒、综合能力评估、专业技术资格和技能资格等级提升、多岗位锻炼学习，提供全职业生涯发展通道指导、新员工职业能力评测平台、全职业生涯发展规划指导，建立职业导师体系，科学匹配职业导师，建立有效反馈机制。

三、供电企业基于虚拟现实技术的安全生产培训管理的效果

（一）切实提高安全生产培训质量效果

基于虚拟现实技术的安全生产培训管理，提高了作业人员安全生产培训智能化水平，为不同岗位、不同专业、不同作业任务提供有针对性的安全生产培训课程，确保了参加培训的每名员工了解、掌握本岗位主要风险点、风险类别、管控措施和应急措施。实现了沉浸式培训体验，切实带领现场人员身临其境地参与到作业流程中。系统有力强化了风险源头辨识，将现场可能存在的各类危险点融入作业脚本中，能有效暴露出培训人员对哪些环节会产生疏忽，实现横向到边、纵向到底、全员参与、全过程覆盖，确保了风险点分析涵盖安全生产各个环节无遗漏。

（二）充分实现安全生产培训降本增效

安全生产培训系统使安全生产培训不再受场地和时间的限制，无须建设用于安全生产培训的设备场地，减少了维护成本、设备更新换代成本、土地成本。员工可以利用适合的时间，在本单位搭建的培训场地参加培训，不再需要他们到达某处参加一项为期几天的培训，使新员工到达岗位后能够更快接受安全生产培训，掌握保护自己的技能；老员工培训时间更加灵活，不影响企业的生产，大大节省了大连供电为员工参加培训而付出的时间成本和经济成本。2020 年，大连供电安全集中培训减少 29932 学时。通过虚拟仿真安全生产培训，参培人员整体违章数量下降 30%，行为性违章下降达到 43.6%。

（三）构建国际领先的电网安全生产培训系统

大连供电建立了数据集成规范，制定了典型违章判定规则和识别算法，依托边缘计算装置和电子围栏、智能安全帽、登高伴侣等安全工具和器具，研发新型智能安全工具和器具以及近电告警装置，形成了集成数字化工作票和安全风险管控平台。系统通过大数据分析风险因素，实现了对人、物、环境、管理等潜在危害因素进行辨识、分析，确保了风险源头充分暴露，关口节点全面管控，现场人员无安全盲点。系统中形成了适用不同作业现场的智能终端解决方案，提升了现场部署应用的便捷化、智能化水平，实现了作业过程的全流程安全管控。

（成果创造人：刘　波、贾宏智、李希元、徐　文、刘　玉、谷万江、董吉超、肖　健、林春清、王　祥、王　强、王　刚）

印钞企业以价值创造为导向的“五维”精益管理

南昌印钞有限公司

南昌印钞有限公司（以下简称南钞公司）于1970年7月12日经国务院批准设立，隶属于中国印钞造币总公司，是一家以人民币印制为主，集国际货币及社会高端防伪印制、现金综合服务、货币文化产业服务为一体的现代化印钞企业。

一、印钞企业以价值创造为导向的“五维”精益管理的实施背景

（一）落实国企改革要求，构建高效功能型企业的需要

中国印钞造币总公司坚守功能类企业定位，以服务央行为己任，聚焦人民币印制的计划性、安全性与品质度，深化内部管理，提高生产效率，承担社会责任，促进经济发展。南钞公司隶属中国印钞造币总公司，秉承“优质安全保发行”的崇高使命，始终朝着打造高效能功能类企业、做精做强做优的目标不懈奋斗。以价值创造为导向的“五维”精益管理为这一目标的实现提供了方法和路径。

（二）应对产业环境变化，适应印钞造币行业转型发展的需要

为适应国家发展新形势，适应产业环境新变化，中国印钞造币总公司提出布局四大板块，即现金印制、现金服务、货币文化、数字货币板块，实行“四大转变”的转型发展思路。为此，南钞公司实施精益管理势在必行，其目的就是从先进的管理中要质量、要效能、要效益，不断增强竞争力、创新力和抗风险能力，以此应对产业环境变化，适应印钞造币行业转型发展。

（三）提升综合管理效能，助力企业高质量发展的需要

深入分析企业所处环境，除面临经济下行、印钞造币行业转型发展等外部形势外，企业内部还存在不少制约企业发展的问题，企业管理颗粒度较粗，不能适应新形势、新要求。为此，南钞公司从2016年起导入卓越绩效管理及精益管理理念，积极对标一流企业，从精制文化、精益生产、精细管理、精准创新、精密党建五个维度积极探索构建具有南钞特色的“五维”精益管理体系，全面提高管理能力和水平，达到实现组织效能提升、实现高质量发展的目标。

二、印钞企业以价值创造为导向的“五维”精益管理的主要做法

（一）确立印钞企业以价值创造为导向的“五维”精益管理构建思路与原则

“五维”精益管理的构建思路是：印钞造币企业围绕服务央行履行人民币发行保障能力、保障国民经济安全运行这一根本宗旨，通过运用现代经营理念，将价值创造这一精益管理思想植入形成人民币价格和印制企业价值的生产要素、管理行为、创新能力、党建政治资源和企业文化软管理等影响因素之中，结合运用卓越绩效管理理念和对标管理方法，坚持投入产出原则，开展企业标准化工作，加强印制过程管控，提高生产运行效率、管理组织效能、创新创造效用、党建引领效应和文化影响效果，提升企业经营绩效和人民币品质，在创建印钞生产经济价值的同时创造印制行业价值和社会价值。

“五维”精益管理遵循的基本原则是功能服务原则与价值创造原则。功能服务原则指围绕印钞企业功能类国有企业定位，通过坚守人民币生产这一主责主业，坚持按样生产、按时交付，保证品质，保证数字准确，凝心聚力承担人民币生产的政治性任务与保国民经济安全的重大责任，保障货币发行安全，充分体现印钞企业服务国民经济发展和经济社会稳定的功能；价值创造原则是印钞企业以精益思想为指导，在人民币印制生产管理中遵循生产型企业管理的基本原理与印钞企业的生产组织方式，聚焦生产过程中的成本费用控制和工艺技术革新，提高投入产出比，将优质安全保发行、科学高效管理、党建政治

资源配置等作为价值量化指标，根据产品一致性、数字准确性、整洁耐用性等品质控制要求，从严从细规范生产组织与印制过程管理，并在企业价值创造方面运用好党建、文化建设等手段加强员工素质教育，以优秀的人品印制优质的产品，通过党建业务融合实践，探索建立有中国特色的现代企业制度，提升中钞品牌的价值影响力。

（二）构建精益生产系统，促柔性生产落地生根

1. 实施现场7S管理，夯实精益生产基础

南钞公司践行7S现场管理工具，按照“统一规划、分线负责、部门协作、整体推进”的步骤，形成《目视化管理手册》《目视化管理实施办法》《目视化管理运作管理制度》、三层四级现场管理架构等系列标准管理制度，将现场的每一个位置都纳入规范，建立标准。结合企业、专业、制作部、班组四级检查体系以及现场管理专项劳动竞赛，各类检查结果及评比结果在企业网站进行曝光，奖惩结合，巩固成果，持续完善，实现生产现场目视化管理的开放性、统一性及延续性。

2. 员工一专多能，生产人员柔性组织

为适应小批量、多品种生产任务新形势，转变过去生产任务分工明确，员工岗位固定，操作技能单一稳定局面。抓住人这一核心资源，为解决工序间结构性缺员问题，采取多能员工培养模式。组织安排各工序职工进行跨工序轮岗培训，有效提高一线员工多岗位、多品种的适应能力。根据生产计划的变动，按月核定生产人员，对员工进行“拉动式”调整配置。复合型多技能的员工可以在不同工序和设备之间进行快速灵活调配，实现生产系统的员工弹性配置与少人化作业。同时，多渠道提升员工理论知识与实际操作技能。

3. 实施“养检修”，印钞设备柔性适应

一是编制操作标准，用好设备。针对新工艺、新设备，安排专人全过程参与设备安装、调试、试生产，熟悉设备结构原理及操作规范、要领，编制操作标准，拍摄操作教学视频等，使操作人员与维修人员快速掌握新设备操作规范、要领，技术。二是实施“养检修”，管好、修好设备。以“养检修”为核心，从日常保养、精密点检、维修三方面入手，形成常态化动态设备保障方案，要求运维人员、操作人员、技术人员、管理人员“四位一体”全员参与，建立实施电钳工维修流程标准化制度，强化全员全面全过程管控实效，助力维修保障工作从被动式抢修向主动式预修跨越。

4. 测量分析作业数据，建立柔性生产标准

采用PTS法、工作抽样法、5W1H提问技术、ECRS四大原则等管理工具和方法，对生产全过程515个操作动作进行数据测量、收集、定量分析和改善。从工序准备阶段开始，围绕“输、控、检、收”环节至生产结束，细化标准，形成有章可依、有迹可循的标准化操作流程和视频语音操作教学资料。通过实施标准作业，产品转产改印效率大幅提高。

5. 以MES系统为载体，搭建企业生产信息平台

通过数据采集系统建设、生产执行系统（MES系统）建设，建成以数字化、网络化、智能化为标志的智慧生产体系。以MES系统为载体，搭建企业生产信息平台。通过MES系统制定计划方案，自动匹配关联设备，分解生产任务自动下发给作业人员，并收集现场信息反馈层。自动生成产量、计划量、完成量及完成进度等相关报表。利用MES系统强大的数据采集处理能力，集中展示生产要素，为调度指定下发提供数据支撑。通过梳理生产全流程关键信息采集项，形成生产数据可视化平台需求和方案，将生产准备、生产过程、生产预警纳入生产指挥体系，把“实时、高效”要求贯穿于生产管理全过程；通过信息集成，汇总分析生产数据，促进生产全工序信息对称，实现对生产异常情况提前警示、提前管控，极大提升了柔性生产管控能力。

6. 集成信息数据，构建精准快供应链

一是在条形码管理系统主体功能的基础上形成以 MES 系统物料模块为重要支撑的物资管理信息化平台，建立了印钞企业信息一体化的物资管理系统新型模式。二是利用工业以太网技术，建立动能控制中心，做到集中监控、科学调度、分散处置，实现减员增效目标。

（三）精细管理专业规范，保组织运行机制强劲

1. 精准目标量化，明确责任层级

以企业战略规划为中心，实施战略解码，编制年度滚动实施计划与目标任务，形成企业级年度绩效指标与重点工作任务事项，主要包括服务央行保障能力、生产运行效率、产品品质与经营效益四个维度类指标。通过绩效指标管控与课题项目化推进，形成事前有计划、事中有控制、事后有考核的闭合式绩效管理体系。

2. 精细流程管控，夯实管理根基

一是抓制度建设。将管理标准划分为 22 个系列化体系，使标准更为细化，指向更清晰。按管理类别、管理事件、行为规范等管理要求，分类合并同类相近管理标准 30 个。强化制度刚性执行，从上至下推动形成严谨的制度文化氛围，真正做到按制度办事，有问题、分歧、犯错误等问规范、查标准。同时将制度与内控风险体系建设相结合，将相关联风险内嵌至每个制度中。

二是抓流程优化。整合胶凹工序、生产质量职能，组建胶凹制作部、生产技质部，以提升运行效率，搭建复合型人才培养平台。优化调整党支部设置，将支部建在部室上，党支部与部门目标同向、工作相融、责任共担的新局面基本形成。

三是抓执行力提升。建立标准规章制度学习与评估机制，开展自查自纠和管理诊断，深查细找存在的突出问题和薄弱环节，优化管理流程，堵塞管理漏洞，促进管理高效。规范各类工作记录、报表和台账，为生产经营提供翔实准确的数据支撑，实现管理方式的集约化、精细化、规范化。坚定信任不能代替监督理念，强化规章制度落实监督机制，采取全面督查、重点督查、专业督查和随机督查等方式，加强对制度落实情况进行监督检查。

3. 精英人才培育，搭建成长通道

一是做好顶层设计，畅通人才成长渠道。通过纵向增加职级、横向实现互通，建设纵横向员工成长"立交桥"，破解成长"天花板"现象，为企业三支人才队伍提供立体互通的成长通道。制定《高技能人员管理办法》《技能职务管理办法》，建立健全技能人才评价和激励机制。增设副主任技师、主任技师职务，从一般技能职务到高端技能职务分层管理，与公司管理技术人才队伍建设有效结合，畅通了精益人才选拔、培养、评价等工作机制。

二是设置绿色通道，促进精益人才快速成长。通过附加业绩条件，使技术、管理和市场人才成长年限缩短、路径多样，加速骨干型人才成长；技术人员职级增设高级技术副经理、高级技术经理、副主任工程师、主任工程师四个高层次级别；全面实施管理技术岗、操作热门岗的"赛马机制"；打破三支人才横向"交流壁垒"，班组长、工作室领办人、现场技师等技能人才，可横向交流，亦可晋升中层管理序列，激发了"兵头将尾"立足岗位做贡献的原动力。

三是采用差异化激励，突出人才价值贡献。细化人员考评类别，增加班组长、主任技师等高技能人才绩效考评；建立"三挂钩"薪酬体系，把绩效和价值作为考核与分配的重要标准，实施精准考核，使员工和企业结成利益共同体，真正实现"干多干少不一样，干好干坏差很多"；推进业务板块差异化激励机制，制定公司二级分配指导意见，加大二级分配力度；创新优化安全、质量、成本、廉政等专项奖励办法，激励员工在重点工作、中心工作、急难险重任务中担当；增设全勤奖、爱岗敬业奖，实施分配绩效奖差异化。

四是深化职业技能培训，提升精益人才能力素质，多渠道强化人才成长“孵化器”。实施“铸魂工程”，成立职工教育培训学校，开通印钞专用机电一体化实训室，开发 14 个工种 82 个课件，建立覆盖各工序、多层次培训体系；启动“青蓝工程”，构建“三横四纵”培训架构，搭建统一领导、部门协同、全员参与的人才成长机制；实施员工职业生涯规划，开展全日制研究生轮岗锻炼，组织开展管理及专业技术人员到生产岗位轮训。

4. 精细评价机制，激发员工活力

一是建立基于提高组织能力的“三力六要素”对标管理体系。从技术、管理、文化三条线开展国际、国内、行业、企业间等四层次的对标，构建“三力六要素”对标模型，明确对标重点与方向。

二是将卓越绩效管理理念融入日常管理工作中。每年通过借助卓越绩效自评诊断改进循环工具，全面分析诊断企业在技术力、管理力、文化力管理成熟度，形成卓越绩效年度诊断报告及对标分析报告，指出企业优势与短板，明确年度对标内容。围绕如何补短板、锻长板，应用标杆管理工具，采用“三纵四横”对标方式，全面开展对标提升工作，不断提升组织运营能力。

三是健全绩效考核制度体系。根据精细化管理的整体思路与要求，制定员工个人绩效考核管理办法等支撑文件，形成多维度、多角度的立体精细考核评价体系。使绩效管理目标实现全方位、全过程管控，做到评价有章可循、有据可依、避免了考评的主观性、缩小考核评价偏差，实现量化、公开透明。同时充分发挥专业绩效评价主导作用。充分授权专业管理部门落实好本专业领域绩效评价工作，做好专业间平衡与督导。

四是构建成本责任体系。根据成本费用类型及各部门管理职责，完善以生产机台为成本核算单元，主业制作部为成本中心，管理部室为费用中心的成本责任中心体系，使企业的每一项成本费用项目都有责任中心负责，每一个员工都归属至少一个成本费用责任中心。全面预算编制及执行监督、反馈过程均按照责任体系严格落实。

（四）精准创新激发活力，支撑生产经营精细化

1. 建立技术创新体系，激发技术服务生产动能

建立以质量、绩效、贡献为核心的企业科技创新体系，通过完善制度体系、优化创新平台、构建科学有效的科技创新量化评价方法，激活科技创新、制度创新双轮驱动作用，最大程度释放创新活力，发挥科技是第一生产力的作用。一是完善制度体系，以制度保障创新体系稳定高效运行。二是搭建创新平台，持续优化科技项目、创意及转化、非项目创新三大平台。通过三大平台覆盖不同创新层次，激发广大职工创新活力。三是构建科技创新量化评价体系。选取管理创新和技术创新中 15 个具有代表性的指标，设立技术成果、知识成果、优秀成果、科技优胜四大类奖励，评选优秀科技人才、青年科技人才及集体。

2. 加强技术攻关应用，破解企业生产难题

坚持技术服务于生产的理念，聚焦生产过程中的重点、难点，在工艺优化、新产品开发、关键技术攻关、材料及设备国产化、新技术应用方面开展一系列项目研发及创意转化，从而提高生产效率、提升工艺质量、降低生产成本、减轻劳动强度、保障数字安全。

3. 推进智能化建设，实现生产经营精细化

以新一代信息、自动化技术与印钞企业深度融合为突破点，大力推进企业智能化建设，稳步促进生产管理向自动化、可视化、数字化转变，提升整体智能化水平，助企业高质量发展。

（五）精密党建业务融合，高效配置政治资源

1. 融合组织资源，把党的领导嵌入公司治理结构

明确党组织在公司法人治理结构中的法定地位，将党建工作总体要求嵌入公司章程，将党建与公司

治理有机结合。弘扬“支部建在连上”的光荣传统，把支部建在部门：以职能部门和生产车间为单位共设置20个党支部，并成立支部委员会，选优配强支部委员。党支部书记为第一责任人，各部门（车间）负责人（党员）为支委成员，其工作分工包括业务管理和党建工作两项职责。

2. 融合管理职责，使党建与生产经营实现“四同时”

一是摆正党建与中心工作的关系，做到目标一起确定、任务一起布置，工作一起考核，成果一起考察，奖惩一起兑现，实现党建与业务同时计划、同时布置、同时落实、同时考评。二是把发挥党支部作用融入生产经营业务中，在安排党建工作和开展组织活动时，坚持与业务工作相结合、相协调。三是党支部委员会与行政领导班子相互尊重、相互信任、团结协作，形成合力。四是依托“三会一课”制度，党支部就重要事项经过民主讨论做出决定，并把党员理论学习与业务知识学习常态化、制度化，促进员工素质提升。

3. 融合全面风控，让“挺纪在前”成为党员干部的自觉约束

搭建全面风险防控运行机制，在战略风险、财务风险、市场风险、运营风险、法律风险等五大传统风险外，将国企党建风险纳入公司全面风险管理体系，探索实践风控领域党务业务融合。系统梳理各专业点监督资源及关键指标要素，建立形成本专业的监督事项清单88项，重点建设突出监督“全覆盖、无禁区、有重点、分层级”的运行机制，进行信访举报和问题线索移交工作机制、监督信息共享机制、会商工作机制、协同工作机制的建设。

4. 融合绩效评价，用党政联评联考压实工作责任

合并党建与部门业务评价，实施《南钞公司党支部工作绩效评价管理办法》，推进党建与业务联评联考。党建与业务绩效作为各党支部的组织绩效，并入公司组织绩效评价体系，党建工作占比40%，业务工作占60%的比例。

5. 融合企业文化，将党建要求化作员工行为规范

坚持把党的建设总要求与精制南钞文化建设、员工意识形态管控、文明行为规范养成教育相融合，倡导“守公序良俗、做文明员工”，把员工素质素养培育与倡导工匠精神、劳模精神、企业家精神融合，增设了新提拔干部的履职宣誓程序，引导年轻干部守初心、担使命、做贡献。

（六）精制文化体系构建，培育价值创造理念

1. 文化引领，塑造精制南钞的价值内涵

创建基于精益思想的“精制南钞”文化理念，提出“臻善印务，传递信赖和精彩”的企业愿景，“精心、诚心、同心、创新”的企业核心价值观，“精于工、匠于心、品于行”的企业精神和“忠诚印制、匠心服务、成就梦想、奉献社会”的企业使命。统一的价值观确定后，提炼出“增效能、重协同、快响应”“零缺陷、零容忍、铸精品”的精益生产方针，用每一个具体的理念丰富、充实整体价值观。

2. 完善机制，明确印制精品的价值主张

以“精制南钞”文化为向导，持续优化管理制度流程，逐步形成竞赛、创新、荣誉三大机制，让文化成为公司持续改善的力量。一是精准发力，搭建竞赛机制，实现专业全覆盖、全员共参与的良好局面。二是全面协同，搭建创新机制，以制度升级激发职工创新创造潜能。三是注重长效，搭建员工荣誉体系。将“精诚同创”的价值观融入奖励设置，构建起“四纵四横”荣誉矩阵，涵盖党、政、工、团4个序列，10个集体，共计37类奖项，激励职工持续成长。

3. 搭建平台，践行精益求精的工作理念

广泛搭建平台，让员工在践行中提高认识，引导员工自我完善、不断提升，实现“要我做”到“我要做”的行动自觉。成立职工教育培训学校，建立覆盖各工序、多层次的培训体系；持续开展班组精益改善工作，精心打磨“班组精英汇”平台，培养了一批现场改善达人；大力开展以创新创意、修

旧利废、成本管理案例为主题的“五小”竞赛活动，收集创新创意1645条，已转化落地形成成果533个；连续5年坚持以精益制造为目标，持续开展年度主题竞赛，开展专项劳动竞赛、大练兵大比武技能竞赛350余项，参与人数达7500余人次，设备修旧利废与自主维修专项竞赛累计实现成本节约近1334万元。

4. 融合媒介，传播价值创造的精益追求

实施先进亮化工程，制作群英谱、年度榜样墙、星光大道，打造融媒体矩阵，及时宣传“精制南钞”基本内涵和精益制造理念，全方位报道各部门先进做法和成效，发挥典型示范行为的灯塔作用，让员工学有榜样、赶有目标、行有方向。逐步形成包括年度先进表彰暨新春职工会演、开工迎新、“成长林”植树、红五月劳模先进故事分享、爱企日、职工职业生日等六大系列的传播价值理念的企业仪式，选树一群价值观代言人，让他们以时代视角、群众语言，真情讲述南钞奋斗者的精益故事，并将他们的行为“规范化”、理念“故事化”、价值“形象化”，引导员工自我改善，不断提升，做到“精益从心开始，改善从我做起”，切实把精益价值理念落实到职业行为上。

三、印钞企业以价值创造为导向的“五维”精益管理的实施效果

（一）推动了企业高质量、可持续发展

一是服务央行保障能力得到显著提升。在综合产能方面，在未新增设备及生产线的前提下，企业综合产能达到行业第一梯队，实现全品种生产；在产品品质方面，深耕精品工程，坚持质量第一，瞄准“零容忍”“零缺陷”双零目标，产品成品率及精品率保持行业高标准，实现全过程工艺质量管控，未出现重大质量事故；在安全管理方面，连续实现杜绝较大及以上安全事故，安全生产、职业健康等总体目标，年度安全绩效水平位居行业前列。二是非现金业务得到迅速发展，已经形成包括货币文化、现金服务、高端防伪、工业旅游、旅游文创、国际印钞业务在内的较为完整的货币全生命周期产业链，国内市场业务产品的频繁获奖以及国际业务的连续中单大大提升了企业品牌知名度与影响力。

（二）提升了企业运行效率与效益

运行效率及效益不断提升。一方面通过健身瘦体、差异化薪酬激励等措施，实现了“省人化”“少人化”与“活人化”，在业务规模持续稳定增长的前提下，员工总数持续下降，降幅达10%。全员劳动生产率、人均利润比行业平均水平分别高出40%、30%，一直处于行业标杆水平。另一方面，通过推广“人人成为经营者”模式、推进国产化替代及生产材料低值替代等举措，主业产品单位变动成本及可控成本降低额等成本类绩效指标排名连续多年名列行业前茅。企业年度综合能耗1.816吨标煤/万元，同比“十二五”下降21.72%；综合水耗也显著降低。

（三）形成了独具特色的印钞企业精益管理模式，得到行业认可

印钞企业以价值创造为导向的“五维”精益管理模式的探索创新与实践，得到了中国印钞造币总公司大力支持和认可。很多成功经验与做法被兄弟企业借鉴引用，企业综合绩效连续四年荣获行业绩效评价3A级（2017年印钞企业第二、2018年第一、2019年第一、2020年第一），连续三年荣获优秀领导班子荣誉称号，连续四年荣获行业和谐企业示范单位，2018年荣获“全国金融五一劳动奖状”，2019年荣获江西省井冈质量奖。

（成果创造人：李　政、安儒强、龙　铭、甘奇林、陈卉斌、谢英福、胡卫勇、黄鸿仁、吴付华、马国斌、胡　兵）

铁路企业基于“模块化组织+网格化管理”的线路施工管理

中铁六局集团太原铁路建设有限公司

中铁六局集团太原铁路建设有限公司是国有大型建筑施工企业，隶属中铁六局集团有限公司，成立于1953年，地处山西省太原市，业务主要涵盖铁路工程、公路工程、市政工程、房建工程、桥梁工程、隧道工程、混凝土构件预制、建筑钢结构、水利水电等众多施工领域。企业拥有铁路工程施工总承包壹级、市政公用工程施工总承包壹级等9项资质。企业注册资本金5.5亿元。现有在册员工2432人、各类施工机械设备878台（套），年市场开发能力和年施工能力都在100亿元以上。

一、铁路企业基于“模块化组织+网格化管理”的线路施工管理的背景

（一）提升标准、主动适应行业管理要求的需要

随着国家铁路事业的飞速发展，一大批既有线铁路面临改造升级，当前各铁路局集团公司对既有线施工的管理要求很高。铁路管理部门对既有线施工工期和安全管理有着非常严格的要求，惩处力度不断升级，对既有线施工质量验收始终坚持精细标准，对任何瑕疵坚决“零容忍”，各铁路公司既有线施工体系完整严密，作为施工企业，非常有必要建立一套规范、完整、严苛的管理标准，以适应当前管理要求。

（二）提升品质、主动构建行业管理样板的需要

既有线施工是一个难点工程，它投资不大，但施工人力、物力、财力投入极大，且安全风险高，施工手续办理复杂，施工现场要求高，施工难度大，属于“高风险、低回报”的工程。当前既有线施工仍属于劳动密集型作业，作业质量受管理者和作业者的主观能动性影响极大，传统管理模式往往出现分工不清造成管理散、联动不足导致现场乱、标准不高致使结果差的“散乱差”问题。应尽量消除和降低主观因素影响，形成标准化、模块化、程序化管理流程，通过构建严密组织体系的管理样板，以降低风险、确保效益。

（三）提升能力、推进企业发展战略实施的需要

随着国家铁路建设的不断升级，既有线提升改造逐步成为铁路建设主流，企业结合自身发展历史及现状资源，将既有线市场定位为企业主要战略业务板块，将既有线施工定位为企业核心竞争力。企业虽然长期经营铁路施工，积累了丰富的既有线施工经验，但在既有线施工管理方面一直延续着较为传统的管理模式，传统常规的管理能力不足以形成核心竞争力，无法支撑企业战略，核心竞争力要求企业必须具有“独门绝技”。因此，企业须在管理模式、管理措施等方面进行改革创新，寻求管理突破，形成管理特长，进一步提高能力、提升效率、降低成本、创造品牌，从而形成强有力的竞争优势，以匹配企业战略需求。

二、铁路企业基于“模块化组织+网格化管理”的线路施工管理的主要做法

（一）分析既有线施工管理特性，统筹设定管理模块

1. 分析既有线施工基础管理框架，确定管理模块

将既有线全过程管理事项与后台管理系统融合，构建单项工作完整链条，统筹建模。综合考虑常规项目施工管理基本单元与铁路既有线施工管理特殊管理事项确定管理模块。铁路既有线施工管理除涵盖常规项目施工基础管理环节外，存在特定管理环节：一是铁路施工对施工方案要求极高，方案专业性强、技术含量高、涉及面广，一个项目相对于其他项目的可参考性和可复制性较差，且评审环节多，对

细节要求严，方案制定工作属于要害中的要害；二是既有线施工涉及多个铁路内部主管部门和相关产权单位，需要企业花费大量时间、精力对接办理既有线施工手续，这是一个较为棘手和烦琐的工作环节；三是由于既有线施工时点特殊，多数集中于铁路施工窗口期夜间进行，且关注度高，后勤保障服务尤为重要突出。因此，将方案制定、对外协调和后勤保障分别作为独立模块进行管理。最终，在管理模块构建中，结合后台管理系统，将方案制定与后台技术专家团队对应，形成技术管理模块；将施工手续办理与后台公共关系维护团队对应，构建对外协调模块；将劳材机主要资源筹备与后台劳务、物资、设备三大管理系统对应，构建资源保障模块；将现场组织与后台领导对应，形成现场组织模块；将现场接待服务、党建、宣传与后台后勤保障组对应，形成后勤保障模块；将考核奖励与后台劳资系统对应，构建考核激励模块。

2. 分析各模块管理内容，明确管理边界

技术策划模块管理内容包括现场技术踏勘调查、方案制定、审查会方案汇报、方案及技术交底，向对外协调模块提供基础方案及修订方案；对外协调模块管理内容包括与铁路公司各站段及设备管理单位沟通对接、办理施工计划手续、与设备管理单位签订安全管理协议方案，向技术策划模块提供修改优化信息反馈；资源组织模块管理内容包括组织人员、准备设备、开展培训，向现场作业模块移交资源；现场作业模块管理内容包括作业区段划分、网格管理人员部署分工、现场点前巡检、召开点前会议、施工现场协调，向考核奖励模块提供现场实况；后勤保障模块管理内容包括现场人员车辆引导、现场服务站设置、各级领导及相关方人员接待，向现场组织模块提供餐饮药品补给、防寒保暖照明物品补给服务，开展宣传报道；考核奖励模块管理内容包括协作队伍考核奖励、项目前台管理人员考核奖励，企业后台参与人员考核奖励。

（二）围绕前后台纵向系统协同，构建各模块自我运行“小体系”

1. 构建技术策划模块运行体系

技术策划模块主体要素为企业专家组（后台）和项目技术组（前台），主要功能是施工方案和施工组织的制定、交底、执行总结和改进提升，实现方案高质量。围绕模块主体功能定位，企业构建了前台和后台协同联动工作机制。企业在后台组建既有线施工技术专家团队，负责方案工作的整体统筹策划，项目前台成立技术组，负责与后台专家团队对接。对于难度较小的一般性既有线工程，方案策划主体在项目前台，项目成立技术组负责现场调查、编制技术方案及施组安排，企业后台专家组负责外部审查会议之前内部预审；涉及较大场站改造和枢纽工程的重要复杂施工，方案策划主体由项目前台转至企业后台，由专家组亲自牵头编制方案。方案经内外部审核通过后，由技术组向现场下达技术交底。施工结束后，后台统一组织召开方案总结会，分析方案执行过程中遇到的问题，建立问题库，完善和提升后台技术资源。

2. 构建对外协调模块运行体系

外协调模块主体要素为企业区域领导（后台）和项目专业“跑外”人员（前台），主要功能是与铁路局集团和各站段建立沟通联系，办理各项施工手续，实现关系到位，沟通高效。围绕模块主体功能定位，企业构建了“后台高层引路，前台专人对接”的协同联动工作机制。企业后台建立区域工作机制，固定领导班子分工区域，分管领导与所在区域铁路公司建立长效高层联络机制，通过高层搭桥引路，项目前台指定专门“跑外”人员，负责与各站段对接，建立长久联系。专业“跑外”人员属于绝对分工，企业要求“跑外”人员必须长期驻站，充分掌握所在铁路公司内部既有线施工管理规定，熟悉各类审批手续办理流程，建立事前多拜访、事中多陪同、事后必回访的关系维护长效工作机制，确保手续办理轻车熟路。

3. 构建资源组织模块运行体系

资源组织模块主体要素为企业劳材机系统部门（后台）和项目对应系统部门（前台），主要功能是克服既有线施工周期短、资源需求瞬时量大、任务总量少的特殊性，解决资源组织难题，实现各类施工要素资源快速保质保量集结到位。围绕模块主体功能定位，企业构建了“后台重在资源输送，前台重在资源使用”的协同联动工作机制。后台全面规范资源引进、计量、结算及考核评价全套机制，前台组织现场培训、使用及考核反馈。在劳务资源组织上，企业后台负责与既有线施工专业协作队伍建立战略合作关系，负责长期培养，统筹均衡使用；项目前台负责使用计划提报、计量及考核管理。在物资及设备资源组织上，企业后台以整合内部资源和社会资源的形式予以保障，内部依靠物资设备专业化分公司整合内部资源，外部依托战略协作队伍配置基础常规装备，企业后台统一建立资源库，实施台账管理，按照前台资源需求提供资源。

4. 构建现场作业模块运行体系

现场作业模块主体要素为企业领导（后台）、网格长（前台）、后台业务系统、前台劳务人员等，主要功能是严格执行“点前、点中、点后”三点工作要求，遵照施工方案组织现场作业，进行现场安全盯控，实现现场有序运转。围绕模块主体功能定位，企业构建了“前台分片包保，后台总体协调”的协同联动工作机制。现场作业模块首先进行区域划分，配置网格长，按照既有线作业施工封锁等级及网格数量，企业派出领导与网格长一对一匹配，代表后台总体协调督导本施工区域作业。现场以各网格长为核心组织，点前细化工序，组织作业交底，开展点前培训，带队覆盖式巡查资源到位情况；点中组织各专业按工序施工，对各工序节点时间卡控，随时向指挥系统报告节点工作完成情况；点后组织召开总结会。企业领导全程掌握负责区域施工信息，督促后台系统部门人员做好专职盯控，并负责紧急特殊情况临时决策。

5. 构建后勤保障模块运行体系

后勤保障模块主体要素为企业后勤保障小组（后台）、项目部办公室（前台），主要功能是现场各级领导接待、施工现场餐饮服务、党建引领氛围营造、宣传报道等。既有线封锁施工莅临的各方领导众多，而且施工时间基本集中在凌晨天窗点，后勤保障服务尤为重要。企业以后台为主体实施纵向领导，凡大型既有线封锁施工必成立临时性后勤保障组，组员由办公后勤、党群、宣传等系统部门人员组成。后台后勤小组统一制定接待方案和现场餐饮供应方案，统一策划现场党建引领方案，统一制定宣传方案；项目前台负责现场布置，按方案实施；后台全程跟踪督导并参与实施。在宣传报道方面，对接联系外部媒体、撰写报道材料全部由后台宣传部门负责，前台只负责现场基础信息收集反馈。

6. 构建考核奖励模块运行体系

考核奖励模块主体要素为企业考核奖励领导组（后台）、项目考核领导组（前台）。主要功能是对施工结果实时考核，对项目管理人员、后台参与人员、协作队伍三类人员给予实时奖励。后台负责制定专项管理办法并组织考核，前台负责实施考核并出具考核数据。考核以奖励为主，如未发生延点、安全质量事故，封锁施工结束后一周时间内，企业后台与前台同步分工开展考核工作。对自有管理人员的考核，由企业后台发起，后台考核奖励领导组按照“一项一议”的原则及时组织会议，按照封锁等级及参与人数确定奖励总额，前台根据考核结果提出奖励分配方案报后台备案实施。对协作队伍的考核，由项目前台发起，以网格长为主进行考核，考核结果提交前台和后台共同应用，前台给予荣誉排名和一次性经济奖励；后台综合统计协作队伍考核结果，连续5次排名第一的纳入企业优质供应商名录，给予任务和单价“双照顾”的优惠政策。

（三）构建网格化管理机制，形成管理模块“集成联动”

1. 实施以地理空间为管理区段的网格单元

铁路既有线施工主要包括站场改造、线路改移、构筑物维修更换等，单元网格以涵盖完整工序为原则设置，尽量能够达到内部独立循环，减少不同单元间的工序交叉。施工现场以地理空间划分管理区段，通常按照施工里程和道岔分布划分单元网格，通常一组道岔或一个区段为一个网格单元，每个单元基本涵盖所有工序，设置一名网格长作为总指挥，负责内部工序总协调。

2. 实施以“一长三员”为基本配置的网格管理组织体系

每个网格单元设置一名网格长，配置技术员、安全员、物资员，提供组团化管理和服务。网格长负责管段内的上级命令接收、全过程指挥协调、施工预想会和总结会召开、节点施工信息汇报、结果考核等；技术员负责向本区段管理人员和劳务队伍进行方案及技术交底，过程中技术校准、质量数据检验等；安全员负责管段内管理人员及劳务人员的安全培训，防护人员安排，组织点前安全巡检、过程安全监督、开通前的安全因素排查等；物资员负责落实防护、施工、照明、通信等所有物资设备，点前点后开展“清单”巡查。

3. 实施以传达和响应为基本动作的网格管理联动工作机制

网格管理实行单一指挥体系，网格内所有人员必须听从网格长统一指挥调度，其他人员在施工过程中发现问题或有建议时，必须首先向网格长进行汇报，由网格长下达执行命令，严禁横向直接传递信息。区域内所有管理人员配置对讲系统，接收到命令后，所有管理人员必须复诵应答；待要求动作或事项完成后，必须第一时间向网格长反馈。确保信息畅通是实施网格化管理的基础和关键，也是保持联动的必备条件，企业专门建立了一套周密细致的管理规定应对。

4. 实施以信息化为手段的网格管理后台监控机制

针对点多线长的既有线施工，对应多网格管理，建立网格化信息监管平台，设立集中调度中心，实施集中指挥调度。在每个网格区域安装视频系统和指挥系统，整个系统与后台联通，后台监控人员通过摄像设备实现现场动态实时掌控，后台指挥人员通过广播对讲设备实现实时指挥。调度中心人员主要是施工总负责人、铁路公司高层领导及设备管理单位负责人，所有事件做到第一时间发现、第一时间上报、第一时间处置，也第一时间对各网格开展横向考核评价。

（四）总结固化工作体系，形成运行“固定轨道”

1. 实行“一项一总结”制度

企业坚持“三必”规定动作，要求每次封锁结束必做总结，单项施工结束必做总结，每个项目完工必做总结。点后总结和单项施工总结由网格长负责组织开展；项目总结由企业后台和前台分别组织，后台重点对模块化管理机制分析总结，前台重点对网格化管理机制总结，每个网格、每个模块均单独总结，企业后台汇总梳理形成问题库和经验库，年末向既有线工作总结牵头领导提交，作为管理规范修订依据。同时，企业建立施工总结年度评选机制，既有线施工总结参与年度施工总结大评选和既有线专项施工总结评选。

2. 打造既有线施工管理优质样板

企业组建成立多个既有线施工专业管理团队，集中企业中具有丰富经验的既有线施工管理人员，并为团队补充配备既有线施工基础装备，制定专业、专项管理制度，单独设立既有线考核薪酬分配体系，分配充分的专业施工任务，通过让专业的团队干专业的事情，不断依靠实战积累经验，总结问题，逐步修正工作接口，细化工作流程，提升项目团队自我运行水平和前后台协同联动水平，打造既有线施工管理优质样板，靠典型引路完善“模块化组织＋网格化管理”模式，形成固定管理“套路”。

3. 形成企业既有线施工管理整装规范

企业委派总工程师负责既有线施工管理专项总结，明确工作职责及要求，对既有线施工组织领导体系、责任矩阵、管理流程、作业指导书、成本定额等进行集中梳理，编制内部管理规定汇编，形成企业内部既有线管理范本。建立长效的完善更新工作机制，由企业总工程师负责，以年度为频次，以当年发现的问题和相关方要求的变化为根据，对全套管理规范集中修订和完善，确保常用常新，维护企业核心竞争力。

（五）打造既有线施工“特色管理”文化，注入运行“润滑剂”

1. 大力营造渲染“管理特长”的氛围

企业通过建立既有线施工业绩归集整理机制，打造既有线施工业绩自信；通过建立既有线作业技术总结、工艺、工法、专利等归集整理机制，打造专业技术自信；通过组建成立若干既有线施工专业项目团队，形成资源自信；通过梳理总结固化独特的管理方式和管理流程，形成既有线施工管理自信；建立既有线施工成果高等级宣传报道机制，突出宣传行业领先地位，形成能力自信。以行业“特色管理”打造企业“管理特长”，以项目“施工结果”印证企业“管理成果”，最终形成强大自信氛围，使“模块化组织 + 网格化管理”的既有线施工模式深入人心，促使企业全员自觉相信管理、践行管理、推崇管理。

2. 极力形成思想和行动“双统一、双自觉”的专项管理文化

企业将既有线施工管理模式整理打包，形成企业管理规范，深入宣贯。每年除常规动作外，定期组织开展既有线培训、经验交流等。同时，企业特别重视既有线封锁施工宣传报道，重点对单项施工节点和整体工程的组织流程及经验做法开展高频次报道，使全员知道管理体系、运用管理体系、融入管理体系，让特有管理体系、管理模式、组织流程等入脑入心，形成惯性思维和惯性行动，在思想和行动上形成“双统一、双自觉”的专项管理文化，保障管理体系顺畅运行。

三、铁路企业基于“模块化组织 + 网格化管理”的线路施工管理的效果

（一）实现了施工能力的提升

近年实行新的管理模式以来，企业完成了北京 S5 线换梁、石太正线换梁、太原站扩容升级、京通电气化改造、南同蒲铁路改造、大同站改造等大量急难险重工程，创造了多项施工之最。国家一级干线铁路石太线，企业用 25 天时间完成 25 场会战，连续经历 6 个Ⅰ级、1 个Ⅱ级、23 个Ⅲ级铁路营运线天窗点封锁施工，完成 6 孔 12 片 T 梁更换，其封锁点之密集、封锁级别之高，在全国范围内均属罕见。“百年太原站”改造工程，在 2020 年 2 月 20 日至 4 月 5 日期间，正值新冠肺炎疫情高峰，企业组织 3000 余名员工连续 46 天经历 67 次封锁，全部安全正点开通，夺取了疫情下的既有线改造新胜利。京通既有线电气化改造，企业投入 3000 多名作业人员昼夜奋战 14 天，突破 5 个Ⅰ级封锁、9 个Ⅱ级封锁，在长达 43 千米的线路上，同时完成 7 座桥梁、12 座框构桥、3 座隧道病害整治，成功取得京通铁路（北京段）电气化改造工程封锁会战的全面胜利，整个工程较计划工期提前 1 年完成，创造了北京局既有线电气化改造新纪录。企业既有线施工能力大幅提升，开创了“一人不伤，一事不出，一点不延”的新局面。

（二）实现了经济效益的提升

模块化组织、网格化管理最明显的效果是实现了成本控制能力的大幅提升。技术策划模块的实施实现了方案策划力量的加强，通过方案优化大幅提升宏观成本控制水平，如在某站场改造中，线路拨移、道床开挖施工按照传统方案需投入劳力 2400 人，技术策划模块科学规划走行路线和作业半径，以 27 台小型挖机人机结合施工代替纯人工作业，实际投入 1800 人，直接节约人员投入 600 人；对外协调模块的实施实现了经费的集中使用，大量减少了经费的多头、重复投入，有效降低了管理费用成本；资源组

织模块实现了资源集中，有效消除了以往资源不足哄抬价格的乱象；现场网格化矩阵式管理实现了成本控制目标到岗到人及全过程、全流程、全系统监控，实现了工料机等微观成本的精准控制。在既有线市场普遍薄利的现状下，企业依然保持正常经营水平。

（三）实现了品牌信誉的提升

2017年以来，企业收到建设单位、业主等发来的嘉奖、表彰文件共计73份，奖励金额合计近千万元；先后参与铁路抢险13次，为铁路事业挽回大量经济损失，充分履行中央企业的社会责任，赢得了社会美誉；获得既有线施工技术专利、工艺工法34项；企业既有线施工管理经验得到业内外广泛认可，多次受邀在系统内外进行经验交流，多次承办了属地铁路公司既有线施工现场观摩会。“召之能来、来之能战、战之能胜”的既有线施工作战能力得到相关铁路公司充分肯定和信任，为企业在属地铁路公司市场赢得了大量订单，企业依靠滚动开发的既有线施工份额占到订单总量的2/3。既有线优质管理、优质施工、优质成果得到业界高度认可，企业公认度大幅提升，品牌信誉彰显。

（成果创造人：赵志明、王　智、高荣峰、李　勇、韩士桥、渠小伟、李林杰、邵小江、曹建鹏、倪　伟、贺星亮、刘月明）

汽车零部件企业基于工业大数据应用的产品质量管理

湖北三环锻造有限公司

湖北三环锻造有限公司（以下简称三环锻造）是国内最大的中重型商用车转向节、转向节臂专业化生产企业，是国家智能制造专项和工业强基项目的承担单位。三环锻造拥有达到国际先进水平的12条智能锻造生产线、18条智能机加生产线和6条3D打印模具制造生产线，专注于汽车转向节的研发制造和传统锻造工艺的转型升级，实现了人、机、物、能、环的泛在联网，上线了涵盖企业运营管理和全部业务的信息化集成平台，搭建了工业大数据分析系统。实现了汽车转向节复杂锻件生产制造全流程数字化、网络化、智能化，是国内创建智能锻造新模式的引领者。在国内，与一汽解放、东风商用车、中国重汽、陕西重汽、宇通客车等20多家主机厂建立了战略合作伙伴关系。

一、汽车零部件企业基于工业大数据应用的产品质量管理的背景

（一）顺应质量强国战略、推动行业转型升级的需要

工信部发布的《中国智能制造“十三五”规划》和《2015智能制造专项实施指南》中，提出了“在十大重点领域试点建设数字化车间、智能工厂，在传统制造业推广应用数字化技术、系统集成技术、智能制造装备”“支持铸、锻、焊等基础智能制造新模式应用，实现基础制造智能制造新模式的工艺模拟优化、制造、物流、质量追溯和供应链管理的全流程智能化”等系列质量强国政策，推进汽车制造业智能化转型升级。

（二）落实国际化战略、参与国际市场竞争的需要

2017年前后，随着我国汽车产品出口规模不断扩大，贸易摩擦加剧，导致我国汽车零部件制造成本不断攀升，长期陷入低价同质竞争状态。为寻求新的突破，三环锻造确立了“调结构、上水平、国际化”发展战略，开始由国内市场向国际高端市场迈进，走在线检测智能化、质量大数据化的道路，满足国际高端客户多品种、小批量、高质量的个性化需求。

（三）完善质量管理体系、向内挖潜提质增效的需要

传统质量管理主要是建立在离线检测的基础上，依靠线下数据录入，虽然也有报表分析等数据应用，但数据在即时性、准确性和完整性等方面还存在着很大的不足，导致质量管控和改进滞后，不能满足质量管理体系对自动识别、防错纠偏的需求，工业物联网、大数据、人工智能等新一代信息技术可以弥补传统信息化在数据应用能力上的不足，实现精密锻件生产过程从经验式向定量化、智能化转变，最终达成提质降本增效的目的。

二、汽车零部件企业基于工业大数据应用的产品质量管理的主要做法

（一）开展大数据质量管理总体规划设计

1. 汽车零部件工业互联网平台建设

为了应对快速变化的市场竞争形势，公司把传统离散式制造模式改造成“一个流”的精益化敏捷制造模式，在此基础上将IT网络（互联网）和OT网络（工业网）打通融合，通过OT网络广泛采集关键工序质量控制参数，并通过IT网络传输到云平台，在云平台上对数据进行清洗、关联、分析，针对各工序环节建立数据分析模型，通过模型的内在算法，实现质量控制的智能化。同时，开发各类质量管理应用服务，调用相关数据模型，优化工艺参数和质量管理系统。

三环锻造联合专业云平台厂商，将现有数据中心改造成“私有云”，承载现有的业务系统，同时弹性配置“公有云”资源，承载大量的在线检测、设备运行等数据，两者通过高速宽带进行连接，形成“混合云”。在混合云的基础上，采用专业的PAAS系统，融合汽车零部件行业的工业机理模型和各类管理应用程序，搭建了独具汽车零部件行业特色的工业互联网平台（锻造云），在此基础上开发了质量大数据管理框架。

2.“一个流”在线检测工艺布局

三环锻造对全流程生产工艺进行质量控制，布局设计了少人化甚至无人化的在线检测手段，在每个工艺节点嵌入了在线检测系统：在下料工艺中应用了光栅尺检测，自动测量每件棒料的长度和直径；在锻造工艺完成后应用蓝光三维扫描技术，自动随机抽检测量热态锻件的外形尺寸；在热处理工艺中应用了在线IBG检测设备，无损检测每件毛坯的材质和硬度；在油漆工艺完毕后应用了漆膜及油漆附着力检测仪，在线随机检测油漆喷涂质量；在机加工工艺过程中应用了无线电子量检具，在线全检每件产品每次加工的尺寸，在机加工艺完成后应用三坐标检测系统，对空间尺寸进行抽检。

在线检测设备的布局，重点在于加强过程质量控制，所选设备全部采用具有数字化和网络化功能的专用检测设备，设备既可向上传输数据，又可接收锻造云下达的指令，实现设备参数的动态微调节，从而保证生产质量的稳定性，体现出质量检测在智能化中的重要作用，改变了传统的质量管理方法和方式，为质量管理升级奠定了重要的基础。

（二）构建大数据质量管理模型，变革质量管控手段

三环锻造打通了在线检测设备的接口协议，自动提取每一次检测的多个数据，共布局了60个在线检测点，每天可提取2.5万个检测数据，数据由检测终端实时向云端上传，存储在锻造云工业互联网平台上，这些数据为大数据模型进行多维度分析提供了源源不断的“原料”。通过对大量过程质量数据的提取和分析，建立各个工序环节的大数据质量管理模型，通过模型的运算，生成新的调节指令，由云端向在线检测终端传输微调节设备参数或者故障报警，形成数据采集—分析—反馈—纠偏的闭环管控。

传统的质量管控方法，数据来源靠人工采集或单系统提供，数据量小、精度低、传输慢，造成分析滞后、人工干预调控工艺参数，质量管理滞后造成大量的停机停线损失。自动化的闭环管控模式取代人工分析的闭环管控，将统计过程控制（SPC）、测量系统分析（MSA）、六西格玛诊断、柏拉图、直方图、因果图等质量分析手段交由锻造云平台辅助或自动完成，改变了传统质量分析手段，减少人对生产过程的直接干预，有效地提升生产效率。

1. 构建锻造过程在线检测大数据与质量管控模型

第一，下料检测数据上传云端，形成精确下料模型，管控下料质量。传统锻造下料使用低速运转的带锯床，对棒料的直径和长度控制靠人工测量和手工记录，数据统计和分析原始、落后。在下料工序定制数控高速圆盘锯床，进料、刀具进给、转速均是自动化控制。锯切棒料时，棒料在输送轨道上由光栅尺自动检测长度和直径，数据采集上传至云平台，与云平台上的生产指令及锯床控制参数进行比对分析，再结合后道工序反馈来的模具磨损量，形成新的下料数据，再将数据反馈给锯床，一是更新下料的长度和直径，二是给机床一个精确的转速和进刀速度。机床执行云端传来的指令，根据直径的误差调整长度，并以合理的速度工作。

通过大量的数据分析及归纳，总结出了棒料的材质、直径和锯床的转速与进给速度之间的关系，以及模具的磨损程度与下料长度的关系，形成了精确下料模型，即工人只需每班次确认两次云平台反馈回来的数据，机床便开始自动工作，由原来的首、末件必检变成了数据确认，改变了传统的下料依靠人工

定期检测和调整控制的质量管控方式。

第二，棒料加热数据上云，建立精准加热模型，管控加热质量。在锻造前，棒料需要加热，温度要求控制在1150℃ ±30℃，过高则易破坏钢铁内部组织，过低则不易锻造成型。目前多采用中频加热方式，加热快，无污染，缺点是能耗高。对加热温度的管控，主要依赖温度传感器，对加热时间和功率的管控，则更多地依赖人工经验，有关每件棒料的加热温度和加热时间的数据由人工记录采集。三环锻造将中频感应加热炉与下料工序连成一线，棒料直接顺着轨道进入中频感应加热炉膛中。加热炉不同区域安装有多支温度传感器，实时采集数据并上传至云端。云平台根据获取的数据计算出一个合理的加热时间和温度，数据反馈给加热控制系统，控制加热炉的推送装置精准推送棒料进出炉膛，从而防范棒料过烧或加热不透而导致锻造质量事故。

通过对大量的数据进行分析，建立棒料材质、直径、炉膛温度、加热线圈直径的数据关系，确立中频加热数据模型，内置在锻造云平台中，将控制指令反馈给加热炉，实现了对每一件产品的加热控制。这改变了过去依赖人工经验控制的方式，减少了过烧或欠温造成的能源浪费。

为防备模型计算失误，在中频炉出料口增加了一套测温分选系统，配置了带有两套德国高精度 IMPAC IS320 测温仪的测温分选系统，实时监控加热曲线，并将加热温度和工艺设定温度实时比对，监控棒料的过烧、合格、欠温三种状态。测温系统与棒料抓取机器人实时连线通信，实现智能化分选操作。

第三，锻件成型数据上云，建立近/净成型模型，管控锻件成型质量。传统的锻造成型过程由人工操作，工人经验决定着锻件的成型质量，人工判断模具是否需要修复，三环锻造在锻造成型过程中，采用机器人和工业相机协同工作，运用人工智能技术，判断锻件摆放位置及成型质量。运用工业视觉相机，对锻造成型步骤拍照，感知锻件成型的质量；运用视觉识别和深度学习技术，分析锻造成型的数据是否与标准件相符，对符合性进行评分；后台系统根据评分数据分析发出指令，传达给自动化总控系统；最后由机器人执行控制指令，调整锻件摆放位置，保证锻件成型的每一步都正确。

在锻造成型工序，通过采集设备打击能量数据、模具温度、钢坯温度、脱模剂喷涂用量数据、锻件产品三维扫描获取的产品实际形态数据。将获取的数据与产品理论形态数据进行比对，建立锻造近/净成型数据模型。锻造云平台根据数据模型对各类数据进行实时监控，对异常或超差的数据进行报警，确保锻造产品最大程度接近标准产品形态。智能化的锻造成型过程，最大程度地减少了人对成型过程的干预，锻件折叠、错模等质量问题大幅减少，降低了锻件抽检的频次。

第四，锻件尺寸数据上云，建立模具动态修复模型，提升模具寿命。传统的锻件尺寸检测，需要等锻件自然冷却一小时后，才可进行，检测严重滞后。由于锻造是流水作业，一旦机器开动，不可停下等待，因此，锻件检测滞后极易造成批量质量事故。

针对热态锻件的检测，与华中科技大学共同研发，开发了一套热锻件三维扫描系统。通过锻件抓取机器人和检测机器人相互配合，检测机器人对抓取机器人送过来的高温锻件进行360度全景测量，得到锻件的三维点云数据，和储存在系统中标准三维模型进行比对，生成全方位误差报告和精度检测数据，数据上传至云端。在云平台上，系统立即评估检测数据，判断锻件是否有未充满、折叠、错模等质量问题，若有质量问题，则迅速反馈给锻造主控系统停止工作，亮灯报警。避免了人工检测滞后造成的批量质量事故，检测人员的工作则由检测变成了对系统的监控和对检测数据的校核。

在云平台上，对上传的检测数据，采用预控图对每套模具生产锻件的关键尺寸进行统计分析，判断模具磨损程度，结合该模具历史数据，如本期锻打件数、累计锻打件数、模具维修次数等，建立模具动态修复模型，决定模具是否需要大修。若是轻微磨损，则将检测数据反馈给下料控制系统，系统根据模具磨损的程度进行下料长度补偿；若磨损量达到极限程度，锻造主控系统则停止工作，亮灯报警。

传统的模具大修判断普遍采用定额工作量法或经验法，三环锻造利用模具动态修复模型，使模具平均寿命提高20%。

2. 构建热处理过程的在线检测大数据与质量管控模型

第一，热处理进料数据上云，建立余热利用模型，管控能耗。传统热处理进料动作是等高温锻件自然冷却到常温后，采用叉车转运和人工搬运方式将工件送入热处理淬火设备，存在几个弊端。一是工件在冷却和转运过程中占用时间长、工效低，二是锻后余热未得到利用，自然冷却到常温的工件进入淬火设备后需重新升温到800多摄氏度，能耗高；三是人工码放工件不规范易导致工件受热不均，淬火质量差；四是热态工件在转运环节存在磕碰损伤风险；五是人工采用辅助装置吊装工件，增加了人工成本。

基于上述问题，三环锻造建立余热淬火模型，破除锻造和热处理之间的工艺瓶颈。通过锻造工序与热处理工序直接连线，利用锻后余热，节约电能，提高工效。设置在线测温装置，配备机器人，实现温度的实时监测和决策，开发出根据温度指挥机器人抓取动作的软件，实现在线数据实时传输和工件抓取的智能控制。

改变了以前靠人工事后目测检查产品磕碰伤的管控模式，实现了工件入炉码放的标准化，有效规避了工件不规范码放导致产品受热不均产生的热处理质量风险，提高了工序质量保证能力，淬火硬度抽查的频次由以前的1次/小时降低到1次/2小时。

第二，热处理检测数据上云，建立毛坯硬度控制模型，管控过程质量。在热处理工序中，热处理炉采用特殊的分区分段砌炉技术，各区设有独立的温度和控制执行系统。温度控制采用智能化温控仪，集数显、测量、触发于一体，能直接驱动三相负载中的控制元件，并具有自动调整参数的功能，确保各区精准控温，实现各区控温、记录、超温报警等功能。淬火炉出料口安装有双色红外测温仪，可有效监测产品淬火温度，实现全过程的数据记录和温度异常时的自动报警。

通过对热处理淬火温度、回火温度、淬火介质浓度和流速数据的实时采集上云，以及对热处理下线的毛坯硬度和材料成分数据的采集上云，将采集数据与热处理质量硬度标准值进行关联，通过大数据分析建立热处理硬度控制模型，大数据平台对热处理过程数据实时采集并监控，对异常波动或超差情况进行实时预警，保证热处理过程质量持续稳定可控。

由于多品种、小批量的生产是常态，因此多种产品共线生产和工艺参数调整也呈常态化，传统方式是人工手动调整工艺参数，存在人工调整工艺参数不及时带来的热处理质量问题，以及热处理设备因区间空置工效和能效利用率低等问题。

通过建立热处理系统精准控制模型，实现了热处理工艺参数的智能转化和不同类产品生产的无缝衔接，改变了以前靠人工调整工艺参数管控不同类产品换产的模式，调质工效提高30%，能耗利用率提高35%。

第三，热处理下线采用无损自动检测，自动分选，管控毛坯质量。在无损检测方面配置了一套检测机器人和一台两通道涡流检测仪（IBG）。在热处理下线检测时，由机器人从上一道工序自动抓取工件，并按照程序预设的姿态和位置完成检测，实现自动分选。该检测仪可检测锻件的材质、硬度、金相，检测能力可靠，计算及加载时间短，检测完毕，统计结果自动刷新、记录。

传统的材质、金相、硬度检测是分散进行，且均要进行破坏性制样检测，检测结果由人工记录和判定，检测效率低，如传统的硬度检测模式，人工打磨清理检测面—人工搬运到硬度计上压痕—人工目测压痕判定—根据检测结果实施工件分选，检测时间在3分钟以上，而且是人工判定和分选工件，存在误判和误操作风险，记录采用手写，数据无法进行实时在线统计分析。

实施 IBG 无损自动检测，改变了以前几乎完全靠人工管控产品内在质量的模式，实现了硬度、金相、材质的同步无损快速检测，检测效率提高一倍，无须人工搬运，降低了劳动强度，每班节约 2 人。

3. 构建机加过程在线检测大数据与质量管控模型

第一，机加工检测数据上云，建立尺寸纠偏模型，管控加工精度。机械加工过程的质量控制主要是尺寸和形位公差的检测，传统的质量管理依靠人工记录检测数据、刀具更换频次，再通过数据分析尺寸和形位的偏离趋势，从而判断刀具或加工参数是否需要调整，以符合零件加工尺寸一致性的要求，数据分析结果无法实时指导现场工艺调整，只能制定固定的工艺参数供操作人员参考。

实施在线检测系统后，依托无线电子量检具质量数据采集的便捷性、连续性，系统获取大量检验数据上传云平台，自动生成 SPC 过程走势图，同时，云平台把实时采集的数据与换刀频次、加工参数进行综合比对，找到机加过程尺寸波动与刀具、机床加工参数等因素的关联关系，建立尺寸纠偏模型，数据模型同时具备自学习、自优化功能。现场操作工通过工控电脑上传产品机加工尺寸数据，当检测数据超出控制线或者偏离趋势，触发系统预设条件，系统会进行提示，要求操作工进行更换刀具、修改加工参数等操作，并进行系统确认。随着获取数据的增加纠偏模型分析逻辑更加严密，质量偏离趋势判定更加准确。

机加工检测数据上云改变了传统的质量数据采集模式，由纸质单据记录、人工收集、统计分析改变为操作工上传，系统自动统计，减少中间班组长、质检员等管理人员传递环节，实现了检测数据从现场操作人员到数据分析人员的“直达”，提升了检测数据传递的及时性和准确性。创新检测数据分析及利用方法，单一维度分析改进为多纬度分析，找到机加工尺寸偏差的根本原因，优化改进加工工艺，提升了机加工尺寸稳定性。将静态的机加工尺寸纠偏工艺指导参数优化为机加工尺寸实时监控、动态预警的质量过程管理模式，平台监测实时采集质量数据，针对可能造成加工尺寸超差的趋势进行预警，实现了质量管控由事后补救提升为事前预防，减少不良品的产生。

第二，刀具磨损检测数据上云，建立刀具补偿模型，管控刀具寿命。机加工环节，影响加工尺寸和精度最直接的因素就是刀具寿命状态。传统的刀具磨损检测是根据工艺指导书设定的换刀频次，当加工数量接近换刀频次要求时，通过肉眼观察刀具磨损情况和切削加工表面状态进行刀具更换，保证产品加工尺寸精度。这种方式极易造成刀具寿命使用不充分或者过度使用，带来刀具成本增加、产品加工尺寸不稳定等问题。

建立加工刀具磨损补偿模型，大数据平台通过实时采集机床加工负载数据，按照刀具磨损补偿模型，自动计算刀具补偿值并传输到机床中。当刀具磨损达到预设条件，机床负载超出设定范围，大数据平台可进行换刀提醒，从而确保机加工尺寸质量状态持续稳定，避免不合格品产生。

改变了传统依靠人工经验的方法，将机器数据与机理模型结合，实现刀具破损自动检测及预警提醒。操作人员专注于加工制造，系统根据模型对刀具破损趋势进行预警，操作工根据预警信息进行换刀等操作，确保产品加工质量合格。实现刀具寿命充分利用和产品加工质量持续受控。

（三）基于大数据模型拓展优化管理领域

1. 钢材质量优化

通过采集大量涡流无损检测和热处理温控参数、淬火介质浓度、温度和流速、锻件淬火后硬度和回火后硬度等数据，运用大数据分析系统对采集的热处理数据和原材料化学成分、淬透性等数据进行归集和对比分析，并基于分析结果联合钢厂开发适合锻造和热处理工艺的独有材料。

2. 模具质量优化

通过三维逆向扫描在线检测手段，对锻造后的锻件尺寸和表面质量进行实时在线检测，运用模具大修模型对采集的数据进行过滤和集成，对模具型腔各部位的磨损情况和表面缺陷进行统计分析，根据分析结果，优化 Deform、AFDEX 两款数字化有限元分析软件中应力与应变分析模型，进而通过模拟分析，在模具制作前期找出模具在使用过程中的应力与应变分布云图；以应力与应变分布云图为依据，合理选择 3D 打印材料，合理控制各层厚度，实现模具型腔硬度梯度分布，提高模具的抗疲劳性能。同时，通过对模具磨损部位的实时监测，优化模具的维护和保养项目及周期，模具寿命提高 15%，锻件不良品率降低 20%。

3. 生产现场逐层过程审核（LPA）系统优化

将各工序在线测量系统采集的数据导入云平台，通过大数据分析系统对数据进行归集和统计分析，找出日常过程控制中存在的风险点，进而优化和调整 LPA 检查内容和审核频次。同时，结合 LPA 专家库的个人特长、分配职能，智能分配审核员。

4. 全流程的质量追溯

传统的批次追溯管理手段和批次管理信息系统是通过纸质检验记录或者单一质量管理软件对发现的质量问题进行追查，通过排查同一批次产品的质量记录，锁定质量问题点，然后进行同类型质量问题产品的追踪和隔离，受制于手工查询数据困难和各信息系统相对独立的因素，批次追溯的时效性和准确性受到影响。通过批次追溯 APP，产品制造各环节质量数据统一上传至质量大数据平台，当发现质量缺陷，大数据平台自动检索各数据模型采集的质量数据，多维度研判，快速定位质量问题点，进而筛查出相同质量问题的批次产品。基于工业互联网的大数据质量管理批次追溯应用的及时性和准确性相对手动筛查、人工分析均有大幅提升。同时，通过问题点数据的积累，不断修正和优化数据模型，从而提升大数据质量管理平台的敏捷性。

三、汽车零部件企业基于工业大数据应用的产品质量管理的效果

（一）质量控制水平大幅提升，推进数据驱动发展模式

通过对传统锻造生产工艺过程质量管控的智能化改造，三环锻造构建了具有锻造行业特色的工业互联网平台，颠覆了锻造行业传统的纸质单据记录传递、检测数据人工统计分析、不良品事后补救修正的质量管理模式。以智能传感器、视觉相机、无线电子量具等自动获取实时质量检测数据；以“5G + 工业互联网”打造数据传输的“高速公路”；以锻造云平台实现质量大数据快速处理和智能分析；以数据模型、机理模型实现制造过程质量监控和预警。以数据为核心，推动锻造行业质量管理流程和质量管理技术优化和创新。推动公司在产品质量提升、节能降耗方面取得显著成效。三环锻造的产品制造单班所需人员数从 21 人下降到 6 人，运营成本降低了 23%；产品不良品率降低了 12.6%；生产效率提高了 36.4%；综合能源利用率提高了 46.3%；制造过程的数字化率达到 91.3%。

（二）成功进入国际高端市场，促进企业持续健康发展

通过生产的智能化构建，三环锻造产品质量竞争力稳步提升，成功打入美国市场和欧洲市场，国际业务取得较快增长。2019 年，三环锻造成功为美国 Reyco、荷兰 DAF 等数家新客户开发并批量供应主导产品。2020 年底，三环锻造向戴姆勒供货累计超过 120 万件，实现产品零公里不良品率 0PPM，连续四届荣获“戴姆勒全球优秀供应商”。创造了“三个第一”：中国第一家安保件供应商、中国第一家快速批量供货的供应商、中国第一家戴姆勒全球优秀供应商。

（三）质量管理数字化转型受益，获得行业广泛认同

基于工业互联网的大数据质量管理的成功实践，得到了国内外同行和社会各界的广泛认同。三环锻

造 2017 年和 2019 年两次被工信部授予“制造业与互联网融合发展试点示范企业”。目前参与制修订已发布实施的国家标准 24 项、行业标准 4 项，公开企业标准 11 项。截至 2020 年，三环锻造已拥有专利 104 项，其中发明专利 34 项、实用新型专利 70 项。先后向戴姆勒供应商团队、新冶钢、襄阳市质强办等企业和团体分享管理经验，赢得了良好的反响和赞誉。

（成果创造人：吴冬波、汪　锋、张　军、胡　全、梁文奎、胡月帮、晏　洋、彭　杰、周　明、许恢兵）

能源企业以质量评价与标准化为重点的体系融合管理

深圳能源集团股份有限公司

深圳能源集团股份有限公司（以下简称深圳能源）成立于1991年。1993年9月深圳能源股票在深圳证券交易所上市，是全国电力行业第一家在深圳上市的大型股份制企业，也是深圳市第一家上市的公用事业股份公司；2007年12月企业实现整体上市。深圳能源逐步从单一发电企业成长为由清洁电力、生态环保、城市燃气、国际能源、金融、科技等业务构成的综合能源企业，逐步从深圳起步的地方国企转变为国际型能源企业，产业布局拓展至国内24个省市和亚洲、非洲、大洋洲等海外地区，拥有34家全资或控股公司，拥有员工人数近8000人。截至2021年6月底，深圳能源总资产为1217亿元，可控装机容量超过1200万千瓦，垃圾日处理量达到2.75万吨，天然气年供应量达到10.4亿立方米，清洁能源装机占比达62%，生态环保、城市燃气和可再生能源利润比例达到64.2%，持有专利达到234项，主编、参编国家固废处理环保行业标准41项。

一、能源企业以质量评价与标准化为重点的体系融合管理的背景

（一）推动企业快速走实高质量发展之路的要求

深圳能源深入贯彻党中央、国务院和省市各级政府对质量提升工作的重要部署，以产业结构调整为主线，以参评深圳市市长质量奖为抓手，加快部署管理提升和综合改革等系列发展工作，推动公司有质量、高质量发展。在“十三五”初期，深圳能源推行的质量管理模式还缺乏系统有效的制度保障，质量理念和质量意识还不够健全，业务管理、技术标准、岗位规范等管理界面定性有余、定量不足，做什么、谁来做、怎么做的岗位实践和知识管理未得到优化提炼，产品实现过程中质量控制不稳定，未能实现统一的质量目标，现行制度体系已经不能完全适应集体高质量发展的要求。

（二）推动企业快速适应产业升级发展新模式的要求

近年来，深圳能源经营发展形势和体量发生了巨大变化，通过实施战略转型升级和多元化发展，已经逐步从传统电力企业转变为以清洁电力、生态环保、城市燃气、能源国际为主的综合能源企业。相比一系列的产业发展变化和管理变革，原有制度体系顶层设计与配套建设反应相对滞后，已经不能够满足“管理好、经营好”产业增量、新增业态和收购并购项目等要求，甚至存在管理空白、无效管理、管理不到位等情况；海外板块制度建设滞后，已经带来一定程度的经营发展风险；平台公司管理模式已经明确，但是相应的管理权责还没有制度规范；在其他产业快速发展过程中，未系统规划抵御市场风险的制度安排。建设新的管理体系、确保管理程序有效落地实施势在必行。

（三）推动企业系统解决管理短板的要求

深圳能源在管理中还存在很多短板和不足。一是“不统一、不一致”问题，“多标并存”，极大地浪费公司人、财、物等各种资源，而且系统化管理的难度日益加大。二是存在“重单项、轻体系”问题，部分业务存在制度真空和“三不管”的现象，部分制度管理权责、工作流程、风险控制等方面存在漏洞。三是存在“重传统、轻创新”问题。四是存在“重定性、轻定量”问题。解决这些问题，需要在管理上进行进一步的改革创新。

二、能源企业以质量评价与标准化为重点的体系融合管理的主要做法

（一）顶层规划服务中心

深圳能源特色卓越绩效标准体系从全局性、战略性视角做好标准化规划、部署和统筹工作，始终以

服务中心工作、服务战略转型升级发展为核心，建立标准体系与各体系协同管理的总框架，加强对直管企业、平台公司、海外企业的宏观指导和分类指导，统筹协调推进标准化管理和信息化融合，逐步形成了别具特色的点（指标）—线（过程）—面（全面质量管理 TQM）—体（卓越绩效标准体系）现代企业管理模式，重视过程，关注结果，有效保障了集团战略导向过程、价值创造过程、关键支持过程自适应循环发展，公司内部治理实现了管理标准化、标准流程化、流程信息化的全面落地。其中，体系建设规划是指导集团开展体系建设的纲领性文件，全面确定了体系建设的总体要求、重要任务、重点工作和保障措施，对重要工作任务进行了表单化，为集团标准体系建设工作指明了方向。规划近期至 2020 年，中期至 2022 年，远期展望到 2025 年及以后。

（二）“双标”融合，追求卓越

在已经植入卓越绩效评价准则的基础上，为了推动“质量、标准”双提升，“过程、程序”双统一，营造培育绩效导向、问题导向、改进导向的体系建设氛围，深圳能源集团创新实施了“卓越绩效评价 + 企业标准化”融合体系，主要有以下三个方面的做法。一是实现管理理念融合。全面采用过程管理方法，推动实施卓越绩效管理关注“质量、过程”与标准化关注“程序、准则”的理念融合，结合集团制度体系建设的成功经验，利用标准化体系的建设方法，全面解析回答卓越绩效评价要素，利用 ADLI 工具对标准、体系、组织等进行多维度滚动测量、评价改进，推动集团“质量、标准”双提升，“过程、程序”双统一，营造培育绩效导向、问题导向、改进导向的体系建设氛围。二是实现管理框架融合。以卓越绩效管理理念为统领，将卓越绩效管理 7 要素与标准体系 3 门类进行有机融合，管理标准子体系设计定义“领导与战略、业务过程管理、资源与支持管理”三个大的过程，预留其他管理体系接口；技术标准子体系根据集团战略产业规划设计，全面指导集团技术管理和进步；岗位标准子体系将会根据管理规范、技术要求进行丰富，设计提出卓越绩效目标。三是实现管理工具融合。吸收运用卓越绩效管理模式 ADLI 核心评价工具、企业标准化 5W2H 核心编写工具和 PDCA 改进工具，通过梳理业务流程控制点、工作方法准则、责任人等一一对应、层级传导，明确集团各项管理活动内容和具体要求，确保集团各职能工作具有统一的规范和标准，强调各项工作规范和标准得到完整执行，保障员工“用正确的方法做正确的事”。

（三）开口设计风险嵌套

深圳能源集团管理体系建设重在管理活动全过程策划，业务链条管理设计为由 K_1、K_2……Kn 等不同重要关键环节串联而成，任何一个环节或多个环节都可以嵌入其他管理体系的相关要求，形成了多个开放式接口，如果外部管理规范或指导标准发生变化，或内部业务调整或流程变化，都能精准找到关键环节加以改进和调整，快速落实新的管理要求。在实施过程中，体系建设管理部门与企业风控部门加强联系，根据国务院国资委下发的《关于加强中央企业内部控制体系建设与监督工作的实施意见》“在具体业务制度的制定、审核和修订中嵌入统一的内控体系管控要求，明确重要业务领域和关键环节的控制要求和风险应对措施”的要求，以及深圳市国资委下发《关于做好 2020 年市属国有企业内部控制体系建设与监督工作有关事项的通知》和《2020 年监督稽查工作要点》，结合对原有风险库中的风险进行梳理细分和补充，结合公司近三年的前十大风险和领导层关注的重要风险，总结出 21 个重要风险，如境内合规风险、境外合规风险、经营资质管理风险、证券监管风险、知识产权风险、工程合规风险、监管报告风险等，以打标签的形式嵌入 24 个管理标准中，真正将风险提示、内控关键控制活动、合规管理等要求融入管理标准中，提示业务部门在此部分应加强风险控制，在日常业务执行及卓越绩效标准更新时予以关注，较早地防控风险，进一步增强风险评估和风险管控措施有效性。

（四）系统梳理，打通脉络

深圳能源集团管理标准建设坚持系统梳理思维，实施跨职能跨专业协作，技术标准建设实施产业分类专业协作，各类标准子体系实施专业委员会归口管理，着力打通职能壁垒和业务经络，确保标准在一定范围内“统一规范”的专业性、实用性和可操作性。首先，强化“文件清理，业务梳理”。扎实开展业务名录梳理，对原有已经运行超过10年的“1+4”制度体系的234项程序文件、252项业务指导书、37项部门文件采取“职能+业务名录”对应的方式梳理全业务过程：一是抽取部门职责中的二级业务、三级业务作为主业务识别路线，清理现有制度文件，与业务进行一一对应，形成“现有业务名录”；二是按照卓越绩效评价准则、企业标准化系列标准及国内大型电力企业优秀案例提出业务识别“参考名录、标准”，与“现有业务名录”进行印证，查漏补缺，去冗存优，形成“集团职能和业务名录”，该名录涵盖了职能与业务类别名称、现有制度及流程名称、工作准则和制度执行效果评价，同时也标明了部分制度和职能缺失问题；三是根据业务名录策划拟定管理标准明细表，界定相应标准的层级类、编号、名称、主编参编部门。经过新旧对照和系统梳理，将现行486项制度简化融合成为253项标准。其中，对现有制度归类合并、按附录处理或废弃的近210项，顶层设计不系统产生的冗余制度约50项，补充业务管理空白约23项。其次，强化“全员参与，重点培训”。深圳能源标准建设体系办集中时间逐一向各部门深入解析《卓越绩效评价准则》（GB/T 19580）、企业标准化和电力企业标准化系列文件要求，采用问答、案例、浅析解读等不同形式，向编写人员普及编写要点、注意事项和编写规范，共开展部门全员面对面答疑交流23场次。把经过严格培训并职责明确的人员作为组织保障，负责推进面向全体员工的培训，使全员掌握具备创新管理思维方式和开展项目的行动方法，为全面开展编写打好基础。最后，强化“先策划，后落笔”。在新标准编制过程中，特别是涉及投资发展、工程建设、产品生产、市场销售、科技研发等业务过程的标准，由主编部门牵头成立由主要编写人员、参与编写人员组成的专门编写小组，并将标准编写策划放在第一位，共同研究本项标准所涉及的业务和管理范畴，具体是如何操作的，通过业务交流和沟通，主要编写人、参编人对业务和管理的理解更加清晰、透彻。在此基础上，组织梳理设计业务过程和关键环节，明确先做什么，后做什么，边界条件是什么，跨专业、跨职能的工作职责有哪些，然后再分配相关编写任务。

（五）内外结合，多维评价

深圳能源新的管理体系建设特别注重专业性评审和高层评审，在编写阶段设置初审、专业审查、高层评审等多个评审环节，确保每一项管理标准既符合适用法律法规和行业标准的要求，又满足企业内在管理逻辑和业务发展的要求。

标准初审。由体系办牵头成立初审工作专业小组，对所有管理标准进行了为期两周的集中初审，主要审核标准初稿的规范性、合规性、风险源与风控点，审核标准的内外部接口问题，并集中面对面解决编写过程中的常见问题。

专业审查。在风险防控方面，审计风控部根据集团前二十大风险对管理标准进行了风险点筛查，共完成24项管理标准的风险点嵌入，提示业务部门在此部分应加强风险控制，在日常业务执行及卓越绩效标准更新时予以关注，较早地防控风险。在合法合规方面，产权法律部聘请专业律师事务所，秉持全面细致审查的工作原则，结合相关领域的现行有效法律规定，从管理标准文本的合法性、语言表述规范性、体系结构安排的合理性等多角度对管理标准提出了修改建议，各部门采纳了律所提出的意见和建议并加以完善，为管理标准评审工作打牢基础。

高层评审。深圳能源集团体系办按照《集团卓越绩效标准编审工作方案》，协调组织由集团主要领导、分管领导主持的标准审查会，就标准是否符合公司章程、战略方针、经营理念和管理要求，是否可操作、可验证，是否与相关标准接口衔接合理等方面，全面开展所有标准的审查工作。前后耗时近2个月，共组织集团主要领导召集的评审会5次，集团分管领导召集的评审会17次，落实评审意见236条。

（六）集成工具，提升质量

管理成熟度 ADLI 评价工具的应用。深圳能源导入卓越绩效评价准则的过程中，重点使用了 ADLI 工具采取定期、适时方式对标准、体系、组织等进行多维度滚动测量、评价改进。集团每年 11 月 15 日全面启动管理体系运作效果评价，围绕体系的系统性、标准的可操作性、外部指导的符合性、内部业务调整的适应性等多个维度，对每一项标准“过筛”；积极与国家质量奖、省市质量奖、质量标杆等评选对接，坚持“以评奖促管理进步，以评奖促质量提升”原则，利用外部管理专家和质量专家优势，组织企业内部自评自查，并在过程中提出改进方案，推动企业不断追求卓越发展。

管理过程乌龟图和 PDCA 管理工具的应用。深圳能源体系建设全面深植了输入输出、循环闭合的工具方法。在体系梳理方面，将公司治理目标、中长期战略作为企业管理的输入要素，将厘清内部组织架构、部门职责、总部与二、三级单位管理权责以及业务关系作为“中间过程”，将相关方满意作为输出结果，全面优化领导与战略、价值创造和资源支持几个重要层面的管理逻辑，解决管理痛点、打通管理壁垒、填补管理空白、强化管理弱项，推动内部管理全面与企业经营治理目标“挂钩”。在单项管理标准方面，采用“全过程 + 子流程”的 PDCA 循环方法，有信息化流程的必须有对应的管理规范加以控制，保证每一项工作都有反馈、可查证、可闭环，并且利用信息化手段控制节点“办理效率”，大大提升行政效力和业务效率。

三、能源企业以质量评价与标准化为重点的体系融合管理的效果

（一）建立高质量标杆取得成效

一是树立了绿色发展标杆。深圳能源可再生能源、环保和城市燃气利润占比从 8.0% 增加至 71.6%，已成为利润增长的主要来源，集团转型发展取得显著成效，已成为深圳市属国企、能源行业企业转型发展的标杆。二是成为业绩优良标杆。深圳能源“十三五”期间，集团总资产从 581 亿元增加至 1140.62 亿元，实现翻番；归属母公司净资产从 217 亿元增加至 379.63 亿元，增长 74.94%；累计实现主营业务收入 868 亿元，完成利润总额 115 亿元、现金分红 24.99 亿元。三是成为优质项目标杆。集团树立“百年工程、优质工程”建设发展目标，设计阶段坚持“设计节约是最大的节约”，积极践行“绿色低碳、技术创新、引领行业、对标国际”的高标准设计理念，从设计源头抓质量管理，向设计要效益，很多精品项目建设案例已成为业内标杆。

（二）在高标准建设方面取得显著成效

一是以国企责任为引领。积极践行“一带一路”国家倡议，在西非加纳的电力能源投资取得了巨大成功，树立了积极响应“一带一路”倡议的海外拓展先锋形象。积极践行“能源革命”战略，积极参与“美丽中国”建设，助力大湾区优化能源结构，确保能源供应安全、高效、稳定。积极践行社会公益，完成扶贫脱贫攻坚任务，龙川县南坑村贫困户家庭年人均可支配收入由 3881 元增至 1.72 万元，对口帮扶成效显著，贫困户全部达脱贫标准。新疆塔县光伏项目利润全部反哺当地扶贫事业，获国务院国资委、国家能源局官方报道。二是坚持以环境治理为引领。在国内最早从事垃圾清洁焚烧项目，始终坚持“为环境、为将来”的生态环保理念，积极探索建立“低能耗、低排放、高效率、生态化”的低碳能源发展模式，全力推进“无废城市建设”示范引领，为中国、为世界可持续发展提供更多深圳智慧。三是坚持以行业标准为引领。拥有垃圾沥滤液处理、城市垃圾焚烧炉等 61 项环保专利技术，主编参编垃圾焚烧发电国家行业标准 29 项，占行业标准的 60%，自主研发 600 吨级炉排完成验收，掌握了高端炉排的设计研发制造能力，自主建设的环保电厂排放标准优于欧盟最新标准，创造了行业最优的“深圳标准”。

（三）在追求高水平驱动方面取得实效

一是以特色管理驱动。深圳能源在特色体系建设方面，全面导入卓越绩效管理新理念和标准化管理平台，着力打造“1+3+N”卓越绩效管理体系，即1个治理指引、3个标准子体系（技术+管理+岗位）、N个质量提升工程，建立具有深圳能源特色的点（指标）—线（过程）—面（全面质量管理TQM）—体（卓越绩效标准体系）现代质量管理模式。二是坚持科技创新驱动。深圳能源将能源科技提升至顶层战略高度，力求在关键环节和新兴领域实现技术突破，凝聚转型发展新动力。突出整合现有科创资源作用，系统架构搭建科研体系，形成技术研发、创新研究和成果转化之间的多维协同互动；突出优化科研软硬环境，持续提高研发投入，确保公司整体的科技创新投入达到营业收入的2%以上；突出丰富科研合作方式，积极开展自主研发、合作研发和引进转化，加强与国际领先的能源环保企业，国内科研院所、高校的技术合作，借势借力合作共赢。三是实施金融资本驱动。深圳能源以集团规模化快速发展、做全主业产业链条为主线讲好“能源故事”，加大资本运作力度，进一步释放发展动能。一方面，敢于使用新的融资工具，规划做好不同金融产品结构和短中长组合，制定产融结合工作方案和路线图；另一方面，加强财务管控，整合集团系统财务数据，进一步做好、做大财务公司、基金管理公司，用好融资租赁公司和境外财资中心，有效降低了集团财务费用及整体税负，创造了良好效益。

（成果创造人：熊佩锦、孙　川、林　恒、强文桥、麦宝洪、
章红星、魏志浩、宋　原、杨芳全）

卷烟工业企业以转型升级为导向的生产流程优化管理

龙岩烟草工业有限责任公司

龙岩烟草工业有限责任公司（以下简称龙岩烟草）创建于1951年，是福建省第一家也是最大的国有卷烟工业企业，2007年12月按公司制改制成为国有独资公司，是福建中烟工业有限责任公司旗下全资子公司，龙岩烟草资产总额超过100亿元，核心产品品牌“七匹狼”是中国名优卷烟品牌、全国十多个重点骨干品牌之一。截至2020年，实现销售收入160.66亿元，税利总额126.89亿元，分别比2017年增长21.87%、22.74%。龙岩烟草致力于履行“龙岩烟草品质，成就价值”的使命，“生态体验型精品卷烟制造基地”的愿景和“共鸣、共识、共担、共享”的核心价值观，相继获得“全国五一劳动奖状”“全国文明单位（连续四届）”“第四届福建省政府质量奖”等荣誉。

一、卷烟工业企业以转型升级为导向的生产流程优化管理的背景

（一）落实烟草行业高质量发展的战略需要

面对新形势、新任务、新要求，龙岩烟草系统谋划“建设高质量龙岩烟草”的企业战略目标，面对库存增加、产能布局结构性矛盾、产品结构提升乏力、市场拓展难度增大等与高质量发展要求的差距，打破传统思维，导入流程变革理念，对企业进行整体调理、系统重塑，把握流程变革思维这条主线，建立以质量变革为核心、以效率变革为目标、以动力变革为关键的基于流程变革的运营管理模式，全面推进转型升级，为推进行业的高质量发展贡献力量。

（二）全面实施企业数字化转型的迫切需要

国家“十四五”规划和2035年远景目标纲要明确提出“加快数字化发展，建设数字中国”。把握数字经济发展新机遇，形成数字化、网络化、智能化发展新优势，引领产业转型升级，是烟草行业高质量发展的必然选择。卷烟工业企业数字化转型的核心不仅仅是技术，还是观念的更新和认识的提升，更是企业战略主导下的业务流程变革，用思维变革推动业务变革，用业务变革驱动技术变革，用技术变革实现数字化转型。因此，龙岩烟草把企业数字化转型定位为技术与流程变革的系统性建设工程，整个转型过程以企业价值体系的优化、重构为主线，从生产全要素出发，打破生产链、供应链的边界，通过提升生产全过程的精益智造水平来促进数字化变革，助力企业实现“质量变革、效率变革、动力变革”的高质量发展。

（三）解决企业生产流程粗放化的现实需要

龙岩烟草2013年积极导入精益管理理念，引入精益管理方法，实施精益管理改善，同时进一步开展管理优化、组织变革与流程再造等工作，为龙岩烟草提质增效，高质量发展做出了极大贡献。但在进一步推动龙岩烟草高质量发展的过程中，依然存在企业生产制造流程碎片化、职能部门壁垒产生大量信息孤岛、企业业务流程冗余，存在大量断点、堵点等影响企业高质量发展、影响企业数字化转型、影响企业流程变革推动的问题，需要龙岩烟草运用企业管理的手段，全面解决现实问题，为企业的高质量发展奠定基础。

二、卷烟工业企业以转型升级为导向的生产流程优化管理的主要做法

（一）科学谋划以转型升级为导向的生产流程优化管理流程变革路径

1. 明晰生产流程优化的方向

面对以转型升级为导向的生产流程优化实践课题，龙岩烟草进一步明确“更加系统、更加聚焦、

更加协同、更加高效”的流程变革方向。

更加系统：覆盖企业基于使命、愿景、价值观和战略的运营管理全过程，并得到了系统化的实施及运作。

更加聚焦：明确基于战略的项目绩效与流程绩效测量方法，为公司改进创新提出系统性的改进需求，使之更加聚焦于企业战略关键绩效指标的提升。

更加协同：有效融合了 ISO 9001、ISO 14001、ISO 45001、ISO 10012、ISO 50001、GB/T 23001 等各专业管理体系的要求，使之均能在卓越绩效管理体系中找到自身的位置，明确自身的定位，实现项目与流程管理子体系的一体化管理和协同实施。

更加高效：通过流程管理体系整合，全企业只有一本纲领性的卓越绩效管理手册，程序文件和作业指导书要得到精简，提升了标准文件的科学性、可操作性。

2. 构建生产流程优化的模式

龙岩烟草经过系统分析与科学论证，围绕企业发展战略，建立“1532”的生产流程优化变革模型。1 个目标：协同运营、提质增效、权责统一、管理创新。5 条路径：理清流程、强化管理、持续优化、流程监控、数字应用。3 个结合：流程审核与持续改进相结合，流程与标准、职责、绩效相结合，流程优化与信息化相结合。2 个基础：流程管理方法论、ARIS 流程管理工具。

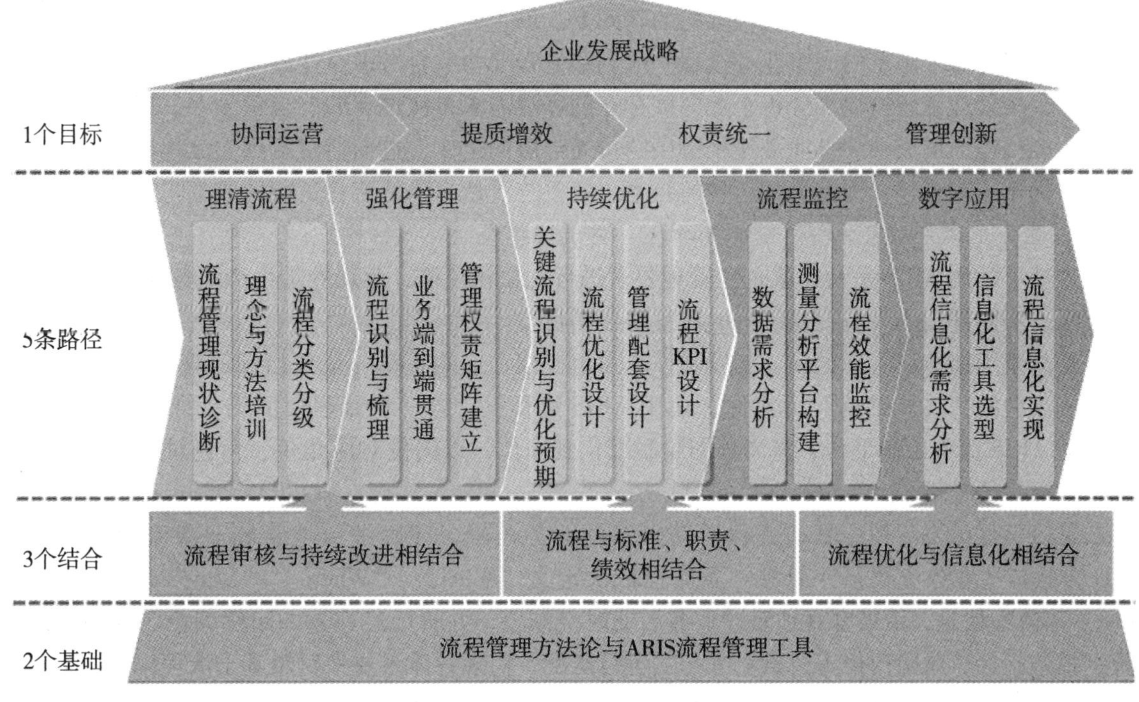

图 1　龙岩烟草公司流程优化管理架构

（二）系统构建以转型升级为导向的生产流程优化管理价值流程图

1. 以战略目标为导向，构建自上而下的流程架构

龙岩烟草分析绩效管理体系及标准体系结构，形成一套从战略到流程的结构化、模型化和一体化运营管理体系模型。

一是运用关键成功因素分析法，结构化分解战略目标。从自身战略定位出发，以实现产品价值为核心，以满足福建中烟提出的战略支撑、经营管理等要求为关键点，梳理产品质量指数 QI、设备综合效率 OEE、物耗指数 MCI、订单响应时间 ORT 等 11 个战略指标，通过关键成功因素（KSF），分解形成结构化的流程绩效指标体系，用以衡量各业务域、各层级的流程产出，匹配战略目标，满足战略发展要求。

二是运用商业模式分析法，识别制造价值链。以龙岩烟草战略目标、产品及服务为出发点，从 3 条分析路径与 9 个基本构造板块的排列组合，分析推演战略规划实现所需具备的业务能力或竞争能力，进而识别为业务（竞争）能力提供支撑的具体过程，完成企业价值链梳理与流程架构的顶层设计。根据上述三条路径的分析结论，组合出企业战略所需要的业务能力清单，进而识别龙岩烟草要策划和设计哪些过程，由此输出业务流程架构的顶层设计——流程图，建立起战略体系与运营体系的对接路径。

三是借鉴 APQC（美国生产力和质量中心）和普华永道全球最佳实践两种流程架构通用理论，建立"职能 - 端到端"的二元流程架构。以商业模式及价值链分析为输入，将流程分为核心流程、支持流程和管理流程三大类，核心类流程直接创造企业价值，支撑类流程为企业经营活动提供服务和资源保障，管理类流程为企业整体经营活动提供监管和合规保障。

以管理对象为横轴、以管理过程为纵轴，针对价值链过程创建流程选择矩阵，统一流程颗粒度划分原则（将留下一份或一套管理记录作为主要判定原则），形成了"流程地图 L1—流程区域 L2—主流程 L3—业务流程 L4—岗位作业流程 L5"五大流程层级，细分所有价值流至最小颗粒，形成企业业务流程清单，全景展现分类清晰、业务完整的职能流程框架。

端到端流程架构，是在职能流程架构的基础上，以企业内外部客户和客户需求为导向，梳理从客户需求提出到客户需求满足的完整业务过程。端到端流程架构综合考虑企业战略、市场条件、客户需求等宏观视角，按管理主题构建，分析企业应该存在的客观需求，从现有职能流程入手，识别那些属于业务起点的职能流程，形成端到端业务流程链条的拉通与协同运作，进而通过端到端流程梳理，发现业务断点，不断优化完善流程，提升流程运转的效率、效益与质量，降低流程运行的成本与风险。

2. 以业务主体为对象，构建"自下而上"的流程模型

龙岩烟草运用 ARIS 平台，就企业管理要素进行对象化建模，驱动卷烟生产业务与 IT 无缝集成，为不同层次，不同部门的人员提供统一的流程协作平台。

一是从组织岗位、管理记录、制度文件、角色授权、应用系统、绩效指标等管理要素的建模入手，建立组成流程的"房式结构"元素库。运用 ARIS 流程设计器，将流程模型统一维护到流程管理平台上，借助 ARIS 流程绘制平台，将流程图绘制细化到岗位，以岗位对应角色、角色对应流程的方式，实现流程和组织的松耦合。

二是以事件触发流程，驱动流程活动串接的业务逻辑，准确细致地绘制业务流程图模型。采用 5W1H 方法描述业务流程，针对每一条流程依次定义"When""Where""Why""Who""What""How"等流程信息，清晰客观地表述业务活动时空顺序，并将已经建立的组织架构、管理记录、信息系统、绩效指标、风险内控等要素对象与之进行匹配，实现各体系要素对象基于流程模型的集成整合。

这样每条业务流程颗粒都包含完整的管理要素，以统一的定义方式，封装、固化在流程管理平台里，并且跟每个员工和实际的业务开展过程实现关联，由此，构建起具体、独立的数字化实体模型。

3. 以运营效率为目标，实现"上下融通"的一体化管理

基于全要素关联的业务流程体系，龙岩烟草实现了将质量、环境、职业健康安全等管理体系要求九九归一。管理体系每改动一个要素，其他关联环节就会同步修改，或更新业务流程描述，或匹配标准文件条款，或调整组织岗位，或修订管理记录……使管理体系要求与流程实际执行保持一致，标准文件与流程描述高度统一，大大降低了体系变更及校验的复杂性，有效提升了体系运行效率。

此外，运用 ARIS 模型仿真与分析功能，可以对各类流程要素进行定量、定性分析，如分析流程与

制度模型匹配，检验制度条款之间是否存在重复、矛盾、空白的情况；通过分析管理记录模型，检查流程上下游信息传递是否存在断点，促进运营管理体系落地执行。

（三）全面打造以转型升级为导向的生产流程优化管理流程治理能力

1. 建立知识导向型的流程管理机制

制造企业推行知识管理，应与业务流程有机结合，打造知识导向型的流程管理机制，更好地促进企业管理提升，助力企业高质量发展。

一是建立流程治理组织机构与管理制度，落实流程主人权责，推进流程治理机制的宣贯与实施，确保流程持续改善，不断产生新的知识，并通过流程有效沉淀。

二是基于 ARIS 平台，为各部门、各岗位，提供个性化、可视化的知识界面。每名员工可以通过与流程平台互动，便捷查看具有岗位特性的流程知识，使流程知识得到快速获取与传播；同时，流程知识与岗位实际经验的结合，有利于激活员工对流程的改进创新，加速员工隐性知识的转化，使岗位最佳实践经验得以固化，流程改进更加贴近现场、贴近一线。

三是依托 ARIS 平台，建立流程制修订的申请、审批、发布工作流，加强流程过程管控与版本管理，满足业务在线设计与知识动态管理需求，实现对业务流程的全生命周期管理。

2. 构建成熟导向型的流程评价方法

管理体系审核与卓越绩效评价是两种典型的管理评价方式，具有明显的差异，但如果能够实现一体化结合，则有利于打通微观符合性审核与宏观成熟度评价，支持管理体系的全面一体化、提高运作效率，使微观审核面向宏观评价的组织背景和重点，同时培养兼具战略视野和细节思维，熟悉多体系标准，掌握审核和评价技能且又愿意同时实践的复合型评价人才——内审员兼自评师。

为此，龙岩烟草将卓越绩效 ADLI 评价方法与体系 PDCA 内审方法深度融合，以流程为审核主线，构建流程评价模型，借鉴 GB/T 19579《卓越绩效管理成熟度评价方法》和 GB/T 19004《追求组织的持续成功质量管理方法》自我评价工具，按照流程策划、流程执行、监测和分析、持续改进的 PDCA 流程评价思路，从流程设计和流程实施两方面制定流程评价要素，建立流程体系评价方法，系统评估关键流程运行状况，研究运用流程执行率雷达图等分析工具，通过模型评估快速定位关键流程的短板，识别流程体系潜在改进机会。

3. 实施分层级的流程审核工作机制

推动流程管理诊断机制化运行，龙岩烟草构建“公司级—职能级—部门级”三层级审核机制，将审核结果纳入组织绩效考核，使各层级对流程运行的效率、管理体系的有效性形成持续的、自驱的关注，为职能管理向流程管理转变奠定坚实的基础。

一是公司级成熟度评价机制，从宏观层面，审视公司业务流程整体运行效率与管理成熟度，以公司战略为导向，关注 KPI 分解过程与实现情况，评价职能级审核的有效性，从中识别公司业务流程架构的短板和改进机会。

二是职能级专项评估机制，从管控层面，职能部门承接公司 KPI 指标，通过关键成功因素分析识别出与其业务相关度高的端到端流程，并负责审核端到端流程整体设计的完整性、增值性以及流程执行的符合性、有效性、适宜性，重点关注上下游流程环节的业务衔接，寻找系统性流程改进机会。

三是部门级审核机制，从实操层面，针对管理体系一体化运行情况开展审核，重点关注流程设计、标准要求与业务执行三者一致性，如流程设计与流程执行记录的一致性、流程规范要求与标准文件条款要求的一致性、ARIS 流程建模规范与流程设计的一致性等，及时纠正不一致行为。

四是将审核结果纳入组织绩效管理。设置“流程审核得分”绩效指标的测量与考核方案，以季度为周期，跟踪、评价指标的实现情况，将流程管理与绩效管理深度结合，对各部门进行相应的绩效考核。在机制层面，强化指标的应用和提升导向，使各部门在管理方面的绩效平行可比，促进内部形成流程管理最佳实践，使业务流程的持续优化、管理体系的不断升级形成有效的反馈和闭环。

上述分层级审核工作机制，形成了一套职责落实、客观评价、科学考核的内部审核工作网络。通过“内部轮训、考核选拔、重点培养”，龙岩烟草培养出一批兼具战略视野和细节思维、熟悉多体系标准、掌握审核和评价技能的复合型评价人才，为持续改进运营体系提供了专业化人才支撑。

（四）全力推动以转型升级为导向的生产流程优化管理业务流程优化

龙岩烟草数字化转型的愿景目标是，在已有的自动化生产制造系统基础上，充分融合人的智慧，应用大数据、云计算、移动网络通信和人机交互的工作自动化、数字孪生、虚拟制造等现代信息技术，从生产、管理全过程优化出发，推进以高效化、绿色化和智能化为目标的卷烟智能制造。

1. 聚焦战略目标，实施系统流程优化

提升面向市场的供应链协同能力。积极参与福建中烟“产销协同优化”项目，优化调拨需求预测和生产计划流程，加快供应链一体化产供销信息共享平台建设，实现需求、计划、采购、生产、交付等业务信息的交互与共享；建立供应链协同重大信息披露流程，提高供应商质量异常和重大变更风险预警应变能力，提升“生产与销售、生产与采购、生产与交付”的协同效率。

提升柔性生产、敏捷响应市场的能力。结合省公司品牌发展规划和产品发展趋势，科学规划一、二区产能，合理调整设备布局，优化“四班转三班”生产组织模式及运行流程，深化运用 APS，研究生产过程全要素管控模式，基于生产全过程信息智能感知与集成，逐步改变生产计划调度与优化控制系统指令依赖人工经验的状况，驱动生产计划系统寻优，提高生产组织的均衡性和敏捷性。

提升精益制造能力。以质量、成本、效率均衡为目标，在产品质量方面，聚焦中细支卷烟关键制造技术，充分利用行业的中细支卷烟制造数据寻找差距，优化工艺质量和工艺技术管理流程，重点攻关切丝宽度、烟丝纯净度、含水率控制、滤嘴通风度、端部落丝、圆周标偏差以及中细支卷烟单箱消耗高等难题，有效提升产品质量和过程质量；在效率提升方面，全面运用卷烟工厂设备卓越绩效管理项目成果，深化设备精益管理，优化设备自主维护改造流程，配套维修队伍优化重构，建立设备维护改造管理模式，引导和促进设备自主创新的实施，进一步提高设备运行效率，提升精益生产保障能力。

2. 聚焦生产目标，深入推进精益管理

实施“四转三”生产组织运行流程优化以及供应链一体化产供销信息共享平台建设，有效提升“设备综合效率 OEE”“小牌号订单响应时间”“烟用材料库存周转次数”等生产核心指标。其中，“烟用材料库存周转次数”每月增加 0.59 次；优化工艺质量管理和工艺技术流程，全面提升批次质量管理水平，“顾客抱怨率”（生产环节）从 0.059 降至 0.023，质量指数 QI 趋势平稳提升，有效提升产品质量和过程质量；实施精益改善，物耗类、能耗类指标降幅明显，改进创新指数、流程审核得分、职业资格人员占比、专业技术资格人员占比等战略 KPI 也稳步提升。

3. 围绕日常运营，提升整体经营绩效

一是优化供应链管理流程，提升供应商质量协同水平。应用现代采购与供应链管理理论，搭建供应商协同管理平台，系统梳理供应商管理、采购协同、物流协同、结算协同、库存协同、质量协同等六大业务场景，打通订单、要货、发货、物流、库存、质量、供应商评价、结算等供应链管理流程，着力构建烟用材料供应链质量协同管控模式，重点解决材料上机适应性问题，着力打通供需双方质量数据链，通过供应商过程质量管控、批次追溯、变更管理、二方审核、质量改进等供应链质量端到端流程优化，有效降低产品质量风险，提升生产保障水平。

二是优化生产计划与资源调配流程，提升生产响应效率。以提升生产计划与供应链协同、响应效率为目标，优化基础数据维护、工厂模型管理、生产计划管理、产能计划管理、月主作业计划管理、车间日作业计划管理、换牌管理等计划编排与调整流程，基于协同制造的APS（高级排产）系统深化应用，实现了月度主作业计划高效敏捷的自动编排与滚动排产，优化了计划排产逻辑，主作业计划编制时间从2小时缩短至20分钟，提高生产订单的响应速度；同时，APS、MES与ERP系统有机集成，实现了生产资源准备过程数据的实时共享，提高计划排产与供应链协同水平，APS系统作业计划的可执行性与准确性从79.04%提升至90.52%，自动排产执行效果良好，进一步提高了排产工作效率和生产协同水平。

三是基于数据驱动流程优化，强化绩效改进闭环。以创意改善流程为例，通过流程绩效分析系统获取数据和知识分析，修改创意园改善积分计算规则；优化创意报表；精简“创意方案制定”环节，以成果提交作为闭环条件；新增“创意淘金”直通车，加快成果转化效率等流程改进。

（五）全面开展以转型升级为导向的生产流程优化管理流程监控分析

在大数据环境下，业务流程的执行过程是一个不断产生和消耗大量数据的过程。为此，龙岩烟草构建横向和纵向对比分析相结合、周期性分析与专题分析相结合的流程分析模式，聚焦关键流程绩效指标，建立流程绩效数据可视化界面，以绩效管理驾驶舱为核心，搭建以战略地图、指标分解、绩效监控、指标分析、业务改进为全过程的流程绩效监控分析平台。运用IT系统沉淀的大量业务数据，挖掘数据价值，盘活数据资源，从中感知流程执行状态，评估流程执行效率，洞察流程优化空间，实施系统改进。

以龙岩烟草“改进创新指数”战略KPI分析为例，通过绩效指标分解与流程梳理，提炼出反映业务流程绩效的过程性指标8个。按照指标制定情况，在流程绩效监控分析平台创建指标模型，定义指标名称，每一项指标，依据要分析的业务流程需求，从信息系统抽取相关日志数据，改进创新流程是从龙岩烟草情报系统中抽取创意、方案、成果、创意审批、成果审批等全流程事件日志，梳理指标数据项所需的关键字段，将经过ETL的业务数据导入流程绩效分析数据仓库，根据流程自身逻辑，识别能够串联各流程步骤的关键数据字段，如创意ID、创意提交日期、创意方案提交日期、创意成果提交日期，创意审批人等，在流程绩效分析系统中配置业务数据和流程的对应关系，确保业务数据可以直观地以ARIS流程图形式进行展示。

对业务端到端流程绩效数据进行全面监控，开展业务执行数据的实时采集、多维分析与流程挖掘，逐步设定各流程的流程效率合理目标区间，通过数据挖掘技术，构建如统计分析、同质对比、概率分布、异动挖掘等的多种流程绩效分析模型，定位流程执行弱项环节，下钻分析流程执行岗位绩效，横向追溯流程上下游协同问题，有针对性进行改进突破，调整现有不相符、不适应、不增值流程，为业务流程最佳实践优化提供实时、准确、全局性的数据决策依据。

三、卷烟工业企业以转型升级为导向的生产流程优化管理的效果

（一）提升了生产管理效率

龙岩烟草通过创建并持续深化面向战略落地的流程管理体系，使GB/T 19580、ISO 9001、ISO 14001、ISO 45001、ISO 10012、ISO 50001、GB/T 23001等标准的要求在企业内得到了兼容和协同实施，使企业的各项综合创新成果得到了有效固化和落地，系统整合了企业各项管理工作，极大地提升了企业经营质量水平和管理成效，使企业的经营管理更加系统、更加聚焦、更加协同和更加高效。管理记录由原来的3522份减少至3162份，降低了管理成本，提高了执行效率；KPI指标由373个扩充至540个，进一步完善公司绩效指标体系，并使多体系结合审核与卓越绩效自评诊断一体化，这些都相当大程度地促进体系运行更加高效。

（二）提升了生产经营效益

龙岩烟草实施系统性流程优化项目与自评改进，有效地促进了龙岩烟草“十三五”战略实施的经营效益；11项战略KPI指标、10项指标通过流程项目或精益改善有所提升，1项指标“QI指数”趋势平稳。流程优化后，公司创意采纳率有了明显提升，从 2018 年的 82.75% 提升至 2020 年 88.59%，创意从种子到成果的流程平均运转周期从 98.31 天缩短至 60.05 天。

（三）提升了企业社会效益

龙岩烟草基于战略的流程管理体系全面整合创新，通过自身探索研究，使卓越绩效模式与中国企业的实际有机结合，找出在中国企业尤其是制造型企业从理念、实践到结果的实施路径，为各行各业提供全新的管理理念和方法，为组织的集成化管理提供最佳实践。

流程化管理思维模式和方法论成为其母公司福建中烟构建管理大纲的关键思路和框架。龙岩烟草参与了烟草行业标准 YC/T 535－2015《烟草工业企业卓越绩效评价准则应用指南》的起草，促进了管理体系全面整合创新方法在行业的推广，接待了许多行业内外企业的访问学习，促进了成果推广的社会效益。

（成果创造人：吴永生、林　彬、蓝占明、郭　沁、邱梅胜、江石河、陈盛慈、吴少军、江　楠、卢婉舒、陈　风、谢仁聪）

深度融入地方特色发展的供电服务能力提升管理

国网吉林省电力有限公司长春供电公司

国网吉林省电力有限公司长春供电公司（以下简称国网长春供电公司）主要负责长春地区电网规划、建设、运营和电力供应，供电面积2.0571万平方千米，电力客户384万。截至2019年，拥有66千伏及以上变电站303座，其中500千伏变电站2座，220千伏变电站18座，66千伏变电站283座；完成售电量190.26亿千瓦·时，营业收入104.39亿元，同比增长8.5%；电费回收连续20年保持“双结零”；胜利实现第13个安全年。公司先后荣获中央企业先进集体、全国质量管理小组活动优秀企业、全国用户满意企业等称号。

一、深度融入地方特色发展的供电服务能力提升管理的背景

（一）基于地方特色提升供电服务能力，是立足于东北强发展的必然要求

当前，吉林省正面临东北振兴、融入新发展格局、对接国家重大战略的重大机遇。伴随吉林地方企业发展，其中迅猛增长的用电需求对电网结构、供电能力、电能质量提出了更高要求，东北振兴离不开电力发展，经济发展，电力先行。因此，国网长春供电公司亟待不断健全完善供电服务能力提升方法。以地方特色全力提升供电服务能力，为振兴东北做好辅助，按照一业为主、四翼齐飞、全要素发力总体布局，聚焦主责主业，注重绿色发展，注重提质增效，注重产业协同，加快建设具有中国特色国际领先的能源互联网企业。

（二）基于地方特色提升供电服务能力，是促进企业提质增效的重要举措

打造能源互联网企业是主动适应能源革命和数字革命融合发展趋势的选择，提升供电服务能力是增强企业品质服务和创新发展能力、形成以电为中心的价值链、能源技术和信息技术融合创新的必然选择。受新冠肺炎疫情、宏观经济下行等多重影响，电量增速大幅下降、盈利能力严重降低。国网长春供电公司基于地方特色聚焦“供好电、服好务”主业主责，基于地方特色提升供电服务能力，就是要以解决建设东北亚中心城市与供电能力之间的不匹配来推进电网建设、新能源发展、乡村供电等，促进企业提质增效，打造新的增长点。应不断改善产品与服务，在与客户互动中实现价值共创共享，推动建设具有中国特色国际领先的能源互联网企业。

（三）基于地方特色提升供电服务能力，是电力引领经济发展的关键途径

不良的投资环境和配套设施建设是东北地区全面深化改革的重要羁绊，是新一轮东北振兴首要并且亟待解决的问题。助推长春这座东北亚区域性中心城市建设，离不开电力的发展，想发展，就要解决城市建设引起的电网配套不匹配的问题。健全完善供电服务迫在眉睫。提升供电服务能力更要立足东北发展的特殊性，国网长春供电公司亟须紧紧围绕吉林经济从中高速增长向高质量发展转变的战略定位，以助力建设吉林现代化经济体系为着力点，把提升供电服务能力作为第一要务。依托吉林省清洁能源资源禀赋，带动产业链、供应链上下游共同推动能源电力从高碳向低碳、从以化石能源为主向以清洁能源为主转变，以电力服务引领经济发展。

二、深度融入地方特色发展的供电服务能力提升管理的主要做法

（一）明确基于地方特色的供电服务能力提升的总体工作思路

国网长春供电公司作为责任央企，明确基于地方特色的供电服务能力提升的总体工作思路，通过构

建基于地方特色的供电服务保障体系，深入优化电力营商环境，着力解决企业和群众“办事难”问题，助力长春新一轮城市建设发展。深化互联网新技术融合应用，推动能源电商、电动汽车服务、大数据运营等业务发展，创新商业模式，改善用户体验。

针对解决建设东北亚中心城市与供电能力之间的不匹配问题，聚焦“供好电、服好务”主业主责，全面提升供电服务能力，积极服务区域协调发展，积极服务新型城镇化建设和乡村振兴，积极服务“碳达峰、碳中和”目标。一是在安全生产上发力。坚决守牢安全生命线，以安全生产专项整治为着力点，狠抓隐患治理，防范重大风险，建设本质安全电网，为经济社会发展提供安全可靠的电力保障。深入开展专项整治三年行动，有效应对电力系统“双高”“双峰”挑战，确保大电网安全，强化安全基础管理，确保网络和信息安全，全力防范化解重大安全风险。二是在电网发展上发力。抓好规划落实和电网发展，紧紧围绕公司战略实施和促进能源转型，强化内外协同、专业协同、上下协同，全力推动电网高质量发展。结合吉林地方特点，深入实施电网升级工程，加快推进重点工程进度，加大能源互联网试点示范，持续提升电网感知能力、互动水平、运行效率，实现高质量发展。三是在经营管理上发力。要大力深化提质增效，落实国有资产监督管理委员会（以下简称国资委）打造提质增效“升级版”要求，牢固树立过紧日子思想，持续优化经营策略，着力培育新动能，确保经营业绩稳定增长。深入挖潜增效，积极培育新增长点，持续提升服务质效，开源节流、挖潜增效。

压缩客户接电时间、降低客户办电成本、提升服务水平，建成电网坚强有力、供电稳定可靠、办电便捷高效、服务及时到位的供电服务新模式。认真履行央企责任，充分释放国家政策红利，通过实施配套电网建设和一般工商业电价降价，大幅降低客户办电成本和电费支出；在疫情防控及助推企业复工复产期间，主动减免非高耗能企业及定点收治医院电费和业务费，延长广大客户缴纳电费时限，有力保障地方社会稳定和经济发展，为广大客户提供优质高效的电能服务。

（二）聚焦电网发展，统筹优化地方区域电网架构

1. 开展数字化规划项目管理

针对重点电网项目，强化前期“三库两表”管理，即“规划数据库、项目储备库、问题风险库、前期计划表和投资计划表”对接管理。系统整合内外部信息数据（环境地理信息数据、电网运行数据和外部社会数据等），建立电网规划数据库；强化项目储备管理，建设公司统一的电网投资项目储备库，加强各类项目的统筹性和时序性，强化项目数字化储备与可视化管控；聚焦电网投资建设风险，准确把握问题风险的维度，研判难点问题、关键问题、显性风险、隐性风险四类风险，构建四维问题风险库，对接电网项目前期计划表和投资计划表，实现对电网项目前期各个关键节点的有效跟踪、落实。

2. 电网建设全流程节点管控

电网前期审批简化。一是简化用地选址审批流程。将建设项目选址意见书、建设项目用地预审合并，自然资源主管部门统一核发《建设项目用地预审与选址意见书》。二是简化立项、初设审批流程。电网建设项目可行性研究报告和初步设计审批，以供电部门的评审意见替代专家评审意见，相关审批部门不再组织召开专家评审会。三是简化工程规划许可阶段审批手续。取消规划设计方案部门联审和选址意见书变更审批，在城市一流电网建设过程中，探索实行建设工程规划许可证备案制，重大、特殊、紧急的电网输配线路建设项目，规划许可证可采取分段审批方式。

3. 补齐短板，改造老城区电网

国网长春供电公司对老城区开展压降配网故障专项行动，彻底摸清线路薄弱点，对线路附近施工区域进行重点监察，储备高耗能配变更换项目；开展配网供电质量问题整治提升专项行动，对现有影响线

路安全的树木进行分级，按照轻重缓急，开展计划作业或事故抢修，处理修剪树木1966棵；绝缘包覆线路裸露点964处。结合技改、大修、配农网改造、专项资金等工程，分批次，分阶段对供电公司所属的线路、设备进行改造。制定异常台区、频繁停电日常管控机制，开展常态化监督治理工作。对容易出现异常配变、频繁停电的线路进行逐一排查，按照“先运维、后工程”的原则，优先采取运维手段，运维手段无法解决的通过工程项目治理，梳理编制了频繁停电线路、异常台区治理项目57项。

（三）赋能绿色转型，助推吉林新能源高质量发展

1. 赋能绿色转型

贯彻长春市“加快推动绿色转型”指示要求，深挖工业制造、清洁供暖等领域电能替代潜力。结合网架特点、客户需求，细化风、光、生物质等新能源接入最优方案。加大电能替代广度、深度，深化源网荷储友好互动。以能源互联网为产业赋能，针对东北区域气候特点，研究清洁取暖替代工程，建成楼宇智慧用能示范项目，瞄准学校、医院等公共设施大力推广。针对吉林地区深挖工业生产窑炉、锅炉替代潜力。推进电供冷热，实现绿色建筑电能替代。加快乡村电气化提升工程建设，推进清洁取暖“煤改电”。积极参与用能标准建设，推进电能替代技术发展和应用。

2. 服务重点项目

启动绿能产业发展新引擎。深入落实公司与吉林省政府、一汽集团的合作协议，总结国内首个高寒地区以绿电为中心的“7+1”综合示范基地建设运营经验，推动长春国际汽车城能源互联网示范区建设，实施主动配网、多能互补等5个样板项目，构建“清洁能源+汽车制造+智慧交通”生态圈。做好一汽奥迪新能源汽车项目配套电网建设，确保早落地、早见效。配合一汽集团“定制绿电国的”（把红旗品牌汽车打造成以换电为主的国家的士），在电池全寿命周期利用上全方位合作、协同发力。配合政府研究论证“吉电南送”特高压电力外送通道建设。加大农配网建设力度，落实服务乡村战略部署，在吉林率先实现农业现代化中体现国网担当。

3. 深化创新创效

投运省内首家地市级能源大数据中心，汇集水煤油气能耗信息，实现“排碳”动态监测、超前预警。依托长电创客联盟及“双创”示范中心开展智慧用能研究，通过技术革新提升清洁能源发展能力。强化技术创新，加快清洁能源发电、储能、绿电制氢、负排放等关键技术突破，提高经济性和可靠性，为碳中和目标实现提供有力支撑。强化模式创新，积极推行电动汽车错峰充电、低谷电制氢等服务，探索新型光伏农业等清洁发展与生态保护相结合的新模式，大幅提高碳减排质量和效益。在优化电网结构方面，推广节能导线和变压器，强化节能调度，提高电网节能水平。加强电网规划设计、建设运行、运维检修各环节绿色低碳技术研发，实现全过程节能、节水、节材、节地和环境保护。加强对六氟化硫气体的回收处理、循环再利用和对电网废弃物的环境无害化处置，保护生态环境。

（四）加强乡村供电，注入乡村振兴新动能

1. 深化农网建设，创建多元化个性化农网规划

一是在农网改造、乡村电气化工程建设中，做到电网规划共商、电网建设共推、生态环境共保，在实施上做到精心组织、精诚合作、精准管控、精益施工。二是“一乡一品”规划，根据吉林地区每个乡镇的发展定位、产业结构、地域特性和生产生活特点，以乡镇为单元，制定适应各乡镇多元化发展需要的个性化农网规划，确保农村电网建设体现农村区域差异性和农村社会经济发展多样性。三是“一项一融”施工，结合乡村地理环境，沿山、沿河、沿路对供电线路路径进行设计，与乡村环境融为一体。推动市政府与各县市签订电网建设责任状，并邀请利益相关方参与电网建设，保证各方的知情权、监督权、参与权。

2. 提升乡村服务，创建社会责任示范供电所

一是在吉林地区乡镇供电所构建服务生态圈，建立共赢价值链，打通服务乡村振兴的最后一公里。二是精心打造全能型供电所，牢牢把控服务乡村振兴的前沿阵地。编制“一所一诊断”报告，夯实供电所基础管理；划分台区网格责任田，构建蜂巢模式，实现专业协同；推行供电所“电管家”，实现精准服务一次到位。三是在供电所实行“六微”根植，解决一个履责问题，优化一项服务举措，提出一条合理化建议，实施一个责任根植，打造一个社会责任示范联系点，制作一块社会责任展板，实现理念根植微融入、工作流程微优化、服务质量微提升、沟通合作微改进、工作方式微改变、班所管理微创新。

3. 推进电气化建设，创建乡村电网产业示范区

一是推进全电化建设。坚持“政府主导、电网配合、客户认同、共同推进”的原则，应用电孵化、电温控、电喷灌、电烘干、电加工五项技术，在农业生产、牧业养殖、农产品加工三个方面实施电气化改造，建设以全电大棚、全电养殖为主体的社会责任产业示范区，完成52个全电大棚建设改造项目，建设3个全电景街区、1个全电农产品仓储物流区。二是实施全流程服务。在农电服务提升专项行动中，聚焦优化营商环境，以“三定”促“三省”，助力农村小微企业获得电力，提供线上办电申请、纸质资料免费快递、办电环节串改并、电网投资界面延伸到红线的业扩报装全流程服务。三是开展全覆盖对接。编制“一区三园”对接方案，对社会责任示范区及现代农业产业园、农产品加工园、农业创业园实施专项服务，提升服务品质。

（五）积极有效应对吉林冰灾，完善突发应急事件供电服务保障

现代电力系统中，区域、省、地市电网相互联络，电网运行规模呈越来越大的趋势，与此同时，电力系统输变配一次、二次及辅助设备设施在灾害中受到损毁概率高。东北地区地处严寒地带，不针对性地解决此种问题，后期危害极大。一旦发生冰灾会导致电力系统中的输变电线受到严重的影响，在电线上覆盖有冰层则会导致其在运行安全层面无法稳定导致跳闸、输电塔倒塌等现象。2020年11月18日吉林省发生冰灾，国网长春供电公司深入研究突发事件特点，确保受灾电力用户及时恢复供电，完善以提升应急综合能力为核心的突发灾害风险的供电服务保障。

1. 建设应急管理体系

根据应急管理需要“平战结合”的特点，国网长春供电公司将应急管理体系运转的高效性作为有效应对突发事件的基础，通过完善应急组织和应急预案，明确应急工作机制，实现“职责明确、体系完备”的应急管理体系。按照“职责明确、指挥有序、分级负责、上下联动”原则，在公司、二级单位两个层面建立健全应急领导机构和办事机构，形成公司、单位主要领导全面负责、分管领导具体负责、有关部室分工负责、办事机构协调落实的应急组织体系。明确应急预案体系框架，有效应对冰灾以及其他灾害事故，建设“横向到边、纵向到底、上下对应、内外衔接”的应急预案体系。满足大型城市供电保障应急工作的需要。

2. 建设应急队伍体系

按照“平战结合”的原则，国网长春供电公司在原有应急救援分队和应急抢修中心建设的基础上，构建公司综合应急救援队伍、专业和供电应急救援队伍、故障抢修队伍三个层级的应急队伍体系。同时，国网长春供电公司结合东北的地形地质和自然灾害情况，按照队、组、人三个层级明确应急装备配备标准。空中通过无人机实现应急现场的实时侦察，水上通过水陆两栖车、空气动力船、气垫船等实现积水地段的人员物资运输，陆地上通过雪地摩托、全地形摩托等实现各种复杂路况的快速通行。

3. 建设应急培训体系

国网长春供电公司依托现有资源，建设完成主网、配网线路抢修模拟场地，冰上装备训练场地，车

辆驾驶训练场地，满足了大型应急装备使用培训的需要，同时建设完成应急培训教室和生活设施。从实战出发，以实用为主，重新设置和规范公司应急培训范围、培训科目、培训形式和考核标准，组织编制统一的应急培训教材。加大应急理论、应急装备实训、轮训力度，确保培训的针对性和实效性，逐步提升应急队伍的实战能力和应急工作意识。

为确保演练工作取得实效，国网长春供电公司采用制定演练计划、策划演练方案、实施演练活动、开展演练评价、总结整改提高五大步骤，搭建应急技能交流的平台，提升应急队伍掌握应急技能的主动性、积极性。通过开展桌面推演、专项演练、应急救援协调联动区域性演练以及综合演练等多种演练模式，实现了应急演练“定位准、内容实、方法活、效果真”的工作目标，检验相关预案的科学性、实用性和有效性，检验应急指挥系统的应变能力，显著提升了公司应急体系的运转效率和应急队伍应对突发事件的处置能力。

（六）优化营商环境，打造“获得电力”金字招牌

1. 确定目标，细化措施

一是出台《国网长春供电公司关于印发2020年持续优化电力营商环境工作方案的通知》，明确办电更省时、更便捷、更省钱，用电更可靠4个方面25项具体工作。小微企业全过程办电时间压降至15个工作日内，将“25千伏安及以下单户式居民充电桩新装”纳入“三零”投资范围。二是推行“阳光业扩”，围绕办电便利、时间最短、成本最小、管控精益、服务标准“五化”目标，出台《推行“阳光业扩”提升业扩报装质效实施意见》，扎实推进“阳光业扩”20项重点任务。三是出台《国网长春供电公司2020年服务春耕春种工作实施方案》，细化供电保障、设备运维等18项服务春耕春种举措。

2. 落实政策，清理费用

国网长春供电公司严格落实《国务院办公厅转发国家发展改革委等部门关于清理规范城镇供水供电供气供暖行业收费促进行业高质量发展意见的通知》（国办函〔2020〕129号），有效降低实体经济成本、减轻社会负担，提高人民群众满意度，对供电环节收费项目进行自查清理。自2020年3月1日，全面取消用电报装工程验收接入环节移表费、计量装置赔偿费、环境监测费等类似名目费用；免费为高压专变客户提供电能表、专变采集终端，免费为低压零散客户提供电能表、低压电流互感器、低压计量箱，免费为新建商品房小区提供电能表、低压电流互感器；严格执行供电环节收费取消政策，确保红利足额传导。

3. 主动服务，助推发展

服务省市重点项目，为新冠疫苗生产企业——长春生物、祁健生物成立供电服务专班，开展现场办公，制定全过程保电特巡计划，全力保障如期送电投运。在“旗E春城 绿色吉林”项目中，全力做好20座换电站现场踏查、电源容量核查等工作。为一汽集团红旗新能源、奥迪新能源等吉林省重点工程成立专项服务小组，推进施工建设，倒排工期，做好电力保障。主动服务新能源汽车客户，2020年3月，长春公司在省内率先将居民充电桩纳入“三零”服务范围，截至2020年底已为180户居民充电桩客户提供免费接入服务，投资83万元。所属长电集团成为国网系统首家特斯拉“家充”业务特许供应商，为指定客群提供手续代办、电源建设、充电桩施工运维“一站式”服务。

（七）完善保障措施，持续提升供电服务能力

1. 强化政治保障，激励担当作为

国网长春供电公司践行国有企业“六个力量”，发挥“大国重器”和“顶梁柱”作用，用实际行动诠释“人民电业为人民”企业宗旨。完善应急预案，强化队伍、装备、物资应急准备，做到宁可备而不用、不可用时无备。在疫情防控一线组建临时党支部15个，广大党员自愿捐款79万元，实施支部

联创项目 30 个。架起连心之桥，切实发挥基层党组织战斗堡垒作用和党员先锋模范作用，实施农网巩固提升工程，加快重过载、低电压等问题治理，促进城乡供电服务均等化。充分发挥 52 个政务大厅供电服务窗口作用，加强网上国网平台应用，持续增强客户的获得感和满意度。

2. 强化技术保障，推进智慧供电

推进远程智能化技术手段应用，提升供电服务能力。在设备巡检方面，利用现有变电站监控设备、无人机、变电站及开闭所智能巡检机器人、输电线路视频监控点、电缆隧道在线监测装置等智能巡检资源，通过远程工作站及统一视频开展远程巡检，保障供电可靠性；在调控运行方面，在 SCADA 系统集中监控页面中创新设置保电线路电流突变量告警功能，针对重要保电用户供电异常，充分利用一键巡视、调控一体化平台等创新工具，自动筛查统计电网异常运行信号，及时进行监督处置，提升电网健康运行水平。

3. 强化服务保障，提升供电能力

统筹推进现代城乡配电网建设，重点解决网架薄弱、供电受限、设备老旧等问题，全面提高农村地区供电保障能力和可靠供电水平。落实助力乡村振兴 10 项措施，实施农村电网巩固提升工程，着力建设与现代农业、美丽宜居乡村、农业产业发展相适应的新型农村电网。巩固拓展脱贫攻坚成果，大力推动农村能源高效清洁化和乡村产业电气化，统筹推进城乡服务一体化。

三、深度融入地方特色发展的供电服务能力提升管理的实施效果

（一）强化了电网规划管理

长春供电公司把电网规划融入城市发展，全力推进电网发展方式的转变。通过大型供电企业基于地方特色的供电服务能力提升，坚持与城市总体规划、详细性控制规划、土地利用规划紧密结合，与长春市及下属各开发区规划部门联合完成长春市电网专项规划、26 个开发区电网专项实施规划，有效预留变电站站址 176 座、线路走廊 9038 千米，电网规划更加精准。2020 年长春供电公司开展项目储备工作，规划建成 19 项 220 千伏电网项目、140 项 66 千伏电网建设项目，满足多元电源接入电网需求。解决了 23 座变电站、16 条线路重过载问题，缓解了长春东部、南部区域的用电紧张。在能源转型上争创排头兵，加强综合能源服务，在长春新区、中韩（长春）国际合作示范区打造全电园区，着力构建以电为中心的绿色智慧能源网；在产业升级上争做排头兵，建设高可靠性网架、高智能化运维电网，持续做强主导产业，使政企工作成效真正体现在确保安全稳定、提升发展质量、突破难点问题上，推动战略目标根植于心，为改革发展营造良好外部环境。

（二）促进了地方经济发展

国网长春供电公司深入贯彻落实长春能源发展战略、新能源产业振兴和发展规划，以电力服务引领经济发展，抓好疫情防控，简化办电流程，确保重大项目早日落地实施。通过构建实施大型供电企业基于地方特色的供电服务能力提升，2020 年累计发电 10.25 亿千瓦 · 时，节约标煤 12.6 万吨，为长春市打造一流生态环境做出了贡献；坚持服务地方经济发展，与长春市大型企业建立联络对接机制，投资新建及扩建变电站，新增变电容量 114 万千伏安，有力保障了重点企业可靠用电；在服务城市基础设施建设方面，国网长春供电公司如期完成长春地铁、机场扩建等重点工程电网配套项目建设，满足哈大高铁，长白、长西电气化铁路专线供电需求，确保长春西、米沙子等 7 座电铁牵引站按期投运，提升了黑、吉、辽三省的铁路运载能力。

（三）赢得了社会广泛认同

国网长春供电公司 2020 年为省级及以上园区 6 个大中型企业配套建设供电线路至用户“红线”，减少客户办电成本 2056 万元。持续拓宽小微企业“三零”服务适用范围，在省内率先将“单户式”居

民充电桩新装业务纳入免费接入服务，将免费接入容量提升至160千伏安。主动宣贯国家历次降价政策，累计减少一般工商业客户用能成本4.9亿元；落实疫情期间5%优惠政策，让利4.5亿元。积极配合市场监管局开展转供电加价清理工作，督促转供电主体退还多收电费5800余万元，转供电终端客户平均到户单价下降0.41元/千瓦·时。加强“网上国网APP”宣传推广，方便客户在线查询转供电加价风险及国家电价优惠政策。政府及社会各界对公司的理解程度、认同深度、支持力度不断增加。

（成果创造人：李国辉、王鹏宇、王珏昕、张秋来、卢禹廷、张　晔、李海明、姜冬辉、韩　哲、张　雷、杨钧婷、杨博文）

煤电企业基于“五精管理”的本质安全体系建设

北京京能电力股份有限公司

北京京能电力股份有限公司（以下简称京能电力）是京能集团在资本市场的直接融资窗口和煤电资产上市平台，2002 年 5 月在上海证券交易所上市。电力业务以火力发电和供热为主，同时涉及综合能源服务、煤矿等项目投资。目前拥有控股发电公司 21 家、售电公司 4 家、综合能源公司 2 家、参股发电公司 12 家、参股煤矿 1 家。主要经营地区在内蒙古、山西、宁夏、河北等地，主要向京津唐电网、蒙西电网、山西电网供电。截至 2020 年末，公司总资产 807.7 亿元、净资产 313.18 亿元、资产负债率 61.23%。完成营业收入 200.7 亿元，经营盈利（含代管企业）21 亿元。2020 年，发电量 739.73 亿千瓦·时，供热量 6016 万吉焦。

一、煤电企业基于“五精管理”的本质安全体系建设的背景

（一）践行安全发展理念的需要

按照集团当前开展的重点行业领域专项整治三年行动计划总体部署，企业需要通过三年专项整治行动，进一步拧紧思想“总开关”，抓实责任“牛鼻子”，打好隐患“歼灭战”，守牢安全“生命线”，不断夯实安全管理基础，从而实现各类事故得到有效遏制、安全管理制度体系不断健全、安全生产整体水平明显提升的目标，为企业高质量发展创造良好的环境。

（二）提升安全管理水平的需求

2018 年，京能集团搭建三级架构管控体系，实施“总部—平台—实体”三级管控，京能电力逐步实现由融资平台向煤电产业平台的实体化转型，承担起煤电企业运营管理的职责。在当前国家电力体制改革不断深入推进的背景下，火力发电正面临燃料成本上升，环保压力和环保成本增加，员工跳槽、外委人员素质较低和流动较为频繁，为新能源让路、电网深度调峰、机组技改多等多重挑战。

（三）开创安全管理新局面的需要

在新时代，京能电力既迎来了难得的发展机遇，也面临着新的困难挑战，需要进一步系统梳理和认真总结安全生产经验和教训，紧密结合当前国家安全形势变化，谋划、研究京能电力本质安全管理策略，明确公司安全发展的思路和方向，以“五精管理”思想为指导，通过引导和推动平台各企业不断创新安全管理手段，抓住安全生产治理现代化的历史性机遇，全面提升各企业安全管理水平，进而实现企业高质量可持续发展。

二、煤电企业基于“五精管理”的本质安全体系建设的主要做法

（一）建立健全安全工作管理体系

应用体系网络、标准、目标、控制、反馈、流程、考核等“精细”管理理念，以制度体系建设为抓手，夯实标准化管理基础，细化管理流程，明确管理内容与方法，建立健全京能电力安全工作管理十大体系，并重新优化各发电企业安全工作管理体系和组织机构，建立安全生产长效机制，促进安全管理体系高效运作。

（二）全面开展三年专项整治行动

以贯彻落实安全生产三年专项整治行动为抓手，针对火力发电的安全管理薄弱环节，落实重在“从根本上消除事故隐患”的责任链条，最大程度地解决突出问题，切实发现和解决一批制约安全生产的事故隐患。

按照安全生产专项整治三年行动计划，京能电力成立了专项整治领导小组，确定了整治行动的组织构架，研究整治重点、弱项和难点，编制了3个专题实施方案、12个专项整治实施方案。尤其是针对外委单位、反违章、“两票”管理难点问题，以项目定性、责任定人、标准定量等“十八定”“十八对”原则，准确制定了整治检查表，要求照单查摆，按单履职，层层压实责任，在管理体系、人、机、物、环5个方面全面开展安全生产整治工作。

（三）全面开展安全监督巡查管理

应用向“最”攀登、向“零”进军、追求本质安全零事故的“精确”管理理念，采取科学的技术、管理方法，以提升人的能动性和先进的技能为依托，改变“要求多、办法少”的管理方式，创新管理手段，发掘管理资源能效，最大程度地提高管理的精确度，实现效益最大化的科学管理。

京能电力建立了内外部专家库，调动企业内外部资源，通过组织内外部专家对各发电企业开展安全巡查、安全性评价检查、安全专项检查等方式，千方百计、竭尽全力，开展具体实践行动，督促各企业加大安全投入，落实安全装备的精确配套，安全环境的不断完善，安全监管的精确严密，最大限度扭转物的不安全状态和人的不安全行为，营造和谐人文环境。2020年组织内外部专家对各发电企业进行各类安全专项检查130次，共发现问题5987条。借助外部专家力量发现企业深层次安全隐患，帮助各发电企业不断消除隐患根源，组织内部专家互相交流学习，进一步提升各发电企业安全管理水平和管理人员的技能、技艺。

（四）选典型、树标杆，追求卓越

从选好“苗子”、树好“典型”、走好“路子”着手，集中研究解决管理过程中发现的主要难点问题，开新局，有胆有识地走新路子，采取比、选、学、攀、试五步骤，开展攻坚克难管理创新，树立卓越典范。

京能电力组织开展“外委单位安全生产积分制管理”“智能移动两票系统建设”“全员安全生产责任制体系建设”“高风险作业管控”“输煤系统及煤场‘五全’管理”“安全智能管控系统”等示范攻坚创新管理，总结经验，树立标杆，为企业创新注入新动力，打开全员攻坚的崭新局面。

（五）点上突破、面上推广，发挥示范引领作用

1. 外委单位安全生产积分制管理

以建立外委单位安全生产长效机制为抓手，解决外委单位管理的难点问题，把外委单位安全生产积分制管理理念引入日常安全管理工作中。通过安全积分管理建立安全生产工作长效激励、约束机制，调动员工安全生产工作的积极性，有效约束不安全行为的发生。

一是安全生产积分制的管理内容。将不安全事件、隐患排查、违章行为、“两票”和各类安全检查等存在的问题，全部列为扣分项目；将发现重大隐患并上报、发现违章举报、在反违章工作中表现突出、完善现场安全设施、生产现场实现本质安全等列为加分项目。

二是安全生产积分制评价及公示。为了保证安全生产积分制实施的及时性以及公平性，各企业每月对外委单位安全生产积分进行统计，以季度为考评期，以年度为总考评期，总分为100分，考评分数记录存档并上报京能电力，对扣分的外委单位进行通报。

三是安全生产积分的考评落实。外委单位实行扣分形式的量化管理，季度安全生产积分低于80分，考核当季维护费用5%，并约谈外委单位项目负责人；连续两个季度低于80分，考核当季维护费用10%，并联系其上级单位更换项目负责人；连续三个季度低于80分，考核全年维护费用10%，并列入“黑名单”，不允许其参加京能电力所属企业招投标。

2. 智能移动“两票”系统建设

“两票”执行是电力安全生产管理的一项基础保障。通过对“两票”的全过程进行分析研究，集成

先进的智能移动仪器设备，利用影像、音频技术记录操作执行全过程，使历史操作具有可追溯性，将“两票”的现场执行与管控流程化、规范化、标准化，解决“两票”执行过程中存在的开票错误、安全措施不齐全、安全措施执行不到位、误操作等问题，通过信息逻辑控制手段有效提升“两票”合规性。

智能移动“两票”系统同步开发了包括操作票、工作票、缺陷、移动审批的手机 APP，具有方便快捷等特点。在开票过程中，自动关联设备卡、人员信息、智能锁、警示牌等信息；在执行过程中，关键步骤刷脸验证人员，刷卡验证设备，重点步骤强制拍照，安全交底全程录音。

3. 全员安全生产责任制体系建设

为深入压紧压实安全责任，逐级落实安全生产责任制，落实“党政同责、一岗双责、齐抓共管、失职追责”的要求，通过制度对标、管理对标、指标对标等不断推进全面开展全员安全生产责任制标准建设工作，推动企业落实安全生产主体责任，减少“三违”现象的发生，降低因人的不安全行为造成的生产安全事故。

一是根据企业岗位的性质、特点和具体工作内容，修编完善全员安全生产责任制，明确所有层级、各类岗位从业人员的安全生产责任内容，建立起安全生产“层层负责、人人有责、各负其责”的工作体系。

二是通过安全生产专项工作标准化梳理安全管理流程，明确各级岗位安全生产职责，最终形成全员安全生产主体责任落实清单。

三是通过数字化安全管理系统、卓越绩效工作法、全员安全生产积分进行定期考评，确保各级岗位安全生产主体责任逐项落实。

4. 高风险作业管控

2003 年至 2020 年，电力行业高空坠落、动火作业事故起数占比 38%，物体打击、机械伤害事故起数占比 25%，有限空间作业事故起数占比 5%。当前煤电企业检修技改项目多、高风险作业多、交叉作业多，风险管控难度较大，仅依靠人盯人解决不了现场安全问题，依托 AI 技术实现高风险作业管理信息化、移动化，对高风险作业实现实时监控和动态预警，强化过程监管、违章控制，有效提升作业安全系数。

（1）智慧监控系统应用。

利用 AI 识别技术对生产现场高风险作业进行监控，结合智能视频分析，通过作业人员人脸识别、电子围栏检测、安全帽佩戴检测、安全带佩戴检测等识别违章行为，实现智能化安全监察管理，通过图像识别，为现场指挥员提供精准侦察、精确指挥应用。系统可利用 4G/5G 或 Wi－Fi 网络传输视频信号，将前端图像传给部门办公室电脑进行远程监控，也可通过手机 APP 远程查看工作负责人上传的影像资料或通过监控设备实时查看现场情况。

（2）二是可视化单兵执法系统。

应用可视化安全帽等智能设备采集作业现场视频数据，通过无线网络实时上传服务器、监视器或手机 APP，实现管理和安监人员在线通话、监督和管理。应用单兵执法设备拍照、录像取证，可生成整改通知单传送至相关责任人，便于信息的闭环管理和追溯查询，同时减少数据登记频次、提高业务处理效率。

（3）有害物数据实时预警系统。

应用气体和粉尘检测等智能设备采集危险作业现场气体和粉尘浓度数据，通过无线网络实时上传服务器，异常情况报警并智能推送报警数据给管理和安监人员，实现气体和粉尘等有害物数据实时统计。

5. 输煤系统及煤场“五全”管理

一是全封闭管理。为了保证现场有序，要求每个煤场都设置围墙或围栏，只保留主要出入口。在出入口处安装门禁系统或设置专职保卫，人员出入要登记，外来参观检查人员、煤场车辆检修人员进入煤场须经过安全教育，并由专人陪同方可进入。检修人员进入煤场进行检修作业时应携带工作票，否则将被禁止进入煤场进行检修作业。运行人员和厂内管理人员进入煤场时须严格执行煤场管理规定。

二是全培训管理。为夯实全员安全教育，将全员安全培训细化，对煤场作业人员每周进行安全培训，讲解安全作业知识，学习事故案例。每天召开班前班后会，进行安全交底和工作总结，对煤场所有工作人员进行危险点告知。进入煤场人员必须通过安全教育考试及安全技术交底，实现了煤场作业从入厂到出厂层层教育、层层把关。针对各发电企业煤场司机人员不稳定、安全教育难度大等问题，结合智能手机及网络通信技术，开展手机扫码安全教育及答题，教育及考试成绩系统存档，简化了煤场司机安全教育的流程，避免了走过场、作弊现象的出现。

三是全持证管理。进入煤场人员一律凭工作证、上岗证并进行登记。施工人员经入厂三级教育后进入煤场作业，煤场推煤机及装载机司机进行统一培训，取得上岗作业资格方可入场作业；运煤车司机须持有效驾驶证经安全告知及技术交底方可驾驶车辆入厂；临时外来人员可凭临时入厂证或经相关管理部门同意后由厂内人员陪同，组织安全培训、告知及技术交底方可进入。

四是全防护管理。全防护包括个人防护与设备防护。运煤车司机、工作人员进入煤场必须戴安全帽、穿反光背心、戴防尘口罩，工作人员夜间必须持手电及车辆指挥棒上岗，避免发生事故。所有人员不准在可能突然下落的设备（如抓斗、吊斗、斗轮机等）下面工作、逗留及通过；火车卸煤人员工作时应正确使用防护用品，穿防砸劳保鞋，戴护目镜。

五是全监控管理。全监控包括狭义和广义的全监控。狭义全监控是煤场应配全高清无死角夜视监控系统并实现24小时监督。广义全监控：通过输煤系统专项整治，组织专家及智能安全领域企业针对汽车煤接卸交叉作业风险管控的智能监控进行了多次讨论，开始策划煤场区域的安全管控方案，利用智能监控、人员定位标识、车辆调度管理系统、门禁进出人脸智能监控识别等手段，实现了人、车、场的全监控和自动预警功能，进一步化解煤场安全管控风险。

6. 安全智能管控系统建设

一是建立各类安全监督管理主要模块和常规安全风险数据库。二是全厂三维地图实现全厂安全风险分区域四色分布展示功能，结合三维地图，可按照事先划分的一级区域和二、三级子区域，实现由一级区域查看二、三级子区域风险四色分布的功能。三是将安全风险与工作票关联，实现高风险作业动态实时触发功能：通过ERP系统工作票与双预控系统接口，实现双预控系统中高风险作业实时启动触发条件，并自动启动双预控系统高风险管控模块，在线进行作业审批，通知各级监护人员到现场实时监护，通过人员定位到位功能，实时查看各级监护人员到位情况，通过视频联动功能，对现场高风险作业进行全程视频拍摄和视频调取查看。四是将隐患排查治理工作以主模块形式体现，包括隐患填写录入，隐患评估、审核、整改、验收、公示等子模块。五是人员定位到位功能主模块，实现定位和到位的全程实时监管。六是班组管理纳入模块化系统，开发设计班组安全生产智能管控系统，包含缺陷任务、班前班后会、安全日活动等子模块。七是双预控体系内包括的其他模块可实现对安全检查，全员反违章，“两票”管理，应急管理，危化品管理，外委单位、外委项目安全管控、安全技术交底等管理活动进行录入、检查、监视、反馈、审批、签发的管理功能，形成管理痕迹。八是将双控体系与智能培训教室有机结合，通过安全培训智慧教室、安全云培训平台、多媒体安全培训工具箱等创新培训形式，开展全员三级安全教育及考试。

三、煤电企业基于“五精管理”的本质安全体系建设的效果

（一）有效提升了过程管控能力，压实了主体责任落实

一是推动监督体系和保障体系高效运作。有效将两个体系建设考核、奖励与评价有机结合起来，激

发了监督体系和保障体系安全管理的积极性，不断发现问题、解决问题，保证了双体系的有效运作。二是各发电企业外委单位安全生产积分制有效落实。通过积分管理对外委员工进行动态、量化考核，一方面及时纠正了外委员工的行为规范；另一方面让外委员工能随时掌握自己的安全积分情况，提高了外委员工的自觉性，促进了安全管理工作，实现了程度量化考评，过程渐进可控，自主强制相结合，最终实现外委员工安全素质的提高。三是安全生产标准化与全员安全生产责任制建设有机结合。以内控机制建设为保障，以标准化建设为主要手段，将"五精管理"手段充分应用至安全生产管理中，全面实现了"强基""做实"的新型管理模式，强化了各发电企业精细化管理，建立起了"横向到边、纵向到底"的全员安全生产责任制体系。四是实现了煤场"五全"管理。各发电企业输煤系统及煤场设备在运输接卸、安全设施、安全运行、检修作业、外委管理、流程管控、措施执行、危险点交底等环节得到极大改观，实现了全封闭、全防护、全培训、全持证、全监控的"五全"管理要求，煤场及输煤系统安全文明生产状况有了根本性改变，整治效果明显。

（二）推进了智能管控在安全管理的应用，促进工作效率提高

一是通过便携智能终端、云存储、物联网、二维码等关键技术与设备，实现了生产现场设备实时互联、人机交互、信息共享，随时随地将需要的信息呈现在移动设备上，解决了各发电企业生产现场设备繁杂、管理困难等问题，让工作人员在工作现场及时、方便地查找到设备的基础资料，为现场检修、缺陷消除等设备管理工作提供便利，大大提高工作效率，降低安全隐患。二是安全风险智能管控系统从风险辨识、隐患排查、反违章、智能培训等多个方面同步推进，覆盖了各发电企业各项安全风险管理工作业务，对各项业务工作实现了闭环式管控。三是形成了"平台 + 终端 + 手机 APP"融合应用的工作方式，提升安全管理工作信息化水平，实现现场安全管理工作通过手机 APP 或智能终端设备标准化、规范化、便捷化。四是智能移动"两票"管理系统全面实施。一是实现了"两票"执行过程人脸识别验证，有效避免了替人、换人等相关人员不到现场的问题，以及代签字或事后签字的问题。二是实行了操作前识别设备卡的确认，有效避免了误操作、走错间隔的问题。三是达到了操作票执行过程的闭锁管控，有效杜绝跳步、不按步骤顺序执行的问题。四是做到了重要环节全程录音，有效记录"两票"执行过程的音频信息。五是开展了执行关键步骤强制拍照，针对主要措施提前在标准票设置强制拍照，保障安全措施有效落实。

（三）本质安全管理水平得到全面提升，安全文化建设实现全面升华

一是通过安全生产标准化体系建设，建立健全了京能电力安全生产十大体系，安全生产流程更加科学，规定更加规范，重点更加突出。二是通过创新安全管理模式，开展科学、系统的全过程管控，企业本质安全管理水平全面提升，专项整治行动开展以来，全系统未发生人身重伤及以上事故，企业自查和京能电力巡查共计解决、消除隐患 15700 余项，企业生产环境得到了全面改善。三是安全文化建设得到全面升华，"以人为本、平安京能"的核心安全文化理念得到有效贯彻落实，零违章、零伤害、零事故的理念深入人心，京能电力特色安全文化初步形成，达到了人本管理、自主管理，实现了建设本质安全友好型企业的基本目标，2020 年所属企业 2 家获得全国安全文化建设示范企业荣誉称号，2 家获得省级安全文化建设示范企业荣誉称号，1 家获得全国安康杯竞赛活动优胜单位荣誉称号，1 家获得全国 2020 年度安全管理标准化班组荣誉称号。四是取得显著经济效益，各所属企业相关安全投入累计约 4000 万元，按照罗氏法则，1 元安全投资可创造 5 元回报和无穷大的生命效益，本质安全体系建设管理至少能创造 2 亿元的经济效益。

（成果创造人：潘作为、史艳强、耿养谋、金生祥、张　伟、李染生、
张　奇、李　俊、杨海龙、郭俊林、王伟虎、李大明）

绿色发展与社会责任管理

世界首个超深高含硫大气田基于绿色安全高效的一体化开发管理

中国石油化工股份有限公司西南油气分公司

中国石油化工股份有限公司西南油气分公司（以下简称西南油气分公司）是中国石化直属的规模最大的天然气生产企业，主要负责四川盆地及周边地区油气勘探开发和销售业务，已开发23个气田，2021年公司天然气产能达到100亿立方米，年生产天然气80亿立方米。元坝气田是西南油气分公司承建的世界首个埋深超7000米的超深高含硫大气田，2011年开工建设，2016年建成投产。

一、世界首个超深高含硫大气田基于绿色安全高效的一体化开发管理的背景

（一）保障国家清洁能源供给的必然选择

随着我国经济的高速发展和二氧化碳减排的日趋严格，天然气作为低碳清洁能源，缺口压力日益突出，对外依存度从2009年的5%快速上升至2011年的24.3%和2020年的43%，天然气供给形势严峻，大力开发利用天然气成为国家能源安全战略的重点发展方向之一。

我国超深海相领域天然气资源十分丰富且多含硫化氢，大规模开发利用超深高含硫天然气资源是我国能源领域的重大战略抉择。元坝气田作为川气东送工程主供气源地之一，被列为“十二五”国家重点项目和中国石化“十二五”重点工程，2011年9月国家能源局给予元坝气田天然气开发项目备案确认，2016年建成40亿立方米/年天然气产能。元坝气田开发建设对保障国家能源供给、促进国民经济发展具有十分重要的意义。

（二）破解超深天然气高效开发技术难题的内在要求

元坝气田是目前世界上埋藏最深、开发风险最大、建设难度最大的高含硫气田，主力储层长兴组气藏埋深达7000米，天然气中硫化氢含量5.5%，与国内外同类气田对比，具有埋藏超深、礁体小而散、储层薄、气水关系复杂等特点。该类气田高效开发是一项高风险、高难度、极复杂的大型系统工程，国内外尚无成功先例，实现气田以自主创新为主的高效开发面临诸多挑战。

一是地质情况复杂。元坝气田主体埋深7000米，且75%以上的单礁体面积小于1平方千米，传统地震描述技术无法实现对超深小目标“做B超”，不能精准识别小礁体和精准预测薄储层，气田开发布井风险极高。

二是工程难度大。元坝气田具有高温、高压和纵向多层系、压力系统复杂等特点，需要攻克钻井工程周期长、效率低、成本高等难题，安全、优质、快速钻井面临极大挑战。

三是气井达产难。元坝气田如果采用直井开发，产量和井控储量达不到经济极限指标，因此方案设计采用水平井开发，而国内外已打成的水平井垂深最深5994米，垂深超过6500米的水平井绝无仅有。地层温度高（150℃~164℃），对定向仪器的性能要求高，同时碳酸岩具有低伽马、高电阻特征，常规导向技术不适用，储层钻遇率低，气井全面达产风险极高。

针对世界级的难题和挑战，推进产学研用一体化创新，攻关突破超深复杂气藏高效开发技术瓶颈，对于实现我国深层天然气资源规模化效益开发至关重要。

（三）践行高含硫气田安全开发和绿色发展理念的重要举措

伴随天然气产出的高浓度硫化氢是高含硫气田开发面临的最大风险，2003年12月23日，重庆开县罗家寨高含硫气田发生特大井喷事故，教训极其惨痛。元坝气田地处川东北山区，地形、地势复杂，气田地跨两县（市），井站与含硫天然气管道分布于山区与村庄，沟壑纵横，长江上游水系河流广布，

地势高差大，居民较为分散，工程建设条件差，各类施工建设难度极大。由于气田产出天然气硫化氢高达5.5%，钻井、作业及生产过程中高含硫天然气一旦泄漏，极易造成人员伤亡、环境污染等事故，必须坚持安全开发与绿色发展理念，竭力攻克高含硫气田安全环保控制难题，防范安全事故、环境事件发生。

高含硫气田开发污染防治难度远大于常规气田，除工程建设期产生的钻井岩屑、废弃泥浆、噪声、废气等对生态环境的影响因素外，生产运营期采出的含硫污水处理难度大，实现废水回用、零排放不仅决定了气田开发的整体效果，也对践行绿色发展理念提出了更高的挑战。

国内外已开发高含硫气田的含硫污水主要通过预处理后回注地层，回注的方式受到地质条件、周边环境制约。元坝气田处于长江上游生态敏感区和嘉陵江流域，生态环境敏感脆弱，尽量减少对周边环境的影响，是高含硫气田开发的一道关键性难题。气田水回注地层难度大、成本高，受加注化学药剂的影响，气田水组分复杂，具有高含硫、高含盐、高有机物、高氨氮和低可生化性的“四高一低”特征，常规水处理技术很难实现达标排放和循环利用，处理不好容易对环境造成影响，须竭力攻克高含硫污水资源化循环利用技术难题，实现气田含硫污水零排放零污染。

二、世界首个超深高含硫大气田基于绿色安全高效的一体化开发管理的主要做法

（一）以项目流程变革为导向建立一体化项目组织管理与管控方式，实现气田高效开发

西南油气分公司围绕“高效、安全、绿色开发元坝气田”的整体目标，实行一体化项目管理方式，充分授权，由元坝气田项目部负责从研究、部署、设计、施工到生产运营的全流程管理，做到发现问题、研究决策和解决问题在项目现场，为高效开发元坝气田提供组织保障。

1. 确立“高效、安全、绿色开发元坝气田”的整体目标

元坝气田与常规气田相比，地质预测难、技术要求高、施工难度大、投资风险高、建设成本高，投资效益处于盈亏平衡边缘，如果按照常规项目管理，难以实现气田高效开发。西南油气分公司制定“高效、安全、绿色开发元坝气田”的整体目标，项目运行做到三个保证：一是保证高效推进，实现工程建设高效率、高水平、高效益；二是保证安全推进，做到人员安全、施工安全、设备运行安全；三是保证绿色推进，做到防止三废污染、资源循环利用，保护自然环境。

2. 建立精干高效的项目组织架构

西南油气分公司实施项目管理体制改革，成立以分管领导挂帅的元坝气田开发建设项目部，成员由相关业务骨干人员组成。实施项目部垂直管理，赋予项目部相对独立的管理权限，现场独立组织、协调、指挥、控制和推进项目工程建设，对项目的进度、质量、安全、环保、投资和各项目标负总责，具体负责项目的投资、计划、财务、QHSE、工程招标、物资采办、地方关系协调等全业务链管理，领导靠前指挥、专家下沉一线，发现问题在现场，研究决策和解决问题在一线；职能划分以业务为中心，职能部门对整个业务负责，各部门职责清晰，做到方案论证实施在现场、专业协调在现场、技术服务在现场，构建了层级清晰、分工明确、责权到位、决策迅速、管控有力、运行高效的管理组织体系。

3. 加强统筹部署安排，强化项目关键环节管控

西南油气分公司按照中国石化提出的新体制、新机制、新技术和高速度、高水平、高效益的“三新”“三高”要求，精心编制项目总体统筹控制计划，明确重点工程的时间节点、关键路径、潜在风险和防范措施，从重点工程、项目进度、项目投资、项目督查四个方面强化项目管理关键环节的管控。一是强化重点工程管控，针对净化厂建设、大件运输、110千伏线路架设、集输场站建设工程量大、存在问题多、协调难度大的情况，项目部采取非常规措施，细化分项工程节点，明确责任目标并落实到人，确保项目有条不紊地推进。二是强化工程项目进度管控，根据工程项目网络计划，建立进度预警机制，成立督导小组，进驻施工现场，按照月考评、周计划、日运行的要求，抓好现场施工协调和工作督导，

优化施工组织，及时研究解决施工中出现的各类问题。三是强化投资控制，严格按照效益性、合理性、保障性原则，建立元坝气田项目决策、项目监管、项目运行控制的投资管控体系，完善投资控制相关管理制度，并对工程设计、造价管理、招投标、合同管理、设计变更、物资采购、资金管理进行重点控制，确保项目投资效益最大化。四是强化项目督查，开展项目内审，公司定期安排财务、审计、企管等部门，进行项目阶段工作检查；开展项目效能监察，实施效能监察派驻项目现场督察，落实专项督察制度，积极配合地方政府及上级监管部门做好工程安评、环评等专项督查工作，及时整改问题。

（二）建立以全流程管理为核心的一体化运行管理方式，实现气田开发资源利用最大化

西南油气分公司进行气田项目流程变革，推进勘探开发一体化、地质工程一体化、地下地面一体化，建立一体化运行机制，为元坝气田高效开发提供生产运行保障。

1. 推进勘探开发一体化，加快项目建设进程

常规的油气田勘探与开发，需要勘探部门先通过打探井摸清地下情况，再通过部署勘探评价井落实油气储量后，交给开发部门编制开发方案，对气田进行大规模开发，周期一般较长，至少需要六七年时间，项目投资回收周期较长；另外，开发部门获得勘探部门取得的探明储量资料后，须对储量再次进行评估，研究和工程施工会造成一定程度的重复投资现象。元坝气田为了尽快实现产能贡献，对元坝气田勘探开发工作实施一体化组织，勘探和开发部门围绕产能评价、储量提交、方案编制和开发建设，一体化研究、一体化部署和一体化实施。将气田开发项目分为两期建设，在一期项目建设的同时，二期项目勘探评价工作由开发井完成。这一举措缩短了勘探评价期，加快了二期油气储量的提交和开发方案编制，实现了一、二期产能建设项目的无缝衔接，较常规气田的开发周期缩短约 1.5 年，从而提高了气田开发的整体效益。

2. 推进地质工程一体化，实现低丰度储量的有效开发

元坝气田地质情况复杂，开发技术要求高，工程施工难度大，要实现气井全面达产的目标，挑战极大。西南油气分公司突破原有的仅以地质设计单向指导工程设计的模式，以提高油气开发效益为中心，以地质综合研究为基础，优化工程设计和工艺，最大程度地提高单井产量和降低工程成本，其主要内容是地质研究、工程设计施工一体化。在工程施工过程中，一方面以采集的钻井动态数据来验证、深化地质认识，从而进一步优化开发方案；另一方面，根据更新后的地质认识调整工程施工的工艺参数，让钻井工程更加符合气藏地质特征、地质要求，通过精心优化井身轨迹、钻井工艺、完井工艺和改造工艺，精细调整水平井轨迹，多穿优质储层，多打长水平井，通过目标引领、逆向设计、正向实施、协同优化，实现了油气成果最大化和少井高产的目标，优质储层钻遇率由 43% 提高至 84%，气田实际开发效果优于方案设计：2014 年底投产以来，在日产 1100 万立方米以上已稳产 6 年，预测稳产期 10 年，较方案设计的 6 年延长了 4 年，气田累产气已突破 200 亿立方米。目前气田产量、压力、水气比“三稳定”，持续高产稳产态势良好。

3. 推进地下地面一体化，实现气田效益最优

在元坝气田开发建设过程中，由于气田地下储层礁体小而分散，地面山区地形复杂、高差大，在进行方案选址时，是优先保障地下目标中靶，还是优先考虑节约地面工程投资，常常让设计人员左右为难。为有效控制投资，西南油气分公司始终坚持地下地面一体化，将钻采工程设计、站场工程设计和管道工程设计统筹起来，进行整体优化。一方面井位部署总体上地面服从地下，同时兼顾地面施工难度、建设投资、地质灾害风险等因素进行协同优化，达到了整体难度小、投资少、效果好；另一方面适时根据开发效果，利用航拍三维场景浏览系统，全面掌握区域地理信息，及时调整地面设施的建设规模，优化地面集输管道的路由和场站设置，既实现了地下资源的最大程度采出，又实现了经济效益的最大化。

（三）建立以产学研用为支撑的一体化技术攻关方式，实现气田开发技术最优化

西南油气分公司针对元坝气田开发建设中的技术难点和挑战，建立一体化技术攻关机制，会聚工程院院士、大学教授、行业和企业技术骨干等上千名研发技术人员，形成产学研、多学科、跨行业的联合攻关团队，以问题为导向、以科研团队为支撑，通过自主创新、引进吸收再创新，攻克一系列超深高含硫大气田开发关键技术。

1. 建立科技联合攻关团队，保障技术最优化

西南油气分公司针对元坝气田开发建设的核心关键技术问题，制定科技攻关计划，以项目为基础，精心组建多级次、多领域、多学科科技攻关团队，以西南油气分公司为主体、以工程院院士为指导、以中国石化科研院所为核心，汇集成都理工大学、西南石油学院、四川大学等多家院校的技术力量，开展国家科技重大专项和9个省部级科研项目攻关，形成并建立为元坝气田开发建设服务的多层级科研支撑体系；与此同时，西南油气分公司与中石化有关生产科研单位，先后投入上千名科技人员，分批研究解决超深高含硫气田开发的储层精细描述技术、超深水平井钻完井投产技术、天然气深度净化技术等核心关键技术难题，最终形成“7000米深小礁体精细雕刻技术”“超深水平井轨迹控制与优快钻井技术”“复杂生物礁群气田高效布井技术”三项具有国际领先水平的先进技术，以零污染零排放为目标的“高含硫气田水处理循环利用技术”填补了国内外空白。

2. 建立专家技术方案审查机制，确保气田开发质量

西南油气分公司联合中国石化各科研院所，针对气田开发关键技术环节，组织专家团队进行技术方案审查论证。一是气田井网优化部署论证，通过井型优选、井身轨迹和井位部署方案优化，提高储量动用程度，以提高单井产能、培育高产气井为目标，减少开发井，降低开发成本；二是采气速度论证，重点考虑气藏地质条件、储量规模、地层水活跃程度、资源接替状况、硫化氢对管材的腐蚀速率、管材使用年限和采气速度必须适用净化产气处理能力等，综合确定合理采气速度；三是气井钻采工程技术论证，着重开展超深高含硫气井安全、科学的钻井、完井、投产技术及长井段酸压改造和井控防治等配套技术的研究和优化论证工作，确保钻采工程施工的安全、优质、高效；四是地面集输工程，从内腐蚀控制，建设和运行成本控制，配套工艺运行对气田生产影响几方面综合优选集气工艺，确保集输工程建设和运行的安全、经济、高效。元坝气田技术方案通过专家组论证审查，充分发挥国内外石油天然气上游领域专家队伍的技术把关作用，确保气田开发设计科学合理、应用技术先进实用。

3. 实施“需求导向、联合攻关、专业监造”的国产化策略

元坝气田开发在国内没有成熟经验和技术储备参照，西南油气分公司制定“需求导向、联合攻关、专业监造”的国产化发展战略，通过开展市场调研、专家论证，确定国产化设备81项，主导科研设计单位、制造厂家联合攻关，组织实施专业监造，实现涉酸关键设备和管材等国产化，国产化率达87.74%，各项性能指标达到国外同类产品水平，价格降低30%～70%，缩短采购周期4～6个月。2014年底投产至今，国产抗硫管材和关键设备已连续安全稳定运行6年以上，监测性能指标良好。

（四）建立以信息化、智能化为手段的一体化安全管控方式，实现气田安全开发

西南油气分公司针对高含硫气田全流程涉硫、高压高温、强腐蚀性、剧毒气体泄漏、火灾、爆炸、一级防恐防暴等特殊工况和主要风险，在强化安全制度管控的基础上，建立场站、管道、企地一体化安全管控机制。以信息化、大数据为支撑，创新高含硫气田“无人值守、集中监控、区域巡检”生产现场安全管控方式，应用“三位一体”管道智能管控技术，建立企地联动应急机制，建成具有国际先进水平的高含硫气田安全管理指挥集成系统，实现安全生产信息化、智能化。

1. 创新高含硫气田“无人值守、集中监控、区域巡检”生产运行方式，实现生产现场智能化安全管控

元坝气田创新集成以SCADA系统为核心的泄漏监测技术、联锁关断技术、应急疏散系统及智能化

管控平台，形成“智能决策+安防联动+分区处置+远程复位”的场站安全管控集成技术，采用自动控制技术，实现设备连锁控制与应急联动。在国内高含硫气田率先实施“无人值守、集中监控、片区巡检”生产运行管理模式，形成一套技术可行、生产运行管理高效与应急响应完善的生产运行管理整体方案。通过实施无人值守，优化了人力资源配置，减少人员环境暴露的潜在安全风险；通过集中监控和片区巡检，岗位分工更加专业化、标准化，巡检质量大幅度提升，实现了同线联动、同区协作，提高了异常研判准确性、应急处置及时性。

2. 实施“三位一体”智能管控技术，保障含硫天然气管道安全运行

集输管网泄漏管控是元坝气田管理难题，应用“无人机巡检+地灾监测+泄漏监测”等多种技术手段，创建含硫天然气管道“空中+地面+地下”的“三位一体”管控模式，形成含硫天然气管道监控预警及应急处置技术。

一是建立空中管控体系，实行无人机巡检。通过无人机系统软件开发、通信链路搭建、空中泄漏搜索定位、远程投弹点火等技术集成，建立以无人机为核心的巡检与应急联动安全管控平台，实现日常巡线、泄漏检测及应急点火，提高巡检覆盖率和应急处置效率。

二是建立地面管控体系，实现及时预警。通过利用北斗卫星、拉线式位移计、深部位移计、雨量监测、地下水位监测5种手段，建立管道地质灾害评价体系、建设管道地质灾害监测系统，对高风险点实施连续监测和预警，信息实时推送。

三是建立地下管控体系，实现管道实时监控。通过引入光纤泄漏监测技术，实时监测声波频率、相位和振幅，实现泄漏和入侵等扰动的精确探测，建立信号特征数据库，智能识别不同扰动行为，形成管道泄漏、机械挖掘、人工作业、暗流冲击四种预警模式，实现地下管控。

3. 建立企地联动应急机制，提升应急处置能力

元坝气田输气管线长达130多千米，沿线有30多个乡镇100多个村，山区沟壑纵横，应急处置难度较高。西南油气分公司建立企地联动模式，应急联动覆盖县、乡镇、村；创新建立油气设施企地共管机制，与地方政府建立企地油气设施共管、应急联动、事件处理、协调保障、宣传教育等长效运行机制，在气田沿线建成世界最大的气田应急广播系统，覆盖周边各村各户，与乡镇和自然村形成网格化管理，协同开展巡检和应急处置，提高应急疏散能力。建成智能化应急救援指挥系统，打造“一张图指挥”综合集成平台，实现接处警、可视化指挥、现场态势标绘、事件跟踪、辅助决策、应急会商、联动指挥等功能，形成企地应急指挥新模式。

（五）建立以零污染零排放为目标的一体化绿色环保管理方式，实现气田绿色开发

西南油气分公司以零污染零排放为目标，从“三废”排放、噪声治理、节约土地到保护生态，实施一体化绿色环保建设，开展废水废渣废气循环利用，实现元坝气田绿色开发。

1. 建成国内外首座高含硫气田水资源化利用处理站，实现资源循环利用

元坝气田地处长江中上游生态环境敏感区嘉陵江流域，西南油气分公司为践行绿色开发，在国内首次开发应用高含硫气田水回收再利用技术，实现高含硫气田水零排放。

西南油气分公司组织科研团队，以1个国家科技重大专项、2个省部级科研项目为支撑，开展多学科研究攻关，攻克高含硫气田水安全输送、高含硫气田水绿色高效除硫、高含硫气田水资源化利用深度处理等关键核心技术，建成国内外第一座高含硫气田水资源化利用处理站——元坝气田低温多效蒸馏站，处理能力达到每小时25立方米；形成具有中国石化自主知识产权的高含硫废水资源化利用工艺包，获得发明专利5项，拥有专有技术3项，发布企业标准1项，出版专著4部。经蒸馏处理站处理后的成品水水质达到循环水回用标准，处理后全部回用于元坝净化厂循环水和蒸馏站循环水系统，蒸馏后产生的工业盐，由专业公司回收利用，实现工业废水变废为宝。

与此同时，元坝气田全面实施固废回收再利用，钻井泥浆实行循环利用，剩余的废弃泥浆、岩屑经现场无害化固化处理后送到砖厂制砖，地面施工过程中产生的弃土、弃渣用于地方道路建设填料或道路护坡，实现固废变废为宝；突破传统氧化剂除硫工艺缺陷，创新“负压气提 + 生物”高效除硫方法，脱硫率达 100%；创新形成含硫尾气“零排放”增压处理工艺，在国内首次实现了含硫尾气资源化利用，减少二氧化硫排放量 824 吨/年，回收甲烷 79.72 万立方米/年。

2. 防止噪声污染，营造健康的施工生产环境

一是强化施工环节噪声管控。施工设备采取隔声减振措施，全面采用网电钻井，降低施工作业噪声影响；制定非正常工况、夜间施工作业管控措施，大幅降低钻井、打桩等高噪声施工在夜间对周边环境和职工健康的影响。

二是强化生产运营环节噪声管控。井站场选用低噪声设备，合理布置，有效降噪，大型风机进出口设置消音器，风机设置隔音罩，合理调整作业时间，实施净化厂厂界噪声治理工程，净化厂厂界昼间噪声达到《工业企业厂界环境噪声排放标准》要求，周边环境敏感点噪声达到《声环境质量标准》要求，极大降低对周边环境的影响，年减免环境保护税费 39 余万元。

3. 节约土地资源，有效保护生态环境

一是优化生产建设方案，最大程度地减少土地使用面积。根据元坝气田资源分布及其他技术经济条件，本着科学、合理和节约用地的原则，确定经济合理的建设规模。采用先进的生产工艺和设备，简化工艺流程，减少建设用地面积；钻前施工合理规划井场用地，尽量采用撬装设备，布设丛式井组，大幅减少土地占用；钻前工程采用复合土工膜技术，确保重点区域污染防治到位，不仅实现钻后迅速复耕，也为施工期环境保护提供有力支撑；广泛采用站内集中架空管线，力求短捷顺直，站外管线的敷设采用深埋方式，减少永久性用地。

二是优先利用荒地资源，最大程度地减少耕地使用。加强对项目前期设计，工程建设期间土地征用、借用等重点环节的监督，避免设计、施工等环节浪费土地资源，按照“以荒带耕”原则，工程建设凡可利用荒地的，不占用耕地或经济效益高的土地；施工便道、料场、预制场，均设置在用地范围内或利用荒地，严控施工过程取土、弃土量和临时用地量；合理利用所占耕地地表的耕作层，用于重新造地；加强作业场地、取土坑和弃土场的水土保持管理，防止水土流失；施工后期对植被进行恢复，临时占地共复垦 997.83 亩，有效保护生态环境。

4. 强化生态环境质量监测，实现气田全过程绿色开发

从环评抓起，在元坝气田逐步形成水土保持监测、污染源监测、环境质量监测、生态状况监测“四位一体”的生态环境质量监测网络布局，监测贯穿气田勘探开发全过程，全面监控生态环境质量现状，有针对性地制定施工期生态环境保护措施，确保施工期对周边生态影响降至最低，有效保障气田绿色开发。监测结果表明，气田区域各项监测指标持续保持稳定，水土保持措施有效，优势植被生长状态良好，水生生物、底栖生物中重金属等含量稳定无增加，区域生态环境质量保持稳定，获得国家长江水利委员会的充分肯定。

三、世界首个超深高含硫大气田基于绿色安全高效的一体化开发管理的效果

元坝气田勘探形成的元坝超深层生物礁大气田高效勘探及关键技术获国家科技进步一等奖，气田开发建设项目荣获国家优质工程奖、国家优质投资项目奖，获评中国地质学会十大地质科技进展，促进了行业技术进步。成果的实现，填补了我国开发超深高含硫气田的空白，提升了我国在该领域的国际影响力，为全球超深油气资源规模效益开发提供了可借鉴的成功经验，为推进能源“四个革命、一个合作”走深走实，为国家清洁能源供给、维护国家能源安全提供了资源保障。

（一）建成世界上首个超深高含硫大气田，取得显著经济效益

西南油气分公司优质高效建成元坝气田40亿立方米/年产能，成为全球首个水平井开发的7000米超深高含硫气田，并取得显著的经济效益。对比建设方案，元坝气田不仅如期高质量建成投产，节约投资8.5亿元，而且各项开发指标优于方案设计，气井全面达产且高产稳产，预测气田稳产期10年，较方案设计的6年延长了4年。截至2020年底，累产气已超过200亿立方米，新增利润59.35亿元，新增税收28.53亿元，新增利税总额87.88亿元。

西南油气分公司科学高效地组织项目施工，创造了元坝速度和元坝奇迹，钻井周期由537天缩短至288天，元坝净化厂仅用18个月建成中交投产，较石化工厂平均建设周期缩短4个月以上。

（二）攻克一系列世界级技术难题，核心技术达到国际领先水平

元坝气田作为世界首个超深高含硫大气田，攻克了诸多世界级技术难题，填补了我国开发超深高含硫天然气气田的空白，标志我国超深气藏勘探开发技术跃居世界前列；建成了国内首座具有中国石化自主知识产权的大型智能化净化厂，填补了国内外空白；涉酸关键设备实现国产化，打破了国外技术封锁，推动民族制造业的快速发展。

元坝气田共获得44项国家授权发明专利、17项登记软件著作权和5项专有技术，得到国内10多家媒体高度评价，中央电视台新闻频道报道：元坝气田创新形成的绿色高效开发技术，整体上处于国际领先水平。目前元坝气田的技术成果和项目管理方法在我国彭州等类似高含硫气田得到广泛应用，促进了行业技术进步，提升了重大工程项目管理水平。

（三）实现了零污染、零排放，为长江经济带和老区经济发展做出贡献

元坝气田在开发建设过程中实现零污染零排放的目标，保护了长江、嘉陵江上游的生态环境。西南油气分公司研发应用了具有自主知识产权的高含硫气田水资源化利用工艺包，建成了全球首座高含硫气田水资源化利用处理站，实现了高含硫气田水循环利用，年减少地表淡水取水量17万立方米；节省燃料气800万立方米，相当于9600吨标煤能耗；年减排二氧化碳近1.7万吨，相当于植树3740万棵、270万辆经济型轿车停开一年。西南油气分公司2018—2020年连续三年获评四川省“环保诚信企业”，元坝净化厂获得四川省“绿色工厂”荣誉称号。元坝气田的成功开发和持续稳产，保障“川气东送”沿线六省两市70多个城市、上千家企业、2亿多居民的长期稳定供气，为保障长江经济带清洁能源的稳定供给和促进低碳经济发展做出了积极贡献。

西南油气分公司在绿色安全高效开发元坝气田过程中，积极支持当地社会主义新农村建设，援建中国石化兴文第一小学，修筑乡村道路，开展定点精准扶贫，支持猕猴桃等特色产业发展，先后投入2000多万元助力革命老区实现脱贫攻坚目标，助推地方经济发展。

（成果创造人：郭彤楼、刘　言、顾战宇、靳红兴、王　东、王　霜、
孟庆华、李　渡、王　亮、孙天礼、崔吉宏、邱　峰）

高弹性电网推动的全方位减碳服务管理

国网浙江省电力有限公司

国网浙江省电力有限公司（以下简称国网浙江电力）是国家电网有限公司的全资子公司，以建设和运营电网为核心业务，截至2020年底，国网浙江电力下辖19家直属单位、11家地市供电公司和68家县级供电公司；拥有110千伏及以上输电线路6万千米、变电容量4.71亿千伏安；已建成1000千伏变电站3座、变电容量1800万千伏安，±800千伏直流换流站2座，换流容量1600万千瓦；供电服务人口超过5800万人。国网浙江电力先后荣获全国文明单位、中国一流电力公司、全国五一劳动奖状、电力行业3A级信用企业、全国电力供应行业排头兵企业等称号以及浙江省工业大奖金奖。

一、高弹性电网推动的全方位减碳服务管理的背景

（一）践行碳达峰中国承诺的客观要求

作为《巴黎协定》的缔约方之一，中国承诺将在2030年左右达到碳排放峰值，并将非化石能源占一次能源消耗的比重提高到20%。电力能源作为便捷、清洁和应用最为广泛的能源，在推动能源革命、构建“清洁低碳、安全高效”的现代能源体系中，承载着重大使命。电网作为连接能源生产和消费的大规模资源优化配置平台，在能源清洁低碳转型中发挥着枢纽作用，通过促进能源生产清洁化、能源消费电气化、能源利用高效化，体现“纽带”“杠杆”的价值。国网浙江电力以高弹性电网建设为平台枢纽，围绕电网自身减碳和电力产业链上下游低碳转型，并推动经济社会各领域节能降碳，提高全社会能效水平。

（二）实现能源电力清洁低碳转型的内在要求

我国碳排放中能源消费占比近90%，而电力领域占能源碳排放达40%以上，且与工业、交通、建筑等产业联系紧密，实现碳达峰，能源是主战场、电力是主力军。欧美主要国家已完成工业化，经济增长与碳排放脱钩，我国尚处于工业化阶段，能源电力需求还将持续攀升，经济发展与碳排放仍存在强耦合关系，必须探索一条在经济持续稳定增长情况下，既要保障能源电力安全可靠供应，又能实现碳减排的有效路径。能源电力领域，随着新能源大规模并网、新型用能设施大量接入，电网形态越来越复杂，持续保障安全可靠供电所面临的挑战更加严峻。清洁能源持续快速发展，要求电网不断提升清洁能源消纳能力，促进清洁能源大规模开发利用和大范围优化配置。经济社会高质量发展和人民对美好生活的向往，要求电网企业提供省心电、省钱电、绿色电，降低用能成本，提升全社会能效水平。国网浙江电力建设高弹性电网，贯通“电力—能源—碳排放”链条，以系统性、体系化方案同步推进保障能源安全、推动低碳发展、降低用能成本“三重目标”的实现，加快能源电力清洁低碳转型。

（三）建设浙江清洁能源示范省的使命要求

浙江省具有种类丰富的能源电力供应方式，具有网络强省、“数字浙江”的信息技术优势，具有高度活跃的市场主体和高效运转的行政组织。自2016年起，浙江实施建设国家清洁能源示范省的行动计划，促进人与资源和谐共生，高水平绘好新时代“富春山居图”。能源电力作为关系国计民生的基础产业，浙江省委省政府对此寄予了先行示范的期望。随着新能源装机比例持续上升，电力体制改革不断深化，负荷及供电压力持续增大，电网面临着源网荷储四侧挤压，电源侧调节能力不断下降，电网侧安全红线不断箍紧，负荷侧交互机制能力尚未成熟，储能侧可利用设施配置少、难利用、无政策。国网浙江电力创新实践高弹性电网，推动传统电网向海量资源被唤醒、源网荷储全交互、安全效率双提升的电网

升级，具有高承载、高互动、高自愈、高效能四项能力，着力解决高比例清洁能源、高比例外来电、高峰谷差率等现实问题，为浙江清洁能源示范省建设提供强大助力。

基于上述情况，自2018年起国网浙江电力以高弹性电网建设为契机，充分发挥电网平台枢纽作用，实施围绕“电网—电力—全社会”的全方位减碳服务管理，全力支撑能源高质量发展和清洁低碳转型。

二、高弹性电网推动的全方位减碳服务管理的主要做法

（一）明确总体思路，贯通“电力—能源—碳排放”链条

1. 确立减碳服务管理总体思路

国网浙江电力以大能源观为指引，贯彻“四个革命、一个合作”能源安全新战略，充分发挥电力在实现能源清洁低碳转型进程中的穿透性、全局性作用，以电网为平台枢纽，贯通“电力—能源—碳排放”链条，形成围绕“电网—电力—全社会”的全方位减碳服务管理体系（见图1）。聚焦高弹性电网建设，促进电网自身减排，服务清洁能源安全消纳；主动延伸业务链条，助力电力能源上下游产业链减碳服务，推动能源供应清洁减碳、能源消费提效降碳；通过能源和电力数字化升级，形成精准智治的全社会节能减碳格局；同时，构建减碳评估和市场化机制，形成闭环管理，促进电力绿色转型与全社会节能减碳协同增效，全面支撑“碳达峰、碳中和”目标。

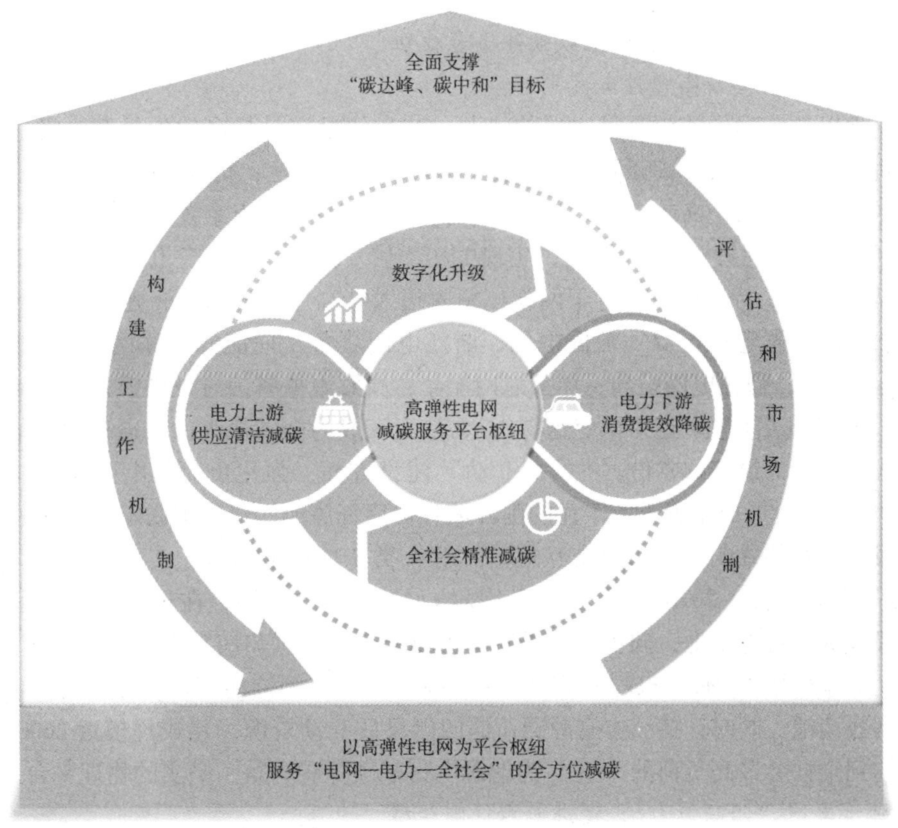

图1 高弹性电网推动全方位减碳服务管理

2. 搭建全要素模型，贯通“电力—能源—碳排放”链条

碳达峰与经济增长、产业发展、能源电力保供、生态文明建设等因素相互交织，是一个复杂的系统工程。国网浙江电力结合浙江能源大数据中心电、煤、气等能源大数据，遵循LEAP计量经济模型思路，运用数学模型，充分分析能源与经济、电力与能源、碳排与能源电力、经济与碳排之间的耦合关系

与传递路径，构建首个省域统筹电力、能源、碳排放全要素平衡与推演模型，贯通“电力—能源—碳排放”链条。以模型数据研判区域经济发展规模和结构、碳排放演进趋势、能源电力发展关键指标，以模型分析支撑政府宏观决策、行业明确方向、企业节能减碳。通过各要素的平衡与推演，实现经济社会发展、能源“双控”目标、能源电力清洁化、碳排放约束指标等多重目标的综合平衡。

3. 构建减碳服务管理工作机制

国网浙江电力着力构建专业横向协同、上下纵向协同、内外政企学研协同的减碳服务工作机制。对外，以战略合作协议、工作领导小组、工作专班等形式与浙江省发改委、能源局等政府单位形成核心决策圈；与清华大学等高等院校、国家发改委能源研究所等高端智库形成共同研究圈；与德国巴登－符腾堡州、美国哈佛大学商学院等形成合作共享圈，建立决策高效传达、场景落地高效响应的扁平化管理模式。对内，制定印发《高弹性电网建设指导意见》等 8 项文件，完善省市县协同工作机制，组建能源发展研究中心、节能减碳创新实验室、碳电数字化实验室等十余项支撑团队、平台，调动各方力量与各级资源，共同研究减碳服务管理重大战略问题，统筹推进减碳服务管理相关工作，谋划相关重大社会活动，加强国内外交流合作。同时，构建新闻宣传媒体的常态化专人对接网络和新闻主题跟踪机制，把国网浙江电力有关推进减碳服务管理的重要举措、典型做法及时向社会公开、向国际传播，为构建“清洁低碳、安全高效”现代能源体系创造良好社会环境。

（二）推进高弹性电网建设，打造减碳服务平台枢纽

1. 源网荷储一体互动建设高弹性电网平台

国网浙江电力以“节约的能源是最清洁的能源、节省的投资是最高效的投资、唤醒的资源是最优质的资源”为理念先导，建设“海量资源被唤醒、源网荷储全交互、安全效率双提升”的高弹性电网，充分发挥电网平台枢纽作用，高效连接“源、网、荷、储”四个电力系统核心环节。电网跨越式发展方面，“十三五”期间电网投资 1466 亿元，实现 110 千伏及以上线路、变电规模增长 26%、35%；建成全国首个“两交两直”特高压省级骨干网架，率先迈入特高压电网时代；建成城农网差距最小的省级电网，杭州、宁波率先建成世界一流配电网；浙江电网具备了向能源互联网升级的坚实物理基础。“网源协调”建设方面，强化电网引导、加强电网配套，高效服务省内省外电源接入，保障浙江电网高比例外来电和大规模清洁能源“进得来、送得出”，使浙江成为全国最大的核电基地、华东最重要的水电基地、分布式光伏装机最高的省份。“网荷互动”建设方面，强化负荷与电网互动能力建设，建成 100 万秒级可中断负荷，形成了近千万千瓦的削峰填谷负荷资源池，建成国内首套需求响应全业务线上支持系统；形成《负荷终端与工控系统交互规范》等 4 类 8 项标准体系，实现需求响应规范化、标准化。“网储互动”建设方面，2020 年浙江电网建设抽水蓄能电站 5 座，在运 458 万千瓦，形成超 1500 万千瓦的全国最大抽水蓄能基地；同步加强新型储能建设，建成杭州应急电源基地、宁波 10 千伏储能电站、金华移动共享储能基地，形成超 50MW/100MWh 的电网侧储能资源，服务源网荷储友好互动，助力清洁能源高效消纳。同时，持续丰富源网荷储四侧灵活互动资源，建成规模近 2600 万千瓦的灵活互动资源库，达到全社会最高负荷的 28%，为能源电力减碳降碳构筑了坚实的物理平台。

2. 发挥高弹性电网“四高能力”，促进能源低碳转型

国网浙江电力融合技术、标准、市场、政策等资源要素，充分发挥高弹性电网高承载、高互动、高自愈、高效能“四高能力”，统筹能源安全保供和清洁低碳发展。高承载方面，省外承接西南水电、宁夏风电等清洁能源，受入能力近 2400 万千瓦；省内承载大规模沿海核电、海上风电、海量分布式光伏，保障清洁能源“发得多、用得好”，2020 年实现全省 1702 万千瓦风、光新能源 100% 消纳，清洁电量达到 1364 亿千瓦·时，同比增长 5.4%。高互动方面，运用低碳智慧调度的电网平台，与虚拟电厂、需求侧响应平台、车联网平台智能联动，2020 年实施需求响应 117 次，调动运用小水电、新型储能等资

源，实现了多方资源互动，保障了冬季寒潮、夏季高温、能源双控下全省电力供应平稳有序。高自愈方面，运用弹性资源分层聚合与安全互动技术，提升电网灾前预测预警、临灾弹性抵御和灾后抢修恢复能力，保障了台风、冰冻、雨雪等极端灾害下电网的灵活应对和快速恢复能力，实现13级以下台风24小时、14~15级台风48小时、16级以上强台风72小时以内恢复电网供电。高效能方面，在电网资源潜力挖掘、源网荷储协同降冗余、多能转换高效利用等技术标准上布局攻关，修订《输变电设备载流能力工作指导意见》，动态监测电网瓶颈设备运行状态，科学释放运行能力，完成48个瓶颈线路、变电站的动态增容改造，提升电网运行效能。

3. 挖潜增效促进电网自身节能减碳

国网浙江电力立足电网自身节能减碳，进一步完善电网规划运行体系，修订《浙江电网规划设计技术导则》，落地以95%尖峰负荷规划平衡理念，促进电力平衡向电力电量统筹平衡转变，提升电网规划效率。在湖州投运首个220千伏分布式潮流控制器示范工程，通过动态优化线路阻抗特性，优化局部潮流分布，提升区域电网设备利用效率，减少火电机组顶峰碳排，实现提效减碳。构建线损精益管理体系，开发网损最优化的配电网自动电压无功控制系统，开展高耗能变压器改造，精准治理高损耗线路和台区，在丽水地区开展多级试点，线损率下降1.5%，形成全国可推广的降损样板，促进电网节能高效发展。实施绿色建造行动，创新应用“绿建码”，量化评估工程建设全过程节能控碳能力；加强SF6等温室气体回收处理、循环再利用和电网废弃物环境无害化处理，减少气体排放，保护生态环境。

（三）推动电力上游供给变革，促进能源供应清洁减碳

1. 推动新能源科学布局标准化接入

大规模新能源时代的到来，对电力源网协调提出了更高的要求，国网浙江电力主动延伸业务链条，在供给侧推动新能源科学布局和标准化接入。结合浙江新能源资源禀赋和发展实际，统筹新能源发展与电力保障、电网安全、系统成本的关系，评估全省及各地市风电、光伏经济技术可开发规模，形成新能源经济开发布局图，指导新能源科学布局发展。在嘉兴建成首批国家能源局“互联网+”智慧能源项目——嘉兴城市能源互联网综合试点示范，实施光伏接入服务统一规划理念，统一计划管理，统一服务体系，统一技术标准，统一机制建设，简化、优化、规范了光伏发电并网的管理流程，保障电网及时消纳和安全稳定运行。“十三五”期间浙江光伏装机增长近10倍，分布式光伏装机连续多年位居全国第一。

2. 联合政府促进省市县清洁能源友好发展

国网浙江电力聚焦能源供应多元清洁，联合省市县各级政府出台相关配套政策机制，促进清洁能源健康发展。省级层面，明确“新能源+储能”优先并网原则，推动省发改委开展天然气发电机组平价上网改革试点工作，试点执行省统调燃煤机组上网基准电价；市级层面，推动衢州、海宁等地方政府出台支持新能源项目按照10%装机容量配置储能和光储一体激励政策；县级层面，联合属地政府发布国内首个县域电力能源领域“减碳服务”目标行动纲领，落地储能及光储一体化补贴政策，服务地区清洁能源“容量翻番”。

3. 源网（厂网）联动提升清洁能源供应能力

国网浙江电力联动各类电源，提升系统调节能力，实现清洁能源应发尽发，最大化提升清洁能源供应能力。新能源方面，建成国内首个具备AGC及一次调频功能的海上风电场，提升新能源参与电网调节的能力和并网友好性。水电方面，优化调整丽水地区水电峰谷时段，让小水电站主动将白天的发电时间“让路”新能源，增加了50万千瓦光伏消纳空间；聚合丰富的小水电资源，在丽水全域建设百万千瓦级城市零碳虚拟电厂，构建水系一张图，将离散资源“化零为整”，参与电网优化运行和调峰服务，促进“风光水一体化”。火电方面，推动煤电向基础保障性和系统调节性电源转型，深挖燃煤电厂调节能力，全面完成浙江统调燃煤电厂60%的调峰深度改造，调节空间达全国平均水平的1.2倍，提升浙

江电网清洁能源供应能力。

（四）推动电力下游消费转型，促进能源消费提效降碳

1. 推动出台价格机制，引导消费互动提效

国网浙江电力聚焦能源消费绿色低碳，推动省发改委出台“刚柔并济”的电价机制，提升系统削峰填谷能力。浙江电网峰谷差率持续超过40%，处于全国较高水平，国网浙江电力推动省发改委进一步完善分时电价，拉大大工业用户的峰谷价差、优化时段划分、建立季节性电价机制，强化价格信号，促进用户削峰填谷。推动省发改委部署“百万用户、百万千瓦”需求响应专项行动，以削峰填谷价格补贴机制激发负荷侧弹性空间，推动全域所有地市政府发文明确里程碑建设计划，近15%的区县政府出台专项补贴，唤醒用户侧沉睡资源。

2. 加快电能替代，促进能源消费低碳化

国网浙江电力拓展岸电、景区、物流等领域电能替代的广度和深度，扩大清洁高效电能在终端能源占比，促进能源消费节能减碳。在港口岸电领域，首创省级岸电运营管控一体化平台，联合政府开展岸电专项交易，推动地市出台岸电补贴政策，加大港口岸电发展力度。在全电景区领域，编制《全电景区建设规范》《全电景区建设指导手册》，形成标准化、规模化、精细化全电景区建设模式，以市场化运营推动项目落地，2020年累计完成105个全电景区建设。在绿色物流领域，建成湖州地区全国首个全封闭、全架空、耐高温、无污染的全电物流输送项目，拓宽电能替代新兴发展领域。

3. 建设低碳工厂，促进能源消费高效化

国网浙江电力以点带面，聚焦省内轻型制造企业，建设以杭州萧山欣美为样本的绿色低碳工厂，打造可复制可推广的企业消费低碳转型、国际贸易低碳认证的园区示范样板。结合厂区用能情况，量身定制1730千瓦屋顶光伏和150千瓦储能，配套智慧微网控制操作平台，形成园区级光充储一体化微网，推动园区能源供应清洁化，促进清洁能源全消纳。优化“源－荷”友好互动模式，控制平台拟合温湿度预测值、上网电价、需求响应等多重影响因子，动态定制光伏、储能、温控系统运行策略，实现微网能量高效管理和经济运行。在工厂车间广泛应用电能替代、设备改进、建筑改造等能效提升和节能关键技术，实现厂区全方位能效提升。获得浙江首张企业碳中和证书，获评施耐德电气全国首个“零碳管理评价”合作伙伴，提升国际贸易竞争力，为制造业转型升级提供具有实施价值的示范样板。

（五）推动能源电力数字化升级，促进全社会精准减碳

1. 打造能源大数据政企协同共享基础平台

国网浙江电力主动履行责任央企的社会责任，持续推进能源与能源电力大数据的获取、融通和挖掘，引领推动浙江数字化改革浪潮。打破多能流的信息壁垒，循沿供给、配送、消费三侧路径，融合超3亿条多能数据，构建528个数据模型，实现全目标感知、全时空分析、全关系挖掘、全维度刻画、全场景应用、全态势掌握。联合省发改委，打通省市县三级全域能源大数据，正式揭牌成立浙江省能源大数据中心，覆盖近6万户规上企业，为“双控”和“减碳”提供省级综合性、公益性、普惠性的数据服务。

2. 构建“双碳大脑”智能大数据应用场景

国网浙江电力依托能源大数据中心，打造“双碳大脑”数字应用系统，构建“看碳、析碳、管碳”多维应用场景，实现碳排放的“一屏全览、一路追踪、一体智治、一众应用”。“看碳”支持区域碳监测一屏全览，实现指标差距、用能情况、能源结构等多维度监测，为“析碳”提供准确有力的数据保障；“析碳”支持碳流向上精准溯源、向下穿透分析、多情景动态预测，为“管碳”找准减碳方向和重点；通过“管碳”，提供区域、领域、企业三级驾驶舱管理服务，做到数据能看、层级能通、任务能达、成效能查，以用促进，提升系统生命力，实现从宏观到微观的减碳服务。

3. 创新多元能源数据价值共享服务

国网浙江电力依托“双碳大脑”三级驾驶舱，精准开展多维数据智能分析，实现区域、领域、企业多层级场景服务全覆盖。区域层级，对规上企业实施能源结构的精准分析，明确减排方向，及时掌握能源双控指标、完成情况、预测曲线、镇街排放，为政府科学决策提供依据；领域层级，开展工业领域碳效智能对标，对全省4.2万家规上企业发布“一企一码”，动态呈现全域全行业排放量，量化评价碳排水平，推动减碳技术改造，加快构建低碳工业体系；企业层级，创建企业能源碳效码，科学筛选高耗能（红码）、中等耗能（黄码）、节能低碳（绿码）企业，支撑政府实时了解区域内企业碳排情况，倒逼低产能高消耗企业转型，同时也为政府制定相关节能企业激励政策提供数据支撑。

（六）建立减碳评估和市场化机制，实现减碳服务管理闭环

1. 构建减碳成效评估指标体系

国网浙江电力以高弹性电网为载体，创新“外延价值＋内涵特征”的减碳成效评估指标体系。外延价值方面，以浙江省委省政府关注的能源消费总量、能耗强度、碳排放总量、碳排放强度四大指标为依据，通过能源电力大数据穿透分析，对能源、工业、建筑、交通、农业、居民生活六大领域进行指标测算，综合评估高弹性电网对社会各领域低碳转型的贡献度及社会效益；内涵特征方面，构建“3＋N＋X”多维度评估体系，以弹性指数、效能指数、互联指数为三大支撑，细化为互动能力、承载能力、清洁低碳等12类42项评估指标，综合评估高弹性电网对低碳发展的支撑能力。

2. 强化减碳成效评估结果应用

国网浙江电力坚持“目标导向、问题导向、结果导向”的原则，制定横向可对标、纵向能对比的评估方法，对标国际领先、先进省份，对比领域、行业“领跑者”，着力找差距、补短板、促提升，逐项抓重点、攻难点。依托“双碳大脑”，以结果可视化、数据智能化、评估有效化为目标，运用“自顶向下”和“自底向上”双向机制，构建减碳评估管控模式；制定以指标细化分解为基础，数据高频统计为手段，纵向、横向结合对比为方式，指标综合档案为载体的“层层闭环、实时联动”指标管控体系。通过减碳成效评估，动态展示省域、区域、领域、企业多层级场景的减碳进程，个性化制定减碳服务方案，为各级政府差异化政策制定、城市发展模式、能耗双控提升、居民生活方式提供精准数据基础，全面服务政府精准治理碳排放、企业智慧降低碳排放、电网高效支撑能源低碳发展，引领全民低碳生活潮流。

3. 搭建绿色电力和绿色技术交易平台

国网浙江电力以电力现货市场建设为契机，完善市场交易机制，积极开展绿色电力和绿色技术交易。在国家应对气候变化战略中心指导下，2018年开始建设宁波泛梅山国际近零碳排放示范区，实施先进市场机制试点落地。搭建绿色电力交易市场，率先开展全国首笔绿电市场化交易，促进用户加价购买风电，交易模式得到国家发改委认可。以“零碳”亚运为目标，策划绿电专项交易，完成7.48亿千瓦·时清洁能源交易，减少碳排50多万吨。成立碳资产管理中心，以碳聚合商身份，出售光伏发电形成的碳资产，完成国际首笔交易。聚焦绿色转型关键技术，经国家发改委批复设立全国唯一国家级绿色技术交易平台，绿色技术储备千余项，上架上百项，交易30余项，交易额超千万元，助力解决产业结构和能源结构调整中的“卡脖子”问题，全面激发绿色技术创新活力。联合高铁等多家央企推出绿色电力积分产品，与银行合作推出节能减排低息融资产品，吸纳广大市场主体参与节能降碳行动。

三、高弹性电网推动的全方位减碳服务管理的效果

（一）高弹性电网平台枢纽作用充分发挥，实现能源清洁低碳发展

国网浙江电力以高弹性电网为平台枢纽，贯通“电力—能源—碳排放”链条，促进源网荷储全环节柔性互动，在有力支撑清洁低碳转型发展的同时兼顾能源安全和经济发展。推动能源供给清洁化，

2020 年支撑省内 5288 万千瓦清洁能源接入，占全口径电源装机超过 50%；风、光新能源装机达到 1702 万千瓦，是 2015 年的 6.3 倍，分布式光伏装机连续多年位居全国第一，消纳省内新能源和外购清洁能源超过 700 亿千瓦·时，相当于减排二氧化碳 5300 多万吨。推动能源配置高效化，保障了高温、寒潮、台风等极端天气下的电力安全供应，提升电网运行效率，2020 年完成 44 条线路动态增容，动态输送能力平均提升 8%，合计提升输送能力约 400 万千瓦，新增销售额 170 万元，有效缓解了局部供电能力不足问题；促进配网降损增效，2020 年实现高损线路、台区数量下降 50%，减少线损电量 2000 万千瓦·时，新增销售额 1200 万元。推动能源消费电气化，2020 年，完成电能替代项目 8731 个，实现电能替代 94 亿千瓦·时，相当于减排二氧化碳 900 万吨，电能占终端能源消费比例达 36%，高于全国平均水平 9%，也高于大部分发达国家；通过推进“供电 + 能效服务”，助力“十三五”期间单位 GDP 能耗下降 17.1%；深挖负荷侧响应资源，形成超千万千瓦的资源池，相当于少建五台百万千瓦级的发电机组，节约电源投资 150 亿元以上。

（二）构建了一套适用于电网企业的减碳服务管理体系

国网浙江电力以政企联动为抓手，以体制机制改革为引领打造了典型有效的减碳服务管理体系。推动政企联动机制突破，促成《浙江省电力条例（立法建议稿）》列入浙江省人大立法计划调研项目，为开展电网规划建设、争取项目审批等工作提供有利条件和重要依据；促成省政府成立以电网公司为主的省级保供电专班，实现浙江省在管理体制、沟通机制等方面的重大突破。推动 83 个市、县出台“新能源 + 储能”政策，覆盖率超过 95%；推动省发改委明确需求侧削峰和填谷激励机制，调整输配电价和销售电价，落实阶段性降电价等政策，仅 2020 年一年就降低社会用能成本 112 亿元。市场方面创新了 5 个全国第一：揭牌了首个国家绿色技术交易中心、实现了首笔绿电市场化试点交易、发出了首张绿色电力消费证书、开展了首次负荷响应专项交易试点、完成了首笔电力碳资产国际交易，通过市场机制为绿色生产赋能，助力浙江清洁能源示范省建设。

（三）全面履行责任央企的社会责任，形成示范效应

国网浙江电力充分发挥高弹性电网平台枢纽作用的全方位减碳服务管理得到国家领导人、国家电网公司主要负责人以及浙江省委省政府主要领导的多次批示肯定，形成了优质服务、大数据应用、创新实践、传播推广等社会示范效应。国网浙江电力能源大数据中心推出在“浙”电力指数、乡村振兴电力指数等 20 余项数字产品，得到国家能源局和省委省政府主要领导调研肯定，正式揭牌成为浙江省能源大数据中心。“双碳大脑”“能源碳效码”纳入浙江企业评价体系，以杭州萧山区为例，“双碳大脑”接入该区域 2500 余家规上企业和公共机构，对 1500 余家重点监管企业开展碳效评级，形成电力大数据应用服务双碳目标的示范。杭州打造首个“零碳亚运”，嘉兴尖山率先成为全国源网荷储一体化示范区，丽水打造全域碳中和能源互联网示范，温州“不怕台风的电网”等项目入选联合国 2020 年面向可持续发展目标的全球优秀实践项目，形成能源低碳发展的浙江实践示范。2020 年 9 月，在杭州举办以“建设能源互联网、为美丽中国赋能”为主题的高弹性电网高端研讨会，人民日报、新华社等 30 余家媒体刊发新闻 180 余篇，达到“亿级覆盖，千万级浏览，百万级点赞”。国家绿色技术交易中心、“能源碳效码”等减碳先进做法在《新闻联播》、“今日中国”大型直播高频报道，高弹性电网助力“双碳”目标等典型做法在中央主流媒体报道达 200 余次，形成能源领域创新实践的现象级传播推广示范。

（成果创造人：尹积军、孙　可、王凯军、邵学俭、宋春燕、徐巍峰、
邹　波、刘　胜、陈飞铃、吴华华、刘家齐、李　磊）

建筑企业集团以业务为核心的全方位绿色发展管理

中国中铁股份有限公司

中国中铁股份有限公司（以下简称中国中铁）是集勘察设计、施工安装、工业制造、房地产开发、资源矿产、金融投资和其他业务于一体的综合型建筑产业集团，是全国首批“创新型企业”，拥有74项总承包特级资质，业务范围涵盖了几乎所有基本建设领域，施工地域遍布全国各地和全球92个国家（地区）。成立至今，参建的铁路占全国铁路总里程的2/3以上，电气化铁路占全国总里程70%，高速公路占全国总里程1/8，城轨工程占全国3/5。中国中铁下辖300余家二、三级单位，现有员工29万余人，其中中高级技术人员10.27万余人。作为全球最大建筑工程承包商之一，中国中铁连续16年进入世界企业500强，2020年实现营业收入9747亿元，实现利润272亿元，居2021年《财富》世界500强企业第35位、中国500强企业第5位。

一、建筑企业集团以业务为核心的全方位绿色发展管理的背景

（一）响应国家生态文明建设号召的需要

当前世界经济正处于结构大调整时期，国家需要通过产业转型升级转变经济增长类型，从高能耗、高污染、低产出、低效益向低消耗、低污染、高产出、高效益升级，从粗放型向集约型转型升级，实现可持续发展。在推行“绿色经济”“低碳经济”“循环经济”等发展战略的大背景下，推动减污降碳协同增效，实现生态环境质量改善由量变到质变的高质量发展是新时代生态文明建设的重要任务。中国中铁作为国家基础设施建设领域的国家队和引领者，更有义务主动响应国家号召，从企业战略层面重新审视，保持加强生态文明建设的战略定力，坚持在发展中保护、在保护中发展，坚决打好“污染防治”攻坚战，促进环保和效益双提升，以企业绿色高质量发展助推经济高质量发展。

（二）实现建筑企业产业绿色发展的需要

在生态文明建设的压力传导下，建筑业资源和能源消耗大、建造过程污染排放高、建造标准环保要求低等问题已成为制约建筑企业高质量发展的重要因素，推动产业绿色化发展成了新时代建筑企业的重大考题；企业传统产业改造升级以及加大绿色环保领域的资金投入，是转变经济发展方式的有力抓手，有利于企业经济持续健康发展。中国中铁年营业收入近万亿元，经营规模巨大，需要着眼于项目全生命周期，追求生产经营活动的资源投入减量化、资源利用高效化、废弃物排放最小化，推动生产经营业务绿色转型发展，引领和推动行业实现经济效益、社会效益和生态效益协同增长，最终实现“资源节约、环境友好、过程安全、品质保证”的绿色建造目标。

（三）顺应企业绿色产业拓展升级的需要

随着生态文明建设和环境保护工作的加强，企业生产经营环境违法成本大幅提升。一是所面临的环保违法成本高，如北京市出台住建系统施工现场扬尘治理攻坚行动方案，对于工程施工现场扬尘治理不达标的企业，暂停其在北京建筑市场投标资格。二是国家环保监管严格，造成工程直接成本上升，如城市市区土方外运工程须远运至指定的渣土消纳场，运输成本增加。这要求企业大力推进绿色制造、绿色建造等新型生产方式，拓展和培育壮大新材料、新能源、节能环保等绿色产业，推广应用减污降碳和新型节能环保技术、装备和产品，推进资源综合利用，最大程度改变环保低成本投入、生态环境高代价付出的增长模式，适应行业监管要求，实现可持续高质量发展。

二、建筑企业集团以业务为核心的全方位绿色发展管理的主要做法

（一）确立管理思路，构建绿色发展体系

1. 确定“产业绿色化”和“绿色产业化”管理思路

中国中铁立足新发展阶段，坚持“创新、协调、绿色、开放、共享”的新发展理念，积极融入“国内大循环为主体、国内国际双循环相互促进”的新发展格局。确立以“绿色发展”为核心的管理思路（见图 1），统筹推进“产业绿色化”和“绿色产业化”两个方面，在传统产业上抓实“源头防控、过程控制、末端治理”三个环节，着力推进新型发展方式，发展绿色产业。建立分级管理、逐级负责、层层落实的绿色管理体系，全面履行绿色发展主体责任，实现绿色发展全层级战略管控。

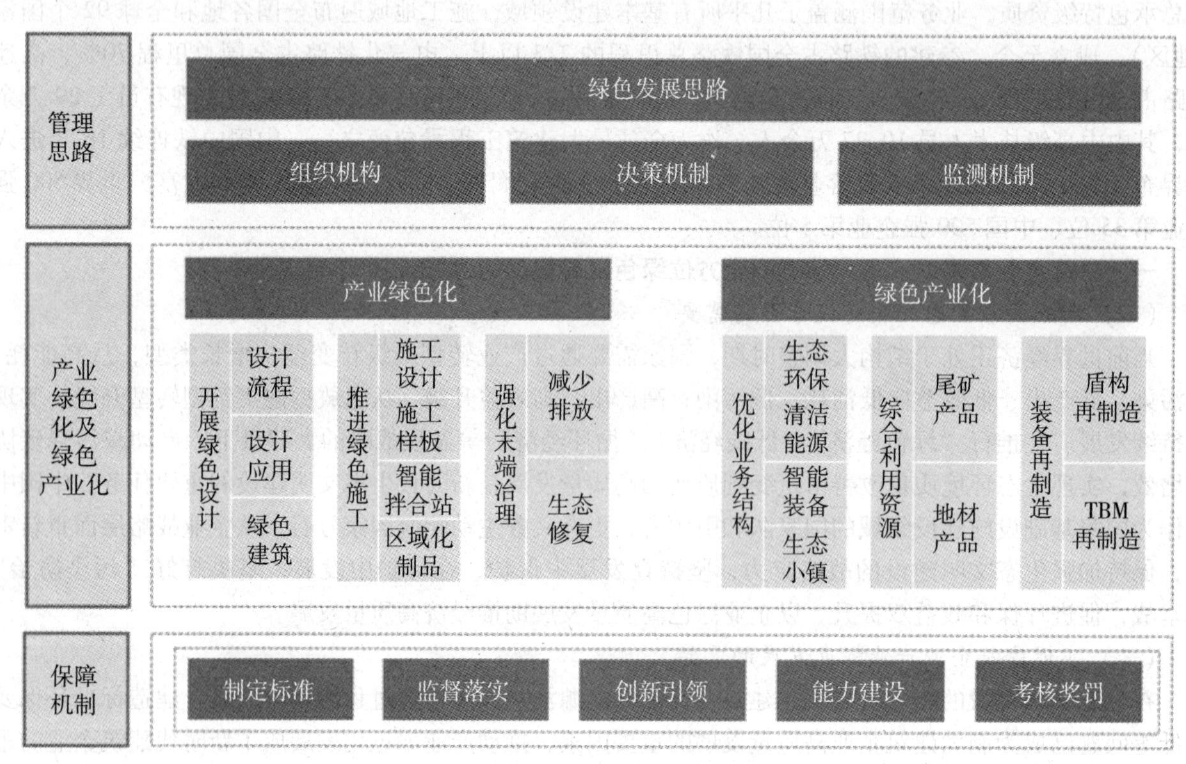

图 1　中国中铁绿色发展体系框架图

2. 构建绿色发展体系

一是推动绿色发展机构改革。建立健全股份公司、集团公司、工程公司、项目部生态环境保护与能源节约四级组织管理体系；各级成立生态环境保护与能源节约工作领导小组，由主要领导担任组长，分管领导担任副组长，各职能部门负责人担任组员，落实各类主体责任，形成导向清晰、决策科学、执行有力、激励有效、多元参与、良性互动的现代环境治理体系；推进机构职能优化，理顺治理主体权责边界，明确各管理层级定位，持续强化企业压减，积极推进“大部门制”和“一站式”服务，系统性推进“瘦身健体”，改革后职能部门较原有部门减少 20%，大幅提升了组织运转效率。

二是健全绿色发展决策机制。股份公司全面负责全公司生态环境保护与能源节约决策工作，二级公司、三级公司分设生态环境保护与能源节约工作决策机构，负责本级项目生态环境保护与能源节约总体工作，项目部负责落实生态环境保护与能源节约具体工作。

三是健全绿色发展监测机制。建立生态环保与节能减排监测机制，研发工程项目生态环境保护与能源节约统计信息系统平台，加强对生产过程中能源消耗、温室气体、污染物排放的统计监测和总结分

析，各层级按月度、季度和年度逐级上报《生态环境保护与能源节约统计监测报表》和总结分析报告，并定期对统计分析情况进行通报。

（二）开展绿色设计，做好节能环保源头防控

1. 建立绿色设计流程

在工程项目全生命周期中，制定绿色设计标准和推荐目录，建立绿色设计流程，优先使用节能低碳绿色材料、装备及技术，从环保选线（址）、优化设计到环境保护措施，开展绿色设计，采用全过程、全专业、多主体的一体化协同设计方法，将生态环境保护措施落实到每一个设计环节。

一是制定业务流程控制节点。按照“场地规划设计、建筑方案设计、技术设计、设计选材、设计交付与调适”5 个阶段，制定相关环保要求。在场地规划设计方面，利用环境与场地资源、规划布局环境模拟分析、场地交通与公共设施规划合理布局，优化调整公共空间环境；在建筑方案方面，优化调整建筑形态和重点耗能功能空间布局、建筑界面，进行模拟分析；在技术设计方面，对雨水收集利用、排放和海绵渗透进行优化设计；在设计选材方面，开展集成模块设计，考虑部品通用性拆换设计；在设计交付与调适方面，开展运行能耗与设计工况对比分析，对比分析环境质量与设计工况，进行用户满意度评价。

二是建立 BIM 设计协同流程。依托数字化技术，结合 BIM 技术运用，厘清各设计专业的 BIM 平台使用规则和边界，强化设计业务链条上各环节的互联互通，针对方案设计、结构计算、施工图绘制和碰撞检查等，制定 BIM 设计协同流程。例如，在碰撞检查中，先完成土建、安装等各专业模型提交，之后，设计负责人进行模型审核，然后，输出碰撞检查结果、反馈、修改完善，再重复以上步骤，直至碰撞完全消除。

2. 开展绿色设计应用

将绿色设计应用于工程项目建设。例如，在拉林铁路设计中，针对沿线地区高寒、大温差、强紫外线、生态脆弱等特点，选用绿色建材及绿色建造技术，藏木雅鲁藏布江特大桥采用钢管混凝土拱桥，是国内首座免涂装耐候钢铁路大桥，大桥主材采用 Q345qENH 和 Q420qENH 免涂装耐候钢，在普通桥梁钢中添加适量的 Cu、Cr、Ni 等耐候性合金元素，从而具有长期耐大气腐蚀的耐久特性，达到长期的防腐效果，极大地减少维护工作量，还省去了现场和工厂涂装，不仅降低了综合成本，而且高效节能环保。同时，针对拉林铁路复杂山区铁路跨度长、规模大、运营后植被养护难等特点，优先选择易成活、耐贫瘠、自播繁衍能力强的乡土植物，充分发挥植被自我维持、更新和发展的能力，以保持植被群落结构的长期稳定性和生态功能的可持续性发挥；针对沿线气候条件恶劣，首次提出太阳能灌溉远程控制系统，具有精准灌溉、施工简便、防冻融、远程自动化控制等特点，使得植物成活率达 85% 以上，养护成本较人工养护节约了 30% 以上。

3. 开发推广绿色建筑

2019 年以来，中国中铁按照绿色建筑一星设计标准要求，开发新房地产项目，从建筑结构、能耗、材料、对室内环境影响、气体的减排等方面严格把控，打造资源节约、环境保护、污染减少的低成本、低排放、高性能建筑。

一是引领绿色科技住宅产业升级。济南“中铁城”项目是国内首个将被动式建筑技术与“恒温、恒湿、恒氧、恒静”的四恒科技住宅体系深入结合的新一代科技住宅，通过创新应用多项关键技术，确保在清洁能源开发利用、节能环保、城市楼宇智能化、集中供暖供冷等领域达到世界先进水平，营造出远离雾霾的高舒适性科技居住环境，该项目荣获中国建筑界最高级别认证“三星级绿色建筑设计标识证书”，引领了企业绿色科技住宅产业升级。

二是发展全新模式的装配式建筑。通过对装配式建筑部品部件采取标准化设计，显著提升材料利用

率，降低建筑垃圾产量，减少粉尘、废水、废气和噪声污染，并且在拆除建筑之后，相关的建筑材料可以进行二次利用；另外，采用装配式建筑，大部分工作在工厂完成，减少现场建筑工人，相应减少生活垃圾的产生和人为破坏环境的风险。在2020年新冠肺炎疫情期间，仅用35天完成新疆地区的9000套方舱医院和隔离用房的交付；两个“智能云工厂”仅用6天完成500个装配式疫情检测岗生产制造、工厂组装，并快速投放到北京多个小区与村镇；雄安建设者之家一号营地项目，仅用20天完成一号宿舍楼及周边配套设施建设，能满足首批800人入住需求。与传统建筑方式相比，实现节水80%、节能80%、节时70%、节材20%，减少建筑垃圾80%。

（三）推进绿色施工，促进项目减污降碳

1. 推广应用绿色施工技术

优化编制绿色施工组织设计、绿色施工方案，应用新技术、新材料、新工艺、新设备，采用BIM、大数据、云计算、物联网等信息化手段组织绿色施工，量化节能、节地、节水、节材和环境保护“四节一环保”各项指标，实现施工管理信息化、精细化、绿色化。中国中铁在千黄高速淳安段建设中，全力打造“资源节约、环境友好、运行舒适、服务完善”的绿色公路，探索施工环节全流程闭环操作模式，维护千岛湖生态系统安全，集约节约利用资源，推进节能减排；项目应用智能喷淋养护系统、施工区实施雨污分离技术，采用雨水循环利用系统，实现路（桥）面径流100%收集、100%处理、100%防控。千黄高速淳安段工程被中国公路学会授予“最美绿色高速”称号，是浙江省唯一被列入交通运输部第二批“绿色公路”建设典型示范工程的工程。

2. 着力打造绿色施工样板

在工程项目施工中，中国中铁全面管控和减少施工污染物排放，合理利用建筑垃圾或建筑衍生原材料，大力推行建筑垃圾资源再利用，实行“资源—产品—再生资源”循环经济模式，提高资源循环利用效率；结合基建业务需求，统筹谋划建筑垃圾、工程渣土等无害化处理和循环综合利用。例如：南京南部新城核心区南片区项目，将建筑渣土处理再利用技术规范、管理要求纳入EPC项目设计导则；通过和高校科研机构合作，研发建筑垃圾资源化利用，将旧厂改建为日处理能力达2000立方米的固体废弃物利用加工厂，将建筑垃圾转化为再生骨料，自投产以来累计处理超百万立方米建筑垃圾，节约投资约1亿元。该模式在江苏省建筑行业得到全面推广应用。

3. 建设智能化混凝土拌合站

针对铁路工程项目自行生产混凝土的特点，中国中铁大力建设智能化拌和站，设置全自动龙门洗车机、喷淋设施、全封闭生产区、砂石料清洗设备、生产污水处理系统、生活污水处理系统等一系列节能环保设备，实现业务流程、远程操控、自动调度、车辆管理、质量卡控的一体化生产，打造具备防尘、减污、降碳功能的绿色环保拌合站。例如：川藏铁路建设面临敏感脆弱的生态环境，中国中铁坚持生态优先、绿色施工、主动作为，将各项生态环境保护措施和要求落到实处，避免和最大程度地减轻对生态环境的影响；中铁大桥局承建的泸定县大渡河特大桥项目，采用综合管理系统、粉料罐料位监测系统、车辆管理系统，实现了自动收料和物料消耗统计，保证了混凝土质量，减少了劳动力资源投入，降低了扬尘、污水等对周边环境的影响。

4. 推行混凝土制品区域化生产

中国中铁积极探索铁路项目混凝土制品区域化生产供给模式，主动与国铁集团和建设单位沟通对接，推动混凝土制品在覆盖区域内规模化生产、销售。如郑万铁路南漳轨枕厂、郑徐铁路梁厂，实现轨枕、箱梁等混凝土制品在湖北和河南等区域内供给，节约临时用地，提高项目利润，实现生态效益与经济效益双赢。

（四）强化末端治理，做好生态环境保护

1. 减少施工现场排放

积极推广使用地源热泵、光伏发电、热电冷三联供等清洁能源技术；通过增加除尘设备、封闭作业等方式，有效减少施工现场烟（粉）尘；通过开展施工废水、隧道废水、营地生活污水处理及循环利用，有效减少废污水排放，无害废弃物综合利用率达98.9%；严格按照《危险废物管理规定》，聘用有危废处置资质的机构对危险废弃物、对工程设备产生的废机油等进行统一回收处理，有害废弃物处置率为100%。中铁环境工程渣土多相分级处理成套技术及装备入选国家生态环境部环境发展中心“无废城市”建设试点先进适用技术（第一批）。

2. 做实生态环境修复

针对工程用地开展绿色复垦，加强生态环境保护投资。中铁文旅投资500亿元，对贵州省黔南州龙里县20平方千米石漠化区域进行治理开发，按“山水林田湖草”生命共同体理念，实施整体“生态修复+绿色产业”模式，通过规划设计、施工建设、运营管理，对区域环境统一保护与统一修复，在一片贫瘠荒芜、石漠化严重的土地上建起一座功能齐全、绿色生态、环境优美、产业聚集、可持续发展的新型生态城镇。完成人工林草植被累计种植超100万平方米、植树超1000万株、恢复植被面积超5000亩，区域内生态环境得到极大改善；建成两座污水处理厂，日污水处理量达2000吨，规划建设12个污水提升泵站、上百千米住宅小区污水管网和50余千米市政主管道，实现城区污水收集处理全覆盖，促进了地域文化与旅游度假融合发展。

（五）发展绿色产业，促进企业转型升级

1. 优化业务结构

中国中铁不断强化投融资、规划设计、工程施工、运营管理、咨询服务等全产业链一体化运作，推进市场化并购重组，优化业务专业化布局，相继收购中铁装配、中铁长江院、中铁水利院，在城市综合体、综合管廊、海绵城市、棚户区改造、水利工程、“新基建”等市场实现突破，培育新的增长极。

一是发展环保产业。组建水务环保领域综合企业“中国铁工投资建设集团有限公司”，下设水务、市政环保建设、智慧城市、生态环境、绿色资源开发等多个专业公司，探索跨学科、跨行业、跨领域产业合作的新商业模式，延伸产业链，拓展节能环保发展空间，培育新的经济增长点。

二是开发清洁能源。中国中铁先后与西藏自治区政府、三峡集团、华电集团等签署战略合作协议，共同开发清洁能源项目，其中，中铁大桥局与三峡集团强强联手，在福建区域海上风电产业迈出了第一步，福清兴化湾海上风电场一期项目成为全球首个国际化大功率海上风电试验场。

三是研发智能装备。承担“盾构及掘进技术国家重点实验室”建设，全面提升隧道掘进装备智能化与地下空间绿色低碳建造技术的科技创新能力，自主研发安全、优质、高效、环保的智能装备。例如：中铁工业适时调整研发方向，针对川藏铁路项目复杂地质条件，在现有产业技术升级的基础上，完成科研立项45项，加快硬岩TBM、大直径盾构以及隧道专用设备等“极端装备”研发，在重大关键装备核心技术方面取得突破和技术储备；研发全电脑三臂凿岩台车、高原三臂凿岩台车、智能湿喷台车、悬臂掘进机、多功能钻机系列、隧道污水处理装备等10多种新产品，推动公司产业产品技术升级。

四是开发生态小镇。中国中铁坚持遵循生态保护优先原则，因地制宜、科学规划，结合当地自然环境、小镇区位、产业定位，规划、设计、实施一批特色鲜明、产业协调、绿色生态、美丽宜居的特色小镇。

2. 综合利用资源

一是开发尾矿产品。推进中铁资源鹿鸣矿业尾矿资源化综合利用，以尾矿砂为原料，生产出微粉可作为水泥混合材、混凝土和砂浆的掺合料；生产出纸张和肥料，减少尾矿库堆存数量及林地占用面积，降低尾矿库安全风险，实现矿山的绿色可持续发展。

二是开发地材产品。利用路基、隧道等弃渣生产机制砂石，大大提高资源利用效率，同时减少弃渣场地占用，节约建设成本。例如：昌景黄高速铁路项目利用弃渣场征地建设国内首个环保化、自动化、智能化的大型机制砂加工场，实现120万吨弃渣再利用，洞渣综合利用率达95%以上。

3. 高端装备再制造

中国中铁拥有众多的全断面隧道掘进机，此类大型设备价值高，附加值大，达到使用寿命后如果直接报废，将对资源造成巨大浪费，对环境造成巨大污染，实施再制造，既节约又环保。中国中铁始终认真贯彻执行国家《循环发展引领行动》《高端智能再制造行动计划（2018—2020）》等一系列方针政策，把设备再制造作为可持续发展的重要一环，不断创新思路，推进盾构和TBM再制造工作。2012年，最早尝试进行首台盾构机的再制造工作，再制造设备质量与新机无异；2016年，完成国内首台使用国产主轴承再制造盾构机，实现盾构主轴承等核心部件的国产化；2017年，完成国内首台TBM再制造，该设备曾在重庆轨道交通六号线承担掘进任务，缺损老化严重，经过适应性改造升级，应用于中国第一铁路长隧高黎贡山隧道工程项目；2019年，国内最大直径再制造盾构机（直径11.7米）下线，应用于舟山嵊泗至定海公路工程项目。“十三五”期间，中铁隧道局、中铁装备集团顺利通过机电产品再制造试点单位（第二批）验收。

（六）建立健全保障机制，夯实绿色发展基础

1. 制定绿色标准

一是量化绿色管理标准。全面落实中央企业生态环境保护与能源节约主体责任，规范节能环保基础管理工作，引入第三方评估机构，依据国家住建部《建筑工程绿色施工评价标准 GB/T 50640－2010》，评估绿色施工各项指标完成率及整体经济效益；将能耗、碳排放及用水量等指标按单位收入进一步细化，综合形成单位收入消耗能量、单位收入耗水量、单位收入二氧化碳排放量、三废综合利用率、单位收入环保率、单位收入研发率、资源环境管理等节能降耗绿色管理标准。

二是细化绿色技术标准。建立健全覆盖绿色设计、施工、安装、验收、运营维护的企业技术标准体系，编制印发200多项专业施工工艺流程，促进技术进步，推进生产方式转型，提高资源利用率，减少碳排放量，保护生态环境，保证工程的安全、质量和公众利益。

三是制定绿色作业标准。组织编写安全、质量、环保操作规程，岗位作业指导书，作业程序和方法，主要设备操作规定，制作8000余张《桥梁施工图册》及《施工要点》，规范现场作业活动；细化制定《危险废物管理规定》《生产现场定置环境卫生管理规定》《节约用水管理规定》等一系列作业标准，重点围绕标准化作业，突出实操性流程，实现绿色作业标准化。

2. 抓好监督落实

一是严格监督管理。对生态环境保护与能源节约，实行工业类企业、资源类企业、建筑施工类企业等分类监督管理；根据生态环保风险辨识评估清单，实行安全生产环保风险分级管控，明确各层级生态环保风险管控等级、范围、重点和责任人，强化重大生态风险点、危险源监管，有效落实风险控制措施，确保风险可控；严格环境准入，加强投资项目环境影响评价管理，明确和强化各级单位投资项目生态环境风险防范的责任，完善投资项目生态环境保护保障措施；对重大并购重组项目实施专项生态环境保护尽职调查，研究论证重大项目选址环境风险，确保符合国家和地方生态红线、各类环境保护敏感区和产业政策导向要求；将生态环保整改事项纳入监督机制，发挥监督合力作用，确保整改见效。二是落实绿色标准。分级分类组织开展绿色标准宣贯培训，在标准执行过程中形成定期反馈机制，不断改进提升，确保员工行为与绿色标准相适应，实现大型、超长工期以及急难险重工程项目建设符合绿色标准。

3. 持续创新引领

一是持续加强管理创新。中国中铁迅速开展推动“三个转变”路径和方法的理论研究和实践探索，成立“三个转变”研究院，聚焦企业管理创新和绿色低碳新型建筑技术融合，形成《践行“三个转变”打造全新中国中铁》等重要理论成果，并将成果应用于企业管理，注重绿色回报和价值提升，推动施工建造、经营开发、成本管控、瘦身健体、资产管理、资本运营等工作全方位提升，促进生产方式更加低碳高效。二是持续加强科技创新。加大对国家级实验室、技术中心、博士后工作站等战略性创新平台的政策支持和经费投入，在前沿引领技术、产业高新技术、关键共性技术、变革性技术等方面取得新突破，推出品质更加可靠、新技术含量更加丰富、节能减排、绿色环保、数字智能的新型工程装备，加快盾构机关键核心部件国产化等技术落地，加强绿色低碳技术和装备研发，实现各类产品综合性能指标达到全球领先水平。

4. 强化能力建设

加强高素质专业化人才队伍建设，依托重大项目攻关和重点工程建设，通过导师带徒、技能竞赛、技术交流等多种方式，着力培养一批与绿色发展相适应的技术能手、科研骨干和管理专家队伍，形成在实践中发现、培养、造就人才的良好机制，强化提升团队素质。同时高度重视先进典型示范带动作用，创建劳模创新工作室，吸收技术强、业务精、有创新热情的职工参与。开展技术攻关、管理创新等业务提升活动，把科技创新与主业深入结合，强化原创性、实用性、前瞻性、变革性技术攻关能力，实现在传统领域保持技术引领、在新兴领域获得技术突破，关键核心技术进一步自主可控。

5. 严格考核奖惩

构建绿色发展多维度关键绩效指标 KPI（Key Performance Indicator）考核体系，涵盖能源消耗、主要污染物排放等指标，建立生态环保、社会效益与年度绩效薪酬挂钩的考核机制。中国中铁每年对二级单位下达生态环境保护与能源节约考核指标，二级单位对三级单位逐级分解各项指标，采用定性和定量相结合的方式进行考核，严格落实管理责任。评价结果作为单位主要负责人及领导班子绩效薪酬核定的依据和履职能力、成绩评价以及职务晋升、任免的重要参考。同时，对生态环境违法违规事件，根据情节严重程度和影响程度对相关责任人采取批评教育、罚款、降薪、调离、降职等措施进行严肃处理。对于获得全国绿色施工示范工程或研发应用绿色新技术，并创造相关效益的单位和个人进行正向激励。

三、建筑企业集团以业务为核心的全方位绿色发展管理的效果

（一）实现企业绿色发展转型升级，社会效益显著

党的十八大以来，中国中铁深入贯彻落实新发展理念，全方位推进科技创新、产品创新、市场创新、品牌创新，全力推进绿色设计、绿色施工、绿色制造、绿色矿山建设，贯彻执行“适用、经济、绿色、美观”的建筑方针，污染物排放不断减少，工程项目建设质量得到进一步提升，形成绿色生产力，实现科技、产业和经济的紧密结合，走出一条适合中国中铁实情的转型升级发展之路。2012 年以来，中国中铁承建的项目获得中国建筑工程鲁班奖 87 项，占自开工以来累计完成 200 项的 43.5%；中国土木工程詹天佑大奖 84 项，占自开工以来累计完成 151 项的 55.6%；全国优秀工程勘察设计奖 63 项，占开工以来累计完成 154 项的 40.9%；全国优秀工程咨询成果奖 40 项，占自开工以来累计完成 96 项的 41.7%；参建的京张高铁、京雄城际铁路成为世界智能高铁典范。

（二）实现企业环保效益协同共进，经济效益明显

企业绿色发展理念深入人心，全产业链及区域协同高效推进，产业绿色化、绿色产业化快速发展，“资源—产品—再生资源”循环经济稳步增长。自 2012 年至 2020 年，中国中铁营业收入与利润增加值的变动速度呈现出显著的 U 型趋势，生态环境保护和经济发展已从过去的相互冲突、相互制约，逐渐变成相互促进、相得益彰，实现了环保与效益协同共进，可持续发展能力进一步提升。2015 年，营业

收入增速率与利润增速率为最低点，之后两项指标逐年上升。2020 年中国中铁经营业绩再创新高，与 2015 年相比，2020 年营业收入 9748 亿元，增长 0.6 倍；新签合同额 26056 亿元，增长 1.7 倍；总资产 12001 亿元，增长 0.7 倍；归属上市公司股东净资产 2553 亿元，增长 1.0 倍；利润总额 334 亿元，增长 1.0 倍；净利润 273 亿元，增长 1.3 倍；扣非后（扣除非常性损益后）归属母企业净利润 218 亿元，增长 1.0 倍。

（三）实现企业绿色发展技术突破，生态效益显现

坚持企业创新主体地位，深化科技管理体制机制创新，依托高速铁路建造技术国家工程实验室、盾构及掘进技术国家重点实验室和桥梁结构健康与安全国家重点实验室等 3 个国家实验室、10 个博士后科研工作站，以及国家认定的 19 个企业技术中心，形成独特的管理和技术优势，取得一大批核心技术。在桥梁修建技术方面，由大跨、轻型、高强、高墩向整体、大型、长桥和装配式施工绿色低碳方向发展，已建成的东海大桥、杭州湾跨海大桥、武汉天兴洲大桥和港珠澳跨海大桥所应用的多项修建技术处于世界先进水平；在隧道及城市地铁修建技术方面，不断提升跨江、跨海、长大隧道等特殊地质情况下的掘进装备智能化与地下空间绿色低碳建造能力；在铁路电气化技术方面，参建并已投入运行的京沪、京广等高铁均达到世界一流水平。“十三五”期间，中国中铁共获国家科学技术奖 24 项、省部级科学技术奖（含国家认可的社会力量设奖）1477 项，开发国家级、省部级工法 2349 项；研制了世界最大起重量 1800 吨步履式架梁起重机、国内起吊高度最大 3600 吨“海鸥号”海洋工程吊船等大型桥梁施工装备；自主研制的盾构机超过 1000 台，产销量连续四年世界第一；全球最大直径全断面 TBM“高加索号”应用于格鲁吉亚南北走廊 KK 公路隧道建设，开启了“一带一路”重点工程新篇章；“彩云号” TBM 入选“央企十大国之重器”，“春风号”盾构机入选“央企十大创新工程”；顺利完成万元营业收入能源消耗降低率、万元营业收入二氧化碳排放降低率、万元营业收入用水量降低率等国资委下达的约束性考核指标，节能减排保持央企先进水平，能源资源配置更加合理、利用效率大幅提高，生产技术绿色发展成效显著。

（成果创造人：陈　云、马江黔、李夏初、李凤超、蒲青松、孟庆胤、
言海燕、唐连成、李正山、陈　平、潘　锋、常金盛）

省级电网企业应对新冠肺炎疫情的“战时制”保电应急管理

国网湖北省电力有限公司

国网湖北省电力有限公司（以下简称国网湖北电力）是国家电网有限公司的全资子公司，下辖14家地市供电公司、84家县级供电公司、12家直属单位，负责湖北电网的建设及运营管理。国网湖北电力全面承接特高压输送电能，以500千伏电网为骨干，以220千伏电网为主体，实现110千伏及以下电网覆盖全省城乡，是三峡外送电的起点、西电东送的通道、南北互供的枢纽、全国联网的中心。

一、省级电网企业应对新冠肺炎疫情的“战时制”保电应急管理的背景

（一）快速应对突发疫情的急迫需要

2020年初，新冠肺炎疫情开始流行，湖北省面临着巨大的威胁和挑战。在党中央、国务院、湖北省的统一部署中，国网湖北电力承担着支撑防疫工作电力供应的重要职责，供电保障是救死扶伤、生产、生活运转的前提，国网湖北电力只能与时间赛跑，紧急响应抗疫保电的各项需求。

（二）确保全省抗疫用电面临巨大挑战

在抗击新冠肺炎疫情中，供电保障是一切抗疫工作的基础，66家定点医院和医疗机构、37个方舱医院、29家疫情防控用品生产企业、63家城市运行保障单位要正常运转，1000万人口的生活起居需要可靠的电力供应。国网湖北电力要保障的，是武汉的“民生电”，更是“救命电”。国网湖北电力在勇挑这副重担的同时，也面临了前所未有的多重考验。一是疫情突发伊始，对疫情认识不够、准备不足，疫情发展超出过往认知，使得原有的应急管理体系不足以应对新冠肺炎疫情的发展。二是受雨雪冰冻天气、春节用电负荷波动、防控疫情全面管制三重叠加因素影响，电网运行方式安排和电力供应保障难度加大。需要最短时间完成204个新建或改造定点医院、方舱医院、疫情防控指挥部等重点防疫场所的电力配套设施新建改造任务，确保其高可靠性供电。三是重点和重要保电用户数量激增。全省防疫保电重要用户从初期70家到高峰期增加至3774家，带来巨大的保电压力。同时，疫情造成现场服务困难，大工业和一般工商业企业对用电政策的灵活性和业务办理的时效性提出更高要求，用户优质服务压力大。四是在岗人员数量紧张。临近春节，多数员工已按休假计划返乡，造成在岗员工数量较少，据不完全统计，在疫情初期，在岗人员不足正常人员的30%。随着疫情防控措施越发严格，实施交流管制，人员均在家隔离，无法到位，设备运维检修、物资资源调配等工作难以正常开展。国网湖北电力亟须快速地、有针对性地调整应急保电工作模式，在人员无法全部到岗、交通限制等客观条件下，做好湖北省应急保电工作。

（三）有效防范疫情扩散、确保员工身心健康的需要

新冠肺炎疫情初期，湖北省处于疫情的中心地带，国网湖北电力在全力保障供电的同时，还要防止疫情在公司蔓延，保障员工生命安全和身心健康。一是由于对病毒的不了解，员工易出现恐惧、焦虑等负面情绪，给现场作业带来不利影响，增加作业安全风险；二是现场保电人员日均达8000多人，并且负责维护设备的都在医院、隔离点等高风险区域，保电人员感染风险巨大；三是由于员工在抗疫保电应急工作中长期暴露在救治一线等危险环境，感同身受抗疫一线的紧张情绪，极易产生沮丧感和挫败感，影响心理健康；四是部分员工长期处于封闭工作环境下，不能与家人团聚，活动范围有限，缺少社交生活，容易产生一定程度的急躁、抑郁、委屈的应激反应。

二、省级电网企业应对新冠肺炎疫情的“战时制”保电应急管理的主要做法

（一）研究新冠肺炎疫情影响，系统部署“战时制”保电应急体系

1. 研判疫情综合影响，确定抗疫应急原则

面对突如其来的新冠肺炎疫情，国网湖北电力全面落实国家和湖北省抗击新冠肺炎疫情的部署，科学研判新冠肺炎疫情对于保电应急管理的特殊需求，全面落实“一个提高、六个强化”的抗疫保电应急工作原则，即提高政治站位，统一思想行动，确保党和国家、湖北省的抗疫部署在国网湖北电力不折不扣落实到位；强化组织领导、强化供电保障、强化全员防控、强化大局意识、强化党建引领、强化舆论引导和信息沟通。

2. 借鉴“战时机制”经验，部署保电应急管理

为了应对新冠肺炎疫情，国网湖北电力借鉴“战时制”思想中的统筹指挥和资源调配的管理思路，构建以“战区制”应急指挥体系为中枢，打造快速反应机制；以“跨区式”应急支援体系为支撑，落实“全网一盘棋”的策略，集中优势资源解决困难，确保“战时”人财物的资源保障；实施“靶向式”应急保障，及时完成特级、一级防疫工程供电设施建设，快速、可靠提供“救命电”；实施“智能化”应急服务，运用新技术和网格化服务确保“民生电”供应；实施“最小化”应急值班，优化值班模式、运营模式和管理机制，在人员最少的状态下保证电网安全运行，确保提供“安全电”；实施“精准化”应急防疫，完善内部疫情防控机制、应急物资采购和员工心理关怀，以人为本，在确保员工不被感染和身心健康的前提下，确保提供“健康电”。

（二）构建“战区制”应急指挥体系，形成联动工作组织

1. 对接政府指挥机构，全面支撑抗疫工作

国网湖北电力作为湖北省新冠肺炎疫情防控指挥部下设的应急保障工作小组成员，全面参与湖北省新冠肺炎疫情防控，实现与政府抗疫工作同部署、同实施。一是建立外部联防联控机制。国网湖北电力及所属各单位与各级政府防疫指挥机构建立联防联控机制，构建与属地卫生行政部门的疫情监测预报预警联动机制。二是实施抗疫保电信息日报告制度。建立值班报告、工作简报快速流转机制，实现对省政府、国网总部和地方防疫指挥部决策部署响应迅速、全线贯通。三是构建实时指挥体系。一方面紧急启动外网协同办公系统，完成移动办公 APP 部署和配置，实现应急指挥系统实时在线，确保抗疫指挥政令畅通、反应迅速、高效运转；另一方面，国网湖北电力每日召开防疫指挥部视频会议，贯彻上级要求，部署工作任务，编写会议纪要下发至各部门、各单位。疫情防控期间，印发疫情防控会议纪要 97 期。

2. 成立三级应急指挥部，构建联动工作组织

疫情发生后，国网湖北电力于 2020 年 1 月 25 日发布突发公共卫生事件 I 级应急响应命令，成立了省、市、县公司三层级疫情防控组织机构。省公司成立以董事长、总经理为双组长的应急指挥部，对接新冠肺炎疫情防控指挥部，下设疫情统计、场所管控、物资保障和信息宣传四个工作小组，全面部署应急处置、保电服务、员工防疫、信息报送和新闻宣传等工作，统筹推进疫情防控、应急保电工作。地市公司、县级供电公司层面均第一时间成立应急指挥部和工作小组，对接属地新冠肺炎疫情防控指挥部，发动全体员工进入“一级战斗状态”，实现应急工作一贯到底、统筹安排。

3. 实行战区制作战模式，构建下沉式指挥体系

各地市公司按照“防控指挥部管总、战区主战、专业协同”的工作要求，构建下沉式指挥体系，即疫情防控指挥部下设若干个战区指挥所和后勤保障组，实行专业下沉战区、战区指挥全局。地市公司领导班子成员分别下沉到各战区担任临时指挥长和临时党组织书记，统筹指挥协调，任务落实到人，形成上下联动、高效协同的作战模式。各战区根据地域特点和参战单位分布情况，通过网格化方式细分

“责任单位”和“战斗单元”。在战区指挥部的统一领导下，统筹战区内的运维检修、客户服务、后勤保障人员、物资、设备资源，减少指挥部和战区、前线和后方、专业部门和属地单位沟通响应时间，降低协同困难，为各单位克服交通管制、疫情干扰、恶劣天气等困难，全力开展疫情防控期间供电保障工作做好组织保障。

4. 打造信息平台保障，确保保电应急状态可视

武汉公司在2019年军运会保电工作经验的基础上，针对疫情防控与供电服务双重需要，用时6天搭建完成防疫保电监控平台，兼具作战指挥图、电网运行情况、重要客户用电保障、保电出勤统计、防疫资源管理、疫情动态信息等功能，可实时查看辖区内定点救治医院、方舱医院、发热门诊、隔离点等重要保电用户的位置分布、供用电情况，及时掌握本单位员工及家属身体状况、一线作业人员的轨迹、防疫物资库存、外出作业工单等信息，实现基于地理信息和电网拓扑的故障快速定位、重复报修工单归并及抢修资源的优化分析，为防疫保电应急提供可视、可控的信息窗口和决策平台。

（三）构建跨区应急支援机制，开展集中资源调配

1. 国网公司集中资源统筹调配，开展跨区应急支援

疫情发生后，国家电网公司第一时间启动重大突发公共卫生事件一级响应，成立疫情防控领导小组和工作组，坚持集团化运作，统一指挥、统一协调、统一调度，启动跨区救援应急预案，统筹调度全网人财物资源，全面支撑湖北省抗疫保电应急工作。国网公司从湖南、江西、河南、安徽四省和国网通航公司调集应急发电车16台、直升机5台、专业技术人员95人，对湖北荆州、黄冈、孝感、宜昌、襄阳、鄂州、荆门7个地市13个县区开展定点支援，累计出动支援保障队员2069人次，累计开展重要用户应急保障478户次。安排直升机飞行145架次、403小时，航巡输电线路5142千米，完成了湖北境内三大直流、省际联络线等重要线路航巡任务。

2. 开展物资精准调拨，确保工程物资及时供应

在最高峰时期，湖北省共有30个新建和扩建定点医院项目需要紧急供应物资。面对需求数量巨大、需求种类繁多、交通管制压力和疫情感染风险等多重压力，国网湖北电力应用现代智慧供应链，运用大数据、在线检测、物资供应全过程可视化管理、实物资产智能盘点等新技术，确保工程物资及时到位，没有出现一起因物资短缺造成建设停工的事件。一方面实施两级调拨。充分发挥省、地市两级工程物资库存的资源优势，应用库存资源全量可视化等场景，快速对工程物资进行库存盘点、平衡利库和紧急配送，实现工程物资跨区就近调拨。另一方面实施线上采购。当库存物资不足时，采用电子化、网络化、移动化采购工具，统筹供应商、物流商等资源，采用储备或直送现场方式保障新建和改扩建医院等应急工程物资及时供应。武汉公司在一周内完成4类3480.88万元电力物资供应，满足火神山、雷神山医院物资供应分别用15小时、30小时，为“中国速度”提供了坚强物资保障。

（四）开展“靶向式”应急保障，可靠供应“救命电”

1. 实施多点并行建设，确保重点工程快速交付

针对新（改）建的医院和重要防疫物资生产企业的电力工程建设，国网湖北电力全力以赴，不间断施工，按照指挥部要求时间通电。一是强化外部协同，“零时差”推进工程建设。武汉公司实现五天五夜火神山通电、72小时雷神山通电，为火神山医院、雷神山医院建设的中国奇迹提供了坚强电力保障。以火神山工程为例，工程现场累计出动电力施工人员1900余人次、施工车辆290余台次，累计迁移45基电杆，装设24台箱式变压器、4台10千伏环网箱，没有一台车辆出现故障，没有一人被感染，没有一人因施工受伤，在确保人员安全的同时，施工周期较平时压缩90%以上。二是加强内部配合，“并行化”开展专业工作。设计单位拿到供电方案后，第一时间做好工程设计，建设单位提前介入工程施工，调控中心通过线上信息平台快速批复停送电计划，属地供电公司提前配置计量装置和应急电源，

运检部采用不停电作业快速接电，指导用户根据约定送电时间同步完成内部电路敷设，多个部门同步开展、并行实施，实施 24 小时轮班值守，确保工程最短时间完工，很多需要十多天工期的工程都在 1 天之内完工送电。三是采用新技术、新设备，最大化缩短施工时间。采用图像处理和识别技术缩短电缆、箱变试验时间，实现即通即送；利用预制钢槽基础，实现箱变基础零养护期；利用高标号水泥，压缩养护时间。

2. 实施重要用户分级管理，开展定制化保电服务

一是实施重要用户分级分类管理。根据用户疫情防控的重要程度和停电影响大小，将重要用户分为特级、一级、二级和三级，按照不同等级，实施有针对性的保电措施。疫情防控期间，国网湖北电力梳理出 3774 家重要保电客户，其中特级保电客户 33 家、一级保电客户 263 家、二级保电客户 1131 家、三级保电客户 2347 家。针对一级、特级保电用户，分级分类编制“一院一策”“私人定制”式保电方案，做到“医院建到哪里、电就通到哪里”“重要用户分布在哪里、保障措施就跟进到哪里”。二是提供“贴身式”供电服务保障。针对火神山、雷神山等 5 家特级保电用户，按照湖北省新冠肺炎疫情防控指挥部的要求，设立供电应急保障专班，实施 24 小时不间断封闭蹲守保电，设置专用车辆，确保发生故障第一时间响应处置。三是构建“一对一”服务机制。针对一级保电客户，建立供电保障服务团队 24 小时沟通联络机制，编制“一户一册”保电应急预案，实现保电人员与客户电工一对一联系负责制，每日远程监控用电负荷情况，采用远程视频方式协助用户开展设备巡视，按照区域配备应急发电车，全力确保重要用户电力供应零失误。

3. 开展重要设备差异管控，确保设备安全运行

一是编制重要用户“一图一单”。按照“一户一图、一户一方式”的原则，绘制《重要保电用户供电路径图》，实时更新《重要用户供电保障设备清单》，各级供电公司根据清单开展专项保电巡视工作。二是实施重要设备预警管理。实行特级、一级等重要用户供电路径全设备分级独立集中监视，设置保电线路电流突变量告警功能，利用一键巡视、调控一体化平台等工具，自动筛查、预警、统计电网异常运行信号，及时进行处置，确保及时发现并快速处置重点用户供电路径上的设备故障，确保重要用户供电可靠。三是实施“一站一案”管理。对涉及防疫指挥机构、定点医院等特级、一级重要用户的变电站实施“一站一案”管理，从电网运行风险、设备定检情况、历史缺陷记录、整改落实四个维度开展分级分类评估，按轻重缓急实施差异化运维方式，特别重要的变电站恢复有人长期值守，确保变电站安全运行。在疫期防控期间，36 座 500 千伏以上重要变电站、换流站执行站内站外隔离值守，值班人员值守长达 50 天以上，确保“电力动脉”的平稳安全运行。

（五）开展智能化应急服务，全面保障“民心电”

1. 应用智能作业技术，执行差异化巡视保电

针对三级、四级保电客户点多面广、无法进入现场的情况，国网湖北电力应用新技术，在有效防范疫情感染风险的同时，提高保电工作效率。一是推行远程巡检模式。发挥供电服务指挥中心设备监测功能，实现重要防疫用户配电设备远程状态监测、预警和管控，建立配电设备运行信息快报和日报机制，确保用户设备的可靠运行。加大重要用户重要设备检查频度，对于与定点医院等三级、四级用户相关的变电站每天通过远程工作站及统一视频进行巡检，每周进行一次现场正常巡视、一次红外测温、一次暂态地电波及超声波检测，组建线上专家团队，利用实时视频、定点拍照等方式，协助开展非接触式专业巡视。二是开展无接触远程巡检。利用变电站监控设备、无人机、变电站及开闭所智能巡检机器人、输电线路视频监控点、电缆隧道在线监测装置等智能巡检资源，通过远程工作站开展远程巡检，降低人员感染风险；联合通航公司开展直升机作业，对复奉线、锦苏线、宜华线等超高压线路开展雨雪冰冻灾害后的灾情普查，及时发现缺陷隐患，确保大电网安全稳定运行。三是远程指导客户开展设备运维。一方

面通过远程视频方式指导用户电工开展运维和抢修工作，另一方面督促用户对重要负荷配置 UPS 双电源或发电机（车）等后备电源。

2. 延伸供电服务界面，提供“三零”接电服务

一是构建办电应急通道。开辟“抗击疫情火速办电通道”，对新（改）建的疫情防治定点医院以及疫情防控应急保障物资生产企业的新增用电需求，采取网上收资、远程办公、视频会议等方式实现，业务受理、现场勘查、方案制定，实施零上门、零审批、零投资“三零”服务，供电方案当天答复。以武汉沌口汽车园区为例，2020 年 2 月 16 日一天就办结 92 份暂停用电申请，每月减免基本电费超过 200 万元。二是主动承担客户施工管理。将建设界面主动延伸至客户端变压器低压侧，主动承担客户内部电气工程施工管理，协助客户进行工程设计、设备采购、工程施工，完全消除客户侧设备采购、内部施工导致的延期影响，确保防疫重要客户超常规时限送电。三是实施方舱医院“5 + 1”服务模式。针对方舱医院内部集中用电负荷大、人员聚集多等情况，国网湖北电力推行“5 + 1”服务模式，即一次供电方案制定、一次临时用电安全检查和指导、一份用电安全隐患告知书、一次全负荷试验、一次无接触安全用电宣传，“1”即每日沟通和零报告制度，建立与客户长效沟通机制，共同保障方舱医院用电安全。

3. 实施现场工作最小化，推行社区网格化服务

疫情防控期间，国网湖北电力采取现场工作最少化原则，结合网格化服务方式，在确保重要客户用电安全的同时，最大程度减少疫情对客户服务带来的影响。一是暂停非必要现场服务。全省 1109 个供电营业厅全部暂停营业，除防疫重要客户现场保电、用电抢修外的其余现场作业，如装表接电、抄表收费工作全部暂停。二是融入社区开展服务。国网湖北电力构建以区域、线路、台区为单元的矩阵式供电网格体系，以网格员作为前端服务单元线上直接面对客户，以客户为中心，及时感知需求，快速响应诉求，提升用户体验。建设供电网格 4 万余个，网格员 1.5 万余人，通过“网格化 + 微信群”信息沟通矩阵，电力网格员居家上班，对接社区网格员，加入社区网格微信群，网格员利用照片、视频主动通报计划停电、抢修进度等电力信息，直接及时响应客户用电诉求，缓解客户因为停电产生的焦虑情绪，满足疫情期间客户封闭在家对电力可靠供应的依赖性。以宜昌公司为例，疫情期间，共有 1453 名网格员加入了 8329 个社区居民微信群，覆盖率达到 100%，实现对客户诉求的快速全响应，全面提升客户满意度。三是引导客户使用网上服务。通过社区网格员引导用户使用网上国网 APP 等线上渠道，推动服务事项“网上办、掌上办、指尖办”，完成办电业务、缴费和查询，及时为企业办理用电设备复工启封等相关手续，大力宣传用电优惠政策，确保惠企政策落到实处。截至 2020 年 6 月 30 日，阶段性降价政策将惠及全省 156 万户用户，减少客户电费支出超过 16 亿元。

4. 跟踪客户用能轨迹，赋能疫情精准防控

针对居民用电特性，基于大数据信息跟踪分析，以用能数据变化为防疫异常风险评价提供辅助分析判定。一是建立住宅用能模型，助力社区防疫排查。研发“电力大数据 + 社区网格化防疫”算法，在全面防疫阶段，武汉公司对 273 万用户推出居民“正常用户”“当前不在家用户”“春节不在家用户”等 6 个场景 12 套模型，有效降低防疫排查人员入户的工作量和与人员的接触频度，提升了防疫摸排的整体效率。二是开展高频次负荷监测，服务特殊客户群体。疫情期间，居家隔离人员、独居老人等特殊群体的信息不利于掌控，通过研发“服务特殊群体”算法，将电力数据监测频次增加到每天 96 次，计算实时负荷和正常历史数据的偏移率，判断异常情况，并将紧急异常预警推送至社区人员。武汉公司通过大数据算法发现并排查居家隔离人员生活异常、老人独自离家、大功率电器长期开启等隐患 97 起。三是精准数据巡航分析，跟踪区域人员流动。在防疫期间，每日开展电力大数据巡航，及时统计分析电量异动情况，为各级防疫机构提供用电数据排查分析表、社区防疫预警清单、社区人员流动预估表“两表一单”，通过“红、白、绿”三色标识区分业主居家状况，帮助社区核对实际人员流动情况，助

力政府主动开展疫情防控。

（六）实施“最小化”应急值班，确保供应“安全电”

1. 启动“主备调同步值守”，落实“三分三查一独立”

电力调控中心是电网运行的“大脑”，一旦出现问题，整个电网将出现失控，后果不堪想象。为了保证调控运行人员不被感染，国网湖北电力采取多项应急措施。一是组建应急备用省级调控大厅。国网湖北电力启动调控运行、自动化及通信专业公共卫生事件应急预案，首先在办公楼1:1复制了应急调控大厅，将调控运行人员分为A、B两组，两组人员相互隔离、远程交班，实施集中封闭管理。后又在荆州紧急组建应急备用调控大厅，保持热备用状态，24小时内完成6个调控监控席位搭建、30套系统安装调试、5000余条数据接入。B组调控运行人员赶赴荆州，实现了主调控大厅和备用调控大厅同步运行，如果出现紧急情况，B组人员可随时接管调度指挥权，确保电网稳定运行。二是实施“三分三查一独立”运行。在全国首创疫情期间“三分三查一独立”电力调控值班模式，即人员分组、场地分开、食宿分开、场所消查、用品消查、身体消查、交通工具独立，安排调度运行人员执行“2+1”（主调人员分为A、B两组，应急调控大厅配套1组值班人员）的“战时”应急值班方式，启动封闭式值班、预防性隔离工作模式，人员统一运输、统一入住封闭酒店，实现在主调控大厅及应急备用调控大厅交替值班，从而做到与外部环境“零接触”，不同班次“零交叉”，确保人员“零感染”，保证湖北电网调度指挥中心和重要变电站集中监控不中断。三是各级调度全面实施分组值班。全省14个地区调度和88个县级调度，全部实行调控运行人员分组值班和封闭管理，最大程度减少调控运行人员与外部的接触。

2. 筑牢换流站“三道防线”，确保电力动脉安全运行

疫情发生后，湖北省内火电厂因为环保耗材无法及时供货，全省700万千瓦统调火电机组难以启动，电网的调控能力受到极大限制。国网湖北电力将对直流换流站的管理切换为驻站全封闭管理，编制《直流换流站驻站全封闭管理指导意见》，出台5大类43条防疫措施，建设封闭式管理、组建应急运维预备队、做好远程控制应急运维准备“三道安全防线”，有力地保障疫情期间电力可靠供应。

3. 建立“五级防御体系”，实施最小化运检模式

疫情发生后，国网湖北电力及时调整设备运维管理模式，下发了《疫情防控期间运维检修工作“十项措施”》《新冠肺炎防控期间五级防御体系构建方案》等9项文件，部署设备应急运维工作。一是优化运检值班模式。实施“小分班、长时间、全隔离”原则，优化变电运维和配电抢修值班模式，实行单人单车巡线、无接触式交接班，最大程度减少人员接触。二是构建五级防御体系。国网湖北电力构建新冠肺炎疫情“班组—工区（分部、县公司）—地市公司—省公司—国网公司”五级防御体系，按照“谁主管、谁负责”的原则，明确各层级防御的职责、启动条件和注意事项等内容。三是修编应急预案。组织各单位根据防御体系实施方案，实行分层分级，修订应急预案，统一运检资源调配，确保每个层级实现最小单元、主班加备班运转，形成“上下联动、全局一盘棋”的防御格局，破解疫情期间人员限制流动、车辆限行等诸多困难，在降低感染风险的同时，确保必要的供电保障、电网运维等业务能够正常运行。受雷电雪雹大风天气影响，2020年2月14日至15日，武汉先后有22条10千伏供电线路跳闸，武汉公司按照预案，共出动抢修及巡视人员1560余人、车辆280余台保障供电，全市396家疫情防控重点保障单位全部供电正常。

（七）实施“精准化”应急防疫，暖心提供“健康电”

1. 构建内部疫情防控机制，确保防疫保电同步开展

一是成立防疫管控专班。建立省、市、县公司的防疫管控专班，一方面对接政府主管部门，及时下发政府的防控要求，每日统计上报确诊、疑似、发热、治愈等病例信息，对口上报地方政府新冠肺炎疫情防控指挥部；另一方面统筹本单位内部防控管理，统一采购发放防疫物资，加强防疫检查。二是开展

防疫云检查。设计疫情防控检查表，防疫管控专班实施每日疫情防控云检查机制，遵循“避免人群聚集、避免交叉感染”原则，运用手机会议视频软件远程检查现场人员防疫情况，全面扫描办公场所，“就近查看”防疫关卡，对被检单位办公场所进出人员及车辆管理情况、消毒杀菌情况、防疫物资保管存放情况、员工食宿及家庭防疫情况、被征用场所防护措施落实情况等进行了全面细致的检查。三是严格执行疫区抢保修现场标准化作业。编制国内首份《新冠肺炎疫情期进入核心疫区开展抢保修作业标准化作业指导书》，明确运维人员进入疫区防护准备、防护标准、防护用品、作业规范和审批流程，确保疫区前线运维人员防护到位、安全作业。

2. 实施应急采购，确保防疫物资足量供应

疫情一级应急响应启动后，国网湖北电力第一时间成立应急防疫物资采购工作专班，通过多种渠道收集防疫物资生产商信息，逐一落实货源情况。一是成立询价工作组和寻源采购专班，保证防疫物资的采购质量可靠、价格公允。二是组织专人负责防疫物资发货、运输及验货签收等全流程跟踪，并根据配送进展实时调整寻源采购策略。三是强化安全管理。2020 年 3 月底前，国网湖北电力共完成 123 个批次、76 个品种的采购、调拨，累计口罩 873 万只、酒精 18 万升、防护服 16.91 万套，有力地保障了一线员工的防疫需要。

3. 实施员工精准关怀，开展心理健康疏导

为了确保员工心理健康，尽量减少疫情对员工心理造成的影响，国网湖北电力多角度实施员工关怀。一是开展心理关怀。国网湖北电力依托 520 心理关爱平台，对暴露于应激源的员工进行主动关爱和心理健康评估，建立职工心理健康档案。二是开展一对一跟踪治疗。组建心理干预专家库，对创伤职工进行一对一跟踪治疗，有序、高效地开展个体危机干预和群体危机管理，防范化解潜在的社会心理危机工作。对 130 余名确诊、疑似新冠肺炎的职工及家属采取一对一的沟通形式，提供定制化的“心理药方”，受理心理咨询 240 项，开展线上授课辅导 103 场。三是多种形式开展心理科普。制作系列心理疏导精品课程，制作发布《公司员工及家属疫时心理防护指南》等，对疫情下心理反应的现实防护和心理应对手段进行心理科普。四是开展线上职工文化活动。依托“爱如电”APP 开展“全民战‘疫’守望幸福”主题活动，共策划 14 个活动栏目，征集职工作品 4.47 万余项，活动点击量 32 万余人次。

三、省级电网企业应对新冠肺炎疫情的“战时制”保电应急管理的效果

（一）有力支撑了湖北疫情防控工作取得重大胜利，践行了伟大抗疫精神

国网湖北电力全力服务疫情防控大局，全力做好职工疫情防护，为打赢疫情防控阻击战提供了安全可靠的电力保障，为保障经济社会稳定发展做出了重要贡献，获得中央领导、湖北省委省政府认可。2020 年 9 月，蔡甸区供电公司王波、江夏区供电公司党委分别荣获“全国抗击新冠肺炎疫情先进个人”和“全国抗击新冠肺炎疫情先进集体”“全国先进基层党组织”称号，生动诠释了新时代鄂电铁军精神，集中体现了忠诚为民担当的政治品格，充分彰显了国家电网“大国重器”“顶梁柱”的责任担当。

（二）展现了“国网速度”，实现了重要用户供电保障万无一失

国网湖北电力全力配合地方政府加快定点医院供电配套工程建设，以“战时”模式推进省内新改建医疗单位电力设施建设，创造了两天两夜黄冈大别山通电、三天三夜雷神山通电、五天五夜火神山通电、全省 22 个重点医院全部按时通电的成绩，展现了“国网速度”。对全省 3774 家重要用户供电线路进行供电保障和抢修值守，含 301 家定点医院（包括 37 家方舱医院）、778 家发热门诊、1793 家集中隔离点、154 家防控用品生产企业、254 家医护支援队伍住宿宾馆、494 家市政单位，全天候确保重要场所、重要用户的可靠供电，疫情期间重点医疗单位、防疫用品生产企业、其他重点保障单位实现“零停电”。

（三）完善了应急管理体系，探索形成了抗疫保电管理经验

国网湖北电力应对新冠肺炎疫情的成功实践，全方位提升了企业应急管理能力，探索形成省级电网企业应对突发公共卫生事件的应急管理经验，为电网企业乃至其他公共服务行业高效应对新冠肺炎疫情提供了一套可推广、可复制的典型经验和管理模式，为国网公司加快健全完善应急管理体系起到了良好的示范引领作用。在 2020 年及 2021 年全国新冠肺炎疫情常态化防控过程中，国网北京电力、国网河北电力、国网吉林电力等多家单位学习国网湖北电力经验，圆满地完成了局部疫情下的应急保电任务。

（成果创造人：李生权、肖黎春、余先进、李新国、陈文正、蔡　敏、李培乐、彭　丰、张承彪、宋伟荣、舒文斌、宋　艳）

适应用能端绿色低碳发展的智慧能源管理

青岛海尔能源动力有限公司

海尔集团公司（以下简称海尔）创业于1984年，是全球领先的美好生活解决方案服务商。拥有3家上市公司，拥有海尔、卡萨帝、Leader、GE Appliances、Fisher &Paykel、AQUA、Candy七大全球化高端品牌和全球首个场景品牌“三翼鸟”，构建了全球引领的卡奥斯工业互联网平台，成功孵化5家独角兽企业和37家瞪羚企业。青岛海尔能源动力有限公司是海尔集团旗下公司，成立于1993年5月20日，业务内容包括为海尔各工业园区提供水、电力、蒸汽热供应，信息服务及售电等。

一、适应用能端绿色低碳发展的智慧能源管理的背景

（一）实现绿色低碳发展的必然要求

党的十八大以来，我国坚持贯彻落实绿色发展理念，深入推进生态文明建设，向世界郑重做出“碳达峰”“碳中和”的承诺。这也就要求中国经济向绿色、低碳发展转型。如何实现能源的绿色、低碳、智能发展，是能源行业所面临的重要课题，推进企业能源结构调整、节能减排，已成为经济转型、社会发展的必然要求。

（二）提高能源使用效率的内在要求

随着企业管理的日益科学化、系统化，能源管理成为企业提升经营绩效的重要领域，但在实践中，企业能源管理依然存在诸多不足。作为家电行业巨头，海尔将绿色理念深入企业发展战略中，实施“绿色设计、绿色生产、绿色经营、绿色回收、绿色处置、绿色采购”的绿色6G战略，探索物联网时代能源管理的智慧化、绿色化升级，既是海尔履行企业社会责任的行为自觉，也是海尔落实绿色发展理念，加快产业绿色化升级、实现高质量发展的应有之意。

（三）新技术为实施能源管理创新创造了契机

大数据、物联网、人工智能等新一代信息技术的发展和应用为企业发展智慧能源，实现绿色低碳发展，创造了契机。随着新兴技术的融合应用，企业能源管理已经不仅仅是追求扩大可利用能源资源的规模，更多的是通过数据分析来减低能耗，通过智慧的方式主动预测能源的使用助力节能减排，以及自主地改造能源，提高能源的利用率。与此同时，国家相关部委的规划和政策等也为企业能源管理创新提供了发展指导。

二、适应用能端绿色低碳发展的智慧能源管理的主要做法

（一）制定智慧能源管理的战略规划

在成果实施过程中，海尔首先明确并坚定绿色发展的集团战略，确定能源管理从传统模式向智慧化、绿色化迭代升级的战略方向，并搭建专门的委员会组织保障集团能源转型战略落地。

1. 明确智慧能源管理的工作原则

适应互联网、物联网时代的发展变化，海尔深入推进企业绿色生产体系建设，致力于节能减排、环境保护及环境治理，持续提升节能环保管理绩效，积极探索企业与自然和谐发展，为生态文明建设、创造美好生活、人类社会可持续发展做出贡献。集团明确节能环保工作原则，包括：遵守节能环保相关法律法规及标准要求；践行人单合一管理模式；搭建并联交互平台，打造开放式绿色低碳生态圈；预防为主，持续改进；实施全流程精细化管理，践行节能环保与经济发展有效融合。

2. 制定智慧能源管理的战略规划和组织体系

海尔明确企业能源管理向智慧化、绿色化转型升级的发展方向，积极推进将大数据、5G、人工智能、云计算等新一代信息技术融入企业能源管理，线上打造以用户为核心、多种能源综合调度智慧能源管理平台，线下建设绿色减碳场景、形成源网荷储用的生态管理能源模式，推动能源管理的数字化升级，以大数据驱动企业能源管理，带动对能源使用的精准预测和高效管理，帮助企业构建绿色生产体系，实现节能降耗提效减排。海尔制定了近三年的短期发展目标，涵盖环保安全、节能项目、单台能耗下降指标、环保美誉度、环保绩效等五大方面，为企业绿色发展提供具体的考核指标体系。

3. 建立智慧能源管理的组织体系

海尔建立集团环境保护委员会，由集团总裁担任委员会主任，各领域负责人担任领导小组成员，按照一流基地、一流服务商、一流项目团队、一流机制流程的推进思路，建立健全“集团—园区—线体工厂”三级节能环保和安全管理模式。同时，集团环境保护委员会下设环委会办公室以及在各产业板块的节点接口，实现节能减排责任到自主经营体、到小微。此外，立足海尔产品多样化、园区多地域的企业布局特点，海尔在全国各区域园区都派有专职员工，融入当地工厂运营，在总平台的指导与支持下，具体负责园区能源管理，节能减排责任到价值岗位、到人，推进全员参与，保障集团目标与业务需求的有效对接。

（二）建立企业能源管理的评价指标体系

海尔建立起企业能源管理的综合评价体系，横向涉及不同能源种类的能源使用评价，纵向覆盖“产品—产线—园区”的能源使用指标，为企业能源管理提供客观、可视的评价和考核优化依据。

1. 明确智慧能源管理的评价维度

针对海尔园区跨地域、能源使用种类多、结构复杂的情况，海尔梳理并明确企业能源管理的多个评价维度。时间维度上，智慧能源管理实现对企业能耗的同期对比、环比及数据分析；地域维度上，实现对全国各地不同园区的能耗进行实时、统一的监测、对比及分析；能源介质维度上，实现对电、燃气等不同能源种类的使用情况进行实时监测、数据分析；产品维度上，实现对冰箱、洗衣机、空调等不同产品的能耗监测与分析，包括同一产品不同型号产品的单台能耗情况。同时，着眼于节能降耗实践的持续引领性，海尔将外部对标纳入评价体系中，涉及国家环保规定指标、行业优秀实践及领先指标。

2. 建立能源使用的全流程评价框架

在能源输入前端，海尔建立能源质量评价体系，通过能源质量评价模型，对入厂能源进行测评，确保采购绿色高效能源。在能源使用过程中，海尔建立传输效率评价体系，通过在能源供配线路增加温感、压变等感应装置，对供配线路效率进行监控，杜绝传输过程中的不必要损耗，同时，建立能源转换效率评价体系，通过对工厂班组、设备能源转化效率进行网络评价，减少转换过程能源损失。此外，海尔部署大规模可再生能源并网，采用更加灵活和智能的系统调度技术，加强对可再生能源的预测能力，增强系统的灵活性（如灵活发电、需求侧管理、电网互联、鼓励机制等），以应对可再生能源发电带来的不确定性。同时，在对碳排放成本评价方面，海尔通过运用资源价值流转分析方法，从输入端、消耗过程和输出端分别构建指标，用以评价企业单位工序的碳排放成本状况，让能源消耗真正有迹可循，帮助企业找出能源薄弱环节，为企业管理者发现减少碳排放成本的潜力点提供依据，并提出针对性降费解决方案。此外，在对碳排放成本减少持续改进效果的评价中，借鉴价值工程的思想构建指标体系，海尔运用层析分析等方法引入时间价值维度，对成本优化的可持续效果进行评价，进而构建单台能源成本评价体系。

3. 建立单台产品能源成本评价指标

海尔建立同一产品的众多不同型号的能耗考评指标和机制，实现不同区域同一产品的能源消耗结构对比分析，以及对每一条产线每一台产品的能耗进行评价，并通过能源－订单匹配模型，推进工厂能源使用效率最大化。以冰冷产业为例，海尔在全国拥有12家冰箱、冷柜工厂，分布于青岛经济技术开发区、合肥、大连、武汉、重庆、佛山、沈阳等10个园区，生产的产品型号超过3000种，由于不同产品工艺、容量大小不同，造成不同型号产品消耗能源数量、能源种类不同，这种状况往往难以进行有效的单台能源消耗对比分析。对此，海尔执行“标准台”机制，根据每个型号产品的工艺以及工序复杂程度，设定不同的标准台系数，将所有产品折算成标准台产量，建立起同一产品类型、不同产品型号的单台能耗对比模型。同时，针对众多不同类型产品乃至不同类型产业的能源使用，海尔建立起综合能源考评指标，实现产品产线的同期对比，进而对产品能源使用结构进行调整，提升节能空间。

（三）打造跨地域、多能源介质并联运行的智慧能源定制平台

海尔聚焦用户端能源需求，自主创新打造智慧能源定制平台，实现能源流、数据流、碳追溯流“三流合一”，通过直观的动态监控和数字化管理，改进和优化企业能源平衡度，实现对能源系统管控和调度。同时，海尔不断迭代技术创新，推进打造具有独立知识产权的碳资产管理平台，为用户提供高端定制式的智慧“碳”管家服务。

1. 自主开发智慧能源定制平台

基于海尔工业园能源管理实践，海尔自主创新打造智慧能源定制平台，建设12个主模块、61个子模块、563个应用场景，实现跨区域的多系统、多介质的并联运行。智慧能源定制平台集成水力、电力、蒸汽、压缩空气、天然气、污水、电梯、空压机运行、光伏发电等9大管理系统，同时集中14类能源介质——电、自来水、纯水、软化水、生活污水、生产废水、蒸汽、压缩空气、天然气、液化气、高温热水、余热回收热水、太阳能发电、中水的调度，实现对数据的曲线分析及限值管控。平台实现监测手段的多样化，对分布在不同区域的全国55个智能制造工厂，采用视频监控、曲线监测，限值报警的方式进行系统管理，实现企业全过程的能源管控。例如，2018年2月11日，海尔智慧能源定制平台总控中心通过工厂运行曲线发现，海尔胶南洗衣机在停产情况下，流量仍然为80吨/天，分析显示现场存在漏水问题，平台总控中心随即通知胶南评审人员进行现场检查，结果发现现场水管裂缝，流量达到3t/小时，工厂端立即采取措施，联系自来水公司人员进行管路抢修，并当日恢复自来水供应，该项措施减少水资源浪费约60吨。

2. 搭建适应集团级、多组织的跨域管理和协同框架

针对智慧能源定制平台升级，打造开放式绿色低碳生态圈，海尔搭建适应集团级、多组织的跨域管理和协同框架，提供强大的二次开发支持，实现能源管理平台的良好适应性和扩展性，使现有系统的功能扩展和新业务系统的快速开发更加方便。平台支持利益攸关方进行二次开发，解决方案可相互调用，例如，在海尔内部，智慧能源定制平台通过与卡奥斯工业互联网平台、海尔智家平台的并联打通，实现了智能化工业园区模式升级。目前，智慧能源定制平台上系统模块功能可实现5000多用户同时操作60套子系统的并联运行，平台已经设计了贴近企业生产需要的236个运营模块，根据安全管理需求设计了3种预测模块、9大应急预警模块、15类预警模块，以及根据节能减排需求设计了6类节能模块、5种技术模块等，功能模块可供用户自主选择。

3. 有序推进向碳资产管理平台升级

为进一步推进企业绿色低碳发展，海尔推进智慧能源定制平台向碳资产公共服务平台的迭代升级，打造以碳资产管理为核心的节能降碳及碳数据服务体系。海尔碳资产公共服务平台规划建设“一体系一库三平台一生态”，其中“一库”是低碳大数据库，包含碳足迹核算基础库、碳知识库、碳业务库、碳模型库；“三平台”是低碳综合服务平台、降碳服务平台和碳数据服务平台；“一生态”是碳资产增值分享生态，实现包括企业、海尔等攸关方的共创共赢。

（四）推进企业多系统数据融合，驱动智慧能源管理升级

依托智慧能源定制平台，海尔打通能源管理系统与集团 BM、KMES、BCC 等系统，实现能源与订单、产量、产值等多系统的数据融合，通过对海量数据异构分析，在用户端、需求侧形成能源使用的分析结果和安全报警，实现能源运行的精准预测和动态管理优化，并可以为交易收益、综合能源利用、资产利用、运维管理等方面提供全方位的能源数据化服务。

1. 以大数据为驱动，精准预测企业用能

海尔智慧能源定制平台通过对各项用能设施的实时在线监控，对能源运行设备进行全天 24 小时监视和安全预警，可有效地避免安全事故发生，保障用能安全、稳定。海尔依托智慧能源定制平台，推动企业能源管理实现由事后转到事前的转型。通过打通企业生产、财务等系统，依托企业经营运行的大数据分析，实现对企业能源使用的精准预测。目前，通过 3 年的平台运行探索，根据集团 161 订单，海尔智慧能源定制平台可以精准地预测每一天、每一个月的能源消费量，推进企业合理用能、科学用能。2017 年，海尔开发区园区电力预测差异小于 3%，达到了售电业务申请量与实际使用量差距不高于 3% 的要求，海尔集团成为山东省唯一一家全电量直供电的企业。

2. 优化能源使用结构，改变能源供给模式

依托智慧能源定制平台，海尔基于平台收集到的各方面能源数据，实现对企业自身用能结构的解构分析，进而根据目前的能源形势，采取必要的能源管控措施，调结构、变模式，达到最优的能源配比，助推绿色节能，有效减少碳排放。例如，海尔打造了全球首个碳中和“灯塔基地”——中德海尔工业园，通过智慧能源定制平台改变原有能源供给模式，把分布式光伏、分布式风电和热电有机结合，采用“自发自用，余量上网”的新能源供给模式，年发电量超 1500 万度，可减少约 1. 3 万吨二氧化碳排放；同时降低单台生产能耗，每年减排二氧化碳 3. 26 万吨，相当于植树造林 1. 33 万亩。

（五）建立项目管理及增值分享激励机制

1. 以节能项目推进智慧能源管理精细化

海尔每年设定节能减排目标，由各区域各工厂负责人员自下而上地抢出目标，并量化出具体的节能项目进行精细化管理。例如，海尔锁定每一产品线年度单台能源消耗降低 6. 5%，并与工厂第一责任人签订能效考核对赌协议，以月度薪酬 20% 作为对赌，目标完成率与员工绩效挂钩。2020 年，围绕节能减排目标，海尔共识别、抢出 109 个项目，真正实现目标承接有路径、有团队。

与此同时，在考核机制上，海尔智慧能源定制平台集成了冰箱、空调、洗衣机、热水器、厨电等产品产线，以及彩板加工，新材料部件合成等配件产品产线工厂 55 家，设立了多元化的考核机制，形成对不同的产品及服务，公寓、办公楼宇等用能单位的能耗对比体系。

2. 建立攸关方增值分享的激励机制

基于“人单合一”模式与开放共赢的链群合约，海尔创新以用户付薪为核心的激励机制。在此过程中，包括海尔、用户、资源方等在内的利益攸关方围绕用户痛点，共创解决方案，做大价值“蛋糕”，每个攸关方共享成果，都可以获得增值分享。以海尔智慧能源赋能从事制冷压缩机研发生产的武汉东贝电器为例，针对如何在低成本、低能耗的生产运行中保证产品高质量、企业高效益的问题，海尔为其定制了高品质压缩气托管解决方案，并以一种企业零投资的能源合同管理的模式赋能生产实践。所谓零投资，就是指东贝在不需要投资、不用投入运营的前提下，可直接享受海尔智慧能源所提供的“托管式”服务。由此，黄石东贝完成了空压站的数字化转型，实现管理流程从粗放到精细化的飞跃，仅在压缩空气这一项能源成本上，每年就节省上百万度电，综合成本降低了 20%。与此同时，在该方案中，资源方也从传统的卖设备变为卖服务，原来只有一次性的产品销售收入，现在转变为以压缩空气计费，可以获得持续的收入。

（六）搭建开放的智慧能源共创生态

海尔基于物联网生态转型的整体战略，着力打造智慧能源开放共赢的生态圈，打破企业边界，聚焦用户痛点，开放整合企业工厂、员工创客、院校机构、行业协会、能源服务商等多方资源，共同输出定制化的能源使用解决方案。目前，海尔围绕智慧能源管理，已聚集院校、专家、企业等1900个多生态资源方，支持绿色节能技术、应用以及服务方案的创新，持续共创定制化的能源解决方案。

三、适应用能端绿色低碳发展的智慧能源管理的效果

（一）有力推进了集团的绿色发展

该项管理成果的实施，使海尔实现能源系统在生产、输送、消耗环节动态监控和数字化管理，打造了集数据采集、能源统计分析、动能调度、供配电智能管理、能效分析、用能管控、视频监控等于一体的智能化管理系统，有效提升了企业能源管理水平，助力了海尔绿色发展战略的落地，打造了企业绿色发展的示范样板，有效提升了海尔的能源配置和利用效率，每年为集团内部节约能源成本约0.9亿元。据统计，依托海尔智慧能源定制平台，在“十三五”期间，海尔单位产值能耗减少30.3%，单位产值水耗减少19.3%，废水产生量削减16.1%，单位产值COD减排19.8%，减排二氧化碳11.05万吨。海尔荣获了山东省政府颁发的2017年度“山东省突出贡献单位”，（国际）清洁能源部长级会议颁发的“2019全球能源管理领导奖”。

（二）打造了可对外服务、赋能的智慧能源平台

通过实施该项管理成果，海尔打造了解决方案可复制、可操作的智慧能源对外赋能平台，为工业园区、中小企业提供定制化的智慧能源管理解决方案。以青岛港为例，通过海尔智慧能源定制平台智慧电力全生命周期管理系统及AI全智能中压开关设备DT1的应用，青岛港实现了设备的智能化升级，设备维修次数减少了50%，停机时间减少了80%，极大降低了电能损耗；在完成对开关设备的整体智能化升级和替代后，青岛港集团预计每年可降低管理费用约30万元，同时减少3.98万吨二氧化碳排放，相当于每年植树2.9万亩。同时，海尔智慧能源定制平台也为政府提供“一站式”管理服务创造了实施载体，助力外部中小企业节能减排、绿色升级，已推广至汽车、纺织、陶瓷、服装等7类行业，已吸引450多家企业上平台、用平台，每年外部赋能企业节约能源成本总计约1.02亿元。

（成果创造人：周云杰、梁海山、杨传新、柴纪强、赵建华、郑子辉、张玉波、朱　亮）

特大型发电集团战略引领的综合能源服务转型管理

中国华电集团有限公司

中国华电集团有限公司（以下简称中国华电）是2002年底国家电力体制改革时组建的国有独资发电企业，是国务院国资委监管的特大型中央企业，也是中央直管的国有重要骨干企业，主要业务有发电、煤炭、科工、金融四大产业板块，发电装机达到1.66亿千瓦，清洁能源装机占比达43%；煤炭产业产能5830万吨/年，拥有4个千万吨级煤矿；金融产业拥有6家机构，取得财务公司、信托公司、证券、保险经纪4类金融牌照。资产及业务主要分布在全国31个省（区、市）和中国香港特别行政区，以及印度尼西亚、柬埔寨、俄罗斯、西班牙等40多个国家。截至2020年底，中国华电控股6家境内外上市公司，职工9.3万人，资产总额达到8636亿元。2020年中国华电实现利润总额190.5亿元，净利润125.3亿元，净资产收益率5.1%，经济增加值（EVA）2亿元，资产负债率69.35%，全面超额完成了国资委年度考核目标，效益增长位列央企前茅，在国资委经营业绩考核中连续9年荣获A级，经营业绩考核得分连续5年名列同类型企业前茅，连续9年上榜《财富》世界500强，并较2019年提升16个位次。

一、大型发电集团战略引领的综合能源服务转型管理的背景

（一）落实国家能源战略部署的客观要求

全球以化石能源集中式利用为特征的传统能源发展模式正在逐步发生变革，新能源和传统能源相结合的多能互补模式成为能源发展的趋势。能源行业低碳化、电气化、智能化、市场化、一体化、国际化的六化发展趋势越来越明显。随着我国能源转型的提速和电力体制改革的不断深入，能源生产和用户之间深度耦合，能源生产消费方式发生深刻变革。综合能源服务作为一种新兴的能源服务形式，能够实现资源优化配置、能源梯级利用、提升新能源消纳水平的目标，还能做到满足用户多样的用能需求、降低用能成本和提高用能效率，与我国现阶段及未来的能源发展趋势十分契合，是落实能源发展战略的客观要求。

（二）推动行业转型升级的必然趋势

“双碳”目标是我国向世界做出的庄严承诺，也是一项复杂的系统性工程。2021年3月，中央财经委员会第九次会议提出，“要构建清洁低碳安全高效的能源体系，控制化石能源总量，着力提高利用效能，实施可再生能源替代行动，深化电力体制改革，构建以新能源为主体的新型电力系统”。我国能源发展正处在转变方式、优化结构、转换动力的攻关期，可再生能源逐步替代传统化石能源，多能互补能源体系加速构建，储能、智能电网等新技术不断进步，多能源协同供应、源网荷储友好互动、智慧用能服务为一体的综合能源服务新业态对于电力行业高质量发展具有重要意义。

（三）提升企业竞争优势的重要举措

在稳定优化能源产业链、供应链、价值链的背景下，作为能源业务的新增市场，综合能源服务业务生态将不断演进，产业需求将持续释放，预计到2025年我国综合能源服务市场规模可达万亿元。中国华电党组将“以综合能源为重点拓展市场新空间”作为塑造市场竞争新优势的首要举措。当前，国内两大电网公司及电力央企均已将综合能源服务业务纳入战略布局，且大部分已组建独立的综合能源服务公司。部分民营企业、互联网公司及跨国能源公司，也在智慧能源服务细分市场积极探索新业态、新模式，各类市场主体为综合能源服务市场注入了新活力。综合能源服务对于能源电力企业来说具有极端重

要性和必要性，大力发展综合能源服务是构建新的能源生态、巩固绿色发展优势、实现弯道超车、形成市场竞争优势的难得机遇和必然选择。

二、大型发电集团战略引领的综合能源服务转型管理的主要做法

（一）制定全面规划，实现战略转型系统化

中国华电党组深入贯彻国家能源安全新战略，提出“五个坚持”“三个转变”“六个一流”的新发展战略，以奉献清洁能源、创造美好生活为公司使命，以建设具有全球竞争力的世界一流能源企业为愿景目标，全力推进新时代中国华电高质量发展。2019 年 4 月，中国华电在同类型企业中率先出台《综合能源服务业务行动计划》（以下简称行动计划），明确提出建立“清洁友好、多能联供、智慧高效”综合能源服务体系（见图 1），并提出“三个发展阶段、布局六项业务、打造两个平台、建设三种能力”的顶层设计。三个阶段：试点先行阶段（2019—2020 年），探索并形成具有中国华电特色的综合能源服务模式；全面推进阶段（2021—2025 年），建立综合能源服务产业体系，公司成为国内领先的综合能源服务商；引领提升阶段（2026—2035 年），完成中国华电向生产服务型企业转型，将中国华电建成世界一流的综合能源服务商。六项业务：统筹布局“多能互补清洁能源基地”“区域多能供应”“分布式可再生能源供应”“综合能效服务”“能源市场交易服务”“设备销售及运维服务”六项覆盖源、网、荷、储全产业的业务方向。两个平台：建设贯通能源生产和服务环节的“两个平台”，即突出能源生产侧的综合能源智慧控制系统平台和突出能源服务侧的“互联网 +”综合智慧能源服务平台。三种能力：在全集团范围内，提升“技术创新能力”“一体化服务能力”“高端合作能力”三种综合能源服务业务支撑能力。

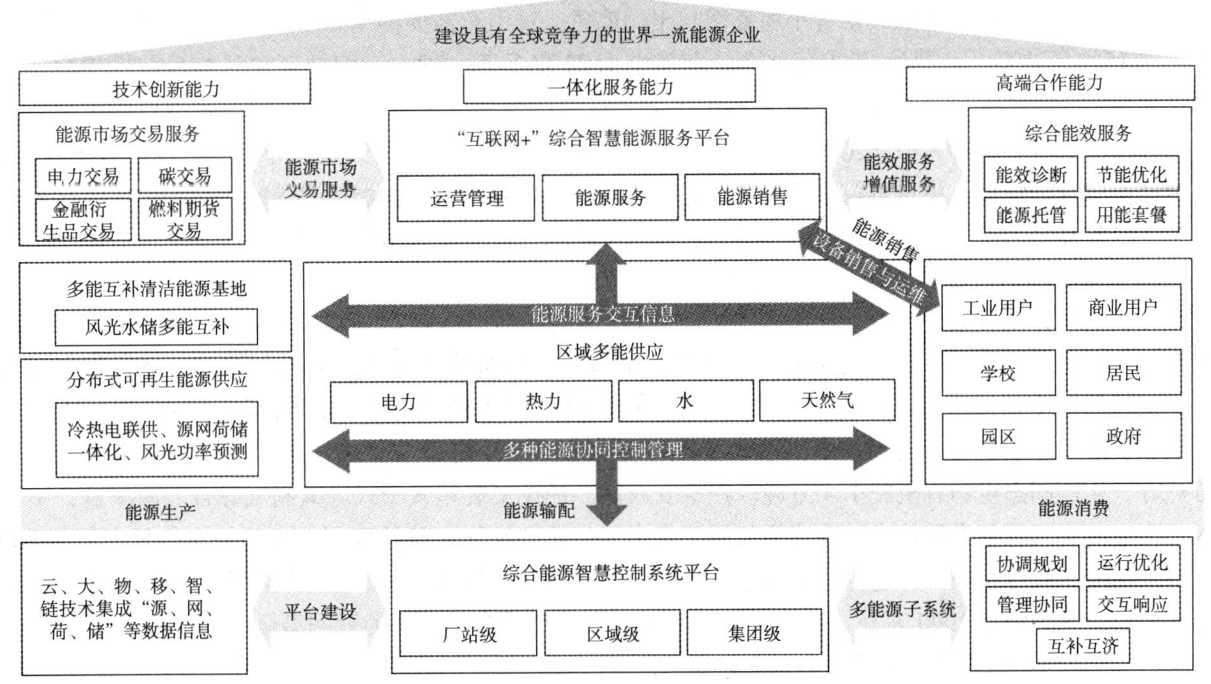

图 1 中国华电综合能源服务业务体系构架图

（二）优化资源配置，推动能源供给清洁化

以供给侧改革为契机，结合区域多能源品种及特色业务板块优势，在多能互补清洁能源基地、区域多能供应、分布式可再生能源等领域开展多种形式的工程实践。

1. 参与多能互补综合能源基地建设，提升清洁能源比例

中国华电合理利用基地内风、光、水等资源，重点在大中型的水电流域基地、新能源基地，推动参与建设以水电、风电、太阳能发电为核心的多能互补清洁能源示范基地，推动突破多能耦合、海上风电、大规模储能、氢能等关键技术快速发展。目前，金上、黔源、福建等区域公司依托现有水电、海上风电等资源优势，已积极开展风、光、储基地的筹备建设。其中，金上公司积极推进川藏段清洁能源基地建设，通过特高压外送工程与区域电网互联，实现清洁能源基地大容量、远距离、高效率电能输送。该基地水电装机913.6万千瓦，在建水电装机619万千瓦，被列为我国“十四五”九大清洁能源基地之一。福建公司则抓住海上风电发展契机，完成海上风电的大型清洁能源基地协调运行方案，提出了电网友好型清洁能源基地的储能容量最优配置方案，项目设计装机容量299.2兆瓦，共46台风机，已并网投产7台风机共4.9万千瓦，并计划于2021年底全容量并网。黔源电力致力于贵州境内“两江一河”（北盘江、芙蓉江、三岔河）流域水电资源梯级开发，共建成投产9座水电站，同时积极开拓其他清洁能源项目，利用水光互补的优势，初步建成了中国华电第一个流域梯级水光互补可再生能源基地。中国华电持续调整产业结构和布局，加快推进发电产业转型升级，积极发展天然气发电。

2. 着力区域级多能供应，提供多能组合

中国华电以区域能源供给和满足用户需求为中心，参与区域分布式多能供应能源站建设与运营，形成分布式能源规划、设计、制造、集成、建设、运营、供气、服务全过程产业链，构建具有中国华电特色的燃气分布式能源发展模式，例如上海国旅新能源、上海福新、石家庄第一医院等代表性燃气分布式项目等。其中，上海国旅新能源项目位于上海迪士尼度假区，是全球迪士尼乐园中首次采用由第三方负责投资建设和运营管理，并采用四联供的方式向园区提供能源供应的示范项目，在147万平方米的园区中，白雪公主城堡里的暖炉、米奇小屋夏季吹出的凉风、过山车需要的压缩空气均由能源站提供，项目年供热15.3万吉焦，年供冷39.9万吉焦、年发电1.22亿千瓦·时。上海福新项目为目前世界第二大的单体建筑——国家会展中心（上海）场馆供能，自投产运营以来，保障了中国国际进口博览会、上海国际汽车展等上百场大型展览的能源供应。石家庄第一医院项目是天然气分布式项目商业模式创新、综合能源服务的试点，项目建设规模为2台2兆瓦级内燃机及烟气热水型余热溴化锂机组，主要为石家庄第一医院提供制冷、采暖、供电、生活热水以及医用蒸汽综合能源服务。

3. 开展分布式可再生能源供应，推动产业融合

建设及运营以分散式风电、分布式光伏、生物质发电、地热发电等采用就地发电、就地供电为主的分布式可再生能源站，提供清洁能源供给服务，全力推动分布式可再生能源站与建筑、乡村振兴、农业、交通等产业融合。例如在河北丰宁，建设生物质沼气综合利用项目，采用沼液“零排放”干湿耦合厌氧发酵工艺和生物有机肥技术，年处理养殖废弃物4.7万吨和玉米秸秆3000吨，年产沼气量438万标方，年产固态生物有机肥1.4万吨。在雄安新区，建设集装箱式干式厌氧制气综合能源项目，引进国际先进的干式厌氧发酵技术，生成沼气用于发电、供热和供气，日处理原料4吨，平均日产沼气280标方，沼渣3.6吨。积极打造分布式风电、光伏、储能项目，例如山西平鲁光伏项目、滨海西站分布式光伏项目、天津海晶1000兆瓦“盐光互补”项目、西藏尼玛多能互补的孤网型微电网项目等。

（三）提供增值服务，实现用户服务综合化

充分发挥中国华电科技创新、工程咨询及服务、设备制造、工程服务的优势，围绕用户侧能效管理、节能优化、设备销售和运维等服务，以电热销售为切入点，对接市场需求，开展“售能+服务”业务模式，增强客户黏性，提升中国华电电力、热力销售的市场占有率。

1. 开展能源市场交易服务

依托集团专业能源交易机构，结合国内能源市场建设进度，探索面向社会的电力市场交易、碳交

易、绿证交易业务。截至目前，售电公司签约售电量约1000亿千瓦·时，客户数量超4000户。其中，广东售电公司2020年完成交易电量50亿千瓦·时；山东公司2020年代理用户1241家，代理用户购电量408.3亿千瓦·时，2021年代理用户1419家，代理用户预计购电量450亿千瓦·时；福建公司2020年市场化电量交易112.9亿千瓦·时，辅助服务市场收益3638万元。中国华电大力发展热电联产、集中供热，积极承担供热设施建设、设备管网养护、生产运营管理的社会重任，确保供热工作安全稳定、节能环保、优势服务。截至2020年底，公司当年供热3.62亿吉焦，采暖供热面积6.6亿平方米。在碳市场方面，成立中国华电集团碳资产运营有限公司，负责开展基层控排企业碳资产的集约化管理、运营、交易及相关咨询等工作。此外，根据市场改革进程，逐步扩展至绿证、电力期货、输电权等其他金融衍生品交易和燃料期货交易。广东、河北、山西等区域积极参与跨省跨区交易及绿证交易，提供储能调频辅助服务。

2. 开展综合能效服务业务

在基本电力、热力销售基础上，积极探索附加增值服务。围绕用户能效改善，开展能效诊断、节能优化、能源托管等增值服务，探索合同能源管理新模式。目前已在山东、江苏、上海等区域，按照“售能+服务”模式推出了差异化服务套餐。其中，山东公司利用专业优势，通过组建电力客户服务队，为200余家用户开展安全用电、节能咨询、设备检查、故障诊断、抢修等增值服务680人次。江苏公司取得扬州仪征枣林湾“两园”增量配电网业务试点项目开发权，已建成并投运110千伏枣林变电站一座，园区内设10千伏开关站2座，满足了扬州仪征枣林湾“两园”内供电需求。此外，在滹沱河污水处理厂，建设了由“光水联动”900千瓦分布式光伏、污水源热泵等组成的综合能源利用项目。该项目具有零污染、稳运行、高效能的优势，每年节能15万千瓦·时，节能率50%以上，年减排二氧化碳890吨。

3. 开展能源设备销售和运维服务

发挥中国华电在燃机、自动化设备等方面的装备技术及供应链优势，调动基层企业专业人员的积极性，结合区域可再生能源、分布式能源及售电等新业态，组建专业的运维服务队伍，提供设备销售延伸的设备租赁、智能运维、故障诊断等服务，帮助用户开展能源工程方案咨询、规划设计、建设施工、信息化建设、系统改造等工程性服务，结合设备提供和后期运维，提供包括咨询、设计、生产、建设、运维全生命周期在内的，涵盖技术、人才和资金的一揽子解决方案。

国电南自研发的一系列与储能应用相关的自动化产品、核心设备在国内外多个典型案例场景得到应用。“华电睿蓝”火电智能分散控制系统是国内最早实现国产化替代的火电DCS系统，首次实现自主可控DCS在主流火电机组上的示范应用和全厂一体化控制；“华电睿信”水电站计算机监控系统首次在60万千瓦巨型水电机组成功投运，实现核心元器件国产化率100%、软件国产化率100%；“华电睿风”风电主控及综合监控系统在宁东风场1.5兆瓦机组的投运，标志着我国首次实现了风电综合控制系统的自主可控，提升风能利用效率3~5个百分点；“华电睿智”电网保护控制装置和监控系统现已覆盖10千伏~1000千伏各电压等级各种类型的保护、测控、过程层设备、智能网关机及变电站监控系统。

（四）用活数据要素，实现平台运营数智化

按照“平台+生态”发展思路，应用“云大物移智链边”等技术，构建综合能源服务“两个平台”（如图2所示），开展能源数据的智能感知、客户需求的智能分析、能源设施和用能设备的智能控制，实现能源生产、供应、消费全环节的智慧化服务。

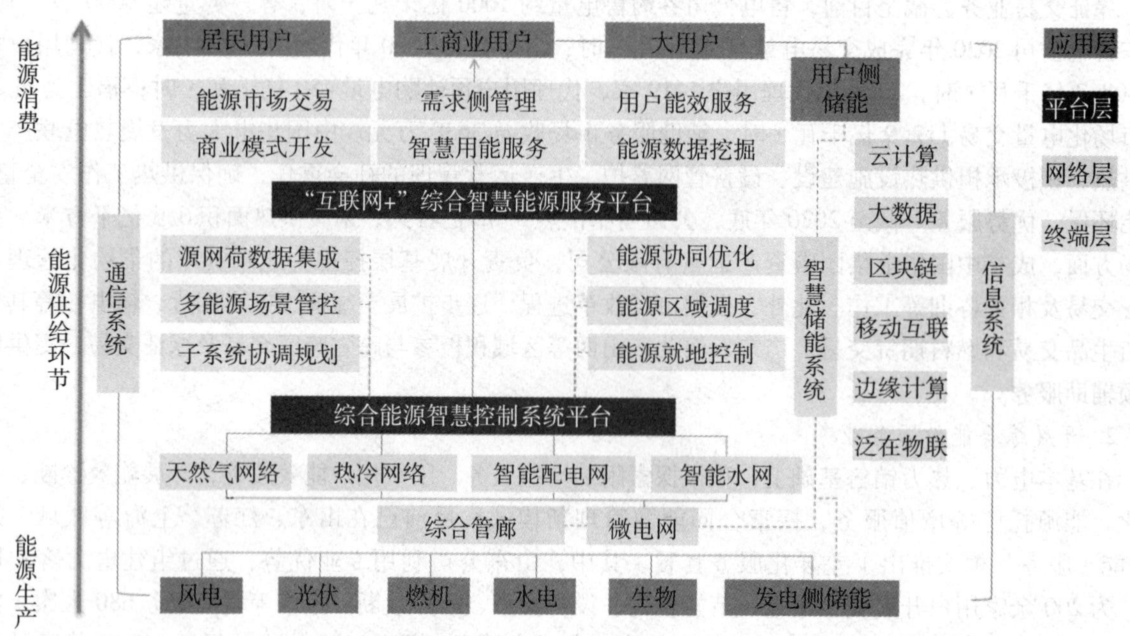

图2　中国华电综合能源服务"两个平台"整体架构

1. 建设综合能源智慧控制系统平台

针对发电上网的集中式发电项目，通过电能量现货和辅助服务交易，优化发电机组组合和运行方式，实现最低成本发电；针对就地消纳的区域多能供应项目，通过多种能源的互补耦合和协同优化运行，实现能源系统综合能效的提升。已实施并完成的DCS、SIS、燃料等生产管理系统，获取包含设备参数、发电数据、告警信息、状态信号、燃料成本、燃料消耗等电厂侧数据，作为"两个平台"的数据基础。

2. 建设"互联网+"综合智慧能源服务平台

利用智能感知、物联网、大数据、云计算、5G和人工智能AI等先进技术，以用能企业业务应用场景为基础，开展用能企业的基础信息、能源消费信息和实时用能信息的收集分析，优化能源供给运行策略，为用能企业提供全景能源监管服务、能效管理服务、节能服务、能源数据服务、能源交易服务、能源金融服务、能源资产服务和能源规划一站式服务等多种形态的平台服务，为政府部门提供用能监管服务，促进科研机构共同参与的"产学研用"深度融合，打造综合能源服务发展生态、价值生态、技术生态和合作生态体系，构建"清洁低碳、安全高效"的现代能源体系。在建的售电管理、竞争报价、营销管理、经济运行等电力市场营销信息系统已在多个区域上线试运行，已满足1419家工商业电力客户、1000家工商业热力客户的销售需求。

（五）夯实产业基础，实现创新能力多元化

1. 加强技术创新能力建设

依托中国华电科技项目和"揭榜挂帅"项目实施，集中优势资源，攻克清洁能源基地水、风、光、储（含抽水蓄能）多能互补协调优化调度、多能互补高效灵活互动智慧能源系统、"云大物移智链"与综合能源服务融合创新技术、虚拟电厂优化配置与协调控制等25项关键技术，推动重大科技成果转化。加强与国内龙头企业合作，攻克新型储能和氢能领域高端材料、核心装备与关键技术，研制标准化、模块化的产品，依托储能和绿氢示范项目，打造产品装备、系统集成、工程服务、投资运营、检验检测、标准制定等一体化的储能、氢能产业链。

2. 加强一体化服务能力建设

发挥科工、金融、科研等单位在燃机、供热、水务、微电网等方面的优势，以满足综合能源服务项目一体化建设为目的，全方位提升规划设计、建设管理、运营维护等核心竞争能力。鼓励区域公司和基层企业开拓创新，发挥属地优势，拓展综合能源服务业务。加强专业化和属地化的有效协同，促进各单位间的优势互补和资源统筹，提供包括咨询、设计、投融资、建设、运维在内的整体解决方案，实现集团综合能源服务业务的良性运作和有序发展。所属科工板块在综合智慧能源服务领域人才、技术研发，集成，示范等方面有着核心竞争力，形成了多能互补清洁能源基地、区域多能供应、智能能源交易等自主知识产权成果和系统解决方案，并在分布式可再生能源利用、用户侧综合智慧能源服务、电厂综合能效提升等多个场景业绩丰富，拥有国家能源分布式能源技术研发（实验）中心、国家能源生物燃气高效制备及综合利用技术研发（实验）中心等开发平台，综合智慧能源一体化服务能力显著。

3. 加强高端合作能力建设

发挥华电综合能源服务产业引领作用，加强与各级政府、行业协会、科研机构、上下游企业合作，有效整合政、产、学、研、用各方资源，打造风险共担、互利互惠的综合能源服务生态。积极参与行业标准制定，主动承担国家部委或地方政府主导的综合能源示范项目，提高行业影响力。加大中国华电综合能源服务发展理念、业务成效、先进技术和示范项目宣传，利用服务平台和公众号聚合资源，不断提升客户满意度和认同感，推广华电“度度关爱”服务品牌。清洁能源公司设立生态圈秘书处，组织举办综合能源服务生态圈大会和高峰论坛，持续扩大生态圈，已与产业龙头企业及知名高校建立了战略合作伙伴关系。加强横纵联合和协同创新，促进科技成果转化和应用，建设3～5个华电为主、外部企业参与的特色亮点工程。

（六）推动组织创新，实现体制机制轻盈化

1. 建立三级营销管理体系，为电力市场营销赋能

适应电力体制改革要求，防范经营风险，实现管理模式转变，建立总部战略管控、直属单位为责任主体、基层单位为执行主体的三级市场营销体系。区域公司实行统一组织、统一协调、统一竞争、统一平衡分配电量的“四统一”管理机制，区域公司试点报价中心、售电公司、发电企业“三位一体”运营体系，探索内部生产运营由生产主导向市场主导过渡，在全国14个区域组建了独立售电公司、16个区域办理售电业务增项，“本部+办事处”全员营销管理模式落地。组建首个广东公司报价中心，完成长周期的试点运行工作，实现现货试点区域集中化报价，通过现货市场策略报价，全年实现现货增利1.5亿元，代理的9家虚拟电厂充分发挥削峰和平抑负荷作用，小时最大响应容量为155千瓦，占全省响应负荷的16.61%，售电公司实现净收益805万元，在四大发电集团中排名第一。

2. 打造营销人才队伍，形成电力市场竞争支撑能力

一是成立区域公司市场营销部，培养营销管理人员百余人，对内主抓日常营销管理，统筹实现横向业务协同；对外攻关协调，倡导行业自律，维护理性竞争；积极联络政府主管部门，合理合法争取有利政策，逐步深度参与市场建设。二是建立市场营销和综合能源服务业务人才梯队，建立由集团市场营销部，华电科工、清洁能源公司、国电南自、电科院四家科工企业，各区域公司和外部合作单位组成的“1+4+N”弹性工程师专业团队，支撑“两个平台”建设，实现直属单位综合能源服务业务高效协同。三是组建电力市场研究中心，作为专业机构，承担市场理论研究、市场政策解读、竞争策略策划、竞争技术研究工作，发挥高端人才引领作用，电力市场竞争支撑能力初步形成。四是建设营销人才资源池，组建现货工作组，试点地区80余人参与现货报价实践，初步建立了具有一定专业水平的现货交易工程师团队，注重外部交流与合作，充分发挥外部专家智库作用，在国内首次举办中级交易员培训、水

电经济运行培训和电热价管理培训，培训直属单位和基层企业人员上千人次，做到所有区域全覆盖。

三、大型发电集团战略引领的综合能源服务转型管理的效果

（一）战略转型取得初步成效

自《行动计划》发布以来，在山东、江苏、广东等全国12个省、自治区、直辖市围绕积极打造多能互补清洁能源基地，深度推广区域多能供应，因地制宜开展分布式可再生能源供应，积极推进综合能效服务，积极开展能源市场交易服务五个方向开展综合能源服务项目试点示范建设工作。截至2020年底，中国华电已开展了6个业务方向布局，综合能源服务项目共有104个。其中，40个项目已建成在运营，23个项目正在建设，41个项目处于规划储备阶段，已建成投产重点示范项目均取得良好的成效。比如西藏尼玛项目是全国海拔最高、中国华电第一个“网源荷储”100%可再生能源项目，为藏区带来清洁电力的同时，提供了扶贫工作岗位；北京通州与上海莘庄，基于天然气多能联供为低碳城镇与工业园区高质量发展提供了样板；江苏枣林湾增量配电项目，为世界园艺博览会提供清洁电力的同时，也针对电力改革的难点探索业务模式。

（二）经济效益取得显著提升

自从《行动计划》发布以来，中国华电顺应电力市场改革，履行央企责任担当，将国家复工复产、支持企业发展的政策红利落实到每一个电力客户，2021年上半年参与电力市场交易让利51.07亿元，同比增加3.4亿元，2019年至今累计让利290亿元。依托电热综合能源服务累计收入已超过300亿元。其中，售电方面，2020年中国华电市场化交易电量2725亿千瓦·时，占总发电量的45%，售电收入70亿元；售热（冷）方面，完成166亿元，同比增长11.82%，落实供热补贴1.02亿元、管网建设费4.07亿元，供热单位边际贡献完成14.36元/吉焦，保持较高水平，供热综合效益持续提升。截至2020年底，全国燃机装机容量9180万千瓦（占发电总装机4.5%），中国华电燃机装机容量1960万千瓦，占全国燃机装机的约21%，在全国排名第一，清洁能源装机（含天然气）占比43%，同比提高2.63个百分点，新能源投资同比增长126%，投产容量同比增长448%，均创历史最高纪录。

（成果创造人：杨富春、解宏松、徐　征、杨乘胜、刘秀如、
黄保乐、邢　政、赵　竟、郝　浩、周保中、王思禹）

国有企业"六位一体"精准扶贫管理

攀钢集团有限公司

攀钢集团有限公司（以下简称攀钢）是党中央为改变我国钢铁工业布局、开发攀西资源而建设的特大型钢铁钒钛企业集团。一期工程于1965年开工建设，2010年与鞍山钢铁联合重组，成为鞍钢集团的全资子公司。五十多年来，攀钢始终牢记国家使命，依托攀西资源优势，依靠自主创新，已发展成为全球第一的产钒企业，我国最大的钛原料和产业链最为完整的钛加工企业，我国重要的铁路用钢、汽车用钢、电器用钢、特殊钢生产基地。形成了攀枝花、西昌、成都、江油、重庆五大产业基地；具备年产铁精矿1200万吨、粗钢1050万吨、钒制品（以 V_2O_5 计）4.23万吨、钛精矿120万吨、钛白粉23.5万吨、高钛渣24万吨、海绵钛2.5万吨、钛材6000吨的综合生产能力。截至2020年末，资产总额达961.86亿元，在岗职工有38784人。

一、国有企业"六位一体"精准扶贫管理的背景

（一）承担好脱贫攻坚政治责任的需要

国有企业是中国特色社会主义经济的顶梁柱，是党和国家最可信赖的依靠力量。中央企业闻令而动，在脱贫攻坚伟大战役中，勇挑重担、敢打硬仗，对口帮扶国家扶贫开发工作重点县。面对脱贫攻坚这场"综合大考"，攀钢以高度的政治责任感和历史使命感，按照"六个精准"工作要求，创新实施党建扶贫、产业扶贫、教育扶贫、消费扶贫、民生扶贫，持续推动贫困地区脱真贫、真脱贫，彰显使命担当。攀钢从金沙大裂谷不毛之地诞生，依托攀西地区铁矿资源及盘州市煤炭资源发展壮大，工业反哺农业，带动周边贫困地区发展，是"开发一方资源，带动一方发展"的初心使命。

（二）促进贫困地区步入良性发展的需要

攀钢定点帮扶地区处于深度贫困地区，贫困程度深，地域分布广，脱贫难度大。四川省凉山州面临基础设施薄弱、产业支撑贫弱，生态环境脆弱、社会文化积弱的"四弱"难题；贵州省盘州市位于乌蒙山区，是彝族、苗族等少数民族聚集区，"天无三天晴，地无三尺平，人无三两银"是当地落后状况的真实写照，残疾人、孤寡老人、长期患病者等"无业可扶、无力脱贫"的贫困人口较多；定点帮扶的甘孜州稻城县、凉山木里县属于四川涉藏县，自然地理、经济社会、民族宗教、国防安全等问题交织在一起，增强了脱贫攻坚的复杂性和难度。因此，攀钢采取"六位一体"帮扶，以更加集中的支持、更加有效的举措、更加有力的工作，推动贫困群众如期脱贫，最终实现可持续发展。

（三）企业立足西南地区稳定发展的需要

云贵川地区是攀钢赖以生存的制造基地、原料基地、销售市场。助力周边落后地区发展，把精准扶贫纳入企业经营链条，可以实现"企业、地方政府、贫困群众"三方共赢。如贵州省盘州市被誉为江南煤都，攀钢与盘州市煤炭龙头企业达成战略合作协议，建立稳定的供销关系，年均向攀钢供煤200余万吨，年采购金额超30余亿元，有力保障了攀钢燃料供应。近年来，攀钢大力发展城市服务产业，以"吉靓轩"品牌发展连锁超市30余家，对农副产品需求量大。通过"订单种养殖—合作社加工—企业营销"的帮扶模式，帮助凉山州盐源县大力发展苹果、花椒、土豆等特色农副产品，实现了贫困群众增收、企业创效的双赢效果。

二、国有企业“六位一体”精准扶贫管理的主要做法

（一）整合内部资源，构建务实管用的帮扶组织体系

1. 推进帮扶力量多元化

攀钢党委成立由集团公司党委书记、总经理担任组长的扶贫工作领导小组，就脱贫攻坚工作进行专题研究、专题部署、专题推进。构建了主要领导亲自挂帅、领导小组统筹谋划、子企业协同推进、援派干部一线作战的立体扶贫责任体系。动员下属分子公司要素支持，由下属六家单位分别与盐源县、喜德县、盘州市等定点扶贫地区结对，累计投入帮扶资金 7654 万元，由下属机电学院、生活公司等单位负责教育扶贫、消费扶贫等工作。发挥干部职工及群众组织主观能动性，开展募捐、消费扶贫、志愿服务等专项工作，点面结合增强帮扶合力。充分运用供应链上下游企业参与定点帮扶工作，累计引进外部企业帮扶资金 150 余万元，帮助销售农特产品 200 余万元。

2. 推进帮扶工作制度化

建立“扶贫办 + 专业职能部门 + 子分公司单位”全员参与的帮扶队伍，制定了 2018—2020 年（3 年）扶贫工作规划及年度扶贫计划和资金预算，完善“规划 + 年度计划 + 项目推进 + 定期评估”推进机制；制定《扶贫工作管理办法》《扶贫干部管理办法》等制度文件；实行定点扶贫责任书制度，每年与下属具体帮扶责任单位签订《年度定点扶贫责任书》，落地落实帮扶责任。

3. 推进帮扶模式标准化

经过多年探索实践，攀钢在定点帮扶工作中探索出比较成熟的实施路径：因村派人—可行性分析—试点推进—多维度帮扶—打造示范村。攀钢帮扶办从帮扶基本思路、原则框架、执行步骤进行整体把控，各责任单元建立预算管理、效果评估等多维度监测指标，确保帮扶资金安全，项目效果良好。

（二）开展党建帮扶，建强脱贫攻坚战斗堡垒

1. 推进基础工作提档升级

发挥攀钢党建优势，先后选派 12 名优秀青年干部担任驻村第一书记及驻村干部，着力提升村支两委“带兵打仗”能力，并由集团公司党委组织部负责党建共建工作。发挥好第一书记的示范引领作用，吸纳退伍军人、返乡青年、创业带头人等 100 余人加入村支两委，成为网格员，不断充实党员干部队伍。牵头制定完善支部“三会一课”、支部学习、作风建设等制度 50 余项；引入企业绩效考核机制，推行“三五八”特色党建工作法、村规民约，增强乡村治理能力。

2. 开展党建结对共建

注入脱贫攻坚新动能。组织攀钢钒公司、物贸公司等单位分别与盐源县格郎河村、淹五寨村和瞿家庄村等定点帮扶村开展党建结对共建，组成帮扶对子 5 对。投入 220 余万元，帮助高官村、瞿家庄村、淹五寨村和盐源县格郎河村等打造标准化党建活动阵地 7 个，建设便民服务中心 3 个，配套宣传走廊、活动广场、村风民俗等主题展板，配备党员活动室。

3. 党建融入产业发展

大力实施“党支部 + 合作社 + 基地 + 贫困户”帮扶模式。依托攀钢援建的果蔬种植示范园、水产养殖基地、大型养猪场等帮扶项目，培育发展专业合作社 6 个，吸纳 30 余名党员参与项目运营管理，帮助 60 余名贫困家庭劳动力就近就业。援建产业项目不仅成为脱贫奔小康的聚宝盆，也成为乡村振兴人才的孵化器。

（三）开展消费扶贫，建立市场化产销对接平台

1. 抓好扶贫产品“三进活动”

依托攀钢内部职工消费市场及下属生活公司吉靓轩超市、食堂平台，大力推进贫困地区农产品进食堂、进超市、进职工餐桌。把消费扶贫作为重要任务，将采购贫困地区农产品作为责任书核心指标。

2018—2020 年，消费扶贫金额达 5000 余万元，实现连续三年翻倍增长，3 万余名职工全部参与，消费扶贫工作成效显著。其中：在盘州市采购扶贫产品 2000 余万元，覆盖盘州刺梨、盐源苹果等 30 余个品种，扶持农业企业 24 家，直接惠及合作社 52 家，惠及贫困群众 20 余万人；在盐源县采购扶贫产品 1200 余万元，对格郎河村的荞麦面、土豆等产品实现整体包销，对因疫情影响滞销的花椒、核桃等农产品加大采购力度。2020 年抗击新冠肺炎疫情期间，制定下发《助力湖北疫后重振发展工作方案》，明确消费扶贫购买湖北地区农产品不低于 600 万元，生活公司食堂采购米、面、油等物资不低于 100 万元目标。集团公司带头响应，积极购买湖北恩施鹤峰、巴东等贫困地区的大蒜、茶叶等物资，全集团累计采购湖北地区农产品 770 万元，为帮助湖北疫区群众渡过难关、助力湖北经济社会发展贡献攀钢力量。

2. 扩大农产品本地化采购力度

持续在攀枝花市、西昌市等周边地区开设连锁超市，新增市政学校、政府机关等非攀钢团购单位；与定点帮扶县米易县、盐边县等地方政府签订采购框架合作协议，加强农超对接和农产品基地建设。五年来，攀钢下属超市累计采购帮扶地区农产品近 5000 万元。2018 年，采购盐源苹果 243 吨、土豆 120. 29 吨、咖喱果 752 千克、核桃 29. 86 吨、花椒油 2540 件、荞麦面 11700 袋。通过节日、店庆等主题开展扶贫产品专题营销活动，借助抖音、网上商城等平台开展网上销售。攀钢还积极加强与合作社和地方龙头企业合作，帮助改善农产品品质，建立标准化食品生产基地，有力推动了"黔货出山、凉品下山"消费帮扶活动。通过设置扶贫专柜，引进扶贫产品，攀钢超市品种更加丰富，产品品质得到提升，经营业绩显著提升。

（四）聚焦民生短板，帮助改善贫困地区生产生活条件

1. 建好村组路

投入帮扶资金 600 余万元，在盘州市瞿家庄村、盐源县格郎河村和盐边县上村村、岩门村、木里县棉布村等定点扶贫地区援建通组路、入户路 26 条 50. 8 千米，"人便其行，货畅其流"在攀钢帮扶村成为现实。其中，盘州市瞿家庄村全村 18 个村民组、7 个自然村寨、2868 人，原来只有一条穿寨公路，村寨不相连、农资进出难。2019 年，投入 135 万元，建成四条通组产业路，拉近了村民的距离，打通了突发火情、医疗急救、地质灾害抢险时的生命通道，也为 18 个村民组一体化管控、扩大种养殖规模、实现可持续发展打下了基础，当地村民将道路命名为"鞍攀路""鞍心路"。投入 470 万元，在盐源县格郎河村实施村道建设，地勘、设计、施工、监理、管护等全流程标准化作业，烂路变通途，直接受益群众 388 户 1842 人。

2. 建好引水灌溉工程

实施农村水患整治、农田水利、防洪抗旱等惠民工程，筑牢发展基础。2019—2020 年，投入 150 万元，在盐源县格郎河村实施格郎河村河道河堤防洪治理项目，在格郎河沿线高标准修缮 2. 68 千米河堤，疏通河道，彻底解决长期以来因洪水泛滥导致格郎河边 240 余亩良田长期荒芜难题，荒滩得到复垦，并成功流转为烟草种植基地，直接受益群众 199 户 886 人。在格郎河村援建生产用水项目，修建蓄水池 9 个，新建 5 口 50 立方米水窖，配套约 6 千米供水管路，解决了 4000 余亩土地用水问题。投入 383 万元，在盘州市瞿家庄村、淹五寨村实施蔬菜基地供水管道工程、灌溉沟渠维修改造工程等小型水利工程 3 项，其中修建干渠、支渠 16 千米，铺设管网 20 余千米，3000 余亩良田实现"旱能灌、涝能排"。

3. 建好村级卫生室

按照"统一设计、功能完善、便民利民"总体思路，在盘州市、盐源县格郎河村等定点扶贫地区援建了 10 所标准化村级卫生室，全力提升村级卫生健康服务能力，实现了"小病不出村，健康有保障"。其中：在盘州市刘官街道瞿家庄村、柏果镇清坪村等 9 个村援建标准化卫生室，每个卫生室建筑面积达 170 平方米，分上下两层，诊断室、治疗室、观察室、配液室、消毒室、药房、值班室等一应俱

全，看病远、看病难问题得到解决，受益村民 22205 人；投入 27 万元帮助盐源县格郎河村新建卫生室，并捐赠价值 4800 元的医用床上用品、医药柜和医疗推车等。

4. 建好彝家新寨

根据盐源县易地扶贫搬迁实际需求，充分发挥攀钢设计院规划、设计、施工等专业优势，对盐源县盐井镇城东安置点、梅雨镇观山安置点，金河乡温泉安置点等易地扶贫搬迁安置点的彝家新寨，进行专业化整体规划设计，总规划设计建筑面积达 16 万平方米，涉及 6291 户（套）26116 人。攀钢所规划设计的极具彝族特色的彝家新寨，受到了贫困群众的喜爱，得到了凉山州的认可，成为凉山州附近州县学习的样板。投入 100 余万元，在喜德县帮助 39 户特殊困难户新建房屋，并帮助一批异地搬迁户配备热水器、洗衣机等电器设备。

（五）培育优势产业，赋能可持续发展

1. 深化地企合作

持续深化煤炭矿石等战略合作。攀钢在定点帮扶贵州省盘州市的同时，与盘州精煤达成战略合作协议，盘州炼焦煤定向销售攀钢，攀钢向盘州做出支付、价格等优先支持。2016—2020 年，攀钢向盘州采购煤炭 170 余亿元，带动贫困劳动力就业 600 余名。为支持盘州玄武岩开发，攀钢派出专家团队进行实地调研论证，帮助制定资源综合开发利用方案。发挥下属西昌钢钒公司的辐射带动作用，一方面促进凉山地区矿产资源开发利用，扶持矿产企业发展。2019 年，在西昌太和、盐源平川铁矿等地采购矿石、辅料等共计 470 万吨、23.9 亿元，有效带动了凉山州境内配套服务企业的发展。另一方面促进周边运输行业的迅猛发展，西昌钢钒每天运输量达 40 余万吨，每天 300 余辆运送物资的货车进出厂区，庞大的运输需求带动了当地运输业的发展，周边运输车辆从原来的几十辆发展到现在的千余辆，村民的钱袋子也逐渐鼓了起来。

2. 培育当地产业

牢固树立市场思维，充分利用攀钢市场、技术、人才等方面优势，因地制宜发展优势产业，助力贫困群众荷包鼓起来，思维活起来。

攀钢援建大型养猪场，培育壮大集体经济。投入 945 万元，在盘州市淹五寨村援建年产猪仔 24000 头的大型养猪场项目。采取“政府引导、企业经营、农户受益”三位一体的发展模式，“龙头企业 + 合作社”协同发展，形成利益联结机制，高效整合政策、技术、资金、土地等优势资源，2020 年已取得租赁收入 260 万元，预计 10 年共产生租赁收益 1500 万元，吸纳 30 人就近就业，惠及刘官街道下辖 15 个村。通过资产租赁、土地流转、就业带动等模式，把贫困户与扶贫产业深度连接，带贫减贫作用突出。

攀钢实施“产业 + 旅游”建设，加快瞿家庄村美丽乡村建设。2018 年以来，攀钢派驻第一书记在深入调研、认真评估后，制定了“党建 +”“抓大壮小扶微”“小规模多元化，成功后再放大”的整村推进规划。先后投入 750 万元，涵盖党建、产业、医疗、教育、民生、基建等十几个项目。建成果蔬种植示范园，整合农田 125 亩，建成 18 个共 11000 平方米的果蔬大棚和百亩露天种植区，种植蒜苗、空心菜、瓢儿白、火葱、小黄姜、辣椒、茄子、洋芋、萝卜、豇豆、四季豆、西瓜等果蔬数十余种，还在葡萄架下套养黑窑土鸡。建成特色水产养殖基地，养殖石蛙、牛蛙、淡水鱼、小龙虾、鳝鱼等水产品，并办起了农家乐。通过以重点工程建设带动全面发展、以示范形成引领，观光、科普、采摘、美食为一体的“产业 + 旅游”建设初具规模，村集体经济不断增长。目前，已形成“党建引领活动阵地 + 生态果蔬示范园 + 特色水产养殖场 + 便民旅游观光环线 + 休闲健身小康寨”的新农村模样，瞿家庄村完成了贫困村到富美乡村的华丽转身。

攀钢克服地域限制，发展乐武乡致富产业。发挥下属西昌钢钒公司的辐射带动作用，投入 200 万元，帮助凉山州喜德县乐武乡发展汽车租赁产业，由西昌钢钒提供市场、定向租赁运营，贫困村民按期收益分红，喜德县乐武乡每年获利100万元以上，乐武乡达洛村和里柯惹村192户贫困户年均增收3000元以上。截至2020年底，通过汽车租赁产业项目，乐武乡贫困户共获得租赁收益225万元。同时，投入100余万元，在乐武乡达洛村帮助发展花椒种植、牛羊养殖等产业，高品质特色农产品进一步发展。

攀钢探索高原特色农业，实现扶贫产业新突破。针对四川省甘孜州稻城县、凉山州盐源县、木里县等高寒地区，采取试点复制、科技支撑等手段，因地制宜发展扶贫产业。一是投入200余万元，在稻城县援建智能大棚，引进草莓、西红柿等经济作物，外地游客首次吃到了来自4000米高原的有机无公害水果。二是投入40万元，在盐源县格郎河村发展“跑山猪”养殖项目，首批“跑山猪”抢购一空，价格比普通猪高出40%，村集体经济每年稳定增收2万元以上，经济效益显著。

攀钢完善旅游配套，打造近郊旅游“明星村”。结合高官村地处城郊结合部优势，大力发展“产业+旅游”，配套建成草莓采摘园、党建阵地、文化广场等。一是投入46.9万元，建设草莓采摘园，发展精品水果，吸引游客；二是投入24万元，帮助高官村建成了党员活动阵地，打造党建主体文化广场，展示党建引领促脱贫、“三变”改革等工作成效，成为精准扶贫的“打卡地”；三是投入77万元，建设多功能活动广场，配套篮球场、旅游厕所、绿化设施等，进一步支撑近郊游产业发展。

（六）发力教育帮扶，阻断贫困代际传递

1. 援建学校

先后投入300余万元，在盘州市、盐源县、喜德县、稻城县共5所贫困山区学校援建学校操场、食堂、实验室等。在盘州市丹霞镇森林小学援建学校操场，刘官街道高屯小学援建食堂，辐射周边2000余户家庭孩子就学。在喜德县光明镇甘哈觉莫集中移民搬迁安置点幼儿园捐赠价值100万元的桌椅、教具等，解决了全县2000余户移民搬迁家庭子女上学难题。在盐源县投入50万元，为职业中学援建电子实验室。在稻城县投入60余万元，为金珠镇寄宿制学校、桑堆镇中心校、香格里拉镇小学援建电脑室。

2. 开展教育培训

依托下属机电学院、职教中心、幼教中心等教育平台资源，持续在盘州市、盐源县、稻城县、木里县等地开展职业技能培训40余期，帮助培训基层干部、技术人才等1万余人。连续两年在盘州市开展民办幼儿园园长培训、市县乡镇（村）三级基层干部培训，通过跟岗学习、技艺切磋、交流研讨等方式，进一步提升了业务水平和能力。在稻城县开展师资培训、治蜀兴川干部提升培训、村支两委培训等。

3. 开展助学帮扶

一是解决贫困家庭学生后顾之忧。投入300万元，设立“攀钢·圆梦助学金”，2018—2020年共为在机电学院就读的2228名贫困家庭学生开展圆梦助学活动，共计发放“攀钢·圆梦助学金”298.93万元。二是开展金秋助学活动，共为39名考上大学的盘州市高官村、瞿家庄村、淹五寨村、盐源县格郎河村及喜德县达洛村和里柯惹村贫困家庭学生发放金秋助学金15.6万元。三是投入100万元，在稻城县配套政府资金设立教育基金，实施教育提升工程。

（七）推进移风易俗，提升脱贫攻坚质量和底色

1. 推进“洁净厨房”工程

彝区群众人居环境最大的问题在厨房，根子在落后的传统“火塘”生活方式。攀钢从洁净厨房入手，扎实推进人居环境改善工程。一是为彻底改变彝族同胞千百年来“吃在火塘边，睡在火塘边”简陋“火塘”生活方式，依托下属鸿舰公司，量身定制新型生物质炉，兼具做饭、取暖、烧水、烘烤、环保、节能等多种功能。2017年以来，攀钢已连续四年实施新型生物质炉捐赠计划，累计向盐源县平川镇青天铺村、喜德县达洛村和里柯惹村等贫困乡镇建档立卡贫困户发放生物质炉1000余台，节能、

环保、安全的攀钢新型生物质炉走进千家万户，“不见炊烟起、但闻饭菜香”，沿袭上千年的传统“火塘”文化渐成记忆，朴实的彝区百姓向攀钢竖起大拇指，夸赞“攀钢生物质炉很好用，不熏眼睛也不熏房子”，得到了四川省国资委和凉山州委的充分肯定，四川省国资委在国资系统推广攀钢捐赠新型生物质炉打造彝区移风易俗新貌的做法。利用国家扶贫日开展走访慰问等方式，向盐源县格郎河村建档立卡贫困户发放62台价值近2万元饮水机、电饭煲、电磁炉等电气化厨具。

2. 推进“美丽乡村”工程

将每月15号定为格郎河村卫生文明日，组织群众开展清洁大扫除活动。开展乡村绿化工程，沿村道栽种1200株雪松，建立防火通道2条。在便民服务中心修建环保厕所，实施庭院绿化。强化援建项目维护管护，建立道路、河堤、厕所等管护制度6个，确定管护人4人。

3. 推进“头雁领航”工程

通过政策、资金倾斜，培育发展一批“养成好习惯、形成好风气”移风易俗先进典型。2020年，在国家扶贫日期间，开展“四好家庭”示范户、勤劳致富示范户评选活动，对3个先进集体、6个优秀帮扶对子、127户示范农户和23名先进个人进行了表彰，发放荣誉证书，并悬挂光荣牌。拍摄《旧貌换新颜 情暖格郎河》纪录片，举办脱贫攻坚成果摄影展，营造“比学赶超”的浓厚氛围。

三、国有企业“六位一体”精准扶贫管理的效果

（一）帮扶地区如期实现全部脱贫

五年来，攀钢累计投入帮扶资金7654万元，年平均增幅20%以上，实施帮扶项目140余个，派驻扶贫干部14名，培训基层干部及技术人员共计1万余人，购买扶贫点农产品5000余万元，有力推动了贫困地区脱贫退出。截至2020年，攀钢定点帮扶的8县12村全部脱贫退出，累计退出人口近10余万人。

下沉帮扶力量，成功创建了一批脱贫攻坚示范村。在高官村，坚持党建引领，建强基层战斗堡垒，采取“党建+项目”方式推进党建活动阵地、草莓采摘园、村文化活动广场等项目建设，创建六盘水市党建引领促脱贫示范基地。在瞿家庄村，实施“抓大壮小扶微、小规模多元化，成功后再放大”的小康整村推进规划，建成“党建引领活动阵地+生态果蔬示范园+特色水产养殖基地+便民观光环线+休闲健康小康寨”经济生态区，走出了产业化扶贫新天地，绘制出美丽乡村新画卷。在淹五寨村，依托大项目带动，援建灌溉工程、养殖场，探索稻田蟹养殖，培育新农人，建起脱贫攻坚与乡村振兴有机衔接的攀钢样板。在格郎河村，建好“交通线、风景线、产业线”，串起美丽乡村，获评“凉山州四好村”。

（二）构建地企共生共融发展良好局面

坚持产业带动，直接投入产业扶贫资金2000余万元，发展果蔬种植、水产养殖、仔猪繁育、生态牧业等特色产业30余项，成功培育了喜德县汽车租赁、盘州市瞿家庄村立体农业、盐源县格郎河村高原精品烟草等优势扶贫产业。采购贫困地区农产品价值4636万元，带动100余个村级合作社及新型农业经营主体发展，惠及贫困群众20余万人，助力盘州刺梨、盐源苹果、木里野生菌等品牌发展壮大。加大煤炭矿石等工矿产品合作，采购金额达170余亿元，有力带动地方县域经济发展。对厂（矿）区周边乡镇村社对口帮扶，阿坝州九寨沟县和宜宾市地震灾区灾后重建，“西昌市经久乡森林火灾”宁南县救火英雄慰问以及支持扶贫地区、地方政府和与攀钢密切关联的复工复产企业抗击新冠肺炎疫情等，捐赠资金1386万元，为地方经济发展、战胜自然灾害，以及阻击新冠肺炎疫情等做出积极贡献。

（三）攀钢社会责任形象得到更好传播

攀钢倾力帮扶，尽锐出战，3万名职工全员参与，下属子公司齐心出力，凝聚脱贫攻坚“攀钢力量"。连续三年超额完成国务院国资委对中央企业定点扶贫责任书的目标任务。在2020年国家及四川省扶贫成效考核中攀钢获得最高等级"好"，荣获"四川省脱贫攻坚先进集体"称号。攀钢7名扶贫干部分别荣获贵州省、四川省脱贫攻坚先进个人；收到各级政府锦旗、感谢信等20余件。两名扶贫干部先后担任复旦大学、贵州大学及北京大学物理学院等主题团课讲师，传播攀钢扶贫好声音；人民网、新华网、四川电视台、四川日报等媒体宣传报道攀钢扶贫工作100余次。

（成果创造人：段向东、申长纯、明　永、周承家、江永亮、董　红、谢雨思）

电网企业以保护秦岭生态环境为导向的输电线路建设与运维管理

国网陕西省电力有限公司

国网陕西省电力有限公司（以下简称陕西电力）是国家电网公司控股公司，是陕西省电力建设、输送、销售的独立法人，陕西省电网规划、建设和运营的公用事业企业，承担着为陕西经济社会发展，以及城乡广大电力客户提供安全可靠电力供应的重要职责。国网陕西电力职能部门 23 个，直属单位 23 个（其中地市供电公司 11 家），县供电公司 30 家，省合资公司 2 家，控股公司 2 家，配售电公司 3 家（控股 2 家、参股 1 家），省级集体企业经营平台 1 个，全口径用工总量 3.24 万人。2020 年，陕西电力资产总额 701.53 亿元，电力客户 943.57 万户，售电量 1266.23 亿千瓦 · 时。运维的 35 千伏及以上输电线路 2028 条（含接地极线路 1 条）、总长度 41675.75 千米，包含位于秦岭山脉和秦巴山地的35 – 330 千伏输电线路共计 536 条 11340.61 千米，特高压直流线路 3 条 1375.36 千米，涉及运维单位包括省检修、西安、宝鸡、渭南、汉中、安康、商洛 7 家单位。近年来，陕西电力先后获 “全国五一劳动奖状” “全国文明单位”、陕西省政府授予央企突出贡献奖等多项荣誉。

一、电网企业以保护秦岭生态环境为导向的输电线路建设与运维管理的背景

（一）贯彻国家生态文明建设的需要

作为长江和黄河流域的分水岭，秦岭是中国南方和北方的地理分界线，是横亘在中国腹地上的一道巨大生态安全屏障，有着 “国家中央公园” 的美誉，是生物多样性的自然基因库。陕西省出台《陕西省秦岭生态环境保护条例》，对秦岭保护区的电网建设运行提出了更为严格的要求，要求电网建设要以保护秦岭生态环境为导向，在输电线路大电网建设和运维全过程中，与中央和地方政府步调一致，保障电网可靠供电的同时，建立有效的内外部协调工作机制，落实国家生态文明建设要求，助力秦岭生态环境保护。

（二）落实国家 “西电东输” 能源战略的需要

我国煤炭、太阳能和风能资源主要分布在西北部地区，而华中、华东地区一次能源相对匮乏，后续开发能力不足，能源需求矛盾突出，这种能源资源与生产力布局分布不平衡的基本国情，决定了能源资源必须在全国范围内优化配置。为落实 “四个革命、一个合作” 能源安全新战略，国家电网公司规划和建成投运了 “十一直十三交” 特高压线路工程，将西部可再生能源通过特高压输电线路，输送至华东、华中地区负荷中心。特高压输电线路工程为点线结合的建设类项目，线路路线长，其路径受沿线地形等不同因素的制约，而作为中国南北的分界地，输电线路不可避免要穿越秦岭自然保护区。在输电线路工程规划设计、施工建设及运行维护全寿命周期内，电网企业必须处理好电网建设与秦岭生态保护的关系，最大程度减少地表扰动和植被损坏范围，有效控制自然保护区水土流失和环境破坏，同时担负起保护秦岭生态环境的社会责任。

（三）促进电网发展与生态和谐共生的需要

随着我国工业高速发展和电力负荷不均衡态势的加剧，将有更多的新建输电线路跨越秦岭保护区，输电线路建设和运维管理工作影响秦岭生态环境的问题愈加严峻。生态环境保护与电网建设运维安全的矛盾、电网网架结构与政府环保要求的矛盾，是电网企业在输电线路全寿命运维周期中面临的难点问题。在传统的输电线路建设中，输电线路的巡视、运维和检修工作也主要以人工为主，对生态环境扰动较大。森林草原火灾与输电线路山火灾害相互影响，通道内树木生长过快与线路间隙不足放电、线路雷

击跳闸也可能引发山火风险等，是电网安全与生态保护的一个难题，需要陕西电力主动寻求突破，将保护秦岭生态环境的理念融入线路建设运行管理工作中，为生态文明建设贡献电网力量。

二、电网企业以保护秦岭生态环境为导向的输电线路建设与运维管理的主要做法

（一）绿色共享，确立“和谐共生”电网发展理念

1. 坚持统筹协调、规划引领

根据《陕西省秦岭生态环境保护条例》的要求，跨越秦岭输电线路规划建设必须与国家、省、市保护秦岭整体规划及环境保护原则相适应。综合考虑秦岭保护区地形地貌、地质、水文气象，以及地方政府意见建议，严格落实“停止、减少、升级替代”的体系要求。在路径选择时避开秦岭核心保护区，减少经过重点保护区；在建设和施工中，不使用与环保不适应的施工方式，升级完善新型环保施工措施；运行维护中，停止和减少人工对生态环境的影响，升级完善数字化运检装备，实现输电线路建设和运行“保护优先、科学利用、安全可靠、经济合理”。

2. 坚持多措并举、科学保护

秦岭保护区内生物多样性集中，原始森林和野生珍稀动植物资源丰富，是国家南水北调中线工程汉丹江流域和黄河流域的主要水源涵养区，核心区域生态脆弱，自然生态环境容易遭受破坏。输电线路建设中立足于秦岭科学保护和合理利用，严格落实环评方案，推广新技术和新工艺，减少树木砍伐和植被的损害，降低对生态环境的影响。施工中综合利用已有道路，全线杆塔采用高低腿差异化设计施工，最大程度减少土石开挖，保护原有地形地貌，避免引起边坡破坏的环境工程地质问题，实现对生态、动植物及人居环境的保护。

3. 坚持防微杜渐、联防联控

防范森林草原火灾是秦岭生态保护和林区电网安全运行面临的共同问题。重点开展森林草原火险等级、设备火灾隐患、作业现场火灾隐患的排查治理，加大火灾易发区段线路巡视检查力度，确保排查治理全覆盖，加强与林草部门高效协防，确保初期火险及时发现、快速处置。通过建立防山火联防联控机制，搭建资源共享平台，实现网格化管理，落实防火责任，加强源头管控，防范森林草原火灾引起的电网事故，同时杜绝输配电线路引发的森林草原火灾，协同治理地质灾害，实现电网发展与秦岭生态环境的和谐共生。

（二）内外协同，构建“1+1+7+N”工作组织体系

1. 对内统一指挥，实现整体协同

以保护秦岭生态环境为目标，陕西电力对内统一指挥，建立了“1+1+7+N”的联防联控协同管理组织体系。

（1）第一个“1”的含义。

成立陕西电力联防联控协同管理领导小组，以陕西电力主要领导为组长、各分管领导为副组长，成员包括发展部、设备部、配网部，以及省检修公司、西安、商洛、宝鸡、汉中、渭南、安康7家单位的主要负责人。全面协调电网规划、建设、运维等工作，推动电网规划与政府规划“多规合一”，着力协调解决规划项目变电站选址、输电线路选线、青苗征迁、施工跨越、调整土地性质、项目环评等方面问题，加快陕西电网建设，提高电网输送能力。

（2）第二个“1”的含义。

成立陕西电力联防联控协同管理工作小组，以设备部主任为组长、各公司分管领导为副组长，各相关单位业务骨干参与，与市县建立协调机制，制定工作计划、方案，实施整体推进与过程管控。

（3）“7”的含义。

成立7个工作实施小组。省检修公司、国网西安、商洛、宝鸡、汉中、渭南、安康供电公司等7家

单位，分别组建联防联控协同管理工作实施小组，负责各自运维范围内秦岭生态环境保护与电网建设运维管理。

（4）“N”的含义。

建立多个联防联控工作单元。以国网西安，商洛、宝鸡、汉中、渭南、安康供电公司及所属县供电公司、乡镇供电所为参与主体，建立“N”个联防联控工作单元，负责区域范围内的线路隐患排查治理、巡视及运维工作。

2. 对外建立联盟，推动政企联动

依托秦岭生态环境保护委员会、陕西省森林草原防灭火指挥机构、省市县电网建设领导小组等常设组织，改变各自为战的被动局面，成立社会责任联盟，包括政府、企业、学校、有关志愿者组织等96个成员单位，以绿色低碳和保护秦岭生态环境为目标，发挥联盟单位的资源优势，统筹推进实施。积极联系市县林业局，收集境内林场、林地、自然保护区等重点林区位置信息，采取人员现场逐档实地排查与电网 GIS 图线上核查相结合的方式，确定输配电线路穿越林地的火情设防等级。各地市供电公司围绕电网防山火和通道内树障清理工作，主动与各市县（区）政府、林业部门、应急管理部门、森林公安机关等部门沟通汇报，与林业局等 13 个部门和单位签订安全互保协议，共同确立防山火、保电网、护生态工作责任体系。充分发挥护林员、护线员巡护作用和监测装置、瞭望塔台监测功能，严格执行森林草原禁火令，特殊时段、特殊天气与林草部门开展联合特巡，开辟绿色通道，采用线路通道设置防火隔离带、树种置换等方式，多措并举形成隐患治理合力。协调解决各利益相关方合理诉求，及时推广应用绿色电网建设与运维中对秦岭生态环境保护的成熟经验和举措，实现各利益相关方目标同向、资源共享、合作共赢。

（三）源头管控，推行“三减一保”生态优先设计方法

结合沿线生态环境，在新建线路工程规划设计阶段，充分征求沿线环保等相关部门意见，生态先行，从路径选择、电网建设与人居自然环境影响因素、生态保护新技术应用等方面，实施生态环境保护措施，将工程对生态环境产生的影响控制在最小水平。

1. 选择最优路径，减少生态干扰

陕西电力坚持“安全可靠、环保优先、经济合理”，在规划跨越秦岭的输电线路路径时，综合考虑线路长度、地形地貌、地质、水文气象、交通、林木、矿产、交叉跨越、施工、运行及地方政府意见等因素，进行多方案优化和比选。在青豫 ±800 千伏特高压直流输电工程路径规划中，以保护秦岭生态环境为出发点，规划了北方案、中方案、南方案、南接中方案四个路径方案。中方案线路路径最短，投资最少，但是跨越秦岭核心和重点保护区，不满足秦岭保护条例要求；南接中方案，线路路径主要在秦岭一般保护区，对秦岭生态环境影响最小，且取得了沿线所经区域相关规划部门的同意，路径比中方案增加长度约 20 千米，工程静态投资增加约 1 亿元，但考虑对秦岭环境的影响，工程最终采用了此方案。

2. 实施“一基一案”，减少土方开挖

根据秦岭山区地形地貌现状，为实现环境保护的最大化，实施“一基一案”，逐塔开展差异化设计，全线采用高低腿铁塔，并根据不同基础型式的承载能力、材料耗量、土石方量以及对水土保持的影响等因素，因地制宜、经济合理地选择基础型式，减少基础占地和土石方开挖量。一方面可降低工程成本，确保线路安全运行；另一方面也可最大程度保护好生态环境，实现安全、环保、经济、合理的目标。基础选型设计中，减少基础大开挖方式，优先使用掏挖基础、岩石嵌固基础和岩锚基础等原状土基础，充分利用原状土力学性能，提高基础抗拔能力，同时降低地表植被破坏，减少开挖土方量。以新建投运的 ±800 千伏青豫线为例，在秦岭地区采用高低腿铁塔共计 627 基，基础挖方量比平腿减少 65% ~

97%，按每基平均减少土地挖方500立方米计算，累计减少基础开挖量约31万余立方米。

3. 优化导线布置，减少拆除砍伐

直线塔导线悬垂串有Ⅰ型串和Ⅴ型串两种，采用Ⅴ型悬垂串时，杆塔横担比Ⅰ型串杆塔横担长，造价高，但Ⅴ型串杆塔具有良好的抗风性能，可显著降低杆塔单基重量，减小导线极间距，节约走廊宽度约20%，进而减少房屋拆迁和树木砍伐，降低电磁环境影响程度，因此，在青豫直流工程中，全部直线塔均采用Ⅴ型悬垂串。设计阶段，计划砍伐树木224152棵，经与属地12个县区林业局现场共同勘测协商，优化设计后实际砍伐196122棵，减少砍伐28030棵，生态保护效果显著。

4. 降低电磁干扰，保护生存环境

特高压输电线路和附近物体间距选择，除要避免发生闪络的可能性，还必须考虑输电线路产生的静电效应，以避免过量的充电电流、感应电流等，输电线路的电磁效应过大，将会严重影响人居和动植物生活环境。陕西电力坚持以人为本，高标准落实线路工程电磁环境和声环境的限值要求。一是合理规划线路对地高度，要求直流输电线路经过居民区时，导线最大弧垂对地距离不低于21米，经过农业耕作区时，导线最大弧垂对地距离不低于18米，并将极导线外7米以内的常年住人房屋全部拆除，7米外常年住人的房屋，当地面合成场强最大值≥25千伏/米也予以拆迁。二是合理选择导线直径及导线分裂数，降低线路电磁环境及电晕噪声影响。通过选择8JL/G3A-1250/70大截面钢芯铝绞线、铝合金阻尼间隔棒，同步提高导线、均压环等金具的加工工艺，有效降低了线路地面场强。以±800千伏青豫直流工程为例，通过电磁场限值规范值、设计值及实测值比较分析结果可知，实测结果明显低于规范要求值，实现了绿色环保电网的建设要求。

（四）科技领航，实施“少扰强抚”生态建设措施

1. 搭设现场作业新平台，减少环境扰动

在施工前，结合施工标段耐张塔、直线塔分布情况，调研全线施工的放线牵引场、张力场适宜位置，选择道路交通方便、植被覆盖率低、树木砍伐数量少的区域设置牵张场，最大程度减少对林区和植被的破坏；在地形和环境受限区域，通过搭设牵张场作业平台，减少对土壤的扰动，并做好后续牵张场的环水保整治工作。牵张场作业平台表面采取隔离措施，防止施工过程中的油污直接浸入地面污染土壤，有效地对环境、土壤进行了保护，同时提高了导线放线施工的便捷度，以及架线施工效率。在青豫直流线路工程中，通过搭设的6个牵张场操作平台，共减少约1100平方米的土壤扰动，减少表土剥离面积约830平方米。

2. 研发应用植保新技术，增强植被抚育

采取植保无人机对现场环保、水保进行巡视和数据采集，避免人力跑点监测。利用计算机与GIS-RS等现代科技手段，建立水土流失、治理和动态遥感监测系统，采用大数据分析方法，随时掌握水土治理情况的动态变化。做好调控措施，利用无人机播撒草籽，减少人力、物力、财力的浪费，同时避免对生态环境造成人为干扰。

3. 采用水土保持新工艺，防止水土流失

采用“植生袋+连接扣+植被种植”正三角稳固堆叠方式，构成3D水土保持护坡植生绿化系统，对输电线路建设过程中开挖的裸露山体进行有效修复保护。植物及其根系可以很好地穿透生态袋生长，根系在土壤中盘根错节产生强大的牵引力，从而达到生态绿化与固坡的目的，发挥长久护坡的作用。同时，将该系统与挡土墙、保护坎相结合，将渣土堆放在水土设施有效的拦挡范围内。将植被种植与恢复植被相结合，在开挖时将原有植被铲出保存，恢复植被时再用原有植被。这有效解决了秦岭区域湿陷性边坡的溜渣溜土和植被破坏问题，实现了边坡绿化及防止水土流失的有效结合。

（五）数字赋能，提升线路“精益运维”管理水平

1. 搭建输电全景智慧管控平台，助力设备“精益运维”

按照“全景全息、透明电网、一眼看穿”理念，采用微服务架构，将人工智能、大数据、数字孪生等技术与输电业务深度融合，打造状态感知、全景监控、主动预警、巡视及检修管理的输电线路全景智慧管控平台，助力输电业务管理实现“电网一张图、数据一个源、业务一条线”。平台按照“省级部署、多级应用”原则，打通 PMS2.0、D5000 等专业系统数据及气象、水文等公共资源数据，建成完备的输电专业业务系统，实现设备信息总览、本体感知诊断、环境监测预警、多维协同巡检、智能辅助检修、大数据分析应用等六大主要功能模块的业务系统整合，相关信息与政府林业和应急部门共享，精准服务输电线路运维和秦岭生态保护。

2. 构建“无人机+人工”协同模式，提升智能巡检水平

改变传统人工巡视线路的模式，以“无人机自主巡检+通道可视化”为主，以移动巡检、直升机航巡、卫星遥感为辅，以人工智能图像识别为支撑的精益立体巡检模式；构建“人工+小型旋翼无人机”巡检山区输电线路的新型运检模式。制定无人机协同巡检作业方案，加强无人机巡检信息化、数据化管理，建立无人机巡检作业标准体系和作业流程，确保各项巡视工作有序推进，巡视效率稳步提升。通过利用无人机巡视，及时发现易引发山火的隐患，较原来人工巡视隐蔽性缺陷发现精度提高 61%。

3. 利用现代数字化技术，提高线路防雷防火能力

开展输配电线路森林草原火灾隐患治理三年行动，全面梳理排查设备运行年限和缺陷隐患，按照线路周期巡视，通过可视化、无人机巡视、红外测温以及人工巡视等方式，排查隐患 1023 处，开展专项治理。针对雷击线路故障易引发山火等隐患，应用国网公司雷电定位系统，及时准确地处置雷击故障线路。并利用在线监测等数字化手段，周期性开展接地电阻测量，并根据测量结果，实施杆塔接地治理、雷害严重的区域加装氧化锌避雷器、线路全线接地导线等防雷措施，提高线路的耐雷水平和防雷能力，避免雷击引起的绝缘子掉串、雷击断线事故引发的森林草原火灾。

（六）建立机制，提高“联控联责”协同处置能力

1. 建立应急处置机制，实现火情快速处置

与林草部门高效协防，确保初期火险及时发现、快速处置。开展火灾应急响应，保证火场应急供电，及时确定火灾区域电力设施重要性，在必要时组织协调电力设施停运等配合灭火。与气象部门建立“重要气象信息”共享平台，提前掌握特殊天气预警信息，针对性开展火险趋势研判。加强内部协同联动，发生持续高温干旱、大风等高火险天气时，积极采取森林草原输配电线路退出重合闸或临时拉停等避险措施。

2. 建设长效沟通机制，确保信息交流畅通

与签署安全互保协议的政府各部门和单位，搭建防山火日常交流平台，建立长效沟通机制，以电话、微信群等形式畅通信息渠道，在每天的巡查工作中，各方按照“见烟就查、见火就报、发动群众、管控火源”的思路，加强对火源的管控工作，及时共享电力线路通道、气象信息，交流防山火科普知识等信息，当好森林火灾的“吹哨人”。强化与政府部门横向协同，及时将树线矛盾等隐患情况上报相关部门，明确危险树木处置流程，落实森林草原火灾应急预案，搭建防山火信息共享平台，与各级政府建立火情互报、信息共享机制。

3. 构建宣传保护机制，实现生态齐抓共管

配合各级林业部门对林区输配电线路产权进行确认，厘清资产属性和安全责任，联合区域内相关电力线路产权单位和林草部门，以火灾高风险线路为重点，借助微信、微博、抖音等新媒体，开展森林防

火专题科普宣传活动，营造“齐抓共管”的宣传态势。依托广播、电视、网络等媒体，在森林火灾易发期、易发区，与林业部门、生态环保部门、应急管理部门等联合组织林业防火、生态保护区和电力设施保护宣传，加强沿线居民电力安全知识、生态环境保护和森林防火意识宣传，动员广大群众，提高防火认识，改变传统习俗，杜绝野外用火，保障电网和森林安全。2020 年，组织 2000 多人次，配合林业部门开展森林、草原防火专题科普宣传活动 300 多场次，发放《关于森林高火险期严禁林区野外用火的通告》60 万份，宣传标语 60 万份，营造森林火灾群防群治的良好氛围。

三、电网企业以保护秦岭生态环境为导向的输电线路建设与运维管理的效果

（一）凸显生态效益，助力秦岭生态文明建设可持续发展

陕西电力以保护秦岭生态环境为导向，在大电网建设和运维全过程中，在保障电网安全可靠运行的同时，通过有效的内外部协调工作机制，落实国家生态文明建设要求，践行秦岭生态环境保护理念，服务于秦岭生态环境保护。在穿越秦岭的吉泉、青豫、祁韶特高压直流输电工程建设中，采用高低腿杆塔共计 1328 基，较平腿施工（每基铁塔按照 500 立方米计算）减少开挖 66 万余立方米，生态效益巨大，同时按照 180 元/立方米施工费用计算，节约建设成本 1.18 亿元。青豫直流工程中，全部直线塔均采用 V 型悬垂串，树木实际砍伐量降低 12.5%，生态保护效果显著。经环水保综合评价，三条特高压线路工程对土地利用、景观生态、植被生态、动物生态、农业生态、敏感区生态影响轻微，采取的针对性生态保护措施，最大程度地保护了秦岭生态环境。

（二）提升管理水平，实现电网发展与生态环境和谐共生

输电线路精益运维水平大幅提升，线路通道在线检测率、GIS 系统、雷电定位系统、卫星山火监测系统实现 100%，全景式可视平台推广应用、输电线路供电可靠率达到 99.99%，跳闸率、故障停运率 0.454 次/百千米·年，稳中有降，为实现 2020 年售电量 1266.23 亿千瓦·时、营业收入 640.93 亿元、利润 6.06 亿元的优秀业绩提供了有力保障。未发生因电力线路设备原因产生的森林草原火灾，未发生与线路运行相关的生态破坏问题。陕西电力首次成为陕西省森林防火成员单位，编制了《秦岭生态环境和电力设施保护工作机制汇编》。及时发现并妥善处置了 90 余次山火和 70 余起滑坡，其中 26 次山火为电力部门员工巡视发现，通过信息共享和信息交流机制，迅速通知相关部门，开展灭火和防火行动，有效防止了山火蔓延、地质灾害对秦岭植被和生态系统的影响，确保了线路安全稳定运行，为秦岭生态环境保护做出了积极贡献。

（三）履行社会责任，形成具有推广借鉴价值的工作经验

截至 2020 年，已完成建设并投运的穿越秦岭地区特高压输电线路有吉泉直流（±1100 千伏，目前输送电压等级最高、容量最大的输电线路），青豫直流（±800 千伏，第一条完全清洁能源外送，满足华中电网用电需求），祁韶直流（±800 千伏，甘肃电力资源送往湖南，为湖南全省提供 20% 的供电量）三条，投运以来累计实现清洁能源电力外送 2005.1 亿千瓦·时，保障了国家“西电东输”能源战略大通道的安全稳定运行，实现了国家能源战略、绿色电网和生态环境的和谐共生。在深入推进电网企业以保护秦岭生态环境为导向的输电线路建设与运维管理工作中，形成了极具借鉴性、推广性的工作成果，相关做法得到了省政府、国网公司的充分肯定，典型经验做法先后在人民日报、新华社、中央电视台、《中国电力报》《国家电网报》等媒体报道，并受邀在行业内、公司内外进行经验分享，社会反响良好，也为山地、草地、林区等的生态保护、山火防治、草原防火提供了联防联控协同管理的新模式，为电网企业在政企联动方面提供了参考范式。

（成果创造人：张薛鸿、窦晓军、罗建勇、李　强、盛　勇、孔志战、
陈松博、胡攀峰、王建康、张　勇、魏玉森、李新民）

能源建设集团以“双碳”目标为导向的转型发展

中国电力工程顾问集团有限公司

中国电力工程顾问集团有限公司（以下简称中电工程）是隶属于中国能源建设集团（股份）有限公司（以下简称中国能建）的二级央企集团，主要从事能源规划研究、咨询与工程勘察、设计、服务、工程总承包、投资经营等业务，下辖24家所属企业，业务覆盖全球100多个国家和地区。2020年，新签合同金额1280.87亿元，实现营业收入634.25亿元、净利润28.34亿元，2021年ENR全球150强设计公司排名第3位。截至2020年年末，中电工程总资产达843.11亿元，在职职工18348人，其中国家级勘察设计大师13人、全国电力勘测大师62人。近三年，累计获得科技类奖励337项，其中国家科技进步奖3项、中国电力科学技术奖28项；共获国家优质工程金奖30项、国家优质工程奖56项；制定国家、行业标准600余项，对中国90%以上火电站、核电站常规岛及电网勘察设计做出了重要贡献，被称为中国能源建设领域的“国家队”。

一、能源建设集团以“双碳”目标为导向的转型发展的背景

（一）贯彻落实国家“双碳”目标的需要

碳达峰、碳中和是一场广泛而深刻的经济社会变革，涉及能源、钢铁、交通、建筑、农业、林业等多个行业，其中能源结构高碳化特征突出，能源消费排放约占二氧化碳总排放量的79.8%，能源是实现“双碳”目标的主战场，电力是主力军。“双碳”目标下，能源电力行业格局将发生根本性变化，机遇和挑战并存。中电工程作为深耕能源建设领域70余年的“排头兵”“国家队”，理应肩负时代使命，加快推进由传统电力工程建设者向绿色低碳一体化服务商的转型，争当践行国家“双碳”目标的先行者、引领者，彰显央企担当，为我国加快实现“双碳”目标做出积极贡献。

（二）加快构建清洁高效新型电力系统的需要

面对实现“双碳”目标窗口期短、任务艰巨的状况，此次能源变革将重塑电力系统的运行模式，从技术到产业链，从参与主体到商业模式，都将发生颠覆性变化。中电工程作为连接电力发、输、变、配、用各环节及产业链上下游的“枢纽”，在构建清洁高效新型电力系统上拥有规划引领、科技领先、系统集成等独特优势，必须主动适应电力行业发展新趋势，加快推进组织变革、技术创新、管理创新和商业模式创新，重构产业链、价值链和核心竞争力，加快培育战略性新兴能源产业。

（三）全面推进公司高质量发展的需要

随着“双碳”战略实施，火电发展速度逐步减挡，特高压建设增速放缓，系统设计相对简单的新能源成为能源建设的主战场，综合能源、储能、氢能等能源新业态将蓬勃发展，新能源领域设备集成度较高，市场参与主体多，竞争异常激烈，客户群体和客户需求已发生深层次变化。中电工程的传统优势是复杂系统的设计和集成，在大型火电、特高压输变电、核电等工程领域的丰富积淀和综合竞争力将面临“英雄无用武之地”的状况。因此，中电工程必须迅速适应“双碳”目标下的新市场、新技术，解放思想、转变思路，及时优化调配资源，转变传统组织模式、运营模式和盈利模式，培育新的利润增长点，重塑企业竞争力，促进公司高质量发展，为中国能建的稳增长贡献更大力量。

二、能源建设集团以“双碳”目标为导向的转型发展的主要做法

（一）研判“双碳”机遇，明确转型发展路径与竞争力重塑目标

1. 研判“双碳”市场与业务方向

中电工程科学研判碳达峰、碳中和、净零排放等绿色低碳发展要求，确定了集“行动方案、行业

规划、产业策划、投建营一体化、综合能源服务”五个阶段于一体的市场和业务发展方向。一是“双碳”行动方案。发挥智库功能，抢抓“双碳”谋划布局关键期，为政府、行业、企业提供“双碳”行动方案，抢占“双碳”顶层设计。二是行业发展规划。依据“双碳”行动方案，发挥中电工程作为国家、省级规划研究中心的作用，为政府、行业、企业提供基于绿色低碳的整体发展规划，通过规划牵引新产业、大市场。三是产业策划。细化行业规划，为政府、园区、大客户、投资平台等提供绿色产业规划、产业专项规划、产业投资规划等整体解决方案，创造、孵化、培育示范项目、重点项目。四是投建营一体化。基于产业策划成果，实施投资与工程双轮驱动，以设计为龙头，为能源电力以及建筑、交通等非电领域清洁低碳转型提供一流的一体化建设服务。五是综合能源服务。在需求侧为客户提供“一站式”智慧能源服务。

2. 谋划转型发展路径

中电工程系统分析“双碳”目标带来的外部发展环境、关键驱动因素等深层次变化，确定加快推进战略、组织、产业、要素、平台、机制六个方面转型，着力构建战略发展新任务、绿色品牌塑造新基础、一体化服务新格局、高端化发展新动能、合作共赢新生态、市场化运作新制度，即“六转六新”卓越管理发展模式，重塑基于“双碳”目标的产业链、价值链、创新链，六重优势打造核心竞争力（见图1）。

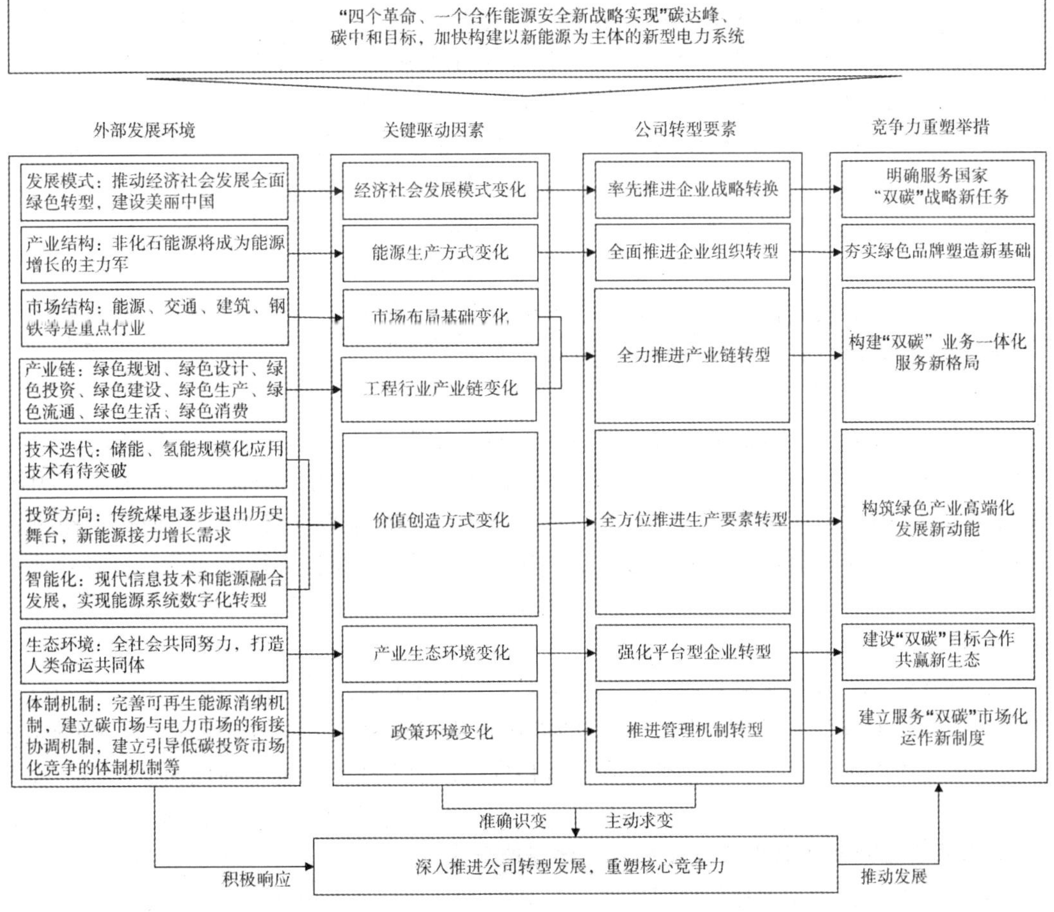

图1 基于“双碳”目标的转型发展与竞争力重塑路径

“六转六新”卓越管理发展模式：一是“转战略”，以国家战略引领企业战略转换，明确服务国家

"双碳"战略新任务，打造战略竞争优势；二是"转组织"，重构与"双碳"目标相适应的新型组织体系，做强能源智囊、国家智库，夯实绿色品牌塑造新基础，打造品牌竞争优势；三是"转产业"，沿纵、横两个维度延伸和拓宽产业链，为政府、行业、企业提供系统化解决方案，构建"双碳"业务一体化服务新格局，打造全产业链服务竞争优势；四是"转要素"，全面激活技术、数字、资本等高级生产要素功能，构筑绿色产业高端化发展新动能，打造"要素+能力"竞争优势；五是"转平台"，主动连接和整合上下游、内外部、产学研等资源，建设"双碳"目标合作共赢新生态，打造"平台化+生态化"竞争优势；六是"转机制"，对接"双碳"体制机制改革政策，建立服务"双碳"市场化运作新制度，普及低碳发展理念，打造文化竞争优势。

3. 明确竞争力重塑目标

坚定实行"六转六新"卓越管理发展模式，全面推进公司转型升级，大幅提升价值创造力和综合竞争力。计划到2023年，公司新能源与能源新业态业务占比达到60%以上，为70%以上省、市提供碳达峰、碳中和行动方案以及规划咨询服务，新型电力系统关键技术实现突破和应用，在城乡建设、城市更新和乡村振兴绿色发展上做出突出贡献，成为践行国家"双碳"战略的排头兵、清洁高效新型电力系统建设的先锋队、国资国企改革发展的示范者。

（二）主动实施战略转换，明确服务国家"双碳"战略新任务

1. 推动"双碳"目标引领的公司战略调整

中电工程深刻认识到必须坚持以国家"双碳"目标为引领，针对系统研究加快我国产业和能源结构的优化，同时持续保持经济中高速增长，切实保障国家能源安全和产业链、供应链安全的"降碳"思路，从战略层面全面对接、融入、服务、支撑国家"双碳"目标，充分发挥规划咨询的龙头、灵魂、牵引、放大和布局"五大作用"，积极响应政府、行业、企业的"碳达峰、碳中和"需求，制定服务"双碳"目标的企业战略，按照基于"双碳"目标的转型发展与竞争力重塑路径细化"六转六新"卓越管理发展模式，推动公司从以传统电力设计和总承包为主要业务方向的工程公司，向以"碳达峰、碳中和"研究与开发为先导，传统电力、新能源和能源新业态、非电领域并重，工程服务和投资双轮驱动的能源一体化方案解决商转变，在践行国家战略、推动能源革命、加快高质量发展、建设美好生活上走在行业前列，努力建设成为世界一流能源电力一体化工程公司。

2. 制定新能源产业发展专项规划

主动适应以新能源为主体的新型电力系统发展趋势，依据新的公司战略，研究制定"十四五"新能源产业发展专项规划，明确"十四五"时期新能源与能源新业态业务增长目标。确立了积极争取大型新能源基地项目，持续做优新能源单体项目，大力开发"源网荷储一体化"和多能互补项目等十大举措，加快成为新能源和能源新业态市场的领军企业，努力成为最具世界影响力的能源综合解决方案服务商和运营商。

3. 编制发布"双碳"行动白皮书

由中电工程牵头，凝结"能建之智"，主导编制《中国能建服务碳达峰、碳中和"30·60"目标行动方案（白皮书）》，整体谋划"双碳"目标下的能源电力发展路径，对外阐明中国能建观点和主张、中国能建优势能力和实践贡献、中国能建对策举措和行动，助力战略推进，展现国企担当，成为行业的表率。

（三）全面推进企业组织转型，夯实绿色品牌塑造新基础

1. 组建研发机构，抢占"双碳"市场先机

围绕"碳达峰、碳中和"一个中心以及"储能""氢能"两个基本点，在集团本部新设五个专项技术中心，构建"30·60"研发大平台，打造成为碳中和、智慧能源、能源新业态、生态环境领域的产业创新高地，树立企业发展绿色品牌：一是成立碳中和发展研究院，开展政府、行业、企业碳达峰、

碳中和产业发展路径与行动方案设计研究；二是成立智慧能源与数据中心，开展智慧多能互补与能源综合利用规划与研究，开发智慧能源系统与多层次多级别能源管理产品；三是成立海洋能源工程中心，开展海上浮式光伏工程应用、远程控制与设备管理研究；四是成立储能工程中心，开展储能、氢能技术研发和产业化应用研究；五是成立生态环境治理工程中心，开展流域水体污染控制、城市污水处理、荒漠治沙、矿山治理工程研究。

2. 构建开发投资平台，利用资本撬动新能源市场

主动应对加快满足以新能源为主体的新型电力系统新要求，成立开发投资公司，打造新能源开发投资平台，主要功能是围绕《国务院关于加快建立健全绿色低碳循环发展经济体系的指导意见》提出“八个绿色”（绿色规划、绿色设计、绿色投资、绿色建设、绿色生产、绿色流通、绿色生活、绿色消费）的主线，规模化开展开发性建设、投建营一体化业务，提升以光伏、风能、储能、氢能为主体的可再生能源业务规模，延伸企业绿色品牌内涵。

3. 再造所属企业组织，优化“双碳”业务生产力布局

充分发挥所属企业属地和资源优势，全面推进所属企业组织再造，创新搭建业务型、窗口型、区域平台型等组织模式的新能源中心，快速响应“双碳”业务需求，全力构建“双碳”业务发展支撑点，积极打造全国各地绿色低碳新亮点、新名片、新品牌。例如，所属西北院经陕西省能源局批准，组建成立陕西省电力双碳研究中心，紧密围绕“双碳”目标和新型电力系统建设，重点在电力规划、节能减排以及电源结构、智能电网、市场建设与跨省交易、多能互补及源网荷储一体化等方面开展研究，为新技术、新模式、新业态推广应用提供技术支持服务。

（四）全力推进产业链转型，构建“双碳”业务一体化服务新格局

1. 做强规划咨询智库，抢占产业前端市场

中电工程主动抢抓“双碳”布局的窗口期，充分发挥作为国家级咨询机构的引领和高端优势，以构建新能源为主体的新型电力系统为目标，大力发展高端咨询业务，抢占绿色低碳产业前端市场。

政府行动方案层面，创新提出碳达峰行动方案编制“七步法”（系统评估碳达峰基础，客观分析存在问题；明确达峰总体目标，建立达峰指标体系；准确预判达峰场景，合理确定达峰年份（达峰值）；科学分析减碳资源，深挖节能降碳潜力；分类规划降碳路径，按期评估降碳效果；强化重大项目带动，支持目标任务落实；加强组织考核监督，确保方案全面实施），从总量、强度、结构、周期、空间分布、行业分布六大维度评估碳达峰基础，建立由十个重点指标构成的碳达峰指标体系，应用 STIRPAT 模型、LMDI 数学模型、环境库茨涅兹曲线等理论方法，科学预测达峰年份、碳排放峰值和经济社会发展指标；以能源领域为重点，从生产端、消费端、输送端、存储端、运行端、市场端、固碳端多端提出发力举措，最终形成“1 + N”碳达峰研究报告。截至 2021 年上半年，已牵头开展江苏省、上海市、雄安新区等 18 个省级和 16 个市区级碳达峰专题研究，充分展现了中电工程在规划咨询和高端智库方面的品牌实力。

行业规划层面，以促进能源电力低碳转型为重点，开展能源“十四五”、电力“十四五”规划以及非化石能源高比例发展路径、能源流向及布局、分省区能源消费“双控”、非化石能源目标分解等专题规划研究工作，通过绿色规划，助力构建清洁低碳安全高效的能源体系。

产业策划层面，深入研究能源、工业、建筑、交通、农业、林业等领域的产业布局，全力为政府、相关企业等出谋划策，前瞻性引导、孵化、创造重大项目，引导产业结构转型和体制机制创新。

2. 突出集成能力特色，延伸产业后端市场

发挥能源电力领域技术优势和全产业链一体化集成能力，积极向绿色低碳领域拓展，依托重大项目建设，打造“能源 +”优势下的多元发展路径。

在新能源与能源新业态领域，采用规模化开展开发性建设、投建营一体化等模式，提升以光伏、风

能、储能为主体的可再生能源业务规模，获得风电、光伏发电建设指标 898 万千瓦，打造一批新能源“产品”。加强海上风电总承包，签约粤港澳大湾区首个大容量海上风电场项目，总装机容量为 300 兆瓦，超前布局深远海海上风电、海上光伏、电化学储能、氢能等业务，打造成套产品；与县域、开发区、工业园合作，开展分布式供能、多能互补、合同能源管理、工业余热余冷利用、集中供热供冷等综合能源业务，形成新的商业模式和运营收益。

在传统电力业务领域，抢抓源网荷储一体化和多能互补政策下的业务机会，结合新能源的规模化开发，配套开发火电、热电联产、核电、抽水蓄能等项目；聚焦可再生能源消纳，开展跨省区特高压输电通道、省级电网超高压、智能电网、电力迁改业务；通过存量煤电的节能减排、灵活性、低碳化改造，助力火电清洁高效发展。

在生态环保领域，发挥电力领域技术优势，加强相关技术集成与工程实践，并取得突破。开发济宁高新区生态水系综合治理及景观提升 PPP 项目、开平污水处理厂二期、张家港市政污泥处置项目；依托中英（广东）CCUS 中心，完成华润海丰 CCUS 项目总承包建设，推动碳捕集、封存与利用技术的产业化。

3. 借助并购补足短板，拓宽产业横向布局

适应“双碳”目标下多元业务板块拓展需要，借助资本加速力，用足用好投资授权，在碳交易、环保、交通、市政、城镇规划设计并购上取得了实质突破。

2020 年，全资收购湖南化工设计院，拥有电力、化工石化医药双行业甲级，中标山东菏泽与印尼西亚过氧化氢总包、茅台镇高浓度污水处理等环保领域项目，丰富了在化工、石化、医药、环保等领域的业绩。

2020 年，收购西班牙易安国际股份公司与盖飒工程技术股份公司 100% 股权，拓展了在欧美市场建筑（博物馆、会议中心、酒店、医院）、市政（水景艺术、海水淡化）、交通（机场、地铁、多式联运码头）等领域的设计资质。

先后入股浙江省、湖北省等六个电力交易中心，积极开展电力大数据业务。充分发挥投资对科技研发的助推器作用，参股北京工业互联网研究院，收购高空风能发电公司等创新项目。

（五）全方位推进生产要素转型，构筑绿色产业高端化发展新能力

1. 强化产技融合，抢占新型电力系统科技制高点

坚持面向市场的技术创新价值导向，编制科技发展规划，重点围绕“双碳”目标及新型电力系统发展方向，组织立项科技项目 50 余项，年均技术投入比例达到 3. 8%。其中，“氢能综合利用系统关键技术研究与应用”“电化学储能电站规划设计关键技术研究”取得了百余项科研成果，获得了省部级、行业级奖项十余项；助力“风光水火储一体化”等新兴市场取得关键技术的突破，并应用于广西崇左投资额 800 余亿元的大型基地项目。

坚持面向社会的协同创新发展路径，积极响应国家创新体系建设，参与国家发改委设立的企业技术中心建设工作。2018 年起所属江苏院等三家子企业挂牌“省级企业技术中心”，参与制定企业技术创新规划、开展产业技术研发、创造运用知识产权、建立技术标准体系、凝聚培养创新人才、构建协同创新网络、推进技术创新全过程实施；所属华北院等七家子企业设立博士后工作站，搭建技术创新研发平台，开展“液态储氢技术研究”等博士后专项课题研究数十项。

坚持面向未来的创新驱动战略目标，以国家重大战略和产业发展需求为目标，开展节能增效改造、超低排放改造、新型储能技术，以及氢能及燃料电池技术、CCUS 技术、数字化智能化技术研发，力求掌握技术制高点、行业话语权和竞争主动权，为能源未来产业的发展夯实技术基础。所属广东院经国家发改委和广东省政府批准，联合英国碳捕集与封存研究中心、苏格兰碳捕集与封存中心等多家单位发起成立中英（广东）CCUS 中心，共同开展碳捕集、封存与利用技术研究合作，完成了亚洲首个燃煤电厂

多线程国际碳捕集测试平台——华润海丰 CCUS 项目的总承包建设，成为世界三大碳捕集技术试验基地之一，开创了国际低碳合作新模式。

2. 强化产信融合，提升智慧能源领域话语权

大力发展数字化交付服务，提升数字产品、数字服务和技术进出口能力；开发数字电厂、数字电网、智慧能源、智慧城市、智慧工地等数字化产品，积极引入建筑信息建模（BIM）、物联网（IoT）、大数据（BD）等数字化技术，打造精准、高效、便捷、安全、统一的建设项目管理系统和智慧工地平台，推动项目全周期生命管理，优化工程项目各阶段“四节一环保”管控水平及效率。

围绕能源大数据应用技术，研究在能源互联网规划设计、施工安装、运行维护等各阶段的应用方法，重点关注能源大数据的获取途径、采集模式和大数据处理技术，以及能源大数据技术模型的算法分析在能源互联网（综合能源）全寿命周期过程中的实际应用。拓展规划大数据、能源大数据、通道大数据等数字化服务，充分利用互联网平台整合线上线下资源，促进动态及时、高效精准的供需对接，优化社会资源配置和利用效率，促进业态融合发展。

3. 强化产融融合，发挥绿色产业资本倍增效应

根据新能源项目“点多、面广、属地化”特点，建立健全“本部主体、所属企业主攻”的投资产业发展机制、授权机制，创新“产业换风光资源”等商业模式，在遵循市场可期、能力可及、风险可控、效益可观的原则下，积极推进项目整体开发投资和落地实施。

细化投资建设规模分解指标，重点向投资能力强、风险管控能力强和管理规范的所属企业倾斜。灵活应用 PPP、F + EPC、EPC + O、EOD 等商业模式，签约一批城市污水处理、污泥处置等环保领域项目。进一步加强功能性并购，积极培育和推动环保等相关业务板块上市。2020 年，中电工程国内签订投资协议的总金额突破 1500 亿元，投资运营成效显著。

（六）强化平台型企业转型，建设“双碳”目标合作共赢新生态

1. 加强政企对接沟通，拓展客户“朋友圈”

利用能源行业高端咨询的突出优势，坚持“对方有需求、我方有优势、双方有共识、合作有共赢”原则，与地方政府积极接洽合作。打通地方政府合作通道，以大型基地项目、“双碳”业务为切入点，瞄准重点区域，主动对接当地政府，积极寻求合作，不断加大区域连纵。在国家战略市场设立军民融合办公室、雄安新区开发部、长江大保护开发部、长三角一体化开发部、粤港澳大湾区开发部，着力发挥规划先导和集团化运作优势，统筹引领一体化、基地类新能源大型项目开发 40 余个，带动中国能建相关重点工程项目签约，促进全产业链大协同、大发展。

广泛寻求外部合作，整合优势资源，形成最广泛的全产业链一体化服务能力，成为连接各相关方的“枢纽”，凝聚最强的合力和行动力。例如，联合中央发电企业、地方能源企业、电网企业等，构建高比例非化石能源供应系统；积极拓展与中海油、东方电气、宁德时代等企业的交流合作，共同推进“双碳”业务发展。

2. 加强产学研用合作，打造利益“共同体”

与重点高校、科研机构等建立战略合作关系，开展高层次、多形式、宽领域的科技合作，形成以公司为中心，高等院校和科研院所广泛参与、利益共享、风险共担的产学研联合机制，共同深耕清洁能源、减碳技术等领域，并取得一批突破性科研成果，依托公司项目进行成果落地推广。例如，联合清华大学、浙江大学、英国帝国理工大学等搭建创新研发平台，共同研究“双碳”行动方案、研发清洁能源、环境治理等关键技术，申报国家科技部设立的国家重点实验室及国家能源局“‘十四五’第一批国家能源研发创新平台”；与交通、钢铁、石油等专业领域研究院密切合作，弥补非电领域“双碳”研究短板。

3. 加强对外发声宣传，营造共赢“大气候”

凭借自身成功经验和强大影响力，对外广泛宣传“双碳”事业，凝聚行业力量，形成产业联盟，促进能源行业更好更快向低碳化、数字化转型。在天津市滨海新区承办“第十七届沪津深三城论坛暨第一届滨城双碳论坛”，论坛聚焦国家“双碳”目标，围绕城市可持续发展和新能源产业发展主题深入研讨，形成广泛共识，积极推动新能源及综合能源、节能、CCUS 等产业发展；加强基于“双碳”目标的国际合作，在澳门成功举办对外设计咨询与承包工程协同创新发展平行论坛，倡议成立“一带一路”绿色低碳国际产业联盟，为全球碳中和提供“中国方案”和“中国智慧”。

（七）推进管理机制转型，建立服务“双碳”市场化运作新制度

1. 强化市场化激励，鼓励员工投身“双碳”领域

建立健全岗位序列体系，形成层级统一、覆盖国内外市场开发、项目执行、行政管理、技术研发的员工职业发展通道。针对传统火电设计等业务领域富余人员状况，大力倡导各企业干部职工向新能源和能源新业态、非电等领域转移。通过升级绩效薪酬体系，落实所属企业工资总额分配与企业经营效益强联动，“不看规格层级、只看贡献回报”，激发所属企业进军“双碳”市场热情；树立“多快好省多得”原则，综合运用成长激励、精神激励、物质激励等多元激励方式，加大兑现力度，激发员工投身“双碳”市场的活力与动力。

2. 强化流程化管理，促进高效服务“双碳”目标

梳理国家碳达峰、碳中和相关政策，以“双碳”业务价值链为主线，突出能源电力一体化工程公司特点，借鉴和运用国际先进的管理理论方法，贯彻“三标”国际管理标准，打造与国际接轨的企业标准体系，并持续推进管理制度化、制度流程化、流程信息化，为服务“双碳”目标提供有力的制度支撑。

3. 强化低碳化理念，培育绿色低碳发展企业文化

组织召开院士讲堂，邀请中国工程院院士讲解高比例新能源电力系统知识，提升专业技术人员对绿色能源转型的认知；组织召开党委（扩大）会议、战略发展研讨会、工作会等，统一各级领导干部对公司“双碳”工作意义的认识，促进思想解放。与《中国勘察设计》杂志社合作出版创新企业特辑增刊，在全国范围内大力宣传公司创新、绿色、低碳的发展理念。所属企业利用专业优势，在属地重点排放企业开展“双碳”培训，帮助完善碳数据排放管理、建立节能降碳方案、制定初步的配额履约，脚踏实地地把绿色企业文化落实到具体发展规划、具体业务开展。

三、能源建设集团以“双碳”目标为导向的转型发展的效果

（一）经营管理业绩大幅跃升，核心竞争力进一步增强

中电工程围绕“双碳”目标，着力推进“六转六新”卓越管理发展模式，市场竞争力大幅提升，承揽了一大批国内外清洁高效燃煤发电、海上风电、陆上风电、光伏发电、储能等一体化服务业务，全面完成年度经营目标，并连续实现大幅跃升。继 2019 年新签合同金额突破 1000 亿元大关后，2020 年又在新冠肺炎疫情的冲击下逆市上扬，新签合同金额近 1281 亿元；2021 年上半年公司市场开发成绩再攀新高，已接近 2020 年度全年新签合同金额，为稳增长、促发展奠定了良好基础。

（二）绿色发展理念成为共识，行业带动力进一步提升

中电工程积极践行绿色发展理念，通过一系列围绕“双碳”目标的大学习大研讨，以濡化—研讨—共识—行动的良性循环模式解放思想，实现了绿色转型观念在公司内部大普及、大推广，绿色发展方式与企业发展规划深度融合。

集中力量攻克一批重大、核心、关键技术，在支撑可再生能源大规模开发利用的特高压技术，减少煤炭消耗的煤电清洁高效利用技术，支撑新能源快速发展的柔性直流技术，助力零碳目标的海上风电技术，在零碳排放的二氧化碳捕集、封存、技术等方面积累了极大的行业领先技术优势。

积极推进新能源建设，结合国家推进多能互补和源网荷储一体化政策，在输电通道增送风光、风光储基地 + 外送通道 + 送端调节、风光储基地 + 外送通道 + 受端调节、跨省跨区输电通道等业务模式上实现重大突破，成为政府和企业的高端智库。

（三）生态文明建设深入实施，社会影响力进一步彰显

中电工程视绿色生态建设为己任，承担了一大批清洁高效火力发电、核电、垃圾焚烧发电等项目，极大节约了燃煤消耗、降低了二氧化碳排放水平。广东华夏阳西 1240 兆瓦超临界燃煤机组在环保、能效等方面的指标均处于国际最高水平，在国内已投产机组中单位发电煤耗最低、单位污染排放量最少，是绿色火电标杆示范工程项目；参建的国内首个风电制氢工业应用项目——河北建投沽源风电制氢综合利用示范项目，不仅能够提升本地风电消纳能力，还可以降低工业制氢产业中化石能源消耗量，有力支持河北省清洁能源动力汽车发展。

承揽的一系列河道、土壤治理及矿山修复等环保业务规模逐步扩大，对提升地方环境质量和人民群众生活的满意度、获得感起到显著作用。凭借良好的经营业绩和社会责任表现，公司连续多年被评为全国文明单位。

（成果创造人：罗必雄、张炳成、顾　军、胡　烨、刘晓彤、武彦婷、韩云阳、孙衍谦、袁　贺、周亦炘、张　硕、吴沛东）

电网企业促进新能源大规模消纳的市场机制构建

国网甘肃省电力公司

国网甘肃省电力公司（以下简称国网甘肃公司）是国家电网有限公司的全资子公司，承担着建设、运营、发展甘肃电网，为甘肃地方经济社会发展提供安全可靠电力保障的任务。国网甘肃公司资产总额为628亿元，用工总量4.4万人，服务用电客户889万户。甘肃电网位于西北电网中心，通过18回750千伏线路与新疆、青海、宁夏、陕西联网运行，是西北电网功率交换枢纽。发电总装机5620.42万千瓦，其中水电957.41万千瓦、火电2308.27万千瓦、风电1373.19万千瓦，位居全国第9位；太阳能981.55万千瓦，位居全国第13位。近年来，国网甘肃公司先后获得全国文明单位、全国五一劳动奖状荣誉，2020年荣获国家电网有限公司提质增效特殊贡献奖。

一、电网企业促进新能源大规模消纳的市场机制构建的背景

（一）解决当地新能源高占比，弃风、弃光矛盾突出矛盾的需要

新能源富集地区与全省负荷空间分布不匹配，电网结构薄弱，输送能力受限。甘肃电网新能源大量集中在河西地区，而负荷集中在河东地区，河西地区送出通道能力有限，且为援疆电力和甘肃新能源送出的共用通道，主网架还存在多处输电阻塞区域，严重影响电网的安全稳定与资源优化配置水平。新能源发电高占比特性明显，其发电出力的随机性、波动性对电网运行影响突出，发电“碎片化”特性明显，且新能源装机规模远大于省内负荷，省内消纳空间有限，除了依靠跨省跨区外送消纳新能源外，还需要继续利用市场化机制深挖省内消纳潜力。

（二）解决省内各方利益诉求矛盾的需要

一是火电企业发电小时数逐年下降，普遍经营困难。二是省内新能源消纳矛盾突出，新能源企业期望通过市场交易获得尽可能多的发电机会。三是省内用电负荷以高耗能工业负荷为主，电力用户期望通过电力市场交易降低用能成本。因此，需要在现有市场建设成果的基础上，进一步提高交易频度、扩大交易范围，促进清洁能源对传统化石能源的替代，实现各类市场主体和谐发展。加快构建统一开放、竞争有序的电力市场，持续创新电力市场交易机制，建设一体化技术支持平台，在日前及更短时间内集中开展高频次电能量交易，利用市场化手段实现电力电量的实时平衡，促进电源与负荷在时空上的合理、均衡分布，实现能源资源优化配置、各类市场活力有效激发，具有很强的紧迫性和现实意义。

二、电网企业促进新能源大规模消纳的市场机制构建的主要做法

（一）认真贯彻落实国家及地方政府要求，开展电力市场体系顶层设计

1. 制定总体目标，明确市场体系建设方向

按照“统一市场、两级运作”的整体框架，以及积极稳妥、分阶段实施的总体思路，以省间中长期交易结果为边界，积极参与省间现货及跨省调峰辅助服务市场交易。在省内建立“中长期交易保障利益、现货交易发现价格”的电力市场体系，不断扩大市场交易规模、丰富市场交易品种、完善市场交易机制、培育市场主体意识，逐步建成机制健全、功能齐全的电力市场体系，促进甘肃经济社会和电力工业持续健康发展。

2. 提出“一个确保、四个坚持”的建设原则

国网甘肃公司发挥电网在能源资源优化配置中的枢纽平台作用，着眼促进新能源消纳、保障电网安全稳定运行，研究提出“一个确保、四个坚持”的建设原则。“一个确保”是确保安全有序。在确保甘

肃电网电力电量统一平衡及电网安全稳定运行的前提下，促进优先发用电制度的落实由行政计划干预向市场引导激励的方式逐渐过渡，保障居民、农业和重要公用事业的用电价格相对平稳，保障电力市场化建设平稳有序。“四个坚持”如下所述：一是坚持清洁发展，针对甘肃新能源占比高特点，充分考虑新能源发电的物理特性，通过市场机制充分挖掘新能源消纳潜力，扩大新能源消纳范围，全力提升新能源消纳水平，充分保障新能源发电利益；二是坚持开放共赢，在制定市场建设方案及运营规则过程中，广泛听取相关方意见或建议，统筹兼顾各方“诉求”，做到公开、公平、公正，通过合理的市场机制设计，实现市场改革红利共享，多方共赢；三是坚持循序渐进，遵循电力系统运行客观规律和经济学基本原理，发挥市场配置资源的主导作用，结合甘肃电网运行实际，有序推进甘肃现货市场建设，确保市场建设规范有序、稳步推进；四是坚持务实高效，坚持问题导向，着力构建适应甘肃特点、主体多元、竞争有序的电力市场体系。通过市场有效竞争，不断提升电力系统整体运行效率，进一步释放改革红利。

3. 明确“总体设计、分步推进”的实施步骤

国网甘肃公司遵循市场经济规律和电力运行特性，综合考虑甘肃电网的实际情况，逐步建立交易品种齐全、功能完善的电力市场体系。按照“总体设计、分步推进”的原则，在现有中长期电力市场建设的基础上，将甘肃电力现货市场建设分成两个阶段组织实施。

第一阶段：在现有电力市场体系的基础上，做好现货市场试运行，完善现货市场运营规则及技术支持系统，开展市场主体培训，构建发电侧单边全电量集中竞价的市场交易机制，省内现货市场具备正式运行条件，并启动省内双边市场的研究。

第二阶段：开展用户参与的双边现货市场建设，省内深度调峰辅助服务市场与现货市场融合，进一步完善省内中长期交易市场，辅助服务市场，最终形成较为完备的电力市场体系。

（二）不断创新中长期交易机制，完善中长期市场交易体系

1. 新能源参与跨省区外送交易，提升新能源消纳空间

依托全国统一电力市场交易平台，甘肃建立新能源参与外送交易的组织协调机制，积极开拓省间市场，充分发挥跨省跨区交直流通道输电能力，外送电规模不断扩大，现已将外送范围扩大至 20 个省、自治区、直辖市，有效拓展了新能源消纳空间。2019 年外送电 422.11 亿千瓦·时，较 2018 年跨区跨省外送电量 325 亿千瓦·时增长 29.88%。2020 年累计外送电量 520 亿千瓦·时，同比增长 23.19%。

2. 有序放开发用电计划，扩大省内交易规模

甘肃省于 2015 年全面放开发电计划，编制印发《甘肃省电力用户与发电企业直接交易实施细则》，在全国率先开展省内大用户直购电交易，以省内大用户直购电和中长期外送交易为主的交易品种不断丰富，交易机制趋于完善。全面放开发电计划后，除了国家规定的优发优购电量等保障性电量，发电企业按照“保量不保价”方式与用户开展直接交易，同时富余发电能力继续参与中长期外送交易，截至目前，甘肃发电侧市场化电量比例已达总发电量的 80%。通过省内大用户直购电交易，省内用电市场化交易电量占比逐年提升。2019 年省内直接交易 364 亿千瓦·时，占全社会用电量 33.83%。2020 年省内大工业电力用户、集中式电采暖用户、增量配售电企业下网用电、5G 通信基站用电全部放开，直购电交易总电量 520 亿千瓦·时，占全社会用电量的 56%。

3. 深挖省内电源调峰潜力，建设调峰辅助服务市场

为了利用市场化手段激励火电机组开展灵活性改造，提升常规能源调峰能力，甘肃省于 2017 年起着手电力辅助服务市场建设，2018 年编制下发《甘肃省电力辅助服务市场运营规则》，同年甘肃省在西北区域率先启动调峰辅助服务市场交易。经过 3 年的市场运行，辅助服务交易规则不断完善，市场交易品种逐步丰富，目前已开展“实时深度调峰交易”“火电启停交易”“需求侧资源交易”“电储能资源交易”“调频市场交易”等多种交易。截至 2020 年年底，省内新能源通过调峰等辅助服务市场交易，

火电机组灵活运行水平不断提升，非供热期全省火电机组具备深调能力 330 万千瓦，月度深调电量 2.99 亿千瓦·时，截至 2020 年年底，省内新能源通过调峰市场累计增发电量超过 30 亿千瓦·时。新能源弃风弃光率降低 7.63 个百分点，同时火电企业通过提供深调、调频等辅助服务，获得可观的辅助服务费用，有效缓解了火电运营压力，电网调峰与新能源消纳矛盾有效缓解，公平透明、竞争有序的市场化辅助服务共享和分担机制已初步形成。

4. 创新电量替代模式，开展自备电厂发电权替代

甘肃省省内共有自备电厂 5 座，总容量 239 万千瓦，发电量主要为自发自用。为了深挖省内消纳潜力，促进新能源省内消纳，国网甘肃公司创新了自备电厂替代模式，引导自备电厂减少自发自用电量，由新能源替代发电，达到促进节能减排、促进新能源消纳的目的。在替代方式上，结合新能源发电特性，组织自备电厂机组参与调峰、停机备用，创新开展自备电厂"中长期 + 现货替代""纯新能源 + 火水打捆"等多种替代模式，通过双边协商、集中撮合、挂牌等灵活多样的交易方式开展新能源与自备电厂发电权替代，不断提升省内新能源消纳水平。2020 年通过自备电厂发电权替代，新能源增发电量 69.4 亿千瓦·时，增加电网调峰能力 240 万千瓦。

5. 适应新能源发电特性，积极参与跨省区电能量交易

针对新能源短期、超短期预测准确率高的特点，甘肃省在中长期外送交易的基础上，积极组织富余新能源发电能力参与省间和跨省区实时外送交易。2017 年甘肃省作为新能源送端省份第一批参与富余新能源跨省区现货交易，通过开展富余新能源跨区现货交易，减少弃风、弃光。2018 年，甘肃省富余新能源跨区现货交易电量总计 32.49 亿千瓦·时，占甘肃省新能源总发电量的 10.22%，占国网富余新能源跨区现货交易电量的 46.67%。2017 年至 2020 年，甘肃省通过富余新能源跨区现货交易累计外送新能源 93 亿千瓦·时，缓解了新能源在实时运行中的弃电现象，进一步提升了甘肃省新能源消纳水平。

（三）建立协同合作机制，助力市场建设

1. 明确市场主体和利益相关方

新能源现货市场建设涉及地方政府、电网企业、新能源业主、电力用户等多个市场主体，覆盖链条长，协同难度大。具体而言，市场成员主要包括市场主体、电网运营企业和市场运营机构三类。其中，市场主体涉及各类发电企业、售电企业、电力用户等；电网运营企业指甘肃电力公司；市场运营机构具体指甘肃电力调度中心（以下简称调度机构）和甘肃电力交易中心（以下简称交易机构）。

2. 横向协同，建立政企联动工作机制

在政府主管部门的领导下，推动建立高效运转的市场建设协调工作机制。一是积极配合甘肃省工信厅，推动建立周汇报制度，每周向国家能源局上报甘肃省现货市场试运行情况。二是与甘肃省能监办有序衔接，做好现货市场建设与辅助服务市场建设的协调、衔接。三是建立协同通报工作机制，每日形成运行日报，进行现货市场运行分析，重点讨论解决遇到的重点、难点问题。

3. 纵向贯通，融入全国统一电力市场

在甘肃省现货市场运行中，依据国家、区域、省级三级调度业务协调机制，编制完善的市场衔接流程，实现与国调跨省区现货交易、调度计划安全校核、发电计划、检修计划、负荷预测、通道可用容量、断面限额、富余发电能力等业务流程的贯通。通过建立完善的业务流程管理机制，推动构建"统一市场、两级运作"的市场总体框架。进一步明确现货市场出清边界条件：一是中长期跨省跨区交易所形成的联络线计划；二是次日系统和母线负荷预测；三是输配电设备检修计划。根据省内预平衡后的富余发电能力，参与国调跨省区现货市场和西北区域调峰辅助服务市场，并在国调、分调两级市场出清后，确定最终的联络线外送计划，以联络线终计划和省内用电为市场边界，开展省内现货市场全电量集中竞价出清。

4. 明晰职责，扎实有序推进各项工作

成立现货市场运行工作小组，梳理明确各部门的职责分工，通过各职能部门的密切配合，共同推进市场建设工作。调度机构整体负责统筹协调现货市场建设和运营，负责现货交易与电网运行密切相关的环节，负责安全校核、现货交易组织、辅助服务交易组织等工作。协助交易机构开展现货交易中的市场分析、市场培训、信息发布等工作。交易机构负责与市场交易密切相关的环节，依托交易平台作为公司对市场主体服务的窗口，在市场注册、交易申报、交易结算、信息发布等环节为市场主体提供相关服务。营销部门（国网甘肃公司营销事业部）负责输电价格执行相关的环节，负责用户侧计量数据采集传输、电费核算、电费收取等环节。在公司内部建立协同工作机制，每周召开工作小组主管领导、各部门负责人及相关人员参加的工作协调会，统筹安排具体建设工作。

（四）制定现货市场交易规则，规范现货市场运营

依据中发9号文件精神，国网甘肃公司坚持安全有序、绿色低碳、开放共赢原则，制定符合市场交易规律的现货市场规则体系，形成由1个市场建设方案、7个配套实施细则组成的电力市场方案规则体系，形成涵盖中长期市场、现货市场及辅助服务市场的完整规则体系，助力甘肃电力市场公平、规范、高效运行。

其中《甘肃电力现货市场建设方案》明确了甘肃电力现货市场建设总体原则、目标以及时间任务安排；《甘肃电力市场管理实施细则》明确了市场准入和退出的基本原则、适用范围、实施主体等，以及相应主体的权责；《甘肃电力市场中长期交易实施细则》明确了中长期交易的组织方式、交易品种、交易周期和交易模式等；《甘肃电力现货市场交易实施细则》明确了日前、实时市场的组织方式、交易流程、市场主体申报信息和市场出清等，同时对市场运行期间突发的紧急情况，专门制定了应急处置和免责规定；《甘肃电力辅助服务市场运营细则》明确了辅助服务市场开展方式、交易品种、组织方式和结算方法等；《甘肃电力现货市场结算实施细则》明确了结算原则、结算周期、结算方法和结算模式等，明确了不平衡资金的处理和传导机制；《甘肃电力市场信息披露实施细则》明确了市场信息分类、信息披露责任、信息披露方式以及信息披露内容等；《甘肃富余新能源电力电量跨省跨区增量现货交易规则》明确了市场主体参与跨省跨区增量现货市场交易的组织方式及实施要求等。

（五）建立日前及实时的电力现货市场，实现资源优化配置

1. 明确现货市场资源优化配置模式

根据国家发改委、能源局《关于推进电力市场建设的实施意见》中提出的分散式和集中式两种市场模式，甘肃电力现货市场建设以“集中式市场”为主干框架，即以中长期差价合同管理市场风险，配合现货交易采用全电量集中竞价的电力市场模式。通过省内用电及中长期外送形成的发电空间进行全电量竞价，利用新能源参与市场低成本价格优势，竞争获得发电权，促进新能源消纳。省内现货市场交易定位于发现市场价格、调节供给，通过市场化方式保障电力平衡，根据市场最新边界条件，通过日前和实时全电量竞争，实现资源优化配置。

2. 开展品种和时序多样化的现货交易

甘肃电力现货市场包括日前现货市场和实时现货市场。其中，日前现货市场采用“发电侧分段报价、集中优化出清”的方式开展，日前现货市场的发电侧出清结果即为运行日的发电调度计划。实时现货市场采用“集中优化出清”的方式开展，保障电力供需的实时平衡，实时市场出清结果包括各机组未来2小时逐时段出力和分时、分区电价。

日前现货市场的交易空间为省内调度口径的日前负荷预测曲线与跨省区中长期交易外送曲线之和。日前现货市场采取发电侧单边集中竞价、分时边际出清的方式组织，形成次日机组发电曲线和分时边际电价。

实时现货市场沿用日前市场报价，但考虑到新能源超短期预测准确性更高的特点，允许新能源在实时现货市场二次报价，市场运营机构依据新能源申报结果、超短期负荷预测、日前市场交易结果等，对未来15分钟集中出清，形成出清价格和出力。

3. 建立调节市场供需的价格和结算机制

价格机制：日前市场与实时市场均采用边际电价作为现货市场价格。所有机组报价完毕后，在满足电网安全要求的情况下，按照报价由低到高的顺序依次成交，直至累计的发电出力恰好等于全部负荷需求，满足负荷的最后成交机组的报价即为边际价格，所有中标机组都按边际价格结算。按照每15分钟一个时段，一天分为96个时段出清，由于不同时段对应的负荷需求不同，每个时段形成的价格不同，形成分时电价。在甘肃电力现货市场初期具体实施过程中，进一步依据电网阻塞程度将甘肃省划为河东、河西两个价区，执行分区电价。

电价结算机制：发电侧电价结算按照“偏差结算”的原则开展。各机组的中长期交易结算曲线，根据中长期交易价格结算。各机组的日前现货交易计划，与中长期交易结算曲线之间的偏差，按照日前市场对应出清的分时电价进行结算。对实际出力曲线与日前终计划曲线偏差部分，按照实时市场边际电价结算。

（六）引入集中竞价的市场运行机制，优先消纳新能源

1. 实施“集中式”市场全电量，优化促进新能源消纳

将所有发电空间全电量竞价扩大到新能源消纳空间，利用新能源报价优势，通过现货竞争构建发电权转移机制，保障清洁能源消纳，实现清洁能源低成本红利的合理传导。

2. 制定合理的市场规则，确保新能源参与方市场利益

在现货市场运行初期，考虑新能源发电随机性及中长期交易为电量交易没有签订电力曲线的特点，结合新能源预测，采用中长期曲线日前自主申报方式。同时考虑新能源补贴影响，为避免新能源恶意竞争，采用“合同继承法”，即报价相同情况下，日前出清按照中长期电量比例，实时市场出清按照日前市场出清比例出清发电计划。

3. 结合新能源发电特性，科学设计新能源优先机制

在实时市场中沿用日前市场报价，但考虑新能源发电特性与超短期预测准确性更高的特点，允许新能源在实时市场实时修正超短期预测和发电能力，市场运营机构依据新能源最新发电能力预测，日前市场封存的报价及交易结果等，对未来15分钟进行集中出清，形成实时出清价格和出力。在新能源和常规能源报价相同时，优先出清新能源机组，保障新能源能发尽发、能用尽用。

4. 创新新能源参与“辅助调频”，解决新能源实时预测偏差

为解决新能源预测与实际发电能力偏差问题，国网甘肃公司在实时运行中创新新能源“辅助调频”控制机制：一是将实时市场出清结果当作新能源电场的“标杆”计划，每分钟对前一分钟下发指令的完成情况进行监测，对没有完成指令的场站，将其未完成的发电计划回收，增加给已完成前一分钟指令且有富余发电能力的场站，在保证新能源总计划不变的前提下，将有富余发电能力的场站出力调用到最大化；二是实时监测全网调频机组下备用空间，在现货出清计划的基础上，每分钟动态调整新能源总发电计划，适时压减调频机组的发电出力，从而增加新能源的整体消纳空间。

（七）有效衔接各级电力市场，全面提升运行效率

1. 推动现货市场与中长期市场有机衔接

受新能源发电随机性、波动性等特点的影响，新能源难以在年度、月度交易中签订中长期合约曲线，甘肃新能源参与市场化交易均为不带曲线的电量交易。日前市场规则采用发电企业在日前自主申报运行日中长期结算曲线，调度按照市场规则对申报进行分时总量校验，确保申报每个时刻申报中长期电

量与该时刻中长期接纳空间一致。中长期曲线以市场主体的月度中长期电量合约、运行日负荷预测及省间联络线外送曲线确定边界条件，最终得出每台机组/场站在运行日的中长期结算曲线，并在现货市场中进行交割，通过偏差结算实现现货市场与中长期市场衔接。

2. 推动现货市场与省内深度调峰辅助服务市场融合

在现货市场与调峰辅助服务市场衔接方面，现货市场交易规则明确火电机组50%以上发电出力进入现货市场，50%以下发电出力的深度调峰能力在现货市场中统一优化出清的交易方式。因火电深度调峰形成的新能源增量消纳空间，根据新能源预计弃风弃光电力量按比例消纳，通过现货市场实现火电机组与新能源电厂发电权转让。在现货市场平稳长周期试运行的基础上，国网甘肃公司按照国家关于现货市场和调峰市场融合的有关要求，设计现货市场与深度调峰市场的融合和一体化出清机制，实现在现货市场中的自动调峰计算调用。按照火电机组日前调峰能力和补偿价格，结合深度调峰需求容量，在现货市场出清计算过程中，考虑火电机组爬坡性能，以综合购电成本最小为目标，按照火电机组深调补偿报价由低价到高价依次调用各挡位深调能力，形成火电机组深度调峰调用结果，并实现在实时现货市场中的统一出清。

3. 推动现货市场与省内调频辅助服务市场衔接

着眼保障新能源消纳空间，国网甘肃公司有针对性地设计了现货市场环境中调频辅助服务市场的衔接方式，在实时现货市场出清后，根据现货出清后机组的实际调频能力开展调频调用。在实际运行中，调频辅助服务市场采用日前报价、日内出清模式。在实际调用上，采用先实时现货市场出清，实时市场出清后，按照调频容量需求、机组调频里程报价排序，以及机组实际调频容量，出清参与调频的机组。对于参与调频市场实际调用的机组，因调频产生的减发电量按规则进行补偿。

4. 推动省内现货市场与跨区、省间现货市场衔接

着眼于更大范围促进能源资源优化配置，国网甘肃公司在现货市场规则设计中以省内用电负荷和联络线外送计划作为市场边界，在省内进行全电量集中竞价出清，形成日前/实时发电计划。在省内现货市场平衡基础上，针对富余新能源，继续开展跨区现货交易和西北省间调峰市场交易，同时依据跨区和省间交易的成交情况，修改联络线及相应电厂日前出清曲线。在实时市场中，依据系统最新的联络线计划、负荷预测、系统约束等边界条件，每15分钟开展集中竞价交易，经过潮流计算和安全校核，得到未来15分钟至两小时的发电计划和出清电价，并将T时刻的发电计划下发控制系统执行，最终在T时刻将计划执行到位。同时以出清结果为依据，推动富余发电能力参与实时跨省区现货市场和省间调峰市场，及时将省间市场出清后的最新联络线计划作为系统边界，不断进行实时市场滚动出清。

（八）建立全方位的电力现货市场支撑，强化市场运行保障

1. 构建电力现货交易技术支持平台

电力现货交易组织实施是一项复杂的系统工程，从确定交易规模、组织发电企业和用户，到甘肃电力调度中心落实现货市场建设方案并付诸实施，离不开高效率、高可靠性的技术平台提供的支撑。国网甘肃公司运用“大云物移”等现代信息技术手段，专门建设电力现货市场技术支持系统，作为市场主体参与电力现货交易的公共平台。该平台立足现有的调度基础设施、结合电网调度技术支持系统、中长期市场、跨省区现货、辅助服务市场等交易系统，推动实现从日前到实时的电能量交易，通过市场化方式实现电力电量的实时平衡。在此基础上，进一步构建平台枢纽型市场电费结算体系，实现省内现货市场运行、出清、结算流程，省内现货市场技术支持系统与国调跨省区现货市场、调度计划安全校核系统之间的数据交互功能，融入全国电力统一市场，确保市场快速准确出清、结算安全公正高效、电网安全稳定运行。

2. 建立调电运行分析沟通协调机制

国网甘肃公司积极发挥统筹协调作用，组织开展调电运行分析讨论会，加强与市场主体的沟通交流。一是针对前期开展的多次调电试运行，及时召开调电运行分析讨论会，对试运行情况进行分析总结，帮助发电企业理解现货市场运营规则和交易流程，引导市场主体积极参与现货市场测试工作。二是在结算试运行方案确定后，及时召开结算试运行启动会，向发电企业宣传贯彻结算试运行工作方案和相关要求，向发电企业发布现货市场操作手册。三是在实际调电过程中，及时解答发电企业提出的问题，帮助发电企业解决异常情况，确保市场主体积极参与。四是每个运行月结束后，定期召开现货市场结算试运行总结讨论会，及时向发电企业发布结算信息，确保整个结算过程的公开透明。

3. 组织开展各类市场主体业务培训

国网甘肃公司着眼提高业务能力水平，按时按需开展相关市场主体业务培训，助力提高市场参与者和利益相关方的市场意识和业务水平，培育市场发展核心动力，为电力现货市场建设与持续健康发展提供有力支撑。一是面向市场主体，依据市场建设工作进度，循序渐进开展培训工作。开展电力现货市场基本理论、电力现货市场建设方案和具体市场运营规则培训指导，帮助发电企业和用户侧市场主体理解市场运行规则，尽快熟练参与现货市场运行。二是面向企业内部，根据不同类型人员特点开展差异化培训。推动企业负责人等高层管理人员知晓和理解电力现货市场政策和相关知识；企业市场运营相关人员熟悉现货市场运营规则，具备现货市场运营业务参与和分析能力；现场运维人员具备现货市场运行相关知识，具备市场申报、出清结果执行等业务执行能力。通过全员培训覆盖，培养一批与电力现货市场发展相适应的技术能手、工作骨干。2019 年至 2020 年，公司先后举办各类培训 20 余次，培训学员超过 1500 人，企业内外部参培学员反响热烈，取得良好效果，为电力现货市场安全稳定运行奠定了坚实基础。

三、电网企业促进新能源大规模消纳的市场机制构建的效果

（一）促进了新能源最大化消纳，能源结构得到持续优化

国网甘肃公司通过实施促进绿色发展的新能源现货市场运行管理，利用市场化手段，创新新能源辅助调频等实时控制方法，确保了新能源的最大化消纳。2020 年现货市场结算试运行期间，最高新能源发电出力达 1297.6 万千瓦，发电量达 2.13 亿千瓦·时，均创历史新高。建成西北地区首家调峰调频辅助服务市场，增加新能源电力消纳空间 42 万千瓦，增发新能源 4900 万千瓦·时。通过推进市场化交易手段，不断扩大新能源就地消纳和外送范围，甘肃新能源利用率连续三年升幅超过 9 个百分点，升幅全国第一。2020 年现货市场结算试运行期间，新能源累计发电量 183.39 亿千瓦·时，比 2019 年同期增长 7.47%。通过现货市场运行，实现了新能源最大化消纳及能源资源的优化配置。

（二）现货市场运行成效显著，发挥了示范引领带动作用

国网甘肃公司在全国率先开展现货市场调电运行和完整月结算运行，运行期间现货市场运行平稳，出清结果合理，新能源消纳成效显著，电网安全稳定运行，在全国现货市场形成甘肃示范。一方面，发挥电力市场平台作用，优化交易策略，广泛调动发电企业参与市场化交易的积极性和主动性。发电侧电力市场化交易规模占比突破 70%，带动火电、水电、风电、光伏利用小时数分别较“十二五”末增长 28.8%、33.6%、64.1%、43.4%，拉动电力行业占全省规模以上工业增加值比例达 20%。连续三年市场主体满意度达到 100%。另一方面，通过引导更多的市场主体参与市场化交易，有效释放了电力改革红利。2020 年，推动直购电交易实现全覆盖，省内市场化交易电量占比提升至售电量的 54%，降低企业用能成本 14.64 亿元，有力带动产业链复工达产。牢固树立合作共赢理念，促请甘肃省政府与 14 个省（市）签订电量交易协议，拓展甘电外送空间至 21 个省、自治区、直辖市，促进了资源的大范围优化配置。国网甘肃公司的现货市场建设实践，为其他新能源高占比省份开展现货市场建设提供了宝贵

经验，在全国现货市场起到了示范引领作用。

（三）有力推动绿色低碳发展，经济社会效益大幅提升

国网甘肃公司运用市场机制促进新能源优先消纳和资源优化配置，发电占比由2015年的17.2%增长至2020年的24.5%，2020年上半年国家解除甘肃风光投资红色预警。2020年4月、8月至12月结算试运行期间，除新能源实现最大化消纳外，甘肃水电也参与现货市场，实现增发电量28.09亿千瓦·时。2020年，公司省内售电量同比增长9.14%，位列国网系统第一；外送电量520.16亿千瓦·时、同比增长23.23%；新能源发电量385.4亿千瓦·时、同比增长9.35%，发电占比21.56%、位列全国第二。2020年公司营业收入增收39.47亿元，同比增长7.51%。2020年获国家电网有效公司提质增效特殊贡献奖。在推动自身发展的同时，取得了显著的生态环保效益。2020年4月、8月至12月结算试运行期间，甘肃消纳清洁能源434.25亿千瓦·时，相当于节约标煤1433万吨，减排二氧化碳3800万吨，以实际行动助力实现"碳达峰、碳中和"目标，为促进甘肃省经济社会绿色发展做出积极贡献。

（成果创造人：叶　军、赖祥生、行　舟、张柏林、杨春祥、王　超、闫敬德、傅　铮、雷　绅、张晓斌、韩　杰、吴　锋）

基于利益相关方协同共赢的长江绿色岸电系统建设与运营管理

国网湖北省电力有限公司宜昌供电公司

国网湖北省电力有限公司宜昌供电公司（以下简称宜昌公司）主要承担宜昌地区五县、三市、五区的电网建设与供电任务，担负着葛洲坝发电厂、清江隔河岩电厂、高坝洲电站电力外送，以及服务地方小水电、小火电、新能源上网等职责。宜昌公司供区面积 2.1 万平方千米，用电客户 202 万户。管理 35~220千伏变电站 225 座、容量 1257.71 万千伏安；35~220 千伏线路 469 条、总长 6205.37 千米。

一、基于利益相关方协同共赢的长江绿色岸电系统建设与运营管理的背景

（一）保护生态环境，服务“碳达峰、碳中和”目标的需要

近年来，随着长江航运快速发展，长江流域船舶污染问题日益突出，船舶停靠期间，为满足船上生产生活需要，柴油发电机不间断工作，温室气体和柴油颗粒被排放至空气中，造成了严重的空气、噪声、江水污染，影响生态环境。以三峡坝区核心区为例，每年有 10 余万艘次船舶停靠待闸，平均待闸时间约 2.5 天，船舶柴油发电排放大量硫化物、碳氧化物等有害气体，对坝区空气质量和生态环境构成严重威胁。实施港口岸电建设，可消除柴油发电带来的污染，保护长江生态环境，服务国家“碳达峰、碳中和”目标，意义重大。

（二）服务经济发展，助力长江地区高质量发展的需要

2016 年 9 月，《长江经济带发展规划纲要》正式印发，要求沿江各省依托长江黄金水道，推动长江上中下游地区协调发展和沿江地区高质量发展。宜昌作为长江经济带发展的重要节点城市，域内有 237 千米江段，但船舶燃油辅机导致能源浪费和航运成本提高，游轮停靠产生噪声高和大量油污，严重影响人们的生活品质，阻碍航运经济和临港经济发展动力。宜昌公司立足长江游轮“母港”区位优势，开展港口岸电建设，引领和带动产业链上下游企业合作共赢，助力长江航运经济和临港经济高质量发展。

（三）彰显国网使命，引领能源清洁低碳转型的需要

立足宜昌特有资源、发展港口岸电业务，对宜昌公司开展新型电力系统建设，推进绿色能源网建设，拓展综合能源服务业务范围，具有重要意义。国家电网有限公司将长江沿线港口岸电建设定为“两纵一横”战略的重中之重，集中科研力量破题攻关，整合沿线电网资源，加大岸电基础设施投入，全力服务长江大保护、推动长江经济带绿色发展。宜昌公司探索岸电建设，创新游轮码头专变岸电、待闸锚地公变岸电、趸船码头低压岸电等三种岸电使用方式在两坝间游轮码头、秭归坝区待闸锚地、三峡游客中心、云池港等码头锚地建设岸电项目，提供接电服务，逐步形成具有宜昌特色的港口岸电系统。

二、基于利益相关方协同共赢的长江绿色岸电系统建设与运营管理的主要做法

（一）系统调研，编制港口岸电建设规划

1. 坚持问题导向，找准需求和特点

宜昌公司深入开展前期调研，梳理总结河段水文特点、岸电建设需求、面临的主要困难问题，提出下一步研究攻关重点和主攻方向。一是收集码头与船舶通航情况。对辖区范围内的码头逐个开展数据资料收集，调研港口分布、服务船舶类型、泊位数量、吞吐量规模、靠泊能力、岸电需求、电网配套、船舶供电现状、船舶辅机效率、船舶可用电源接口、配电设施接口等情况，共调研码头 129 个，泊位 274 个，其中，经营性码头 71 个、公务码头 46 个、危化品码头 12 个。开展比较分析，对码头进行综合性电能替代规模分析，梳理总结岸电建设需求。二是分析水文特征与停泊方式。三峡坝区河段水流变化复

杂，地理环境差别大，坝上水域水位垂直落差超过30米；坝下水流急，浅滩多；待闸船舶数量多、时间长、日待闸船舶540艘，待闸时间2.5天；船舶常见停靠方式有趸船靠泊、抵坡丁靠（船舶丁字形停靠。一般用于滚装船。尾部通过跳板与码头搭接）、岸壁系泊、靠船墩系泊、江心抛锚停泊等，囊括了内河流域所有的停靠方式。三是分析岸电上船面临的困难。电缆展放长度长，坝上水位落差超过30米、坡度较长，电缆展放长度超过200米；用电需求大，游轮码头停靠的一艘游轮如同一个移动酒店，用电容量超过500千伏安；船舶级联并靠供电难，游轮码头、货运码头受泊位数限制，船舶多为级联并靠，绕越供电难度大；江心接电距离远，靠船墩系泊与抛锚停泊均为江心停靠，存在供电距离远、电缆难以安全稳定固定等问题。

2. 聚集各方优势，迅速破题开篇

宜昌公司联合交通部门、科研单位、产业单位，成立技术方案组、建设运营组、规划政策组和综合组4个专业工作组，编制完成三峡坝区岸电建设技术方案、布点方案、运营方案。一是编制《三峡坝区岸电实验区建设方案》，为岸电建设提供技术指导。深入分析长江三峡坝区河段航运发展、岸电应用现状及需求，筛选并确定具有代表性的码头、锚地的岸电应用场景；结合调研发现的问题和需求，对技术可行、方案可实施的相关关键技术和装备进行深入研究；研究编制港口、锚地岸电系统技术方案、水上综合生态服务中心技术方案以及相关配套标准、检验、检测规范等。二是编制《三峡坝区岸电实验区布点方案》，为岸电布局提供科学可行的方案支撑。全面系统研究评估三峡坝区岸电建设现状，明确岸电需求，科学制定港口岸电布点方案，明确在16个码头及12个锚地布点建设。三是编制《三峡坝区岸电实验区运营服务方案》，为岸电运营和服务提供框架性指导。明确码头岸电建设方案、锚地岸电建设方案、运营服务平台建设方案、配套电网建设方案、水上交通配套设施、里程碑计划以及运营服务方案，逐步打造覆盖全国的港口岸电智能服务网络。

3. 坚持总体布局，建立多方支持新格局

成立由国网湖北电力、湖北省港航管理部门、海事部门、交通管理部门、环保部门、技术支撑单位、航运企业、设备厂家、船级社、研究机构等产业链上下游多方参加的“岸电联盟”，为岸电推广创造了有利环境。一是推动地方政府出台岸电建设、运营、使用等支持政策。宜昌市政府先后出台《宜昌市船舶污染管控方案》《宜昌市港口岸电布局建设方案》《宜昌市港口船舶绿色排放实验区建设实施方案》等系列支持性政策文件，将岸电供应系统纳入新建港口码头竣工验收项目，将船舶使用岸电情况纳入年检项目。二是协助长航局编制完成《长江经济带船舶岸电系统受电设施改造项目技术方案》《长江经济带船舶岸电系统受电设施改造推进方案》，明确改造方案和补贴补助资金申报指南，推动船舶主动使用岸电。三是完成《宜昌市港口岸电建设全覆盖可研报告》的编制，将长江流域宜昌段除危化码头外，所有的经营性码头纳入港口岸电建设内容，并顺利通过评审。组织编制《港口岸电建设细化落实方案》，加强与政府主管部门沟通汇报，大力推进港口岸电建设，选择具备条件的港口率先启动。

（二）技术提升，推进宜昌段岸电建设全覆盖

1. 合力攻克难题，试点打造岸电实验区

在开展岸电实验区试点建设过程中，针对坝上水位落差大、坝下水流急、江心锚地供电距离远等世界性难题，宜昌公司建立联合攻坚机制，由相关产业单位组成攻关团队，完成岸电实验区建设难题攻坚。一是建成4个典型试验项目，解决典型供电难题。建成茅坪港客运码头、仙人桥靠船墩、沙湾丁靠和沙湾锚地“水上综合生态服务区”4个典型试验项目，解决了多种典型停泊方式的供电难题。

典型示范项目是推出6种岸电系统，可为内江内河所有停靠方式的船舶提供岸电解决方案。岸固定式供电系统，成功解决集装箱、干散货船直立式码头和斜坡道远距离岸基供电问题；岸浮动式供电系

统，成功解决趸船式游轮码头水位落差大、接电距离远、岸电需求大的问题；离岸固定式供电系统，成功解决集装箱船、滚装船靠船墩停靠时远距离接电问题；离岸浮动式供电系统，成功解决江心散抛船舶并靠级联接电问题；水上服务区综合能源保障系统，成功解决水上服务区远距离用电问题；船电宝充换电系统，为江心抛锚自泊船舶的供电问题提供解决方案。

2. 研发关键设备，打造核心设备高地

宜昌公司研究了18项关键技术、14项专用设备，申请8项发明专利、7项实用新型专利，登记6项软件著作权，克服了高落差、远距离、并靠级联接电难等世界性难题，有力支撑了长江流域宜昌段岸电建设全覆盖。在供电侧，研制高压电缆卷筒和低压电缆卷筒，解决水位高落差条件下的电缆收放难题；研制低压大容量上船技术，解决用电需求大的问题；通过在江面浮筒敷设电缆，解决供电距离远的问题；在连接侧，研制电缆转接箱、电缆收放小车，解决了岸电配电系统与船上配电系统电缆转换问题；联合长江航务管理局、船级社、设备制造厂家等单位，统一船岸连接插头插座设备，通过船级社认证，有效提高了接电效率。在受电侧，研制针对游轮码头和货轮的标准岸电接口箱，满足船舶配电设备供电需求；研发T型接口箱、船舶岸电转接箱，实现多船级联；研发岸电云网平台，为用户提供扫码支付等多种支付方式和智能导航服务。

3. 编制技术标准，打造核心技术高地

宜昌公司结合三峡坝区岸电实验区建设，打造港口岸电技术标准体系，牵头编制完成系统、设备、接口、计量、运维等一系列技术标准，与各利益相关方共同推动建立涵盖岸电设施建设、设备配置、运营操作、检验检测、信息交换等全链条的岸电标准体系，夯实港口岸电跨越式发展的技术基础。其中，内部完善港口岸电接入和维护技术规范14项；外部配合交通行业健全技术规范5项；推动形成更高层级技术标准体系，打造了岸电核心技术创新高地，引领带动长江全流域港口岸电工作。

4. 有序分步推进，实现港口岸电全覆盖

分阶段推进长江流域宜昌段63个码头、2个锚地的岸电项目建设。一是统筹项目建设。将岸电建设与港口总体规划以及区域性航运发展规划衔接，将电网升级改造和岸电配套电网建设相结合，同步启动全市岸电设施及配套电网建设。二是形成典型设计。组织设计单位多次进行现场踏勘及技术讨论，完善坝下码头优化方案，减少前期投资和后期运维量，研究各类岸电设施的适用范围，形成了针对斜坡码头、高装码头、传动带码头等多种码头的港口岸电典型设计，解决充电难题，并开展广泛推广建设。三是多方联动共建。积极对接港航、水利、规划、交通等政府部门，联络码头方签订合作协议，明确岸电建设推广过程中双方的责任与义务，实现多方联动共建，推动港口岸电建设全覆盖。

（三）运营提升，形成“专业化”岸电运营新模式

1. 多方参股共管共赢，成立首家专业化岸电运营公司

国网湖北省电力有限公司、三峡电能（湖北）有限公司、国网电动汽车服务湖北有限公司三家股东注资组建宜昌长江三峡岸电运营服务有限公司，成为全国首家专业化港口岸电运营服务公司，为长江流域岸电服务提供运营的典型示范。一是致力优质服务。建立船舶预约、港口调度、岸电预备的协同接电机制，确保船舶靠港后“即到即接、随接随用”；开通岸电服务热线，组建“长江岸电服务微信群”，为船舶客户提供“7×24”小时在线服务；探索开展岸电设施、船舶受电设施的运维，与船舶客户合作开展光伏发电、5G建设等综合能源合作。二是致力精益运维。建设站级监控系统，周期性开展趸船清淤绞锚，确保岸电设备安全运行，保障船舶可靠使用岸电；编制岸电设备运维标准作业卡，建立岸电接断电标准化作业流程，制定日（周）设备巡视制度、岸电设备缺陷隐患报告处理制度、岸电业务标准化作业监督管理制度、岸电云网操作规范等7项运行手册、12项运营规范，保障标准化作业应用贯穿全过程。三是致力应急保障。强化针对性、实战化演练，联合港口企业、船舶方定期开展突发事件应急

演练、一般缺陷隐患紧急处理演练，增加岸电靶场，开展针对性演练，全方位提升应急处置能力，实现岸电作业“三零”目标。四是致力可持续发展。与港方合作开展船舶接电服务，实现岸电设施使用率最大化，满足船舶用电需求。运营公司负责岸电设施维护及接电服务，港方提供岸电设施廊道及接船电缆搬运服务，双方协同安排游轮靠泊码头与并靠顺序，分成共享岸电服务收益。岸电服务收费由“用电电费 + 服务费”组成，电费按照国家及各省有关电价政策执行，服务费按照用电电度收取。随着岸电使用率逐年提升和增值配套服务逐渐丰富，岸电客群数量不断扩大，岸电生态圈整体收益逐年提高，推动岸电产业可持续发展。以秭归港为例，近两年年平均用电量增长迅猛，目前岸电服务已突破盈亏平衡点，实现盈利。

2. 推动服务互联互通，打造车船一体化综合运营服务平台

宜昌公司依托国家电网智慧车联网平台，打造了国内跨省域、跨流域车船一体化综合运营服务平台，实现长江流域岸电服务互联互通，打造广泛接入、使用便捷、内容丰富的岸电服务生态圈，减少管理成本，使用更加方便。一是构建一体化岸电运营服务系统平台。融合“互联网 +”技术应用，在智慧车联网平台基础上构建一体化岸电运营服务系统平台，统一编码规范、数据接口和支付标准，实现客户服务、资产维护、实时监控、系统支撑等功能，实时采集泊位使用岸电信息，方便船舶获取泊位信息，提高岸电使用效率。二是强化“互联网 +”客户服务。平台提供岸电导航、预约充电、智能用电监控、接电量实时计量结算等个性化服务，能够对船舶进行智能用电监控，引进支付宝、微信、银联等主流支付渠道，通过扫码实现人机交互、刷卡接电、实时计量、实时结算、移动支付、补贴计算等服务。三是推动全流域互联互通。通过在平台中接入船舶调度信息，实现跨区域的船舶运行信息交互，促进交通主管部门、电力公司、运营单位、船民用户等群体之间的信息交换，船舶实时掌握岸电设施使用情况，岸电运营单位能够预测岸电设施的使用情况，发挥平台在港口岸电设施相关领域信息枢纽、设备调度等作用，提高服务的精准度，提高设施的利用效率。

3. 优化游轮岸电运营，实现“同类并靠”“即靠即用”

长江游轮用电容量达到500 千伏安及以上，在岸电使用中存在受电设施不标准、不规范，电缆搬运工作繁重，接电耗时长等问题，宜昌公司从助推游轮改造和提升接电体验两个方面入手，优化游轮岸电运营，提高游轮岸电使用率。一是助推游轮改造，与长江航务管理局协同制定船舶受电设施改造方案，推动电缆上船、船岸协同和多船级联，充分发挥岸电设施的供电能力。推动完成所有“三峡游”54 艘游轮受电设施改造，完成改造后，接电人员从15 人左右减少至1 ~2 人，接电时间从改造前40 分钟压减至15 分钟。二是优化游轮接电体验。在游轮码头加强与港口调度沟通衔接，深化“港口游轮靠泊调度指挥平台”效能，综合考虑船型、隶属船东、离港时间等因素，合理调度，最大化合理利用岸电设施，推进岸电接入技术升级，解决多船并联难题，实现游轮码头岸电同时接入船舶数量增加一倍以上，实现游轮“同类并靠”“即靠即用”。三是加强游轮接电指导。编制“一书一卡一画”，对现场接电操作进行直观的演示和培训，开展船舶客户走访，面对面指导客户接电。大幅提升游轮接电服务体验，现已实现游轮岸电使用率100%。

4. 聚焦货轮岸电运营，实现江心靠泊货轮“自助接电”

三峡大坝蓄水后，宜昌航段通行船舶吨位大幅提升，大吨位货轮均在江心停靠，岸电使用率低。宜昌公司为推进货船使用岸电，多措并举，从政策推动、接电服务提升和试点推广三个方面优化货轮岸电设施运营，提高岸电设施利用率。一是实现远程自助接电，研发靠船墩岸电接口箱远程可视化调整控制装置，实时调整接电高度，方便江心靠泊自助接电；改造岸电桩，为货船提供380V/220V 两种供电方式，方便没有改造的货船自助接电。二是开展“一县一码头”货船接电推广，在秭归、兴山、夷陵区、宜都、枝江、高新区等区域选取一个货运码头作为船舶使用岸电运营试点，依托属地供电公司供电所人

员力量，开展船舶接电。将岸电使用工作向其他市、区、县货运码头延伸，形成带动效应，促进岸电可持续发展。目前长江流域宜昌段货轮岸电使用率达 15%，在全国处于领先水平。三是推动启动货轮受电装置改造试点工作。与交通部门沟通编制货轮改造三年工作方案，根据货轮不同吨位确定不同受电设施改造方案，并通过相关交通和技术部门认证，计划于 2021 年完成长江段 5000 艘货轮改造。

5. 建立多维激励机制，促请出台岸电推广扶持政策

宜昌公司积极向上级有关部门汇报，促请上级单位推动政府主管部门共同推广岸电，积极协调海事、港航等部门，建立岸电推广使用多维激励机制。一是推动出台《中华人民共和国长江保护法》（第 72 条：具备岸电使用条件的船舶靠港应按国家有关规定使用岸电）；二是推动建立海事、港航等多部门联合执法制度，开展专项治理和联合执法，对沿江停靠船舶污染问题进行专项监测监督和刚性执法，减少靠港船舶排放；三是推动形成岸电服务费价格补偿机制，积极实施岸电使用服务费优惠，实现船舶使用岸电综合成本低于燃油发电成本，加快推动港口岸电使用；四是与长江三峡通航服务区合作建立船舶使用岸电积分制，即根据船舶使用岸电的次数、电量、时长，对船舶进行积分记录，其结果应用到船舶年度审检、企业诚信评价、优先安排过闸等方面，极大提高船舶使用岸电的积极性。

（四）创新服务，打造"立体化"岸电服务体系

1. 面向船方客户，提供多样化"贴心"用能服务

宜昌公司以客户需求为中心，结合船方客户用能需求，提供多种能源服务。一是提供多种岸电供应模式。为过往船舶提供两种供电模式：第一种是岸电桩接电，能够实现船舶级联供电，船员可自助插接电缆，通过手机扫码支付便捷通电，解决多级并靠船舶的用电问题；第二种是船电宝充换电，依托自主研制的船电宝，为江心抛锚自泊船舶的用电问题提供大容量电池供电解决方案。二是打造水上绿色综合服务示范区，宜昌公司创新商业模式，借鉴高速公路服务区概念，与三峡通航局合作打造国内首个多功能、一体化的长江水上绿色综合服务示范区，通过水上温情驿站、过闸船舶安检站和绿色通航服务站三个平台，为江心船舶提供 6 类 30 项特色服务。三是为船方客户提供"供电 + 能效服务"，结合船方客户降低能耗成本及用能安全的需求，试点推广"全电厨房"、"风光互补智慧路灯"、分布式光伏发电系统、更换节能灯具等，实现船方用能安全、便利、高效。

2. 面向码头客户，提供岸电"一站式""托管"服务

宜昌公司充分发挥能源企业设备和技术优势，为码头客户提供岸电建设"一站式"解决方案。一是打造"全电"港，依据码头客户实际需求，对码头设施设备开展电能替代改造，现已成功打造云池港、白洋港两个"全电"港，码头所有装卸、输送全部使用电能，同步实施场内车专属充电设施建设，大幅降低能耗，减少碳排放，推动码头清洁低碳转型。二是提供能源托管服务，发挥一线运维人员团队优势和专业化岸电设施运维技术优势，为码头客户提供能源设备运维托管服务，开展设备代运维，保障码头设备安全稳定运行。三是提供代培训服务，依据码头客户培训需求，组织专家团队为码头工作人员提供专业培训服务，提升码头工作人员岸电设备使用专业水平。

3. 面向交通部门，提供岸电"一条龙""专业"服务

宜昌公司与交通部门共同推进绿色航运发展，向交通部门提供岸电专业化服务。一是协同推进绿色航运，与海事、港航等部门建立深度合作，规划建设长江三峡通航碳中和先行示范区，打造新能源船舶一体化、港口能源一体化、风光水电一体化的多能供应中心。依托交通部门培训平台，组织对码头和船方开展岸电知识和技术培训，提升码头、船舶方岸电技术能力，提高岸电使用率，推进绿色航运。二是上线"岸电服务"功能模块，2020 年 12 月在长江三峡通航综合服务区线上服务平台上线"岸电服务"功能模块，在岸电桩地理位置、实时状态、船舶位置、岸电使用情况等方面实现电网企业与主管部门数据互联互通、共享共用，推行船舶岸电积分制，实施优先靠泊、过闸等激励措施，共同向三峡坝区待闸

船舶推广岸电应用，促进绿色岸电高质量发展，落实国网公司“互联网+岸电”战略。

（五）融合发展，打造共建共享的岸电新生态

1.“水—陆—空”齐头并进，打造绿色出行交通网

宜昌公司坚持引领能源清洁低碳转型，将港口岸电建设与运营模式拓展延伸和创新推广，面向航空和物流产业，开展“绿色空港”“一网两环充电网络”建设，建立“水—陆—空”三维绿色交通体系，大幅降低碳排放，推动地区能源转型升级。一是在三峡机场建设全国首个支线绿电机场，与三峡机场签署战略框架协议，为三峡机场提供一整套综合用能解决方案。为机场配置了11个桥载设备，新建光储充一体化充电站和多站融合站，接入智慧能效平台，利用电能替代燃油向飞机提供电力和空调，推动摆渡车电动化。目前，项目一期已投运4个桥载设备，多站融合站试运行，接入飞机1700余架次。预计全部投运后，每年可减少航空燃油消耗2000余吨，减少有害气体排放6400余吨。为航空公司降低2/3以上的靠港用能成本，延长了飞机辅助动力装置APU的使用寿命。二是打造城区站桩结合充电网络，编制《宜昌市“一网两环”充电规划》，利用自有场地、政府停车场、商业停车场建设分布式充电设施，构筑“集中与分布式相结合，快充与慢充相结合”市区充电网络。在城区投运多个集中式充电站；与上海蔚来合作，投运省公司系统内首个充换电服务站；在黄金商圈、交通枢纽、生活密集区建设分布式充电桩；建设居民小区有序充电桩，实现优势互补与利益共享，逐步实现“快充进站、慢充居家”的便捷充电圈服务网络，推动绿色交通网建设。中心城区单桩月充电量过1万千瓦·时，充电市场占有率超过85%。

2. 打造“能源+航运”产品，拓展岸电服务产业链

宜昌公司致力打造“业务融通、绿色低碳、智能互联、互利共赢”的产业新生态，推动长江地区经济和社会高质量发展。一是完成首艘电动公务船充电试点。与三峡通航管理局、船舶研究院、交运集团等多家产业链单位部门合作，研究纯电动船充电技术。通过应用分裂变压器、隔离变压器技术，在岸电桩和船舶配电系统之间进行隔离，解决纯电动船充电时反复跳闸的问题。在三峡通航综合服务区成功实现双口岸电桩对海巡12909电动公务船充电，新建1885千瓦·时电动公务船下水试航成功。二是建立充电船技术体系。参与长江电力、交运集团共同建造的长江流域最大的载客量1300人的“两坝一峡”纯电动游轮充电方案设计，改进利用船上自带的变压器，创新推出“高压直充、低压补电”的供电充电方案，将原需要搬运8根95毫米低压电缆充电难题，成功用一根高压电缆替代；为建造中的长江航道局电动测绘船、规划中的清江画廊旅游客船设计充电方案，使用低压交直流大容量充电机，提升充电性能。三是打造“零碳厂区”“零碳产品”。通过在船舶制造企业建设分布式光伏发电、储能系统和专属充电设施，实现船舶的建造、调试、停靠、运行等均使用电能，推动船舶制造产业链零碳、绿色发展。四是打造港口岸电综合能源服务新模式。通过研究风、光、储能在岸电系统中配置和协调运行，结合峰谷电能转移、电力直接交易，辅以大数据分析等增值业务，达到节能目标，打造绿色港口。

三、基于利益相关方协同共赢的长江绿色岸电系统建设与运营管理的效果

（一）助力长江绿色航运，取得显著生态效益

通过实现长江流域宜昌段港口岸电全覆盖，每年可减少燃油消耗5984.59吨，减排二氧化碳1.88万吨、一氧化碳10.8吨、二氧化硫28.5吨、氮氧化物18.23吨。实现船舶停靠期间“零排放、零油耗、零噪声”，有效提高清洁能源消费比例，带动新旧动能转换升级，有力支撑“双碳”目标的实现，为建设美丽中国贡献“电网力量”。

（二）推动经济转型升级，取得显著经济效益

港口岸电的建设推广提高了游客乘船体验及船员生活质量，促进了长江经济带独一无二的“游轮经济”发展，2021年五一期间，新三峡旅游集散中心秭归县游客吞吐量达到7万余人，比2019年同期

增长 436%，“游轮经济”实现快速发展，推动了航运和旅游业的转型升级，引领打造了“业务融通、绿色低碳、智能互联、互利共赢”的岸电产业新生态，带动地方经济、港口码头、船舶业主及电力公司等产业链上下游相关方合作共赢，长江流域宜昌段岸电深化应用后，年岸电量可达 2500 万千瓦·时，为待闸船舶节约用能成本约 1500 万元，推动绿色航运产业长效发展，为推动长江地区经济和社会高质量发展提供有力支撑。

（三）获得社会各界肯定，取得显著品牌效益

高质量建设三峡坝区岸电实验区，打造了一项具有示范意义的国家工程，全面展示了国家电网积极作为的央企形象。中央主流媒体对宜昌公司岸电工程给予高度关注，中央电视台《新闻直播间》播出《湖北宜昌：“以电代油”三峡库区岸电工程建成》，新华社多次刊发图文通稿，相关工作在中央级媒体和权威网络媒体上获得报道百余次，获得社会各界一致好评。

（四）打造典型示范经验，取得显著示范推广效益

在港口岸电建设过程中总结提炼出一系列经验做法，打造 4 个船舶岸电示范项目，完成长江流域宜昌段 63 个经营性码头岸电全覆盖，岸电用电容量达到 2.51 万千伏安，研发了一批技术创新成果和关键设备，包括 19 项技术标准、21 项技术专利、14 项专用设备、6 种典型岸电供电系统等创新成果，覆盖典型设计、设施建设、运营服务、船舶改造、检验检测等方面，为全国内河沿江推广岸电建设提供可借鉴、可复制的“宜昌经验”，为实现长江流域岸电全覆盖打下坚实基础。

（成果创造人：许子武、韩　凌、高　莉、杨　勇、朱险峰、张承彪、荣延海、付　荣、冯　宜、向　颖、田立勃、熊　艳）

覆盖电网全产业链的绿色生态价值协同管理

国网青海省电力公司

国网青海省电力公司（以下简称青海电力）现辖8个市，40个县公司和10家业务支撑单位，服务范围覆盖西宁市、海东市以及海西、海南、海北、黄南、果洛和玉树州，供电面积72.2万平方千米。截至2020年年末，公司资产总额552.64亿元，连续5年位居“青海企业50强”前三名。青海电力位于西北电网中西部，南北跨距800千米，东西跨距1200千米，是东接甘肃、西接新疆、南联西藏的交直流混联电网，是西北电网骨干网架的重要组成部分。截至2020年年底，青海省清洁能源装机规模3636.8万千瓦，占总装机比90.3%，清洁能源发电量达到847.4亿千瓦·时，同比增长8.8%，占总发电量的89.3%。

一、覆盖电网全产业链的绿色生态价值协同管理的背景

（一）落实新发展理念的需要

党的十八届五中全会强调，须牢固树立并切实贯彻创新、协调、绿色、开放、共享的发展理念。2018年，国家能源局批复青海省创建国家清洁能源示范省，电网是能源资源输送配置和转换利用的基础平台，是能源体系的中心环节，通过推进传统电网向绿色电网生态电网转型发展，有利于促进地方绿色发展，是重塑能源、经济、社会与自然协同发展模式的需要。

（二）强化能源清洁低碳利用的需要

中央财经委员会第九次会议指出，要构建清洁低碳安全高效的能源体系，控制化石能源总量，着力提高利用效率实施可再生能源替代行动，深化电力体制改革构建以新能源为主体的新型电力系统，推动传统电网向绿色电网生态电网转型的发展。青海省自然资源丰富，是国家重要的战略资源接续储备地。青海省水能资源是西北最富集的地区，可开发容量2187万千瓦；太阳能资源得天独厚，日照充足、光热资源富集，可开发利用容量达到35亿千瓦，资源总量约占全国总储量的9.3%；风电可开发利用7500万千瓦，是天然的清洁能源发电基地，也是我国重要的区域能源接续枢纽。

（三）发挥电网枢纽功能提升全产业链生态价值的需要

2015年3月15日，中共中央、国务院印发《关于进一步深化电力体制改革的若干意见》（中发〔2015〕9号）文，电网作为电力市场中衔接电源、用户以及政府等不同主体的重要环节，具备重要的枢纽功能。在传统电网向绿色电网生态电网转型过程中，涉及发电商、电网、用户、装备制造商和政府等多个主体，不同主体通过合作共享共创绿色电网生态电网的价值增长点。因此，沿电力价值链，建立合理的利益协调机制保障绿色电网生态电网的可持续化运行。

二、覆盖电网全产业链的绿色生态价值协同管理的主要做法

（一）建立电网全域绿色生态协同发展分析框架

1. 界定绿色电网全产业链价值协同内涵

青海电力深入研究国外构建绿色电网全产业链价值协同的实践经验，提出绿色电网全产业链价值协同内涵：从清洁高效、环境友好、能源综合、技术引领和绿色推动5个方面出发，以生态文明思想、“双碳”目标和新型电力系统建设为引领，推进电网履行节能减排责任，落实绿色流程管理，推动能源清洁发展，促进社会电能替代，实施绿色电网全产业链价值协同运营模式。基于绿色电能价值共创理

念，青海电力通过引入价值决策树模型，结合电网对生态环境影响途径分析，逐级逐步溯源，勾勒电网引导绿色电能价值链的轨迹。一是开展清洁能源替代，电网引导电源与发电环节价值增值。以水、风、光、地热等为主体的清洁能源发电逐步取代以煤炭、油为主的传统能源发电，减少在电力商品价值形成过程中二氧化碳的排放。二是发挥电网输配电功能作用，服务电力商品流通和交易，克服绿色能源与负荷中心逆分布，实现电网输配电环节价值增值。三是加大两个替代推广力度，实现电网引导售用环节价值增值，充分利用供给侧的绿色能源相关技术，有效提高绿色能源在一次能源发电中的占比；引导售电侧加大对绿色电能的推广和优先消纳均能再次拉动清洁替代；加强绿色电能宣传与优先消纳，激发绿色用电需求，拉动需求侧电能替代。

2. 构建电网绿色发展与生态环境耦合指标体系

青海电力基于电网对生态环境产生正负效应的主要作用途径，阐述电网协同上下游、电网自身发展和电网助力政府等多维度对生态环境的影响效应，具体包括：在电源侧，考虑“风光水火”电跨省跨区打捆外送、“冷热电气”综合能源开发及电力市场建设与节能发电调度；在电网侧，考虑电网自身运行全寿命周期特征，分析电网规划建设运营各个环节对生态系统产生的影响；在用户侧，考虑电能替代和需求侧管理两个方面对生态环境正负效应影响。在分析电网对生态环境产生正负效应的主要作用途径的基础上，进一步构建电网绿色发展与生态环境耦合指标体系。

3. 构建公司绿色发展水平评估方法

电网绿色发展与生态环境耦合关系分析由“电网绿色发展与生态环境耦合度评估”和“电网绿色发展与生态环境耦合关系重要指标分析”两部分构成。通过量化方法，衡量电网绿色发展与生态环境耦合的程度，对耦合关系的总体水平做出评判；通过指标追溯分析找出对电网绿色发展与生态环境耦合关系作用程度较大的环节和耦合关系发展中的薄弱环节，结合以上两类指标作为未来进一步改善耦合关系的重要环节。

4. 结合实例评判提出改进路径

项目利用云模型耦合度评估方法，将各级指标的结果云与标准云的期望值进行比较，提出未来进一步改善电网绿色发展与生态环境耦合协调关系的主要路径，包括：应进一步结合本地的资源特征，大力发展分布式能源、综合能源系统等，促进清洁能源消纳；进一步推进煤改电、完善补贴政策，发展新能源汽车、有序发展建设充电桩，促进电能替代；积极开展需求响应、完善需求响应运作机制，引导用户负荷转移。

（二）健全绿色生态发展市场化交易机制

1. 签订政府间外送框架协议，开展绿电深度参与发电权交易机制

结合清洁能源发电情况和通道能力变化，青海电力充分发挥大电网资源配置优势，扩大交易规模、丰富交易品种，积极落实政府间外送框架协议，分别与江苏省、湖北省等签署政府间外送协议，为新能源跨省、跨区消纳提供有力保障。在广泛开展新能源省内电力直接交易、跨区跨省外送交易的基础上，青海电力交易中心通过市场化手段组织了火电企业与新能源企业的发电权交易。

2. 多方主体协同参与，实施绿色电能替代项目直接交易机制

在工农业生产、交通运输、居民生活等领域大力推进电能替代项目实施。在玛多县建成投运全国首个高寒高海拔清洁供暖项目，推动上万户农牧民用上了电热炕。重点推进三江源 16 个市县清洁取暖等领域电能替代工作，在全省范围内实施 600 个以上的电能替代项目。组织新能源企业与三江源地区清洁供暖项目进行直接电力交易，采用“价差平移”方式，促进新能源就地消纳，缓解断面送出能力不足

和电网调峰能力不足的影响。

3. 挖掘多源调峰潜力，建立调峰辅助服务市场和调峰补偿机制

青海电力通过充分挖掘市场交易客户调峰潜力，探索互换新型制造企业峰谷时间段，实现用户负荷曲线与光伏发电曲线对应，为消纳绿色电能腾出调峰空间。研究制定省内储能电站调度运行策略及参与调频、调峰辅助服务市场规则，利用价格杠杆促使蓄热锅炉主动参与电网调峰辅助服务。加快辅助服务市场建设，推进深度调峰交易、调停备用交易和储能交易。建立火电调峰补偿机制，对停运火电机组按照发电权交易方式予以经济补偿。

（三）构建绿电助推全产业闭环生态体系

青海电力以“绿电三江源”百日系列活动为试点开展绿电助推全产业链闭环生态体系创新探索，促进青海绿色电网全产业链价值协同转型发展。

1. 依托特高压发展契机，开展绿电转型发展新格局

青海电力充分依托特高压输电技术，建成世界首条以输送新能源为主的青海—河南特高压输电通道双极低端带电运行，重点建成14项电网网架加强及能力提升工程、27项清洁能源送出工程。全面推动绿电技术再升级，深化多能互补调度与控制系统应用。

2. 创新“光伏＋生态＋扶贫”模式，开展绿电扶贫新路径

青海电力创新“光伏＋生态＋扶贫”模式，确保扶贫光伏全额消纳，全省50%的脱贫群众吃上“阳光饭”。建成首套省级光伏扶贫管理系统，为电站智能化、专业化集中运行管理提供支撑，确保电费及时结算、扶贫资金及时精准转付。

3. 坚决落实“六稳”“六保”要求，彰显绿电惠民新担当

青海电力坚决落实“六稳”“六保”要求，全面落实国网公司42项惠民惠企方案。在三江源16个县大力推广技术成熟、经济实用、安全可靠的电能取暖，在黄河源头玛多县实现清洁取暖全覆盖。积极探索鸟类和电网和谐发展新模式，构筑三江源“生命鸟巢”。

4. 充分发挥“市场之手”功能，开展绿电共享新模式

青海电力加快构建机制健全、功能完善的市场化交易平台，打造高品质、多种类的青海省能源市场品牌。建成基于区块链技术并融通电力调度控制系统、辅助服务交易系统的新型平台，创新开展共享储能和调峰辅助服务市场化交易。上线国内首个“绿电感知平台”，实现全省清洁能源生产、传输、消费全链条的动态感知。

5. 推动能源消费转型，培育绿电制造经济发展新动能

青海电力积极构建智慧车联网跨省清洁充电交易机制，利用区块链技术和智慧车联网平台，助力青海绿电“牵手”全国各地电动车。大力推动能源消费转型，让省内大工业支柱行业搭上“绿电”便车。以绿电助力锂电池制造等新兴产业发展，降低用电成本。积极服务乡村振兴战略，助力高原特色有机农畜产业发展。

6. 科学评估全行业绿电指数，打造绿色发展新高地

青海电力联合国内顶尖科研机构，从绿色电力发展情况、资源开发利用效率、消纳水平、电网传输效率和配置能力、技术进步、各类排放情况等维度对绿色电力发展水平和发展质量进行综合测评，构建涵盖电力生产、传输、消费全过程的绿电指数，科学动态评估“绿电”开发利用水平及趋势，明确改进提升的目标方向。

（四）建立电网绿色生态化开发利用技术方案

青海电力通过积极开发应用高压铁塔鸟巢、绿色清洁能源预测控制、建设源网荷储能源大数据平台

等技术，为电网绿色清洁生态化发展及“双碳”目标实现提供有力技术支持保障。

1. 注重人与自然的和谐发展，聚焦高压铁塔鸟巢防治与保护

一是全面研究三江源地区鸟类分布情况。在故障发生季节、时段、线路运行环境、设备实际等方面系统分析，判定鸟害是造成±400千伏柴拉线故障的主要原因，因此，运维人员通过日常巡视、鸟类观测特巡及观鸟站对鸟类的全天候观测，从全新视角开展三江源地区鸟类活动习性及分布规律分析，制定切实有效的鸟害防治措施，从根本上降低鸟害对柴拉线安全稳定运行的影响。二是多措并举逐步改善防鸟害工作模式。2013年7月，对±400千伏柴拉线（青海段）沱沱河地区的3基鸟类活动频繁铁塔采取不锈钢防鸟网与防鸟刺结合的鸟害整治措施。2015年，对±400千伏柴拉线#450～#600、#1140～#1240区段（共252基塔），在以导线为中心的2.0～3.5米防鸟半径范围安装防鸟针板，共计安装防鸟针板15087台，鸟害引起的线路跳闸频次显著降低。三是开拓创新，摸索开展“生命鸟巢”试装。青海电力运维人员通过探索发现±400千伏柴拉线沿线活动的都是大型鸟类，杆塔的导线正上方联板处是最危险的筑巢位置，运维人员采用多种方式和措施不断尝试和探索，最终选取用大直径藤条筐加棕榈制作出一种圆形碗状40厘米高度的人工鸟窝。

2. 基于地域资源禀赋，创新应用绿色清洁能源预测控制技术

通过创新开发应用光伏功率预测技术、新能源自动电压控制技术、多能源发电功率协调控制技术，提升清洁能源负荷预测精度，为清洁能源大规模安全稳定并网奠定基础，助力“30·60”双碳目标实现。

一是创新开展光伏功率预测技术研究应用，完成包含短期和超短期预测在内的多时间尺度光伏功率预测系统研发，并实现系统部署，全面具备风电、光伏等多种新能源功率预测功能。二是创新应用新能源自动电压控制（AVC）技术。青海电力深入开展新能源场站无功电压控制技术AVC系统建设，采用多层多级的电压控制技术，充分利用各种无功资源，实现电压安全优质、无功功率分布合理及系统网损最小。三是创新应用多能源发电功率协调控制（AGC）技术。青海电力完成AGC系统部署，率先实现新能源电站功率控制系统全覆盖并投入闭环运行，后续对AGC系统进行改造，形成基于市场化的具备柔性控制功能的新一代AGC系统，通过常规AGC与新能源AGC的信息实时交互，实现多能源协调自动控制。

3. 建设源网荷储能源大数据平台，提供全产业链多元服务体系

一是建设源网荷储能源大数据平台。青海电力充分挖掘电源侧、负荷侧等各方需求，坚持以数据为基础、以创新为驱动、以服务为载体，建设汇集源、网、荷、储数据，融合能源生产与消费全产业链的跨区域、跨产业的能源大数据平台，建成国内首个清洁能源大数据服务平台，并实现数据的国、分、省、地、厂五级纵向贯通，各种调控应用系统间横向数据互联，有效提升对并网发电厂涉网相关业务的流程化、标准化、精细化管控能力，打破了新能源行业长久以来的数据“孤岛”状态。

二是提供面向清洁能源全产业链的多元服务体系。在电源侧提供新能源全产业链服务，涵盖设备制造、电站建设、运营管理、调度运行等全环节，推动新能源产业优化升级；在电网侧，提供规划设计、调度交易、运维检修、营销决策等服务，为新能源消纳和全清洁能源供电提供技术支持；在负荷侧，提供能耗监测、能效诊断、负荷预测、用户画像、分布式能源集中监控等服务。

（五）制定多主体协同参与运营协调策略

青海电力成立转型发展领导小组，由公司主要领导担任组长。领导小组下设电网安全保障组、交易保障组、营销保障组、技术创新组、宣传报道组和党员服务组，公司各分管领导任各组组长。围绕

“双碳”目标实现及绿色电网全产业链价值协同转型发展需求，以充分利用清洁能源为出发点，建立电力交易和水库运用计划调整机制、方案考问和厂站实时汇报机制、联合反事故演练机制，建立绿色电网全产业链价值协同转型发展三重协同保障体系。

一是建立电力交易和水库运用计划调整机制。积极配合国家电网西北分部与各省（区）签订全清洁能源供电期间的购电框架，协调制定全清洁能源供电时段青海火电外送协议，明确分、省（区）调度的监视责任和交易原则，提高交易效率。二是建立方案考问和厂站实时汇报机制。建立方案、预案考问抽查机制，进一步明确各级调控机构值班人员在方案执行期间的定位和职责；建立厂站巡视汇报制度，省检修公司及各发电厂加强重要厂站设备巡视，定时汇报站内设备情况和天气变化。三是建立联合反事故演练机制。组织各单位在方案安排的电网运行方式下进行联合演练，熟悉全清洁能源供电期间电网运行方式和运行要求，深化各单位事故处理的协同配合机制，熟练掌握电网发生 N－1 故障时的处置原则，为全清洁能源供电提供应急保障。四是建立电网安全风险管控流程体系。加强隐患排查治理，开展全网安全校核，制定相应的运维措施及火电最小开机方式专项校核，并合理安排电网运行方式，降低西宁北部电网运行压力转移部分地区负荷有备自投或区域备自投系统供电，最终编制专项应急预案，开展联合反事故演练，确保全清洁能源供电万无一失。

三、覆盖电网全产业链的绿色生态价值协同管理的效果

（一）形成可复制、可推广的绿色电网全产业链价值协同示范

在全清洁能源供电实施期间，全省全部以水、风、光等清洁能源供电，实现用电零排放，清洁能源累计供电量 28.39 亿千瓦·时，相当于减少燃煤 129 万吨，减排二氧化碳 232 万吨。同时，实施峰谷时间段互换“绿色套餐”，积极引导负荷侧 30 家企业 157 万千瓦负荷参与响应，累计增加光伏消纳电量 6582 万千瓦·时，同时减少企业购电成本 1629 万元，企业效益能增加 2%～5%。研究成果先后累计获得国际领先成果 2 项、国际先进成果 7 项，获得省部级以上科技进步奖 12 项，出版专著 5 本。

（二）电网绿色生态化水平全面提升

青海电力围绕绿色转型、绿色扶贫和绿色指数等方面助推全产业链绿色生态转型，“十三五”期间累计外送电量 435 亿千瓦·时，年均增速达 112%。在绿电扶贫中，“三区三州”电网建设完成扶贫工程投资 86.34 亿元。在绿电惠民中，采取居民“每天减免一度电”、工商业“每度降低 2 分钱”等让利措施，减免电费 609 万元。在绿电共享中，创新开展共享储能和调峰辅助服务市场化交易，新能源企业增发电量 1.72 亿千瓦·时。在绿电制造中，通过清洁能源与火电市场化交易替代，8 家电解铝企业全部实现绿电生产，消纳绿电 27.17 亿千瓦·时。建设国内首个覆盖“源—网—荷”全产业链的新能源互联网大数据平台，目前已累计接入 16 家发电企业，年内接入新能源电站 196 座，容量 5800 兆瓦，实现 31 座新能源电站“无人值班、少人值守”模式，发电企业降低电站成本 40% 以上，降低新能源电厂人员成本 20% 以上，实现 40 项以上预警模型的开发，预警模型的准确率达到 75% 以上，可提高发电量 1%～5%。平台还能为发电企业、电网、制造商、第三方服务提供商等相关方带来收益。

（三）实现人与自然的和谐发展

2019 年，玉树供电公司根据鸟类迁徙的季节性、区域性和时间性等特点，将以前建设投运的输电线路更换为绝缘导线，加装 3000 只新型护鸟装置，实现“护线驱鸟到护线护鸟”的大转变。从实地监测数据显示，搭建“生命鸟巢”后，猛禽触电死亡数由原来每千米 9.28 只减少到每千米不到 1.9 只。三江源地区的 ±400 千伏柴拉线输电线路因鸟害故障同比减少 0.328 次/千米/年，减少停电时间 24 小时，可多输送电量约 720 万千瓦·时。随着人工鸟窝项目的实施，降低输电线路防鸟害成本约 210 万

元。此外，“光伏 + 生态 + 扶贫”模式确保了 73.36 万千瓦扶贫光伏全额消纳，扶贫光伏利用率高于常规光伏电站 19 个百分点，新能源替代燃煤自备电厂发电 6.4 万千瓦，减少燃煤 4 万吨，实现了生态保护和电网发展的双赢。

（成果创造人：郭顺宁、韩廷海、李红霞、韩玉宏、张海宁、李　楠、马　雪、李志青、胡文保、杨　帆、李　芳、张祥成）

有色冶炼企业以搬迁为契机的绿色转型升级管理

株洲冶炼集团股份有限公司

株洲冶炼集团股份有限公司（以下简称株冶）源于1956年始建的株洲冶炼厂。株洲冶炼厂是新中国第一个自主建成和发展起来的铅锌等有色金属综合冶炼企业，是我国有色金属工业的“共和国的长子”。经过多年发展，株冶成为我国主要的锌及锌合金生产研发基地。2004年株冶在上海证券交易所上市，2007年整体上市，2010年五矿集团通过增资扩股并购了株冶的控制人湖南有色金属控股集团有限公司（以下简称湖南有色），成为株冶的最终控制人。株冶“火炬”牌商标为国家驰名商标，“火炬”牌锌锭在伦敦金属交易所和上海期货交易所认证注册，多次荣获“全国用户满意企业”称号。“火炬”牌锌产品价格是有色行业的风向标，引领市场。株冶拥有国家级工程技术研究中心、国家认可实验室、博士后科研工作站等科研机构，靠自主研发形成一批国际领先拥有知识产权的核心技术。目前株冶共有8个国有及国有控股子公司、1家混合所有制公司，员工总数1331人，总资产56亿元，主要产品产能为：锌及锌基合金68万吨，综合回收硫酸60万吨，铟60吨。2020年株冶营业收入174亿元，利润总额2.91亿元。

一、有色冶炼企业以搬迁为契机的绿色转型升级管理的背景

（一）实施国家有关湘江治理保护方案的需要

株冶老基地所在的湖南省株洲市清水塘工业区是国家“一五”“二五”期间重点建设的老工业基地，以冶炼、化工、建材三大产业为主。60多年来，清水塘老工业区“高消耗、高排放、高污染”的粗放式发展模式，造成清水塘地区污染严重，“三废”排放量一度占株洲市总量的2/3。株冶是清水塘老工业区收入最高、占地面积最大、污染较大的企业。2011年3月，国家批准《湘江流域重金属污染治理实施方案》，湘江保护与治理被列为湖南省“一号工程”。2014年，国家发展改革委出台《关于做好城区老工业区搬迁改造试点工作的通知》，确定清水塘老工业区为全国21个城区老工业区搬迁改造试点区之一。作为历史悠久的老国企，必须坚决执行政府部署的搬迁改造工作并落到实处。

（二）落实湖南省有色行业结构调整的需要

有色金属工业是重要的基础原材料产业。湖南省主要有色金属保有储量及产值在全国名列前茅，拥有集采矿选矿、冶炼加工、科研于一体的完整产业体系。但产品结构不合理，铅锌产品分量大，铜铝分量小，而铜铝大金属产业，其经济效益和对地方经济的带动作用明显。湖南省的铜铝金属下游消费厂家多，具备结构调整的基础。为发挥“有色金属之乡”资源优势，湖南省要求着力实施以产品结构调整为主线的战略性结构调整，株冶以自身产能优化和淘汰落后产能为契机，通过搬迁改造落实湖南省有色金属产业结构调整。

（三）摆脱困境、转型升级，高质量发展的机遇

株冶是纯冶炼加工企业，与同行比缺乏矿产资源，工艺设备陈旧，用电成本及区位优势也不明显。受有色金属市场需求低迷、纯加工利润率持续下滑的影响，株冶一直在亏损边缘挣扎，先后投资进行工艺改造和环保设施建设，但每年环保设施运维费用高达1亿元，同时还有存货周转率低、劳动生产率低等诸多不足。株冶亟待通过搬迁改造采用新工艺、新设备，降低运营成本，推行管理创新，走上高质量发展的大道。

二、有色冶炼企业以搬迁为契机的绿色转型升级管理的主要做法

（一）明确指导思想，系统规划，精细制定三大任务实施方案

1. 高标准规划新基地

按照“以发展促改革，以环保定规模，以经济求升级”的总体原则，在坚持“环境改善、排放减量”的前提下，对搬迁改造项目进行严谨的顶层设计，在母公司五矿集团及湖南有色的支持下，将株冶及兄弟企业的铅锌冶炼产能进行整合，关停退出株冶老基地，关停退出水口山有色金属公司、锡矿山公司的铅锌冶炼落后产能，支持政府湘江治理民生工程，“退城入园”，在衡阳常宁市水口山循环经济工业园打造一个联合冶炼、综合回收、统一规划、一体化配置的，“中国第一、世界一流”的铜铅锌冶炼示范基地。分二期实施新建30万吨锌、迁建10万吨电铅及稀贵综合回收系统、改造扩建20万吨铜工程，最终形成“30万吨锌+20万吨铜+10万吨铅”的有色金属产业示范基地。新基地适度增加铜冶炼产能20万吨，削减铅锌冶炼产能47万吨，净削减冶炼产能27万吨。为切实保障项目受控运行，制定详细的绿色转型升级总体方案、项目管控方案和项目实施计划书，明确项目建设目标、项目组织机构和职责、建设模式规划、总体进度计划、过程管控方案和目标绩效考核方案。

2. 系统筹划老基地退出

针对老基地关停退出，结合安全环保风险、市场风险、品牌承接、退出工期、人员紧张等因素，通盘筹划生产线关停、资产处置的组织领导、机构设置、工作职责、推进机制、进度节点，制定3个专项方案——《清水塘生产区退出方案》《老基地流动资产处置方案》《老基地固定资产处置方案》。明确关停原则、关停顺序、流动资产处置顺序、固定资产处置顺序，梳理出停产、流动资产处置、固定资产处置、安全环保、品牌维护、财产保卫等7项任务清单。

3. 严谨细致制定职工分流方案

针对职工分流，结合稳定风险、就业风险、职工及企业承受能力、新基地投产需要等影响因素，按照“国家有要求、公司有规划、工作有组织、实施有步骤、骨干有通道、员工有保障”的“六有”原则，制定1个主方案——《人员分流安置专项方案》，以及4个配套方案——《清水塘生产区过渡期人员分流安置方案》《职工再就业培训、鼓励创业就业的实施方案》《转移项目定员定编方案》《转移项目员工对岗培训方案》，按内部转岗、内部退养、待岗、协商解除等途径分流安置人员。

（二）加强领导，落实责任，实行体系化管理

1. 建立组织体系，“一岗双责两促进”

株冶成立以董事长为组长的搬迁改造领导小组。领导小组根据业务特点的不同，设置政策宣传、法律事务、维稳、项目建设等若干专项工作组，负责各专项工作的推进。各专项工作组由一名公司领导牵头担任组长，领导小组负责审议重大决策及重大实施方案，统筹安排搬迁改造相关事项。

明确职能部室、分厂按照“一岗双责两促进”的管理原则开展工作。“一岗”指部门、分厂等二级单位的党政一把手岗位；“双责”指管理范围内新基地按期完成建设和老基地平稳退出的双重责任甚至三重责任；“两促进”指新基地建设与老基地退出、人员分流协调一致，互相促进。二级单位党政一把手既负责清水塘老基地的有序退出，也负责新基地相应范围的建设和投产管理，同时还是人员分流安置工作的第一责任人。“一岗双责两促进”套牢各层级领导及管理团队的多重责任。

株冶在搬迁项目启动时同步成立临时党支部，把支部建在一线，为项目快速有序推进提供坚强的组织保证。积极做好“对外协调管理”，将搬迁改造项目列为五矿集团和省市重点工程，协调成立各层级的服务组，为搬迁改造提供良好的外部支持。

2. 以制度和核心方案为依据，抓好过程管理

为规范搬迁项目建设期管理，实现预定目标，搭建项目的安全环保、质量、进度、投资、文件资料

五大管理体系。同时，按照“制度先行、以制度规范行为”的工作理念，制定22项管理制度，涵盖设计、采购、施工、财务管理、生活后勤等项目建设的方方面面。建立并实施“多层级、全覆盖廉洁风险防控体系”，充分发挥纪检监督作用。

根据老基地退出的3个专项方案和7项任务清单，配套制定《老基地资产处置安全环保管理规定》《老基地物料清理管理办法》《物料外销管理制度》《物料清理处置费用支付》等14项管理制度。制度涉及关停退出和资产处置的各方面，规范资产处置的业务流程。

为确保体系、制度的有效运行，株冶建立部门自查、公司抽查、外聘审计机构检查的三层级检查评价体系。针对搬迁改造的重点难点工作，实行督查督办制度，并在公司级会议定期通报整改闭环进度，形成横向连接、纵向贯通、运行有序的监督构架，为搬迁改造工作提供良好的运行支持。

3. 深度参与，推动搬迁项目高效建成

新基地30万吨锌冶炼工程是搬迁改造关键项目，包括桩基工程、火法系统、湿法系统等64个子项。该项目具有如下特点：建设规模大，单项工程多，大型设备装置多；施工作业面密集交织，现场协调工作量大；建安交接和开车时间相对集中，投产准备工作复杂等。项目采用EPC总承包模式，由母公司五矿集团旗下的中国冶金建设集团负责设计采购施工的全部任务。株冶充分利用五矿集团冶金项目建设的全产业链优势，在央企内部选择顶尖的总承包商及优质监理公司组建项目建设团队。

为了协助总包方做好项目建设的日常协调，助推高效建成，公司打破EPC模式甲方参与程度低的工作惯例，鼓励甲方深度参与。成立项目建设投产指挥部，下设工程管理部、技术管理部、综合管理部，统筹推进项目的进度、质量、费用控制、投产准备及运营资质办理等工作。按照生产工艺流程，将建设任务划分为6个区域组，将所有子项细分到区域组，区域组长由分厂一把手担任。公司与建设投产指挥部、区域组签订责任书，进一步厘清边界、明确分工。督促总承包商利用时间和施工空间，采取平行施工、分段施工和立体交叉施工等方法。针对繁重的建设管理任务和衔接难度大的实际情况，倒排工期，挂图作战，采取“早晨会、晚碰头”的日调度管理模式，细化工作任务到天，重要节点按小时跟进，实行“当日事当日毕，计划事节点毕”。每周召开项目推进会，系统梳理、纠偏，推动项目建设投产工作有序运行。

（三）采用新技术，推行智能制造，培育世界一流企业

1. 自主开发与引进吸收结合，提高技术与装备水平

一是通过自主创新技术、合作开发技术与引进技术的联合使用，提升技术水平。锌冶炼采用改良的常规浸出工艺，既可以减少浸出渣含锌量，又可以将渣中铜等有价元素尽可能回收，实现渣的减量化，缩小渣处理规模，使整个锌冶炼的能耗大幅降低，实现节能减排的目标。同时采用国内独创兼顾分时效益的大极板电解和自动剥锌技术，降低电解运行成本与生产组织风险，定员少而且兼顾分时用电。自主开发的铟直接萃取提炼锌铟技术，具有流程短、连续性强、没有中间物料的中转、自动化程度较高、人工成本低等优点。

二是优化流程与布局，降低运营成本。通过相关工艺流程的改进，最大限度发挥综合回收优势和效益，回收的金属元素超过16种。同时优化工艺布局，尽可能减少中转环节，缩短物料转运距离，减少内部运输费用。对工艺余热梯级回收利用，高温烟气经余热锅炉回收热能生产中压蒸汽供余热发电和生产使用，低压蒸汽用于适合用气点，提高热的利用率，降低生产成本。构建全过程质量管控体系，主产品锌锭品位稳定，达到99.996%，产品质量达到国内乃至世界领先水平。

三是装备升级，提升规模效应。结合未来发展趋势，通过炉窑大型化、设备集成化有效提升效率，奠定刚性竞争优势，如前瞻性地采用世界最大的152平方米焙烧炉、世界最大的单系列30万吨浸出和OTC溶液深度净化系统等大型装备，创造锌冶炼单套产能规模世界之最。

2. 分类治理，绿色生产

公司对工业废水严格实行“清污分流、雨污分流和污污分流”管理。根据不同废水的污染物类别及浓度，分类收集，采取不同的处理方法，分质送回到各生产系统，确保废水全部处理回用。针对酸性废水，自主开发了处理工艺；针对难处理的污酸废水，联合中南大学开发“有色冶炼烟气洗涤废酸废水治理与资源化利用新技术”，解决传统工艺存在的渣量大、品位低、回用水质差，只能开路处理的难题。应用大规模离子胺脱硫技术，确保冶炼尾气二氧化硫的低限排放。建设国内第一套锌冶炼烟气净化脱汞系统，确保汞在前端集中回收，避免分散污染。充分发挥联合冶炼的长处，针对原料特点，通过多种途径将有价物料返回生产系统，实现有价金属利用最大化、固废无害化处理。公司牵头承担国家重点研发计划项目“铜铅锌综合冶炼基地多源固废协同利用集成示范”，确保冶炼过程中产生的净化铜渣、锌浸出渣等固体废物在内部协同消化处理，不向社会转嫁环保风险。

3. 协同利用集团资源，降低运行成本

为切实保障新基地稳定运行，降低建设成本，株冶对原料供给、能源保障等生产要素按市场化原则，采取内部协同优先方式。

一是原料协同。新基地在规划选址阶段，充分利用五矿集团下属企业的原料优势。湖南省的五矿集团成员企业水口山有色金属集团有限公司铅锌矿与公司距离在 5 千米内，黄沙坪矿业分公司铅锌矿与公司距离 130 多千米，五矿集团海外铅锌矿产能每年 20 万吨以上，锌精矿在五矿集团内部拥有 40% 以上的原料自给率，提高原料保障程度，降低原料全部外购带来的潜在经营风险。

二是能源保障协同。新基地充分利用周边五矿集团下属企业的基础设施，实行能源供应互补。例如，电力双回路，株冶只建设一条，另一条与兄弟企业相互联络备用，减少电力线路建设投资 2000 万元；生产水利用兄弟企业现有的供应能力与管网，协同供给，每年减少水费支出 132 万元；蒸汽管网与兄弟企业实行相互联络备用，提高双方检修期间蒸汽供应的可靠性。能源保障协同节约项目投资 2132 万元。

4. 挖掘老基地设备物资的使用价值

公司老基地关停前一直正常运营，关停以后部分设备功能较齐全，具备使用价值，部分残渣废液有价物料难以找到处置单位，同时还存在环保风险转移。针对此情况，公司在新基地建设前策划“修旧利废、物尽其用”专项任务。

一是设备利旧。在对老基地设备状态、使用价值评估的基础上，结合新基地需求确定利旧设备的清单，在新项目进度节点需要时将其搬迁至新基地，重新安装后使用。对部分功能缺失的利旧设备花费少量资金进行修复。设备利旧的开展，节约建设投资 1.9 亿元。

二是物尽其用。针对老基地退出后的残渣废液、有价物料，在新基地投产后，通过合理计划、有序搭配，消化处理残渣废液、有价物料共 7 万多吨，没有向社会转嫁环保风险。

5. 建设智能工厂，实现智慧管理

株冶的信息化建设自 2002 年开始，陆续建设 ERP、OA、项目管理等 20 余个子系统，支撑公司日常生产、运营管理过程。因为 20 多个子系统在建设时缺乏整体规划，各业务虽然在逻辑上有前后关联关系，但业务衔接不够顺畅，所以还存在缺乏对上下游部门之间流程协同、数据的有效集成和交互等问题。为解决这些问题，株冶在本次搬迁改造中，按照整体规划、分步实施的原则，以“绿色、安全、高效”为目标，充分考虑行业特点，投资数千万元，从 2018 年开始启动智能工厂建设。智能工厂项目遵循数据共享化、信息可视化、标准国际化、系统柔性化的要求，通过生产自动化、管控一体化、业务财务融合、决策智能化四大关键举措，对生产、设备、供应链、财务等八大业务领域进行系统建设，构建覆盖 DCS、MES、ERP 三个层级的智能工厂系统平台。

数字化生产管理平台构建生产信息全景图，完善生产快速响应机制。人工智能和大数据技术可以实现市场信息的自动收集、多维分析，对市场响应更敏捷，实现价值采购。全生命周期的设备管理体系，大大提高设备作业率。装备大型化、自动化和智能化，改善生产条件和劳动环境。业务财务一体化实现业务与财务的信息联动与协同，统一业务节拍，提升跨部门协同效率；同时通过对 MES、ERP、BI 等 20 个系统的集成及大数据分析应用，解决企业生产运营存在的信息孤岛问题，提升企业数字化决策能力，持续提高管理水平。

（四）新基地新机制，激发团队活力

1. 公开选聘建设团队，风险抵押绑定利益

国有企业重大改造项目因投资大、建设周期较长及某些环节的不到位等因素，面临较大风险。项目建设的成功与否，对国有企业的健康发展具有关键性作用。为保障项目建设合规高效，株冶在全公司范围内公开选聘参与项目建设的区域组长和专业经理。针对自己缺乏关键技术人员的问题，按照“不求所有，只求所用”的原则，通过社会引进、返聘公司退休员工、网络招聘等多种方式解决。

对项目建设管理团队按“强激励、重约束”的原则，实行新的薪酬绩效机制和风险抵押激励。员工月度薪酬分解为基薪、一般节点绩效奖、重大节点绩效奖三部分，与项目的安全环保、质量、进度、投资、文件资料五大目标完成情况挂钩。同时，要求项目团队缴纳风险抵押金，项目结束后按照目标完成情况兑现。目标绩效由上级公司联合株冶共同组织评价。项目建设管理团队共缴纳风险抵押金 2000 余万元，促进项目建设效果、质量、投资等业绩与个人绩效、风险抵押回报等紧密联系。

2. 革新机制，激发潜能

项目进入运营期后，全面推进四大革新。一是优化管理层级。取消职能科室与工段设置，减少一个管理层级，实施扁平化管理。科学从紧定员定编，生产岗位由“定岗定编制”改为“主操手 + 巡岗制”，优化岗位组合和人员配置，提高劳动生产率。二是实施契约化管理。建立以契约化管理、体系化监督为主要内容的制度，规划、预算、考核、薪酬四大体系有序运转。从关键绩效指标、重点工作指标等四个维度对公司的组织绩效体系进行重构；组织绩效指标不仅包含业绩指标，还包含管理指标和长期发展指标；通过建立 KPI 指标库、重点工作指标库以及执行考核细则，构建全方位、立体式的评价系统，推动各管理层级主动作为与较真履职。三是全员竞聘上岗。公司投产运营前，实施中层管理团队、管理人员、普通员工全员竞聘上岗，实现人岗适配与能岗匹配。四是系统实施薪酬变革，打通人才晋升通道。公司设计管理专家、技术专家、操作能手三条人才晋升通道，并建立与多条晋升通道配套的“岗薪制 + 薪点制”相结合的宽带薪酬体系。为员工设置差异化的套薪体系，工薪与企业运营指标、个人履职效果挂钩，评价考核客观、刚性。公司在用工用人上实现三个转变，即资历向能力转变，职务向职责转变，级别向岗位转变。

（五）以风险管理为主线，确保老基地平稳退出

株冶老基地的关停退出是清水塘老工业区退出的标志性事件。为了在平稳退出的前提下最大限度创造经济效益，公司以“依法合规、价值最优”为原则，确立以风险管理为主线的工作方针，系统辨识关停和资产清理拆除处置的 18 个风险点，重点管理安全环保风险、资产保全风险、合规风险。

一是针对安全环保风险管控，设置公司—项目组—监理单位—施工单位四级安全管理网络，每个层级均设置安全环保负责人，分 12 个区域辨识 1000 多条的危险源和环境因素。制定各层级安全责任清单，所有施工单位签好安全协议、所有施工人员实名制并购买工伤保险后方能进场作业。针对危废物料处置，委托第三方编制《残渣废液清理管控方案》，聘请环境监理公司全过程监控，以政府验收通过为清理标准。

二是针对资产保全风险管控，强化保全人员及物料的全流程管理。2018 年年底，面对职工分流、

多地作战人手极度紧张的情况，组建以内退人员为主的保卫队伍，每一名人员由基层单位的党支部书记推荐，并优先聘用班组长、工段长等管理骨干。对原有监控系统因拆除不适用的实际情况，在各物料集中堆存点、主要路口新建一套无线传输、蓄电池供电的监控系统，对车辆、物资进出厂实行“预报+双人监装”的制度。对工业遗址资产采用物理隔离措施，防止误拆。

三是为保证资产清理和处置业务合规，流动资产统一通过阳光电子平台公开择优选择中标单位，同时在外部废旧网、闲置物资网等发布销售信息。每周检查资产清理和处置业务，全面审核决策、清理、运输等业务环节的合规性。

（六）以人为本，妥善分流安置职工

株冶在株洲市清水塘扎根60多年，清水塘承载公司几代人的记忆，其中双职工、父子（女）工甚至祖孙三代都在株冶工作的不在少数。整体关停搬迁，很多员工从感情上难以接受。同时，新基地由于提高了劳动生产率导致用人需求减少，截至2018年12月底，株冶共有正式职工3745人，但新基地用工需求只有1000人左右，这意味着绝大部分员工将失去工作岗位。分流关系到每个职工及家庭的切身利益，能否做好职工分流是绿色转型升级的保障，也是一项重大的民生工程。

公司制定“六个到位”（即目的、意义宣传到位，方案、内容解读到位，有政策落实到位，无政策解释到位，有困难帮扶到位，对违法行为打击到位）的分流实施原则，统筹做好人员分流安置工作。一是做好公司绿色转型升级的宣传引导。利用公司报纸、微信公众号等媒体、班组政治学习、领导干部带班活动等多种形式宣传湘江治理保护、老工业区搬迁改造等政策，指出绿色转型升级是大势所趋，是发展的必然要求。每周将搬迁工作进展及时公开，让员工第一时间知晓，从情感上逐步接受。同时做好分流就业的需求调研，收集职工对分流政策的意见，编制多期《人员分流安置专辑》的班组宣传教育资料，为职工释疑解惑200多问，共收集意见和建议159条，整理吸收18条职工意见融入《职工分流安置方案》。二是做细做实职工分流安置方案，历时两年多，近80稿测算，形成1个主方案和4个配套方案。“1+4”的分流安置方案充分考虑国家政策、企业承受能力、职工利益，操作性强，高票一次性通过公司职代会审议。三是做好法律咨询和再就业服务。公司成立法律服务中心和再就业帮扶中心，法律服务中心的专业律师团队全程参与人员分流的方案制定与实施，给职工提供及时的法律咨询服务，释疑解惑。再就业帮扶中心与株洲市联合，2018年先后举办电工、育婴师等工种的再就业培训班，共培训职工500多人。2019年3月，协调株洲市组织100多家企业，开展再就业专场招聘会，上千名职工踊跃参加，给职工提供再就业支持。同时，公司制定《困难补助实施管理办法》，对低收入内退职工进行帮扶，稳定分流安置群体。地方政府公开评价公司的《职工分流安置方案》，是清水塘老工业区搬迁企业政策性最强的方案，也是最严谨、最翔实的方案。

三、有色冶炼企业以搬迁为契机的绿色转型升级管理的效果

（一）搬迁成功，实现绿色制造，为湘江保护与治理做出贡献

一是离株洲190千米的株冶新基地于2018年12月26日投料成功，从开工到投产达产实现“安全零事故、质量零缺陷、进度零滞后、投资零突破”的目标。首先，实现一年建成投产，比正常的建设进度至少节约6个月的时间，并最终实现半年达产、达产即盈利，平稳实现品牌承接。其次，株冶老基地于2018年12月30日关停，如期完成湖南省下达的目标。2020年11月底完成物料清理和资产处置，约2000亩的老基地全部移交政府收储。目前该片土地已完成大部分土壤修复治理，一座“生态科技文化新城”正拔地而起。再次，职工分流安置工作从方案通过到安置截止日，3个月时间，分流安置率达99.49%。其中，内部退养1600余人，协商解除合同900余人，协商解除人员再就业率达到80.48%，最大限度维护了职工的合法权益，没有向政府和社会移交矛盾，平稳解决老国企最难也是最关键的人员分流问题，具有“伤害小、分流快、社会稳”等鲜明特点，创造国企人员分流安置的“株冶速度”。

二是株冶等一大批老工业企业以“壮士断腕”的勇气实施搬迁改造，换来清水塘地区生态环境的极大改善。2020年株洲城区空气优良天数达到317天，较2013年的214天增加了103天，湘江株洲段水质由Ⅲ类提升至Ⅱ类，清水塘地区已退出重金属污染重点防控区。株洲城区居民生活环境质量显著提升。

三是株冶在国内有色金属行业首家实现工业废水零排放，废气二氧化硫仅为国家排放标准的1/5，二氧化硫减排量1.5万吨/年，较搬迁前减排90%以上，项目的各项排放指标均实现1:1.5倍削减。冶炼过程的净化铜渣、锌浸出渣等多种固体废物在内部消化，年处理量40余万吨，减排污酸中和渣1万余吨，每年直接创造经济效益1亿多元，对国家环境安全做出重大贡献。单位产品综合能耗较搬迁前下降22%，节能效果超过行业先进水平3%。搬迁后彻底解决衡阳水口山地区水口山有色金属集团有限公司原三厂、四厂、六厂的历史遗留问题，彻底规避湘江水污染风险。新基地实现居民区和生产区防护距离分开，水口山地区居民生活环境质量显著提升。

（二）运营效率大幅提升，经济效益大幅增长

株冶主营业务——锌冶炼产能规模同比搬迁前降低21%，完全加工成本降低25.6%，毛利率增长8.84%。锌回收率、银回收率等12项关键技术经济指标达到行业领先水平，回收的金属元素超过16种。产品质量达到国内乃至世界领先水平。劳动生产率排名行业第一，比搬迁前翻两番。2021年7月，以中国有色金属工业协会副会长贾明星为组长，有色金属智能制造联盟主任委员、中国工程院院士桂卫华为副组长的专家组通过鉴定，一致认为项目整体技术达到国际领先水平，建议加快推广应用。

企业盈利能力发生质的变化，自我造血能力明显增强。株冶在营业收入变化不大的情况下，转移后2020年完整经营，实现利润总额2.91亿元，营业毛利率5.27%，资产负债率86.52%，利润总额创十年来最好业绩。相较搬迁前2017年完整经营年度的利润总额增长324.31%，营业毛利率提高43%，资产负债率降低10%。2020年经营性现金净流入3.49亿元，相较2017年增加4.33亿元。

（三）社会效益明显，为行业绿色转型升级提供借鉴

株冶新基地创造有色行业项目建设与投产达产速度两项新纪录，通过株冶搬迁，湖南省有色铅锌冶炼产能削减27万吨，化解地区结构性过剩产能。新基地高质量运营体系推动行业装备水平、技术水平、管理水平迈上新台阶，为国家老工业基地关停退出与转型升级贡献了株冶力量。

在同行业无先例可循的情况下，株冶通过一系列创新和实践完成新旧动能转换。绿色转型升级具有定位高、行动快、效果好等鲜明特点，具有很强的创新性和较强的可推广性，为我国有色金属行业老国企创建了通过整体搬迁实现高质量发展的典型。

（成果创造人：赵志顺、黄忠民、李　立、刘朗明、何献忠、谭轶中、
龙　双、夏中卫、刘卫平、冯　平、陈振东、王治文）

供电企业以绿色低碳发展为中心的转型升级管理

国网山东省电力公司济南供电公司

国网山东省电力公司济南供电公司（以下简称济南供电公司）是国家电网大型重点供电企业之一，也是山东电网的重要枢纽骨干电网。拥有1000千伏泉城站，500千伏济南变、长清变、闻韶变、蟠龙变、天衍变，以及黄台电厂、章丘电厂和石横电厂等9个电源点。拥有35千伏及以上变电站325座，变电总容量2992.07万千伏安；35千伏及以上输电线路434条，总长度4524.31千米；10千伏配网线路2466条，总长度2.79万千米。下设14个职能部室，16个业务机构，6个县公司，共有86个营业窗口，57个供电所；员工3962人。先后荣获“全国文明单位”“全国电力行业优秀企业”等称号。

一、供电企业以绿色低碳发展为中心的转型升级管理的背景

（一）生态和谐发展的客观要求

能源燃烧是我国二氧化碳主要排放源，占全部二氧化碳排放的88%左右，电力行业排放约占能源行业排放的41%，电网企业实现能源电力绿色低碳发展面临巨大挑战。

推进能源清洁低碳转型，关键是加快发展非化石能源，尤其风电、太阳能发电等新能源。近几年，济南新能源发展迅速，电网调峰压力愈发突出，客户侧负荷协同需求逐渐凸显。电网作为能源汇集传输和转换利用中的重要枢纽，必须做到绿色低碳发展与能源生态和谐共生。

（二）高质量发展的迫切需要

一是随着分布式光伏整县整区推进行动试点的启动，新能源接入并网需求再度被激发，电网迫切需要转型，以应对碎片化新能源时代的到来。二是随着新能源装机占比的持续提高，电力系统呈现高比例可再生能源、高比例电力电子设备的“双高”特征，运行特性发生极大改变，电网转型升级需求迫切。因此，济南供电公司必须充分发挥电网优化配置资源能力和市场平台功能，统筹好电力保供和新能源快速发展之间的关系，以绿色低碳发展为中心，做好转型升级管理工作，促进清洁能源发展、终端能源电能替代和节能提效，以清洁和绿色的方式满足电力需求、发展需要，推进电网转型高质量发展。

二、供电企业以绿色低碳发展为中心的转型升级管理的主要做法

（一）确立以绿色低碳发展为中心的转型升级管理的指导思想

济南供电公司确立以绿色低碳发展为中心转型升级管理的指导思想，聚焦电网坚强水平、电源侧清洁化水平、负荷侧低碳化水平的提升，规划坚强的主配网网架结构，建设特高压电网、配电能源互联网和智慧型低压微电网，推进电网转型升级。具体做法是以引入和接入清洁能源，推进能源供给转型升级；以拓展电能替代、车网互动业务链为关键行动，推进能源消费转型升级；以源网荷多元协同互动，促进电网有序均衡发展，保障电网转型和能源转型的经济安全。

（二）打造坚强绿色电网

1. 规划坚强网架结构

济南供电公司充分发挥专业协同力量，从规划、建设、运行、服务等维度对当前电网发展模式展开全局式与重点式诊断，厘清电网发展短板，形成问题清单。一是针对电网规划颗粒度偏粗，结合电网基础数据和薄弱环节，以及全市、直供区和各区县电网运行情况的诊断分析及对比，找准电网薄弱点。二是密切跟踪新旧动能转换起步区、科创大走廊、国际医学科学中心等规划新区建设，确立“功能区、网格化、单元制”电网发展建设模式，落实先进的配电网规划设计理念，细化功能区，落实“网格化”

规划，形成“功能区—供电网格—用电单元”的精细化目标网架。三是强化各部门资源末端融合，“一步到位，分步实施”建设主干网架，推进电网均衡健康发展。四是深度融合城市发展规划，以饱和负荷标准目标网架为引领，精准制定电网发展计划。五是优化业扩（居配）等接入系统方案，整合政府、业扩（居配）等各类社会资金，加大主配网骨干网架投资力度，管沟随道路建设同步形成，实现城市建设与电网质量相匹配、共提升，全力服务济南市能源结构转型。

2. 推动配电网智慧升级

为解决设备数量飞速增长与结构性缺员、管理穿透与业务不透明、技术迭代与现场应用成效等突出矛盾，配网亟待转型升级。一是基于配网透明化和电网资源业务中台建设，统一中低压配网模型标准，开展云主站、供服系统中台化改造。二是从运检、建设、质量三个业务维度，梳理业务流程，构建面向配网全专业、全层级、全业务的工单驱动业务新体系，实现从线下“管”到线上“监、研、管、评”的转变。三是建立以智能物联电能表为核心的AMI体系，应用智能断路器和HPLC、“双模”、北斗等新设备、新技术，提升电厂侧、电网侧和客户侧物联感知能力，推进电厂侧、公共台区和客户用能信息分钟级“全感知”，构建客户侧能源互联网。四是试点运用以柔性直流技术为代表的新一代直流输电技术，建立低压柔直互联系统，针对城市电网增容布点难、分布式能源大量接入带来的配电网运行难题，根据不同台区负荷空间、时间不匹配的特性，通过柔性直流互联，解决相邻台区负载率差异大与不均载、末端负荷上升导致的电压下降、高渗透率分布式电源并网产生的电压不稳定等问题，实现台区动态增容和故障下的转供电，提高供电可靠性，提升分布式电源接纳能力。

3. 试点建立智慧型低压微电网

济南供电公司统筹考虑不同台区的设备，试点建立了智慧型低压微电网，接纳分布式光伏等可再生能源发电系统及储能单元、电动汽车等用电负荷。通过微电网电能质量在线监测系统，对直流设备的电压、电流、功率等数据进行在线监测；通过微电网监控系统，协调微电网系统内部分布式电源和负荷等模块的运行状态，优化微电源功率出力，以最经济的运行成本向用户提供满足质量要求的电能。

（三）促进能源配置清洁化

1. 实施“外电入济”战略

针对济南市绿色低碳的新能源装机容量不足的现状，济南供电公司实施“外电入济”战略，把建设济南特高压站作为“三华”特高压同步电网东纵、北横的交汇点，建成1000千伏济南特高压变电站，提高山东电网的受电能力。与此同时，加快构建以特高压为主要电源支撑，500千伏、220千伏为骨干网架，各级电网全面协调发展的坚强智能电网；建立清洁能源在全市大范围开发利用和优化配置的基础平台，持续提升济南电网清洁能源配置能力和安全运行水平。

另外，推进城市配电网升级，提高分布式电源和电动汽车等多元负荷的综合承载能力。一是全面升级农村电网，助力乡村电气化提升工程，推动乡村“驭风”“沐光”计划落地实施。二是重点建设供电分区合理、转供互带灵活、供用电形式多元互补的新型配电网，提升电网安全性、可靠性、灵活适应性和源网荷储友好互动性。三是以现代信息技术与先进能源电力技术融合发展为支撑，满足中小型清洁能源及多元化负荷即插即用要求，实现分布式电源可观、可测、可控，为用户提供安全可控、友好便捷的供电服务保障。

2. 升级新能源云

一是拓展新能源项目接网“云”上办理渠道，将新能源云部署到县公司，督导市、县公司依托平台开展各类业务，实现新能源云省、市、县三级常态化应用，以及各级新能源业务“一网办理”“云上流转”，提高公开、透明、便捷服务水平。二是积极服务政府、广大发电企业和生产厂商，依托新能源云开发全省新能源项目建设管控平台，赋能新能源项目统计、立项、监控、分析全链条管控，率先建成统筹全省新能源开发的数据平台，汇聚新能源全产业链信息，打造新能源公开、公平、公正发展生态圈。

3. 拓展多类新能源代理服务

一是结合电力市场建设，拓展多类型负荷聚合、打包代理服务，构建需求响应负荷资源容量和电能量市场有效协调、中长期和现货交易有序衔接的电力市场需求响应市场化机制。二是构建省、市、县负荷资源聚合体系，广泛聚合工业负荷、非工空调负荷、电动汽车充电负荷、自备电厂资源等需求响应资源，依托省级智慧能源服务平台，实现需求响应资源可观、可测、可调节。三是扩大需求响应规模，推动虚拟电厂市场化应用，深挖用户侧灵活性资源，促进新能源消纳。

（四）促进能源消费低碳化

1. 实施多元化综合能源服务

一是构建综合能源服务技术方案场景。针对综合能效服务、多能供应服务、清洁能源服务、新兴用能服务等综合能源服务重点业务领域，提出19项成熟业务、17项新兴业务，结合国网山东综合能源服务有限公司济南分公司的业务开展情况，归纳23种综合能源技术应用，因地制宜用于济南地区综合能源业务的开展。二是构建综合能源服务商务模式场景。结合国网山东综合能源服务有限公司济南分公司业务开展情况，归纳出合同能源管理（EMC）、建设拥有运营（BOO）、建设运营移交（BOT）、建设移交（BT）、工程总承包、运维托管、技术咨询、设备租赁、设备销售9种综合能源商务合作模式。三是以客户需求为中心提供全过程场景化服务。实行客户需求全过程动态响应机制，实时跟踪客户需求并及时进行客户需求调整、确认工作，提供覆盖从客户需求调研到项目终结的全过程场景化服务。梳理客户综合能源服务需求，按照项目进展阶段完成导入需求、扩展需求、实施需求三个层次的需求分级。对每个层次的需求都以客户需求为中心，联合客户需求、技术应用、商务模式三个维度，建立项目场景，准确快速形成完整的全过程场景化服务方案。

2. 跨界打造智慧融合平台

一是收集国家和地方政府有关电动汽车、充电设施的政策规划等文件，建立“政府政策规划库”，积极与地方政府对接，主动就公共充电站的选址和工程方案等进行交流，与政府规划同步；根据政府相关政策规划、经济增长率和地方汽车年增长率等资料，预测公共充电设施发展需求，明确各城区电动汽车充电设施规划原则，按照“网格化、差异化、多样化”的策略，对规划区域按地理片区划分网格，实施差异化充电设施发展政策，建设多样化的充电设施系统，满足不同类型车辆的需求；基于电动汽车用户数据，确定充电负荷不同的空间分布需求，在公共停车场、会展设施、特色小镇、文化场馆、旅游集散中心等标志性区域设置充电设施，确定城区内充电设施的布点定容；引入大数据分析，细化充电设施配置，确定城区不同片区中的各类型电动汽车所需的分散式充电桩数量，以及大中小型充电站内充电桩数量，逐步向“车桩相宜”与“桩等车”的目标靠拢。二是依托智慧车联网平台，推动充电运营商、出行运营商等平台互联互通，充分挖掘数据价值，构建电动汽车、分布式能源等负荷资源的虚拟电厂，试点开展需求侧响应、电力辅助服务；与电力配售企业、出行运营商、充电运营商深度开展数据共享合作，探索客户侧各类用能设施规模化接入虚拟电厂，深度参与需求侧响应、电力辅助服务，健全以电动汽车为中心的智慧能源融合平台，大幅提升平台与充电设施、客户侧用能设施的信息交互能力；聚焦主营业务，拓展与汽车经销商的合作，打造车桩一体化解决方案，布局汽车后服务市场；积极开展居民区充电桩统建通营试点工作，支持临近车位共享、多车一桩等应用模式，在全市范围内开展“售车—装桩—接电—充电—数据服务”一网通办报装服务，提供“一键下单、全程无忧”的客户体验。

3. 拓展电能替代广度和深度

济南供电公司贯彻落实国家电网公司战略，坚持以客户为中心、市场为导向、创新为动力，不断拓展电能替代广度和深度，转变客户能源消费习惯，引导构建清洁、绿色、安全、高效的能源消费新格局，共计实施电能替代项目1115个，替代电量28.56亿千瓦·时，涵盖电锅炉、空气源热泵、非居民电采暖等12大类。一是围绕山东省乡村振兴战略规划，落实国家电网公司关于服务乡村振兴战略大力推动乡村电气化的工作部署；积极发挥全能型供电所优势；依托台区经理（城区网格化经理）等前端市场开拓团队成员，开展针对性的市场调研和潜力挖掘，制定乡村生产电气化技术与产品推广目录，协助前端团队宣传推介乡村生产电气化技术，推动将需求转化为替代项目；结合实际情况，因地制宜推广农业电气化技术，打造电气化村镇；积极争取配套政策支持；根据特产特色，以实施生产基地、产业聚集区规模化替代为抓手，将电气化农机具纳入农机补贴目录，提高补贴额度，不断开拓农业农村替代市场，形成影响力。二是围绕山东省打赢蓝天保卫战三年作战方案，落实省公司关于助力打赢蓝天保卫战三年行动计划的工作部署；发挥政企客户经理市场开拓作用；配合政府开展工业锅炉和窑炉拉网式排查，全面掌握行业分布、蒸吨规模、燃料及炉型和排污量等情况，建立客户清单和基础台账；深入宣传燃煤锅炉实施电能替代的电量奖励政策，针对工业用热（热水、蒸汽）设备及工艺流程特点，因地制宜制订“一户一策”替代改造方案，推动实现深度替代；利用市场机制推进燃煤自备电厂清洁高效替代；探索采取集中竞价、双边协商、挂牌交易等市场化手段，实现富余清洁能源、高效大机组替代燃煤自备机组发电，提高能源转换效率，促进清洁能源消纳。三是积极跟踪国家新一轮家电消费激励措施，满足人民美好生活需求，大力推进城乡居民生活电气化；充分调动居民客户经理市场开拓积极性，通过营业厅线下体验、入村（社区）宣传等手段，实施家庭电气化推广活动；根据节气变化，制定不同地区、不同季节的差异化推广策略，因地、因时推出“清凉一夏”“温暖过冬”等具有季节性特色的促销活动，打造“居民家庭电气化购物节”，提升活动影响力；因地制宜推进居民电采暖；坚持“尽力而为、量力而行”的推广原则，配合地方政府合理确定“煤改电”清洁取暖年度改造规模，优先在居民小区、农村新型社区推广应用蓄热式电锅炉、热泵等集中式电采暖技术；推动当地政府尽快出台覆盖电采暖设备购置和运行费用的补贴政策，保障“煤改电”顺利推广应用。

（五）建立源网荷一体化管理机制

1. 建立源网荷一体化管理机制

以提升清洁能源消纳能力和电网经济性为导向，以各类清洁能源发电作为刚性电源，以可调节电源和电网作为互动调节资源，在电源、电网和负荷之间建立源网荷协同互动管理机制：源荷互动，通过电力系统实施资源配置平衡策略，不断提高常规发电机组的调节响应能力，适应负荷动态变化；源网互动，通过灵活交直流技术和微网技术，解决新能源大规模并网及分布式电源接入电网时的不友好，有效减少新能源出力波动对电网安全稳定运行的影响，提高电网适应新能源接入的能力。网荷互动，在与用户签订协议、采取激励措施的基础上，根据电网故障处置和资源平衡需要，将原不可调节的负荷转化为电网的可调节资源，进行柔性控制，为提升供需精准匹配度、增强客户互动体验提供支撑。建立常规优化和故障应急机制，通过常规优化机制解决清洁能源消纳带来的电网安全、经济运行等问题；通过故障应急模式解决外部故障导致的电网安全稳定问题，提高电网安全防御和应急处置能力。推动电网从单一的“电源调度”向源网荷互动调度转变，提高清洁能源消纳能力、电网系统安全运行能力和经济运行水平。

2. 建设源网荷动态互动管理系统

运用大数据、云计算等现代化信息技术，建设信息通信、供需互动和互联安全控制系统。一是通过光纤和电力无线专网，提高各系统间数据采集和控制速率，着力解决电源侧、电网侧、负荷侧多领域基础数据汇聚融通和集成共享的难题，支撑源网荷互动系统的高效运行。二是通过信息采集系统获取海量居民、大用户、电动汽车、新能源等负荷资源信息，实时分析用户侧负荷资源分布情况，对负荷进行集中、统一的调度管理，根据需求响应调节工商业和居民柔性负荷，实现负荷精准控制和快速响应。三是以提高系统安全防护能力为导向，在电源和电网常规调节、常规电网故障处置和电网运行优化控制过程中，解决输电断面超稳定限额、联络线功率超用、旋转备用不足等问题，确保系统安全可控和在控。

3. 实施协同经济调度

强化电网统一调度、分级管理体制机制优势，积极挖掘网内电源侧、电网侧、负荷侧各类型调峰资源，利用支撑多元主体协同互动的市场运行机制，推动源网荷储协调优化运行。一是深化可调节负荷应用，挖掘工业高载能负荷、电动汽车、虚拟电厂等资源调节潜力，参与电力系统调节。二是利用跨区域省间互济和华北区域备用共享机制，促进清洁能源消纳。三是根据气象情况，针对新能源发电预测不准确或功能不具备的问题，优化新能源短期功率预测模型，提高预测精度。四是根据分布式电源的位置和地理条件，部署微气象装置，建立微气象测量和预报系统，通过获取适应性多源气象数据，在线滚动优化功率预测模型，优化网内机组开机，优先消纳清洁能源，确保能发尽发、能用尽用，新能源发电预测准确率平均提升3.6%。

（六）推动企业数字化转型

1. 部署中台建设

济南供电公司明确企业中台技术路线，构建了以数据中台、业务中台、技术中台为核心的新型数字化架构。其中，数据中台基于统一数据模型与服务接口，为数字化电网提供数据服务支持：海量数据存储及算力资源，使量测数据即时、高效地“就地计算”及“穿透查询”；数据中台的数据全面汇集能力，使调度、设备、营销等业务数据源头接入、整合、共享，实现了主要环节数据监测。在技术架构上，数据中台应用“大云物移智”等互联网技术，采用云架构设计，充分利用公司数据中台建设成果，构建规划设计、计划投资等六大类功能集群；在功能部署上，采用“集中部署、多级应用”的部署模式，支撑地市、县用户开展业务应用；在安全防护上，遵循公司网络安全防护体系，从数据层、网络层、平台层和应用层等方面加强防护，确保网络安全防护“三同步”。

依托数据中台汇聚各专业数据，济南供电公司形成基础数据资源，支撑各环节业务共用共维、统一发布、高效利用：紧扣电网核心指标，加强数据匹配贯通；深化“营—配—调—规”贯通和“投—建—运—调”融合，加强项目—设备—指标关联管理，完善不同专业数据多源匹配模型，确保不同专业系统信息在全态孪生电网融会贯通、全息总览、灵活穿透。与此同时，完善源头数据质量管理机制：一是将数据质量纳入月度重点工作考核，由互联网部归口管理，从“管源头”入手，以“控质量”为目标，按月通报源头数据质量治理结果，建立在线数据质量管理、治理、控制的保证体系，稳步提升源头数据质量，实现“数据一端录入，信息多端共享”；二是加强源端数据质量治理，协同各专业深入开展信息质量治理和异动交互流程梳理，加强数据应用校验，全面提升档案类、量测类、项目类等基础数据质量；三是丰富和拓展外部数据，建立外部数据交互机制，依托数据中台加快实现宏观经济、自然资源、气象环境等指标信息接入与实时更新，完善多因素联动分析模型，并结合数字新基建重点任务实施，拓展充电桩、电动汽车等多元市场主体信息，基于电网设备、用户实现信息融合。随着数据中台的逐步完善，公司业务资源库实现多专业数据共维共享，形成覆盖源网荷要素、上下游信息、内外部数据的统一数据服务。

2. 建设“网上电网”

在济南供电公司云平台和数据中台基础上，基于电网GIS平台服务，建立“厂—站—线—变—户”关系贯通和网格化管理拓扑图，实现设备台账、项目建设、生产运行、关口电量等信息可视化展现，优化多时态电网演变，实现“图—数—表”灵活转换、多维搜索、多态推演、多样呈现。一是“网上电网”系统作为企业级平台，对内在线提供电源接入、供电方案批复等服务，开放共享电网运行工况、电网规划方案及规划项目进展等信息，实现发展业务与调度、运维、营销等业务相关环节的有效衔接，促进电网业务的高效协同；提升经营区内“获得电力”便利度水平，研究构建“便利化、透明化、标准化、规范化”的“阳光业扩”服务模式；动态更新开闭所、配电站空余间隔，以及公用配电变压器及线路可开放容量等电网资源信息，支持移动作业终端实时获取与可视化展示；对10千伏客户，深化电网GIS和移动作业终端应用，辅助生成供电方案，实现供电方案客户在线比选、现场答复，确保电网资源信息公开透明，保障客户知情权、选择权，供电方案制订公平经济合理。二是对外提供数据增值服务，构建SGCC电力景气指数、行业景气指数、用户能耗指数等，为宏观经济、行业产业、企业用户等提供多维多样的信息数据，同时综合分布式、电动汽车、新能源、储能等多元负荷信息，服务智慧城市建设、金融征信、基础设施和商业设施布局，架起电网应用与社会应用的桥梁。

三、供电企业以绿色低碳发展为中心的转型升级管理的效果

（一）转型升级取得重大进展

近年来，济南供电公司始终坚持以绿色低碳发展为中心，在实现电网侧智能化升级、电源侧能源转型、负荷侧产业升级等方面取得重大进展。建成投运35千伏及以上输变电工程81项，变电容量、线路长度分别增长28.4%、13.2%；10千伏线路联络率、“N－1”通过率、户均容量分别提升27.4%、15.1%、55.9%；试点建设智能运检管控中心，建成投运国内首个物联网配电室和国网首座智能变电站；省内率先探索充电站智能互动化感知、大功率充电等系统建设，在章丘三涧溪建成全国首座大数据智慧台区。完成电力机器人标准国际化研究等4项技术标准，授权专利784项，获省公司及以上科技奖励120项，获国家级管理创新成果3项、省部级管理创新成果60余项。

（二）促进能源电力绿色低碳发展

济南供电公司围绕综合能源服务、需求响应、电动汽车等领域，全面推进能效服务业务发展，持续提高电能占终端能源消费比重。截至2020年年底，累计实施综合能源服务项目255个，业务收入合计突破3.45亿元；新建高铁东站等专用充电站16座，建成国网系统首座400千瓦直流充电弓，在470个小区、33.84万个居民停车位建设充电桩配套设施，累计建成充换电站136座、充电桩10696台。完成98万户“煤改电”配套电网项目建设。电能替代居民户20万户、非居民户1115户，替代电量285590万千瓦·时。广泛拓展电气化技术应用，累计推广实施工业电锅（窑）炉、燃煤自备电厂替代发电、电供冷热、电气化农业大棚等各类替代项目2.3万个，在各县区、各行业打造一批绿色工厂、绿色建筑、绿色农业等示范工程。完成替代电量约781亿千瓦·时，相当于减少散烧煤约4370万吨，减排二氧化碳约7780万吨，电能占终端能源消费比重为28%左右。

（三）初步实现能源、生态和谐共生

济南供电公司坚持将绿色发展、和谐共生纳入公司新发展理念，截至2020年年底，户用分布式光伏户数14628户，并网运行的可再生能源发电总容量从27.8万千瓦增长到140.19万千瓦，增长率为404.3%。其中，光伏发电容量由2.6万千瓦增长到46.26万千瓦，增长率为1679.2%；风电容量由14.85万千瓦增长到72.72万千瓦，增长率389.7%；生物质能发电容量由10.35万千瓦增长到21.21万千瓦，增长率104.9%。2020年可再生能源发电量达到21.68亿千瓦·时，占全社会用电量的7.15%。同时，济南供电公司加快优化资源富集区域电网结构，加快建设清照、茂李、商河等输变电工程，满足了章丘、商河等区县的新能源并网要求，两地新增风电、光伏并网容量约60万千瓦。

（成果创造人：任志刚、申海福、施亚林、于光远、刘　晓、
高　征、安　鹏、刘双喜、岳彩阳、于佰建）

电网企业以低碳转型为目标的新能源服务体系建设

国网宁夏电力有限公司

国网宁夏电力有限公司（以下简称国网宁夏电力）是国家电网公司全资子公司，是国有特大型能源供应企业，主要从事宁夏回族自治区境内电网的建设、运行、管理和经营。拥有地市供电公司6家，直属业务支撑单位12家，产业管理公司1家，县（区）供电公司18家。全口径用工1.36万人。资产总额352亿元。

一、电网企业以低碳转型为目标的新能源服务体系建设的背景

（一）服务新能源发展是落实国家能源战略的必然要求

2016年9月，全国人大常委会批准中国加入《巴黎气候变化协定》，中国政府承诺：2030年前二氧化碳排放达到峰值并争取尽早达峰，非化石能源占一次能源消费比重达到20%。2017年4月，国家发展改革委、国家能源局发布《能源生产和消费革命战略（2016—2030）》，明确到2020年、2030年，我国能源消费总量控制在50亿吨、60亿吨标准煤以内，非化石能源占能源消费总量比重分别达到15%、20%。要实现上述目标，在积极发展水电、安全发展核电的基础上，必须加快发展新能源。

（二）服务新能源发展是推动资源优势向经济优势转化的途径

宁夏回族自治区地处我国西北腹地，新能源禀赋良好，风能、太阳能能源资源富集。宁夏回族自治区人民政府提出，到2025年，全区新能源装机达到5000万千瓦，装机占比超过55%。作为自治区能源行业支柱企业的国网宁夏电力积极参与构建区域清洁低碳能源格局，推动宁夏回族自治区能源资源优势向经济优势转化。

（三）服务新能源发展是促进电网发展的重要抓手

新能源发电受气象、气候变化直接影响大，发电出力具有随机性、波动性和间歇性的特点，高比例接入电力系统后，由于风电、太阳能发电机组不具备主动调压调频能力，导致电力系统调节负担加大，加大了系统控制管理难度。另外，宁夏回族自治区以集中开发中大型新能源为主，现有直流通道已满容量运行，区内负荷增长乏力，新能源消纳空间不足，大规模开发和消纳的难度逐步增大。针对上述新能源快速发展及消纳困难等问题，亟须创新管理模式，充分发挥电网优化配置资源能力，综合施策提升新能源利用水平。

二、电网企业以低碳转型为目标的新能源服务体系建设的主要做法

（一）明确总体思路和实施路径

国网宁夏电力立足宁夏回族自治区作为国家首个新能源综合示范区和“西电东送”战略基地的重要定位，以保障电力系统安全运行和电力可靠供应为基础，以服务能源清洁转型发展为目标，提出了打造宁夏新能源高质量就地消纳的样板和宁夏新能源大范围优化配置的样板（“双样板”）的工作思路，并以“优电网、扩外送、促协调、强技术、建机制”为实施路径，全面加快建设清洁低碳、安全高效、智慧共享、坚强送端的现代一流电网，充分发挥电网在能源生产清洁化、能源消费电气化中的枢纽平台作用，做好新能源接入、并网、调控、交易、消纳及外送等服务工作，助力自治区新能源产业高质量发展。

实施路径。一是优电网，优化完善各级电网结构，打造资源配置平台，建设坚强智能电网，构建适应高比例新能源系统的运行控制体系，促进新能源接入及消纳，支持新能源发展。二是扩外送，加强变

电站、换流站设备及线路精益化运维，提升现有设备设施可靠性；挖掘宁夏回族自治区现有通道及西北其他省份外送通道潜力，加大新能源电力外送消纳力度；加快推进新增直流外送通道规划建设。三是增调节，积极推动煤电灵活性改造，推动煤电充分发挥托底保障作用，大力推进抽水蓄能电站及新型储能设施建设应用，多措并举提升系统各环节灵活性，增强调节能力。四是强技术，加快新技术攻关和推广应用，强化科技支撑。在源、网、荷、储各环节加强技术攻关，提升系统平衡及互动能力。五是建机制，建立健全体制机制，通过政策和市场引导，推动电力系统由“源随荷动”向“源荷互动”转变，多措并举合理疏导系统成本，推动各环节、各主体合力共担系统成本。

（二）建立工作体系

1. 明确工作目标

国网宁夏电力成立以董事长为组长的新能源消纳工作领导小组，并设立由发展部、设备部、建设部、营销部、科网部、调控中心、交易公司等多部门组成的工作办公室，统筹协调各项工作，确保各项任务落到实处。同时，明确促进新能源发展和消纳的总体目标，即通过加快电网建设，充分挖掘电网运行和市场交易潜力，有效缓解新能源消纳矛盾，持续推动新能源发电量和发电占比“双升”，新能源弃电量和弃电率“双降”，提前两年将新能源利用率提升至95%以上；“十三五”末，通过技术创新、机制革新，推动宁夏电网适应高比例大规模新能源发展需要，新能源装机较“十二五”末翻一番以上，装机占比超过42%。

2. 制定工作方案

根据每年新能源发展及消纳实际情况，常态化制定促进新能源消纳工作方案并印发执行，设定每年新能源发展及消纳目标，并从规划建设、调度交易、市场机制、技术创新等四个方面确定20余项重点任务及责任部门。

3. 完善工作机制

以全过程管控理念为核心，建立新能源发展全过程评估体系，实现由被动应对向主动引导、由事后控制向提前预控转变。具体做法是将统筹推进促进新能源发展及消纳重点任务纳入年度重点工作，定期跟踪相关工作进展情况，滚动编制工作计划，确保工作取得实效。通过新能源发展相关指标分析，逐月跟踪监测各部门工作成效，发现问题并提出建议。

4. 建立考核制度

根据新能源消纳测算情况，每年拟定新能源消纳考核指标，作为关键指标纳入年度业绩考核，按年滚动修订，分解落实。同时，强化指标监测，加强过程管控，按季度进行指标分析及通报，督促优化指标提升措施。

5. 深化内外联动

一是强化政企合作，推动健全专班机制，加强向政府能源主管部门及相关领导汇报的工作。国网宁夏电力作为自治区清洁能源产业一体化配套发展工作专班、宁夏至华中特高压直流输电及配套新能源工程工作专班主要成员，积极开展专题研究，定期参加推进会议，就工作开展情况、研究成果、存在问题及相关建议进行汇报，争取政府主要领导及能源主管部门的理解与支持。依托新能源云消纳计算功能，滚动开展新能源消纳能力分析，加强电源与电网规划发展衔接，及时向自治区能源主管部门提出新能源规划布局、建设规模及并网时序建议，引导新能源科学发展。二是强化友好互动。国网宁夏电力与国家能源集团宁夏分公司等主要发电企业签订战略合作框架协议，深化网源合作，充分发挥各自优势，建立长效合作机制，共同推动自治区能源转型；通过召开厂网联席会议及新能源季度工作会等形式，有效衔接发电企业、电网企业、调度机构、交易机构和政府主管部门，搭建厂网之间充分交流、有效沟通、协调解决问题的平台，共同推动新能源高质量发展；认真落实国网宁夏电力关于支持新能源及储能发展相关意见，主动对接相关企业，指导开展项目接入系统方案设计，确保新能源项目及配套储能项目“愿并尽并”。

（三）提升资源优化配置能力

1. 加强各级电网协调发展

加强主网架强化升级，提升电网输送电能力。“十三五”以来，累计投资 61.58 亿元，用于加强新能源富集区域电网建设与改造，相继建成投运 750 千伏灵州、六盘山、沙坡头，330 千伏启明、穆和、宋堡、同利、华严、鲁家窑等一批兼顾新能源接入、负荷发展和网架优化功能的输变电项目。形成宁夏与西北电网第二个 750 千伏联络通道，提升跨省跨区电力交换能力 1180 万千瓦；打通宁夏电网与昭沂直流联络通道，建成宁东—浙江 ±800 千伏特高压直流外送工程，直流外送能力超过 1400 万千瓦，进一步扩宽宁夏电力外送消纳途径。截至目前，宁夏电网已形成 750 千伏双环网为骨干网架、各级电网协调发展的坚强智能电网，支撑银东、灵绍、昭沂三条直流安全稳定运行。

2. 加强网源发展规划衔接

一是加强网源规划衔接，确保协调发展。积极开展能源发展规划研究，合理确定电源布局，科学制订电网规划方案，组织开展“十三五”电力规划、新能源基地接入及消纳能力分析、可再生能源发展规划编制及中期评估等工作，促进“源网”协调发展。二是加强新能源消纳计算，引导科学发展。常态化开展宁夏电网新能源消纳能力计算、新增新能源项目接网条件和消纳方案研究等工作，超前研判宁夏电网新能源接纳能力及新增项目接入可行性，针对性提出逐年新能源合理化安排建议。同时加强与政府部门的沟通汇报工作，主动向自治区能源局报送新能源年度建设规模和布局建议，引导新能源科学发展。三是缓解新能源断面输送压力，提升电网送出能力。为解决局部新能源送出断面受阻问题，及时通过加装安全稳定控制系统的方式，提升输电通道能力。累计投资 1100 余万元，先后投运了 17 套稳控系统 133 台安控装置，惠及新能源场站 88 座，解决区内电网局部新能源场站受限容量 379 万千瓦。

3. 加快数字赋能服务转型

一是深化新能源云建设，提升服务新能源发展能力。国网宁夏电力承接了新能源大数据管理平台（新能源云）试点建设工作。该平台对内实现内部新能源数据共享和集中管控，对外实现与政府、新能源企业互动，同时融合国内外先进技术、政策舆情、新能源动态、热点问题等信息，构建“物联网 + 新能源”全产业链泛在连接生态圈。目前，新能源云平台已实现新能源大数据管理平台规划计划、内部运行管理、消纳计算、政策研究、新技术等五大核心模块的部署与试用，累计服务 151 项 1364 万千瓦新能源项目。二是深化“网上电网”应用，支撑分布式光伏健康发展。通过可视化展现区域用电负荷、电量，新能源装机容量、发电量，电网设备规模、可开放容量，在线绘制了试点县各类建筑屋顶面积图层，精准测算出各类屋顶面积，确定屋顶分布式光伏开发潜力。基于图数一体的数字孪生电网，实时调取设备运行工况，叠加宁夏光伏电站典型出力曲线，科学准确地测算出屋顶分布式光伏年度建设规模、并网时序及配套电网建设规模，运用“网上电网”智能规划库中的典型方案和造价，结合周边电网现状，快速制定接网方案，持续提升分布式电源并网能力。

（四）输送新能源力度加大

1. 提高直流外送通道利用效率

一是推动配套电源建设，增加外送通道利用小时数。加强与自治区发展改革委、国家能源局的沟通汇报工作，推动灵绍直流方家庄电厂等配套 5 台共 532 万千瓦火电机组移出缓建名单并相继投运，不断提高灵绍直流通道输送功率及利用率，2020 年具备满功率运行条件，宁夏直流群送电功率持续提高。银东直流利用小时数连续多年保持在 7700 小时左右，稳居全国直流外送通道第一位；2020 年灵绍直流利用率达到 6229 小时，为全国特高压直流外送通道第一位。二是提升主设备运行可靠性，提高通道能量可用率。加强直流设备带电检测，持续开展核心设备、易发热设备“地毯式”测温体检。针对大风、雨雪等恶劣天气，及时开展特巡。稳步开展基于可靠性提升的换流站精益化状态检修工作，最大限度提升检修效率，缩短检修工期。常态化开展直流专项隐患排查治理，严格落实防止直流单、双极闭锁措施，全面管控设备健康状态，从根本上消除事故隐患，有效遏制重特大事故发生，全力保障直流输电系统的安全稳定运行，提升直流能量可用率。三是减少设备停电影响，保障直流通道高效运行。加强主网停电计划刚性管控，统筹基建和检修停电安排，提升设备停电“一停多用”水平，减少计划外停电对直流输送功率的影响；深化停电窗口期应用，细化负荷预测和新能源预测，在负荷高峰和外送需求旺盛期间，尽量不安排直流及近区设备停电；加强机组检修管理，安排电源与输变电设备同步检修，提高直流功率保障能力。

2. 加大跨省区新能源输送力度

一是加强省间交易管控，稳定电力外送能源流向。参与省间中长期交易，开展省间电力中长期交易实施细则研究，建立省间月内电力交易调整机制，围绕两日及以上电力交易调整电力区内外市场空间。开展日前和日内省间电力现货交易，满足可再生能源外送和余缺调剂需要。2020 年，开展西北区域日前实时等 9 类交易 35848 笔，增发新能源电量 23.65 亿千瓦·时；开展跨区富余新能源现货交易 1165 笔，增发新能源电量 9.2 亿千瓦·时，在提高新能源利用率近 10 个百分点的同时，为国网宁夏电力创造直接经济效益 5125 万元。二是加大省间交易衔接力度，满足市场多样化的交易需求。实现按年、月定期开市，扩展电力直接交易、发电权及合同交易、辅助服务交易、可再生能源配额证书交易等交易品种，覆盖年度、季度、月度、月内短期等时间维度，形成多时间周期、多交易品种、多组织方式的电力市场交易格局衔接，满足市场主体多样化的交易需求。

（五）保障新能源高效利用

1. 保障高效并网发电

一是依托新能源云平台，优化并网服务流程。作为国网新能源云首家试点单位，积极参与平台设计开发工作，在新能源云流程设置、功能设计、数据接入、业务贯通、页面优化及深化应用等方面先行先试，为新能源云建设实施及推广工作提供宁夏经验。二是实现“全流程一站式并网服务”，贯通新能源管理各业务流程。业务办理环节压缩 26%，接网申请办理效率提升 30%；实现“全程跟踪式电价补贴申报”，累计服务 152 个集中式项目、702 个分布式项目补贴申报，业务办理公开透明，服务便捷高效；实现“全域消纳能力在线计算”，依托新能源云创新实现在线消纳计算工作模式，可支撑确定新增规模、接入布局及建设时序，为能源主管部门决策提供科学依据。三是提升并网服务能力，确保“愿并尽并”。持续优化新能源并网服务能力，增设区、地两级调控中心并网服务临时工作室，提供专用办公设备并安排专人指导帮助。为新能源场站运行管理搭平台，及时增办持证上岗、网络安全和并网流程技术培训班。结合工程关键节点，统筹安排设备陪停接入 84 项，编制启动方案 47 份。在年中、年底两个并网关键期，安排专人“5+2”轮班，确保并网流程单一节点审核 1 小时内完成。国网宁夏电力全力保障每一座具备并网条件的新能源场站按期并网，服务自治区超额完成“十三五”新能源装机 2100 万千瓦的目标。

2. 提升灵活调节能力

一是深化火电灵活性改造，提升系统调峰能力。自 2018 年 12 月宁夏辅助服务市场在西北率先正式运营以来，国网宁夏电力全力推动区内 34 台火电机组完成深调能力改造，增加电网调峰能力 200 万千瓦，激励供热电厂改造建设电储能锅炉 44 万千瓦。2020 年火电机组深调增发新能源电量 11.92 亿千瓦·时，从根本上解决调峰能力不足问题。二是推动自备机组参与调峰，增加系统调峰能力。2019 年 10 月，宁夏电网在国网系统率先启动自备机组调峰，6 台自备机组增加电网调峰能力 50 万千瓦；2020

年参与调峰增发新能源电量 2.67 亿千瓦·时，电源侧调节能力有较大提升。三是开展可调节负荷交易，挖掘系统调峰潜力。充分结合宁夏电网大工业负荷集中、全网负荷率高的特点，促请政府出台政策支持。2020 年 3 月，国网宁夏电力在西北率先启动可调节负荷交易，增加负荷侧消纳能力 50 万千瓦，全年增发新能源电量 0.63 亿千瓦·时，探索出能源消费革命的新路子。四是研究储能配置原则，配合制订推进储能发展意见。通过开展多类型储能装置提升大规模新能源消纳能力的应用研究，得出新能源场站储能配置原则及方案，提出促进储能规模化发展的政策建议。强化与自治区的沟通汇报工作，推动自治区发展改革委出台关于加快促进储能健康有序发展的通知，对新核准/备案项目、存量项目提出储能设施开发模式和配置原则。

（六）提高安全和效率水平

1. 攻坚消纳关键技术

为解决宁夏回族自治区大规模、高密度、高比例新能源接入后面临的高效消纳难题，在新能源功率精准预测技术、场站精细化智能运维技术、新能源主动频率/电压控制技术、多直流联络线联合新能源消纳技术等方面构建了源网荷协同的新能源高效消纳综合技术体系，研究成果获得 2020 年宁夏回族自治区重大贡献奖。

2. 提高调控运行水平

2018 年试点建设新能源场站端全景监控系统，为系统在宁夏及西北电网大规模推广应用积累经验；2019—2020 年建设宁夏电网网源协调管理平台，持续完善和深化功能应用，已具备全景展示、信息共享、在线监督等模块功能；2020 年研发宁夏电网安控系统在线智能管控平台，实现 28 台稳控装置运行信息在线监视和查询；建设完善源网荷储协同互动平台，完成“5432”年度工作任务，即“建立 1 + 4 场景，实现四种控制手段，提供三类交互方式，呈现两种展示”，网源协调能力得到全面提升。

（七）实现绿色能源价值

1. 加大新能源外送规模

充分发挥直流通道及电价优势，不断完善风火打捆外送电交易组织方式，依托“国家—省”两级交易平台，坚持“政府间协议 + 市场化”外送方式，通过建立新能源与火电打捆外送协调优化逆调峰、省间交易专题会商等机制，按照新能源“能送尽送”的策略，有效提高新能源利用率。2020 年，宁夏新能源外送电量达到 114 亿千瓦·时，同比增长 37%，占新能源总发电量的 36%，新能源外送规模创历史新高。

2. 发挥市场化消纳作用

针对新能源发电特性、边际成本差异及产业政策等问题，结合宁夏火电和新能源发电企业装机和发电量情况，创新开展新能源与火电配额打捆交易，既激活了市场需求，解决了煤价上涨、发电成本倒挂问题，又提高了新能源利用率，保证了改革红利持续平稳释放。大力推进清洁能源发电权交易，积极组织自治区内新能源与常规火电、燃气电厂开展发电权交易，发挥市场化消纳作用。2020 年宁夏新能源电力直接交易电量 40 亿千瓦·时，释放改革红利 1.9 亿元。

3. 开辟新能源交易路径

首创以全网新能源预测出力曲线为交易标的的新交易品种，向市场主体发布未来三日新能源预测出力曲线，以市场化方式引导用户主动调节负荷以跟踪新能源出力曲线，促进新能源消纳，减轻电网调峰压力；通过“电量月交易、曲线日分解”的方式简化交易组织形式，交易组织效率大幅提高。设计以“小时偏差率、月度跟踪率”的偏差考核算法，在新能源大发时段用户正偏差电量不考核，根据用户月度实际跟踪率兑现让利价差，极大激发用户主动调节负荷的积极性。通过北京电力交易中心可再生能源电力消纳凭证交易平台，国网宁夏电力与国网浙江电力成功达成全国首笔非水可再生能源电力超额消纳量交易，成交125.5万张非水可再生能源电力消纳凭证，树立绿色能源消费市场“风向标”。

三、电网企业以低碳转型为目标的新能源服务体系建设的效果

（一）服务新能源发展成效显著

“十三五”期间，国网宁夏电力电网建设累计投资超227亿元，相继建成并投运灵州、六盘山、启明等一批兼顾新能源接入、负荷发展和网架优化功能的输变电项目，满足新能源及时并网和消纳的需求。近年来，国网宁夏电力积极构建的以清洁低碳为导向的新能源服务体系取得良好实效，实现新能源发展高比例开发、高水平消纳，宁夏新能源呈现“发展快、消纳好、外送强、云服务”的特点。“十三五”期间，实现新能源装机规模翻一番，达到2574万千瓦，装机占比达到46.1%；发电量年均增长率21.5%，发电量占比由10.7%提升至18.7%，累计发电量1328.5亿千瓦·时，等效节约标煤消耗4086万吨，减排二氧化碳1.12亿吨；累计推广各类电能替代项目3.07余万个，完成替代电量102.5亿千瓦·时，减少二氧化碳排放862万吨。

（二）新能源利用水平稳步提升

国网宁夏电力与国网浙江电力成功达成全国首笔非水可再生能源电力超额消纳量交易，开辟了新能源消纳新途径。2020年，国网宁夏电力在新增500万新能源装机的情况下，新能源利用率达到97.62%，实现新能源利用率“四连升”，创“十三五”利用率新高，排名西北第一，位居全国前列，提前两年完成国家发展改革委《清洁能源消纳行动计划（2018—2020）》提出的2020年清洁能源利用率达到95%以上的目标，圆满完成国家清洁能源消纳“三年行动计划”目标。

（三）新能源外送能力持续提升

宁夏银东、灵绍两大外送直流通道利用小时数常年保持在国网系统前列，其中灵绍直流2020年利用小时数位居国网系统特高压直流通道首位。2020年，宁夏回族自治区外送电量793.6亿千瓦·时，是“十二五”末的2.8倍；新能源外送电量达到114亿千瓦·时，是“十二五”末的12.7倍，占新能源总发电量的36%，新能源外送规模创历史新高；直流外送通道能量可用率提升至98.6%，在国家电网公司系统排名第一。宁夏电网为全国首个“外送”超过“内售”的省级电网，外送电省份覆盖十多个省、直辖市，实现宁夏新能源资源的大范围配置，助力自治区将新能源资源转化为经济优势。

（成果创造人：衣立东、闫志彬、项　丽、田宏梁、马志伟、季宏亮、葛鹏江、汪　瑾、马天东、李　强、车　彬、刘国敬）

以绿色发展为导向的煤炭港口全流程智能化改造与运营管理

国能黄骅港务有限责任公司

国能黄骅港务有限责任公司（以下简称黄骅港）成立于1998年，是由国家能源投资集团和河北建投交通共同出资组建的专业化港口企业，主要负责国家能源集团煤炭的下水外运工作，是陕西、内蒙古煤炭外运陆运距离最短的港口，也是国家西煤东运、北煤南运的主通道。总资产139亿元，员工898人，煤炭泊位17个，设计年煤炭吞吐能力1.78亿吨，最大煤炭堆存能力约460万吨，最大筒仓堆存能力144万吨。

一、以绿色发展为导向的煤炭港口全流程智能化改造与运营管理的背景

（一）建设世界一流智慧港口的必然要求

港口是综合交通运输枢纽，也是经济社会发展的战略资源和重要支撑。交通部联合国家发展改革委、财政部、自然资源部、生态环境部、应急管理部、海关总署、市场监督管理总局、中国国家铁路集团联合印发的《关于建设世界一流港口的指导意见》提出，"到2025年，世界一流港口建设取得重要进展，主要港口绿色、智慧、安全发展实现重大突破"。

散货港口尤其是煤炭散货港口，作业标准化程度低，管理较粗放。同时，作为小众行业，缺乏聚焦于此领域的专业科研机构，未形成具有行业共识的智能化建设方案，对标一流港口建设要求，存在明显差距。作为国家能源投资集团的主力煤炭下水港，国家西煤东运、北煤南运主通道的黄骅港，为落实国家世界一流港口建设要求，致力成为一家具有标杆意义的全流程智能化煤炭港口。

（二）提升行业竞争优势的有效手段

黄骅港从建港以来，依靠后发优势，在效率、效益方面在行业内处于头部区域，但随着国内发展格局的变化，能否继续长期保持领先成为黄骅港面临的严峻问题。一是煤炭行业发展进入缓慢期。2018年，全国煤炭消费量达到39.86亿吨，随着我国经济进入新常态，拉动我国煤炭需求的重工业行业投资规模建设相继进入高稳期和收缩期，对煤炭的需求相对较少，"十四五"期间，我国煤炭产量与消费量将继续呈现"双低"局面。二是国内煤炭运输业竞争日趋激烈。我国煤炭生产地与消费地的空间分离，形成"北煤南运、西煤东送"的调运格局，北煤南运和铁海联运是目前煤炭空间调运的主要形式，但随着浩吉铁路运输能力的逐步形成，蒙西、陕西煤炭通过铁路直达或者铁水中转的模式调入华中地区相比"海进江"更有优势，进而影响"铁海联运"总量水平和通道的分配。三是煤港间竞争加剧。北方沿海港口煤炭装船泊位主要集中在北方八港，包括秦皇岛港、唐山港、天津港、黄骅港、青岛港、日照港、连云港港、锦州港，合计泊位能力超过9亿吨，但2018年北方八港煤炭下水总量仅为8.06亿吨，泊位总体通过能力富余，八港间存在激烈竞争。面对如此严峻的市场环境与激烈竞争，如果继续保持传统的运营模式，在运营效率与服务质量方面基本无潜力可挖掘，黄骅港必须要依靠智能化的手段，寻找新的突破点，提升自身在行业内的竞争优势。

（三）推动企业高质量发展的有力举措

矿、路、电、港、航一体化运营是国家能源集团在竞争中的最大优势。随着国家能源集团一体化运营能力的不断攀升，国家能源集团对黄骅港也提出了越来越高的要求。黄骅港的设计能力是1.78亿吨，但集团的运输需求在2亿吨左右，超设计能力运转对黄骅港的日常运营产生了严重影响。一是生产作业效率面临瓶颈。煤炭港口设备多为手动操作，生产作业依赖于人员高强度的体力与精力。其运转方式多

为2班4运转，单班工作时长为12小时。长期高强度作业对效率稳定性产生严重干扰，生产效率难以得到进一步提升。二是生产组织调度容错性低。黄骅港现有13台翻车机、4个堆存区域、17个煤炭泊位，可选流程有300多种、配煤方案有60多种，与之对应的煤炭堆存能力却只有460万吨，这就对周转率提出了非常高的要求，计划调度方案的偏离会造成火车进不来、船舶出不去的局面，严重影响集团一体化运营与南方电煤供应。三是环保治理模式难以为继。针对国家环保管控政策力度的不断加强，黄骅港陆续研发出了一系列环保治理措施，但这些措施并未落实到位。如何落实这些措施以达到节约用水、提升煤质、抑尘等效果是需要解决的问题。

上述问题适合于利用智能化的手段加以解决。但国内散货港口界并无可参考的解决方案，黄骅港必须从自身入手，建立适用的智能化解决方案，为高质量发展注入新动力。

二、以绿色发展为导向的煤炭港口全流程智能化改造与运营管理的主要做法

（一）确立推进全流程智能化思路

1. 确立全流程智能化内涵

黄骅港全流程智能化建设以解决自身实际问题、形成行业解决方案为出发点，以通过智能化手段全方位提升煤港设备运行、生产组织、环保治理的效率与效能为目标，构建“全面感知、数据驱动、协同控制、动态决策”的现代化煤炭港口全流程智能化运营模式。依此原则，黄骅港在建设范围选择与方案设计中，从技术、成本、性能等角度出发，形成了涵盖设备运行、生产组织与环保治理的整套解决方案。此外，还大量采用了数学模拟算法、成熟度高的硬件设备，最大限度降低改造投资成本，在投资与收益间取得平衡。

2. 选择堆取料机智能化作为突破口

黄骅港的发展经历了多次扩建，时间跨度将近20年，设备的主要分类虽然未发生变化，但不同年代投产的设备在性能与工作原理上存在较大差异：一、二期为露天堆场+俯仰式装船机，三期为储煤筒仓+回转式装船机。另外，煤港的生产特点决定了堆存区域对整体生产的贡献度是最高的。为此，黄骅港制定了从堆存环节入手、以堆场中堆取料机智能化为突破点的策略。该策略的实施一方面可产生立竿见影的提升效果，另一方面可实现共性关键技术攻关，为其他环节的智能化改造起到示范作用，以便推动全流程智能化有序开展。

3. 协同推动全流程智能化落地

鉴于国内煤港智能化理念不完善的现状，黄骅港决定从内入手，激发广大干部职工的干事创业热情，自主形成整体方案与实施策略。同时，秉承开放理念，将煤港人员知识储备差异较大的部分方案环节与外部科研机构合作，协同推动全流程智能化的落地。

（二）保障全流程智能化有序开展

黄骅港以全力推进全流程智能化建设为目标，多措并举，从建设、运营、推广等角度出发，建立“1+4+1+1”的全流程智能化建设管理体系。

第一个“1”指成立全流程智能化建设领导小组。小组以黄骅港董事长为组长，总经理为副组长，分管科技与信息化的副总经理为项目总监，成员包括公司领导班子成员，全面负责全流程智能化建设工作的组织领导、统筹协调和监督检查，研究确定工作目标、重点任务、保障措施，协调解决建设中的重大问题。

“4”指成立4个专项课题组。成立设备运行、生产组织与环保治理三个课题组，选拔敢于创新、勇于担当的技术与管理人才，打造一流科研团队，对相应方向的技术难点进行研究攻关，以形成可落地的解决方案为课题组工作目标；成立管理提升课题组，由组织人事部与企管法务部牵头，对全流程智能化建设中与建成后的组织机构调整与人员岗位调整进行规划设计。

第二个“1”指重组科技信息中心。以黄骅港信息中心为基础，将自动化、科技创新管理职能调整至信息中心，成立科技信息中心，由科技信息中心统筹专项课题组研究成果的推广落地，确保各系统间的架构一致与数据标准一致，提升成果转化的效率与效果。

第三个“1”指成立河北省散料港口技术创新中心。建立省级工程技术研究中心——河北省散料港口技术创新中心，以课题形式引入外部力量共同攻关。目前该中心已与武汉理工大学、燕山大学等科研机构建立长期合作关系。

（三）夯实智能化建设基础

1. 统一控制系统选型

控制系统的统一选型有利于形成标准化的控制逻辑与控制模块。黄骅港 PLC 型号中包括 AB、西门子、安川，综合考虑性能与改造周期，黄骅港决定全港 PLC 统一升级为 AB L7X 系列。

2. 建设合规网络架构

智能化系统的稳定运行依赖可靠的网络通信。黄骅港结合业务特征与发展需要，形成办公网、生产控制网和视频网三个网络分区。其中，生产控制网三层交换机下沉至各生产区域主变电所，避免各生产区域间的网络问题交叉影响。同时，建设工控网络安全管理平台及态势感知平台，全面加强网络安全监测、预警、分析、处置工作，防范和化解网络安全重大隐患，保障智能化系统安全稳定运行。

3. 建设数据中心

为支撑智能化业务的稳定运行，黄骅港在港区内管控楼与物流楼建设了两个数据中心。这两个数据中心互为备份，单个数据中心即可支撑起全港智能化业务运行，而且通过冗余机制，实现业务在两个数据中心间的快速切换，避免 IT 基础设施出现故障时导致的大范围故障停机。

4. 实施全港覆盖 5G 专网

黄骅港通过与运营商合作，建设覆盖黄骅港港区范围的 5G 专网，建成基站 17 座，通过下沉 UPF，实现了传感器数据不出园区的低时延、高可靠采集。同时，利用 5G 网络作为机械设备光纤通信的备份通道，在光纤链路故障时快速切换至 5G 通道，减小对生产运行的影响。

5. 建立全港统一坐标系

针对传统编码器定位存在定位基准不一致、长时运行数据偏离等情况，黄骅港建立全港统一坐标系，利用北斗定位技术，在港区 3#变电所、8#变电所、22#变电所建设三座北斗定位基准站。由这三座基站组网形成黄骅港北斗 CORS 网，通过电台、5G、光纤等方式在全港播发差分矫正数据，配合安装在设备端的北斗接收机，以大幅提高设备的定位精度（位置精度提升至 2 厘米，姿态精度提升至 0.1 度）。

6. 建设数据中台

全流程智能化建设由多系统构成，各系统稳定运行、协同作业依赖于数据在各系统间的分发流动。数据中台建设包含数据采集、数据存储、数据转发模块。数据中台对各系统间数据接口进行标准化定义，统一进行数据的接入、转发，有利于系统的开发、维护与扩展。

（四）打造煤港设备智能运行模式

1. 建设数字化堆场

堆场是煤炭港口的运营核心，承担着卸车堆料—取料装船环节的运转，提高堆场区域的运转效率至关重要。为提高堆场运转效率，黄骅港采取了两个措施。一是对堆场垛位重新规划。黄骅港共有 3 个堆场区域、15 条堆场，每条堆场长约为 1300 米、宽 50 米。在原有堆场垛位设置中，1 条堆场包含 12 个垛位，单垛长度 100 米，垛间距 5 米，这样的设置存在明显缺陷，首尾垛位与设备行程不匹配，空间难以有效利用，垛间距过小，取料机作业时回转受限，需多次往复作业。针对以上问题，黄骅港通过对设备行程、作业工艺的分析，将垛位重新规划为 8 个，垛位长度 100 ~ 150 米不等，按照煤种周转率高低，高周转率优先堆大垛，提升取料效率，同时垛间距增大至12米，避免设备作业受限。改造后，黄骅港堆存能力从450万吨提升至460万吨，由于单垛容量和设备兼容性的提升，运转流畅度得到大幅提升。二是创新料堆建模方式。黄骅港生产作业连续性强，雨雾天气较多，采用常规的激光扫描建模方案在时间占用与全天候方面难以适用。采用数学模拟建模方案，通过在堆料机头部安装料位雷达，实时检测煤堆高度，通过采集堆料机行走、回转位置、皮带运转速度，对抛料曲线进行拟合，实现堆料过程实时建模；利用取料机行走、回转位置，结合设备机械图纸，建立斗轮实时位置计算模型，根据斗轮位置对料堆模型实时修正，实现取料过程实时建模。黄骅港基于数学模拟的数字化堆场建设方案，硬件结构简单，不受恶劣天气影响，不额外占用设备工作时间，低成本、全天候、高可靠地实现了数字化堆场的建设。

2. 升级堆料作业模式

常规的堆料机作业模式为行走堆料，即将堆料机臂架回转至一定角度后，当料堆高度满足预设值后，控制堆料机行走一定距离，循环往复，形成的料堆形状为尖顶垛。尖顶垛的劣势在于顶层料堆为三角形，料量小且容易塌垛。黄骅港创新堆料模式，通过对垛位空间的几何分析，按照梯形垛对堆料点进行模拟计算，生成堆料控制点，开发堆料机行走、回转的协同控制算法，实现堆料机蛇形堆垛，最终形成梯形垛，增加顶层堆料量，间接提升顶层取料作业效率15%。

3. 研发自动化取料机

自动化取料机的关键点在于两点：一是寻位准确，二是流量稳定。寻位准确常规依靠料堆模型的数据引导，但数学建模的精度有限。为此，黄骅港采用多种传感器相融合的技术路线，通过安装在取料机头部的微波雷达、液压码头处的压力传感器，构建料堆感应算法，对模型位置数据进行纠偏，实现高精度的寻位、定位；开发带前馈的闭环流量控制算法，利用皮带秤数据，建立压力数据与流量数据的拟合关系，获取实时流量反馈，通过取料几何形状分析，建立前馈控制算法，快速、准确地调整取料机回转速度，实现对取料流量的精准控制。在提升取料作业效率10%的同时，显著提升配煤作业精度，提升服务客户的质量。

4. 研发自动化装船机

黄骅港在装船环节采用先远控再智能化的演进策略。即，通过装船机远程操控改造，先期将装船机操作员从现场撤离至集控室，做好应急操控与运行模式演变的准备，同时对装船机关键传感器进行升级换代，提升装船机整体运行平稳性；在此基础上，开展装船机智能化研究。

黄骅港采用“5G+北斗+船图”方案构建智能化装船系统。即，研发可放置于船舶甲板处的位姿测量装置，通过北斗定位与惯导，动态测量船舶位置与姿态，结合5G通信，将船舶位姿高实时性传送至装船机侧，利用船舶结构图纸，配合坐标系转换算法，实时准确获取船舶舱口、舱盖等关键位置数据，再通过路径规划与轨迹控制等算法，实现装船机的自动化运行。

通过实际运行效果的对比，自动装船的平整度要显著优于手工操作，因为自动装船可以根据船舶位置与高度变化，实时调整大铲位置，落料点非常均匀。黄骅港是世界上第一座实现自动装船的煤炭港口，填补了相关技术的空白。

5. 实现设备自主协同运行

设备自主协同运行的目标是将生产管理人员的意图直接传送至设备，让设备间能够相互感知工作状态，进而促使设备间能够完全脱离人工而自主工作。为此，黄骅港采用数字孪生技术，全面感知设备与资源状态，建立全港生产运行环节在数字空间中的孪生体，在此之上，架设全港生产运行控制大脑。采用指令集的设计理念，对生产指令的编排重新定义，生产指令批量编制，且指令间存在优先级约束，形成序列式的关系视图；同时结合序列次序与设备状态，按照设备功能，将生产指令分解为设备指令，即将一条包含多个设备的生产指令，由系统自动翻译为设备可执行的设备指令，通过孪生体下发至设备端，驱动设备运行，无须操作人员通过沟通协调进行设备操控。这种与设备智能化程度相匹配的设备协同运作模式，使黄骅港流程效率提升了2%。

（五）打造煤港生产智能调度模式

1. 打通调度环节数据链

生产调度中需要火车预到时间、船舶预到时间、船舶合同煤种、配煤方案等信息，受限于各单位间的数据孤岛问题，各方数据并未对接。黄骅港积极与各协作单位对接，与铁路公司调运系统对接，获取4小时列车准确到港计划；与销售公司对接，获取预到船舶信息与船舶合同煤种信息，同时双方通力合作，对船舶合同煤种与配煤方案间的匹配关系进行统一约定。同时，黄骅港开放数据接口，便于协作单位及时获取黄骅港生产作业信息，组织制定各自工作计划。通过关联环节数据链的打通，生产调度相关数据的完善度得到大幅提升，为整体调度智能化建设打下了坚实的基础。

2. 制定调度环节优化目标

煤炭港口调度环节的优化目标可以概括为在运营成本、吞吐量与服务水平间取得平衡。周期的不同，使得港口在目标选取或者权重的分配上有着不同的倾向性。通过对港口生产状态与关注指标的分析，黄骅港生产调度优化目标可划分为六种。一是装船量最大，即追求一定时间内装船量最大，一般应用于截止时间完成集团下达的生产任务。二是卸车量最大，即追求一定时间内火车接卸量最大，为此可以牺牲部分装船产量，一般适用于上游火车压车严重、返空列车不足等情况下。三是完船数量最多，即一定规划期内，完船离港船舶最多，黄骅港船舶进出港每天有4个窗口期，进出港需要海事部门审批，窗口期外即使完船也不可离港，完船船舶出不去，锚地船舶进港等待时间也就会延长。四是堆场进出平衡，即追求场存煤量的平稳。黄骅港堆存能力较低，根据对历史生产数据的分析，当场存在220万吨左右时，黄骅港生产组织较为顺畅，过低或过高都会对卸车、装船环节产生影响。五是设备能耗水平，即尽量减少生产运行耗能，节省用电成本。黄骅港生产设备均为电力驱动，能够直接影响运营成本，减少设备启停次数、避免小垛取料等措施均有利于能耗降低。六是设备均衡适用，即各设备的利用率保持相对平衡。过高的设备利用率不利于对设备的检修与维护，过低则又造成设备浪费。

3. 明确调度环节约束条件

针对煤港作业环节多、标准化程度低等问题，黄骅港开展调度环节的约束梳理工作，将全港调度中所需要考虑的约束类条件归纳划分为六大类。一是卸车因素约束。在由翻车机—皮带机—堆料机三者组成的卸料工艺中，翻车机组位置与皮带机位置一一对应，且固定的皮带机只对应相应的煤炭垛位。二是配煤的约束。根据船舶需求的合同煤种，港口仅能从合同煤种对应多种配煤方案中选择一种或多种配煤方案。所有配煤方案下的取料总数量不超过合同煤种的需求数量。三是取料的约束。受堆场堆取料工艺的限制，只有同区域内的基础原煤之间可以进行混配装船（一个区域可包含若干堆场）。混配装船时，需按照配煤方案下的基础原煤种类和比例进行取料。四是堆场与泊位间的可达性约束。条形堆场由若干个垛位组成，垛位大小一定，用来堆放不固定种类的基础原煤。受到地理空间和设备工艺的限制，堆场和泊位分为不同区域。某区域堆场内堆放的煤炭只能被运输到此区域对应的若干泊位上。五是船舶与泊位间的可达性约束。进港船舶只能选择满足条件的泊位进行停靠。船舶的长度需小于其分配泊位的长度，吃水深度不能超过其分配的泊位。六是装船先后顺序的要求。港口根据船舶实际到港时间和签订的合同时间为船舶设置不同的服务优先级，火车载煤情况、现有煤炭场存和泊位资源需首先满足优先级高的船舶需求。

4. 开发调度环节数学模型

以运筹优化技术为支撑，黄骅港启动卸车—堆存—装船一体化调度模型建设，考虑到整体优化规模过大、求解时间不确定等问题，黄骅港将模型分为两个阶段求解。第一阶段求解以资源匹配为主，通过对入港列车、场存资源、船舶货物需求的优化计算，生成各个窗口期船舶的进出港动态、船舶使用的配煤方案、配煤方案选用的垛位、列车的堆存区间等。第二阶段求解以设备调度为主，即根据第一阶段划定的资源分配情况，对单班的设备使用进行分配，决定列车对位的翻车机、使用的皮带线、堆存的垛位、取料的垛位、单垛用量、设备组合等。本阶段使用数字孪生模型对设备调度方案进行短周期推演，生成细致的设备运行甘特图，根据推演结果与第一阶段总体方案的匹配情况，决定是否触发对第一阶段方案的再调度。模型具备人机交互机制，支持调度人员调整优化目标、锁定部分资源，以应对不确定性情形。通过一体化调度模型的应用，黄骅港单船泊位停时缩短 15.1%，计划与调度人员的工作量大幅降低。

依靠模型输出的煤源缺口信息，为计划调度人员同上级调度组织资源调配的争取提供了更为准确的数据支撑，为集团一体化运营的顺畅运转提供了助力。

（六）建设智能化环保治理模式

1. 搭建环境监控物联网

通过搭建环境监控物联网，实现对港区环境的全面感知。在港区具有代表性的 18 个点位安装粉尘监测设备，实现对港区边界及港区内部各区域的空气质量实时监测，监测数据包含 PM2.5、PM10、TSP、温湿度及风力风向等；在港区洒水泵房、污水处理站、两湖三湿地等 17 个重要水体布设水质监测设备，实时获取各水体的水温、余氯、浊度、COD、氨氮等数据，以判断水体水质；通过在港区 47 处水泵站安装水位监测设备、管道压力监测设备、管道流量监测设备等传感器，实现对各泵站及水管道的实时监测；同时，对港区绿化、溢油等均实现在线不间时监测，所有关键点位安装视频监控设备，实现实景实时上传。

2. 建设远程水集控系统

通过改造港区各单体泵站，实现水系统远程集控。港区目前有生产洒水泵房、生活供水站、压舱水泵站、污水处理站、煤粉尘处理车间、雨污水提升泵站及两湖三湿地共计 47 个水泵站，通过对各泵站的自动化改造和设备改造，完成对所有水泵站的远程集中控制，包含了泵站设备的远程启停控制和参数设置等，各泵站设备自动运行，具有管路连通的泵站之间自动调度，实现了各泵站无人值守和减员增效，为各泵站水系的智能调度提供了自动化保障。

3. 创建智能环境管控平台

在完成环境全面感知和设备远程集控的基础上，利用大数据和神经网络算法等先进技术，开发智能调水和智能洒水控制模型，创建了生态环境智能管控平台。通过对堆垛煤炭起尘含水率及堆存含水率的实验分析，构建含水率预测模型，为堆垛洒水提供判断依据，通过智能洒水模型对喷枪的洒水时长和洒水范围进行参数自动配置；通过智能调水模型，实现了港区生产水、污水处理站回收水、压舱水和两湖三湿地的水源智能化调度；根据不同泵站的水系信息和水源调度优先级等判断条件，实现各泵站间智能调度。

通过实现对港区环境的全面感知、设备的远程自动控制和具备智能洒水与智能调水模型的生态环境智能管控平台的建设，初步实现了港区环境的智慧化管理，实现了环境有效管控。港区智能洒水能够在煤炭起尘前对垛位进行适度补水，有效抑制粉尘的产生。智能调水能够确保生产用水更多使用污水处理站回收水和压舱水以及两湖三湿地的生态水，从而大幅度降低港口生产购买外部水的成本，污水处理及回收效率的提升，有效杜绝港区污水的外排，实现含煤污水零排海。

三、以绿色发展为导向的煤炭港口全流程智能化改造与运营管理的效果

黄骅港坚持创新驱动发展，通过管理与技术融合创新，取得了显著成绩。自 2015 年形成现有规模

以来，黄骅港在职工总人数未增加的基础上，连续 4 年吞吐量超 2 亿吨，与 2015 年 1.15 亿吞吐量相比，2020 年吞吐量提升 74%；人均效益由 13.4 万吨提升到 22.8 万吨，提升 70.1%；装船效率提升 3.8%，卸车效率提升了 12.2%，单船泊位停时缩短 15.1%。全流程智能化投入运行后，设备生产效率提高 7%，设备空转时间减少，相应的同等作业量下设备运行耗能也得到了减低。2018—2020 年，黄骅港累计新增收入 5.45 亿元，累计新增利润 1.99 亿元，累计节支 2.16 亿元。

粉尘处理车间通过对回收的煤泥及煤粉尘制饼实现二次销售，自 2018 年投入运行以来，年回收制饼 1.8 万吨，按每吨收益 30 元计算，年收益可达 54 万元。自 2019 年水系统集控改造完成并实现智能调水至今，实现生产用水零外购，累计回收利用水资源 893 万立方米（2019 年 315 万立方米，2020 年 388 万立方米，2021 年 190 万立方米），节约用水成本累计约 4400 余万元。黄骅港在交通部针对港口建设的评价中安全绿色发展指标排名第一。黄骅港煤炭港口全流程智能化关键技术及应用获得中国港口协会科技进步奖一等奖等。

（成果创造人：李洪军、兰　力、马海深、宋桂江、刘　强、赵利军、董传博、鲍建员、王明乐、刘　鑫、刘金光、怀　全）

历史淤泥填埋场依托科技创新的绿色处置管理

中交一航局生态工程有限公司

中交一航局生态工程有限公司（以下简称生态公司）2019 年 8 月 5 日成立于深圳，是世界 500 强企业中国交通建设股份有限公司的全资三级子公司。2020 年完成新签合同额 21.27 亿元，营业收入 5.09 亿元。

一、历史淤泥填埋场依托科技创新的绿色处置管理的背景

（一）淤泥填埋场实施绿色处置是生态文明建设的客观要求

淤泥填埋场收纳了污水处理厂产生的淤泥，以及部分河道清淤底泥，含水率高达 70% 以上。淤泥的高含水率使得淤泥填埋占用大量的土地资源，并且可能造成埋体变形或滑坡、渗滤液收集管线堵塞等问题。我国中大城市土地资源紧缺，同时各地环境保护要求越来越严格，历史淤泥填埋处置成为很多城市亟待解决的问题。依托技术创新，按照减量化、稳定化、无害化、资源化的绿色处置目标，对历史淤泥填埋场中的淤泥进行处置，是生态文明建设的客观要求。

（二）高效解决历史淤泥填埋场遗留问题的必要选择

生态公司负责实施的天津市青凝侯淤泥填埋场应急处置项目（以下简称青凝侯项目），是生态公司首个生态环保政府采购项目和固废处理项目，项目总占地面积 337 亩，共设 8 个淤泥存放池，淤泥总量约为 25.26 万立方米（约 32.84 万吨）。

天津市青凝侯淤泥填埋场始建于 2007 年，至今已运行十余年，混合填埋了天津市重污染河道、水库底泥及中心城区多座污水处理厂市政淤泥，淤泥中含有大量有机物、泥沙沉积物、细丝纤维、动植物残体以及各种微生物、病原菌、寄生虫（或虫卵）和絮凝体等；淤泥含碳化合物及其衍生物多，部分有机物化学性质不稳定，易挥发、易变质、易腐化，伴有刺激性恶臭，经多年填埋发酵后，存在释放大量氨气、一氧化碳、甲硫醇等有毒有害气体的风险，易对人体造成伤害。同时，由于运行时间较长，场内防渗设施破损，存在对土壤及地下水造成二次污染的风险，一旦二次污染发生，结果是不可逆的。

为避免对周边环境及居民造成危害，对天津市青凝侯淤泥填埋场的处置迫在眉睫，势在必行。一旦揭开封盖启动处置，就需要尽快处置完成，以减少对周边环境及居民的影响。同时，青凝侯项目为国家环保督察整改项目，政治意义重大，需要高效高质量完成。但场内淤泥含水率高、成分性质复杂，导致天津市辖区内具备接收处置资质的单位相对较少。因此，以技术创新为主要手段，对历史淤泥填埋场实施绿色处置管理，才能高效解决历史遗留问题。

（三）提升生态公司固废处置领域核心竞争力的重要途径

随着淤泥处置市场需求的持续释放，行业内出现技术、人才短缺和实际处置能力不足等问题，在此背景下，生态公司亟须依托青凝侯项目的实施，打通进入淤泥处置行业的路径，熟悉并掌握淤泥处理行业基本状况和发展规律，厘清淤泥处置流程，研发一批淤泥及其衍生物治理的专业技术成果，以提升其在全国固废处置领域的核心竞争力。

二、历史淤泥填埋场依托科技创新的绿色处置管理的主要做法

（一）做实项目策划，制定绿色处置方案

1. 加强组织领导

青凝侯项目中标伊始，生态公司组建了以总经理为组长、各分管副总经理为组员的项目实施策划领

导小组，统筹公司资源启动项目实施策划工作。在经营部门组织中标交底后，为保证项目投标阶段与实施策划工作的有效对接，生态公司在投标策划组的基础上成立项目实施策划组，编制项目组织及管理职责，进行项目主要风险辨识和施工总体部署，并从项目的技术、成本、进度、质量、安全和商务等方面进行精细计划，坚持以技术创新促进项目履约创效和品质提升，从制度、技术和工艺角度鼓励技术创新。

2. 制定绿色处置方案

通过对青凝侯项目进行深入剖析，生态公司发现该项目具有以下特点：属于国家环保督察整改项目，政治意义突出；属于政府采购的服务类项目，管理模式及项目特点不同于传统施工项目；实施内容涵盖固废处理处置、污水处理、臭气处理等多个环保领域，涉及高黏度淤泥提升与传输、筛分、深度脱水等专业设备，专业性强；需全面检测和分析厂区内淤泥、污水、臭气等污染特征，综合比选确定淤泥处置出口、污水及臭气处理工艺，技术方案需经过专家评审；外部协调工作量大，项目监管部门多，跨区运输手续繁杂；工期紧，工期不到1年；任务重，场内淤泥处理处置量约32.84万吨。

结合青凝侯项目实际情况，生态公司制定“一主线两阶段三保障四目标五环节”的绿色处置作战方案。一主线：指以技术创新为主线，打好青凝侯淤泥处置攻坚战。两阶段：脱水厂房建设阶段、淤泥脱水处置阶段。三保障：防控措施到位，确保职业健康风险可控；检测监测到位，确保处置方式合理；合规管理到位，确保处置符合行业监管要求。四目标：实现减量化、稳定化、无害化、资源化的绿色处置目标。五环节：做好淤泥脱水环节、淤泥外运环节、淤泥处置环节、污水处理环节和臭气处理环节。

（二）依托技术创新体系，建立项目产学研基地

1. 搭建生态公司产学研平台

生态公司成立以公司总经理为主任委员、公司其他领导班子成员为副主任委员的科学技术委员会，掌舵公司科技发展政策，决策和监督对公司发展具有全局性、前瞻性、战略性的重大科技研发项目和重大技术引进项目的立项与实施，把企业建设成为以市场为导向、产学研相结合的技术创新主体。

依托在建项目，搭建高等院校、科研院所和科技型中小企业广泛参与的产学研平台，累计开展9项生态环保领域的科技研发项目立项与实施工作，科研经费总预算达到4487万元。一方面，在建项目为技术创新提供了开发地和试验田；另一方面，技术创新紧盯项目实施过程中的重难点问题，科研成果反哺和助推项目实施。

2. 建立青凝侯项目产学研基地

生态公司作为牵头单位，联合一航局港研院、设计院等兄弟公司，天津大学、南开大学、复旦大学、天津工业大学等高等院校，市政华北院、江苏同瑞及大连青乌环保科技有限公司等科技型专业企业，建立了青凝侯项目产学研基地。在产学研基地中，成员单位通力合作、优势互补，在科研课题研究、设备生产制造等方面进行了大量的实验探索和实践创新，为项目实施做好科技支撑。

（三）紧盯绿色处置目标，突破关键核心技术

1. 调配淤泥调理剂和固化剂

生态公司联合复旦大学，通过资料调研、筛选调理剂和固化剂、实验室小试、现场中试、配比优化、工程应用等环节，确定了适用于历史淤泥填埋场存量淤泥的调理剂和固化剂，改善了存量老龄化淤泥的脱水性能，提高了脱水效率，拓宽了淤泥处置途径，提高了淤泥处置效率。

2. 开发臭气处理工艺

生态公司联合江苏同瑞公司，通过资料调研、恶臭气体成分分析、臭气处理工艺比选、运行参数确定、环境监测、工程应用等环节，确定了历史淤泥填埋场处置过程中作业区无组织排放采用“雾炮+植物液”、封闭车间有组织排放采用生物滤池除臭的工艺路径，确定了植物液稀释比例及使用量、生物

滤池的最佳运行参数。经取样检测，淤泥填埋场场界大气、封闭车间排气筒处气体各污染物指标均符合标准要求，除臭效果良好。

3. 研发超高压叠层压滤设备

常用脱水设备有带式压滤机、板框式压滤机、离心脱水机、淤泥叠螺机等，但由于青凝侯项目淤泥成分复杂，黏度大、杂质多，传统的脱水设备工作效果差。为此，生态公司联合大连青乌环保科技有限公司，成功研发超高压叠层压滤设备。该脱水机是一种全新形式的设备，处于行业内领先地位，对黏度较大的淤泥脱水效果显著。设备的成功安装运行，大幅提升了工作效率，保障了青凝侯项目工期目标。

4. 完善淤泥焚烧工艺路线

生态公司联合天津大学，通过资料调研、淤泥焚烧试验、工业规模实验、工程应用、效果评估、焚烧处置出口拓展等环节，论证了青凝侯项目淤泥焚烧工艺路线的可行性，为《天津青凝侯淤泥填埋场应急处置项目淤泥水泥窑处理方案》的编制和顺利通过专家评审提供了数据支撑。经多次专家评审，青凝侯项目淤泥焚烧处置出口拓展至15家，焚烧处置包括热电厂掺烧、水泥窑协同焚烧、水泥窑热解、生活垃圾焚烧厂协同焚烧，实现了淤泥处置的资源化。

5. 编制项目EHS管理细则

生态公司联合天津工业大学，开展青凝侯项目的EHS风险识别、分析及评价，制定项目EHS管理细则，形成完整的历史淤泥填埋场淤泥处理处置项目职业健康、安全、环境保护管理方案，降低项目管理风险。

（四）聚焦关键环节，加速“两阶段”实施推进

1. 采用模拟形式提前演练

淤泥脱水设备投产是“两阶段”中“脱水厂房建设阶段”的重要内容，同时也是六环节中的重要一环。脱水设备安装及运行本为工厂化生产工艺，在项目现场进行安装及调试难度极大，为此，青凝侯项目采用模拟形式，在设备进场安装前组织多次“演练”，模拟解决可能面临的场地狭小、设备部件多、集中入场现场混乱等问题，提前谋划安装、调试、生产同步开展过程中的交叉作业部署，为超高压压滤脱水设备安装提供保障，最终克服诸多困难，3个月实现全部7台脱水设备投产达产。运行过程中，对原上料区域进行改造，力求“快、稳、省”，尽快达到上料需求；大胆对设备进行电控改造，解决淤泥中杂质增多导致的筛分效率降低的问题。

2. 提升淤泥脱水处置阶段效率

一是多机械协同提升转运效率。现场淤泥坑面积较大，而作业平台过短，且淤泥泥质复杂、黏度高、流动性差，长臂钩机也难以对中间位置的淤泥进行挖运。为解决这一难题，加长贯通原有工作平台，并在平台上铺设钢板，保证道路通畅，使用长臂挖机、挖机、装载机、推土机协同配合方式，大幅提升泥池开挖、转运的工作效率，为实现应急处置任务工期目标争取宝贵时间。二是智能化手段解决断料问题。压滤设备在生产过程中，由于装载机上料手无法看到储泥池内剩余泥量，导致工序衔接出现问题，时常出现断料的情况。通过在储泥池周围加装摄像头，司操手通过手机APP对储泥池在线监控，当二级储泥池中泥量过低时装载机操作手启动上料，解决“断料”的问题。三是优化淤泥筛分机提升效率。淤泥筛分系统前期使用过程中，由于每个淤泥坑内淤泥的泥性不同，导致圆盘交叉筛筛分淤泥效率始终达不到预期效果。通过改造筛分电气控制系统、大功率电机的更换和改变筛分机的运行方向，筛分机效率大幅提升。

（五）开展职业病防控，降低职业健康风险

1. 开展现场调查和危害因素分析

通过对淤泥填埋场处置的生产过程、劳动过程、工作环境等各个环节的现场调查和职业病危害因素

分析，辨识出处置过程中存在的噪声、粉尘、化学毒物、高温、生物致病菌、职业性心理（生理）紧张或疲劳等职业病危害因素。

2. 辨识关键岗位和主要危害因素

结合职业卫生现场检测结果，利用风险分级评估法对职业病危害因素进行全面分析和评价，找出淤泥填埋场处置的关键控制岗位为调理车间、超高压压滤脱水作业平台和污水转运处理岗，主要的职业病危害因素为粉尘、氨气、病原微生物和蚊虫等。

3. 采取针对性防控措施

一是采用密闭容器控制粉尘。产生粉尘的工艺尽量密闭进行，在落尘点处必须设置除尘器并保证通风量。运灰车辆使用罐装车，卸灰口要配有能直接伸入罐装车内的伸缩装置、管对管对接等。现场管理要保证全流程密封，对装卸现场要及时洒水清理，消除二次扬尘。二是加强通风换气降低气体浓度。脱水车间超高压脱水设备压滤过程中氨浓度超过接触限值，易发生职业性急性中毒，在作业点要特别注重加强通风排毒，配备应急救援物资，严格按照操作规程操作且做好个人防护。三是关键岗位配齐防护用品。为转运、巡检工和清洁人员配发护目镜、防毒面具、橡胶手套等个人防护用品，减少身体部位暴露，达到保护劳动者职业健康的目的。四是定期喷洒灭菌、灭虫药剂。淤泥填埋场处置过程中产生大量微生物、蚊虫等，在淤泥上料平台、调理车间定期喷洒灭菌、灭虫药剂，控制病原；强化个人卫生意识，禁止作业人员在施工现场饮食，为作业人员设置清洁区（独立集装箱房间）放置个人物品或休息，避免病菌传播。五是定期开展职业健康安全体检。项目部定期组织项目员工和作业人员进行职业健康检查，做好职业健康过程监控，确保人员身体健康。

（六）检测监测全覆盖，确保处置方式合理

1. 梳理行业标准

全面梳理有关淤泥、污水、大气等方面的国家、地方和行业标准，明确应检测项目、检测频率和可对比标准，确保检测监测有据可依，共梳理安全及环保法律、法规等 18 条，技术规范及相关排放标准 45 项。

2. 加大检测监测力度

根据国家标准和现场实际情况，现场对淤泥进行分类和检测。淤泥分为直接外运处置的淤泥、脱水淤泥、翻拌固化干泥三类，检测频率每周三次。对外运污水每周检测三次，对场界大气及有组织排放每周检测一次，对场界噪声每周昼夜各检测一次。同时，将存量淤泥性质与传统市政淤泥、河道淤泥进行对比，在含水率、脱水性能参数、有机物含量、重金属含量及营养元素等方面进行数据对比及分析区分，为处置工艺的选择提供数据支撑。

3. 实行分类处置管理

对含水率 80% 及以上的淤泥，大部分利用超高压压滤脱水设备框栏钢结构和特种滤布组成的可变滤室压榨过滤单元，通过超高液压压力对淤泥进行压榨脱水，脱水后含水率为 55% 的脱水干泥可以外运至热电厂掺烧发电、水泥厂水泥窑协同处置和热解单独焚烧处置。淤泥脱水产生的滤出液经三级沉淀后，外运至污水处理厂处理。部分含水率 80% 左右的湿淤泥，可以直接外运至热电厂掺烧耦合发电或水泥厂水泥窑协同处置。

淤泥填埋坑表层淤泥、筛分后粗料以及其他无法通过淤泥脱水设备脱水的淤泥（含水率约为 75%），可添加固化剂，并利用机械设备进行翻拌固化，降低淤泥含水率。经过约一周的翻拌固化，淤泥含水率降低至 60% 左右后，可外运至水泥厂焚烧处置、电厂掺烧发电或砖厂烧结砖处置。

（七）规范废弃物处置流程，确保过程合规合法

1. 成立合规处置专项工作组

成立以项目负责人为组长的合规处置专项工作组，开展调查研究，厘清天津市和河北省监管部门和监管机制，积极对接监管部门，摸清吃透监管要求，编制《淤泥处置行业政府部门管理分工及规则》《淤泥跨省转移利用或处置的法律依据及手续办理流程》等文件，指导实施过程。处置过程中严守生态环保底线和红线，坚持审批手续完备、合法合规。

2. 组织专项技术方案专家评审

为确保淤泥处置技术路线的可行性和合规性，陆续组织五次专家评审会，对《淤泥脱水车间及配套设施建设方案》《天津青凝侯淤泥填埋场应急处置项目技术方案》《天津青凝侯淤泥填埋场应急处置项目淤泥水泥窑处理方案》《天津青凝侯淤泥填埋场应急处置项目应急处置专项方案》《天津青凝侯淤泥填埋场应急处置项目烧结砖及水泥窑协同处置淤泥专项方案》等进行专家评审，确保处置方案技术合理、流程合法合规。

三、历史淤泥填埋场依托科技创新的绿色处置管理的效果

青凝侯项目场内淤泥量约32.8万吨，通过脱水、固化翻拌等措施，最终外运淤泥、污水共计28.2万吨。其中，外运淤泥24.3万吨，外运污水3.9万吨，淤泥减量约8.5万吨；其中，约11万吨淤泥外运砖厂进行烧结砖处置（建材化利用），约7万吨淤泥外运水泥厂进行水泥窑协同处置转化为水泥原料，约4.8万吨淤泥外运电厂进行焚烧发电，约0.6万吨外运垃圾焚烧厂焚烧处置，实现了减量化、稳定化、无害化、资源化的绿色处置目标。此外，通过技术创新优化淤泥处置、实行分类处置管理等方式，节约淤泥处置成本约1400万元。在上述项目良好实施效果的影响下，生态公司于2021年5月22日新中标天津市西青区精武镇域内绿洲苗圃地块淤泥处理处置项目。

同时，生态公司研发了一套固废处理领域专业技术：针对焚烧、制砖、水泥窑协同等不同淤泥处置途径，总结工艺流程、工艺参数、适用条件、标准规范及限值、关键控制点，分析各种焚烧处置工艺的适用范围及条件要求，结合焚烧残渣的最终利用途径，总结出各焚烧处置工艺的经济性及推广效益；提炼出超高压压滤脱水设备及配套设施现场安装流程、质量和安全控制要点等，形成工法；针对填埋场存量淤泥的复杂特征，利用现有和复配的调理剂，开展现场淤泥调理试验，分析不同调理剂对存量淤泥的调理效果，形成一种优化的淤泥调理药剂配方；形成基于“水洗+酸洗+生物滤池”技术的淤泥伴生恶臭气体处置技术总结。

（成果创造人：叶建州、刘春银、郭跃华、陈冠宇、王亚东、刘文斌、
王福元、赵振国、刘子健、张明琛、何文凯、王佳琦）

供电企业助力实现“双碳”目标的智慧能源管理

国网江苏省电力有限公司南京供电分公司

国网江苏省电力有限公司南京供电分公司（以下简称南京供电公司）为南京市 11 个区 452 万余户电力客户提供安全、经济、清洁、可持续的供电服务，下辖江北新区、江宁区、溧水区、高淳区 4 个县级供电公司，现有 35 千伏及以上变电站 317 座，10 千伏及以上线路长度超过 4 万千米，目前已形成了 500 千伏“O”形双环、220 千伏“三片五环”的坚强网架结构。

一、供电企业助力实现“双碳”目标的智慧能源管理的背景

（一）适应国家能源战略向清洁低碳转型的要求

能源燃烧是我国主要的二氧化碳排放源，占全部二氧化碳排放的 88% 左右，电力行业排放约占能源行业排放的 41%。电网企业需大力推动能源生产和消费革命，为经济社会发展提供安全、经济、高效、可持续的能源电力保障。

电网是能源资源输送配置和转换利用的基础平台，两端分别连接供给侧与用户，处于能源体系的中心环节。随着高比例可再生能源、高比例电力电子装备、信息物理深度融合等新特征日益显著，改变了传统“源随荷动”的电力系统发用电平衡模式。同时，广大客户的诉求已经从保障基本用能向满足安全低碳、优质价廉的能源供应与多元化服务需求转变。因此，电网企业需要在处理好安全稳定运行与高比例接纳新能源基础上，依托数字化技术为电网赋能，主动调整综合能源业务的经营导向、服务模式，探索开展能源绿色智慧转型，促进绿色发展的同时提升企业效率效益。

（二）促进地区经济社会能源转型的需要

南京是东部地区重要的中心城市，面对“一带一路”建设、长江经济带、长三角一体化三大国家战略叠加的重要战略机遇期，积极推动“强富美高”新南京的建设。一方面，城市是能源消费的主战场，南京作为江苏省省会城市，既是能源消费集中地区，也是能源资源特别是光伏等清洁能源资源匮乏地区，清洁低碳转型难度很大。另一方面，南京提出以“数字南京”建设推进经济社会发展的“数字蝶变”，努力打造世界级数字经济名城。面对南京经济社会发展向绿色、低碳、智慧方向演进的新形势新要求，电网企业需要牢牢把握高质量发展对能源清洁高效供应和优质服务的根本要求，加快推动城市能源数字化、智慧化转型，不断提高能源资源配置效率和能效利用水平，以更加清洁和绿色的方式服务南京经济社会高质量发展。

二、供电企业助力实现“双碳”目标的智慧能源管理的主要做法

（一）制定企业能源智慧转型总体目标和实施路径

1. 总体目标

牢牢把握能源革命和数字革命深度融合的重要机遇，持续优化能源的生产供给、消费结构和配置利用，不断提升城市能源全景监测、智能诊断和智慧运营的能力，构建以电为核心的能源系统，稳步提升区外来电占比，实现新能源全额消纳，拓展电能替代广度，深化“供好电”向“供好能”转变，推动能源智慧转型，努力在城市能源要素方面打造世界典范，助力实现“碳达峰、碳中和”目标。

2. 实施路径

全面衔接政府关于城市“碳达峰、碳中和”的行动纲领，以南京能源发展需求为指引，以电为核

心的能源智慧转型为方向，加强人才支撑、科技创新，推动政府、社会和能源企业多方合作。能源规划方面，以电为核心科学统筹规划能源网络建设布局，提高城市能源利用效率；能源供应方面，以新能源开发利用为核心，以提升电网优化配置资源能力为根本，推动构建风光冷热电等多元融合互补的能源供应体系；能源消费方面，以绿色高效用能为途经，持续拓展电能替代的深度、广度和加强能效管理；能源管控方面，以数字技术为能源管控赋能为重点，构建对内业务和对外服务的能源智慧管理基础。统筹能源规划、能源供应、能源消费全过程协同发展，推进能源规划系统化、能源供应清洁化低碳化、能源消费电气化高效化。

（二）加强政企合作，搭建协同高效的能源智慧转型组织架构

1. 对内组建贯通协同柔性团队

打破原有组织界限和专业壁垒，成立包括由企业主要领导任组长的领导小组、由分管领导任组长的工作小组，抽调跨部门、跨专业的业务骨干成立能源互联网建设工作组的柔性组织，形成以能源互联网建设工作组为牵头单位，贯穿人资、财务、物资、信通以及电网规划、建设、运检、营销、调控等核心业务，并将综合能源子公司、产业公司等产业单位纳入其中的全业务链条的管理组织架构，更好整合内部资源，提高工作质量。构建横向贯通、纵向协同的沟通协调机制，确保实施过程可控、在控、能控。建立工作例会机制，定期召开工作推进会，听取能源智慧转型管理阶段性成果，协调解决跨部门、跨专业、跨流程的重大事项，部署下一阶段工作，把握整体工作推进进度。建立重大事项会商协调机制，召开由专家、实施人员共同参与的研讨会，研判分析实施过程中出现的重大问题，科学制订优化解决方案并跟踪推进。

2. 对外建立政企协同联动机制

南京供电公司积极推动构建以政府为核心、企业为主体的有机融合的合作机制，助力实现“双碳”目标。一方面，建立常态合作机制，高层领导定期磋商，共同研究重大合作事项，协调解决合作推进中出现的问题，同时指定各自专业部门承担日常联络工作，推进合作项目落实。江苏省内率先与市、县各级政府部门签订各层级战略合作协议，与南京市政府签订《加快城市能源互联网示范区建设共建“强富美高”新南京战略合作协议》，与江北新区政府签署《建设世界首个能源互联网示范应用城市战略合作协议》，与南京市生态环境局及南京市机关事务管理局签署《电力大数据助力打赢打好污染防治攻坚战战略合作协议》等合作协议，以能源互联网建设支撑能源电力绿色低碳转型。另一方面，推进能源绿色智慧转型实践，发挥南京供电公司专业优势，促请政府出台支持能源绿色智慧转型政策文件，配合南京市发展改革委完成能源电力领域“碳达峰、碳中和”行动方案，与南京市生态环境局、南京市机关事务管理局等部门开展“电力大数据＋环保治理”、节约型机关建设等方面的合作，构建绿色低碳生产方式。

（三）强化数字技术赋能，夯实综合能源智慧管控基础

南京供电公司运用互联网思维，加快推进以“感知智能化、运营智慧化”为特征的数字化转型，构建对内业务和对外服务的能源智慧管理基础。

1. 推动数字技术与电网深度融合，提高电网智能运营能力

以电网生产各环节感知测控系统为基础，部署各类传感设备、边缘物联代理，开展业务信息采集能力建设，提高感知终端在电网及网络传输系统中的覆盖率，实现设备缺陷主动预警、在线状态评估。率先打造全国首座全感知变电站和国网首条220千伏基于人工智能的高压电缆隧道。通过海量信息采集、标准传输、综合诊断，实现设备状态全面、准确评价。在此基础上，发挥智慧运营管理效能，应用无人

机、机器人对电缆隧道、架空线路、变电站、配电站房常态化开展自主巡检，逐步实现设备运检无人化，提升运检效率。建设智慧台区，覆盖台区范围的分支箱、智能表箱、充电桩、分布式电源等设备，实现数据采集和设备控制。数据融合助推柔性电网调控。建设电网、设备、客户多层级数据全息感知的数据共享共治体系，建成新一代分布式配网调度管理系统（OMS），实现“数据一个源、全网一张图”。在此基础上，建设数字化“配调大脑”，在电网感知层、传输层和平台层，构建“电网眼”“电网脉”“电网脑”，全面提高调度核心业务的安全性及处置效率，彻底解决传统电话调度高峰期的信道拥堵问题。推进多能友好协控。示范开展智慧能源协调控制，以国家级新区南京江北新区为试点建设区域，利用聚合分散在不同区域的电源、用电负荷、储能资源，运用智慧用能管控技术，打造百万千瓦级城市虚拟电厂，推动分布式能源和用电设备协同优化运行，实现以冷、热、水、电为代表的各类能源元素互补互济、协调控制，提升社会整体能效。

2. 打造智慧能源全景管控平台，服务城市绿色低碳发展

结合南京区域定位、经济社会发展阶段、数据来源等因素，构建城市智慧能源全景管控平台。以电力数据为基础，融合内外部生态伙伴电、热、气等多种能源消费数据；加强与政府数据融通，引入地区经济、交通、环境数据，形成涵盖生产消费各环节的全景能源大数据。基于统一部署，分区建设，灵活扩展的技术路线，面向政府、电网、企业三类对象，围绕城市规划、城市能源、城市能效三项业务，布局智慧能源全景管控平台功能体系；围绕功能体系搭建平台感知层、网络层、平台层和应用层，采用“中台+微服务”架构，整合管理共性需求，促进业务快速迭代和融合贯通。加强各项服务的数字化交付能力，以电为中心汇聚能源全景数据，集约管理区域能源与“双碳”，为政府提供区域能源全景监测服务和“双碳”进程可视化服务，支撑碳排放监测、跟踪与管控。服务企业低碳高效用能，增强用户侧能源消费感知调控的能力，利用数据开展碳排放监测、碳资产管理、需求侧响应等业务，为企业提供减碳增效等综合能源服务。

（四）能源规划引领，打造灵活高效的能源资源配置新格局

1. 科学统筹规划建设布局

南京供电公司联合政府率先开展以电为核心的能源互联网规划，综合考虑能源贯穿城市交通、建筑、工业、新型数字基础设施等各个领域，促进城市能源、空间布局、产业结构一体化协同规划，该规划纳入南京市“十四五”规划。一方面，推动能源规划和产业规划一张图，引导冷、热、电等不同种类能源的相互替代和阶梯利用，优化城市能源、资源、空间配置，形成能源互联网规划，促进城市能源、空间布局、产业结构一体化协同规划。另一方面，加强源网荷储一体化协同规划，秉承适度超前的规划理念，以最小的能耗、最优的电源配比满足用户用能需求，实现能源供应、能源消费、能源管控全过程高质量发展。

2. 加快建设受端坚强电网，促进能源资源优化配置

打造支撑新能源为主的电网网架。着力优化完善骨干输电网架，建设一批 500 千伏及以下的电网输变电工程，让清洁能源“能发尽发、能用尽用”；建设结构合理、安全可靠、柔性互动的城市配电网，实现多元负荷与泛在新能源的开放接入和双向互动。推动源网荷储一体化建设，构建源网、网荷同步发展建设机制，实现电网建设与新能源发电和社会用电需求同步发展，破解源网荷建设节奏不合拍的问题。

随着电动汽车、分布式能源、储能等交互式用能设备的广泛应用，为提高电网安全可靠运行，以发展电力存储调节能力为重点，建设全国规模最大的电网侧储能电站，储能容量达到 130 兆瓦，推动客户侧储能建设，提升电力系统调节能力。

3. 提升电力系统调节能力，优化运行安全和效率水平

南京供电公司通过优化整合本地电源侧、电网侧、负荷侧、储能侧资源，以先进技术突破为支撑，提升电力系统调节能力，打造灵活柔性的电力配置枢纽。为实现设备及环境状态的“可测量、可感知、可预警、可互动”，率先建成国内首个 1.8G 赫兹省会级全覆盖无线专网，打通电网通信的“最后一公里”，支撑光伏、充电桩等分布式资源数据采集交互泛在化。聚合电力调节资源。发挥南京电网智能化程度高、电力无线专网强、能源客户种类丰富的优势，聚合光伏、充电桩、储能、变电站辅控系统等海量分布式资源，聚沙成塔，实现分布式电源可观可测、群控群调示范应用；引导负荷资源参与电网调节，通过开展需求侧响应互动实践，推动用电企业积极主动响应电力系统需求，丰富电网可调资源。建成国内首套大规模源网荷储友好互动系统，在电源可调可控的基础上，实现全省 2000 多用户的毫秒级精准实时控制，容量达 310 万千瓦，相当于高峰时段南京 1/4 的用电负荷，电源、电网、用户各要素全方位实现智能响应、有序互动，提升全社会电能利用效率。

（五）聚焦“双侧”发力，推动能源结构优化和高效利用

1. 建立多元供应体系，推动能源供应集成优化

针对南京能源资源特别是光伏等清洁能源资源匮乏地区，积极引入区外清洁优质电力，进一步减少对本地燃煤机组发电的依赖。开展新能源消纳分析预警研究，编制分布式光伏接入系统的典型设计实现并网“标准化、简单化、快捷化”，形成“本地保障 + 区外支撑”的高比例新能源供应体系，推动从源头替碳、减碳。以变电站现有资源为基础，融合光伏、储能、冷热供应站、充换电站和 5G 基站等功能模块，打造能源高效转换利用、信息共享互联的综合能源系统单元，示范建设一批综合能源站示范工程，实现了变电站、储能站、充电站、5G 基站、屋顶光伏电站的共享共建。聚焦重点园区，综合利用江水源、风、光等清洁能源和分布式储能资源，对接用户多样化的冷、热、电需求，依托综合能源站的建设实现多种能源间的互联互通、综合转化与高效利用。融合江水源热泵、冰蓄冷等新能源技术和大数据技术，在江北新区 7 层地下空间试点建设智慧用能工程，实现电网与冷、热、储的高效融合，以高品质、低成本用能服务推动多能协同。

2. 深入实施电能替代，促进终端能源消费电气化

在终端能源消费环节加快推动“以电代煤、以电代油、以电代气”，积极引导客户绿色用能，持续拓展电能替代广度与深度。在工业制造领域，结合政府大气污染防治、减煤等重点工作，推进燃煤锅炉、燃煤窑炉等实施电能替代。在农业生产领域，服务低碳绿色乡村建设，把乡村作为可再生能源发展的重要落脚点，大力推动乡村电气化；与区县人民政府合作，推广农产品电烘干与农业耕种、畜牧饲养与水产养殖及乡村旅游电动化，打造零碳螃蟹养殖、零碳育苗、零碳旅游等农业示范项目。在餐饮领域，扩大餐饮电气化覆盖面，推动南京市“瓶改电”专项行动，推进夫子庙等景区餐饮电气化改造。在建筑领域，加快推进居民电气化，在居住小区规划阶段提前介入，推动新建小区住宅家居及公用附属设施全电化配置。在交通领域，加快推广电动交通工具和港航绿色发展。推动电动汽车发展、加快布局充电设施规划布局，投运全国最大规模的智能充电停车楼宇，投入运行国内首台电动轨道机车、江苏省内首批新能源重型卡车。大力推动港口岸电标准化建设和电动船舶商业化运营，聚焦长江干支流港口、码头等分级分类推广应用岸电建设，打造新生圩港绿色港口创建、江心洲 3000 吨级电动船示范项目，推动港航绿色发展。

3. 打造综合能源服务新业态，促进能源利用高效化

通过不断加强技术、运营和机制创新打造综合能源服务新业态。综合能效领域，做优用能服务业务，开展高耗能产业等领域的能效监测和节能改造，加强与政府、医院、学校等能源托管合作，根据不

同行业用能特点，提供定制化用能策略，帮助客户实现低碳、零碳用能，着力推动各行业能效提升。示范打造国内首个商业楼宇信息物理系统（CPS）标杆项目，实现了对客户用能设备的全景感知和智能控制，提升中央空调系统能效20%。在国内率先开展客户侧“综合碳管理”示范项目，以工业大用户为试点，打造水泥行业碳排放计量体系研究及碳交易及碳捕捉仿真技术示范工程，实现碳排放监测、核算、碳交易及碳捕捉仿真，推动高碳排放行业绿色低碳发展。数据价值挖掘领域，推出“电力大数据+环保”的数字服务，与南京市生态环境局开展电力联合执法，全面整治“散乱污”企业；配合政府加强小化工企业的用电监测，支撑化工企业整治工作。基础资源共享领域，推动电力基础资源与社会通信领域的跨行业共享，解决运营商4G、5G基站布点站址选择及信号覆盖等难题。面向运营商、铁塔公司规模化开展共享杆塔站址资源，投运国内首个“变电站+5G基站+边缘数据中心站”多站融合项目，利用配电网建成投运5G共享机房，率先与南京铁塔公司签订《关于共同推进通信塔资源共享的战略合作协议》，开展杆塔共享合作业务。

（六）强化支撑保障，增强能源智慧转型动力

1. 打造专业人才队伍

南京供电公司以关键业绩指标为指引，为综合能源新兴业务等重要战略目标落地配套打造人才团队。全面强化复合型人才培养，推动服务“双碳”的能源智慧转型相关课程开发，鼓励营销人员学习市场营销和市场化运作等方面内容，生产人员学习计算机和通信技术等相关知识。实行“训战结合”的培养方式，依托重大项目和重点工程，通过组建柔性团队、技术交流等形式，着力培养一批与能源智慧转型相适应的专家人才队伍，形成在实践中发现人才、培育人才、凝聚人才的机制，推动人才队伍向素质提升和结构优化转变。同时强化“干新业务有新收入”的理念在薪酬激励中的应用，加大新兴业务核心人才的倾斜力度，推动组织个人互促共进、互利共赢。

2. 建立高端柔性智库

南京供电公司汇聚各类智库资源和力量，构建企业内部智库及社会智库机构平台。与知名高校联合成立零碳城市新型电力系统联合研究中心。采取柔性模式建设智库研究力量，采取项目制广泛吸纳内外部专家人才，以高端专家人才形成规范的研究队伍构成智库力量核心层。

三、供电企业助力实现“双碳”目标的智慧能源管理的效果

（一）促进域内能源绿色转型

南京供电公司形成以电为核心的能源系统，有力促进能源电力从高碳向低碳、从低效到高效转变，助推生态文明建设和可持续发展。2020年电网受电能力700万千瓦，区外来电占比为32%，较2017年提升了20个百分点；累计减少本地燃煤机组发电量约82亿千瓦·时，折算减排二氧化碳729万吨；实现新能源100%消纳，新能源累计并网项目9012项，累计发电量约74亿千瓦·时，相当于减少二氧化碳排放738万吨；不断拓展电能替代的广度和深度，累计替代电量76.5亿千瓦·时，相当于减少二氧化碳排放680万吨。电能在终端能源消费中的占比持续提升，2020年完成替代电量24.8亿千瓦·时，同比增长近60%。降低生产运行成本，外包用工减少20%，减员增效成果显著；通过推广综合能源服务、能源托管、能效监测等业务，促进上下游良性互动、合作共赢，“十三五”期间，累计实施综合能源项目180余项，逐步实现由供好电向供好能的转变，具有良好的示范推广应用价值。在经营业绩方面，2020年售电量556.64亿千瓦·时，同比增长1.6%；2020年新兴业务（综合能源服务、电动汽车服务等）年收益约6.1512亿元，同比增长105%，拉动产业聚合成长，带动产业链上下游共同发展。

（二）社会效益显著

南京供电公司树立了全力助推地方经济绿色可持续发展的良好形象，2020年“获得电力”指标在

国家发展改革委营商环境评价中位居全国前列。国内首家省会城市供电公司促成“以电为核心的综合能源系统”纳入政府规划纲要中，国内首个多应用场景的商业楼宇信息物流系统标杆项目在国家电网公司经营区全面推广，并作为亚洲质量奖最佳实践案例向亚洲国家发布，南京供电公司代表中国企业参评并荣获“亚洲质量卓越奖”。2020 年，南京供电公司累计共享电力 5G 杆塔 128 基，建设多站融合数据中心站 29 座；“共享基站加速 5G 建设”行动在“金钥匙——面向 SDG 的中国行动”活动中荣获“金钥匙·冠军将”。自国内最大规模的电动汽车智能充电综合服务楼宇投入运营以来，新华社、央视新闻等主流新闻媒体对此进行了专题报道。

（成果创造人：陈　刚、高昇宇、肖　晶、刘晓东、齐　飞、黄　翔、王　璞、周恒俊、王自桢、陈　丽、金淋芳、徐荆州）

供电企业以绿色发展为导向的县域清洁能源服务管理

国网安徽省电力有限公司营销服务中心

国网安徽省电力有限公司营销服务中心（以下简称国网安徽营销服务中心）是国网安徽省电力有限公司（以下简称国网安徽电力）的二级单位，是国网安徽电力营销服务工作的执行机构和管理支撑机构，在国网安徽电力市场营销部的统筹指导下，负责国网安徽电力下属的16家市公司、71家县公司的供电服务，负责并参与计量设备管理、营销全渠道服务运营推广、客户关系管理、营销稽查和供电服务质量管控与评价、营销大数据研究与应用、需求侧管理与市场开拓等业务。

一、供电企业以绿色发展为导向的县域清洁能源服务管理的背景

（一）贯彻落实国家节能降耗要求的需要

当前，我国仍处于新型工业化、信息化、城镇化、农业现代化加快推进阶段，生态环境保护压力尚未得到根本缓解。安徽省人民政府发布的《“十三五”节能减排实施方案》提出，到2020年，全省单位生产总值能耗比2015年下降16%，氨氮、二氧化硫、氮氧化物排放总量较2015年下降14.3%、16%、16%。在方案中，安徽省提出到2020年全省农村地区基本实现稳定可靠的供电服务全覆盖，鼓励农村居民使用高效节能电器等。为服务安徽省国民经济发展，推动安徽省实现节能减排目标，国网安徽营销服务中心充分发挥营销全业务支撑与集约化业务实施机构的优势，融合清洁能源消纳、节能减排、电能替代、再电气化等节能减排措施，构建省级能源服务平台，加快在县域地区开展能源生产清洁化、能源消费电气化、能源利用高效化的工作。

（二）服务县域经济社会绿色发展的需要

安徽省县域经济发展和农业农村发展面临转型升级的压力，安徽省政府加快推动农业农村现代化发展，持续推进全省县域生态环境建设。这需要全面增强县域电网供电保障能力，持续提升供电服务水平。国网安徽营销服务中心紧密跟踪地方经济发展形势，积极对接县域经济发展规划，通过实施“清洁能源+”服务管理，推动构建清洁低碳、安全高效的能源提升管理体系，助力安徽省县域绿色发展。

（三）推进能源供给和消费转型升级的需要

随着安徽省县域能源基础设施逐步完善，能源供给和消费加快向绿色高效转型，用能需求已经由“有没有”向“好不好”转变，对用能清洁化、高效化，消费电气化，城乡服务同质化等的诉求越来越多。由于历史欠账较多，当前安徽省县域用能不均衡情况较为明显，城市的电气化程度比县域、农村地区高很多，广大县域、农村地区仍然面临用能不环保、不经济等问题，能源消费转型迫在眉睫，亟待创新能源的供应，加快实现能源供应和消费的升级转型，提高能源利用效率。

二、供电企业以绿色发展为导向的县域清洁能源服务管理的主要做法

（一）确立县域“清洁能源+”服务管理的指导思想、目标和实施路径

1. 立足节能降耗要求，确定指导思想

以落实节能降耗要求为方向，坚持以电为中心，构建开放、合作、共赢的县域能源管理模式，以助力构建新能源为主体的新型电力系统为目标，以清洁能源消纳和能效提升为手段，通过开展能源供应清洁化、能源利用高效化、能源消费电气化、供电服务同质化的工作，推动县域电气化水平逐步提升、能耗强度明显下降、需求互动能力显著提高、能源服务水平不断提升，助力安徽省县域社会经济绿色发展目标的实现。

2. 制定三年规划，确定工作目标

一是编制《国网安徽省电力公司综合能源服务管理三年规划（2019—2021年）》。统筹管理综合能效服务、农村电气化、分布式清洁能源服务和电动汽车服务4大业务领域，完成11项关键技术研发，建成5个重点示范项目，引领县域综合能源服务业务全面发展。二是下发年度重点工作清单。国网安徽营销服务中心每年下发《促进“再电气化”和能效提升的年度实施方案》，确定县域地区能效服务工作目标、重点任务和责任部门，各地市供电公司对照下发方案编制工作方案，细化分解任务。

3. 坚持以点带面，明确实施路径

坚持“政企协同、创新引领、合作共赢”的原则，构建县域“清洁能源+”服务管理实施路径。一是设计管理体系。实施电网升级、光伏开发、能效服务、电能替代、信息融合，推进县域电网现代化、能源供应清洁化、能源利用高效化、能源消费电气化、供电服务同质化，打造以坚强智能县域电网为基础、以光伏开发和“互联网+能效服务”为手段、以能源消费电气化为重点、以线上线下服务平台为基础的县域“清洁能源+”服务管理体系。二是打造良好的政策环境。会同政府编制《安徽省电能替代“十四五”规划》等方案，将电能替代纳入全省发展规划，积极争取新能源消纳、“粮药茶烟”烘干、电动汽车、港口岸电等专项能效提升服务领域46条优惠政策。三是明确“以点带面”的实施路径。推动各市、县供电公司与政府合作开展示范项目建设，以示范项目为载体，扩大县域地区能效服务影响力，拓展商业应用场景，按照“示范项目—区域应用—全域聚合”的实施步骤，总结相关经验，创新商业模式，推动县域能效提升服务的全面拓展。

（二）深化光伏开发，推进县域能源供应清洁化

1. 实施光伏专项推广，推动能源供应清洁化

国网安徽营销服务中心高度重视分布式光伏产业的发展，建立县、乡镇、农户三级对接的光伏推广机制，根据电网布局和消纳条件，提出选址建议，简化关口管理和并网业务流程，精简业务资料，减少审批程序，压缩接电时间，将部分串行环节改为并行，提高并网效率，最大限度推动光伏项目落地实施。

2. 构建光伏信息平台，实现光伏百分之百消纳

国网安徽营销服务中心聚焦分布式光伏能源产业发展，充分应用“云大物移智链”等先进技术，以光伏电站运行数据、气象数据、补贴电费为主要数据源，以“科技+服务”为特色，搭建全业务、全流程的综合光伏服务云平台，实现分布式光伏规划、建设、运营、结算、运维的“互联网+光伏”的综合运营服务，推动系统从勘察、设计、集成到运维的全流程智能管控，分布式能源消纳实现100%。在平台中嵌入“光伏扶贫补助资金智慧管控系统”，对接安徽省县域户用式、村集体式、联户式、集中式4种不同模式，做到快速、准确结算支付收益，做到“一度电不错，一分钱不少”，提升光伏用户的满意度和获得感。

3. 拓展光伏应用场景，提升光伏发电效率

国网安徽营销服务中心不断探索“光伏+储能系统”、光伏屋顶、光伏车棚、建筑光伏一体化、渔/农光互补等光伏技术应用新场景，推动光伏应用开发，大力建设县域绿色能源网，以清洁能源振兴促进绿色发展。同时，国网安徽营销服务中心持续加强光伏发电技术攻关，提升光伏发电效率。2019年实现分布式可再生能源发电集群并网消纳核心技术的突破，使发电量提高30%以上，电能损耗减少8%。这一技术成果获得第46届日内瓦国际发明展金奖，在国内17个省、直辖市推广应用。

（三）提升能效服务水平，推动县域能源利用高效化

1. 开发能源服务平台，助力政府掌握能效数据

建设省级能源服务平台，开展监控分析、撮合交易、能源管理等一体化应用，为客户耗能管理、节

能减排、降本增效提供技术平台和服务支撑，运用大数据技术构建分析模型，为政府科学开展县域经济决策提供有效数据支撑。一是开展能源数据实时监测。基于电力物联网和信息系统集成技术，融合产业园区、农业生产、乡村产业、村民生活、绿色出行、智慧路灯、智慧景区等智慧用能场景，实现全省、市、县、乡、村到用户级，分类、分项、分时、分区域、分环节、分设备的能耗数据实时采集和在线监测。截至2021年9月，已接入数据包括全省约17万专变用电客户档案以及总表表码、负荷、电量电费等营销、采集类数据，需求响应削峰或填谷指令、全省发电量、全省实时负荷等调控类数据，电气、环境、安防、热/冷、视频等用户直采类数据。二是立体化分析县域能源消费情况。分析县、乡、村的能耗、能效、能源结构、节能目标及指标数据，开展聚类分析，为县级政府能源管理部门开展能源规划、经济分析、宏观决策提供数据依据。三是开发县域经济发展电力指数。构建大数据模型，利用电力消费、清洁能源接入等电力数据，设计电气化指数、县域经济发展指数、碳排放指数等指标，利用能源数据在现代产业发展、美好乡村建设、居民品质生活等方面进行量化综合评价，量化展示每个县城、乡镇、农村的发展潜力和短板，为政府评估绿色发展要求落实情况提供决策依据。

2. 推广“网上国网”，挖掘客户能效提升潜力

依托“网上国网能效e助手”，对外开展居民客户和大客户用能监测和能效对比，为客户提供能效账单等免费公共服务产品，挖掘能效市场服务需求。每月自动生成电能能效账，显示客户电量、电费、负荷、峰谷电量电费、力调电费、变压器损耗和负载等基础数据，为客户开展用能优化和了解自身节能潜力提供基础数据。截至2020年年底，所有居民均能通过“网上国网”查询电能账单，县域高压客户电能能效账单推送数量1.26万次，高压客户电能能效账单覆盖率92.02%。

3. 提供“供电+”能效服务，提升客户能源利用效率

国网安徽营销服务中心依托线上服务平台，提供线上、线下一体化能效诊断服务，以“供电+”能效服务模式，发掘客户能效提升潜力，引导大客户高效用能。一是针对高潜力客户提供“一对一”能效服务。通过能源服务平台、营销业务应用系统、用电信息采集系统收集用电大客户的基础用电信息，对客户峰平谷电量、平均电价、电费构成、负荷率、功率因数进行基础分析，形成电能基础分析报告。由供电所能效经理在开展日常供电服务的同时，对潜力客户实施“一对一”电能基础分析报告解读，记录客户意见，深入掌握客户需求。二是针对意向客户开展综合能效诊断服务。针对意向客户，能效经理结合业扩受理、现场勘查、用电巡查、用能普查等供电业务，同步采录客户能效基础档案、用能设备资产、能源消费和能效服务需求等4类信息，利用用能模型库、能效对标库和策略诊断库，设计形成综合能效诊断报告，从电量电费分析、变压器利用率、行业对标、分系统电量分析等12个方面分析客户用能存在的问题，并提供上门服务，面对面向客户解读，提供能效提升改造方案。三是提供具有县域特点的综合能源服务。根据不同区域的综合用能需求，实施园区能源托管、村域综合能源服务打包托管、设备代维、合同能源管理等商业模式，全面提升用能效率。

（四）实施电能替代，推进县域能源消费电气化

1. 强化智能融合，推动农业生产电气化

推动客户部署温度、湿度等感知环境参数的物联设备，通过能源管理平台实时监测和采集量测数据，实现农业生产信息全面采集、能源消耗远程管控，助力现代农业的发展。一是在大型粮食集中生产区域，推广农田机井电排灌、农业大棚电保温、电动喷淋等成熟电气化技术，对产业化农业大棚进行电气化改造，建设高配型连栋拱棚，安装内外遮阳、湿帘风机降温、侧翻窗通风等系统。二是在畜牧饲养喂食、清粪、除菌、集蛋等环节，推广电孵化、热泵等技术。三是在农耕用电、临时用电领域开发智能电能表扫码共享用电APP应用，客户通过智能手机“扫一扫”即可用电，实现“即扫即用，用完结费，安全可靠”，简化客户用电手续，保证用电安全，有效解决农业排灌、临时集市等乡村公共性、流动性

用电难题，改善用能服务体验。

2. 推动产业发展，促进县域产业电气化

结合安徽省县域区域产业特色，针对工业园区、食品加工、农村电商、乡村旅游、水上运输等的需求，提供农产品深加工、全电景区、全电民宿、港口岸电、冷链物流等企业级能效服务产品，打造多能互补、智慧互联、清洁利用的用能样板，降低县域产业企业用能成本。一是研发基于"分布式光伏+空气源热泵"的移动式共享电动烘干机，实施"以电代煤"，推广电锅炉、电窑炉等电能替代产品，应用电烘干、电炒茶、电烤烟农产品深加工的电气化技术，促进特色产业向节能减排、低碳清洁型发展。推广利用清洁能源的农产品储藏冷库，服务农村电商、仓储保鲜、冷链物流等县域经济新业态，助力特色农产品出村进城。二是推广旅游电气化，建设全电景区，推广建设集住宿、餐饮、休闲、娱乐于一体的全电民宿，实现重点县级旅游区智电民宿全覆盖。三是在港口、垃圾转运站、污水处理厂、县域医院和企业实施电气化改造，推动港口、码头实施岸电改造，减少环境污染，提高能源供应可靠性，提升用能效率。

3. 聚焦绿色生活，推进生活消费电气化

倡导绿色低碳生活方式，大力推进县域城乡居民生活电气化。一是推广绿色出行。结合县域出行特点，在县城、乡镇卫生院、汽车站、景区等人员流动性较大区域以及商贸、邮政、供销、运输等物流基地，开展公共充电网络规划布点，提供预约充电、共享充电桩等服务，促进电动汽车、电动物流车、电动三轮车、电动船等绿色交通工具发展，满足居民出行充电需求。二是推广全电厨房。引导广大居民，特别是引导农户逐步改变厨炊用能习惯，采用电磁炉、电炒锅等电能设备替代传统炉灶，通过传感器等设备进行环境监测，节能减碳，改善环境卫生。三是推广供暖供热电气化。推动公共机构、工业企业、商业化楼宇、家庭电开展采暖和电制冷改造，减少化学能源使用，推动能源利用类型升级，减少碳排放。四是建设智能路灯。建设整合监控、摄像头、5G 微基站、安全警报等硬件合一的 5G 智能路灯杆，通过信息感知和大数据交互技术，实现人流监测、安防监控、一键报警、信息广播发布、环境监测等功能，全面提高居民生活质量。

（五）应用信息技术，推动城乡供电服务同质化

1. 实施电网升级，推进县域电网发展现代化

一是实施精准规划，打造坚强可靠县域电网。聚焦县城、乡镇和农村中低压配电网中存在的问题，一方面，运用智能化规划工具和大数据技术，实现规划自动生成和设计自动校验，对接新能源接入、电动汽车、储能等新技术，从源头上精准开展电网规划，提升电网柔性接入能力，实现清洁电源的灵活接入，切实做到"建设美好乡村，电力规划先行"；另一方面，组织柔性规划团队，按照县城、乡镇、园区、农村 4 种区域类型确定电网建设技术原则、方法和典型设计模式，制定毛坦厂镇等 14 类村镇电网规划模板，开展村镇电网规划设计评比，邀请专家评比打分，打造典型样板工程，通过优化规划将综合造价、线损率分别平均降低 15%、1.5%。二是开展差异化改造，建设高适应性县域电网。开展县域电网诊断，精准识别电网存在的问题，结合不同地区经济发展水平、用户性质和环境要求等因素，科学确定改造标准，打造高适应性县域电网。一方面对新规划建设的村庄，整村、整线、高低压同步一次改造到位，满足 5 年以上负荷增长需求；另一方面对被纳入改造的村庄，结合村庄人居环境改善，优先开展配变布点、线路改造。三是应用物联网技术，建设智能互动县域电网。在电网建设、改造时，运用"大云物移智链"技术，对配电变压器、低压柜、低压客户侧设备开展配套的物联网建设，加快实现智能电表全覆盖，推进县域电网配电自动化建设，夯实供电服务网络化、智能化的基础，实现电网设备状态的实时监控、感知、控制，有效满足产业园区、观光农业、生态农业、工厂化农业等新业态的互动化用电需求，提高电能质量智能监测、客户能效管理、绿电实时消纳等互动化服务能力。

2. 推广网上服务，提升供电服务水平

一是推广网上服务。通过线上引流和线下供电所引流同步开展的方法，大力推行“网上国网”APP、微信公众号等多种线上办电渠道，实现办电业务全部线上处理，实现“客户一次不用跑，亲属异地办业务”。针对高压客户报装，加强政企协同，通过贯通政务服务平台与电力信息系统，实现供电企业“一窗受理”和在线推送各相关行政部门联合审批功能，简化办电手续，促进服务效率和服务质量“双提升”。二是实施“阳光业扩”。针对农村地区现场办电路途远、时间长、材料准备不充分等问题，通过电话咨询、政府窗口“一网通办”、上门服务发放线上业务手册等方法，推动客户线上办电，精简流程环节，减少办电时间和资金成本。将高、低压办电环节分别精减至4个和3个以内，推广典型设计和标准化物料，2021年年底前100千瓦及以下小微企业全过程办电时间控制在20个工作日内，用电报装实现“零投资”。三是建立政企联动服务模式。推动乡镇政府、街道、村委将供电服务纳入政府政务服务管理体系，将用电安全治理纳入政府治安综合治理工作，促请地方政府加强县域地区漏电保护器管理，提升用电安全管理水平。

3. 落实清费政策，降低居民用电成本

一是开展农业电价政策梳理，落实销售电价分类执行说明，严格执行农业生产电价政策。二是实施转供电费码，杜绝转供电加价行为。依托“网上国网”APP转供电终端用户电费申报平台，设计开发了“转供电费码”，实现惠企电价政策“码上明”。通过线下检查、营业厅告示、电费账单寄送，线上短信通知、微信公众号、网上APP等多种方式广泛宣传和推广，指导乡镇企业和居民申领转供电费码，杜绝转供电价格违法行为。三是贯彻落实“低保户”“五保户”免费电量政策，确保应享尽享、应减必减，保障困难群体的基本用电。

4. 加强供电所建设，提升前端服务能力

一是提供网格化服务。根据县域行政区划调整和乡村形态变化，因地制宜优化乡镇供电所、电力驿站等服务网络布局，构建网格化服务的管理模式。以歙县深渡镇“绿新安、电护航”乡村电气化示范区建设为例，建设了电力驿站，24小时全天候提供供电服务，开展现代电力服务科普、零碳生活体验以及特色产品营销推广。二是培养“一专多能”服务人才。加强供电所人员业务技能培训，通过班组对标、劳动竞赛、班组微讲堂等方式提升员工技能水平和服务能力，培养“一专多能”的高素质供电服务队伍。三是实施供电所数字化转型。构建工单驱动业务的配网运维管控模式，推动供电所业务管理向“业务工单化、工单价值化、价值绩效化”的数字化管理模式转变，实现线上线下高效协作，为高质量的供电服务提供坚强保障。

三、供电企业以绿色发展为导向的县域清洁能源服务管理的效果

（一）促进了节能降耗各项要求的落地

一是光伏扶贫助力“阳光增收”。在全国首创光伏扶贫“金寨模式”，全国100多个县前来参观学习，产生了巨大影响，树立了公司品牌，累计完成全省242.3万千瓦光伏扶贫电站并网工作，惠及46.9万户农户，并网数量和容量居全国前列。二是助力生态环境更加美好。在生产方面、产业方面、生活方面实施电气化改造，县域地区共计新增用电容量约13.7万千瓦，年用电量由2019年的不足185亿千瓦·时，增长到2020年的198亿千瓦·时。经测算，年节约标煤3.2亿吨，年减排二氧化碳8.64亿吨、碳粉尘0.64亿吨。三是推动节能减排。聚焦“粮药茶烟”农业4大领域，持续扩大电能替代规模，2020年完成1000个大棚电能替代改造，规模以上企业电制烟茶粮药、煤改电增加890家，年增加电量5.4亿千瓦·时，粮食电烘干覆盖率达到60%。2020年全年县域地区电能替代电量达到18.9亿千瓦·时，同比增长83%。打造了凤阳县小岗村等一批电气化示范村，完成了19个全电景区的升级。

（二）优化了县域能源供给结构，提高了能源使用效率

一是极大提升电气化程度，助力经济社会发展。大力推动农业生产及消费领域电气化改造，2020年电能消费占比较2019年提高了0.9%，提升到18.3%，替代电量达到3.2亿千瓦·时，增加产值5.6亿元。二是分布式光伏得到迅速发展，促进用能清洁化。通过光伏云平台，安徽省光伏扶贫补助资金结算流程用时缩短30%，人工审核工作量减少40%，用户发电量、扶贫资金查询用时实现实时查看。截至2021年7月，全省农村（县域及以下）分布式光伏客户14.5万户，发电容量265万千瓦。接入客户内部电网的1.2万户，接入公网的13.3万户。2021年累计发电量13.24亿千瓦·时，月平均发电量1.9亿千瓦·时。三是用能效率持续提升，降低能效水平。安徽省县域产业能耗水平持续下降，2020年县域地区生产总值能耗下降4.5%以上，家庭实现新增家电产品80万台，新增电器设备总功率超过30万千瓦，居民生活电气化程度持续提升。

（三）促进了企业战略的实施和经济效益的提升

一是持续优化供电能力。2015年到2019年年底，累计投入资金213.2亿元改造升级31个贫困县配电网，完成了皖北8.2万眼机井通电和9680个中心村电网改造任务。2019年12月，安徽省1477个贫困村电网改造项目全部竣工，解决了1685个自然村不通动力电或动力电不足的问题。全省农村配变户均容量达2.58千伏安，超过国家“十三五”规划目标。二是提升县域客户满意度。县域地区用户年平均停电时间缩减至5.25个小时，平均抢修恢复时长缩减至60分钟以内，停电用户数下降39.41%，供电可靠性提升至99.94%，电压合格率达99.97%，故障工单同比下降21.5%，“获得电力”满意度持续提升。三是增加综合能源服务营收。随着电气化生产设施广泛使用，县域地区综合能源服务合同数量及金额快速增加，2020年全省增加电能粮食烘干设施240套、烘干能力231万吨/年，替代电量4000万千瓦·时，替代燃煤锅炉600台，年增替代电量1亿千瓦·时。2020年县域综合能源营收达到1.14亿元。以小岗村为例，实现市区公交充电站全覆盖和相关业务代建代维，建成7个场站，年增营收约600万元。

（成果创造人：陈兆庆、张　波、潘　静、吕　斌、陈晓亮、唐　亮、
齐红涛、刘辉舟、魏　薇、王子韵、赵　骞、王克峰）

电信运营商互联网数据中心的绿色智能运维管理

中国移动通信集团浙江有限公司宁波分公司

中国移动通信集团浙江有限公司宁波分公司（以下简称宁波移动）主要经营移动话音、数据、宽带、IP 电话和多媒体业务，并具有计算机互联网国际联网单位经营权和国际出入口经营权，是目前浙江省内客户规模领先、网络规模领先、综合价值领先的通信和信息运营商。宁波移动拥有移动通信客户超 1000 万户，固定互联网接入客户超 230 万户，物联网客户超 1300 万户。在互联网数据中心（IDC）业务方面，宁波移动在多地建设数据中心资源储备，建立了在全省最优集团中名列前茅的钻石五星级数据中心，具有华东 3 毫秒超短延时圈的全省首例国际优化链路。

一、电信运营商互联网数据中心的绿色智能运维管理的背景

（一）顺应全球绿色低碳可持续发展的必然选择

全球能源危机、气候变暖引发的能源问题越来越受到各国的重视。互联网数据中心本身就是一个巨大的耗能中心，是一个碳排放大户，同样存在节能和绿色建设问题。随着气候变暖，控制碳排放逐渐被提上日程，多国发布的数据中心相关政策均以绿色发展为主题。国际互联网科技巨头大都承诺着力优化运营管理，持续推进数据中心降低碳排放。在我国，国家部委和地方政府纷纷出台一系列政策共同推进数据中心绿色发展。在国家战略的引领下，我国数据中心能效水平不断提高，部分优秀绿色数据中心案例已全球领先。因此，如何使数据中心既可以可靠地支撑业务运行，高效地处理数据，又能达到绿色节能的持续目标，是宁波移动建设新型数据中心值得探讨的重要课题，也是顺应全球绿色低碳可持续发展的必然选择。

（二）促进国家数字经济蓬勃发展的强大动力

在国家产业政策的引导和地方政府的扶持下，国内数据中心市场进入高速发展期，行业竞争日趋激励。宁波以“产业大脑 + 未来工厂”为核心，聚焦工业互联网、数字贸易、数字港航等引领型场景应用，正全力打造全面连接要素、产业链、价值链的数字经济体系。宁波移动数据中心的发展有效推进了宁波数字经济发展，但随着越来越多数据中心的投产运行，数据中心的环境污染和资源浪费问题逐渐受到社会的关注。推动数据中心绿色可持续发展，强化数字基础设施的绿色低碳导向，规划数字基础设施从设计、建设到投产运营的全生命周期节能减排路线图；利用人工智能等技术更加有效地采集数字基础设施建设的能耗和排放数据，建立绿色发展管理数据系统，实现智能化管理；加强对基础设施资源的整合调度，推动老旧基础设施转型升级，以绿色金融赋能数字化和绿色化发展深度融合，进一步激发数字经济的赋能作用，推动宁波移动数据中心的绿色低碳发展，是数字经济时代促进国家数字经济蓬勃发展的强大动力。

（三）提升企业绿色竞争力的客观要求

发展绿色通信，助推低碳经济，既是通信企业应对气候变化的必然选择，也是其实现可持续发展的重大举措。中国移动一直致力于绿色环保型的社会建设，努力实现企业与社会的和谐发展。从企业利益最大化出发，大型数据中心的电力消耗相当惊人，能源效率普遍低下，能源浪费巨大，大幅压缩了企业的利润空间，绿色节能自然而然成为当前和未来数据中心建设的一个主流需求。在外界环境压力和内部利益驱动的共同作用下，积极建设绿色节能的互联网数据中心，不仅符合企业核心价值观，切实履行其社会责任，降低企业成本，满足企业发展需求，提升企业绿色竞争力，是实现企业经济、生态和社会效

益有机统一的关键因素，还紧靠国家2020年提出的“碳达峰、碳中和”的战略目标，对推动加快我国绿色经济复苏和高质量发展，保护地球生态、推进应对气候变化的国际合作具有重要意义。

二、电信运营商互联网数据中心的绿色智能运维管理的主要做法

（一）确立指导思想，制定绿色智能运维管理战略

宁波移动始终紧紧围绕新的历史使命，以奋斗姿态、铁军作风，努力当好网络强国、数字中国、智慧社会的主力军。深入贯彻企业数字化转型、产业赋能提升和节能减排工作持续推进已经成为宁波移动当前最高企业战略方针。在此战略方针下，宁波移动自上而下从建设、运行、维护、管理等维度来规划和设计具备绿色智能运维能力的互联网数据中心，打造节能减排、绿色运行、智能运维的全场景、全生命周期建设与运营体系。

在企业转型创收和降本增效的背景下，宁波移动以提升互联网数据中心绿色运维管理能力为突破重点，运用“绿色化、低成本、低碳化”节能运维的模式，同时结合宁波移动数据中心自身优良的数字化智能化能力，打造全国标杆数智化绿色互联网数据中心，充分发挥行业示范效用，树立移动公司信息化专家品牌，并通过构建绿色智能运维管理模式，快速推动互联网数据中心绿色转型发展。宁波移动互联网数据中心本着为客户提供一体化解决方案的运维思路，将互联网数据中心本身优势进行充分深挖，最大可能减少原本高能耗的劣势，以“绿色节能、智能运维、降本增效”为目标进行企业管理创新思维发散，为构建“绿色化、信息化、自动化、高效性、集约型、安全性”的现代化互联网数据中心而持续努力。

（二）改变组织结构，实现数字化园区管理分段

1. 成立联合运营团队，落实分段式管理

在公司领导高度重视和推动下，宁波移动凭借多年丰富的互联网数据中心行业经验，构建了“基础服务 + 增值服务 + 专项服务”的多层次、全方位孵化服务生态体系。面向改革需要，宁波移动打破传统组织架构和人员配置模式，从基础建设、现场运维、能力创新、客户协调等方面进行了整体统筹提升，有效强化了绿色运维能力，促进客户需求和机房节能供需平衡，打造一体化绿色运维方案。宁波移动从政企部、网络部抽调精兵强将，形成以一线业务创新人员、技能人才为骨干的一体化虚拟团队，以“行高效，创降本、行绿色、创节能”为引导，积极投身数据中心运维管理的转型升级工作中，确保在给客户带来“全天候无延迟”专业运营支撑的同时，实现公司营收降本增效、绿色节能运维的目的。

政企部为客户提供售前方案，跟踪分析客户的市场发展、业务推广、服务需求、节能需求等情况，提出应对、改进、提高等措施；网络部提供专业的技术团队对数据中心进行网络维护、故障应急响应等售后支撑工作，以及数据中心全维度的建设、部署，并制定数据中心机房发展规划；工程部为数据中心的基础设施含节能专用设备安装维修提供保障。宁波移动通过多部门联动为客户提供优质便捷的专业支撑，确保客户业务的持续性。

数据中心所在园区，在传统意义上为数据中心提供基础设施安防、监控、消防等综合基础保障，并不负责具体的机房内运维工作，存在一定程度上的管理脱节。宁波移动考虑到这种普遍情况，转化管理思路，将园区进行机房内外职能分片，将绿色节能职责进行分段式细化，把节能工作精细到每个管理网格，同时在新设立虚拟团队的基础上，在园区设立的专门的运维室与原有组织架构进行属地化联动延伸管理，落实涵盖供电、空调、网络、巡检等全流程现场管理职责。从传统的烟囱式管理，在数据中心园区形成统一职能集合，告别传统的职能扁平化管理，大幅提升数据中心管理效率。

2. 构建数字化园区，实现机柜能耗建模

互联网数据中心管理作为宁波移动企业管理的重要一环，同样是宁波移动众多基础设施中一个最耗能的节点，在满足入驻客户各种途径的7×24小时不间断服务需求的同时，必须时刻考虑优化数据中心

的绿色运维布局。传统数据中心布局一般都是粗犷式利用资源，缺乏对资源的精细化部署。宁波移动提前对客户模型进行预估和调研，通过“化实为虚”的手段，对整体园区的近 2 万个机柜资源及 15T 出口带宽资源进行采集归类数字化建模。通过数字建模分析等数字化手段，将数据中心以机房为单位进行动态分区管理，将客户业务模型分为三大类：一般客户、集群客户和高功率机柜需求客户，针对不同的客户模型进行分区域部署管理，实现区域化精准化调控目标。就一般客户而言，此类客户存在 IT 设备能耗低、业务量整体运行稳定、制冷整体要求不高的情况。对于该类客户需确保 IT 设备在总体的用电量方面保持不变，采取切实措施促进配套基础设施总用电量的降低。对单机柜使用功耗低的客户进行区域性制冷策略调整，即在满足客户既定温度区间的情况下，实现制冷量的最小供给。

集群客户一般涉及中大规模的业务部署，业务所在区域有机柜连续、业务相对集中、整体业务量大、业务稳定性要求高、功耗均值高的明显特征。宁波移动对此类集群性运行的客户进行集中化管理，数据中心开辟最优制冷区域进行供冷，以封闭冷通道形式，结合先进的水冷系统，实现制冷效果最大化，合理的规划布局可有效满足客户大集群设备稳定运行的要求。

随着超级计算业务的兴起，大量超高运行功率的设备入驻机房，这样就对机房制冷及能耗管理提出了更高的要求。对于此类特定客户，宁波移动数据中心提前划定区域进行局部定制化改造，对此类机柜进行点对点专属供冷，满足客户机柜的精确制冷需求。

宁波移动通过数字化孪生建模分析，区分了传统数据中心单一的业务模型需求，将当前形势下的新型数据中心三种业务模型进行机房分区管理，以提升机房整体绿色运维布局能力。通过网格化管理和集中式布局，宁波移动构建的数字化园区将绿色运维化整为零，实现基础规划、扩容建设、智能运维的一体化绿色节能，进一步提升宁波移动的专业形象。

（三）推动供冷效能提升，完善数据中心立体化节能体系

宁波移动在科学分析机房供冷运维流程的基础上，以绿色节能为指导，从节能减排的对象、进程和方法三个维度立体化推进节能减排工作。其中，对象包括制冷系统、送风系统两大子系统；重点是优化布局和提高能效，实现效益、能耗的边际效益最大化。进程包括规划、设计、部署、改造等环节，通过各环节优化与全流程优化相结合，实现业务运行和节能减排的整体降耗。方法是以公司战略规划为统领，以科技创新为先导，以系统优化为重点，以精细管理为支撑，以基础建设为保障，积极发展绿色经济，构建立体节能体系，实现集约发展、可持续发展。

宁波移动在早期规划时，就已经将数据中心供冷设备管理纳入需要重点关注的设计环节。宁波地处江南，雨水及潮湿因素是进行制冷系统规划建设的首要因素，结合当地气候对机房整体结构性、气密性、保温性进行规划，保证物理环境上的保温防潮，并保证送风系统的持续稳定，实现建筑的主动式节能。同时，江南地区水资源丰富，冬季室外气温相对北方地区较高，且常年在 0℃以上，采用水冷空调供冷既符合因地制宜的数据中心设计思路，又比传统的风冷空调更为节能，适合大规模集中化部署。

面对近 2 万个机柜供冷的集群化管理，对任何一家运营商来说都是一个巨大挑战，无时无刻不在挑战企业管理全局的能力，宁波移动将传统空调系统进行智能化动态调控分割，将封闭冷通道机柜和智能背板空调结合，双管齐下打出节能组合拳，实现单机柜级别的精准调控。对前期已经部署的传统空调系统，宁波移动不是一味地拆除改建，而是通过技改，让它们焕发新活力。通过加设更密集的传感器和串口，实现各空调之间的数据互联，提升整体协作能力。通过及时采集温湿度信息，智能调度空调系统综合评估后进行动态调控，实现区域性制冷智能化调度。甚至对部分有条件的机柜进行封闭冷通道加装，并控制机房气流组织，使空调冷气相对密闭在局部区域内，通过设备自身散热风扇进行空气流动和热交换，及时带走设备产生的热量，实现高效制冷循环。截至 2021 年 9 月，宁波移动已经完成 5 套传统空调系统的改造，30 个冷通道的封闭化改建，涉及机柜 3000 余个。

对于2020年后新建的机室，宁波移动同样进行了前瞻性思考，总结传统数据中心空调系统制冷比低、噪声大、不利于后期改造等诸多问题。当下新型基础建设的热潮，已经是全社会开展技术和应用创新的共性需求，宁波移动势必要为转型成新一代高密度数据中心打好坚实基础，才能进一步服务社会、服务客户。引入制冷效能高、噪声小的新型制冷技术，符合宁波移动倡导的绿色节能思路。通过引入更先进的背板空调技术，实现更智能更精准的制冷，真正实现单机柜级别的精准控制。与传统数据中心精密空调比较，背板空调技术有诸多长处，背板空调的冷却盘管更贴近热源，机柜内设备排风口的温度更高，这为大幅提高冷冻水供、回水温度提供给条件，进而使得外部冷却塔供冷的运用时间增加；背板空调一对一的制冷机制，具备快速调节能力，消除了局部热点产生，可大幅降低数据中心机房的空调能耗，比其他空调更节能。另外，背板空调的引入，模糊了传统数据中心冷热通道需要“面对面”“背对背”的部署格局，同时可减少机房传统精密空调部署，降低静电地板层高，为寸土寸金的数据中心腾挪出更多的空间资源，以追求更高的能耗边际效益。

（四）高可靠配套促发展，夯实精细化管理基础

宁波移动引入“高压直流+市电”组合供电和智能灯光节能控制技术，提升数据中心数字化底座的基础配套能力，保证数据中心的业务连续性及数据安全性。

宁波移动通过对能源效率指标值（PUE）的逐项分解、归类，对数据中心重点耗能的两部分（配套基础设施总用电量与IT设备总用电量）进行分析研判。其中，对配套基础设施总用电量而言，除上文提到的空调系统占较大比重外，尚可划分为两大块内容，即电源系统总用电量和照明系统总用电量。在互联网数据中心总能耗中，电源系统的能耗占比为12%左右，而照明系统的能耗占比为3%左右。电源系统可靠性直接影响了设备运行和设备寿命，照明系统的可靠性直接影响了维护效率和客户感知，宁波移动要在保证两大系统可靠性的同时，考虑其可拓展的节能属性，必须要打破制约创新的传统范式和路径依赖，让“又好用，还省钱”的方案和技术帮助提升配套设施的绿色节能运维能力。

传统的数据中心大都通过UPS来实现供电保护，通常所有IT负载都要经过UPS进行取电，若实际运行UPS的平均效率为90%，那么经过UPS环节就白白损耗了10%，UPS散发的热量还需要额外的空调带走，不符合新型绿色数据中心极致节能的目的。同时，从系统稳定性角度考虑，UPS系统作为动环系统重要节点，元器件寿命普遍不长，存在一定运行风险，所以传统数据中心的UPS供电方案存在可靠性不太高、运维节点多、投资大等缺点，且改造提升空间有限。而引入高压直流系统供电，无须建设专用UPS室，有节省机房空间、分布式供电影响范围小、故障解决快等诸多优点。随着数据中心技术发展及降低运营成本和节能减排需求，高压直流技术在节能降耗、投资成本、可靠性及运维便捷性等方面较传统的UPS供电都有明显优势。宁波移动数据中心逐渐转变传统动环系统的供电思路，采用高压直流供电模式进行能耗管理提升，并创新性地引入成本更低、运维效率更高的一路市电一路高压直流供电方案实现高可靠运维。引入并部署后，宁波移动通过一年多的运维总结，利用该方案明显提升了供电系统运维的便捷性，提高了节能效率。

宁波移动区分业务机房楼层、高低压配套楼层、水冷空调楼层和传输机房楼层的出入规律和频度，在建设初期就进行整体性的区分设计，让数据中心的照明系统更加合理、高效和节能，使其既能达到照明目的，也可降低更多能耗。对比传统的数据中心，宁波移动引入新型照明系统后，把传统的开关进行智能化改造，将机柜间用户操作区和机房内走道等工作区域改造为基于感应模式的LED节能灯照明模式，做到人来灯亮、人走灯灭；对于机楼走廊等非常驻场景，则采用声控灯光模式，随着脚步声点亮所需照亮的区域；对于高压低配、水冷空调和传输机房等出入频次较低且限定专业人员进出的机房，采用插卡取电模式进行照明。在节能的同时，实现了区域性管理，提升了操作的便捷性，给予客户智能化现代化机房的良好感知。

（五）丰富创新管理手段，赋能数据中心数智化运维

宁波移动始终坚持“以为人服务为核，以绿色运维为芯，以数智化为骨”的宗旨，提升运维管理效率，对每个员工进行数智化赋能。宁波移动开发的移动 OA 应用实现从电脑到手机的全流程移植，将所有常见功能嵌套其中，涵盖综合办公、人财物管理、业务管理、员工服务等功能，免去了无谓的纸质流转、盖章签字等流程，在提升企业运维能效的同时兼顾移动性和安全性，让每个运维流程都实现数智化赋能，体现宁波移动始终贯彻的“绿色节能、高效运维”的管理宗旨和目标。

宁波移动数据中心目前服务了包括腾讯、阿里、吉利等 300 余家大中小型企业，对于入驻企业的运维服务精益求精，在数智化服务的转型上不断创新。考虑到越来越多中小型企业数据中心托管需求强烈、海量客户服务邮件电话沟通效率低、大量离岸客户现场运维困难等情况，宁波移动研究如何高效受理并落实客户需求。从 2019 年开始，宁波移动基于微信公众号进行深度开发，对入驻客户进行功能授权，对已认证的客户实现出入智能化审批管理，提前预知客户出入频次，减少不必要的机房出入，减少机房冷风逸散。同时添加重启设备、更换硬件等常见服务内容选项，一键完成对应设备授权操作，通过智能后台直达现场人员，由其实施维护。这种将传统数据中心沟通模式进行数智化赋能的方式，直接提升了数智化服务效率。

宁波移动为进一步提升数据中心数智化业务运维能力，通过全机房部署温度湿度采集、电量采集、视频监控、串口联动等技术手段，进行全维度、智能化、系统化整合，实现集客户参观、机房监控、机房能耗于一体的直观三维可视化能力。该平台以 3D 可视化方式高精度呈现园区内和机房内环境场景，并以开放的数据接口与现有各类设备信息管理系统进行数据对接，从而实现园内电子地图展现、园区可用资源状况、各类设备能耗信息管理的真实数据虚拟化展现，给数据中心管理带来最直接、最方便的监控和能耗运行体验。平台启用后，满足了客户通过平台远程查看客户所入驻的互联网数据中心详细介绍，实现机房平面动态可视化、设备资产可视化、动力环境监控可视化、配线可视化，统计与查询、能耗监控等一系列运维需求。直观的可视化平台界面，将虚拟信息与真实世界融合，实现虚拟信息真实互动，各环境资源集中式智能运维管理，不仅打造了贯通数据感知、传输、存储、运算等各环节的新型一体化服务体系，强化了数据中心的智能运行能力和综合维护能力，还提供了可灵活调用的“能力即服务”，提升了客户对宁波移动互联网数据中心的数智化服务感知，降低了数据中心的宣传推广成本。

三、电信运营商互联网数据中心的绿色智能运维管理的效果

（一）实现数据中心的绿色智能运维

宁波移动互联网数据中心多维度的电信运营数据中心绿色智能运维，使机房能源效率指标从传统数据中心 1.8 降到设计值 1.5 以下，2020 年下半年平均 PUE 甚至低至 1.33，远低于全省水平，有效降低互联网数据中心运行能耗 30% 以上，极大提高互联网数据中心管理能力，减少人力投入，使数据中心运维效率提升 40%，实现数据中心基础设施的高效融合、信息自动化与架构创新，探索出绿色节能、敏捷部署、智能运维的新范本。

（二）增强企业可持续发展能力

数据中心通过数字化园区、数智化运维，为公司带来的直接经济效益超过 950 万元，并进一步产生可持续性收入。基于数字孪生的可视化管理平台极大提高了互联网数据中心运维管理效率，已经为公司节省运维成本 750 万元，节省 100 万元的宣传推广费；运维服务微信公众号是面向客户的智能管理平台，实时的线上支撑极大地提高了故障处理及时率，实现无纸化运维，同时减少数据中心频繁无序出入，节约公司 100 万元的人工维护成本；通过制度创新组建的“一点接入，全面响应”的一体化绿色运维团队，也给公司带来极大的间接经济效益，增强企业可持续发展能力。

（三）促进地方数字经济发展

宁波移动通过绿色智能运维管理行动，大大降低企业运行成本，直接增加公司经营利润，更适合本地中小型企业。宁波移动数据中心目前服务了包括腾讯、阿里、吉利等300余家大中小型企业。从最新一期的全省数据中心入驻企业满意度调研情况来看，宁波移动依旧保持着全省遥遥领先的位置。更加绿色节能智能的宁波移动互联网数据中心为宁波数字经济不断开拓新蓝海，在新发展阶段注入了更多信心与动能，既跑出了数字经济发展的加速度，也提升了区域绿色发展的新高度，为推动数字经济发展擘画了蓝图。

（成果创造人：徐孟强、汪 泳、谢岳通、任 锋、陈立芳、章栋炯、吴子林、邵莺莺）

供电企业助力乡村振兴的农村配网精准管理

国网河南省电力公司周口供电公司

国网河南省电力公司周口供电公司（以下简称国网周口供电公司）成立于1972年1月，是国网河南省电力公司（以下简称河南电力）的国家大型供电企业，担负着全市11个县（市、区）的电网规划建设和供电任务，供电面积1.2万平方千米，供电营业户数414.4万户，服务人口约902.6万人。随着青豫直流及其配套工程的落地，周口电网从典型的末端电网变为豫东、豫南电网联网的重要输电通道，通过7条500千伏线路与省网相连。

一、供电企业助力乡村振兴的农村配网精准管理的背景

（一）服务农村建设发展、践行央企社会责任的客观需要

周口是传统农业大市，乡村人口数量占总人口数的57.42%，农村配电网体量占总体配电网的80%左右。随着新农村建设及一系列惠农政策的实施，农村已经进入新的发展阶段，由单一的粮食生产转向多元化的农业产业化发展，高效农业的兴起使农业经济规模不断扩大，但农电服务却在管理上、技术上难以适应农村建设的发展需求。供电企业需要加强农村配电网的精准治理，改造升级农村电网，提高农村供电服务水平，推广电能替代技术，推动特色用能项目建设，推广新型用电产品，推动农村基础设施提档升级，不断增强农村用电保障能力。

（二）加强配网精准治理、提升供电保障能力的必然选择

近年来，农村基础设施薄弱、供电可靠率低、电能质量差的问题逐渐显现，而与主网架相比，配电网管理普遍存在网络复杂、线路无序联络、结构不清晰，部分线路负荷分布不均匀，局部地区配电网结构薄弱、负荷转供能力不强，线路联络率及“N－1”通过率有待提高等问题，运维体系也存在检修抢修效率低下、停电计划管理混乱等尚需优化改善等痛点，这些问题都是制约供电可靠性的关键因素，也是低供电可靠性的外在表现。这就要求国网周口供电公司深刻理解、牢牢把握“乡村振兴，电力先行”发展理念，改善薄弱环节，加快推动配电网管理模式升级，加强配电网精准治理，这是持续提升配电网安全可靠运行水平，确保安全生产持续平稳，加快电网本质提升的必然要求。

（三）强化数据智能研判、解决供电质量痛点的关键抓手

周口电网由于地域、经济等原因，存在配电网运维实时数据综合应用水平不高，农村配电网故障查找、研判手段不足，抢修过程管控及资源统筹调配能力不高等问题，频繁停电问题突出，供电安全可靠形势严重影响居民生产生活和客户的用电获得感；随着设备规模的愈发壮大，以及由设备愈加精细带来的愈加复杂的技术问题，配网管理仅依靠传统的人工确认、事后补录的方式难以满足实际需要，需要信息化支撑来推动配网运维管理方式的转变。同时，由于配网精细化管理涉及的专业多、技术广，在管理的标准程度和精益水平上仍旧存在较大的提升空间。技术和管理的双重“卡脖子”，限制了周口配电网可靠性和安全水平的进一步提升。因此，开展基于配电网的“精准治理”管理体系的构建与实施，是提升专业优质服务水平的重要措施，更是提升公司的品牌形象和发展实力、履行供电安全可靠义务和责任的重要抓手。

二、供电企业助力乡村振兴的农村配网精准管理的主要做法

（一）构建“精准治理”组织体系，统筹规划配网治理行动

1. 构建“一四四”指挥机构，统一指挥，统筹全过程管理

“一四四”配电“精准治理”指挥机构，由一个指挥部，下辖四个工作小组和四个专业小组组成，

全面覆盖专项治理工作，负责工作方案的统筹规划与统一指挥。一个指挥部是“精准治理”指挥部；四个工作小组是“精准治理”攻坚组、宣传组、督察组和保障组；四个专业小组是运维管控专业组、计划管控专业组、工程管控专业组和服务管控专业组。

2. 建立“线路长”负责制度，落实责任，推动属地化管理

基于农村配网设备全寿命周期，设置运配电线路执行“线路长”制度，提出一线运维人员设备主人职责，完善线路主人管理机制，推动一线员工深度参与设备规划选型、物资采购、调试验收等全寿命周期管理，发挥一线运维人员设备主人作用。一是提出设备主人职责；二是强化设备主人话语权；三是完善设备主人管理机制。

3. 设置“承包制”台区经理，专业融合，推进网格化管理

基于建设低压营配业务末端融合的乡镇供电服务思路，按照职责、流程、制度、标准、考核“五位一体”的原则，根据乡镇供电所建设要求、流程变化、业务界面衔接及新型业务应用等，统筹策划台区客户代表管理、供电服务站（配电营业值班点）管理、台区线损“承包制”管理流程，建立实施农村配电“网格化”管理、服务新模式，实现“人员一岗多能、业务一岗作业、服务一次到位”，减少推诿扯皮现象，提高工作效率。台区经理是以台区为管理单元，该管理单元的台区客户代表为第一责任人，当第一责任人轮休时，由小组内第二责任人承担其工作任务和相应责任，依此类推，确保责任区人员到位，奖罚责任共担，管理不留死角。推行网格间的联合互助，对于集中检修、故障报修、高损台区专项治理、反窃电、“一清二楚三排查”等较大集体作业事项，所长或配电营业班班长统一调配各网格小组人员，派发集体作业工单，共同开展工作。

（二）开展配网数据“四步”诊断，精准分析供电影响因素

1. 制定数据选取规则，建立配网运行风险库

“精准治理”工作组、专业组协同分析地域、经济、电网等原因，选取典型农网负荷数据，开展数据提取工作。依托配电网运行监测系统、供电服务指挥系统，梳理近三年所有配电网线路数据，包括线路运行数据、线路重复停电数据、线路负载率数据及线路用户数据，从周口气象局获取近三年气象数据，排除恶劣天气导致停电的偶然性，对其辖区内重复停电次数超过七次及以上的线路进行数据提取，建立乡村配电网运行风险库，为准确把握、研判配网管理难点问题、关键问题、显性风险、隐性风险打好基础。

2. 开展数据精准治理，实现多系统数据贯通

将配网运行风险库设备数据与供电企业智能电网电控系统、用电信息采集系统、设备运维精益管理系统等主设备台账进行关联，从数据的完整性、一致性、相关性、规范性和准确性等维度，对比、辨识不良数据，实施基础数据治理，强化数据的重新审查和校验，有针对性地指导各专业开展自动化设备消缺、设备台账数据补充完善、对应关系错误纠正等工作，保证数据真实可靠，提高数据的信度和效度，保证其结果质量能够直接应用到模型效果和最终结论，为设备运行风险研判、运行管控和专业管理提供支撑。一是通过停电信息明细筛查出异常数据，用统计分析的方法识别可能的错误值或异常值，将少量错误值或异常值直接剔除；二是通过多系统排查，排除存在冲突、错误及重复的数据，剔除高度线性相关变量，减少变量冗余；三是通过定义完整性，检测不一致性数据，规范化处理数据，将冲突数据按照制定的转换规则进行统一。

3. 构建风险预测模型，诊断影响供电主因素

根据农村配电网线路的配网风险库数据，从线路主干长度、分支长度、设备年限、负载率、重过载、外力破坏、计划检修、故障停电原因及线路绝缘化率等维度，对 2020 年全年造成配电网线路停电的各项因素进行分类统计，对于发生三次及以上的重复停电线路进行特征分析，诊断配网正常供电影响因子，建立设备重复停电预测模型。一是设置权重，明确供电影响因子。根据影响因素权重计算结果，

明确主干运行年限、分支平均运行年限、分支长度、负载率四类为重复停电线路的主要影响因子。二是分层预测，明确重点管控对象。应用模型将2020年已知数据带入，对发生七次及以上重复停电概率进行预测，对发生概率60%的线路进行红色预警；对发生三至六次重复停电概率预测，对发生概率40%~59%的线路进行黄色预警；对发生概率40%的线路进行周期性监测，变配网供电被动防控为主动预防。

4. 制定综合防范措施，提高配网管理针对性

依据重复停电概率预测结果，结合各区域抢修面积、抢修时长、工单处置能力等实际因素，按照“充足、合理、高效、经济”原则，分类制定农村配网设备防停电措施，科学配置人员物资，提高抢修服务效率，切实提升供电服务质量。一是针对红色预警线路，兼顾重要用户和线路运行环境，强化实时运行状态的采集、监测，加倍巡视频率，掌控设备运行状况和健康程度，适时安排改造计划，降低设备故障发生率。二是针对黄色预警线路，依据配电设备供电用户性质的重要程度、配电设备故障引起的停电范围、配电设备在网架位置中的重要性三个维度进行评估，合理制定差异化运维策略。三是梳理40%及以上概率线路设备缺陷大类、缺陷小类、缺陷描述、检修策略，形成缺陷巡视标准化数据库，通过配电网运行方式调整和不停电作业手段，开展不停电综合检修，及时安排消缺工作。

（三）建立配网管理“四项”机制，全面提升配网管理水平

1. 建立供电预算总控机制，明确年度管控目标

依据数据“四步”诊断结果，建立全年停电时户数的预算总控机制，确定全年停电时户数目标，采取“总量控制、季度调整”的方式，按月动态调整、分解落实月度总停电和计划停电时户数控制目标，指导停电计划安排和配网运营管控。每年年初制订年度供电可靠性指标计划，根据供电可靠性指标推算年平均停电时间、计算年度停电时户数总额，根据计算结果下达年度时户数预算，并以“天”为单位分解到辖区内各供电单位，实现时户数的总额控制。一是合理统计计划停电时户数年度目标值；二是科学测算故障停电时户数年度目标值；三是分区、分时分解下达停电时户数目标值。

2. 构建“一停多用”机制，提高供电服务水平

调度中心实施“停电窗口期”管理，结合数据模型预测，做好年度、月度检修计划和周工作计划的平衡，坚持“一停多用”原则，将主配电网停电计划统筹协调、同期发布，确保月、周配电网停电计划提前七天以上发布。同时定期组织运维检修部、营销部、建设部、配电网工程管理等部门对月、周配电网停电计划进行审核，保证按时发布。严格审核设备停电必要性、停电工期及停电范围等内容，结合年度配电网设备定检预试和消缺计划，合理制订配电网设备停电计划，严格控制停电计划的执行率，强化县公司配电网停电计划管理职责的调整和履行，对能够满足带电作业要求的检修任务尽量不安排停电计划，对因施工和检修力量准备不足，造成重复停电、停电范围大、整体停电时间长的停电申请不予安排。

3. 构建频繁停电治理机制，增加配网运行时长

一是减少故障停电发生频次。在数据“四步”诊断结果的基础上，加强配电设备运行分析和闭环监督，开展配电设备运行分析和专项治理，建立“一个故障，多维度分析，先措施、后工程，闭环监督”的标准化运行专题分析机制。对所有故障停电事件，逐条分析，责任认定到设备主人和所属班组，有针对性地开展配电网设备专项整治，全面完成“一线一档”隐患治理。二是提升配电网抵御灾害能力。围绕电网设备气象风险管理新需求，以“风险准备—风险分析—风险评估—风险处置”为统一框架，拓展现有供电服务指挥平台功能，研发河南电力气象预警模块，构建电网设备气象风险指标，利用相互关联的精细化电力气象预报数据，快速分析识别电网设备气象灾害，并结合故障概率预警模型，评估设备级和系统级风险，进而确定配网设备风险处置方法。三是全面提升故障复电能力。深化供电服务指挥中心营配调多源信息融合，开展配电自动化全研判、全遥控建设应用，实现配网线路故障主动研

判、配网改造实时在线异动三个“全覆盖”，横向覆盖配网全类型故障，纵向贯穿配网故障和预警事件处置全流程，全面提升操作速度及故障快速感知、隔离和复电能力。

4. 构建配网主动运维机制，提升抢修响应速度

通过建设供电服务指挥平台，汇集设备在线监测数据、立体巡检数据、不停电检测数据，从供电可靠性、供电服务、电能质量、线损效益四个维度进行数据融合分析，制定针对性检修方案，降低设备停电时间，减少检修资源投入，实现设备效益和经济效益双提升。一是依托县公司供电服务指挥中心、供电所综合业务监控平台、移动作业终端建设应用，打通“市（县）公司—供电所—台区客户代表”的信息链，实现客户服务、低压配网运维日常业务的智能化管理、可视化监控和信息化调度，对供电服务关键指标实时监测和异常预警，直接定位并及时推送台区客户代表，做到供电服务超前分析和预判。二是组织开发设计配套应用，实现预警信息在移动端的统一推送、订阅管理和诊断参考等功能，使相关运维人员能够在第一时间得到提醒，获取预警信息和做出初步判断，变“被动”为“主动”，由“自行判断”升级为“自动判断”，开展“提醒式”工作，提高对预警事件的响应速度。三是深入剖析现场作业数据，收集痛点，借力移动终端实用化工作，集成多媒体、地理定位、时间戳、人脸识别等技术辅助支撑作业现场，利用移动终端实时搜集现场巡视、抢修、检修施工、监理及营配等关键数据，全面实现配网作业现场信息“看得清、管得着、查得到”，切实提高管理效率和管控水平。

（四）完善配网管控策略，完善配网运行控制手段

1. 加装分支分段开关，准确实施线路故障隔离

通过数据模型分析，发现81%的故障点因缺少分段保护而直接引发全线故障停电。针对此情况，以“实现配电网10千伏线路主干加装分支智能开关全覆盖，避免分支线路设备故障越级主干线路停电事件发生”为目标，对用户加装试验合格、定值准确核算录入的智能开关。同时加强故障越级导致配电线路跳闸的管理。深化配电网设备状态评价，利用配电网工程、技改大修、自筹租赁等多种渠道，加大分支线路加装智能断路器工作，减少整线停电次数及范围，同时落实老旧设备改造立项实施，将需求统计上报，运维检修部组织审查，并制定安装计划。

2. 推广合环技术应用，拓展配网供电可控资源

结合配电网设备状况及合环倒负荷运行需求，加快推进配电网合环倒负荷专项行动，常态化落实合环设备的升级改造，督促引导不满足合环条件的客户实施改造。完善配电网合环倒负荷运行操作要求，深化推广合环试验技术应用，对具备不停电并倒负荷条件的合环点开展合环操作，实现满足合环操作条件，有效拓展电网故障时的可控资源，显著提升线路输电效率、效益。基于合环技术的应用，2018年至2020年共不停电切倒负荷1534次，大电网安全控制手段得到进一步的丰富和完善。

3. 整定线路保护定值，落实线路开关三级保护

依据河南电力配电线路整定规程，结合周口配电网实际，制定下发《周口电网配电线路整定计算技术规定》，对全区所有10千伏设备定值进行调整，对不满足技术规定要求的定值单重新开展整定编制工作，并与现场保护装置定值进行核对，确保上下级线路完全满足配合要求。针对故障位置多发于分支线路的问题，合理对线路进行分段，加装分支线路分段开关，同时合理整定保护定值，对速断时限进行调整，增加配电网分支开关动作时间裕度，实现变电站出线开关、线路分开关、支开关三级保护配合，提高线路分段水平和故障隔离能力，避免分支线路设备故障越级主干线路停电事件的发生。

4. 构建台区监测体系，提升低压配网治理能力

开展以台区智能融合终端为核心的“边—端”低压配电网建设，完成云端和边端分析能力的协同，实现配网数据的融通，实现各类数据对配电网规划的指导，进而实现对低压光伏、电动汽车、台区储能等多类能源负荷有机协调，为外部决策与服务提供支撑。一是配网规划方案智能决策。充分利用边端全息感知数据，结合区域网架结构、设施设备现状、配网薄弱环节、用电规模、负荷分布等信息，考虑区

域内用电用户特征、经济发展状况、环境地貌、分布式电源等情况，在云端智能制定具有灵活性和经济性的配电网规划和投资方案，实现配电网的科学规划与精准投资。二是配电网项目需求辅助决策。通过台区融合终端及末端智能感知单元的有效覆盖，实现对配电台区重过载、低电压、三相不平衡等异常事件的精准监测。通过分析反馈数据，结合政府规划，构建负荷预测模型，对配变负荷进行近期、中期预测，为项目立项提供数据支撑，进一步提高配变新增布点和扩容项目储备及立项的科学性、针对性、经济性和合理性。

（五）强化多维协同联动，完善配网管理保障机制

1. 建立协同化治理机制，健全内外横向管理措施

一是加强各项工作指导，创造良好内部基础。河南省系统内率先提出配电网主动运维“十个一”工作要求，即一季度一轮带电检测、一年一次集中清障、一月一次例行巡视、一月一次运行分析考核、一周一次通报考评、一个单位一支带电作业队伍、一次停电前开展一次全面隐患排查、一次停电集中完成一次综合消缺、一条线路明确一名责任人、一条线路一本缺陷台账，明确指导配电网设备日常和专业巡视工作。同时，针对工程项目的管理工作，出台《工程项目管理办法》和《施工工艺管理和质量管控细则》，引入领导督导制度和监理制度，实行过程质量责任追究制度。加大县级供电企业变电运维和检修人员培训力度，持续供应务实、技精、高素质的内部人才。二是积极协调各方资源，优化外部治理环境。市、县级供电企业积极行动，主动与政府、园林局等部门沟通协调，汇报专项行动工作，争取政府和相关部门的大力支持，以保证线路安全、稳定运行为前提，共同建立线路通道治理协调工作、联合办公机制，确保线路通道治理专项行动稳步开展。同时，通过宣传提高人们的保护意识，教育引导群众自觉爱护电力设施，鼓励人们参与线路保护，在人为层面上加强配电线路的稳定和安全，创造良好的外部治理环境。

2. 搭建立体化考核机制，形成市、县纵向联动格局

一是考核计划停电工作，保障线路“一停多用”。对计划停电进行考核，同时对临时停电进行考核。二是考核故障停电工作，激励目标达成。首先，对各县级供电企业（除黄泛区）故障停电率完成情况进行排名，并对县级供电企业非计划情况进行考核。在此基础上，开展市、县级供电企业年度考核，除此之外，黄泛区公司月度实现零故障停电的，给予大额工资奖励，完成全年工作目标的每下降1个百分点再增加额外奖励。

3. 探索农机一体化管理，保障农牧生产生活需求

一是健全专业管理制度。编制《农田机井电力设施排查整改方案》，制定8个方面18项具体举措，建立完备的指挥、督查、反馈、报告机制，确保问题无遗漏、责任无棚架，健全公司关于农田机井运管机制。二是实施一体化管理新模式。推动农排高压电力设施资产产权和项目移交意向，推进非供电公司农排高压电力设施资产接收。同时，将供电公司投资建设的低压电力设施管护权移交至用水协会或村委，实现全市农田机井设施一体化管理，建立与政府部门、乡镇村委、用水协会等信息联动常态协同机制，确保农田机井设施可用、在用。三是开展机井用电风险评估。引入电网安全风险评估的具体做法，开展机井用电检修作业安全风险评估工作，由点到面、自下而上，建立风险评估长效机制，判定风险等级，合理安排相应的预控措施，有效降低机井台区检修风险，提高安全管控能力。

三、供电企业助力乡村振兴的农村配网精准管理的效果

（一）供电需求得到满足，区域发展得以支撑

通过科学编制配网精准管理方案，逐级落实各项责任，加强电网调度科学管理，强化对重点区域重点时段线路设备的运维，及时处理突发情况。周口电网成功应对多轮大负荷和强对流天气状况，经受住了2020年371.3万千瓦最高用电负荷的高温大负荷严峻考验，保障了迎峰度夏及度冬期间电网安全运行和电力可靠供应。市、县联动，提前制定了保电方案，明确职责分工，细化保电措施，逐级落实保电

责任，圆满完成春节、全国“两会”、省十三届运动会、高考及中央领导视察等重要节日或重要事项保电任务，为区域快速发展提供强大的电力支撑。

（二）安全能力不断提升，经济效益获得保障

截至2020年年底，故障停电线路同比减少24.58%，综合停电计划执行率不低于98%，显著提升对地区经济发展的电力保障能力，有效解决配电网等问题。同时，电网运行能力持续增强，乡村用户年平均停电时间缩减至20.84小时，乡村平均抢修恢复时长缩减至1.25小时，同比下降33.03%，用户平均停电时间下降16.66%，供电可靠性提升至99.7671%，电压合格率达99.9965%，故障工单同比减少11569张，获得电力满意度持续提升，抢修服务成本减少870万元。

（三）精准治理形成常态，服务水平显著提升

供电可靠率的高低反映了供电企业的配电网精益管理水平的高低，通过应急抢修网格化管理，充分发挥“一停多用”效果，实现了1条10千伏线路两个月最多安排1次计划停电、月度临时停电率不超过8%的攻坚目标。2020年各重点指标获得显著提升，其中10千伏停运次数同比下降32.96%，辖区内线路可靠性水平获得极大提升。通过数据管理的应用，配电网抢修全过程得到有效监控，配电网抢修信息做到实时、全景展现，抢修服务更加精准及时，实现了投诉和故障报修工单同比降低41%的工作目标。

（成果创造人：郭　雷、李德栓、孙建华、刘　冬、刘　玉、徐　升、赵　地、丁永恒、巩翔宇、高　剑、陈　阳、梁继元）

有色金属企业发挥区域优势的产业扶贫管理

金川集团股份有限公司

金川集团股份有限公司（以下简称金川集团）是甘肃省人民政府控股的特大型采、选、冶、化、深加工联合企业，主要生产镍、铜、钴、铂族贵金属及有色金属压延加工产品、化工产品、有色金属化学品等，是世界领先的镍钴生产基地、铂族金属提炼中心和中国北方地区最大的铜生产企业。2020 年，金川集团位列“世界 500 强”第 369 位，“中国企业 500 强”第 93 位，“中国跨国公司 100 强”第 56 位。

一、有色金属企业发挥区域优势的产业扶贫管理的背景

（一）履行社会责任、推进社区共融的必然选择

金川集团应祖国需要而诞生，在从无到有、从小变大、由弱变强的发展历程中，社会各界与周边社区给予大力支持和帮助，为其发展提供了生存空间和基本条件。应该说，金川集团的发展史就是一部与各种社会关系共存共荣的历史。党的十八大以来，党中央从全面建成小康社会要求出发，把扶贫开发工作纳入“五位一体”总体布局、“四个全面”战略布局，为实现第一个百年奋斗目标的重点任务，做出一系列重大部署和安排，全面打响脱贫攻坚战。金川集团作为省属国有企业的排头兵，必须肩负起新时代产业报国的使命和重任，在脱贫攻坚这项伟大的事业中有所作为，为国家富强、民族振兴、人民幸福做出自己应有的贡献。

（二）积极响应脱贫攻坚行动的现实需要

甘肃省是我国自然生态类型最为复杂和脆弱的地区之一，农业生产基础弱，底子薄。2012 年，全省贫困人口 692 万，贫困县 75 个（包括 17 个插花型贫困县），贫困村 8790 个。全面小康的实现程度只有 62.7%，比全国低 17.4 个百分点，比西部平均水平低 8.7 个百分点。2012 年以来，按照金川集团业务所在地各级党委政府脱贫攻坚工作的总体部署和统一安排，金川集团先后承担以下贫困村的帮扶任务。临夏州积石山县——刘集乡肖家村、刘集村、高李村、陶家村、团结村、崔家村；柳沟乡阳山村；寨子沟乡麻沟村、东坪寺村；关家川乡宁家村、芦家庄村、赵家湾村；安集乡安家湾村、风光村，共 14 个。定西市安定区——李家堡镇麻子川村、马家岔村、韩湾村、张湾村、双泉村、姚家岔村；青岚乡大坪村；巉口镇官兴村，共 8 个。甘南州夏河县——博拉乡玉华村、华盖村、强格昂村；吉仓乡木道村、西小村，共 5 个。金昌市永昌县——焦家庄镇水磨关村、南沿沟村；红山窑镇毛卜喇村，共 3 个。金昌市金川区——双湾镇陈家沟村、新粮地村，共 2 个。广西防城港市上思县——那琴乡那通村，共 1 个。帮扶 33 个贫困村、804 个建档立卡贫困户如期全面脱贫，是金川集团必须担当的神圣使命和光荣任务。金川集团不仅要做工业强省的排头兵，更要做脱贫攻坚战中的排头兵。

二、有色金属企业发挥区域优势的产业扶贫管理的主要做法

（一）依据帮扶县区实际，确立帮扶思路和工作原则

金川集团帮扶的 33 个贫困村分布在中国最北、最南的 2 个欠发达省份、分处 6 个深度贫困县区，地理和气候条件差别较大，农业发展基础各不相同。究其贫困原因，却有着十分相似的特点。一是农业生产条件受限。要么地处偏远，交通不便；要么山大沟深，可利用耕地资源稀缺；要么高寒阴湿，生态压力大，载畜能力有限；要么干旱缺水，水土流失严重；要么自然灾害频发，对农业生产影响十分突出。二是可利用资源较为有限。土地资源贫瘠，耕地保肥能力差，有机含量不足，土壤缺素比较严重，

经济结构单一，生产能力低下。三是农业基础设施落后。水利、交通、通信、农田等设施建设历史欠账太多，缺乏项目和资金支撑，普遍存在行路难、吃水难、住房条件差等问题。四是生产生活方式落后。有些地方至今还保留着较传统的农耕放牧方式，农牧民群众文化水平较低，"等靠要"思想严重。五是受宗教文化的影响，农村基层组织缺乏强有力的带动能力。在夏河藏区和积石山县保安族、东乡族、撒拉族聚集地，帮扶干部因语言不通存在交流吃力的问题，开展驻村帮扶工作存在诸多不便和障碍。

2013 年，经过一年实地调研，与农民群众和地方各级干部反复沟通座谈，金川集团确立了自己的帮扶工作思路。确定指导思想：用工业化的理念推动贫困村脱贫致富。制定帮扶工作原则：一个目标——确保农民群众人均收入持续稳定增长；两条途径——产业培育和农民培训；三新运用——推广运用新品种、新技术、新设施；四化要求——精细化施策、产业化帮扶、市场化发展、职业化培训。以上帮扶思路和工作原则的核心是产业开发与扶贫，这是金川集团对口帮扶贫困村的弱项和短板，同时又是农民持续增收的基础和保障，抓住这条主线也就找到了工业和农业的结合点，有利于发挥企业的优势和特长。

（二）建立帮扶工作机制

为促进脱贫攻坚目标任务落地，金川集团成立了由董事长任组长的脱贫攻坚帮扶工作协调推进领导小组，搭建了"班子成员每人带领 4 ~5 个单位联系 1 ~2 个贫困村，175 名中层干部联系全部帮扶户、43 家单位共同参与"的帮扶工作格局。专门设立了社会帮扶办公室，具体承担帮扶计划制定、实施路径选择、工作成效考核、帮扶资源整合、内外关系协调等职责。董事会研究决定：金川集团每年以不低于 1000 万元的资金投入对帮扶村实施产业帮扶。

为了提高产业扶贫的针对性和实效性，金川集团选拔 27 名热心公益事业、有农村生活经历的优秀干部驻村开展工作，规定每位驻村干部每月除回本部休整一周以外，其余时间全部吃住在村里。另外还派出一名中层干部担任驻村总队长，负责 8 个驻村帮扶工作队的协调、指导和管理工作。随着《金川集团公司驻村帮扶管理办法》《金川集团公司帮扶项目管理办法》等相关制度的出台，建立起主要领导抓总、包抓领导每月巡查、常驻干部定期入户、办公室安排帮扶项目、工作队负责落实的工作程序。

项目"三级会商制"规定，凡提交金川集团评审的产业项目，必须首先由驻村帮扶工作队与村两委班子、群众代表反复讨论协商确定，再由贫困村所在乡（镇）、县（区）逐级签字确认后，提交金川集团本部由社会帮扶办公室组织相关部门和专家评审，评审通过后方可实施。项目"三级会商制"最大程度保证所选项目与当地实际条件、发展规划、农民意愿的结合度。

（三）培育富民产业项目，完善农业产业化体系

1. 肉羊产业

金川集团通过引进优质湖羊品种，代替已经淘汰落后的地方品种，在定西市安定区、临夏州积石山县、金昌市永昌县大力培育肉羊养殖富民产业，肉羊帮扶项目遍及 14 个村，覆盖 1787 户贫困户。建设标准化养殖小区或暖棚 28 座，总面积 14.8 万平方米；建设家庭标准羊舍 986 间，培育肉羊专业养殖户 1400 个；引入基础母羊 15607 只、优质种公羊 1175 只。金川集团出资成立的 7 家合作社都已成为以上三县（区）发展肉羊产业的种羊供应基地，在"专业化养羊村"整村推进项目中，发挥了强有力的产业支撑作用。目前以肉羊养殖为主的草畜产业已经成为三县（区）的新兴主导产业，14 个贫困村全部成为当地肉羊养殖专业示范村。金昌市永昌县"毛卜喇肉羊"成为国家地理标志产品。截至目前已累计出栏肉羊 172140 只，销售收入达到 1.5 亿元以上，每户每年仅在肉羊养殖上获得的收入就达 8784.17 元。

2. 肉牛产业

在甘南州夏河县 5 个帮扶村实施畜草配套改良项目，引进优质犏雌牛 456 头，对当地退化畜种进行

改良，改良后的品种产奶量提高了1.5千克/天，仅此一项每年就使每户增收1687.5元；为临夏州积石山县8个帮扶村，出资753.4万元，整合国家到户产业发展帮扶资金1626万元，为1814个贫困户投放西门塔尔基础母牛2500头，建设百头规模集中养殖小区5个，基本形成户均养牛3~5头的产业格局。如今，以前人均年收入不足3000元的建档立卡贫困户，有许多已经成为户存栏肉牛30头以上的养殖专业户。

3. 小黑麦

针对夏河县博拉乡、吉仓乡草场退化、生态脆弱的现状，2015年金川集团引进优质牧草品种小黑麦并试种成功，小黑麦成为首个在甘南藏区亩产超过1500千克以上的优质畜草，其营养价值与燕麦、大麦相当，但产草量是燕麦、大麦的5~6倍。2015年至2017年金川集团出资累计为两乡种植小黑麦达到19000亩，产草量超过28.5万吨，大大缓解了草畜矛盾，促进了可持续发展。为实现草产业和畜产业有机衔接，金川集团在两个乡出资组建2个草业合作社，各建有办公间、草料储藏库、晾晒场、加工车间，购置了打捆机、揉丝机、粉碎机等农机具118台（套）。草业合作社通过有偿提供种子、种子置换土地、收购牧草、加工销售等经营活动，促进草业发展和流通。2016年冬季恰逢大雪封山天气，这两个合作社的草料先后被甘南州、夏河县收购用于救助缺草地区的牛羊，被农牧民群众形象地称为“救命草”。

4. 饲草玉米

为了配合临夏州“粮改饲”工作，2019年、2020年金川集团以200~400元/亩的奖补方式，在积石山县8个帮扶村共种植饲用玉米7400亩，不含奖补每亩增收1300元，实现产值1110万元。实际上，“粮改饲”产生的直接效果并不仅限于此，种植1亩粮饲兼用型玉米按照平均亩产4.5吨计算，比种植其他传统作物多增收400元。如果全株青储作为饲料出售每亩又可再增收400~700元；如果用这些饲草料开展养殖，普遍每户每年能增收3000元左右。肉牛养殖和“粮改饲”工作在促进农民增收和加快畜草产业化进程中，发挥了重要作用，取得了实实在在的成效，真正实现了“粮饲兼顾、草畜配套、以草促畜、农牧互补”。

5. 中药材

建设中草药引种示范基地600亩，培育专业种植户6个；2014年金川集团引进甘南百草园制药公司为夏河县10个贫困村培育中药材产业，由于药厂供种源、保底价、教技术、包收购，种植面积逐年扩大，现总种植面积接近1000亩。投入102万元引种黄芪、冬花等中药材1029亩，建成中药材加工扶贫车间1座，购置农机15套，使324户药农年均增收1500元以上。这些品种的亩产经济效益较玉米、马铃薯、油菜等传统作物高出2~4倍，可以使贫困户当年即可获得实实在在的增收。

6. 林果经济

据《积石山保安族东乡族撒拉族自治县志》记载：“县内种植核桃有2000余年历史，蛋皮核桃遐迩闻名。”2013年金川集团引进优质核桃品种辽宁4号和西扶2号，建成2000亩核桃长廊和699亩啤特果产业园。该产业项目惠及945户3000多人。目前所种核桃长势良好，平均亩产核桃500~600千克，平均每亩收入5000~6000元。

（四）按照工业化理念推进农村专业合作社发展

金川集团依照工业化理念，大力培育“合作社+农户”“农业龙头企业+村集体+农户”“农业龙头企业+合作社+农户”等新型经济组织，以资产为纽带，整合国家、地方、农户、金川集团的帮扶资金，折股量化为村集体、合作社、农户的股份，一头联结农户，一头联结企业和市场，解决了“农业项目企业‘统’不起来、政府包不下来、农户办不起来”的问题，把千家万户小生产集合成统一有序的大生产，并适度扩大规模、集中管理、合理调用生产要素、统一市场营销与技术服务，提高组织化程度。这种模式较好地处理了国家、地方、村集体、合作社、农户多方的关系，平衡了贫困户和非贫困户之间的利益，极大调动了各方面的积极性，农民群众投身村集体经济和合作社发展的热情空前高涨。2018年5月3日积石山县委在《工作通讯》上载文全面系统介绍以麻沟村为代表的“金川模式”，号召全县广大干部群众向麻沟村学习。“金川模式”获得成功后，在东乡县得以推广复制。

农民专业合作社初建时，普遍会遇到管理不规范、产销不通畅的问题，金川集团除了千方百计“扶上马，送一程”，还注重把自身在产业开发、生产组织、管理经营的成熟经验和工作方法应用于合作社的发展实践中。2013年金川集团邀请省外12家农业龙头企业在兰州举办产业项目对接会，促使山东、深圳等地企业与积石山县、安定区、夏河县政府签订了紫薯及小杂粮加工、高端畜产品营销等7项合作协议。2014年以来，金川集团先后引进甘南百草园制药公司、中天羊业、康美牛业、清河源农业公司采取供种源、保底价、教技术、包收购的方式，带动贫困村农民专业合作社快速发展。金川集团加强与省直帮扶单位之间的横向联系，出资在积石山县关家川乡成立9村合作联社，建成肉牛屠宰加工扶贫车间1座。安集乡安家湾村联合邻乡邻村农民成立饲草加工合作联社，年加工青储玉米580吨，获得纯利润6万元，还为每个入社社员进行了分红。

金昌居佳生态农业有限公司（以下简称居佳公司）是金川集团的全资子公司。原本是一家致力于优质牧草种植、荷斯坦奶牛养殖、乳制品加工及饮用纯净水生产、有机蔬菜种植等全产业链现代化农牧企业。2019年，金川集团出于产业扶贫开发的考虑，在居佳公司已有的基础上，投资1.5亿元实施30万只/年肉羊肉牛产业发展项目，以此带动永昌县、积石山县肉羊肉牛产业发展。该项目建成后，每年肉牛、肉羊采购量为1.6亿元，对永昌县、积石山县形成产供销融合的畜草全产业链生产体系产生重大而深远的影响，给村集体经济、合作社发展注入新的动能和活力。

金川集团积极参与甘肃省人民政府国资委党委归口管理企业消费扶贫产品展销推介会和甘肃省总工会组织的“工会带我看甘肃·临夏行”大型网络直播销售活动。通过以上两项活动，金川集团分别与积石山县人民政府、永昌县8家农民专业合作社签署共计6020万元肉牛、肉羊购销合同。

（五）开展农业技术和职业农民培训

一是借助自有职工培训中心雄厚的师资力量、教学能力和认证资质加大劳务技能培训。2016年12月起，金川集团派遣职工培训中心教师前往对口帮扶县区成立“精准扶贫技能培训基地”，开展上门培训，培训范围由联系村扩大到全乡，由全乡扩大到全县。先后培训劳务人员1530多人。其中，787人通过焊工、钳工、铲运机、挖掘机驾驶等初级、中级技能鉴定考试；915人被推荐签订用工协议。通过培训，帮扶村农民务工收入比例逐年增长，从2017年的43.2%提高至2019年的75%以上。外出务工较多的赵家湾村连续三年农户的工资性收入分别占总收入的61.53%、62.04%和93.28%。安定区李家堡镇双泉村村民刘统乾2013年参加金川技工学校电焊专业学习，被介绍到上海造船厂务工，月收入在8000元以上。据积石山县劳务办负责人测算，参加过劳务技能培训的农户，其劳务收入较培训前普遍提高2500~5000元/月，培训对农民家庭收入增长的贡献率达到35%以上。

二是加大产业支撑人才培训，着力培养有科技素质、有职业技能、有经营意识与能力的新型职业化农民。金川集团专门选派有经验的财务人员驻村对合作社的财务管理进行传帮带，帮助合作社在清产核资的基础上做好确权工作，完善和公开基础台账和财务资料，办理相关手续，明确国家、集体、个人资产的界限，建立社员大会、理事会和监事会议事制度，保证社员的监督权和话语权，杜绝公私不分、损害集体和群众利益的事情发生，确保合作社健康发展。随着产业扶贫工作的不断推进，金川集团把培养和选拔合作社负责人当作首要工作。先后分区域、分层次、分专业开展合作社经营管理人员培训12批109人次，组织合作社带头人、经营管理人员、村干部、产业骨干、致富带头人，前往北京、山东寿光等农业发达地区、农业龙头企业、国家级示范型合作社观摩取经、跟班学习。指导当地乡（镇）党委政府打破地域限制，招贤纳士，从退休干部、返乡创业人员中，或者通过招聘职业经理人的方式选聘经营者，切实提高合作社的经营管理水平，真正让合作社在承载和带动产业发展上充分发挥示范作用。

三是采取多种形式开展种植养殖技术培训。金川集团每年都会安排种植养殖技术方面的培训计划和预算。从2012年起，仅用于农业技术培训和发放各类农业技术的图册、书籍、资料、光盘等费用就达500多万元，邀请省内外农业专家举办种养殖实用技术培训共计28期，培训农民4300多人次。培训多以农民能够理解、愿意接受的方式进行，包括课堂讲解、入户推广、实地示范、观摩考察、实操演练等。

三、有色金属企业发挥区域优势的产业扶贫管理的效果

（一）帮助贫困村培育和开发出一批适合当地实际的新兴富民产业，为可持续发展增添了后劲

金川集团在肉羊、肉牛、小黑麦、饲草玉米、中药材、经济林果和劳务经济方面持续8年的发力和培育，进一步优化产品产业结构，大幅增加产业规模，完成村级产业的配套和延伸，探索适宜的产业化组织形式和产销对接模式，为帮扶村留下相对完整、配套的产业发展体系。新兴富民产业收益占贫困户家庭总收入的45%以上。安定区、夏河县、积石山县联系村农牧民年人均纯收入分别由2012年的2914元、2950元、1402.9元增至2020年的7576.4元、8260元、5611.6元，分别增长了2.6倍、2.8倍、4倍，平均涨幅达到25%，高于省2019年计划指标8个百分点，有效拓宽农民的增收渠道，加快农民群众脱贫致富奔小康的步伐。

（二）培育出一批具有明显地域特色和市场前景的农业产品

金川集团帮扶的贫困村每村都有村集体参与经营的合作社，每年都有数量不等的产业收入。引进的优质湖羊产羔率是当地小尾寒羊的2倍，品系明显优于当地品种，从根本上解决产业层次低、产品缺乏市场竞争力的问题。优质核桃品种辽宁4号和西扶2号，丰产期产量是当地蛋皮核桃的5倍，这样的产出效率突破了积石山县人均土地少、地处高寒阴湿地区、亩产常年徘徊在800元左右的瓶颈。西门塔尔肉牛因为肉奶兼用、适应性强、生长期短、出肉率高等特性，成为群众和市场都很看好的优良品种。优质犏雌奶牛产奶量是本地奶牛品种的3倍。优质小黑麦亩产干草是藏区传统作物大麦、燕麦、青稞的5倍。夏河县和积石山县已经成为中药材大黄和款冬的优产地，经济效益均高于传统品种玉米、马铃薯的5~8倍以上。金昌市永昌县红山窑镇毛卜喇村村集体合作社瑞云农业发展公司，采取“投母还羔”的方式带动贫困户、大户开展肉羊养殖，让农户“发羊财”，村集体每年仅从肉羊养殖上就能获得20多万元的收入。

（三）如期全面完成脱贫攻坚帮扶任务

八年来，金川集团累计用于脱贫攻坚对口帮扶的资金达到2.3亿元，产业扶贫项目惠及8700多户3.48余万人，助力33个村全部退出贫困序列；789户建档立卡贫困户实现脱贫，农民年人均纯收入由2012年的1554.5元增加到2019年的6208元，是甘肃省唯一连续7次获得“全省先进帮扶单位”称号的企业。2013年以来，中央领导曾三次在积石山县调研脱贫攻坚工作，称赞金川集团脱贫攻坚帮扶工作“做得好，有效果”。

（成果创造人：王永前、李尚勇、胡耀琼、陈忠度、王立功、李久鹤、王迎飞、马虎中、兰　宏、李　平、李书山、侯庆林）

服务边远地区企业发展和扶贫攻坚的邮政综合服务管理

中国邮政集团有限公司新疆维吾尔自治区分公司

中国邮政集团有限公司新疆维吾尔自治区分公司（以下简称区分公司）下辖16个地州市分公司、3个直属单位和84个县（市、区）分公司，全区现有营业网点1521个，网点平均服务半径3~6千米，服务人口1.51万人，邮政代理金融网点530个，各类便民服务站点2629处；全区共有邮路462条，投递段道2987条，邮运车辆308辆。

一、服务边远地区企业发展和扶贫攻坚的邮政综合服务管理的背景

（一）农村金融服务半径辐射不足

一是金融网点少。目前企业发放工资，基本使用现金。由于邮政、农行等银行网点在乡村的布点有限，大部分县政府要求企业在当地农信社开立对公账户，企业普遍需要耗费近一天时间才能在就近的网点完成业务办理和取款。二是金融机具少。村中没有相应的取款设备或助农取款点，非现金形式发放工资后，员工难以取现。三是持卡量少。由于金融知识普及率低，村民、员工普遍认为一人只能持有一张银行卡，否则就会影响其资金安全。同时，大部分员工在当地农信社有相应的涉农贷款，如果企业通过农信社代发工资，员工工资第一时间可能会被用来抵扣贷款，生活无法保障，所以员工希望企业通过现金形式发放工资。

（二）村级物流运输服务需求尚未满足

一是村级物流服务未有效延伸至末梢。目前社会快递物流企业多止步于乡镇一级，还未全面深入村级，无法满足当地“卫星工厂”多频次、少批量、“质优价廉”的物流运输需求。以于田县“卫星工厂”为例：生产用的原材料只能运送至和田地区，无法向于田县派送；产出的成品发航空货运，需自行运送至和田机场，致使大部分“卫星工厂”需要付出较多村级物流运输费用，一定程度上增加了企业运营成本。二是网点服务辐射不够。收、寄件服务主要针对乡镇一级的网点辐射村，对于服务半径大于5千米左右的村镇及工业园区等，无法满足。三是当地村民、员工收、寄快递难。在乡村特别是新建工业园区等企业较为集中的区域，存在取件难、寄件难情况。受各类管控因素等影响，大部分员工需持本人有效身份证件，自行前往距离较远的代投点取件，往往取件间隔时间较长。

（三）服务当地特色农产品销售的需要

新疆维吾尔自治区的各种干果、瓜果等特产丰富，民族特色的手工艺品较多，但存在销售规模较小、价格较低等情况。一是物流运输成本较高。新疆维吾尔自治区处于我国的西北边缘，路途遥远，快递物流时间过长。二是品牌意识较弱、企业规模较小，规模企业较少，品牌企业更少。此外，多数工厂为手工作坊，规模较小，较难实现标准化、规模化。

二、服务边远地区企业发展和扶贫攻坚的邮政综合服务管理的主要做法

（一）总部牵头引领，构建服务体系

1. 发挥首席客户经理作用

2019年上半年，通过积极发挥首席客户经理的作用，新疆邮政各项工作获得自治区工信厅认可。5月10日，“卫星工厂”走访开发作为协同工作惠农项目中的新疆特色服务，在全区开展。区分公司全力支撑，点对点为相关分公司发送了“卫星工厂”名录，同时为更好地指导地市做好相关服务，明确阶段性工作要求，并按月总结、分析走访开发情况。各地分公司一把手积极发挥首席客户经理职责，亲

自带队深入工厂，了解工厂的运营情况。和田、喀什、阿勒泰、吐鲁番等分公司纷纷出台优惠的资费政策，安排精兵强将服务工厂建设。

2. 联合走访调研，了解实际需求

为更好地了解自治区扶贫产业布局及产业链需求，发挥邮政综合优势有效服务自治区扶贫产业，2020 年 6 月 15 日至 19 日，区分公司积极配合自治区工信厅综合办、物流处等相关处室人员赴喀什地区莎车县、疏附县，和田地区墨玉县、于田县，克州地区阿克陶县等对口帮扶责任县开展联合调研。通过调研了解情况并积极寻求合作切入点，掌握企业需求的同时积极宣介邮政服务。各地分公司在走访过程中与当地工信局打下坚实的合作基础，其中塔城分公司与当地工信局局长一同前往“卫星工厂”开展走访和调研，针对“卫星工厂”在生产运作当中遇到的困难进行现场协调解决。

3. 深化业务对接，明确合作方向

一是深化对“卫星工厂”等中小企业的服务。锁定目标、精准营销，不断丰富、完善一揽子综合服务方案，有针对性地提出适应该企业发展的专属服务方案。二是融入园区建设。积极参与物流园区寄递安全、智慧物流、绿色物流建设和空港物流园区的建设。在有条件的园区先行布放智能包裹柜，尽快实现“最后一公里”的破局。三是加快人工智能与生产融合。在运输领域配备智能化设备，共同开展人工智能与现代物流领域研究。四是全力争取政策扶持。积极向自治区工信厅等相关部门主动提出申请，全力争取邮政服务乡村“卫星工厂”和园区企业助力巩固脱贫的补贴政策，特别是在乡镇物流和跨境电商等方面，尽力争取倾向性扶持政策，为更多村镇的“卫星工厂”等中小企业提供优质邮政服务。借助扶持政策，获得邮政提供村镇服务的成本补贴，实现邮政企业服务农村市场的长期性、可持续性。

（二）成立项目团队，确保有效落地

1. 从上至下成立三级联动工作组

一级是区分公司层面。市场营销部牵头组织运营管理部、服务质量部、区物流分公司等相关部门研究全区存在的问题并提出整改措施，市场营销部定期通报进展情况。二级是地州市层面。各地州市分公司成立由分管市场营销部副总经理挂帅，市场营销部、运营管理部、服务质量部为成员的工作组。三级是县分公司层面，由县分公司总经理挂帅，相关业务管理人员和支局长为成员，成立落地工作组，落实具体客户走访和服务工作。各级市场营销部负责联系各地工信部门，根据区分公司提供数据取得具体走访名录并组织走访，定期组织相关部门研究服务存在的问题和整改措施；各级服务质量部负责服务质量监控、投诉处理及服务问题解决；各级运营管理部负责运营组织和投递服务质量工作；区物流分公司负责协调解决中邮快货及物流配送相关事宜。

2. 全面摸排走访，实现有效服务

一是在前期摸排开发的基础上，进一步梳理相关地市分公司辖区内“卫星工厂”和园区企业，实现 100% 走访，有效提升“卫星工厂”服务率。二是聚焦重点，在喀什、和田、阿克苏、克州 4 个“卫星工厂”较为集中的地市成立“农村市场下沉服务”工作小组，作为邮政企业重要战略布局强化推进，将南疆四地州作为服务标杆进行复制推广。

（三）建立三级物流体系，确保支撑到位

按照政府支持与自身投入相结合、长远规划与分期建设相结合、内部资源整合与外部共享合作相结合的原则，建设以市/县级仓配处理中心、乡镇级仓配运营中心（乡镇支局所）、村级收投服务站（村邮乐购站）为三级节点，通过上、下行县乡邮路及上行直发直运邮路、农村揽投配送线路串接组成的快递物流网络。

1. 建设三级节点，夯实体系根基

一是市/县级仓配处理中心（邮件处理 + 电商仓配 + 批销仓储）。按照“先使用自有仓，再使用社会资源”分两步走的原则，以自有仓库场地资源为主，同时根据业务发展需要盘活及扩建市/县级处理中心场地。根据农产品特性及售卖期限的长短租赁常温仓、冷仓。对有长期存储需求且流通速度较快的农产品基地，以及电商及平台客户引入自有仓储资源，对季节性或产品销售期不足 6 个月的农产品基地，在统筹安排自有资源的基础上进行租赁。

二是乡镇级仓配运营中心（乡镇支局所）。根据当地实际需求规划仓配运营中心，原则上以乡镇支局所为建设主体进行利旧或改造扩建仓配运营中心。对当地农产品输出需求旺盛，且当地线上消费需求较为旺盛的乡镇，有限的支局所应以租赁、新建场地等方式建设乡镇级仓配运营中心，实现邮件处理及周转仓储功能。一个乡镇级仓配运营中心可以覆盖本乡镇或周边多个乡镇，提高集约化作业效率。

三是村级收投服务站（村邮乐购站、村邮站）。实施“快递进村工程”，推动邮政服务有效下沉到村，逐步提升建制村快递服务通达率。完善县以下快递配送网络，通过邮快合作、交邮合作等模式，加强资源共享，健全农村快递配送渠道，充分利用电商服务站（点）、商店超市及村级便民服务中心等村委会现有场所资源，建设村级快递服务点或加载快递服务功能（设置村级收投服务站），并配备计算机、扫描仪、电子秤等电子设备，加载应用邮政农村电商网点运营系统邮掌柜，配备特色农产品专属展柜和包裹货架，完善以县级快递处理场所乡镇配送节点、村级快递服务点为支撑的三级快递服务体系。

2. 做好定制化收寄和运输，畅通流转通道

（1）根据寄发量提供定制化收寄服务。

一是“较大规模工厂”驻点收。针对工业园区主产区，为寄发量大的“卫星工厂”提供进场驻点收寄、上门收寄、现场配货、包装、订单导入、系统对接等服务。二是“中等规模工厂”上门收。针对寄发量中等的“卫星工厂”，安排车辆提供定时上门揽收、收寄服务。三是“较小规模工厂”定点收。充分发挥乡镇仓配运营中心、村邮乐购站点多面广的实体渠道资源优势，为寄发量小的“卫星工厂”提供便捷的定点收寄服务。对村邮乐购站代收寄的包裹快递，揽投员当班送交乡镇周转运营中心，赶发当日上行县乡邮路车辆运送到市/县级仓配处理中心封发出口。

（2）根据寄发量和农产品特性提供定制化运输服务。

一是够量开通直达邮路。对于寄发量大的“卫星工厂”提供驻点收寄、上门收寄服务，对符合直发直运标准的，安排运输车辆直接从“卫星工厂”基地增设临时直发点，开行至寄达城市的“够量直达”“串行直达”干线邮车。二是按需提供冷链、航空等组合运输服务。综合利用冷链公路运输、航空运输等方式，为生鲜农产品寄递提供品质保障。对寄递时限及存储运输条件要求高的樱桃、草莓、羊肉等生鲜农产品“极速鲜”邮件提供定制化冷链运输方案，通过安排揽收、干线冷链运输车辆，增强农产品冷链运输运力，提高冷链专线占比，降低产品损耗。三是强化快递物流运输指挥调度。细化县乡村快递物流运输指挥调度，明确定制运输申请流程、邮路管理、运输计划、在途运行监控、生产作业监控、运行质量监控、结算考核等各环节工作规范，实现定制运输指挥调度闭环管理。

3. 优化下行邮路组织，增强运输能力

（1）优化县乡邮路组织，提升运输效率。

逐条确定县乡邮路到开时刻，有效衔接干线邮路。优化邮路模式，增加邮路条数。各地利用客运班车等委办运能实施时效及报纸邮件的运输方式，有效衔接市县直线邮路，保证乡镇邮件当日进口当日投递，大部分行政村邮件当日可投交村邮乐购站，时限水平可明显提升。

（2）加大车辆配备，增强运输能力。

对于邮件量较大的县乡，根据实际需求调整车型或加密县乡邮路运输频次、环形邮路调整为往返邮

路后，相应增加运输车辆配备。一是多重方式，加大自有运输车辆配备。二是逐条线路核定车辆需求，按业务量合理配备车型、吨位，提高车辆利用率。三是积极利用社会货运资源，按需开展委办外包县乡邮路运输，实现“自营＋外包”相结合。四是通过开展交邮合作，利用县乡客运班车代运下乡邮件。

4. 优化投递作业组织，增强投递能力

（1）推进农村投递汽车化，优化投递线路。

通过加大投入力度，采取为进口量大的乡镇配备投递车辆、“私车公助”等方式，推进农村投递由摩托车化向汽车化转变，增强农村投递配送能力。原则上，日均包裹快递进口量200件以上的重点乡镇投递员实行汽车化投递。在实施农村投递汽车化的基础上，优化整合投递线路，增加单条线路投递里程和投交点数量。

（2）因地制宜优化农村投递作业模式，提高投递效率。

一是“乡镇支局投递”模式：由本乡镇支局所投递员直接投递乡镇政府所在地和所辖行政村。二是“中心支局辐射”模式：借助农村投递汽车化，突破乡镇行政区划，在综合考虑地理位置、交通状况及业务发展的情况下，选择业务量大的重点乡镇邮政支局作为“中心支局”，建设乡镇周转运营中心，覆盖周边2～3个乡镇，投递员由“中心支局”集中管理、集中进行生产作业和出归班，利用汽车投递所覆盖的乡镇和行政村。三是“县处理中心辐射”模式：对县城周边的乡镇、行政村，投递服务范围纳入县域揽投部投递范围，由县处理中心直接组织汽车道段进行投递。

（3）增加重点乡镇投递频次。

对全区23个日均包裹快递进口量200件以上的重点乡镇，乡镇政府所在地投递频次从周五班提高到逐日班，每日至少1个有效投递频次；重点乡镇所辖行政村投递频次从周三班提高到周五班以上。

（4）行政村快递包裹实行“甩点直投”。

积极发展村邮乐购站、村邮站叠加快递包裹代投自提服务功能，推进行政村快递包裹“甩点直投”模式，即投递员与村邮乐购站、村邮站集包交接，村邮乐购站、村邮站通知收件人领取，延伸农村区域投递深度，也减轻农村邮件投递压力。

5. 推进“交邮合作”，有效补充运能

与地域、县域客运公司签订合作协议，利用农村客运班车富余运力和频次多、成本低的优势，以合理的价格、固定的班期，实现县到乡、乡到村邮件服务。

6. 开展“邮快合作”，打造共配平台

邮政企业与当地民营快递企业签订邮快合作协议，依托邮政县乡村快递物流体系，有偿代运、代投社会快件下乡进村。社会快递公司在县处理中心或乡镇支局所集中交付下乡进村快件，邮政企业利用县乡邮路和乡村投递配送网络，统一将快件投送到乡镇和村邮乐购站。

（四）强化专业服务，突出邮政特色

1. 金融服务

深耕农村市场，下沉金融服务。一是提供代发工资服务。积极协调邮储银行为企业提供贷款，为企业开户实现工资代发。二是畅通支付渠道。对村级商户开展大走访、大开发，提供邮政扫码付全覆盖。三是建设助农取款点。结合实际，在乡村合理合规地建设助农取款点，在园区内布放自助设备。四是提供流动服务。在“卫星工厂”集中的乡村及园区，合理规划并定期提供邮政流动服务。五是金融知识下沉。联合当地派出所，共同组织开展“谨防电信诈骗，关注金融知识”等宣传活动，实现金融知识村村送、金融服务村村通。通过活动的宣传和普及，提高村民金融知识的认知水平，提升邮政农村市场的认可度。

2. 寄递服务

一是快递物流与生产制造业融合发展。瞄准企业普遍存在的整车物流、零担物流及仓配需求，通过与有实力的渠道供应商合作，整合自有和社会资源，制定市场化的服务价格，提供专属解决方案。二是积极提供跨境电商服务。针对涉外企业的国际业务需求，进行中欧班列邮政跨境邮件运递测试，整合社区资源赋能邮政跨境电商渠道，提升渠道运行时间，推进跨境电商9610申报模式及寄递服务（9610是一种申报模式，跨境电商9610出口模式支持跨境电商企业快速通关、阳光结汇及出口退免税的“一条龙”作业）。

（五）拓展销售渠道，助力扶贫攻坚

2020年汇总梳理全区27个国家贫困县特色农产品，申报项目15个，扩大2020年特色农产品项目帮扶范围及品类。线上线下累计销售扶贫商品35.98万单，销售额1073.35万元；累计打造万单扶贫大单品7款，助农创收804万元。同时将滞销农产品通过物流配送体系送达全国各地，解决菜农、果农的燃眉之急。

1. 打造邮政“自营+直播”的销售模式

通过组织开办第三方平台自营店铺，外部与新疆广播电台、本地“石榴精神”自媒体公司合作，内部开展邮政自有网红培养工作，协助各地市开展公司领导直播带货活动。全区共上线运营第三方平台店铺20家，开展直播带货活动53场，线上线下渠道共计销售农产品近4000万元。

2. 建立特色农产品直达邮路

依托吐鲁番市建成的中国邮政农产品基地，建立农产品特殊功能仓储、冷冻仓库，开通吐鲁番—兰州等直达邮路，保证了吐鲁番“西州蜜”哈密瓜寄递速度和品质，连续三年联合自治区商务厅、自治区农业农村厅、吐鲁番市政府举办中国邮政农产品基地项目吐鲁番“西州蜜25号”哈密瓜视频推介会，进一步推进新疆优质农产品在全国销售寄递，助力脱贫攻坚和乡村振兴。

三、服务边远地区企业发展和扶贫攻坚的邮政综合服务管理的效果

建设完善了市、县、乡（镇）三级邮政服务体系，实现“到乡（镇）有运力、到村有人送、邮件按时送、投递有保障”。截至2020年年末，全区已走访“卫星工厂”1227家，合作116家。阿克苏、巴州、昌吉、塔城、伊犁、克州、吐鲁番7个分公司已100%完成走访。在此基础上，发挥“自有+第三方平台”互补优势，推进邮乐购、新邮寄、极速鲜等自有平台流量转化；入驻淘宝（天猫）、拼多多等主流电商平台开办特色邮政网店；多方合作融入网红代购经济，拓展产品销售渠道，累计实现寄递、物流等收入118万元；建成2个中国邮政农产品基地，实现农产品销售2151万元。

（成果创造人：李光辉、阿不都·木塔力甫、黄晓娈、李　艳）

助力乡村全面振兴的“工业互联网＋数字乡村”建设

中电工业互联网有限公司

中电工业互联网有限公司（以下简称中电互联）成立于2018年7月，由中国电子与长沙市人民政府共建，注册资本金10亿元，总部位于湖南长沙，下设9家子公司和2家分公司，经营区域覆盖全国。中电互联面向大型企业、中小微企业、地方政府和园区等用户，研发了基于PK体系的中电云网核心平台，推出了5G＋数字化工厂、智能装备、智能终端、工业软件、平台及安全服务等解决方案，成功探索了SMT、数字零售、智能装备、工程机械、鞋服等多行业深度应用场景和“区块链＋工业互联网”的工业电子商务模式，致力成为基于PK体系的国内领先、国际先进的国家级工业互联网平台和智能制造系统解决方案服务商。2020年，中电互联实现营业收入6.03亿元，同比增长84%；利润总额3520万元，同比增长7%。

一、助力乡村全面振兴的“工业互联网＋数字乡村”建设的背景

（一）落实国家消费扶贫行动的需要

为了确保高质量打赢脱贫攻坚战，2020年2月，国务院扶贫办、中央网信办、教育部、农业农村部、商务部、国务院国资委和全国工商联等七部委联合发布《关于开展消费扶贫行动的通知》，要求积极创新扶贫方式，以消费扶贫行动为抓手，以拓展贫困户增收渠道、稳定脱贫成果为目的，以促进扶贫产品稳定销售为重点，实现城市“菜篮子”“米袋子”有效供给和促进贫困地区扶贫产业健康发展，满足城市居民需求升级和帮助贫困群众持续增收，构建社会扶贫的长效机制。在当今现代科学技术快速发展的互联网时代，将互联网技术充分融入消费扶贫行动中，对提高消费扶贫的质量和效率，对冲疫情对扶贫工作造成的影响，确保如期实现脱贫攻坚目标具有十分重要的现实意义。

（二）充分发挥央企主力军作用，促进地方消费扶贫

在“长沙消费扶贫专柜”项目公开招标专家评审中，通过网上公开征集、专家评审、先期试点、党组会议审定等工作程序，中电互联击败多家申报企业获得综合评分第一名，被长沙市农业农村局（市扶贫办）确定为长沙市消费扶贫专柜创新试点项目实施主体。同时，被湖南省扶贫办指定为湖南省区域内牵头的运营方和设备提供方，成立消费扶贫智能柜项目工作小组，统筹推进区域内消费扶贫专柜铺设和运营工作。依托中国社会扶贫网建立的消费扶贫综合型服务平台，承接建设湖南省消费扶贫公共服务平台，统筹全省消费扶贫产品交易、信息发布、数据统计工作，推动参与消费帮扶各类主体的需求与贫困地区扶贫产品供给信息精准对接，实现贫困地区产品的在线展示、网上交易及创新创业，促进扶贫产品出村进城销售。

二、助力乡村全面振兴的“工业互联网＋数字乡村”建设的主要做法

（一）成立相关组织机构，为“工业互联网＋数字乡村”提供组织保障

1. 成立消费扶贫事业部

为加快推进消费帮扶各项工作，中电互联第一时间成立消费扶贫事业部，全面负责项目实施。事业部组建以部长为统领，以高级营销经理、运营经理、产品经理、商务经理、工程师等为支撑的高学历、高素质、年轻化人才队伍，围绕研发、平台管理及业务、模式创新管理等方向，进行市场新业务和新模式探索，协调内外资源推进新业务和新模式项目落地。自成立以来，事业部在消费扶贫领域进行深度探索与研究推广。通过物联网、区块链技术、数据挖掘技术等实现自动分账功能、智能合约功能、电子签

章功能、运营分析功能、融资租赁查询功能等，构建了工业电子商务系统、基于工业物联的数字零售运营系统、融资租赁管理系统、综采后台管理系统四大子系统，形成生态链一体化服务和解决方案，重塑业态结构与生态圈、供应链，赋能行业产业链上制造业企业的转型升级，为18893台消费扶贫专柜提供远程运维和预维保障服务，累计归集设备和消费数据量超过2T，日新增数据量超2G，有效降低了设备制造商的运维成本及维修零部件库存量。事业部凭借出色的表现和突出的贡献，荣获"中国电子青年文明号"称号。

2. 成立消费扶贫专柜运营中心

中电互联联合设备商、合作商和运营商，充分运用物联网、云计算、人工智能和大数据等新一代信息技术，成立"长沙市消费扶贫专柜运营中心"，探索形成乳制品及面包类、生鲜水果类、零食饮料类、蔬菜及农特产品类、特色纪念品类等应用场景。运营中心通过统一运营、统一调度、统一平台、统一采购，全面负责商品选择与采购、运营车辆调度、平台监控与管理、扶贫工作的宣传与协调、售后管理、就业培训等扶贫相关工作，切实保障食品安全，节省运营成本，提高运营效率。运营中心具备四大核心职能：一是完善工作体系，强化消费扶贫运营保障。二是用好政府采购，释放消费扶贫政策红利。三是凝聚社会合力，广泛动员各界积极参与。深化多方协作消费帮扶，不断助力贫困群众增产增收；加强产品直供基地建设，围绕特色产业，建立特色产品直供基地，打造"农户+基地+合作社+市场+扶贫专柜"直供销售模式，以物美价廉的产品吸引社会参与扶贫。四是强化平台监管，建立运营模式创新标准。

（二）创新应用数字技术，建设相关系统平台和基地

1. 搭建工业电子商务平台

工业电子商务是电子商务在工业流通、生产、服务全流程的深化应用，是制造业数字化、网络化、智能化的重要引擎，是制造业转型升级的重要抓手，是制造业新旧动能转换的重要途径。为搭建消费帮扶和乡村振兴工作高效开展的技术底座，中电互联基于中电云网，通过融合"工业互联网+区块链+大数据"等前沿技术，针对交易、运输等环节提供开放可信的全方位支撑，在端与端之间建立了数据、技术、资本、市场等全要素的全面互联和供应链、创新链、服务链、资金链等全产业链上下游的高度协同，打造了以PK体系为内核的工业电子商务平台。平台可提供线上大型集中采购业务和设备运营管理、供应链金融等服务，为企业集聚供应链上下游资源，提供相应物资、原材料供应和资金支持。此外，平台提供设备数字可视化运营模式和融资租赁平台管理服务，形成工业设备资产智能评估和资产证券化等三项关键技术创新，提供智能合约和电子签章服务，并携手中国建设银行在国内首创基于自动售货机的自动分账模式。中电工业电子商务平台分为商品购买微信小程序、设备运营管理平台和集采集售综合管理平台等。商户可在微信小程序上提前下单商品，通过设备运营管理平台收到购买信息通知后及时向智能柜补货；同时设备运营管理平台具有设备监管功能，远程管理设备状态和销售情况，了解智能柜缺货清单，以便及时上门补货，提高销售和补货效率。中电工业电子商务平台研发及区块链应用整体技术均处于国际先进水平，并入编《2019年电子信息行业自主创新成果推广目录》，获得湖南省移动互联网产业发展专项资金支持和中国电子科技创新二等奖，入围2019年工信部颁发的制造业与互联网融合发展试点示范公示名单，并获得7项软件著作权。

2. 建设智能零售服务终端研发制造基地

为配合国家、湖南省、长沙市消费扶贫工作，进一步扩大消费帮扶服务站点规模，中电互联在国家级宁乡经济技术开发区蓝月谷智能家电产业园投资建设全国最大、世界先进、国内领先的从钣金加工到涂装发泡、整机装配和测试的智能零售服务终端研发制造基地。基地建设分为二期，总面积约为46780平方米，规划年产专柜20万台。基地于2020年9月初启动建设，经过百日奋战，保质保量完成了工厂

工艺规划设计、生产设备招标、办公区域和展厅装修，以及总装和测试线安装、调试等工作。2021 年 12 月 29 日，长沙市委副书记、市长、湖南湘江新区党工委书记郑建新率百人观摩团现场观摩基地建设情况，对基地建设短期内取得的成绩给予充分肯定。基地凭借高效率建设速度、高质量建设水平、高标准建设成品，荣获宁乡经开区 2020 年度“产业项目建设”一等奖。

智能零售服务终端研发制造基地是中电互联打造的以中国电子 PK 体系为安全屏障，中电云网为平台支撑，以区块链技术为应用基础，完善冷链供应链，以无人智能柜（自助售货机）为载体，通过“线上 + 线下”的模式实现农产品融通工业与消费的建设项目。项目主要针对前置仓、视觉冰箱等新型智能零售服务终端建设实施，将工厂全流程、全场景“搬”上云平台，实现工厂数据的云端互联。同时，基于 5G 大带宽、低延时、广连接三大特性，项目将围绕数据采集、办公管理、智慧物流、生产质量管理、智能装备应用、智能安防等 6 大场景展开技术布局（见图 1）。项目将打造从零部件生产商、设备制造商、商品供应商、设备运营商到冷链配送商等全方位一站式管理运营调度平台，实现从前端购买到后台管理、从商品集中采购到物流配送“最后一公里”的全面打通。项目基地引进国内外最先进、自动化程度最高的智能生产工艺设备、智能仓储系统，搭建企业综合信息管理平台和产品智能运维平台，基于人、机、物、工厂互联互通的智能制造体系，通过 ERP/MES 等打造从创意到产品、从订单到交付的信息化系统，形成自动化、智能化、数字化的生产体系，形成极具竞争力的智能终端制造产业链，推动生产智能化和产品智能化齐头并进，致力打造中国电子“两平台一工程”的样板示范、全国“新基建”自助服务终端发展样板，展现中国智能终端制造的新高度。2020 年 11 月，中电互联参赛的“AI 动态视觉识别智能终端及运营平台”项目荣获 2020 中国芯应用创新设计大赛二等奖。

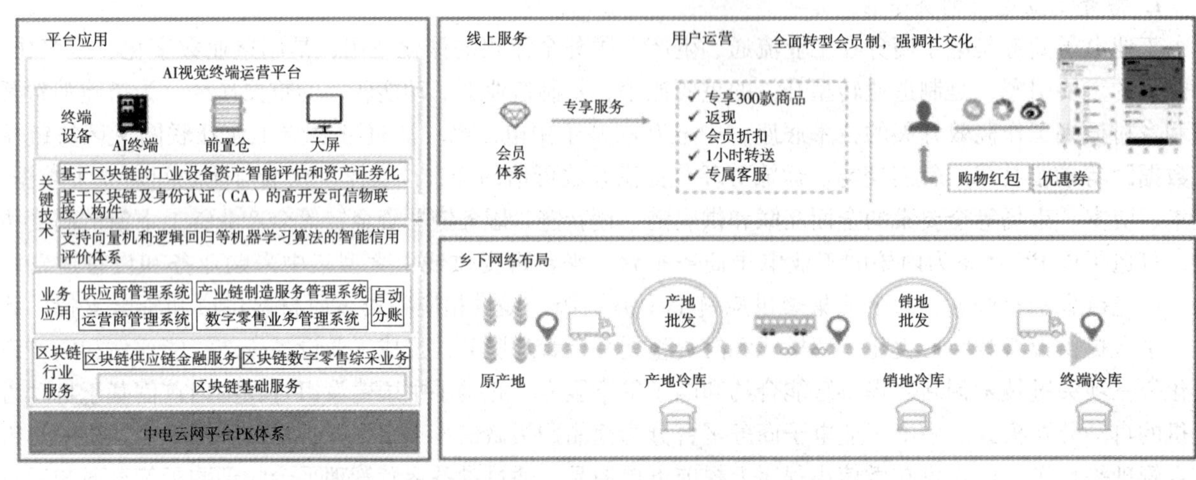

图 1　基于 PK 体系的“线上 + 线下”双轮驱动典型应用

（三）探索“工业互联网 + 乡村振兴”应用场景

为进一步畅通农产品直通消费者“最后一公里”的渠道，中电互联以工业互联网技术为支撑，大力研究乡村振兴的技术模式、商业模式和运营模式，经过反复的技术研讨、充分的市场调研、有效的实践经验总结，最终探索出“工业互联网 + 乡村振兴”创新模式（见图 2）。在技术模式方面，依托工业电子商务平台，充分发挥平台纵向汇聚供应链上下游资源、横向链接仓储物流金融等支撑服务商的关键枢纽作用，利用“5G + 大数据 + 区块链”打造平台级应用，采用线下“直采 + 冷链 + 智能柜”，线上“平台订单 + 社群服务”的模式打造乡村振兴产业典型应用场景，借助中电消费帮扶商城和消费帮扶专柜，将贫困地区资源与消费群体需求进行一体化对接，形成规模化的“供给—需求”精准匹配，实现从商品到服务的“一站式”消费助力。在商业模式方面，作为消费帮扶智能柜业务产业链项目方案集成商与设备资产持有方，中电互联负责对整个项目进行全方位统筹把控，协调设备采购、设备运营、商品供应等各方关系，通过在社区布局消费帮扶智能柜零售网络，发挥线上电商和线下实体的纽带作用，精准预测销量，调拨库存，形成一张高密度、全覆盖的零售网络，提供智能柜、线下自取、自助售卖、闪电送、当日达等服务，为消费者打造快捷、便利的消费渠道，为农产品供应商提供深度分销网络和数字化营销服务。在运营模式方面，形成“平台＋政府＋零售商”合作运营的模式，即中电互联提供智能零售终端设备并打造数字化生产线、生产制造平台、平台数据连接设备运营平台、数字资产平台等，构建集原材料采购、生产制造、销售运营、资产管理等于一体的全流程、全方位的生产运营管理体系；政府提供政策支持和场地支持，零售商提供商品供应链和物流配送。

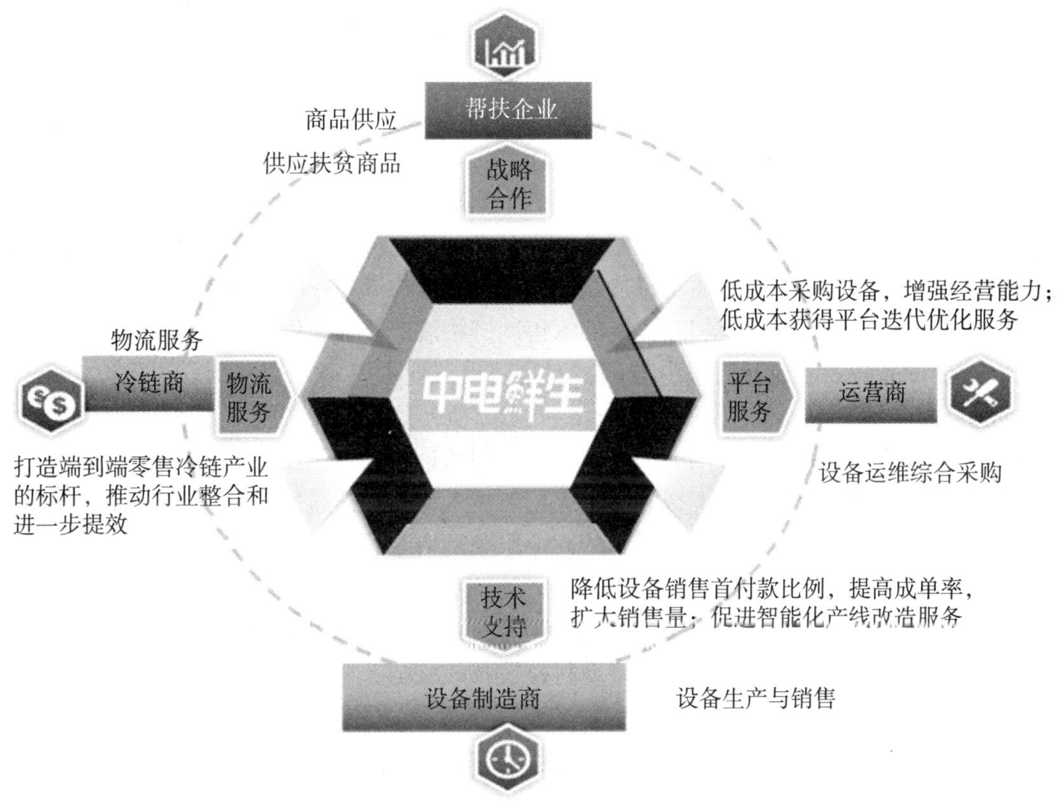

图2 “技术＋商业＋运营”一体化协同创新模式

（四）高效完成天心区首批试点

为打造离消费者最近的智能无人“微缩超市”，构建网格化消费扶贫点，打通扶贫产品“从田间到餐桌”“从偏远山村到城市万家灯火”的最后100米，中电互联专门组建运营管理团队，走访天心区青园街道和桂花坪街道共计81个生活小区，考察扶贫企业15家，筛选扶贫产品108个，在对政府专员、扶贫企业、产品供应商等进行多次运营推广和管理培训的基础上，率先在长沙市天心区完成湖南省第一批4个消费扶贫服务站点的建设，投放普通产品常温弹簧柜、奶制品冷藏弹簧柜、粮油常温升降柜、水果生鲜双门重力柜、零食饮料动态视觉柜等智能柜35台，有效拓宽扶贫产品销路，让扶贫产品走向社区、地铁站、市民公园等公共区域。

中国社会扶贫网（国务院扶贫办统筹部署打造的消费扶贫行动工作平台）显示，截至2021年8月18日，湖南省消费扶贫专柜投放量达21547台，位居全国第一。其中，中电互联投放量达8171台，位列湖南省第一、全国第二。中电互联与益阳、邵阳、岳阳、株洲、张家界、湘西等 6 个地级市（自治州）建立了合作关系，其中张家界、益阳、岳阳已逐步开展消费扶贫专柜相关部署工作。

目前，中电互联已将部署的消费扶贫专柜接入中国社会扶贫网。中国社会扶贫网将负责提供统一的消费扶贫行动服务平台，确保消费扶贫专柜统一接入；提供统一的消费扶贫专柜管理系统，确保统一监管；提供统一物流优惠政策支持及产品推荐等服务。同时，中国社会扶贫网将设计开发“社会扶贫网二维码”，进行扫码开门，并进行专柜布放点位监测及动态运营管理监测。

（五）探索乡村振兴长效机制

脱贫摘帽不是终点，而是新生活、新奋斗的起点。为推动建立贫困地区持续发展的稳定机制，持续推进全面脱贫与乡村振兴有效链接，中电互联不曾停下前进的脚步，持续致力探索乡村振兴流通、销售等环节的长效机制。一是基于中国电子 PK 体系，建成“一站式”全流程数字零售行业平台，将贫困地区资源与消费群体需求进行一体化对接，形成规模化的“供给—需求”精准匹配，实现从商品到服务的“一站式”运营，为乡村振兴和经济发展赋能。二是以打通供应链条为主要目标，分阶段、大面积铺设设备并进行智能化运营，减少农产品销售中间环节，解决生产、流通、消费各环节制约消费扶贫的痛点、难点和堵点，形成农产品“从田间到餐桌”的全链条联动，实现生产、流通、消费多方共赢。三是打造数字冷链物流产业生态体系。以数字冷链为基础，建立从产地直采到销地配送的端到端高效供应链体系，在关键品类实现农产品直通，打造端到端零售冷链物流产业的生态体系，推动行业整合和进一步提效。共同打造数据流和产品流相互协同的零售冷链物流产业生态体系，充分协同核心流通环节中的社会资源，打造食品高效流通开放式生态圈。四是建设工业数字资产交易所。与建设银行、文思海辉、大学研究机构等开展合作，依托各方优势，组建数字资产联合创新实验室，打造数字资产运营和交易平台等，形成全民参与的商业服务网络，不断丰富应用场景。以工业设备物联运营为基础，以电子签章、电子合同、设备层动态视觉、人工智能算法等创新技术为支撑，通过线上线下融合运营模式，构建数字资产的运营、交易等平台，形成全民参与的商业服务网络。五是继续探索数字教育板块、建立区域现代化乳业生产基地、展开校园专柜饮用奶计划等，进一步深挖工业互联网在乡村振兴中的巨大潜力，促进农业全面升级、农村全面进步、农民全面发展。目前，“工业互联网＋数字乡村”创新成果已广泛应用于多个地市，形成了可复制和推广的数字乡村建设长效机制。

三、助力乡村全面振兴的“工业互联网＋数字乡村”建设的效果

乡村振兴创新模式不仅为中电互联开拓了新的业务方向和领域，也为企业管理水平的提升，经济、社会、生态效益的提高增添了助力、提供了路径。

（一）管理成果：阿米巴经营模式贯穿始终

阿米巴经营模式是将整个公司分割成许多个被称为阿米巴的小型组织，每个小型组织都作为一个独立的利润中心，按照小企业、小商店的方式独立经营。为最大程度激发组织的工作活力和激情，在管理工作中，消费扶贫事业部结合实际情况采用阿米巴经营模式进行管理，平台、技术、运营等小组采取与市场直接联系的独立核算制进行运营，以目标为导向，坚决执行年度经营管理计划，确保各项任务保质保量完成。在阿米巴模式经营过程中，全员参与经营管理工作，不仅极大提高员工参与经营的积极性和动力，而且培养了具有经营管理意识的人才，实现作为员工的“被动”立场到作为领导的“主动”立场的转变，充分激发员工作为经营者的责任感，有效提升工作业绩、工作能力和工作效率，实现经营业绩和技术平台成果最大化、成本最小化。

（二）经济效益：经营发展指标不断攀升

2019 年，消费扶贫事业部共 6 人。在经营发展指标方面，完成营业收入 4220 万元，合同额 4699. 59 万元。在重点工作任务方面，完成数字零售智能解决方案及三个落地应用；完成 14655 台设备

上云，平台活跃用户1200家。2020年，事业部人员增加至10人。在经营发展指标方面，完成营业收入5331.5万元，合同额5930.77万元。在重点工作任务方面，完成“十四五”规划纲要编制工作，完成智能制造视觉智能柜运营管理平台基础建设，申报5个科技项目方案、发明专利2项并获得软件著作权1项。此外，中电消费扶贫商城为无劳动能力贫困户提供定点前置仓自动分账服务，为农产品生产厂家提供深度分销网络和数字化营销服务，帮助贫困地区和贫困人口增收脱贫。目前已帮助四川阆中长期向华电集团供应“阆苑贡米大米”，帮助阆中销售1万千克猕猴桃，帮助怀化辰溪销售5万千克脐橙，帮助贵州威宁销售0.5万千克苹果等，累计帮助贫困地区销售近60万元扶贫产品。

（三）社会效益：形成消费扶贫“长沙模式”

一是消费帮扶工作得到各级领导的充分肯定。2020年8月27日，湖南省委副书记乌兰实地考察调研消费帮扶服务站点，对中电互联在消费帮扶领域所做的努力和取得的进展给予高度赞赏，希望中电互联进一步扩大服务站规模，使农产品走向更多社区和地铁站等公共区域，线上线下相结合，通过大数据分析不断优化运营模式，切实服务人民，充分发挥央企担当，打造示范标杆，将消费扶贫“长沙模式”在全省乃至全国范围内复制推广。2020年9月6日，湖南省扶贫办举办2020年湖南省启动消费扶贫月活动，组织各地市扶贫办现场观摩中电互联消费帮扶服务站。9月22日，中国扶贫志愿服务促进会副会长、中国社会扶贫网董事长王家华高度赞赏中电互联从工业互联网角度探索建立消费扶贫新模式的做法，并表示将助力中电互联在消费扶贫领域为国家扶贫事业做出新的更大贡献。二是专题议案（文章）引起广泛影响。此外，朱立锋董事长作为全国人大代表在十三届全国人大二次会议和三次会议中提出《关于将新零售、区块链和工业互联网相结合助力中小微企业高质量发展的建议》和《关于用工业互联网的力量助力消费扶贫赋能脱贫攻坚的建议》，得到国务院扶贫办专文公开答复；《积极推动消费扶贫全面做精党建扶贫》等专题文章在学习强国、县域经济报等媒体刊登和转载；“以工业互联网赋能脱贫攻坚，打造消费扶贫新模式”作为中国电子经典案例参选国务院扶贫办2020年企业精准扶贫案例，成功获评“企业精准扶贫专项案例50佳”，取得了广泛的社会影响。三是消费帮扶行动广受社会好评。2020年12月，中电互联强化长沙市消费扶贫专柜运营中心管理职责，联合湖南果益智能科技有限公司，通过自采模式将湖南怀化市辰溪县10万斤脐橙通过消费扶贫专柜送到城市需求用户手中，不仅解决了果农的燃眉之急，也让消费者获得了实惠。

（四）生态效益：革新传统物流的末端生态

中电互联消费扶贫创新模式致力在生产、流通、消费各环节打通制约消费扶贫的痛点、难点和堵点，推动贫困地区产品和服务融入全国大市场，紧紧围绕促进贫困人口稳定脱贫和贫困地区长远发展的核心任务，坚持新发展理念，坚持精准扶贫精准脱贫基本方略，坚持政府引导、社会参与、市场运作、创新机制，着力激发全社会参与消费扶贫的积极性，着力拓宽贫困地区农产品销售渠道，着力提升贫困地区农产品供应水平和质量，着力推动贫困地区休闲农业和乡村旅游加快发展。此外，自新冠肺炎疫情流行以来，数字零售智能柜（消费扶贫专柜）迎来了新的发展机遇，安全、便捷的无接触配送方式越来越受到广大消费群体的青睐。消费扶贫专柜的大规模铺设在一定程度上重塑了国内商业形态、重新定义了服务场景，推动传统零售转型升级，革新传统物流的末端生态，有力催生新经济、新业态。消费扶贫专柜项目能有效减少浪费和污染，一定程度上减少了生产投入量和废弃物的产生量，提高产品耐用程度和使用价值，对提升我国“互联网+”的智能化制造水平、推动国家资源节约型和环境友好型社会进程也具有极其重要的战略意义。此外，在新基建发展和现代数字城市建设的浪潮中，中电互联以消费扶贫为内核，形成设备销售、商品集采、设备自运营等多种模式和数字园区、数字生鲜、数字医疗等多个落地应用场景，在一定程度上为环保、节能增添了助力，推动建立可持续发展的健康生态系统。

党的十九届五中全会指出，要“坚持把解决好‘三农’问题作为全党工作重中之重，走中国特色社会主义乡村振兴道路，全面实施乡村振兴战略，强化以工补农、以城带乡，推动形成工农互促、城乡互补、协调发展、共同繁荣的新型工农城乡关系，加快农业农村现代化。要实施乡村建设行动，深化农村改革，实现巩固拓展脱贫攻坚成果同乡村振兴有效衔接”。中电互联致力于以“工业互联网＋数字乡村”创新模式巩固拓展脱贫攻坚成果，推动乡村振兴的脚步不会停歇。未来，中电互联将以“一个工程＋两个基地＋三个创新＋四个支撑”为主要核心，以智能零售服务终端研发制造基地为核心工程，打造芯片稳定、功能全面、品质过硬、安全可靠、可自由组合的专业智能柜解决方案，持续推动消费帮扶与乡村振兴工作做大做强、做深做透。

（成果创造人：芦海巍、朱立锋、周在龙、
李　炳、靖琦东、王晓辉、洪亚星）

冬奥赛事场馆的绿色施工管理

中铁建工集团有限公司

中铁建工集团有限公司（以下简称中铁建工集团）成立于1953年，是世界企业、世界品牌双500强企业——中国中铁的全资子公司，下设7大区域总部，2个经营指挥部，16个区域分子公司，6个事业部。年经营规模超2000亿元，拥有3项特级资质和近30项一级资质，累计获得“住建部绿色施工科技示范工程”等荣誉89项，被授予建国70周年工程建设行业“功勋企业”。

一、冬奥赛事场馆的绿色施工管理的背景

（一）引领行业高质量发展趋势的需要

2017年发布的《国务院办公厅关于促进建筑业持续健康发展的意见》明确指出，建筑业应突出建筑节能、节水、节地、节材和环保等要求，提供功能适用、环境协调的建筑产品。“绿色施工”倡导保护自然生态环境、高效利用资源、减少污染物排放、减轻劳动强度、改善作业条件、推进构配件生产工业化、现场施工机械化和施工管理信息化，是实现建筑领域资源节约和节能减排的关键环节，充分体现了国家的“绿色化”发展要求，是建筑业转变生产方式，实现产业升级的一种新型施工模式。中铁建工集团有责任和义务加大绿色技术研发力度，实现由传统粗放型施工方式向绿色施工方式的彻底转变。

（二）履行“绿色办奥”庄严承诺的需要

2015年7月31日，中国北京赢得2022年第24届冬季奥林匹克运动会的举办权，张家口市被确定为冬奥会的联合主办城市。中国对国际奥林匹克大家庭承诺“绿色办奥”。为履行“绿色办奥”理念，“绿色施工”成为中铁建工集团承建的2022年冬奥会和残奥会张家口赛区“三场一村”工程（国家跳台滑雪中心、国家冬季两项中心、国家越野滑雪中心和冬季奥运村）施工的首条铁律。

二、冬奥赛事场馆的绿色施工管理的主要做法

（一）做好顶层设计，明确项目施工绿色标准

1. 参与《北京2022年冬奥会和冬残奥会场馆与基础设施可持续性指南（建设阶段）》的制定

中铁建工集团参与《北京2022年冬奥会和冬残奥会场馆与基础设施可持续性指南（建设阶段）》（冬奥组委秘发〔2018〕9号）的讨论与研究，对绿色场馆施工管理的指标框架深入了解，在此背景下，总结形成一套绿色施工标准体系的制定方法：一是注重非量化指标的作用，把团队与制度、社会可持续性、管理创新等模块纳入标准建设范畴；二是突出资源节约在量化指标中的比重，同时强化考核指标落地性；三是对编制依据进行合理筛选，划分为相关政策与技术要求、相关法律法规、相关技术规范和标准三部分；四是要与工程相关考核部门考核指标并轨相行，合理划分标准指标重要性层次。

2. 构建绿色施工管理制度体系

中铁建工集团根据《绿色雪上运动场馆评价标准》《河北省绿色建筑技术标准》《河北省绿色建筑评价标准》《河北省绿色施工示范工程管理规划》《建筑节能工程质量验收标准》等相关文件确立了项目的绿色施工管理制度体系，编制《扬尘污染管理制度》《有害气体排放管理制度》《施工固体废弃物控制管理制度》等，为施工工作提供指导和规范，有效推动了项目管理流程，提高了工作效率。

3. 设定“绿色施工”总目标与细化管控指标

建设前期设定“绿色施工总目标”，即：主场馆建筑根据《建筑工程绿色施工评价标准》（GB/T 50640—2010），达到“优良”级别要求，施工过程中对环境保护力度达到行业领先水平，项目整体争创河北省优质工程“安济杯”“鲁班奖”。为发挥目标导向作用，激发责任，聚力创优，中铁建工集团

组织召开针对该工程建设的创优目标专题会，现场签订“创优责任状”。

在制定施工方案的过程中，中铁建工集团将绿色环保作为方案的核心理念，针对生态环境涉及的各方面，细化绿色施工相关各指标的标准限值范围，从多个角度分析“绿色施工”，并将各项指标落实到具体方案中，具体指标如下所述。建筑垃圾：项目全过程产生量小于3900t（按导则规定每万平方米垃圾产生量390t计算），分类收集、集中堆放，再利用率和回收率达到30%；噪声控制：昼间≤70dB（A），夜间≤55dB（A）；水污染控制：pH酸碱度达到6~9；扬尘控制：结构施工扬尘高度≤0.5m，基础施工扬尘高度≤1.5m；节电：采用节能型设施，照明设计符合行业标准；节地：山体破坏面积与恢复生态面积比：>90%；节水：节水器具配置率达到100%、再生水回用率达到100%；节材：采取装配式施工，选用绿色、环保材料，降低损耗，提高节约率。

（二）重视前端策划，统筹项目全程绿色管理

1. 制定赛事场馆与当地环境“共生共融”原则

中铁建工集团以“绿色办奥”理念为指导，制定冬奥场馆建设与当地生态环境“共生共融”原则。“共生”，即在建设过程中，以绿色施工为指导原则，在当地自然生态的基础上，科学组织施工，从各个方面考虑节能环保，智慧建造，避免资源过度消耗，项目建设与生态建设协调统一，共建共生；“共融”，即在运维阶段，仍然坚持绿色运维，场馆与赛道包括运行设施等与自然生态融为一体，互相补充，使得绿色建筑与绿色环境共融。

2. 明确绿色施工管理规划

一是规划环境保护措施。制定环境管理计划及应急救援预案，采取有效措施，降低环境负荷。二是规划节材措施。在保证工程安全与质量的前提下，制定节材措施，如进行施工方案的节材优化，建筑垃圾减量化，尽量利用可循环材料等。三是规划节水措施。根据工程所在地的水资源状况，制定节水措施。四是规划节能措施。进行施工节能策划，确定目标，利用丰富的风能和太阳能制定节能措施。五是规划节地与施工用地保护措施。制定临时用地指标、施工总平面布置规划及临时用地节地措施等。

3. 构建施工管理体系

一是构建结构清晰、责任明晰、目标明确、制度严谨的内部组织机构，成立专业的绿色施工项目领导小组，明确项目小组的首要责任人，确保项目施工管理各阶段及各环节的直接负责人。二是明确管理人员岗位职责，建立人员考核机制，确保建筑项目的安全性和可靠性。三是明确项目部职责，在项目建设的各阶段实行全过程目标控制和过程控制。

（三）践行科技攻关，提升工程建造绿色技术

1. 建设“智慧工地”

随着大数据、物联网、机器人及5G信息技术等数据互联技术在工程建设领域的不断拓展，推行信息化智能建造管理技术对于企业发展优势突出，建设“智慧工地”势在必行。“智慧工地”系统集成了项目管理过程中的风能太阳能路灯控制、智能临水临电监测、智能喷淋除霾、环境监测系统、屋面光伏发电节能系统、太阳能热水系统等，在施工现场节能与能源利用、施工扬尘管理方面，取得良好效果。

“智慧工地”系统除了应用实名制管理、智能安全帽、视频会议系统、无人机航拍系统、塔吊防碰撞系统外，重点应用如下：在“雪如意”中段滑道沿山体高支模系统复杂的斜向山地条件下，为满足高跨度、大荷载要求的支撑体系安全，采用钢管支撑贝雷梁转换层+盘扣架体系，并引入架体支撑稳定性应力检测系统，与计算数据实时对比，确保架体稳定安全。面对张家口地区风力大、现场山地环境天气异常的现状，引入场地环境监测及降尘除霾联动控制技术，实时监测扬尘污染、温度、风力情况等信息，以便及时采取控制措施，创造和谐达标的绿色施工环境。

在施工现场安全与文明施工方面，引入全现场视频监控系统、VR安全教育、车辆出入闸道控制系统、塔吊监测、高支模监测、卸料平台监测、深基坑监测、智能安全帽、边界防范系统等，全面实现智

能化安全管理，在沿山体复杂的施工条件下，全过程实现安全零事故的管理目标。

2. 实施生态再造工程

为减少奥运场馆建设对周边森林的破坏，2022年冬奥会“三场一村”所在地古杨树工程区的造林面积达1.39万亩（约为926.5万平方米）。同时，为解决赛道周边山体切削后的边坡稳定及支护结构影响山间生态的难题，中铁建工集团联合北京工业大学成立科技攻关小组，展开国家重点研发计划“科技冬奥”重点专项研究：针对传统支护体系与生态环保融合不足的现状，开展基于冬奥场馆国家跳台滑雪中心山体边坡支护结构与生态环境相协调的格宾支护体系方法研究。此项技术填补了国际技术空白，采用“锚杆挂镀锌铁丝网喷播团粒剂+生态毯”举措，大量次生裸地及时得到良好修复，营造了“赛道与山体合一”的视觉效果，既保证了滑道的安全，也保护了周围的生态环境。

3. 研发应用装配式临时建筑

2022年北京冬奥会赛事，80%的服务用房需要快速搭建且能够回收再利用。而冬奥会赛事场馆建在纬度较高的山地，地形、交通、土地、气候等因素对装配式临时建筑的比例与标准提出了更高的要求。为解决此施工难题，中铁建工集团联合设计方及建设单位，通过调查研究、理论计算、试验比对等，形成具有冬奥会赛事特色的一体式箱式房建筑结构体系：自主开发可循环使用的模块化围护体系，提升了冬季冰雪环境下围护体系节能环保性能、力学特性和连接性能；基于预制装配式的连接特点和承载能力等性能，自主研发适用于冬奥会赛事附属临时设施的高效装配式模块连接体系；根据赛区附属临时设施功能化布局的实际需求，研究寒冷环境下施工维护工法，协助形成了装配式结构功能体系设计、加工、安装一体化的集成技术方案。装配式临时建筑体系保温节能效果强、安装运输方便、周转率高，大幅度避免了浪费。上述内容均是践行“绿色办奥”理念的实际举措。

（四）推进节能环保，促进降本增效绿色经济

1. 推进“四节一环保”

节能方面，选用绿色能源，降低能耗成本。崇礼地区位于北纬43度，平均海拔1200米，且由于山地走向处于风口，太阳能和风能十分丰富。因此，在项目建设时充分利用了崇礼当地丰富的风能、太阳能，基本实现临建设施能源消耗自给自足，包括安装太阳能热水系统满足生活热水需求；安装户外风能太阳能一体化LED路灯及太阳能发电板基本满足道路及住房照明用电。

节水方面，高效利用水资源。在非传统水源利用方面，中铁建工集团测量技术人员利用先进的“BIM+GIS”技术、三维实景建模分析技术进行赛区三维地形勘测和高程、坡度、流域分析，寻找最佳的雨水、山涧溪水汇聚点，并进行历史雨水流量调研，模拟最佳汇流路径与雨水汇聚量，制定硅砂蜂巢雨水自净化及回收利用方案：在赛区建立雨水汇聚水池兼赛区景观湖，设置于赛道之间与自然景观相融合，同时兼具山间排洪泄洪功能；滑雪赛道设置截水沟，滑雪道侧面与底部设置汇水沟收集融雪水，最终这些蓄存水进入地下硅砂蜂巢雨水自净化系统。经蜂巢系统净化后的雨水回用于景观补水、绿化用水、造雪、冲洗厕所等，实现水资源高效利用，再生水回用率达到100%，节约大量水资源，在赛区功能建设的同时实现环境保护。在场馆室内用水方面，场馆全部选用高节水性能的1级节水器具，全部进行智能感应控制，最大程度保证水资源的高效节约。

节地方面，集约利用土地，缩减临建成本。赛区建设从正式赛事工程与施工过程中的临时用地均达到了以最少的占地面积实现最大的利用率的目标。在场馆建设上，除场馆、道路、赛道、观众席等正式工程外，其他面积实现全绿化，恢复自然生态；在施工临时道路上，中铁建工集团采用了永临结合的设计方案，将临时道路与永久道路基层相结合，节约土地的同时保护生态。在施工临时占地方面，采用绿化代替场地硬化，最大化减少场地硬化面积，同时将施工现场材料仓库、钢筋加工厂、作业棚、材料堆场等布置靠近现场临时交通线路，缩短运输距离并最大化提高土地利用率。工地现场各类临建占地面积均按用地指标所需的最低面积设计，占地利用率达90%以上。

节材方面，在施工阶段利用BIM技术指导施工。利用BIM技术进行设计深化、方案优化，施工进度模拟、管线综合分析、碰撞检测及工程量精确计算，实现建筑材料的有效利用，降低损耗与浪费。例如，建设国家跳台滑雪中心看台时，看台结构复杂，施工费时费力，而且崇礼地区气候严寒，现浇式看台工程的工期和质量均面临巨大挑战，中铁建工集团技术人员借助BIM深化设计技术，与专业预制看台厂家优化方案与深化节点，采用方钢骨架与预制纤维混凝土板结合的施工方案，实现看台工程的全部预制装配化，在保证工程施工进度的前提下降本增效，打造出冬奥绿色样板示范工程。

2. 规范固体废弃物管理

一是明确固体废弃物控制计划，制定废弃物种类、废弃物的控制目标及相关的控制措施；二是在施工全过程管理过程中，明确物资采购计划，合理安排材料的采购进场时间和批次，规范现场材料堆放储存环境，规范材料运输工具及装卸方法，避免调配过程中产生固废；三是积极发挥再循环方式，将拆卸构建等废弃物利用到其他施工中去；四是严格管控固废处理，结合当地政府的环保政策，对固废进行分类，把生活垃圾、建筑垃圾和危险垃圾分类存放，交由专业公司回收处理。

3. 选用“新”型设备材料

在场馆建设过程中，在确保建筑工程安全性和稳定性的基础上，优先选择性价比较高的设备材料。一是积极应用智能设备，提升管理效率，降低决策时间，最大限度地实现空气质量保护、噪声污染防治、固体废物处理等方方面面的即时管理，施工过程中先后引进环境监测等多项“新设备”。二是积极应用新型、绿色、环保、可循环利用、可利用自然资源（如太阳能、风能等）的建筑材料，先后应用定型化模板、高强钢筋、高性能混凝土等多种“新材料”。

（五）加强文化引导，巩固以人为本绿色基因

1. 实行项目绩效考核联动

只有制定并落实奖罚机制，对业绩进行定期检查和考评，并与工资分配紧密挂钩，实行有奖有罚，才能提升施工人员的积极性，切实解决绿色施工动态管控中筛选出的问题。一是在项目年度管理目标考核中，明确规定成本管控、技术创新等指标，将工法、专利、BIM奖项、科技进步奖等奖项获取率，每万元营业收入综合能耗，杜绝环境污染事故，文明施工和节能环保等内容纳入考核范围。二是在季度绩效考核中将绿色施工融入安全管理、质量管理、进度管理、文明施工、技术管理、招标采购、经济管理、物资管理整体业务框架内，让绿色施工目标与全员绩效考核切实联动，管理导向明确。

2. 营造培养绿色观念的文化氛围

在场馆建设过程中，制定了“绿色施工口诀”，并定期安排管理人员参加绿色工程管理相关知识的学习和培训，同时将绿色施工融入安全教育培训，更好推动绿色施工理念的落实。

3. 明确组织分工

项目经理部建立了以项目经理为首的“绿色办奥”管理办公室，下设三个小组，分别为施工现场督导组、赛道可持续利用小组、智慧工地小组。各小组职能分工明确，职责划分详细，实行“专人、专事、专责”工作机制。施工现场督导组负责对整个施工过程实施动态管理，加强对施工策划、施工准备、材料采购、现场施工、工程验收等阶段的管理和监督，防止施工过程中破坏生态状况的发生。

三、冬奥赛事场馆的绿色施工管理的效果

在冬奥场馆开工建设不久，中铁建工集团就发挥了建设“绿色奥运场馆”的示范作用。由于践行绿色环保理念，中铁建工集团中标北京城市副中心图书馆工程。2021年，中铁建工集团凭借贯彻绿色施工理念的建设成效，新承接项目合同额达数百亿元，经营开发实现了滚动发展。

（成果创造人：王玉生、曾科斌、张　群、吴亚东、邓延伟、李靖洋、
王嘉晨、陈祥国、张　裕、顾立伟、方立新、张　诜）

全面风险管控与财务管理

能源企业集团基于多维度协同的风险管控体系建设

国家电力投资集团有限公司

国家电力投资集团有限公司（以下简称国家电投）是中央直接管理的特大型国有重要骨干企业，成立于2015年7月，由原中国电力投资集团公司与国家核电技术有限公司重组组建。国家电投是我国五大发电集团之一，是全球最大的光伏发电企业，2021年在世界500强企业中名列第293位，业务范围覆盖46个国家和地区，产业覆盖核电、光伏、火电、风电、水电、协同板块（煤炭、铝业、陆港）、重燃、能源工业互联网、综合智慧能源、能源服务和营销网络等板块，负责牵头实施“大型先进压水堆核电站”“重型燃气轮机”两个国家科技重大专项，是“能源工业互联网”平台建设任务的主责单位，也是国务院国资委确定的国有资本投资公司试点企业。截至2021年6月底，国家电投员工总数为12万人，法人主体有1831家，二级单位有62家，其中5家A股上市公司、1家香港红筹股公司和2家新三板挂牌交易公司。国家电投资产总额为1.4万亿元，总电力装机容量为1.8亿千瓦，其中核电为698万千瓦、水电为2399万千瓦、煤电为7737万千瓦、气电为723万千瓦、风电为3303万千瓦、太阳能为3326万千瓦，清洁能源占比58%。2020年，国家电投营业收入为2782亿元、利润总额为207亿元、纳税金额为231亿元。

一、能源企业集团基于多维度协同的风险管控体系建设的背景

（一）贯彻落实党中央全面依法治国战略，深入推进法治央企建设的内在要求

党的十八届四中全会对全面推进依法治国做出战略部署。2015年，国务院国资委印发《关于全面推进法治央企建设的意见》（国资发法规〔2015〕166号）（以下简称《意见》），要求到2020年，中央企业依法治理能力进一步增强，依法合规经营水平显著提升，依法规范管理能力不断强化，全员法治素质明显提高，企业法治文化更加浓厚，依法治企能力达到国际同行业先进水平，努力成为治理完善、经营合规、管理规范、守法诚信的法治央企。《意见》鼓励中央企业“探索建立法律、合规、风险、内控一体化管理平台”。国家电投积极落实国务院国资委法治央企建设各项部署，将法治央企建设要求作为从根本上防控风险的战略部署纳入“2035一流战略”，列入“十三五”和“十四五”规划，将其作为推进战略转移转型和战略发展，实现市场化、现代化、国际化的重要支撑和保障。

（二）完善中国特色现代企业制度，探索国有资本投资公司风控规律的必然选择

国家电投脱胎于计划经济时代的传统发电企业，传统产业集团的管理烙印根深蒂固。2018年以前，国家电投的法律、合规、风险、内控四项职能分散管理，系统风险防控能力不强，对价值创造的贡献率不高。从职能管理的角度看，四项职能各有来源，各有依据，但体系交叉、界面不清、多头领导、工作重叠，所属企业应接不暇，疲于应付；从集团管控的角度看，四项职能管理目标基本一致但实现方式不同，管理的标准化水平不高、集约化程度不高，成果利用率不高，尚未形成集团化、体系化的风险防控体系；从监督合力的角度看，第一道防线的职能监督，第二道防线的法律合规监督和内部控制监督，第三道防线的审计监督和巡视监督实施主体各异，均在风险发现环节投入较大精力，对各类风险的形成原因和防控措施分析研究不够，问题和缺陷整改建议的针对性不强，尚未形成三道防线协同运作、融合高效的风险监督机制；从风险管控的效果看，投资项目决策前、合同签署前、工程建设定标前法律合规审查和风险评估较严，实施过程中风险跟踪防控较弱。已经发生的风险事件、纠纷案件在不同的企业，或

同一企业的后续项目、后续交易，同一项目的后续环节中重复出现，亟须建立覆盖投资项目、市场交易、工程建设等重要经营活动“全生命周期”的动态风险管控体系。基于多维度协同的风险管控体系是国家电投坚持国有资本投资公司改革方向，适应国有资本战略布局优化和国资监管体制改革，建立中国特色现代企业制度，推进管理能力和管理体系现代化的必然要求。

（三）积极践行国家绿色低碳发展战略，建成世界一流清洁能源企业的必由之路

国家电投站在确保国家能源安全的高度，始终坚持践行新发展理念，构建新发展格局，以积极推进能源革命，构建新型电力系统的国家使命为己任，贯彻落实国家创新驱动战略，瞄准核心竞争力和产业控制力的顶端，解决“卡脖子”问题，补强产业链短板。从大型能源基地建设到县域分散式、分布式综合智慧能源开发，既是“双碳”目标下能源行业的重大变革，也是国家电投创新发展的重大战略转型，经营模式上从单纯的能源供应商转变为综合性能源服务商，法律关系上从甲方转变为乙方。不仅要面对新业务、新技术、新模式的挑战，还要适应新客户，提供新服务，既要做好应对“黑天鹅”的准备，也要做好防范“灰犀牛”的预案，风险防控任重道远。面对新挑战，单纯依靠增加人员跟踪管控风险难以为继，只有在实践中不断创新风险管控机制、方式和方法，借助信息化、智能化、数字化技术创新管理工具，提供跨时间、跨空间、跨组织的全景化风险管控支持服务才能适应战略转型的需要。因此，推进基于多维度协同的风险管控体系是国家电投开创零碳智慧发展新局面，建设世界一流清洁能源企业的必由之路。

二、能源企业集团基于多维度协同的风险管控体系建设的主要做法

（一）明确目标，确立基于多维度协同的风险管控体系建设思路

1. 指导思想

以习近平法治思想为指导，以推进集团公司“2035 一流战略”为引领，深入贯彻国务院国资委关于法治央企建设的各项部署，认真落实集团公司党组依法治企的各项要求，以风险管控和价值创造为目标，以解决问题、治理隐患、整改缺陷为导向，面向业务、基于流程、根植岗位，通过组织保障协同、岗位履职协同和工作机制协同实现法律、合规、风险、内控与业务深度整合、力出一孔，发挥协同效应，为集团公司实现安全状态下可持续经营，建设世界一流清洁能源集团提供支撑和保障。

2. 基本原则

一是坚持顶层设计原则。高度重视并统筹协调顶层设计是集团化企业开展基于多维度协同的风险管控体系的重中之重，以集团公司“2035 一流战略”为引领，学习世界一流企业法治建设与风险管控的思路和方法，统筹开展顶层设计，总体布局，精准发力，分步推进，持续提升。二是坚持问题导向原则。聚焦集团公司法治建设存在的标准化水平不高、集约化程度不高、成果利用率不高等问题，通过基于多维度协同的风险管控着力提升管理体系和管理能力的现代化水平，着力提升法治建设和风险管控的质量和效率。三是坚持创新驱动原则。紧紧跟进业务创新、技术创新和管理创新的步伐，优化完善制度流程，建立完善一批规范、指南、指引和标准，推动智能法务和数字风控建设，打造数字法治一体化管理平台。四是坚持融合发展原则。在能源革命与数字革命深度融合发展，国资国企改革和电力体制改革深入推进的背景下，基于多维度协同的风险管控体系应在集团公司战略引领下，与国企改革三年行动及提质增效工作相结合，推进风险管控质量变革、效率变革和管理变革。

3. 总体目标

在企业战略的引领下，以价值创新创造为本，以组织体制协同为纲，以岗位履职协同为要，以工作机制协同为魂，依托三道防线建立一套权责配置、制度流程、岗位职责、标准规范高度适配、精简高效的风险管控体系；建立一个以风险数据信息治理为中心的信息化、智能化、数字化的一体化管理平台；

打造一支专业能力强，综合素质高，适应风险管控集团化、体系化要求的人才队伍，聚焦投资项目全周期、改革任务全过程、管理活动全流程，提升运营效率和风险管控能力，实现风险事项超前预判、科学防范、动态追踪、可控在控。

4. 工作思路

基于多维度协同的风险管控体系主要内容包括“三个协同+一个平台”。“三个协同”是组织体制协同、岗位履职协同和工作机制协同三个方面。组织体制协同是四项职能在组织领导和责任划分方面建立的协同关系，主要解决四项职能在公司治理和职能管理中的定位问题。其中，在治理结构方面，各治理主体在依法治企中履行相应职责；在职能配置方面，法律、合规、风险、内控在管理理念、机构设置、职责划分、制度规范、方法工具、人员配置等管理要素方面建立协同关系；在制度设计方面，建立四项职能与业务有机融合、高效运转的工作方式，把属性类同、高度关联的工作事项一次完成，最大限度地避免工作重复、交叉。岗位履职协同是按照面向业务快速、高效响应的要求设置岗位职责，最大限度减少信息不对称情况，降低信息传递与沟通成本，提高工作效率和质量。工作机制协同通过开展“一岗式审查”“一站式评价”“全程式管控”，聚焦法律文件、重点领域和风险事项，赋能经营活动各业务场景下的风险管控工作，使四项职能提供高质量服务保障业务发展。“一个平台”是支撑基于多维度协同的风险管控体系运行的一体化管理平台，依托该平台国家电投整合资源优势，逐步实现风险管控信息化、智能化和数字化。

（二）聚焦治理主体权责配置，推进企业集团组织体制协同建设

1. 加强公司治理

企业党组织是法治建设领导决策机构，董事会是合规管理、风险管理、内部控制的最高决策机构，并对其有效性负责。国家电投把四项职能统一在法治建设框架下，党组织决定法治建设的目标任务和重大事项，定期听取法治建设汇报，对合规管理、风险管理、内部控制履行前置研究，由董事会履行决策程序。实践中，国家电投成立法治央企建设领导小组，在党组领导下开展工作，负责贯彻落实中央精神和国资委要求、研究制订集团公司法治建设实施方案、年度工作要点和考核评价报告，协调解决方案实施过程中出现的问题，综合合规管理、风险管理、内部控制情况，每半年向党组汇报一次工作。国家电投董事会下设风险（合规）管理委员会，履行合规、风险、内控专业委员会职责，负责审议、指导、协调法律事务、合规管理、风险管理、内部控制的重大事项和重要工作，为董事会决策提供专业支持。董事会每半年听取一次法治建设和风险防控情况汇报，研究审定重大风险和重大案件处置方案，拟定年度合规管理报告、风险管理报告和内部控制情况报告。

2. 完善机构设置

法律管理、合规管理、风险管理、内部控制间具有较强的关联性，其中法律管理与合规管理高度关联，风险管理与内部控制高度关联，如果四者统一归口一个部门有利于建立协同关系；如果四者不能归口一个部门，那么法律管理与合规管理可归属一个部门管理，风险管理与内部控制可归属一个部门管理。国家电投集团总部在“十三五”期间完成了四项职能管理整合，归口管理部门设在法律商务部（以下简称法商部），在进一步明晰不同职能间的管理界面的基础上，科学配置法律、合规、风险、内控岗位职责和定员，全面建立基于多维度协同的风险管控机制。目前，国家电投所属62家二级单位中，54家单位将四项职能归口到同一部门（法律部门或综合部门）；6家单位将法治管理、合规管理归口到法律部门，将风险管理、内部控制归口到战略部门或其他部门。

3. 开展体系优化

在保证法律管理、合规管理、风险管理、内部控制体系各自独立的前提下，通过对职能体系系统拆

解和梳理，提取其在计划、实施、检查、整改、信息共享、独立报告、能力培训、考核评价八个方面的协同因子，在运作层面实现“五同时”，即同计划、同部署、同实施、同检查、同考核。具体工作由法商部作为法治央企建设领导小组办公室统一牵头组织，依托数字法治一体化管理平台，收集法律文件“一岗式审查”意见建议信息，重点领域“一站式评价”工作底稿信息，形成风险信息数据中台，经分类汇总、梳理分析，形成风险（隐患）台账、问题（缺陷）台账，针对问题、缺陷、隐患等风险事项进行“全程式管控”，直至问题解决、缺陷改进、隐患消除，并把解决方案和风险管控成果在全部应用场景协同共享。

4. 推进制度设计

为确保基于多维度协同的风险管控体系稳定运行，国家电投整合优化形成以法治建设规定为统领的“1+4+N”的制度体系、流程体系、工作规范体系、考核评价体系。明确在法治框架下，建立推进法治建设第一责任人职责、规章制度、合规、风险和内控管理的组织职责和协同机制。制定并实施制度、章程、流程、合同、项目等12部法律合规；制定实施投资、环境、安全、汇率、工程等10部风险管理指南；发布实施67类合同模板、4类法律意见书模板、11类风险评估报告模板；梳理优化53项三级流程（跨部门跨组织层级）、111项四级流程（部门内部），为业务量身定制标准化管理规范，有效发挥第二道防线的审查、咨询、指导和监督作用，将法律、合规、风险、内控管理各岗位职责整合优化后落实到流程节点上，实现岗位角色化。

（三）立足流程节点角色管理，按照协同运作要求设置岗位职责

科学设置岗位职责并确保岗位履职到位是实现目标的根本保证。为保障基于多维度协同的风险管控体系落实落地，在岗位设置上将部门岗位分为体系和业务两大类三个板块。三个板块岗位间实行A/B岗制，相互备岗。

1. 法治建设板块岗位设置

法治建设板块属体系类职能，可设置法治建设岗、数据分析岗、规则制定岗三类岗位，其中法治建设岗以整合开展四项职能体系性工作为主，具体包括体系建设与维护、文化宣贯/培训、报告、考核等；新增数据分析岗、规则制定岗，开展智能法务、数字风控设计，合规控制要素研究和信息数据治理工作，使四项职能工作逐步从线下转到线上，从分散管理向体系化、结构化、流程化治理转型，从人工实施向信息化、智能化、数字化实现转型。

2. 法律合规板块岗位设置

法律合规板块属业务类职能，可设置法务岗和审查岗两类岗位。法务岗以日常综合性法律事务工作为主，包括法律文书范本起草、商事谈判、法律救济、案件处理、外部律师管理等；审查岗针对法律文件开展“一岗式审查”，根据审查对象不同配备相应人员，一岗完成并出具审查意见，同时设置复核岗保障审查质量。

3. 风险内控板块岗位设置

风险内控板块属业务类职能，可设置风控岗和评价岗两类岗位。风控岗主要开展风险研判、专项评估、应对与监控等工作；评价岗统筹开展合规管理、内部控制、风险防控的“一站式评价”工作，按月跟踪评价所属单位风险事件处置情况，决策风险和年度风险防范化解情况等。

（四）实施法律文件“一岗式审查”，实现风险管控事前预判协同

按照风险管理三道防线的原理，第一道防线落实风险、合规、内控主体责任，负责部门职责范围内的日常风险防控。第二道防线履行法律合规审查、风险评估、合规内控评价职责，面向业务参与重大事项的专业审查、咨询指导和监督检查。根据“十三五”期间的数据统计，国家电投四项职能参与审查

的重大事项主要包括制度文件、投资项目、重大决策、合同协议和流程标准五类事项，属于企业“三重一大”决策事项或法律文件范畴。国家电投总部业务事项715项，提请决策会议审定的重大事项320项。其中，四项职能以不同组合方式应审尽审的包括规制类和经济类重大事项，共272项，分别占比38%和85%。制度文件以法律合规审查和内部控制审查为主；投资项目和重大决策以法律合规审查和风险评估为主；合同协议以法律合规审查为主；流程标准需法律合规审查、内部控制审查和风险评估同时进行。

根据分析得出结论，“一岗式审查”是四项职能在同一重大事项审查环节的协同运作，对于不同类型的审查对象将形成不同的审查组合。

1. 制度文件审查

将制度和规范性文件法律合规性审查、内控符合性审查要求融入并固化在审查流程中，在起草人、业务审核、制度审查（初审）、制度审查复核（复审）、总法律顾问节点上设置法律、合规、内控控制要素，审查未通过或修改不到位不得提请决策会议审议。国家电投实现制度、规范性文件100%审查。

2. 投资项目审查

根据投资额度和项目性质，在投资项目立项前和决策前两个节点进行法律合规审查，出具法律意见书，对于未经合法合规性审查或者经审查不合法、不合规的项目，不得提交决策会议审议。项目立项后，按照“事权清单”由相关主体开展风险评估，充分揭示项目风险，出具风险评估报告。

3. 重大决策审查

针对改革改制、发展战略、公司治理、资本运作等重大决策事项，法务人员全过程参与研究。提请会议决策前，进行法律合规审查和风险评估，出具法律意见书和风险评估报告，对于未经合法性审查或者经审查不合法的，或重大风险敞口的，不得提交决策会议审议。

4. 合同协议审查

将合同协议法律合规性审查、风险评估融入并固化在审查流程中，在起草人、业务审核、合同审查（初审）、合同审查复核（复审）、总法律顾问节点上设置法律、合规、内控控制要素，审查未通过或修改不到位不得签署。国家电投实现经济合同100%审查，有效预防可能出现的法律合规风险，同时将第三方合规的审查纳入流程节点。

5. 流程标准审查

国家电投从法律、合规、风险、内控等角度开展流程与标准的专业化审查，审查要点各有侧重。依次审查外部法律法规符合性、内部制度适配性、风险管控完备性及关键控制适当性，四项职能各司其职，保障流程与标准的长效运行。

在开展审查工作时，将岗位角色化实行“一岗式审查”，即每个岗位根据关键业务事项审查组合不同，同时履行一项或多项审查角色，实现流程节点上的协同运作。开展“一岗式审查”是四项职能协同运作植于岗位的具体体现，以“一岗式审查”取代岗位间传递式审查，能够节约信息传递与沟通成本，提高工作效率。同时，可设置复核岗保障审查质量。根据国家电投“十三五”数据，272项重大事项开展“一岗式审查”的审查组合，包括四大类13种情形。其中，一项职能参与的有86项；两项职能参与的有64项；三项职能参与的有92项；四项职能参与的有30项。

（五）落实重点领域“一站式评价”，实现风险管控事中动态协同

1. 整合评价资源

国家电投依据国有资本投资公司改革要求，实行两级资源配置，“省为实体，三级管理”，总部对二级企业实行战略管控，二级企业对三级企业实行运营管控。根据这一管控模式，国家电投建立了由律

师事务所、会计师事务所等机构组成的外部中介机构库，建立了两级内部法律合规人才库、内部风险专家库。根据每次评价确定的重点领域和重点任务，统筹内外部资源，整合专业力量，组建由内外部法务、财务、合规、风控、工程等专业人员组成的专业团队，开展“一站式评价”。

“一站式评价”分为内控风险体系有效性评价和内控合规专项评价两种情况。内控风险体系有效性评价通常整合法治建设体系、合规管理体系要求，复核内控缺陷、安全隐患、违规问题的整改情况和风险事项防控、风险事件处置情况，出具评价报告。内控合规专项评价通常整合法律、风险管理要求，针对内控缺陷、安全隐患、违规问题、风险事项提出整改意见，督促整改。

2. 聚焦重点领域

国家电投依据资产总额、净利润、资产负债率等经营类指标和发电容量、出资企业数量等管理类指标建立综合风险指数（Comprehensive Risk Index），再根据综合风险指数从高到低，把成员企业划分为高风险、中风险、低风险三类，相应地把经营业务也分为高风险、中风险、低风险三类。高风险企业和中风险企业由集团公司统一组织开展内控风险体系有效性评价，高风险业务和中风险业务由集团公司统一组织开展内控合规专项评价，高风险业务每年开展一次，中风险业务三年全覆盖；低风险企业和低风险业务由二级企业组织“一站式评价”，集团公司对其评价质量进行抽查。

“一站式评价”聚焦公司治理、战略规划、计划预算考核激励、投资管理、工程项目管理、物资采购管理、业务外包、生产管理、燃料管理、营销管理、资产与产权等26个重点领域，以内控为主线开展两类评价，运用穿行测试追踪交易决策和执行的处理过程，运用控制测试评价制度流程设计的科学性和执行的有效性，尽可能做到同步部署、同步实施，避免重复性评价。

3. 共享评价成果

实践中，国家电投积极探索建立二道防线与一道防线和三道防线间的信息共享与协同路径，以“数据信息库”为载体将二道防线合规评价、内控评价、风险评估发现的风险和问题，三道防线巡视、审计中发现的风险和问题统一归集、分析整理，形成数据中台。对这些数据建立“分类标签”，把分散的风险和问题进行归类和定义，同时与相应的职能、职责、流程、单位、发现时间、发现方式等关键信息建立动态联系并进行结构化处理，生成问题（缺陷）台账和风险（隐患）台账，实现风险管理事中动态协同。

二道防线数据信息库的建立，将风险和问题按照结构化的方式进行整理并通过标签的方式进行定义，统一三道防线对风险和问题概念的内涵与表达的“基础语言”，即三道防线上任何部门或单位在日常监督中发现的某一风险和问题表现，均可在对应的台账中查询到该表现属于哪种类型，曾在哪些公司、哪份报告、哪个底稿中出现过，分布在哪个流程，涉及哪项职责和职能，解决了以往各类检查、评价、巡视、审计中风险和问题清单范本各不相同、风险和问题角度各不相同，难以归类表达，难以协同联动的情况。因此，其一方面着力强弱项、补短板、改缺陷、促提升；另一方面为企业精准研判、风险防控、科学决策提供数据支撑。

（六）开展风险事项“全程式管控”，实现风险管控三道防线协同

1. 厘清三道防线风险管控责任

国家电投以解决问题为导向，以防控风险为目标，整合多种管理手段，做实三道防线，对各类风险（隐患）、问题（缺陷）从发生到发展的不同阶段，跟踪整改，一管到底，形成“全程式管控”。业务单位、业务部门作为第一道防线严格落实风险内控主体责任，确保合规经营，落实第二道防线审查意见和评价意见，落实第三道防线审计、巡视整改要求；法律、合规、风险、内控部门作为第二道防线，负责通过业务咨询、专业审查、评估评价、监督监测，建立数据信息共享平台及数据信息库，在线形成并

动态维护风险（隐患）台账和问题（缺陷）台账，指导业务单位、业务部门落实风险防控措施，督促审计、巡视发现问题，落实整改；审计、巡视作为第三道防线负责对第一、第二道防线风险防控效果进行独立监督和审计。三道防线协同运作，确保持续积累经验和及时总结教训，实时继承风险防控最新成果。

2. 实行风险事项“身份化”管理

国家电投对“一岗式审查”“一站式评价”及其他内外部监督发现的风险（隐患）和问题（缺陷）实行集中式管理。在基于多维度协同的风险管控体系内，无论何时何地，风险事项（隐患、问题、缺陷）一经发现，就收入平台“数据信息库”，并为其建立唯一ID，采取分析、评估、管控、整改、治理等风险防控措施，实现风险全程跟踪、在线监测、动态调整，直到风险消除或降至企业可承受程度。一旦发生风险事件（纠纷案件），将启动应急管理程序，将风险影响控制在最低程度；需要法律救济的，二道防线将进一步支持业务谈判、调解解决、仲裁和诉讼，维护企业权益，最大限度地降低企业损失和不良影响。

3. 推动三道防线形成合力

基于多维度协同的风险管控体系抓住风险事项的本质，通过厘清风险事项在三道防线间的职责，带动三道防线协同运作，实现风险防控系统化、体系化。与此同时，风险事项“全程式管控”也为三道防线各自职能发挥提供了进阶通道。一是支持第一道防线，针对业务事项在决策前提出的法律合规和风险防控意见与在实施中发现的风险（隐患）和问题（缺陷）能够前后照应，对业务单位（部门）分析原因、妥善处理起到支撑作用，支持其及时发现管理缺陷，持续提升管理水平。二是助力第二道防线，推动开展“一站式评价”，精准确定评价目标、评价对象和问题线索，提高专项评价和综合评价效率和效果。三是服务第三道防线，支持其站在全面、系统的视角对集团公司面临的风险（隐患）和问题（缺陷）进行把握，为其开展巡视、审计等监督活动提供参考，形成大监督格局。

（七）建设数字法治“一体化平台”，实现风险管控应用场景协同

1. 数字法治“一体化平台”建设

为助力基于多维度协同的风险管控体系有效落地，国家电投坚持风险管控融入业务流程管理的原则，建立“一级部署、三级应用”的数字法治一体化管理平台。应用系统与数据统一部署于集团公司总部，各级企业按要求统一应用，实现业务管控与资源共享。该系统目前已完成一期开发工作，与企业资源规划（ERP）系统、工程管理、燃料管理、资金管理、财务共享、电力营销、采购管理等业务系统建立接口；与门户系统、主数据系统、移动应用平台、档案管理系统、统一身份认证、业务流程管理（BPM）平台等公共服务系统集成，基本实现“一岗式审查”和在线考核评价。

截至2021年10月31日，该系统累计完成合同审查32万份，制度审查3万余项，授权审查6900项，纠纷案件1250件，系统月登录20万余次，已经成为国家电投风险管理的基本工具。

2. “一体化平台”与典型业务场景深度融合

基于多维度协同的风险管控体系通过“一岗式审查”“一站式评价”全面系统地收集数据信息，汇总分类、梳理分析，针对风险事项实施“全程式管控”，动态跟踪风险防控、缺陷改进、问题解决、隐患治理，同时把在此过程中形成的解决方案和风控成果共享于全部应用场景，实现应用场景协同。在基于多维度协同的风险管控体系下，能够将散落在不同环节、不同部门、不同时点下发现的风险（隐患）和问题（缺陷）以及防范化解的方案和经验转化为可推广、可传承的管理方法或工具，实现从具体实践到一般规律的飞跃，以此作为国家电投风险管控能力的“智慧引擎”，持续提升其赋能业务能力。

3. “一体化平台”与完善系统性风险评估机制深度融合

随着基于多维度协同的风险管控体系建设不断深入，国家电投借鉴国际先进理念，创新研究风险辨

识评估机制，尝试开展系统性、全面性、长远性及根本性风险排查、评估、定级及排序工作。把综合风险指数应用于监控、跟踪、追溯集团公司整体及各主要经营主体的重大风险动态及影响，评价风险管控成效，引导成员企业主动提升风险防控效果，为持续优化现有资本结构与投资组合，有序推进新业务、新项目开发及相应的“投、融、管、退”策略提供支持与建议。2021 年度国家电投首次把综合风险指数运用到对二级单位年度法治建设考核评价，并尝试以风险指数表征所属成员企业整体风险状态，联结重大风险及相应的预警指标，为探索风险量化，推进构建风险数据库，包括重大风险库、风险指标库和风险指数库奠定基础。

4. “一体化平台”与探索新业务风险管控规律深度融合

在国有资本投资公司改革方向指引下，国家电投聚焦全球能源行业发展趋势、“3060”双碳目标、“十四五”能源发展规划等新要求，坚持“业务做到哪里，风险管到哪里”。国家电投基于多维度协同的风险管控体系以持续的规范化、信息化、智能化、数字化建设，为以投资为核心的五大经营活动典型应用场景提供支持。此外，针对战略新兴业务，紧盯首台套示范项目，超前业务进度开展风险研究。例如，围绕综合智慧能源、氢能业务、储能等“三新”业务，由项目主体单位研究“用户光储一体化平台”“基于热网的三网融合”“轻资产智慧配电服务”“共享储能平台”“氢能产用一体化”“模块化供能”等六种商业模式创新的风险管理指南。

三、能源企业集团基于多维度协同的风险管控体系建设的效果

（一）规范管理水平大幅提升

通过基于多维度协同的风险管控体系建设，确立国家电投职能职责划分标准，基本统一成员单位法治建设体系框架和四项职责划分、工作体系、评价标准；统一制度、流程、合同的体系、体例和管理标准；统一尽职调查报告、法律意见书、风险评估报告、典型合同模板和审查标准。推动法治建设与风险防控集团化、体系化；业务事项制度化、流程化；法律文件结构化、标准化，初步实现建设目标。目前，基于多维度协同的风险管控体系已覆盖国家电投所属企业，该体系面向业务、基于流程、根植岗位，实现战略管控与风险管控的有机统一，职能管理与评估评价的有机统一。

（二）风险管控能力持续增强

通过基于多维度协同的风险管控体系，最充分地统筹了投资、交易、建设等经营活动“全周期”和“全过程”各阶段风险管控；统筹了企业风险管理“三道防线”各维度的风险管控；统筹了职能监督、审计监督、法律监督、合规监督、巡视监督“大监督”格局下风险事项的整改和处置，解决问题力出一孔，实现风险管控集团化、体系化。通过基于多维度协同的风险管控体系，重大风险做到月跟踪、季监测，近三年管理缺陷和潜在隐患整改完成率分别是 97.25%、97.58%、98.63%。通过基于多维度协同的风险管控体系，优化了风险防控能力的提升路径。若审查或评价发现共性风险（隐患）和问题（缺陷），在 5 ~ 10 个工作日就下发风险提示函和风险警示函，把该风险（隐患）和问题（缺陷）纳入台账跟踪监测，落实整改。如进入一个新的业务领域或一个新的发展区域，法律合规和风险内控人员与业务人员就会通力合作，研究业务特点和风险管控规律，在项目立项阶段出具新业务的研究报告；项目基本建成时出具新业务的风险管理指南；在项目运行一年后研究制定新业务相关制度流程和法律合规指引；在项目运行两年或三年后完成合同模板的编制工作，植入数字法治一体化平台，提供全景支持。

（三）经济社会效益初步显现

通过基于多维度协同的风险管控体系，经验及时分享，问题相互借鉴，成果充分利用，使风险管控第一时间响应业务需求，业务人员第一时间获得解决方案，第一时间完成业务赋能，大幅提升了运营效

率。与2015年相比，2020年审查和评价的工作量增长了3倍，但人员总数并未增加。目前，合同协议审查1个工作日完成；境内投资项目审查1个工作日完成；境外投资项目审查3~5个工作日完成；规章制度和规范性文件审查1~3个工作日完成；决策事项审查2个工作日完成。国家电投近三年处理重大司法案件86起，挽回经济损失39.2亿元，基本完成历史遗留案件的处置；预防处置重大风险事件128起，避免经济损失85亿元，提升了国家电投的品牌价值。

（成果创造人：吴姜宏、王　岩、卢岸健、王　勇、丁根柱、庄　磊、陈　娟、王伟伟、徐智渊、陈　帅、梁　琼、陈建军）

大型船舶企业推动上市公司高质量发展的优质资产运作管理

中国船舶工业股份有限公司

中国船舶工业股份有限公司（以下简称中国船舶）是中国船舶集团核心军民品主业上市公司，整合了中国船舶集团旗下大型造修船、动力及机电设备、海洋工程等业务，具有完整的船舶行业产业链。中国船舶是国内规模最大、技术最先进、产品结构最全的造船旗舰上市公司之一，主营业务包括船舶造修、动力业务、海洋工程、机电设备等，造船总量、造机产量常年位居全国第一，手持订单量、新接订单量等均处于国内领先地位。中国船舶下属五家造修船、动力企业，分别是江南造船（集团）有限责任公司（以下简称江南造船）、上海外高桥造船有限公司（以下简称外高桥造船）、中船澄西船舶修造有限公司（以下简称中船澄西）、广船国际有限公司（以下简称广船国际）、中船动力（集团）有限公司（以下简称中船动力集团），中国船舶对上述五家企业的持股比例分别为100%、100%、100%、51%、63.77%。

一、大型船舶企业推动上市公司高质量发展的优质资产运作管理的背景

（一）贯彻落实中央改革要求，深化国企改革的必然选择

党的十九大报告指出，要完善各类国有资产管理体制，加快国有经济布局优化、结构调整、战略性重组，促进国有资产保值增值，推动国有资本做强做优做大。2015 年的中央经济工作会议提出，推进供给侧结构性改革，明确了“三去一降一补”五大任务。2016 年 9 月，国务院发布《关于积极稳妥降低企业杠杆率的意见》（国发〔2016〕54 号），并就银行债券转股权问题同时发布《关于市场化银行债权转股权的指导意见》，鼓励企业开展市场化债转股，降低企业杠杆率，增强企业资本实力，防范企业债务风险，支持有较好发展前景但遇到暂时困难的优质企业渡过难关。这些顶层设计，为新时代、新阶段、新格局的国有企业改革进一步指明了方向。

为深入贯彻落实中央关于深化国有企业改革的要求，加快实现建设国际一流船舶企业战略目标，中国船舶按照中国船舶集团决策部署，坚持以市场化、法治化为原则，并结合自身实际，通过资本运作将中国船舶集团旗下核心军工优质资产——具有150余年历史的“民族工业摇篮”“中国第一厂”的江南造船整合纳入中国船舶，实现了资源优化和结构调整，强化了创新驱动，深化了整合融合，增强了企业的竞争力和生命力。

（二）强化军工能力建设，履行强军首责的必然要求

近年来，我国周边国家安全问题日趋复杂化，在国际地位显著上升、经济实力不断增强、海外利益逐年加大的背景下，我国国防实力与综合国力仍不匹配。中国仍然面临多元复杂的安全威胁，遇到的外部阻力和挑战逐步增多，生存安全问题和发展安全问题、传统安全威胁和非传统安全威胁相互交织，维护国家统一、维护领土完整、维护发展利益的任务艰巨繁重，这就要求我们坚持自主创新、持续发展，加快海军武器装备更新换代，构建适应信息化战争和履行使命要求的武器装备体系。

江南造船是我国历史最悠久、军品结构最齐全、造船效率最高的军工造船企业，也是我国技术最先进、规模最大的军船生产基地，是我国海军防务装备的主要研制和供应商。通过本次资本运作“深蓝项目”，江南造船被注入中国船舶，能够充分发挥江南造船在军工技术、设施和人才方面的优势，能够不断强化中国船舶军工核心能力建设，着力增强自主创新能力，提高经营业绩和利润水平，更好地履行强军首责，为百年强军目标的实现贡献自身力量。

（三）发挥资源协同效应，实现高质量发展的迫切需要

近年来，受行业周期波动影响，航运贸易低迷，新船有效需求不足，船舶市场陷入深度调整，造船企业接单难、交船难、盈利难，行业整体形势较为严峻，海洋工程装备产业也陷入萧条。中国船舶转型前是一家以纯民品主业为核心的上市公司，存在产业结构不完整、不合理的问题，在 2016 年和 2017 年，中国船舶连续亏损，下属实体企业外高桥造船等生产经营压力较大，资产负债率高，财务负担较重，盈利能力亟待提高。江南造船作为中国船舶集团核心军民品主业企业，不仅肩负国家及中国船舶集团赋予的做强做优做大主责主业的任务，其自身改革发展已经进入深水区。在船舶行业整体低迷的背景下，江南造船面临资金不足、杠杆比例高的严峻问题，亟须借助资本力量进一步发挥产业发展动能，优化法人治理结构，增强健康可持续发展能力。

二、大型船舶企业推动上市公司高质量发展的优质资产运作管理的主要做法

（一）制定动态风险管理策略，启动市场化债转股工作

在中国船舶成员企业开展市场化债转股的基础上，开展江南造船的市场化债转股，注入江南造船这一集团公司核心优质资产，主要包括现金增资、资产配置、发行股份购买资产、募集配套资金四个部分，即实施江南造船市场化债转股，中国船舶、中船防务（同一控股股东上市公司）与中国船舶集团公司资产配置关联交易，中国船舶发行股份购买债转股投资者股权资产和中国船舶集团所持江南造船股权资产并募集配套资金暨关联交易方案，有效提升上市公司资产质量、资产规模和经营业绩。

中国船舶在中国船舶集团的领导下，准确把握降杠杆政策的东风，于 2017 年 9 月 27 日启动中国船舶市场化债转股工作。本次市场化债转股方案引入了包括国新基金、国家军民融合产业投资基金有限责任公司、华融资产、中国人寿、诚通基金及工农中建交五大行投资公司等 18 家国资投资机构，共计 168.9 亿元债转股资金，后续又募集 38.668 亿元的配套融资资金，实现直接融资规模 207.56 亿元，贯彻落实国家关于供给侧结构性改革去杠杆、降成本的政策精神，为目前仍处在周期性低迷的船舶工业企业有效降低杠杆水平和财务风险。整体思路包括以下两个阶段——引入战略投资者和购买投资者股权。

1. 引入战略投资者

第一阶段是引入战略投资者。对中国船舶所属外高桥造船等子公司增资，投资者获得子公司股权，所获资金专项用于偿还存量负债。在此阶段，重点关注以下问题。

一是转股企业及债务。深入分析中国船舶所属外高桥造船等子公司相关有息负债，逐笔分析具体还贷清单。二是债转股增资规模。小于或等于中国证监会政策允许的中国船舶非公开发行股票交易规模，最后确定为 168.9 亿元。三是债转股投资者类型。按照政策，主要为金融资产管理公司、保险资产管理机构、国有资本投资运营公司（或发展改革委认可的上述机构所设基金）。四是债转股方式。按企业债务的不同情况，分别采取机构投资者债权作价出资、现金增资还债等方式。具体根据企业负债类型与投资者商洽。五是企业资金用途。按债转股政策，用于清偿有息负债。

2. 购买投资者股权

第二阶段即上市公司发行股份购买上述市场化债转股投资者股权，投资者获得上市公司股票，限售期满后可择机退出。但是，2018 年上半年证券市场波动较大，A 股大盘持续下行。2018 年 3 月，中国船舶复牌后，受资本市场和船舶行业双重压力影响，公司股价大幅下跌。中国船舶股价一度跌到 9.27 元/股，较发行价格 21.98 元/股，下跌 57.83%，发行价与二级市场股价出现倒挂。虽然重组方案设置了调价机制，但当时资本市场单边向下，上证指数急速下跌，债转股投资者对后市走向十分悲观，拒不接受根据市场情况实施调价的安排，如果在董事会披露方案后的 6 个月内未发出股东大会通知，方案面临失败风险。

为此，中国船舶咬定“保成功”目标，加强对重组方案实施过程的动态风险分析与评估，强化动

态风险管理理念，坚持存量与增量并重，在与国家部委及证券监管部门充分沟通的基础上，及时优化调整市场化债转股的思路和方案设计：在外高桥造船引入现金增资 47.75 亿元，中船澄西引入现金增资 6.25 亿元的基础上，继续引入战略投资者对非上市公司下属标的公司江南造船增资 66.9 亿元，投资者获得江南造船股权，所获资金专项用于偿还江南造船的负债。然后按照证监会《上市公司重大资产重组管理办法》要求，重新召开董事会，调整发行方案，重新锁定发行价，将优质资产增量注入上市公司。经此优化调整，将中国船舶集团旗下核心军工资产——江南造船注入上市公司，市场化债转股工作取得重大进展，方案失败的风险大幅降低。

在此阶段，重点解决好以下难点问题。一是非公开发行价格。根据证监会定价规定并结合市场案例，发行价格适用上市公司资产重组定价规则，即不低于重组框架方案公告披露前（也即停牌日前）20 日、60 日、120 日均价的 90%，最终按停牌锁价情况确定为 13.14 元/股。二是非公开发行重组规模。根据发行价确定。三是降本增效的实际效果。按 5% 的贷款利率、168.9 亿元规模计算，实施后每年可节约 8.4 亿元财务费用。以发行后的总股本静态测算，中国船舶的每股收益可增加 0.18 ~ 0.19 元。

（二）适应船舶行业特点，明确资本运作管理体制标准

1. 落实责任，完善工作机构与机制

一是落实主体责任，强化使命担当。以勇于担当、高度负责的态度，直面工作中遇到的每一道难关，提高决策的专业化、科学化水平和决策效率。二是加强组织领导，推动工作落实。主要领导亲自挂帅，注重顶层设计，加大组织架构和运作模式变革力度，凝聚起协同高效的工作力量，建立起各业务板块及业务单元的分类分级、授权受控的管理机制，推动各项工作取得快速突破。三是聚焦重点目标，合理调配资源。充分利用内外部各种资源，坚持问题导向，着力解决瑕疵资产权证办理、江南造船增资、争取投资者对方案的理解与支持等多个关键任务，实现全过程的高效率、高质量。四是加强评估检查，动态优化调整。增强对方案实施的风险分析与评估，及时优化调整方案设计，不断探索完善适合自身特点和管理需要的新模式、新方案，确保方案顺利实施。

在组织机构的设置上，建立多层次的工作机构，由中国船舶集团主要领导（兼任中国船舶主要领导）挂帅的领导小组，领导和统筹推进各项工作，全程指导方案和工作流程的制定，沟通协调各部委，妥善解决土地、军工事项审查审批等一系列重难点问题，指导集团总部有关部门、上市公司和各企业协调一致，推动方案有序实施。

领导小组下设综合组、审计组、评估组、法务组，明确组织领导和责任分工，各小组各司其职、通力协作。其中，综合组与独立财务顾问对接，负责尽职调查和项目现场工作、召开项目例会及专题讨论会，对整体工作进行把握协调；审计组与审计机构对接，协助组织审计专项工作的开展；评估组与资产评估机构对接，协助组织评估专项工作的开展；法务组与律师对接，负责审阅、准备相关法律文件，处理相关法律尽职调查及项目所涉及的法律相关问题，并协助组织法律专题讨论会。此外，针对项目进展过程中的重点、难点问题，领导小组还下设不同的专题工作组，各工作组之间群策群力，形成合力，各个击破，解决一系列突出矛盾和重点问题。

在管理机制上，一是建立周例会、重点工作专题会等管理协调机制，及时协调解决实际问题，对于重大问题及时报请中国船舶集团研究决策。二是派出专业分工小组入驻企业现场指导协调，专人跟踪处理重点问题并及时解决，比如对资产评估、方案调整等重大问题，安排专人负责，每天跟踪和推进进展情况，有问题及时汇报并协调解决，确保按计划稳步推进。三是建立工作简报制度，定期报送工作进度、问题难点等信息，确保方案在实施过程中能够及时取得指导和支持。四是加大工作强度，为了在规定时间内完成资产评估备案及重组方案审核等重要工作目标任务，工作团队攻坚克难，24 小时全天候在线工作，推动相关问题的有效解决。

2. 建立符合军工央企上市公司特点的资本运作工作质量标准体系

一是严格对照国资委有关国有资产重组整合的各项规定要求，制定各项工作规范标准，确保国有资产保值增值，特别是在资产评估和备案工作上，梳理重点问题清单，高标准严要求完成国资委关于审计、评估问题的资产评估备案工作和资产重组方案审核。特别是标的资产盈利和估值问题，船舶行业通常采用资产基础法进行评估，投资者高度关注标的资产盈利能力。两家标的公司广船国际和黄埔文冲面临盈利能力不足的问题，对中国船舶总体盈利和估值水平产生一定影响。同时，考虑到业绩预期，对江南造船未来三年的业绩也有明确要求。此外，上市公司短期业绩压力较大，力争资产注入前不发生大额亏损。

二是按照中国证监会《上市公司重大资产重组管理办法》等要求，明确对标的资产的具体要求，包括独立性、避免同业竞争、减少关联交易等要求，并对定价方式和价格定价基准日、发行对象、发行规模、过渡期损益安排、锁定期安排、承诺等方案重点环节反复推敲，予以确认。此外，本次重组交易方还涉及中船防务这一“A + H”股公司，即涉及 H 股上市公司境外监管问题及香港联交所有关监管要求，中国船舶与中船防务香港律师和监管机构提前做好沟通准备，避免信息不对称。

三是以信息披露为核心，建立更加严格、全面、深入、精准的信息披露规范要求，强化全过程规范化尤其是财务信息和业务经营方面的信息披露工作，真实准确完整地披露信息。根据上市公司停复牌规定，确立审慎停牌、分阶段披露和严格保密的基本原则，重大资产重组一般的停牌时间不超过 10 个交易日。鉴于本项目距离预案形成仍有相当时间，为严防内幕交易，须高度重视信息保密工作，及时签署保密协议，做好内幕知情人信息登记工作，做好信息保密工作。

四是严格资产重组审议决策标准流程，从国务院国资委、中国证监会、中国船舶集团至上市公司，相关决策的程序、内容、过程必须规范、完整、透明。

五是围绕服务主责主业发展的原则，对各企业上报的募投项目，有针对性地要求其编制高质量的募投项目可研报告，对项目投资金额及使用计划进度安排、投资效益分析、建设涉及用地情况、项目建设涉及的立项等报批事项情况及环保要求等制定标准。

（三）目标分解、提升估值，保证绝对控股地位

一方面，按照国防科工局的相关规定，江南造船作为重点保军企业被注入中国船舶，中国船舶集团必须保持对上市公司的绝对控股股东地位。另一方面，市场投资者的现金增资将稀释中国船舶集团的持股比例。为此，秉承开放、合作、沟通的原则，中国船舶协同集团内外多个部门，采取多种市场化措施，分解细化目标，聚力提升江南造船的市场估值，确保中国船舶集团绝对控股地位。

一是完成长兴重工吸收合并，提高江南造船资源配置效率和资产总量。长兴重工定位于大型民用船舶建造业务，其资产负担较重，再加上受船舶行业长期低迷的影响，持续亏损。而江南造船军品业务比例较高，民品市场竞争力与我国最大的军工造船企业并不匹配。虽然“十二五”以来，其军工生产任务饱满，但从船舶业发展大周期看，民品生产资源面临不足，不利于长期稳健发展。因此，吸收合并长兴重工不仅做大江南造船资产体量，提升江南造船整体估值，为后续资产注入打好基础，而且从资源配置上入手可进一步提高江南造船军民品资源配置效率，发挥整体协同效应，改善其军品独大的不足。

二是落实世博搬迁土地补偿收益足额到位。在中国船舶集团领导的指导下，工作团队与上海市人民政府保持密切联系，先后于 2018 年和 2019 年收到上海市国有土地使用权收入补偿，所有者权益大幅增加。

三是将国有独享的建设项目资金转增实收资本。2019 年年初，先后将世博船舶馆建设项目、高新建设项目国拨资金转增实收资本，提高江南造船的注册资本。

四是解决土地和房产瑕疵资产问题，充分展现土地和房产升值潜力。与上海市人民政府就江南造船

土地问题开展多轮谈判沟通，最终达成协议。

经过上述措施，江南造船土地和房产的升值潜力被充分挖掘出来，市场估值明显提升，保证了中国船舶集团对中国船舶的绝对控股。

（四）掌握主动、抓住机会，迅速完成江南造船增资任务

2019 年 4 月初，受中美贸易摩擦因素影响，A 股市场下行后投资者滋生观望情绪，募集资金更为困难。为此，工作团队主动作为，紧紧抓住稍纵即逝的窗口机遇期，顺势运作，灵活把握和调整工作节奏，迅速完成江南造船增资工作。

一是找亮点。充分发掘江南造船作为核心优质军工资产的有利条件，加大向国家队层级的机构投资者的路演推介，大力宣传江南造船百年军工历史，手持订单饱满，发展前景看好，吸引了资本市场的特别关注。

二是抓重点。工作团队了解到，银保监会通过定向降准，给五大商业银行释放资金用于降杠杆用途，支持实体经济发展。因此，这次主攻方向选定工农中建交五大商业银行新成立的资产管理机构。经过不懈的努力，建行旗下的国新建信基金认购 12 亿元，交银投资认购 10 亿元，工银投资联合中船投资认购 8 亿元，中银投资认购 5 亿元，农银投资联合国发基金认购 6 亿元，五大商业银行合计 41 亿元，占总募资额的 61.3%。

三是推热点。基于江南造船上市高度符合国家相关行业融合发展政策精神，以及江南造船自身军品业务发展需要和行业融合发展的实际情况，经过工作团队的积极争取，两家行业融合发展产业投资基金合计认购近 16 亿元。

（五）高标准严要求解决瑕疵资产问题，加速提升资产处置能力和资本运作水平

产权清晰、资产干净是资产证券化（上市）的基本条件。而对江南造船这样一个有着 150 余年历史的老国企来说，不仅有上海世博搬迁土地补偿悬而未决等问题，还不可避免地存在土地瑕疵资产、房产瑕疵资产、三类人员等遗留问题，相关资产处置难度大，这使江南造船的整体估值严重低估。再加上成员单位资产处置专业化能力较弱，因此对于历史遗留问题、违规投资建设等问题导致的瑕疵资产处置办法匮乏。为此，工作团队按照资产合规化工作标准，进行认真细致的调研、梳理与处置分析，全力做好资产盘点工作，将待处置资产分为两类，对符合办证条件的资产及时办证，无法办证的坚决予以剥离。

一方面，经过不懈努力，先后分三批完成江南造船 10 家下属投资公司及多处瑕疵不动产的剥离工作，满足国务院国资委资产评估备案与证券监管的合规性要求，为百年军工资产注入上市公司迈出关键一步。另一方面，创新工作方法，面对江南造船土地房产办证工作时间紧、任务重、难度大的现实，工作团队编制土地房产办证的专项“作战图”，工作计划细分至每天，同步开展内部决策程序与外部手续，充分利用工作时间及休息时间，将问题一一击破。最终仅用时 6 个月就圆满完成困扰企业多年的长兴一期权证办理工作。

有关三类人员统筹外费用预提问题，根据资本运作需要，按照有关监管规定要求，制定费用预提标准，对拟注入资产所涉及离休、退休、内退的三类人员统筹外费用进行精算和预提，并在财务报表中相应调整。

（六）加强投资者沟通，赢得监管部门和市场投资者的认可与支持

中国船舶此次多元化资本运作涉及市场化债转股，市场化债转股政策涉及国家发展改革委、中国证监会、国资委等多部委，债转股投资者名单需获得积极稳妥降低企业杠杆率工作部际联席会议办公室的支持函，以及需要国资委和中国证监会的同意方能实施，只要有一个部委否决，方案将无法实施。同时，江南造船又是国家重点保军企业，要想登陆资本市场又需要国家国防科工局等有关军工单位审核同

意。因此，在规定时间节点内获得相应审批文件，挑战艰巨。并且，重组实施属于上市公司关联交易，大股东需回避表决，方案能否顺利获得股东大会审议通过存在不确定性，要想顺利通过需要赢得资本市场的认可，得到市场投资者的赞同票。

为此，中国船舶集团主要领导高度重视，亲自出面“总对总”沟通相关部委，亲自拜访各部委及主管部门，使重组项目获得关键性支持。在资本市场，中国船舶运用多种资本运作手段维护上市公司在市场上的良好形象，争取广大投资者的认可，为本次方案的顺利实施保驾护航。

从维护合法股东权益和市场反应出发，及时做好市场各相关方投资者关系工作，特别是债转股机构投资者的沟通，避免市场情况波动造成股价异常。另外，考虑到产业上下游的联动性，募集配套资金的机构重点关注军工央企集团、与标的公司主营联系紧密的产业基金、央企集团和地方国资企业。

一方面，加强舆情监控，通过投资者热线、E互动平台、现场互动交流等方式，重点跟进了解投资者诉求，认真回答投资者提问，争取投资者对方案的理解和支持。另一方面，加强境内外机构的路演工作，向投资者、证券研究员、分析师宣传公司的投资价值所在，一定程度上为公司股价稳定产生积极作用，为争取更多机构投资者的投票支持做好前期准备；全面梳理股东结构，制订券商、基金、机构投资者和个人投资者投票征集方案，专人跟进并开展境内外机构逐一路演，有策略、有针对性地争取股东投票支持，最终项目在股东大会上以高票获得通过，有效维护了上市公司的资本市场形象，赢得了资本市场的认可。

三、大型船舶企业推动上市公司高质量发展的优质资产运作管理的效果

（一）完成既定目标，提升了上市公司价值创造和价值实现能力

通过本次交易，中国船舶集团总体资产负债率大幅下降，实现军工资产上市，提升资产证券化率；生产实体企业获得直接股权融资资金，降低资产负债率，减轻财务负担，实现轻装上阵。

通过本次重组，发挥上市公司的资本运作功能，实现军工优质资产与资本市场的连接，在更高层次、更广范围、更深程度上推进国防工业和海洋经济建设的高质量融合发展。同时，在提升中国船舶集团资产证券化率（原船舶工业集团公司的资产证券化率提升至50%以上）的基础上，利用上市平台扩大融资规模，充分利用资本杠杆效应，解决江南造船等军工企业在快速发展过程中的资金瓶颈，为企业生产经营提供资金保障，提高江南造船等实体企业市场化运作水平，有力配合了两大船舶集团的战略性重组，为后续船舶领域上市公司战略性重组奠定良好基础。

本次重组的同时募集配套资金38.668亿元，用于江南造船数字造船创新示范工程和高端超大型集装箱船舶技术提升工程等募投项目，补足生产短板，满足江南造船承接新产品订单的需要，从而更好地推动其高质量发展。同时也有利于江南造船继续加强军工能力建设，强化企业技术创新能力，为我国船舶工业发展做出新的更大的贡献。

（二）完善了国有控股上市公司治理机制，实现了国有资产保值增值

本次交易完成后，中国船舶集团将核心军工资产注入了上市公司，同时继续保持对中国船舶的绝对控股地位不动摇，大幅提升了集团资产证券化率。上市公司股权结构进一步优化，战略投资者等积极股东在公司治理、企业经营等方面发挥了积极作用。重组后，上市公司董事会、监事会进一步丰富了人员配置，实行经理层成员强化任期制和契约化管理，三项制度改革持续深化，中长期激励政策探索推进，党建等改革任务进一步深化，国有上市公司治理结构不断完善。

此外，经市场公允价值评估，江南造船等标的企业资产增值率普遍在20%~80%，本次交易规模达412.35亿元，成为2020年国内资本市场最大资产重组项目，上市公司市值也由原来的200亿元规模大幅提升至千亿级水平，实现了国有资产的保值增值。上市公司注入了百年军工优质资产，运行质量得到明显提升，投资者合法权益得到保障。

（三）完善了以管资本为主的经营性国有资产管理模式

本次资本运作推动了中国船舶集团核心军工资产注入上市公司，有效促进重点行业和重点企业以上市公司为平台开展的专业化整合。上市公司运营质量和产业布局持续优化，价值创造能力不断提升。本次资本运作完成后，江南造船、外高桥造船、中船澄西成为上市公司的全资子公司，形成“主业突出、板块清晰”的架构，完善了以管资本为主的经营性国有资产管理模式。本次重组整合的江南造船在军、民船舶建造领域具有较强的核心竞争优势和行业地位，显著提升了上市公司的质量效益和持续经营能力，精准化解了前期因外高桥造船连续大幅亏损导致的退市风险，有助于上市公司扭亏脱困发展。另外，在引资期间，上市公司提升了信息披露和规范运作水平，切实提升了上市公司的价值实现能力。

（成果创造人：贾海英、张英岱、陶　健、张东波、钟　坚、陈　琼、施　俊、汤玉军、刘　辉、贾志豪、郎　文、包博競）

钢铁企业基于数字化预警模型的全域智能风控管理

南京钢铁股份有限公司

南京钢铁股份有限公司（以下简称南钢）始建于1958年，2000年9月在上海证券交易所上市，是国家特大型、江苏省重点钢铁企业和国家级高新技术企业，具备年产千万吨级钢材的生产能力，已成为世界一流的中厚板基地、国内领先的特钢基地和复合材料基地。在中国企业500强榜单中，位列中国企业第145名、江苏省企业第7名。2020年，经济效益综合指数、全员劳动生产率等重点指标在行业企业排名中位列第1名。

一、钢铁企业基于数字化预警模型的全域智能风控管理的背景

（一）主动应对不确定性环境，推动企业高质量发展的需要

面对国内外复杂多变的形势，特别是国内经济转型、国际逆全球化、贸易战、新冠肺炎疫情冲击、大宗商品价格宽幅波动和全球供应链体系的脆弱性，在经济发展新常态下，企业将面临更多不可预知的困难和风险，全面风控管理作为企业治理体系和治理能力现代化的重要组成部分，是企业高质量发展的重要保障。

钢铁行业业务流程复杂、与上下游产业链紧密度强、企业重资产等特点，给钢铁企业风险防范增加了很大难度。钢铁行业传统风控面临多重挑战：一是管理者对企业运营风险掌握不精细，造成决策靠经验；二是线下流程冗长、占比大，造成内部控制低效；三是大量数据没有有效利用，造成信息失真、风险管理全面性不足；四是风险管理预防性手段不足，难以及时堵塞漏洞，致使损失扩大；五是缺乏掌握数字化技术的复合型风控人才，造成风控能力与发展需要不匹配。这五大痛点，说明传统风控已不能适应钢铁行业高质量发展的迫切需求。为此，南钢采用新一代信息技术，建立以风险管理为导向、以增加价值为目标、以完善治理为目的、以信息技术为手段的智能风控管理，对于提升治理水平和风险防范能力，助力企业加快实现转型升级和高质量发展具有重要意义。

（二）落实立足南钢数字战略的需要

近年来，随着南钢发展战略的深入推进，其规模持续扩大，控制链条不断延长，业务类型与业务范围不断拓展，分公司、子公司越来越多，组织形式更加复杂，致使南钢面临的战略风险和经营风险与日俱增，董事会、高管层对准确掌控风险的需求十分迫切。目前，南钢的风控管理虽然具有比较扎实的基础，但“事前、事中”风控管理的手段和力度还不够，风险的预防性手段不足，尤其是风控数据的采集、识别、评估能力还需要进一步提升。因此南钢依托数字化转型，建设以“强内控、防风险、促合规”为目标的智能风控管理体系，打造新时代的“南钢之治”。

二、钢铁企业基于数字化预警模型的全域智能风控管理的主要做法

（一）围绕企业发展战略，部署全域智能风控管理体系建设

1. 确立目标

秉承南钢“创建国际一流受尊重的企业智慧生命体”的愿景，牢牢把握创新发展、数字化转型、双主业发展三大成长曲线，在实现南钢高质量发展的同时，建设以“强内控、防风险、促合规”为目标的智能风控管理体系。该目标的提出是基于南钢完善的工业互联网应用和一支专业高效、工作严谨、团结协作的风控团队，在内控流程梳理完善的基础上，建立以风险管理为导向、合规管理监督为重点，严格、规范、全面、有效的内控体系。强化管理制度化、制度流程化、流程信息化的内控理念，通过信

息化手段落实各项规章制度，将风险管理和合规管理要求嵌入业务流程，形成全员、全方位、全流程、全链条的风险防控机制，保障南钢稳定安全运行。

2. 确定实施路径

围绕目标落实，确定可行路径。一是风控管理实现与业务信息系统的数据互联互通；二是风控标准嵌入业务信息系统流程；三是导入大数据智能分析工具，重点围绕南钢采购、销售、工程、设备等关键领域的风险点，充分识别及收集相关风险数据，形成风险数据库，建立重要业务活动的风险矩阵，制定相应的风险防范措施和预案，通过及时采集各业务信息系统内的相关数据，结合启信宝等第三方征信数据和互联网大数据，运用大数据分析、云计算、人工智能（AI）数据挖掘等新技术、新方法，建立快速柔性风控模型，从而形成集风险因素的敏捷监测分析、智能预警反馈、及时督促整改为一体的智能风控平台，如图 1 所示。通过该平台实现对南钢经济运营活动的实时监测、动态预警、综合防卫“三大功能”，防止风险由“点”扩“面”，避免发生系统性、颠覆性重大经营风险，打牢企业治理现代化的基石。

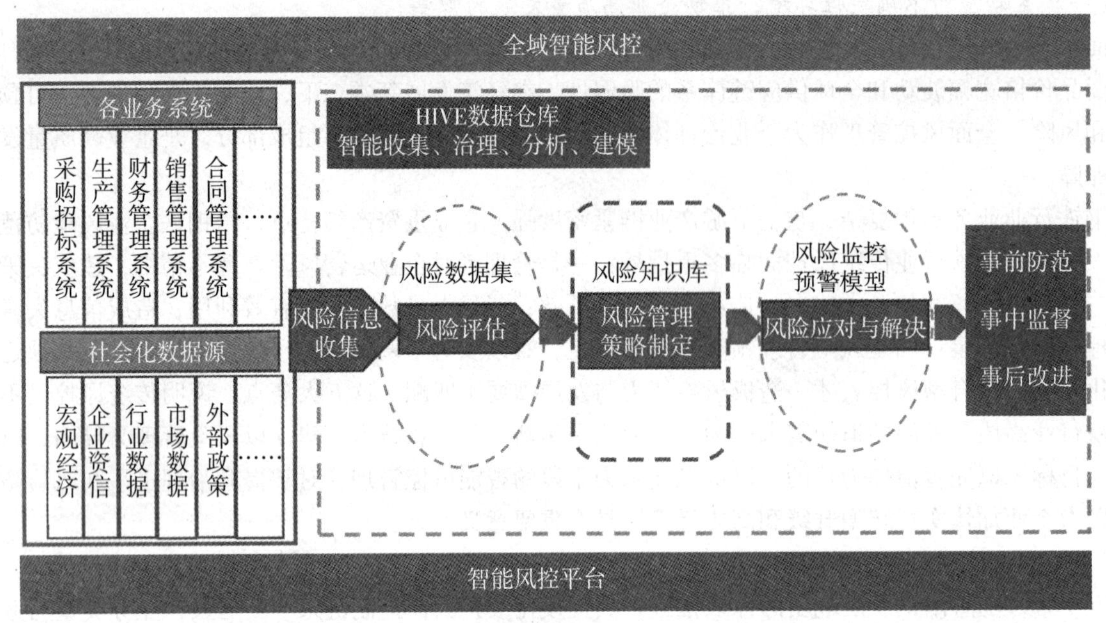

图 1　智能风控管理总体框架图

3. 强化组织保障

为推进南钢智能风控管理建设，南钢成立由党委书记、董事长挂帅的专门项目推进组织，为高效推进协同建设提供组织保障。南钢党委负责智能风控管理的领导工作，董事会是南钢智能风控管理的决策机构，董事会下设风险管理委员会，成员由各职能部门主管领导和专家构成。公司风控部负责对公司智能风控管理工作进行组织协调和统一管理，按要求构建完善的全面风险管理体系，协调各部门、专业化公司开展相关领域风险管理工作，督导各单位建立健全全面风险管理体制和运行机制，开展公司风险管理的评价工作。同时，扩大风控的深度和广度，在各重要经营单位派驻风控专员，建立能打硬仗、敢于“亮剑”的风控队伍，为南钢发展战略保驾护航。

同时，以设立重大创新项目为抓手，深入推进智能风控建设。经过严格的项目论证、评审、审核，由相关部门牵头，涉及部门配合的“南钢智能风控管理建设项目”被列为重大创新项目，与总裁签订重大创新项目合同，合同明确项目解决的问题、项目需求及支撑条件、项目攻关目标及分阶段实现的目标。基于创新项目的合同内容，全方位、多角度、深层次地推进智能风控管理建设。

4. 打造风控文化

进一步加强风控团队自身能力建设，加强全员风控文化建设。通过运用信息化、数字化的手段，明晰业务关键风险点内控体系，使广大员工能够识别并自觉遵守一定的风险价值和风险管理行为标准，建立信息化、标准化的风控管理流程和操作细则，确保强有力的一线风控能力；通过建立以风险常识、法律法规等为主的风险知识库，将碎片化的风险管理经验进行抽象概括并系统化，结合线上学习平台对广大员工进行引导、宣传与培训，广泛开展对标学习，与高校、外部专家深度合作交流，提升员工风控实践水平，让风控的理念逐渐渗透到每一个人、每一项工作中，形成“每个人都是一道风控屏障”的企业风控文化。

（二）围绕风险管理策略，全面开展风险收集与智能评估

1. 建设经营大数据平台

南钢从公司经营战略、商业模式、价值取向、品种结构、市场布局，以及竞争的战略高度和战术需求出发，构建经营大数据平台，通过运用大数据、云计算、人工智能等先进信息技术，充分开发和有效利用公司内外部的信息资源，与 Mysteel、钢之家等外部信息资源机构合作，实现全流程生产、全领域经营管理、上下游产业链企业及第三方服务等全链条数据的互联互通，打破了数据孤岛，并进行系统性整合，通过集信息搜集、信息加工、存储、分析、判断、共享、检索、决策等于一体的智能化科学决策平台建设，满足决策层快速响应内外部变化的需求，并为各部门提供所需的管理分析工具。通过信息互相协同的科学系统的数据中心，掌握全要素实时动态，从而辅助管理者驾驭数据、洞悉价值、提高决策效率和能力。经营大数据平台功能包括政策与行业信息、采购与营销信息、成本与利润分析、安全与环保联动、技术质量趋势分析等，在相关数据收集、存储、加工的基础上，建立相应数据分析系统，例如，市场数据分析系统，包括定价分析、成本利润分析、预测分析等，对市场数据自动敏捷分析，及时调整采购及营销策略；在采购方面，建立采购库存大数据分析系统，跟踪大宗物资采购计划完成进度，设立存货状态库存看板，实时调整采购计划；在能源管理方面，建立能源消耗、平衡分析系统，对能源数据的使用精准预测。经营大数据平台的数据收集、加工、分析等功能，不仅有利于决策，也为风控预警模型的构建筑牢坚实基础。

2. 构建风控数据集市

南钢构建统一大数据平台，实现企业内部横向数据打通、纵向数据汇集，联通企业上下游生态数据，对接第三方权威平台数据，构建统一的风控数据源。利用智能风控平台实现大数据存储、大数据计算分析引擎、机器学习等技术底座，对数据进行采集、抽取、清洗转换、提取训练样本，并基于风险场景进行特征加工，运用计算机模拟（如蒙特卡罗分析法）、时效状态与影响分析、事件树分析等进行风险识别、风险评级、风险规避，同时利用大数据智能分析、数据可视化等技术，深度挖掘风险数据价值，发现问题，防范风险，及时指导赋能战略调整，包括对投资、研发、销售等提供可信的数据支撑，提供实时动态的预警、预测能力，支撑企业风控的智能化、企业运营的透明化。

风险数据采集系统还提供数据质量管理功能，从方便使用的角度出发屏蔽底层大数据治理的技术细节，根据不同场景的业务需求，将大数据分析、挖掘等能力封装成独立的功能模块，以功能组件的形式为风控人员提供便捷易操作的大数据处理功能。基于风控数据采集的智能化，实现对风险管理信息的动态管理，依据需求定期或不定期实施风险辨识、分析、评价，对新的风险和原有风险的变化重新评估。

3. 开展智能风险评估

将定性与定量方法相结合应用于风险识别、风险分析、风险评价中。风险定性评估采用问卷调查、集体讨论、专家咨询等方法对风险点进行充分的辨识、分析和评价。定量评估时，将各风险度量规则植

入智能风控平台，通过测试等方法，确保评估系统的假设前提、参数、数据来源和定量评估程序的合理性和准确性，并根据环境的变化，定期对假设前提和参数进行复核和修改，将定量评估系统的估算结果与实际效果对比，据此对有关参数进行调整和改进。采用数据预测分析、趋势分析、同行业数据比较分析、计算机模拟分析、概率分析等方法进行定量分析，对风险评估工作起到了重要的支撑，有利于选择最优的风险管理策略。

4. 建立风险策略知识库

南钢围绕“信息—业务—知识—智能”建设方式，汇聚风控工作标准、法律法规、风控经验、案例等信息，应用知识图谱、自然语言处理等技术，建立风控策略知识库，对知识库中实体、对象建立逻辑映射、内容钩稽关系，形成知识图谱，优化传统信息检索和查询方式，在南钢工业互联网统一框架下实现海量知识数据的存储与管理、风控与业务深度融合、文档知识提炼与关联及智能化策略分析与服务。

南钢风险策略知识库的建立，不仅有利于其根据企业自身条件和外部环境，围绕企业发展战略，确定合适的风险偏好、风险承受度、风险管理有效标准，选择合适的风险管理工具，还可以方便其总结和分析已制定的风险管理策略的有效性和合理性，结合实际情况不断迭代和完善。

（三）创建数字化预警模型，完善风控管理标准

1. 建立智能风控平台

南钢面对复杂多变的市场环境，积极强化风控体系，突出事前风险预警、突出新技术的应用、突出风控效率改进、突出战略决策支撑，推动风控管理从事后监督向预警预防转变。搭建智能风控平台，促进“组件＋流程＋业务”的全流程可视化业务生成，屏蔽底层的大数据分析实现技术细节，根据不同场景的业务需求，将大数据查询分析、数据挖掘等能力封装成独立的功能组件，包括数据采集类、数据清洗转换类、数据分析类、AI 机器学习类、实用工具类、二次开发类功能组件。组件可流程化拖拽、流程可自助化编排和流程模板化可重用，能够快速实现各种个性化分析业务的模型创建，实时展示风控模型预警图形。在大数据环境下，依托云技术统筹多部门、多系统、跨领域的大数据风控资源，形成风控团队协同作战，满足大数据环境下风控工作的需要，通过大数据分析和快速柔性风控模型的建立，实现风险数据的敏捷监测分析和预警反馈，以及从注重已知风险的管理向挖掘未知风险的转变，把个人经验固化到系统模型中，最终实现“让数据来站岗、让平台来守望”。

2. 创建数字化风险预警模型

智能风控平台将信息技术、管理规则、个人经验深度融合，实现“制度流程化”“流程信息化”“经验模型化”。目前智能风控平台已开发了 114 个风控预警模型，覆盖公司运营的各主要领域，如招标、采购、销售、工程、财务、合同、燃料验收等，以及全流程跟踪、画像等其他预警模型。在智能风控平台上，可对单一模型进行自由组合，综合判断“人员”“事件”“单位”的风险等级。例如，可以利用招标及采购模型搭配组合，判断供应商各维度的风险等级，对供应商进行综合画像。我们采用的“智能可视化算子模块”功能在不需要专业计算机人员编程的情况下，可由风控人员自行对模型进行快速的迭代、扩展、优化，模型数量将会根据业务变化不断调整、优化、增加。

根据风险评估结果，对模型设定相应的阈值，根据预警结果制定干预机制。风控预警模型设置成定时任务后，平台自动运行，可在无人干预的情况下自动执行，并将超出阈值的数据，根据严重程度通过系统处理，自动以短信、邮件和日志等形式发送给决策者、执行者、监督者等，对处于萌芽状态的风险及时（自动）进行提示与预警，防止风险和损失进一步扩大，同时还可以精准发现问题或线索，提高监督和舞弊调查的能力。

为了提升大数据处理能力，引入区块链技术，保证业务过程数据的可追溯性，建立在区块链应用基础上的预警模型，汇聚了南钢各业务条线及子公司条线的业务数据，构建南钢风控可信数据池。利用区

块链技术对业务的过程数据进行实时捕捉，实现远程实时前置式数据监控，支持风控从事后向事中前移，提升风控数据的可信性和监督过程的实时性，有效提升南钢风控业务覆盖的广度、深度与风险识别的精准度。

3. 构建标准化风控管理制度

打造风险管理的标准化，由经验式无标准作业为主向标准化处置作业方向发展，是实现智能风控的基础。南钢借鉴 ISO 31000《风险管理指南》、COSO《企业风险管理框架》国际标准和 GB/T 24353—2009《风险管理 原则与实施指南》国家标准并消化吸收再实践，按照“全面铺开、提高认识、重点突破、取得成效”的工作思路，推进标准化风险管理在经营管理各个环节的应用，通过信息技术手段，将抽象的评价标准转化为具体的数据模型，将概略判断转变为精准评价，结合智能化的风险应对和监督改进流程，有效应对南钢朝着多元化专业全、类别多、分工细方向发展所面临的风险的复杂性和不确定性。

4. 打造风险“探针”，实现非接触式控制

通过智能风控平台，把各业务系统中的数据抽取至数据仓库，在此基础上建立预警模型，实现在不影响业务经营活动的情况下，向业务部门实时进行预警反馈，提示运营过程中需防范的风险，强化事前预防能力，既保证业务运营的效率，又增强风险的防控能力。通过运用区块链、人工智能、模块化算子等技术提升预警模型的应用能力，实现非接触式控制。

（四）全面应用风控模型预警，提升关键环节风控管理能力

1. 招投标管理及预警模型应用

长期以来，招投标业务的管理一直是企业风险控制的难点和痛点，主要表现为：流程复杂、标准难以统一、风险点多、人工控制占比大等，难以做到“阳光、透明，过程可控”。针对招标投业务流程的痛点和难点，南钢将招投标过程的“投标”“开标”“评标”“定标”等全程实现智能化线上管理。同时，利用区块链多中心协作、不可篡改、可追溯、透明可信等特点，通过区块链技术将招投标全过程数据上链，以智能合约技术支持招投标过程管控。首先通过数学建模，实现招标流程智能化；其次，联合外部力量，通过云计算、区块链技术赋能，搭建招标公信联盟链，为生态内各方在招投标与交易过程中的数据增信，保障公允。另外，根据招投标业务的风险评估结果，在主要业务流程设置各招标业务风控预警模型，如在投标环节设置疑似围标风险预警模型，对股东关系、组合投标率、IP 地址关联、招标文件相似度、供应商基本信息等进行自动比对发现围标风险；对招标—合同—协议—订单设置执行比对模型，自动比对招标明细条款、合同协议具体条款、订单条款的一致性，出现异常自动预警，自动发送预警信息到业务人员和风控人员；对招标价格设置了采购价格异常变动模型，系统自动比对某物料的价格与历史价格、同期价格、其他供应商价格的变动范围，针对大宗原材料价格，系统自动对接外部资讯网站，可对异常的价格变动自动预警。在招标类风控模型创建过程中，南钢还充分运用区块链技术解决传统信息技术的不足，提升数据的可追溯性，分析业务过程中的行为，如投标文件修改异常预警模型，若某供应商在投标过程中对投标文件反复修改，特别是在投标截止日期前频繁修改，区块链将自动上链记录，模型根据预设阈值自动预警；再如流标原因异常分析模型，若出现多次流标，区块链自动记录流标过程信息，通过模型自动比对每次流标的信息，让风控人员可直观发现异常风险，如招标门槛的设定、流标价格异常等。

2. 工程建设管理及预警模型应用

工程项目建设具有周期长、信息量大、多方参与、流程复杂等特点，通常是企业风险控制中的难点和痛点，南钢将管控规则、预警模型融入工程业务流程，构建涵盖多方用户、节点阳光透明、审核公开公正的工程全流程管理系统，针对工程项目建设过程中的常见管理问题，在工程管理系统中设置超投资

概算、资质异常、合同进度款超领、结算违规申报、材料超领等系统管控点，及签证异常预警、甲供材领料异常分析、工期延期预警、出门证结案异常分析等预警模型。例如，签证异常预警：签证申报时，系统将签证内容与已完成申报签证进行比对，如发现在同一施工部位，出现类似工作且工作量相近，系统会提示可能存在工作量重复申报风险；甲供材领料预警：当工程进度已完成 90% 时，出现大量甲供材申领需求，系统会根据预警值提示可能存在甲供材虚领风险；工期延误预警：系统将网络进度图与填报实时工程进度比例进行比对，当超过预警阈值时，系统就会提示可能存在工期延误风险；等等。多点结合，形成严密的工程管控预警网络。同时通过系统全面筛查与现场重点核实的方式，实现线上管控与线下核查相结合的工程风控管理方式，确保工程项目监督的全面与严谨。

3. 合同管理及预警模型应用

智能风控平台全面对接合同管理系统，合同全流程实现线上管理，南钢将长期积累的合同风控经验及风控规则植入风控模型。通过外部互联网大数据穿透风控模型从而自动校验和触发并反馈负面结果，不同风险等级对应不同预警及干预机制，预警信息通过智能风控平台传递给不同层级的人员。如客商征信风控模型，实现合同管理全周期的客商征信智能管控，实现客商不良资信的自动预警，实现人与机器的智能和机动结合决策，极大降低因客商资信问题带来的后续履约风险。例如，在采购业务的“合同签约”节点，在运行合同签约流程时，系统会自动检查合作方征信。当合作方征信数据正常时，流程自动运行；当合作方征信数据超过预警线时，如合同金额大于合作方的公司注册资本时，系统自动管控不允许签约，若业务员想流程继续时，其必须在该结果触发界面提起审核流程。在智能过筛客商功能上线前，曾发生客商已被列为失信被执行人，但公司仍与其开展合作、签署合同等。该功能上线后，客商是否失信或者客商的其他征信维度，均可在关键节点预警，避免了因合作方选择不慎的后续风险。合同履约异常预警模型在履约纠纷高发的采购和销售业务中植入包括付款、收货、收款、发货等 6 个预警维度的合同履约管控和履约预警规则，通过预警规则建立相应的预警模型，借助系统自动调取履约数据和电子合同，实现履约数据与合同约定的自动比对，系统自动实时推送预警结果，根据履约异常程度传递给不同层级的人员和部门，进而根据动态适时介入。例如，在采购业务中，若某一合同项下的一批大宗原、燃料直至合同约定的交货时间届满前 2 天仍无入库记录，风控预警模型就会自动提示业务员该合同的交货时间只剩 2 天，要求跟进供应商的交货进度或者向供应商发催交货通知；当合同约定的交货时间已届满，供应商仍未交货时，系统会自动将该履约异常通报至业务员的直接领导；当合同约定的交货时间已届满 15 天时，系统会自动向业务领导和风控人员推送预警信息，风控人员可及时采取相关的应对措施。

4. 财务成本管理及预警模型应用

成本效益预测与分析是实现南钢生产经营实时监控和智能决策的重要手段，原先其成本预测仍依靠手工操作，效率低，与系统数据资源嫁接不充分，准确率无法满足风险管控与决策需求。为加强 ERP 系统数据应用，实现对生产经营的实时监控和辅助智能决策的目标，南钢开展了成本预测系统建设。以 ERP 成本系统为依托，进一步增强财务与业务融合，构建了一个动态预测、对比分析一体化的全方位成本效益预测模型体系，提高预测的及时性和准确性，为南钢决策提供财务数据信息支撑。基于成本预测系统在智能风控平台建立了成本管理预警模型，例如，副产品与产量比对模型，当副产品产出量与生产量出现不平衡时自动预警；原辅料波动分析模型，当原辅料预测成本占比高于阈值时自动预警；等等。另外，建立合理库存分析模型，通过推动系统库存信息实时采集，确定库存数据源规则，统一库存数据语言。建立合理库存分析模块：以库存周转分析为基础，按存货周转天数推动月度库存标准值的设置；模拟外储库存进场时间，实时更新可用库存信息，推动库存实时画像，结合次月耗用量，支持月度、季度、年度库存滚动预测和采购计划制定；以库龄分析为基础，设置红黄灯预警值管理，有效提升库存风险预警管理。

5. 能源管理及预警模型应用

钢铁企业用能情况复杂，传统能源管理数据采集难、能源数据分析不全面、预测不精准、缺少及时预警等风险防范功能，为此南钢在节能减排，加强环保建设的背景下，借助先进信息化技术，建立数据精准、管控集中、业务协同、应用高效快捷的一体化智能型能源管控系统，实现能源消耗数据在线管控。对分散能源、生产、财务数据进行采集、加工、分析、处理，以实现对能源实绩、能源计划、能源平衡、能源预测等全方位的监控和管理。例如，能源消耗模型，对吨钢综合能耗的分析，能源消耗指标大于预警值实时预警；能源供需管理模型，反映各种能源介质的生产和分配情况，包括用户使用量、放散量、损失量、转换量等；能源平衡模型，全面、准确、及时地反映企业和各用能工序能源使用状况；能源成本消耗管理模型，反映企业能源成本、能源系统成本和各生产工序能源成本；能源分析预测模型，根据能源介质产生、配送、消耗过程和历史运行曲线，结合用户需求计划自动分析能源转化过程中的各种能源介质的变化情况，为生产提供科学预测，直到生产安全进行；能源产销模型，为企业制订能源计划提供辅助。

（五）完善全流程闭环管理，高质量抓好监督与改进

1. 建立监督改进的信息沟通平台

南钢通过智能风控云平台，建立贯穿整个风险管理基本流程，连接各上下级、各部门和业务单位的风险管理信息沟通渠道，确保信息沟通的及时、准确、完整，为风险管理监督与改进奠定基础。同时运用信息化手段，以重大风险、重大事件和重大决策、重要管理及业务流程为重点，对风险管理信息、风险评估、风险管理策略、关键控制活动及风险预警的实施情况进行监督，对风险管理的有效性进行检验，并根据变化情况及时改进，并把相关信息通过人工智能（AI）智能学习到知识库中，支撑风险管理的优化，形成风险管理的闭环。

2. 强化审计作为风控第三道防线的作用

在问题与风险导向下，通过事前风险管理、事中内部控制及事后审计核查“三道防线”的建立，持续提升审计发现问题、提示问题及整改问题的能力，不断强化审计监督问责机制。实施智能审计，提升风险防控能力。一是实施大数据审计全覆盖工作方式。以基础数据为核心，创建审计数据仓库，构建大数据审计分析平台，建设云数据库分析系统等，为大数据审计全覆盖提供技术支撑。二是多角度数据汇总，开展多维数据比对分析，发现传统审计方式下难以挖掘的隐藏问题。三是结合审计信息化作业流程、业务监管要求，提升整改工作的实效。

3. 打造坚固的诉讼风险“防火墙”

南钢诉讼管理系统以诉讼案件工作场景为核心，嵌入标准化的诉讼管理，综合考虑纵向汇报审批、横向业务协同、内外机构配合、总分公司监管等流程需求，将诉讼管理系统流程进行再造，实现流程纵横交错、内外总分兼顾。从纵向层面看，争议填报、诉讼策略会商、发起审批、案件办理、案件归档等流程均在系统中实现管控，确保实现案件办理全生命周期管理；从横向层面看，业务部门与法务团队在争议分析、案件处理等方面通过系统形成协同，有利于信息共享、智慧汇集；从内外层面看，在存在外聘律所或其他中介机构时，系统设置律所管控、成本管控，并提供便捷信息传递与文件分享方式，确保南钢在案件办理时能最大限度借助外部机构的智慧成果；从总分层面看，法务归口统一管理全南钢的诉讼风险，通过系统实现集团与子公司的诉讼管理全覆盖，便于上传下达、统一和整体把控，诉讼管理从总体上集动态与延续性、规范性、业务性和时效性于一身，极大提升了诉讼管理水平。

南钢诉讼管理在实现诉讼案件线上全生命周期管理的同时，在专业痛点和管理痛点上下功夫，专业痛点如诉讼文书模板、证据识别、证据清单、归档目录、案件大事记；管理痛点如任务检查、一键归

档、管理可视化、诉讼风险预警、重大节点提醒、诉讼黑名单等功能，实现从单一转向协同、从粗放转向精准，全方位提高专业和管理的水平，逐步达成诉讼领域的整体智治、高效协同的治理能力现代化目标，为数智时代企业经营带来更大价值。

4. 建成与廉政工作联动机制

在智能风控管理中建设电子监察系统，实现审计与廉政工作的信息互通、数据共享，加强智慧纪检监察。重点关注“阳光 + 业务”的四大业务领域运营改善项目，在招标、采购、工程、投资四大业务板块内运用“九宫格”的方式，按照“事前、事中、事后”和“不能腐、不敢腐、不想腐”将四个业务条线廉政合规要素进行整合，运用大数据、区块链、AI 智能结合废钢验收、工程 ERP 管理系统等信息技术和手段，设置预警系统，实现关键业务领域风险建模及分析预警，对现有大宗原燃料监督点延伸管理，而且深度介入废钢、合金、熔剂等领域监督管理，强化数据化现场巡察及问题整改与落实，实现从点到线到网的全覆盖管理，发挥廉政“吹哨人”作用。

三、钢铁企业基于数字化预警模型的全域智能风控管理的效果

（一）有效夯实企业高质量发展基础

南钢通过智能风控管理的建设，充分发挥风险管理的建设性和预防性作用，全面推进风控、内控、合规向价值增值型转变。充分利用“科技 + AI”的手段，对南钢各个风控环节进行迭代优化，深入开展精益化、数字化、智能化风险管理，全业务推进风控流程再造，提高风控效率，由原来的手工凭经验核查转变至风控人员对预警出来的数据进行分析，同时搭建 114 个风控模型，覆盖企业的采购、合同、库存、物流、生产、销售等关键环节的全面风控数据，数据获取时效提高 80%，精准率大幅提升，并将抽样核查转为全面监督。重大风险点数由 2018 年的 38 个降到 2019 年的 31 个，2020 年又降到 20 个，确保风控管理的全面性、及时性、精准性，助推南钢快速、健康、可持续发展。

（二）经济效益显著

南钢智能风控管理实现了风险数据的实时监测分析、提供预警反馈、督促整改的数字化风控管理方式，形成闭环管理，从而实现对南钢经济运营活动的实时监测、动态预警、综合防卫的“三大功能”：实时关注预警异常数据，对存在问题的事项进行处置，打造人机结合的风控“数字大脑”，促进南钢健康安全运行。通过模型的跟踪，实现事前智能预判、知风险；事中刚性执行、控风险；事后纠错整改、降风险。近三年，追损、挽损及精准预测等为公司创造效益突破 1.5 亿元。

（三）树立了行业标杆

南钢智能风控管理，站在为南钢增加价值的高度思考风控体系发展，运用信息技术实现智能风控，成为企业经济运行的自我“免疫系统”与“防火墙”，保障企业“阳光、透明”的生态环境，为实现企业战略目标的实现保驾护航，成为钢铁行业转型发展数字风控最佳实践，为中国智能制造的风控体系树立行业标杆。南钢已累计接待了数十次来自全国的大中型集团企业风控同行的参观交流学习；获得工信部智能制造试点示范、制造业与互联网融合发展试点示范、工业互联网 APP 优秀解决方案、江苏省智能工厂、江苏省工业互联网发展示范企业、江苏省智能制造先进单位、江苏省工业互联网示范工程（标杆工厂类）等国家、省、市荣誉 38 项。

（成果创造人：黄一新、王　芳、刘红军、郑志祥、吴　斐、夏志斌、
李　强、汝金同、耿学玉、朱　亮、邓中涛、许葛斌）

多业态资产管理公司以共享为中心的财务基础体系建设

中国融通资产管理集团有限公司

中国融通资产管理集团有限公司（以下简称中国融通集团）是国有独资公司，是中央管理的国有重要骨干企业，由国务院国资委履行出资人职责。注册资本人民币300.7亿元，员工1.5万余人，资产规模超2000亿元。目前已组建完成集团总部、5家区域管理公司以及地产、农发、旅游发展、科学研究院、安防国际、商业服务、资源开发、文化教育、医疗健康等9家子公司，累计设立法人单位161户，分支机构覆盖31个省区。

一、多业态资产管理公司以共享为中心的财务基础体系建设的背景

（一）高质量的财务基础管理体系是实现资产保值增值的有力保障

实现资本保值增值是中国融通集团经营发展的“第一要义”。从接收资产的情况看，中国融通集团呈现“资源+管理运营”的特质。一方面，资产体量规模大，分布点多面广；另一方面，业务多元，产业跨度大。综合中国融通集团资产特点，要实现资产高效管理，建立“大而强、强而活、活而更强”的良性循环发展模式，高质量的财务基础管理体系是必然选择和有力保障。

（二）搭建以共享为中心的财务基础管理体系是保障运营的管理需要

中国融通集团成立之初，面临接收资产情况复杂、财务记录不清、部分资产无账面记录、军财体系与企财体系差异较大、财务人员背景较为复杂、专业素质亟待增强等情况，而财务共享建设恰是中国融通集团实现集约化发展、市场化运营、专业化管理的关键突破口。

二、多业态资产管理公司以共享为中心的财务基础体系建设的主要做法

（一）构建以共享为中心的财务基础管理体系

1. 绘制以财务共享为中心的规划蓝图

中国融通集团结合财务管理现状、管控需求、业态差异等特点，遵循“前瞻性、通用性、开放性”原则，制定了支撑多业态发展的财务基础管理体系总体框架，提出以“赋能型财务共享”为中心，以“融汇共享建设”为思路框架，以制定符合融通特色的顶层规划方案为出发点，通过建立“1+N”模式的财务标准化基础，搭建全集团统一的财务共享平台，重塑“四位一体”的财务组织，打造财务管控中心、人才培养中心、价值创造中心，塑造数据驱动的高效服务力、风险管控力、价值创造力，并以“共建共治”建设模式推进整个价值体系在全集团范围内的复制和推广，支撑多业态业务快速融合。

2. 确定以价值管理为目标的建设方向

利益相关者价值最大化是中国融通集团财务管理的最终目标。为使财务价值管理落地见效，中国融通集团结合自身业态多、地域广、体量大的特点，在对标一流企业财务体系建设经验的基础上，明确了集约化、标准化、专业化、精细化、信息化发展道路，提出以提升价值管理能力为目标的发展方向，将信息化手段与体系建设深度融合，以财务共享建设为中心，对组织人力、业务流程、制度标准、信息系统、实施路径等进行价值论证，深入分析各个环节的价值驱动要素，如组织人力上推动财务转型、业务流程上注重提速增效、信息系统上强调业财融合，从而将资源要素整合为体系、内化到流程，发挥系统合力，为业务发展和战略决策提供良好的价值导向。

3. 明确支撑多业态的集团统建模式

以共享为中心的财务基础管理体系建设，核心是借助财务共享中心这种财务管理模式建设，融合资

源管理要素，提升企业的基础管理能力，助力企业战略落地。中国融通集团财务共享中心从建设伊始即选择集团统建模式，设立单一中心，提升管控力度、标准化程度和规模效益，努力打造全集团的数据中心和价值创造中心。具体考虑因素如下：一是集团公司处于组建、运营、转型的多期并行阶段，集团领导高度重视，聚焦管理精力至单一中心，利于共享模式的快速推广；二是全集团财务基础交易处理业务集中管理，便于推动集团管控举措统一落地；三是集团公司处于业务持续拓展阶段，统建模式可迅速支撑业务发展，为新业态提供稳定、统一、标准的财务服务及数据支持；四是建设单一中心，可减少各板块或不同区域的重复建设成本。

（二）制定财务标准化精益体系

1. 制定符合内外部监管要求的财务制度

一是参照企业会计制度、政府会计制度，出具集团统一的会计核算办法和财务管理制度，作为集团财务基础管理的纲要。二是坚持“五统一”（统一财务政策、统一会计科目体系、统一会计核算规则、统一财务管理标准、统一财务工作流程）原则，厘清集团各板块特色的财务基础管理规范，确保兼顾统一管控与精细化管理，为整体财务标准化体系建设奠定基础。三是充分结合财务基础实务管理要求，从制度层面明确科目使用及报表展示的规范性，确保财务数据的准确性与完整性，提升财务数据质量。

2. 制定覆盖多业态的“1 + N”会计科目体系

首先，确立科目设计原则。以“合规性、全面性、拓展性、精简性、统一性”为设置原则，中国融通集团设立了特色的“1 + N”会计科目体系，即在坚持全集团“统一”的会计科目体系架构基础上，可随财税政策变化不断优化，充分考虑会计科目体系使用上的拓展性与灵活性，兼顾多业态的业务经营需要及管理统计需求；对标监管报送口径精简科目层级，覆盖业务管理属性，丰富辅助核算设置，规范不同单位相同事项核算要求。

其次，完善会计科目体系。一是在一套核算体系中设置不同部分，对各板块业务分别梳理，在统一管理的基础上兼顾特性：对银行存款、应收应付账款、职工薪酬等通用科目统一规范，供各板块共同使用；对不同板块特殊业务，采取科目使用权限隔离的方式，规范使用范围与规则。二是建立年度科目体系优化调整机制：2020 年根据房地产、农业、旅游业三大板块深化管理需求将会计科目体系从 6 级精简至 4 级；2021 年随着资产接收单位逐步增加，业态不断拓展，继续优化通用科目设置，调整个性化科目比例，并增加管理统计用专项辅助。

最后，明确管控规程。为贯彻“1 + N”科目体系设置原则，应对不断变化的科目体系优化需求，中国融通集团制定了科目体系管理规范，对科目体系、核算内容及业务流程变更进行统一控制，合理设计使用权限和管理流程，各单位根据规范要求提出调整、优化的申请，经适当授权审批，集团统一维护。

“1 + N”特色会计科目体系的设置，覆盖了多业态下的核算要求，实现了财务数据真实、准确、全面、高效反映集团各业态价值活动的目的，推动了财务管理精益性、内部控制高效性、信息监管规范性的变革。

3. 梳理覆盖全场景的“卡片式”会计核算规则

首先，串联业财场景。基于集团财务政策和标准化科目体系，中国融通集团结合八大板块的全业务特点，将业务场景与核算规范相融合，采用“业务端—核算端”的卡片式呈现，编制《会计核算标准化手册》，以业务事项为出发点，充分考虑人员、部门、项目、阶段、用途等判断要素，将场景落实到点，流程汇总成面，直观展现业务场景下的核算处理，为财务数据的可用性与连贯性打下坚实基础。

其次，细分标准要求。通过梳理业务报账及审核场景，划分费用报销、资金收付、日常采购、收入收款、存货管理、资产管理、投融资管理、薪酬管理、成本管理、税务管理、总账标准化要求共 132 大类，配套梳理涵盖核算处理场景约1万个，把控各个环节标准，确保落地实施有据可依。

最后，结合应用实例。将核算场景分解结构至具体事项，中国融通集团以纲代目，采用思维导图方式排列、组合、应用业务场景内容。以收入应用为例，将收入确认、收款确认、收款退款作为核算场景界定基础，考虑关键判断要素：收入类别、收款条件、收款方式、收款与收入事项，其中收入事项包含销售折扣折让、销售红冲退回、坏账管理事项，以实例为导向，确保业务流程在财务数据中全面体现。

4. 建立覆盖全板块的“财管融合”统一报表体系

筛选、利用现有信息化系统中的有价值数据，从决算到管理报表，组合成高度自动化取数的管理统计报表体系，满足基本数据统计需求，为预警、分析作铺垫。从中国融通集团目前集成程度较高、标准化程度较高的财务类信息系统入手，基于财务相关信息系统数据信息，根据业务价值链及管理流程，逐项识别、聚焦统计需求，打造形成涉及房地产开发与租赁、农业生产、酒店服务、商业服务、资源开发、科学研究、安保服务、文化教育等现行业务领域的分析指标库。

5. 编制面向全用户的标准化指导手册

在落地规范指引方面，中国融通集团制定服务全用户、覆盖全流程的各类标准化手册。一是通过核算流程梳理，编制《核算流程手册》，在流程中嵌入相关财务内控管控节点，绘制各项经济业务核算流程图，定义流程中相关节点确认的会计要素和输出的会计信息。二是为指导前端业务人员按照财务管理规范和要求开展报账业务，编制《业务报账标准化指导手册》，规范业务前端经办人员按规定开展各类经济事项业务报账活动，并推动业务管理规范化，提高基础管理能力。三是为提升集团会计核算的工作和会计信息质量，提高财务风险管控和支撑能力，编制《财务审核标准化指导手册》，指导财务人员在统一、规范的标准下执行日常财务审核、管理工作，确保日常财务风险得到有效管控，确保会计信息真实、完整。

财务共享中心是集团会计政策的执行者，也是各板块会计政策落实情况的监督者，在严格落实集团“五统一”要求的基础上，从独立第三方的角度，规范各板块基础核算业务，确保会计政策执行到位，以财务的标准化，带动业务的规范化。

（三）重塑“四位一体”财务组织

1. 明确转型方向

随着中国融通集团接收资产越来越多，针对各子公司财务存在岗位设置不健全、财务人员兼岗严重、各板块分工标准差异大、财务效能发挥不充分等问题，中国融通集团开展财务职能重构，以共享中心建设为契机，遵循“显著提升集团对财务核算与财务人员的双重管控力度，助力财务转型升级”的原则，从“集团、分子公司两级分散核算”的模式向战略财务、业务财务、共享财务、专家团队“四位一体”的模式转型，重构后的财务组织，战略财务职能更“精深”，业务财务职能更“宽广”，共享中心职能更“专业”，三者相互协作、工作协同，共同支持集团公司战略决策，促进集团公司全方位提升价值创造力。

2. 切分职责界面

一是中国融通集团总部作为战略财务，在总部层面提供财务控制管理。通过制定集团财务政策，建立全面预算、成本管理等财务运行核心体系，将会计信息转化为对公司决策有价值的经营信息，支持战略决策落地。二是各业务单位作为业务财务，分析业务单位的财务支持需求，将共享服务数据转变为有效的财务信息，执行总部的预算配置、成本管理导向、风险管理要求，以处理当地非标准化业务为职责，促进业务单元落实集团战略及政策。三是共享中心作为共享财务，向各级企业提供财务核算、财务报告、绩效报表、税务管理、标准化数据加工等服务，发挥数据支持作用。四是专家团队作为灵活的工作组织，以项目化运作方式从战略财务、业务财务、共享财务人才队伍中选拔相关领域财务专家组成专业化项目团队，提供专业研究及指导支持。

3. 授权差异化

从“传统两级”到“四位一体”的财务组织变革，是在确保中国融通集团一体化运作的同时，建立的差异化的财务组织架构。其中，战略财务履行集中监管职能；共享财务承担集中执行职能；业务财务则面向业务的合作伙伴。各单位可以根据不同业态管理特性，建立差异化的财务内部组织，深入业务一线价值链各层面，贯彻落实集团整体战略，积极辅佐业务单位提升经营管理能力，助力业绩提升，与业务部门共同推进公司战略目标达成。

另外，在财务组织变革的过程中，还要处理好向上集中管控与向下授权赋能的关系，坚持有序放权和有效监督相统一，同时借助共享平台的信息化手段，固化业务流程与放权标准，做到管控有效、分权有度。

（四）搭建“赋能型”共享平台

1. 梳理统分结合的业务流程

针对各子公司在初建阶段存在的业务处理流程差异大、财务管控标准宽严有别、授权差异较大等现状，建立标准统一、覆盖多业态业务特性的业务流程是建设共享中心的前提基础。一方面，通过全面梳理核算业务场景，形成从一级大类到末级事项的全业务核算全景图，建立“统一的通用流程 + 业财融合的个性流程”相结合的财务共享流程，形成全面支撑业务发展的流程体系；另一方面，根据中国融通集团内部控制管理要求，梳理不同城市、不同季节、不同岗位级别的费用控制标准，以及各板块个性化的授权审批管理要求，利用系统固化报销标准、预置审批流程，通过标准化业务流程的梳理建设，不仅解决个性化问题，还实现财务数据标准的统一。

2. 搭建业财融合的共享平台

中国融通集团作为跨多个领域，涉及众多业态的大型企业集团，面临业务系统专业性强，业财融合复杂度高，统一数据标准及业务规范难度大的困境。为寻求财务管理上的突破，中国融通集团在借鉴一流企业共享中心财务信息化建设的基础上，结合自身特点和需求，积极推进以共享平台为轴心的财务信息化建设工作。通过综合不同板块商业模式和业务特征，深入分析各板块核心业务与客户画像，建立以核算、报账、资金、税务、报表五大应用为主体的系统，建设网上报账、移动应用、电子影像、电子档案等20余个共享核心模块，绘制报账模板表单50余张，搭建了融合不同业态特征的财务共享信息化平台。财务共享平台作为财务系统的轴心和枢纽，一方面，向前延伸至业务系统，在集团层面，与集团统建的资产管理系统、电子商务平台等互联互通，支撑集团通用业务和集团管控业务的处理；在二级板块层面，与各板块专业化的运营管理系统实现联通，自动生成收入确认、成本结转等相关凭证。另一方面，向后与财务后台系统如报表系统、预算系统等集成对接，推送凭证及核算明细数据，实现报表数据自动生成，预算执行自动分析。

3. 培育数据驱动的能力建设

中国融通集团通过共享建设，沉淀了大量来自业务前端的多维度业财数据，这些数据与汇聚多业态的会计政策、法律法规、制度标准一起，为搭建财经知识体系，构建财务智库奠定了坚实基础。同时，数据也成为财务部门的核心资产，提高了财务数字能力。一是数据赋能高效服务力。财务共享平台运用大数据、人工智能等新兴技术手段，让数据有效赋能共享服务，通过提供自动化、智能化、一体化的财务服务，积极探索和应用数字技术，挖掘更多着力点和价值点，提升整体创效能力。二是数据赋能风险管控力。借助流程再造和大数据分析等手段，在集团公司、各子公司、共享中心三个主体间形成“三道防线”的内部控制机制；建立月度经济运行分析机制，深入分析各企业经营数据、预算执行、扭亏减亏、市场开拓等方面的信息，深挖数据潜力，通过数据洞察及时发现各类经营及管理风险。三是数据驱动价值创造力。依托丰富的数据资源构建管理报表体系，提供分层级、多维度的经营业绩展现，为领导决策分析提供数据支持；通过共享整合基础核算业务，释放更多财务人员深入企业价值链，更好地协助业务单元达成经营目标，协助管理层制定政策，提供全面大数据分析及合理性建议。

（五）创建“共建共治”建设模式

1. 建立“职责清晰”组织机制

为确保以共享为中心的财务基础管理体系顺利实施，中国融通集团成立了以总会计师为组长的领导小组，负责组织、领导、推进体系建设工作，审议重大决策事项，审定实施范围及推进路径，并定期召开专题会议审议工作进展及待决策事项。同时，在领导小组下设领导小组办公室，由总部财务金融部牵头，总部各相关部门负责人组成，负责审议体系建设工作规划、重点工作任务，协调资源保障，监督预算执行，审议整体风险防范措施等。在执行层面，组建共享中心筹备组，具体负责建设任务推进协调，监督落地实施。三层责任主体层层压实管理责任，形成合力，为支撑多业态财务基础管理体系搭建奠定坚实的组织保证。

2. 确定“三期并进”建设方式

中国融通集团的财务基础管理体系在试点初建阶段，遵循“试点先行，不断精化”的原则，从自身实际需求和特点出发，以目标为导向，以共享为中心，制定了一套顶层规划、标准化建设、系统平台搭建交叉支持、三期并进的建设方案。一是落实各方主体责任。共享中心作为整体协调方，遵循“分工明确、界面清晰”的原则，设定整体目标，明确各方职责，严控时间节点，确保三个项目密切配合，互相支撑。二是编制详细工作计划。制定一份可落地、可执行、衔接紧密的主计划，对主计划详细拆解，制定明确的“任务书”，绘制周密的“时间表”，确保“三期并进”。三是建立推进工作机制。建立涵盖人力资源管理、范围及需求管理、进度管理、质量管理、沟通管理、风险管理、文档管理七个知识领域的工作机制，积极高效推进全公司范围内的管理变革。

3. 创建“刚柔并济”推广模式

中国融通集团的财务基础管理体系在试点建设取得初步成效的基础上，遵循“应纳尽纳，新建即纳，评估纳入”的推广基本原则，在强力推进存续单位应纳尽纳、新设单位新建即纳的刚性要求下，运用柔性管理的思维应对不断增加的新接收单位的复杂局面，创建了一套“刚柔并济”的推广新模式，更好适应了集团公司存量单位多、新设单位快、新接单位复杂的特点。在具体措施上，一是针对持续经营的存续单位“应纳尽纳”，且考虑分子公司众多，地域分布广泛，采取分期分批逐步实施策略，每批次推广单位50～60家。二是针对新设立的分子公司“即建即纳”，借助共享标准化基础、专业化分工和信息化平台，解决新组建单位财务的后顾之忧，支撑组织快速扩张。三是针对新接收单位采用“标准先行、评估纳入”的策略。新接收单位在核算上包含企业会计准则和政府会计准则，在业态上包含医疗、商业零售及生产制造等，通过标准先行、分类评估纳入的方式，可以在夯实财务管理的基础上，稳妥推进传统财务管理模式向现代财务管理模式的转变。

三、多业态资产管理公司以共享为中心的财务基础体系建设的效果

（一）实现从“独立分散的军财管理体系”到“共享支撑的财务管理体系”的跨越式发展

在组建初期，中国融通集团以财务共享为抓手，探索出一条起点高、标准高的财务基础管理新道路，实现了从“独立分散的军财管理体系”到“共享支撑的财务管理体系”的跨越式发展。中国融通集团通过引入现代大型集团企业财务共享理念，将财务共享与经营机制转换相结合，建设财务标准化精益体系，统一财务制度、统一会计科目、统一管理标准，有效支撑了商业服务、科学研究、文化教育、资源开发及医疗健康等板块的快速组建运营；打造“四位一体”财务组织，整合财务基础核算和结算业务，全集团范围内从事基础财务工作人员数量降低了30%，核算小组24人、资金小组仅3人，就支

撑了 100 家业务单位单据审核、会计核算及报表编报的业务，工作效率与工作质量得到显著提升；搭建财务共享信息化平台，为各业态新设分子公司和新接收单位创造了“新建即纳”“即接即纳”的平台环境，仅 2021 年就陆续支撑 26 家新设或新接收单位快速纳入共享。

（二）对多业态业务的短期内快速扩张形成支撑

中国融通集团从 2019 年组建至今，即从最初的 5 个工作组发展到目前的 160 余家法人主体，资产规模超 2000 亿元，业态 20 余个。通过构建以共享为中心的财务基础管理体系，建立职责明晰的组织机制，通过多方联动的工作模式和快速复制的推广方案，中国融通集团 2020 年完成 6 大板块 20 家单位试点，2021 年新增纳入 8 大板块 137 家单位，累计纳入共享单位 157 家，全集团组织覆盖率达到 70%以上。

（三）奠定数据驱动决策基础

中国融通集团以共享为中心的财务基础管理体系建设，综合考虑了不同板块商业模式和业务特征，深入分析了各板块核心业务与客户画像，建立了融合不同业态特征的财务共享信息化平台，打造了“横到边、纵到底”的财务数据基座，并通过建立数据共享机制，积累口径一致的业财数据，构建起包含近万个指标的分析指标库及分析模型，形成覆盖全级次核算主体及全口径业务维度的管理报表体系，面向经营、销售、采购、资产、税务、资金及成本等多个主题场景，有效反映经营行为与经营结果之间的量化关系，帮助财务的决策支持能力从事后向事前、事中有效延伸，构建了具有融通特色的业财数字神经网络，推动集团公司资产资源的有效配置和价值创造。同时，在“四位一体”财务组织体系下，战略财务、业务财务有更多的精力深入价值链各个环节，深化财务与业务的双向融合，挖掘数据价值，协助各板块业务人员进行经营管理转型升级、开源增收、降本增效、盘活资产，推动不同业务板块形成战略联盟，优化区域布局，整合各方资源，实现优势互补，为建设世界一流资产管理公司打下坚实基础。

（成果创造人：李　耀、孙玉权、郭丽蓉、刘英男、吴　聪、张　雪、
段智学、刘超群、卜　禹、吴　鸣、刘　丹、张　驰）

建筑企业集团以防控支付风险为核心的资金管理变革

中铁隧道局集团有限公司

中铁隧道局集团有限公司（以下简称中铁隧道局）位于广东省广州市，是世界500强中国中铁股份有限公司（以下简称中国中铁）的骨干成员企业。成立40余年来，专注于隧道及地下工程建设，是集设计、施工、科研、设备、物贸、投资六大功能为一体的综合企业集团，业务范围涵盖全部基建领域。现有TBM、盾构130台，是国内保有数量最多、门类最齐全的同类施工企业。具有铁路、公路、市政施工总承包特级资质，铁道、公路、市政行业甲级设计资质、甲级测绘资质。并拥有盾构及掘进技术国家重点实验室、国家级企业技术中心、博士后科研工作站、广东省重点实验室等。注册资本29.98亿元，年营业收入近600亿元，职工总数14633人，专业技术人员8167人。累计获得鲁班奖22项、詹天佑大奖40项等。

一、建筑企业集团以防控支付风险为核心的资金管理变革的背景

（一）解决建筑施工企业内控执行薄弱点的迫切需要

大型建筑施工企业集团因工程项目数量众多，管理机构和人员较为分散，银行账户因业主资金监管往往需要单独开立，加之财务管理层级与核算单元多，资金支付呈现点多面广、管理分散的状况，集团总部实时监管难以到位，存在一定的支付安全隐患。如何消除资金支付安全管理隐患，确保企业资金支付安全，是包括中铁隧道局在内的整个建筑施工企业，尤其是大型建筑施工企业集团迫切需要解决的难题。

（二）通过数字化变革提升企业发展质量的必然趋势

2017年，中铁隧道局完成业财资税一体化共享中心建设。面对资金支付管理现状，如何以共享平台为抓手，针对资金支付各环节存在的风险源，在风险识别的基础上，建立积极有效的风险防范与应对措施，是摆在中铁隧道局面前的一项现实任务。同时，通过数字化应用促进企业发展质量提升已成为必然趋势。紧跟现代信息技术发展步伐，依托共享平台，大力推动管理与技术变革，将一部分重复性高、工作量大的基础性工作交由机器处理，既能解决管理的效率与效益问题，也能让财务人员有更多的时间和精力从事管理会计相关工作。

共享平台积累的大数据既可以促进财务人员不断通过数据资产挖掘，向管理会计转型，又能助力管理层数字化决策转型，助推企业高质量发展，实现价值创造。

二、建筑企业集团以防控支付风险为核心的资金管理变革的主要做法

（一）健全组织保障体系

1. 成立专项工作组

为全面提升资金支付的安全管理水平，中铁隧道局成立以党委书记、董事长、总经理为组长，总会计师、总法律顾问为副组长，财务、企划、人力、法规、审计及信息中心等各职能部门负责人为成员的资金管理变革专项领导小组，全面负责建立健全相关制度，以及过程中重大方案的决策审批。财务部设专项工作推进办公室，主要负责创新管理方案的拟定、全流程管理架构的搭建、审批规则的拟定、内部控制管理体系的优化、发现问题的监督整改落实等工作。办公室集聚内外部精干力量，成立流程设计再造、智能应用软件研发、制度梳理与变革三个工作小组，制定明确的时间节点及工作目标，确保变革实施落地。

2. 明确出纳业务集中管理

中铁隧道局通过对资金支付的全流程、各环节不断复盘研讨和进行攻防演练，对其安全风险进行精准识别并深入分析，认为资金支付主要风险源是不相容岗位和职权未有效、彻底的分离。中铁隧道局认为，要确保资金管理内部控制制度的刚性执行落地，有效应对资金支付安全风险，无论是从银行账户开立的源头防控，还是资金支付业务的过程管控上，提高全业务流程的管理层级，坚持出纳业务的集中统一管理是最为直接且有效的手段。

3. 发挥党建核心引领作用

中铁隧道局充分发挥党建核心引领作用。一是统一思想认识，坚定理想信念，让基层党组织成为凝聚财务人员的“主心骨”，以强有力的基层党组织建设，从意识形态上构建资金管理的安全防火墙。二是将共享中心资金支付关键岗位调整为由政治素质高的党员同志担任，充分发挥党员先锋示范作用，铸造关键岗位人员高度的政治自觉和强烈的责任担当品质，让党员财务人员成为保障资金安全的“领头羊”。三是通过“财经大学堂”、企业微信等平台广泛宣传，积极动员非党员群众，形成跨角色、多系统共防共治资金安全的“生力军”。

4. 推进制度流程走向数字化

建筑施工企业存在点多面广、边界条件繁杂的情况，未履行审批手续或未履行会计制证手续就进行资金支付等未严格执行内部控制制度的情况时有发生，这也是产生资金支付风险的重要原因。中铁隧道局坚持高标准、严要求，推进资金支付管理，按照“制度标准化、标准流程化、流程信息化、信息数字化”，坚持“以我为主、内外结合”的原则，结合智能财务建设，不断推进制度流程走向数字化，制定以共享平台为载体，资金支付管控与信息技术无缝集成的开发思路，以平台化管控手段彻底堵塞内部控制流程漏洞，运用现代智能技术助力防范资金支付风险。

（二）变分散管理为集中管控

1. 统一银行账户管理

为解决集团所属各层级单位银行账户多、地域分散、账户久悬、账户严监管未能全覆盖等问题，中铁隧道局按照“集中审批、分级管理、责任到人”的原则，将所有银行账户管理流程中的关键环节集中至集团层面统一管理，集团公司总会计师、总法律顾问为最终审批人。在集团层面严格控制开户数量，明确开户银行范围，建立内部财务公司账户与外部商业银行账户的直联关系。同时，建立银行账户信息台账并实行备案制度，动态掌握包括账户使用单位名称、银行账户名称、开户银行、账号、开户日、到期日、账户管理人及联系方式、账户性质、账户授权、账户状态等相关信息，全方位防止账户失控风险。

2. 集中管理制单钥匙

为便于对银行支付业务的集中管控，中铁隧道局将所属各单位银行账户网银录入钥匙（包括 U 盾、无 U 盾输入密码方式的账号密码、支付密码器及密码单、预留银行印鉴章等，以下简称制单钥匙）全部收归共享中心集中管理，实现网银制单钥匙的第一次分离。实行制单钥匙集中管理后，共享中心仅拥有根据业务信息、财务凭证制单的权限；基层单位仅拥有根据财务凭证复核支付指令的权限，从而形成资金支付制单和复核分离新模式，强化资金支付内部控制制度执行的刚性。

为规避集中管理可能出现的管理漏洞，中铁隧道局进一步强化制单钥匙在传递、保管、使用等环节的管理。首先，各单位应在开立银行账户的同时开通网上银行，并在 3 个工作日内将制单钥匙上交共享中心，在传递过程中不得办理支付及发起线下制单支付业务。其次，改造银行账户开户流程，动态跟踪新开户制单钥匙的上交情况，实现应收尽收。最后，建立制单钥匙、业务办理岗位分离与定期轮岗机制，配置政治觉悟高、业务能力强、忠诚担当的党员任职并进行轮岗。

3. 集中管理出纳业务

中铁隧道局大胆创新，打破传统“一户一出纳”的分散模式，将全集团除现金外的出纳业务全部上收，实施集中管理。所属各单位原则上不再设置出纳岗位，将原由分散的出纳人员负责的资金收支业务统一集中至集团共享中心，出纳与复核（主管）岗位实现空间隔离。同时，共享中心对出纳业务办理实行随机指派模式，最大限度防范岗位舞弊风险。

因特殊原因需保留纸质票据、现金业务等需配备专职出纳人员的单位，由所在单位书面上报申请，经所在单位财务部长、总会计师审核，党政领导会签审批后上报共享中心备案，并着重对现金业务进行强化管理。一是遵照国务院《现金管理暂行条例》、中国人民银行《现金管理暂行条例实施细则》的有关规定，严格控制现金使用范围。二是做好现金基础管理工作，满足财务室、保险柜、点钞机等硬件设施配备标准要求。三是严格控制库存限额标准，距离银行超过 50 千米或地理位置偏僻、交通不便的单位，库存限额不得超过 20 万元。四是不定期开展“飞行”检查，对所属各单位资金支付内控执行情况进行专项检查。

（三）改变资金支付发起人

1. 变革关键卡控节点

中铁隧道局牢牢抓住资金支付关键卡控节点，强化支付业务制单与复核岗位刚性分离，变革资金支付流程，改变资金支付发起人，防范资金支付内部控制虚化、弱化的风险，堵塞管理漏洞，根据资金支付方式和类型，最终形成分类别、全覆盖的资金支付管控新流程。

变革前资金支付流程：上收各单位网银制单钥匙前，各单位资金支付流程为生成银行付款凭证后，除银企直联账户由共享系统推送至中铁资金系统生成支付指令外，非银企直联账户、未开通网银账户及采用金融票据支付的业务，制单和复核均由付款单位完成。

变革后资金支付流程：经过认真分析和梳理，依托财务共享优势，中铁隧道局上收所属各单位的网银制单钥匙，建立“流程表单审批—生成银行付款凭证—共享中心填制支付指令—付款单位复核支付指令”的资金支付新流程，刚性执行“先有银行付款凭证，再有银行支付指令；指令自动生成保证和银行付款凭证的一致性；银行支付指令制单人和复核人不能由一人担任”等内部控制规范。

2. 实施二次分离管理权限

各单位网银制单钥匙集中到共享中心统一管理后，若固化人员权限，可能会产生新的串通舞弊现象。针对这一风险源，中铁隧道局建立网银制单钥匙、支付密码、业务办理岗位分离与互相制约机制。专人专柜保管网银制单钥匙，按日建立电子钥匙使用台账，当日业务处理完毕后，保管人员清点回收并按编号整理收纳锁入专用柜。资金支付经办岗（用户名和密码保管）履行出纳相应职责，负责资金支付业务，使用网银制单钥匙处理指令录入业务，付款指令录入原则上由自动制单程序完成。网银制单钥匙保管与制单业务经办实施二次分离。

特殊原因未开通网银的账户，支票、电汇凭证、结算业务委托书等具有支付功能的纸质凭证的传递人（接收及寄送）与资金支付经办人（业务核实并加盖预留印鉴）进行跨科室分离，资金支付经办人不定期轮岗，业务经办单位无法掌握资金支付经办人信息，将集中管控有可能引发的新风险进行再隔离、再防范。

（四）研发智能化应用手段

1. 研发网银制单机器人

中铁隧道局基于对智能财务与人机协同的研究，创新思路，采用机器人流程自动化（Robotic Process Automation，RPA）技术，研发网银制单机器人。中铁隧道局从简单的替代模式入手，识别一些低不确定性的程序化工作场景，以人工智能（AI）直接替代人工的工作。经过分析，在资金支付流程中，将资金支付指令录入网银支付，属于简单、重复的程序化工作，设计自动制单的财务机器人可提升资金支付工作的敏捷性和精准度。网银制单机器人随后在非银企直联账户制单业务中得到充分应用。通过预先设定支付程序，让机器人自动获取流程中的资金支付数据，模拟人工作业处理标准化的网银制单与支付，利用智能化手段切实提高制单效率，精准制单，减少人员投入，实现提质增效目的。

在网银制单机器人的研发过程中，中铁隧道局采取“突出重点，循序渐进”的原则：首先，以账户总量占比超过70%的八大合作银行为重点攻克对象；其次，按照银行账户数量占比排序逐步覆盖到其他银行，最终实现超过90%的非银企直联账户制单业务自动化。2020 年 3 月，中铁隧道局启动网银制单机器人开发项目；2020 年 4 月，完成八大合作银行非银企直联账户网银制单机器人的开发，并成功部署上线运行；2020 年 5 月，完成八大银行之外的九家银行网银制单机器人的开发。至此，全集团外部商业银行账户占比 91% 的 17 家商业银行均实现制单业务自动化，达到预期覆盖率目标。

2. 定制网银钥匙管理器

共享平台与网银作为相互独立的系统，数据的自动化衔接与融合、智能且安全的网银钥匙使用管理等一直是集团企业难以解决的问题。对此，中铁隧道局网银制单机器人采用接口模式、非侵入模式等多模式相结合的方式，定制网银钥匙管理器，多方法创新解决资金支付工作的自动化问题。机器人平台与共享平台采用接口模式，保证资金支付数据交换的安全性和准确性；机器人操作网银采用非侵入模式，保证网银处理的易接入、可扩展、可调整的柔性化；硬件定制专用 U 盾管理器，在安全的前提下实现大量 U 盾的可控制与易管理，在保证支付安全的同时，扩展机器人的自动化程度，实现资金支付业务流程从“业务发起—共享制证—共享审核—机器人自动制单—项目复核”全链条的自动化运行，为制单业务全面集中奠定技术基础，形成智能化工作模式。

3. 发送复核指令

按照资金支付流程设计，银行账户管理单位负责资金支付业务的最终审批。共享平台资金支付业务流程经共享审核、网银制单机器人制单后，由机器人通过企业微信，实时向账户管理单位财务负责人发送指令待复核提醒，消除原有模式下财务负责人无法及时掌握资金支付流程审批及制单时间的弊端，不仅及时高效传递信息，方便快捷处理业务，也极大丰富移动办公应用场景，有效提高工作效率。

经过上述治理，制单模式发生巨大变化。以 2021 年 1—6 月为例，共享中心累计办理付款指令 179664 笔，其中人工制单 12294 笔，密码器及印鉴章业务为 4987 笔，手工处理占比下降到 9.62%。

（五）构建银企关系新范式

1. 实现支付流程智能化

网银制单机器人以其准确高效的标准化处理，使资金支付智能化成为现实，不仅促进企业运营成本降低，而且减少支票等传统结算模式的使用，进而促进银行（包括内部银行）工作量减少和综合运营成本的节约。银行运营成本的下降，为银行降低企业融资成本、提升金融服务打下坚实基础，从而形成双向促进的互利共赢模式。

2. 实现数据互联互通

企业共享平台与银行网银系统无缝对接及网银制单机器人的开发应用，一方面延展内部资金平台与网银数据的自动交互，实现银企数据的互通共享，形成良好数据生态；另一方面避免不同网银的登录、录入等烦琐工作，缩短录入、审批时间，缩减企业与银行结算交互的动作和时间，规避人工差错和舞弊风险，极大促进银企双方效率和质量的提升。

3. 实现各业务板块的协同

广义的银企关系不仅包括企业与外部银行的关系，也包括其他业务板块和内部银行的关系。中铁隧道局内设资金中心，履行内部银行职责。变革前，资金中心需要对资金支付业务进行大额资金监测和一定形式的审核；变革后，智能化的业务流程使其他板块通过共享平台和资金中心实现业务协同，取消中间的人工环节，不仅节约人力、提升效率，资金支付风险也得到有效控制。

（六）建立资金管理驾驶舱

1. 研发短信智能解析技术

按照企业管理制度，各单位党政领导需要及时掌握银行账户资金收支变动，因此，所有分支机构（如项目部）的每个外部银行账户都需要同时绑定项目经理、书记、财务部长等管理人员的手机号码。但在实际操作中，存在以下管理难点。一是人员调动更换频繁。项目部管理人员因工作调动、岗位调整等，需要不定期更换、绑定新号码，耗费经办人员大量的时间和精力；同时存在信息变更不及时，导致管理人员无法及时获取账户信息。二是短信通知费用较高。每绑定一个手机号码大部分商业银行就收取一份通知费用，多个手机号码的绑定导致通知费用支出增加。为解决上述管理难点，中铁隧道局研发了银行账户短信解析与自动转发系统，实现企业外部银行账户短信的实时接收、识别、解析、自动转发功能，克服传统模式存在的弊端。

银行账户资金短信智能化解析业务流程：以公司名义办理多张手机通信卡，外部银行账户按照一定的管理关系分配并绑定该接收卡，实现一张接收卡对应多个外部银行账户，并借助多功能集卡器，实时获取各接收卡收到的账户资金变动信息；接收卡收到银行账户余额变动信息后，利用研发的短信智能解析与转发系统，实时解析并推送给需要使用信息的管理人员，遇到管理人员调整时也无须到银行变更，只需在内部系统变更管理人员手机号码即可。

2. 搭建资金管理驾驶舱

管理会计转型是一种持续的管理创新，中铁隧道局在财务共享中心建设完成后，一直持续研究深化数据融合和通过数据资产应用进行管理创新，以发挥管理会计对决策的支撑作用。在资金管理智能化建设中，网银制单机器人建设再次提升资金支付流程中业务与数据的标准化，对外部银行收支短信统一获取、解析和处理，深化外部数据与内部数据的业财融合，丰富企业数据资产维度，提升资金相关数据的及时性和准确性。

中铁隧道局相关业务部门进行知识协同创新，在集团大数据分析平台上搭建数据模型，对已获取的账户数据进行汇集，并与财务主数据的组织机构、银行账户性质等进行融合分析挖掘，建立数据分析的实时处理模型，形成实时的管理分析报表，对战略财务、专业财务、业务财务以及不同的管理层级形成相应的管理支撑。

中铁隧道局广泛收集战略财务、专业财务和业务财务的意见和建议，按照管理层级、管理范围，提供实时准确的银行账户数量、银行账户余额及变动明细、可用资金余额、受限资金、资金集中分析等多维度资金管理信息，提升财务团队资金管理的数据应用能力，为进一步提升资金调度能力、提高资金集中效率、提升资金使用效益提供数字化决策支撑，通过管理模式创新实现价值创造。同时，系统还可以针对各单位大额资金变动、银行账户账实不符等情况进行风险预警和提示，提高集团层面风险监控与处置响应能力，进一步丰富资金管理手段。

（七）推动制度和文化建设

1. 变革组织岗位分工

为实现资金支付管理模式变革与企业组织架构有机融合和相互促进，在资金管理变革过程中，中铁隧道局科学分析资金管理面临的支付风险，确立集团集中风险管理的规划目标，分解关键工作步骤，精心设计核心业务管理模式和流程，改变各环节岗位分工、交互关系和职责，最大限度实现资金管理的战略规划目标。

2. 提倡协同创新文化

在资金管理变革过程中，中铁隧道局财务部门人员和其他部门人员同化工作目标，采取多种形式进行信息交流沟通，建立高效的沟通机制；不同团队的知识碰撞，最终形成积极合作和共同解决核心问题的协同创新文化。

在变革后的业务实施过程中，各参与方及实施者以严格分离的制单钥匙管理措施、严密的资金支付审批流程等，形成相互制约、互相监督的工作机制，以“人人心中有警示、资金安全无小事”的意识进行工作衔接和相互监督，逐步形成“信任不能代替监督”的风险管控文化。

3. 固化管理创新成果

根据资金管理变革活动实践，中铁隧道局修订《银行账户与资金集中管理办法》《资金支付管理办法》《财务监督检查管理办法》等现有管理制度，出台《出纳业务管理办法》《网银录入钥匙管理细则（暂行）》等新的管理办法，在银行账户、资金支付、出纳业务、网银钥匙、财务监察等方面规范业务，制度上实现管理创新成果与应用实践全方位相融共生，建立具有中铁隧道局自身特点的大型建筑施工企业集团资金管理新模式。同时，通过“飞行”检查持续开展专项检查，加大对内部控制制度实施的监察力度，从组织管理上确保资金管理制度全过程的刚性执行。

三、建筑企业集团以防控支付风险为核心的资金管理变革的效果

中铁隧道局于 2020 年 3 月启动资金管理变革，2020 年 6 月全面完成组织体系与制度流程变革。资金管理变革实施一年多来，为企业带来较好的经济效益。一是通过资金管理报表，实时全面掌握各单位银行账户余额变动、构成、分布等信息，为加大资金集中管理力度与统筹调度提供数字化基础。截至 2021 年 6 月末，资金集中度累计提高 4 个百分点，盘活资金约 2 亿元。二是通过开发资金短信智能解析与转发系统，大幅减少银行账户短信通知开通、变更的办理工作时间，绑定号码数量及费用压降 2/3 以上。三是网银制单机器人替代传统人工手动录入，直接节约人力和时间，加快业务流程运行速度，将传统模式下由 369 人处理的出纳业务集中到共享中心由 7 人完成，为集团实施财务人员总量控制与结构调整提供基础，降低了企业人工成本支出。

（成果创造人：李献林、牛　健、刘　岩、范站军、孙明川、郑　骞、周晓泽、胡周伟、刘　勇、段伟朝、孔金龙）

军工科研院所重大项目内控体系构建

中国舰船研究设计中心

中国舰船研究设计中心成立于1961年6月，现隶属于中国船舶集团有限公司，是我国唯一拥有各类舰船总体研究设计能力的核心军工科研单位。现有工作人员3000余人，其中包括中国工程院院士3名，国家百千万人才工程1人，全国杰出专业技术人才1人，全国优秀科技工作者3人，享受国务院政府津贴专家、省部级及以上有突出贡献的中青年专家50余名。近年来先后取得国家科学技术进步奖53项，被中共中央、国务院、中央军委授予“某工程重大贡献奖”金质奖牌等。

一、军工科研院所重大项目内控体系构建的背景

（一）支撑海军装备建设的需要

中国舰船研究设计中心作为海军装备建设的核心骨干力量，须支撑海军从近海防御作战向远海防卫作战转型，创造一切有利条件推进海军装备跨越式发展，按期保质完成海军装备建设的各项重大项目。

（二）强化单位核心竞争力的需要

随着全面深化改革在军队的深入推进，各项改革措施的落地给重大装备研制模式带来变革性影响。一方面，海军重大项目竞争择优成为常态。海军相继启动多个重点科研型号项目的竞优，层次已从设备级扩展至系统级、型号级以及体系级，而且随着军方组织机构和职责分工的调整，装备建设决策机制更为复杂，项目争取流程复杂、难度更大，全面考验军品承研单位的项目争取能力。另一方面，重大装备项目监管更加严格。军方逐步探索推行跟踪审计等审计常态化以及配套的报价审价正规化、失信管理体系、装备建设信息监管系统、加重质量问题责任追究等项目监管手段，这给军品承制单位合规管理水平带来巨大考验。因此，中国舰船研究设计中心，必须切实增强内部改革以适应外部形势变化，推进自身项目管理体系和项目管理能力的现代化，切实把内控体系管理融入重大项目管理中，强化重大项目经营管理能力和重大风险防范能力，提升核心竞争力。

（三）构建重大项目内控体系的需要

作为舰船总体设计单位，中国舰船研究设计中心近年来陆续承担了我国首艘航母辽宁舰、第二艘航母山东舰、首艘新型驱逐舰等多型重大装备的研制。这些项目具有周期长、规模大、资金投入多、参研单位多、应用技术跨专业广、所需资源广泛性高、项目进度节点要求高、内外部条件不确定因素多（如政策变动、人员调动、原材料价格变动、技术攻关延期、环境气候影响试验效果等）等特点。另外，由于总体负总责的项目研制模式逐步推行，总体设计单位被赋予更多的责任。为切实担负起总体总负责的要求，必须着力改进传统项目管理模式中的局限性，构建覆盖全寿命周期、全链条闭环、高度信息化、权责清晰的重大项目内控体系。

二、军工科研院所重大项目内控体系构建的主要做法

（一）设计顶层设计，构建面向重大项目的内控体系

1. 确立重大项目内控体系目标

为有效应对重大项目管理内外部形势的变化，在全面梳理重大项目管理实际的基础上，中国舰船研究设计中心领导班子提出以企业内部控制基本规范、全面风险管理理论为指导，以业务流程为主线，以信息化建设为依托，以合规高效、安全发展为中心，构建一套设计科学、简洁适用、运行有效的重大项

目内控体系。

2. 构建面向项目管理的内控体系架构

中国舰船研究设计中心针对以军品项目为核心价值链的业务管理实际，开展顶层设计，形成面向项目管理的“结构化”“一体化”内控体系架构，使内控体系架构与项目管理高度契合，避免了内控体系与项目管理“两张皮”。

3. 梳理“端到端”项目管理全流程

以建立统一、系统、规范的项目管理流程为目标，以内控控制体系架构为基础，以项目全生命周期为主线，对军品、民品、外贸等各类科研项目的业务流程进行全面梳理，整合形成涵盖项目开发、合同订立、项目实施、项目验收到售后服务 5 个阶段，共计 51 个业务流程的“端到端”项目管理全流程。此举措既可以打破各部门的职能壁垒，树立起协同机制的理念，还可以有效整合之前相对分散的业务，在适应不同业务个性化需求的基础上最大限度地统一项目管理要求，促进项目管理全流程高效运行。

4. 识别确定风险点

根据《中央企业全面风险管理指引》有关要求，按照战略风险、市场风险、财务风险、法律合规风险、运营风险 5 个类别，系统梳理单位规章制度体系关于项目管理要求，结合以往历史数据、典型案例、具体管理实际，对科研项目管理全流程进行风险识别，共识别各类风险点 94 个。在进一步分析判断风险发生可能性的高低、风险发生的条件以及风险发生后的影响及范围的基础上，将全部风险点区分为 38 个关键风险点、56 个一般风险点，并将这些风险点全部作为科研项目管理全流程内控措施的输入进行针对性设置，确保有效防控。

5. 构建内控措施融合基础

为有效衔接业务部门与职能部门、乙方合同与外协合同之间的业务流程，打通各类流程的堵点、断点，促进不同业务流程设置内控措施有效融合形成合力，结合军工科研院所项目管理实际，以项目全生命周期管理唯一识别码“工号”作为内控措施融合基础，建立起流程之间的关联关系、驱动关系，数据之间的逻辑关系、钩稽关系。科研项目工号体系设置项目工号、外协工号两个层级，项目工号对应乙方合同，外协工号对应外协项目，通过项目工号与外协工号之间一对多的映射关系，将以乙方合同为中心，覆盖全部外协合同，关联经费、进度、质量、档案等维度的内控措施全面融合。

（二）覆盖各个层级，构建权责明晰的组织结构

1. 健全完善内控领导机构

由中国舰船研究设计中心负责人任组长，分管领导任副组长，各二级单位（部门）责任人担任组员的内部控制体系建设领导小组，全面负责内控建设的规划决策、组织实施、指导监督。领导小组下设办公室，由流程主管部门领导担任办公室主任，制度主管部门领导、信息化主管部门领导担任副主任，负责落实领导小组要求推进内控的具体工作。

2. 加强重大项目管理力度

首先，对项目管理组织进行改造。在科研院所传统的“职能部门 + 研究部室”项目管理模式下，针对重大项目专门设置项目专项办公室，以形成更加稳定、专业的项目管理团队，全力保障重大项目管理。其次，指定军品主管部门作为整个科研项目管理全流程的牵头部门，协同军贸产品、民品等其他业务主管部门共同树立项目管理长期目标，不断优化完善项目管理机制，协调解决部门分歧，推进项目管理同类融合、职能管理向项目管理融合。

3. 界定流程步骤权责

按照“执行、决策（审核、审批、审阅）、支持、告知、咨询”的分类，对业务流程每个步骤的职责

进行界定，并用“5W1H”分析法系统描述每个流程步骤的执行人员所承担的具体职责、完成该步骤的关注事项以及成果文件，形成与内控体系文件中的流程图、风险控制矩阵一一对应的权责说明书，确保每个流程步骤都能落实到人、落实到过程文件，履职过程可检查可追溯。同时，重点将业务流程中的审批、审核、审阅三种决策步骤予以区分，明确审批为最终决策、审核为过程把关、审阅为知情知晓，将业务流程中的决策管理者的职责清晰划分，避免“流程层层过、责任不明晰”的情况。

（三）建立动态联动机制，营造稳定有序的内部控制环境

1. 建立“规章制度、内控流程、信息化建设”的联动机制

制度、流程、信息化是项目科学规范管理的基础。为避免三者割裂而影响项目管理，在中国舰船研究设计中心办公自动化（OA）平台开发建立规章制度管理模块、内控流程管理模块，在规章制度与业务流程之间建立起强关联。同时，制定内控运行的管理办法，要求开展信息化建设之前，必须以制度和业务流程为基础编制信息化方案，且经过业务流程所有相关部门共同评审通过，才能进行信息化建设。此举确保了信息化功能模块与制度、流程要求相一致，并能把内控管理要求全部嵌入线上流程。

2. 建立“内控建设、内控评价、缺陷整改”的联动机制

将涵盖“制度建设、流程建设、信息化建设”的内控建设，涵盖“年度评价、专项评价”的内控评价，涵盖“事项整改、举一反三、长效机制”的内控缺陷整改相互关联起来，构建内控体系“建设—评价—整改—建设”循环运行模式。在这种模式下，每个阶段工作输出均作为下一个阶段工作的输入，确保内控评价中发现的内控缺陷，特别是涉及管理体制机制的难点问题得到有效解决。

3. 建立“流程冗余反馈、优化”的联动机制

定期组织开展“流程冗余”专项清理，在全单位收集“流程冗余意见”，组织各单位（部门）从流程使用者的角度对业务流程环节设计、控制措施设置、授权审批等方面是否存在冗余情况提出意见，经单位评审后，形成流程冗余判断结果，并指定相关流程管理部门根据判断结果清理、优化流程冗余。近两年，中国舰船研究设计中心共收集流程冗余意见334条，优化、减少、合并流程环节141项。通过“流程冗余反馈、优化”的联动机制，建立了内控体系设计与执行之间的正向反馈渠道，形成良性互动，在兼顾好合规与效率、平衡好“加减法”的基础上为内控体系合理“瘦身”，避免无序扩张，切实保证内控体系与经营管理之间的适配性。

（四）聚焦关键环节，统筹设置项目全流程内控管理措施

1. 设置项目经费内控措施

一是将全面预算管理融入项目管理。按照项目工号层级、项目开支类别，分层分类对项目预算实行动态管控，达到无预算不开支、超预算不开支的有效控制。打通财务管理系统与项目管理系统，在项目开支线上流程中，按照外协费、会议费、差旅费、试验费分类设置具体管控要素，通过流程自动控制开支标准、审批权限，确保项目管理人员严格按照项目经费管理要求进行开支，并将项目开支情况实时反馈给项目管理人员，促进了项目研制进度与项目开支的协同管理，实现了有效的项目经费管控。

二是将工时管理融入财务管理系统。按照“按级负责，分工管理”的原则，根据科研人员与科研生产的直接关联程度、直接科研生产人员从事的具体科研生产任务、科研生产工时的时间段等情况设置工时统计分类，通过信息化流程完成项目工时的采集、统计、分类、汇总、审核、审批、修正，实现了科研项目生产工时的科学、高效统计，有效保证了间接成本及费用分摊的准确性和合理性。

2. 设置项目计划内控措施

对标企业发展规划和年度工作目标，通过产品数据管理（PDM）系统、办公自动化（OA）系统的

项目全生命周期计划管理、年度计划管理、月度计划管理、责任管理、临时计划管理功能对项目工作进行逐层分解，从单位职能部门下达至执行部室，部室通过 WBS 分解计划后下达至科组、个人，确保项目计划逐级落实。项目执行计划设置节点预警、刚性控制、结果实时反馈，并根据外部变化动态调整。项目总体计划执行情况每周或每月通报，并纳入个人、科室和部门年度考核，切实保证项目进度，确保关键节点“后墙不倒”。

3. 设置项目质量内控措施

一是发挥总体单位质量抓总作用，着力强化对外协外包项目的研制生产全过程管控能力。在项目研制生产过程中，对外协外包项目全生命周期产生的质量信息进行追踪，定期通过审核、评审等机制对外协外包单位项目研制生产情况进行监督检查，对存在的问题和隐患提出整改要求，形成有效的“穿透式”管控。

二是贯彻落实用装部队强调的“质量问题总体兜底”的要求，制定质量问题督办及报送、质量问题归零办法、质量问题调查及责任追究办法等规章制度，明确质量问题处置归零程序，实现质量问题技术归零、管理归零的双归零。

4. 设置项目供应链内控措施

一是关联供应商评定与外协合同签订。通过流程设定确保外协项目签订只能选择合格供方名录中供应商，合格供方库外的供应商必须完成供应商评定流程入库后才能执行后续外协合同签订流程，有效防范与非合格供应商签订合同的风险。

二是关联供应商评价与外协考核验收。将外协项目考核验收情况及时反馈至供应商管理部门，形成外协供应商履约绩效评价，对外协供应商形成有效约束。

5. 设置项目资产内控措施

为有效贯彻落实海军对科研样机的使用和管理的有关要求，中国舰船研究设计中心将所有权均归进款合同甲方所有，由项目外协合同购买、建造、定制、开发形成的，由中国舰船研究设计中心使用或存放在中国舰船研究设计中心的，能以货币计量的样品样机、软件等各种产品统一定义为顾客资产，并按照单位固定资产管理要求进行在线登记管理。

在外协合同登记环节，明确外协合同中有关“样品样机保管协议、处置要求”等条款，形成顾客资产清单；在外协合同验收环节，明确顾客资产责任单位、存放地、资产编码等登记入账要求；在顾客资产日常使用管理环节，明确盘点、处置、台账更新等要求，避免形成账外资产或资产遗失的风险，为有效发挥科研样机支撑装备保障、问题复现等方面的作用夯实基础。

6. 设置项目档案内控措施

一是建立数字化归档机制，改变以往线下登记审批式归档模式。通过在项目管理信息化流程中系统设置项目归档节点以及相应的归档文件清单，统一项目档案归档要求，在项目管理业务流程办理完毕后自动触发归档任务，实现“一键式归档”，减少文件在保密系统、数字化档案管理系统等不同系统间的层层审批环节，提高归档的即时性和归档效率。

二是创建中间文件库，集中管理项目各阶段所有文件。对项目管理全生命周期的归档文件进行版本控制，归档文件通过“四性”检测后录入档案管理系统，按项目、节点、时间等要素进行分类，变更过程有审批，版本有记录，为项目管理人员检索利用提供便利，有效解决技术文件状态管控问题。

7. 设置项目合规内控措施

一是实行军品外协合同示范文本管理。针对军品外协领域，按照研制外协、预研外协、技术服务、硬件订货 4 个类别，根据任务来源，系统编制 6 种合同示范文本，并将质量、保密、廉洁等合同条款统一纳入合同示范文本，有效明确军品外协合同文本要求，并在法律审核中对合同示范文本采用情况予以审核，切实提升了军品项目合同管理整体的规范性。

二是实施军品项目管理跟踪内部审计。根据中国舰船研究设计中心整体项目管理需求，定期选取部分重要性高、资金规模大和周期长的项目，组织计划、财务、档案等相关部门的管理人员成立审计小组，对项目开展专项跟踪审计，全面排查项目实施过程中出现的问题和风险，动态追踪以往审计问题整改情况，实现事中管控、预先防范。近两年，共完成跟踪内审 14 项，提出风险提示 14 项，完成相关整改问题 45 项。

（五）研发科研项目管理信息系统，强化内控体系的智能管理

1. 实现项目管理流程全面信息化

强化管理协同，缩短业务周期。科研项目管理主要业务流程、流程环节由原先线下办理转为线上办理以后，与线下办理周期相比，各项业务线上办理周期均有明显缩短，业务流程流转明显加快。以外协管理为例，外协申请办理周期平均节省约 2. 4 天，周期缩短 36%；外协审批办理周期平均节省约 4. 8 天，周期缩短 39%；整个外协合同办理周期缩短约 49%。

结构化设计，实现自动控制。对流程之间、流程环节之间的衔接规则进行结构化设计，通过系统自动判断，确保前后流程的正确衔接，避免人为有意规避必经的流程。对具体步骤的流程信息输入进行结构化设计，统一制定各类申请表、审批表等表单，并严格设定“必填”“勾选”等信息输入设置，确保项目管理人员直观明确地完成流程信息输入，保证流程数据质量，有效规避人员差异以及对制度理解差异形成的负面执行偏差。

流程贯通，便捷管理。为有效贯通各个管理环节，实现 OA 系统与 PDM 系统、数字化档案管理系统、财务系统之间的系统互通，将保密协议、自助打印、公文管理、文件归档等原先需要单独发起的办公信息化流程全部嵌入核心业务全流程管理，实现自动触发，自动推送打印取件，自动推送公文传阅，自动推送文件归档，大幅减少打印、归档、发文等重复的申请、审批环节共计 16 项，有效缩短了项目管理流程周期，提高了效率，便捷了管理。

2. 构建项目管理大数据应用场景

整合项目管理数据库，构建辅助决策应用场景。围绕项目管理数据，分层分类为各级管理人员“量身打造”计划报表、资金报表等个性化综合看板，通过可视化设计清晰呈现业务流、资金流分析结果，并与以往项目历史数据做趋势分析比对，辅助管理人员及时发现项目实施过程中存在的风险，为科学安排计划、统筹调配资金提供决策依据，有效提高项目管理人员管控效率。

建立项目管理知识库，构建管理支持应用场景。依托单位知识管理系统的知识萃取功能，对以往项目管理中形成的过程资产进行采集、分类，建立项目管理知识库，并在项目管理系统中形成管理支持应用场景，自动为业务流程办理人员推送与该流程步骤相关的编制要求、模板、相关文件等输出文档，为项目管理人员提供管理支持，提高管理效率和质量。

建立项目问题缺陷库，构建风险防范应用场景。全面收集汇总近年来重大项目管理接受审计、内控评价、质量、安全生产、保密等各类监督检查结果，分类系统梳理问题缺陷事项，建立问题缺陷数据库，通过对问题缺陷以及缺陷成因、整改措施、整改成效的科学分类、加工转化、整体性综合分析，与项目管理相关领域、环节形成映射关系，并在业务流程步骤中自动形成结构化的风险提示，确保各级项目管理人员有效规避。

（六）健全有力保障措施，夯实项目内部控制运行基础

1. 实施计划管控

按照“立足当下、着眼长远”的指导思想，制定中国舰船研究设计中心内控建设五年规划，树立内控体系建设远景目标，再通过每年发布内控工作年度计划，把五年规划中各项远景目标、长期任务合理分解到年度计划中，形成更加具体的工作任务、责任人和时间节点。同时，内控领导小组办公室严格执行例会、工作简报、阶段性评审等工作机制和管理要求，对年度计划实施进度、实施效果动态跟踪，督导协调重点任务落实，及时研究解决实践中的突出问题，统一标准不明确、要求不清晰的重要事项，确保内控工作按进度保质保量推进。

2. 强化考核牵引

充分发挥考核的“指挥棒”作用，在单位年度考核中加入内控考核指标，对各单位（部门）项目管理的内控执行情况、缺陷整改情况进行全面考核，督促各单位（部门）严格执行项目内控管理要求，坚决防范重大内控缺陷，积极整改内控缺陷。特别是在项目管理实现高度信息化流程管理的场景下，从内控信息化流程的数据准确率、内控信息化流程的办理及时率两个维度考核内控执行情况，有效提升各级项目管理人员严格信息化流程执行质量。

3. 探索专兼结合

按照“懂管理、懂业务，有理论、有经验”的标准，在中国舰船研究设计中心内部各个职能部门、研究部室选拔一批项目管理人员作为兼职内控管理员，全面参与内控体系构建工作，以获取一线项目管理人员对内控体系的合理化意见和建议，及时解决内控体系存在的问题，不断提升内控体系的科学性、实效性。同时，定期对各单位（部门）内控责任人、内控兼职管理员组织开展内控专题培训，不断提升内控建设团队整体的理论认识、专业技能，积极营造“学内控、知内控，抓内控、重内控”工作氛围。适时引进外部专家、社会咨询机构为内控团队提供智力支持，为内控建设创造良好条件。

三、军工科研院所重大项目内控体系构建的效果

（一）科学管控项目合规风险，切实保障单位安全发展

面向重大项目的内控体系的构建与管理是中国舰船研究设计中心贯彻落实国家有关军工项目管理新政策、新要求的具体举措。通过在项目管理中嵌入一系列“治标治本”的内控措施，有效提升了项目管理合规效能，确保及时发现项目管理中倾向性、苗头性问题风险，也改进了一些近年来审计、检查中“屡审屡犯”的管理问题，促进项目管理人员牢固树立规范履职的责任意识。特别是重大项目内控信息化融合实践，研发建设了一套符合船舶行业重大项目管理特点，覆盖单位重大装备建设主管、主建、主责部门的信息化系统，实现了对项目管理全流程、全链条关键环节的监管和预警。

（二）全面提升整体管理能力，促进经济效益显著增长

基于自身长期目标和发展需求的牵引，中国舰船研究设计中心在面向重大项目的内控体系的构建与实施过程中，坚持顶层设计，在制度、流程、权责、组织架构、职责分工、信息沟通等方面做出系统变革甚至是重构，并以项目管理为着力点推进管理融合，全面提升战略管理、财务管理、供应链管理、客户管理、知识管理、档案管理、质量管理和IT管理等的管理能力，极大提升了整体科学经营管理能力。“十三五”期间总资产增长23.61%、净资产增长82.56%，“十三五”期间单位营业收入、利润总额较“十二五”分别增长120%、140%，每年均超额完成集团公司下达的年度指标任务，在集团公司经营业绩考核中连续多年居于A类行列。

（三）不断强化核心竞争力，加快推进国家实力提升

随着重大项目内控体系建设的持续深化，中国舰船研究设计中心在船舶领域的优势地位和核心竞争

力持续强化，军工产品主导行业的集中度大幅提高，军贸相关各类市场领域不断拓展。在 2019 年中国人民解放军海军成立 70 周年阅兵式上，中国舰船研究设计中心设计的多型舰艇集中亮相；以我国首艘航母辽宁舰为代表的一批新型舰船如期交付部队，有力支撑了海军装备建设的战略性跨越。

（成果创造人：李维林、刘　娟、夏　昱、谢承福、赵大为、
张　伟、朱志安、刘　敏、肖尚勤、饶　豪、李　洋）

科研院所风险管控与价值增值并重的管理审计

中国航空工业集团公司西安飞行自动控制研究所

中国航空工业集团公司西安飞行自动控制研究所（以下简称自控所）建于1960年，是我国航空工业导航、制导与控制（GNC）技术研发中心，拥有飞行控制和惯性导航两个航空科技重点实验室及飞行器控制一体化技术国防科技重点实验室。经过60多年的发展，已构建一所三地近800多亩的产业基地，有员工4000余人，是GNC安全关键系统的市场核心供应商。

一、科研院所风险管控与价值增值并重的管理审计的背景

（一）保障合规运营管理的需要

作为科研生产型企业，自控所业务覆盖预研、型号、批产、售后等方面，市场覆盖航空、非航防务、民机、工业制造等领域，经营复杂程度高，应进一步关注经营管理中可能存在的合规意识不强、合规管理不够等风险，聚焦重要内控领域开展合规性管理审计，通过健全制度体系，防范因不合规行为导致企业承担法律责任、相关处罚、经济/声誉损失的风险，促进企业安全平稳、持续健康发展。

（二）助力企业提质增效的需要

随着经营规模的持续扩大和业务领域的不断拓宽，自控所一方面面临管理熵、部门墙、内卷化等现象带来交付滞后、资源不够、产能不足等运营效率低下的风险，另一方面还面临战略推进缓慢、成本费用增加、“两金”持续增长等效益不高的风险。

要化解上述风险，亟须从根本上、体系上优化业务。管理审计作为经营链条的“透视镜”和信息交互的“传感器”，可从跨部门、全流程的视角，审视业务管控效果，找出因部门及环节交叉而导致的低效率和低效益问题，从而从职责界面、管理规则、工作流程等架构层面整体规划和布局，促进业务管理模式与组织、经营、规模、效率、效益相匹配，支撑自控所的增长转型与提质增效。

（三）推动管理审计转型的需要

随着自控所经济规模的不断扩大，其原有的管理审计模式弊端显现出来：重查错纠弊、轻源头治理的审计定位导致审计结果治标不治本且无法支撑所级决策；重事后监督、轻过程控制与事前防范的审计理念造成发现问题与风险的时效性不足；重严肃监督、轻帮促提升的审计策略导致审计工作难以获得审计对象的支持与认可。因此，对管理审计进行体系性优化调整，发挥其防范风险和价值增值功能，成为自控所谋取长远发展的必选项。

二、科研院所风险管控与价值增值并重的管理审计的主要做法

（一）转变观念，确定风险管控与价值增值并重的管理审计实施思路

1. 转变管理审计重心

自控所原有管理审计的重心在于“查错纠弊”，主要工作集中在财务领域，发挥“经济警察”的职能，这一定位导致管理审计范围局限、审计效能不理想，其防控风险和价值增值作用有限。基于此，自控所从选题立项和成果运用上下功夫，一方面面向“合规、效率、效益”选题立项，不断拓展审计的广度和深度；另一方面注重审计成果的有效运用，致力于在支撑决策、提升管理、堵塞漏洞方面发挥作用，进而提升企业价值。

2. 转变管理审计理念

自控所原有管理审计是从现有业务事项来发现问题，习惯于“事后监督”，关注各项经营业务的效

果和效率，审计关口滞后不利于及时预警风险和披露问题，且审计的价值无法充分体现。基于此，自控所将风险管理机制融入审计流程，注重事前、事中、事后相结合的审计工作模式，通过事前预判，及早识别风险，提供决策支持；事中参与，执行过程控制，规避操作风险；事后诊断，持续改进与提升，为实现企业的可持续发展服务。

3. 转变管理审计策略

自控所原有管理审计侧重于监督的严肃性与刚性，与被审计对象“面对面”的工作模式不受被审计对象欢迎，被审计对象被动配合导致工作进度缓慢，开展难度大，审计质量大打折扣。基于此，自控所采取“参与式”的审计策略，在保持客观性和独立性的基础上与被审计对象“手携手”，让被审计人员参与管理审计，强调与被审计人员建立良好的伙伴关系，审计目的不是为了找问题而找问题，而是改善企业运营和为企业提供价值增值服务，只有赢得不同层次管理人员的支持与配合，审计效果才能达到最优。

（二）捕获需求，确定突破口选题立项

1. 建立分层分类风险辨识评估机制

自控所在管理审计选题立项时引入风险评估模型和工具，建立分层分类风险辨识评估机制，于每年初采用“上下结合”的方式对各类业务进行全面梳理，明确重大风险领域、具体管控项、风险动因、管控目标等风险管理要素，基于对重大风险的分析研判确定当年的管理审计方向。此种模式的管理审计不是基于已经发生的事实提供评价和建议，而是就有关风险事项对目标实现结果可能造成的影响提供评价和建议，即及早识别科研生产和运营管控中的风险点，抓住风险管控的最佳时机，将风险扼杀在摇篮中。自控所依托风险分类框架和风险评价标准，结合内控自评价工作，以业务流程控制活动为对象开展风险评估，重在识别由于管理薄弱而存在的合规执行风险的业务领域，进而通过落实审计建议提升合规管理水平。

2. 建立以创造价值为目标的理念

随着规模快速扩大，自控所在持续调整与优化中，出现流程不清晰、信息传递不及时、基础工作不规范等情况，进而引发了交付滞后、资源不够、产能不足等连锁反应。为应对上述问题，审计部门采用调研、访谈、问卷等方式收集决策层、管理层和执行层等的意见和建议，以创造价值为目标，寻找阻碍自控所高速发展的业务和流程，开展管理审计，提升运营管理效率。

3. 助推战略规划有效落地

自控所近年来以产品为核心，以科研生产为主线，以质量提升为重点，践行集团公司“一心、两融、三力、五化”新时代战略，持续深化改革，推进“定心、聚力、提质、增效、开放、共享”六大工程，审计工作与中心工作同步谋划，围绕战略举措实施和第一责任履行开展审计，防范战略推进缓慢、成本费用增加、运行机制不顺等效益不高的风险，助推战略规划有效落地，提高经济运行效益。

（三）健全机制，提升整体审计效率

1. 构建“1+5+10”审计制度体系

近年来，自控所管理审计制度的每一次更新或修订都是由业务领域扩张、管理需求升级倒逼而成，缺乏系统性和整体性。随着管理审计的深入推进，自控所立足于审计领域的多元化和审计项目的全生命周期管理，对制度体系进行了全面的梳理与完善，构建了“1（1个规定）+5（5个办法）+10（10个指引）”的管理审计制度体系，实现管理审计横向（审计领域）与纵向（全生命周期）的全覆盖。

《管理审计规定》是管理审计的总领性制度，结合自控所的业务结构与管理需求，面向管理审计深度与广度的拓展，考虑到审计模式的优化与改进，经过多轮讨论和评审，对《管理审计规定》进行了系统性的修改，明确各环节审计目标，详细列出所需资料清单，索引各步骤所依据的规章制度，制定标准审计工作底稿格式及各类辅助工作表单；5 个办法覆盖审计项目的全生命周期，细化各个环节的目标、程序、方法和输出等内容；10 个指引是覆盖财务、生产、质量、合同、供应链等重点审计领域的实施细则。系统化的审计制度体系为审计团队统一了工作标准，规范了操作流程，促进了审计效率和质量的有效提升。

2. 构建“4 阶段”审计工作流程

自控所原有审计流程未引入风险管理理念，且存在职责分工不明确、工作内容不细致、缺乏后续审计跟踪、流程分段等问题，为此在持续优化审计模式、完善管理制度的基础上，自控所基于对管理审计增值路径的探索，对其工作流程进行了系统梳理与重构，包括审前准备、审计实施、审计报告和成果运用 4 个阶段，并使用 Visio 流程窗软件完成流程绘制，重点描述包括流程步骤、步骤关系、输入输出表单、责任部门、支撑制度或文件等在内的关键要素，确保流程显性化，以此固化工作流程，展示审计业务全生命周期管理的全貌，便于联合团队快速了解、依规开展工作。

与此同时，自控所在审计工作流程中融入风险管理机制，将风险管理理念贯穿于审计过程的始终。审前准备阶段引入风险评估模型，全面辨识、分析和评价企业面临的风险事项，选择违规执行、效率不高、效益不佳的风险领域作为审计对象，将其纳入风险事件库进行跟踪管理，并通过初步识别风险确定审计重点；审计实施阶段执行审计程序和风险管理手段，识别、分析和评价业务领域的具体风险点，并对其影响结果进行量化测算；审计报告阶段对风险事项进行披露，并提出管控建议；成果运用阶段向各级管理机构报告审计发现的风险事项和管控建议，督促相关部门建立风险应对机制并持续跟踪监督，实现风险识别、评估、分析、报告、应对、跟踪检查的全过程管控，切实建立基于风险导向的审计工作模式。

（四）统筹资源，协同发挥联合审计合力

1. 构建“1 + N”联合工作模式

自控所各职能部门围绕人力、财务、生产等第一责任，对所属业务领域实施全流程管理与服务，开展专项考核和监督检查；各监督部门围绕监督职责，从审计、风险、内控、法律等不同角度对业务进行专项监督；审计工作则面临专业能力不足、审计资源不够、审计难以深入等诸多困难。这说明各部门间缺乏统筹规划及信息共享机制。

随着业务规模的扩张和管理需求的升级，如何统筹管理资源、增进业务协同、发挥管理合力是关键。自控所采取“1 + N”方式，在确定审计项目选题后，以管理审计工作为支撑，通过建立部门信息沟通机制，审计部门牵头征集、整合需求，将其纳入审计范围；通过打造“审计人员为项目主力、其他监督力量为协同补充、职能部门专家为专业支撑”的精干高效的审计队伍，建立“小核心、大协作”的审计资源体系，将管理部门工作模式从“分兵把守、各自为战”转变为“整合资源、协同配合”，发挥整体作战优势，打造以全局观为基础、部门协同为目标、参与审计为手段的“大审计”格局，营造了“尊重审计、协助审计、认同审计”的和谐氛围，发挥联合审计合力。

2. 明确各联合部门职责分工

2020 年审计部门联合风险、财务、生产、防务、外场等部门开展应收账款管理审计，围绕项目目标各部门履行不同职责：审计部门负责项目的总体策划与协调、数据的整理与分析、风险的评估与落实等；财务部负责统计重点客户近 10 年万余项财务数据及财务费用等信息，对风险进行定量测算；风控办负责识别并评估内外部风险事项；生产、防务、外场等市场部门负责以财务数据为基础，逐一落实每笔应收账款的具体情况，评估其可回收性。

此项管理审计综合发挥各项管理资源的优势，对应收账款的整体图像进行多维度、全方位的分析，提出应收控制目标的设置“应消存量更应控增量、应考虑客户的实际情况、应考虑未开具发票因素”；对风险事项进行充分评估和定量测算，提出风险管控应“加强对账、及时开票、协商价格、做实应收”。

（五）创新方法，设计针对性方案支撑审计目标实现

1. 创立审计推进模型

2019年，自控所考虑到技改设备投入大、金额高，但存在管理不善情况，且自控所缺少对设备使用的分析与评价，为进一步盘活资产，更好服务于科研生产，为未来的条件建设提供方向指引，开展技改设备使用情况管理审计。通过充分论证与策划，此审计项目面临信息多维散落、缺少评价基准、审计资源有限、使用记录缺失等难题，为此，审计团队经多轮迭代与探讨，创立审计模型，将问题逐一击破，推进项目成功开展。具体而言，一是面对“信息多维散落”的问题，提取数据并建立关联。财务部负责掌握设备账面大卡数据，产品工程部在安全管理系统（SMS）维护机械设备、动力设备和专用设备小卡数据，质量部在企业内容管理系统（ECM系统）维护测试设备小卡数据，为统筹掌握设备全貌，审计组以财务大卡数据为基线，从SMS和ECM系统中提取匹配的小卡信息，将设备信息有效关联，为审计项目打好基础。二是面对“缺少评价基准”的现象，定义使用率计算规则。多方调研和查阅文献，发现目前针对设备使用率开展的研究和评价相对较少，未能获取适用于军工科研单位的设备使用率计算公式，经过反复思考与研讨，审计组首次创建了适用于自控所科研生产模式的设备使用率计算公式。三是面对“审计资源有限”的问题，综合分析确定样本。技改设备总量大、项目多、周期长，受制于审计资源不可能顾及所有设备，因此采用抽样的方式开展审计。为保证审计抽样的代表性与覆盖性，综合考虑技改项目的性质、设备投入年限、金额、使用部门等因素，选择一个平台项目（预研）、一个研保项目（型号）、一个批产项目（批产）近10年投入的全部设备，以及单台500万元以上设备，共涉及1693台技改设备，覆盖全部研发生产部门和质量部，样本原值占账面设备原值总额的31%，科学合理抽样为设备使用率的有效统计与分析奠定了基础。四是面对“使用记录缺失”的问题，设计调查表收集信息。因为技改设备存在缺乏开机或者使用记录的现象，为克服基础资料缺失的困难，自控所结合审计项目需求和经营管理模式研究设计调查表，并以调查表为载体推动开展部门自查、专题会议确认、重点访谈、现场抽盘等审计程序。因审计结果的准确性一定程度上依赖于各部门填报的数据，设计调查表时审计组在确保信息采集完整性及具备可比性的同时，为避免数据因个人理解不同或其他原因造成较大偏差，重点考虑数据的相互印证关系和针对性，并经小范围试填完善后才大范围下发。经缜密策划与优化改进，终版调查表包含39个字段，依托科学合理的调查表，审计项目得以高效顺利开展。

2. 构建总体数据图像

为支持管理活动的有效运行，自控所研究开发覆盖业务的信息系统，包括项目管理信息系统（PMIS）、合同管理系统（CMS）、产品维修维护管理系统（MRO系统）、财务浪潮系统等，管理要素分布在各大系统中，各个系统虽在部分环节设置了接口，但数据信息存在未能共享和互通的情况，如何梳理整合数据、多维度反映业务的整体图像是实现审计增值的重要方式。自控所借助信息化平台，建立审计对象在各系统中活动的关联关系，统一口径，联通业务端之间、业务端与财务端数据，打通信息断点，剔除不合理因素，多角度抓取数据信息，形成完整的业务主数据。

外协业务的统计口径包括合同、财务、库房、工时等，分别分散在CMS、浪潮、SMS以及各部门级系统中，在日常工作中相关部门各管一摊，缺少从外协业务的顶层对各口径数据进行整合匹配分析，未建立数据之间的关联关系和整体图像。为解决数据多维散落且分析不准确的问题，自控所审计部门组织协调相关系统的责任部门在统一口径的前提下，从系统中分别提出外协业务的合同、财务、库房和工时等维度的数据，通过对数据进行匹配分析并剔除不合理因素，建立了外协业务的整体图像，另外通过数据分析还发现外协业务内部控制中存在的薄弱点与风险点。

3. 重构关键业务流程

自控所管理审计深入业务一线，从跨部门、全流程的角度审视业务，与各流程环节的责任部门逐一沟通，绘制业务执行的真实流程，并通过对标制度和标杆企业，识别流程与制度不一致、要求不明确、责任不清、工作指导性差、信息不畅等问题，以此为基础重构业务流程，切实解决流程低效、“断头”、扯皮、盲区等运营短板，推动跨部门的协同配合，促进流程接口顺畅和运行效能提升，提升管理效率和效益，为企业创造价值。

4. 优化薄弱管控环节

围绕管控风险、创造价值的审计目标，结合上级单位开展的各项审计、巡察等监督检查及自控所经营活动中暴露出的短板问题和风险隐患，管理审计重点关注问题多发、风险集中的关键管控环节，通过收集与此环节直接或间接相关方的意见，查阅信息系统与过程资料，细化分解问题，从源头分析原因，针对性提出管理建议，“由点到线、由线到面”切实推动问题的浮现与解决。例如，自购材料管理审计对采购业务的“申购与审批、商务谈判、合同管理、库房管理、付款管理”5个关键环节进行细化分解，针对5个环节共提出问题12项，并给予管理建议，推动业务流程规则的调整和落地执行的合规。

（六）闭环管控，实现“以审促建”和“以审促改”

1. 建立审计成果三级报告机制

内部审计成果利用效率高低直接取决于信息共享范围大小，为强化审计成果利用效果，提升审计严肃性和权威性，自控所建立审计成果三级报告机制，实现监督层与决策层、管理层、执行层的信息共享，打造良性互动。

支撑决策：在党委会/所务会专题汇报审计成果，及时、准确、真实地传递业务总体图像、主要问题、关键风险点等信息，为领导层做出决策提供及时、全面、有价值的支撑数据和信息，并提出管理改进策略，充分发挥业务信息交互“传感器”与战略举措落地“助推器”的作用。

提升管理：站在全流程角度向相关管理部门通报审计输出事项，打破部门间信息壁垒，重点在于解决接口不通畅、责任主体不明确、职能交叉与重叠、部门隔离墙等问题，通过明晰职责界面、完善规章制度、打通业务流程，增强各环节管理要求的协调性和一致性，提升整体管理水平，充分发挥业务经营链条的“润滑剂”作用。

堵塞漏洞：面向执行层实行审计专项通报机制，就审计发现的合规执行、执行低效问题与业务部门进行交流，并推进各部门之间的举一反三，共享交流审计工作成果，强化合规运营管理，充分发挥预示风险隐患的“报警器”作用。

2. 建立“问题—方案—整改—回头看”整改长效机制

自控所以“资金未追回不放过、账务未调整不放过、制度未完善不放过、责任未落实不放过”为目标建立的审计整改长效机制，改变了以往“以调代改、以补代建”的做法，切实实现“以审促改、以审促建”，推动实现风险可控和价值增值。

问题分类：从业务源头入手，深入剖析问题产生的根源，将问题划分为单一事项整改、举一反三整改和源头整改三类。

制订方案：“单一事项整改”是针对问题本身制定措施；“举一反三整改”是对照问题进一步开展自查，对在类似业务或类似环节存在的类似问题实施整改；“源头整改”是针对问题产生的根本原因进行整改，完善规章制度、明晰职责界面、规范业务流程、强化重点管控等。

推进整改：按照“业务谁主管、整改谁落实”的原则，建立整改清单、拉条挂账、“销号管理”推进审计整改，重点关注涉及多部门体系问题的责任横向分解与协调落实。

回头看：对整改情况进行现场抽查，并综合采取内部通报、当面约谈、定期报告整改进展、重点工作督办、追究整改责任等形式确保整改工作落实到位，实现审计闭环管理。

3. 建立审计整改督办信息平台

为满足审计整改“管控过程轨迹化和透明化、提升整改推动效率、实现动态跟踪”的管理需求，在综合考虑线上审计整改工作流程、审计问题大数据、权限范围内信息共享、审计问题追责等管理要素的基础上，自控所设计开发了审计整改督办信息化平台，将审计问题的分类管控、方案制订、资料支撑、流程监控、信息共享、统计分析等闭环管控理念固化到信息系统中，实现对整改问题的“录入、下发责任部门、上报整改方案和支撑资料、定期报送整改进度、整改完成销号”的全过程信息管理，并及时推送至自控所领导和部门负责人，同时经手机端向责任人推送超期提醒，通过技术手段的有效推动，实现审计的“后半篇文章”，支撑审计整改联动机制的长效执行。

三、科研院所风险管控与价值增值并重的管理审计的效果

（一）实现合规经营和风险可控，提升依法治理能力

随着合规管理水平的提升，自控所风险事项数量逐年降低，从2018年的230项下降至2020年的85项，且近年未发生重大风险事件；通过提前发现风险以规范业务管理，有效规避了外部审计风险，管理审计真正发挥了风险“报警器”作用；通过构建审计联合团队，业务部门员工在参与审计过程中潜移默化地形成风险意识，业务部门遇到不清楚、不合规情形，“举手”“喊停”明显增多，风险意识显著增强。

（二）优化职责界面和管理规则，提升经济运行质量

在优化职责界面方面，通过技改设备审计实现了资产管理组织机构的整合，成立资产管理室对设备实施全流程管理与服务，解决了资产管理职能分散、责任主体不明确的问题，实现业务的统筹策划与推进；在优化管理规则方面，2018年至2020年通过落实审计整改要求，业务主管部门新制定（修订）了工装、自购材料、合同、存货、外协、供应商等领域的规章制度和业务流程，并根据需要要求研发生产部门制定（修订）二级管理制度和流程，以科学、合理的管理规则指导业务规范开展。

（三）支撑经营目标和战略规划，助力持续快速发展

自控所通过构建风险管控与价值增值并重的管理审计，聚焦战略部署、重大风险、重点业务推进体系实践，为各级决策者、管理者和执行者提供了改进方向与措施，并通过促进审计成果多领域运用，有力支撑了经营目标的实现和战略规划的落地，包括推动“两金”压控、制造能力对外转移、自购业务从探索走向规范等，经济效益得以明显改善，年收入从2018年的51.9亿元增长至2020年的62.8亿元。

（成果创造人：孙继威、雷德新、李　睿、秦媛珊、周沈刚、孙张俊、杜　林、高　莉、范毓熙、周　莉、秦　臻、韩　笑）

电网企业以“三精”为核心的全生命周期投资管理

国网河北省电力有限公司邯郸供电分公司

国网河北省电力有限公司邯郸供电分公司（以下简称邯郸公司）始建于1958年，是国网河北省电力有限公司（以下简称河北公司）的国家特大型供电企业和河北南部电网骨干企业。下设职能部门12个，业务支撑机构9个，管辖县级供电企业16个。全市有主力电厂6座、装机容量为508万千瓦，地方和企业自备电厂100座、装机容量为224.45万千瓦，500千伏变电站4座，220千伏及以下变电站385座。近年来先后获得“全国五一劳动奖状”“全国文明单位”等荣誉称号。

一、电网企业以“三精”为核心的全生命周期投资管理的背景

（一）面对行业竞争的必然选择

在新一轮电力体制改革中，一方面，电网公司依靠购销差获得利润的经营模式逐步转变为“准许成本加合理收益”模式，政府对电网企业的监管逐步向输配电价聚焦，投资、收入等都将受到更严格监管；另一方面，增量配电企业作为电改后新的市场主体，在电力市场中积极拓展业务，使电网公司面临增量市场竞争。在上述两方面的压力下，电网公司必须进一步确立精准投资、精益管理的理念，保障公司和电网高质量发展。

（二）解决投资管控方面诸多问题的必然途径

邯郸公司当前在投资管控方面面临诸多问题。一是城市电网发展遭遇行政规定、建设空间等多重瓶颈，与地方经济发展不协同、不匹配，项目落地难。二是部分项目风险辨识不够，项目交付后闲置或电量达不到预期效益。邯郸地区110千伏变电站平均负载率为23.9%，个别变电站平均负载率甚至低于8%。三是投资分配缺乏客观依据。参考历史投资数值、储备规模逐级“分盘子”，实施平衡式管理时，各县电网基础、问题不尽相同，但投资规模接近，造成投资分散与浪费。四是电网安全与投资效益难平衡。邯郸县域配网薄弱，县城10千伏电网联络率为56.5%，农网以辐射式为主，线路绝缘化率仅为19.6%，农村户均配变容量为2.01千伏安，电网安全与投资效益难以兼顾。五是综合计划资金利用不够充分。电网基建资金占到综合计划资金80%以上，但部分基建项目实际决算数不到计划投资的70%，资金没有得到最大化利用。因此，邯郸公司亟须推进精准投资策略，解决投资管控难题，提升精准投资能力，实现整体效益最优。

二、电网企业以“三精”为核心的全生命周期投资管理的主要做法

（一）优化营商环境，全力增供扩销

1. 建立政企联动机制，争取外部有利政策

邯郸公司建立政企联动机制，积极争取地方资金支持，为电网发展创造更大空间，解决城市电网项目“落地难”的问题。一是积极争取电网发展、综合能源拓展和运营补贴“三项政策”，促请市政府出台《关于“打造现代化电网 助力碳达峰碳中和”的意见》《关于加快邯郸市电网建设的若干意见》《邯郸市综合能源服务推进方案》《充电设施补助细则》等文件；由自然资源和规划部门统筹市区企业退城进郊后土地利用规划，为电力设施建设留足空间，将电网建设年度用地指标纳入各级政府土地指标中统筹安排；推动电网项目纳入省市重点项目督办推进，9项110千伏及以上遗留受阻工程顺利开工、8项工程投运。二是在老旧小区改造、“煤改电”“充电桩”等民生领域争取政府电力建设配套投资，累计争取政府配套电网投资3.1亿元；在河北公司系统中率先将电力业务纳入

政务审批平台，率先实现银行代收电费“零手续费”，率先争取到充电设施建设和运营补贴资金1300余万元；积极推动跑办税务部门，解决历史遗留退税问题，累计实现市县退抵税8100万元，减轻电网投资压力。三是采用“容缺审批”等方式推动政府修订输变电工程建设、征地拆迁补偿标准，加快项目审批流程；对于满足政策民生和重点工程用电的急需项目，在电网建设用地组卷报批、消防手续办理等环节开辟“绿色”通道，将电网建设项目纳入市政府督查室重点项目清单进行督导，在停工限产、交通运输等方面予以支持。

2. 稳固传统电力市场，全力开拓增量市场

邯郸公司定期研判经济形势，开展招商引资政策研读，聚焦京津冀协同发展战略示范区转移项目、区域聚集型产业基地和集中退城入园项目，持续跟踪重点企业和落地项目，全力开拓增量市场。一是积极挖掘特色电能替代项目，在冷热联供、光伏发电、充电站、设备代运维等方面推进综合能源服务，大力拓展公交、物流等专用车辆充电市场；紧盯新增负荷，开辟“绿色通道”，每年安排业扩应急配套资金5000万元，将重点用电需求和新增负荷及时转化为用电负荷。二是创新客户服务模式，构建网上国网服务新生态。全面优化线上办电流程，实现线上业务“一证通办”，健全电网资源与需求信息公开机制，持续提升客户接入服务水平；强化“一停多用”综合检修，进一步压缩检修停电时间，提升客户满意度。三是积极推广临电共享服务。针对市区重点项目建设规模大、工期紧等特点，面向客户提供临时电源共享租赁服务，以减少客户投资成本，并为客户提供用电方案咨询、业扩手续代理、工程施工、设备运维等“一站式”服务套餐。

3. 发力新兴业务，打造智慧特色产业

一是完善综合能源事业部建设。重点拓展武安工业园区智慧能源示范区、龙凤山综合能源和武安中贸物流园智慧用电等项目，完成年度收入1.3亿元；抢占充电市场，新建50台有序充电桩和太行山高速6座充电站，打造优质高效充电网络；巩固扩大电能替代深度和广度，打造武安铸造、峰峰陶瓷、肥乡葡萄小镇、曲周农业园区热泵育苗等特色项目，全年替代电量21亿千瓦·时以上。二是打造增量配网新引擎。支持社会主体参与试点项目投资，主动对接市发展改革委，加快推进邯郸地区三个增量配电试点项目落地见效。截至目前，第三批邯郸国际陆港增量配电项目已组建混合所有制公司，并获得国家能源局颁布的电力业务许可证，依托存量资产开展运营。

（二）精准投资决策，防控投资风险

1. 归集电网投资信息，强化数据精准分析

邯郸公司充分利用“网上电网”平台建设契机，组织运检、营销、调控等多个部门，持续开展数据归集与质量治理。针对现有网架和基础数据开展全面核查、重点抽查、关键督查，确保投资基础数据的准确；拓展数据来源，获取直接信息，集合衍生信息，收集新型信息，统一纳入数据资源池，实现“数据一个源、电网一张图、项目一个库”，通过有效识别和调取，从出口提炼有价值的数据资源，为后期精准研判、制定投资计划提供准确的数据依据。

2. 坚持“四个”导向，明晰电网投资方向

一是坚持问题导向，深化电网诊断分析。每年在冬、夏两季高峰负荷后开展电网诊断分析，从停电故障、电能质量、运检投诉、客户需求等维度发现问题，建立电网问题大数据库，统筹制定投资策略。同时建立问题指标与设备指标两套诊断标准，改变“头痛医头、脚痛医脚”的投资方式。其中，问题指标关注电网存在的重过载、低电压等问题信息；设备指标关注线径粗细、绝缘程度、投产年限等设备信息。优先投资问题指标与设备指标双低区域，对于设备情况良好、问题严重的区域，优先考虑通过清理树障、加强监控等管理手段降低故障率。二是坚持市场导向，差异化调整电网项目建设时序。紧密对接各级政府发展规划，密切跟踪省级及以上工业园区、300项省市重点项目进展，精准开展各区域空间

负荷预测，以此为基础规划变电站布点。科学分析邯钢退城进园、太行钢铁搬迁重组等对电网负荷的需求和影响，差异化调整电网项目入库时序，最大限度拓展盈利空间。三是坚持目标导向，打造标准化供电单元。完成覆盖全区域的电网网格化规划，差异化制定不同供电网格、供电单元发展目标。例如，在农村地区，按照照明供电单元、农排供电单元分类制定建设标准，以目标校核差距，按照网架坚强清晰、设备坚固耐用、自动化智能实用的原则开展电网建设，建成一批标准化供电网格、单元，打造可复制、可推广的典型目标网架构建模式，避免过度投资、重复投资。四是坚持效益导向，推行投资负面清单管理。制定投资管理“三不一压减”负面清单，即不准超过核价规模和投资范围安排投资项目，不准擅自扩大投资界面和超标准建设，不准追求高可靠性但盲目投资的“锦上添花”项目，压减短期效益不明显和费效比不高的项目，全面规范和限制各层级投资行为。

3. 聚焦多维核心业务，防控投资低效风险

一是转变电网发展规划理念。在新的输配电价定价机制下，邯郸公司加强与政府相关部门沟通，构建由地方经济发展部门、能源管理部门、电网企业、第三方咨询机构参与的相关工作机制，确保电网规划与当地经济发展、电网可靠性要求相衔接；同时，促请地方政府有关部门审核并批复电网企业中长期电网发展规划，引导政府科学监管；推动电网规划纳入政府国土空间规划，有效破解新建变电站选址难、落点难、施工受阻等一系列问题，为电网规划建设创造良好条件。二是强化项目可研、财务评价。充分发挥财务部门监督管理和桥梁纽带作用，会同业务部门和经研部门开展项目可研经济性与财务合规性审查，从资料完整性、经济性、财务合规性三个维度开展评审，切实解决以往个别单位项目可研论证不充分、项目分类不规范、列支渠道不准确、资本性与成本性支出混淆等问题。三是建立优选排序库，优化项目建设时序。针对配电网点多面广、问题繁杂的特点，建立配电网项目效益评价的归一化模型，将配电网问题（如重过载、低电压、故障停电、高损等）进行电量效益归一测算，并定义“增供电量”“缺供电量”“降损电量”三类算法。其中，“增供电量”定义为因解决线路或台区卡脖子问题而能给用户多供应的电量；“缺供电量”定义为因线路（台区）模块可靠性不足、老旧而导致停电时给用户少供的电量；“降损电量”定义为解决高损线路或高损配变带来的电量增长，将电量增长乘以改造区域的平均电价，得到项目综合效益的折算值。根据配电网改造带来的电量效益进行横向比较与排序，实现了项目科学优选，进而指导年度配电网投资计划及前期工作计划，推动规划、计划储备、项目前期工作的有机衔接。四是注重电网规划风险评估。加强与政府城市规划、发改、环保等部门的信息沟通，提前掌握规划区域负荷类型，摸清大型“点负荷”规划动向，根据建设环境和需求变化对发展规划和投资方案进行滚动优化。针对增量配电试点区域的电网规划、建设实施会出现多个市场主体共同承担的情况，对规划实施的不确定因素提前研判，对意向单位开展尽职调查，避免法律风险。依据规划投资需求、负荷情况、价格政策、产业风险等因素，科学测算试点项目经营投资收益率，同时综合考虑外部政策、施工环境、投产工期、证件办理等外部因素，妥善制定增量配电项目参与策略。

（三）精细投资管控，提升项目质效

1. 构建“721”测算模型，突出计划战略导向

为明晰电网投资类别及规模，邯郸公司结合实际创新构建投资总控目标的“721”测算模型。具体做法是，邯郸公司成立综委办，结合各专业特点设定权重，全权负责专业投资规模分解；各专业根据项目的轻重缓急将对应专项储备项目按 ABC 定级，综委办将年度发展资金总控规模按照 7∶2∶1 的比例分解为基础性建设项目、效益型提升项目及个性化需求项目。

同时，为保障各专项投资的连续性，邯郸公司明确专项资金分配方法，并根据各专项投资执行、节点滞后情况，对总控分解模型进行优化。基础性建设项目金额参照近三年综合计划各专业项目投资比例直接分配；各专业效益型和特需项目进入“大盘子”，按照战略性、效益性、先进性重新归类排序。战

略性项目立项的主要依据为职代会报告提及的重点工作、上级及领导关注的重点工作等；效益性项目立项的主要依据是能带来显著经济效益，以投入产出比进行衡量；先进性项目立项的主要依据为创新性、突破性，项目实施后能在网省公司起到引领作用，如各类试点建设项目等。

2. 开展综合计划调整，促动项目灵活运作

一是提升项目安排的灵活性。针对上半年投产项目实际投资预计完成情况，充分利用投资额度，安排结余资金解决电网发展突出问题。2020 年以来，邯郸公司累计利用项目结余资金 5000 余万元，安排新项目 19 个。二是明确调整范围和边界。综合计划各专业依据项目工程进度可选择是否参与年中调整安排；若项目尚未完成结算，则允许提前预估结算金额，在保留适当裕度的情况下，合理调减资金；按照“谁调减、谁受益”的原则，对参与调减的单位及专项安排新项目的同时，进行适当绩效奖励。三是明确新安排项目原则。新安排项目必须符合当年储备原则，完成可研批复，优先安排年内能竣工投产的项目，如生产技改大修重点安排保障电网安全运行的应急项目等。

3. 实现全过程监督，推动项目执行到位

邯郸公司打破业务管理壁垒和数据信息隔离，贯通项目执行各环节信息，实现项目全过程监督，支撑项目管控，辅助投资决策。以电网基建项目为对象，以项目管理全过程监督为立足点，设立覆盖全面、节点合理、规则严肃的链条结构，包括里程碑、资金、投资控制和物流四条链条，明确项目过程中每条链条涉及的关键节点，在不同节点设置不同规则，如物流链条设置采购申请总金额≥合同总金额等，对投资项目建设进行及时跟踪，定时通报，有效监控。

4. 完善经营策略，优化资本成本结构

一是明确配网改造、技改大修项目界面，配网基建资金主要根据各供电单元预警指标，逐批解决各单元规划层级提升问题；大修技改和综合能源资金主要解决预警裕度大的供电单元内设备老化、过载等“点问题”。二是加强财务、发展、设备、营销专业联动，推进配网整体单元化改造，使用资本性资金购置智能电表，推动新装电表纳入有效资产管理。三是建立有效资产常态化“监、控、改、提”闭环工作机制。以成本监审要求为基础，围绕资产的有效性，开展常态化数据监测、管控措施分析、整改措施跟进，促进有效资产管理水平提升。四是建立长期挂账工程专家会诊机制。针对开工时间较长的工程项目，开展建设、财务、物资等跨专业专家会诊，及时协调项目存在的问题；加强结算、决算时间节点管控，及时预警，防范低效无效资产形成。

（四）精益投资评价，确保投资效益

1. 选取关键指标数据，评估县供发展状态

选取售电量、售电量增速、容载比等关键电网指标，利用 SPSS 软件开展聚类分析。通过数据输入—数据标准化处理—初始聚类—多次迭代—最终聚类，得到每个聚类中的案例数，最终将 16 个县公司划分为卓越进取、稳健提升、开拓效益、基础经营四个类型。结合单位标签指标体系和各专项的关联关系，建立反映投资的指标调整系数，通过投资调整系数、动因和政策约束、总投入规模限制、整体平衡优化 4 项调整环节，实现总控目标在各专项间的合理分配，有效支撑投资决策。

2. 建立配网评价模型，制定差异投资策略

县域配电网投资是电网投资的重要组成部分，为了进一步明晰各县供电公司投资状况，以投资效益指标、投资效果指标构建配电网投资二维评估模型。通过两类指标的县域电网投资评估，可以针对性地掌握各县公司所辖电网的建设运行效益，为评估各县公司经营和电网发展效率提供量化依据，有助于邯郸公司指导各县公司投资的重点领域和方向。

根据配电网投资评估模型，对邯郸公司所属 16 个县公司开展投资效益、投资效果评估，并制定差异化投资策略。

投资效果高，投资效益高：说明该县投资效益明显，电网问题得到针对性的解决。根据该县负荷、电量发展水平，若供电能力、装备水平、电网结构等指标已达到规划水平，且电网效率中的重过载、轻载问题有效缓解，可考虑维持现有投资规模或者逐步减少投资。

投资效果高，投资效益低：说明该县投资主要用于解决电网现存问题，如电能质量治理等，以及提升电网安全供电能力，如改造配电网老旧线路等。该县投资效益低，可能是受制于该县经济发展水平及发展潜力，电力需求增长缓慢。当电网问题逐步解决后，可考虑逐步减少该县的投资，或者维持一定的水平即可。

投资效果低，投资效益高：一种情况是电网问题得到解决、装备水平得到提升，由于新增问题导致的投资效果低，说明电网规划和建设进度制约该县电力发展，在地区规划安排项目时可适度提前安排，酌情考虑增加投资；另一种情况是电网效率、装备水平等电网问题没有解决，说明该县投资项目安排针对性不强，应加强规划、可研等环节管理，对项目的必要性、可行性进行严格论证。

投资效果低，投资效益低：该县相应的电网投资既没有带来售电量的增加，也没有相应解决电网存在的问题。应相应控制该县投资规模，加强规划、可研、项目评审等环节的深度管控，必要时对该县电网开展专家会诊，确保电网问题逐步解决。

3. 设立项目贡献类别，实现项目效益可比

考虑到不同电压等级项目之间投资规模的差异影响项目优选结果，设立“项目贡献类别”，主要按照项目对电网的贡献程度大小划分，包括点、线、面、综合、资源、建设这六个类别，据此设定调整系数，实现不同规模项目的效益评分可比。

（五）构建两大机制，提高体系效率

1. 建立协同工作机制，提升工作效率

一是健全规划委员会常态工作机制。明确议事规则和责任清单，增强决策的公开性和科学性，电网规划、基建计划、总控建议、项目调整等重大事项必须经辅助决策机构审议讨论，并作为正式决策的前置条件。二是成立专项规划编制小组，明确内部职能划分。规划委员会下设专项规划编制小组，由发展、设备、营销、财务、经研所等业务部门以及审计、监察等监督部门组成，负责贯彻执行省公司有关投资的方针政策、法律法规、标准制度等，对邯郸公司投资工作进行统一管理。通过将离散的投资管理职能归一化，形成协同工作圈，为总体投资决策提供支撑。三是加强经研队伍建设，承接“编审批”下放管理。进一步明晰经研所发展定位和职责范围，围绕国家“双碳”目标、行业新版《配电网规划设计技术导则》、国网公司“一体四翼”新型电力系统发展布局，采取“走出去、请进来”等方式加强人员现场培训和指导，使之尽快具备“编审批”权限下放业务承接能力。制定电网项目质量管理及评审管理实施细则，纵向上建立配电网项目市、县两级评审流程，横向上建立发展、设备、营销、经研所协同参与的可研编制过程，从源头上提升可研编制与评审质量。

2. 建立监督考核机制，强化投资合规高效

一是明确各部门投资监督的职责。各业务管理部门按照专业分工，以投资计划编制准确率、计划执行率以及投入产出效率为重点，负责各专项投资管理，同时负责县公司专项投资计划的监督和考核；审计部负责有关投资项目审计，并全过程参与重大投资项目的立项决策、资金使用和管理、投资评价，发现问题及时告知投资责任部门整改；法律部负责股权投资类项目尽职调查与法律风险论证，重大问题上报办公会，由其做出决策。二是加强投资责任追究。邯郸公司建立违规投资责任追究制度和责任倒查机制，明确发生违规投资行为，对相关责任人进行处理；实行重大决策终身责任追究制度，已调离岗位及退休人员，同样纳入责任追究范围。

三、电网企业以“三精”为核心的全生命周期投资管理的效果

（一）投资质量得到有效提升

通过实施精准投资策略，邯郸公司投资质量显著提升。2020 年以来利用结余资金超过 5000 万元，安排新项目 19 个；通过总控“721”分解模型，邯郸公司顺利完成会议室智能升级改造、档案室改造等非常规综合计划项目；2020 年存在滞后节点的项目同比降低超过 30%。

（二）电网建设取得重大进展

精准分析电网问题和经济社会发展需求，216 个规划变电站站址和线路走廊纳入国土空间规划，为变电站站址、线路廊道资源保护创造良好条件；高质量编制“十四五”电网规划，完成全部县域的网格化规划覆盖，电网规划精准度和颗粒度显著提升；借助邯郸热电厂搬迁契机，促请政府将邯郸热电厂原 220 千伏升压站批复预留为 220 千伏变电站，有效解决市区中心区域 220 千伏选址难、落地难问题，较常规市内 220 千伏电网工程节省投资超 2 亿元；通过精准负荷预测，科学调整项目建设时序，及时满足华信特钢、清风绿能、龙凤山铸业等钢铁用户用能需求；2020 年冬夏期间未出现因供电“卡脖子”、设备线路重过载等限电现象，核算减少潜在损失电量近 6960 万千瓦·时，带来了较好的经济效益。

（三）社会效益显著

助力打赢脱贫攻坚战，实施 535 个贫困村电网改造和 183 个村级光伏扶贫电站并网工程，完成 4.6 万眼机井、779 个小城镇（中心村）、311 个美丽乡村和武安小康用电示范县电网改造，提前 1 年全面完成国家新一轮农网改造升级任务，累计完成 14.9 万户“煤改电”配套电网工程建设，新增清洁供暖面积约 1043 万平方米，农网户均配变容量提升至 2.12 千伏安，坚强配电网网架逐步形成，有力支撑了扶贫工程、各项民生重点任务，社会效益日渐凸显。

（成果创造人：李遵守、魏东亮、刘　勇、李　昆、刘渝辉、张自力、吴向明、宋　楠、刘　航、卢思远、徐庆华）

能源企业以交互迭代为核心的液化天然气项目造价管理

中海石油气电集团有限责任公司

中海石油气电集团有限责任公司（以下简称气电集团）是中国海洋石油集团有限公司（以下简称中国海油）的全资子公司，统一经营和管理中国海油气电板块的业务。气电集团以液化天然气（LNG）及相关业务为核心，以现有接收站和管网为基础，积极建设中国沿海天然气大动脉，充分利用“两种资源、两个市场”，致力于为中国沿海地区提供持续、可靠、充足的清洁能源，是中国海油支柱产业之一。2020 年气电集团实现营业收入 891 亿元，累计 LNG 进口量突破 2 亿吨，是全国最大的 LNG 进口运营商，是国内首家获得 LNG 行业杰出贡献奖的企业，在中国 LNG 行业中享有领军者地位。

一、能源企业以交互迭代为核心的液化天然气项目造价管理的背景

（一）响应国家加快推进天然气储备能力建设，保障能源安全的需要

天然气作为可再生能源的最佳成长伴侣，其推广利用有助于达成“双碳”目标。目前，我国天然气产供储销体系尚不完备，存在储气能力不足、互联互通程度不够等问题。国家出台了一系列产供储销政策，加快推进天然气储备能力建设，保障能源安全。根据国家发展改革委文件及 2019 年全国天然气表观消费量分析，供需差额总储气能力缺口约 225 亿立方米，目前储气能力结构储罐占比 36%，未来建造需求有 250 亿元左右的市场前景。为进一步加强产供储销体系建设，在造价管理创新上，前瞻性研究 LNG 接收站储气设施的投资回报机制，应用“两部制”定价原则建立 LNG 接收站定价结算模型及评价体系，支持产供储销、互联互通、保供工程重点项目的决策论证，全面服务于天然气储存设施完善及储运调峰应急体系建设，助力能源供应质量和安全保障能力的提升。

（二）引领 LNG 建设项目工程造价管理改革，实现“中国建造”的需要

近年来，“中国建造”提到国家战略层面，作为工程建设领域重要组成部分的工程造价领域也在不断创新优化。LNG 项目造价管理的重点已经由重结算转变为重决策的现代化管理。建立覆盖 LNG 接收站全寿命周期的数据采集、模型搭建、数据分析、数据反馈的交互迭代式造价管理体系，实现由现代化管理向创新管理转变，是实现“中国建造”的关键要素，也将进一步在中国海油大型基础设施建设项目的工程造价管理改革进程中发挥引领作用。

（三）提升 LNG 接收站建设主体多元化格局中成本竞争力的需要

随着生态文明建设加快推进，能源体制不断健全完善，绿色低碳成为能源发展主方向。国家鼓励、支持各类资本参与投资建设被纳入统一规划的天然气基础设施。行业内各单位积极参与 LNG 接收站建设，市场竞争激烈。投资主体多元化的政策导向，预示着 LNG 接收站工程总承包（EPC）建设领域将面对广阔的市场和挑战。EPC 项目初始设计不足、承包范围大，与传统招投标项目比较，其投标报价难度更为显著，加之 LNG 储罐总承包曾一度被外国承包商垄断。因此，通过实践总结优化方法流程，提升企业内部造价管理成效，优化建站成本，做好 EPC 项目的投标报价分析，是企业在日趋激烈的市场竞争中取得外部项目的前提，也是获取最佳收益的关键。

自 2016 年开始，气电集团积极探索 LNG 建设项目投资与造价管理创新做法，在 5 年的实施积累中不断完善、优化与升级，广泛应用于 LNG 接收站工程 EPC 项目、设计项目、咨询服务项目、LNG 产业链投资建设项目经济性论证等工作中。

二、能源企业以交互迭代为核心的液化天然气项目造价管理的主要做法

（一）明确交互迭代式造价管理思路框架

从2006年国内首个LNG接收站建成投产至今，中国海油用不到12年的时间建立了从上游天然气开采、液化，到中游LNG船运输、LNG接收站、天然气管网输送，再到下游天然气发电、车船加注等完整的LNG产业链。造价管理体系将创新目标定位于把握能源结构调整升级的新格局，主动作为，面对新形势、新挑战、新机遇，以造价管理创新助力LNG产业高质量发展。基于此，构建了交互迭代式造价管理体系模型。

气电集团研发中心作为国内唯一一支围绕LNG全产业链进行核心技术研发、工程转化应用、投资咨询、设计服务、生产服务咨询、产业政策研究、工程建设服务的专业团队，拥有多项全球领先的LNG接收站专利技术、涵盖LNG全产业链的核心技术体系及LNG全生命周期、全方位技术服务能力。以此作为“科技赋能”的核心支撑，通过既有的LNG“科技驿站”研发体系，科技创新驱动交互迭代式LNG项目造价管理体系建设，划分经济评价决策支持体系、全过程造价管理、交互迭代式数据管理体系三大价值创造流程。全方位实现造价管理的业务通、流程通、数据通，进而实现造价管理的动态、立体、多维度的高效协同管理。

（二）构建以交互迭代为核心的全过程造价管理体系

1. 明确全过程造价管理范围，聚焦关键环节重点分析

全过程造价管理是指从项目可行性研究开始，经方案优选、初步设计、详细设计、施工、竣工验收直至项目试运行投产，实行整个项目周期的造价控制和管理。

建设工程投资决策阶段的工程造价管理是造价控制的源头，具有先决性，它对建设全过程的造价控制往往起着决定性的作用，对工程造价的影响可达80%。

设计阶段是确定与控制工程造价的重要一环，是将工程项目转化为实体工程施工的依据，包含初步设计和施工图设计（详细设计）。设计环节的造价管理是实现“事前控制”的关键，在该环节进行造价控制可以最大限度地减少因事后变动而引起的成本增加，具有“一锤定音”的地位和作用。

招投标、采办阶段及施工、结算阶段的造价管理对建设项目的投资影响较小，且采用工程量清单计价方式确定的投资额充分体现了市场竞争，造价管理难度可控。气电集团以“全程参与、突出重点”为原则，聚焦对项目投资管控影响较大的前期决策和设计阶段，以交互迭代式为创新出发点，研究构建全过程造价管理体系。

2. 搭建实时交互信息通路，实现迭代式造价管理升级

项目实施全寿命周期内，从可研阶段到项目后评价，形成一条内涵丰富的数据链，而外部市场、政策、建造技术、信息技术、财税制度等变动，都是客观存在影响实施的不确定因素，会给项目推进带来一定阻力。基于造价管理存在的痛点、难点，研究团队充分发挥“科技赋能”的研发优势，以数据应用和反馈为核心，通过开发装配式造价技术，固化统一项目全生命周期经济数据，实现从项目实施运营端到决策端的数据流积累，形成数据通路。同时，依托数据库等智能工具，实现根据环境变化与技术进步前瞻性调整与升级，从而达到在研项目不同阶段与历史项目、外部环境实时交互的目的。

3. 依托标准化智能化工具，强化装配式造价技术应用

装配式造价技术作为交互迭代式造价体系重点依托技术之一，其开发思路为：运用标准化采集数据及模块化编制的方法，以历史项目数据分析为支撑，以概算编制为切入点，创新性地将“装配式建筑”理念引入LNG接收站工程造价领域，通过研究CBS划分、各专业施工属性及设备材料属性的标准化，以历史数据为支撑，构建适用于一般LNG接收站项目的“预制部件”——工程造价装配式模板，研究历史项目各专业概算，建立土建、设备、电气、自控等专业历史项目概算分析及装配模板。模板根据不

同输入条件，形成大小不同的模块，在各序列间完成大规模的数据装配组合，实现费用预估、造价编制及费用检测三大主要功能。

装配式造价技术顺应国内造价管理体系的建设需求，将工程量清单的实施阶段提前至可研决策时期，进行数据建模与程序开发，实现综合单价与标准定额的智能转换。该技术创新性采用全费用综合单价形式，实现项目全过程造价控制通用数据模板，为数据流的打通提供基础。全面考虑工程造价控制各环节的需求，从预可研阶段投资匡算、可研阶段投资估算、初步设计阶段概算、EPC 报价、合同价格审查、合同价格入库等方面，设计开发概算数据模块，从各角度装配，形成不同的功能需求，使造价编制工作更加智能化、效率化，从源头上为国内外 LNG 建设项目提供降本增效的工具。

装配式造价的创新之处还在于将技术与经济紧密结合，通过持续积累总结项目数据，制定对标分析通用模板，实现分专业、分系统、分费用类别的详细对比。在剔除技术差异的前提下，定量化分析个别材料价格上涨对项目整体造价的影响，同样可分析基于相同价格条件下，技术差异引起的造价变化，进而高效锁定大的成本项，分析差异产生的原因，通过不同项目的技术方案及经济数据对比，反馈相关技术专业核实工程方案优化空间，提供合理的工程方案优化建议。

（三）夯实科学化经济评价决策体系“方法”基础

1. 理顺决策体系有机构成，确定“方法”的基础定位

科学化经济评价决策体系包括三大构成要素：方法、模型和指标，其在产业链各项投资决策以及生产经营中扮演着极其重要的角色。

“方法”是经济评价决策体系的基础。LNG 项目类型多样，不同项目的商务模式存在较大差异。如 LNG 接收站既可以从事天然气贸易获取差价，也可以提供加工服务获取加工费，还可以通过拍卖窗口期的方式获得收益，接收站定价研究亦是如此。这些都是影响评价方法的重要因素。因此，研究构建适用于 LNG 项目的科学化评价方法体系，作为全过程造价管理的关键手段十分必要。

在产供储销体系大背景下，团队针对接收站运营模式、储气模式等商务模式以及电价机制、储气库机制、管道定价等定价方法开展了一系列研究。建立行业首创的 LNG 项目经济评价导则与编制指南理论体系，并对“两部制”储转费定价机制进行重点分析，助推 LNG 海油标准主导国内 LNG 接收站加工费定价体系。

2. 制定行业首个经济评价标准，形成模板化编制指南

气电集团制定的《液化天然气建设项目经济评价导则》（以下简称《经济评价导则》）是 LNG 行业首个经济评价标准，紧跟国家政策、行业形势。在全面营改增后，经济评价不含税模型的建立存在不统一的情况，《经济评价导则》首次将其方法规范化、抵扣细项标准化，修订完成项目投资现金流量表、资产负债表和营业收入及税金估算表。《经济评价导则》适用于天然气液化厂、LNG 接收站、管道、城市燃气、加气站、卫星站、气化站等新建及改扩建项目，使用范围较广，实用性、可操作性较强，有效指导、规范 LNG 项目评价方法及依据的统一性，为 LNG 行业接收站项目的发展提供更为坚实的标准化保障。

有了《经济评价导则》作为体系的基石，还需要指南对体系进行标准化、规范化。经济评价作为投资决策阶段的重要参考条件之一，对评价报告质量和效率要求高，需实操性强的成果报告作为支撑。通过筛选、提炼总结 LNG 产业链各类项目的典型案例，规范优化经济评价报告和附表，形成一套有时效性、规范化、模板化的经济评价报告编制指南，实现统一固化。

3. 创新“两部制”储转费定价方法，实现前瞻联动调整机制

国家在完善储气调峰市场机制进程中，积极推动储气设施建设进程，不断完善产供储销一体化体系建设。为突破投资成本与回收的发展瓶颈，基于“准许成本 + 合理收益”原则，以 LNG 接收站储罐为

切入点，结合法国、韩国的电力定价机制，在“一部制”定价机制的基础上创新性提出“两部制”储转费定价机制。

通过前瞻性研究政府补助会计处理准则，判断补助性质，按照补助是否形成资产或递延收益等几种情景，修订评价方法中对固定资产、损益和所得税的处理计算，完成“两部制”定价方法研究，建立适用于完备产供销体系下储气能力建设投资回报机制，解决项目投资回收的处理方法以及成本费用划分和分摊原则，该方法也成功运用于江苏“苏豫模式”储罐可行性研究及国外柬埔寨接收站的加工费定价。

（四）强化科学化经济评价决策体系“模型”主体

1. 集成国内外LNG产业链模型库，建立评价分析标准流程

“模型”是经济评价体系中的主体，能够高效满足各式各样的测算需求。运用标准化整理归纳分类历史项目经济评价模型，以《经济评价导则》为指导方法，以LNG全产业链上中下游项目为切入点，综合考虑项目在不同阶段的经济评价需求，在预可研、可研、初设、后评价、生产运营成本费用优化和收入水平预测、价格定价等方面，归纳分类相应经济评价模型，搭建经济评价模型库，形成经济评价体系。

本体系已形成国外、国内项目“模型库”，国外项目覆盖上游气田、液化厂、中间船舶运输环节、FSRU及FSU船舶租赁、下游接收站和电厂项目，以及“一带一路”沿线项目的财税计算模型；国内项目形成LNG全产业链经济评价模型和定价模型，形成覆盖LNG全产业链、项目全过程的模型库，建立商务架构分析、财税制度研究、费用合理性分析的标准流程。

2. 细化多类型项目财税计算模型，保证数据与模型反馈验证

对于国外项目，“模型库”中建立“一带一路”沿线国家项目的财税计算模型。各项目所在国的财税制度各有异同，通过深入研究项目所在国的财税制度，梳理项目收益、现金流等影响经济性的财税因素，从此作为搭建评价模型的输入条件和必要前提。除了常规的陆地项目，对于陆地和海上存储气化设施结合项目，模型库中建立海上气化存储设施FSRU、FSU浮式船舶的租金和计税模型。

费用分析环节包括项目投资和操作成本合理性分析。针对气电集团某海外天然气一体化项目，由于该项目庞大，商务环节复杂，涉及上游区块、天然气预处理厂、管道和液化厂等环节，每年需对上游区块作业者提供的作业协议、预算进行跟踪评估，通过逐年的数据和模型的互相反馈验证，保证了国外项目“模型库”分析流程、数据深度的不断优化和迭代。

对于国内项目，“模型库”适用和覆盖LNG项目全产业链前期决策、中长期规划、生产运营（费用定价）、改扩建、后评价等不同阶段。“模型库”可根据新政策、新形势要求和项目特点，不断更新修正。

3. 发挥模型与政策的联动效应，促进储气设施多维度经济分析

以“两部制”定价机制为指导，模型中将LNG储罐成本主要分为容量费和使用费，以容量费回收建设投资，与协议周转量挂钩，单位费用与实际周转量成反比，同时借鉴《天然气管道运输价格管理办法（暂行）》，在“两部制”储转费定价机制中，将容量费的回收内容由建设投资延伸至“准许收益+税费成本”，有效提高LNG储罐的投资回收效率，保障了企业的财务生存能力。以使用费回收运营成本，与实际周转量挂钩，费用总额与实际周转量成正比。结合现金流折现法，在推动均衡储气的同时实现项目既定的内部收益率，有效保障了项目投资的稳定回收，克服了储气能力建设运营的统筹规划瓶颈。这是推动储气设施建设进入“快车道”的关键举措。

同时，储气设施建设可获得中央预算内投资（补助），项目如何利用和处理补助，将影响项目投产后的经济性。通过研究政府补助会计处理准则，判断补助性质，根据补助是否形成资产或递延收益等几

种情景，修订模型中储气设施固定资产、损益和所得税的处理计算。

（五）创建科学化经济评价决策体系“指标”引擎

1. 结合投资决策论证争议点，开展标准化技术经济指标研究

建立全要素技术经济指标综合分析体系是经济评价决策体系的精髓所在。通过标准化方法的设计、模型库的建立、实际项目的跟踪、标准的操作手册、典型的案例等，从方法的科学化、标准化，到操作的智能化、模型化，均得到全面提升，数据得到有效积累。

2. 统筹考虑论证审查重点内容，确定投资与评价指标构成

通过对国家产供储销系列政策及适用范围的深入研究，总结与 LNG 项目相关的主要因素，结合液化天然气能力核定办法行业标准，以及实际项目论证和各级审查情况，遵循分清主次指标、突出效益引导、解析水平差异的原则，凭借技术与经济、投入与产出相结合的方法，明确 LNG 接收站项目建设投资构成，以及储气能力、设计规模、运营罐容、储备罐容、年加工量等的标准定义，将主要技术经济指标划分为投资和经济评价两类。投资指标包括接收站项目单位规模建设投资、接收站项目单位接受能力建设投资、码头工程单位接收能力建设投资、储罐单位罐容工程费、储罐单位储气能力工程费等，经济评价指标包括单位产量总成本、单位产量经营成本、接收站利用率、单位产量综合能耗、内部收益率、运营罐及配套设施加工费等。

3. 规范相关指标计算方法，提升 LNG 项目经济类标准完整性

依据国家法律法规、标准规范，结合近年来气电集团液化天然气项目投资决策、建设投产情况，对 LNG 接收站项目进行界面划分，依据实际应用需要，明确各指标含义及详细计算方法，并推荐主要参考的四项指标，作为项目投资决策支持的重要参考。通过适当的固化统一，一方面达到经济数据指标与工程结构分解的一致性；另一方面实现不同接收站项目的投资同口径、同指标对比，提升投资决策的科学性。

（六）开发智能协同共享型造价管理数据体系

1. 加强三位一体数据能力建设，拓展技术经济综合分析研究

工程造价是一个以数据为重要内核的领域，数据能力是决定造价管理成效的关键因素。信息化和产业技术进步，为造价管理数据体系的建立提供科技动能，通过研发、应用与管理三位一体实现动态数据能力建设，是交互迭代式造价管理体系创新的关键。

数据能力建设在明确需求侧三大主攻方向的基础上，梳理业务流与数据流，第一步，实现制度化、标准化、规范化全覆盖，结合 LNG 产业项目特点，对标国际、国内先进的标准规范与制度体系，在实现质量效率双提升的同时，为信息化奠定基础。第二步，旋进式应用与研发，全体系实现输入条件参数化、全部运算模型化，通过装配式技术实现全生命周期造价管理一体化，以扩大终端业务范围实现一手数据智能化采集和数据治理，通过不断积累、分析、调整与反馈，带动全部业务场景的造价管理技术研发与实际应用。第三步，以用促管，以管优用，全方位发展造价数据建设能力，以数据应用倒逼数据管理制度的优化与完善，建立更加柔性灵活的数据标准，打破信息孤岛与业务孤岛，实现数据通；在业务流程上，搭建全方位、全过程造价管理互联互通的业务架构，实现流程通。

围绕数据能力建设，气电集团全面开展各项技术研究，包括 LNG 建设项目及应用经济评价模型软件、LNG 接收站、燃气电厂、液化厂工程造价数据、料单协同平台等方法工具与数据平台研究；天然气管网及液态运输市场经济性仿真研究、世界 LNG 市场供需、模式及价格机制初步研究；海外 LNG 生产基地经济评价体系研究、新形势下天然气发电政策评估与企业对策研究、产供储销体系下 LNG 接收站商务模式及定价评价研究等产业及政策类研究；新型 BOG 回收技术研究与方案设计等技术经济综合分析类研究；等等。从全产业链协同发展的角度出发，实时跟踪产业前沿动态，实现不断根据外部市

场、政策、财税制度变动，以及技术进步等迭代更新的动态造价管理机制。

2. 集成库、软件、系统各模块，丰富完善数据体系功能

根据数据能力建设思路，基于“装配式”造价技术内核，对标国际完善的工程量标准计量规则和成熟的工程造价管理方法，搭建智能协同共享型造价管理数据体系。集成不同规模、不同阶段的项目数据信息，以概算为桥梁，贯穿项目实施全过程，实现核心技术创新与精细化造价的融合提升，服务于LNG 接收站项目各阶段投资管理。

智能协同共享型造价管理数据体系集成工程造价数据库、装配式造价软件及料单系统，三者相辅相成。数据仓库根据气电集团建设项目基本建设程序，收集、汇总、归纳、存储全过程造价信息数据；装配式造价软件通过复合对比结构和条件计算在装配式样板间完成高效大规模的数据组合，实现费用预估、造价编制及费用检测主要功能；料单系统作为造价软件的辅助工具，具备项目数据管理、多专业设备料单的线上录入、料单报表的差异化输出、数据字典及料单快速导入造价软件等功能。

3. 带动造价管理业务深化提升，促进 LNG 产业价值创造

基于协同共享型造价管理数据体系，可实现造价管理业务的深化与提升，将单一的投资控制延伸为高端咨询，为 LNG 产业的价值创造提供新思路。

造价数据库最重要的功能是提供一个信息分析和共享平台，其大数据的形成是一个不断积累的过程，数据的管理应该实现动态、闭环管理。平台服务于工程建设的所有参与者，同时数据也来源于这些参与者，以服务—采集—生产—再服务的流程不断积累行业数据，形成闭环式的数据更新。通过多项目积累形成庞大的数据库，不仅可以对在建项目进行合理指导，也可以为拟建项目提供经验参考。

数据库管理以智能化应用为目标，根据不同使用需求，设计多种形式的造价参考指标，包括考虑投资者需求的投资指标和经济指标，考虑建设单位、施工单位需求的单位工程造价指标、设备采购价格指标，考虑造价人员需求的同口径对比分析指标。

三、能源企业以交互迭代为核心的液化天然气项目造价管理的效果

（一）推动中国海油内部 LNG 项目建设，引领 LNG 行业造价管理变革

研发中心通过加强科研与技术一体化的人才梯队建设，实现了造价管理咨询业务广度与深度的双重提升，引领造价管理变革。打造了一支“懂技术、会管理、精造价、通合约、善法务、晓财税”的造价管理咨询综合人才队伍，有力推动中国海油内部 LNG 项目建设进程，以高端咨询促进产业价值创造。

2016 年至 2019 年完成 16 项大型 LNG 接收站设计项目及液化厂、船舶加注、管线、分布式能源类专项测算技术支持工作近 80 项。按大型接收站设计项目 150 万元、技术支持项目 50 万元的市场价格估计，近 3 年研发中心造价管理咨询自有技术市场价值预估 6000 万元，人均年产值约 100 万元，与 2019 年造价咨询企业人均产值 31 万元相比，是其 3 倍。

管理体系的应用开拓了规模化、多元化的造价咨询业务，实现了业务链重构、管理流程再造等一系列高质高效建设。推进了多个 LNG 接收站及长江经济带 LNG 中转站的建设，带动地方政府进行港口配套建设，在扩大内需消费、提升区域经济发展质量和水平等方面社会效益显著。

（二）促进技术优势转化为经济优势，提升 EPC 团队市场竞争力

研发中心以核心技术为支撑，与系统内单位协同发展建成了一支具有中国海油自主特色的 EPC 强队，长期深耕于终端 LNG 接收站建造市场。创新成果广泛应用于西安液化、陕西杨凌等重大工程项目的报价、组价、对标、谈判等造价管理工作，中国海油外部项目中标率达 87.5%。近 5 年参与的 EPC 工程合同额达 240 亿元，技术服务和支持类效益超过 40 亿元，知识产权收益超过 5 亿元。2016 年以来多次从法国、英国、韩国等 LNG 行业国际知名工程公司竞标中胜出。在某 LNG 接收站项目投标报价中，研发中心依靠过硬的技术实力，快速评估出项目的最低投标价和中间价，提出了具体工程量及价格

优化建议，有效优化 EPC 项目投标报价 3 亿元，体现了中国海油的价格竞争力，一举击败国际国内各大竞争对手。

（三）实现 LNG 项目单位建设成本优化，助力绿色低碳能源蓬勃发展

造价管理体系在多个项目的成本优化中起到了关键作用。在江苏 LNG 项目设计优化中，既保障了数据的保密性，又高效解决了各级审查中的多维度经济性分析问题，通过经济测算反向优化工程设计方案，可研阶段优化投资 1 亿元，同时为中海油江苏天然气节约经济分析外委费用 200 万元。天津 LNG 项目，降低设计及建造成本 2600 万元；天津 LNG 海陆一体化方案，降低运营成本 3. 5 亿元；天津替代工程降低建造成本 1415 万元；漳州 LNG 项目降低设计及建造成本 2800 万元；浙江 LNG 二期项目降低建造成本 3800 万元，累计优化建设成本超 5 亿元。体系创新充分发挥市场在资源配置中的决定性作用，促进 LNG 项目国产化、储罐大型化迭代升级，提高中国海油的市场竞争力，推动 LNG 作为绿色低碳能源的进一步蓬勃发展。2020 年气电集团实现营业收入 891 亿元，利润总额达 121 亿元。

（成果创造人：单彤文、张　超、赵思思、张　莹、郑巧珍、张　丹、崔艳菲、刘　潇、肖　立、黄　辉、翁然然、李雨婧）

铁路装备企业"四位一体"内控体系建设

国能铁路装备有限责任公司

国能铁路装备有限责任公司（以下简称铁路装备公司）是国家能源集团的二级管理单位，作为产运销一体化运营的重要组成部分，肩负着国家能源集团创新发展、固本强基两大使命，承担着集团公司所有铁路自备货车的运营管理和机车车辆维修任务，负责集团公司自有2400多千米铁路线路的机械化维护，以及综合物流运输和智能装备制造等重要任务，业务范围覆盖京津冀、晋陕蒙宁以及黑龙江等地区。2019年，国家能源集团将原神华铁路货车公司与原神维公司进行战略性合并，成立铁路装备公司。铁路装备公司由此成为集团公司改革重组以来第一批落实产业整合改革的子公司。铁路装备公司本部设在北京，共有15个职能部门和5个直属机构，下设8家分公司和5个工务机械段，分别位于全国7个省、自治区、直辖市，主要业务分为车辆智慧运营业务、列检业务、机车车辆检修业务、轨道维护业务、大物流业务和智能制造业务6大业务板块。2020年，铁路装备公司实现营业收入65亿元，利润总额12亿元，净利润7.5亿元，现有人员3000多人，是国家能源集团重要的产业创新和利润来源单位。

一、铁路装备企业"四位一体"内控体系建设的背景

（一）公司重组整合，优化管理能力的需要

2019年，国家能源集团统筹把握"一体化"运营大局，做出重组整合铁路装备公司的重大决策，使铁路装备公司成为集团公司唯一的专业化铁路装备运营管理企业，公司成立伊始就面临着线路长、跨多个省市、管理难度大的困难，亟待解决风险控制管理融合、业务衔接和绩效提升的问题。首先，原有两套制度授权体系缺乏统一标准，为风险管控带来压力。其次，风险管理、内控体系、合规管理各自为政，存在管理要求重复，甚至冲突的问题。最后，现有内控体系落地执行困难，无法真正发挥内控在公司经营中的作用。为此，铁路装备公司通过将管理要求嵌入员工绩效指标的方式，建立要求明确、指标清晰、规则统一的绩效体系，明确管理目标，统一管理形式，形成管理合力，全力推进公司"十四五"期间发展目标的实现，促进管理水平再提升。

（二）落实集团管控要求，提升管理水平的需要

铁路装备公司承担着连接集团公司产销环节、提供运力保障责任的同时，也承担着创造良好经济效益、保证企业持续健康发展的责任。2020年，国家能源集团发布了风险、内控、合规管理工作的相关文件，从集团层面提出了顶层工作要求。铁路装备公司作为产业创新前沿单位，被集团公司定位为"内控风险体系设计和信息系统建设项目试点单位"，需要在内部各成员单位间率先开展"三体系"融合工作，需要结合本公司改革发展和经营管理的现状，形成一套"内控、风险、合规、绩效"一体化的管理体系，探索将内控成果嵌入信息系统建设，如何切实发挥集团公司试点效应，起到试点带头作用，成为铁路装备公司的一大考验。

（三）适应外部环境变化，强化管理基础的需要

国资委连续出台一系列中央企业内部控制管理文件，明确要求中央企业建立健全以风险管理为导向、合规管理监督为重点，严格、规范、全面、有效的内控体系，加快实现高质量发展。尤其是101号文件《关于加强中央企业内部控制体系建设与监督工作的实施意见》和44号文件《关于做好2020年中央企业内部控制体系建设与监督工作有关事项的通知》的发布，在优化内控体系、强化企业管控、完善管理制度以及健全监督评价体系等方面均提出了明确要求。中央企业要建立健全覆盖各业务领域、

部门、岗位，涵盖各级子企业全面有效的内控体系。铁路装备公司必须要认真并落实好文件精神和管理要求，在风险、内控、合规多线管理的情况下，整合体系、统一路径、系统实施，建立符合公司管控需求的内部控制融合体系。

鉴于以上背景，2020 年铁路装备公司提出开展以绩效考核为手段的“四位一体”内控体系建设，从根本上实现“强内控、防风险、促合规、提绩效、落战略”的管理目标。

二、铁路装备企业“四位一体”内控体系建设的主要做法

（一）以绩效考核为手段的“四位一体”内控体系的目标与架构

“四位一体”内控体系建设的目标是把既有区别又有联系的“风险、内控、合规”体系融合，合并相似管理要求、减少管理冗余、消除不相容的控制措施，通过绩效考核保障落地，确保风险的切实可控，实现管理的合规高效，推动公司健康高质量发展。

基于此目标，“四位一体”体系建立起管理维度紧密衔接的逻辑架构，运用“三合一”的内部控制矩阵，串联起公司管理的各维度，将识别出的可控风险，实际管理执行、外部法律法规和内部管理制度一一匹配、高度融合。其中，风险来源于《风险数据库》，合规关注点来源于《管理红线清单》、法律法规和公司《制度汇编》。另外，为保障体系落实，通过绩效考核手段落地，将公司风险、控制措施与岗位职责结合，分解至各管理岗位，通过绩效考核手段保障体系的落地和执行。

（二）完善风险管理、合规、内控、绩效一体化的组织体系

1. 把握全局，董事会负责顶层设计

铁路装备公司首先明确董事会“定战略、做决策、防风险”的定位，由董事会统一负责风险管理、合规管理、内控体系、绩效考核的顶层设计与方案决策，决定了风险、内控、合规的一体化风险管控，并采取绩效考核手段落地的顶层设计方案；年度风险监控结果、内控工作报告、绩效考核结果向董事会汇报并由董事会做出最终决策。

2. 各司其职，各职能部门分工协作

铁路装备公司将内控体系的建设与体系的监督评价相分离，明确各部门全程、全员参加体系设计与执行，确保体系高效运行。公司企业管理与法律事务部是风险管理、合规管理、内控体系、绩效考核的体系建设归口部门，负责明确工作目标、方案与职责，研究融合的方法论，组织开展“四位一体”融合体系设计，负责跨部门的流程衔接和打通，汇总成果并上报董事会决策，同时每年做好体系的更新、完善和维护工作；公司各部门是“四位一体”内控体系建设的实施主体，负责本部门相关领域的体系建设，专业机构指导审核，充分发挥职能部门的作用；审计部门负责季度与年度风险评估、内部审计与内控评价工作，实现了设计执行和监督的相分离；综合管理部负责“四位一体”数字化建设，将相关控制要求嵌入信息系统，提高内控信息化水平；企业管理与法律事务部负责对融合体系运用情况进行综合评定，评定结果将纳入绩效考核。整体形成设计、执行、评价、考核、再优化的闭环组织体系，形成各取所长、优势互补的管理体系。

3. 重在实施，分公司侧重业务管控

各分公司根据本单位主营业务情况，负责业务线的融合体系建设，细化业务风险指标、控制措施及绩效考核指标，分析业务线所涉及的外部监管要求及内部管理规定。分公司的最高决策机构是融合体系的决策机构，负责落实融合体系工作方案，明确指定体系建设的主责部门及各部门职责，确保工作横向分解到各部门、纵向分解到段和车间，确保全员参与风险辨识，加强风险意识。

（三）以风险为导向的“四位一体”绩效考核指标体系

1. 划分五个维度，建立全面风险数据库

结合铁路装备公司实际情况，识别现阶段面临的各项风险，从战略风险、财务风险、市场风险、运

营风险、法律风险等五大维度出发，将廉洁风险纳入风险数据库，前瞻性地识别公司经营发展过程中现有或将要面临的风险并逐步分解，真正形成全面风险管理的框架。

铁路装备公司在项目实施过程中，按照包含风险识别、风险分析、风险评估、风险对标、风险应对的设计循环，采取了对公司各部门发放调查问卷、访谈、分析历史数据和问题等实施方法，综合考虑风险发生的可能性和影响程度，确定风险等级，综合评估风险，区分可控风险和不可控风险，有针对性地制定风险应对方案，汇编形成公司《风险数据库》，共涉及一级风险 5 项、二级风险 33 项、末级风险 325 项。

在符合《民法典》《企业内部控制应用指引第 16 号——合同管理》等法律法规"刚性"约束的前提下，铁路装备公司结合上级单位及本公司内部管理规定，实现了风险管理符合自身实际管控需求的目的。例如，按照法律风险维度划分，先划分出合规风险与其他法律风险两个维度，再进一步将其他法律风险划分为合同管理风险和法律纠纷与诉讼风险，围绕合同管理分解风险层层，最终细化至末级风险。

融合控制矩阵的建立，整合了风险、内控、合规的管理要求，是日常执行的重要依据之一。各层级员工是执行控制措施的关键，如何保证人人了解风险，确保执行的有效性，推动体系的落地和执行，是需要进一步解决的核心问题。铁路装备公司结合自身管理特色，创新性地提出"用绩效促推进、保落实"的管理理念，切实取得成效。

2. 以岗位为对象，明确风险及应对标准

为强化"风险、内控、合规"管理的整合效果，使其深入员工日常执行意识当中，铁路装备公司进一步细化指标内容，解决员工对内控的理解程度不一，容易产生看不懂、与日常工作结合不紧密等问题。公司结合岗位职责说明书，分析岗位操作风险，将风险数据库的风险项，分解至每个管理岗位，明确岗位履职风险，做到人人知风险、人人有控制。以合同主管岗为例，该岗位的主要职责分为合同管理制度的修订、合同审查、用印和档案管理等，分别针对各项职责，识别该岗位在控制活动中的履职风险指标（即执行标准）和考核统计周期（即控制频率）。通过建立《履职风险库》，使公司领导、部门负责人和各岗位工作人员能够清晰且直观地了解岗位风险，知悉岗位责任，明确岗位价值。

3. 搭建员工绩效考核架构，确定指标权重

为确保内控体系真正得到有效落实和执行，铁路装备公司将员工岗位绩效考核指标划分为五大维度，分别为履职工作、主责考核、风险控制、党建考核及创新效果。其中，风险控制作为新增的绩效考核维度之一，该项指标占到总绩效分数的 20%，重点就是通过将"四位一体"内控体系分解落实到具体考核指标，并与考核结果挂钩，系统性地提升执行力，促使员工主动防风险、强内控、提绩效。

4. 明确岗位考核指标，建立《风险控制绩效考核卡片》

识别各岗位的履职风险指标，结合风险评估的结果分别赋予考核分值，其中高风险 3 分，中风险 2 分，低风险 1 分，以突出铁路装备公司对高风险领域的严防严控，以岗位为单元形成《风险控制绩效考核卡片》。在实际的月度绩效考核中，所在部门负责人按照工作执行标准、监督检查所发现的问题等，对该岗位员工当月控制执行情况进行评分，总分值采用加权平均方法折合对应分值，按风险控制所占总分 20% 的比例，纳入员工整体考核范围。

（四）建立内控为抓手的"融合"控制矩阵

1. 探索融合，建立"一体化"的控制体系框架

铁路装备公司以价值链为核心，设计五个方面共 24 项管理流程：一是治理线，包含公司治理、授权管理、经营计划；二是业务线，包含公司主营业务涉及的各项业务活动；三是职能线，包含财务管理、工程管理、资产管理、物资与采购、信息化管理、合同管理、法律事务、人力资源、综合办公等；四是风险管理线，包含定期风险评估、重大项目风险评估；五是监督线，包含内部审计、内控评价、纪

检监察。

逐级分解每项管理流程，形成一级至四级的层次结构，以各业务的末级流程为基本单位，通过识别末级流程并以流程网络为基础结构，设置经营管理的分级授权。

2. 准确识别，设计有效的内部控制措施

为了更加全面、准确地建立有针对性的应对措施防范风险，铁路装备公司开展风险识别和评估工作，重点通过结合风险的识别与评估结果，通过不相容职务分离控制、授权审批控制、会计系统控制、财产保护控制、预算控制、运营分析控制和绩效考评控制等控制措施，建立健全内部控制管理机制。在此过程中，各部门及分公司深入参与和配合，通过日常管理的有效运作降低风险敞口，对公司现有的30项重点业务流程，通过控制设计，形成397项控制措施，构建《三合一控制矩阵》。

以合同起草与审批为例，对应风险以结合法律法规、集团公司管理要求、公司自身管理制度为依据，结合实际执行建立控制措施，明确合同起草与审批环节中各责任部门及岗位的工作步骤、审核重点，指明控制证据、控制方式、控制频率等控制活动要素，形成“融合”控制矩阵，并配以流程图，实现程序流转可视化，提高员工实际利用效果。

（五）坚守“红线”，明确合规管理的监管要求

1. 法律法规解读和细化

在经营管理中，系统梳理与业务相关的国家法律法规、行业监管规定、国资委及其他部委颁布的各项规章，分析解读，将条款要求落实到具体执行程序中，强化合规要求。

2. 建立管理红线清单

在具体业务实施中，以内部控制措施为基础，对应各控制活动所涉及的相关监管要求和禁止性规定，铁路装备公司共梳理形成400余项监管要求，近百项禁止性条款，建立《管理红线清单》。另外，公司还结合集团公司管控要求和自身业务特点，建立索引，强化合规管理要求，推动合规体系的建立和完善。

3. 树立底线思维和机制

树立全员的底线思维和合规机制，需要摒弃遇事查法的常规操作，转向预先知晓，使员工有渠道系统性地查询监管要求及禁止性条款，设计部门定期开展合规宣传工作，监督部门据此定期开展合规监督工作，建立合规管理良性运转机制。

（六）嵌入信息系统的“四位一体”数字化建设与应用

为促进“四位一体”成果落地、避免主观错误行为、加强风险控制的可操作性与时延性，铁路装备公司围绕“大智移云物链”新兴技术变革，打造基于动态管控的管理驾驶舱系统，并确保其客观、及时、公正与有效。基于当前“四位一体”体系成果建立清晰的逻辑关系图谱，以系统思维解决体系问题，将各业务板块的管控制度、流程、标准等嵌入管理驾驶舱系统，打通多系统间数据壁垒，串联各个业务领域环节，建立全业务链条执行导航模式和管控体系，实现业务节点风险、内控、合规管控效果的客观评定。在辅助决策体系中形成态势呈现、异常预警、管理评定、措施跟踪等功能模块。主要在以下五个方面开展。

1. 实现基础数据的自动获取

铁路装备公司建立管理驾驶舱系统，将该系统与公司现有企业资源计划（ERP）、生产管理、计划管理、办公自动化（OA）、合同管理等系统衔接，结合“四位一体”控制要求，建立不同的管理模块，最终能够实现从各系统中实时自动抓取数据，为数据分析与监控奠定基础。

2. 将“四位一体”内控体系要求嵌入信息化系统

铁路装备公司梳理各业务管理系统中的控制方式，基于业务节点属性，将“四位一体”内控体系

中的风险控制要求、业务节点的岗位职责、法律监控点等要素嵌入系统，流程在系统内流转，环环相扣。

3. 明确控制标准及合规要求，实时提示，实现风险预警

铁路装备公司实现业务流程执行标准的推送与执行情况收集、管控措施跟踪与风险预警，将流程流转各岗位的操作时点要求嵌入系统，提示最晚执行时间；将预算控制嵌入系统，超预算事项无法实施，提示预算调整；将合规要求嵌入系统，提供标准信息，提示关注点。以采购方案为例，发起人在系统中提报采购需求后，按照内控业务流程，自动流转到采购部采购员处，并在系统界面中提示采购员要在规定时间内提交采购计划，并不断提示剩余时间。将采购不及时的风险，通过信息化手段固化相关控制要求。

4. 落实岗位考核，将风险违规信息推送至绩效系统

铁路装备公司在系统风险提示的基础上，将执行结果与考核系统衔接，将业务执行超时限、执行错误等信息推送至公司绩效管理系统，纳入员工当月考核，实现了将“四位一体”内部控制管控要求落到实处。

5. 实现数据分析，为流程完善提供依据

铁路装备公司开展数据挖掘维度，通过收集分析现有业务管控体系数据，收集员工内控执行情况，找出同一岗位经常出现错误或各部门共同错误的流程节点，判断原因，找出管理对策，为管理层提供决策支持依据，同时为体系的修订和完善提供信息依据。以合同管理为例，在合同全管理流程系统化的基础上，加强了合同数据分析，从流转监控、付款预测跟踪、预算风险分析、合同分布情况等维度进行数据分析，使管理者能够纵观重点风险环节的实时动态。

（七）开展成果宣贯培训，强化全员的风险管理意识、责任意识与价值意识

“四位一体”内控体系建立后，铁路装备公司加大“四位一体”在公司内部的宣讲和学习，通过多场次的现场培训、在线培训、录制使用教学视频、组织交流等方式，使员工从逐步熟悉整个体系的构建到熟练操作执行具体业务，使员工看到了“小螺丝”对“大铁路”的重要价值，激励员工积极发挥主观能动性，提高工作效率和效果，其责任意识得到显著提高。

首先，改变员工对固有事务性工作的惯性思维，明确每个岗位对于公司经营目标实现的价值和影响；其次，加深员工风险合规意识，强化员工对工作风险事项的理解；最后，落实责任，创造良好的管理氛围。将监督检查中发现的相关问题，落实到具体责任岗位，强化问题整改效率，使员工认识到内控风险管理不善对公司正常运营造成的实际影响，认识到内控体系应用对实际工作效率提升的作用，认识到自己内部控制建设的优劣与自身利益密切相关，从而营造了“人人知风险、人人控风险”的良好工作氛围。

三、铁路装备企业“四位一体”内控体系建设的效果

（一）建立一套以绩效考核为手段的“四位一体”内控体系

铁路装备公司率先完成风险、内控、合规、绩效相结合的“四位一体”内部控制体系，并在公司内部推行实施，取得良好成效。该体系的建立，不仅明确了公司总部对所属分公司的管控权限，识别与评估了公司的管理风险，提升了内部控制在公司经营管理中的作用，而且作为公司 ISO 9001 及 ISO/TS 22163 质量经营管理体系认证的重要文件依据，为保证该项体系认证的顺利通过提供了强有力的保障。

“四位一体”内控体系的建立，一是使公司各类条款化的规章制度文件，通过流程的展现更加直观形象，员工在使用过程中可以清晰地看到业务执行的全貌，并通过提示关键风险和控制步骤的方式，便于日常执行，实现了管理流程化的转变和绩效考核指标具象化的转变。二是通过体系运行，公司风险得到有效控制，主要业务环节得到有效控制，管理精益化的目标得到落实。三是从考核看，各部门随着体

系的实施运用，在风险控制维度的考核扣分逐渐减少，切实保障了风险、内控、合规管理要求的运行，提升员工的行动力和执行力。

（二）获得集团公司认可，实现项目推广效应

铁路装备公司在集团公司内部率先完成风险、内控、合规管理的体系整合，与绩效考核结合的体系建设方式，获得了集团公司的高度认可。公司作为内控风险体系设计和信息系统建设项目试点单位，在集团公司内多次交流项目建设成果，推广项目建设经验。2021 年，铁路装备公司被集团公司选为铁路运输板块的牵头单位，协助集团公司组织所属铁路运输板块单位开展专业领域风控建设工作，建立集团公司行业整合标准，为铁路行业板块单位提供指引。这不但实现了集团内的推广效应，也为铁路装备公司在风控专业领域的深化，搭建了更广阔的平台，推动管理的进一步提升。

（三）体系应用成效初显，公司各项经济指标稳步增长

在受新冠肺炎疫情影响，企业经济备受冲击的情况下，铁路装备公司在“四位一体”内控体系运行的近一年时间里，保持了高效运行、经济指标的稳步增长，形成经营业绩稳步提升的良好发展态势。

一是在管理上做到了四个转变，实现了对标提升。在风控监控周期上，由常规的开展季度/年度风险评估，转变为伴随业务实施监控，及时应对风险；在防控主体上，由审计部单一评价，转变为各部门员工主动防控，提高担当意识；在防控对象上，由以往的财务内控、法律合规，转变为全业务领域的风控管理，管理更全面；在评价质量上，由各部门主观自评，转变为依据客观、科学的评价标准进行评价。

二是在业绩上持续扩大了经营成果，实现了稳步增长。从经营指标看，2021 年前三个季度，公司累计实现营业收入 45. 7 亿元，同比增长 12%；利润总额 10. 7 亿元，同比增长 16%；净利润 7. 5 亿元，同比增长 26%；经济增加值 3. 51 亿元，同比增长 1103. 18%。生产计划稳健落实，自备车煤炭运量累计完成 2. 43 亿吨，同比上升 7%，实现了公司高效高质量的发展。

（成果创造人：康凤伟、傅瑞珉、王少玉、王亮章、王义兵、李志鹏、黄　霞、张　卉）

面向产融结合的跨境金融服务平台构建

中兵投资管理有限责任公司

中兵投资管理有限责任公司（以下简称中兵投资）是中国兵器工业集团有限公司（以下简称兵器工业集团）全资子公司，成立于2014年，定位于集团的资本运作平台、股权投资平台和金融服务平台。按照发展定位，中兵投资陆续设立了中兵融资租赁有限责任公司（以下简称中兵融资租赁）、中兵国际（香港）有限公司（以下简称中兵国际）、香港鑫汇有限公司（以下简称香港鑫汇）、中兵财富资产管理有限责任公司（以下简称中兵财富）4家子公司，登记注册了中兵顺景股权投资管理有限公司、中兵股权投资基金管理（北京）有限公司、陕西中兵股权投资基金管理有限公司3家基金管理公司，主导发起了中兵国调股权投资基金、陕西中兵先进制造投资基金。经过不断的开拓发展，2020年实现各项收益17.29亿元，树立了专业化、市场化、规范化的品牌形象。

一、面向产融结合的跨境金融服务平台构建的背景

（一）“一带一路”倡议下企业“走出去”的重要保障

为顺应全球经济变化形势，解决国家在发展过程中所面临的困境，实现中华民族的伟大复兴战略，国家提出“一带一路”倡议，鼓励中国企业“走出去”。然而在“走出去”的过程中，中国企业面临多方面的财务风险和挑战：一是资金风险，由于“一带一路”沿线很多国家是发展中国家和最不发达国家，投资资金存在难以回收或者需要较长时间回收的情况；二是汇率风险，近些年，国际市场并不稳定，汇率波动幅度和波动频率明显上升，随着国际经济贸易活动的增加，汇率风险不容忽视。积极做好资金流动性保障和汇率风险防范才能让中国企业在国际化经营中走得更远、走得更稳。

（二）符合集团公司国际化发展战略的需要

经过“十三五”的布局和发展，兵器工业集团初步完成外贸、海外战略资源、国际工程良性互动发展的国际化经营格局，在全球数十个国家和地区设立了近百家海外分支机构，境外子企业的资产规模和营业收入规模占集团整体的比重已接近一半，海外投资并购以及海外产业经营需求的增长无疑对境外融资提出更高的要求，不断提升资金保障能力是有效满足兵器工业集团海外产业发展和积极参与“一带一路”建设的重要支撑。同时，境外融资可拓宽单一的境内融资渠道，开辟企业融资“双行道”，通过衔接境外金融市场，有效践行“走出去”战略。根据自身需求和境内外融资环境的变化择优选择融资方式，不仅有助于融资成本的控制，增强企业的经营能力，改善企业经营环境，而且有利于企业国际化经营战略的实施，提高企业综合竞争力。境外融资，既为国际资本市场了解兵器工业集团提供了信息平台，也为兵器工业集团走向国际资本市场创造了条件，有利于兵器工业集团融入国际资本市场，提升兵器工业集团在国际资本市场的形象。

（三）解决融资难题和有效降低集团整体融资成本的需要

中兵投资和兵器工业集团海外子企业在发展过程中面临诸多融资难题，境内外存贷需求差异和境外偏高的资金成本，以及各种融资限制，拉高了兵器工业集团整体融资成本。一是中兵投资成立初期，各项信用指标较弱，任何低成本融资通道均需要兵器工业集团增信，内部审批流程烦琐，难以保障融资的时效性；二是中兵投资的类金融行业属性，在境内监管要求和大环境下，面临融资渠道有限且融资成本相对较高的痛点；三是部分成员单位海外业务仍处于投入期，资金需求大、用款周期长，资产负债率高居不下，加上当地金融机构缺乏对境内母公司的了解，海外子企业面临资金紧张、在投资地获得海外银

行直接授信有限和融资成本高等问题；四是海外项目地域性广，优质海外项目更是可遇不可求，常常出现“项目先于融资”的情况，对投资资金的时效性要求较高。

二、面向产融结合的跨境金融服务平台构建的主要做法

（一）依据自身定位，明确跨境金融服务平台顶层设计方案

中兵投资作为集团公司全资持有的重要金融服务平台，结合自身定位主动将金融服务半径向境外延伸，填补境外及跨境金融服务空缺，按照海外融资平台、海外投资平台和跨境资产配置平台三大定位，组织设计跨境金融服务平台方案。按照该方案，跨境金融服务平台承担集团公司参与“一带一路”建设和为境外经营管理提供全方位金融服务的职能，发挥有效增强集团公司国际化经营的资源保障能力，助力国际化经营业务持续、健康、稳健发展。通过发挥聚合优势降低境外融资成本，有效防控境外财务风险；通过海外融资、海外资产配置、跨境协同支撑、海外结算归集、外汇管理等多类型综合金融服务模式，为集团公司境外产业发展提供全方位金融保障。

经内外部调研，跨境金融服务平台最终选址香港，原因有三。一是香港作为国际金融中心，可提供优质的融资环境。香港是全球最大的股票融资中心之一和亚洲最大的债券市场之一，同时是中国内地和国际银行在亚洲最大的枢纽，超过 250 家银行机构和代表办事处形成香港强大的跨国银行网络，可提供多元化的融资产品和服务。二是香港公司的运营成本较低。香港企业所得税税率为 16.5%，且香港政府明确不设股息及利息预扣税、消费税、增值税、全球征税，企业税赋在全球范围内具有较大竞争优势。三是香港的各类专业和支持服务一应俱全。香港背靠中国内地，是全球最大离岸人民币中心和市场，具有健全的法律体系和开放的金融政策，具备优越的地理位置和健全的人才流动机制，拥有充裕的本地及国际人才资源。

按照规划，跨境金融服务平台由中兵投资下属子公司中兵国际和香港鑫汇两家子公司组成，两家子公司有序协同配合，逐步推进各项工作：一是在设立初期先以拓展境外融资渠道，丰富融资模式与品种为主，同时积极做好资产配置渠道搭建，为落实跨境金融服务打好地基；二是具备一定投融资能力后逐步探索跨境资金调配通道，实现跨境资金高效调配与流动性互补，实现境内外资金协同与调剂，保障境内外备付资金并有效降低整体融资成本；三是逐步实现统一结算支付和统一融资保障，全面提供境外融资、资金结算、外汇管理、跨境资产配置等多元化跨境金融服务；四是通过境外金融风险防控体系建设，对资金、汇率、利率、信用等金融风险实现全流程管理，强化境外金融风险管控能力。跨境金融服务平台如图 1 所示。

（二）充分调研，合理设计跨境金融服务平台架构与管控机制

中兵投资在筹备海外平台初期，先后走访调研在港央企投融资平台 20 余家，通过分类归纳各种经营模式，提炼分析各平台的优势和劣势，并结合兵器工业集团海外业务情况与发展历史背景等因素，最终选定“投融资一体 + SPV”的经营运作模式，于 2015 年在香港设立跨境金融服务平台，即投融资一体运作的中兵国际和用于海外发债的 SPV 公司香港鑫汇。

1. 跨境金融服务平台管控机制

中兵投资由兵器工业集团 100% 控股，是兵器工业集团的二级子集团，其设立的中兵国际和香港鑫汇属于兵器工业集团控股的三级子企业。香港鑫汇作为兵器工业集团海外发债平台，不开展实体化运营，由中兵投资全资控股并实施全面管控，凡涉及决策事项，中兵投资履行相关决策程序；中兵国际作为境外实体化运营平台，由中兵投资联合中国北方工业有限公司下属银华国际（集团）有限公司（以下简称银华国际）共同设立，中兵投资直接持股 60%，银华国际直接持股 40%，兵器工业集团合计间接持股 82.68%。中兵投资通过委派中兵国际董事会成员和委任投资决策委员会成员的方式参与中兵国际的日常经营决策，并通过授权机制、中后台职能部门参与会签等辅助决策机制和重大事项通报相结合

的机制，实现对跨境金融服务平台的垂直管控与跨境协同。

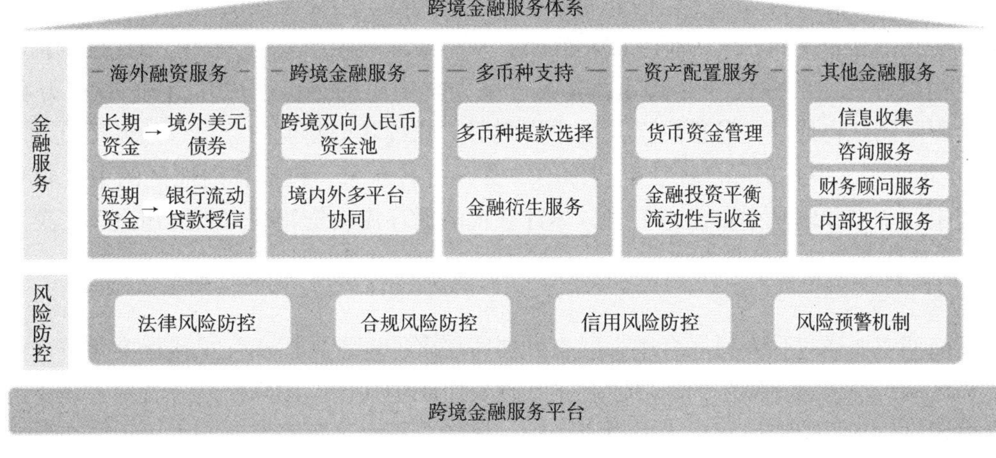

图1 跨境金融服务平台

2. 以金融服务为导向，开展绩效考核

为始终履行好“强军首责”，紧跟兵器工业集团国际化发展步伐，提升国际化金融服务水平和风险防范能力，中兵投资以金融服务为导向对跨境金融服务平台开展绩效考核，强化金融服务量和内部协同率等维度的考核，弱化利润考核指标，并将跨境金融服务平台对集团内成员单位让利视同考核贡献度。截至2020年，中兵国际对集团内成员单位的金融服务量累计达63.61亿元，涵盖融资保障、估值与财务分析、投资并购标的信息收集和海外专家聘请等多个方面；2020年年末跨境金融服务平台内部协同率超过85%，即集团内部项目出资规模占总体项目出资规模的比重超过85%。

（三）多元融资夯实资金基础性保障

为做好跨境金融服务，中兵投资明确“打通渠道”“融资先行”的策略，依托跨境金融服务平台，逐步搭建多元化的跨境融资渠道，通过丰富和完善银行授信体系、发行境外美元债券等形式，形成长短期资金的基础性保障。

1. 发行境外美元债券

境外债券的发行和定价以企业信用评级为基础，投资者通常只认可标普、穆迪和惠誉三家大型评级机构，一方面，中兵投资仍处于成立初期，在境外资本市场的认知度不高，仅凭借自身信用资质难以保障发行且融资成本较高，与集团公司境内AAA级融资成本相比差距较大，缺乏发行逻辑；另一方面，军工行业涉及较多敏感信息，且境外融资市场缺乏涉密信息披露豁免的法律制度，海外信息披露成为发行的最大障碍，无法进行境外信用评级或采取公募方式发行。为保障发行的效率和保护涉密信息，规避发行失败的风险并有效降低发行成本，最终采用由香港鑫汇作为发债平台，以私募无评级的方式，通过兵器工业集团出具维好协议①提供增信支持的方案，在境外发行美元债券。通过该模式，香港鑫汇先后两次成功发行三年期海外美元债券，发行成本均低于同时期同评级发行成本。

2. 获取境外银行授信

以兵器工业集团信用发行的美元债资金成为海外平台的立足之本，为增强日常流动性备付能力和资

① 维好协议：即维持良好关系协议，可为兑付和流动性提供支持，是境外融资普遍认可的一种增信方式，但不构成实质性担保，无须向外管局备案。

源保障的灵活度，中兵国际有序推进境外银行授信的相关工作。初期，受限于中兵国际成立时间短、业务规模小、业务模式相对单一，加上部分境外银行对兵器工业集团的军工背景较为审慎，授信审批往往无疾而终，为流动性保障备付管理工作的开展带来巨大的挑战。为突破授信瓶颈，中兵国际团队积极组织走访调研其他在港央企平台，学习借鉴成功经验，从打破地域限制入手，凭借中兵投资提供的跨境担保增信，以“内保外贷”的方式，在澳门中资银行率先实现零的突破，成功落地 7000 万美元银行授信。随后中兵国际团队将成功经验推广至其他中资银行，陆续获得其他中资银行的循环流动贷款授信批复。截至 2020 年年底，中兵国际已经获批授信的中资银行有 6 家，包括香港地区的中资银行 3 家，澳门地区的中资银行 2 家和内地中资银行 1 家，累计获批的循环流动贷款授信额度超过 2 亿美元。

（四）多币种情景下的跨境资金流通

1. 打通跨境资金双向备付渠道

中兵国际前期主要通过债券通联合中兵财富开展跨境资产配置，以相互承接标准化资产的方式，变相实现一定程度的跨境金融保障协同；之后，中兵投资组织中兵国际团队研究外管局管理下的外币跨境资金池和人民银行管理下的跨境双向人民币资金池，比较分析全国版跨境双向人民币资金池和由各地支行按照当地实际情况推行的地方版跨境双向人民币资金池政策差异，敏锐捕捉到深圳前海自贸区配合推进人民币国际化的契机和优势，抓住粤港澳大湾区发展政策机遇，通过理论研究、可行性调研、业务落地三步走，运用多平台协同优势，成功打通跨境资金流通渠道，获批跨境人民币双向资金池额度 73. 99 亿元，为实现跨境资金一体化管理提供了必要途径。跨境双向人民币资金池结构如图 2 所示。

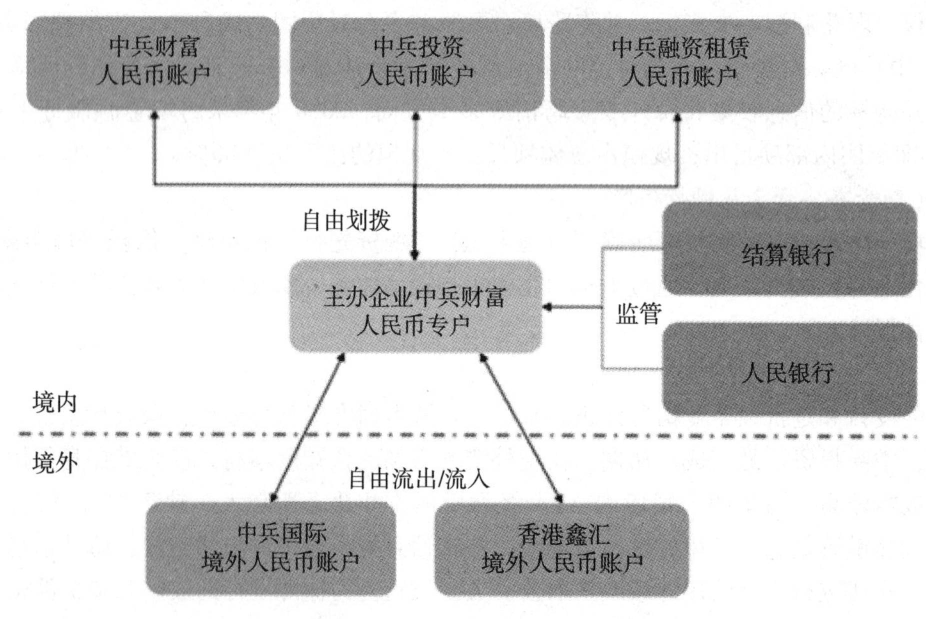

图 2　跨境双向人民币资金池结构

跨境资金池双向流动的实现，为充分发挥中兵国际和香港鑫汇的境外融资保障和金融风险防控效能、降低兵器工业集团综合融资成本提供了有效的实施路径，实现了调配境外低成本资金用于境内业务开展与调剂境内闲置资金用于境外业务运营，同时有效增强流动性风险的综合管控能力，提升内部资源的利用效率，优化改善境内外存贷差异状况。

2. 提供多币种融资及衍生金融交易服务

一方面，基于全球产业融资需求，中兵国际能够向集团公司下属海外成员单位提供涵盖美元、欧元、人民币、港元等主要货币的多币种融资；另一方面，为解决融资资金和用款资金币种不匹配的问题，规避汇率和利率风险，中兵国际抓住香港金融衍生市场的优势，从对冲风险的角度出发，通过与银行签订远期合约或货币交叉互换工具（CCS）等货币类金融衍生合约，为企业提供相关外汇衍生金融交易服务，切实提高资金保障能力和金融服务效益。同时，锁定外币汇兑风险交易，还能实现部分币种融资成本降低70个至200个基点，有效减轻成员单位海外经营负担。截至2020年年末，货币类金融衍生合约累计交易规模29亿元。通过相对集中的统一外汇管理，强化金融衍生管控，既有效提升了资源保障维度，也较好实现了汇率风险防控。

（五）平衡流动性与收益性，提供多元化资产配置服务方案

一方面，为确保跨境金融服务平台顺畅运行，部分备付资金可能长期处于闲置状态，各海外成员单位也有日常货币资金管理的需求，需通过灵活安全的资产配置，确保流动性和收益性平衡；另一方面，授信融资保障在极端情况下受制于银行流动性与头寸，短期可能出现惜贷或成本极高情况，需通过资产池自主变现提供流动性补充，确保流动性备付体系应急性需求自主可控。与境内情况不同，海外货币资金管理方式缺乏且产品收益率较低，市场主流配置产品主要是银行定期存款、货币基金等标准化产品，没有类似于境内的信托或银行理财产品，为此，中兵国际经过几年探索实践，构建多元化资产配置服务方案，基本覆盖各类配置期限与风险偏好。

一是自主配置年期较短、预期收益率较高、风险相对可控的固定收益类产品，如固定收益分级基金的优先级份额、中资金融机构美元优先股，配置时充分考虑未来到期的债务和资金需求情况，避免出现短债长投的资金风险。

二是与多家金融机构通过不断研究改进，共同创新设计海外货币资金管理专户方案，由专户管理人依照事先约定的配置比例及投资指引框架，进行美元债券的组合配置，当有资金需求时既可通过资产变现赎回资金，又可利用持仓资产，以专户的名义发起债券回购融资，较好地实现灵活性与时效性，并达到收益性与流动性的相对平衡。

三是实践操作特色化的日常资金管理与票据再融资方式，通过自有资金分散配置市场认可度高、流动性较佳的美元债或优先股，当有资金需求时，通过资产变现或置换结构化票据盘活部分资金，满足短期资金需求。

四是实践打通包括海外股权投资、权益投资、非标类固收投资等各种形式、各种期限配置渠道，为海外企业提供多元化配置服务方案。

（六）延伸金融服务业务，全流程支撑成员单位海外投资业务

2016年年底，为助力成员单位顺利实施对海外某优质机电一体化产品供应商的专项并购，推进成员单位产业升级，改变过往单一产品的格局，提高核心竞争能力，中兵投资组织中兵国际与境内股权投资部及旗下股权投资基金，从最初海外信息收集、方案架构设计、项目估值分析，到最终境内股权投资合作、境外债权融资支持，全程参与其中，“股债结合、境内外联动”的收购方案，最终完美实现金融服务支撑、节省整体资金成本、获取部分外部收益三大目标，打响了中兵投资跨境联动全面产融服务的第一枪。

为提升服务水平，中兵国际制定相应的服务流程指引，在并购信息收集、项目筛选标准、项目评估、竞标和尽职调查、谈判和交易文件签署以及融资方案设计等流程实现全覆盖。并购信息收集和项目筛选阶段，中兵国际一方面与兵器工业集团民品部、国际部及相关上市公司组织梳理海外战略与产业并购需求，实时掌握投资并购意向；另一方面定期与海外投行、直投机构交流汇总海外项目信息，并根据梳理的具体需求进行产业相关项目筛选，每季度形成海外投资并购信息简报。在项目评估、竞标和尽职调查阶段，协助成员单位对接相关投资银行或直投机构和组建境外顾问团队，对投资标的开展全方位的

尽调工作，包括调研投资标的所在行业现状和发展前景、审查投资标的管理架构和历史沿革、分析其经营和财务状况、排查法律合规风险、确定估值方案和开展资产评估以及评估投资亮点和潜在风险等。基于尽职调查和招投标结果，协助成员单位设计并购方案和交易架构以及交易条款的谈判和签署，对于有投资并购融资需求的成员单位，同步筹划融资方案并接触潜在资金方，全力保障海外投资并购的顺利实施。

（七）严格制定落实风控规范，全面管控风险

法律风险防控方面，所有业务事项均需取得在港专业律师事务所书面法律意见，针对不同业务类型，给予中兵国际董事会和经营团队部分授权，采取中兵投资风控部参与中兵国际投委会决策并在中兵投资办公会通报的模式，涉及跨境事项还需取得境内律师事务所书面意见。通过授权机制、辅助决策机制和通报机制的有机结合，有效实现法律风险的垂直管控与跨境协同。

合规风险防控方面，一是严格按照境内合规管理规范，相关业务按要求经过发展改革委、商务部、外管局审批或备案；二是严格遵守境外监管规定，所有业务在满足香港注册处、香港证监会、港交所等主管机构合规条件的情况下，要求外部律师书面发表合规意见；三是通过不断完善风险防控相关制度与管理流程，有效将风险管理要求嵌入各项具体业务流程中，建立相互配合、相互制约、相互促进的岗位关系，实现事前、事中、事后全方位合规管控机制，基本形成一套能够预防各种潜在风险与不合规苗头的内部控制与风险防范工作体系，具体覆盖战略风险、市场风险、运营风险、财务风险、法律风险等五大风险管理框架。

信用风险防控方面，借鉴银行授信体系，中兵国际采用定性和定量相结合的分析方法，针对兵器工业集团境外用款单位制定全面的信用评价体系，细化投后信息收集与跟踪操作流程，实时了解海外项目经营情况，构建内部授信体系；同时，将对定性与定量指标的客观评价转换成相应分值，确定海外企业信用等级和信用风险限额，以控制集中度风险，中兵国际通过组织定期的信用评价工作，有效识别信用风险，对潜在的业务风险做出预警，不断加强对国际化经营的风险防控。

制裁风险防范方面，随着中美关系愈加紧张，美国发起一系列对华干预和打压措施，中兵国际高度关注潜在的金融制裁风险，以及金融制裁下对中兵国际金融服务的冲击和相应的扩散效应，并制定应对金融制裁风险的工作指引，具体包括以下内容。

第一，加强对潜在制裁风险的识别，通过对存量业务和新增业务的风险排查工作，对涉及制裁风险的业务采取必要的风险防范措施，最大限度减少交易和业务中含有美国相关的要素，如美资交易对手、美元结算、美元融资等。拓展境外业务时，重视包括支付结算环节的金融安全，加强前期调研工作，尽可能识别和充分了解可能存在的制裁风险。

第二，加强与境外中资金融机构的合作，尤其是在香港、澳门地区的中资金融机构。一方面，香港《维护国家安全法》第 29 条明确禁止任何对香港特别行政区或者中华人民共和国进行制裁、封锁或者采取其他敌对行动的行为，与其他境外国家和地区相比，中资企业在香港地区的日常经营具有更好的法律保障基础；另一方面，逐步加大与澳门地区银行的合作力度，特别是融资保障与海外资金归集、统一结算服务等方面的业务探讨与落地。

三、面向产融结合的跨境金融服务平台构建的效果

（一）建立多元化跨境金融服务体系，满足产业发展需要

通过境外美元债发行、银行流贷授信获取、衍生金融辅助等一系列实践，中兵投资成功建立了多元化跨境金融服务体系。

一是通过打通多渠道的融资途径，基本实现对长短期海外资金需求的保障。两次成功发行三年期境外美元债券，有效探索和拓展了兵器工业集团海外长期资金的融资渠道；通过跨境授信额度切分、跨境

增信等手段引入境外银行授信资源，获得属地银行的流动资金贷款支持；通过打通票据融资、债券专户质押式回购融资、自营股票质押融资等渠道，有效盘活已持有资产，提高资金运转效率。

二是通过搭建海外投资并购金融服务体系，初步组建起契合集团公司民品产业需求的海外投资并购信息资源网络。金融服务内容与范围涵盖并购信息收集、并购架构搭建、估值分析支撑、融资及税收筹划方案设计、外汇服务与咨询、跨境资产管理、中介机构对接、投后跟踪反馈等全流程各阶段各类海外金融服务，努力协助集团公司“走出去”，使国际化经营成为集团公司高质量发展的战略支柱。

三是组建起一支既熟悉企业经营情况又精通海外金融业务的专业化国际化人才队伍，有效增强国际化财务金融运作能力，为实现财务金融资源全球化配置，持续推动集团公司产业链全球化布局迈出坚实的一步。

（二）创造了一定经济效益，实现风险与收益的平衡

在履行集团保障服务职能、为成员单位降本增效的同时，跨境金融服务平台围绕“创造价值、管控风险”的核心理念，借助中兵投资成熟的经营模式和广泛的合作渠道，配合流动性管理的组织实施以及保障性资产池的搭建，利用闲置资金管理审慎开展多元化的资产配置，累计实现净利润 10605 万元，较好践行了自身价值创造，实现国有资产保值增值。

同时跨境双向人民币资金池的落地彻底打通跨境通道，有效提升资源的跨境整合效率。从通过跨境资产配置方式实现变向流动性补充，到自主拥有跨境双向资金池，中兵投资的跨境协同之路充分运用了其多平台协同优势，实现了跨境实时高效互补和双向资金备付，降低备付风险与成本，提高主体抗风险能力。跨境双向人民币资金池成立后，中兵投资综合融资成本由搭建前的 5.11% 降至目前的 4.48%，资源跨境整合带来的效益提升显著。

（三）助力海外企业“降本增效”，全方位服务集团公司“走出去”战略实施

通过跨境金融服务平台灵活运用多元化融资方式，提高跨境资金协同效率，有效降低兵器工业集团整体融资成本，并重点保障了兵器工业集团在北美、欧洲、“一带一路”经济带等地区民品项目的资金需求，助力产业链全球化布局。

一是自中兵国际成立以来，累计融入资金 8.79 亿美元，其中协助兵器工业集团下属成员单位置换高成本融资 4.70 亿美元，共为境外成员单位节约资金成本 6899 万元，仅为支持单一海外企业扭亏，就大幅调降贷款利息，连续三年单笔返利达 1048 万元/年，显著提高境外项目的经济效益，助力海外企业降本增效；二是累计衍生交易规模 20 亿元，叠加提供多币种资金等方式，有效规避成员单位海外经营中的汇兑风险；三是累计为集团公司和相关成员单位提供海外并购项目信息 32 项，提供并购资金支持 9200 万欧元，在汽车零部件国际化经营中起到关键支撑。

（成果创造人：史艳晓、陈　阳、陶立春、卫　凯、赵　静、蔡　松、孟志华、解克义、尹志辉、黄　颖、李　恋、唐　巍）

海外铁路勘察设计项目精准化风险管理

中铁第四勘察设计院集团有限公司

中铁第四勘察设计院集团有限公司（以下简称铁四院）是世界500强企业——中国铁建的领军企业，现有职工5200余人，是国家认定企业技术中心及国家委托铁路、城市轨道交通专业投资咨询评估单位，综合实力位居全国勘察设计百强前列，获得“全国先进基层党组织”“全国文明单位”“中央企业先进集体”“全国优秀勘察设计院”“中国AAA级信用企业”等荣誉。作为中国轨道交通设计领域的领军者、国际工程咨询工程师联合会（FIDIC）团体会员，铁四院积极响应国家“一带一路”倡议，贯彻落实中国铁建“海外优先”发展战略，大力拓展海外市场，推进企业转型升级，确立了“打造具有全产业链服务能力的国际型工程公司”的战略愿景。铁四院海外经营足迹遍及五大洲20多个国家和地区，目前正在马来西亚、印度尼西亚、泰国、巴基斯坦、尼日利亚、吉布提等国家承担多项大型铁路设计业务。

一、海外铁路勘察设计项目精准化风险管理的背景

（一）践行“一带一路”倡议，推进中国铁路“走出去”的需要

随着“走出去”进程的深化，中国企业“走出去”的质量和规模空前提升和扩大，中国企业的国际化水平也得到逐步提升。铁四院海外业务逐年稳健发展，成为践行“一带一路”倡议和中国铁路“走出去”进程的重要力量。然而，随着海外业务规模的迅速增长和国际经营环境的日益复杂化，海外经营和项目履约风险也逐步显现。为了应对上述风险，特别是在“百年未有之大变局”的时代背景下，铁四院对海外项目的精准化风险管理刻不容缓。

（二）央企提升风险管理能力的需要

国务院国资委为提升中央企业适应复杂经济环境和市场形势的能力，提高全面风险管理水平，发布了《中央企业全面风险管理指引》，按照国资委关于做好中央企业境外风险管控的总体要求，中央企业要加大风险的全过程管理，将风险管理与日常生产经营管理有机融合，提升风险管理工作的制度化、规范化水平。在新形势下，如何响应政策的号召，实现对风险的精准化动态管理和防控，探索构建中央企业海外业务精准化风险防控机制，成为以铁四院为代表的大型勘察设计院面临的重大课题。

（三）铁四院企业风险管理能力提升的需要

从近年来我国企业“走出去”的实践中发现，海外勘察设计项目与境内项目在管理特点等方面存在显著差异，海外风险的复杂性和强相关性均高于国内，风险事件的后果连锁效应显著。照搬境内项目粗放型的风险管理经验，会出现投入过大、控制过于频繁、低效率、风险管理制度与实际执行“两张皮”等弊端。若不实施海外项目的精准化风险管理，必将引起风险管理的系统化和集成化双重衰退，企业陷入“亡羊补牢”怪圈，成本、进度、质量管理效果逐步偏离正轨。因此，将精准化风险管理运用到项目的决策、经营、生产等流程控制中，让整个海外业务风险管控机制流畅运转成为海外铁路勘察设计项目风险管理的重中之重，有助于提高企业全面风险管理水平，这也是设计院发展海外业务的迫切需要。

二、海外铁路勘察设计项目精准化风险管理的主要做法

（一）明确精准化风险管理的目标和总体思路

1. 确定三个维度的目标

铁四院对于海外项目风险管理坚持“战略引领、策划先行、风险预控、效益为本”的原则，创造性地探索出以基于“流程—实践—效率”三维度为框架的海外项目风险管理目标。

目标维度一：基于业务流程设计的精准化风险管理机制。该维度覆盖公司所有海外业务流程的内部控制制度体系。主要体现为：在项目层级上的目标设定，主要针对海外项目的特点，项目风险管控分别针对执行前期、建设期、运营期的不同阶段开展，编制《项目风险管理计划》指导开展项目前期风险管控工作；编制《建设期风险管理指引》《项目建设期风险管理计划》，指导开展项目建设期风险管控工作；编制《运营期风险管理指引》《项目运营期风险管理计划》，指导开展项目运营期风险管控工作。本目标维度从组织和流程层面，为海外风险管控指明方向。

目标维度二：基于实践经验集成精准化风险管理制度规范。该维度以“六大制度”的制定和完善为目标，力求全面精准覆盖具体海外业务项目的风险管理，并为其建立健全制度保障。“六大制度”包括：合同标准化管理制度、投标项目的标前评审制度、合同及法律文件评审会签制度、项目月报和重大经营风险项目月报制度、重点项目巡查和现场督导制度、应急预案管理制度。

目标维度三：基于效率优先搭建精准化风险管理整合平台。该目标维度是在构建一体化风险管控体系过程中，通过职能整合提供组织保障，通过数字化平台构建实现风险管理的沟通高效化。具体体现为：设计部门负责人和各个岗位职责时均衡兼顾法律与风险内控的交叉兼容，在内设机构中，法律部、国际事业部、专业生产院、项目部都有意识地加入风险内控职能，同时要求风险内控处在做好基础管理的同时，侧重研究合规管理工作。

2. 明确总体工作思路

精准化风险管理从搭建时间维度和职能制、项目制联通的矩阵式组织架构出发，覆盖铁四院海外板块的各类业务流程（此处流程既包括业务工作流程，也包括管理工作流程），对企业整体的业务全流程进行梳理，诊断企业流程问题，针对流程各个环节查找其中的风险点，分析如何在业务流程中融入风险管理的理论和方法，使风险管理通过业务流程落地。将优化的业务流程与风险管理有效结合，对企业层面每个业务流程点的风险进行评估，形成企业风险清单，制定详细的风险应对措施，给出具体的操作方法。同时，对如何增强企业海外业务的风险应对举措，增强风险应对保障，结合中国企业“走出去”和勘察设计企业的特点提出具有实际操作意义的保障措施和方法。

（二）搭建精准化风险管理的组织架构

结合 COSO 全面风险管理框架和 ISO 19440 企业流程管理成熟理论，铁四院在海外铁路勘察设计项目风险管理方面坚持组织创新先行，创新形成精准化风险管理的矩阵式组织架构。

1. 精准化风险管理组织架构的业务流程特性——时间维度

该组织结构的业务流程表现在两个方面：一是围绕项目全生命周期的外循环，围绕海外风险管理决策机构制定的目标，如某海外铁路项目的实施过程中的全生命周期风险管理，覆盖策划决策、可行性研究、初步设计、施工图设计、配合施工、联调联试及试运行各阶段；二是强化各阶段具体业务流程的内循环，将每一阶段全部优化后的业务流程与风险管理有效结合，对企业层面每个业务流程的风险点进行评估，形成企业风险清单，制定详细的风险应对措施，给出具体的操作方法。

2. 风险管理组织架构的矩阵式交叉特性——空间维度

铁四院的海外项目风险管理组织结构强调项目组（项目部管理组或设计总体组）与职能组织配合，

在形态上有行列交叉之式，即为矩阵式组织，旨在改进直线职能制横向联系差，缺乏弹性的缺点。这种组织结构形式的优势在于人员调度灵活度高，非常适用于海外这类需横向协作和紧急攻关的项目。

在精准化风险管理的组织架构中，铁四院海外风险管理决策机构负责海外风险管理目标、方向的确定，贯彻落实风险管理要求；审计部作为海外风险管理监督部门，负责对海外风险管理过程、风险管理框架运作进行检查、评估，并提出改进建议，利用风险管理过程中的综合信息开展内部审计；发展规划部等职能部门负责归口管理业务流程海外风险评估；国际事业部负责铁四院海外风险管控的归口管理；各生产单位、院控项目部负责建立本部门海外风险管控框架，负责制定本部门海外重大风险清单及实施风险应对、控制。

上述基于业务流程（包含全生命周期和全业务流程）的时间维度和职能维度、项目维度联通的矩阵式空间维度，使铁四院海外项目风险管理在组织方面实现从垂直整合到矩阵式聚合的转变，打破因权责二元对立造成的桎梏，推动风险管理活动要素密切持续联系，促进铁四院形成群体参与、扁平网状、跨界融通的海外业务精准化风险管理矩阵式组织生态系统。具体项目的组织模式因地制宜。

（三）打造精准化风险管理的业务流程

铁四院对海外铁路勘察设计项目的业务流程进行精准化分析和全面梳理，主要从“海外业务流程梳理”和“海外业务流程识别”两个方面有序开展。通过流程梳理，进一步明晰有关海外业务的部门职责、权限与工作范围；通过流程识别，助力发现和解决海外业务流程断点和重复问题。

1. 海外业务流程梳理

通过业务流程梳理工作，将海外业务流程梳理出以下四个层级。

第一级：高度概括整体综合海外业务，即业务子系统，并表现各子系统之间的逻辑关系。

第二级：根据企业从输入各种生产资料和资源到创造出客户价值、满足客户需求的全过程活动，将这些活动命名为公司级流程，分为业务流程、业务支持流程和职能支持流程。

第三级：逐次分解综合流程图至单体流程（反映在制度中的流程，分解到岗位，有责任人和执行主体），各子流程之间分清逐层次的链接关系。

第四级：对单体流程的优化和审视，并从具体工作方案角度明确各单体流程的操作方式，针对各单体流程的具体工作方案形成操作手册，可不在流程图上体现。

通过上述四个层级，绘制出业务子系统、公司级流程（业务流程、业务支持流程和职能支持流程）以及单体流程，并表示出各流程之间的关系和层次性，为不同的管理层提供适合的流程关注焦点和视图。铁四院要求海外板块应确保业务流程具有系统性和关联性，并实现业务流程的精准识别，从而梳理形成业务流程框架清单。识别过程主要依据 GB/T 19001—2000《质量管理体系专业应用指南》的业务流程识别的方法。

方向一：以业务流程为主线，识别业务流程。

方向二：以部门职能为主线，识别管理流程。

方向三：以工作区域为主线，补充遗漏流程，以 ISO 9001 等相关新版标准条款为主线，补充新增流程。

通过对集团公司层面和职能及生产部门层面“四级”梳理和相应识别，共计明确 6 个业务子系统，形成公司级流程 42 个、单体流程 101 个，形成“铁四院海外业务流程框架清单”。

2. 海外业务流程识别及优化

针对梳理出的不同层级流程，按照职能职责分工，铁四院采用“流程概述分析表”“跨职能流程图”两种工具方法，对识别业务流程分析并进行优化及内部评审，由集团公司核心管理部门从流程优化角度判断某流程是否满足策划的要求、流程接口是否清晰、流程分析的活动职责是否明确，并进行评审。

通过对铁四院海外业务流程管理权责划分、业务边界、机制设计衔接部分进行调整，并把优化后的流程与员工岗位工作（绩效）计划与具体岗位职责进行配套，进一步将员工岗位要求纳入新的业务流程管理体系中，跟进考核要求，确保业务流程的有效落地，从而完成对铁四院海外业务流程的具体优化，形成“跨职能流程图”。

综上所述，铁四院通过对海外业务流程全面梳理和识别，消除流程间的断点和重叠，实现业务活动全覆盖，并按照精准化管理的要求优化每个业务流程。

（四）推行精准化风险管理的识别、分析和评价方法

1. 以“文化价值距离”为过滤机制的海外风险环境初筛

结合近30年的海外风险管理实践经验，铁四院风险管理团队采用类推法（如检查表、文档审查、尽职调查），启发法（如主题专家法、开放式问卷、访谈、向使领馆征询）和分析技术（如场景分析），提炼总结九大类的海外风险：宏观环境风险、胜任能力风险、人力资源风险、财务税务风险、合作伙伴风险、人员安全风险、项目合规风险、不可抗力风险、其他外部风险。

海外业务最终落脚点，在于具体国别的海外项目，海外项目具体实施要直面文化差异，前述九大类风险无一例外地沉浸于文化差异的影响中。常规风险识别工作更注重对企业内部的缺陷审视和外部国别的危机测度，很少将目光转移到“内部”与“外部”的联系或融合度上，这样的风险识别工作显然是二元割裂的。因此，针对具体国别的海外项目，铁四院海外风险管理实践在常规风险识别的基础上增加对国别环境的“文化差异”分析，并采用霍夫斯泰德提出的文化维度理论，剖析海外业务开展的国别软性环境。综合六大文化维度，采用马哈拉诺比斯距离（MVD）算法，对中国与“一带一路”沿线32个国家的文化距离采用的文化价值距离度量进行探究、计算和分析。并将该理论延续落地到风险管理工作中。

基于上述九大类风险和文化价值距离理论，铁四院海外风险管理团队采用情境枚举法，结合施工中常见的钢筋套筒安装工艺，创造性地提出基于文化价值距离的“国别环境判定套筒”模型。

该理论模型以具体的海外业务主流程作为“钢筋”的主轴，以识别出的若干关键风险作为“钢筋”的肋，“钢筋”肋（即风险）的存在对钢筋加工、保管和安装（即海外业务日常管理）提出更高挑战，但从另一方面来看，“肋”的存在增大了与外部混凝土环境（项目所处宏观环境）的咬合力，一旦与外部融合成功便意味着更大机遇，换言之，无风险项目的收益亦不乐观。“国别环境判定套筒”理论模型，则是在上述情境下，对“钢筋”起到端头保护，协助其与同类钢筋连接，对海外风险管理具体发挥如下作用。

其一，保护罩作用：以文化价值距离计算结果作为国别环境的“先决”判断，为海外具体项目的风险管理形成终端加固。

其二，连接件作用：用该套筒作为相同或相近国别开展海外业务的连接件，衔接做好业务流程和风险管理经验的互联互通。

通过运用该理论模型，铁四院在海外项目的选择和国别市场进入的考虑上，不盲目地以“指令性”“邀请性”“代理化”参与形式承揽项目，而是在原有风险内外部环境信息收集的基础上，恰当考虑“文化价值距离”可能引发的诸多困难，进而保证企业对风险识别的外部大环境相对熟悉且充分准备。

2. 基于业务的海外铁路勘察设计项目的精准化风险识别

通过对九大类风险逐条展开分析，以前期对业务流程全面梳理和优化后形成的业务流程清单作为核心，再结合历史数据、理论分析，征求管理人员、专家、业务骨干的意见，在考虑利益相关方需求的基础上，采用流程图分析法，对“铁四院海外业务流程框架清单”中所涉及的所有业务流程和活动进行风险识别，得到风险识别表。针对所有业务流程以如下统一的程序进行精准化识别。

一是对照“铁四院海外业务流程框架清单”，列出每个业务流程的全部步骤，经过分析判断，“发现、辨认和描述”对组织目标可能有影响的潜在事件，逐一列出存在风险的事件。上下游活动间存在明显接口关系的，需全部列出。

二是针对该事件、活动可能产生的后果进行识别和描述。由于识别事件的后果与“风险源”有关，不同的“风险源”可能造成不同的后果，所以此过程要严格注意，识别对组织目标有影响的后果。

三是明确“风险事件涉及的部门、单位”，为之后风险管理工作的开展、相应风险应对措施的具体落地进行界定。

3. 构建基于风险指数法的指标体系用于风险精准化分析与评估

依据前述九大类风险及海外风险识别方法，铁四院建立全面精准的海外业务风险评价指标体系，并且确定各指标的权重。通过专家咨询法，确立铁四院海外风险评价指标体系共有一级指标九个，即前述的九大类风险。这九大类共有 36 个二级指标。

在风险评价过程中引入风险指数法确定指标权重，具体过程如下。在后果严重程度层面，一是邀请专家，采用德尔菲法为海外业务发生的风险事件进行主客观指标值评定，并对各评定结果分别属于的模糊语言集、精确指标值等类别进行规范化处理。二是采用熵值法确定各个指标权重。对上述结果用 TOPSIS 综合评价法分析输出，得出具体海外业务对应的不同风险事件的综合严重程度；在概率层面，通过专家打分法确定各风险事件发生的概率。根据得出的各风险事件的严重性和发生概率，确定其具体等级（风险指数），并进行排序，绘制风险评估矩阵图。

（五）采取精准化风险管理的应对措施

结合风险分析中形成的结果作为主要考量依据，各风险管理主体针对风险评估结果，精准采用相适宜的风险应对策略或者组合策略，制定风险应对计划。在风险管理领导小组和风险管理主导部门的共同评审下，精准把握实施相适宜的风险应对措施。海外风险总体应对思路包括以下内容。

第一步，精准化监管各流程中的重大、重要风险。在确定重大、重要风险应对策略的基础上，将风险与海外业务流程、责任部门对应，形成《重大风险与业务流程对接表》，直观表述风险管理责任的落实。

第二步，复合管控各流程中常规风险。流程层面风险应对主要通过选择合理的应对措施，从各个业务单元、部门或职能机构角度考虑风险，对各业务单元风险进行复合评估具体使用《公司内控与风险管理手册》中“风险控制矩阵”的相关内容。

通过使用上述应对方法，总结近年来的应对效果和实际经验，铁四院形成了应对海外风险的基本策略，即：建立以关键风险指标（KRI）为预警指标的风险监控体系，实施以各流程精准化管理为特征的分散性、预防性、补救缓解性和改进性解决方案。

1. 建立以 KRI 为预警指标的风险监控体系

在做好海外风险环境因素收集、海外风险精准化识别的基础上开展风险的精准分析与评价，确保铁四院《海外风险清单》和《重大重要风险监控指标（KRI）清单》及时有效更新，具体操作步骤如下所述。

将重大风险监控指标量化，确定其度量，分析确定导致风险事件发生（或极有可能发生）时该成因的具体数值。以该具体数值为基础，按一定的监控频率建立风险预警系统，当预警指标数值达到关键风险指标时，发出风险预警信息。一旦出现预警，即实施风险控制措施。

2. 实施以各流程精准化管理为特征的风险解决方案

（1）项目选择和跟踪阶段。

在进行海外市场开拓之前，国际事业部着力做好综合风险评估，特别是对东道国政治和战略风险进行精准研判。市场开发和项目决策时尽可能避开存在巨大非传统安全风险的项目。项目的选择均建立在对项目所在地全面分析论证的基础上，深入了解东道国的政治形势、法律政策以及文化风俗，对于可能存在较大安全风险隐患的项目，深化风险评估。同时以人为本，避免盲目追求利润而把生产和管理人员置于极不安全的境地。

（2）投标报价阶段。

在该流程采用分散性控制策略。铁四院及所属境外经营网点和项目部根据项目所处环境，充分考虑传统及非传统安全风险，精准针对防范恐怖袭击、重大自然灾害、公共卫生防护、极端天气等风险制定必要的防范措施。在投标报价中考虑增设上述措施必要的顾问咨询费、安全措施费、危机处理费、保险费等费用，使其成为方案报价考虑的必备要素。

（3）合同谈判阶段。

在该流程采用预防性控制策略。从合同角度讲，风险分担原则是：最有能力应对某种风险的一方应该承担此种风险。对具有潜在风险的项目，在合同谈判过程中，通过要求增设专门的安全条款，约定由业主或者当地政府、军（警）方负责保护承建商人员的安全，设立专项安全费用以提供足够的安全保护设施等，转嫁风险成本和尽可能降低风险事件发生的可能。

（4）项目实施阶段。

在该流程采用补救缓解性和持续改进性策略。目前，铁四院在海外项目管理实施过程中引入健康、安全、环境（HSE）管理体系，使精准化管理水平跃上新台阶，通过加大内部安全防范力度，提高风险管控水平，包括：充分利用保险产品作为风险转移的有效工具，尽可能选择可将恐怖主义等非传统安全风险纳入承保范围的保险公司；建立汇率风险内控机制；加强本土化经营，通过吸收、培养当地员工，加快进入该国别市场；建立海外劳务风险事件预防体系；根据《中国铁建股份有限公司工程项目环境保护目标指标考核评价实施细则（暂行）》，建立一套健全的环境风险管理框架体系；等等。

（六）海外精准化风险管理的支撑保障措施

1. 信息化支撑

为了将前述的分析和评价方法付诸实践，铁四院积极采用信息化和大数据工具，使用“海外业务流程—风险整合法”（Overseas Business Process - Risk Integrated Method，OBPRIM）提出完整的概念性方法框架。它包含在 OBPRIM 生命周期、OBPRIM 概念模型和 OBPRIM 建模语言中。OBPRIM 生命周期是将风险管理概念集成到业务流程设计中的过程。实际上，它侧重于风险驱动的业务流程设计，由以下四个阶段组成。

第一阶段，情境化：在这个阶段，定义了流程模型。该阶段目标是建立风险和过程的联合管理环境。情境化主要依托于海外业务流程全面梳理以及海外风险环境信息收集。

第二阶段，风险评价：在此阶段，首先识别风险，然后对流程进行分析，随后对风险进行定性和定量评价。流程模型必须用风险模型来充实。这一阶段包括识别和联合研究的风险及流程。

第三阶段，风险应对：此阶段定义一组应对方案，然后触发风险评价阶段的新迭代。

第四阶段，风险监控：它是一个控制阶段，为模型的细化提供指导。OBPRIM 概念模型将风险和流程的概念统一为一个通用的元模型，以填补这一缺失环节。业务流程建模以 ISO 19440 标准为基础，并与 ISO 31000 标准兼容。

铁四院海外风险管理团队提出了使用 ADOxx 元建模平台生成的“海外风险精准化管理平台”。在 ISO / DIS 19440 提出的过程元模型中定义风险元模型，对于风险识别、分析和评价所需的大数据管理处理增效明显，创新性地实现了串联现有海外业务流程管理各个阶段，形成风险管理的全生命周期，实现了风险和流程概念上的耦合与统一。

2. 人员保障

海外精准化风险管理离不开具体岗位人员的执行，铁四院确保各项管理制度和业务流程均由符合能力要求的人员来执行，而且员工在具体操作中时刻受海外综合风险管控体系的指导和约束。为此，铁四院按照“一岗双责”的要求，对岗位职责按照流程的要求进行细化和明晰；结合对职业健康、作业安全、环保、廉洁、法律、内部控制等各体系风险因素的考虑，建立一套清晰的岗位数据库，并在岗位员工手册等岗位工作指引中嵌入岗位风险提示和应对措施，以有效实现增强员工风险意识、降低和预防腐败、促进员工健康成长的目标。针对风险管理中以及风险处置应对方面相应管理职责落实不到位的管理人员和个人进行有效问责。

同时在教育培训方面，通过企业内外部纵向与横向持续的信息交换、知识分享与系统学习，增强各关键节点对于风险管理的接受度以及工作责任感，为风险管理的主动、有效改进打下较好基础。

三、海外铁路勘察设计项目精准化风险管理的效果

（一）海外风险精准化管理能力稳步提升

通过业务各流程的梳理和风险分析，铁四院对于海外市场重大风险的专项识别和管控能力稳步提升。通过对 2018 年至 2020 年上半年海外业务风险管理内控自评和单位互评，铁四院在宏观环境分析研究和风险预判能力，风险管理人员的胜任能力，法律和税务风险的规避意识，合作伙伴遴选成效以及驻地管理能力等得到切实提升。海外项目精准化风险管理的实施，也为国内风险管理提供了参考。

（二）海外风险精准化管理经济成效显著

铁四院自启动和开展海外项目精准化风险管理工作以来，大力发展风险管理文化建设，并将其内化为海外业务从业人员的自觉意识和行为习惯，使海外风险管理机制的作用得到有效发挥。运用相关因素合成计算法（PCP）的基本原理，通过采用“风险管理收益率”计算模型和“国际工程风险管理绩效”计算模型，选取铁四院承揽的 20 项勘察设计或总承包项目（时序由远及近），分析得出：铁四院风险管理收益率已从 2015 年至 2017 年的 1. 16% ~4. 27% 上升到 2018 年至 2021 年的 7. 25% ~52. 13%，风险管理绩效亦呈 S 形曲线增长。尤其是 2019 年至 2021 年，马来西亚东海岸铁路项目从精准化风险管理工作中持续受益，以精准的风险识别和分析与滚动的风险控制，实现规避风险损失上亿元，同步创造新增合同额上亿元的显著管理成效，为铁四院海外业务目标的实现提供了重要保障。

（三）海外市场精品化社会效应循环受益

从央企的地方社会责任来看，自 2018 年将海外业务风险纳入集团公司重大风险并开展基于各流程的风险管理实践以来，铁四院海外业务板块新签合同额逐年上升，各片区海外经营成果的纳税额稳步增加。

从合作方的访谈评级来看，铁四院对胜任力、合规、合作伙伴、人员安全等风险的防控力度颇受好评。铁四院在亚吉铁路、吉布提港口支线等项目建立了风险管控经验库。同时，铁四院积极响应商务部援外项目的要求，参与非洲打井项目，日供水6000吨，解决当地人民所需，践行了央企责任。

从社会认可角度来看，铁四院行稳致远的海外发展风控策略受到媒体的广泛关注，2018年年底吸引了19个国家和地区的26家华文媒体高层和记者来访。2019年铁四院在尼泊尔的海外属地化管理和自主经营实践，不仅科学规避用工风险，而且堪称海外联合体合作风险管控的标杆，登上央视财经频道《我与"一带一路"》特别报道。

从社会效应外化于内的自身修养来看，2018年至2020年铁四院对海外板块风险管理水平显著提升。

（成果创造人：余　兴、徐　新、陶学俊、李　欣、王伟立、唐　乐、马彦祥、周承汉、黄铂清、陈　雨、郑文博、唐　涛）

电网企业促进经营效益提升的“增值型”内部审计管理

广东电网有限责任公司

广东电网有限责任公司（以下简称广东电网公司）是中国南方电网有限责任公司（以下简称南方电网公司，目前世界500强排名第91位）的全资子公司，注册资本668亿元，以建设运营电网为核心业务，是全国最大的省级电网公司之一，管辖全省43个地市级单位、87个县区级单位。供电面积17万平方千米，供电客户达4500.25万户，供电人口超过1亿人，用工总量10.6万人，开展香港、澳门地区输电业务。2020年，广东电网公司营业收入3363亿元，资产总额3804亿元，拥有发明专利4208件，公司复杂大电网管控、可靠性管理、电力市场化交易以及超导电力应用、柔性直流输电、电力机器人等关键技术走在全国前列。广东电网公司连续安全稳定运行超过25年，连续12年在广东省人民政府公共服务评价中排名第一。

一、电网企业促进经营效益提升的“增值型”内部审计管理的背景

（一）提升内部审计服务国家治理能力的客观需要

2021年6月，中央审计委员会办公室、审计署印发了《“十四五”国家审计工作发展规划》，明确加快构建集中统一、全面覆盖、权威高效的审计监督体系。而内部审计在国家治理中主要在微观层面发挥作用，通过组织治理支撑着国家治理，内部审计将是未来有效提升我国国家微观治理能力的重要工具，也是打通审计监督“最后一公里”、实现审计全覆盖的关键抓手。因此，探索“增值型”审计模式的构建与应用，以有效增强内部审计服务组织数字化治理的能力，对于提升国家治理能力和治理水平具有重要意义。

（二）增强内部审计价值创造力的内在要求

电力体制改革、世界一流电网企业的要求、碳达峰战略等宏观环境改变对电网企业内部高质量发展提出了更高要求，企业未来通过内部重塑、形成内生价值增长点将成为企业价值创造力提升的重点和突破口，同时企业价值增长的动力源泉也将由企业外部转向内部。内部审计部门作为组织内部价值生成与传递的重要部门，凭借其跨部门展开确认和评价的先天优势自然成为组织的“监督中心”。然而，在传统“监督型”内部审计模式下，由于内部审计资源的约束，以及内部审计部门对于自身功能定位认识的局限和审计成果价值链长期处于“低端锁定”状态，内部审计部门并未由组织的“监督中心”成长为“价值中心”，内部审计在支撑组织战略决策与推动组织价值创造力提升方面发挥的作用有限，难以有效满足企业快速价值迭代的发展需求。因此，构建“增值型”内部审计模式是全面提升内部审计价值创造力的内在要求。

（三）强化内部审计职能的必然要求

完善现代企业制度、推进公司治理现代化，是我国企业改革发展的重要任务。在电网企业现代化转型的需求下，内部审计作为管理系统的信息反馈系统，通过发挥其重要的系统“免疫”作用，在组织机构的治理中担当越来越重要的角色，对于保持组织安全稳定、提高组织管理水平具有重要意义。在企业现代化转型进程不断加快的背景下，董事会、审计委员会等对于内部审计的需求更多、要求更高，同时内部审计也面临着来自风险管理、信息安全等部门的竞争与挑战，因此，内部审计仅发挥作为组织“免疫”系统的作用已经难以充分体现内部审计的独特优势与关键地位。为满足新时代下内部审计创新

发展的客观要求，体现内部审计部门的独特优势与关键地位，我国内部审计工作必须及时对自身的建设理念、功能定位、业务模式等进行变革与重塑，推动内部审计价值增值，以有效赋能业务和支撑组织战略目标的实现。

但成果实施前，各个公司在“增值型”审计模式建设方面还存在不足：一是在传统审计模式向“增值型”审计模式转变的阶段，传统审计模式重合规经营监督、轻促发展服务的思维习惯依然存在；二是项目审计不够精准，审计整改不够规范，审计咨询主动性不足；三是审计智能化成熟度不高，应用范围不广，审计信息化手段少；四是审计队伍建设需要与时俱进，未发挥人才增值作用。

二、电网企业促进经营效益提升的“增值型”内部审计管理的主要做法

（一）建立审计增值价值观，为企业经营发展软实力增值

审计增值价值观是审计的价值取向，是审计在履职尽责过程中推崇、遵循的基本理念和追求目标。建立审计增值价值观，就是要站在时代和行业的前沿，以新的理论、新的视角、新的方法、新的思维等，明确审计的增值理念、方向、定位等，形成共识，并指导审计实践为企业增值。

广东电网公司坚持贯彻新发展理念，以问题为导向，以服务企业的发展和安全为核心，运用“增值型”审计理论，从审计理念、审计转型、审计定位、审计目标四个难度，建立了审计增值价值观，为审计全面服务企业发展战略，提升企业治理水平和风险防范能力，助力企业转型升级和高质量发展提供思路和方法。广东电网公司审计增值价值观具体如下所述。

1. 明确审计功能定位：以客户价值为导向的价值创造者

传统内部审计形成的是一种自上而下单向不循环（或微循环）的服务供求体系，内部审计部门凭借其权威性成为这一供求体系的中心，而这一时期的“监督者”是内部审计部门在组织中承担的主要角色，以供给主体价值（或产品价值）为中心成为判断内部审计业务价值的主要导向。在供给主体价值导向下，以内部审计报告作为终极产出引导着内部审计业务推进的全过程。然而在实务中，不少内部审计报告除以“历史性标准”对组织的“历史性行为”予以鉴定和评价外，仍然还在用历史性标准“改造”着组织的未来行为。传统内部审计报告的价值错配与动态环境下内部审计客户“适应未来”的需求脱节，这一局限本质上体现出传统内部审计业务价值导向的偏离，而对客户价值的忽视是导致传统内部审计“滞后性”暴露与价值低效的主要原因。新时代下内部审计的发展必须明确在内部审计供求体系中谁是价值主导。

2. 推进审计工作转型：由“监督者”向“价值创造者”身份转变

内部审计既要保持监督的独立性，客观监督业务部门合规经营和发展风险，也要积极融入企业治理体系，提出高质量的审计建议，帮助业务部门查错纠弊，完善制度机制，提升风险防控能力和管理水平。

第一，从“监督”向“监督+服务”转变。更加关注企业战略执行落地，更加关注企业持续经营能力，坚持监督与服务并重，围绕重点、热点、难点问题，督促和帮助企业纠正问题、建章立制、规范管理。强化管制业务监督，维护国有资产安全；开拓竞争性业务审计，服务企业经营发展。

第二，从“事后审”向“事后审+事前防”转变。更加关注问题产生的根本原因，更加关注企业重大风险防范，在发挥监督与评价职能的基础上，进一步加强数据分析，对审计发现的主要问题进行深度归纳，提出完善制度、强化管理、防范风险的建议。提供内控咨询服务，对内部控制系统的健全性、有效性进行评价，提出内控薄弱环节和重大缺陷的完善措施，实现从“治病”到“防未病”的有效转变。

第三，从“查错纠弊”向“查错纠弊 + 价值增值”转变。更加关注企业的发展质量和效益提升，在保证独立性的基础上，推动内部审计在增加价值和改善组织运营方面发挥更大作用。针对基层管理不到位的领域，提出改进方案，推动企业创新机制、优化流程、创新技术，提升资源配置效率，改善企业运营。

第四，从“查账型审计”向“数字化审计”转变。更加关注“互联网 +”、大数据的应用，推动审计工作与信息技术革命的有机融合，应用在线审计，加快从随机抽样转变为采用大数据分析的全面审计，实现静态审计与动态审计相结合、现场审计与远程审计相结合，提高审计覆盖面。

（二）打造“增值型”审计管理机制，提升审计价值创造能力

1. 建设科学化审计组织，发挥制度优势

提升审计地位，建立定期汇报机制，健全党的领导机制，融入“大监督”格局，为企业安全发展战略增值。《关于深化中央企业内部审计监督工作的实施意见》（国资发监督规〔2020〕60 号）指出，要“建立健全党委（党组）、董事会（或主要负责人）直接领导下的内部审计领导体制”。在企业治理层直接领导下的内部审计领导体制机制下，内部审计向治理层负责并汇报工作，能够充分保障内部审计监督的独立性。

电网企业全面加强党对审计工作的领导，有助于提升审计的地位和权威。成立内部审计监督及责任追究工作领导小组，由党委主要负责同志任组长。建立定期汇报机制，按季度向内部审计监督及责任追究协调小组报告，年中和年末向内部审计监督及责任追究领导小组报告，每年向党委汇报审计工作情况，把党建工作与审计监督高度融合。

2. 建设精准化审计规划，以分类管理思维推进项目资源精准配置

根据被审计业务特点进行分类，科学选择审计方式方法，合理配置审计资源，实现审计增值最大化，为企业降本增效。电网企业的主要业务有贯彻执行党和国家重大方针政策、电力体制改革、电网规划、电力工程建设、电网运行维修改造、电力市场与电力交易、电费与电价、供用电服务（抢修服务、用电安全）、电力物资管理、电力科技研究、信息化建设、财务决算等方面。根据业务特点，主要分为常规业务类，政策落实、战略任务、发展型业务类和高风险业务类三种：常规业务类，如财务决算，主要是合规性审计，选择常态性轮审，查错纠弊；政策落实、战略任务、发展型业务类，如电力体制改革、电力营商环境建设、电网规划、重大工程项目等，重在效益增值，开展事前审计预防、事中审计纠偏改善、事后审计评价的全过程审计；高风险业务类，如投资决策等，事前介入，抽审，抓小抓早，从源头控制风险，减少决策失误，降低经营风险，保障资产安全。

3. 压实审计整改责任，以落实整改责任为手段深化审计成果应用

以往内部审计工作注重审计发现的问题，对审计意见的落实整改不足，“屡审屡犯”现象很突出，导致内部审计的增值功能发挥受到很大的限制。因此，在构建增值地图过程中，必须要加强审计整改管理，落实责任，将审计发现的问题整改到位，才能将内部审计的增值功能最大化发挥。

第一，明确审计整改措施。为提升审计整改效果，增加内部审计增值功能，责任单位对照标准才能有效落实整改，因此在审计整改管理中，紧密围绕增值评价指标体系，将整改措施明确为六个方面：效益性、纠错性、规范性、教育性、全面性、责任性。在效益性方面，主要是挽回损失，包括收回应收的资金、资产等。在纠错性方面，主要是更正调整，包括账务调整、指标调整更正、纠正不正当做法等。在规范性方面，主要是完善机制，包括完善机构设置、完善监管措施、修订制度、制定管理办法、发文明确管理要求等。在教育性方面，主要是宣贯培训，主要措施包括警示教育、组织培训学习等。在全面

性方面，主要是举一反三，包括开展全面自查整改和规范今后做法等。在责任性方面，主要是追究问责，包括组织处理、扣减薪酬、禁入限制、纪律处分和移送等。

第二，重塑审计整改流程。各责任单位按照审计部门下达的整改任务分析问题产生的原因，制定整改措施后，报审计部门审查、审定。审计部门按照同一类问题同一整改标准的原则，进行审核、审定，并通过审计信息系统下达给各单位整改，责任单位按期在信息系统反馈整改情况。审计部门专人负责，动态跟踪整改落实情况，按照下发的整改标准逐项核实，逐一销号，从而审计问题整改实现闭环管理。

第三，建立审计通报机制。建立审计整改完成率指标，应用信息化手段实时监控审计整改完成情况，每月在内部公开发布审计发现问题的整改情况，对超期整改、整改不到位的单位进行通报，并将结果在企业月度例会上向决策层领导汇报，以便引起各单位的重视，推动问题得到及时、有效整改，增强审计结果运用效果。

4. 建设常态化审计咨询，以咨询服务机制打造审计增值窗口

审计咨询服务，指提供咨询建议及相关服务活动，目的是在内部审计人员不承担管理职责的前提下，为组织增加价值并改进组织治理、风险管理和控制的过程。

咨询服务常态化有助于业务前端的风险防控，具体做法包括以下内容。

第一，建立服务机制。一是送服务到业务一线，审计人员主动、定期到业务一线调研和服务，收集问题；二是通过审计咨询电话、内部办公系统、办公室现场受理、应邀参加会议等形式，收集问题；三是结合审计整改检查、开展合规经营培训等，开展专项咨询服务，收集问题。

第二，明确服务内容。在常态化咨询服务中，主要收集经营管理中的难点、痛点、内部控制盲点、风险点和其他影响企业经营安全、经营效益、运营效率、发展质量的问题以及改善的建议和意见。

第三，开展统计分析。按照问题来源、问题内容、问题原因、问题的领域、发生的频次、影响的范围等进行综合分析研判，将收集到的问题分为影响较大的问题、普遍性的问题、一般性的问题。

第四，分类反馈处理。对于影响较大的问题，提出审计意见，并直接报送决策层研究处理；对于普遍性的问题，以风险提示函等形式反馈业务主管部门自查自纠，研究完善业务机制，对于一般性的问题，给出咨询意见，便于服务单位立行立改，及时消除风险。

5. 建设职业化审计队伍，以成长型审计队伍提供增值动力

审计队伍是内部审计工作实现价值增值的资源保障。审计工作对审计人员的综合素质要求较高，审计人员必须与时俱进更新知识，不断积累审计经验，才能帮助高效实施审计项目和提出具有战略高度的审计意见。审计队伍职业化定位和自我成长特性，可以为企业安全发展提供多维度人才保障。

优化审计工作队伍结构：优化专职审计人员队伍结构，通过选拔、竞聘等方式配备足够审计人员，形成一支熟悉财务、审计、工程、营销等专业的审计队伍；组建审计外协专家团队，通过业审协同，提升审计质量，提升审计服务企业增值的综合能力。

打造成长型审计队伍：制定“审计人员职业提升”计划，督促审计人员参加执业资格考试，不断提升审计人员执业能力。建立“一月一学”学习模式，邀请生产、基建、营销等专家授课，将审计人员培养成业务专家。积极响应各级“大审计”工作，发挥“以审代培”作用，在实践中锻炼队伍。

输出优秀的审计人才：成熟的审计人员具备敏锐的经营管理风险辨识能力并能够提出具有建设性的专业意见。目前，有些企业已经将储备管理人员放在内部审计机构培养锻炼，并取得较好的效果。培养和输出高素质的复合型人才，已经成为审计为企业安全发展增值的方向之一。

（三）推动审计数字化转型，打通数字审计赋能通道

1. 开发广东电网公司数字审计分析及应用平台

围绕审计管理工作流程、审计业务持续创新和审计工作数字化保障三个目标，建设基于云计算、数据挖掘、微服务的技术数字审计分析及应用平台。平台集成了“审计管理信息系统”和“审计现场作业系统”，全面支撑“全程留痕、内外联动、深度挖掘分析数据”的智慧审计业务需求。2019 年 12 月底，该平台通过项目验收，2020 年开始在全省推广应用。2020 年全年共计全量筛查审计疑点 6.73 万个，应用到 39 家单位经济责任审计、配网自动化、扶贫专项审计等 159 个项目。

2. 研发并推广全国首套审计单兵作业装备

广东电网公司审计部作为南方电网公司审计单兵作业装备试点单位，成功研发审计单兵作业装备，该装备实现审计移动作业、可视化管理和内外网信息交互安全。整套装备包括项目组单兵装备、个人单兵装备和审计一体机，具有远程通信、智能取证、数据共享、安全管理、电子化作业等多项功能。随着审计单兵作业装备的推广应用，2020 年以来，已为 20 个地市局和审计中心配备了统一装备，审计人员通过统一认证身份后可登录项目组和个人单兵作业系统开展审计现场作业。

3. 监督管控前移，提高业务风险预警能力

按照“持续提升审计数据中心建设水平”的工作部署，广东电网公司建立数据审计分中心并正式运营。该中心基于公司大数据平台的业务数据对接，归集包括营销、财务、资产等 67 个业务系统自 2012 年以来的实时数据，数据容量达 573TB。通过指标预警、风险预警、预警服务对业务系统数据进行连续性监控，开展“无声审计”。

4. 优化审计“坐诊”服务，实现价值增值

广东电网公司利用智慧审计平台连续监控的特性，扩展审计的服务内容，从定期审计转变为提前预警、定期监控分析、机动报告的审计“坐诊”服务模式，为企业提供全方位、多维度的审计咨询服务，实现审计价值增值。广东电网公司主要有以下三种服务方式。一是预警通知书。预警通知书的主要内容为异常业务的原因排查通知。当数字审计分析平台发现异动业务时，审计部向相关部门的主要负责人和归口管理人员发送预警通知书，反映异常业务的具体内容，要求相关部门对异常情况进行排查，并在规定时间内反馈排查情况和整改情况。二是监控分析报告。根据数字审计分析平台分析结果，向管理层定期发布监控分析报告，主要回顾本阶段企业管理薄弱环节、存在问题集中度和趋势分析，同时对下一阶段工作提出建议。三是机动式审计报告。根据数字审计分析平台分析结果，对易发多发的问题启动机动式审计，形成机动式审计报告，及时跟进企业经营管理热点和难点的处理情况，实现闭环管控。

（四）基于信息技术赋能，挖掘企业大数据潜在价值

1. 多维技术赋能审计数据采集

数据资源管理是智慧审计的基础，公司审计部根据管理数据、业务数据、外部数据三类数据的来源及特性，针对性地制定不同采集方案，实现数据采集的全面信息化。

一是审计数据，是在审计项目执行过程中产生的管理数据。广东电网公司集成审计管理子系统，实现审计项目计划、审前准备、审计实施、审计报告、审计整改到立卷归档各阶段的全过程留痕，现场取证数据则通过审计单兵作业装备直接完成采集，通过公司大数据平台集中相关数据。

二是业务数据，是公司运营与管理过程中产生的各类数据。广东电网公司开发智慧审计技术平台，充分利用公司大数据平台已具备的技术能力和成果，对基建、营销、财务、物资等多领域数据进行整

合，再推送到数据化分析及应用平台进行展示，使审计人员一站式获取业务数据，提升业务数据采集的效率性。

三是外部数据，是从外部系统中获取的数据，包括工商数据、税务数据、物资价格等。多维度获取外部数据，为内部数据做有效印证。技术人员通过采用网络爬虫技术和应用程序编程接口（API）等方式获取外部公共数据，并集中采购付费数据，如天眼查、北大法宝等，为内部数据做有效印证。

2. 审计模型赋能审计数据分析

在审计核查工作中，存在大量逻辑性强、重复性高的数据核查工作，需要提炼上述核查程序的审计规则，构建审计模型，实现计算机自动运算，输出预期结果。为保障审计模型建设流程标准化、工作精细化、模型规范化，广东电网公司审计部搭建审计模型全生命周期管理体系，编制《标准化审计模型库及模型应用框架建设方案》，以保证审计模型规划方向的整体协调；同时编制《审计模型建设标准》，以合理安排各阶段工作任务，标准化各阶段输出成果，全方面深化审计模型管理。

目前已形成内容涵盖财务、营销、物资、基建四个电网企业主营业务领域的审计规则模型156个，并统一编制《审计业务模型说明书》，规范审计模型的呈现形式。通过审计模型的构建，固化审计经验，强化审计思路、方法的传承，提高审计效率。

3. 智能关联赋能审计依据检索

审计依据是出具审计取证表重要的内容之一，为确保审计依据准确性、快捷性，广东电网公司审计部构建审计知识库，将历年审计问题库及风险库汇总并通过统一规范整理上传，归集了南方电网公司、广东电网公司所有的管理制度以及外部权威网站“北大法宝”的法律法规资源，审计人员可借助自主研发的查询工具，进行智能检索和快速浏览学习，法律法规库检索引擎还会通过统计分析检索结果，不断修正优化检索功能，提升检索准确性。

4. 远程技术赋能审计数据共享

随着电网业务的不断扩展，异地审计作业的频繁性以及审计作业地点的多样性越来越显著，以往审计人员难以在局域网以外的地方应用系统开展工作。广东电网公司审计部研发的审计作业装备通过公司内外网交互平台将外部数据传入部署在局域网的服务器中，实现与公司审计信息系统、数据中心的互联互通，这就使审计人员摆脱了时间、空间的限制，可以在“任何时间”“任何地点”开展“任何审计工作”。

（五）以数字审计赋能，提升审计服务增值能力

1. 重塑现场审计工作流程

审计数据分析智能化和审计作业装备智能化为实现“集中分析、分散核实”的数字化审计模式奠定了基础。广东电网公司审计部以审计监控中心作为数据分析的“最强大脑”，组建了“一对多”的后台支持性团队，团队由业务审计专家、计算机技术专家以及电网业务技术专家组成，统一为各现场审计组提供后台数据分析支持。通过“集中分析、分散核实”的“现场+远程”审计模式（见图1），数据分析团队将审计线索和疑点推送至现场审计组，由审计组应用审计作业装备进行核实取证后反馈结果，形成“联动作战”的合力，有效提升审计的精准性和效益性。

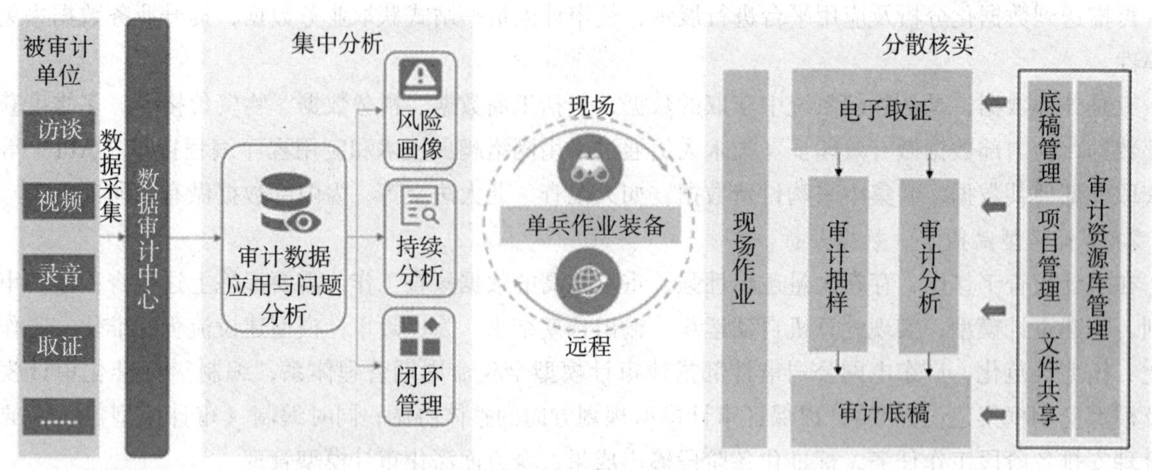

图 1　“集中分析、分散核实”的“现场 + 远程”审计模式

2. 审计策略自动化管理

采用“审前疑点挖掘、审中同步分析、审后归纳总结”的工作方式为现场作业提供数据分析服务。审计前，基于对被审计单位基本信息、经营情况、关键指标、历年审计问题及历年审计问题分布情况等数据分析，构建被审计单位的风险画像；开展审计前数据分析及疑点排查工作，帮助现场审计组提前获取审计线索，准确把握审计方向。审计中，结合审计单兵作业装备，应用电子取证、音频转换、OCR 文本识别、远程会商等工具，统一为现场审计组提供数据分析和数据归集；可视化掌握项目进度、审计关注点执行情况及审计问题发现情况，及时进行数据信息交互，保障审计项目组项目执行准确性、有效性。审计后，对共性问题进行分析总结，统计审计模型应用情况，持续做好模型优化。

3. 审计“关口前移”

广东电网公司审计部建立连续在线审计管理模式和机制，实现“无声审计”。通过对实时获取的事物电网运营管理数据进行在线分析与监控，采用科学合理的风险分类和统计方法，建立高效的审计监控预警体系，推动审计方式由事后发现问题变为风险预警。另外根据预警结果，建立疑点库，形成审计预警台账。同时可以对预警发现的具有普遍性、系统性问题以及重大风险做出快速响应，开展机动式审计或专项审计调查。

4. 闭环审计整改

实现审计整改问题的数字化集中管理，精细化管控。在整改前期，审计部门发布审计发现问题及整改意见后，一般规定 3 个月内完成整改，对于超过 3 个月或更长的问题整改，被审计单位向审计部门提出，审计部门审核确认后再相应调整。在整改中期，被审计单位在开展审计整改过程中，每个问题完成整改后直接逐个问题上报整改情况、证明材料；针对整改过程中遇到客观原因导致整改工作未能按期完成的，被审计单位可向审计部门提出延期，并由审计部门审核确认。在整改后期，审计部门收到整改情况后要迅速组织审核，对审核不通过的重新组织整改，对审核通过的做销号处理。

（六）构建审计增值评价体系，可视化展示增值成效

1. 构建审计增值评价体系

2018 年发布的《审计署关于内部审计工作的规定》指出，内部审计是“以促进单位完善治理、实现目标的活动”。围绕新发展理念，统筹考虑发展质量、结构、规模、速度、效益、安全，从提升效率、提高效益、规范决策、落实责任四个维度，选取最能体现的指标任务，建立审计增值评价体系，可

以直观地体现内部审计促进企业增值的成果，为后续的提高和改善工作提供支撑，决策层、业务部门也可以通过评价体系分析企业内部治理的薄弱环节和改进成效。

在提升效率方面，可从推动提升财务经营能力、提升人均素质当量、提升物质周转、推动创新发展等角度评价。

在提高效益方面，可从促进增收节支、推动做优增量资产、推动扩大资产总额等角度评价。

在规范决策方面，可从推动依法合规治企、推动管理体系和管理能力提升、提高风控水平等角度评价。

落实责任主要是推动企业贯彻国家政策和地方政府要求，主动承担社会责任，可从优化营商环境、降低用户投诉等角度进行评价。

2. 建立审计增值可视化展示机制

实时动态更新审计增值成效，将相关审计项目成果进行数据化处理，再以可视化的形式展现给管理层、业务归口部门和被审计单位。通过相关图表分析，动态可视化展示界面，形象反映审计增值成效。

一是对企业增值的总体展示。一方面，展示企业提升效率、提高效益、规范决策、落实责任的综合增值成效，可以直观地看到过去一年的审计项目对企业的推动和提升作用；另一方面，将按不同领域选取相关度高的指标进行展示，比如基建领域，生产领域、营销领域等，进行更具体的审计增值成效展示。

二是对项目审计效果的展示。每个指标赋分 0～2 分，0 分表示没有增值，1 分表示有一定的增值，2 分表示有较大增值。累计年度所有项目对企业的整体增值成效，此页面可向审计部门展示一个审计项目的审计效果和年度审计成效。

三、电网企业促进经营效益提升的“增值型”内部审计管理的效果

（一）有力推动企业经营价值增值

广东电网公司通过实施电网企业“增值型”内部审计模式的构建与实践，落实了国家加强审计监督的工作要求，有效发挥了审计价值增值的作用。公司开展审计项目 164 个，顺利完成优化电力营商环境、招投标等审计，发现审计问题 4268 个，累计抽查项目 35141 项，抽查项目金额 610 亿元。随着“增值型”内部审计模式的构建，促进了公司经营效益不断提升，2020 年共完成可量化电能替代电量 12.3 亿千瓦·时，全年网内终端售电量增长率超过考核目标 1.3 个百分点，获上级公司嘉奖。推动政府出台燃气机组降价政策，降低全社会用能成本。落实“过紧日子”要求，可控成本同口径压降超过 5 个百分点；通过贷款置换、利率调整等举措降低融资成本约 2 亿元；落实增值税预征率下降至 1%，减少资金流出 16 亿元，增加利润 7000 万元。推动公司加快办结法律案件 316 宗，胜诉率达 93.4%，避免或挽回经济损失 1.1 亿元，近十年首次实现重大案件全部清零。

（二）有效保障企业依法合规经营

广东电网公司通过电网企业“增值型”内部审计模式的构建与实践，实现了对审计项目的“五统一”管理，对审计资源进行了科学配置，通过数字化审计实现了审计全覆盖，进一步规范审计项目全过程管理，审计工作的实效性和穿透力显著增强。通过“增值性”内部审计模式的构建，促进了配网自动化建设规范有序，2020 年公司配网自动覆盖率从 93.26% 提升至 98.91%、有效覆盖率从 48.7% 提升至 61.2%、馈线自动化覆盖率从 85.5% 提升至 93.89%、终端在线率从 87% 提升至 97.79%，终端遥控成功率从 89.81% 提升至 93.52%；纠正了违规投资行为，提升了投资竞争性，负面清单投资项目比例下降 5 个百分点，精准解决低电压问题 1866 个、线路及配变过载问题 2658 个，解决了大批长期挂账项目；纠正了脱贫出列不规范、扶贫资金管理不到位的问题，扶贫工作管理更加规范化、精细化，实现

了“三个确保”目标，脱贫攻坚圆满收官；促进了业扩报装流程优化，落实国家电价政策，高压单电源业扩报装同比减少 29.63%，低压非居民报装接电平均用时同比减少 11.94%，减少客户接电成本 55.54 亿元。

（三）形成了电网特色的“增值型”审计模式

广东电网公司形成了“增值型”审计工作流程，由传统的事后审计转化为“审前疑点挖掘、审中同步分析、审后归纳总结”的工作流程规范。现场审计实现了全过程协同审计。公司形成了“增值型”审计工作机制，在审计技术方法体系方面，制定《全过程协同审计业务指导书》等 3 份制度，形成“增值型”审计建设、应用和管理的有效文本；编制《广东电网公司“增值型”工作手册》等 2 份制度，形成“增值型”审计模式推广的应用范本；提炼审计模型规则，形成市场业务、供应链、财务和基建工程 4 本数字化审计模型汇编。在审计数据安全体系方面，完善了数据常态化治理和数据基础管理，编制《审计词典》《远程审计技术方法及数据安全解决方案》等，有效保障了审计信息安全。公司总结提炼技术成果和管理经验，扎实开展课题研究，先后获得行业奖项 4 项、省部级奖项 5 项、公司级奖项两项以及软件著作权 3 项，申请国家发明专利 3 件。

（成果创造人：莫锦和、王鑫根、黄玉昆、王　珏、肖嘉丽、许志华、唐晓瑭、莫靖华、陈凤仪、吕伟康、黄水平）

商业银行面向高等院校的科研经费服务管理

中信银行股份有限公司

中信银行股份有限公司（以下简称中信银行）成立于1987年，是中国中信集团有限公司的控股子公司，是中国改革开放中最早成立的新兴商业银行之一。2007年4月，中信银行在上海证券交易所和香港联合交易所A+H股同步上市。截至2020年年末，中信银行总资产超过7.5万亿元，净资产5600亿元，在国内153个大中城市设有1405家营业网点，拥有员工近6万名。经过30多年的发展，在中国人民银行和中信集团的领导下，中信银行向包括国家电网公司、中国建材集团有限公司、华为投资控股有限公司、财政部、清华大学等在内的众多企业客户和机构客户提供公司银行业务、国际业务、金融市场业务、机构业务、投资银行业务、交易银行业务、托管业务等综合金融解决方案，向个人客户提供零售银行、信用卡、消费金融、财富管理、私人银行、出国金融、电子银行等多元化金融产品及服务，全方位满足企业、机构及个人客户的综合金融服务需求。

一、商业银行面向高等院校的科研经费服务管理的背景

（一）服务国家科技创新战略，推进产学研深度融合的需要

党的十九大报告明确提出，“深化科技体制改革，建立以企业为主体、市场为导向、产学研深度融合的技术创新体系”。产学研深度融合，是深化科技体制改革的一项重要内容，在宏观层面能推动经济增长方式由要素驱动向创新驱动转变，在微观层面能实现企业、高校和科研院所等产学研主体的深度融合，形成创新合力。紧跟国家战略，充分发挥国有企业的带头作用，中信银行坚定不移地贯彻科技引领创新的发展理念，坚持改革创新，加大科学研究投入，推动产学研深度融合。2013年，中信银行提出全面进入现代服务业的战略方针。教育板块作为现代服务业的重点板块，中信银行从上到下都高度重视，在资源配置上给予大力支持，每年设立2亿元战略经费，向500余家中高等院校客户提供综合金融服务解决方案，业务涵盖数字化校园建设、多元化融资、教育收费代理、现金管理、资金保值增值、教职员工个人金融服务等多个领域，着力打造中信银行教育金融服务品牌。基于高校客户优化科研经费服务管理的业务需求和推动产学研深度融合的指导思想，中信银行面向高校类机构客户和科研人员类零售客户推出了全新的科研经费服务。

（二）深化“放管服”改革，提升科研经费服务水平的要求

2014年，国务院印发《关于改进加强中央财政科研项目和资金管理的若干意见》（国发〔2014〕11号），提出改革的总体目标包括财政资金使用效益明显提升、科技人员的积极性和创造性充分发挥等；2016年，中共中央办公厅和国务院办公厅印发《关于进一步完善中央财政科研项目资金管理等政策的若干意见》（中办发〔2016〕50号），要求“进一步推进简政放权、放管结合、优化服务，改革和创新科研经费使用和管理方式，促进形成充满活力的科技管理和运行机制，以深化改革更好激发广大科研人员积极性”；2018年，国务院印发《关于优化科研管理 提升科研绩效若干措施的通知》（国发〔2018〕25号），提出“按照能放尽放的要求赋予科研人员更大的人财物自主支配权”；2021年8月，国务院办公厅印发《关于改革完善中央财政科研经费管理的若干意见》，提出“减轻科研人员事务性负担”“改进财务报销管理方式”。作为科技创新的主战场，高等院校响应中央政策要求，推进科技领域“放管服”改革，优化科研经费服务，通过提高科研经费报销效率，完善科研经费管理办法，解决科研人员报销慢、报销难等问题，为广大高校科研人员创造良好的政策环境和管理环境。

（三）发力现代服务业，开拓教育领域金融服务市场的需要

2013年以来，中信银行全面进入现代服务业，并采取市场细分战略，明确了包括教育服务业在内的七个核心细分市场的目标客户群体以及专门化产品和服务策略，其中高等院校更是重点营销的优质客户。例如，北京地区高校数量众多，办学层次较高，实力雄厚，资源丰富。根据《2020年全国高等学校名单》，北京市普通高等学校共有92所，包括中央部委直属高校39所，市属高校53所，预计北京普通高校存量资金规模在700亿~1000亿元。而中信银行北京分行的整体市场规模占有率不足2%，与高校客户的合作模式较为单一，集中在基础建设融资、定期存款、师生个人金融服务等方面，未能深入高校客户的资金收付结算体系。中信银行在教育领域的金融服务市场仍存在较大的提升空间，亟须通过产品和服务创新，进一步开拓市场，打响中信银行现代服务业金融品牌。

二、商业银行面向高等院校的科研经费服务管理的主要做法

（一）确立科研经费服务管理的指导思想、总体目标和基本原则

1. 指导思想

高等院校的科研经费主要来自纵向课题和横向课题，尤以横向科研经费的报销业务量为多。纵向科研经费，是高等院校通过承担国家、地方政府常设的计划项目或专项项目取得的科研项目经费，主要由财政拨款，并实行预算管理。横向科研经费，是企事业单位委托高等院校提供技术服务、技术支持、技术合作、科研成果转化等服务性项目而支付的科研资金，依据高校与企事业单位签订的合同约定进行支出。与纵向科研经费相比，横向科研经费具有管理权限下放程度较高、支出范围较广、由科研人员自行争取等特点。企业作为创新活动的主体，承担着开发、转化、应用和推广的职能，提高企业支付的横向科研经费流转效率，有利于充分发挥企业在推动产学研深度融合过程中的主体作用。因此，依据推动产学研深度融合的指导思想，中信银行选定横向课题科研人员作为科研经费服务的具体对象。

2. 总体目标

在面向高等院校的科研经费服务中，中信银行在组织保障、服务效率、服务质量等多个维度，以提升高校的科研经费服务管理水平作为科研经费服务管理的总体目标：银校双方各自建立科研经费服务专项工作领导小组，签署银校科研经费服务合作协议，明确银校双方权责划分，由高校提供科研经费管理制度和服务工作指南，银行依据上述制度和指南提供服务；中信银行依托高校财务管理信息化手段，借助银校直联的交易银行产品，提出将高校横向科研经费的报销到账时间压缩到1个工作日，以及保证零差错的核算工作目标，并结合科研人员需求和银行业务发展需求的变化，持续改进核算服务模式；中信银行在贵宾理财区域设置科研经费服务专属窗口，培训银行理财经理，按照银行贵宾客户服务标准向科研人员提供包括科研经费核算、支付结算、信用卡、出国金融、投资理财、消费金融在内的综合金融服务，根据科研人员的需求和反应调整服务体系运作过程，以此提高服务科研人员质量。

3. 基本原则

中信银行提出，在合作高校的横向科研经费服务流程中引入银行服务，通过高校财务人员的复核工作，确保报销单据的准确性和报销内容的合规性，在服务流程可管可控的同时，提升横向科研经费的报销效率。

（二）银校协同，共建科研经费服务管理的组织体系

1. 成立科研经费服务专项工作领导小组

以某高校为例，中信银行与该高校各自成立专项工作领导小组，该高校领导小组由财务部门相关人员组成，财务部门处长任高校联络小组组长，财务部门具体负责科研经费、会计核算和财务信息化建设的骨干力量为组员；中信银行领导小组由某支行相关人员组成，支行行长任银行联络小组组长，支行副行长、公司银行部经理和营业部经理为组员。

2. 签订银校科研经费服务合作协议

通过对该高校现有科研经费管理制度、流程、操作的全面梳理，中信银行与该高校共同制定科研经费服务的具体内容和业务操作流程。2017 年 3 月 17 日，银校双方正式签署《会计核算业务合作协议》，由中信银行通过其营业网点，即某支行，向该高校科研人员提供横向科研经费报销的审核、制单等服务，协议明确银校双方的权责划分，为顺利推进银校合作奠定基础。

3. 制定科研经费服务管理制度

按照《会计核算业务合作协议》的约定，由该高校提供科研经费管理制度和服务工作指南，作为银行提供科研经费服务的依据和准则。科研经费管理制度和服务工作指南应明确规定银行在提供科研经费服务过程中必须执行的手续及材料要求，包括但不限于形式要求和内容要求。

形式要求：科研经费报销发票的种类、适用范围及使用时限；报销单填写的格式要求；单据整理和粘贴的规范性要求；高校科研人员委托代理人办理业务时需提供身份证明材料的要求等。

内容要求：不同类型的科研项目以及经费支出的科目（设备费、材料费、加工费、差旅费、知识产权事务费等）所对应的必要报销凭证（如合同、发票、采购明细清单、官方函件等），并列明对各种报销凭证的细节性审核要求。

（三）互联互通，搭建科研经费服务管理的技术平台

1. 搭建银校直联系统

中信银行为高校搭建银校直联系统，在高校的信息中心安装用于信息交互的前置机，使用相关运营商的光纤专线或互联网，连接高校财务系统与银行支付系统，实现双方业务数据的实时交互。

高校可以在其财务系统中直接发起科研经费报销款项的支付申请，通过银企直联接口，传送至中信银行的支付系统，完成高校单位账户的资金出账和科研人员个人账户的资金入账。这一系统与传统的现金收付和银行柜台定期代发等方式相比，一方面实现了经费支付的实时到账，免除了高校财务人员清点现金的工作负担，大大缩短了科研人员收到款项的时间；另一方面增强了经费支付的安全性和准确性，通过财务系统和银行系统进行数据处理，降低了日常大额现金使用带来的风险，付款业务更加安全准确。

2. 调整学校财务系统

高校须为中信银行相关人员开通高校财务系统的使用权限，通过进行严格的系统权限控制，配置更优的安全策略，有效防止数据丢失和数据泄露。同时，高校应在科研经费服务相关系统中增加中信银行卡关联维护和中信银行服务等选项。以某高校为例，该高校在经费报销网上预约系统增加了中信银行卡关联维护和中信银行预约选项。在中信银行科研经费服务正式上线前的两周时间内，中信银行在该高校使用智慧柜台移动设备为其科研人员集中开立中信银行借记卡，按照该高校财务系统对关联维护入账银行卡信息的要求，登记每一位科研人员的姓名、工号和卡号信息，再将信息反馈给财务部门负责老师，最终在该高校财务系统中完成中信银行卡的关联维护。后续，在中信银行科研经费服务正式上线后，该高校科研人员可以随时前往中信银行某支行开立个人借记卡，并在前台登记相关信息，或者直接登记前期已办理的中信银行卡信息，由银行工作人员定期向该高校财务部门反馈，并完成中信银行卡的关联维护。

3. 布置银行服务窗口

以某高校为例，中信银行在某支行的贵宾理财区域，设置该高校科研经费服务专属窗口，借助独立于银行业务系统的专用网络交换机，实现中信银行计算机终端与该高校财务部门内网的连接。人员方面，中信银行安排两名支行骨干理财经理到该高校财务部门、会计核算部门进行长达两个月的跟岗学习，由财务部门对两人进行科研经费制度和实操的全面培训。经过考核，两名中信银行工作人员取得该

高校报销核算业务的资格，并在财务部门正式备案为收单核算人员。另外，中信银行在服务专属窗口配置了一台该高校内线固定电话，方便科研人员与银行及时、高效沟通。

（四）需求引领，优化科研经费服务管理的业务流程

1. 明确银校合作科研经费服务流程的具体内容

以某高校为例，在银校合作模式下，该高校科研人员将横向科研经费报销单据递交至中信银行某支行科研经费服务专属窗口，由已取得报销核算业务资格的中信银行收单核算人员对报销单据进行初审，该高校派驻中信银行的财务人员于当日完成报销单据复核，中信银行收单核算人员于次日在该高校财务系统完成制单，并将报销单据运送至该高校财务部门，由财务部门通过银企直联渠道发起付款，完成该高校单位账户的资金出账和科研人员个人账户的资金入账，科研经费报销款的到账时间压缩至 1 个工作日。

2. 完成银校合作科研经费服务流程的平稳过渡

2017 年 5 月 10 日，某高校正式发布通知，自 2017 年 5 月 17 日起，中信银行某支行和该学校财务部门共同接收横向科研经费的预约打卡报销单据，即原有流程与银校合作流程并行。在 2017 年 5 月试运行期间，原有流程的付款时间保持不变，银校合作流程的付款时间为 T + 2 个工作日。2017 年 6 月正式运行后，银校合作流程的付款时间为 T + 1 个工作日。报销款项到账时间的大幅缩短，获得该高校科研人员的一致好评，科研人员纷纷主动选择银校合作流程办理科研经费报销业务。为了让科研经费服务流程优化的创新成果惠及全体科研人员，自 2017 年 10 月起，该高校横向科研经费服务流程全部采用银校合作模式，极大提高了其科研经费的整体核算效率。

3. 实现银校合作科研经费服务流程的持续改进

银校双方结合科研人员需求和银行业务发展需求的变化，不断改进核算服务模式，以保证实现横向科研经费报销款 T + 1 个工作日到账和零差错的核算工作目标，以及提升科研人员的服务体验。以某高校为例，该高校科研经费服务流程中的核算环节依次经历如下模式。

第一，专人专岗核算服务模式。2017 年 5 月至 10 月，中信银行在两名正式备案的收单核算人员中，指定一名支行理财经理作为核算专员 A 角，另一名支行理财经理为 B 角，平时由核算专员 A 角专职负责科研经费报销业务，高峰时期，由 A 角和 B 角两人共同完成报销单据的核算工作。随着核算业务量的持续增长，维持报销款 T + 1 个工作日到账的工作压力相应增加，有时甚至难以保证。

为应对这一问题，中信银行安排核算专员对支行全体人员进行科研经费报销相关规则的培训，并将员工分成 4 组，在核算业务高峰期，每日由一组员工在银行日常工作结束后对核算专员审核过的报销单据进行金额汇总。

第二，专人收单，高峰期全员辅助核算模式。2017 年 10 月至 2019 年 4 月，中信银行一直采取核算专员 A 角专职收单，高峰期 A 角和 B 角两人收单审核，支行全员分组轮流参与金额汇总工作的业务模式。在这一模式下，高峰期工作压力问题和员工职业发展问题涌现出来，核算人员数量成为制约核算业务效率提升的瓶颈，辅助人员的作用呈现边际效应递减趋势。为此，中信银行与该高校决定，增加具有该高校报销核算业务资格的正式备案人员，对核算岗实行轮岗制。

第三，理财经理团队轮岗收单核算服务模式。2019 年 5 月，中信银行将全部支行理财经理，共计 4 人，纳入核算岗，并在新人通过科研经费报销考核后向该高校财务部门正式备案。自此至 2020 年 11 月，中信银行每名理财经理轮流专职负责科研经费核算业务，每人负责一个月，后调整至每人负责半个月，以达到平衡科研经费核算工作和银行客户日常维护工作的目标。即便如此，每位理财经理每月仍有一段时间无法进行银行客户的日常维护，并且无法达到银行对理财经理每日营销动作的管理要求。为此，中信银行尝试采取理财经理一对一服务模式。

第四，理财经理团队一对一服务模式。2020年年末至2021年3月，为进一步压缩科研人员的等候时间，中信银行调整报销单据的收单方式，每位科研人员将各自的报销单据提交至负责其个人银行业务的理财经理处进行初审，理财经理一对一服务模式，加深银行服务人员与学校科研人员之间的关系，提升科研人员的服务体验，提高学校的核算工作效率。此时，又出现了新的问题，即银行网点日常到访个人客户与科研人员的服务冲突，影响科研人员的交单效率，无法完全实现压缩科研人员等候时间的初衷。为此，中信银行再次恢复专岗核算模式，并将轮岗周期调整为每天。

第五，优化调整的理财经理团队轮岗收单核算模式。2021年3月至今，在理财经理团队与科研人员建立稳定的客户关系后，中信银行恢复理财经理团队轮岗核算，4名理财经理每日轮值核算岗。为加快核算效率，理财经理团队仅负责当日报销单据的审核工作，同时为每名理财经理配置辅助小组，包括3~4名辅助人员，由辅助人员在银行日常工作结束后对审核过的报销单据进行金额加总。在业务高峰期，当日轮岗的理财经理与下一日轮岗的理财经理共同完成单据受理和审核工作，由两日的辅助小组完成金额汇总工作。该模式在保证服务效率和科研人员服务体验的情况下，银行工作人员的业绩考核也未受到影响。相反，借助科研经费报销业务，银行工作人员加深了与科研人员的客户关系，有利于开展银行产品营销工作，至此形成银校协同共赢的合作发展新局面。

（五）体验挖掘，提高科研经费服务管理的质量感知

1. 就近选址，改善环境

以某高校为例，中信银行选定其位于该高校西门外的营业网点作为服务支行，并在该支行贵宾理财区域设置科研经费服务专属窗口，包括核算业务收单室和核算业务复核室，显著改善科研人员的报销交单环境。

2. 一对一，专属服务

中信银行为每一位科研人员配置专属理财经理，按照银行贵宾客户服务标准，由专属理财经理提供包括科研经费、支付结算、信用卡、出国金融、投资理财、消费金融在内的综合金融服务。

3. 定期培训，提高专业度

中信银行与高校合作，定期举行银行收单核算人员和辅助人员的业务培训，以差错率和满意度为主要指标考核和评价银行工作人员，从而提高银行的科研经费服务专业度。

4. 信守温度，提升体验

以人为本、以客为尊，中信银行将有温度的服务内嵌到窗口服务、产品服务等各种开放场景中，为每一位前来办理业务的科研人员送上一杯温水，新冠肺炎疫情期间为每一位科研人员赠送一只口罩，为科研人员提供周到的服务与体验。

（六）系统推动，促进科研经费服务管理的持续优化

为规范全行业务创新管理，优化完善全行创新工作流程，促进全行创新工作持续健康发展，中信银行总行制定《中信银行创新管理办法》《中信银行创新工作流程》《中信银行创新管理委员会工作制度》，在全行营造创新文化氛围，系统推动创新工作。中信银行总行机构客户部依照各项创新工作制度，定期组织全国各分行学习和分享合作高校的科研经费管理经验，促进银校合作科研经费服务的持续优化。

三、商业银行面向高等院校的科研经费服务管理的效果

（一）高校科研经费服务管理水平持续提升

以某高校为例，随着中信银行面向该高校的科研经费服务管理的施行，其财务部门经费报销的整体工作效率随之提高，其中横向科研经费报销效率稳定在T+1个工作日。中信银行以服务业企业的视角，记录和反映科研人员遇到的科研经费报销难题，在合法合规的前提下，带动该高校科研经费管理办法的

进一步完善。2020 年，中信银行与该高校对相关科研人员进行横向科研经费管理和服务满意度问卷调研。在本次调研中，95% 以上的受访者对学校通过引入银行服务，提升科研经费服务管理水平表示认可。

（二）推动产学研的深度融合

银校合作科研经费服务管理施行以来，来自企业的横向科研经费流转效率持续提升。某高校多个学院的多位科研人员和财务助理主动向校财务部门反馈，学校推进科研经费“放管服”改革，提升了科研经费管理水平，加快了横向科研经费流转效率，有利于科研人员为企业集中精力搞科研、出成果，带动了该高校横向科研经费规模的持续增长。学校横向科研经费总额于 2020 年首次超过纵向科研经费，在全校科研经费中的占比达到 52%，横向科研项目的成果转化率随之提高。

（三）相关支行综合绩效大幅提高

以某支行为例，2017 年 5 月至 2021 年 6 月，依靠面向某高校的科研经费服务，该支行成功跻身为相关高校的主要结算银行和高校科研人员的主要合作银行，对公业务和零售业务的经济效益均有所提升，对公存款规模增长 50%，获取优质个人客户 1500 余名，其中贵宾级个人客户 126 名，私人银行级个人客户 6 名。2018 年至 2020 年，该支行营业净收入保持增长态势，平均增长率为 2. 77%。2018 年和 2019 年，该支行先后被评为中信银行北京分行标兵支行和优秀支行。

中信银行面向高等院校的服务创新，不但得到了相关高校科研人员的普遍认可，也得到了国务院督查组的高度评价，还有若干在京高校和行政单位等专门去其合作高校学习科研经费服务管理经验，打响了中信银行现代服务业金融品牌，提升了其在教育服务业的服务创新影响力。中信银行总行先后多次在全国各分行宣传推广银校合作科研经费服务，对中信银行各分行在教育领域的营销推动有着重要的指导意义。

中信银行面向高校的科研经费服务管理施行 4 年多，在科技创新战略方针的指导下，有力推动了高校科研经费“放管服”改革、产学研深度融合以及中信银行现代服务业金融发展，构建了一种长期稳定、优势互补的银校协同共赢模式，彰显了中信银行对公金融“成就伙伴”的品牌主张。

（成果创造人：刘红华、关忠良、王志刚、黄凯华、赵永滨、兰　峰、
张真继、崔永梅、晏　曦、兀柳燕、张国利、潘　静）

大型民营企业融入经营管理全过程的法律风险管控

浙江荣盛控股集团有限公司

浙江荣盛控股集团有限公司（以下简称荣盛）总部位于杭州市萧山区，始创于1989年，目前已发展成为拥有石化、化纤、房产、物流、创投等产业的现代企业集团。30多年来，荣盛始终坚持实体经济发展之路，围绕“纵横双向”发展战略，经过七道产业链转型升级，2020年已拥有总资产2000多亿元，员工2万余人，销售收入首次突破3000亿元，列中国企业500强第102位。

一、大型民营企业融入经营管理全过程的法律风险管控的背景

（一）落实全面依法治理要求，建设法治企业的必然选择

党的十八届四中全会做出全面推进依法治国的战略决策，系统提出了正确处理政府与市场关系的法治举措，诸如要从体制机制和工作程序上有效防止部门利益和地方保护主义法律化，要加强市场法律制度建设，推行政府权力清单制度，坚决消除权力设租寻租空间，等等，这些法治建设措施的制定和实施，开创了促进和保障市场经济发展的法治新局面。法治经济为民营经济创造了良好的生存和发展条件，同时也对民营经济提出了依法治企、建设法治企业的要求。荣盛作为一家大型现代企业集团，义不容辞响应国家依法治国战略部署，落实全面依法治理的要求，加强自身法治建设。

（二）应对行业市场竞争格局，实现稳定发展的必由之路

经过30多年的发展，荣盛已经形成以石化、化纤为主业，同时经营房产、物流、创投等产业的多元化产业布局。作为石化、化纤行业的龙头企业，荣盛具有较高的市场地位和行业地位，但是在中国石化产业继续从石化大国迈向石化强国征程的大背景下，绿色化、高端化和差异化的市场需求推动着产业发展的深刻变革，同时也推动着市场竞争从数量扩张、价格竞争转向个性化、精细化竞争。

房产、物流、创投等作为荣盛的“年轻产业”，在发展的过程中面临着来自市场地位稳固、发展实力强大的同行企业的竞争。面对日益复杂和竞争激烈的市场环境，荣盛必须居安思危，在持续不断推动项目投资、设备更新、技术研发、产品创新以提高发展实力的同时，必须加强荣盛法律风险防控，以使荣盛法律风险防控能力跟上荣盛发展速度，从而为荣盛发展保驾护航，稳定多元化经营格局，促进荣盛稳定长久发展。

（三）解决经营风控脱节难题，构建风控体系的结构需求

作为一家大型民营企业，荣盛同其他民营企业一样一路摸索前行。在前期的投入期，荣盛将资金、人才等重要资源投入企业的项目投资和生产经营上，相对忽视企业职能支撑和法律风险防控。荣盛自2014年成立法务部以来，接收处理集团及子公司的涉及诉讼、仲裁案件呈逐年增加趋势，主要原因在于两个方面：一是荣盛发展速度快，合同管理、合规经营、并购等方面的管理比较粗放；二是投入期埋下的不稳定因素导致隐藏纠纷不断出现，最终形成诉讼、仲裁案件。究其根本则是荣盛过去很长一段时间内不够重视企业法律风险防控，“兵来将挡”式的零散法律风险管理模式成为荣盛解决纠纷和减少损失的惯性方法，企业的经营管理与法律风险防控两者长期处于脱节状态，这不仅使企业无法得到及时、有效的法律保护，也导致企业应对法律风险的举措难以常态化。荣盛必须将企业的经营管理与法律风险防控有效融合，构建强有力的法律风险管控体系满足整体发展的结构性需求，确保企业经营在风险可控的条件下进行，提高企业发展的安全性、规范性和合法性，保证实现企业利益最大化。

二、大型民营企业融入经营管理全过程的法律风险管控的主要做法

（一）结合企业发展战略，明确法律风险控制原则

在企业发展战略上，荣盛坚持实施“纵横双向”发展战略，即纵向不断向上游做长产业链，横向坚持创新发展现有产业。基于战略实施状况、行业发展情况以及法律风险管控方面存在的弊端，2016年4月，集团决策层在总裁办公会议上将荣盛法律风险控制这个问题提上决议日程，明确提出法律风险控制需要与整体发展战略、经营理念和发展目标保持一致，需要正确处理好业务发展和法律风险承受能力之间的关系，实现法律风险程度和法律风险控制成本的最小化，保护和提升企业的经济效益和社会效益，同时确立了法律风险控制的五项原则。

一是战略目标导向原则，企业法律风险管理目的在于促进企业战略目标的实现，企业法律风险管理活动为企业战略目标实现服务。二是融入经营管理全过程原则，法律风险发生于企业经营管理活动中，法律风险管理要融入荣盛经营管理全过程，贯穿决策、执行、监督和反馈等各个环节。三是纳入决策管理原则，法律风险是荣盛的重要风险范畴，纳入企业决策过程，作为荣盛决策考虑的重要因素。四是全员参与原则，法律风险产生于企业经营管理的各个环节，因此，法律风险管理需要各业务板块、各子公司所有员工的参与并承担相关责任。五是持续改进原则，随着内外部环境的变化，荣盛面临的法律风险也在不断变化，荣盛要持续不断地对各种变化保持敏感并做出恰当、及时的反应。

（二）牢抓企业管理制度建设，筑牢风险控制的制度基础

2012年，荣盛设立制度与文化建设办公室，专门负责集团规章制度的建设和推进工作。多年以来，荣盛有关部门根据集团经营管理需求和法律风险管控要求，多层次、分模块对规章制度进行整合、制定和修改。

1. 合规经营与管理制度建设

第一，加强集团层面管理制度建设。一方面，出台集团层面的《规章制度管理规定》，对集团规章制度的立项、起草、审议、发布、实施、解释、修改、废止及定期评审等生命周期内的各项程序和制度格式做出明确规定；另一方面，集团按照根本规章制度、核心规章制度、重要规章制度和一般规章制度的分级原则，建立健全了集团层面人力资源管理类、综合管理类、采购管理类、生产管理类、财务管理类等方方面面的涉及员工福利、技术创新、安全生产、物资采购、产品销售等各领域的制度，为集团各项工作的开展提供了科学合理的制度依据。

第二，加强各业务板块制度建设。为方便内部管理，荣盛按照业务属性划分为炼化板块、PTA板块、聚酯板块、商务板块、物流板块、投资板块和房地产板块，并根据各板块业务和管理需求制定各项职能管理制度，为生产和管理创建良好、稳定、有秩序的制度环境。

第三，加强各子公司规章制度建设。在荣盛相关职能部门的指导、协调和配合下，优化各子公司的制度建设工作，在各子公司依据自身管理和生产需要对制度自主分类管理的前提下实行垂直管理。2019年，荣盛制度归口管理部门指导控股子公司浙石化、中金石化、盛元化纤和永盛科技等制定、修订制度130多项，包括《工程管理规定》《安全生产责任制管理规定》《事故管理规定》《应急管理规定》《固体废物管理办法》等，这些制度均已得到有效实施。强化制度建设并实施垂直管理，在促进规范管理的同时实现对法律风险的有效预防。

2. 法律事务管理制度建设

多年来，荣盛制度归口管理部门协助法务部建设并逐步完善法律事务管理制度。一方面，制定实施《法律事务管理规定》，对集团法务部的机构与职责、法律纠纷案件管理、外聘法律顾问管理、日常法律咨询管理等做了要求，并于2019年对此项制度进行修订完善，新增了参与重大经营决策管理、法律文件风控管理等内容。

另一方面，在业务逐渐熟练、经验逐渐丰富的基础上，法务部在制度归口管理部门的协助下，建立了完整的纠纷案件跟踪制度、高效的法律文件审核制度和全面的律师管理制度。在纠纷案件跟踪制度方面，荣盛根据实际需求明确纠纷案件制度的完整内容并制定详细的指引，主要内容如下：及时记录、处理、上报纠纷案件，审批、选聘、委托案件代理律师，组织、协调纠纷案件的化解工作，审核、管理因处理纠纷案件产生的费用，对纠纷案件统计汇总、分析论证和调研总结。在法律文件审核制度方面，明确了法律事务管理部门的审核权限以及建立法律文书审核档案、合同审查台账、定期报送当年合同统计分析报告等职责，且明确规定法务部须定期开展法律文书、尽职调查标准流程、工作指引等的修编工作。在律师管理制度方面，从资源的合理调配和节约诉讼成本角度考虑，要求对全集团的外聘律师实施统一管理，从利益捆绑、增强信息透明度、保障项目连续性的角度考虑，实施总包制法律顾问管理方式。

3. 合规性评价体系建设

在加强现有制度建设的同时，荣盛定期、全面开展法律法规合规性评价，评价主要在两个层面开展：一是合法性层面，荣盛各子公司定期审查自身经营管理活动与最新的法律、行政法规、部门规章、行业标准、企业规章制度的契合性、执行性，进行合规性评价；二是合理性层面，荣盛各子公司定期审查所制定规章制度的逻辑严谨性、现实操作性和风险可控性，进行合规性评价。

各子公司在有效评价的基础上形成合规性评价报告，并提交集团企管部审核和监督。评价报告对差异产生的法律风险及其程度、可接受或承担的法律风险范围以及相应的防范和整改措施进行分析，在此基础上，各子公司根据评价结果调整合规管理目标，更新合规风险管理措施，规范生产行为和经营管理活动，满足内外部合规管理要求。

（三）设立专业法律风险管理机构，完善相关组织职能体系建设

荣盛于2014年成立集团法务部，全面负责集团法务工作。多年来，集团法务部及部分子公司的法律事务管理部门的组织架构、职能体系和人才管理体系逐渐完善，筑牢了荣盛整体法律风险管控的组织基础。

1. 完善法务组织架构，跨部门、跨公司协同管理

建立“纵横交错”的法律风险管理团队，实现跨部门、跨公司协同管理，并以完善的流程和考核体系将法律风险管控工作制度化、标准化。“纵”指的是在集团法务部的领导和协调下，各子公司或业务部门配备专门的法务人员，该法务人员熟悉子公司、部门的法律事务需求，接受集团法务部和所在子公司或部门负责人的双重领导。截至2020年年末，荣盛控股的8家子公司均配备了法务人员。如此，集团法务部工作延伸到业务一线，易于在法律风险形成初期将其识别并处理。“横”指的是在集团法务部内部配备具有不同专业能力的法务人员。考虑荣盛业务开展需求，集团法务部分为工程建设、投资/融资、产销/物流、综合管理及反不正当竞争五大板块。每个板块配备专门法务人员，该法务人员在自身能力范围内处理简单的法律事务，同时也要做好与外部律师团队配合、衔接的工作。“交错”指集团法务人员根据业务需求随时调配到子公司或业务部门协助工作，子公司的法务人员亦可在集团法务部的授权下与外部律师团队组成虚拟业务团队协调具体法律事务。

2. 优化内部职能体系，明确岗位权责

在建立健全荣盛法务组织架构的同时，法务职能体系得以优化，岗位权责亦得以明确。集团法务部总监负责对集团法务部内部及各子公司、业务部门的法律专业事务进行指导和监督，对法务部与其他部门的关系进行界定、协调，参与重大项目或诉讼的分析、实施及推进。集团法务经理负责公司业务条线的日常合同、劳动、常规项目、法律咨询以及指导下属法务等。法务主管在法务总监或法务经理的指导下开展日常事务。法务专员负责基础的日常事务和行政事务。

3. 科学划分工作类型，明晰法务工作方式和内容

2017 年，荣盛集团法务部经过 3 年的业务推进及案例积累，逐渐由初期的被动管理转为主动管理。在此基础上，集团法务部科学划分工作类型，将法务部工作内容细分为合规管理、合同管理、诉讼管理、投资管理、数据库建设及人员培训、外部律师管理、子公司法务管理七大类（见表 1）。

表 1 荣盛法务部工作内容/方式梳理

序号	工作类型	工作内容/方式
1	合规管理	· 针对新颁布的法律法规、国际条约等及时、主动出具分析意见，供集团管理层、生产部门参考 · 建立健全集团的反腐败防控机制 · 定期开展合规性检查，明确举报机制
2	合同管理	· 建设与生产、销售部门对接的合同自动生成系统 · 统一合同模板库、条款库及修订流程 · 统一合同谈判指引，指导非法务人员进行一般的商务谈判 · 建立严谨、高效的合同审批流程，完善非模板合同审批制度 · 全程参与重大、疑难合同的制定
3	诉讼管理	· 明确替代性争议解决机制 · 明确内外部代理分工机制 · 明确案件跟踪机制（包括诉前证据收集、保全机制、诉讼过程跟踪、执行管理、档案管理）
4	投资管理	· 统一尽职调查清单及尽职调查流程（内部人员为主、外部律师为辅） · 统一投资合同模板库、条款库及修订流程 · 统一合同谈判指引，指导非法务人员进行一般的商务谈判 · 全程参与重大投资项目的谈判及合同签署 · 积极参与投后管理工作，并及时给予预警信息
5	数据库建设及人员培训	· 统一数据收集、整理、储存，供法务部内部共享 · 统一背景查询、整理、共享系统，并与集团招投标系统对接 · 完善电子档案共享系统 · 制定新进法务人员培训计划 · 开展定期、定制的在职法务人员法律事务培训及交流 · 制定员工法律知识培训计划
6	外部律师管理	· 完善外部律师选聘机制
7	子公司法务管理	· 完善法务工作准则及工作指引 · 利用制度对子公司法务人员进行有效管控（子公司及集团法务部的双重考核）

4. 构建人才管理体系，创新培养法律专业人才

在专业人才培养方面，以“纵横双向的人才培养战略”为指导，创新人才培养方式，加强核心人才和高技能人才队伍建设，不断提升法务工作水平和质量。

一方面，专业维度横向拉伸培养人才。集团法务部按照五大板块的业务需求确定人才培养方向。集

团事务综合管理板块负责处理集团日常法律事务并为各板块提供后台支持。投资/融资板块负责对接和处理集团及各子公司的投资融资项目，其他三大板块负责对接和处理各子公司的法律事务，为子公司项目和业务的开展提供法律支持。在确定整体培养方向的基础上，结合法务人员自身的兴趣和特点确定其具体的培养方向。在板块负责人的培养方面，以丰富的专业知识储备、良好的人际管理处理能力和较强的应急应变能力为核心选任标准。培养新人则采用如下模式：入职一年内暂不确定具体的培养方向，指定"入门师傅"传授经验和技能，可参与各个板块的包括合同审核、纠纷处理等法律事务处理，一年实践期期满后，法务部经理和业务板块负责人结合新人自身意愿，以专业性、兴趣度、潜力值作为考核标准确定新人的发展方向。

另一方面，日常工作纵向深入培养人才。首先，每月定期开展法律知识培训，提升法务的专业能力。法律知识储备和法律分析能力是开展法务工作的基础。法务部每月开展以各法务人员为主讲人的专项培训，培训内容有新法解读、案例分析与讨论等。2020 年，法务部组织专项培训 12 次，培训主题有证据法解读、《民法典》解读、企业常见用工风险防范、建设施工结算案例分析等。通过讲授和学习，法务人员法律知识得以更新和拓展，专业技能也逐渐得到提高。其次，建立月度法务工作会议机制，加强法务之间的交流和合作。各法务须按照《法律事务统计表格》模板，建立统一的包括合同审核、纠纷处理、投融资等内容和数据的工作台账，并于每月会议召开前上报至集团，同时在月度工作会议召开时汇报本月工作进展及下月工作计划。再次，定期派遣集团法务到子公司工作，增进集团法务对子公司业务模式和法律需求的了解，在解决子公司法律问题的同时提高集团法务的沟通能力和独立处理事务的能力。最后，荣盛在培养法务人才风险防控、纠纷解决和法律咨询等技能的同时，注重培养法务人才的商务谈判技能，要求法务配合业务参与投融资、纠纷和重要合同等谈判项目。

此外，荣盛向浙江省司法厅提出开展公司律师工作的申请并获得审批，鼓励满足要求的法务人员申请颁发公司律师证书，同时加强对他们的统一指导、管理和调配。现阶段，荣盛已经通过配套建立公司律师档案、公司律师业务培训计划和制度、公司律师考核办法等加强对公司律师的管理和培养。

（四）以信息化实践为抓手，搭建法律风险控制信息系统

1. 建立信息化管理系统

荣盛紧抓信息化建设，在行业内率先启用 ERP 系统，成立信息部并引进高级信息化人才，在此基础上逐渐引入完善财务 NC 系统、OA 办公系统、CRM 客户关系管理系统，早于2016 年构建了较为准确通畅的信息化系统，稳步实现采购、生产、库存、销售、财务、人力资源等环节的整合和覆盖，在公司管理层与员工之间、职能部门之间、企业法务之间、企业法务与各业务部门之间构筑了一座通畅的信息沟通、信息传达与信息更新桥梁，有效提高了管理效率。

2. 搭建法律风险控制信息系统

荣盛与外部信息公司合作建立了符合自身法律风险管理需求的法律风险控制信息系统。该系统与荣盛已有信息系统有效衔接，以法律事务为驱动、以法律知识库为基础、以灵活工作流为引擎、以自动消息提示组件为工具、以报表决策分析为支持，满足荣盛企业法律事务管理和法律风险控制的目标需求。

系统结构划分为决策层、综合管理层、业务操作层和支持层，涵盖了荣盛法律事务涉及的股权管理、合同管理、授权书管理、法律意见书管理、知识产权保护、纠纷管理、法律风险控制中心、决策分析支持等 18 个功能模块，搭建了集法律事务管理、法律风险控制、决策分析支持为一体的信息化工作平台。

3. 依托已有信息系统，构建法律事务综合管理平台

在已有信息管理系统和法律风险控制信息系统的支撑下，荣盛日常法律事务得以有效管理。

首先，数据量化法务工作成果。荣盛法务通过在系统建立工作台账，定期汇总荣盛各业务板块合同审核量、纠纷处理量等日常工作数据，实现工作成果数据化、模板化，减少此类数据整理占用的工作时间，保证工作留痕，提升管理效率。

其次，构建以非诉案件、诉讼（仲裁）案件、执行案件为主要模块的纠纷跟踪系统。荣盛法务根据案件执行情况在系统中登记案件处理进度，并将其与业务部门的合同、保函等信息建立有效关联，实现对案件的实时跟踪和自动统计，既提高案件跟踪和处理效率，又能够形成纠纷案件信息库。

再次，构建覆盖各子公司和各业务板块的合同自动生成系统，实现常用合同条款的格式化、模板化，同时又保证合同条款适用不同业务的灵活性。在业务部门价格审批流程完结的基础上，系统抓取必要商务信息后加入固定法务条款，自动生成产销合同，不仅能够有效避免随意更改合同条款的情况，还能够提高合同审批的效率和精确性。

最后，构建强大的数据信息库。在信息系统的支持下，荣盛构建了法律资源库、法务档案库、知识库、工作指引库、客商管理库、不可靠公司库等数据信息库。通过信息化处理方法，荣盛实现对法律风险有效精准的调查、定位和分析，深入落实风险控制制度和流程，从而提高整体风险控制效率和效果。

（五）构建法律风险防范机制，实现全过程风险控制

1. 梳理法律风险，开展法律风险评估

法务部通过定期的巡查、访谈、问卷调查以及对历史纠纷案件的整理，结合企业管理的特征和荣盛整体战略目标，确定荣盛的法律风险主要有五大类，即人力资源风险、并购投资风险、合同管理风险、合规经营风险和知识产权风险，而根据法律风险形成原因和表现形式，对法律风险进一步细化分类，形成荣盛法律风险清单。

在有效梳理、明确企业法律风险的基础上，集团法务部在相关部门的协助下依据风险发生的可能性、损失程度、损失范围等对各类法律风险进行评分和排序，划分风险等级，分析风险形成原因，并提出下一阶段风险管控的整体建议。整体而言，荣盛主要法律风险集中在应付账款方面，集团法务部进一步调查分析发现成因在于未及时处理合同履行争议、供应商主动违约、业务人员法律风险意识淡薄等方面。

2. 管好潜在纠纷，提前识别法律风险

在对法律风险进行有效评估、分析的基础上，荣盛法务团队定期对可能发生的法律风险进行调查分析，对诸如合同管理、重大投融资、知识产权等重点领域的法律风险做到点对点防范，管好隐藏纠纷。

3. 开展动态风险管控，实现法律风险最小化

对已经发生的法律风险，荣盛法务部按照企业经营目标和风险管控目标，制定并实施法律风险控制计划，确定法律风险控制对象，明晰法律风险控制现状，选择法律风险控制措施，并通过荣盛法律风险控制信息系统这一实时平台开展法律风险的动态管控，降低信息的不准确性，促进上下沟通协调。

法律纠纷解决的目标是保证企业利益最大化，诉讼往往不是保障企业利益最大化的利器。纠纷解决和法律风险防控需要提前评判胜诉的可能性和最终获偿的机会成本，基于此，在纠纷解决方案选择上，从民营企业纠纷化解效率、企业形象维护和解决手段的专业性以及方案的多样性等角度考虑，荣盛偏好非诉讼纠纷解决程序（ADR），实现企业利益最大化和法律风险最小化。

4. 依法管理，实现企业决策和经营管理全过程风险控制

企业法律风险来源于经常性的管理活动。因此，荣盛不仅对重点项目进行风险防范，还重视从整体上控制法律风险，点面结合，将所有经营活动都纳入法律风险控制体系管理中，实现全程监控。

依托法律风险控制信息系统的决策支持功能，荣盛建立了重大决策法律论证制度，对重大经营决策提前进行合法性和法律可行性研究，法务会参与重大投资决策和经营决策的全过程，将对外尽

职调查、合同交易、劳动管理、财务管理等经营活动都纳入法治化、规范化的轨道，提高荣盛依法治企能力。通过积极参与企业经营决策管理活动，法务进行全程跟踪、全面管理、重点监控，增强法律风险控制的前瞻性、主动性、计划性和实效性，使法律风险控制在更广范围内，并在更高层面上发挥应有的作用。

（六）强化法律风险管理培训，提高员工法律风险意识

荣盛在抓好企业管理制度建设、构建法律风险防范机制的同时，注重强化员工的法律风险防范意识。为此，荣盛建立了常态化的法律风险防范管理培训机制，着力构建全覆盖、多层次的培训宣贯体系。

荣盛根据企业经营和法律风险管控实况，编制年度培训工作要点和培训计划，根据岗位级别、业务特征安排具有针对性和差异性的培训教育，将法律风险管控方面的制度、流程、技能和知识传递给各级员工。同时，荣盛注重加强对高级管理人员和重要岗位人员的上岗培训和考核管理，提高关键岗位员工的法律素质。另外，荣盛法务部每月编制《荣盛法务》刊物，对新颁布的法律、案例以及其他法律知识进行深入宣传和解读，营造法律风险防范和管控的良好氛围。通过强化法律风险培训与宣贯，培养和增强各级员工的法律风险意识，提高他们的法律风险理解能力和法律风险处理能力，促使他们形成依法获取权利、行使权利和保护权利的思维模式，在工作中不断自主充实相关法律知识，时刻保持法律的警觉性，在每个风险控制点各司其职，将法律风险管控融入日常管理和生产经营的全过程，从而构建稳固的法律风险防范根基。

三、大型民营企业融入经营管理全过程的法律风险管控的效果

（一）发展目标如期实现，经济效益稳步增长

在法律风险全面有效控制的过程中，荣盛发展目标如期实现。在“十三五”期间，荣盛在浙江舟山浙石化4000万吨/年绿色炼化一体化项目一期投产、二期在建；辽宁大连逸盛大化100万吨/年瓶级切片和海南洋浦逸盛石化50万吨/年瓶级切片投产；浙江宁波逸盛新材料600万吨/年PTA项目在建，浙江宁波中金石化20万吨/年间二甲苯项目投产；浙江绍兴永盛科技20万吨/年聚酯薄膜项目和20万吨/年聚酯纤维复产，25万吨/年聚酯薄膜扩建项目一期投产、二期在建；浙江杭州盛元化纤50万吨/年聚酯化纤二期在建。同时，荣盛经济效益稳步增长。2020年荣盛全年实现销售收入3086亿元，同比增长50%；实现利润总额165.3亿元，同比增长259%；上缴税金183.45亿元，同比增长17.43%，稳步前进的态势为荣盛“十四五”战略实施和目标实现奠定了良好的基础。

（二）风控体系逐渐完善，企业管理水平提升

多年来，荣盛有计划、有目标地管控法律风险，在采取系列举措推进法律风险控制的过程中，荣盛投资风险、财务风险、安全风险、环保风险等方面的风险控制举措亦配套实施和实现。2019年，荣盛对控股子公司实施了业务全覆盖、全员参与的风险管理，制定涵盖了战略规划、生产销售、资产安全、合规管理等十大类型60项内容的风险识别清单，风险控制工作逐渐进入良性循环状态，推动了荣盛整体风险控制体系的完善。风险管控融入生产经营管理中，荣盛日常采购、生产、销售、服务、管理等活动逐渐规范和改善，大大提升了荣盛企业的管理水平。2020年，集团法务部完成合同审核10208份，为2019年的6倍；处理纠纷216件，共追回经济损失7319.3万元，为2019年的2倍；直接参与处理大型投融资项目8个，其中大型合作合资项目成功落地3个，涉及投资金额120亿元。

（三）竞争实力显著提高，企业形象逐渐提高

荣盛各子公司和各部门风险控制意识和能力逐渐增强，大大减少了生产经营管理过程中的潜在风险问题，为荣盛在行业内创造了差异化的竞争优势，荣盛竞争实力显著提高。2020年，荣盛凭借优异的经营业绩位列中国企业500强第102位，中国民营企业500强第19位，中国石油和化工民营企业百强

榜单第3位。荣盛坚持合作共赢的发展道路，2020年，先后与陕煤集团、临港集团、中国船舶和加拿大能源公司等国内外大型企业签订战略合作协议。多年来，荣盛坚持合规经营，依法治企，先后获得“浙江省信用管理示范企业”“中国上市公司最佳投资者关系奖”“化纤行业‘十三五’高质量发展领军企业”“全国文明单位”等荣誉，获得社会各界的认可，企业形象和社会影响逐渐提高。

（成果创造人：陆妤洁、俞传坤、朱太球、张文惠、陈国刚、徐永明、周先何、吴金亮、刘亿平、封桂丽、李伟慧、俞银燕）

石油企业全球财务智能共享服务平台的建设与运行

中国石油集团共享运营有限公司

中国石油集团共享运营有限公司（以下简称共享运营公司）是中国石油集团（以下简称中国石油）参与国内外市场竞争的专业运营服务提供方，是集团公司财务管理、人力资源管理、信息技术及其他职能管理的有机组成部分，主要提供财务和人力资源业务的共享服务。共享运营公司组织机构按照“1 + 3 + N”设置，本部位于北京市，在西安、大庆、成都三地分别设立区域中心，在北京、吉林、天津、乌鲁木齐四地设立业务部。

一、石油企业全球财务智能共享服务平台的建设与运行的背景

（一）建设世界一流智能型全球财务共享服务平台，是助力中国石油战略实施的有效举措

中国石油提出全力以赴建设世界一流综合性国际能源公司。建设全球共享服务平台，是助推中国石油建设世界一流综合性国际能源公司的重要举措，在提高财务运行效率、防范业务风险、优化经营决策等领域发挥战略性支持作用，将成为中国石油参与国际竞争的战略性资产。世界500强中超过80%的企业已经实施共享服务模式，壳牌、埃克森美孚、英国石油等国际石油公司已经历单职能中心、多职能中心等发展阶段，步入全球商业服务模式，正在向解决方案提供者迈进。

（二）建设世界一流智能型全球财务共享服务平台，是中国石油数字化转型、智能化发展的主动选择

中国石油正在加快数字化转型、智能化发展步伐，财务共享服务平台建设作为其重要组成部分，是中国石油财务拥抱创新、主动变革的探索。财务共享服务平台将发挥中心枢纽作用，协同其他职能共享服务，联动内外部机构，为集团各层级提供多方面职能支撑。一方面，财务共享服务平台提升基础财务工作效率，简化工作流程，释放更多财务人员投身于高价值的管理分析工作；另一方面，财务共享服务平台收集一线业务的前端数据，建立大数据中心，为管理决策提供数据支撑，助力企业数字化转型、智能化发展。

（三）建设世界一流智能型全球财务共享服务平台，是中国石油推动管理转型、提升价值创造的有力抓手

面对近年来油气市场需求低迷、成品油产能过剩、天然气产进销矛盾突出等一系列问题，管理粗放、重规模轻效益、技术创新能力不足等发展短板逐步凸显，这些因素倒逼中国石油进行改革创新、转方式调结构，依靠技术创新和管理转型，走出一条新的价值创造之路。共享服务可以将财务人员从烦琐的日常业务中解放出来，使其更加专注于战略财务和业务财务，保障生产经营，提升整体价值。

二、石油企业全球财务智能共享服务平台的建设与运行的主要做法

（一）强化顶层设计，以战略高度和世界眼光谋划平台建设

1. 战略定位高

建设方案坚持“内外”兼修，对外学习借鉴英国石油、壳牌、宝武钢铁等20多家国内外企业先进实践，与德勤、中兴等咨询机构深度交流；对内广泛征集集团总部部门和100多家成员企业意见，充分结合中国石油发展实际，围绕“世界一流共享平台是什么，建设的优势和短板在哪里，如何减少试错成本、实现后发先至，下步工作怎么干”等问题，确定了打造世界一流智能型全球共享服务平台的建设目标，提出“三高三要三不”建设原则，其中，“三高”指高标准设计、高质量建设、高水平运行；“三要”指要按国际先进共享标准优化业务流程，要按国际先进共享标准优化部门职责，要按国际先进

共享标准优化组织结构；“三不”指解决问题不能迁就，质量和标准问题不能凑合，重大原则问题不能妥协。

2. 发展规划远

平台建设坚持“总体设计、分步实施、有序推进”，制定“三步走”发展规划。第一步，“十三五”期间，初步建成共享服务体系，服务对象覆盖国内企事业单位和海外代表性试点企业，主要指标达到国内领先水平。第二步，“十四五”期间，全面建成全球共享服务体系，完成境内外全部单位推广实施，各项指标达到世界一流水平。第三步，“十五五”期间及后续，持续优化全球共享服务体系，业务范围进一步拓展，成为中国石油参与国际竞争的战略性资产。

在中国石油共享服务建设“三高三要三不”基本原则下，确定财务共享服务平台建设和实践的具体原则。

第一，系统性与独立性兼顾原则。财务共享服务是一项系统工程，涉及财务、采购、销售、人力资源、质量管理、数据管理、信息管理等方面，需要基于集团整体视角统筹全局，协调各成员企业和总部部门之间的关系。同时，财务共享服务在独立的运营公司运行，需要保持一定的独立性。

第二，先进性与成本效益兼顾原则。以机器人流程自动化、大数据、人工智能、云计算、物联网等为代表的数字技术日新月异，共享运营公司积极应用先进信息技术，推动业务处理提质提效。在遵循先进性原则的同时，既要考虑技术的成熟度和稳定性，也要考虑先进技术与企业已有技术水平、员工技术能力的协调，符合成本效益原则。

第三，顶层设计与有序推进兼顾原则。把顶层设计作为高质量实施的前提和基础，统筹考虑各方面实际，从企业战略的角度设计财务共享服务的愿景目标、实施规划、组织架构、业务流程、信息系统开发等。在做好顶层设计和长期规划的基础上，结合实际试点先行、分步实施，解决问题、总结经验，形成可复制可推广的模板，在不同层面循序渐进、逐步深入。

3. 职能定位明

共享运营公司定位为“三大中心”，即运营中心、专家中心、创新中心，在服务集团公司战略发展中扮演“五种角色”，即创建世界一流企业的推动者、企业管理变革的先行者、智能技术应用的引领者、新型财务融合的探索者、合规管理的示范者。

4. 业务范围广

财务共享业务范围包括基本业务、专项业务、运营性业务和增值服务业务四大类。基本业务指采购至付款、销售至收款和总账至报表三大业务线；专项业务指流程整合形成的一站式专项服务，如商旅服务、发票服务、电子会计档案服务等；运营性业务指中国石油授权的银行账户、票据运作等业务；增值服务业务是将共享职能由后台支持延伸为数字化中枢，提供业务洞察、数据服务和专家咨询等。

5. 商务模式新

共享运营公司以市场化运行为目标，遵循共享发展规律，短期力求盈亏平衡，中期实现微利保本，后续逐步发展为成熟的利润中心。共享运营公司按照总部核定的收费标准向服务对象收取费用，收费标准的设置以不增加服务对象运营成本为原则。

（二）聚焦流程再造，打造精干高效的业务流程体系

全面梳理中国石油各业务板块的交易处理类流程，形成统一的流程框架，包括 15 条一级流程、70 条二级流程、352 条三级流程。

1. 坚持应纳尽纳，推动交易处理由分散到集中

根据全面梳理后的流程框架，按照应纳尽纳原则，对于不受法律法规限制、可异地处理、能够带来

规模效益的流程业务，由地区公司分散处理转变为由共享运营公司集中处理，此类业务达1000余项，约占整体交易处理类业务的80%。

2. 优化再造流程，确保标准、合规、协同、高效

业务集中统一处理后，系统推进标准统一和流程优化，进一步精简冗余，提升标准化程度，逐步消除板块间、地区公司间业务处理差异，持续提升流程效率和效能。

在业财融合方面，持续优化合同采购流程、油品/非油品销售流程等，通过系统无缝集成，实现业务一次操作、数据共享应用。例如，通过打通合同采购全流程，将结构化、非结构化数据在业务端、财务端实时共享，共享运营公司平均每天审核合同约800份，有效防范支付风险。

在风险管控方面，将管控规则固化于流程节点，明确控制措施、控制责任部门、控制频率等，设置流程不相容职责控制、审核与对账控制、系统权限控制等核心控制点，形成一套关键控制流程化、控制措施系统化的业务流程，实现线下约束向系统管控的提升。

在模式变革方面，以差旅业务为例，将地区公司分散采购差旅资源，转变为采用B2B模式对差旅集中采购、集中结算，提供一站式服务，实现事前申请、商旅预订、出差报销、资金结算全流程贯通，为员工提供高效便捷服务。

（三）坚持继承创新，打造规范统一的标准体系

统一的业务标准、数据标准和技术标准，是共享服务平台发挥规模化优势、实现自动化处理的重要基础。

1. 标准体系

在原有“组织机构 + 会计科目 + 辅助核算”的财务标准化体系基础上，新增服务目录、业务表单，对数据进行标签化处理，形成共享模式下标准体系框架。

2. 服务目录

服务目录是共享运营公司面向用户提供的标准化产品界面，是业务人员办理各种业务的路径与入口。按照相互独立、完全穷尽（MECE）原则，设计覆盖全业务的统一服务目录，支持共享服务市场化、全球化运营。中国石油财务共享服务目录分为三级，一级目录有12个，二级目录有53个，三级目录有351个，涵盖了共享业务处理及共享运营各个方面。

3. 业务表单

在服务目录框架下，按照业务场景设计表单，作为采集标准化数据的载体，通过系统集成获取与人工填录采集数据，满足基础交易处理需要，为大数据分析奠定基础。信息系统在业务表单确定的相关标准基础上，设计多样化用户界面及数据采集方式，同时根据用户需求进行个性化定制，增加自定义管理需求选项，力求灵活、可扩展。

（四）坚持技术引领，打造数字智能的共享服务系统

中国石油财务共享以财务管理信息系统（FMIS）为基础，充分应用大数据、人工智能、移动互联、云计算等技术，深化集成ERP、合同、人力资源（HR）等系统，构建全球统一的共享平台。

1. 硬件架构从传统架构向云架构迁移

依托中国石油信息化建设基础设施，将财务管理信息系统、共享平台、司库平台等全部迁移至云平台。财务系统不再单独部署服务器，按需向中国石油云数据中心提交需求。

2. 软件架构从单体架构向微服务架构升级

共享平台按照单据服务、影像服务、流程服务、用户服务、消息服务、标准服务等微服务架构进行搭建，各个微服务在开发、交付、运维等方面相互独立，通过统一的微服务运行管理平台相互协作和调

用，为用户提供完整的系统功能。共享平台从传统开发模式转变为可快速响应用户需求的敏捷开发模式，利用多个微服务灵活组合，快速实现用户功能交付。

3. 创新应用自动化、智能化技术

创新自动化、智能化应用，自主研发流程自动化（RPA）机器人，先后上线制证类、审核类、发票认证类、资金支付类、回单分拣类、电子档案归档类等7类共374个机器人，自动化应用达到行业领先水平。上线智能识别技术，支持增值税发票、火车票等8类票据信息自动填充，多张、多类型自动切割、混合识别；上线知识图谱技术，利用已有的数据资产构建报销图谱，辅助用户完成填报。目前正在推动基于认知型的机器学习、自然语言处理（NLP）等技术在记账凭证自动推演、智能客服等方面落地应用。

4. 上线财务共享移动应用APP

财务共享移动应用APP集申请、报销、审批、发票等功能于一体，实现随时随地办理业务，2020年移动端活跃用户7万人，同比增长260%，单据审批232万笔，占审批单据总量的46%，移动端完成申请事项填写4万笔，占全部事前申请类业务的14%。特别是2020年新冠肺炎疫情期间，实现30%以上业务的远程在线审批，保障企业正常运转。发票助手功能实现移动设备的发票拍照、存储、上传、查验等业务在线处理。上线石油商旅APP，提供飞机票、火车票、酒店在线预订，便捷员工出行。

（五）坚持协同整合，提升开放赋能的组织人员能力

1. 按照管办分离原则厘清财务职责分工

厘清总部财务、专业公司财务、地区公司财务和共享财务的具体职责分工，总部财务作为战略财务，主要职能是参与集团战略制定与推进，制定集团财务工作指导方针和规则，通过预算、资金、绩效等手段引导资源配置，为管理层提供决策支持，引领财务管理体系建设，建立财务风险监管及内控体系等；专业公司和地区公司作为业务财务，主要职能是促进集团战略向业务单元的推进落实，执行集团财务管理要求，承担前端业务财务管理和控制职能；共享财务是集团公司财务管理的有机组成部分，主要负责核算、结算及财务报告等财务运营性业务处理，开展专家咨询业务，提供战略财务、业务财务管理所需的数据、方法和工具。

2. 结合管理职责，合理设置组织机构

按照一个中心、总分架构的结构，设置共享运营公司本部及区域中心。本部主要负责制定财务共享服务发展战略，搭建财务共享服务体系，推进财务共享实施及运营服务管理，负责全局性流程优化、简化、标准化，数据及业务标准统一，财务信息系统建设，等等。区域中心主要负责其服务范围内的地区公司交易处理服务和相关数据支持，完成本区域中心的日常运营服务工作等；基于流程化运行、专业化分工，区域中心设置采购应付部（PTP）、销售收款部（OTC）、总账报表部（GTR）三个业务部门，运营管理部、综合部两个支持部门。

3. 深入推进技术创新和员工能力提升，严控总体人员规模

发挥专业化、集约化优势，应用自动化、智能化等技术替代人工处理，不断压减用工需求，人员总体规模按3300人控制，占集团公司整体财务人员的10%左右。随着共享运营成熟度提升，同等业务量所需人员规模将进一步精简。未来致力打造中国石油财务人才培养基地，制定前瞻性人才战略，开展全球共享服务、精益管理等培训，打造学习型、知识型组织，建立纵横交叉的双向人员职业发展通道，持续完善人才交流机制，有效应对财务转型过程中的人才挑战。预计到“十四五”末，共享运营公司将有85%的人员从事运营中心业务，15%的人员从事专家中心和创新中心业务。

（六）注重变革管理，打造全球统一的运营服务体系

将运营服务体系作为管理共享运营公司与服务对象之间新型合作伙伴关系、提升服务水平和改善内

部运营的重要手段，以共享服务平台为载体，建立运营服务管理闭环，包括以下七大模块。

1. 服务目录管理

财务共享服务目录是服务对象发起服务请求的入口，中国石油共享服务目录管理包括新增、停用、重启、修改目录名称、目录层级归属等，用于支持共享业务新增、合并、定义变更等工作。

2. 服务水平协议管理

服务水平协议用于明确共享服务范围，界定双方职责，描述双方服务承诺及提报承诺。中国石油建立了统一的服务水平协议模板，制定了统一的协议签订、变更管理流程。

3. 问题管理

制定了收集、应答、分发和解决的全流程问题管理机制，及时反馈问题解决方案，透明化问题解决进度；建立智能客户服务中心及共享知识库，入库近2000条知识，问题一次解决率达99%。

4. 满意度管理

建立三级客户回访机制，面对面与客户交流，广泛收集意见建议，明确工作提升方向。建立常态化客户满意度调查机制，整理分析调查结果，研究提出问题改进举措，持续提升服务质量和客户满意度。

5. 绩效管理

采用“平衡计分卡”方法，围绕“财务、客户、内部运营、学习与成长”四个维度设置绩效指标，客观衡量各层级部门及对应岗位工作绩效，及时监督、有效指导、科学奖惩。

6. 任务管理

建立统一的共享任务池，制定自动化任务分派机制，根据任务紧急程度和峰谷量，灵活调配资源，精准匹配合适员工，支持服务对象实时查询工作任务处理进度。

7. 运营报告

建立常态化运营报告机制，定期分析业务时效性、服务质量、客户满意度、运营成本效益等，识别运营过程中的问题和风险，形成针对性解决措施，持续提升运营质量效率。

三、石油企业全球财务智能共享服务平台的建设与运行的效果

（一）共建共享促进财务管理转型

一是构建战略财务、业务财务、共享财务“三位一体”的国际先进财务管理架构。二是实现财务组织价值提升，财务人员结构逐步优化，从事运营性操作业务的人员占比从70%降至50%，结构性缺员现象得到缓解。三是推动地区公司改革发展，推动基层单位运营管理向“内部银行、内部市场、内部利润”管理转型，推动财务管理从会计核算型向价值管理型转变。同时，模式创新还推动了服务质量的提升，更灵活地服务客户、更高效地服务供应商和更快捷地服务员工。另外，流程再造还驱动业务效率的提高。一是系统优化流程标准提速提效，将共享服务平台打造为流程精简高效、标准统一规范、应用灵活智能、场景涵盖全面的业务生态平台。二是打造新型财务共享运营模式，打造面向业财前端应用的开放性数据中台，满足“三位一体”新型财务管理模式下不同层级差异化管理需求。三是薪酬一体化大幅缩短工资发放周期，员工满意度明显提升。

（二）先进技术助推企业成本降低

一是应用自动化技术降低了人工成本。自建设起步阶段，就将业务推广与技术创新同规划、同部署，大力发展数字化劳动力，自主设计开发7类374个“小铁人”机器人，处理任务量占总量的50%以上，相当700余人工作量，年节约人工成本约1.2亿元。二是会计档案电子化降低管理成本。按照会计档案综合电子化率70%计算，每年减少档案馆占地6000平方米，减少纸质会计档案3亿张，节省打印机硒鼓约3万个，节约成本超1亿元，相当于每年少砍伐2万多棵树，减少碳排放100多吨。切实践

行低碳社会、绿色发展理念，打造企业“绿色账本”。三是商旅集中采购降低差旅成本，预计每年节约成本超 2 亿元。同时，实施系统管控还筑牢风险防控屏障，将业务集中处理与审计监督相结合，推动税务、合同履约、资金、合规等工作从事后监督向源头治理转变，服务集团公司“大监督”体系，确保各项工作依法合规。

（三）增值服务助力企业实现价值创造

一是供应链信息服务提升产融协同价值。发挥共享中台优势，搭建供应链信息平台，打通基于发票、合同等应收应付信息和银行、供应商需求信息间通道，变沉淀数据为创效信息，累计协助企业办理银行贷款 2.69 亿元，贴现票据 112 亿元，促进产融结合，助力集团整体创效超亿元。随着业务产品丰富和规模扩大，整体创效作用将更加明显。二是发票数据分析助力客户提质增效。基于进项税发票池与财务核算数据，构建发票数据分析产品，搭建供应商分析等 5 类 13 个应用场景，通过供应商画像、商品对标分析、供应商风险评级、供应商推荐等功能，深度挖掘全票面信息价值，为客户科学制定采购方案、降低采购成本、规范采购行为等提供有力支撑。三是常态化对标分析让财务“做经营者的眼睛”。开发数据总览、数据对标、专题分析、智能报告等功能模块，完成 8 个精细化分析专题场景，收集整理近十年内外部指标数据，构建全级次对标指标库，为中国石油各管理层级常态化对标和精细化管理提供有力支撑。此外，共享运营公司的服务能力还可为多个业务单元共用，支持企业重组和产业布局。在集团公司企业重组或布局新产业时，可以为新业务提供快捷高效优质服务，使管理者更聚焦于整合核心业务，整合时间更短，扩展速度更快，管理成本更低，并在组建后助力各企业更专注于自身核心业务，保持长期竞争优势。过去四年，共享运营公司有效支持上游企业中油测井的重组和新型企业昆仑数智公司的组建，有效解决企业在重组和组建过程中组织机构不健全、财务人员不足、业务头绪多等诸多困难，实现高效协同。

（成果创造人：刘跃珍、柴守平、谢海兵、蔡　勇、胡炳军、陈朝晖、
王　刚、寇登科、荆宝森、张锡磊、郭延锋、丁淑颖）

军工企业基于数字化的资金管理体系构建

中国航天科工飞航技术研究院

中国航天科工飞航技术研究院（以下简称航天三院）成立于1961年，是我国目前集预研、研制、生产、保障于一体，配套完备，门类齐全的飞航技术研究院。航天三院以导弹武器研制生产为基业，服务对象面向三军，研制生产的武器装备在我军装备体系中占有十分重要的地位。全院现有在职职工25200余人，先后出现7位两院院士，3位国际宇航科学院院士，140余位国家级、省部级专家及学术技术带头人，460余人享受政府特殊津贴，并拥有3个博士后工作站和12个硕士学位授予点。航天三院共获得国家级、省部级科技奖励近1400项，其中国家科学技术进步特等奖6项，一等奖12项，国防科技进步特等奖8项。2020年营业收入突破480亿元，利润总额突破30亿元，资金存量超过160亿元。

一、军工企业基于数字化的资金管理体系构建的背景

（一）推进数字化转型是落实高质量发展战略的需要

党的十九大提出了高质量发展的要求，航天三院贯彻落实习近平新时代中国特色社会主义思想和十九届五中全会精神，特别是习近平强军思想和总体国家安全观，对标落实集团公司“一个目标三步走”，实施“一二三三六”（一个引领、两个打造、“三步走”、三个变革、六大能力）战略，研究确定到2025年基本建成世界一流飞航技术研究院的目标。

在实际经营中，航天三院资金管理水平与高质量发展目标仍有一定差距：一是资金管控停留在传统观念，没有做到“事前算赢”，资金管理缺乏顶层设计，缺少管理组织、管控策略；二是部分业务领域成本居高不下，对经费使用缺乏量化的评价方法，抵御内外部环境变化的能力不强；三是净利润、净资产收益率、经营活动现金流与净利润相匹配等“质”的持续提升面临诸多瓶颈；四是业务部门和财务部门数据口径不一致，资金数据没有形成定性定量的评价模型，不能满足多维度分析决策的需要。航天三院迫切需要以数字化方式提升财务数据的质量和财务运营效率，以便更好发挥资金管理辅助经营、支撑决策、创造价值的功能，助力企业高质量发展。

（二）确保资金风险可控是保证企业可持续发展的基础

资金管理是企业财务管理的核心内容，如同血液一般关系着企业的生死存亡。近年来，个别央企子企业重大资金损失案件频发，多为资金挪用、违规使用资金、重大投资失误等资金风险。

航天三院各分子公司管理水平不平衡，部分单位对外部市场环境变化及内部风险隐患反应迟钝，特别是将资金链安全、债务风险防控的重要性置于纸面的业绩之下，导致风险不断积聚。迫切需要针对不同业务板块，设计可量化、可考核的资金管理模型，建立风险预警机制，快速识别发现风险，并制定解决方案，避免实质性资金损失。

（三）优化资金资源配置是提升企业价值创造能力的有效途径

企业经营管理的目标之一是追求价值最大化，在企业资源有限的前提下，资金与生产经营各环节的生产要素、成本费用、经营风险、市场变化等信息紧密结合，财务需要从业务的事后核算转向从价值角度对业务的事前预测和管控，结合业务深入挖掘数据背后所反映的经营问题，为经营决策提供参考，切实帮助企业实现有效的资源配置。

航天三院在资源配置与价值提升方面仍存在很多问题：一是军工行业使命性、计划性强，对资金的使用相较于经济效益而言更加注重国防效益，为保障科研任务的顺利开展，需要为技术研发、重要材料

储备提前投入资金，而且随着任务量的增加，年度过程中现金流紧缺情况日益凸显；二是项目具有长周期、高价值、技术复杂、研发难度高等特点，业务部门和财务部门缺乏协同机制，难以实现对业务资金需求的精准预测；三是资金使用效率不高，缺乏统筹策划，融资方式单一，有存贷双高现象；四是成本优势与价值创造的管理意识不强，亟须加强项目实施过程中的资金管控，通过资金流向业务穿透，实现资金风险和收益匹配，引导资金资源更有效的配置。

二、军工企业基于数字化的资金管理体系构建的主要做法

（一）顶层设计，构建多要素资金管理体系

1. 建立“两类多层”的资金管理体系，实现精细化管理

航天三院紧密围绕“价值思维、效益导向”目标，坚持“统筹策划、分步实施、突出重点，以点带面、点面结合，自上而下、自下而上、上下结合，定性与定量结合”的总体思路，融入“现金为王”、捂紧“钱袋子”的管理理念，结合“分类、分层、分责、分解、分析”的“五分”方法，从全员、全过程、全要素角度，围绕资金管理的风险防控和价值提升两大方面，梳理资金关键监控指标，确定分类管控、分层施策的资金管控模式，其资金管理体系框架如图1所示。

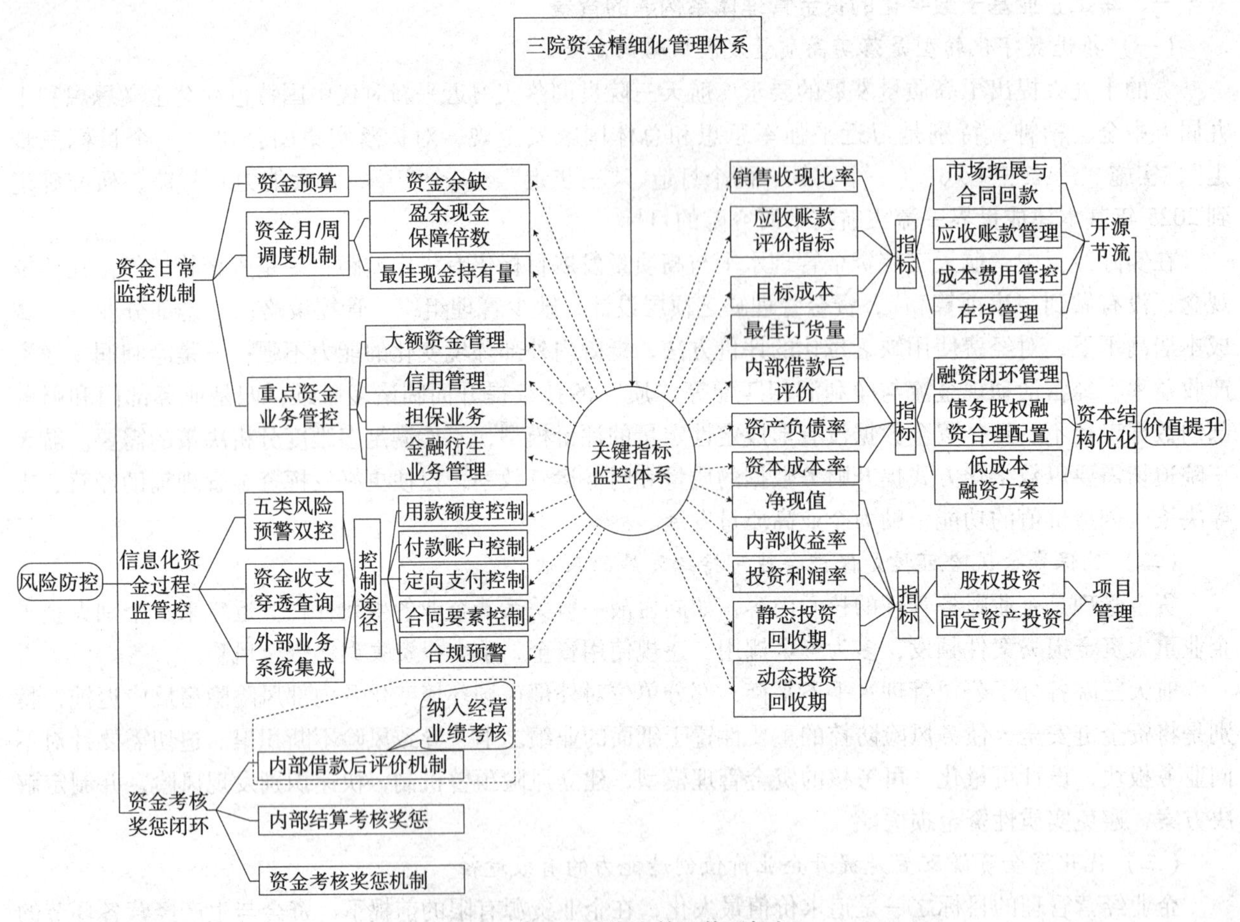

图1 航天三院资金管理体系框架

在提升资金风险防控能力方面，从现金流日常管控机制、信息化资金过程监管、资金考核奖惩闭环三个角度全方位实施管控措施，通过资金关键指标变动，及时识别分析影响资金变动或引发资金风险的因素；通过对大额资金、信用管理、担保业务、金融衍生业务等重点资金业务管控及资金滚动预算、资

金周/月调度等，强化现金流日常管控；通过建设基于航天三院财务共享中心的资金管控虚拟平台，有效将财务监督融入业务过程之中，实现业财融合与资金管控前移，切实提升资金精细化管理水平；通过对资金过程控制形成事后有效评价、考核与激励，实现闭环管理。

在提升资金价值创造能力方面，实施合同定期盘点和收款倒计时协调机制等“开源增收”方式增加现金流，采用经济订货量、序时订货等“节支节流”方法来优化现金流；根据投资项目实施进度优化资金安排；通过优化资本结构，计算分析多种融资方案资金成本，确定最优融资模式及较低资金成本；业财联动，提前策划，最大限度争取财政补贴及各类金融政策支持。

2. 建立重点资金业务风险识别模型，强化重点资金管控

航天三院针对业务中容易发生风险的事项，建立重点资金业务风险识别模型，分别采取有针对性的管控措施。

在大额资金管理方面，为加强资金管控，防范化解资金风险，航天三院对大额资金运作事项实施“三要素”审查管理，即同时满足预算、合同和“三重一大”程序进行审议决策时，方可支付大额资金。

在信用管理方面，为降低坏账风险，加快资金回笼，航天三院建立了信用评价和黑灰名单管理制度。对客户进行评级审查，全面评估客户信用、到期付款风险，必要时要求交易对手采取必要的增信措施。

在担保业务方面，担保业务存在较大的不确定性，风险较高，为了降低风险，航天三院担保业务执行审批制度，未经批准，不得对院外单位提供担保。审批通过成为担保人后，对被担保人的经营状况进行动态实时监督，建立预警机制，确定应对措施，规避本单位承担相应法律责任的风险。对资信状况不佳的单位，提出反担保措施，规避风险。在制度中明确违反担保管理情形，及时采取问责、亮牌等措施对违规单位考核。

在金融衍生业务管理方面，航天三院针对金融衍生业务特点，采取如下措施。一是采取资质审查与预算“双管控”模式，将金融衍生业务等重点资金业务全部纳入预算管理，并进行审核把关，经集团公司、国资委备案核准后，按月监控金融衍生业务执行情况，过程中严守套期保值原则，确保符合预算批复额度范围内。二是强化制度约束。管理主体和操作主体分别制定金融衍生管理制度，聘请第三方专业汇率咨询机构对合约签署出具专业意见，在该专业机构与银行产品价格走势判断一致的情况下，才能购买金融衍生产品。三是实行偏离度预警，对于产生较大［金额 500 万元（含）以上 5000 万元以下］或重大风险［5000（含）万元以上］、重大法律纠纷、造成严重影响的，应当于 10 小时内向航天三院报告有关情况，暂停业务，及时处置应对，定期报告整改措施及处理进展，并经航天三院审批同意后，才能恢复金融衍生业务的开展。

（二）业财联动，实现多方位资金动态平衡

1. 实施分期滚动调整的资金预算管理，实现资金动态平衡

航天三院建立分期滚动调整的动态资金预算管理机制。以单位战略和项目全周期预算为指引，建立年度更新、预算半年调整、预测季度滚动的机制，提升规划、预算、预测的时效性和准确性。一方面，通过动态的滚动在预算执行过程中可以合理调配资源，有利于提高预算的协调性；另一方面，通过连续编制滚动预算，按照轻重缓急对项目进行排序，能够实现预算高效配置，提高资金的使用效率。航天三院构建与实施实时动态精细化的资金预算管理体系是基于 PDCA 的循环方法体系，深化运用“量入为出量出为入、分类保障突出重点”等创新理念，通过确定预算目标、预算编制、执行控制、分析调整、预算考核等环节的不断循环与改进，运用盈余现金保障倍数和最佳现金持有模型等进行分析，不断促进资金预算管理的精细化、科学化、动态化管控。

2. 资金周/月调度机制流程化，合理调配资金

航天三院建立了资金月/周调度机制（见图2），加强与计划部、科研生产部等业务部门协同。

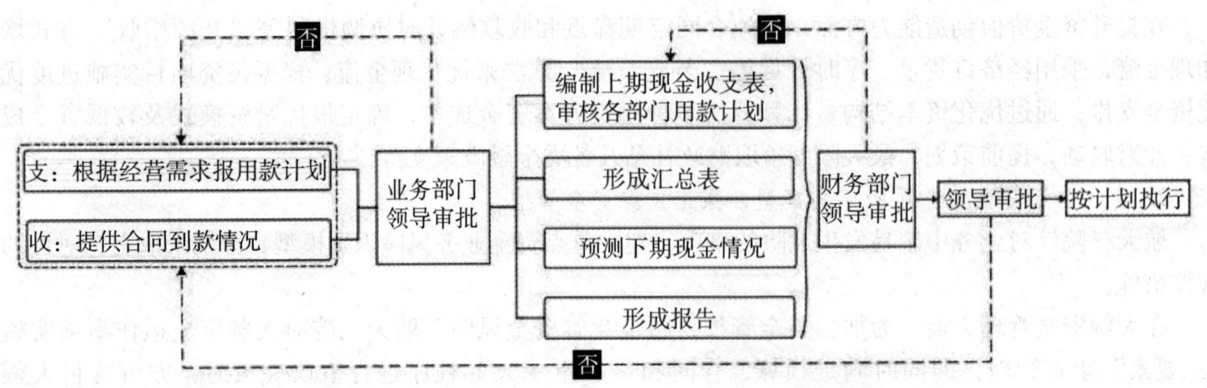

图2　资金周/月调度机制流程

定期召开资金预算协调会并报告现金流情况，内容主要包括现金流收支总体情况、需重点关注的现金流出、单笔大额支出、现金流监控系统、票据及结算集中情况，编制现金“收支表”，并对资金收支、资金余缺和盈余现金保障倍数等进行预测。在合同到款、经费拨付、借款及专项建设资金需求等方面进行资金筹划及配置。根据项目月度进度安排、月度资金预算等进行资金集中管理、统一使用与拨付，对现金流异常等情况进行分析、预警，有利于提升资金管理效率，不断实现资金精细化管理与业财融合。

（三）集成要素，基于模型开展经营活动管控

1. 建立收款评价模型，加速资金回笼

一是建立合同收款动态协调机制，提升合同回款。军工合同收款具有流程复杂、周期较长的特点。为进一步加快资金周转，有效提升资金使用效率，以合同要素为基础，加强收款管理。为确保合同及时回款，满足企业生产经营管理资金需求，明确合同收款目标，引导业务部门下大力气督促收款及开拓市场，构建合同收款动态调整模型。

具体公式为：$T=\left(I\times\left(\sum_{1}^{n}C/\sum_{1}^{n}B\right)\right)\times\partial$

其中：T 为本年收款目标；I 为本年目标收入；$\sum_{1}^{n}C$ 为本年前 n 年销售商品、提供劳务收到的现金合计（一般选取3年数据作为参考）；$\sum_{1}^{n}B$ 为本年前 n 年营业收入合计（一般选取3年数据作为参考）；∂ 为各单位根据实际情况设置的调整系数（0.8～1.2）。

根据本年合同收款目标，梳理在手合同收款情况，明确收款资金缺口，并采取有力措施。首先，根据在手合同，持续实施合同定期盘点和收款倒计时协调机制，制定合同收款滚动计划表，紧前与各军兵种协调对接，确保年度收款项目纳入军方年度计划。根据合同里程碑的付款条件，紧前策划合同成效验收，提前准备请款手续，确保在手任务能收尽收。其次，针对合同收款缺口部分，强化市场开拓意识，紧密结合客户需求，畅通信息获取渠道，积极争取重大项目立项，加大市场开拓即时奖励力度。积极推进军品合同签订工作，全力争取合同生效款及时到位。大力推动全员云端营销，及时补充更新云端产品库，切实加强云端营销激励和提成金兑付。实施合同收款动态协调机制后，销售收现比率优化1个百分点。

二是强化应收账款分类管控，减少资金占用。为持续控制应收账款增长，按照“消化存量、控制

增量”的思路，以应收账款账龄、逾期情况、客户资金状况、客户付款意愿等为关键因素，构建应收账款分类评价模型（见图3）。

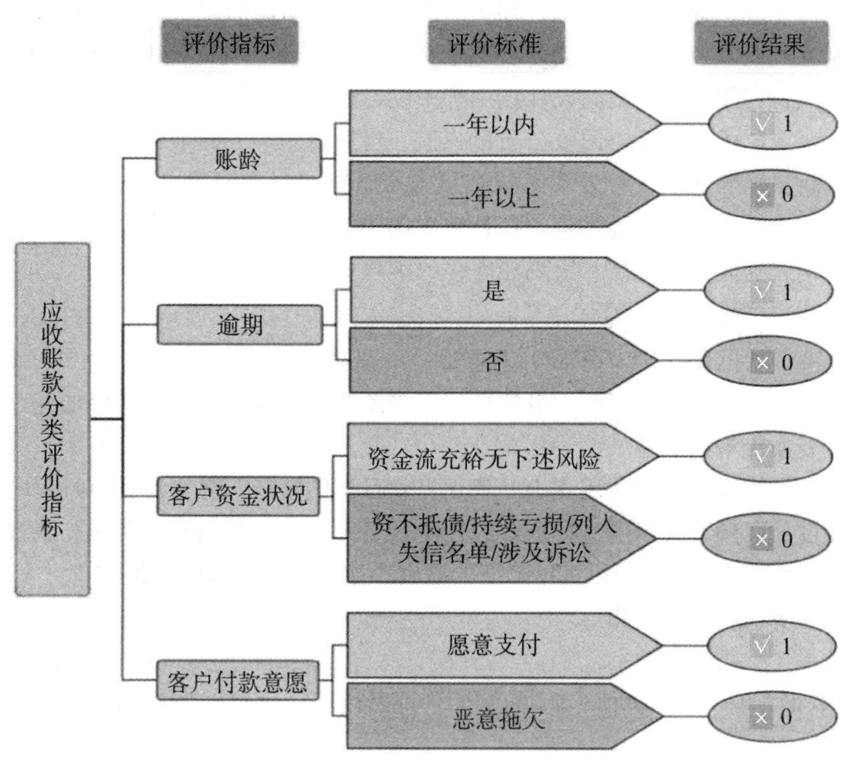

图3 应收账款分类评价模型

具体公式为：$E = C_1 \times C_2 \times C_3 \times C_4$

其中：E 为应收账款评价值；C_1 为应收账款账龄；C_2 为应收账款逾期情况；C_3 为客户资金状况；C_4 为客户付款意愿。

根据应收账款评价结果，分类制定管控措施：一是针对评价结果为0的应收账款，纳入重点关注范围，逐项拉条挂账，制定年度压降目标；积极采用法律手段压降，按周报告压降进展，按月报告变动情况；同时将压降结果纳入经营业绩考核，形成闭环管理。二是针对评价结果大于0的应收账款，按照“谁形成的欠款、谁负责催收”的原则，针对每项应收账款逐一分析，确定责任人和清收时间节点，明确清收策略和奖惩标准。

2. 建立成本优化模型，延缓资金支出

一是建立目标成本控制模型，强化业务源头管控。为持续贯彻落实“两工程”“四个两”工作要求，坚持“量入为出”原则，以本量利模型为依据，结合航天三院实际情况，构建目标成本优化模型。

本年目标总成本具体公式为：$V = (I - P) - F$

其中：V 为本年目标总成本；I 为本年收入目标值；P 为本年利润总额目标值；F 为本年固定总成本。

某产品单位目标成本具体公式为：$U = V \div N$

其中：V 为某产品目标总成本；N 为某产品数量；U 为某产品单位目标成本。

通过相关预算目标值，明确年度单位总成本，根据年度生产经营计划，将单位总成本进一步分解为每个产品单位目标成本。首先，以目标成本为导向，提高业务人员成本管控意识，从设计、采购、研发、产能利用等角度分析，不断优化成本结构，有效缩短生产周期，持续降低成本。其次，全面应用面向制造的设计（DFM）自动化等数字化工具开展三维设计、工艺仿真、模拟装配，通过模块化、通用化、虚拟数字样机等手段，减少设计、工艺和生产迭代，缩短研制周期，提升制造效率和产品一次校验合格率，降低研制生产成本。再次，持续开展型号“三化”工作，提高产品货架、技术货架的复用度；完成设计资源库上线，利用优选库提高设计选用集中度，形成规模效应。最后，加大成本工程考核奖惩力度，在创新设计、工艺优化、外协回收、质量减损、售后增效等方面采取有效措施控制成本。

二是合理筹划材料采购支出，有效缓解资金压力。坚持“以销定产、以产定采”原则，严把原材料、外购产品采购关，减少冗余闲置存货。在日常管理中引导院属单位引入经济订货批量模型，通过平衡采购进货成本和保管仓储成本核算，实现总库存成本最低的最佳订货量。

具体公式为：$Q=\sqrt[2]{2\times D\times K_s/K_c}$

其中：Q 为经济订货批量；D 为商品年需求量；K_s 为每次订货成本；K_c 为单位商品年保管费用。通过优化材料采购方案，一方面可释放大量资金用于资源重新配置；另一方面可加速存货周转率，降低因材料存储损耗、变质带来的风险。

三是建立费用管控模型，压降费用支出。费用类项目类别繁杂，在实际管控过程中难以针对各类别制定统一标准，因此，以预算为牵引进行资金管控更为合理有效。按照管理费用和销售费用增长不高于营业收入增幅、“三公”经费和会议费每年降低的原则，建立费用预算管控模型。

本年管理费用预算值具体公式为：

$M_1=m_0\times[1+(i_1-i_0)\div i_0]$

其中：M_1 为本年管理费用预算值；m_0 为基期管理费用完成值；i_0 为基期销售收入完成值；i_1 为本年销售收入预算值。

本年销售费用预算值具体公式为：$S_1=s_0\times[1+(i_1-i_0)\div i_0]$，

其中：S_1 为本年销售费用预算值；s_0 为基期销售费用完成值；i_0 为基期销售收入完成值；i_1 为本年销售收入预算值。

本年“三公”经费预算值具体公式为：$O_1=o_0\times(1-x)$

其中：O_1 为本年三公经费预算值；o_0 为基期“三公”经费完成值；x 为较基期数据降低比例。

本年会议费预算值具体公式为：$C_1=c_0\times(1-x)$

其中：C_1 为本年会议费预算值；c_0 为基期会议费完成值；x 为较基期数据降低比例。

针对不同费用类型，分别采取以下有针对性的管控措施。首先，对费用类资金支出采取先报批、后执行程序，坚决杜绝先斩后奏行为，预算外支出原则上不予安排。在年度预算执行过程中，落实额度约束与过程严控相结合，实际执行时需提供详细的支撑依据。结合财务共享平台，建立并运行费用类资金预算控制的落脚点在报销政策及流程的制定上。其次，严控“三公”经费支出。从预算源头加大经费审核力度，强化“节流节支”，进一步压缩“三公”支出经费，发挥全面预算目标的引领作用。最后，严控会议费支出。提倡精简会议，推广电子无纸化会议，降低会议费及打印费、制作费等相关经费支出。积极盘活存量资产，减少资产购置，同时严禁高标准装修、改建各类办公、会议场所。

（四）科学评价，实现融资全过程闭环管理

航天三院作为军工企业，所属单位因业务性质、业务领域不同，各单位间资金余缺情况各不相同。航天三院资金管理以统一筹集、统一管理、分级决策、分级组织、强化监管、防范风险为原则，加强资金统一运作，深入资金需求整合，在整个航天三院范围内调剂、调配资金，从而减少外部融资，降低借款成本，在保证资金安全的基础上，优化全院整体资金配置，合理调度盘活内部资金，最大限度发挥资金的规模效益。

1. 明确借款审查原则

航天三院严格借款审查，建立以下“四原则”借款审查机制。

一是坚持全面覆盖原则。按照“全产业、全过程、全行业”的思路进行管控，“全产业”就是将所有成员单位均纳入借款审查机制；“全过程”是将院属单位借款的事前申请、事中审查、事后评价纳入管控范围内；“全行业”是根据不同行业资产负债特征，严格执行资产负债率预警机制。

二是坚持支撑战略、支持主业原则。围绕航天三院总体发展战略和财务战略，保障单位科研生产经营的合规资金需求，推动资金资源向优势产业、重点项目集中。

三是坚持合法、合规防范风险原则。各单位必须通过合法融资渠道满足资金需求，严禁通过非法集资、地下钱庄等渠道融资。未经航天三院批准，各单位不得向个人和院外单位出借资金、提供担保。办理金融机构借款、内部借款、委托贷款等重大资金业务时，应当履行集体决策程序。

四是坚持强化财务杠杆约束，提升资金使用价值原则。按照“合理保障，精益管理；压减存量，控制增量”的工作原则，对院属单位内部借款进行考核和评价，防止过度负债经营，提升院资金使用效率及价值创造能力。

2. 量化借款评价指标

航天三院在借款资格与资金短缺原因等方面共设置4个评价指标，对预算内借款业务，由财务部按全面预算管理规定组织审核；对预算外借款业务事项，由财务部、发展计划部、审计与风险管理部和相关部门主要领导共同审查并形成意见。

其中，借款资格主要通过资产负债率和有息负债增长幅度两个指标进行评价。资产负债率反映在总资产中有多大比例是通过借债筹资的，可以衡量企业在清算时保护债权人利益的程度，是评价企业负债水平的综合指标。评价原则是，资产负债率高于行业警戒线（工业企业为65%、非工业企业为70%、科研技术企业为60%）的单位，原则上不得新增借款。有息负债增长幅度：单位借款规模应与本单位的经济总量、经济效益、有息负债占营业收入比重等挂钩；评价原则是，有息负债增长幅度不得高于营业收入增长幅度。

资金短缺原因主要通过营运资金净占用占营业收入比重和两金（应收账款和存货）占流动资产比重两个指标进行评价。营运资金净占用占营业收入比重用于分析营运资金短缺的原因，一般统计3～5年数据，将影响资金收付的相关财务指标进行元素分解，找出单位资金被哪些业务和客户占用。营运资金净占用过高，表明企业产品的竞争力不够。企业营运资金不足会影响资产的流动性，降低企业整体经营的抗风险能力。评价原则是，营运资金净占用占营业收入比重超过60%的借款单位，不得新增借款；非首次借款单位，上一笔流动资金借款后营运资金净占用占收入比重应有所改善，如持续劣化则不再提供新增借款。两金占流动资产比重分析企业两金增长规模是否导致经营成果未形成有效的资金积累。若数据异常变动，需借款单位提供相关统计表格，如应收账款账龄分析表、客户信用评价及涉诉情况，存货按类别按周期统计表。评价原则是，两金占流动资产比重超过70%的借款单位，不得新增借款；非首次借款单位，上一笔流动资金借款后两金占收入比重应有所改善，如持续劣化则不再提供新增借款。

3. 实施借款后评价管理

航天三院借款后评价机制，主要将借款分为存量借款和新增借款两类，重点针对存量借款设置每年偿还本金最低额度，借款评价结果纳入院属单位经营业绩考核的全面预算管理考核，归还流动资金借款情况与单位主要领导的月薪挂钩。激发下属单位借款偿还动力，从制度上引导降杠杆减负债，助力提质增效。

一是针对存量流动资金借款单位，设置每年偿还本金最低额度，逐年压降存量借款，直至偿清本息；如无法偿还或偿还本金不足最低额度时，需在年度全面预算方案中专项说明并经院党委会审定。

每年偿还本金最低额度计算公式为：$P=MIN$（30%Q，10%R）

其中：P 为每年偿还本金最低额度；Q 为上年度现金及现金等价物净增加额；R 为存量流动资金借款。

二是将航天三院借款后评价结果纳入院属单位经营业绩考核的全面预算管理考核部分，分值为 -1 ~0分。

借款后评价总分计算公式为：$L=\sum M+\sum N+\sum O$

其中：L 为借款后评价总分；M 为借款申报管理得分；N 为借款使用管理得分；O 为借款偿还管理得分。

三是将借款存量压降、归还流动资金借款情况与单位主要领导的月薪挂钩。

流动资金借款到期日未全部归还的，从下月起每月扣减借款单位主要领导月薪，直至全额归还后不再扣减。月薪考核扣减后，无论后期借款是否归还，一律不予退回。

扣减标准 = 月薪 × 未归还额度占总流动资金借款的比例 ×20%

（五）流程联动，打造财务“一体化”平台

1. 开展共享平台适应性改造，实现“端到端”资金管控

数字航天、转型升级、聚焦难点、持续优化，通过对财务共享平台进行适应性改造，建设基于航天三院财务共享中心的资金管控虚拟平台，有效将财务监督融入业务过程之中。航天三院资金管控平台系统建设总体思路归纳为“1+1+5”，即：建立一个以“资金管理”为主导的资金管控模式；搭建一个以航天三院财务共享平台为依托进行功能拓展，并与集团资管系统等应用平台有机集成，一体化、开放性、高效性的资金管控平台系统，实现对全院资金的实时在线管理和可视可控；构建“资金计划管控、用款额度分解、五类管控预警、非共享平台线下收付款补录、资金收支查询”等五个管理模块。

2. 打通不同管理系统链路，筑牢支付风险防火墙

航天三院同时打通与全面预算管理系统、合同管理系统、集团资管系统集成链路，实现资金预算编报批复、执行管控、查询分析一体化线上闭环管理。

一是在实现项目工作分解结构（WBS）维度进行预算管控基础上，扩展建设用款额度项目按年、月、周进行编制，同时支持线上业务与特殊备案线下业务分解，以实现线上线下精准管控需求。在此基础上为实现法人单位内部资金精益化管控，增设用款额度部门维度控制功能，同时部门维度可按支付类型分别管控，财务共享平台由此形成项目 WBS 维度、用款额度项目维度、部门维度、支付类型维度、周期维度等多维一体的资金支付控制体系。

二是在预算执行过程中实现资金支出重点关口预先校验，扩展敏感物品、风景名胜、敏感事项、五星级酒店等四大类共计千余项合规负面字段，对共享表单信息以及发票内容进行精准预警，同时实现发票查验、黑灰名单、大额资金、连号发票等预警提示功能，有效监控资金支付风险。

三是实现全口径资金收支计划执行统计，确保全口径资金执行数据自动推送至集团资管系统。同时为满足不同层面查询需求，强化资金管控决策支撑能力，以决策支持提升为牵引，实现多层级、多维度、全口径穿透式资金收支查询分析，为不同层面领导资金查询及决策提供有力支持。

（六）权责明晰，确保资金管理高效推进

1. 明确工作机构与机制，强化组织保障

航天三院各单位成立资金调度中心，作为资金在线集中管控归口管理工作机构。负责各单位资金集中统一管理和监督，督促院属单位贯彻执行集团公司、航天三院有关制度规定，组织院属单位统一部署应用资金在线集中管控系统、开展资金归集和统一结算。航天三院坚决落实资金管控主体责任，一把手

亲自抓；总会计师、分管财务领导、财务部门负责人当好“管家”、管好“钥匙”，确保资金链安全；业务主管领导从源头管控，对付款的必要性加强审核，强化资金源头治理。

建立货币资金日报告机制，财务部门将每日资金收、支、余向本单位主要领导、总会计师（财务总监）、重点业务部门领导报告。单位主要领导、总会计师（财务总监）要对本单位资金情况做到“心中有数”。财务部门负责人要使用银行大额资金变动提示功能，第一时间掌握单位资金收付情况。坚持“现金为王”“捂紧钱袋子”理念和鲜明的高质量发展导向，做好资金预算，优化资金配置；加快资金周转，促进资金可持续流入；充分利用资金在线管控系统，严把资金流出关口，确保资金“看得到、管得住、用得好”。

2. 严格监督检查、考核与责任追究，实现资金管理闭环

《三院资金管理办法》规定各单位建立资金业务监督检查机构或指定审计部门行使监督检查职能，对各项资金业务全程监督。同时制定考核与责任追究制度，从制度层面约束资金管控，实现管理闭环。

一是建立资金管理责任追究制度，对以下事项予以通报批评：对按资金管理规定应报批事项未报批的；未深入调研和科学论证，盲目决策，开展借款、担保、金融衍生业务、金融资产投资等各类资金业务造成资金损失的；未经批准，擅自办理借款、担保、金融衍生业务等各类资金业务的；对资金业务风险管控不到位，风险报告不及时、处置不当造成重大影响的；对坚持原则、拒绝办理违规资金业务的人员进行打击报复的；等等。

二是将资金业务纳入航天三院保障监督体系实施办法，对触发资金责任追究制度相关规定的，航天三院将按规定对责任单位亮牌、对责任人问责处罚。

三是建立资金考核奖惩制度。各单位资金管理情况纳入经营业绩考核的全面预算管理考核和三级单位总会计师年度业务考核。

三、军工企业基于数字化的资金管理体系构建的效果

（一）提升资金配置效率，经济效益显著

航天三院自实施以数字化为导向的资金管理以来，定期追踪经营活动现金流情况，重点对院属单位非主业支出等进行分析督导、预警纠偏，组织院属单位制定现金流保障措施，取得了良好的经济效益。2018 年至 2020 年经营活动现金流净额持续三年优化，累计优化 21. 8 亿元。助力产业发展，业财联动三年累计获得军贸贴息 2. 8 亿元，为航天三院突破关键核心技术提供有力财务保障。梳理税收优惠政策，密切关注疫情防控重点企业、进口物资、捐赠等政策，在政策窗口期及时开展申报工作，应享尽享高新技术企业减免、四技合同减免及疫情防控等 33 项优惠政策，2020 年全年减免税费 4. 38 亿元。

航天三院持续积极争取政策性低息贷款，综合融资成本率由 2017 年的 4. 12% 降至 2020 年的 3. 5%，累计节省利息费用 2472 万元；推动集团内外部贷款置换，合理配置债务结构，将部分外部金融机构中长期贷款置换为财务公司贷款，每年减少 5250 万元利息流出集团外。加强融资规划管理，合理确定融资规模，科学设定资产负债率的预算“硬约束”，努力保持稳健的、有竞争力的财务结构，2018 年至 2020 年航天三院资产负债率均控制在 50% 以内，大幅优于行业警戒线（65%），资本结构合理，融资能力持续强化。

（二）提升资金数字化管控能力，精细化管理水平增强

航天三院通过实施该成果，实现了资金管控的模型化、流程化，基本实现智慧化的资金事项决策、资金运作和风险应对，为实现更高质量、更有效率、更有活力、更可持续、更为稳健安全的发展提供有力支撑；推动将财务监督融入业务过程之中，实现财务管理由事后监督变为事前控制，将集团管控要求前移至业务发起前端，提高资金支付效率；依托资管系统对月度资金预算进行刚性控制，生产、采购等业务部门参与对月资金收支预判，持续推进预算精细化管理，业财融合进一步深化，资金精细化管理水

平不断增强。

（三）实现资金风险可控在控，具有社会效益和推广价值

航天三院通过实施资金精细化管控，积极应对现金流短缺风险，特别是在 2020 年，在新冠肺炎疫情导致装备经费收款延迟的情况下，实现现金流持续 8 个月同比优化，全年同口径经营活动现金流同比优化 1.7 亿元，确保了资金链安全，守住了不发生系统性风险的底线。航天三院经济运行总体平稳、高质量发展态势总体向好，为落实国家“六稳六保”政策提供坚实基础。深化与金融机构业务合作，探索产融结合模式，与金融机构签订战略合作协议，加强金融科技领域的交流合作，取得了一定的社会效益。

（成果创造人：王长青、鄂胜国、周　慧、范瑞杰、蔡寅晖、王　芊、刘　娜、王　丹、刘　涛、高鸣含、李彦敏、王　远）

电子企业基于杜邦分析法的高质量发展管理

合肥博微田村电气有限公司

合肥博微田村电气有限公司（以下简称博微电气）是一家中外合资的高新技术企业，创办于2000年6月，注册资本832.65万美元，现有员工近600人，年均产值6亿元人民币。博微电气主营多种民用、工业用系列大、中、小、微型电抗器、变压器，产品主要应用于工业装备、新能源、轨道交通、家用电器、医疗设备、智能电网等六大领域，产品远销欧洲、拉丁美洲、大洋洲、东南亚等多个国家和地区，是施耐德、三菱、大金、海尔、格力等多家世界知名企业优秀合作伙伴，在国内外磁性电子元器件行业中具有很高的品牌优势。博微电气设有省级博士后科研工作站，先后获得“国家火炬计划重点高新技术企业”“安徽省省级工业设计中心”等30余项荣誉奖项，连续多次荣获中国电子元器件行业百强企业，为华东地区最大的电子元器件研发、生产企业。

一、电子企业基于杜邦分析法的高质量发展管理的背景

（一）贯彻国家经济高质量发展战略的必然要求

制造业作为国家经济的重要支柱，是推动实现国家经济高质量发展的重要力量，只有制造业实现高质量发展，国家经济高质量发展才有充分保障。因此，制造企业要顺应新发展阶段要求，贯彻新发展理念，坚持质量第一、效益优先，通过转变发展方式扎实推进质量、效率和动力变革，把服务国家经济发展、提高发展质量和效益作为企业的出发点和落脚点，不断提升企业的市场竞争力、盈利能力和可持续发展能力，支持国家稳固经济基础，不断增强综合国力。

（二）落实集团公司高质量发展部署的有效举措

作为国家高端电子制造的重要骨干企业和高质量发展的主力军，集团公司立足新时代，贯彻新要求，围绕建设世界一流企业目标，聚焦主责主业，积极践行国家高质量发展战略，科学制定“二四六八”中长期发展规划，形成整个集团高质量发展上下一盘棋，统筹深化下属单位供给侧结构性改革，在质量、效率、动力等方面改革实行统一谋划、协同推进，着力解决当前科研生产面临的突出问题，最大限度释放下属企业动力和活力。通过政策引导和任务考核加快推动下属企业通过管理创新和技术突破优化经济结构、转换发展模式、提升发展动力，持续开展精益化管理，提高供给质量，培育新的增长点。

博微电气积极落实集团公司高质量发展工作部署，严格落实政治责任，牢记强国使命，推动战略落地；积极履行经济责任，提高企业全要素生产率，大力推动技术创新、管理创新和商业模式创新；主动担当社会责任，坚持绿色发展，分享发展成果，支撑集团产业做强做优。

（三）提升企业可持续竞争能力的内在需要

当前，世界经济面临“逆全球化”的严峻挑战，人口红利逐渐衰减，大宗材料价格持续走高，制造企业面临着前所未有的风险和挑战，博微电气发展过程中暴露的问题也越来越突出，具体表现为以下几点。一是发展动力不足。“代工厂”的历史沿革使博微电气长期在技术投入和人才引进方面重视不够，导致创新动力不足，销售和利润增长缓慢。二是以粗放式管理为主。博微电气是以铁芯、铝、铜等金属为主要原材料的劳动密集型企业，发展模式以高投入、高排放、低效益为主要特征，管理粗放，资源利用效率不高。三是盈利能力减弱。原材料进价和资源环境代价持续上涨，人工成本不断攀升，特别是因技术门槛低导致大量中小企业涌入，进一步加剧市场竞争，盈利空间不断压缩。四是环保重视不

够，可持续发展能力不强。博微电气在追求更多经济效益的同时，忽略了资源利用与环境保护之间的矛盾，导致环保投诉和处罚事件时有发生，正常经营受到影响，经济利益受损。

因此，博微电气要着力解决发展过程中上述增长动力不足、发展质量效益不好、经营效率不高等突出问题，塑造一个具有创新和发展活力的市场主体，就必须积极推动高质量发展，提高核心竞争能力，才能在激烈的国内国际竞争中持续健康稳定地发展。

二、电子企业基于杜邦分析法的高质量发展管理的主要做法

（一）优化高质量发展顶层设计，确定总体实施方案

1. 适应经济新常态，科学设定高质量发展总体目标

博微电气从中长期发展规划出发，结合自身业务实际，经过反复研究、实践和总结，科学设定并实施具有自身特色的高质量发展总体方案：通过质量、效率和动力变革，优化资源配置，提高全要素生产率，在创新发展、业务增长、经营效益、运行效率和绿色安全等方面持续提升，不断优化各项经济指标，实现以“高增长、高效益、高效率、绿色安全”为特征的高质量发展目标。同时，博微电气导入高质量发展评价体系，引导企业加强资源整合管理，科学规范业务活动，积极开展创新和持续改进，推动高质量发展不断迈上新台阶。

2. 引入杜邦分析法，构建高质量发展导向指标

通过多次研究分析，博微电气引入杜邦分析法作为高质量发展的重要导向和评价指南，从财务角度将若干个用以评价企业经营效率和财务状况的比率按其内在联系有机地结合起来，并辅以环境保护、安全生产等指标，形成一套完整的综合指标体系，并最终通过净资产收益率来综合反映，逻辑层次清晰，脉络条理突出，为推动高质量发展、精准施策提供一张明晰的路线图。

基于杜邦分析法的综合指标体系是博微电气高质量发展目标和经营活动的桥梁和纽带，通过持续改善经营活动，不断优化经济指标，推动实现博微电气高质量发展目标。具体来说，高增长是通过销售增长率、净利润增长率和资本积累率等指标体现的，这些指标主要依靠技术创新、市场开拓等经营活动支撑；高效益是通过净资产收益率、销售毛利率、资产负债率、质量成本率等指标体现的，这些指标需要通过加强成本控制、严格预算约束、减少资源浪费和提高产品质量等活动来保证；高效率是通过总资产周转率、两金（应收账款和存货）占比、订单响应速度、全员劳动生产率等指标体现的，是企业有效使用资源实现快速发展的能力，其取决于合规管理、流程再造、信息化程度和生产自动化水平；绿色安全是通过危废物排放量、万元产值能耗、安全事故数和环保投诉数等指标体现，需要通过落实质量安全体系，升级新工艺、新技术，加大环保投入和加强培训等措施来实现，以资源节约、环境友好方式健康发展。

3. 科学制定实施方案，分解落实各组织主体责任

一是设立组织机构。博微电气成立以总经理为组长、财务总监为副组长的领导小组，组成人员为各部门经理级以上人员，同时成立多个跨部门、跨专业横向工作小组，如销售收入小组、降本增效小组等，各工作小组定期召开会议“回头看”“向前谋”，总结得失，科学规划，确保整体工作按计划推进。二是建立高质量发展目标，每年围绕杜邦分析法创立各项量化指标，明确当期工作改进点。三是围绕量化指标，确定关键动因，分解落实各项业务活动和改进措施，支撑目标达成。四是结合实施方案和业务职责确定责任部门和人员，落实主体责任，确保“人人有责任，事事有执行，件件有成果”。五是绩效评价，年终根据目标完成情况综合评价各组织和人员绩效，明确改进成效和不足，奖优罚劣，持续提升治理能力和水平。

（二）加快技术创新驱动，确保高质量发展可持续

1. 创新研发模式，助力技术突破

一是内嵌式，博微电气根据开发项目特点和设计要求，向客户派驻专业人员，与客户共同开发，协

同攻关，同设计、同开发、同生产、同维护，形成利益共同体，一方面快速响应客户需求，降低沟通成本；另一方面节省开发时间，为新产品快速占领市场创造条件。二是自驱式，博微电气紧跟技术发展趋势立足自主创新，加快新技术、新工艺和新材料基础性和应用性研究，形成自身技术优势，支持新产品创造。三是牵引式，根据客户需求痛点和竞争对手信息，聚焦需求，开展专项研发，提供适销对路产品，加快市场导入并迅速形成销售收入。同时，加大与高校合作，创新产学研合作模式，为新技术、新工艺和新材料创新突破引入智力支持。开展多项技术创新活动，如“博微田村”杯工业设计大赛、产品创新沙龙等，激发大家研究创新的积极性。

推行精简设计，从源头降低成本。以客户、过程及目标为重点，秉承“人无我有，人有我优”的追求，将精益理念和原则应用于设计开发活动，遵照可制造性、可装备性和成本可竞争性原则，简化结构设计，优化工艺流程，通过持续改善，缩短产品开发周期，实现各环节同步集成开发，以最优的成本、最短的时间，研发出质量最好的产品，提升产品市场竞争力。

2. 导入项目管理，提高研发效率

为提高新产品、新技术研发速度和成功率，博微电气导入项目管理，将研发过程分为启动、规划、执行、监控和收尾五大过程组，每个过程组前后衔接并往复交叉，达到持续改善目的。在启动过程组，制定研发项目章程，识别利益相关方，包括但不限于客户、供应商和研发人员等，明确项目正式立项。在规划过程组，制定项目管理计划，做好需求分析，确定项目范围，创建工作分解结构，筛选项目研发关键路径，合理规划研发活动，最小化开发周期。同时，编制项目研发预算，规划采购和人力资源配置，识别风险并制定应对措施。在执行过程组，组建研发团队，按实施方案落实各项活动，及时反馈研发信息，及时调整和完善项目开发基线计划，保证沟通顺畅。在监控过程组，对项目开发范围、质量、成本和时间等进行监督管理，实施整体变更控制，有效防范风险，搜集并发布绩效信息。在收尾过程组，完成研发项目验收，总结项目实施经验，整理、归档项目资料，更新组织过程资产。在项目研发过程中，博微电气充分利用计算机辅助完成建模、仿真等工作，并全程实施数字化管理，进度、成本等信息实时掌握，开发效率和成功率平均提高30%。

3. 加快成果转化，提高行业占有率

秉承“技术生命力来源于客户需求”，博微电气按照“谋划一批，研发一批，量产一批，淘汰一批”的发展路径不断推动技术和产品更新换代，持续优化产品结构，加快供给侧结构性改革，努力扩大产品附加值，提高销售毛利率。在技术成果转化过程中，博微电气规范实施方案，通过需求分析、方案沟通、技术应用、样品试制、设计定型等一系列措施确保成果转化一次性成功率超过90%，降低因不符合客户要求返工导致的资源浪费，很大程度上缩短了技术成果转化周期，使新产品能够在最短时间内进入市场并创造收入。

（三）统筹市场发展布局，促进业务销售高增长

1. 发挥“三板斧”作用，提高市场占有率

开新局：以华东、华南地区为根据地，以西南、华中地区为突破，继续深耕国内市场。加大拓展国际市场，重点稳定和扩大日本、东盟及北美等市场。在行业方面，继续稳定提高工业、能源、家电等优势板块销售，对前十大客户加强战略合作，持续实施二次新产品和新领域开发，继续培育新的优质大客户并形成订单。

扬优势：充分利用轨道交通、船舶用元器件新资质、新口碑乘胜出击，集中优势资源开发新产品，挖掘新客户，提高品牌影响力。凭借产品在中低端家电市场的优势和占有率，继续向国内外高端家电市场突破，扩大销售规模。继续发挥专业销售团队优势，推动工业不间断电源（UPS）销售增长不断实现新突破，销售总量占比大幅提高。

补短板：博微电气适时研判市场变化，运用成本领先战略确定目标成本，倒逼内部加强管理，实施降本增效，提高产品市场竞争力。继续提升承接技术驱动创新成果转化能力，加快提高新产品销售，同时扩大优质客户，逐步淘汰低附加值小客户，不断提高收入和利润质量。

2. 推进营销体系建设，扩大销售收入规模

加强内部销售团队建设和管理，形成高、中、低三级销售体系，按行业、地域组建三个专业化销售团队，增强新产品、新市场开拓能力。建立产品销售价格与大宗材料市场价格联动机制，稳定销售收入利润。继续稳定提升现有市场存量，加大拓展新市场增量，积极创造新动能变量，多方面提高销售收入。通过二次开发、联合竞标、委托代理等方式继续增加千万级大客户数量，扩大收入规模。建立和完善销售激励政策，对新产品、新客户的突破给予额外的特别奖励，充分调动销售人员积极性。

3. 健全客户信用管理，提升收入增长质量

博微电气构建销售、财务、法务三级信用评价体系，加强坏账风险防范，提高销售收入质量。首先，对新客户实施信用评价，从资产规模、履约能力、行业口碑等角度进行分析，并利用天眼查等软件进行综合信用评价，评价合格后新客户将被纳入博微电气客户系统并确定信用账期和收款方式，然后接单生产。其次，定期对新、老客户进行信用画像，适时调整信用政策，并按不同信用等级采用全款、预付款和赊销三类销售政策，在赊销客户中再按照信用等级和规模给予不同账期。最后，与集团内成员单位建立和完善客户黑名单、灰名单（经常逾期客户）共享机制并定期更新，从源头上预防坏账风险。落实总经理、财务总监和销售总监“三级”账期调整和发货审批放行制度，“旧账不清，新货不发”，严格逾期账款管理，降低回款风险。

（四）加强成本费用控制，实现经营高效益

1. 实施全面预算，严格支出约束

全面预算管理是博微电气对当期战略规划和经营指标的承接分解，采用零基预算方法编制。以当年业务活动为依据，重新编制业务预算、财务预算和资本预算，把业务活动和财务管理充分融合，确保资源分配都有相应经营活动做载体，实现现有资源最优化配置。在预算执行过程中，按照“总额只降不升，适度调配”原则，允许部门预算根据实际情况在总额度内适当调剂，或根据费用创造价值大小重新分配，提高部门“投入产出比”。项目预算采用质量、成本和进度（QCD）控制方法，其中质量评价主要对标产品或技术相关参数是否达成，成本按预算总额控制和分项比例控制相结合。全面预算采取二上二下、上下结合方式逐级分解汇总，各类预算指标设置均稍优于任务指标，为完成任务留有安全空间，便于应对非常事件发生。年度结束后，按照《年度经营计划考核奖励实施细则》进行考核并兑现奖惩。

2. 改善采购管理，降低材料成本

第一，博微电气大力推进原材料国产化替代，在满足质量要求前提下优先选用国产材料，主材国产化率接近100%，辅材超过90%，大大降低材料采购、运输和税收成本。第二，引入竞争机制，采用货比三家、竞标谈判等形式优选优购，以最低价为主要选择标准，招标对象为数量多、总额大的原材料。第三，提高市场响应速度，减少材料采购周期，博微电气积极推进供应商本地化、本省化，大宗材料运输时间由2~3天缩短到1天，极大降低运输成本。第四，根据不同产品生产特点，协调供应商优化材料最低包装量，避免入厂二次分包，减少非必要成本支出。第五，年初与主材供应商签订合作框架协议，实行价格市场联动机制，与供应商形成长期合作利益共同体，减少涨价风险。第六，积极推动供应商大宗材料包装物回收，每年节约金额数十万元。

3. 科学组织生产，减少制造支出

博微电气统筹市场需求和制造资源，以满足用户需求为目标，优化人力和设备资源配置，通过持续

实施准时生产，鼓励全员积极参与改善，利用看板管理和信息化手段，强化质量管控，提高柔性生产能力和效率，消除生产浪费，提升投入产出比。不断加强生产制造对市场订单的响应速度，以销定产，快速流转，多方协同。通过关键路径管理和周计划月滚动等措施严格落实生产计划，加强工时分析、资源配置、生产排查和改善提升等方面的过程管理，通过减少周转、差异调节和日清制度最大限度提高效率，减少浪费。继续推动生产自动化建设，每年投入大量资金用于生产设备、工艺流程更新和改进，节约人力资源，提高生产效率。借助国外先进质量管理经验，采用科学的质量管理工具和方法，如失效模式与影响分析（FMEA）、质量控制计划等，大力推进质量管控。

4. 实施管理提升，缩减非生产费用

健全工作规范，夯实管理基础。博微电气基于业务发展对现有组织机构优化重组，将职能相似或专业相近部门合并重组，重新确定部门职责和范围，实行定岗定编，分流富余人员，落实减员增效。推动业务流程再造，实施价值链分析，找出关键环节和增值流程予以加强，撤销或合并非增值流程，实施流程精简设计，释放冗余资源，提高经营效益。完善管理制度，如出差管理、会计核算、授权审批等，确保各项管理制度充分衔接和高度统一。

搭建多维信息体系，实施“精准管理”。一是多源。信息来源兼顾内部挖掘和外部输入，内部数据包括客户、供应商、财务审计等信息，外部数据涉及宏观经济、行业信息和政府数据等，经营决策更加全面、科学，施策更加精准，风险更加可控。二是多层。博微电气建立三级管理信息报告，战略层报告服务决策层，反映企业整体经营状况，如战略规划、投融资活动等；经营层报告服务于经营管理层，与经营指标有关，如收入费用、绩效评价等；业务层报告是各部门日常活动所需，如研究开发、生产计划等。三是细粒度。博微电气经营数据设置向上（汇总）和向下（分解）钻取功能。数据钻取犹如“剥洋葱”，根据需要可以获取不同粒度信息，便于发现异常、确定动因和精准应对。如总收入（成本）向下钻取得到不同粒度收入（成本），直至单个产品。反之，从单个产品收入（成本）也可以向上钻取至总收入（成本），达到精细化管理目的。

（五）推动治理能力提升，促进运营高效率

1. 统筹分类施策，加快“两金”周转

实施一类一策，加速存货流动。消化存量：积极协调供应商通过材料置换、委托销售、供方回收等形式降低呆滞库存；内部通过技术更改、二次加工和改型使用等措施挖掘使用价值，减少库存损失。同时，成立专项清理小组，实施奖惩办法，确保去库存工作落到实处。强化质量：材料按重要性进行 A、B、C 分类，结合保质期和储存难易程度规范出入库和流程管理，并划分不同区域保存，严格控制库房温湿环境，对易燃、易爆危险品制定落实安全预案，加强日常巡视巡检，防止出现毁损、丢失和被盗事件。遏制增量：严格按照规定时间、地点、数量到料，战略库存等特殊情况到料需要专项审批。生产计划变更或取消必须经过严格审批，并配合后续库存处理。订单完成当日必须退回剩余材料，实施“单单清”，确保月末库存账、卡、物一致。

多管齐下，加快应收账款回笼。一是成立专项领导小组，研究落实“两金”治理工作要求、协调机制和实施计划，健全应收账款管理制度，确保“两金”专项治理工作富有成效。二是敦促销售人员定期跟踪并反馈回款进度，及时落实应对办法。完善回款奖惩机制，通过多种形式调动销售人员催款积极性。三是运用信息化手段协助销售人员加强账款日常管理和催收，对于多次催收仍不回款的逾期客户则控制发货，直到货款收到或通过审批。四是将超过两年账龄或屡催不付的客户转交法务部门实施一户一策专项管理，原则上应诉尽诉，通过以物抵款、代位收款等形式降低损失风险。

2. 盘活现有资产，增强价值创造力

加强固定资产管理和使用，确保工作状态良好。一是全面清查现有固定资产，对未使用、不需用或报废固定资产组织专业人员进行综合评定，确认无使用价值的给予变现处理，回收资金。二是对在用的固定资产，特别是生产设备进行经济性和功能性评价，对于维护成本过高或产品残次率较高的固定资产予以升级或重置更新，对因技术进步原因导致生产效率相对降低的设备进行技术改造或更新换代。

持续评价无形资产价值创造能力。每年组织专业人员对无形资产进行重新评价，对确因技术或软件升级换代导致无形资产实际创造价值能力消失的情况进行综合分析对比，采取相应措施进行处置，尽快回收先期投资，确保所有无形资产均处于良好的价值创造状态。

3. 构建数字平台，推动精益化管理

博微电气以战略发展需求和目标效果为导向构建综合性数字化平台，注重实用性、可行性、集成性和强相关性。实施前做专项需求分析，对于成熟软件直接招标购买，而个性化需求则自主开发。统一数据标准和接口规范，推动系统互联互通，同时预留功能扩展和手工录入接口，保证其灵活性和适应性。利用扫码和光学字符识别（OCR）等技术自动采集和实时传送数据，提高信息采集效率和准确性，实现“一次录入，快速集成，实时共享”。引入商业智能（BI）系统，搭建可视化管理场景，简化信息获取途径，充分展示经营全貌，增强审视效果。按信息重要程度设置展示优先级，对同一优先级按决策关注度以突出方式显示，增强决策者获取信息的便捷性。利用决策模型、数据挖掘和在线分析等技术对数据进行查询、分析和集成，输出结果可以独立成表，也可以输出或嵌入到其他系统进行深度集成，提高经营的可预测、可计量和可应对。

4. 加快自动化建设，提高生产效率

博微电气按成熟、成长、孵化三大类产品分项推进生产自动化建设，每大类中再按产线分小类分步并行推进，按照“重点突破，连点成线，组线成网”实施策略扎实做好每项工作，建设多条高效规范的自动化生产线。重点突破，是针对特定工序查漏补缺，优化设备位置、操作流程、作业规则，从细节上提高生产效率和产品质量，杜绝安全事故。连点成线，是将多道工序一体化串联建设，形成多条自动化生产线、测试线，进一步增强生产能力，降低生产成本，提高市场响应速度。组线成网，是把自动化生产线、测试线等硬件设备通过制造执行系统（MES 系统）实现软、硬件集成，通过条形码跟踪从领料到成品全过程，记录、监控每一个生产环节和加工任务，支持精细化管理。

（六）增强资金安全保障，提高资金使用效率

1. 储备资金来源，保障经营发展稳定

一是拓宽融资渠道。首先，博微电气将外债融资模式由“投注差”模式改为“宏观审慎管理”模式，外债融资限额由原来的400 万美元提高至5600 万美元，从根本上解决未来发展大额资金需求瓶颈问题；其次，通过子集团担保，获得由集团财务公司随时提供的以净资产为限额的融资保障；最后，争取当地银行 3A 级授信，按优惠政策获得贷款支持。

二是加强资金流动性管理。博微电气每个部门需在上月月末向财务部门提出下月支出计划，财务部门根据资金情况反馈审批结果，执行中跟踪计划进展，并根据业务情况适度调整，月末评价执行效果，完善相关措施，确保资金收支平稳。

三是持续跟踪国家外汇管理政策和汇率走势，及时兑换外币，必要情况下（如人民币持续升值）采取美元只收不兑、延迟付款、人民币融资和加快资金回笼等多种措施，最大限度减少汇兑损失。

四是加强应收账款管理，通过月初计划、月中跟踪、月末反馈等形式敦促资金回笼，增加资金存量。

2. 合理统筹款项支付，提高资金效益

一是科学统筹客户账期、投资需求和资金安全存量，合理确定供应商货款支付账期，量入为出，使应收账款、应付账款、投资需求和资金安全存量结构合理，资金满足正常需求。二是每月根据资金存

量，与有资金需求的供应商协商提前付款条件，实现双方共赢。三是对以汇票结算的客户，原则上采取小面额多张次方式，且单笔票据金额不得高于某一限额，便于后续背书转让。每月月末将现有票据和支付需求合理匹配，优先使用票据结算，对其差额采用转账形式补齐，尽可能地保证博微电气资金充裕。四是利用富余资金通过集团财务公司向集团内有资金需求的成员单位提供比市场利率优惠的委托贷款，一方面降低需方企业资金成本，另一方面利用存量资金为博微电气创造收益。

3. 优化投融资布局，降低财务杠杆

博微电气继续抓好降杠杆减负债工作，坚持一手抓增量控制，一手抓存量化解，强化资产负债率和资本金约束，持续推动降杠杆减负债工作取得新成效。一是博微电气经营发展资金需求优先考虑内部积累，尽可能通过加快资金周转方式解决部分资金需求，同时减少当期投资分红，降低融资规模和成本。二是以“借新贷还旧贷”方式充分利用短期贷款资金成本低等优点，减少财务费用支出。三是在保证企业正常经营资金需求前提下，提前偿还贷款，减少负债和融资成本，推动财务杠杆不断降低。四是在项目投资方面做好可行性分析，在融资成本和项目收益方面做好分析权衡，以最终净收益增加为前提，保证资金成本有充足的对冲来源。

（七）坚持绿色安全发展，践行社会责任

博微电气深入贯彻国家和集团公司安全生产、环境保护法律法规和会议要求，落实“党政同责、一岗双责”，完善安全管理，致力绿色发展。以安全标准化运行为主线，建立属地管理与职能管理相结合的安全管理组织模式，以危险源识别为基础，建立风险分级管控和隐患排查治理双重预防机制，积极落实全员安全生产责任制，层层签订安全生产责任书、安全生产承诺书，持续推进安全标准化建设和全员安全管理责任制，把安全生产始终放在一切经营工作的首要位置。

以绿色发展为己任，博微电气始终秉持“原料无害化、生产清洁化、使用节能化、废物资源化”的产品全生命周期环境管理，不断探索开发环保材料，改进生产工艺，提高污染治理设备运行效率，减少环境损害和社会影响。遵照 RoHS 标准，不断消减铅、汞、镉等有害物质，并按照客户要求对涉及 REACH 法规中的 161 种物质进行严格管控。每年加大环保设备投入，杜绝废气、废水污染。同时对生产过程中产生的金属边角料、油漆渣等废旧物料派专人严格管控，统一分类存放，并交由专业资质公司统一回收处理，确保生态环境安全。积极利用自身影响力，协同上下游企业携手开展环保治理，如开发水性绝缘漆、改进和更换燃油叉车等，从源头、制造过程、终端用户到废旧处理与利用等形成一个绿色有机的生态闭环。加强对全员环保培训，让环保理念变成习惯，使环保习惯变成自觉行动，持续推动环保设备和措施优化升级，真正让博微电气成为绿水青山的受益者和贡献者。

三、电子企业基于杜邦分析法的高质量发展管理的效果

2018 年至 2020 年，博微电气净资产收益率由 7.4% 上升到 11.5%，实现经营发展的高增长、高效益、高效率和绿色安全，高质量发展不断迈上新台阶。

（一）科技创新成果层出不穷，收入利润持续高增长

博微电气建成了多个技术创新平台，如省级工业设计中心、博士后科研工作站、HPM 亚洲研发中心等，获得了专利、著作权等知识产权近 100 项，科技人员占比为 15%，年均研发经费超过总收入的 6%，多项核心技术成功转化形成核心业务链，成为华东地区最有竞争力的变压器企业。目前，博微电气形成了九大类产品在产、四大类产品在研、五大类产品在谋的赓续发展格局，新产品销售占比高达 23%，研制项目报价一次性成功率超过 90%，样品交付一次合格率 95%，基于新培育的一体成型贴片电感技术成立的子公司迅速得到市场认可，销售收入快速上升，科技创新驱动发展成果显著。

博微电气市场布局不断扩大，华中、西南市场实现了新突破，美国、日本市场进一步巩固，东盟市场开发稳步推进，销售规模不断迈上新台阶。近 3 年，产品销售收入年均增长超过 12%，净利润年均

增长超过 10%，资本积累率接近 110%。培育的千万级客户超过 10 个，占总收入的 80% 以上，海外收入超过 35%，形成了基础设施、工业制造、家用电器、新能源等六大业务板块，前 3 个板块销售占比超过 70%，成为博微电气优势龙头板块。销售、法务、财务三级信用评价管理体系逐步完善，销售回款率超过 80%，坏账风险持续降低，收入质量不断提高。

（二）降本增效措施成效显著，企业经营实现高效益

2018 年至 2020 年，博微电气自动化建设和流程再造成效显著，人数由 700 余人下降到 516 人，职工薪酬年均增长 20%，人均产值上升至 96.9 万元，全员劳动生产率年均增长 12.3%。制造费用下降 15.1%，订单响应时间缩短不足 5 天，每年节约材料和产品包装费用约 150 万元，产品结构不断优化。毛利率由 11.2% 提高到 14.3%，盘活处理呆滞库存和废旧资产超过 700 万元，资产质量进一步改善。“两金”指标连续三年处于历史最优水平，资金集中度连续 3 年超过 92%，资金计划执行率超过 85%，全面预算执行率平均接近 107%，资产负债率下降至 45%，多项指标均达到行业较好水平。

博微电气先后获得了 ISO 9001、TS 16949、汽车、医疗、轨道交通等多项质量安全体系认证，产品工程不良率减少到 528 件/年，交付不良率下降到 23ppm，客户投诉数量下降至 5.3 次/月，质量成本率则由 2.8% 下降到 2.3%，材料进料检验不合格率降为 0.43%，上线不合格率下降至 0.1%，博微电气以卓越的质量管理赢得客户信任，树立了良好品牌形象。

（三）绿色安全发展优势明显，资产运营彰显高效率

运营效率大幅提高。基本实现了供应商本地化，大宗材料交付时间缩短到 1 天，减少库存超过 30%，材料最低包装量不断优化，杜绝二次分包，工作效率提高了 20%，材料分类免检覆盖率由 10% 扩大到 30%。2018 年至 2020 年，材料周转率由 0.85 次/月提高到 1.67 次/月，账、卡、物的一致率上升到 99.6%，流动资产周转率达到 1.5 次/年，总资产周转率上升至 1.3 次/年。建成了以 OA 为门户、20 余个信息系统互联互通的综合性数字化平台，系统间实现了自由访问、筛选、集成和推送，财务报告生成时间缩短至 3 日，90% 以上信息“一次录入，实时共享”，基础性工作量降低近 40%，响应时间不断缩短，决策信息质量持续提高。

安全生产和环境保护成效明显。2018 年至 2020 年，在产值持续上升的情况下，万元产值能耗年均下降超过 8%，安全生产未遂事件则由 12 件下降至 3 件，责任事故下降到 3 件，危废物年产生量由 131.6 吨下降到 90 吨，废气排放量下降到 2.9 吨，特别是水性漆的成功应用促使年废弃油漆下降 30%，环保投诉基本消除，员工获得感不断提升。获得了多项安全生产和环境保护体系认证，形成了较为完善的基于产品生命周期理念的环境管理系统，得到了监管方和第三方审核的高度肯定，在行业中树立了良好的社会形象。

（成果创造人：曹兴虎、张德光、樊　虎、张　艳、王蓉蓉、韦　涛、罗　雨、梅青松、高春蕾、廖　敏、吴　剑）

充分竞争型国有企业债权零损失管理

太极集团有限公司

太极集团有限公司（以下简称太极集团）连续18年入围中国企业500强，拥有15000名员工、13家制药厂、20多家医药商业公司、10000家药房及两大研发机构，是集医药研发、医药生产、医药商业、大健康产业于一体的全国医药产业链最为完整的大型企业集团。现有中西药品规1500多个，全国独家生产品种75个、国家中药保护品种50余个、国家基药品规366个（其中独家品种7个），共有412个品种（740个批准文号）进入2020版国家医保目录，其中独家品种21个，获国家专利175项，年销售额逾亿元的品种19个，过千万元的品种逾100个。2020年10月，太极集团实现与中国医药集团资产重组，向"融合、重塑、提高"经营管理目标有序推进，太极集团将以更加崭新的姿态踏上高质量发展的快车道。

一、充分竞争型国有企业债权零损失管理的背景

（一）体现国有企业担当，保障国有资产保值增值的需要

国有资产的保值增值是保证国有资产不流失，社会稳定和经济发展的重要手段，是实现资源可持续利用，社会可持续发展的必要措施，更是国有企业的重大政治责任和历史责任。国有企业债权作为重要的国有资产，如果管理不到位，很容易导致不良债权、坏账和呆账产生，造成国有资产流失。因此，国有企业必须从维护国家利益的高度，以零损失为目标，有效履行管理职能，在切实维护企业债权完整、促进实体经济健康发展等方面敢于担当和有所作为。

（二）激烈市场竞争下，国有企业防范经营风险的需要

充分竞争型国有企业想要生存和发展，扩大市场占有率、提高销售额，不得不采取赊销模式。根据商务部研究院的调查，我国企业开展信用交易的比例已超过80%。赊销方式是把"双刃剑"，在推动销售规模扩大的同时，也带来了应收账款规模不断扩大、流动资金大量占用、大量坏账损失等后果。国家统计局统计的数据显示，2020年年末，我国规模以上工业企业营业收入比2019年增长0.8%；应收账款比2019年年末增长15.1%；应收账款平均回收期比2019年年末增加5.8天。可见，应收账款增长速度远超营业收入增长速度，应收账款回款周期不断延长，"钱紧"已然成为普遍现象。近年来，购货方不断拉长回款周期，甚至恶意拖欠货款，导致供货商资金周转紧张，不断垫资，在高昂的融资费用和各种成本费用刚性增长的夹击下，资金链断裂，进而惨淡收场的事件屡屡发生。因此，有效债权管理是保障企业资金正常周转、防范经营风险的基础性工作，应该引起足够重视。

（三）国有企业摆脱困境，实现高质量发展的需要

债权是企业持续经营的资金来源，债权管理相当于企业资金管理。资金是维持一个企业生命的血液，需要保证资金的可持续周转，才能保证企业的健康成长；资金周转速度，对企业的经营管理有着决定性的影响，资金周转速度越快，企业的经营效益就越高。因此，在国有企业的经营管理中，有效的债权管理对加速资金周转，保证企业高质量发展具有重要作用。

作为在改革发展中逐步成长起来的国有股份制企业，太极集团也遭遇过发展上的困难，尤其是债权管理难题。太极集团发展之初，管理上更注重销售收入和经营规模，忽视了债权管理，不良债权以每年800万~1000万元的速度递增，严重侵蚀了企业盈利能力。为扭转这一不利局面，1998年至2003年，太极集团先后组织上百名对账人员，在全国各地进行大对账、大清欠，收回了部分呆死货款，不良债权

得到一定控制。

此后，为巩固多年清欠成果，防止出现前清后欠的局面，太极集团提出以零损失为目标，着手建立相应的债权管理机制。

二、充分竞争型国有企业债权零损失管理的主要做法

（一）顶层设计，搭建债权管理架构

明确债权管理的内容是基于赊销业务的额度控制、账期控制及风险控制；明确债权管理的价值是促进企业良性发展的价值提升工具及价值维护工具；明确债权管控总体架构是“三大体系”“八项机制”“四大保障”。三大体系指授信管控体系、风险监控及预警体系、应急处置体系；八项机制包括由业务员与债权管理人员“双查制”、风险保证金与业务员担保机制、销售客户抵押与保证机制、动态监控及预警机制、先行罚息及先行赔付机制、应急处置机制、货款责任人终身负责制、债权考核与激励约束机制；四大保障指专职管理机构保障、各单位“一把手工程”、部门协同保障、丰富工具保障（见图1）。

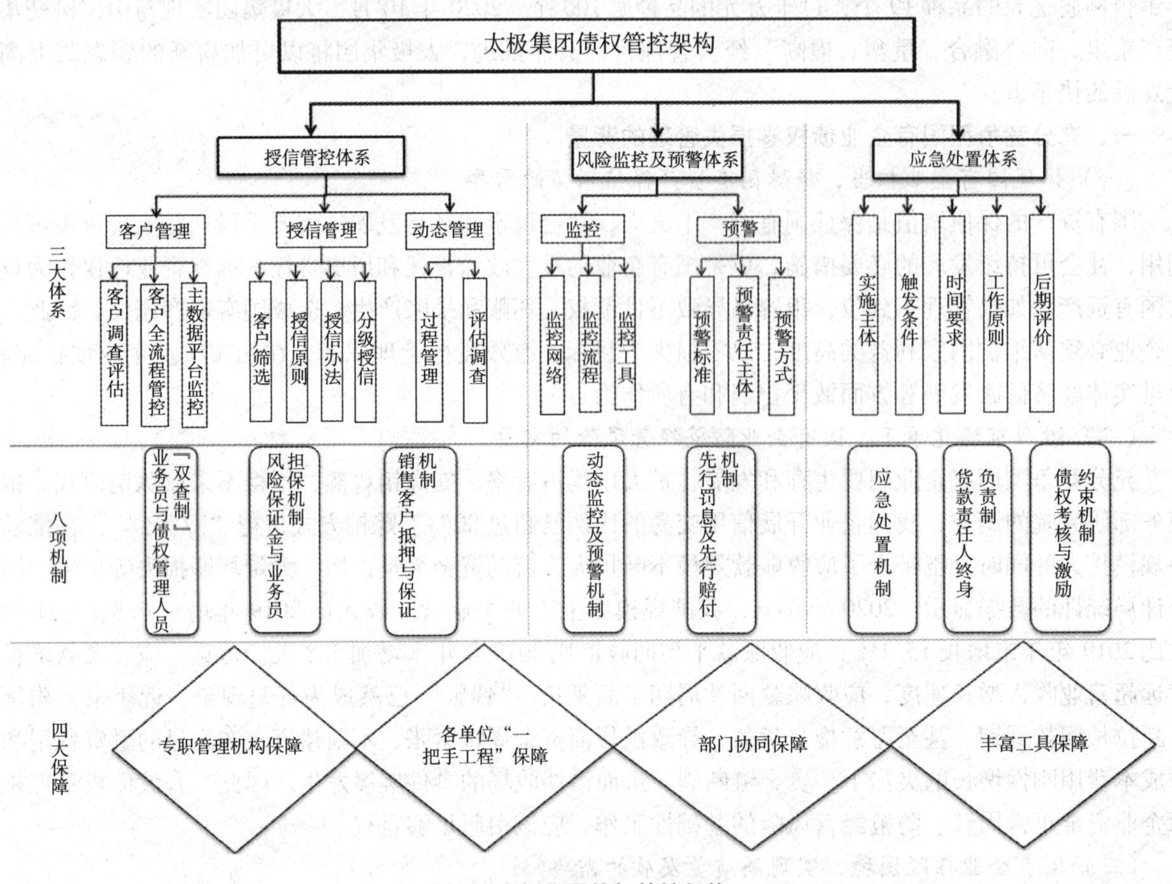

图1 太极集团债权管控架构

（二）结合市场实际，建设完善债权管理三大体系

1. 建设规范的授信管控体系

第一，认真遴选授信客户。绝大多数授信客户以业务员网络考察、实地考察等多渠道调查评估为主；对金额大、风险大的客户，在业务员考察评估的基础上，由债权管理人员再次独立开展考察，以充分揭示客户的风险，正确反映客户的真实经营情况，即按“双查制”要求开展客户考察。对于业务员、债权专职人员考察结论差异较大的客户，由债权分管领导再次组织考察，确保授信基础依据客观、真实。

第二，建立合理授信原则。实施基于利润测算、战略考虑、风险可控等的“额度＋账期”双控原则。授信前，必须测算该笔业务的利润回报、充分评估客户风险，在此基础上，确定授信额度及授信期限。个别有价值的战略客户，允许阶段性亏损。

第三，采取有效的授信办法。授信额度、账期计算以销售计划、利润测算为主要依据，结合客户业态、客户性质、有无抵押担保等制定统一标准、统一原则。同时，需要兼顾不同业态的特点，区别对待：如根据工业、商业系统的业态特性、客户属性实施分类管理，分别建立各系统客户全流程管理及分级授信操作办法，在集团授信管控总原则下，采取分层、分级授信，实现权限下移，提高快速应对市场的能力。对特殊行业、康养产业，如招投标业务、酒店业务、食品销售、中药材种植及中药材经营业务，采取一企一策的客户及分级授信管理办法，实现对客户的授信管理均有章可循，全覆盖、无空白。

第四，加强授信使用过程管理。通过太极云债权监控平台，智能化全流程管控授信额度的使用过程。在发货流程中对额度进行审核控制，超授信额度或超账期的不能发货。特殊情况，采取分级审批后发货。

第五，实施授信使用效果评价及动态调整。在合作中对客户实施再考察、再评估，分析评价授信使用情况，根据系统统计客户超期、超限频率，分析具体原因，结合再考察评估结果，动态调整授信账期、额度或合作方式，对长期违约、缺乏诚信的客户立即停止发货，取消授信，清收货款。

2. 建立风险监控及预警体系

太极集团构建三级债权动态监控网络，在集团层面设立债权监控中心，并按业态不同设立四个债权监控分中心，在各基层单位设立债权监控部门或岗位，通过下管一级的穿透式工作方法实现债权监控全覆盖。

运用多种监控途径捕捉风险，如自行开发债权监控平台，对超限发货、逾期回款的行为能够快速捕捉，快速启动预警；同时，主动购买天眼查的使用权限，分发基层单位，使其成为厘清风险客户的产权关系，拓宽债权风险处置途径的重要工具；在常规监控中，要求业务员、债权专职人员等责任人，时刻带着风控意识和风控方法，认真、细致捕捉并及时报告客户风险信息。

建立标准化流程管控风险：在推进债权风险管理工作中，太极集团全面引入精益管理的思想和方法，打造债权全流程监控管理体系。

制定合理的预警标准揭示风险：账龄超 3 个月的应收货款，由各单位预警催收；超 6 个月应收货款，由集团发出预警并督办催收。逾期 1 个月的应收货款，由各单位预警催收；逾期 3 个月的应收货款，由集团预警并督办催收。突发性风险客户，由集团内全面预警、停付催收，并启动债权风险应急处置预案。

运用快捷有效的预警方式提示风险，如债权云平台预警、电话预警、债权工作微信群预警、书面预警通知、预警函等。

3. 建立债权风险应急处置体系

明确实施主体：按照分级处置原则，成立各级债权风险应急处置小组，负责组织指挥、统筹协调、靠前处置本级债权风险。

明确触发条件：对于有逾期行为的大额客户，逾期一年的客户，经营中改制、改组、破产兼并、涉案涉诉、账户冻结、飞检吊证等异常客户，经债权专职机构按预警、分析、评估汇总后的风险金额、涉及单位的具体组成类别，启动应急处置预案。

明确时间要求：1 小时内通报险情，相应债权风险应急处置小组立即开展应急处置工作。

明确工作原则：统一领导原则，各单位产生的债权风险，由债权风险处置小组负责处置，上级债权管理部门负责指导；分级负责原则，按风险大小，各负其责、各司其职，负责本级应急处置工作；快速响应原则，发现风险后，各单位必须在 1 小时内报告，第一时间赶赴现场，为及时获得风险信息，太极集团设置线索奖，对提供具有价值风险信息的单位或个人予以奖励，鼓励全员成为侦察兵；协同联动原则，1 小时内，集团启动全面预警，全面清查、汇总应收应付，部署停付催收。

三级风险的划分：三级风险，风险金额在 50 万元以下的，由各单位应急处置小组负责处置；二级风险，风险金额在 50 万 ~100 万元的，由债权分中心应急处置小组负责处置；一级风险，风险金额在 100 万元以上的，由集团公司债权风险应急处置小组负责处置。涉及同一系统的多家公司，由债权分中心负责处置；涉及跨系统的多家公司，由集团应急处置小组负责处置。

明确后期评价：建立以结果为导向的工作评价机制，对处置结果较好的项目，设立单项奖予以表彰及肯定。对不履职、不作为、处置结果较差的处置工作小组，通报批评。尤其是风险发生单位，若是工作失职导致损失产生，则严格按照货款责任人负责制追究赔付责任。

（三）建立债权管理八项机制，筑牢债权零损失管理的基础

1. 业务员与债权管理人员“双查制”

对金额大、风险高的外部授信同一客户，从业务员、债权管理人员两个角度独立开展考察，并借助实地考察、动态监控方式，对债权风险做到早发现、早处置，取消或减少授信额度、停止合作，解决选择性失明问题。

实施范围：根据客户性质选取大额授信客户；长期超信用限额发货的客户；连续 3 个月延迟回款的客户；最早一笔未回款发货订单，账龄超过 3 个月的客户；拒绝配合对账的客户；有从事高风险投资的客户；出现不良债务纠纷或遭遇重大诉讼事件的客户；在经营管理过程中转制、改组、企业兼并的客户；法人代表或实际控制人有严重违法经营现象或涉及重大诉讼的客户；法定代表人或实际控制人身故或患重大疾病的客户；其他可认定为高风险的客户。

实施时点：新客户授信前、老客户有异常情况时，符合“双查制”实施范围的，由债权岗位人员独立开展实地考察、评估，并形成书面考察及风险评估报告。业务员与债权管理人员的考察结论有冲突的，各单位债权分管领导组织分析、研究，必要时，再次考察。

考察内容：客户的基础资料、关联单位、股东情况、对外投资、变更事项、诉讼事项、风险提示等信息。

考核途径：利用社会关系，采取明察暗访等多种形式，掌握客户经营情况、财产状况及负责人情况。运用国家企业信用信息公示系统、中国执行信息公开网、天眼查、企查查等工具开展网络考察。在网络考察的基础上，结合对账、送货、客情维护等机会，开展实地调查，了解客户的经营场所、仓库规模、业务繁忙程度；暗访客户的人员，调查员工对企业是否满意，员工的收入水平，工资、提成发放是否及时；向同行了解客户的付款习惯、守约习惯，是否有经常不按约定回款的情况；多渠道打探客户是否有高风险投资情况、企业实际控制人的风险管控意识和健康状况等，尽可能取得客户财务报表（资产负债表、损益表及现金流量表），通过报表分析客户资产、经营情况及资金周转状况；尽可能想办法摸查客户真实的资产、信用状况，有无欠税、欠社保交费等情况；通过双方合作情况分析业务发展情况、履约付款情况、超限发货频次及超限原因；等等。

2. 风险保证金与业务员担保机制

2003 年起，太极集团以利润为导向，划小核算单元，聚焦投入产出比，在各基层单位开始试行以片区为单位，在每月绩效分配前计提一定比例资金，作为风险保证金，对未能化解或未能全额化解的债权风险，首先通过风险池赔付，其次按责任人划分的标准赔付。

随着业务的增长及长时间的积淀，风险池不断壮大，为债权损失的有效弥补提供了重要保障，减轻了业务员的经济负担，一定程度调动了业务员开拓市场的积极性。对于公司判断有风险，而业务员判断

风险可控的客户，补充以业务员担保方式开展业务，实施授信。

3. 销售客户抵押与保证机制

抵押担保范围：除大型连锁公司、国有企业、上市公司及其控股子公司、分公司外的合作单位，一般要求提供抵押担保。实践中，以小、微型民营企业等高风险客户为主。

抵押担保方式：财产抵押，首选营业用房、住房等方式，其次为股权等方式。

担保要求：以法定代表人等有经济实力的高管个人连带责任保证为主。

4. 动态监控及预警机制

监控主体：业务员、债权岗位人员。

监控方法：太极集团要求业务员在日常客情维护中、同行交流时、政府事务拜访中，须敏锐捕捉客户的经营异常情况，并及时预警、及时报告、及时处置。要求债权岗位人员通过债权云分析平台，及时排查各类具有逾期行为客户；通过天眼查、信用中国等工具，及时掌握客户的关联关系，及时评估行政处罚、涉诉事项对客户的影响程度；在实地检查中，深入仓库查看库存规模、开票窗口评估业务繁忙程度、临近单位了解经营口碑，从而查实、查准风险情况。

监控内容：双方业务合作情况、款项的回收状况、客户经营动向等。

监控重点：授信客户。对享有授信的民营性质客户、分销业态客户、超限发货客户、逾期行为客户、经营异常客户、系统性风险下所排查的客户实施重点监控。

5. 先行罚息及先行赔付机制

先行罚息：对账龄超过 6 个月的客户，集团债权中心督促债权单位催收货款；对账龄超过 10 个月的客户，函告债权单位并提示罚息。罚息标准按照同期银行一年期贷款基准利率，自超期一年的次月起按上月月末实际欠款金额逐月处罚。如罚息一年后仍未收回货款，则直接赔付货款，罚息可以冲抵赔款。

先行赔付：对账龄超过 22 个月的客户，函告债权单位并提示先行赔付。账龄超期两年的次月内按上月月末实际欠款金额，由单位一把手先行赔付 50%，并在 3 个月内由债权单位根据形成原因制定最终赔付方案。根据最终赔付方案，补足或部分退还先行赔付金额。账龄超过两年的客户，如上一年（账龄 1 ~ 2 年）累计回款占应收款项的 60%（含 60%），可延迟 6 个月实施赔付。实施赔付后收回的货款净额（包括法律诉讼胜诉后执行的财产、物资等），按照赔付比例退还相关责任人。对于最终赔付方案，债权风险产生单位要根据实事求是原则划分形成，特别是单位一把手不能以权压人，若一把手在该次债权风险产生及化解过程中，确无责任，则先行赔付部分应予退还。

6. 应急处置机制

第一时间启动预案：根据债权风险预警排查结果，按照分级处置规定，由相应处置小组启动应急处置预案，开展应急处置工作。

第一时间赶赴现场：销售团队、债权团队须尽快赶赴客户驻地，与其主要负责人接触交流，摸排风险的严重程度、财产状况、客户的解决意向等。

第一时间保全财产：必要时，紧急部署保安人员 24 小时蹲守财产物资。

第一时间深入研究：形成风险处置的具体方案、实施策略等。做好角色安排，预备多套方案。

做好持久战：频繁约见客户，夜以继日交流、谈判，摸清底牌，修正策略。

打好攻坚战：充分利用抵押、担保等保护手段，以理服人、以情动人，让其主动解决太极集团债权。收集各项证据，做好诉讼准备，做好和解准备，做好后续工作。

7. 货款责任人终身负责制

对责任人实行货款“全额赔偿、终身负责”的工作要求。充分利用货款责任人终身负责制的震慑作用，引导业务员在客户考察环节，务必尽职尽责，千方百计揭示客户的潜在风险。在合作过程中，务必以审慎的思维，持续关注风险，准确捕捉风险。风险产生后，务必积极有效采取行动，控制风险、化解风险。

8. 债权考核与激励约束机制

考核内容：债权制度建设、债权工作的过程管理、债权风险预警及管控、债权岗位人员履职情况等全方位、穿透式的检查考核。

评判标准：以结果为导向的，新增一年以上账龄应收账款否决、产生风险损失否决。

激励约束：建立债权工作年度考核机制。以结果为导向、以实际成绩服人，对债权工作相关人员实施奖励。同时，对考核不合格的债权分中心、基层单位要通报批评，并对相关负责人及债权岗位人员实施经济处罚。凡连续两年考核结果为不合格的，第二年度处罚金额加倍执行，造成债权损失的，追究相关人员的赔偿责任和管理责任。

建立风险处置激励机制。以结果为导向，对债权风险应急处置中有突出贡献的人员（不含风险产生单位人员），设置单项奖励。正向激励债权风险处置人员积极化解风险，维护公司财产安全。对提供有价值的债权风险线索人员设置特别奖，鼓励全员关注风险，防范风险。

（四）通过充分运用四大保障，为债权管理提供有力支撑

1. 专职管理机构保障

首先，在集团层面成立债权监控中心，负责集团债权架构设计、债权制度建设、债权风险管控智能化推进及重大债权风险的应急处置，成为第一级监控层，并把债权零损失作为衡量工作能力、检验工作水平的唯一标准。因此，每有风险产生，必将全面动员、必定全力以赴、务求全额化解。

其次，根据行业特性在行业主管部门成立相应债权监控分中心，负责下属各基层单位及客户债权监控的预警、督办及本级风险处置工作，成为第二级监控层。债权分中心未实行垂直管理，而是归口到相应系统管理职能部门，实行两块牌子、一套班子，充分借力系统管理职能部门对资金调动、人事任命的决策建议权，更好发挥债权监控职能作用。

最后，工业、商业、康养系统独立核算企业成立相应的债权管理机构（债权部、科室），负责具体执行集团债权管理制度及本级风险处置，成为第三级监控层。

2. 各单位“一把手工程”保障

太极集团明确各单位主要负责人为债权管理的第一责任人，实行“谁审批、谁负责”，对债权损失，追究管理责任及赔偿责任。近年来，随着责任追究制度的落实，不少管理人员和业务人员因职责履行不到位被处罚赔偿货款。2019 年，进一步明确了一把手先行罚息及先行赔付要求，以更强有力的手段督促各单位第一负责人履职尽责。2020 年，将债权风险纳入一把手“风险津贴”，对不履职、失职的一把手扣罚风险津贴。

3. 部门协同保障

成立由债权监控中心、分中心、法务部、保卫部、财务部、业务部等多部门协同作战的应急处置工作组，第一时间担负起本级风险应急处置工作。债权部门负责统筹协调、组织谈判；业务部门负责与客户联系沟通、收集信息；财务部门负责对账确权、收集证据；法务部门负责分析证据、提请诉讼；保卫部门负责查找线索、蹲守财产、货物抢运；等等。

4. 丰富工具保障

自主设计并搭建太极集团债权云分析平台。利用该平台，顺利实现汇总、分析集团数据：集团应收账款总体情况、账龄情况、客户各维度应收账款情况、信用限额使用情况等不同业态、不同维度的多口径、历史数据的汇总分析、对比分析、趋势分析，为债权监控、信用评价系统搭建提供基础数据支撑。

流程管控：通过与 NC 业财一体智能化系统互联互通，实现客户管理、信用限额全过程信息化管控；监控预警：对超期超限情况实时监控预警；资源运用：商业预付款及行业管理部门数据分析模块。商业系统、康养系统与分析云平台接口预留，为未来实现全集团债权监控数据实时共享、实时监控做出前瞻性设计。

三、充分竞争型国有企业债权零损失管理的效果

（一）通过精细化过程管理，实现连续多年债权零损失

太极集团对债权工作一直高度重视，多年常抓不懈，通过精细化的过程管理，建立授信规模和风险预警机制，推行失职和损失问责制，落实货款赔偿终身负责制，完善“全覆盖、零容忍、深究责”的考评机制，已初步建成“体系健全、制度完善、管理规范、风险可控”的债权管理模式。

2004 年至 2020 年，太极集团债权管理工作，连续 17 年保持零损失。尤其是近 5 年，通过积极应对处置，有效化解 24 宗、4368 万元债权风险，有力巩固了债权零损失成果。事实证明，太极集团债权风险监控制度有力，处置机制有效。

（二）实施分级授信管控模式，有力促进销售增长

实施切合业务发展实际的授信政策，实现权限下移，加大各单位自主经营授权，以灵活应对经营环境的瞬息变化，保持了每年近 16% 的授信增幅，促进了太极集团每年超 12% 的销售增长。

（三）严控一年以上账龄应收账款，加速流动资金周转

2003 年后，除公立医院战略项目实施特殊账期，无新增一年以上账龄应收账款。工业系统年回款率近 100%，除公立医院外，商业系统年底货款全部清零。保持了每年应收账款占比 14%，低于行业平均水平 6%~8%。应收账款周转率高于同行业平均水平 47%，应收账款周转天数较同行业平均水平减少 24 天。

（成果创造人：李阳春、俞　敏、谭明合、刘永升、刘晓琴、吴　倩）

军转企业集团适应改制转型的财务管控体系建设

中国安能建设集团有限公司

中国安能建设集团有限公司（以下简称安能），是由武警水电部队转隶组建的中央企业。2019 年 9 月，应急管理部在安能成立自然灾害工程应急救援中心，组建就大国家应急抢险救援基地。安能总部位于北京，为国资委直属一级央企，下属 5 个全资子公司，13 个三级单位，总资产约 130 亿元，2020 年实现营业收入 34.33 亿元，利润 0.53 亿元。安能围绕“建筑工程，相关工程技术研究、勘察、服务，水环境治理，应急救援”等职能任务，按照“一基两翼”的战略方针，在工程建设、应急救援等领域集中发力，努力打造军转企特色鲜明、具有国际竞争力的一流企业。

一、军转企业集团适应改制转型的财务管控体系建设的背景

（一）转隶改制新建是执行国家政策的使命要求

2018 年 8 月，武警水电部队集体转隶，组建中国安能建设集团有限公司，成为应急救援非现役专业队伍。转隶改制前，员工履行军人使命，执行部队的规章制度、条令条例，长期的军事化管理使部分人员思维理念与现代企业管理不适应。转隶改制后，安能面临体制结构调整、市场化运营、财务管理体系建设等诸多问题。

（二）财务体系建设是企业生存发展的必由之路

转隶改制后的安能，在公司化治理、市场化改革、产业化布局、数字化运营、创新性引领和专业化人才建设等方面与现代企业存在不小差距。数字经济时代正在彻底改变传统风险管理方式，智能化发展是大势所趋，财务管控从单一的财务价值定位，向涵盖财务价值、经营价值和战略价值的复合型价值定位转变。数字化浪潮的兴起、管理会计的复兴、业财一体化进程的加快，给军转企业集团财务管控体系建设工作提出了新的要求，带来了新的挑战，同时也提供了创新的机遇和目标。

（三）激烈的市场竞争为企业发展带来诸多挑战

安能在改制前，项目大多以政策性、指令性工程为主，很少参与市场竞争，行政为主导的军队管理模式与现代企业管理制度不相适应。一是管理制度军事化，制度建设与市场化经营不匹配。长期的军事化管理使部分人员思维定式、管理理念与现代企业管理不适应，公司的整体管理制度和以法人治理为基础、有限责任制为保证、管理科学为条件的现代企业管理制度不符。二是资金筹措能力较弱，资金创效方式较为单一。安能目前经营状况主要依赖于财政补助，转隶以来虽积极开拓市场，承担社会责任，但因其脱离市场经济十多年，适应市场经济能力较弱，市场化经营机制处于初步建设期，自身“造血功能”偏低，资金来源与资金创效方式较为单一。三是责任成本缺失，成本把控不严。由于安能是军转企业，改制前长期以国家指令为目标，长期由国家财政全额保障，考虑社会效益较多，较少考虑项目成本。有些单位费用开支把控不严，成本预算控制执行力度不够，财务管控意识比较薄弱，项目亏损风险突出。四是财务人员紧缺，人才结构不能满足管理需求。改制后财务人员紧缺，占比仅为 1.24%，远低于同行业平均水平，人员结构不合理，施工企业财务管理经验不足。

二、军转企业集团适应改制转型的财务管控体系建设的主要做法

（一）实现核算集中管理，构建风险防范体系

1. 统一内控标准

随着安能改制转企进程的推进，财务管理由原来的军费事业型会计向企业型会计转型，对主要经济

业务流程、管理控制标准、业务处理程序、决策审批权限等进行全面梳理和修正。集团公司统一设置了6个级次、1842个会计科目，为会计业务处理的标准化、规范化奠定了基础。组织财务人员编写规章制度，统一业务标准，制定基础数据规范、操作手册等文件，对财务管理各个层面、各个业务流程的管控标准和相关问题进行明确界定，在集团范围内统一审批流程、统一审批权限、统一审核标准，实现核算集中管控。

2. 提升管控能力

市场化的多样性和复杂性，决定了安能将面临更为复杂的内外环境，财务管控能力也将面临巨大挑战。因此安能充分依托信息化手段，以财务共享中心为平台，以防范风险、创造价值、提供决策支持为目标，围绕“财务集中核算、资金集中管控、全面预算统筹、风险实时监控”四大要求，强化顶层设计，推动财务转型，构建“集中高效”的一体化财务管控模式，持续提升财务治理效能。

3. 构建财务集中管控体系

以财务流程建设和运行为主线，强化财务风险过程管控，将重大决策、重要业务和流程的风险管理作为重点，把财务核算集中管理理念引入经营管理全领域、全过程，不断完善财务集中管控体系。通过统一的记账规则、审核规则，最大限度保证会计信息一致性和真实性，客观真实地反映各核算单位财务状况和经营成果，提升集团公司的会计信息质量。同时通过财务集中管控平台对各核算单位的财务数据实时汇总、分析，做到跨法人、跨部门数据整合，提高财务管理效率，为企业提高财务管控水平提供强有力的支持。

（二）强化资金集中管控，拓宽融资来源渠道

1. 强化资金管理，确保资金链安全稳定

安能为确保企业资金链的安全，严格实行资金管理，强化银行账户管理，集中管理企业网银U盾及支付密码器。同时将银行账户的开立、确认、变更、展期、注销全部纳入共享中心线上审批，实现全流程闭合管理。搭建银企直连平台，严格执行实施资金归集，实现资金的规模效益，发挥资金规模优势，有效激活存量资源，凸显“聚财生财”效应。以收定支、量入为出，上线资金计划模块，各单位根据实际资金收支情况，合理安排资金支付，并对审批后的各项资金支付项目进行严格控制，做到“无计划不提单、不付款”，严控资金流出。在集团成立资金管理中心，发挥资金的最大效能。

2. 发挥资金杠杆效应，不断创新融资模式

安能为应对企业发展的需要，积极开展融资活动。为了充分发挥资金的杠杆作用，认真研究国家金融信贷政策，持续深化与各类金融机构的合作力度，不断扩大金融“朋友圈”，广泛集聚金融服务资源，有效支撑集团生产经营。为防范资本市场的融资风险，安能对融资进行制度约束，设置各级审批限额，严格执行审批权限。同时，安能以其特有的产业开展创新融资模式，成立基金公司，为企业资本运作提供支持，突出价值提升，加强盈利能力和盈利结构分析，重点关注价值增长的驱动因素，发现和培育新的利润增长点，增强核心竞争力。

3. 发挥投资拉动作用，激发社会资本合力

投资作为企业稳增长的重要手段，是最具备担当拉动企业经济增长引擎的条件。安能为避免盲目投资，在投资立项前对投资项目做到多方位考察，控制投资风险，提高投资效率，把资金投向符合国家结构调整和产业升级的重点方向。除此之外，安能充分利用市场效应，引进战略投资者，联合其他兄弟央企，聚合闲置资金，激发社会资本合力。对长期投资项目重点关注，实时监控；对未分红的投资项目，及时寻找止损措施。在项目施工阶段，注重资金投入，减少业主合同和分包合同之间的付款比例差距，从源头上减少垫资，对未来的资金支出做滚动预算，做好现金流测算，预测资金投入的峰值，评估企业的资金承受能力，有效化解企业运营风险。

4. 加速资产盘活变现，防范国有资产流失

首先，加强内部资产管理，落实第一责任制，建立科学的管理机制，加强部门之间的协调与配合，形成完善的资产管理体系，落实岗位责任制，并与工资挂钩，做到定人、定物、定岗、定位。其次，加强产权管理，规范产权登记管理工作，做到"应登尽登、应登即登、登则登准"，防范国有资产流失。加强对参股投资行为的管理，严格审批流程，防范参股投资风险。积极盘活空余房地产，创收创效，提高资产使用效率，能整体出租的整体出租，不能整体出租的分割分块出租，想尽一切办法提高效益。为减少人员分散，安能统一规划，收缩人员队伍，强化集中管理，降低运营费用，提高资产效益，确保有序、有效利用好现有房地产资源。2021 年，董事会通过成立置业公司的决议，推动房地产开发平台，加快盘活近 8000 亩自有土地，促进土地资源增值变现，快速实现资本积累。

5. 加大应急产业模式探索，合理安排应急救援资金收支

不断探索应急救援业务模式，精准核算应急救援业务，尤其是抢险救灾等突发事件。根据应急救援业务的突发性、救援的及时性以及救人为先的紧迫性等特点，安能出台了《关于应急抢险业务会计核算操作指导手册》《关于明确应急救援自然灾害防治体系建设补助资金会计核算的通知》，明确应急救援项目、抢险救灾事项以及政府给予的相关应急灾害专项资金等核算范围、收支规则，科学合理地编制应急抢险资金计划，不断探索应急救援收支核算新模式。

（三）规范全面预算管理，严格落实责任成本

1. 规范合同管理，抓好项目评估

一是制定合同管理办法，规范收入合同签订流程。在项目进场施工前签订正式合同，重视合同谈判，签订要素齐全完整的施工合同，把握合同核心商务条款和履约条件以及相关纠纷解决条款，减少施工中的扯皮情况。不仅建立动态评估业主以及合作方资信状况监控系统，根据情况及时做出对策，尽可能降低风险，如发生履约比毁约损失更大的情况，应及时毁约止损；而且建立健全合同管理网络体系，对接市场价格变动及时比对更新，根据合同条款约定，按照市场价格走向，及时向业主变更索赔。

二是明确项目支出合同履约义务。对合同标的、合同价款（不含税金额）、合同履约及质量风险以及纠纷解决途径等进行规范；加强对合同价款成本考量，在同等标的质量的情况下选择财务成本最低的；对于可能存在的不确定因素，如价差调整、不可抗力标的灭失等应做明确处理说明。

三是改进合同评估制度，合理确认收入成本。及时更新项目评估制度手册，统一工程和财务口径，对一般计税项目评估时进行价税分离，预计总成本区分人、材、机和间接费用，立足各单位实际，客观合理进行项目评估。在项目施工实际发生重大变化时，加强与业主的沟通，及时确定合同变更或签订补充合同。建立合理预估成本入账制度，明确相关附件要求，及时归集当期已发生的成本，确认对应收入，确保收入成本反映工程履约实际。

2. 推进项目经理负责制，落实项目责任成本管理

一是推进项目经理责任制的落地实施。改制初期，项目成本管理存在流于形式的问题，效果不佳，一个关键原因是成本核算不准确、不科学，责任人落实不到位。为此，安能充分利用信息化手段，对单个项目按月汇总成本消耗，根据成本费用类型区分固定成本和可变成本。以项目经理为第一责任人，明确责任中心对应的可变成本，及时建立成本消耗定额，确定切实可行的成本降低目标及兑现奖惩方案，定期兑现奖惩方案，反馈责任成本方案，形成动态循环的项目经理负责制的责任成本方案。

二是做好项目前期策划和过程评估。在项目招投标阶段，安能选择经济发达区域的优质业主，从源头上把控合同效益。在项目策划阶段，在项目总目标不变、总功能不变、总进度不变的前提下，以项目施工重点与难点、施工方案与技术措施、资源配置和经营模式以及进度、质量、安全、成本、资金、品牌等全要素为核心，明晰风险源，制定规范措施和解决方案，精准做好项目策划。在合同施工阶段，详

细分析合同、施工成本，把项目盈亏情况摸清楚，把预算成本做准确，做好项目经济评估。

三是坚决落实项目责任成本管理。实现责任成本管理是提升项目履约能力和盈利能力的重要手段，安能坚持“一线三关”的管理原则，把成本管理放在突出位置来抓，落实责任成本预算分解，建立责任预算各要素分解的业务模型，通过对各个成本要素精确、定量分解分析，搞清楚哪些是必须要盈利的，哪些是必须控制的，哪些是容易造成亏损的，哪些是要通过变更索赔争取的，及时采取纠偏措施，达到最佳成本控制效果。各分子单位不断加强成本意识，切实树立成本就是效益的目标，责任成本管理有效落地，提高了项目成本控制水平，有效防范了成本失控风险，提升了企业的竞争力和盈利能力。

3. 上线费用预算系统

坚持“无预算不支出、先预算后支出”的管理原则，强化费用管控，严把预算支出关口，合理谋划，精细管理，实现费用预算线上管控，执行情况实时分析，有效压减费用支出。在提供费用预算的编制、审批、控制及分析的同时，支持松紧预算、强弱控制、特殊审批等功能，满足三级机关费用的事前管控、事中监督、事后分析功能。

（四）搭建财务共享平台，建立财务信息体系

1. 搭建财务共享平台，推动业财深度融合

安能在充分调研的基础上，广泛吸取各大建筑央企经验，结合安能实际，在集团总部建立了财务共享中心，全集团财务在“同一平台、同一制度、同一标准、同一流程”下核算，实现全集团集中报账、集中审核、集中核算、集中支付，达到降低成本、加强管控、提高效率和防范风险的目的。通过财务共享与 OA 办公系统的对接，企业微信的消息推送，打通业务财务最后关口，从而实现数据共享、信息互通。主数据平台的搭建，促进了集团核心运营能力的标准化，为各项业务开展提供快速、合规、稳定的支持。

2. 构建预警分析体系，完善风险预警管理

通过预警通报、财务分析简报、管理建议书、管理驾驶舱等日常工作信息化手段的利用，按照资金周报、财务情况月报、单位半年分析的整体思路，安能形成了从项目部、分公司、工程局到集团公司的四级财务指标，并定期推送给相关领导及责任人，对发现的不合规经济业务事项、不规范业务处理、不合理流程设置等问题进行整合，利用大数据技术等进行分析，深入挖掘企业管理中存在的问题并提出合理化建议，破除时空壁垒，多渠道、多方式、多角度地为领导决策助力。

3. 深化智能运用，建立财务风险预警分析系统

业财的深度融合，使企业各系统之间互联互通，信息共享。财务风险预警分析系统，以企业财务信息为基础，搭建 ETL、BI 服务系统，抽取各系统相关新数据，运用统计汇总、筛选分析、分期对比等方法对各系统数据进行加工，分析相关风险的前期预兆，为及时提供应对策略争取时间，尽量把风险扼杀在萌芽中，为安能财务的安全管理提供重要保障，不断完善集团财务风险预警分析体系。

（五）加强财务制度建设，培育人员风险意识

1. 完善财务制度体系

结合财务风险防范策略，紧贴转企改革发展实际，安能制定出台九大财务管理制度，涵盖全面预算、会计核算、资金管理、产权管理、内控管理以及会计基础工作规范等各个方面，在此基础上整理形成制度汇编，积极研究大额资金支付管理、财务人员出入境管理等重要制度，在集团公司层面完善财务管理制度体系。首先，加快制度建设步伐，不断健全完善财务管理制度体系，适应集团公司发展趋势和财务管理需求；其次，提高制度执行力、落实力，《集团公司财务制度汇编》是指导和管理全集团财务工作的主要依据，也是培养提升财务人员能力素质的基本准则，严格按章办事，充分发挥制度保障作用。

2. 增强财务风险意识

安能把主要财务管理人员向一线倾斜，要求建筑施工企业中的财务管理人员应花费较多的时间和精力参与财务工作人员培训工作，强化企业财务风险认知，促进企业财务风险应变能力的提升。另外，还在集团层面建立财务风险管理体系，确保能够充分地展现出财务风险的预防性作用，建立完善的财务风险管理体系，优化财务风险管理指标，对企业在发展过程中所面临的财务风险及时做出有效预判，进一步减少财务管理风险给企业带来的危害。

（六）加大项目税收筹划，建设和谐税企关系

部队体制管理下的安能、安能建设总公司与武警水电部队两块牌子长期并行，一套人员履责，部队的非营利性质，使安能与税务机关的关系较为微妙。企业市场化经营后必然会面临税务机关稽查和检查的风险。为此，安能充分利用国家转改税收优惠政策，积极协调国家税务总局，专门为安能出台了《关于武警水电部队转改过渡期间税收优惠政策》，各二、三级单位充分利用国家相关政策，提高税收政策研究能力，强化依法纳税意识，创新管控模式，开展税务交底和税负分析通报工作，合理开展纳税筹划，不断提升税务管理水平。一是培育依法纳税意识。编制《税务管理实操手册》，加强税收政策的培训宣贯，提高各级依法纳税意识。二是强化主要税负管控。在依法合规的基础上，指导各级用好用活"减税降费"政策，主要做好企业所得税和增值税两大税种的纳税筹划，确保整体税负可控。推动高新技术企业资质认定，加快开展研发费用加计扣除政策研究，做好前期相关税务筹划，维护企业合法正当利益。三是密切关注财税政策。充实财税政策研究专业力量，加强最新财税政策研究及解读运用，确保集团充分享受政策红利。

为了加强税务管理工作的规范性，安能结合有关税收法律法规建立起一套符合公司特点的税务流程管理制度，下发了具体的操作手册，相关的工作人员可以按照标准进行工作，这样能够确保税收管理的每个工作流程都具有良好的规范性；其次，建立起比较完善的责任追究制度，便于将税收管理工作的各项工作职责落实到个人，避免责任推诿；最后，建立比较完善的信息交流机制，良好的沟通是良好工作质量的前提，这样不仅可以一定程度上降低因沟通不及时带来的风险，还能够为这项工作提供坚实的信息依据。

（七）推进财务文化建设，培养高素质人才队伍

1. 优选人才、壮大队伍

树立人才兴企的理念，营造尊知识、重人才的工作氛围。注重内部挖潜、人尽其才，把真正想干事、能干事的财务人员留下来；注重引进人才，以社招方式引进建筑央企财务骨干，以校招方式吸纳财务专业学生，充实各级财务岗位，保障企业快速发展需要。

2. 挂钩帮扶，师徒结对

制定出台挂钩督助指导实施方案，借助两批次央企挂职帮扶人员力量，对下属 5 个分公司、44 个基层项目部的财务人员，一对一结对挂钩，现场监督指导，远程持续跟踪，不断总结提炼经验，打造集团人才培养样板工程，起到示范引领作用。通过"导师带徒"、职称评审、定序培养等方式，加大各阶段、各层级财务人员培训力度，形成传帮带薪火相续、老中青相得益彰的梯队格局，解决队伍青黄不接的后顾之忧。

3. 强化培养，提升素质

结合单位实际，本着对个人对单位负责的态度，关心关爱每名财务人员成长进步，制定差异化培养计划，力争做到引进来、留得下、用得上、干得好。

4. 学以致用，注重实效

引导财务人员正确处理学习与工作的关系，组织开展财务人员达标评比活动，适时进行绩效考评。

举办财经论文评选活动，2020 年共收到各单位投稿 193 篇，评选出优秀论文 17 篇并在财务工作会上进行表彰，为大家创造宽松学习环境，积极鼓励财务人员考证取证，通过考试人员全额报销考培费用。建立财会学会，以“风格多样、形式不拘、贴近基层、联系历史、基于现状、前瞻将来、内容丰富、理论与实际相结合”为原则开展财务科研活动，培养高素质的人才队伍。

三、军转企业集团适应改制转型的财务管控体系建设的效果

（一）财务管控体系雏形初显，有效防范企业财务风险

通过财务管控体系的构建，内控体系的不断完善，顺利实现了由收付实现制下的军队事业单位会计向权责发生制的现代化企业会计过渡，保证了安能在转改过渡期财务管理的平稳过渡，为企业生产经营的开局，应急救援事业的发展提供了强有力的保障，也是安能服从国家改革大局，服务集团战略发展的具体体现。坚持人员交流，以干代训，以训代培，上下交流互动，逐渐形成了“能上能下、全面发展”的人才交流制度，使员工防范风险的能力明显增强。两年来，安能财务共选派 4 期学员进行轮训，培养人才 128 人，现已成为各单位财务骨干力量。

（二）提高企业经营效益效率，实现国有资产保值增值

通过对财务管控体系的建设，分析财务管理过程中资金管理、资本创效、成本管控等方面存在的相关问题，促进企业经营效益的提高，完成安能新签合同额从无到有、从少到多的历史性转变，在实现国有资产保值增值的前提下，不断提升企业的管理水平。2019 年至 2020 年，企业新签合同额增长 208%，完成产值上升 328%，营业收入增长 340%，营业利润增长 607%。通过研发资金管理系统，实现集中统一支付，规避了资金支付风险；搭建银企直连平台，实施资金归集，2020 年年底全集团资金归集率达 88%，归集率在国资央企中名列前茅。资金系统的搭建使企业货币资金存量大幅提升，2020 年实现资金收益 1.3 亿元。

（三）行业差异化优势日益凸显，财务管控能力得到有效检验

随着安能各项业务的有序开展，财务管控能力得到有效提升，探索出一套行之有效的应急救援业务核算管理措施，为安能产业的差异化发展保驾护航。2020 年度安能累计参与地方联训联演 28 次，完成应急抢险任务 5 次，特别是 2021 年的郑州抗洪抢险，安能勇当先锋，攻坚克难，圆满完成了应急抢险任务，社会效益日益凸显。

（成果创造人：曹锡锐、郭　亮、董化龙、钮永跃、王守顺、李明辉、闫玉龙、陈　志、乔　翘、刘延杰）

国有资本运营公司股权价值管理体系建设

广东恒健投资控股有限公司

广东恒健投资控股有限公司（以下简称恒健控股公司）成立于2007年8月，是广东省净资产规模最大、资本实力最雄厚的省属企业集团，是广东省唯一的省级国有资本运营公司和产融结合平台，集中优势资源着力发展资本运营、基金投资、股权管理三大主业，积极服务大湾区基础设施建设、农业供给侧结构性改革、乡村振兴、制造强省等多个领域，服务广东经济社会发展。恒健控股公司代表广东省人民政府持有中国南方电网有限责任公司、中国广核集团有限公司、中国广核电力股份有限公司、宝钢湛江钢铁有限公司、中航通用飞机有限责任公司等央企股权，战略投资中国南方航空集团有限公司，将千亿级央企股权等资产转化为资本、产业等资源，打造国有资本运营大平台，推动产业集聚和优化升级。“十三五”期间，恒健控股公司业务收入、净利润年均复合增长率分别为48.22%和56.31%。2020年，恒健控股公司在2019年净利润增长40%的基础上，保持经营业绩快速增长，业务收入、净利润同比分别增长149.1%和101.9%，经营业绩在广东省属国资系统中名列前茅。截至2020年年底，以历史成本计算恒健控股公司持有和管理的长期股权投资资产规模近1400亿元。

一、国有资本运营公司股权价值管理体系建设的背景

（一）落实党中央关于国有资本运营公司改革试点要求

2013年，党的十八届三中全会通过的《中共中央关于全面深化改革若干重大问题的决定》提出“完善国有资本管理体制，以管资本为主加强国有资产监管，改革国有资本授权经营体制，组建若干国有资本运营公司，支持有条件的国有企业改组为国有资本投资公司”。2018年，国务院《关于推进国有资本投资、运营公司改革试点的实施意见》首次系统性地对国有资本运营公司做出了顶层设计说明，明确了国有资本运营公司“主要以提升国有资本运营效率、提高国有资本回报为目标，以财务性持股为主，通过股权运作、基金投资、培育孵化、价值管理、有序进退等方式，盘活国有资产存量，引导和带动社会资本共同发展，实现国有资本合理流动和保值增值”的功能定位。2020年5月，《中共中央 国务院关于新时代加快完善社会主义市场经济体制的意见》指出，要有效发挥国有资本投资、运营公司功能作用，坚持一企一策，成熟一个推动一个，运行一个成功一个，盘活存量国有资本，促进国有资产保值增值。

中央出台的一系列政策明确了国有资本运营公司在新一轮国资国企改革中的功能定位与重要意义，同时也对国有资本运营公司提出了新要求，在原来的资产经营基础上赋予了优化国有资本结构和布局、培育战略性新兴产业等新内涵。恒健控股公司作为改革先行地广东省唯一的国有资本运营公司试点，如何实现国有资本合理流动和保值增值的核心功能，亟待探索和解决。解好这道“大而新”的管理课题，对于全国其他各省的国有资本运营公司具有较好的借鉴和指导意义。

（二）实现恒健控股公司战略发展需求

面对新时代新要求，恒健控股公司开展了新一轮全面深化改革，为实现“两个五年，利润翻八倍，资产翻两番”战略宏图，亟须探索转型升级改革发展之路。

恒健控股公司所持股企业均为各自行业具有影响力的龙头，同时其他合作方股东也均实力强、资源广，包括国务院国资委、中央企业集团、地方省属投资金控企业等。一方面，与实体产业集团相比，恒健控股公司在资本运营方面积累了一定的经验，具有资本运营的比较优势，但可支配资产较少。从持股

方式来看，恒健控股公司作为省属企业，持有中央企业股权，属于“小持大”，且持股比例相对较低，属于“小”股东，对持股企业的影响力较弱；同时，恒健控股公司是代表省政府、省国资委代持管理中央企业及省属企业股权，对央企股权支配力度低，股权运作相对受限。在内部管理方面，投后管理体系不够健全，管理相对被动，央企股权与恒健控股公司的黏度不强，股权纽带关系不紧，赋能体系不够全面，股权价值没有得到充分挖掘。另一方面，股权资产行业分布广、管理难度大，涉及电力工业、清洁能源、航空运输、航空飞行器研发与制造、钢铁制造等关键行业和领域，恒健控股公司为平台公司，无相关实体产业管理经验且不参与持股企业的日常经营，这对股权管理模式提出了新挑战。同时，宏观环境多变复杂，科技竞争、贸易摩擦、经济下行、新冠肺炎疫情等宏观不确定因素增加，进一步加剧了股权资产保值增值的不确定性，对股权投后管理等能力提出了更高的要求。

从市场机遇看，广东正举全省之力推进粤港澳大湾区建设、支持深圳建设中国特色社会主义先行示范区，重点培育发展战略性支柱产业集群和战略性新兴产业集群（“双十”产业集群），国家战略叠加地方政府政策支持，为投资提供了更好的发展条件。同时，《国企改革三年行动方案（2020—2022年）》《对标世界一流管理提升行动（2020—2022 年）实施方案》等一系列改革文件的颁布，标志着国有企业改革步入关键突破期，有利于公司提升管理能力和管理效率。

在上述背景下，为实现中央赋予国有资本运营公司的使命，同时实现自身做强做优做大的战略宏图，恒健控股公司需要解决以下三方面问题：一是如何保证资产的稳定性，千亿级央企股权资产是恒健控股公司发展的基石，筑牢根基，行稳致远，至关重要；二是如何盘活存量股权资产，实现存量向增量的转变。存量是基础，增量是方向，聚焦现有资源充分挖掘潜在价值，十分必要；三是如何配置增量资本、整合资源，促进省国有资本合理流动，优化国有资本投向，推动国有经济布局优化和结构调整，提高国有资本配置和运营效率，更好服务国家和省战略需要，意义重大。

二、国有资本运营公司股权价值管理体系建设的主要做法

（一）顶层布局，搭建 TASK 股权管理体系与管理矩阵

恒健控股公司从总体目标、层面定位、实施路径和管理重点等维度构建 TASK 股权管理体系。

TASK 股权管理体系的具体内容如下所述。

总体目标（Target）：实现国有资本运营公司的功能定位，即国有资本合理流动和保值增值。

层面定位（Aspects）：在微观企业层面上，是持股中央企业的积极股东方，管理“到位而不越位”，有效履行股东权利和义务；在宏观国家地方层面上，是服务区域企业改革、产业升级的资本运营商，主动融入国家战略，在服务全省大局中找准定位、积极作为。

实施路径（Steps）：聚焦现有存量资产，实施精益管理，保证底层资产安全稳健；聚焦资产禀赋优势转化，创新融资模式，提升资本实力；聚焦增量资本合理布局，坚持战略引领、产融结合，服务广东省和国家战略部署。

管理重点（Keys）：抓住股权管理的关键，重点关注持股中央企业利润、资产、净资产收益率和保值增值率 4 个关键指标，确保企业经营稳健、保值增值；重点把握公司治理、收益管理、投后赋能、风险管控 4 个关键环节，实施有效的股权管理；重点在存量资产保值增值、公司业务协同发展、与持股央企的多层次投资合作、对优质社会资本的带动效应 4 个方面有更大突破，实现企业转型升级跨越式发展。

围绕央企股权管理体系（TASK）进行解码，构建从资产划入、“三资”转化、资本配置的全流程运作机制，重点对存量资产、资金、增量资本“三资”转化实施路径，从管理理念、管理目标、管理举措 3 个层面进一步细化，构建“3 × 3”股权管理矩阵（见图 1），推动股权管理升级。

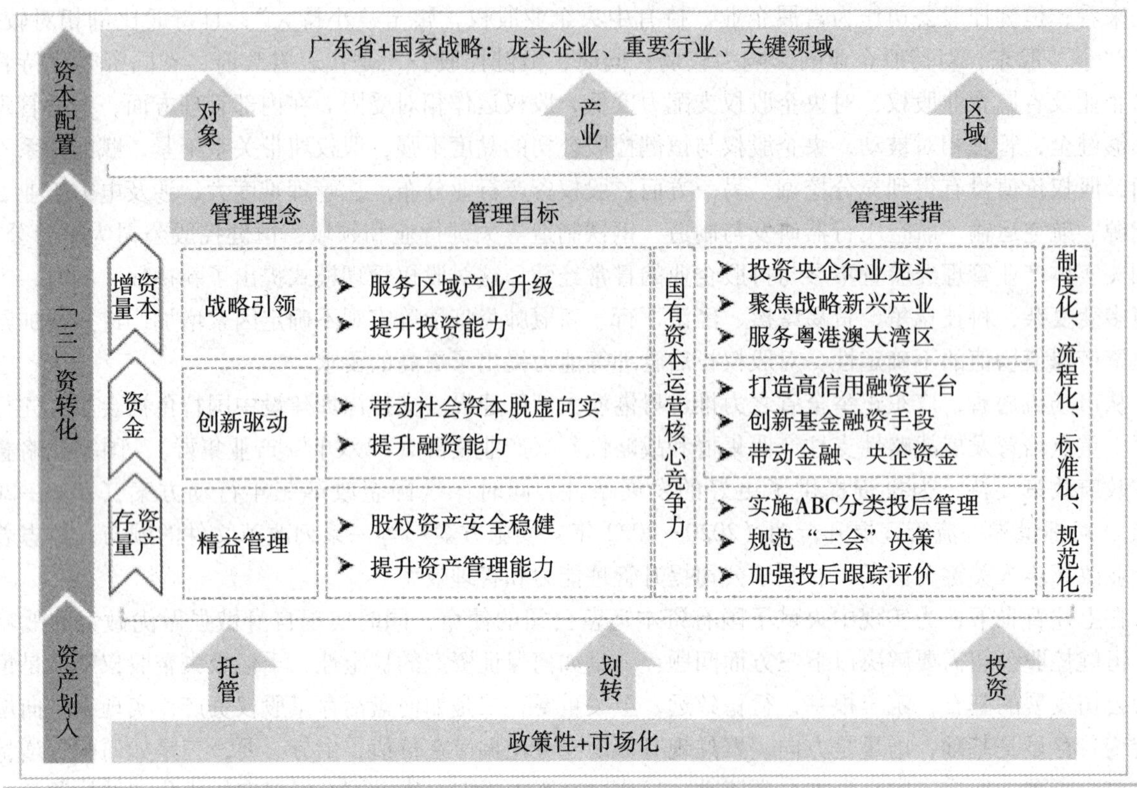

图1　TASK股权管理矩阵

（二）精益股权管理，维护资产价值

恒健控股公司以精益管理为核心，以防范重大风险为底线，以外派产权代表为抓手，以专业化管理团队为支撑，聚焦关系广东省及恒健控股公司权益的重大事项，明确与央企股权的管控权责边界，在"三会"决策、投后跟踪、投后评价等关键投后管理环节，建体系、立标准、定流程，保障央企股权安全稳健，维护资产价值。

1. 建立股权管理的制度体系

（1）管理层制度。

恒健控股公司制定《公司所持中央企业股权管理细则》，明确外派产权代表的责权利、有关职能部门的责任与分工、"三会"（股东会、董事会和监事会）议案审议流程等关键事项，为建立精细化、规范化的央企股权管理体系提供全面、清晰的制度支持；制定《公司外派人员管理办法》，明确外派人员选派、履职和考核等关键事项，督促其履职尽责。

（2）操作层制度。

在中央企业股权管理的具体实操中，按关键领域分类制定操作指南和管理规范，实现流程统一、标准统一、模板统一。例如，为提升"三会"议案审议的规范性、工作标准和效率，选取战略计划、薪酬考核、组织人事、公司治理、经营管理、财务管理、投资管理、资产管理等八大类重大事项进行分类研究，按清单制提出审议要点，编制《央企议案分类审理指南》，为议案审理工作提供有效指引。

2. 建立投后管理的工作体系

实施ABC分类投后管理。恒健控股公司结合自身战略发展、业务特点和管理资源，综合评估各持股央企股权的战略意义、经济性及风控管理等内容，建立以投资项目质量为基础的差异化投后管理机制，提高股权管理的针对性和投入产出效能。

制定“三会”议案工作规范。央企股权单位经营、投资、融资等重大事项均以“三会”议案形式呈报，是风险管控的重要领域，尤其是重大投资项目，需从源头“三会”决策开始，做好投前风险防控。恒健控股公司通过建立股权管理部门、风控法务及财务等职能部门、公司经营层三级风险防控，维护出资人权益，防范重大风险。同时，建立“三会”议案透视分析标准，以小窥大、由点到面，透过议案看央企、找规律、找问题。从议案主题、议案频率、程序流程等维度透视分析，在治理成熟度、企业发展阶段、重大风险事项等方面对央企画像，进一步加强对中央企业的综合分析和风险研判。

建立投后跟踪评价规范。恒健控股公司根据分类投后管理指引，综合制定春华秋实调研计划，深入央企、生产基地、项目一线调研，对重点企业、重点项目开展投后评价。同时，建立重大事项报告机制，持续关注央企单位经营状况，监测KPI指标变化，按月报制跟踪企业经营情况，按年报制评价持股央企的盈利能力、增长潜力等，全流程保障资产安全。

3. 建立股权管理的组织保障体系

（1）外派产权代表。

以外派产权代表为抓手，行使股东权利，避免“只投不管”；建立中央企业外派人员库，明确外派董事、监事、高级管理人员的选派条件和要求，保障选派人员的专业胜任能力。

（2）股权管理团队。

设立股权管理部门，负责央企股权的投后管理，市场化引进专业化人才团队，为外派人员履职提供全流程专业支撑和服务保障。

（3）全流程管理支撑。

从委派时点起，对外派人员对央企股权基本情况的掌握、对日常经营情况的跟踪、对重大事项的投资决策、对重大项目的投后情况等进行专业化、体系化的系统支撑，辅助外派人员做好恒健控股公司的当家人、执行人和监督人。如所持中央企业“三会”议案，年均300项（约25项/月），涉及年度预决算、境外投资、资产处置与转让、金融衍生品业务、股权激励等众多领域，议案数量多、涉及领域广，对外派产权代表决策提出了较高要求。因此，股权管理团队会前对议案进行系统研究，提出专业拟办意见及建议，为外派产权代表履职、公司决策提供专业支撑。

（三）创新融资模式，建立多平台、多渠道、多层次的融资体系

恒健控股公司依托股权资产，通过创新融资模式，建立多平台、多渠道、多层次的融资体系，引入优质社会资本服务实体经济，实现资产向资金转化，提升股权资产价值。

1. 搭建双融资平台

恒健控股公司作为省级国有资本运营公司，重点面向广东省、粤港澳大湾区开展资本运营，投资项目金额大，要求恒健控股公司具有较强的资本实力。恒健控股公司发挥持有的股权资产价值，将禀赋优势转化为信用资质优势和融资规模优势，在境内获得AAA信用评级、境外获得中国国家主权级信用级别。恒健控股公司充分利用“两个市场”“两种资源”，搭建境内、境外两个融资平台，可聚集境内外金融机构和金融市场巨量资本对接广东发展项目，通过低成本融资方式支持省委省政府部署的重大项目。

2. 创新融资模式

以基金模式联动政府、社会资本、产业资本和金融机构，以国有资本撬动社会资源，服务重大战略项目投资。通过千亿级“恒健系”基金群，做大资本朋友圈，实现资本来源多元化。如美丽乡村基金通过50亿元母基金放大资源配置功能和产融结合效应，恒健控股公司与南方报业联合成立30亿元规模美丽乡村壹号基金，为广东省乡村振兴战略提供强有力的金融和文化支撑，树立广东乃至全国乡村振兴

发展新标杆。

（四）国有资本有序进退、优化布局，实现资本的经济价值和社会价值

恒健控股公司聚焦国家和广东省战略需要，突出国有资本运营公司的国资属性和产融结合使命，建立由机会驱动转变为战略驱动的投资体系（见图2），探索“龙头企业—大项目—产业链—产业聚集—产业基地”，通过资本运作、基金投资、股权管理等手段引导国有资本有序进退、优化布局，实现资本的经济价值和社会价值。

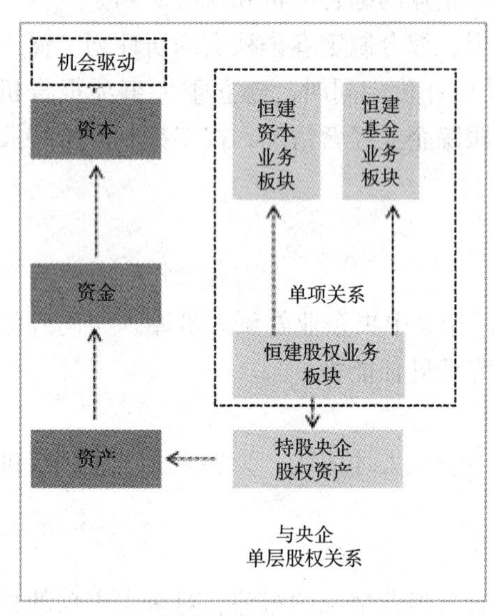

“三资”转换模型1.0　　“三资”转换模型2.0

图2　“三资”转换模型升级对比

1. 构建多元资本赋能渠道

恒健控股公司以政府、产业资本、公司和社会资本“四位一体＋基金”模式，探索产融结合新模式，推动国有经济布局优化和结构调整，打造形成广东粤澳合作发展基金、广东省农业供给侧结构性改革基金、广东美丽乡村振兴发展产业投资基金、广东先进制造产业投资基金等“恒健系”基金生态群。同时，通过 Pre－IPO、战略配售、定向增发和并购重组等方式助力企业转型升级发展，实现国有资本合理流动和保值增值，形成具有恒健特点的资本运营模式，如赋能中兴通讯强化5G领先优势，赋能明阳智能引领海上风电产业发展，纾困易事特打造扶持优质民企创新样板，协同华润收购迪瑞医疗实现战略布局，等等。

2. 实施资本赋能持股企业发展

恒健控股公司作为央企持股单位和名义股东，秉持“资本赋能，成就你我”的价值观，做股东该做的事，做恒健擅长的事。支持央企主业发展。

第一，出资49.5亿元组建新能源基金支持中广核集团加快新能源业务发展；出资7.12亿元以股权基金方式投资阳江风电项目。支持央企改革发展。

第二，出资16.17亿元对韶关钢铁进行增资，帮助其淘汰落后产能100多万吨，实现结构调整和转型升级。帮助央企业务资源开拓。

第三，主动帮助湛江钢铁等央企加强与省、市企业资源对接，拓展大客户营销渠道，促进打通产业链上下游，提升市场占有率。与央企协同合作再投资。

第四，借助与持股央企的紧密伙伴关系，加强与双方投融资合作，推动央企优质产业项目落户广东省，搭建多层次的战略合作关系。以南航集团为例，2019 年恒健控股公司出资 100 亿元参与南航集团股权多元化改革，支持南航打造中央企业集团层面股权多元化改革样本；2020 年南航集团与恒健控股公司共同发起设立 30 亿元广东恒航产业投资基金，联合培育航空航天领域优质产业资源，充分发挥资本与产业的协同作用。

3. 实施资本赋能产业升级

恒健控股公司紧扣国家和广东省战略部署，支持“双十”产业集群建设和产业链提升，确立新基建、高端装备制造、现代农业与食品、生物医药与健康为四大重点布局产业，确立智能机器人、新能源、前沿新材料、新一代电子信息技术为四大重点培育产业，并结合国家战略和区域战略，伺机发展科技含量高、市场化应用程度高的 X 行业，深耕粤港澳大湾区，通过引优促产提升区域发展能力，辐射带动粤东西北地区发展。

三、国有资本运营公司股权价值管理体系建设的效果

恒健控股公司充分发挥所持有的中央企业股权资产优势，聚焦国有资本运营公司的试点目标和功能定位，把握以管资本为主的改革要求，逐渐累积形成一套行之有效的股权管理经验做法，公司经营业绩稳步提升，在推动区域企业改革和产业升级、服务粤港澳大湾区、深化供给侧结构性改革等关键领域和重点项目中取得了积极成效。

（一）所持央企股权实现保值增值

截至 2019 年年底，恒健控股公司持有和投资的中央企业共七家，初始账面价值为 1038 亿元，2019 年年底按持股比例计算的净资产额为 1996 亿元，股权增值 958 亿元，保值增值率达 192%。2017 年至 2019 年，持股的央企每年度平均净资产增长率均高于广东省属企业总体的增长率，近三年平均净资产增长率为 16.52%，高出省属企业总体 3 年平均值 9.17 个百分点。此外，恒健控股公司主动配合中广核股份有限公司回归 A 股上市工作，2019 年 8 月，中广核电力股份有限公司在深圳证券交易所挂牌上市，股权价值和流动性得到了大幅提升，截至 2020 年 6 月底，浮盈率达 100.76%。

（二）公司经营业绩大幅增长

恒健控股公司秉持“共生共享”的理念，充分发挥央企股权资产优势，股权管理、资本运营、基金投资有效实现内循环，三大主业板块协同发展，经营质量和效益显著提升，在成就他人中成就自我。公司利润和净资产收益率呈现逐年递增态势，2017 年至 2020 年自营利润总额增长率年化平均为 64.30%，净资产收益率持续提升（见表 1）。其中，央企股权收益年均占恒健控股公司当年自营净利润约四成。

表 1　2017 年至 2020 年恒健控股公司自营利润指标情况

项目	2017 年	2018 年	2019 年	2020 年
利润总额（万元）	39413	45358	74293	159005
利润总额增长率（%）	23.04	15.08	63.79	114.02
净资产收益率（%）	11.38	14.63	18.81	21.57

注：不包含广东能源集团。

（三）服务广东省及国家战略成效显著

恒健控股公司聚焦国家和广东省战略需要，构建了战略驱动的投资体系，通过资本运作、基金投资、股权管理等手段引导国有资本有序进退、优化布局，有力支持了粤港澳大湾区建设、农业供给侧结

构性改革、乡村振兴、制造业强省、中医药产业建设等广东省重大战略部署落地创效，为广东省经济高质量发展提供了有力支撑。目前已形成累计认缴规模超 1500 亿元的“恒健系”基金群，近三年基金累计认缴规模年复合增长 29.31%，并打造了五大基金品牌，以母子基金形式运作 46 只基金，累计形成 820 亿元子基金规模，带动了 560 亿元社会资本，引入中广核资本、航天资产、国开金融、温氏资本等超过 20 家基金管理机构合作，投资了 100 多个项目。

以粤澳基金服务大湾区建设，支持了大湾区综合交通枢纽、新兴产业园区、轨道交通路网等 20 多个重点项目，为推动大湾区重大基础设施及民生项目建设做出了积极贡献，2019 年入选“广东自贸试验区四周年制度创新最佳案例”；以农业基金服务农业供给侧改革战略，参与现代农业产业园、广州国家农业科创中心建设、广东金融支农联盟创建、粤港澳大湾区菜篮子工程等多项重点任务，引入了新希望、唐人神、正邦等一批行业龙头企业的重大项目落户广东，2019 年入选《母基金周刊》发布的“中国母基金 TOP100”榜单，位列第 19 名；以美丽乡村基金服务乡村振兴战略成功打造了省内首个临空经济美丽乡村——凤和村，岭南地区首个集建筑设计、教育、文创产业为一体的美丽乡村——岗头村等精品示范村项目，在全省形成了服务乡村振兴示范引领作用；以先进制造业基金服务制造强省战略，投资万协通公司、明珞汽车装备公司等多家高新技术企业发展，战略投资商汤科技等独角兽企业，支持广东省多家制造企业从百亿级到千亿级，实现高速成长；发起国内首只国资中医药基金，助力中医药产业的技术研发、转化和产业化推广。

（成果创造人：温文星、李一鸣、庞晓雯、张艳芳、潘　琛）

海装企业基于体系整合与管理标准化的风控体系建设

中国船舶重工集团海装风电股份有限公司

中国船舶重工集团海装风电股份有限公司（以下简称中国海装）成立于2004年，是中国船舶集团有限公司旗下一类企业，具有风电产品研发、整机装备制造、工程技术服务、EPC总包及全流程金融服务能力，能够提供风电场开发全生命周期一站式整体解决方案，资产规模达288亿元，职工总数为1800人。2019年营业收入为60.24亿元，2020年中国海装实现跨越式发展，营业收入突破100亿元。

一、海装企业基于体系整合与管理标准化的风控体系建设的背景

（一）企业经营发展亟须集中高效的风控能力

近年来，中国海装处于跨越式发展阶段，经济规模增长较快，在扩大经营领域和规模的过程中，面临发展机遇的同时面对战略、财务、法律、合规、市场、运营等各种形式的风险，需要风险管理水平、管控能力的同步提升作为支撑。但与此难以适应的是企业经营过程中仍然存在多个管控体系“并行”情况，使企业运行效率低，各管控体系与经营业务的融合度不高。与此同时，国务院国资委要求中央企业加快提升合规管理能力，探索建立法律、合规、风险、内控一体化管理平台，推动合规管理与法律风险防范、监察、审计、内控、风险管理等工作相统筹、相衔接，确保风险管理体系有效运行，从政策层面对企业的风险管控提出了更高的要求。

（二）原有单点分散式风控模式面临诸多弊端

在中国海装原有的风险管控中，法律、合规、风险、内控、审计各自为政、自成一体，存在单点分散的特性，点与点之间职能分离，产生了诸多管理弊端。不同部门分头管理，管理职能交叉重叠，职责界定不清，体系间接口混淆，要求不一致，导致沟通存在障碍；各部门内部按自身工作要求行事，导致公司内部审核频繁，会议多、检查多、记录多、评审多等问题出现，大大加重基层负担，无谓消耗许多人力物力；部门之间“相互隔膜”，缺少横向的互动，员工疲于应付各类工作指令和内部检查，对工作安排造成一定冲击，影响自身部门工作开展，从而导致其参与和配合度降低；风险控制与业务运营的结合度不高，存在为检查需要而各自建立文件体系的情况，没有以业务流程为核心，将风险管控与业务充分融合。综上所述，原有单点分散式管理模式已难以适应当前条件下大型风电装备制造企业的高质量发展要求，因此迫切需要建立更为完善的风控体系。

二、海装企业基于体系整合与管理标准化的风控体系建设的主要做法

（一）以发展战略为指引，部署风控体系建设

在“服务国家新能源战略、支撑新能源装备建设、带动集团新能源发展”过程中，中国海装紧紧依靠技术创新、组织创新、商业模式创新和体制机制创新，全面推进“创新引领、海陆并举、向海图强”战略，力图将自身打造成为国内前列、国际一流的新能源系统集成服务商。

围绕企业发展战略，明确要快速适应市场环境，整合各项资源，构建多体系整合的一体化管控发展方向，实现风控要素之间交互融合、互相促进，形成管控、监督、协同合力；建立事前、事中、事后的闭环管控机制，消除不同职能各自为战、职能交叉、管理重叠、信息孤岛等弊端。有效提升企业风险防范能力，提高管理效能，营造良好的风控管理氛围，确保企业在经营发展的过程中能持续防范各类风险。

从职能上看，中国海装要构建完整有效的风控体系，需要按照“共性兼容、个性互补”的原则对法律、合规、内控、风控、审计进行有机融合和深度互动，通过企业管理标准构建、整合不同职能之间的“共性”，而“共性”之外的差异则寻求相互之间的互补。

2019 年，中国海装成立由党委和董事会领导，各部门负责人广泛参与的领导小组。按照“对标看齐、完善体系、提升意识、厘清关系、全面开展、深入落实”的工作总体思路，分阶段、有重点地构建风控体系。召开风控体系建设启动会暨风险管理理论与实践培训会，通过理论知识培训提升意识、能力，组织各单位签订风控体系建设责任书，全面启动中国海装风控体系建设工作。同时成立合规运营处专门负责主导风控体系的建设和运行。

（二）以整合框架为参照，整合体系基本要素

1. 组织机构的整合

组织机构的整合首先要从组织内部有关管理体系的组织机构入手，在进行多管理体系整合时，重新考虑管理体系的组织机构设置。根据组织内部、外部要求，管理层制定统一的方针和目标。明确按照“围绕公司战略，培育良好的风控文化，建立健全风控管理体系，保证公司经营管理合法合规、资产安全、财务报告及相关信息真实完整，提高发展质量和效益，保障公司战略目标的实现，为社会贡献绿色能源”的方针，达成五项具体目标。为此进行组织机构调整，明确各个部门的职能和相关人员职责，归并组织的职责，将监督管理体系的内控、合规、法律、风险管理职能合并到一个主管部门，以便统筹管理体系运行，提高组织内部管理的有效性。将风险建设和风险评价职能按不相容原则分设，成立风险管理委员会、审计委员会，将内控、风险建设职能设在合规运营处，由审计部门负责风险评价，并组建一支专兼职管理队伍。2019 年 12 月，又将企业风险管理委员会与合规委员会合二为一，根据企业董事会的授权，对风险管理进行统一领导、管理和协调。

2. 管理人员的整合

2019 年 8 月，建立 40 余人的企业风险管理队伍，将内控、风险、法律、合规的管理人员进行整合，由合规运营处牵头管理，统一培训，分类指导，系统性开展风控管理。2019 年年底至 2020 年，采取下属子公司综合管理员到合规运营处轮岗培训的方式，推动下属子公司风控体系的建立与完善，共开展了 10 人次培训，覆盖所有子公司。

3. 制度文件的整合

文件的整合实际是管理体系实施过程的整合，将实施过程相关的标准要素要求如运行控制、资源管理和沟通交流等，都通过文件的整合体现出来，对如何实施控制进行明确规定。2020 年 7 月，中国海装按照风控的理念，编制下发《中国海装风控一体化手册》，该手册以全面风险管理标准为基础，按照 PDCA 循环的规律和标准，将各个条款的功能融入法务、合规、内控、审计管理体系标准的相应要求，在管理方针、目标、组织体系、制度体系、运行机制、保障机制、文化建设等管理要素方面进行了高度整合。

4. 管理体系的整合

中国海装借鉴 PAS 99（Publicly Available Specification）框架构建风控体系，运用其整合理念，梳理法务管理、合规管理、内部控制、全面风险管理与内部审计体系的一个通用体系标准，同时，根据企业的自身实际需要和特定管理体系标准的需要，仔细分析和对比每个体系标准要求的差异，确保将通用要求和细微的特殊要求都整合到管理体系中，通过明确整合的策略，确定整合要素、界定管控范围、编制实施方案，将内控、合规、法律、风险、审计管理有机融合，搭建基于体系整合与管理标准化风控的管理框架。由此，形成了中国海装自主多体系整合的策略方法。以简化企业管理程序为目标，无论是管理

体系运行、维护还是持续改进，均将体系的管理过程最大限度地达到同步，减少了用于体系维护的人、财、物及时间等资源投入。

5. 管理职能的融合

中国海装的风控体系中各要素之间的互动关系及其演变是保证企业风控体系持续运行并自我改进的基础。互动演变是一体化风控体系的基本特征，也是组织内部管理和自我发展追求的目标。不同职能体系、组织体系之间实现深度融合改进可以强化管理体系，达到提高组织各种绩效的目的。职能层面的风险、合规、内控、法律、审计等融合共生，共同嵌入业务流程。如风险与内控两者在实际的业务流程中，根据流程框架图把内控和风险的内容嵌入同一个管控节点，在特定的业务节点上内控是风险的保障，而风险管控的要求则反过来促进内控的完善，并且根据业务条件的变化，两者始终在相互影响中不断发展和完善。从过程控制的优化、管理职能的简化、管理人员的多能化、文件构成的简约化、记录设置的合理性、监视和测量的有效性、自我完善的推动力等入手，使管理体系从合并变成兼容，从兼容变成融合，实现法律、合规、内控、风险、审计管理水平的共同提高。

（三）以管理标准为载体，融合管控嵌入流程

1. 以业务逻辑编制管理标准

将制度管理向标准管理转化，以业务流程为底层逻辑，编制管理流程图，对流程的流向和输入输出直观标示，在每个流程节点上以特定形式的符号标注可能涉及的管理体系的职责、管理要求、流程风险点、风险事件类型库、权限指引，以此形成《中国海装管理标准》。同时建立以中国海装《公司章程》为统领的包含基本管理标准、专项管理标准和具体管理标准在内的三个层级的管理标准体系，结合内外部环境的发展变化，适时组织对管理标准体系进行梳理和立行立改。每年将管理标准的制定、修订纳入年度运营计划管理，严格管理标准的标准化审查，持续推进管理标准流程化程度，开展流程优化，提高管理标准流程的可操作性。加强管理标准执行情况的监督检查，提高管理标准执行力，进一步深化管理标准建设。

2. 以流程嵌入要素融合管控

管理标准以业务流程为基础，将内控、合规、法律、风险等管理要求嵌入流程，强化管控，确保管理全覆盖。以流程管理为主线，统筹制定、梳理、协同内控、合规、法律、风险、审计管理标准与流程，使之相互衔接、协调一致，实现多体系的统一流程管理，促进不同管理体系相互融合、相互依托和协同改进。例如将合规审核嵌入“三重一大”审核流程，对风险进行管控，确保合规审核全覆盖。

3. 重赋能改进，确保过程落地

以标准化理念为指导，贯穿管理全过程，确保标准真正落地、发挥效用。一是组织标准培训。2019 年 8 月至 2020 年，合规运营处牵头组织 5 次宣贯培训会议，各部门负责人，制度管理员，内控、风险、合规管理员，业务骨干等 200 余人参加，再由各责任单位对应工作岗位分级分类开展教育培训，切实增强员工标准化意识，提高标准化的实务性，从操作层面明确标准化实施流程。二是强化标准应用。2019 年公司按照管理标准要求制定、修订管理标准 141 个，流程优化 34 项，新固化流程 51 项到 OA 中。2020 年制定修订管理标准 103 个，推进优化改进流程 56 个，新固化流程 36 个到 OA 中，以《标准化操作手册》为行动指南，应用到生产运营管理的各个方面。三是开展检查考评。合规运营处每季度对各部门公司级管理标准完成情况实施评价，对管理标准问题较多的部门进行通报并督促整改，并将各单位的管理标准完成情况和质量情况纳入公司组织绩效考核。通过《中国海装组织绩效管理办法》将标准化建设列入各部门目标责任制考核，强化标准的实施与监督，使各项工作的考评有章可循、有据可依。

（四）以协同联动为导向，提升体系运行效率

1. 形成管控合力

一是统一组织体系。明确上至股东大会下至员工的八个层级管理职责。集中组织领导、管控队伍，整合领导小组和原各体系管理人员，组建专（兼）职风控管理队伍42人，成立负责风控建设管理的合规运营处，完善管控组织体系。二是统一管理标准。统筹策划、制定、梳理风险、合规、内控、法律、审计管理制度和流程，使之相互融合、衔接一致。三是统一运行机制。开展一体化风控体系协同管理，实现人员和信息共享、各项管控活动统一开展，合同、管理标准、重大事项等一站式审查，与审计管理协同联动。四是统一保障机制。避免重复建设与投入，内部资源统筹规划，合理配置，形成管控与监督合力。

2. 激发主体意识

将风控管理考核内容纳入《中国海装组织绩效管理办法》，明确考核评价的范围、标准、方法与程序，该办法全面覆盖风控管理体系风险评判中的“质量、运营、合规、声誉”等四项定量指标。落实各级管理者主体责任，强化风险意识提升。在体系建立过程中，广大干部职工全程参与，通过培训、自学和工作实践，较为系统地学习了所采用的全部标准准则、体系架构搭建方法、流程改进等先进理念，全员风险合规意识、风险管控工作参与度大幅提升，重大风险管控能力明显增强。

3. 监督促进提升

坚持以风险为导向、以控制为主线、以治理为目标、以增值为目的的现代内部审计模式，紧紧围绕中国海装经营目标及重点工作，开展内部审计评价。通过系统化和规范化的方法，评价和改进风险管理、控制和治理程序的效果，以保证企业各项业务工作按照既定目标和标准，不偏不倚地执行。

（五）以保障经营为原则，深化细化管控举措

1. 强化风险分级管理

结合中国海装实际，明晰工作方向与范围，梳理出管控模块16个。组织搭建了全面风险预警监控评价指标体系，编制下发《中国船舶重工集团海装风电股份有限公司全面风险预警监控指标体系》，梳理预警指标196个。修订下发《中国海装全面风险管理办法》《中国海装合规、风险考核细则》。梳理流程框架，细化条目569个；对公司级风险开展梳理识别工作，组织识别五大类二级风险79个，三级风险223个，在原来基础上新增9个二级风险，135个三级风险；根据职责分工，调整全面风险管理部门任务分工表。建立健全依托于企业治理结构的“四个层面”加“三道防线”，细化为自股东大会到员工八个层级的风险管理职责，实现逐级落实责任，全层级、全员覆盖，权责明确。

2. 加强风险过程管控

梳理风险，将流程风险点、风险事件类型库、权限指引融入管理标准中，定期和不定期组织开展风险识别和风险分析，分级管控。其中定期风险识别及分析主要有：健全风险管理月报、年报制度；根据市场环境的变化，快速响应，及时组织开展专项风险分析，拟定措施，落实整改；加强风险事件分析；引入专业风险咨询服务。

3. 关注应对重大风险

中国海装目前处于风电行业“三期叠加”时期，即海上抢装期、进出质保高峰期、平价期。围绕识别出的重大风险领域和重大风险项目，结合内控缺陷整改及经营管理需要，有重点地开展专项风险管理活动，通过加强内外部环境的监测，正确研判，采取有效应对措施，落实过程追踪，有效防范重大风险。

4. 问题导向，以案促改

以问题为导向，进一步加强企业法律纠纷案件处置应对工作，强化法律纠纷案件规范管理，着力防

范化解重大法律风险，在避免和挽回案件经济损失上取得明显成效。进一步加强诉讼案件管理，组织开展案件分析讨论会，以近三年的案件情况作为基础数据，全面挖掘各项风险点，并形成相关案件防范措施及改进行动计划。定期组织开展案件分析研讨，制定案件处置方案。针对各项案件进行全面分析，把握案件核心焦点，坚持一案一策，有针对性地制定处理措施。制定案件指标分解方案，将案件责任落实到具体单位，强化各单位责任意识。针对重大案件实行动态管理机制，加强案件处理力度。对于重大案件开展情况进行实时跟踪，提升案件动态管控力度。加强与律师顾问的联系与沟通，建立定期会商机制，推动案件处理进度。定期汇总案件处理信息，形成案件月度跟踪和汇报机制。针对存在的问题和短板，不定期发布法律指导意见，拟订行动计划，落实整改，助力企业高质量发展。

5. 强化关键岗位管理

2020 年 11 月，修订完善《关键岗位轮换制度》，梳理明确 56 个关键岗位，建立完善关键岗位台账，实现应轮岗人员全部轮岗目标。编制下发《不相容管理制度》，按不相容职务分离控制要求组织对企业全面系统地分析、梳理业务流程中所涉及的不相容职务，实施相应的分离措施，完善各司其职、各负其责、相互制约的工作机制。

6. 完善数字风控信息

构建风险管理数据库。紧密结合中国海装生产业务实际，组织开展风险识别与评估工作。同时，细化风险分类，统一风险定义和术语，构建具有中国海装特色的风险数据库，并定期更新发布。风险管理数据库对各类风险划分了类别（一级、二级、三级、风险描述、预警指标），明确风险等级（重大、重要、一般），每年定期梳理识别年度重点管控风险。2020 年 11 月，中国海装组织搭建全面风险预警监控指标体系，编制下发《中国船舶重工集团海装风电股份有限公司全面风险预警监控指标体系》，梳理预警指标 196 个，形成常态化风险监控预警工作模式，通过重点管控风险信息的收集、分析和传递，保证企业及时发现风险隐患和突发事件发生的征兆，切实做到风险防控工作的前移，发挥上下联动的风险预警作用。

（六）以信息风控平台为抓手，强化体系高效管控

1. 打造数字平台

构建风控信息平台，实现与现有系统的集成。通过将现代信息技术与风控工作深度融合，针对重点业务领域和关键环节持续开展在线风险管控；通过实践深入挖掘数据价值，有效利用信息化手段在风控数据分析方面的技术优势、数据优势和效率优势，推动风控组织形式、风控技术方法、风控理论成果三大创新，分层级、有步骤、有重点地推动监督主题化、在线化、持续化和智能化，使数字化风控成为推动监督全覆盖的强大驱动力。同时，以“管理创新 + IT 支撑”为核心，淬炼专业化风控队伍，建立规范化风控标准，推进风控平台智能化，推动实现利用先进信息技术来防范经营风险，促进持续发展，实现战略与风险、风险与业务、业务与价值、价值与绩效的全面衔接融合，向智能风控转型。在机制上，以信息化为依托，实现全范围覆盖、全方位监督和全过程管控。通过监督关口前移，侧重事前预防、事中监控，并对事后结果量化评价，实现全过程的闭环管理。

2. 优化平台模块

（1）聚焦业务合规。

结合中国海装业务实际，按照分级管理体系中所搭建的全面风险预警监控评价指标体系，不断增强线上监控预警的针对性及精准度，推动构建分层次、分领域、分频次的体系化监控预警规则库。新增现场检查辅助功能，线上记录检查底稿并提供多维汇总分析，分类进行图形化展示，突出重点问题特征，便于定位分析。

（2）聚焦资金安全。

积极配合资金安全检查，利用图文识别技术，开展银行余额调节表笔迹比对、金额核对、未达跟踪，防止资金舞弊行为。监督大额资金支付，通过挂接现金预算单据、上传影像资料等手段，在线复核审批流程、审核原始凭证，记录支付、回退等情况，防控资金安全风险。

（3）聚焦问题整改。

新增问题整改模块，挂接现场检查、实时监控、问题清单梳理等发现问题，自动分配至责任单位。立行立改类问题由责任单位组织整改后在线提交佐证材料，对口单位或部门进行整改审核；后续整改类问题由责任单位制定整改计划，对口单位或部门跟踪推进；吸取教训类问题由责任单位拟定有效防控措施，对口单位或部门审核并提出下一步工作要求。

（4）聚焦评价考核。

部署综合大屏看板，获取现场检查、在线监控、问题清单等方面问题，形成“问题分布地图”，实时开展问题来源统计，绘制问题数与整改数对比曲线，动态反映整改进度。综合看板成为各单位衡量工作的“镜子”、总部管理基层的“尺子”、基层提升工作的“锥子”。

（5）聚焦对标管理。

充分挖掘历年指标，丰富数据资源，智能化开展对标指标计算、分析与预测，实现企业经营“效益评价—问题诊断—风险预警—整改提升”闭环式管理。首先，开发指标模型结构分析、对标单位专题分析、财务指标专题分析功能，组织各单位开展效益评价和问题诊断。其次，开发对标指标预测功能，通过相关性、灵敏度测算，实施风险预警，促进管理提升。

3. 关注数据应用

一是通过信息化风控平台。自上而下的顶层设计，打造支持决策分析、风险预警、个性化分析及数据增值服务的风控智能平台。二是创新大数据风控方法，深层次挖掘数据间的关联关系及风险特征，监督范围由抽样监督向全量监督转变，监督频率由时点监督向持续监督转变。三是全面贯通共建共享化机制。推动各二级单位定制化配置实时监督规则、重大风险信息，支持分单位绘制风险分布地图，同时满足总部共性监督和各单位个性监督需求。四是实现平台信息可视化展现，支持中国海装实现风险管控工作的智能化、信息化、数据化、协同化。

三、海装企业基于体系整合与管理标准化的风控体系建设的效果

（一）创新风控体系

一体化风控管理体系的建立和运行，整合了原先横跨各个部门的管控业务，分头管理的情况得以消除，管理重叠、职能交叉得以明显改善，由原先各部门职能职责混淆不清到目前步调一致、方向明晰。实现管理业务 100% 的管理标准支撑，压缩开展的会议次数约 35%，减少各项冗余重复的检查，精简各类无效或低效记录问题，使基层负担大减，员工满意度提升，有效消除管理漏洞，管理协同作用明显增强。现阶段风险控制与业务运营的高度结合，充分融合业务流程和管控机制，使企业内部风控机制可以有效规避业务开展过程中的各类风险。

（二）获得显著效益

保障企业经营业绩的快速增长，为顺利实现营业收入超百亿元、新签合同超百亿元的“双百亿”目标提供有力支撑。2018 年以来，中国海装社会贡献力持续增强，作为新能源企业，其肩负着碳达峰、碳中和的历史使命，企业年装机风电机组约可减少碳排放 3000 万吨，为全社会碳达峰做出显著贡献；作为国家工信部首批绿色供应链试点单位，在积极推动配套供应链的绿色制造的同时，中国海装自身也积极规划碳达峰路径，制定企业自身减少碳排放 9646 吨的碳中和目标，并采取一系列有针对性的减碳

零碳措施，力争在2023年年初达成企业碳中和。

（三）防范经营风险

通过基于多体系整合和管理标准化的风控体系构建与实施，风险管理工作取得显著成效，近年来未发生重大风险事件，有效规避因发生风险事件带来的经济损失。在资金风险防范方面，近两年累计实现疑难资金回收达60.65亿元，增加了现金流，避免了坏账风险；在项目运营风险防范方面，分级分类梳理风险项目，制定措施分别应对，其中涉及金额50亿元的11个高风险项目、12个中风险项目全部降级为低风险，规避了重大经营风险。因此，通过风控管理体系的构建与实施，推动了中国海装的持续、健康、平稳发展。

（成果创造人：李晓艳、肖　杰、贺　艳、涂文浩、胡开东、李　理、
聂　超、罗　雯、姚世琦、刘　畅、向　松、胡杨正）